5438

OEUVRES ILLUSTRÉES
DE
VICTOR HUGO

NOTES ET PRÉFACES PAR L'AUTEUR

DESSINS

PAR J.-A. BEAUCÉ, C. NANTEUIL, G. SEGUIN ET FOULQUIER

CE VOLUME CONTIENT

LUCRÈCE BORGIA — MARION DELORME — MARIE TUDOR
LA ESMERALDA
RUY-BLAS — HERNANI — LE ROI S'AMUSE — LES BURGRAVES — ANGELO

ÉDITION J. HETZEL

LIBRAIRIE MARESCQ ET CIE **1853**   LIBRAIRIE BLANCHARD
5, RUE DU PONT-DE-LODI, 5   78, RUE RICHELIEU, 78

PARIS

OEUVRES ILLUSTRÉES

DE

VICTOR HUGO

CE VOLUME CONTIENT :

LUCRÈCE BORGIA — MARION DELORME
MARIE TUDOR — LA ESMERALDA — RUY-BLAS — HERNANI — LE ROI S'AMUSE
LES BURGRAVES — ANGELO

OEUVRES ILLUSTRÉES
DE
VICTOR HUGO

NOTES ET PRÉFACES PAR L'AUTEUR

DESSINS

PAR J.-A. BEAUCÉ, C. NANTEUIL, GÉRARD SEGUIN ET FOULQUIER

ÉDITION J. HETZEL

LIBRAIRIE MARESCQ ET Cⁱᵉ   **1853**   LIBRAIRIE BLANCHARD
5, RUE DU PONT-DE-LODI, 5   78, RUE RICHELIEU, 78

PARIS

LIBRAIRIE MARESCQ ET Cⁱᵉ, 5, rue du Pont-de-Lodi. — J. HETZEL, ÉDITEUR. — LIBRAIRIE BLANCHARD, 78, rue de Richelieu.

OEUVRES DE VICTOR HUGO

LUCRÈCE BORGIA

ILLUSTRÉE PAR CÉLESTIN NANTEUIL.

Ainsi qu'il s'y était engagé dans la préface de son dernier drame, l'auteur est revenu à l'occupation de toute sa vie, à l'art. Il a repris ses travaux de prédilection avant même d'en avoir tout à fait fini avec les petits adversaires politiques qui sont venus le distraire il y a deux mois. Et puis, mettre au jour un nouveau drame six semaines après le drame proscrit, c'était encore une manière de dire son fait au présent gouvernement : c'était lui montrer qu'il perdait sa peine ; c'était lui prouver que l'art et la liberté peuvent repousser en une nuit sous le pied maladroit qui les écrase. Aussi compte-t-il bien mener de front désormais la lutte politique, tant que besoin sera, et l'œuvre littéraire. On peut faire en même temps son devoir et sa tâche ; l'un ne nuit pas à l'autre. L'homme a deux mains.

Le Roi s'amuse et Lucrèce Borgia ne se ressemblent ni par le fond ni par la forme, et ces deux ouvrages ont eu, chacun de leur côté, une destinée si diverse, que l'un sera peut-être un jour la principale date politique, et l'autre la principale date littéraire de la vie de l'auteur. Il croit devoir le dire cependant, ces deux pièces, si différentes par le fond, par la forme et par la destinée, sont étroitement accouplées dans sa pensée. L'idée qui a produit le Roi s'amuse et l'idée qui a produit Lucrèce Borgia sont nées au même moment, sur le même point du cœur. Quelle est, en effet, la pensée intime cachée sous trois ou quatre écorces concentriques dans le Roi s'amuse ? La voici. Prenez la difformité physique la plus hideuse, la plus repoussante, la plus complète ; placez-la où elle ressort le mieux, à l'étage le plus infime, le plus souterrain et le plus méprisé de l'édifice social ; éclairez de tous côtés, par le jour sinistre des contrastes, cette misérable créature ; et puis jetez-lui une âme, et mettez dans cette âme le sentiment le plus pur qui soit donné à l'homme, le sentiment paternel. Qu'arrivera-t-il ? C'est que ce sentiment sublime, chauffé selon certaines conditions, transformera sous vos yeux la créature dégradée ; c'est que l'être petit deviendra grand ; c'est que l'être difforme deviendra beau. Au fond, voilà ce que c'est que le Roi s'amuse. Eh bien ! qu'est-ce que c'est que

Lucrèce Borgia? Prenez la difformité *morale* la plus hideuse, la plus repoussante, la plus complète; placez-la là où elle ressort le mieux, dans le cœur d'une femme, avec toutes les conditions de beauté physique et de grandeur royale, qui donnent de la saillie au crime; et maintenant, mêlez à toute cette difformité morale un sentiment pur, le plus pur que la femme puisse éprouver, le sentiment maternel; dans votre monstre, mettez une mère, et le monstre intéressera, et le monstre fera pleurer, et cette créature qui faisait peur fera pitié, et cette âme difforme deviendra presque belle à vos yeux. Ainsi, la paternité sanctifiant la difformité physique, voilà *le Roi s'amuse;* la maternité purifiant la difformité morale, voilà *Lucrèce Borgia.*

Dans la pensée de l'auteur, si le mot *bilogie* n'était pas un mot barbare, ces deux pièces ne feraient qu'une bilogie *sui generis*, qui pourrait avoir pour titre *le Père et la Mère*. Le sort les a séparées; qu'importe? l'une a prospéré, l'autre a été frappée d'une lettre de cachet; l'idée qui fait le fond de la première restera, longtemps encore peut-être, voilée par mille préventions à bien des regards; l'idée qui a engendré la seconde semble être chaque soir, si aucune illusion ne nous aveugle, comprise et acceptée par une foule intelligente et sympathique : *habent sua fata*. Mais, quoi qu'il en soit de ces deux pièces, qui n'ont d'autre mérite d'ailleurs que l'attention dont le public a bien voulu les entourer, elles sont sœurs jumelles, elles se sont touchées en germe, la couronnée et la proscrite, comme Louis XIV et le Masque de Fer.

Corneille et Molière avaient pour habitude de répondre en détail aux critiques que leurs ouvrages suscitaient, et ce n'est pas une chose peu curieuse aujourd'hui de voir ces géants du théâtre se débattre dans des *avant-propos* et des *avis au lecteur* sous l'inextricable réseau d'objections que la critique contemporaine ourdissait sans relâche autour d'eux. L'auteur de ce drame ne se croit pas digne de suivre d'aussi grands exemples : il se taira, lui, devant la critique. Ce qui sied à des hommes pleins d'autorité, comme Molière et Corneille, ne sied pas à d'autres. D'ailleurs, il n'y a peut-être que Corneille au monde qui puisse rester grand et sublime, au moment même où il fait mettre une préface à genoux devant Scudéri ou Chapelain. L'auteur est loin d'être Corneille; l'auteur est loin d'avoir affaire à Chapelain ou à Scudéri. La critique, à quelques rares exceptions près, a été en général loyale et bienveillante pour lui. Sans doute, il pourrait répondre à plus d'une objection. A ceux qui trouvent, par exemple, que Gennaro se laisse trop candidement empoisonner par le duc au second acte, il pourrait demander si Gennaro, personnage construit par la fantaisie du poëte, est tenu d'être plus *vraisemblable* et plus défiant que l'historique Drusus de Tacite, *ignarus et juveniliter hauriens*. A ceux qui lui reprochent d'avoir exagéré les crimes de Lucrèce Borgia, il dirait : Lisez Tomasi, lisez Guicciardini, lisez surtout le *Diarium*. A ceux qui le blâment d'avoir accepté sur la mort des maris de Lucrèce certaines rumeurs populaires à demi fabuleuses, il répondrait que souvent les fables du peuple font la vérité du poëte; et puis il citerait encore Tacite, historien plus obligé de se critiquer sur la réalité des faits que le poëte dramatique : *Quamvis fabulosa et immania credebantur, atrociore semper fama erga dominantium exitus*. Il pourrait pousser le détail de ces explications beaucoup plus loin, et examiner une à une, avec la critique, toutes les pièces de la charpente de son ouvrage; mais il a plus de plaisir à remercier la critique qu'à la contredire, et, après tout, les réponses qu'il pourrait faire aux objections de la critique, il aime mieux que le lecteur les trouve dans le drame, si elles y sont, que dans la préface.

On lui pardonnera de ne point insister davantage sur le côté purement esthétique de son ouvrage. Il est tout un autre ordre d'idées, non moins hautes selon lui, qu'il voudrait avoir le loisir de remuer et d'approfondir à l'occasion de cette pièce de *Lucrèce Borgia*. A ses yeux, il y a beaucoup de questions sociales dans les questions littéraires, et toute œuvre est une action. Voilà le sujet sur lequel il s'étendrait volontiers, si l'espace et le temps ne lui manquaient. Le théâtre, on ne saurait trop le répéter, a de nos jours une importance immense, et qui tend à s'accroître sans cesse avec la civilisation même. Le théâtre est une tribune. Le théâtre est une chaire. Le théâtre parle fort et parle haut. Lorsque Corneille dit : *Pour être plus qu'un roi, tu te crois quelque chose*, Corneille c'est Mirabeau. Quand Shakspeare dit : *To die, to sleep*, Shakspeare c'est Bossuet.

L'auteur de ce drame sait combien c'est une grande et sérieuse chose que le théâtre. Il sait que le drame, sans sortir des limites impartiales de l'art, a une mission nationale, une mission sociale, une mission humaine. Quand il voit chaque soir ce peuple si intelligent et si avancé, qui a fait de Paris la cité centrale du progrès, s'entasser en foule devant un rideau que sa pensée à lui, chétif poëte, va soulever le moment d'après, il sent combien il est peu de chose, lui, devant tant d'attente et de curiosité; il sent que, si son talent n'est rien, il faut que sa probité soit tout; il s'interroge avec sévérité et recueillement sur la portée philosophique de son œuvre, car il se sait responsable, et il ne veut pas que cette foule puisse lui demander compte un jour de ce qu'il lui aura enseigné. Le poëte aussi a charge d'âmes. Il ne faut pas que la multitude sorte du théâtre sans emporter avec elle quelque moralité austère et profonde. Aussi espère-t-il bien, Dieu aidant, ne développer jamais sur la scène (du moins tant que dureront les temps sérieux où nous sommes) que des choses pleines de leçons et de conseils. Il fera toujours apparaître volontiers le cercueil dans la salle du banquet, la prière des morts à travers les refrains de l'orgie, la cagoule à côté du masque. Il laissera quelquefois le carnaval débraillé chanter à tue-tête sur l'avant-scène; mais il lui criera du fond du théâtre : *Memento quia pulvis es*. Il sait bien que l'art seul, l'art pur, l'art proprement dit, n'exige pas tout cela du poëte; mais il pense qu'au théâtre surtout il ne suffit pas de remplir seulement les conditions de l'art. Et, quant aux plaies et aux misères de l'humanité, toutes les fois qu'il les étalera dans le drame, il tâchera de jeter sur ce que ces nudités-là auraient de trop odieux le voile d'une idée consolante et grave. Il ne mettra pas Marion de Lorme sur la scène sans purifier la courtisane avec un peu d'amour; il donnera à Triboulet le difforme un cœur de père; il donnera à Lucrèce la monstrueuse des entrailles de mère. Et, de cette façon, sa conscience se reposera du moins tranquille et sereine sur son œuvre. Le drame qu'il rêve et qu'il tente de réaliser pourra toucher à tout sans se souiller à rien. Faites circuler dans tout une pensée morale et compatissante, et il n'y a plus rien de difforme ni de repoussant. A la chose la plus hideuse mêlez une idée religieuse, elle deviendra sainte et pure. Attachez Dieu au gibet, vous avez la croix.

12 février 1833.

LUCRÈCE BORGIA

PERSONNAGES.

DONA LUCREZIA BORGIA.
DON ALPHONSE D'ESTE.
GENNARO.
GUBETTA.
MAFFIO ORSINI.
JEPPO LIVERETTO.
DON APOSTOLO GAZELLA.
ASCANIO PETRUCCI.

OLOFERNO VITELLOZZO.
RUSTIGHELLO.
ASTOLFO.
LA PRINCESSE NEGRONI.
Un huissier.
Des moines.
Seigneurs.
Pages. Gardes.

Venise. — Ferrare. — 15...

ACTE PREMIER

AFFRONT SUR AFFRONT

PREMIÈRE PARTIE

Une terrasse du palais Barbarigo, à Venise. C'est une fête de nuit. Des masques traversent par instant le théâtre. Des deux côtés de la terrasse, le palais splendidement illuminé et résonnant de fanfares. La terrasse couverte d'ombre et de verdure. Au fond, au bas de la terrasse, est censé couler le canal de la Zucca, sur lequel on voit passer par moments, dans les ténèbres, des gondoles, chargées de masques et de musiciens, à demi éclairées. Chacune de ces gondoles traverse le fond du théâtre avec une symphonie tantôt gracieuse, tantôt lugubre, qui s'éteint par degrés dans l'éloignement. Au fond, Venise au clair de lune.

SCÈNE PREMIÈRE.

De jeunes seigneurs, magnifiquement vêtus, leurs masques à la main, causent sur la terrasse.

GUBETTA, GENNARO, vêtu en capitaine, DON APOSTOLO GAZELLA, MAFFIO ORSINI, ASCANIO PETRUCCI, OLOFERNO VITELLOZZO, JEPPO LIVERETTO.

OLOFERNO. — Nous vivons dans une époque où les gens accomplissent tant d'actions horribles, qu'on ne parle plus de celle-là ; mais certes il n'y eut jamais événement plus sinistre et plus mystérieux.

ASCANIO. — Une chose ténébreuse faite par des hommes ténébreux.

JEPPO. — Moi, je sais les faits, messeigneurs. Je les tiens de mon cousin éminentissime le cardinal Carriale, qui a été mieux informé que personne. — Vous savez, le cardinal Carriale, qui eut cette fière dispute avec le cardinal Riario au sujet de la guerre contre Charles VIII de France.

GENNARO, *bâillant*. — Ah ! voilà Jeppo qui va nous conter des histoires ! — Pour ma part, je n'écoute pas. Je suis déjà bien assez fatigué sans cela.

MAFFIO. — Ces choses-là ne t'intéressent pas, Gennaro, et c'est tout simple. Tu es un brave capitaine d'aventure. Tu portes un nom de fantaisie. Tu ne connais ni ton père ni ta mère. On ne doute pas que tu ne sois gentilhomme, à la façon dont tu tiens une épée, mais tout ce qu'on sait de ta noblesse, c'est que tu te bats comme un lion. Sur mon âme, nous sommes compagnons d'armes, et ce que je dis n'est pas pour t'offenser. Tu m'as sauvé la vie à Rimini, je t'ai sauvé la vie au pont de Vicence. Nous nous sommes juré de nous aider en périls comme en amour, de nous venger l'un l'autre quand besoin serait, de n'avoir pour ennemis, moi, que les tiens, toi, que les miens. Un astrologue nous a prédit que nous mourrions le même jour, et nous lui avons donné dix sequins d'or pour la prédiction. Nous ne sommes pas amis, nous sommes frères. Mais enfin, tu as le bonheur de t'appeler simplement Gennaro, de ne tenir à personne, de ne traîner après toi aucune de ces fatalités souvent héréditaires, qui s'attachent aux noms historiques. Tu es heureux ! Que t'importe ce qui se passe et ce qui s'est passé, pourvu qu'il y ait toujours des hommes pour la guerre et des femmes pour le plaisir ? Que te fait l'histoire des familles et des villes, à toi, enfant du drapeau, qui n'a ni ville ni famille ? Nous, vois-tu, Gennaro, c'est différent. Nous avons droit de prendre intérêt aux catastrophes de notre temps. Nos pères et nos mères ont été mêlés à ces tragédies, et presque toutes nos familles saignent encore. — Dis-nous ce que tu sais, Jeppo.

GENNARO. (*Il se jette dans un fauteuil, dans l'attitude de quelqu'un qui va dormir.*) — Vous me réveillerez quand Jeppo aura fini.

JEPPO. — Voici. C'est en quatorze cent quatre-vingt...

GUBETTA, *dans un coin du théâtre*. — Quatre-vingt-dix-sept.

JEPPO. — C'est juste. Quatre-vingt-dix-sept. Dans une certaine nuit d'un mercredi à un jeudi...

GUBETTA. — Non. D'un mardi à un mercredi.

JEPPO. — Vous avez raison. — Cette nuit donc, un batelier du Tibre, qui s'était couché dans son bateau, le long du bord, pour garder ses marchandises, vit quelque chose d'effrayant. C'était un peu au-dessous de l'église Santo-Hieronimo. Il pouvait être cinq heures après minuit. Le batelier vit venir dans l'obscurité, par le chemin qui est à gauche de l'église, deux hommes qui allaient à pied de çà, de là, comme inquiets ; après quoi, il en parut deux autres, et enfin trois : en tout sept. Un seul était à cheval. Il faisait nuit assez noire. Dans toutes les maisons qui regardent le Tibre, il n'y avait plus qu'une seule fenêtre éclairée. Les sept hommes s'approchèrent du bord de l'eau. Celui qui était monté tourna la croupe de son cheval du côté du Tibre, et alors le batelier vit distinctement sur cette croupe des jambes qui pendaient d'un côté, une tête et des bras de l'autre, — le cadavre d'un homme. Pendant que leurs camarades guettaient les angles des rues, deux de ceux qui étaient à pied prirent le corps mort, le balancèrent deux ou trois fois avec force, et le lancèrent au milieu du Tibre. Au moment où le cadavre frappa l'eau, celui qui était à cheval fit une question à laquelle les deux autres répondirent : Oui, monseigneur. Alors le cavalier se retourna vers le Tibre, et vit quelque chose de noir qui flottait sur l'eau. Il demanda ce que c'était. On lui répondit : Monseigneur, c'est le manteau de monseigneur qui est mort. Et quelqu'un de la troupe jeta des pierres à ce manteau, ce qui le fit enfoncer. Ceci fait, ils s'en allèrent tous de compagnie et prirent le chemin qui mène à Saint-Jacques. Voilà ce que vit le batelier.

MAFFIO. — Une lugubre aventure! Etait-ce quelqu'un de considérable que ces hommes jetaient ainsi à l'eau? Ce cheval me fait un effet étrange : l'assassin en selle, et le mort en croupe !

GUBETTA. — Sur ce cheval, il y avait les deux frères.

JEPPO. — Vous l'avez dit, monsieur de Belverana. Le cadavre, c'était Jean Borgia ; le cavalier, c'était César Borgia.

MAFFIO. — Famille de démons que ces Borgia ! Et, dites, Jeppo, pourquoi le frère tuait-il ainsi le frère ?

JEPPO. — Je ne vous le dirai pas. La cause du meurtre est tellement abominable, que ce doit être un péché mortel d'en parler seulement.

GUBETTA. — Je vous le dirai, moi. César, cardinal de Valence, a tué Jean, duc de Gandia, parce que les deux frères aimaient la même femme.

MAFFIO. — Et qui était cette femme-là ?

GUBETTA, *toujours au fond du théâtre.* — Leur sœur.

JEPPO. — Assez, monsieur de Belverana. Ne prononcez pas devant nous le nom de cette femme monstrueuse. Il n'est pas une de nos familles à laquelle elle n'ait fait quelque plaie profonde.

MAFFIO. — N'y avait-il pas aussi un enfant mêlé à tout cela?

JEPPO. — Oui, un enfant dont je ne veux nommer que le père, qui était Jean Borgia.

MAFFIO. — Cet enfant serait un homme maintenant.

OLOFERNO. — Il a disparu.

JEPPO. — Est-ce César Borgia qui a réussi à le soustraire à la mère? Est-ce la mère qui a réussi à le soustraire à César Borgia? On ne sait.

DON APOSTOLO. — Si c'est la mère qui cache son fils, elle fait bien. Depuis que César Borgia, cardinal de Valence, est devenu duc de Valentinois, il a fait mourir, comme vous savez, sans compter son frère Jean, ses deux neveux, les fils de Guifry Borgia, prince de Squillacci, et son cousin, le cardinal François Borgia. Cet homme a la rage de tuer ses parents.

JEPPO. — Pardieu ! il veut être le seul Borgia, et avoir tous les biens du pape.

ASCANIO. — La sœur que vous ne voulez pas nommer, Jeppo, ne fit-elle pas à la même époque une cavalcade secrète au monastère de Saint-Sixte pour s'y renfermer sans qu'on sût pourquoi?

JEPPO. — Je crois que oui. C'était pour se séparer du seigneur Jean Sforza, son deuxième mari.

MAFFIO. — Et comment se nommait ce batelier qui a tout vu?

JEPPO. — Je ne sais pas.

GUBETTA. — Il se nommait Georgio Schiavone, et avait pour industrie de mener du bois par le Tibre à Ripetta.

MAFFIO, *bas à Ascanio.* — Voilà un Espagnol qui en sait plus long sur nos affaires que nous autres Romains.

ASCANIO, *bas.* — Je me défie comme toi de ce monsieur de Belverana. Mais n'approfondissons pas ceci ; il y a peut-être une chose dangereuse là-dessous.

JEPPO. — Ah! messieurs, messieurs! dans quel temps sommes-nous! et connaissez-vous une créature humaine qui soit sûre de vivre quelques lendemains dans cette pauvre Italie, avec les guerres, les pestes et les Borgia qu'il y a?

DON APOSTOLO. — Ah çà ! messeigneurs, je crois que tous, tant que nous sommes, nous devons faire partie de l'ambassade que la république de Venise envoie au duc de Ferrare, pour le féliciter d'avoir repris Rimini sur les Malatesta. Quand partons-nous pour Ferrare?

OLOFERNO. — Décidément, après-demain. Vous savez que les deux ambassadeurs sont nommés : c'est le sénateur Tiopolo et le général des galères Grimani.

DON APOSTOLO. — Le capitaine Gennaro sera-t-il des nôtres?

MAFFIO. — Sans doute! Gennaro et moi ne nous séparons jamais.

ASCANIO. — J'ai une observation importante à vous soumettre, messieurs : c'est qu'on boit du vin d'Espagne sans nous.

MAFFIO. — Rentrons au palais. — Hé, Gennaro ! (*A Jeppo.*) — Mais c'est qu'il s'est réellement endormi pendant votre histoire, Jeppo.

JEPPO. — Qu'il dorme !

Tous sortent, excepté Gubetta.

SCÈNE II.

GUBETTA, GENNARO, endormi.

GUBETTA, *seul.* — Oui, j'en sais plus long qu'eux ; ils se disaient cela tout bas. J'en sais plus qu'eux ; mais dona Lucrezia en sait plus que moi, monsieur de Valentinois en sait plus que dona Lucrezia, le diable en sait plus que monsieur de Valentinois, et le pape Alexandre VI en sait plus que le diable. (*Regardant Gennaro.*) — Comme cela dort, ces jeunes gens !

Entre dona Lucrezia, masquée. Elle aperçoit Gennaro endormi, et va le contempler avec une sorte de ravissement et de respect.

SCÈNE III.

GUBETTA, DONA LUCREZIA, GENNARO, endormi.

DONA LUCREZIA, *à part.* — Il dort ! — Cette fête l'aura sans doute fatigué ! — Qu'il est beau ! (*Se retournant.*) — Gubetta !

GUBETTA. — Parlez moins haut, madame. — Je ne m'appelle pas ici Gubetta, mais le comte de Belverana, gentilhomme castillan ; vous, vous êtes madame la marquise de Pontequadrato, dame napolitaine. Nous ne devons pas avoir l'air de nous connaître. Ne sont-ce pas là les ordres de Votre Altesse? Vous n'êtes point ici chez vous, vous êtes à Venise.

DONA LUCREZIA. — C'est juste, Gubetta. Mais il n'y a personne sur cette terrasse, que ce jeune homme qui dort ; nous pouvons causer un instant.

GUBETTA. — Comme il plaira à Votre Altesse. J'ai encore un conseil à vous donner ; c'est de ne point vous démasquer. On pourrait vous reconnaître.

DONA LUCREZIA. — Eh ! que m'importe? S'ils ne savent pas qui je suis, je n'ai rien à craindre ; s'ils savent qui je suis, c'est à eux d'avoir peur.

GUBETTA. — Nous sommes à Venise, madame ; vous avez bien des ennemis ici, et des ennemis libres. Sans doute, la république de Venise ne souffrirait pas qu'on osât attenter à la personne de Votre Altesse, mais on pourrait vous insulter.

DONA LUCREZIA. — Ah! tu as raison ; mon nom fait horreur, en effet.

GUBETTA. — Il n'y a pas ici que des Vénitiens ; il y a des Romains, des Napolitains, des Romagnols, des Lombards, des Italiens de toute l'Italie.

DONA LUCREZIA. — Et toute l'Italie me hait! Tu as raison !

Il faut pourtant que tout cela change. Je n'étais pas née pour faire le mal, je le sens à présent plus que jamais. C'est l'exemple de ma famille qui m'a entraînée. — Gubetta !

GUBETTA. — Madame.

DONA LUCREZIA. — Fais porter sur-le-champ les ordres que nous allons te donner dans notre gouvernement de Spolette.

GUBETTA. — Ordonnez, madame ; j'ai toujours quatre mules sellées et quatre coureurs tout prêts à partir.

DONA LUCREZIA. — Qu'a-t-on fait de Galeas Accaioli ?

GUBETTA. — Il est toujours en prison, en attendant que Votre Altesse le fasse pendre.

DONA LUCREZIA. — Et Guifry Buondelmonte ?

GUBETTA. — Au cachot. Vous n'avez pas encore dit de le faire étrangler.

DONA LUCREZIA. — Et Manfredi de Curzola ?

GUBETTA. — Pas encore étranglé non plus.

DONA LUCREZIA. — Et Spadacappa ?

GUBETTA. — D'après vos ordres, on ne doit lui donner le poison que le jour de Pâques, dans l'hostie. Cela viendra dans six semaines, nous sommes au carnaval.

DONA LUCREZIA. — Et Pierre Capra ?

GUBETTA. — A l'heure qu'il est, il est encore évêque de Pesaro et régent de la chancellerie ; mais, avant un mois, il ne sera plus qu'un peu de poussière, car notre saint-père le pape l'a fait arrêter sur votre plainte, et le tient sous bonne garde dans les chambres basses du Vatican.

DONA LUCREZIA. — Gubetta, écris en hâte au saint-père que je lui demande la grâce de Pierre Capra ! Gubetta, qu'on mette en liberté Accaioli ! En liberté Manfredi de Curzola ! En liberté Buondelmonte ! En liberté Spadacappa !

GUBETTA. — Attendez ! attendez, madame ! laissez-moi respirer ! Quels ordres me donnez-vous là ! Ah ! mon Dieu ! il pleut des pardons ! il grêle de la miséricorde ! je suis submergé dans la clémence ! je ne me tirerai jamais de ce déluge effroyable de bonnes actions !

DONA LUCREZIA. — Bonnes ou mauvaises, que t'importe, pourvu que je te les paye ?

GUBETTA. — Ah ! c'est qu'une bonne action est bien plus difficile à faire qu'une mauvaise. — Hélas ! pauvre Gubetta que je suis ! A présent que vous vous imaginez de devenir miséricordieuse, qu'est-ce que je vais devenir, moi ?

DONA LUCREZIA. — Écoute, Gubetta, tu es mon plus ancien et mon plus fidèle confident...

GUBETTA. — Voilà quinze ans, en effet, que j'ai l'honneur d'être votre collaborateur.

DONA LUCREZIA. — Eh bien ! dis, Gubetta, mon vieil ami, mon vieux complice, est-ce que tu ne commences pas à sentir le besoin de changer de genre de vie ? est-ce que tu n'as pas soif d'être béni, toi et moi, autant que nous avons été maudits ? est-ce que tu n'en as pas assez du crime ?

GUBETTA. — Je vois que vous êtes en train de devenir la plus vertueuse Altesse qui soit.

DONA LUCREZIA. — Est-ce que notre commune renommée à tous deux, notre renommée infâme, notre renommée de meurtre et d'empoisonnement, ne commence pas à te peser, Gubetta ?

GUBETTA. — Pas du tout. Quand je passe dans les rues de Spolette, j'entends bien quelquefois des manants qui fredonnent autour de moi : Hum ! ceci est Gubetta, Gubetta-poison, Gubetta-poignard, Gubetta-gibet ! car ils ont mis à mon nom une flamboyante aigrette de sobriquets. On dit tout cela ; et, quand les voix ne le disent pas, ce sont les yeux qui le disent. Mais qu'est-ce que cela fait ? je suis habitué à ma mauvaise réputation comme un soldat du pape à servir la messe.

DONA LUCREZIA. — Mais ne sens-tu pas que tous les noms odieux dont on t'accable, et dont on m'accable aussi, peuvent enfin éveiller le mépris et la haine dans un cœur où tu voudrais être aimé ? Tu n'aimes donc personne au monde, Gubetta ?

GUBETTA. — Je voudrais bien savoir qui vous aimez, madame.

DONA LUCREZIA. — Qu'en sais-tu ? Je suis franche avec toi ; je ne te parlerai ni de mon père, ni de mon frère, ni de mon mari, ni de mes amants.

GUBETTA. — Mais c'est que je ne vois guère que cela qu'on puisse aimer.

DONA LUCREZIA. — Il y a encore autre chose, Gubetta.

GUBETTA. — Ah çà ! est-ce que vous vous faites vertueuse pour l'amour de Dieu ?

DONA LUCREZIA. — Gubetta ! Gubetta ! s'il y avait aujourd'hui en Italie, dans cette fatale et criminelle Italie, un cœur noble et pur, un cœur plein de hautes et de mâles vertus, un cœur d'ange sous une cuirasse de soldat ; s'il ne me restait, à moi, pauvre femme, haïe, méprisée, abhorrée, maudite des hommes, damnée du ciel, misérable toute-puissante que je suis ; s'il ne me restait, dans l'état de détresse où mon âme agonise douloureusement, qu'une idée, qu'une espérance, qu'une ressource, celle de mériter et d'obtenir avant ma mort une petite place, Gubetta, un peu de tendresse, un peu d'estime dans ce cœur si fier et si pur ; si je n'avais d'autre pensée que l'ambition de le sentir battre un jour joyeusement et librement sur le mien ; comprendrais-tu alors, dis, Gubetta, pourquoi j'ai hâte de racheter mon passé, de laver ma renommée, d'effacer les taches de toutes sortes que j'ai partout sur moi, et de changer en une idée de gloire, de pénitence et de vertu, l'idée infâme et sanglante que l'Italie attache à mon nom ?

GUBETTA. — Mon Dieu, madame ! sur quel ermite avez-vous marché aujourd'hui ?

DONA LUCREZIA. — Ne ris pas. Il y a longtemps déjà que j'ai ces pensées sans te les dire. Lorsqu'on est entraîné par un courant de crimes, on ne s'arrête pas quand on veut. Les deux anges luttaient en moi, le bon et le mauvais ; mais je crois que le bon va enfin l'emporter.

GUBETTA. — Alors, *te Deum laudamus, magnificat anima mea Dominum*. — Savez-vous, madame, que je ne vous comprends plus, et que depuis quelque temps vous êtes devenue indéchiffrable pour moi ? Il y a un mois, Votre Altesse annonce qu'elle part pour Spolette, prend congé de monseigneur don Alphonse d'Este, votre mari, qui a, du reste, la bonhomie d'être amoureux de vous comme un tourtereau et jaloux comme un tigre ; Votre Altesse donc quitte Ferrare, et s'en vient secrètement à Venise, presque sans suite, affublée d'un faux nom napolitain, et moi d'un faux nom espagnol. Arrivée à Venise, Votre Altesse se sépare de moi et m'ordonne de ne pas la connaître ; et puis, vous vous mettez à courir les fêtes, les musiques, les tertullias à l'espagnole, profitant du carnaval pour aller partout masquée, cachée à tous, déguisée, me parlant à peine entre deux portes chaque soir ; et voilà que toute cette mascarade se termine par un sermon que vous me faites ! Un sermon de vous à moi, madame ! cela n'est-il pas véhément et prodigieux ? Vous avez métamorphosé votre nom, vous avez métamorphosé votre habit, à présent vous métamorphosez votre âme ! En honneur, c'est pousser furieusement loin le carnaval. Je m'y perds. Où est la cause de cette conduite de la part de Votre Altesse ?

DONA LUCREZIA, *lui saisissant vivement le bras, et l'attirant près de Gennaro endormi*. — Vois-tu ce jeune homme ?

GUBETTA. — Ce jeune homme n'est pas nouveau pour moi, et je sais bien que c'est après lui que vous courez sous votre masque, depuis que vous êtes à Venise.

DONA LUCREZIA. — Qu'est-ce que tu en dis ?

GUBETTA. — Je dis que c'est un jeune homme qui dort couché sur un banc, et qui dormirait debout s'il avait été en tiers dans la conversation morale et édifiante que je viens d'avoir avec Votre Altesse.

DONA LUCREZIA. — Est-ce que tu ne le trouves pas bien beau ?

GUBETTA. — Il serait plus beau s'il n'avait pas les yeux fermés. Un visage sans yeux, c'est un palais sans fenêtres.

DONA LUCREZIA. — Si tu savais comme je l'aime !

GUBETTA. — C'est l'affaire de don Alphonse, votre royal

mari. Je dois cependant avertir Votre Altesse qu'elle perd ses peines. Ce jeune homme, à ce qu'on m'a dit, aime d'amour une belle jeune fille nommée Fiametta.

DONA LUCREZIA. — Et la jeune fille, l'aime-t-elle?

GUBETTA. — On dit que oui.

DONA LUCREZIA. — Tant mieux! je voudrais tant le savoir heureux!

GUBETTA. — Voilà qui est singulier et n'est guère dans vos façons. Je vous croyais plus jalouse.

DONA LUCREZIA, *contemplant Gennaro.* — Quelle noble figure!

GUBETTA. — Je trouve qu'il ressemble à quelqu'un...

DONA LUCREZIA. — Ne me dis pas à qui tu trouves qu'il ressemble! — Laisse-moi.

Gubetta sort. Dona Lucrezia reste quelques instants comme en extase devant Gennaro : elle ne voit pas deux hommes masqués qui viennent d'entrer au fond du théâtre et qui l'observent.

DONA LUCREZIA, *se croyant seule.* — C'est donc lui! il m'est donc enfin donné de le voir un instant sans périls! Non, je ne l'avais pas rêvé plus beau. Oh! Dieu! épargnez-moi l'angoisse d'être jamais haïe et méprisée de lui; vous savez qu'il est tout ce que j'aime sous le ciel! — Je n'ose ôter mon masque, il faut pourtant que j'essuie mes larmes.

Elle ôte son masque pour s'essuyer les yeux. Les deux hommes masqués causent à voix basse pendant qu'elle baise la main de Gennaro endormi.

PREMIER HOMME MASQUÉ. — Cela suffit, je puis retourner à Ferrare. Je n'étais venu à Venise que pour m'assurer de son infidélité; j'en ai assez vu. Mon absence de Ferrare ne peut se prolonger plus longtemps. Ce jeune homme est son amant. Comment le nomme-t-on, Rustighello?

DEUXIÈME HOMME MASQUÉ. — Il s'appelle Gennaro. C'est un capitaine aventurier, un brave, sans père ni mère, un homme dont on ne connaît pas les bouts. Il est en ce moment au service de la république de Venise.

PREMIER HOMME. — Fais en sorte qu'il vienne à Ferrare.

DEUXIÈME HOMME. — Cela se fera de soi-même, monseigneur; il part après-demain pour Ferrare avec plusieurs de ses amis, qui font partie de l'ambassade des sénateurs Tiopolo et Grimani.

PREMIER HOMME. — C'est bien. Les rapports qu'on m'a faits étaient exacts. J'en ai assez vu, te dis-je; nous pouvons repartir.

Ils sortent.

DONA LUCREZIA, *joignant les mains et presque agenouillée devant Gennaro.* — Oh! mon Dieu! qu'il y ait autant de bonheur pour lui qu'il y a eu de malheur pour moi!

Elle dépose un baiser sur le front de Gennaro, qui s'éveille en sursaut.

GENNARO, *saisissant par les deux bras Lucrezia interdite.* — Un baiser! une femme! — Sur mon honneur, madame, si vous étiez reine et si j'étais poëte, ce serait véritablement l'aventure de messire Alain Chartier, le rimeur français! — Mais j'ignore qui vous êtes, et moi, je ne suis qu'un soldat.

DONA LUCREZIA. — Laissez-moi, seigneur Gennaro!

GENNARO. — Non pas, madame.

DONA LUCREZIA. — Voici quelqu'un.

Elle s'enfuit; Gennaro la suit.

SCÈNE IV.

JEPPO, puis MAFFIO.

JEPPO, *entrant par le côté opposé.* — Quel est ce visage? c'est bien elle! Cette femme à Venise! — Hé, Maffio!

MAFFIO, *entrant.* — Qu'est-ce?

JEPPO. — Que je te dise une rencontre inouïe.

Il parle bas à l'oreille de Maffio.

MAFFIO. — En es-tu sûr?

JEPPO. — Comme je suis sûr que nous sommes ici dans le palais Barbarigo, et non dans le palais Labbia.

MAFFIO. — Elle était en causerie galante avec Gennaro!

JEPPO. — Avec Gennaro!

MAFFIO. — Il faut tirer mon frère Gennaro de cette toile d'araignée.

JEPPO. — Viens avertir nos amis.

Ils sortent. — *Pendant quelques instants la scène reste vide; on voit seulement passer de temps en temps, au fond du théâtre, quelques gondoles avec des symphonies.* — *Rentrent Gennaro et dona Lucrezia masquée.*

SCÈNE V.

GENNARO, DONA LUCREZIA.

DONA LUCREZIA. — Cette terrasse est obscure et déserte; je puis me démasquer ici. Je veux que vous voyiez mon visage, Gennaro.

Elle se démasque.

GENNARO. — Vous êtes bien belle!

DONA LUCREZIA. — Regarde-moi bien, Gennaro, et dis-moi que je ne te fais pas horreur!

GENNARO. — Vous me faire horreur, madame, et pourquoi? Bien au contraire, je me sens au fond du cœur quelque chose qui m'attire vers vous.

DONA LUCREZIA. — Donc tu crois que tu pourrais m'aimer, Gennaro?

GENNARO. — Pourquoi non? Pourtant, madame, je suis sincère, il y aura toujours une femme que j'aimerai plus que vous.

DONA LUCREZIA, *souriant.* — Je sais, la petite Fiametta.

GENNARO. — Non.

DONA LUCREZIA. — Qui donc?

GENNARO. — Ma mère.

DONA LUCREZIA. — Ta mère! ta mère, ô mon Gennaro! tu aimes bien ta mère, n'est-ce pas?

GENNARO. — Et pourtant je ne l'ai jamais vue. Voilà qui vous paraît bien singulier, n'est-il pas vrai? Tenez, je ne sais pas pourquoi j'ai une pente à me confier à vous; je vais vous dire un secret que je n'ai encore dit à personne, pas même à mon frère d'armes, pas même à Maffio Orsini. Cela étrange de se livrer ainsi au premier venu; mais il me semble que vous n'êtes pas pour moi la première venue. — Je suis un capitaine qui ne connaît pas sa famille; j'ai été élevé en Calabre par un pêcheur dont je me croyais le fils. Le jour où j'eus seize ans, ce pêcheur m'apprit qu'il n'était pas mon père. Quelque temps après, un seigneur vint m'arma chevalier et repartit sans avoir levé la visière de son morion. Quelque temps après encore, un homme vêtu de noir vint m'apporter une lettre. — C'était ma mère qui m'écrivait, ma mère que je ne connaissais pas, ma mère que je rêvais bonne, douce, tendre, belle comme vous! ma mère, que j'adorais de toutes les forces de mon âme! Cette lettre m'apprit, sans me dire aucun nom, que j'étais noble et de grande race, et que ma mère était bien malheureuse. Pauvre femme!

DONA LUCREZIA. — Bon Gennaro!

GENNARO. — Depuis ce jour-là, je me suis fait aventurier, parce qu'étant quelque chose par ma naissance, j'ai voulu être aussi quelque chose par mon épée. J'ai couru toute l'Italie. Mais le premier jour de chaque mois, en quelque lieu que je sois, je vois toujours venir le même messager. Il me remet une lettre de ma mère, prend ma réponse et s'en va; et il ne me dit rien, et je ne lui dis rien, parce qu'il est sourd et muet.

DONA LUCREZIA. — Ainsi tu ne sais rien de ta famille?

GENNARO. — Je sais que j'ai une mère, qu'elle est malheureuse et que je donnerais ma vie dans ce monde pour la voir pleurer, et ma vie dans l'autre pour la voir sourire. Voilà tout.

DONA LUCREZIA. — Que fais-tu de ses lettres?

GENNARO. — Je les ai toutes là, sur mon cœur. Nous autres gens de guerre, nous risquons souvent notre poitrine à l'encontre des épées. Les lettres d'une mère, c'est une bonne cuirasse.

DONA LUCREZIA. — Noble nature !

GENNARO. — Tenez, voulez-vous voir son écriture ? voici une de ses lettres. (*Il tire de sa poitrine un papier qu'il baise et qu'il remet à dona Lucrezia.*) — Lisez cela.

DONA LUCREZIA, *lisant*. — « .... Ne cherche pas à me « connaître, mon Gennaro, avant le jour que je te marque- « rai. Je suis bien à plaindre, vá. Je suis entourée de pa- « rents sans pitié, qui te tueraient comme ils ont tué ton « père. Le secret de ta naissance, mon enfant, je veux « être la seule à le savoir. Si tu le savais, toi, cela est à la « fois si triste et si illustre, que tu ne pourrais pas t'en « taire ; la jeunesse est confiante, tu me connais pas les pé- « rils qui t'environnent comme je les connais ; qui sait ? tu « voudrais les affronter par bravade de jeune homme, tu « parlerais ou tu te laisserais deviner, et tu ne vivrais pas « deux jours. Oh ! non, contente-toi de savoir que tu as une « mère qui t'adore et qui veille nuit et jour sur ta vie. Mon « Gennaro, mon fils, tu es tout ce que j'aime sur la terre : « mon cœur se fond quand je songe à toi. »

Elle s'interrompt pour dévorer une larme.

GENNARO. — Comme vous lisez cela tendrement ! On ne dirait pas que vous lisez, mais que vous parlez. — Ah ! vous pleurez ! — Vous êtes bonne, madame, et je vous aime de pleurer de ce qu'écrit ma mère. (*Il reprend la lettre, la baise de nouveau et la remet dans sa poitrine.*) — Oui, vous voyez, il y a eu bien des crimes autour de mon berceau. — Ma pauvre mère ! — n'est-ce pas que vous comprenez maintenant que je m'arrête peu aux galanteries et aux amourettes, parce que je n'ai qu'une pensée au cœur, ma mère ! Oh ! délivrer ma mère ! la servir, la venger, la consoler ! quel bonheur ! Je penserai à l'amour après ! Tout ce que je fais, je le fais pour être digne de ma mère. Il y a bien des aventuriers qui ne sont pas scrupuleux, et qui se battraient pour Satan après s'être battus pour saint Michel ; moi, je ne sers que des causes justes ; je veux pouvoir déposer un jour aux pieds de ma mère une épée nette et loyale comme celle d'un empereur. — Tenez, madame, on m'a offert un gros enrôlement au service de cette infâme madame Lucrèce Borgia. J'ai refusé.

DONA LUCREZIA. — Gennaro ! — Gennaro ! ayez pitié des méchants ! Vous ne savez pas ce qui se passe dans leur cœur.

GENNARO. — Je n'ai pas pitié de qui est sans pitié. — Mais laissons cela, madame ; et maintenant que je vous ai dit qui je suis, faites de même, et dites-moi à votre tour qui vous êtes.

DONA LUCREZIA. — Une femme qui vous aime, Gennaro.

GENNARO. — Mais votre nom ?...

DONA LUCREZIA. — Ne m'en demandez pas plus.

Des flambeaux. Entrent avec bruit Jeppo et Maffio. Dona Lucrezia remet son masque précipitamment.

SCÈNE VI.

LES MÊMES, MAFFIO ORSINI, JEPPO LIVERETTO, ASCANIO PETRUCCI, OLOFERNO VITELLOZZO, DON APOSTOLO GAZELLA. — SEIGNEURS, DAMES, PAGES portant des flambeaux.

MAFFIO, *un flambeau à la main*. — Gennaro ! veux-tu savoir quelle est la femme à qui tu parles d'amour ?

DONA LUCREZIA, *à part, sous son masque*. — Juste ciel !

GENNARO. — Vous êtes tous mes amis ; mais je jure Dieu que celui qui touchera au masque de cette femme sera un enfant hardi. Le masque d'une femme est sacré comme la face d'un homme.

MAFFIO. — Il faut d'abord que la femme soit une femme, Gennaro ! Mais nous ne voulons point insulter celle-là ; nous voulons seulement lui dire nos noms. (*Faisant un pas vers dona Lucrezia.*) — Madame, je suis Maffio Orsini, frère du duc de Gravina, que vos sbires ont fait étrangler la nuit pendant qu'il dormait.

JEPPO. — Madame, je suis Jeppo Liveretto, neveu de Liveretto Vitelli, que vous avez fait poignarder dans les caves du Vatican.

ASCANIO. — Madame, je suis Ascanio Petrucci, cousin de Pandolfo Petrucci, seigneur de Sienne, que vous avez assassiné pour lui voler plus aisément sa ville.

OLOFERNO. — Madame, je m'appelle Oloferno Vitellozzo, neveu d'Iago d'Appiani, que vous avez empoisonné dans une fête, après lui avoir traîtreusement dérobé sa bonne citadelle seigneuriale de Piombino.

DON APOSTOLO. — Madame, vous avez mis à mort sur l'échafaud don Francisco Gazella, oncle maternel de don Alphonse d'Aragon, votre troisième mari, que vous avez fait tuer à coup de hallebarde sur le palier de l'escalier de Saint-Pierre. Je suis don Apostolo Gazella, cousin de l'un et fils de l'autre.

DONA LUCREZIA. — Oh ! Dieu !

GENNARO. — Quelle est cette femme ?

MAFFIO. — Et maintenant que nous vous avons dit nos noms, madame, voulez-vous que nous vous disions le vôtre ?

DONA LUCREZIA. — Non ! non ! ayez pitié, messeigneurs ! pas devant lui !

MAFFIO, *la démasquant*. — Otez votre masque, madame, qu'on voie si vous pouvez encore rougir.

DON APOSTOLO. — Gennaro, cette femme, à qui tu parlais d'amour, est empoisonneuse et adultère.

JEPPO. — Inceste à tous les degrés : inceste avec ses deux frères, qui se sont entre-tués pour l'amour d'elle !

DONA LUCREZIA. — Grâce !

ASCANIO. — Inceste avec son père, qui est pape !

DONA LUCREZIA. — Pitié !

OLOFERNO. — Inceste avec ses enfants, si elle en avait ; mais le ciel en refuse aux monstres !

DONA LUCREZIA. — Assez ! assez !

MAFFIO. — Veux-tu savoir son nom, Gennaro ?

DONA LUCREZIA. — Grâce ! grâce ! messeigneurs !

MAFFIO. — Gennaro, veux-tu savoir son nom ?

DONA LUCREZIA, *elle se traîne aux genoux de Gennaro*. — N'écoute pas, mon Gennaro !

MAFFIO, *étendant le bras*. — C'est Lucrèce Borgia !

GENNARO, *la repoussant*. — Oh !

TOUS. — Lucrèce Borgia !

Elle tombe évanouie aux pieds de Gennaro.

DEUXIÈME PARTIE.

Une place de Ferrare. A droite, un palais avec un balcon garni de jalousies, et une porte basse. Sous le balcon, un grand écusson de pierre chargé d'armoiries avec ce mot en grosses lettres saillantes de cuivre doré au-dessous : BORGIA. A gauche, une petite maison avec porte sur la place. Au fond, des maisons et des clochers.

SCÈNE PREMIÈRE.

DONA LUCREZIA, GUBETTA.

DONA LUCREZIA. — Tout est-il prêt pour ce soir, Gubetta ?

GUBETTA. — Oui, madame.

DONA LUCREZIA. — Y seront-ils tous les cinq ?

GUBETTA. — Tous les cinq.

DONA LUCREZIA. — Ils m'ont bien cruellement outragée, Gubetta !

GUBETTA. — Je n'étais pas là, moi !

DONA LUCREZIA. — Ils ont été sans pitié !

GUBETTA. — Ils vous ont dit votre nom tout haut comme cela ?

C'est Lucrèce Borgia! (Page 7.)

DONA LUCREZIA. — Ils ne m'ont pas dit mon nom, Gubetta, ils me l'ont craché au visage!

GUBETTA. — En plein bal?

DONA LUCREZIA. — Devant Gennaro!

GUBETTA. — Ce sont de fiers étourdis d'avoir quitté Venise et d'être venus à Ferrare! Il est vrai qu'ils ne pouvaient guère faire autrement, étant désignés par le sénat pour faire partie de l'ambassade qui est arrivée l'autre semaine.

DONA LUCREZIA. — Oh! il me hait et me méprise maintenant, et c'est leur faute. — Ah! Gubetta, je me vengerai d'eux.

GUBETTA. — A la bonne heure, voilà parler! Vos fantaisies de miséricorde vous ont quittée, Dieu soit loué! Je suis bien plus à mon aise avec Votre Altesse quand elle est naturelle comme la voilà. Je m'y retrouve au moins. Voyez-vous, madame, un lac, c'est le contraire d'une île; une tour, c'est le contraire d'un puits; un aqueduc, c'est le contraire d'un pont; et moi, j'ai l'honneur d'être le contraire d'un personnage vertueux.

DONA LUCREZIA. — Gennaro est avec eux. Prends garde qu'il ne lui arrive rien.

GUBETTA. — Si nous devenions, vous une bonne femme, et moi un bon homme, ce serait monstrueux.

DONA LUCREZIA. — Prends garde qu'il n'arrive rien à Gennaro, te dis-je!

GUBETTA. — Soyez tranquille.

DONA LUCREZIA. — Je voudrais pourtant bien le voir encore une fois!

GUBETTA. — Vive-Dieu! madame, Votre Altesse le voit tous les jours. Vous avez gagné son valet pour qu'il déterminât son maître à prendre logis là, dans cette bicoque, vis-à-vis votre balcon, et de votre fenêtre grillée vous avez tous les jours l'ineffable bonheur de voir entrer et sortir le susdit gentilhomme.

DONA LUCREZIA. — Je dis que je voudrais lui parler, Gubetta.

GUBETTA. — Rien de plus simple. Envoyez-lui dire par votre porte-chape Astolfo que Votre Altesse l'attend aujourd'hui à telle heure au palais.

DONA LUCREZIA. — Je le ferai, Gubetta. Mais voudra-t-il venir?

GUBETTA. — Rentrez, madame, je crois qu'il va passer ici tout à l'heure avec les étourneaux en question.

Je veux la mettre au moins au front de son palais! (Page 41.)

DONA LUCREZIA. — Te prennent-ils toujours pour le comte de Belverana!

GUBETTA. — Ils me croient Espagnol depuis le talon jusqu'aux sourcils. Je suis un de leurs meilleurs amis. Je leur emprunte de l'argent.

DONA LUCREZIA. — De l'argent! et pourquoi faire?

GUBETTA. — Pardieu! pour en avoir. D'ailleurs, il n'y a rien qui soit plus espagnol que d'avoir l'air gueux et de tirer le diable par la queue.

DONA LUCREZIA, à part. — Oh! mon Dieu! faites qu'il n'arrive pas malheur à mon Gennaro!

GUBETTA. — Et, à ce propos, madame, il me vient une réflexion.

DONA LUCREZIA. — Laquelle?

GUBETTA. — C'est qu'il faut que la queue du diable lui soit soudée, chevillée et vissée à l'échine d'une façon bien triomphante pour qu'elle résiste à l'innombrable multitude de gens qui la tirent perpétuellement.

DONA LUCREZIA. — Tu ris à travers tout, Gubetta.

GUBETTA. — C'est une manière comme une autre.

DONA LUCREZIA. — Je crois que les voici. — Songe à tout.

Elle rentre dans le palais par la petite porte sous le balcon.

SCÈNE II.

GUBETTA, seul.

Qu'est-ce que c'est que ce Gennaro? et que diable en veut-elle faire? Je ne sais pas tous les secrets de la dame, il s'en faut; mais celui-ci pique ma curiosité. Ma foi, elle n'a pas eu de confiance en moi cette fois, il ne faut pas qu'elle s'imagine que je vais la servir dans cette occasion; elle se tirera de l'intrigue avec le Gennaro comme elle pourra. Mais quelle étrange manière d'aimer un homme quand on est fille de Roderigo Borgia et de la Vanozza, quand on est une femme qui a dans les veines du sang de courtisane et du sang de pape! Madame Lucrèce devient platonique. Je ne m'étonnerai plus de rien maintenant, quand même on viendrait me dire que le pape Alexandre VI croit en Dieu! — *(Il regarde dans la rue voisine.)* Allons! voici nos jeunes fous du carnaval de Venise. Ils ont eu une belle idée de quitter une terre neutre et libre pour venir à Ferrare après avoir mortellement offensé la duchesse de Ferrare! A leur place je me serais, certes, abstenu de faire partie de la cavalcade des ambassadeurs vénitiens. Mais les jeunes gens sont ainsi faits. La gueule du loup est de toutes les choses sublunaires celle où ils se précipitent le plus volontiers.

Entrent les jeunes seigneurs sans voir d'abord Gubetta, qui s'est placé en observation sous l'un des piliers qui soutiennent le balcon. Ils causent à voix basse et d'un air d'inquiétude.

SCÈNE III.

GUBETTA, GENNARO, MAFFIO, JEPPO, ASCANIO, DON APOSTOLO, OLOFERNO.

MAFFIO, *bas.* — Vous direz ce que vous voudrez, messieurs, on peut se dispenser de venir à Ferrare quand on a blessé au cœur madame Lucrèce Borgia.

DON APOSTOLO. — Que pouvions-nous faire? Le sénat nous envoie ici. Est-ce qu'il y a moyen d'éluder les ordres du sérénissime sénat de Venise? Une fois désignés, il fallait partir. Je ne me dissimule pourtant pas, Maffio, que la Lucrezia Borgia est en effet une redoutable ennemie. Elle est la maîtresse ici.

JEPPO. — Que veux-tu qu'elle nous fasse, Apostolo? Ne sommes-nous pas au service de la république de Venise? Ne faisons-nous pas partie de son ambassade? Toucher à un cheveu de notre tête, ce serait déclarer la guerre au doge, et Ferrare ne se frotte pas volontiers à Venise.

GENNARO, *rêveur dans un coin du théâtre, sans se mêler à la conversation.* — Oh! ma mère! ma mère! Qui me dira ce que je puis faire pour ma pauvre mère?

MAFFIO. — On peut te coucher de tout ton long dans le sépulcre, Jeppo, sans toucher à un cheveu de ta tête. Il y a des poisons qui font les affaires des Borgia sans éclat et sans bruit, et beaucoup mieux que la hache ou le poignard. Rappelle-toi de la manière dont Alexandre VI a fait disparaître du monde le sultan Zizimi, frère de Bajazet.

OLOFERNO. — Et tant d'autres.

DON APOSTOLO. — Quant au frère de Bajazet, son histoire est curieuse, et n'est pas des moins sinistres. Le pape lui persuada que Charles de France l'avait empoisonné le jour où ils firent collation ensemble; Zizimi crut tout, et reçut des belles mains de Lucrèce Borgia un soi-disant contre-poison qui, en deux heures, délivra de lui son frère Bajazet.

JEPPO. — Il paraît que ce brave Turc n'entendait rien à la politique.

MAFFIO. — Oui, les Borgia ont des poisons qui tuent en un jour, en un mois, en un an, à leur gré. Ce sont d'infâmes poisons qui rendent le vin meilleur, et font vider le flacon avec plus de plaisir. Vous vous croyez ivre, vous êtes mort. Ou bien un homme tombe tout à coup en langueur, sa peau se ride, ses yeux se cavent, ses cheveux blanchissent, ses dents se brisent comme verre sur le pain; il ne marche plus, il se traîne; il ne respire plus, il râle; il ne rit plus, il ne dort plus, il grelotte au soleil en plein midi; jeune homme il a l'air d'un vieillard; il agonise ainsi quelque temps, enfin il meurt. Il meurt; et alors on se souvient qu'il y a six mois ou un an il a bu un verre de vin de Chypre chez un Borgia. *(Se retournant.)* — Tenez, messeigneurs, voilà justement Montefeltro, que vous connaissez peut-être, qui est de cette ville, et à qui la chose arrive en ce moment. — Il passe là au fond de la place. — Regardez-le.

On voit passer au fond du théâtre un homme à cheveux blancs, maigre, chancelant, boitant, appuyé sur un bâton, et enveloppé d'un manteau.

ASCANIO. — Pauvre Montefeltro!

DON APOSTOLO. — Quel âge a-t-il?

MAFFIO. — Mon âge. Vingt-neuf ans.

OLOFERNO. — Je l'ai vu l'an passé rose et frais comme vous.

MAFFIO. — Il y a trois mois, il a soupé chez notre saint-père le pape, dans sa vigne du Belvédère!

ASCANIO. — C'est horrible!

MAFFIO. — Oh! l'on conte des choses bien étranges de ces soupers des Borgia!

ASCANIO. — Ce sont des débauches effrénées, assaisonnées d'empoisonnements.

MAFFIO. — Voyez, messeigneurs, comme cette place est déserte autour de nous. Le peuple ne s'aventure pas si près que nous du palais ducal; il a peur que les poisons qui s'y élaborent jour et nuit ne transpirent à travers les murs.

ASCANIO. — Messieurs, à tout prendre, les ambassadeurs ont eu hier leur audience du duc. Notre office est à peu près fini. La suite de l'ambassade se compose de cinquante cavaliers. Notre disparition ne s'apercevrait guère dans le nombre, et je crois que nous ferions sagement de quitter Ferrare.

MAFFIO. — Aujourd'hui même!

JEPPO. — Messieurs, il sera temps demain. Je suis invité à souper ce soir chez la princesse Negroni, dont je suis fort éperdument amoureux, et je ne voudrais pas avoir l'air de fuir devant la plus jolie femme de Ferrare.

OLOFERNO. — Tu es invité à souper ce soir chez la princesse Negroni?

JEPPO. — Oui.

OLOFERNO. — Et moi aussi.

ASCANIO. — Et moi aussi.

DON APOSTOLO. — Et moi aussi.

MAFFIO. — Et moi aussi.

GUBETTA, *sortant de l'ombre du pilier.* — Et moi aussi, messieurs.

JEPPO. — Tiens, voilà monsieur de Belverana. Eh bien! nous irons tous ensemble; ce sera une joyeuse soirée. Bonjour, monsieur de Belverana.

GUBETTA. — Que Dieu vous garde longues années, seigneur Jeppo.

MAFFIO, *bas à Jeppo.* — Vous allez encore me trouver bien timide, Jeppo. Eh bien! si vous m'en croyiez, nous n'irions pas à ce souper. Le palais Negroni touche au palais ducal, et je n'ai pas grande croyance aux airs aimables de ce seigneur Belverana.

JEPPO, *bas.* — Vous êtes fou, Maffio. La Negroni est une femme charmante, je vous dis que j'en suis amoureux, et le Belverana est un brave homme. Je me suis enquis de lui et des siens. Mon père était avec son père au siège de Grenade, en quatorze cent quatre-vingt et tant.

MAFFIO. — Cela ne prouve pas que celui-ci soit le fils du père avec qui était votre père.

JEPPO. — Vous êtes libre de ne pas venir souper, Maffio.

MAFFIO. — J'irai si vous y allez, Jeppo.

JEPPO. — Vive Jupiter, alors! — Et toi, Gennaro, est-ce que tu n'es pas des nôtres, ce soir?

ASCANIO. — Est-ce que la Negroni ne t'a pas invité?

GENNARO. — Non. La princesse m'aura trouvé trop médiocre gentilhomme.

MAFFIO, *souriant.* — Alors, mon frère, tu iras de ton côté à quelque rendez-vous d'amour, n'est-ce pas?

JEPPO. — A propos, conte-nous donc un peu ce que te disait madame Lucrèce l'autre soir. Il paraît qu'elle est folle de toi. Elle a dû t'en dire long. La liberté du bal était une bonne fortune pour elle. Les femmes ne déguisent personne que pour déshabiller plus hardiment leur âme. Visage masqué, cœur à nu.

Depuis quelques instants dona Lucrezia est sur le balcon, dont elle a entr'ouvert la jalousie. Elle écoute.

MAFFIO. — Ah! tu es venu te loger précisément en face de son balcon. Gennaro! Gennaro!

DON APOSTOLO. — Ce qui n'est pas sans danger, mon camarade; car on dit ce digne duc de Ferrare fort jaloux de madame sa femme.

OLOFERNO. — Allons, Gennaro, dis-nous où tu en es de ton amourette avec la Lucrèce Borgia.

GENNARO. — Messeigneurs, si vous me parlez encore de cette horrible femme, il y aura des épées qui reluiront au soleil.

DONA LUCREZIA, *sur le balcon, à part.* — Hélas!

MAFFIO. — C'est pure plaisanterie, Gennaro. Mais il me semble qu'on peut bien te parler de cette dame, puisque tu portes ses couleurs.

GENNARO. — Que veux-tu dire?

MAFFIO, *lui montrant l'écharpe qu'il porte.* — Cette écharpe!

JEPPO. — Ce sont, en effet, les couleurs de Lucrèce Borgia.

GENNARO. — C'est Fiametta qui me l'a envoyée.

MAFFIO. — Tu le crois. Lucrèce te l'a fait dire. Mais c'est Lucrèce qui a brodé l'écharpe de ses propres mains pour toi.

GENNARO. — En es-tu sûr, Maffio? Par qui le sais-tu?

MAFFIO. — Par ton valet qui t'a remis l'écharpe, et qu'elle a gagné.

GENNARO. — Damnation!

Il arrache l'écharpe, la déchire, et la foule aux pieds.

DONA LUCREZIA, *à part.* — Hélas!

Elle referme la jalousie et se retire.

MAFFIO. — Cette femme est belle pourtant!

JEPPO. — Oui, mais il y a quelque chose de sinistre empreint sur sa beauté.

MAFFIO. — C'est un ducat d'or à l'effigie de Satan.

GENNARO. — Oh! maudite soit cette Lucrèce Borgia! Vous dites qu'elle m'aime, cette femme! Eh bien! tant mieux, que ce soit son châtiment! Elle me fait horreur! oui! elle me fait horreur! Tu sais, Maffio, cela est toujours ainsi, il n'y a pas moyen d'être indifférent pour une femme qui nous aime. Il faut l'aimer ou la haïr. Et comment aimer celle-là? Il arrive aussi que, plus on est persécuté par l'amour de ces sortes de femmes, plus on les hait. Celle-ci m'obsède, m'investit, m'assiége. Par où ai-je pu mériter l'amour d'une Lucrèce Borgia? Cela n'est-il pas une honte et une calamité? Depuis cette nuit où vous m'avez dit son nom d'une façon si éclatante, vous ne sauriez croire à quel point la pensée de cette femme scélérate m'est odieuse. Autrefois, je ne voyais Lucrèce Borgia que de loin, à travers mille intervalles, comme un fantôme terrible debout sur toute l'Italie, comme le spectre de tout le monde. Maintenant ce spectre est mon spectre à moi; il vient s'asseoir à mon chevet; il m'aime, ce spectre, et veut se coucher dans mon lit! Par ma mère, c'est épouvantable! Ah! Maffio, elle a tué monsieur de Gravina, elle a tué ton frère! Eh bien! ton frère, je le remplacerai près de toi, et je te vengerai près d'elle. — Voilà donc sous cet exécrable palais! palais de la luxure, palais de la trahison, palais de l'assassinat, palais de l'adultère, palais de l'inceste, palais de tous les crimes, palais de Lucrèce Borgia! Oh! la marque d'infamie que je ne puis lui mettre au front, à cette femme, je veux la mettre au moins au front de son palais!

Il monte sur le banc de pierre qui est au-dessous du balcon, et, avec son poignard, il fait sauter la première lettre du nom de Borgia, gravé sur le mur, de façon qu'il ne reste plus que ce mot: — ORGIA.

MAFFIO. — Que diable fait-il?

JEPPO. — Gennaro, cette lettre de moins au nom de madame Lucrèce, c'est ta tête de moins sur tes épaules.

GUBETTA. — Monsieur Gennaro, voilà un calembour qui fera mettre demain la moitié de la ville à la question.

GENNARO. Si l'on cherche le coupable, je me présenterai.

GUBETTA, *à part.* — Je le voudrais, pardieu! Cela embarrasserait madame Lucrèce.

Depuis quelques instants, deux hommes vêtus de noir se promènent sur la place et observent.

MAFFIO. — Messieurs, voilà des gens de mauvaise mine qui nous regardent un peu curieusement. Je crois qu'il serait prudent de nous séparer. — Ne fais pas de nouvelles folies, frère Gennaro.

GENNARO. — Sois tranquille, Maffio. Ta main? — Messieurs, bien de la joie cette nuit!

Il rentre chez lui; les autres se dispersent.

SCÈNE IV.

LES DEUX HOMMES, vêtus de noir.

PREMIER HOMME. — Que diable fais-tu là, Rustighello?
DEUXIÈME HOMME. — J'attends que tu t'en ailles, Astolfo.
PREMIER HOMME. — En vérité?
DEUXIÈME HOMME. — Et toi, que fais-tu là, Astolfo?
PREMIER HOMME. — J'attends que tu t'en ailles, Rustighello.
DEUXIÈME HOMME. — A qui donc as-tu affaire, Astolfo?
PREMIER HOMME. — A l'homme qui vient d'entrer là. Et toi, à qui en veux-tu?
DEUXIÈME HOMME. — Au même.
PREMIER HOMME. — Diable!
DEUXIÈME HOMME. — Qu'est-ce que tu veux en faire?
PREMIER HOMME. — Le mener chez la duchesse. — Et toi?
DEUXIÈME HOMME. — Je veux le mener chez le duc.
PREMIER HOMME. — Diable!
DEUXIÈME HOMME. — Qu'est-ce qui l'attend chez la duchesse?
PREMIER HOMME. — L'amour sans doute. — Et chez le duc?
DEUXIÈME HOMME. — Probablement la potence.
PREMIER HOMME. — Comment faire? Il ne peut pas être à la fois chez le duc et chez la duchesse, amant heureux et pendu.
DEUXIÈME HOMME. — Voici un ducat. Jouons à croix ou pile à qui de nous deux aura l'homme.
PREMIER HOMME. — C'est dit.
DEUXIÈME HOMME. — Ma foi, si je perds, je dirai tout bonnement au duc que j'ai trouvé l'oiseau déniché. Cela m'est bien égal, les affaires du duc.

Il jette un ducat en l'air.

PREMIER HOMME. — Pile.
DEUXIÈME HOMME, *regardant à terre.* — C'est face.
PREMIER HOMME. — L'homme sera pendu. Prends-le. Adieu.
DEUXIÈME HOMME. — Bonsoir!

L'autre une fois disparu, il ouvre la porte basse sous le balcon, y entre, et revient un moment après accompagné de quatre sbires, avec lesquels il va frapper à la porte de la maison où est entré Gennaro. La toile tombe.

ACTE DEUXIÈME

LE COUPLE

PREMIÈRE PARTIE

Une salle du palais ducal de Ferrare. Tentures de cuir de Hongrie frappées d'arabesques d'or. Ameublement magnifique dans le goût de la fin du quinzième siècle en Italie. — Le fauteuil ducal en velours rouge, brodé aux armes de la maison d'Este. A côté, une table couverte de velours rouge. — Au fond, une grande porte. A droite une petite porte. A gauche, une autre petite porte masquée. Derrière la petite porte masquée, on voit, dans un compartiment ménagé sur le théâtre, la naissance d'un escalier en spirale qui s'enfonce sous le plancher, et qui est éclairé par une longue et étroite fenêtre grillée.

SCÈNE PREMIÈRE.

DON ALPHONSE D'ESTE, en magnifique costume à ses couleurs, RUSTIGHELLO, vêtu des mêmes couleurs, mais d'étoffes plus simples.

RUSTIGHELLO. — Monseigneur le duc, voilà vos premiers ordres exécutés. J'en attends d'autres.

DON ALPHONSE. — Prends cette clef. Va à la galerie de Numa. Compte tous les panneaux de la boiserie, à partir de la grande figure peinte qui est près de la porte, et qui représente Hercule, fils de Jupiter, un de mes ancêtres. Arrivé au vingt-troisième panneau, tu verras une petite ouverture cachée dans la gueule d'une guivre dorée, qui est une guivre de Milan. C'est Ludovic le Maure qui a fait faire ce panneau. Introduis la clef dans cette ouverture. Le panneau tournera sur ses gonds comme une porte. Dans l'armoire secrète qu'il recouvre, tu verras sur un plateau de cristal un flacon d'or et un flacon d'argent avec deux coupes en émail. Dans le flacon d'argent il y a de l'eau pure. Dans le flacon d'or il y a du vin préparé. Tu apporteras le plateau, sans y rien déranger, dans le cabinet voisin de cette chambre, Rustighello, et, si tu as jamais entendu des gens, dont les dents claquaient de terreur, parler de ce fameux poison des Borgia qui, en poudre, est blanc et scintillant comme de la poussière de marbre de Carrare, et qui, mêlé au vin, change du vin de Romorantin en vin de Syracuse, tu te garderas de toucher au flacon d'or.

RUSTIGHELLO. — Est-ce là tout, monseigneur?

DON ALPHONSE. — Non. Tu prendras ta meilleure épée, et tu te tiendras dans le cabinet, debout, derrière la porte, de manière à entendre tout ce qui se passera ici et à pouvoir entrer au premier signal que je te donnerai avec cette clochette d'argent, dont tu connais le son. (*Il montre une clochette sur la table.*) Si j'appelle simplement : — Rustighello! — tu entreras avec le plateau. Si je secoue la clochette, tu entreras avec l'épée.

RUSTIGHELLO. — Il suffit, monseigneur.

DON ALPHONSE. — Tu tiendras ton épée nue à la main, afin de n'avoir pas la peine de la tirer.

RUSTIGHELLO. — Bien.

DON ALPHONSE. — Rustighello! prends deux épées. Une peut se briser. — Va.

Rustighello sort par la petite porte.

UN HUISSIER, *entrant par la porte du fond.* — Notre dame la duchesse demande à parler à notre seigneur le duc.

DON ALPHONSE. — Faites entrer ma dame.

SCÈNE II.

DON ALPHONSE, DONA LUCREZIA.

DONA LUCREZIA, *entrant avec impétuosité.* — Monsieur, monsieur, ceci est indigne, ceci est odieux, ceci est infâme. Quelqu'un de votre peuple, — savez-vous cela, don Alphonse? — vient de mutiler le nom de votre femme gravé au-dessous de mes armoiries de famille sur la façade de votre propre palais. La chose s'est faite en plein jour, publiquement, par qui? je l'ignore; mais c'est bien injurieux et bien téméraire. On a fait de mon nom un écriteau d'ignominie, et votre populace de Ferrare, qui est bien la plus infâme populace de l'Italie, monseigneur, est là qui ricane autour de mon blason comme autour d'un pilori. Est-ce que vous vous imaginez, don Alphonse, que je m'accommode de cela, et que je n'aimerais pas mieux mourir en une fois d'un coup de poignard qu'en mille fois de la piqûre envenimée du sarcasme et du quolibet? Pardieu, monsieur, on me traite étrangement dans votre seigneurie de Ferrare! Ceci commence à me lasser, et je vous trouve l'air trop gracieux et trop tranquille pendant qu'on traîne dans les ruisseaux de votre ville la renommée de votre femme, déchiquetée à belles dents par l'injure et la calomnie. Il me faut une réparation éclatante de ceci, je vous en préviens, monsieur le duc. Préparez-vous à faire justice. C'est un événement sérieux qui arrive là, voyez-vous? Est-ce que vous croyez par hasard que je ne tiens à l'estime de personne au monde et que mon mari peut se dispenser d'être mon chevalier? Non, non, monseigneur; qui épouse protège, qui donne la main donne le bras. J'y compte. Tous les jours ce sont de nouvelles injures, et jamais je ne vous en vois ému. Est-ce que cette boue dont on me couvre ne vous éclabousse pas, don Alphonse? Allons, sur mon âme, courroucez-vous donc un peu, que je vous voie, une fois dans votre vie, vous fâcher à mon sujet, monsieur! Vous êtes amoureux de moi, dites-vous quelquefois; soyez-le donc de ma gloire. Vous êtes jaloux, soyez-le de ma renommée. Si j'ai doublé par ma dot vos domaines héréditaires; si je vous ai apporté en mariage non-seulement la rose d'or et la bénédiction du saint-père, mais, ce qui tient plus de place sur la surface du monde, Sienne, Rimini, Cesena, Spolette et Piombino, et plus de villes que vous n'aviez de châteaux, et plus de duchés que vous n'aviez de baronnies; si j'ai fait de vous le plus puissant gentilhomme de l'Italie, ce n'est pas une raison, monsieur, pour que vous laissiez votre peuple me railler, me publier et m'insulter; pour que vous laissiez votre Ferrare montrer du doigt à toute l'Europe votre femme plus méprisée et plus bas placée que la servante des valets de vos palefreniers; ce n'est pas une raison, dis-je, pour que vos sujets ne puissent me voir passer au milieu d'eux sans dire : — Ah! cette femme!... — Or, je vous le déclare, monsieur, je veux que le crime d'aujourd'hui soit recherché et notablement puni, ou je m'en plaindrai au pape, ou je m'en plaindrai au Valentinois, qui est à Forli avec quinze mille hommes de guerre; et, voyez maintenant si cela vaut la peine de vous lever de votre fauteuil.

DON ALPHONSE. — Madame, le crime dont vous vous plaignez m'est connu.

DONA LUCREZIA. — Comment, monsieur! le crime vous est connu, et le criminel n'est pas encore découvert!

DON ALPHONSE. — Le criminel est découvert.

DONA LUCREZIA. — Vive Dieu! s'il est découvert, comment se fait-il qu'il ne soit pas arrêté?

DON ALPHONSE. — Il est arrêté, madame.

DONA LUCREZIA. — Sur mon âme, s'il est arrêté, d'où vient qu'il n'est pas encore puni?

DON ALPHONSE. — Il va l'être. J'ai voulu avoir votre avis sur le châtiment.

DONA LUCREZIA. — Et vous avez bien fait, monseigneur. Où est-il?

DON ALPHONSE. — Ici.

DONA LUCREZIA. — Ah! ici! — Il me faut un exemple, entendez-vous, monsieur? C'est un crime de lèse-majesté. Ces crimes-là font toujours tomber la tête qui les conçoit et la main qui les exécute! — Ah! il est ici! je veux le voir.

DON ALPHONSE. — C'est facile. (*Appelant.*) — Bautista!

L'huissier reparaît.

DONA LUCREZIA. — Encore un mot, monsieur, avant que le coupable soit introduit. — Quel que soit cet homme, fût-il de votre ville, fût-il de votre maison, don Alphonse, donnez-moi votre parole de duc couronné qu'il n'en sortira pas d'ici vivant.

DON ALPHONSE. — Je vous la donne. — Je vous la donne, entendez-vous bien, madame?

DONA LUCREZIA. — C'est bien. Eh! sans doute j'entends. Amenez-le maintenant, que je l'interroge moi-même! — Mon Dieu, qu'est-ce que je leur ai donc fait, à ces gens de Ferrare, pour me persécuter ainsi!

DON ALPHONSE, *à l'huissier.* — Faites entrer le prisonnier.

La porte du fond s'ouvre. On voit paraître Gennaro, désarmé, entre deux pertuisaniers. Dans le même moment, on voit Rustighello monter l'escalier dans le petit compartiment à gauche, derrière la porte masquée; il tient à la main un plateau sur lequel il y a un flacon doré, un flacon argenté et deux coupes. Il pose le plateau sur l'appui de la fenêtre, tire son épée et se place derrière la porte.

SCÈNE III.

Les Mêmes, GENNARO.

DONA LUCREZIA, *à part.* — Gennaro!
DON ALPHONSE, *s'approchant d'elle, bas et avec un sourire.* — Est-ce que vous connaissez cet homme?
DONA LUCREZIA, *à part.* — C'est Gennaro! — Quelle fatalité, mon Dieu!

Elle le regarde avec angoisse; il détourne les yeux.

GENNARO. — Monseigneur le duc, je suis un simple capitaine, et je vous parle avec le respect qu'il convient. Votre Altesse m'a fait saisir dans mon logis ce matin; que me veut-elle?
DON ALPHONSE. — Seigneur capitaine, un crime de lèse-majesté humaine a été commis ce matin vis-à-vis la maison que vous habitez. Le nom de notre bien-aimée épouse et cousine dona Lucrezia Borgia a été insolemment balafré sur la face de notre palais ducal. Nous cherchons le coupable.
DONA LUCREZIA. — Ce n'est pas lui! il y a méprise, don Alphonse. Ce n'est pas ce jeune homme!
DON ALPHONSE. — D'où le savez-vous?
DONA LUCREZIA. — J'en suis sûre. Ce jeune homme est de Venise et non de Ferrare. Ainsi...
DON ALPHONSE. — Qu'est-ce que cela prouve?
DONA LUCREZIA. — Le fait a eu lieu ce matin, et je sais qu'il a passé la matinée chez une nommée Fiammetta.
GENNARO. — Non, madame.
DON ALPHONSE. — Vous voyez bien que Votre Altesse est mal instruite. Laissez-moi l'interroger. — Capitaine Gennaro, êtes-vous celui qui a commis le crime?
DONA LUCREZIA, *éperdue.* — On étouffe ici! de l'air! de l'air! J'ai besoin de respirer un peu! (*Elle va à une fenêtre, et, en passant à côté de Gennaro, elle lui dit rapidement.*) — Dis que ce n'est pas toi!
DON ALPHONSE, *à part.* — Elle lui a parlé bas.
GENNARO. — Duc Alphonse, les pêcheurs de Calabre qui m'ont élevé et qui m'ont trempé tout jeune dans la mer pour me rendre fort et hardi, m'ont enseigné cette maxime, avec laquelle on peut risquer souvent sa vie, jamais son honneur : — Fais ce que tu dis, dis ce que tu fais. — Duc Alphonse, je suis l'homme que vous cherchez.
DON ALPHONSE, *se tournant vers dona Lucrezia.* — Vous avez ma parole de duc couronné, madame.
DONA LUCREZIA. — J'ai deux mots à vous dire en particulier, monseigneur.

Le duc fait signe à l'huissier et aux gardes de se retirer avec le prisonnier dans la salle voisine.

SCÈNE IV.

DONA LUCREZIA, DON ALPHONSE.

DON ALPHONSE. — Que me voulez-vous, madame?
DONA LUCREZIA. — Ce que je vous veux, don Alphonse, c'est que je ne veux pas que ce jeune homme meure.
DON ALPHONSE. — Il n'y a qu'un instant, vous êtes entrée chez moi comme la tempête, irritée et pleurante, vous vous êtes plainte à moi d'un outrage fait à vous, vous avez réclamé avec injure et cris la tête du coupable, vous m'avez demandé ma parole ducale qu'il ne sortirait pas d'ici vivant, je vous l'ai loyalement octroyée, et, maintenant, vous ne voulez pas qu'il meure! — Par Jésus, madame, ceci est nouveau!
DONA LUCREZIA. — Je ne veux pas que ce jeune homme meure, monsieur le duc!
DON ALPHONSE. — Madame, les gentilshommes aussi prouvés que moi n'ont pas coutume de laisser leur foi en gage. Vous avez ma parole, il faut que je la retire. J'ai juré que le coupable mourrait, il mourra. Sur mon âme, vous pouvez choisir le genre de mort.
DONA LUCREZIA, *d'un air riant et plein de douceur.* — Don Alphonse, don Alphonse, en vérité, nous disons là des folies vous et moi. Tenez, c'est vrai, je suis une femme pleine de déraison. Mon père m'a gâtée; que voulez-vous? on a depuis mon enfance obéi à tous mes caprices. Ce que je voulais il y a un quart d'heure, je ne le veux plus à présent. Vous savez bien, don Alphonse, que j'ai toujours été ainsi. Tenez, asseyez-vous là, près de moi, et causons un peu, tendrement, cordialement, comme mari et femme, comme deux bons amis.
DON ALPHONSE, *prenant de son côté un air de galanterie.* — Dona Lucrezia, vous êtes ma dame, et je suis trop heureux qu'il vous plaise de m'avoir un instant à vos pieds.

Il s'assied près d'elle.

DONA LUCREZIA. — Comme cela est bon de s'entendre! Savez-vous bien, Alphonse, que je vous aime encore comme le premier jour de notre mariage, ce jour où vous fîtes une si éblouissante entrée à Rome, entre monsieur de Valentinois, mon frère, et monsieur le cardinal Hippolyte d'Este, le vôtre? J'étais sur le balcon des degrés de Saint-Pierre. Je me rappelle encore votre beau cheval blanc chargé d'orfévrerie d'or, et l'illustre mine de roi que vous aviez dessus!
DON ALPHONSE. — Vous étiez vous-même bien belle, madame, et bien rayonnante sous votre dais de brocart d'argent.
DONA LUCREZIA. — Oh! ne me parlez pas de moi, monseigneur, quand je vous parle de vous. Il est certain que toutes les princesses de l'Europe m'envient d'avoir épousé le meilleur chevalier de la chrétienté. Et moi je vous aime vraiment comme si j'avais dix-huit ans. Vous savez que je vous aime, n'est-ce pas, Alphonse? Vous n'en doutez jamais, au moins. Je suis froide quelquefois, et distraite; cela vient de mon caractère, non de mon cœur. Écoutez, Alphonse, si Votre Altesse m'en grondait doucement, je me corrigerais bien vite. La bonne chose de s'aimer comme nous faisons! Donnez-moi votre main, — embrassez-moi, don Alphonse! — En vérité, j'y songe maintenant, il est bien ridicule qu'un prince et une princesse comme vous et moi, qui sont assis côte à côte sur le plus beau trône ducal qui soit au monde, et qui s'aiment, aient été sur le point de se quereller pour un misérable petit capitaine aventurier vénitien. Il faut chasser cet homme et n'en plus parler. Qu'il aille où il voudra, ce drôle, n'est-ce pas, Alphonse? le lion et la lionne ne se courroucent pas d'un moucheron. — Savez-vous, monseigneur, que si la couronne ducale était à donner en concours au plus beau cavalier de votre duché de Ferrare, c'est encore vous qui l'auriez? — Attendez, que j'aille dire à Bautista de votre part qu'il ait à chasser au plus vite de Ferrare ce Gennaro!
DON ALPHONSE. — Rien ne presse.
DONA LUCREZIA, *d'un air enjoué.* — Je voudrais n'avoir plus à y songer. — Allons, monsieur, laissez-moi terminer cette affaire à ma guise!
DON ALPHONSE. — Il faut que celle-ci se termine à la mienne.
DONA LUCREZIA. — Mais enfin, mon Alphonse, vous n'avez pas de raison pour vouloir la mort de ce jeune homme.
DON ALPHONSE. — Et la parole que je vous ai donnée? Le serment d'un roi est sacré.
DONA LUCREZIA. — Cela est bon à dire au peuple. Mais de vous à moi, Alphonse, nous savons ce que c'est. Le saint-père avait promis à Charles VIII de France la vie de Zizimi, Sa Sainteté n'en a pas moins fait mourir Zizimi. Monsieur de Valentinois s'était constitué sur parole otage du même enfant Charles VIII, monsieur de Valentinois s'est évadé du camp français dès qu'il a pu. Vous-même, vous aviez promis aux Petrucci de leur rendre Sienne. Vous ne l'avez pas fait, ni dû faire. Eh! l'histoire des pays est pleine de cela. Ni rois ni nations ne pourraient vivre un jour avec la rigidité des serments qu'on tiendrait. Entre nous, Alphonse, une parole jurée n'est une nécessité que quand il n'y en a pas d'autre.

DON ALPHONSE. — Pourtant, dona Lucrezia, un serment...

DONA LUCREZIA. — Ne me donnez pas de ces mauvaises raisons-là. Je ne suis pas une sotte. Dites-moi plutôt, mon cher Alphonse, si vous avez quelques motifs d'en vouloir à ce Gennaro. Non. Eh bien! accordez-moi sa vie. Vous m'aviez bien accordé sa mort. Qu'est-ce que cela vous fait? S'il me plaît de lui pardonner? C'est moi qui suis l'offensée.

DON ALPHONSE. — C'est justement parce qu'il vous a offensée, mon amour, que je ne veux pas lui faire grâce.

DONA LUCREZIA. — Si vous m'aimez, Alphonse, vous ne me refuserez pas plus longtemps. Et s'il me plaît d'essayer de la clémence, à moi? C'est un moyen de me faire aimer de votre peuple. Je veux que votre peuple m'aime. La miséricorde, Alphonse, cela fait ressembler un roi à Jésus-Christ. Soyons des souverains miséricordieux. Cette pauvre Italie a assez de tyrans sans nous depuis le baron vicaire du pape jusqu'au pape vicaire de Dieu. Finissons-en, cher Alphonse. Mettez ce Gennaro en liberté. C'est un caprice, si vous voulez; mais c'est quelque chose de sacré et d'auguste que le caprice d'une femme quand il sauve la tête d'un homme.

DON ALPHONSE. — Je ne puis, chère Lucrèce.

DONA LUCREZIA. — Vous ne pouvez? mais enfin pourquoi ne pouvez-vous pas m'accorder quelque chose d'aussi insignifiant que la vie de ce capitaine?

DON ALPHONSE. — Vous me demandez pourquoi, mon amour?

DONA LUCREZIA. — Oui, pourquoi?

DON ALPHONSE. — Parce que ce capitaine est votre amant, madame!

DONA LUCREZIA. — Ciel!

DON ALPHONSE. — Parce que vous l'avez été chercher à Venise! Parce que vous l'iriez chercher en enfer! Parce que je vous ai suivie pendant que vous le suiviez! Parce que je vous ai vue, masquée et haletante, courir après lui comme la louve après sa proie! Parce que tout à l'heure encore vous le couviez d'un regard plein de pleurs et plein de flamme! Parce que vous vous êtes prostituée à lui, sans aucun doute, madame! Parce que c'est assez de honte et d'infamie et d'adultère comme cela! Parce qu'il est temps que je venge mon honneur, et que je fasse couler autour de mon lit un fossé de sang, entendez-vous, madame?

DONA LUCREZIA. — Don Alphonse...

DON ALPHONSE. — Taisez-vous. — Veillez sur vos amants désormais, Lucrèce! La porte par laquelle on entre dans votre chambre de nuit, mettez-y tel huissier qu'il vous plaira; à la porte par où l'on sort, il y aura maintenant un portier de mon choix, — le bourreau!

DONA LUCREZIA. — Monseigneur, je vous jure...

DON ALPHONSE. — Ne jurez pas. Les serments, cela est bon pour le peuple. Ne me donnez pas de ces mauvaises raisons-là.

DONA LUCREZIA. — Si vous saviez...

DON ALPHONSE. — Tenez, madame, je hais toute votre abominable famille de Borgia, et vous toute la première, que j'ai si follement aimée! Il faut que je vous dise un peu cela à la fin, c'est une chose honteuse, inouïe et merveilleuse de voir alliées en nos deux personnes la maison d'Este, qui vaut mieux que la maison de Valois et que la maison de Tudor, la maison d'Este, dis-je, et la famille Borgia, qui ne s'appelle pas même Borgia, qui s'appelle Lenzuoli, ou Lenzolio, on ne sait quoi! J'ai horreur de votre frère César, qui a des taches de sang naturelles au visage! de votre frère César, qui a tué votre frère Jean! J'ai horreur de votre mère la Rosa Vanozza, la vieille fille de joie espagnole qui scandalise Rome après avoir scandalisé Valence! Et quant à vos neveux prétendus, les ducs de Sermoneta et de Nepi, de beaux ducs, ma foi! des ducs d'hier, des ducs faits avec des duchés volés! Laissez-moi finir. J'ai horreur de votre père, qui est pape, et qui a un sérail de femmes comme le sultan des Turcs Bajazet; de votre père, qui est l'Ante-christ, de votre père, qui peuple le bagne de personnes illustres et le sacré collège de bandits, si bien qu'en les voyant tous vêtus de rouge, galériens et cardinaux, on se demande si ce sont les galériens qui sont les cardinaux et les cardinaux qui sont les galériens! — Allez maintenant!

DONA LUCREZIA. — Monseigneur! monseigneur! je vous demande à genoux et à mains jointes, au nom de Jésus et de Marie, au nom de votre père et de votre mère, monseigneur, je vous demande la vie de ce capitaine.

DON ALPHONSE. — Voilà aimer! — Vous pourrez faire de son cadavre ce qu'il vous plaira, madame, et je prétends que ce soit avant une heure.

DONA LUCREZIA. — Grâce pour Gennaro!

DON ALPHONSE. — Si vous pouviez lire la ferme résolution qui est dans mon âme, vous n'en parleriez pas plus que s'il était déjà mort.

DONA LUCREZIA, *se relevant.* — Ah! prenez garde à vous, don Alphonse de Ferrare, mon quatrième mari!

DON ALPHONSE. — Oh! ne faites pas la terrible, madame! sur mon âme, je ne vous crains pas! Je sais vos allures. Je ne me laisserai pas empoisonner comme votre premier mari, ce pauvre gentilhomme d'Espagne dont je ne sais plus le nom, ni vous non plus! Je ne me laisserai pas chasser comme votre second mari, Jean Sforza, seigneur de Pesaro, cet imbécile! Je ne me laisserai pas tuer à coups de pique, sur n'importe quel escalier, comme le troisième, don Alphonse d'Aragon, faible enfant dont le sang n'a guère plus taché les dalles que de l'eau pure! Tout beau! Moi, je suis un homme, madame! Le nom d'Hercule est souvent porté dans ma famille. Par le ciel! j'ai des soldats plein ma ville et plein ma seigneurie, et j'en suis un moi-même, et je n'ai point encore vendu, comme ce pauvre roi de Naples, mes bons canons d'artillerie au pape, votre saint père.

DONA LUCREZIA. — Vous vous repentirez de ces paroles, monsieur. Vous oubliez qui je suis...

DON ALPHONSE. — Je sais fort bien qui vous êtes, mais je sais aussi où vous êtes. Vous êtes la fille du pape, mais vous n'êtes pas à Rome; vous êtes la gouvernante de Spolette, mais vous n'êtes pas à Spolette; vous êtes la femme, la sujette et la servante d'Alphonse, duc de Ferrare, et vous êtes à Ferrare! (*Dona Lucrezia toute pâle de terreur et de colère, regarde fixement le duc et recule lentement devant lui, jusqu'à un fauteuil où elle vient tomber comme brisée.*) — Ah! cela vous étonne! vous avez peur de moi, madame; jusqu'ici, c'était moi qui avais peur de vous. J'entends qu'il en soit ainsi désormais, et, pour commencer, voici le premier de vos amants sur lequel je mets la main, il mourra.

DONA LUCREZIA, *d'une voix faible.* — Raisonnons un peu, don Alphonse. Si cet homme est celui qui a commis envers moi le crime de lèze-majesté, il ne peut être en même temps mon amant.

DON ALPHONSE. — Pourquoi non? Dans un accès de dépit, de colère, de jalousie! car il est peut-être jaloux aussi, lui. D'ailleurs, est-ce que je sais, moi! Je veux que cet homme meure. C'est ma fantaisie. Ce palais est plein de soldats qui me sont dévoués et qui ne connaissent que moi. Il ne peut échapper. Vous n'empêcherez rien, madame. J'ai laissé à Votre Altesse le choix du genre de mort : décidez-vous.

DONA LUCREZIA, *se tordant les mains.* — O mon Dieu! ô mon Dieu!

DON ALPHONSE. — Vous ne répondez pas? Je vais le faire tuer dans l'antichambre à coups d'épée.

Il va pour sortir, elle lui saisit le bras.

DONA LUCREZIA. — Arrêtez!

DON ALPHONSE. — Aimez-vous mieux lui verser vous-même un verre de vin de Syracuse?

DONA LUCREZIA. — Gennaro!

DON ALPHONSE. — Il faut qu'il meure.

DONA LUCREZIA. — Pas à coups d'épée!

DON ALPHONSE. — La manière m'importe peu. — Que choisissez-vous?

DONA LUCREZIA. — L'autre chose.

DON ALPHONSE. — Vous aurez soin de ne pas vous tromper, et de lui verser vous-même du flacon d'or que vous savez. Je serai là d'ailleurs. Ne vous figurez pas que je vais vous quitter.

DONA LUCREZIA. — Je ferai ce que vous voulez.

DON ALPHONSE. — Bautista! (*L'huissier reparaît.*) — Ramenez le prisonnier!

DONA LUCREZIA. — Vous êtes un homme affreux, monseigneur!

SCÈNE V.

LES MÊMES, GENNARO, LES GARDES.

DON ALPHONSE. — Qu'est-ce que j'entends dire, seigneur Gennaro? Que ce que vous avez fait ce matin, vous l'avez fait par étourderie et bravade et sans intention méchante? que madame la duchesse vous pardonne, et que d'ailleurs vous êtes un vaillant. Par ma mère, s'il en est ainsi, vous pouvez retourner sain et sauf à Venise. A Dieu ne plaise que je prive la magnifique république de Venise d'un bon domestique et la chrétienté d'un bras fidèle qui porte une fidèle épée quand il y a devers les eaux de Chypre et de Candie des idolâtres et des Sarrasins!

GENNARO. — A la bonne heure, monseigneur! Je ne m'attendais pas, je l'avoue, à ce dénoûment. Mais je remercie Votre Altesse. La clémence est une vertu de race royale, et Dieu fera grâce là-haut à qui aura fait grâce ici-bas.

DON ALPHONSE. — Capitaine, est-ce un bon service que celui de la république, et combien y gagnez-vous, bon an, mal an?

GENNARO. — J'ai une compagnie de cinquante lances, monseigneur, que je défraye et que j'habille. La sérénissime république, sans compter les aubaines et les épaves, me donne deux mille sequins d'or par an.

DON ALPHONSE. — Et si je vous en offrais quatre mille, prendriez-vous service chez moi?

GENNARO. — Je ne pourrais. Je suis encore pour cinq ans au service de la république. Je suis lié.

DON ALPHONSE. — Comment, lié?

GENNARO. — Par serment.

DON ALPHONSE, *bas à dona Lucrezia*. — Il paraît que ces gens-là tiennent les leurs, madame. (*Haut.*) — N'en parlons plus, seigneur Gennaro.

GENNARO. — Je n'ai fait aucune lâcheté pour obtenir la vie sauve; mais, puisque Votre Altesse me la laisse, voici ce que je puis lui dire maintenant : Votre Altesse se souvient de l'assaut de Faenza, il y a deux ans. Monseigneur le duc Hercule d'Este, votre père, y courut grand péril de la part de ces cranequiniers du Valentinois qui l'allaient tuer. Un soldat aventurier lui sauva la vie.

DON ALPHONSE. — Oui, et l'on n'a jamais pu retrouver ce soldat.

GENNARO. — C'était moi.

DON ALPHONSE. — Pardieu, mon capitaine, ceci mérite récompense. — Est-ce que vous n'accepteriez pas cette bourse de sequins d'or?

GENNARO. — Nous faisons le serment, en prenant le service de la république, de ne recevoir aucun argent des souverains étrangers. Cependant, si Votre Altesse le permet, je prendrai cette bourse et je la distribuerai en mon nom aux braves soldats que voici.

Il montre les gardes.

DON ALPHONSE. — Faites. (*Gennaro prend la bourse.*) — Mais alors vous boirez avec moi, suivant le vieil usage de nos ancêtres, comme bons amis que nous sommes, un verre de mon vin de Syracuse.

GENNARO. — Volontiers, monseigneur.

DON ALPHONSE. — Et, pour vous faire honneur comme à quelqu'un qui a sauvé mon père, je veux que ce soit madame la duchesse elle-même qui vous le verse. (*Gennaro s'incline et se retourne pour aller distribuer l'argent aux soldats au fond du théâtre. Le duc appelle.*) — Rustighello! (*Rustighello paraît avec le plateau.*) — Pose le plateau là, sur cette table. — Bien. (*Prenant dona Lucrezia par la main.*) — Madame, écoutez ce que je vais dire à cet homme. — Rustighello, retourne te placer derrière cette porte avec ton épée nue à la main. Si tu entends le bruit de cette clochette, tu entreras. Va. (*Rustighello sort, et on le voit se replacer derrière la porte.*) — Madame, vous verserez vous-même à boire au jeune homme, et vous aurez soin de verser du flacon d'or que voici.

DONA LUCREZIA, *pâle et d'une voix faible*. — Oui. — Si vous saviez ce que vous faites en ce moment, et combien c'est une chose horrible, vous frémiriez vous-même, tout dénaturé que vous êtes, monseigneur!

DON ALPHONSE. — Ayez soin de ne pas vous tromper de flacon. — Eh bien! capitaine!

Gennaro, qui a fait sa distribution d'argent, revient sur le devant du théâtre. Le duc se verse à boire dans une des deux coupes d'émail avec le flacon d'argent, et prend la coupe, qu'il porte à ses lèvres.

GENNARO. — Je suis confus de tant de bonté, monseigneur.

DON ALPHONSE. — Madame, versez à boire au seigneur Gennaro. — Quel âge avez-vous, capitaine?

GENNARO, *saisissant l'autre coupe et la présentant à la duchesse*. — Vingt ans.

DON ALPHONSE, *bas à la duchesse, qui essaye de prendre le flacon d'argent*. — Le flacon d'or, madame! (*Elle prend en tremblant le flacon d'or.*) — Ah çà! vous devez être amoureux?

GENNARO. — Qui est-ce qui ne l'est pas un peu, monseigneur?

DON ALPHONSE. — Savez-vous, madame, que c'eût été une cruauté que d'enlever ce capitaine à la vie, à l'amour, au soleil d'Italie, à la beauté de son âge de vingt ans, à son glorieux métier de guerre et d'aventure par où toutes les maisons royales ont commencé, aux fêtes, aux bals masqués, aux gais carnavals de Venise, où il se trompe tant de maris: et aux belles femmes que ce jeune homme peut aimer et qui doivent aimer ce jeune homme, n'est-ce pas, madame? Versez donc à boire au capitaine. (*Bas.*) — Si vous hésitez, je fais entrer Rustighello.

Elle verse à boire à Gennaro sans dire une parole.

GENNARO. — Je vous remercie, monseigneur, de me laisser vivre pour ma pauvre mère.

DONA LUCREZIA, *à part*. — Oh! horreur!

DON ALPHONSE, *buvant*. — A votre santé, capitaine Gennaro, et vivez beaucoup d'années!

GENNARO. — Monseigneur, Dieu vous le rende!

Il boit.

DONA LUCREZIA, *à part*. — Ciel!

DON ALPHONSE, *à part*. — C'est fait. (*Haut.*) — Sur ce, je vous quitte, mon capitaine. Vous partirez pour Venise quand vous voudrez. (*Bas à dona Lucrezia.*) — Remerciez-moi, madame, je vous laisse tête à tête avec lui. Vous devez avoir des adieux à lui faire. Vivez avec lui, si bon vous semble, son dernier quart d'heure.

Il sort. Les gardes le suivent.

SCÈNE VI.

DONA LUCREZIA, GENNARO.

On voit toujours dans le compartiment Rustighello immobile derrière la porte masquée.

DONA LUCREZIA. — Gennaro! — Vous êtes empoisonné!

GENNARO. — Empoisonné, madame?

DONA LUCREZIA. — Empoisonné!

GENNARO. — J'aurais dû m'en douter, le vin étant versé par vous.

DONA LUCREZIA. — Oh! ne m'accablez pas, Gennaro. Ne m'ôtez pas le peu de force qui me reste, et dont j'ai besoin encore pour quelques instants. — Ecoutez-moi. Le duc est jaloux de vous, le duc vous croit mon amant. Le duc ne m'a laissé d'autre alternative que de vous voir poignarder devant moi par Rustighello, ou de vous verser

Je veux que ce soit madame la duchesse elle-même qui vous le serve. (Page 15.)

moi-même le poison : un poison redoutable, Gennaro, un poison dont la seule idée fait pâlir tout Italien qui sait l'histoire de ces vingt dernières années.....

GENNARO. — Oui, le poison des Borgia !

DONA LUCREZIA. — Vous en avez bu. Personne au monde ne connaît de contre-poison à cette composition terrible, personne, excepté le pape, monsieur de Valentinois et moi. Tenez, voyez cette fiole que je porte toujours cachée dans ma ceinture. Cette fiole, Gennaro, c'est la vie, c'est la santé, c'est le salut. Une seule goutte sur vos lèvres, et vous êtes sauvé !

Elle veut approcher la fiole des lèvres de Gennaro ; il recule.

GENNARO, *la regardant fixement.* — Madame, qui est-ce qui me dit que ce n'est pas cela qui est du poison ?

DONA LUCREZIA, *tombant anéantie sur le fauteuil.* — Oh ! mon Dieu ! mon Dieu !

GENNARO. — Ne vous appelez-vous pas Lucrèce Borgia ? — Est-ce que vous croyez que je ne me souviens pas du frère de Bajazet ? Oui, je sais un peu d'histoire ! On lui fit accroire, à lui aussi, qu'il était empoisonné par Charles VIII, et on lui donna un contre-poison dont il mourut. Et la main qui lui présenta le contre-poison, la voilà, elle tient cette fiole ; et la bouche qui lui dit de le boire, la voici, elle me parle !

DONA LUCREZIA. — Misérable femme que je suis !

GENNARO. — Ecoutez, madame : je ne me méprends pas à vos semblants d'amour. Vous avez quelque sinistre dessein sur moi. Cela est visible. Vous devez savoir qui je suis. Tenez, dans ce moment-ci, cela se lit sur votre visage, que vous le savez, et il est aisé de voir que vous avez quelque insurmontable raison pour ne me le dire jamais. Votre famille doit connaître la mienne, et peut-être à cette heure ce n'est pas de moi que vous vous vengeriez en m'empoisonnant ; mais, qui sait ? de ma mère !

DONA LUCREZIA. — Votre mère, Gennaro ! vous la voyez peut-être autrement qu'elle n'est. Que diriez-vous si ce n'était qu'une femme criminelle comme moi ?

GENNARO. — Ne la calomniez pas. Oh ! non, ma mère n'est pas une femme comme vous, madame Lucrèce ! Oh ! je la sens dans mon cœur et je la rêve dans mon âme telle qu'elle est, j'ai son image là, née avec moi ; je ne l'aimerais pas comme je l'aime si elle n'était pas digne de moi ; le cœur

Ma vie ne vaut pas la peine d'être tant discutée. Donnez! (Page 18.)

d'un fils ne se trompe pas sur sa mère. Je la haïrais si elle pouvait vous ressembler. Mais non, non, il y a quelque chose en moi qui me dit bien haut que ma mère n'est pas un de ces démons d'inceste, de luxure et d'empoisonnement comme vous autres les belles femmes d'à présent. Oh! Dieu! j'en suis bien sûr, s'il y a sous le ciel une femme innocente, une femme vertueuse, une femme sainte, c'est ma mère! Oh! elle est ainsi, et pas autrement! Vous la connaissez sans doute, madame Lucrèce, et vous ne me démentirez point!

DONA LUCREZIA. — Non, cette femme-là, Gennaro, cette mère-là, je ne la connais pas!

GENNARO. — Mais devant qui est-ce que je parle ainsi? Qu'est-ce que cela vous fait à vous, Lucrèce Borgia, les joies ou les douleurs d'une mère? Vous n'avez jamais eu d'enfants, à ce qu'on dit, et vous êtes bien heureuse; car vos enfants, si vous en aviez, savez-vous bien qu'ils vous renieraient, madame? Quel malheureux assez abandonné du ciel voudrait d'une pareille mère? Être le fils de Lucrèce Borgia! dire ma mère à Lucrèce Borgia! Oh!...

DONA LUCREZIA. — Gennaro! vous êtes empoisonné; le duc, qui vous croit mort, peut revenir à tout moment. Je ne devrais songer qu'à votre salut et à votre évasion; mais vous me dites des choses si terribles que je ne puis faire autrement que de rester là, pétrifiée, à les entendre.

GENNARO. — Madame...

DONA LUCREZIA. — Voyons! il faut en finir. Accablez-moi, écrasez-moi sous votre mépris, mais vous êtes empoisonné, buvez ceci sur-le-champ!

GENNARO. — Que dois-je croire, madame? Le duc est loyal, et j'ai sauvé la vie à son père. Vous, je vous ai offensée, vous avez à vous venger.

DONA LUCREZIA. — Me venger de toi, Gennaro! — Il faudrait donner toute ma vie pour ajouter une heure à la tienne, il faudrait répandre tout mon sang pour t'empêcher de verser une larme, il faudrait m'asseoir au pilori pour te mettre sur un trône, il faudrait payer d'une torture de l'enfer chacun de tes moindres plaisirs, que je n'hésiterais pas, que je ne murmurerais pas, que je serais heureuse, que je baiserais tes pieds, mon Gennaro! Oh! tu ne sauras jamais rien de mon pauvre misérable cœur, sinon qu'il est plein de toi! — Gennaro, le temps presse, le poison marche, tout à l'heure tu le sentiras, vois-tu! encore un peu, il ne serait plus temps. La vie ouvre en ce moment deux espaces obscurs devant toi, mais l'un a moins de minutes que l'autre n'a d'années. Il faut te déterminer pour l'un des deux. Le choix est terrible. Laisse-toi guider par moi. Aie pitié de toi et de moi, Gennaro. Bois vite, au nom du ciel!

GENNARO. — Allons, c'est bien. S'il y a un crime en ceci, qu'il retombe sur votre tête. Après tout, que vous disiez vrai ou non, ma vie ne vaut pas la peine d'être tant discutée. Donnez.
Il prend la fiole et boit.

DONA LUCREZIA. — Sauvé! — Maintenant il faut repartir pour Venise de toute la vitesse de ton cheval. Tu as de l'argent?

GENNARO. — J'en ai.

DONA LUCREZIA. — Le duc te croit mort. Il sera aisé de lui cacher ta fuite. Attends! Garde cette fiole et porte-la toujours sur toi. Dans des temps comme ceux où nous vivons, le poison est de tous les repas. Toi surtout, tu es exposé. Maintenant pars vite. *(Lui montrant la porte masquée qu'elle entr'ouve.)* — Descends par cet escalier. Il donne dans une des cours du palais Negroni. Il te sera aisé de t'évader par là. N'attends pas jusqu'à demain matin, n'attends pas jusqu'au coucher du soleil, n'attends pas une heure, n'attends pas une demi-heure! Quitte Ferrare sur-le-champ, quitte Ferrare comme si c'était Sodome qui brûle, et ne regarde pas derrière toi! — Adieu! — Attends encore un instant. J'ai un dernier mot à te dire, mon Gennaro!

GENNARO. — Parlez, madame.

DONA LUCREZIA. — Je te dis adieu en ce moment, Gennaro, pour ne plus te revoir jamais. Il ne faut plus songer maintenant à te rencontrer quelquefois sur mon chemin. C'était le seul bonheur que j'eusse au monde. Mais ce serait risquer ta tête. Nous voilà donc pour toujours séparés dans cette vie; hélas! je ne suis que trop sûre que nous serons séparés aussi dans l'autre. Gennaro! est-ce que tu ne me diras pas quelque douce parole avant de me quitter ainsi pour l'éternité?

GENNARO, *baissant les yeux*. — Madame...

DONA LUCREZIA. — Je viens de te sauver la vie, enfin!

GENNARO. — Vous me le dites. Tout ceci est plein de ténèbres. Je ne sais que penser. Tenez, madame, je puis tout vous pardonner, une chose exceptée.

DONA LUCREZIA. — Laquelle?

GENNARO. — Jurez-moi par tout ce qui vous est cher, par ma propre tête, puisque vous m'aimez, par le salut éternel de mon âme, jurez-moi que vos crimes ne sont pour rien dans les malheurs de ma mère.

DONA LUCREZIA. — Toutes les paroles sont sérieuses avec vous, Gennaro. Je ne puis pas vous jurer cela.

GENNARO. — Oh! ma mère! ma mère! la voilà donc l'épouvantable femme qui a fait ton malheur.

DONA LUCREZIA. — Gennaro!...

GENNARO. — Vous l'avez avoué, madame! Adieu! Soyez maudite!

DONA LUCREZIA. — Et toi, Gennaro! sois béni!
Il sort. — Elle tombe évanouie sur le fauteuil.

DEUXIÈME PARTIE

La deuxième décoration. — La place de Ferrare avec le balcon ducal d'un côté et la maison de Gennaro de l'autre. — Il est nuit.

SCÈNE PREMIÈRE.

DON ALPHONSE, RUSTIGHELLO, *enveloppés de manteaux.*

RUSTIGHELLO. — Oui, monseigneur, cela s'est passé ainsi. Avec je ne sais quel philtre elle l'a rendu à la vie, et l'a fait évader par la cour du palais Negroni.

DON ALPHONSE. — Et tu as souffert cela?

RUSTIGHELLO. — Comment l'empêcher? elle avait verrouillé la porte. J'étais enfermé.

DON ALPHONSE. — Il fallait briser la porte.

RUSTIGHELLO. — Une porte de chêne, un verrou de fer. Chose facile!

DON ALPHONSE. — N'importe! il fallait briser le verrou, te dis-je; il fallait entrer et le tuer.

RUSTIGHELLO. — D'abord, en supposant que j'eusse pu enfoncer la porte, madame Lucrèce l'aurait couvert de son corps. Il aurait fallu tuer aussi madame Lucrèce.

DON ALPHONSE. — Eh bien! Après?

RUSTIGHELLO. — Je n'avais pas d'ordre pour elle.

DON ALPHONSE. — Rustighello! les bons serviteurs sont ceux qui comprennent les princes sans leur donner la peine de tout dire.

RUSTIGHELLO. — Et puis j'aurais craint de brouiller Votre Altesse avec le pape.

DON ALPHONSE. — Imbécile!

RUSTIGHELLO. — C'était bien embarrassant, monseigneur. Tuer la fille du saint-père!

DON ALPHONSE. — Eh bien! sans la tuer, ne pouvais-tu pas crier, appeler, m'avertir, empêcher l'amant de s'évader?

RUSTIGHELLO. — Oui, et puis le lendemain Votre Altesse se serait réconciliée avec madame Lucrèce, et le surlendemain madame Lucrèce m'aurait fait pendre.

DON ALPHONSE. — Assez. Tu m'as dit que rien n'était encore perdu.

RUSTIGHELLO. — Non. Vous voyez une lumière à cette fenêtre. Le Gennaro n'est pas encore parti. Son valet, que la duchesse avait gagné, est à présent gagné par moi, et m'a tout dit. En ce moment il attend son maître derrière la citadelle avec deux chevaux sellés. Le Gennaro va sortir pour l'aller rejoindre dans un instant.

DON ALPHONSE. — En ce cas, embusquons-nous derrière l'angle de sa maison. Il est nuit noire. Nous le tuerons quand il passera.

RUSTIGHELLO. — Comme il vous plaira.

DON ALPHONSE. — Ton épée est bonne?

RUSTIGHELLO. — Oui.

DON ALPHONSE. — Tu as un poignard?

RUSTIGHELLO. — Il y a deux choses qu'il n'est pas aisé de trouver sous le ciel : c'est un Italien sans poignard, et une Italienne sans amant.

DON ALPHONSE. — Bien. — Tu frapperas des deux mains.

RUSTIGHELLO. — Monseigneur le duc, pourquoi ne faites-vous pas arrêter tout simplement et pendre par jugement du fiscal?

DON ALPHONSE. — Il est sujet de Venise, et ce serait déclarer la guerre à la république. Non. Un coup de poignard vient on ne sait d'où, et ne compromet personne. L'empoisonnement vaudrait mieux encore, mais l'empoisonnement est manqué.

RUSTIGHELLO. — Alors, voulez-vous, monseigneur, que j'aille chercher quatre sbires pour le dépêcher sans que vous ayez la peine de vous en mêler?

DON ALPHONSE. — Mon cher, le seigneur Machiavel m'a dit souvent que, dans ces cas-là, le mieux était que les princes fissent leurs affaires eux-mêmes.

RUSTIGHELLO. — Monseigneur, j'entends venir quelqu'un.

DON ALPHONSE. — Rangeons-nous le long de ce mur.

Ils se cachent dans l'ombre, sous le balcon. — Paraît Maffio en habit de fête, qui arrive en fredonnant, et va frapper à la porte de Gennaro.

SCÈNE II.

DON ALPHONSE ET RUSTIGHELLO, *cachés,* MAFFIO, GENNARO.

MAFFIO. — Gennaro!
La porte s'ouvre, Gennaro paraît.

GENNARO. — C'est toi, Maffio? Veux-tu entrer?

MAFFIO. — Non. Je n'ai que deux mots à te dire. Est-ce que décidément tu ne viens pas ce soir souper avec nous chez la princesse Negroni ?

GENNARO. — Je ne suis pas convié.

MAFFIO. — Je te présenterai.

GENNARO. — Il y a une autre raison. Je tois te dire cela à toi. Je pars.

MAFFIO. — Comment, tu pars ?

GENNARO. — Dans un quart d'heure.

MAFFIO. — Pourquoi ?

GENNARO. — Je te dirai cela à Venise.

MAFFIO. — Affaire d'amour ?

GENNARO. — Oui, affaire d'amour.

MAFFIO. — Tu agis mal avec moi, Gennaro. Nous avions fait serment de ne jamais nous quitter, d'être inséparables, d'être frères ; et voilà que tu pars sans moi !

GENNARO. — Viens avec moi !

MAFFIO. — Viens plutôt avec moi, toi ! — Il vaut bien mieux passer la nuit à table avec de jolies femmes et de gais convives que sur la grande route, entre les bandits et les ravins.

GENNARO. — Tu n'étais pas très-sûr ce matin de ta princesse Negroni.

MAFFIO. — Je me suis informé. Jeppo avait raison. C'est une femme charmante et de belle humeur, et qui aime les vers et la musique, voilà tout. Allons, viens avec moi.

GENNARO. — Je ne puis.

MAFFIO. — Partir à la nuit close ! Tu vas te faire assassiner.

GENNARO. — Sois tranquille. Adieu. Bien du plaisir.

MAFFIO. — Frère Gennaro, j'ai mauvaise idée de ton voyage.

GENNARO. — Frère Maffio, j'ai mauvaise idée de ton souper.

MAFFIO. — S'il allait t'arriver malheur sans que je fusse là !

GENNARO. — Qui sait si je ne me reprocherai pas demain de t'avoir quitté ce soir ?

MAFFIO. — Tiens, décidément, ne nous séparons pas. Cédons quelque chose chacun de notre côté. Viens ce soir avec moi chez la Negroni, et demain, au point du jour, nous partirons ensemble. Est-ce dit ?

GENNARO. — Allons, il faut que je te conte, à toi, Maffio, les motifs de mon départ subit. Tu vas juger si j'ai raison.

Il prend Maffio à part et lui parle à l'oreille.

RUSTIGHELLO, *sous le balcon, bas à don Alphonse.* — Attaquons-nous, monseigneur ?

DON ALPHONSE, *bas.* — Voyons la fin de ceci.

MAFFIO, *éclatant de rire après le récit de Gennaro.* — Veux-tu que je te dise, Gennaro ? Tu es dupe. Il n'y a dans toute cette affaire ni poison, ni contre-poison. Pure comédie. La Lucrèce est amoureuse éperdue de toi, et elle a voulu te faire accroire qu'elle te sauvait la vie, espérant te faire doucement glisser de la reconnaissance à l'amour. Le duc est un bon homme, incapable d'empoisonner ou d'assassiner qui que ce soit. Tu as sauvé la vie à son père d'ailleurs, et il le sait. La duchesse veut que tu partes, c'est fort bien. Son amourette se déroulerait en effet plus commodément à Venise qu'à Ferrare. Le mari la gêne toujours un peu. Quant au souper de la princesse Negroni, il sera délicieux. Tu y viendras. Que diable ! il faut cependant raisonner un peu et ne rien s'exagérer. Tu sais que je suis prudent, moi, et de bon conseil. Parce qu'il y a eu deux ou trois soupers fameux où les Borgia ont empoisonné, avec de fort bon vin, quelques-uns de leurs meilleurs amis, ce n'est pas une raison pour voir toujours du poison dans l'admirable vin de Syracuse, et derrière toutes les belles princesses de l'Italie Lucrèce Borgia. Spectres et balivernes que tout cela ! A ce compte il n'y aurait que les enfants à la mamelle qui seraient sûrs de ce qu'ils boivent, et qui pourraient souper sans inquiétude. Par Hercule, Gennaro ! sois enfant ou sois homme. Retourne te mettre en nourrice ou viens souper.

GENNARO. — Au fait, cela a quelque chose d'étrange de se sauver ainsi la nuit. J'ai l'air d'un homme qui a peur. D'ailleurs, s'il y a du danger à rester, je ne dois pas y laisser Maffio tout seul. Il en sera ce qui pourra. C'est une chance comme une autre. C'est dit. Tu me présenteras à la princesse Negroni. Je vais avec toi.

MAFFIO, *lui prenant la main.* — Vrai Dieu ! voilà un ami !

Ils sortent. On les voit s'éloigner vers le fond de la place. Don Alphonse et Rustighello sortent de leur cachette.

RUSTIGHELLO, *l'épée nue.* — Eh bien ! qu'attendez-vous, monseigneur ? Ils ne sont que deux. Chargez-vous de votre homme. Je me charge de l'autre.

DON ALPHONSE. — Non, Rustighello. Ils vont souper chez la princesse Negroni. Si je suis bien informé... (*Il s'interrompt et paraît rêver un instant. Eclatant de rire.*) — Pardieu ! cela ferait encore mieux mon affaire, et ce serait une plaisante aventure. Attendons à demain.

Ils rentrent au palais.

ACTE TROISIÈME

IVRES-MORTS

Une salle magnifique du palais Negroni. A droite, une porte bâtarde. Au fond, une grande et très-large porte à deux battants. Au milieu, une table superbement servie à la mode du quinzième siècle. De petits pages noirs, vêtus de brocart d'or, circulent à l'entour. — Au moment où la toile se lève, il y a quatorze convives à table : Jeppo, Maffio, Ascanio, Oloferno, Apostolo, Gennaro et Gubetta, et sept jeunes femmes jolies et très-galamment parées. Tous boivent ou mangent, ou rient à gorge déployée avec leurs voisines, excepté Gennaro, qui paraît pensif et silencieux.

SCÈNE PREMIÈRE.

JEPPO, MAFFIO, ASCANIO, OLOFERNO, DON APOSTOLO, GUBETTA, GENNARO, DES FEMMES, DES PAGES.

OLOFERNO, *son verre à la main.* — Vive le vin de Xerès ! Xerès de la Frontera est une ville du paradis.

MAFFIO, *son verre à la main.* — Le vin que nous buvons vaut mieux que les histoires que vous nous contez, Jeppo.

ASCANIO. — Jeppo a la maladie de conter des histoires quand il a bu.

DON APOSTOLO. — L'autre jour c'était à Venise, chez le sérénissime doge Barbarigo ; aujourd'hui c'est à Ferrare, chez la divine princesse Negroni.

JEPPO. — L'autre jour c'était une histoire lugubre, aujourd'hui c'est une histoire gaie.

MAFFIO. — Une histoire gaie, Jeppo ! Comment il advint que don Silicco, beau cavalier de trente ans, qui avait perdu son patrimoine au jeu, épousa la très riche marquise Calpurnia, qui comptait quarante-huit printemps. Par le corps de Bacchus ! vous trouvez cela gai !

GUBETTA. — C'est triste et commun. Un homme ruiné qui épouse une femme en ruine. Chose qui se voit tous les jours.

Il se met à manger. De temps en temps quelques-uns se lèvent de table et viennent causer sur le devant de la scène pendant que l'orgie continue.

LA PRINCESSE NEGRONI, *à Maffio, montrant Gennaro.* — Monsieur le comte Orsini, vous avez là un ami qui me paraît bien triste.

MAFFIO. — Il est toujours ainsi, madame. Il faut que vous me pardonniez de l'avoir amené sans que vous lui eussiez fait la grâce de l'inviter. C'est mon frère d'armes. Il m'a sauvé la vie à l'assaut de Rimini. J'ai reçu à l'attaque du pont de Vicence un coup d'épée qui lui était destiné. Nous ne nous séparons jamais. Nous vivons ensemble. Un bohémien nous a prédit que nous mourrions le même jour.

LA NEGRONI, *riant.* — Vous a-t-il dit si ce serait le soir ou le matin?

MAFFIO. — Il nous a dit que ce serait le matin.

LA NEGRONI, *riant plus fort.* — Votre bohémien ne savait ce qu'il disait. — Et vous aimez bien ce jeune homme?

MAFFIO. — Autant qu'un homme peut en aimer un autre.

LA NEGRONI. — Eh bien! vous vous suffisez l'un à l'autre. Vous êtes heureux.

MAFFIO. — L'amitié ne remplit pas tout le cœur, madame.

LA NEGRONI. — Mon Dieu! qu'est-ce qui remplit tout le cœur?

MAFFIO. — L'amour.

LA NEGRONI. — Vous avez toujours l'amour à la bouche.

MAFFIO. — Et vous dans les yeux.

LA NEGRONI. — Etes-vous singulier!

MAFFIO. — Etes-vous belle!

Il lui prend la taille.

LA NEGRONI. — Monsieur le comte Orsini, laissez-moi.

MAFFIO. — Un baiser sur votre main?

LA NEGRONI. — Non!

Elle lui échappe.

GUBETTA, *abordant Maffio.* — Vos affaires sont en bon train près de la princesse.

MAFFIO. — Elle me dit toujours non.

GUBETTA. — Dans la bouche d'une femme, non n'est que le frère aîné de oui.

JEPPO, *survenant, à Maffio.* — Comment trouves-tu madame la princesse Negroni?

MAFFIO. — Adorable. Entre nous, elle commence à m'égratigner furieusement le cœur!

JEPPO. — Et son souper?

MAFFIO. — Une orgie parfaite.

JEPPO. — La princesse est veuve.

MAFFIO. — On le voit bien à sa gaieté!

JEPPO. — J'espère que tu ne te défies plus de son souper?

MAFFIO. — Moi! Comment donc! J'étais fou.

JEPPO, *à Gubetta.* — Monsieur de Belverana, vous ne croiriez pas que Maffio avait peur de venir souper chez la princesse?

GUBETTA. — Peur! — Pourquoi?

JEPPO. — Parce que le palais Negroni touche au palais Borgia.

GUBETTA. — Au diable les Borgia! — et buvons!

JEPPO, *bas à Maffio.* — Ce que j'aime dans ce Belverana, c'est qu'il n'aime pas les Borgia.

MAFFIO, *bas.* — En effet, il ne manque jamais une occasion de les envoyer au diable avec une grâce toute particulière. Cependant, mon cher Jeppo...

JEPPO. — Eh bien?

MAFFIO. — Je l'observe depuis le commencement du souper, ce prétendu Espagnol. Il n'a encore bu que de l'eau.

JEPPO. — Voilà tes soupçons qui te reprennent, mon bon ami Maffio. Tu as le vin étrangement monotone.

MAFFIO. — Peut-être as tu raison. Je suis fou.

GUBETTA, *revenant et regardant Maffio de la tête aux pieds.* — Savez-vous, monsieur Maffio, que vous êtes taillé pour vivre quatre-vingt-dix ans, et que vous ressemblez à un mien grand-père, qui a vécu cet âge, et qui s'appelait, comme moi, Gil-Basilio-Fernand-Ireneo-Felipe-Frasco-Frasquito, comte de Belverana?

JEPPO, *bas à Maffio.* — J'espère que tu ne doutes plus de sa qualité d'Espagnol. Il a au moins vingt noms de baptême. — Quelle litanie, monsieur de Belverana!

GUBETTA. — Hélas! nos parents ont coutume de nous donner plus de noms à notre baptême que d'écus à notre mariage. Mais qu'ont-ils donc faire là-bas? (*A part.*) — Il faut pourtant que les femmes aient un prétexte pour s'en aller. Comment faire?

Il retourne s'asseoir à la table.

OLOFERNO, *buvant.* — Par Hercule! messieurs! je n'ai jamais passé soirée plus délicieuse. Mesdames, goûtez de ce vin. Il est plus doux que le vin de Lacryma-Christi, et plus ardent que le vin de Chypre. C'est du vin de Syracuse, messeigneurs!

GUBETTA, *mangeant.* — Oloferno est ivre, à ce qu'il paraît.

OLOFERNO. — Mesdames, il faut que je vous dise quelques vers que je viens de faire. Je voudrais être plus poëte que je ne le suis pour célébrer d'aussi admirables festins.

GUBETTA. — Et moi je voudrais être plus riche que je n'ai l'honneur de l'être pour en donner de pareils à mes amis.

OLOFERNO. — Rien n'est si doux que de chanter une belle femme et un bon repas.

GUBETTA. — Si ce n'est d'embrasser l'une et de manger l'autre.

OLOFERNO. — Oui, je voudrais être poëte. Je voudrais pouvoir m'élever au ciel. Je voudrais avoir deux ailes...

GUBETTA. — De faisan dans mon assiette.

OLOFERNO. — Je vais pourtant vous dire mon sonnet.

GUBETTA. — Par le diable! monsieur le marquis Oloferno Vitellozzo, je vous dispense de nous dire votre sonnet. Laissez-nous boire!

OLOFERNO. — Vous me dispensez de vous dire mon sonnet?

GUBETTA. — Comme je dispense les chiens de me mordre, le pape de me bénir, et les passants de me jeter des pierres.

OLOFERNO. — Tête-dieu! vous m'insultez, je crois, monsieur le petit Espagnol.

GUBETTA. — Je ne vous insulte pas, grand colosse d'Italien que vous êtes. Je refuse mon attention à votre sonnet. Rien de plus. Mon gosier a plus soif de vin de Chypre que mes oreilles de poésie.

OLOFERNO. — Vos oreilles, monsieur le Castillan râpé, je vous les clouerai sur les talons!

GUBETTA. — Vous êtes un absurde bélître! Fi! A-t-on jamais vu lourdeau pareil? s'enivrer de vin de Syracuse, et avoir l'air de s'être soûlé avec de la bière!

OLOFERNO. — Savez-vous bien que je vous couperai en quatre, par la mort-dieu!

GUBETTA, *tout en découpant un faisan.* — Je ne vous en dirai pas autant. Je ne découpe pas d'aussi grosses volailles que vous. — Mesdames, vous offrirai-je de ce faisan?

OLOFERNO, *se jetant sur un couteau.* — Pardieu! j'éventrerai ce faquin, fût-il plus gentilhomme que l'empereur!

LES FEMMES, *se levant de table.* — Ciel! ils vont se battre.

LES HOMMES. — Tout beau, Oloferno!

Ils désarment Oloferno, qui veut se jeter sur Gubetta. Pendant ce temps-là, les femmes disparaissent par la porte latérale.

OLOFERNO, *se débattant.* — Corps-Dieu!

GUBETTA. — Vous rimez si richement en Dieu, mon cher poëte, que vous avez mis ces dames en fuite. Vous êtes un fier maladroit.

JEPPO. — C'est vrai, cela. Que diable sont-elles devenues?

MAFFIO. — Elles ont eu peur. Couteau qui luit, femme qui fuit.

ASCANIO. — Bah! elles vont revenir.

OLOFERNO, *menaçant Gubetta.* — Je te retrouverai demain, mon petit Belverana du démon!

GUBETTA. — Demain, tant qu'il vous plaira! (*Oloferno va se rasseoir en chancelant avec dépit. Gubetta éclate de rire.*) — Cet imbécile! Mettre en déroute les plus jolies femmes de Ferrare avec un couteau emmanché dans un sonnet! Se fâcher à propos de vers! Je le crois bien qu'il a des ailes. Ce n'est pas un homme, c'est un oison. Cela perche, cela doit dormir sur une patte, cet Oloferno-là!

JEPPO. — Là, là, faites la paix, messieurs. Vous vous couperez galamment la gorge demain matin. Par Jupiter! vous vous battrez du moins en gentilshommes, avec des épées, et non avec des couteaux.

ASCANIO. — A propos, au fait, qu'avons-nous donc fait de nos épées?

DON APOSTOLO. — Vous oubliez qu'on nous les a fait quitter dans l'antichambre.

GUBETTA. — Et la précaution était bonne, car autrement nous nous serions battus devant les dames; ce dont rougiraient des Flamands de Flandre, ivres de tabac!

GENNARO. — Bonne précaution, en effet!

MAFFIO. — Pardieu, mon frère Gennaro! voilà la première parole que tu dois depuis le commencement du souper, et tu ne bois pas! Est-ce que tu songes à Lucrèce Borgia? Gennaro! tu as décidément quelque amourette avec elle! Ne dis pas non.

GENNARO. — Verse-moi à boire, Maffio! Je n'abandonne pas plus mes amis à table qu'au feu.

UN PAGE NOIR, *deux flacons à la main.* — Messeigneurs, du vin de Chypre ou du vin de Syracuse?

MAFFIO. — Du vin de Syracuse. C'est le meilleur.

Le page noir remplit tous les verres.

JEPPO. — La peste soit d'Oloferno! Est-ce que ces dames ne vont pas revenir? (*Il va successivement aux deux portes.*) — Les portes sont fermées en dehors, messieurs!

MAFFIO. — N'allez-vous pas avoir peur à votre tour, Jeppo! Elles ne veulent pas que nous les poursuivions. C'est tout simple.

GENNARO. — Buvons, messeigneurs.

Ils choquent leurs verres.

MAFFIO. — A ta santé, Gennaro! et puisses-tu bientôt retrouver ta mère!

GENNARO. — Que Dieu t'entende!

Tous boivent, excepté Gubetta, qui jette son vin par-dessus son épaule.

MAFFIO, *bas à Jeppo.* — Pour le coup, Jeppo, je l'ai bien vu.

JEPPO, *bas.* — Quoi?

MAFFIO. — L'Espagnol n'a pas bu.

JEPPO. — Eh bien?

MAFFIO. — Il a jeté son vin par-dessus son épaule.

JEPPO. — Il est ivre, et toi aussi.

MAFFIO. — C'est possible.

GUBETTA. — Une chanson à boire, messieurs! je vais vous chanter une chanson à boire qui vaudra mieux que le sonnet du marquis Oloferno. Je jure par le bon vieux crâne de mon père que ce n'est pas moi qui ai fait cette chanson, attendu que je ne suis pas poète, et que je n'ai point l'esprit assez galant pour faire se becqueter deux rimes au bout d'une idée. Voici ma chanson. Elle est adressée à monsieur saint Pierre, célèbre portier du paradis, et elle a pour sujet cette pensée délicate, que le ciel du bon Dieu appartient aux buveurs.

JEPPO, *bas à Maffio.* — Il est plus qu'ivre, il est ivrogne.

TOUS, *excepté Gennaro.* — La chanson! la chanson!

GUBETTA, *chantant.*

Saint Pierre, ouvre ta porte
Au buveur qui t'apporte
Une voix pleine et forte
Pour chanter : *Domino!*

TOUS, *en chœur, excepté Gennaro.*

Gloria Domino!

Ils choquent leurs verres en riant aux éclats. Tout à coup on entend des voix éloignées qui chantent sur un ton lugubre.

VOIX *au dehors.* — « Sanctum et terribile nomen ejus. Initium sapientiæ timor Domini. »

JEPPO, *riant de plus belle.* — Ecoutez, messieurs! — Corbacque! pendant que nous chantons à boire, l'écho chante vêpres.

TOUS. — Ecoutons.

VOIX *au dehors, un peu plus rapprochées.* — « Nisi Dominus custodierit civitatem, frustra vigilat qui custodit eam. »

Tous éclatent de rire.

JEPPO. — Du plain-chant tout pur.

MAFFIO. — Quelque procession qui passe.

GENNARO. — A minuit! C'est un peu tard.

JEPPO. — Bah! continuez, monsieur de Belverana.

VOIX *au dehors, qui se rapprochent de plus en plus.* — « Oculos habent, et non videbunt. Nares habent, et non odorabunt. Aures habent, et non audient. »

Tous rient de plus en plus fort.

JEPPO. — Sont-ils braillards, ces moines!

MAFFIO. — Regarde donc, Gennaro. Les lampes s'éteignent ici. Nous voici tout à l'heure dans l'obscurité.

Les lampes pâlissent en effet, comme n'ayant plus d'huile.

VOIX *au dehors, plus près.* — « Manus habent, et non palpabunt. Pedes habent, et non ambulabunt. Non clamabunt in gutture suo. »

GENNARO. — Il me semble que les voix se rapprochent.

JEPPO. — La procession me fait l'effet d'être en ce moment sous nos fenêtres.

MAFFIO. — Ce sont les prières des morts.

ASCANIO. — C'est quelque enterrement.

JEPPO. — Buvons à la santé de celui qu'on va enterrer.

GUBETTA. — Savez-vous s'il n'y en a pas plusieurs?

JEPPO. — Eh bien! à la santé de tous.

APOSTOLO, *à Gubetta.* — Bravo! — Et continuons de notre côté notre invocation à saint Pierre.

GUBETTA. — Parlez donc plus poliment. On dit : A monsieur saint Pierre, honorable huissier et guichetier patenté du paradis. (*Il chante.*)

Saint Pierre, ouvre ta porte
Au buveur qui t'apporte
Une voix pleine et forte
Pour chanter : *Domino!*

TOUS.

Gloria Domino!

GUBETTA.

Au buveur, joyeux chantre,
Qui porte un si gros ventre
Qu'on doute, lorsqu'il entre,
S'il est homme ou tonneau.

TOUS, *en choquant leurs verres avec des éclats de rire.*

Gloria Domino!

La grande porte du fond s'ouvre silencieusement dans toute sa largeur. On voit au dehors une vaste salle tapissée en noir, éclairée de quelques flambeaux, avec une grande croix d'argent au fond. Une longue file de pénitents blancs et noirs, dont on ne voit que les yeux par les trous de leurs cagoules, croix en tête et torche en main, entre par la grande porte en chantant d'un accent sinistre et d'une voix haute :

« De profundis clamavi ad te, Domine! »

Puis ils viennent se ranger en silence des deux côtés de la salle, et y restent immobiles comme des statues, pendant que les jeunes gentilshommes les regardent avec stupeur.

MAFFIO. — Qu'est-ce que cela veut dire?

JEPPO, *s'efforçant de rire.* — C'est une plaisanterie. Je gage mon cheval contre un pourceau et mon nom de Liveretto contre le nom de Borgia que ce sont nos charmantes comtesses qui se sont déguisées de cette façon pour nous éprouver, et que, si nous levons une de ces cagoules au hasard, nous trouverons dessous la figure fraîche et malicieuse d'une jolie femme. — Voyez plutôt.

Il va soulever en riant un des capuchons, et il reste pétrifié en voyant dessous le visage livide d'un moine, qui demeure immobile, la torche à la main et les yeux baissés. Il laisse tomber le capuchon et recule.

Ceci commence à devenir étrange!

MAFFIO. — Je ne sais pourquoi mon sang se fige dans mes veines.

LES PÉNITENTS, *chantant d'une voix éclatante.* — « Conquassabit capita in terra multorum. »

JEPPO. — Quel piège affreux! Nos épées! nos épées! Ah çà! messieurs, nous sommes chez le démon, ici?

SCÈNE II.

LES MÊMES, DONA LUCREZIA.

DONA LUCREZIA, *paraissant tout à coup, vêtue de noir, au seuil de la porte.* — Vous êtes chez moi!

TOUS, *excepté Gennaro, qui observe tout dans un coin du théâtre où dona Lucrezia ne le voit pas.* — Lucrèce Borgia!

DONA LUCREZIA. — Il y a quelques jours, tous, les mêmes qui êtes ici, vous disiez ce nom avec triomphe. Vous le dites aujourd'hui avec une égale épouvante. Oui, vous pouvez me regarder avec vos yeux fixes de terreur. C'est bien moi, messieurs. Je viens vous annoncer une nouvelle, c'est que vous êtes tous empoisonnés, messeigneurs, et qu'il n'y en a pas un de vous qui ait une heure à vivre. Ne bougez pas. La salle d'à côté est pleine de piques. A mon tour maintenant, à moi de parler haut et de vous écraser la tête du talon! Jeppo Liveretto, va rejoindre ton oncle Vitelli, que j'ai fait poignarder dans les caves du Vatican! Ascanio Petrucci, va retrouver ton cousin Pandolfo, que j'ai assassiné pour lui voler sa ville! Oloferno Vitellozzo, ton oncle t'attend, tu sais bien, Iago d'Appiani, que j'ai empoisonné dans une fête! Maffio Orsini, va parler de moi dans l'autre monde à ton frère de Gravina, que j'ai fait étrangler dans son sommeil! Apostolo Gazella, j'ai fait décapiter ton père Francisco Gazella, j'ai fait égorger ton cousin Alphonse d'Aragon, dis-tu; va les rejoindre! — Sur mon âme! vous m'avez donné un bal à Venise, je vous rends un souper à Ferrare. Fête pour fête, messeigneurs!

JEPPO. — Voilà un rude réveil, Maffio!

MAFFIO. — Songeons à Dieu!

DONA LUCREZIA. — Ah! mes jeunes amis du carnaval dernier! vous ne vous attendiez pas à cela! Pardieu! il me semble que je me venge. Qu'en dites-vous, messieurs? Qui est-ce qui se connaît en vengeance ici? ceci n'est point mal, je crois! — Hein? qu'en pensez-vous? pour une femme! (*Aux moines.*) — Mes pères, emmenez ces gentilshommes dans la salle voisine qui est préparée, confessez-les, et profitez du peu d'instants qui leur restent pour sauver ce qui peut être encore sauvé de chacun d'eux. — Messieurs, ceux d'entre vous qui ont des âmes y avisent. Soyez tranquilles. Elles sont en bonnes mains. Ces dignes pères sont des moines réguliers de Saint-Sixte, auxquels notre saint-père le pape a permis de m'assister dans des occasions comme celle-ci. — Et, si j'ai eu soin de vos âmes, j'ai eu soin aussi de vos corps. Tenez! (*Aux moines qui ouvrent la porte du fond.*) — Rangez-vous un peu, mes pères, que ces messieurs voient. (*Les moines s'écartent et laissent voir cinq cercueils, couverts chacun d'un drap noir, rangés devant la porte.*) — Le nombre y est. Il y en a bien cinq. — Ah! jeunes gens! vous arrachez les entrailles à une malheureuse femme, et vous croyez qu'elle ne se vengera pas! Voici le tien, Jeppo; Maffio, voici le tien; Oloferno, Apostolo, Ascanio, voici les vôtres!

GENNARO, *qu'elle n'a pas vu jusqu'alors, faisant un pas.* — Il en faut un sixième, madame!

DONA LUCREZIA. — Ciel! Gennaro!

GENNARO. — Lui-même.

DONA LUCREZIA. — Que tout le monde sorte d'ici! — Qu'on nous laisse seuls. — Gubetta, quoi qu'il arrive, quoi qu'on puisse entendre du dehors de ce qui va se passer ici, que personne n'y entre!

GUBETTA. — Il suffit.

Les moines ressortent processionnellement, emmenant avec eux dans leurs files les cinq seigneurs chancelants et éperdus.

SCÈNE III.

GENNARO, DONA LUCREZIA.

Il y a à peine quelques lampes mourantes dans l'appartement. Les portes sont refermées. Dona Lucrezia et Gennaro, restés seuls, s'entre-regardent quelques instants en silence, comme ne sachant par où commencer.

DONA LUCREZIA, *se parlant à elle-même.* — C'est Gennaro!

CHANT DES MOINES, *au dehors.* — « Nisi Dominus ædificaverit domum, in vanum laborant qui ædificant eam. »

DONA LUCREZIA. — Encore vous, Gennaro! Toujours vous sous tous les coups que je frappe! Dieu du ciel! comment vous êtes-vous mêlé à ceci?

GENNARO. — Je me doutais de tout.

DONA LUCREZIA. — Vous êtes empoisonné encore une fois. Vous allez mourir!

GENNARO. — Si je veux. — J'ai le contre-poison.

DONA LUCREZIA. — Ah! oui! Dieu soit loué!

GENNARO. — Un mot, madame. Vous êtes experte en ces matières. Y a-t-il assez d'élixir dans cette fiole pour sauver les gentilshommes que vos moines viennent d'entraîner dans ce tombeau?

DONA LUCREZIA, *examinant la fiole.* — Il y en a à peine assez pour vous, Gennaro!

GENNARO. — Vous ne pouvez pas en avoir d'autre sur-le-champ?

DONA LUCREZIA. — Je vous ai donné tout ce que j'avais.

GENNARO. — C'est bien.

DONA LUCREZIA. — Que faites-vous, Gennaro? Dépêchez-vous donc. Ne jouez pas avec des choses si terribles. On n'a jamais assez tôt bu un contre-poison. Buvez, au nom du ciel! Mon Dieu! quelle imprudence vous avez faite là! Mettez votre vie en sûreté. Je vous ferai sortir du palais par une porte dérobée que je connais. Tout peut se réparer encore. Il est nuit. Des chevaux seront bientôt sellés. Demain matin vous serez loin de Ferrare. N'est-ce pas qu'il s'y fait des choses qui vous épouvantent? Buvez, et partons. Il faut vivre! Il faut vous sauver!

GENNARO, *prenant un couteau sur la table.* — C'est-à-dire que vous allez mourir, madame!

DONA LUCREZIA. — Comment! que dites-vous?

GENNARO. — Je dis que vous venez d'empoisonner traîtreusement cinq gentilshommes, mes amis, mes meilleurs amis, par le ciel! et parmi eux Maffio Orsini, mon frère d'armes, qui m'avait sauvé la vie à Vicence, et avec qui toute injure et toute vengeance m'est commune. Je dis que c'est une action infâme que vous avez faite là, qu'il faut que je venge Maffio et les autres, et que vous allez mourir!

DONA LUCREZIA. — Terre et cieux!

GENNARO. — Faites votre prière, et faites-la courte, madame. Je suis empoisonné. Je n'ai pas le temps d'attendre.

DONA LUCREZIA. — Bah! cela ne se peut. Ah! bien oui! Gennaro me tuer! Est-ce que cela est possible!

GENNARO. — C'est la réalité pure, madame, et je jure Dieu qu'à votre place je me mettrais à prier en silence, à mains jointes et à deux genoux. — Tenez, voici un fauteuil qui est bon pour cela.

DONA LUCREZIA. — Non. Je vous dis que c'est impossible. Non, parmi les plus terribles idées qui me traversent l'esprit, jamais celle-ci ne me serait venue. — Eh bien! eh bien! vous levez le couteau! Attendez! Gennaro! J'ai quelque chose à vous dire!

GENNARO. — Vite.

DONA LUCREZIA. — Jette ton couteau, malheureux! jette-le, te dis-je. Si tu savais... — Gennaro! Sais-tu qui tu es? Sais-tu qui je suis? tu ignores combien je te tiens de près!

Faut-il tout lui dire? Le même sang coule dans nos veines, Gennaro! Tu as eu pour père Jean Borgia, duc de Gandia!

GENNARO. — Votre frère! Ah! vous êtes ma tante! Ah! madame!

DONA LUCREZIA, *à part.* — Sa tante!

GENNARO. — Ah! je suis votre neveu! Ah! c'est ma mère, cette infortunée duchesse de Gandia, que tous les Borgia ont rendue si malheureuse! Madame Lucrèce, ma mère me parle de vous dans ses lettres. Vous êtes du nombre de ces parents dénaturés dont elle m'entretient avec horreur, et qui ont tué mon père, et qui ont noyé sa destinée, à elle, de larmes et de sang. Ah! j'ai de plus mon père à venger, ma mère à sauver de vous maintenant! Ah! vous êtes ma tante! je suis un Borgia! Oh! cela me rend fou! — Ecoutez-moi, dona Lucrezia Borgia, vous avez vécu longtemps, et vous êtes si couverte d'attentats, que vous devez en être devenue odieuse et abominable à vous-même. Vous êtes fatiguée de vivre, sans nul doute, n'est-ce pas? Eh bien! il faut en finir. Dans les familles comme les nôtres, où le crime est héréditaire et se transmet de père en fils comme le nom, il arrive toujours que cette fatalité se clôt par un meurtre, qui est d'ordinaire un meurtre de famille, dernier crime qui lave tous les autres. Un gentilhomme n'a jamais été blâmé pour avoir coupé une mauvaise branche à l'arbre de sa maison. L'Espagnol Mudarra a tué son oncle Rodrigue de Lara pour moins que vous n'avez fait. Cet Espagnol a été loué de tous pour avoir tué son oncle, entendez-vous, ma tante? — Allons! en voilà assez de dit là-dessus! Recommandez votre âme à Dieu, si vous croyez à Dieu et à votre âme.

DONA LUCREZIA. — Gennaro! par pitié pour toi! Tu es innocent encore! Ne commets pas ce crime!

GENNARO. — Un crime! Oh! ma tête s'égare et se bouleverse! Sera-ce un crime? Eh bien! quand je commettrais un crime! Pardieu! je suis un Borgia, moi! A genoux, vous dis-je! ma tante! A genoux!

DONA LUCREZIA. — Dis-tu en effet ce que tu penses, mon Gennaro? Est-ce ainsi que tu payes mon amour pour toi?

GENNARO. — Amour!...

DONA LUCREZIA. — C'est impossible. Je veux te sauver de toi-même. Je vais appeler. Je vais crier.

GENNARO. — Vous n'ouvrirez point cette porte. Vous ne ferez point un pas. Et quant à vos cris, ils ne peuvent vous sauver. Ne venez-vous pas d'ordonner vous-même tout à l'heure que personne n'entrât, quoi qu'on pût entendre au dehors de ce qui va se passer ici?

DONA LUCREZIA. — Mais c'est lâche ce que vous faites là, Gennaro! Tuer une femme, une femme sans défense! Oh! vous avez de plus nobles sentiments que cela dans l'âme! Ecoute-moi, tu me tueras après si tu veux; je ne tiens pas à la vie, mais il faut bien que ma poitrine déborde, elle est pleine d'angoisses de la manière dont tu m'as traitée jusqu'à présent. Tu es jeune, enfant, et la jeunesse est toujours trop sévère. Oh! si je dois mourir, je ne veux pas mourir de ta main. Cela n'est pas possible, vois-tu, que je meure de ta main! Tu ne sais pas toi-même à quel point cela serait horrible. D'ailleurs, Gennaro, mon heure n'est pas encore venue. C'est vrai, j'ai commis bien des actions mauvaises, je suis une grande criminelle; et c'est parce que je suis une grande criminelle qu'il faut me laisser le temps de me reconnaître et de me repentir. Il le faut absolument, entends-tu, Gennaro?

GENNARO. — Vous êtes ma tante. Vous êtes la sœur de mon père. Qu'avez-vous fait de ma mère, madame Lucrèce Borgia?

DONA LUCREZIA. — Attends, attends! Mon Dieu, je ne puis tout dire. Et puis, si je te disais tout, je ne ferais peut-être que redoubler ton horreur et ton mépris pour moi! Ecoute-moi encore un instant. Oh! que je voudrais bien que tu me reçusses repentante à tes pieds! Tu me feras grâce de la vie, n'est-ce pas? Eh bien! veux-tu que je prenne le voile? veux-tu que je m'enferme dans un cloître, dis! Voyons, si l'on te disait: Cette malheureuse femme s'est fait raser la tête, elle couche dans la cendre, elle creuse sa fosse de ses mains, elle prie Dieu nuit et jour, non pour elle, qui en aurait besoin cependant, mais pour toi, qui peux t'en passer; elle fait tout cela, cette femme, pour que tu abaisses un jour sur sa tête un regard de miséricorde, pour que tu laisses tomber une larme sur toutes les plaies vives de son cœur et de son âme, pour que tu ne lui dises plus, comme tu viens de le faire, avec cette voix plus sévère que celle du jugement dernier: Vous êtes Lucrèce Borgia! si l'on te disait cela, Gennaro, est-ce que tu aurais le cœur de la repousser? Oh! grâce! ne me tue pas, mon Gennaro! Vivons tous les deux, moi pour me pardonner, moi pour me repentir! Aie quelque compassion de moi! Enfin cela ne sert à rien de traiter sans miséricorde une misérable femme qui ne demande qu'un peu de pitié! Un peu de pitié! Grâce de la vie! — Et puis, vois-tu bien, mon Gennaro, je te le dis pour toi, ce serait vraiment lâche ce que tu ferais là, ce serait un crime affreux, un assassinat! Un homme tuer une femme! Un homme peut-être le plus fort! Oh! tu ne voudras pas! tu ne voudras pas!

GENNARO, *ébranlé.* — Madame...

DONA LUCREZIA. — Oh! je le vois bien, j'ai ma grâce. Cela se lit dans tes yeux. Oh! laisse-moi pleurer à tes pieds.

UNE VOIX, *au dehors.* — Gennaro!

GENNARO. — Qui m'appelle?

LA VOIX. — Mon frère Gennaro!

GENNARO. — C'est Maffio.

LA VOIX. — Gennaro! je meurs! venge-moi!

GENNARO, *relevant le couteau.* — C'est dit. Je n'écoute plus rien. Vous l'entendez, madame, il faut mourir!

DONA LUCREZIA, *se débattant et lui retenant le bras.* — Grâce! grâce! encore un mot!

GENNARO. — Non!

DONA LUCREZIA. — Pardon! Ecoute-moi!

GENNARO. — Non!

DONA LUCREZIA. — Au nom du ciel!

GENNARO. — Non!

Il la frappe.

DONA LUCREZIA. — Ah!... tu m'as tué! — Gennaro! je suis ta mère!

NOTE

Le texte de la pièce, telle qu'elle est imprimée ici, est conforme à la représentation, à deux variantes près, que l'auteur croit devoir donner ici pour ceux de messieurs les directeurs des théâtres de province qui voudraient monter *Lucrèce Borgia*.

Voici de quelle façon se termine, à la représentation, la deuxième partie du premier acte.

A peine les gentilshommes ont-ils disparu, qu'on voit la tête de Rustighello passer derrière l'angle de la maison de Gennaro. Il regarde si tous sont bien éloignés, puis avance avec précaution et fait un signe derrière lui. Plusieurs hommes armés paraissent; Rustighello, sans dire une parole, les place, en leur recommandant le silence par gestes, l'un en embuscade à droite de la porte de Gennaro, l'autre à gauche, l'autre dans l'angle du mur, les deux derniers derrière les piliers du balcon ducal.

Vous êtes chez moi! (Page 22.)

Au moment où il a fini ces dispositions, Astolfo paraît dans la place et aperçoit Rustighello sans voir les soldats embusqués.

SCÈNE III.

RUSTIGHELLO, ASTOLFO.

ASTOLFO. — Que diable fais-tu là, Rustighello?
RUSTIGHELLO. — J'attends que tu t'en ailles, Astolfo.
ASTOLFO. — En vérité!
RUSTIGHELLO. — Et toi, que fais tu là, Astolfo?
ASTOLFO. — J'attends que tu t'en ailles, Rustighello.
RUSTIGHELLO. — A qui donc as-tu affaire, Astolfo?
ASTOLFO. — A l'homme qui demeure dans cette maison. — Et toi, à qui en veux-tu?
RUSTIGHELLO. — Au même.
ASTOLFO. — Diable!
RUSTIGHELLO. — Qu'est-ce que tu en veux faire?
ASTOLFO. — Je veux le mener chez la duchesse. — Et toi?
RUSTIGHELLO. — Je veux le mener chez le duc.
ASTOLFO. — Diable!
RUSTIGHELLO. — Qu'est-ce qui l'attend chez la duchesse?
ASTOLFO. — L'amour sans doute. — Et chez le duc?
RUSTIGHELLO. — Probablement la potence.
ASTOLFO. — Comment faire? il ne peut pas être à la fois chez le duc et chez la duchesse, amant heureux et pendu.
RUSTIGHELLO. — A-t-il de l'esprit, cet Astolfo!

Il fait un signe, les deux sbires cachés sous le balcon ducal s'avancent et saisissent au collet Astolfo.

RUSTIGHELLO. — Saisissez cet homme. — Vous avez entendu ce qu'il a dit. Vous en témoignerez, — Silence, Astolfo! (*Aux autres sbires.*) — Enfants, à l'œuvre à présent! Enfoncez-moi cette porte.

Dans le troisième acte, la scène de l'orgie, à partir de la page 21 jusqu'à la page 22, doit être jouée comme il suit :
GUBETTA. — Une chanson à boire, messieurs! il nous faut une chanson à boire qui vaille mieux que le sonnet du mar-

Gennaro! je suis ta mère! (Page 23.)

quis Oloferno. Ce n'est pas moi qui vous en chanterai une, je jure par le bon vieux crâne de mon père que je ne sais pas de chansons, attendu que je ne suis pas poëte et que je n'ai point l'esprit assez galant pour faire se becqueter deux rimes au bout d'une idée. Mais vous, seigneur Maffio, qui êtes de belle humeur, vous devez savoir quelque chanson de table. Que diable! chantez-nous-la, amusons-nous.

MAFFIO. — Je veux bien, emplissez les verres. (*Il chante.*)

Amis, vive l'orgie!
J'aime la folle nuit,
Et la nappe rougie,
Et les chants et les bruits,
Les dames peu sévères,
Les cavaliers joyeux,
Le vin dans tous les verres,
L'amour dans tous les yeux.

La tombe est noire,
Les ans sont courts.
Il faut, sans croire
Aux sots discours,
Très-souvent boire,
Aimer toujours!

TOUS EN CHOEUR.

La tombe est noire, etc.

Ils choquent leurs verres en riant aux éclats. Tout à coup on entend des voix éloignées qui chantent au dehors sur un ton lugubre.

VOIX AU DEHORS. — « Sanctum et terribile nomen ejus. Initium sapientiæ timor Domini. »

JEPPO. — Ecoutez, messieurs! — Corbacque! Pendant que nous chantons à boire, l'écho chante vêpres.

TOUS. — Ecoutons!

VOIX AU DEHORS, *un peu plus rapprochées.* — « Nisi Dominus custodierit civitatem, frustra vigilat qui custodit eam. »

JEPPO, *riant.* — Du plain-chant tout pur.

MAFFIO. — Quelque procession qui passe.

GENNARO. — A minuit! C'est un peu tard.

JEPPO. — Bah! continuons.

VOIX AU DEHORS, *qui se rapprochent de plus en plus.* — « Oculos habent et non videbunt, nares habent et non odorabunt, aures habent et non audient. »

JEPPO. — Sont-ils braillards, ces moines !

MAFFIO. — Regarde donc, Gennaro. Les lampes s'éteignent ici. Nous voici tout à l'heure dans l'obscurité.

VOIX AU DEHORS, *très-près*. — « Manus habent et non palpabunt. Pedes habent et non ambulabunt. Non clamabunt in gutture suo. »

GENNARO. — Il me semble que les voix se rapprochent.

JEPPO. — La procession me fait l'effet d'être en ce moment sous nos fenêtres.

MAFFIO. — Ce sont les prières des morts.

ASCANIO. — C'est quelque enterrement.

JEPPO. — Buvons à la santé de celui qu'on va enterrer.

GUBETTA. — Savez-vous s'il n'y en a pas plusieurs ?

JEPPO. — Eh bien ! à la santé de tous !

Ils choquent leurs verres.

APOSTOLO. — Bravo ! Et continuons de notre côté notre chanson à boire.

TOUS EN CHOEUR.

La tombe est noire,
Les ans sont courts.
Il faut, sans croire
Aux sots discours,
Très-souvent boire,
Aimer toujours !

VOIX AU DEHORS. — « Non mortui laudabunt te, Domine, neque omnes qui descendunt in infernum. »

MAFFIO.

Dans la douce Italie,
Qu'éclaire un si doux ciel,
Tout est joie et folie,
Tout est nectar et miel.
Ayons donc à nos têtes
Les fleurs et les beautés,
La rose sur nos têtes,
La femme à nos côtés !

TOUS.

La tombe est noire, etc.

La grande porte du fond s'ouvre.

L'auteur ne terminera pas cette note sans engager ceux des acteurs de province qui pourraient être chargés des rôles de sa pièce, à étudier, s'ils en ont l'occasion, la manière dont *Lucrèce Borgia* est représentée à la Porte Saint-Martin. L'auteur est heureux de le dire, il n'est pas un rôle dans son ouvrage qui ne soit joué avec une intelligence singulière. Chaque acteur a la physionomie de son rôle. Chaque personnage se pose à son plan. De là un ensemble parfait, quoique mêlé à tout moment de verve et de fantaisie. Le jeu général de la pièce est tout à la fois plein d'harmonie et plein de relief, deux qualités qui s'excluent d'ordinaire. Aucun de ces effets criards qui détonnent dans les troupes jeunes, aucune de ces monoties qui alanguissent les troupes faites. Il n'est pas de troupe, à Paris, qui comprenne mieux que celle de la Porte Saint-Martin la mystérieuse loi de perspective suivant laquelle doit se mouvoir et s'étager au théâtre ce groupe de personnages passionnés ou ironiques qui noue et dénoue un drame.

Et cet ensemble est d'autant plus frappant dans le cas présent, qu'il y a dans *Lucrèce Borgia* certains personnages du second ordre représentés à la Porte Saint-Martin par des acteurs qui sont du premier ordre et qui se tiennent avec une grâce, une loyauté et un goût parfaits dans le demi-jour de leurs rôles. L'auteur les en remercie ici.

Parmi ceux-ci, le public a vivement distingué mademoiselle Juliette. On ne peut guère dire que la princesse Negroni soit un rôle ; c'est, en quelque sorte, une apparition. C'est une figure belle, jeune et fatale, qui passe, soulevant aussi son coin du voile sombre qui couvre l'Italie au seizième siècle. Mademoiselle Juliette a jeté sur cette figure un éclat extraordinaire. Elle n'avait que peu de mots à dire, elle y a mis beaucoup de pensée. Il ne faut à cette jeune actrice qu'une occasion pour révéler puissamment au public un talent plein d'âme, de passion et de vérité.

Quant aux deux grands acteurs dont la lutte commence aux premières scènes du drame et ne s'achève qu'à la dernière, l'auteur n'a rien à leur dire qui ne leur soit dit chaque soir d'une manière bien autrement éclatante et sonore par les acclamations dont la foule les salue. M. Frédérick a réalisé avec génie le Gennaro que l'auteur avait rêvé. M. Frédérick est élégant et familier, il est plein de grandeur et plein de grâce, il est redoutable et doux ; il est enfant et il est homme ; il charme et il épouvante ; il est modeste, sévère et terrible. Mademoiselle Georges réunit également au degré le plus rare les qualités diverses et quelquefois même opposées que son rôle exige. Elle prend superbement et en reine toutes les attitudes du personnage qu'elle représente. Mère au premier acte, femme au second, grande comédienne dans cette scène de ménage avec le duc de Ferrare où elle est si bien secondée par M. Lockroy, grande tragédienne pendant l'insulte, grande tragédienne pendant la vengeance, grande tragédienne pendant le châtiment, elle passe comme elle veut, et sans effort, du pathétique tendre au pathétique terrible. Elle fait applaudir et elle fait pleurer. Elle est sublime comme Hécube et touchante comme Desdémona.

FIN DE LUCRÈCE BORGIA.

MÉLANGES LITTÉRAIRES

HISTOIRE

Chez les anciens, l'occupation d'écrire l'histoire était le délassement des grands hommes historiques ; c'était Xénophon, chef des Dix Mille ; c'était Tacite, prince du sénat. Chez les modernes, comme les grands hommes historiques ne savaient pas lire, il fallut que l'histoire se laissât écrire par des lettrés et des savants, gens qui n'étaient savants et lettrés que parce qu'ils étaient restés toute leur vie étrangers aux intérêts de ce bas monde, c'est-à-dire à l'histoire.

De là, dans l'histoire, telle que les modernes l'ont écrite, quelque chose de petit et de peu intelligent.

Il est à remarquer que les premiers historiens anciens écrivirent d'après des traditions, et les premiers historiens modernes d'après des chroniques.

Les anciens, écrivant d'après des traditions, suivirent cette grande idée morale qu'il ne suffisait pas qu'un homme eût vécu ou même qu'un siècle eût existé pour qu'il fût de l'histoire, mais qu'il fallait encore qu'il eût légué de grands exemples à la mémoire des hommes. Voilà pourquoi l'histoire ancienne ne languit jamais. Elle est ce qu'elle doit être, le tableau raisonné des grands hommes et des grandes choses, et non pas, comme on l'a voulu faire de notre temps, le registre de la vie de quelques hommes, ou le procès-verbal de quelques siècles.

Les historiens modernes, écrivant d'après des chroniques, ne virent dans les livres que ce qui y était : des faits contradictoires à rétablir et des dates à concilier. Ils écrivirent en savants, s'occupant beaucoup des faits et rarement des conséquences, ne s'étendant pas sur les événements d'après l'intérêt moral qu'ils étaient susceptibles de présenter, mais d'après l'intérêt de curiosité qui leur restait encore, eu égard aux événements de leur siècle. Voilà pourquoi la plupart de nos histoires commencent par des abrégés chronologiques et se terminent par des gazettes.

On a calculé qu'il faudrait huit cents ans à un homme qui lirait quatorze heures par jour pour lire seulement les ouvrages écrits sur l'histoire qui se trouvent à la Bibliothèque royale ; et parmi ces ouvrages il faut en compter plus de vingt mille, la plupart en plusieurs volumes, sur la seule histoire de France, depuis MM. Royou, Fantin-Désodoards et Anquetil, qui ont donné des histoires complètes, jusqu'à ces braves chroniqueurs Froissard, Comines et Jean de Troyes, par lesquels nous savons que *ung tel jour le roi estoit malade*, et que *ung tel autre jour ung homme se noya dans la Seine*.

Parmi ces ouvrages, il en est quatre généralement connus sous le nom des quatre grandes histoires de France : celle de Dupleix, qu'on ne lit plus ; celle de Mézeray, qu'on lira toujours, non parce qu'il est aussi exact et aussi vrai que Boileau l'a dit pour la rime, mais parce qu'il est original et satirique, ce qui vaut encore mieux pour des lecteurs français ; celle du père Daniel, jésuite, fameux par ses descriptions de batailles, qui a fait en vingt ans une histoire où il n'y a d'autre mérite que l'érudition, et dans laquelle le comte de Boulainvilliers ne trouvait guère que dix mille erreurs ; et enfin celle de Vély, continuée par Villaret et par Garnier.

« Il y a des morceaux bien faits dans Vély, dit Vol-
« taire (dont les jugements sont précieux), on lui doit des
« éloges et de la reconnaissance ; mais il faudrait avoir
« le style de son sujet, et pour faire une bonne histoire de
« France il ne suffit pas d'avoir du discernement et du
« goût. »

Villaret, qui avait été comédien, écrit d'un style prétentieux et ampoulé, il fatigue par une affectation continuelle de sensibilité et d'énergie ; il est souvent inexact et rarement impartial. Garnier, plus raisonnable, plus instruit, n'est guère meilleur écrivain ; sa manière est terne, son style est lâche et prolixe. Il n'y a entre Garnier et Villaret que la différence du médiocre au pire ; et, si la première condition de vie pour un ouvrage doit être de se faire lire, le travail de ces deux auteurs peut être, à juste titre, regardé comme non avenu.

Au reste, écrire l'histoire d'une seule nation, c'est œuvre incomplète, sans tenants et sans aboutissants, et par conséquent manquée et difforme. Il ne peut y avoir de bonnes histoires locales que dans les compartiments bien proportionnés d'une histoire générale. Il n'y a que deux tâches dignes d'un historien dans ce monde : la chronique, le journal, ou l'histoire universelle. Tacite ou Bossuet.

Sous un point de vue restreint, Comines a écrit une assez bonne histoire de France en six lignes : « Dieu
« n'a créé aucune chose en ce monde, ny hommes, ny
« bestes, à qui il n'ait fait quelque chose son contraire,
« pour le tenir en crainte et en humilité. C'est pourquoy
« il a fait France et Angleterre voisines. »

La France, l'Angleterre et la Russie sont de nos jours les trois géants de l'Europe. Depuis nos récentes commotions politiques, ces colosses ont chacun une attitude particulière : l'Angleterre se soutient, la France se relève, la Russie se lève. Ce dernier empire, jeune encore au milieu du vieux continent, grandit depuis un siècle avec une rapidité singulière. Son avenir est d'un poids immense dans nos destinées. Il n'est pas impossible que sa barbarie vienne un jour retremper notre civilisation, et le sol russe semble tenir en réserve des populations sauvages pour nos régions policées.

Cet avenir de la Russie, si important aujourd'hui pour l'Europe, donne une haute importance à son passé. Pour bien deviner ce que sera ce peuple, on doit étudier soigneusement ce qu'il a été. Mais rien de plus difficile qu'une pareille étude. Il faut marcher comme perdu au milieu d'un chaos de traditions confuses, de récits incomplets, de contes, de contradictions, de chroniques tronquées. Le passé de cette nation est aussi ténébreux que son ciel, et il y a des déserts dans ses annales comme dans son territoire.

Ce n'est donc pas une chose aisée à faire qu'une bonne histoire de Russie. Ce n'est pas une médiocre entreprise que de traverser cette nuit des temps, pour aller, parmi tant de faits et de récits qui se croisent et se heurtent, à la découverte de la vérité. Il faut que l'écrivain saisisse hardiment le fil de ce dédale; qu'il en débrouille les ténèbres; que son érudition laborieuse jette de vives lumières sur toutes les sommités de cette histoire. Sa critique consciencieuse et savante aura soin de rétablir les causes en combinant les résultats. Son style fixera les physionomies, encore indécises, des personnages et des époques. Certes, ce n'est point une tâche facile de remettre à flot et de faire repasser sous nos yeux tous ces événements depuis si longtemps disparus du cours des siècles.

L'historien devra, ce nous semble, pour être complet, donner un peu plus d'attention qu'on ne l'a fait jusqu'ici à l'époque qui précède l'invasion des Tartares, et consacrer tout un volume peut-être à l'histoire de ces tribus vagabondes qui reconnaissent la souveraineté de la Russie. Ce travail jetterait sans doute un grand jour sur l'ancienne civilisation qui a probablement existé dans le Nord, et l'historien pourrait s'y aider des savantes recherches de monsieur Klaproth.

Lévesque a déjà raconté, il est vrai, en deux volumes ajoutés à son long ouvrage, l'histoire de ces peuplades tributaires; mais cette matière attend encore un véritable historien. Il faudrait aussi traiter avec plus de développement que Lévesque, et surtout avec plus de sincérité, certaines époques d'un grand intérêt, comme le règne fameux de Catherine. L'historien digne de ce nom flétrirait avec le fer chaud de Tacite et la verge de Juvénal cette courtisane couronnée, à laquelle les altiers sophistes du dernier siècle avaient voué un culte qu'ils refusaient à leur Dieu et à leur roi; cette reine régicide, qui avait choisi pour ses tableaux de boudoir un massacre (1) et un incendie (2).

Sans nul doute, une bonne *Histoire de Russie* éveillerait vivement l'attention. Les destins futurs de la Russie sont aujourd'hui le champ ouvert à toutes les méditations. Ces terres du septentrion ont déjà plusieurs fois jeté le torrent de leurs peuples à travers l'Europe. Les Français de ce temps-ci, entre autres merveilles, paître dans les gazons des Tuileries des chevaux qui avaient coutume de brouter l'herbe au pied de la grande muraille de la Chine; et ces vicissitudes inouïes dans le cours des choses ont réduit de nos jours les nations méridionales à adresser à un autre Alexandre le vœu de Diogène : *Retire-toi de notre soleil.*

Il y aurait un livre curieux à faire sur la condition des juifs au moyen âge. Ils étaient bien haïs, mais ils étaient bien odieux; ils étaient bien méprisés, mais ils étaient bien vils. Le peuple déicide était aussi un peuple voleur. Malgré les avis du rabbin Beccaï (3) ils ne se faisaient aucun scrupule de piller les *nazaréens*, ainsi qu'ils nommaient les chrétiens; aussi étaient-ils souvent les victimes de leur propre cupidité. Dans la première expédition de Pierre l'Ermite, des croisés, emportés par le zèle, firent le vœu d'égorger tous les juifs qui se trouveraient sur leur route, et ils le remplirent. Cette exécution était une représaille sanglante des bibliques massacres commis par les juifs. Suarez observe seulement que *les Hébreux avaient souvent égorgé leurs voisins par une piété bien entendue,* et que *les croisés massacraient les Hébreux par* UNE PIÉTÉ MAL ENTENDUE.

(1) Le massacre des Polonais dans le faubourg de Praga.
(2) L'incendie de la flotte ottomane dans la baie de Tchesmé. Ces deux peintures étaient les seules qui décorassent le boudoir de Catherine.
(3) Ce sage docteur voulait empêcher les juifs d'être subjugués par les chrétiens. Voici ses paroles, qu'on ne sera peut-être pas fâché de retrouver : *Les sages défendent de prêter de l'argent à un chrétien, de peur que le créancier ne soit corrompu par le débiteur; mais un juif peut emprunter d'un chrétien sans crainte d'être séduit par lui, car le débiteur évite toujours son créancier.* Juif complet, qui met l'expérience de l'usurier au service de la doctrine du rabbin.

Voilà un échantillon de haine; voici un échantillon de mépris.

En 1262, une mémorable conférence eut lieu devant le roi et la reine d'Aragon, entre le savant rabbin Zéchiel et le frère Paul Ciriaque, dominicain très-érudit. Quand le docteur juif eut cité le Toldos Jeschut, le Targum, les archives du Sanhédrin, le Nissachon Vetus, le Talmud, etc., la reine finit la dispute en lui demandant *pourquoi les juifs puaient.* Il est vrai que cette haine et ce mépris s'affaiblirent avec le temps. En 1687, on imprima les controverses de l'Israélite Orobio et de l'Arménien Philippe Limborch, dans lesquelles le rabbin présente des objections aux très-illustre et très-savant chrétien, et où le chrétien réfute les assertions du très-savant et très-illustre juif. On vit, dans le même dix-septième siècle, le professeur Rittangel, de Kœnigsberg, et Antoine, ministre chrétien à Genève, embrasser la loi mosaïque; ce qui prouve que la prévention contre les juifs n'était plus aussi forte à cette époque.

Aujourd'hui, il y a fort peu de juifs qui soient juifs, fort peu de chrétiens qui soient chrétiens. On ne méprise plus, on ne hait plus, parce qu'on ne croit plus. Immense malheur! Jérusalem et Salomon, choses mortes; Rome et Grégoire VII, choses mortes. Il y a Paris et Voltaire.

L'homme masqué, qui se fit si longtemps passer pour Dieu dans la province de Khorassan, avait d'abord été greffier de la chancellerie d'Abou Moslem, gouverneur de Khorassan, sous le khalife Almanzor. D'après l'auteur du *Lobbtarikh,* il se nommait Hakem Ben Haschem. Sous le règne du khalife Mahadi, troisième Abasside — vers l'an 160 de l'hégire — il se fit soldat, puis devint capitaine et chef de secte. La cicatrice d'un fer de flèche ayant rendu son visage hideux, il prit un voile et fut surnommé *Burcâi* — voilé. — Ses adorateurs étaient convaincus que ce voile ne servait qu'à leur cacher la splendeur foudroyante de son visage. Khondemir, qui s'accorde avec Ben Schanah pour le nommer Hakem Ben Atha, lui donne le titre de Mocannâ — *masqué* en arabe, — et prétend qu'il portait un masque d'or. Observons, en passant, qu'un poëte irlandais contemporain a changé le masque d'or en un voile d'argent. Abou Giafar al Thabari donne un exposé de sa doctrine. Cependant, la rébellion de cet imposteur devenant de plus en plus inquiétante, Mahadi envoya à sa rencontre l'émir Abusâid, qui défit le Prophète-Voilé, le chassa de Mérou et le força à se renfermer dans Nekhscheb, où il était né et où il devait mourir. L'imposteur, assiégé, ranima le courage de son armée fanatique par des miracles qui semblent encore incroyables. Il faisait sortir toutes les nuits du fond d'un puits un globe lumineux qui, suivant Khondemir, jetait sa clarté à plusieurs milles à la ronde; ce qui le fit surnommer Sazendêh Mah, *le faiseur de lunes.* Enfin, réduit au désespoir, il empoisonna le reste de ses séides dans un banquet, et, afin qu'on le crût remonté au ciel, il s'engloutit lui-même dans une cuve remplie de matières corrosives. Ben Schahnah assure que ses cheveux surnagèrent et ne furent pas consumés. Il ajoute qu'une de ses concubines, qui s'était cachée pour se dérober au poison, survécut à cette destruction générale, et ouvrit les portes de Nekhscheb à Abusâid. Le Prophète-Masqué, que d'ignorants chroniqueurs ont confondu avec le Vieux de la Montagne, avait choisi pour ses drapeaux la couleur blanche, en haine des Abassides, dont l'étendard était noir. Sa secte subsista longtemps après lui, et, par un capricieux hasard, il y eut parmi les Turcomans une distinction de Blancs et de Noirs à la même époque où les Bianchi et les Neri divisaient l'Italie en deux grandes factions.

Il est des convenances de langage qui ne sont révélées à

l'écrivain que par l'esprit de nation. Le mot *barbares*, qui sied à un Romain parlant des Gaulois, sonnerait mal dans la bouche d'un Français. Un historien étranger ne trouverait jamais certaines expressions qui sentent l'homme du pays. Nous disons que Henri IV gouverna son peuple avec une bonté paternelle; une inscription chinoise, traduite par les jésuites, parle d'un empereur qui régna avec une bonté *maternelle*. Nuance toute chinoise et toute charmante.

A UN HISTORIEN.

Vos descriptions de batailles sont bien supérieures aux tableaux poudreux et confus, sans perspective, sans dessin et sans couleur, que nous a laissés Mézeray, et aux interminables bulletins du père Daniel; toutefois, vous nous permettrez une observation dont nous croyons que vous pourrez profiter dans la suite de votre ouvrage.

Si vous vous êtes rapproché de la manière des anciens, vous ne vous êtes pas encore assez dégagé de la routine des historiens modernes; vous vous arrêtez trop aux détails, et vous ne vous attachez pas assez à peindre les masses. Que nous importe en effet que Brissac ait exécuté une charge contre d'Andelot, que Lanoue ait été renversé de cheval et que Montpensier ait passé le ruisseau? la plupart de ces noms, qui apparaissent là pour la première fois dans le cours de l'ouvrage, jettent de la confusion dans un endroit où l'auteur ne saurait être trop clair, et lorsqu'il devrait entraîner l'esprit par une succession rapide de tableaux. Le lecteur s'arrête à chercher à quel parti tels ou tels noms appartiennent, pour pouvoir suivre le fil de l'action. Ce n'est point ainsi qu'en usait Polybe, et après lui Tacite, les deux premiers peintres de batailles de l'antiquité. Ces grands historiens commencent par nous donner une idée exacte de la position des deux armées par quelque image sensible tirée de l'ordre physique; l'armée était rangée en demi-cercle, elle avait la forme d'un aigle aux ailes étendues; ensuite viennent les détails. Les Espagnols formaient la première ligne, les Africains la seconde, les Numides étaient jetés aux deux ailes, les éléphants marchaient en tête, etc. Mais, nous vous le demandons à vous-même, si nous lisions dans Tacite : Vibulenus exécute une charge contre Rusticus, Lentulus est renversé de cheval, Civilis passe le ruisseau, il serait très-possible que ce petit bulletin eût paru très-clair et très-intéressant aux contemporains; mais nous doutons fort qu'il eût trouvé le même degré de faveur auprès de la postérité. Et c'est une erreur dans laquelle sont tombés la plupart des historiens modernes : l'habitude de lire les chroniques leur rend familiers les personnages inférieurs de l'histoire, qui ne doivent point y paraître; le désir de tout dire, lorsqu'ils ne devraient dire que ce qui est intéressant, les leur fait employer comme acteurs dans les occasions les plus importantes. De là vient qu'ils nous donnent des descriptions qu'ils comprennent fort bien, eux et les érudits, parce qu'ils connaissent les masques, mais dans lesquelles la plupart des lecteurs, qui ne sont pas obligés d'avoir lu les chroniques pour pouvoir lire l'histoire, ne voient guère autre chose que des noms et de l'ennui. En général, il ne faut dire à la postérité que ce qui peut l'intéresser. Et, pour intéresser la postérité, il ne suffit pas d'avoir bien exécuté une charge ou d'avoir été renversé de cheval, il faut avoir combattu de la main et des dents comme Cynégire, être mort comme d'Assas, ou avoir embrassé les piques comme Vinkelried.

L'hermine de premier président du parlement de Paris fut plus d'une fois ensanglantée par des meurtres populaires ou juridiques; et l'histoire recueillera ce fait singulier, que le premier titulaire de cette charge, Simon de Bucy, pour qui elle fut instituée en 1440, et le dernier qui en fut revêtu, Bochard de Saron, furent tous deux victimes des troubles révolutionnaires. Fatalité digne de méditation!

Tout historien qui se laisse faire par l'histoire, et qui n'en domine pas l'ensemble, est infailliblement submergé sous les détails.

Sindbad le marin, ou je ne sais quel autre personnage des *Mille et une Nuits*, trouva un jour, au bord d'un torrent, un vieillard exténué qui ne pouvait passer. Sindbad lui prêta le secours de ses épaules, et le bonhomme, s'y cramponnant alors avec une vigueur diabolique, devint tout à coup le plus impérieux des maîtres et le plus opiniâtre des écuyers. Voilà, à mon sens, le cas de tout homme aventureux qui s'avise de prendre le temps passé sur son dos pour lui faire traverser le Léthé, c'est-à-dire d'écrire l'histoire. Le quinteux vieillard lui trace, avec une capricieuse minutie, une route tortueuse et difficile; si l'esclave obéit à tous ses écarts, et n'a pas la force de se faire un chemin plus droit et plus court, il le noie malicieusement dans le fleuve.

THÉATRE

I

On nomme *action* au théâtre la lutte de deux forces opposées. Plus ces forces se contre-balancent, plus la lutte est incertaine; plus il y a alternative de crainte ou d'espérance, plus il y a d'intérêt. Il ne faut pas confondre cet intérêt qui naît de l'action avec une autre sorte d'intérêt que doit inspirer le héros de toute tragédie, et qui n'est qu'un sentiment de terreur, d'admiration ou de pitié. Ainsi, il se pourrait très-bien que le principal personnage d'une pièce excitât de l'intérêt, parce que son caractère est noble et sa situation touchante, et que la pièce manquât d'intérêt, parce qu'il n'y aurait point d'alternative de crainte et d'espérance. Si cela n'était pas, plus une situation terrible serait prolongée, plus elle serait belle, et le sublime de la tragédie serait le comte Ugolin enfermé dans une tour avec ses fils pour y mourir de faim; scène de terreur monotone, qui n'a pu réussir même en Allemagne, pays de penseurs profonds, attentifs et fixes.

II

Dans une œuvre dramatique, quand l'incertitude des événements ne naît plus que de l'incertitude des caractères, ce n'est plus la tragédie par force, mais la tragédie par faiblesse. C'est, si l'on veut, le spectacle de la vie humaine; les grands effets par les petites causes; ce sont des hommes, mais au théâtre il faut des anges ou des géants

III

Il y a des poëtes qui inventent des ressorts dramatiques, et ne savent pas ou ne peuvent pas les faire jouer, semblables à cet artisan grec qui n'eut pas la force de tendre l'arc qu'il avait forgé.

IV

L'amour au théâtre doit toujours marcher en première ligne, au-dessus de toutes les vaines considérations qui modifient d'ordinaire les volontés et les passions des hommes. Il est la plus petite des choses de la terre, s'il n'en est la plus grande. On objectera que, dans cette hypothèse, le Cid ne devrait point se battre avec don Gormas. Eh! point du tout. Le Cid connaît Chimène; il aime mieux encourir sa colère que son mépris, parce que le mépris tue l'amour. L'amour, dans les grandes âmes, c'est une estime céleste.

V

Il est à remarquer que le dénoûment de *Mahomet* est plus manqué qu'on ne le croit généralement. Il suffit, pour s'en convaincre, de le comparer avec celui de *Britannicus*. La situation est semblable. Dans les deux tragédies, c'est un tyran qui perd sa maîtresse au moment où il croit s'en être assuré la possession. La pièce de Racine laisse dans l'âme une impression triste, mais qui n'est pas sans quelque consolation, parce que l'on sent que Britannicus est vengé, et que Néron n'est pas moins malheureux que ses victimes. Il semble qu'il devrait en être de même dans Voltaire; cependant le cœur, qui ne se trompe pas, reste abattu, et en effet Mahomet n'est nullement puni. Son amour pour Palmire n'est qu'une petitesse dans son caractère et qu'un moyen dérisoire dans l'action. Lorsque le spectateur voit cet homme songer à sa grandeur au moment où sa maîtresse se poignarde sous ses yeux, il sent bien qu'il ne l'a jamais aimée, et qu'avant deux heures il se sera consolé de sa perte.

Le sujet de Racine est mieux choisi que celui de Voltaire. Pour le poëte tragique, il y a une profonde et radicale différence entre l'empereur romain et le chamelier-prophète. Néron peut être amoureux, Mahomet non. Néron, c'est un phallus; Mahomet, c'est un cerveau.

VI

Le propre des sujets bien choisis est de porter leur auteur. *Bérénice* n'a pu faire tomber Racine; Lamotte n'a pu faire tomber *Inès*.

VII

La différence qui existe entre la tragédie allemande et la tragédie française provient de ce que les auteurs allemands voulurent créer tout d'abord, tandis que les Français se contentèrent de corriger les anciens. La plupart de nos chefs-d'œuvre ne sont parvenus au point où nous les voyons qu'après avoir passé par les mains des premiers hommes de plusieurs siècles. Voilà pourquoi il est si injuste de s'en faire un titre pour écraser les productions originales.

La tragédie allemande n'est autre chose que la tragédie des Grecs, avec les modifications qu'a dû y apporter la différence des époques. Les Grecs aussi avaient voulu faire concourir le faste de la scène aux jeux du théâtre, de là ces masques, ces chœurs, ces cothurnes; mais, comme chez eux les arts qui tiennent des sciences étaient dans le premier état d'enfance, ils furent bientôt ramenés à cette simplicité que nous admirons. Voyez dans Servius ce qu'il fallait faire pour changer une décoration sur le théâtre des anciens.

Au contraire, les auteurs allemands, arrivant au milieu de toutes les inventions modernes, se servirent des moyens qui étaient à leur portée pour couvrir les défauts de leurs tragédies. Lorsqu'ils ne pouvaient parler au cœur, ils parlèrent aux yeux. Heureux s'ils avaient su se renfermer dans de justes bornes! Voilà pourquoi la plupart des pièces allemandes ou anglaises qu'on transporte sur notre scène produisent moins d'effet que dans l'original; on leur laisse les défauts qui tiennent aux plans et aux caractères, et on leur ôte cette pompe théâtrale qui en est la compensation.

Madame de Staël attribue encore à une autre raison la prééminence des auteurs français sur les auteurs allemands, et elle a observé juste. Les grands hommes français étaient réunis dans le même foyer de lumières; et les grands hommes allemands étaient disséminés comme dans des patries différentes. Il en est de deux hommes de génie comme des deux fluides sur la batterie; il faut les mettre en contact pour qu'ils vous donnent la foudre.

VIII

On peut observer qu'il y a deux sortes de tragédies : l'une qui est faite avec des sentiments, l'autre qui est faite avec des événements. La première considère les hommes sous le point de vue des rapports établis entre eux par la nature; la seconde, sous le point de vue des rapports établis entre eux par la société. Dans l'une, l'intérêt naît du développement d'une des grandes affections auxquelles l'homme est soumis par cela même qu'il est homme, telles que l'amour, l'amitié, l'amour filial et paternel, dans l'autre, il s'agit toujours d'une volonté politique appliquée à la défense ou au renversement des institutions établies. Dans le premier cas, le personnage est évidemment passif, c'est-à-dire qu'il ne peut se soustraire à l'influence des objets extérieurs; un jaloux ne peut s'empêcher d'être jaloux, un père ne peut s'empêcher de craindre pour son fils; et peu importe comment ces impressions sont amenées, pourvu qu'elles soient intéressantes; le spectateur s'intéresse toujours à ce qu'il craient ou à ce qu'il désire. Dans le second cas, au contraire, le personnage est essentiellement actif, parce qu'il n'a qu'une volonté immuable, et que la volonté ne peut se manifester que par des actions. On peut comparer ces deux tragédies, l'une à une statue que l'on taille dans le bloc, l'autre à une statue que l'on jette en fonte. Dans le premier cas, le bloc existe; il lui suffit pour devenir la statue d'être soumis à une influence extérieure; dans le second, il faut que le métal ait en lui-même la faculté de parcourir le moule qu'il doit remplir. A mesure que toutes les tragédies se rapprochent plus ou moins de ces deux types, elles participent plus ou moins de l'un ou de l'autre; il faut une forte constitution aux tragédies de tête pour se soutenir; les tragédies de cœur ont à peine besoin de s'astreindre à un plan. Voyez *Mahomet* et le *Cid*.

IX

E. vient d'écrire ceci aujourd'hui **27 avril 1819** :

« En général, une chose nous a frappés dans les com-
« positions de cette jeunesse qui se presse maintenant sur
« nos théâtres : ils en sont encore à se contenter facile-
« ment d'eux-mêmes. Ils perdent à ramasser des couronnes
« un temps qu'ils devraient consacrer à de courageuses
« méditations. Ils réussissent, mais leurs rivaux sortent
« joyeux de leurs triomphes. Veillez! veillez! jeunes gens,
« recueillez vos forces, vous en aurez besoin le jour de la
« bataille. Les faibles oiseaux prennent leur vol tout d'un
« trait; les aigles rampent avant de s'élever sur leurs
« ailes. »

FANTAISIE

Février 1819.

Ce que je veux, c'est ce que tout le monde veut, ce que tout le monde demande, c'est-à-dire du pouvoir pour le roi et des garanties pour le peuple.

Et, en cela, je suis bien différent de certains honnêtes gens de ma connaissance qui professent hautement la même maxime, et qui, lorsqu'on en vient aux applications, se trouvent n'en vouloir réellement, les uns qu'une moitié, les autres qu'une autre, c'est-à-dire les uns qu'un peu de despotisme et les autres que beaucoup de licence, à peu près comme feu mon grand-oncle qui avait sans cesse à la bouche le fameux précepte de l'école de Salerne : *Manger peu, mais souvent;* mais qui n'en admettait que la première partie pour l'usage de la maison.

Février 1819.

L'autre jour je trouvai, dans Cicéron, ce passage : « Et « il faut que l'orateur, en toutes circonstances, sache prou-« ver le pour et le contre, » *in omni causa duas contrarias orationes explicari;* et, dis-je, c'est justement ce qu'il faut dans un siècle où l'on a découvert deux sortes de consciences, celle du cœur et celle de l'estomac.

Voilà pour la conscience de l'orateur selon Cicéron, *vir probus dicendi peritus.* Pour ce qui est de ses mœurs, — ce que j'en écris ici n'est que pour l'instruction de la jeunesse de nos collèges, — on connaît la simplicité des mœurs antiques. Nous n'avons aucune raison de croire que les orateurs fissent autrement que les guerriers. Après qu'Achille et Patrocle ont tant pleuré Briséis, Achille, dit madame Dacier, conduit vers sa tente la belle Diomède, fille du sage Phorbas, et Patrocle s'abandonne au doux sommeil entre les bras de la jeune Iphis, amenée captive de Scyros. C'est comme Pétrarque qui, après avoir perdu Laure, mourut de douleur à soixante-dix ans, en laissant un fils et une fille.

Et à Athènes, où les pères envoyaient leurs fils à l'école chez Aspasie, à Athènes, cette ville de la politesse et de l'éloquence : — Qu'as-tu fait des cent écus que t'a valu le soufflet que tu reçus l'autre jour de Midias en plein théâtre ? criait Eschine à Démosthène. — Eh quoi ! Athéniens, vous voulez couronner le front qui s'écorche lui-même à dessein d'intenter des accusations lucratives aux citoyens ? En vérité, ce n'est pas une tête que porte cet homme sur ses épaules, c'est une ferme.

Que dirai-je du barreau romain ? des honnêtetés que se faisaient mutuellement les Scaurus et les Catulus en présence de toute la canaille de Rome assemblée ? — On ne m'écoute pas, je suis Cassandre, criait Sextius. Je ne suis pas assez sûr de n'être jamais lu que par des hommes pour rapporter la sanglante réplique de Marc-Antoine. Et au triomphe de César, qui était aussi un orateur : Citoyens, cachez vos femmes ! chantaient ses propres soldats. *Urbani, claudite uxores, mœchum calvum adducimus.*

Je saisis cette occasion pour déclarer que je me repens bien sincèrement de n'être pas né dans les siècles antiques; je compte même écrire contre mon siècle un gros livre dont mon libraire vous prie, en passant, monsieur, de vouloir bien lui prendre quelques petites souscriptions.

Et, en effet, ce devait être un bien beau temps que celui où, quand le peuple avait faim, on l'apaisait avec une fable longue et plate, qui pis est ! *O tempora ! o mores !* vont à leur tour s'écrier nos ministres.

Et où, monsieur, pourvu que l'on ne fût ni borgne, ni bossu, ni boiteux, ni bancal, ni aveugle;

Pourvu, d'ailleurs, que l'on ne fût ni trop faible, ni trop puissant, ni trop méchant homme, ni trop homme de bien;

Et surtout, ce qui était de rigueur, pourvu que l'on eût la précaution de ne point bâtir sa maison sur une butte;

Alors, dis-je, en tant que l'on ne fût point emporté par la lèpre ou par la peste, on pouvait raisonnablement espérer de mourir tranquillement dans son lit; ce qui, à la vérité, n'est guère héroïque;

Et où, monsieur, pour peu que l'on se sentît tant soit peu grand homme, — comme vous et moi, monsieur, — c'est-à-dire que l'on eût le noble désir d'être utile à la patrie par quelque action vaillante ou quelque invention merveilleuse, — désir qui, comme on sait, n'engage à rien, — alors, monsieur, il n'y avait rien aussi à quoi un honnête citoyen ne pût raisonnablement prétendre, qui sait, peut-être même à être pendu comme Phocion, ou comme Duilius, l'accrocheur de vaisseaux, à être conduit par la ville avec une flûte et deux lanternes, à peu près comme de nos jours l'âne savant.

Avril 1819.

Il pourrait, à mon sens, jaillir des réflexions utiles de la comparaison entre les romans de Lesage et ceux de Walter Scott, tous deux supérieurs dans leur genre. Lesage, ce me semble, est plus spirituel; Walter Scott est plus original; l'un excelle à raconter les aventures d'un homme, l'autre mêle à l'histoire d'un individu la peinture de tout un peuple, de tout un siècle; le premier se rit de toute vérité de lieux, de mœurs, d'histoire; le second, scrupuleusement fidèle à cette vérité même, lui doit l'éclat magique de ses tableaux. Dans tous les deux, les caractères sont tracés avec art; mais, dans Walter Scott, ils paraissent mieux soutenus, parce qu'ils sont plus saillants, d'une nature plus fraîche et moins polie. Lesage sacrifie souvent la conscience de ses héros au comique d'une intrigue; Walter Scott donne à ses héros des âmes plus sévères; leurs principes, leurs préjugés même, ont quelque chose de noble, en ce qu'ils ne savent point plier devant les événements. On s'étonne, après avoir lu un roman de Lesage, de la prodigieuse variété du plan; on s'étonne encore plus, en achevant un roman de Scott, de la simplicité du canevas; c'est que le premier met son imagination dans les faits, et le second dans les détails. L'un peint la vie, l'autre peint le cœur. Enfin, la lecture des ouvrages de Lesage donne, en quelque sorte, l'expérience du sort; la lecture de ceux de Walter Scott donne l'expérience des hommes.

« C'était un homme merveilleux et aussi grotesque qu'il « y en ait jamais eu dans le peuple latin. Il mettait ses « collections dans ses chaussons, et, quand, dans l'ardeur « de la dispute, nous lui contestions quelque chose, il ap-« pelait son valet : — Hem, hem, hem, Dave, apporte-moi « le chausson de la tempérance, le chausson de la justice, « ou le chausson de Platon, ou celui d'Aristote, selon les « matières qui étaient mises sur le tapis. Cent choses de « cette sorte me faisaient rire de tout mon cœur, et j'en « ris encore à présent comme si j'étais à même. » Les savants chaussons de Giraldo Giraldi méritaient, certes, d'être aussi célèbres que la perruque de Kant, laquelle s'est vendue 30,000 florins à la mort du philosophe, et n'a plus été payée que 1,200 écus à la dernière foire de Leipzig; ce qui prouverait, à mon sens, que l'enthousiasme pour Kant et son idéologie diminue en Allemagne. Cette perruque, dans les variations de son prix, pourrait être considérée comme le thermomètre des progrès du système de Kant.

———

Tout le monde a entendu parler de Jean Alary, l'inventeur de la *Pierre philosophale des sciences* : voici quelques détails sur cet homme célèbre pour le peintre qui se proposera de faire son portrait : « Alary portait au milieu « de la cour même une longue et épaisse barbe, un chapeau « d'une forme haute et carrée qui n'était pas celle du « temps, et un long manteau doublé de longue peluche « qui lui descendait plus bas que les talons, et qu'il por- « tait même souvent pendant les grandes chaleurs de l'été, « ce qui le distinguait des autres hommes, et le faisait con- « naître du peuple, qui l'appelait hautement le *philosophe* « *crotté*, de quoi, dit Colletet, sa modestie ne s'offensait « jamais. »

Colletet appelait Alary le *philosophe crotté*, Boileau appelait Colletet le *poëte crotté*. C'est qu'alors l'esprit et le savoir, ces deux démons si redoutés aujourd'hui, étaient de fort pauvres diables. Aujourd'hui ce qui salit le poëte et le philosophe, ce n'est pas la pauvreté, c'est la vénalité; ce n'est pas la crotte, c'est la boue.

———

C'est sans doute par une conviction intime de mon ignorance que je tremble à l'approche d'une tête savante et que je recule à l'aspect d'un livre érudit. Quand le talent de critique se trouva dans mon cerveau, je savais tout juste assez de latin pour entendre ce que signifiait *genus irritabile*, et j'avais tout juste assez d'esprit et d'expérience pour comprendre que cette qualification s'applique au moins aussi bien aux savants qu'aux poëtes. Me voyant donc forcé d'exercer mon talent de critique sur l'une ou l'autre de ces deux classes constituantes du *genus irritabile*, je me promis bien de n'établir jamais ma juridiction que sur la dernière, parce qu'elle est réellement la seule qui ne puisse démontrer l'ineptie ou l'ignorance d'un critique. Vous dites à un poëte tout ce qui vous passe par la tête, vous lui dictez des arrêts, vous lui inventez des défauts. S'il se fâche, vous citez Aristote, Quintilien, Longin, Horace, Boileau. S'il n'est pas étourdi de tous ces grands noms, vous invoquez le *goût*; qu'a-t-il à répondre? Le goût est semblable à ces anciennes divinités païennes qu'on respectait d'autant plus qu'on ne savait où les trouver, ni sous quelle forme les adorer. Il n'en est pas de même avec les savants. Ce sont *gens*, comme disait Laclos, *qui ne se battent qu'à coups de faits;* et il est fort désagréable pour un grave journaliste, lequel n'a ordinairement d'un érudit que le pédantisme, de se voir rendre, par quelque savant irrité, les coups de férule qu'il lui avait administrés étourdiment. Joignez à cela qu'il n'y a rien de terrible comme la colère d'un savant, attaqué sur son terrain favori. Cette espèce d'hommes-là ne sait dire d'injures que par in-folio; il semble que la langue ne leur fournisse point de termes assez forts pour exprimer leur indignation. Visdelou, cet amant platonique de la lexicologie, raconte, dans son *Supplément à la bibliothèque orientale*, que l'impératrice chinoise Uu-Heu commit plusieurs *crimes*, tels que d'assassiner son mari, son frère, ses fils; mais un surtout, qu'il appelle *un attentat inouï*, c'est d'avoir ordonné, au mépris de toutes les lois de la grammaire, qu'on l'appelât *empereur* et non *impératrice*.

———

On considère maintenant en France, et avec raison, comme le complément nécessaire d'une éducation élégante, une certaine facilité à manier ce qu'on est convenu d'appeler le style épistolaire. En effet, le genre auquel on donne ce nom — s'il est vrai que ce soit un genre — est dans la littérature comme ces champs du domaine public que tout le monde est en droit de cultiver. Cela vient de ce que le genre épistolaire tient plus de la nature que de l'art. Les productions de cette sorte sont, en quelque façon, comme les fleurs qui croissent d'elles-mêmes, tandis que toutes les autres compositions de l'esprit humain ressemblent, pour ainsi dire, à des édifices qui, depuis leurs fondements jusqu'à leur faîte, doivent être laborieusement bâtis d'après des lois générales et des combinaisons particulières. La plupart des auteurs épistolaires ont ignoré qu'ils fussent auteurs; ils ont fait des ouvrages comme ce monsieur Jourdain, tant de fois cité, faisait de la prose sans le savoir. Ils n'écrivaient point pour écrire, mais parce qu'ils avaient des parents et des amis, des affaires et des affections. Ils n'étaient nullement préoccupés, dans leurs correspondances, du souci de l'immortalité, mais tout bourgeoisement des soins matériels de la vie. Leur style est simple comme l'intimité, et cette simplicité en fait le charme. C'est parce qu'ils n'ont envoyé leurs lettres qu'à leurs familles qu'elles sont parvenues à la postérité. Nous croyons qu'il est impossible de dire quels sont les éléments du style épistolaire; les autres genres ont des règles, celui-là n'a que des secrets.

| LIBRAIRIE MARESCQ ET Cⁱᵉ, | J. HETZEL, ÉDITEUR. | LIBRAIRIE BLANCHARD, |
| 5, rue du Pont-de-Lodi. | | 78, rue de Richelieu. |

OEUVRES DE VICTOR HUGO

MARION DELORME

ILLUSTRÉE PAR FOULQUIER.

Cette pièce, représentée dix-huit mois après *Hernani*, fut faite trois mois auparavant. Les deux drames ont été composés en 1829 : *Marion Delorme* en juin, *Hernani* en septembre. A cela près de quelques changements de détail qui ne modifient en rien ni la donnée fondamentale de l'ouvrage, ni la nature des caractères, ni la valeur respective des passions, ni la marche des événements, ni même la distribution des scènes ou l'invention des épisodes, l'auteur donne au public, au mois d'août 1831, sa pièce telle qu'elle fut écrite au mois de juin 1829. Aucun remaniement profond, aucune mutilation, aucune soudure faite après coup dans l'intérieur du drame, aucune main-d'œuvre nouvelle, si ce n'est ce travail d'ajustement qu'exige toujours la représentation. L'auteur s'est borné à cela, c'est-à-dire à faire sur les bords extrêmes de son œuvre ces quelques rognures sans lesquelles le drame ne pourrait s'encadrer solidement dans le théâtre.

Cette pièce est donc restée éloignée deux ans du théâtre. Quant aux motifs de cette suspension, de juillet 1829 à juillet 1830, le public les connaît : elle a été forcée; l'auteur a été empêché. Il y a eu, et l'auteur écrira peut-être un jour cette petite histoire demi-politique, demi-littéraire, il y a eu *veto* de la censure, prohibition successive des deux ministères Martignac et Polignac, volonté formelle du roi Charles X. (Et si l'auteur vient de prononcer ici ce mot de *censure* sans y joindre d'épithète, c'est qu'il l'a combattue assez publiquement et assez longtemps pendant qu'elle régnait, pour être en droit de ne pas l'insulter maintenant qu'elle est au rang des puissances tombées. Si jamais on osait la relever, nous verrions.)

Pour la deuxième année, de 1830 à 1831, la suspension de *Marion Delorme* a été volontaire. L'auteur s'est abstenu. Et, depuis cette époque, plusieurs personnes qu'il n'a pas l'honneur de connaître lui ayant écrit pour lui demander s'il existait encore quelques nouveaux obstacles à la représentation de cet ouvrage, l'auteur, en les remerciant d'avoir bien voulu s'intéresser à une chose si peu importante, leur doit une explication, la voici :

Après l'admirable révolution de 1830, le théâtre ayant conquis sa liberté dans la liberté générale, les pièces que la censure de la Restauration avait inhumées toutes vives *brisèrent du crâne*, comme dit Job, *la pierre de leur tombeau*, et s'éparpillèrent en foule et à grand bruit sur les théâtres de Paris, où le public vint les applaudir, encore toutes haletantes de joie et de colère. C'était justice. Ce dégorgement des cartons de la censure dura plusieurs semaines, à la grande satisfaction de tous. La Comédie-Française songea à *Marion Delorme*. Quelques personnes influentes de ce théâtre vinrent trouver l'auteur; elles le pressèrent de laisser jouer son ouvrage, relevé comme les autres de l'interdit.

Dans ce moment de malédiction contre Charles X, le quatrième acte, défendu par Charles X, leur semblait promis à un succès de réaction politique. L'auteur doit le dire ici franchement, comme il le déclara alors dans l'intimité aux personnes qui faisaient cette démarche près de lui, et notamment à la grande actrice qui avait jeté tant d'éclat sur le rôle de dona Sol; ce fut précisément cette raison, *la probabilité d'un succès de réaction politique*, qui le détermina à garder, pour quelque temps encore, son ouvrage en portefeuille. Il sentit qu'il était, lui, dans un cas particulier. Quoique placé depuis plusieurs années dans les rangs, sinon les plus illustres, du moins les plus laborieux, de l'opposition; quoique dévoué et acquis, depuis qu'il avait âge d'homme, à toutes les idées de progrès, d'amélioration, de liberté; quoique leur ayant donné peut-être quelques gages, et entre autres, précisément une année auparavant, à propos de cette même *Marion Delorme;* il se souvint que, jeté à seize ans dans le monde littéraire par des passions politiques, ses premières opinions, c'est-à-dire ses premières illusions, avaient été royalistes et vendéennes; il se souvint qu'il avait écrit une *Ode du Sacre* à une époque, il est vrai, où Charles X, roi populaire, disait aux acclamations de tous : *Plus de censure! plus de hallebardes!* Il ne voulut pas qu'un jour on pût lui reprocher ce passé, passé d'erreur sans doute, mais aussi de conviction, de conscience, de désintéressement, comme sera, il l'espère, toute sa vie. Il comprit qu'un succès politique à propos de Charles X tombé, permis à tout autre, lui était défendu à lui; qu'il ne lui convenait pas d'être un des soupiraux par où s'échapperait la colère publique; qu'en présence de cette enivrante Révolution de Juillet, sa voix pouvait se mêler à celles qui applaudissaient le peuple, non à celles qui maudissaient le roi. Il fit son devoir. Il fit ce que tout homme de cœur eût fait à sa place, il refusa d'autoriser la représentation de sa pièce. D'ailleurs les succès de scandale cherché et d'allusions politiques ne lui souriant guère, il l'avoue. Ces succès valent peu et durent peu. C'est Louis XIII qu'il avait voulu peindre, dans sa bonne foi d'artiste, et non tel de ses descendants. Et puis, c'est précisément quand il n'y a plus de censure qu'il faut que les auteurs se censurent eux-mêmes, honnêtement, consciencieusement, sévèrement. C'est ainsi qu'ils placeront haut la dignité de l'art. Quand on a toute liberté, il sied de garder toute mesure.

Aujourd'hui que trois cent soixante-cinq jours, c'est-à-dire, par le temps où nous vivons, trois cent soixante-cinq événements, nous séparent du roi tombé; aujourd'hui que le flot des indignations populaires a cessé de battre les dernières années croulantes de la Restauration, comme la mer qui se retire d'une grève déserte; aujourd'hui que Charles X est plus oublié que Louis XIII, l'auteur a donné sa pièce au public, et le public l'a prise comme l'auteur la lui a donnée, naïvement, sans arrière-pensée, comme chose d'art, bonne ou mauvaise, mais voilà tout.

L'auteur s'en félicite et en félicite le public. C'est quelque chose, c'est beaucoup, c'est tout pour les hommes d'art, dans ce moment de préoccupations politiques, qu'une affaire littéraire soit prise littérairement.

Pour en finir sur cette pièce, l'auteur fera remarquer ici que sous la branche aînée des Bourbons elle eût été absolument et éternellement exclue du théâtre. Sans la Révolution de Juillet, elle n'eût jamais été jouée. Si cet ouvrage avait une plus haute valeur, on pourrait soumettre cette observation aux personnes qui affirment que la Révolution de Juillet a été nuisible à l'art. Il serait facile de démontrer que cette grande secousse d'affranchissement et d'émancipation n'a pas été nuisible à l'art, mais qu'elle lui a été utile; qu'elle ne lui a pas été utile, mais qu'elle lui a été nécessaire. Et, en effet, dans les dernières années de la Restauration, l'esprit nouveau du dix-neuvième siècle avait pénétré tout, réformé tout, recommencé tout, histoire, poésie, philosophie, tout, excepté le théâtre. Et, à ce phénomène, il y avait une raison bien simple : la censure murait le théâtre. Aucun moyen de traduire naïvement, grandement, loyalement sur la scène, avec l'impartialité, mais aussi avec la sévérité de l'artiste, un roi, un prêtre, un seigneur, le moyen-âge, l'histoire, le passé. La censure était là, indulgente pour les ouvrages d'école et de convention, qui fardent tout et par conséquent déguisent tout; impitoyable pour l'art vrai, consciencieux, sincère. A peine y a-t-il eu quelques exceptions; à peine trois ou quatre œuvres vraiment historiques et dramatiques ont-elles pu se glisser sur la scène dans les rares moments où la police, occupée ailleurs, en laissait la porte entre-bâillée. Ainsi la censure tenait l'art en échec devant le théâtre. Vidocq bloquait Corneille. Or, la censure faisait partie intégrante de la Restauration; l'une ne pouvait disparaître sans l'autre. Il fallait donc que la révolution sociale se complétât, pour que la révolution de l'art pût s'achever. Un jour, juillet 1830 ne sera pas moins une date littéraire qu'une date politique.

Maintenant l'art est libre : c'est à lui de rester digne.

Ajoutons-le en terminant. Le public, cela devait être et cela est, n'a jamais été meilleur, n'a jamais été plus éclairé et plus grave qu'en ce moment. Les révolutions ont cela de bon qu'elles mûrissent vite, et à la fois, et de tous les côtés, tous les esprits.

Dans un temps comme le nôtre, en deux ans, l'instinct des masses devient goût. Les misérables mots à querelle, *classique* et *romantique*, sont tombés dans l'abîme de 1830, comme *gluckiste* et *picciniste* dans le gouffre de 1789. L'art seul est resté. Pour l'artiste qui étudie le public, et il faut l'étudier sans cesse, c'est un grand encouragement de sentir se développer chaque jour au fond des masses une intelligence de plus en plus sérieuse et profonde de ce qui convient à ce siècle, en littérature non moins qu'en politique. C'est un beau spectacle de voir ce public, harcelé par tant d'intérêts matériels qui le pressent et le tiraillent sans relâche, accourir en foule aux premières transformations de l'art qui se renouvelle, lors même qu'elles sont aussi incomplètes et aussi défectueuses que celle-ci. On le sent attentif, sympathique, plein de bon vouloir, soit qu'on lui fasse, dans une scène d'histoire, la leçon du passé ; soit qu'on lui fasse, dans un drame de passion, la leçon de tous les temps. Certes, selon nous, jamais moment n'a été plus propice au drame. Ce serait l'heure, pour celui à qui Dieu en aurait donné le génie, de créer tout un théâtre, un théâtre vaste et simple, un et varié, national par l'histoire, populaire par la vérité, humain, naturel, universel par la passion. Poëtes dramatiques, à l'œuvre ! elle est belle, elle est haute. Vous avez affaire à un grand peuple habitué aux grandes choses. Il en a vu et il en a fait.

Des siècles passés au siècle présent le pas est immense.

Le théâtre, maintenant, peut ébranler les multitudes et les remuer dans leurs dernières profondeurs. Autrefois, le peuple, c'était une épaisse muraille sur laquelle l'art ne peignait qu'une fresque.

Il y a des esprits, et dans le nombre de fort élevés, qui disent que la poésie est morte, que l'art est impossible. Pourquoi ? Tout est toujours possible à tous les moments donnés, et jamais plus de choses ne furent possibles qu'au temps où nous vivons. Certes, on peut tout attendre de ces générations nouvelles qu'appelle un si magnifique avenir, que vivifie une pensée si haute, que soutient une foi si légitime en elles-mêmes. L'auteur de ce drame, qui est bien fier de leur appartenir, qui est bien glorieux d'avoir vu quelquefois son nom dans leur bouche, quoiqu'il soit le moindre d'entre eux, l'auteur de ce drame espère tout de ses jeunes contemporains, même un grand poëte. Que ce génie, caché encore, s'il existe, ne se laisse pas décourager par ceux qui crient à l'aridité, à la sécheresse, au prosaïsme des temps. Une époque trop avancée ? pas de génie primitif possible ?...
— Laissez-les parler, jeune homme ! Si quelqu'un eût dit à la fin du dix-huitième siècle, après le régent, après Voltaire, après Beaumarchais, après Louis XV, après Cagliostro, après Marat, que les Charlemagnes, les Charlemagnes grandioses, poétiques et presque fabuleux, étaient encore possibles, tous les sceptiques d'alors, c'est-à-dire la société tout entière, eussent haussé les épaules et ri. Hé bien ! au commencement du dix-neuvième siècle on a eu l'empire et l'empereur. Pourquoi maintenant ne viendrait-il pas un poëte qui serait à Shakspeare ce que Napoléon est à Charlemagne ?

Août 1831.

MARION DELORME

PERSONNAGES.

MARION DELORME.
DIDIER.
LOUIS XIII.
LE MARQUIS DE SAVERNY.
LE MARQUIS DE NANGIS.
L'ANGELY.
M. DE LAFFEMAS.
LE DUC DE BELLEGARDE.
LE MARQUIS DE BRICHANTEAU.
LE COMTE DE GASSÉ.
LE VICOMTE DE BOUCHAVANNES.
LE CHEVALIER DE ROCHEBARON.
LE COMTE DE VILLAC.
LE CHEVALIER DE MONTPESAT.
} Officiers du régiment d'Anjou.

LE SCARAMOUCHE.
LE GRACIEUX.
LE TAILLEBRAS.
} Comédiens de province.

LE CRIEUR PUBLIC.
LE CAPITAINE QUARTENIER de la ville de Blois.
UN GEOLIER.
UN GREFFIER.
UN CONSEILLER PRÈS LA GRAND'CHAMBRE.
DAME ROSE.
Des Seigneurs du lever du roi.
Des Ouvriers.
Des Comédiens de province.
Gardes, Peuple.
Gentilshommes, Pages.

France, 1638.

I
LE RENDEZ-VOUS
BLOIS.

ACTE PREMIER

Une chambre à coucher. — Au fond, une fenêtre ouverte sur un balcon. A droite, une table avec une lampe et un fauteuil. A gauche, une porte sur laquelle retombe une portière en tapisserie. Dans l'ombre, un lit.

SCÈNE PREMIÈRE.

MARION DELORME, négligé très-paré, assise près de la table, et brodant une tapisserie ; le MARQUIS DE SAVERNY, tout jeune homme blond sans moustaches, vêtu à la dernière mode de 1638.

SAVERNY, *s'approchant de Marion et cherchant à l'embrasser.*
Réconcilions-nous, ma petite Marie !
    MARION, *le repoussant.*
Réconcilions-nous de moins près, je vous prie.
    SAVERNY, *insistant.*
Un seul baiser !
    MARION, *avec colère.*
    Monsieur le marquis !
    SAVERNY.
                Quel courroux !
Votre bouche eut parfois des caprices plus doux.
    MARION.
Vous oubliez...
    SAVERNY.
        Non pas ! je me souviens, ma belle.

    MARION, *à part.*
L'importun ! le fâcheux !
    SAVERNY.
        Parlez, mademoiselle.
Que devons-nous penser de la brusque façon
Dont vous quittez Paris ? et pour quelle raison,
Tandis que l'on vous cherche à la place Royale,
Vous retrouvé-je à Blois cachée ?... Ah ! déloyale !
Qu'est-on venue ici faire depuis deux mois ?
    MARION.
Je fais ce que je veux, et veux ce que je dois,
Je suis libre, monsieur.
    SAVERNY.
             Libre ! et dites, madame,
Sont-ils libres aussi ceux dont vous avez l'âme ?
Moi, — Gondi, qui passa, l'autre jour, devant nous,
La moitié de sa messe, ayant un duel pour vous ; —
Nesmond, — le Pressigni, d'Arquien, les deux Caussades ;
Tous de votre départ si fâchés, si maussades,
Que leurs femmes comme eux te voudraient à Paris,
Pour leur faire après tout de moins tristes maris.
    MARION, *souriant.*
Et Beauvillain ?...
    SAVERNY.
        Toujours il vous aime.
    MARION.
                 Et Céreste ?
    SAVERNY.
Il vous adore.
    MARION.
       Et Pons ?
    SAVERNY.
        Celui-là vous déteste.
    MARION.
C'est le seul amoureux. — Et le vieux président ?... —
Riant.
Son nom déjà ?...
    Riant plus fort.
        Leloup !

SAVERNY.
Mais en vous attendant,
Il a votre portrait, et fait mainte élégie.
MARION.
Oui, voilà bien deux ans qu'il m'aime en effigie.
SAVERNY.
Ah! qu'il aimerait mieux vous brûler! — Çà, vraiment,
Peut-on fuir tant d'amis!
MARION, *sérieuse et baissant les yeux.*
Marquis, précisément.
Ce sont, à parler franc, les causes de ma fuite;
Tous ces brillants péchés qui, jeune, m'ont séduite,
N'ont laissé dans mon cœur que regrets trop souvent.
Je viens dans la retraite, et peut-être au couvent,
Expier une vie impure et débauchée.
SAVERNY.
Gageons qu'une amourette est là-dessous cachée!
MARION.
Vous croiriez...
SAVERNY.
Que jamais ensemble on ne dut voir
Un voile et tant d'éclairs sous les cils d'un œil noir.
C'est impossible. — Allons! vous aimez en province!
Clore un si beau roman d'un dénoûment si mince!
MARION.
Il n'en est rien.
SAVERNY.
Gageons!
MARION.
Rose, quelle heure est-il?
DAME ROSE, *du dehors.*
Minuit bientôt!
MARION, *à part.*
Minuit!
SAVERNY.
Le détour est subtil
Pour dire : Allez-vous-en.
MARION.
Je vis fort retirée...
Ne recevant personne et de tous ignorée...
Puis il vous peut si tard arriver des malheurs...
Cette rue est déserte et pleine de voleurs.
SAVERNY.
Soit : je serai volé.
MARION.
Parfois on assassine.
SAVERNY.
On m'assassinera.
MARION.
Mais...
SAVERNY.
Vous êtes divine!
Mais avant de partir je veux savoir de vous
Quel est l'heureux berger qui nous succède à tous.
MARION.
Personne.
SAVERNY.
Je tiendrai secrètes vos paroles.
Nous autres gens de cour, on nous croit têtes folles,
Médisants, curieux, indiscrets, brouillons, mais
Nous bavardons toujours et ne parlons jamais. —
Vous vous taisez?...
Il s'assied.
Je reste.
MARION.
Eh bien! oui! que m'importe?
J'aime et j'attends quelqu'un!
SAVERNY.
Parlez donc de la sorte!
A la bonne heure! Où donc l'attendez-vous?
MARION.
Ici.

SAVERNY.
Et quand?
MARION.
Dans un instant.
Elle va au balcon et écoute.
Peut-être le voici.
Revenant.
Non.
A Saverny.
Vous voilà content.
SAVERNY.
Pas trop.
MARION.
Partez, de grâce.
SAVERNY.
Oui, mais nommez-le-moi, ce galant qui me chasse
Et pour qui je me vois ainsi congédier.
MARION.
Je ne connais de lui que le nom de Didier.
Il ne connait de moi que le nom de Marie.
SAVERNY, *éclatant de rire.*
Vrai?
MARION.
Vrai.
SAVERNY, *riant.*
Mais, pasquedieu, c'est de la bergerie
Que ces amitiés-là, c'est du Segrais tout pur.
Il va donc pour entrer escalader ce mur?
MARION.
Peut-être. — Maintenant, partez vite.
A part.
Il m'assomme!
SAVERNY, *reprenant son sérieux.*
Savez-vous seulement s'il est bon gentilhomme?
MARION.
Je n'en sais rien.
SAVERNY.
Comment!
A Marion, qui le pousse doucement vers la porte.
Je pars...
Il revient.
Encore un mot.
J'oubliais : un auteur qui n'est pas un grimaud
Il tire un livre de sa poche et le remet à Marion.
A fait pour vous ce livre. Il cause un bruit énorme.
MARION, *lisant le titre.*
La *Guirlande d'amour, à Marion Delorme.*
SAVERNY.
On ne parle à Paris que *Guirlande d'amour.*
Et c'est, avec le *Cid,* le grand succès du jour.
MARION, *prenant le livre.*
C'est fort galant. Bonsoir.
SAVERNY.
A quoi bon être illustre?
Venir à Blois filer l'amour avec un rustre!
MARION, *appelant dame Rose.*
Prenez soin du marquis, Rose, et le dirigez.
SAVERNY, *saluant.*
Marion! Marion! hélas! vous dérogez!
Il sort.

SCÈNE II.

MARION, seule.

Elle referme la porte par laquelle Saverny est sorti

Va, va donc!... Je tremblais que Didier.....
On entend sonner minuit.
Minuit sonne.
Après avoir compté les coups.
Minuit! — Mais il devrait être arrivé...

Elle va au balcon et regarde dans la rue.
Personne !
Elle revient s'asseoir avec humeur.
Être en retard ! — Déjà !

Un jeune homme paraît derrière la balustrade du balcon, la franchit lestement, entre, et dépose sur un fauteuil son manteau et une épée de main. Le costume du temps, tout noir. Bottines. — Il fait un pas, s'arrête, et regarde quelques instants Marion assise et les yeux baissés.

SCÈNE III.

MARION, DIDIER.

Ha !
Avec reproche.
Me laisser compter
L'heure en vous attendant.
DIDIER, *gravement.*
J'hésitais à monter.
MARION, *piquée.*
Ah ! monsieur !
DIDIER, *sans y prendre garde.*
Tout à l'heure, au pied de ces murailles,
J'ai senti de pitié s'émouvoir mes entrailles,
Oui, de pitié pour vous. — Moi, funeste et maudit,
Avant que d'achever ce pas, je me suis dit :
« Là-haut, dans sa vertu, dans sa beauté première,
« Veille, sans tache encore, un ange de lumière,
« Un être chaste et doux, à qui sur les chemins,
« Les passants, à genoux, devraient joindre les mains.
« Et moi, qui suis-je, hélas ! qui rampe avec la foule ?
« Pourquoi troubler ce te eau si belle qui s'écoule ?
« Pourquoi cueillir ce lis ? Pourquoi d'un souffle impur
« De cette âme sereine aller ternir l'azur ?
« Puisqu'à ma loyauté, candide, elle se fie,
« Elle que l'innocence à mes yeux sanctifie,
« Ai-je droit d'accepter ce don de son amour,
« Et de mêler ma brume et ma nuit à son jour ? »
MARION, *à part.*
Ça, je crois qu'il me fait de la théologie.
Serait-ce un huguenot ?
DIDIER.
Mais la douce magie
De votre voix, venant jusqu'à moi dans la nuit,
M'a tiré de mon doute et près de vous conduit.
MARION.
Quoi ! vous m'avez ouï parler ? l'étrange chose !
DIDIER.
Avec une autre voix...
MARION, *vivement.*
Celle de dame Rose.
N'est-ce pas qu'on dirait une voix d'homme ? Elle a
Le parler rude et fort. — Mais, puisque vous voilà,
Je ne vous en veux plus. — Seyez-vous, je vous prie,
Lui montrant une place près d'elle.
Ici.
DIDIER.
Non, à vos pieds.
Il s'assied sur un tabouret aux pieds de Marion, et la regarde quelques instants dans une contemplation muette.
— Ecoutez-moi, Marie.
J'ai pour tout nom Didier. Je n'ai jamais connu
Mon père ni ma mère. On me déposa nu,
Tout enfant, sur le seuil d'une église. Une femme,
Vieille et du peuple, ayant quelque pitié dans l'âme,
Me prit, fut ma nourrice et ma mère, en chrétien
M'éleva, puis mourut, me laissant tout son bien.
Neuf cents livres de rente, à peu près, dont j'existe.
Seul à vingt ans, la vie était amère et triste,
Je voyageai. Je vis les hommes ; et j'en pris
En haine quelques-uns, et le reste en mépris ;
Car je ne vis qu'orgueil, que misère et que peine
Sur ce miroir terni qu'on nomme face humaine,

Si bien que me voici, jeune encore, et pourtant
Vieux, et du monde las comme on l'est en sortant
Ne me heurtant à rien où je ne me déchire ;
Trouvant le monde mal, mais trouvant l'homme pire.
Or je vivais ainsi, pauvre, sombre, isolé,
Quand vous êtes venue, et m'avez consolé.
Je ne vous connais pas. Au détour d'une rue,
C'est à Paris qu'un soir vous m'êtes apparue.
Puis, je vous ai parfois rencontrée, et toujours
J'ai trouvé doux vos yeux et tendres vos discours.
J'ai craint de vous aimer, j'ai fui... — Hasard étrange !
Je vous retrouve ici, partout, comme mon ange !
Enfin, troublé d'amour, flottant, irrésolu,
J'ai voulu vous parler, vous avez bien voulu.
Maintenant, disposez de mon cœur, de ma vie.
A quoi puis-je être bon dont vous ayez envie ?
Quel est l'homme ou l'objet qui vous est importun ?
Voulez-vous quelque chose, et vous faut-il quelqu'un
Qui meure pour cela ? qui meure sans rien dire
Et trouve tout son sang trop payé d'un sourire ?
Vous le faut-il ? parlez, ordonnez, me voici.
MARION, *souriant.*
Vous êtes singulier, mais je vous aime ainsi.
DIDIER.
Vous m'aimez ! prenez garde, une telle parole,
Hélas ! ne se dit pas d'une façon frivole.
Vous m'aimez ! Savez-vous ce que c'est que l'amour !
Qu'un amour qui devient notre sang, notre jour,
Qui, longtemps étouffé, s'allume, et dont la flamme
S'accroit incessamment en purifiant l'âme ?
Qui seul au fond du cœur, où nous les entassons,
Brûle les vains débris des autres passions !
Qu'un amour, à la fois sans espoir et sans borne,
Et qui, même au bonheur, survit, profond et morne !
— Dites, est-ce l'amour dont vous parliez ?
MARION, *émue.*
Vraiment...
DIDIER.
Oh ! vous ne savez pas, je vous aime ardemment !
Du jour où je vous vis, ma vie encor bien sombre
Se dora, vos regards m'éclairèrent dans l'ombre.
Dès lors, tout a changé. Vous brillez à mes yeux
Comme un inconnu, de l'espèce des cieux.
Cette vie, où longtemps gémit mon cœur rebelle,
Je la vois sous un jour qui la rend presque belle ;
Car, jusqu'à vous, hélas ! seul, errant, opprimé,
J'ai lutté, j'ai souffert... Je n'avais point aimé !
MARION.
Pauvre Didier !
DIDIER.
Marie !...
MARION.
Eh bien ! oui, je vous aime.
Oui, je vous aime !... autant que vous m'aimez vous-même.
Plus peut-être !... C'est moi qui suivis tous vos pas,
Et je suis toute à vous.
DIDIER, *tombant à genoux.*
Oh ! ne me trompez pas !
A mon amour si pur que votre amour réponde,
Et mon bonheur pourra faire la dot d'un monde,
Et mes jours ne seront, prosternés à vos pieds,
Qu'amour, délice et joie... — Oh ! si vous me trompiez !
MARION.
Pour croire à mon amour que vous faut-il ? J'écoute.
DIDIER.
Une preuve.
MARION.
Parlez. Quoi ?
DIDIER.
Vous êtes sans doute
Libre ?
MARION, *avec embarras.*
Oui...
DIDIER.
Prenez-moi pour frère, pour appui ;

Epousez-moi !
   MARION, *à part.*
  Pourquoi suis-je indigne de lui ?
    DIDIER.
Eh bien !
   MARION.
  Mais...
   DIDIER.
   Je comprends. Orphelin, sans fortune,
L'audace est inouïe, étrange, et j'importune.
Laissez-moi donc mon deuil, mes maux, mon abandon.
Adieu.
 Il fait un pas pour sortir. Marion le retient.
   MARION.
  Didier ! Didier ! que dites-vous ?
    Elle fond en larmes.
   DIDIER, *revenant.*
     Pardon !
Mais pourquoi balancer ?
   S'approchant d'elle.
   — Comprends-tu bien, Marie ?
Nous être l'un à l'autre un monde, une patrie,
Un ciel !... Vivre ignorés dans un lieu de ton choix,
Y cacher un bonheur à faire envie aux rois !...
   MARION.
Ah ! ce serait le ciel !
   DIDIER.
   En veux-tu ?
   MARION, *à part.*
    Malheureuse !
 Haut.
Je ne puis. Jamais !
 Elle s'arrache des bras de Didier et tombe sur son fauteuil.
   DIDIER, *glacial.*
  L'offre était peu généreuse
De ma part. Il suffit. Je n'en parlerai plus,
Allons !
   MARION, *à part.*
  Ah ! maudit soit le jour où je lui plus !
 Haut.
Didier ! je vous dirai... vous me déchirez l'âme...
Je vous expliquerai...
   DIDIER, *froidement.*
  Que lisiez-vous, madame,
Quand je suis arrivé ?
 Il prend le livre sur la table et lit.
  « La Guirlande d'amour,
A Marion Delorme. »
   Amèrement.
  Oui, la beauté du jour !
   Jetant le livre à terre avec violence.
Ah ! vile créature, impure entre les femmes !
   MARION, *tremblante.*
Monsieur...
   DIDIER.
  Que faites-vous de ces livres infâmes ?
Comment sont-ils ici ?
   MARION, *faiblement et baissant les yeux.*
   Le hasard...
   DIDIER.
    Savez-vous,
Vous dont l'œil est si pur, dont le front est si doux,
Savez-vous ce que c'est que Marion Delorme ?
Une femme, de corps belle, et de cœur difforme !
Une Phryné qui vend à tout homme, en tout lieu,
Son amour qui fait honte et fait horreur !
   MARION, *la tête dans ses mains.*
     Grand Dieu !
Un bruit de pas, un cliquetis d'épées au dehors et des cris :
Au meurtre !
   DIDIER, *étonné.*
  Mais quel bruit dans la place voisine ?

Les cris continuent.
A l'aide ! au meurtre !
   Regardant au balcon.
  C'est quelqu'un qu'on assassine...
Il prend son épée et enjambe la balustrade du balcon. Marion se lève, court à lui, et cherche à le retenir par son manteau.
   MARION.
Didier ! si vous m'aimez... — Ils vous tûront ! — restez !
   DIDIER, *sautant dans la rue.*
Mais c'est lui qu'ils tûront, le pauvre homme !
   Dehors, aux combattants :
    Arrêtez !
— Tenez ferme, monsieur !
   Cliquetis d'épées.
   Poussez ! — tiens, misérable !
 Bruit d'épées, de voix et de pas.
   MARION, *au balcon, avec terreur.*
O ciel ! Six contre deux !
   VOIX DANS LA RUE.
  Mais cet homme est le diable !
Le cliquetis d'armes décroît peu à peu, puis cesse tout à fait. Bruit de pas qui s'éloignent. On voit reparaître Didier, qui escalade le balcon.
 DIDIER, *encore en dehors du balcon, et tourné vers la rue.*
Vous voici hors d'affaire. Allez votre chemin.
   SAVERNY, *du dehors.*
Je ne m'en irai pas sans vous serrer la main,
Sans vous remercier, s'il vous plaît.
   DIDIER, *avec humeur.*
    Passez vite !
De vos remerciments, monsieur, je vous tiens quitte.
   SAVERNY.
Je vous remercierai !
   Il escalade le balcon.
   DIDIER.
   Hé ! sans monter ici
Ne pouviez-vous d'en bas me dire : Grand merci ?

SCÈNE IV.

MARION, DIDIER, SAVERNY.

 SAVERNY, *sautant dans la chambre l'épée à la main.*
Pardieu ! la tyrannie est étrange, et trop forte,
De me sauver la vie et me mettre à la porte !
— La porte, c'est-à-dire à la fenêtre ! — Non,
Il ne sera pas dit qu'un homme de mon nom
Soit bravement sauvé par un bon gentilhomme
Sans lui dire : Marquis...—Le nom dont on vous nomme,
Monsieur ?
   DIDIER.
  Didier.
   SAVERNY.
  Didier de quoi ?
   DIDIER.
    Didier de rien.
Çà, l'on vous tue, et moi je vous secours. C'est bien ;
Allez-vous-en.
   SAVERNY.
  Voilà vos façons ! — Par ces traîtres
Que ne me laissiez-vous tuer sous vos fenêtres !
J'eusse aimé mieux cela ; car sans vous, sur ma foi,
J'étais mort. Six larrons, six voleurs contre moi !
Mort ! Six larges poignards contre une mince épée.
 Apercevant Marion, qui jusque-là a cherché à l'éviter.
Mais vous aviez ici l'âme bien occupée :
Je comprends ; je dérange un entretien fort doux,
Pardon.
   A part.
  Voyons pourtant la dame.

DIDIER.
... Vivre ignorés dans un lieu de ton choix,
Y cacher un bonheur à faire envie aux rois !...
(Page 7.)

Il s'approche de Marion tremblante et la reconnaît. — Bas.
          Quoi ! c'est vous !
    Montrant Didier.
C'est donc lui !
          MARION, bas.
Ha ! monsieur, vous me perdez !
    SAVERNY, saluant.
                    Madame...
          MARION, bas.
C'est la première fois que j'aime !
    DIDIER, à part.
                Sur mon âme !
Cet homme la regarde avec des yeux hardis !
    Il renverse la lampe d'un coup de poing.
          SAVERNY.
Quoi donc, vous éteignez cette lampe ?
          DIDIER.
                    Je dis
Qu'il convient, s'il vous plaît, que nous partions ensemble.

          SAVERNY.
Soit ; je vous suis.
    A Marion, qu'il salue profondément.
          Adieu, madame.
    DIDIER, à part.
                A quoi ressemble
Ce muguet ?
    A Saverny.
          Venez donc !
          SAVERNY.
                Vous êtes brusque, mais
Je vous dois d'être en vie, et s'il vous faut jamais
Dévouement, zèle, ardeur, amitié fraternelle... —
Marquis de Saverny, Paris, hôtel de Nesle.
          DIDIER.
Bon !
    A part.
      La voir par un fat examinée ainsi !
Ils sortent par le balcon. — On entend la voix de Didier dehors.
Votre route est par là. — La mienne est par ici.

DIDIER.
Ah! vile créature, impure entre les femmes!
(Page 7.)

SCÈNE V.

MARION, DAME ROSE.

Marion reste un moment rêveuse, puis appelle.

MARION.
Dame Rose!

Dame Rose paraît. — Lui montrant la fenêtre.
Fermez.

DAME ROSE.
La fenêtre fermée, elle se retourne et voit Marion essuyant une larme. — A part.
On dirait qu'elle pleure.
Haut.
Il est temps de dormir, madame.

MARION.
Oui, c'est votre heure,
A vous autres.

Défaisant ses cheveux.
Venez m'accommoder.

DAME ROSE, la déshabillant.
Eh bien!
Madame, le monsieur de ce soir est-il bien?
— Riche?

MARION.
Non.

DAME ROSE.
Galant?

MARION.
Non.
Se tournant vers Rose.
Rose, il ne m'a pas même
Baisé la main.

DAME ROSE.
Alors, qu'en faites-vous?

MARION, pensive.
Je l'aime.

II

LA RENCONTRE

BLOIS.

ACTE DEUXIÈME

La porte d'un cabaret. — Une place. — On voit dans le fond la ville de Blois en amphithéâtre, et les tours de Saint-Nicolas sur la colline couverte de maisons.

SCÈNE PREMIÈRE.

LE COMTE DE GASSÉ, LE MARQUIS DE BRICHANTEAU, LE VICOMTE DE BOUCHAVANNES, LE CHEVALIER DE ROCHEBARON. Ils sont assis à des tables devant la porte, les uns fument, les autres jouent aux dés et boivent. — Ensuite LE CHEVALIER DE MON PESAT, LE COMTE DE VILLAC, — Puis L'ANGELY. — Puis LE CRIEUR PUBLIC et LA FOULE

BRICHANTEAU, *se levant, à Gassé qui entre.*
Gassé ! —
   Ils se serrent la main.
  Tu viens à Blois joindre le régiment ?
  La saluant.
Nous te complimentons de ton enterrement.
  Examinant sa toilette.
Ah !
   GASSÉ.
C'est la mode. Orange avec des faveurs bleues.
  Croisant les bras et retroussant ses moustaches.
Savez-vous bien que Blois est à quarante lieues
De Paris ?
   BRICHANTEAU.
  C'est la Chine !
   GASSÉ.
   Et cela fait crier
Les femmes. Pour nous suivre, il faut s'expatrier !
  BOUCHAVANNES, *se détournant du jeu.*
Monsieur vient de Paris ?
  ROCHEBARON, *quittant sa pipe.*
   Dit-on quelques nouvelles ?
  GASSÉ, *saluant.*
Point. — Corneille toujours met en l'air les cervelles.
Guiche a l'ordre. Ast est duc. Puis des riens à foison :
De trente huguenots on a fait pendaison.
Toujours nombre de duels. Le trois, c'était d'Angennes
Contre Arquien, pour avoir porté du point de Gênes ;
Lavardin avec Pons s'est rencontré le dix,
Pour avoir pris à Pons la femme de Sourdis ;
Sourdis avec d'Ailly, pour une du théâtre
De Mondori. Le neuf, Nogent avec Lachâtre,
Pour avoir mal écrit trois vers de Colletet ;
Gorde avec Margaillan, pour l'heure qu'il était ;
D'Humière avec Gondi, pour le pas à l'église ;
Et puis tous les Brissac contre tous les Soubise,
A propos du pari d'un cheval contre un chien.
Enfin, Caussade avec Latournelle, pour rien,
Pour le plaisir. Caussade a tué Latournelle.
   BRICHANTEAU.
Heureux Paris ! les duels ont repris de plus belle !
   GASSÉ.
C'est la mode.
   BRICHANTEAU.
   Toujours festins, amours, combats.
On ne peut s'amuser et vivre que là-bas.
  Bâillant.
Mais on s'ennuie ici de façon paternelle !
  A Gassé.
Tu dis donc que Caussade a tué Latournelle ?
   GASSÉ.
Oui, d'un bon coup d'estoc.
  Examinant les manches de Rochebaron.
   Qu'avez-vous là, mon cher ?
Songez que ce n'est plus la mode du bel air.
Aiguillettes ! boutons ! d'honneur, rien n'est plus triste,
Des nœuds et des rubans !
   BRICHANTEAU.
   Refais-nous donc la liste
De tous ces duels. Qu'en dit le roi ?
   GASSÉ.
   Le cardinal
Est furieux, et veut un prompt remède au mal.
   BOUCHAVANNES.
Point de courrier du camp ?
   GASSÉ.
   Je crois que par surprise
Nous avons pris Figuière, ou bien qu'on nous l'a prise.
  Réfléchissant.
C'est à nous qu'on l'a prise.
   ROCHEBARON.
   Et que dit de ce coup
Le roi ?
   GASSÉ.
  Le cardinal n'est pas content du tout.
   BRICHANTEAU.
Que fait la cour ? Le roi se porte bien sans doute ?
   GASSÉ.
Non pas. Le cardinal a la fièvre et la goutte,
Et ne va qu'en litière.
   BRICHANTEAU.
   Etrange original !
Quand nous te parlons roi, tu réponds cardinal.
   GASSÉ.
Ah ! — c'est la mode.
   BOUCHAVANNES.
   Ainsi rien de nouveau ?
   GASSÉ.
   Que dis-je ?
Pas de nouvelles ? — Mais, un miracle, un prodige
Qui tient depuis deux mois Paris en passion !
La fuite, le départ, la disparition...
   BRICHANTEAU.
De qui ?
   GASSÉ.
  De Marion Delorme, de la belle
Des belles.
  BRICHANTEAU, *d'un air mystérieux.*
  A ton tour, écoute une nouvelle.
Elle est ici.
   GASSÉ.
   Vraiment ! à Blois !
   BRICHANTEAU.
   Incognito.
  GASSÉ, *haussant les épaules.*
Marion ! — Vous raillez, monsieur de Brichanteau !
Elle ici ! Marion ! elle qui fait la mode !
Mais c'est que de Paris ce Blois est l'antipode !
Regardez. — Tout est laid, tout est vieux, tout est mal.
  Montrant les tours de Saint-Nicolas.
Ces clochers même ont l'air gauche et provincial !
   ROCHEBARON.
C'est vrai.
   BRICHANTEAU.
  Douterez-vous que Saverny l'ait vue ?
Cachée ici ? déjà d'un grand amant pourvue ?
Lequel même a sauvé Saverny, s'il vous plaît,

De voleurs qui la nuit l'avaient pris au collet ;
Bons larrons, qui voulaient faire en cette rencontre
L'aumône avec sa bourse et voir l'heure à sa montre.

GASSÉ.
Mais c'est toute une histoire !

ROCHEBARON, à Brichanteau.
En êtes-vous bien sûr ?

BRICHANTEAU.
Comme j'ai six besants d'argent sur champ d'azur !
Si bien que Saverny depuis n'a d'autre envie
Que de trouver cet homme auquel il doit la vie.

BOUCHAVANNES.
Mais il peut bien l'aller trouver chez elle.

BRICHANTEAU.
Non.
Elle a changé depuis de logis et de nom.
On a perdu sa trace.

Marion et Didier traversent lentement le fond du théâtre sans être vus des interlocuteurs, et rentrent par une petite porte dans une des maisons latérales.

GASSÉ.
Il fallait que je vinsse
A Blois pour retrouver Marion en province !

Entrent messieurs de Villac et de Montpesat, parlant haut et disputant.

VILLAC.
Moi, je te dis que non !

MONTPESAT.
Moi, je te dis que si !

VILLAC.
Le Corneille est mauvais !

MONTPESAT.
Traiter Corneille ainsi !
Corneille enfin, l'auteur du *Cid* et de *Mélite* !

VILLAC.
Mélite, soit ! j'en dois avouer le mérite ;
Mais Corneille n'a fait que descendre depuis,
Comme ils font tous ! Pour toi je fais ce que je puis.
Parle-moi de *Mélite* et de la *Galerie
Du Palais* ! Mais le *Cid*, qu'est cela, je te prie ?

GASSÉ, à Montpesat.
Monsieur est modéré.

MONTPESAT.
Le *Cid* est bon !

VILLAC.
Méchant !
Ton *Cid*, mais Scudéri l'écrase en le touchant !
Quel style ! ce ne sont que choses singulières,
Que façons de parler basses et familières.
Il nomme à tout propos les choses par leurs noms.
Puis le *Cid* est obscène et blesse les canons.
Le *Cid* n'a pas le droit d'épouser son amante.
Tiens, mon cher, as-tu lu *Pyrame et Bradamante* ?
Quand Corneille en fera de pareils, donne-m'en.

ROCHEBARON, à Montpesat.
Lisez aussi le *Grand et dernier Soliman*
De monsieur Mairet. C'est la grande tragédie ;
Mais le *Cid* !

VILLAC.
Puis il a l'âme vaine et hardie.
Croit-il pas égaler messieurs de Boisrobert,
Chapelain, Serisay, Mairet, Gombault, Habert,
Bautru, Giry, Faret, Desmarets, Malleville,
Duryer, Cherisy, Colletet, Gomberville,
Toute l'Académie enfin !

BRICHANTEAU, *riant de pitié et haussant les épaules*
C'est excellent !

VILLAC.
Puis monsieur veut créer ! inventer ! Insolent !
Créer après Garnier ! après le Théophile !
Après Hardy ! Le fat ! créer, chose facile !
Comme si ces esprits fameux avaient laissé
Quelque chose après eux qui ne fût pas usé !
Chapelain là-dessus le raide d'une grâce !

ROCHEBARON.
Corneille est un croquant !

BOUCHAVANNES.
Mais l'évêque de Grasse,
Monsieur Godeau, m'a dit qu'il a beaucoup d'esprit.

MONTPESAT.
Beaucoup !

VILLAC.
S'il écrivait autrement qu'il n'écrit,
S'il suivait Aristote et la bonne méthode...

GASSÉ.
Messieurs, faites la paix. Corneille est à la mode :
Il succède à Garnier, comme font de nos jours
Les grands chapeaux de feutre aux mortiers de velours.

MONTPESAT.
Moi, je suis pour Corneille et les chapeaux de feutre.

GASSÉ, à Montpesat.
Tu vas trop loin ! —
A Villac.
Garnier est très-beau. — Je suis neutre.
Mais Corneille a du bon parfois.

VILLAC.
D'accord.

ROCHEBARON.
D'accord.
C'est un garçon d'esprit et que j'estime fort.

BRICHANTEAU.
Mais ce Corneille-là, c'est de courte noblesse !

ROCHEBARON.
Ce nom sent le bourgeois d'une façon qui blesse.

BOUCHAVANNES.
Famille de robins, de petits avocats,
Qui se sont fait des sous en rognant des ducats.

Entre l'Angely, qui va s'asseoir à une table seul et en silence. — En noir velours et passequilles d'or.

VILLAC.
Messieurs, si le public goûte ses rapsodies,
C'en est fait du bel art des tragi-comédies !
Le théâtre est perdu, ma parole d'honneur !
C'est ce que Richelieu...

GASSÉ, *regardant l'Angely de travers*.
Dites donc monseigneur,
Ou parlez plus bas...

BRICHANTEAU.
Baste ! au diable l'Eminence !
N'est-ce donc pas assez que, soldats et finance,
Il ait tout, et de tout il puisse disposer,
Sans que sur notre langue il vienne encor peser ?

BOUCHAVANNES.
Meure le Richelieu qui déchire et qui flatte !
L'homme à la main sanglante, à la robe écarlate !

ROCHEBARON.
A quoi donc sert le roi ?

BRICHANTEAU.
Les peuples dans la nuit
Vont marchant, l'œil fixé sur un flambeau qui luit.
Il est le flambeau, lui ; le roi, c'est la lanterne,
Qui le sauve du vent sous sa vitre un peu terne.

BOUCHAVANNES.
Oh ! puissions-nous un jour, et ce jour sera beau,
Du vent de notre épée éteindre ce flambeau !

ROCHEBARON.
Ah ! si chacun pensait comme moi sur son compte !...

BRICHANTEAU.
Nous nous réunirions...
A Bouchavannes.
Qu'en penses-tu, vicomte ?

BOUCHAVANNES.
Et nous lui donnerions un bon coup de Jarnac !

L'ANGELY, *se levant, d'une voix lugubre.*
Un complot! Jeunes gens, songez à Marillac!

Tous tressaillent, se retournent et se taisent consternés, l'œil fixé sur l'Angely, qui se rassied en silence.

VILLAC, *prenant Montpesat à l'écart.*
Chevalier, tout à l'heure, à propos de Corneille,
Tu m'as parlé d'un ton qui m'a choqué l'oreille;
Je voudrais, à mon tour, te dire, s'il te plaît,
Deux mots.

MONTPESAT.
A l'épée?

VILLAC.
Oui.

MONTPESAT.
Veux-tu le pistolet?

VILLAC.
L'un et l'autre.

MONTPESAT, *lui prenant le bras.*
Cherchons quelque coin par la ville.

L'ANGELY, *se levant.*
Un duel! Souvenez-vous du sieur de Bouteville!

Nouvelle consternation dans l'assistance. Villac et Montpesat se quittent, l'œil attaché sur l'Angely.

ROCHEBARON.
Quel est cet homme noir qui me fait peur, ma foi?

L'ANGELY.
Mon nom est l'Angely. Je suis bouffon du roi.

BRICHANTEAU, *riant.*
Je ne m'étonne plus que le roi soit si triste.

BOUCHAVANNES, *riant.*
C'est un plaisant bouffon qu'un fou cardinaliste!

L'ANGELY, *debout.*
Prenez garde, messieurs! le ministre est puissant :
C'est un large faucheur qui verse à flots le sang;
Et puis il couvre tout de sa soutane rouge,
Et tout est dit.

Un silence.

GASSÉ.
Mordieu!

ROCHEBARON.
Du diable si je bouge!

BRICHANTEAU.
Çà, près de ce bouffon Pluton est un rieur.

Entre une foule de peuple qui sort des rues et des maisons et couvre la place; au milieu, le crieur public à cheval avec quatre valets de ville en livrée, dont un sonne la trompe, tandis qu'un autre bat du tambour.

GASSÉ.
Que vient donc faire ici ce peuple? — Ah! le crieur!
Que vient-il nous chanter, en fait de patenôtre?

BRICHANTEAU, *à un bateleur qui est mêlé à la foule et qui porte un singe sur son dos.*
Mon bon ami, lequel de vous deux fait voir l'autre?

MONTPESAT, *à Rochebaron.*
Voyez donc si nos jeux de cartes sont complets.

Montrant les quatre valets de ville en livrée.
Je gage qu'en l'un d'eux on a pris ces valets.

LE CRIEUR PUBLIC, *d'une voix nasillarde.*
Bourgeois, silence!

BRICHANTEAU, *bas à Gassé.*
Il est d'une mine farouche
Et sa voix doit user son nez plus que sa bouche.

LE CRIEUR.
« Ordonnance. — Louis, par la grâce de Dieu... »

BOUCHAVANNES, *bas à Brichanteau.*
Manteau fleurdelisé qui cache Richelieu!

L'ANGELY.
Écoutez, messieurs!

LE CRIEUR, *poursuivant.*
« ... Roi de France et de Navarre... »

BRICHANTEAU, *bas à Bouchavannes.*
Un beau nom dont jamais ministre n'est avare.

LE CRIEUR, *poursuivant.*
« ... A tous ceux qui verront ces présentes, salut! »

Il salue.

« Ayant considéré que chaque roi voulut
« Exterminer le duel par des peines sévères;
« Que, malgré les édits signés des rois nos pères,
« Les duels sont aujourd'hui plus nombreux que jamais;
« Ordonnons et mandons, voulons que désormais
« Les duellistes, félons qui de sujets nous privent,
« Qu'il n'en survive un seul ou que tous deux survivent,
« Soient, pour être amendés, traduits en notre cour,
« Et, nobles ou vilains, soient pendus haut et court;
« Et, pour rendre en tout point l'édit plus efficace,
« Renonçons pour ce crime à notre droit de grâce.
« C'est notre bon plaisir. — Signé Louis. — Plus bas :
« RICHELIEU. »

Indignation parmi les gentilshommes.

BRICHANTEAU.
Nous, pendus comme des Barabbas!

BOUCHAVANNES.
Nous pendre! Dites-moi comment l'endroit se nomme
Où l'on trouve une corde à pendre un gentilhomme?

LE CRIEUR, *poursuivant.*
« Nous, prévôt, pour que tous se le tiennent pour dit,
« Enjoignons qu'en la place on attache l'édit. »

Deux valets de ville attachent un grand écriteau à une potence en fer qui sort d'un mur à droite.

GASSÉ.
A la bonne heure, au moins! c'est l'édit qu'il faut pendre!

BOUCHAVANNES, *secouant la tête.*
Oui, comte!... — En attendant celui qui l'a fait rendre.

Le crieur sort. Le peuple se retire — Entre Saverny. — Le jour commence à baisser.

SCÈNE II.

LES PRÉCÉDENTS, LE MARQUIS DE SAVERNY.

BRICHANTEAU, *allant à Saverny.*
Mon cousin Saverny! — Eh bien! as-tu trouvé
L'homme qui des larrons l'autre nuit t'a sauvé?

SAVERNY.
Non. Par la ville en vain je cherche, je m'informe;
Les voleurs, le jeune homme et Marion Delorme,
Tout s'est évanoui comme un rêve qu'on a.

BRICHANTEAU.
Mais tu dois l'avoir vu quand il te ramena
Comme un chrétien tiré des mains de l'infidèle?

SAVERNY.
Il a d'abord du poing renversé la chandelle!

GASSÉ.
C'est étrange!

BRICHANTEAU.
Pourtant tu le reconnaîtrais
En le rencontrant?

SAVERNY.
Non, je n'ai point vu ses traits.

BRICHANTEAU.
Sais-tu son nom?

SAVERNY.
Didier.

ROCHEBARON.
Ce n'est pas un nom d'homme,
C'est un nom de bourgeois!

SAVERNY.
C'est Didier qu'il se nomme.
Beaucoup, qui sont de race et qui font les vainqueurs
Ont bien de plus grands noms, mais non de plus grands cœurs.
Moi, j'avais six voleurs; lui, Marion Delorme;

Il la quitte, et me sauve. Ah! ma dette est énorme,
Et je la lui paîrai, je vous le jure à tous,
De tout mon sang!
                    VILLAC.
              Marquis, depuis quand payez-vous
Vos dettes?
              SAVERNY, *fièrement*
J'ai toujours payé celles qu'on paie
Avec du sang. Mon sang, c'est ma seule monnaie.

La nuit est tout fait tombée. On voit les fenêtres de la ville s'éclairer l'une après l'autre. — Entre un allumeur, qui allume un réverbère au-dessus de l'écriteau et s'en va. — La petite porte par laquelle sont entrés Marion et Didier se rouvre; Didier en sort rêveur, marchant lentement, les bras croisés dans son manteau.

SCÈNE III.

LES PRÉCÉDENTS, DIDIER.

DIDIER, *s'avançant lentement du fond du théâtre sans être vu ni entendu des autres.*
Marquis de Saverny!... — Je voudrais bien revoir
Ce fat qui fut près d'elle effronté l'autre soir;
J'ai son air sur le cœur.
BOUCHAVANNES, *à Saverny qui cause avec Brichanteau.*
                    Saverny!
       DIDIER, *à part.*
                    C'est mon homme!

Il s'avance à pas lents, l'œil fixé sur les gentilshommes, et vient s'asseoir à une table placée sous le réverbère qui éclaire l'écriteau, à quelques pas de l'Angely, qui demeure aussi immobile et silencieux.

       BOUCHAVANNES, *à Saverny qui se retourne.*
Connaissez-vous l'édit?
              SAVERNY.
                    Quel édit?
              BOUCHAVANNES.
                          Qui nous somme
De renoncer au duel?
              SAVERNY.
              Mais c'est très-sage.
              BRICHANTEAU.
                                Oui, mais
Sous peine de la corde!
              SAVERNY.
                    Ah! tu railles! — Jamais.
Qu'on pende les vilains, c'est très-bien.
       BRICHANTEAU, *lui montrant l'écriteau.*
                                Lis toi-même.
L'édit est sur le mur.
       SAVERNY, *apercevant Didier.*
                    Hé! cette face blême
Peut me le lire.
       A Didier, haussant la voix.
              Holà! hé! l'homme au grand manteau!
L'ami! — Mon cher! —
              A Brichanteau.
              Je crois qu'il est sourd, Brichanteau.
DIDIER, *qui ne l'a pas quitté des yeux, levant lentement la tête.*
Me parlez-vous?
              SAVERNY.
              Pardieu! pour récompense honnête,
Lisez-nous l'écriteau placé sur votre tête.
              DIDIER
Moi?
              SAVERNY.
Vous. — Savez-vous pas épeler l'alphabet?
              DIDIER, *se levant.*
C'est l'édit qui punit tout bretteur du gibet
Qu'il soit noble ou vilain.
              SAVERNY.
              Vous vous trompez, brave homme.
Sachez qu'on ne doit pas pendre un bon gentilhomme;
Et qu'il n'est dans ce monde, où tous droits nous sont dus,
Que les vilains qui soient faits pour être pendus.
       Aux gentilshommes.
Ce peuple est insolent!
       A Didier, en ricanant.
              Vous lisez mal, mon maître!
Mais vous avez la vue un peu basse peut-être.
Ôtez votre chapeau, vous lirez mieux. — Ôtez!
       DIDIER, *renversant la table qui est devant lui.*
Ah! prenez garde à vous, monsieur! vous m'insultez.
Maintenant que j'ai lu, ma récompense honnête,
Il me la faut! — Marquis, c'est ton sang, c'est la tête!
       SAVERNY, *souriant.*
Nos titres à tous deux, certes, sont bien acquis.
Je le devine peuple, il me flaire marquis.
              DIDIER.
Peuple et marquis pourront se colleter ensemble.
Marquis, si nous mêlions notre sang, que t'en semble?
       SAVERNY, *reprenant son sérieux.*
Monsieur, vous allez vite, et tout n'est pas fini.
Je me nomme Gaspard, marquis de Saverny.
Que m'importe?
       SAVERNY, *froidement.*
              Voici mes deux témoins : le comte
De Gassé, l'on n'a rien à dire sur son compte;
Et monsieur de Villac, qui tient à la maison
La Feuillade, dont est le marquis d'Aubusson.
Maintenant êtes-vous noble homme?
              DIDIER.
                          Que t'importe?
Je ne suis qu'un enfant trouvé sur une porte,
Et je n'ai pas de nom; mais, cela suffit bien,
J'ai du sang à répandre en échange du tien!
              SAVERNY.
Non pas, monsieur, cela ne peut suffire, en somme;
Mais un enfant trouvé peut-être gentilhomme,
Attendu qu'il peut l'être, et que c'est plus grand mal
Dégrader un seigneur qu'anoblir un vassal.
Je vous rendrai raison. — Votre heure?
              DIDIER.
                          Tout de suite.
              SAVERNY.
Soit. — Vous n'usurpez pas la qualité susdite?
              DIDIER.
Une épée!
              SAVERNY.
       Il n'a pas d'épée! Ah! pasquedieu!
C'est mal. On vous prendrait pour quelqu'un de bas lieu.
       Offrant sa propre épée à Didier.
La voulez-vous? Elle est fidèle et bien trempée.
       L'Angely se lève, tire son épée et la présente à Didier.
              L'ANGELY.
Pour faire une folie, ami, prenez l'épée
D'un fou. — Vous êtes brave, et lui ferez honneur.
       Ricanant.
En échange, écoutez, pour me porter bonheur,
Vous me laisserez prendre un bout de votre corde.
       DIDIER, *prenant l'épée, amèrement.*
Soit.
       Au marquis.
       Maintenant Dieu fasse aux bons miséricorde!
       BRICHANTEAU, *sautant de joie.*
Un bon duel! c'est charmant!
       SAVERNY, *à Didier.*
              Mais où nous mettre?
              DIDIER.
                          Sous

Ce réverbère.

GASSÉ.

Allons, messieurs, êtes-vous fous ?
On n'y voit pas. Ils vont s'éborgner, par saint George !

DIDIER.

On y voit assez clair pour se couper la gorge !

SAVERNY.

Bien dit.

VILLAC.

On n'y voit pas !

DIDIER.

On y voit assez clair,
Vous dis-je ! et chaque épée est dans l'ombre un éclair !
Allons, marquis !

Tous deux jettent leurs manteaux, ôtent leurs chapeaux, dont ils se saluent, et qu'ils jettent derrière eux; puis ils tirent leurs épées.

SAVERNY.

Monsieur, à vos ordres.

DIDIER.

En garde !

Ils croisent le fer et ferraillent pied à pied, en silence et avec fureur. — Tout à coup, la petite porte s'entr'ouvre, et Marion, en robe blanche, paraît.

SCÈNE IV.

LES PRÉCÉDENTS, MARION.

MARION.

Quel est ce bruit ?

Apercevant Didier sous le réverbère.

Didier !

Aux combattants.

Arrêtez !

Les combattants continuent.

A la garde !

SAVERNY.

Qu'est-ce que cette femme ?

DIDIER, *se détournant.*

Ah ! Dieu !

BOUCHAVANNES, *accourant, à Saverny.*

Tout est perdu !
Le cri de cette femme au loin s'est entendu.
J'ai des archers de nuit vu briller les rapières.

Entrent des archers avec des torches.

BRICHANTEAU, *à Saverny.*

Fais le mort, ou tu l'es !

SAVERNY, *se laissant tomber.*

Ah !

Bas à Brichanteau, qui se penche vers lui.

Les maudites pierres !

Didier, qui croit l'avoir tué, s'arrête.

LE CAPITAINE QUARTENIER.

De par le roi !

BRICHANTEAU, *aux gentilshommes.*

Sauvons le marquis ! il est mort
S'il est pris !

Les gentilshommes entourent Saverny.

LE CAPITAINE QUARTENIER.

Arrêtez ! messieurs ! — Pardieu, c'est fort !
Venir se battre en duel sous la propre lanterne
De l'édit !

A Didier.

Rendez-vous !

Les archers saisissent et désarment Didier, qui est resté seul. — Montrant Saverny couché à terre et entouré des gentilshommes.

Et cet autre à l'œil terne,
Qu'est-il ? son nom ?

BRICHANTEAU.

Gaspard, marquis de Saverny.
Il est mort.

LE CAPITAINE QUARTENIER.

Mort ? alors son procès est fini.
Il fait bien, cette mort vaut encor mieux que l'autre.

MARION, *effrayée.*

Que dit-il ?

LE CAPITAINE QUARTENIER, *à Didier.*

Maintenant, cette affaire est la vôtre.
Venez, monsieur.

Les archers emmènent Didier d'un côté; les gentilshommes emportent Saverny de l'autre.

DIDIER, *à Marion, immobile de terreur.*

Adieu, Marie, oubliez-moi !
Adieu !

Ils sortent.

SCÈNE V.

MARION, L'ANGELY.

MARION, *courant pour le retenir.*

Didier ! pourquoi cet adieu-là ? pourquoi
T'oublier ?

Les soldats la repoussent; elle revient vers l'Angely avec angoisse.

Est-il donc perdu pour cette affaire ?
Monsieur, qu'a-t-il donc fait, et veut-on lui faire ?

L'ANGELY.

Il lui prend les mains et la mène en silence devant l'écriteau.
Lisez !

Elle lit et recule avec horreur.

MARION.

Dieu ! juste Dieu ! la mort ! ils me l'ont pris !
Ils le tueront ! c'est moi qui le perds par mes cris !
J'appelais au secours, mais à mes cris funèbres
La mort venait, hâtant ses pas dans les ténèbres !
— C'est impossible ! — un duel ! est-ce un si grand forfait ?

A l'Angely.

N'est-ce pas qu'on ne peut le condamner ?

L'ANGELY.

Si fait.

MARION.

Mais il peut s'échapper ?

L'ANGELY.

Les murailles sont hautes !

MARION.

Ah ! c'est moi qui lui fais un crime avec mes fautes !
Dieu le frappe pour moi. — Mon Didier ! —

A l'Angely.

Savez-vous
Que c'est lui pour qui rien ne m'eût semblé trop doux ?
Dieu ! les cachots ! la mort ! peut-être la torture...

L'ANGELY.

Peut-être. — Si l'on veut.

MARION.

Mais je puis d'aventure
Voir le roi ? Le roi porte un cœur vraiment royal,
Il fait grâce ?

L'ANGELY.

Oui, le roi; mais non le cardinal.

MARION, *égarée.*

Mais qu'en ferez-vous donc ?

L'ANGELY.

L'affaire est capitale,
Il faut qu'il roule au bas de la pente fatale.

MARION.

C'est horrible !

A l'Angely.
Monsieur, vous me glacez d'effroi !
Et qui donc êtes-vous ?
L'ANGELY.
Je suis bouffon du roi.
MARION.
O mon Didier ! je suis indigne, vile, infâme.
Mais ce que Dieu peut faire avec des mains de femme,
Je te le montrerai. Je te suis !

Elle sort du côté par où est sorti Didier.

L'ANGELY, *resté seul.*
Dieu sait où !
Ramassant son épée laissée à terre par Didier.
Çà, qui dirait qu'ici c'est moi qui suis le fou ?
Il sort.

III

LA COMÉDIE

CHATEAU DE GENLIS.

ACTE TROISIÈME

Un parc dans le goût de Henri IV. — Au fond, sur une hauteur, on voit le château de Nangis, neuf et vieux. Le vieux, donjon à ogives et tourelles ; le neuf, maison haute en briques, à coins de pierre de taille, à toit pointu. — La grande porte du vieux donjon est tendue de noir, et de loin on y distingue un écusson, celui des familles de Nangis et de Saverny.

SCÈNE PREMIÈRE.

MONSIEUR DE LAFFEMAS, *petit costume de magistrat du temps* ; LE MARQUIS DE SAVERNY, *déguisé en officier du régiment d'Anjou, moustaches et royale noires, un emplâtre sur l'œil.*

LAFFEMAS.
Çà, vous étiez présent, monsieur, à l'algarade ?
SAVERNY, *retroussant sa moustache.*
Monsieur, j'avais l'honneur d'être son camarade.
Il est mort.
LAFFEMAS.
Le marquis de Saverny ?
SAVERNY.
Bien mort !
D'une botte poussée en tierce, qui d'abord
A rompu le pourpoint, puis s'est fait une voie
Entre les côtes, par le poumon, jusqu'au foie,
Qui fait le sang, ainsi que vous devez savoir,
Si bien que la blessure était horrible à voir !
LAFFEMAS.
Est-il mort sur le coup ?
SAVERNY.
A peu près. Son martyre
A peu duré. J'ai vu succéder au délire
Le spasme, puis au spasme un affreux tétanos,
Et l'improstathonos à l'opistathonos.
LAFFEMAS.
Diable !
SAVERNY.
D'après cela, voyez-vous, je calcule
Qu'il est faux que le sang passe par la jugule,
Et qu'on devrait punir Pecquet et les savants
Qui, pour voir leurs poumons, ouvrent des chiens vivants.

LAFFEMAS.
Mort ! ce pauvre marquis !
SAVERNY.
Une botte assassine !
LAFFEMAS.
Vous êtes donc, monsieur, docteur en médecine ?
SAVERNY.
Non.
LAFFEMAS.
Vous l'avez pourtant étudiée !
SAVERNY.
Un peu.
Dans Aristote.
LAFFEMAS.
Aussi, vous en parlez, morbleu !
SAVERNY.
Ma foi, je suis d'un cœur fort épris de malice ;
Nuire me plaît. Je fais le mal avec délice ;
J'aime à tuer. Aussi j'eus toujours le dessein
De me faire à vingt ans soldat ou médecin.
J'ai longtemps hésité ; puis j'ai choisi l'épée.
C'est moins sûr, mais plus prompt. — J'eus bien l'âme occupée
Un moment d'être acteur, poète et montreur d'ours ;
Mais j'aime assez dîner et souper tous les jours.
Foin des ours et des vers !
LAFFEMAS.
Pour cette fantaisie,
Vous aviez donc, mon cher, appris la poésie ?
SAVERNY.
Un peu. Dans Aristote.
LAFFEMAS.
Et vous étiez connu
Du marquis ?
SAVERNY.
Je ne suis qu'un soldat parvenu.
Il était lieutenant que j'étais anspessade.
LAFFEMAS.
Vraiment ?
SAVERNY.
J'étais d'abord à monsieur de Caussade,
Lequel au colonel du marquis, me donna.
Maigre était le cadeau ; l'on donne ce qu'on a.
Ils m'ont fait officier ; j'ai la moustache noire,
Et j'en vaux bien un autre ; et voilà mon histoire.
LAFFEMAS.
On vous a donc chargé de venir au château
Avertir l'oncle ?
SAVERNY.
Avec son cousin Brichanteau
Je suis venu, traînant son cercueil en carrosse
Pour qu'on l'enterre ici, comme on eût fait sa noce.
LAFFEMAS.
Comment le vieux marquis de Nangis a-t-il pris
La mort de son neveu ?
SAVERNY.
Sans bruit, sans pleurs, sans cris.
LAFFEMAS.
Il l'aimait fort pourtant ?
SAVERNY.
Comme on aime sa vie.
Sans enfants, il n'avait qu'un amour, qu'une envie,
Qu'un espoir : — ce neveu, qu'il aimait d'un cœur chaud,
Quoiqu'il ne l'eût pas vu depuis cinq ans bientôt.

Passe au fond du théâtre le vieux marquis de Nangis. — Cheveux blancs, visage pâle, les bras croisés sur la poitrine. Habit à la mode de Henri IV ; grand deuil. La plaque et le cordon du Saint-Esprit. Il marche lentement et traverse le théâtre. Neuf gardes, vêtus de deuil, la hallebarde sur l'épaule droite et le mousquet sur l'épaule gauche, le suivent sur trois rangs à quelque distance, s'arrêtant quand il s'arrête et marchant quand il marche.

LAFFEMAS, *le regardant passer.*
Pauvre homme !
Il va au fond du théâtre et suit le marquis des yeux.

DIDIER.
... En garde !
(Page 14.)

SAVERNY, *à part.*
Mon bon oncle !
Entre Brichanteau, qui va à Saverny.

SCÈNE II.

Les Mêmes, BRICHANTEAU.

BRICHANTEAU.
Ah ! deux mots à l'oreille,
Riant.
Mais, depuis qu'il est mort, il se porte à merveille !
SAVERNY, *bas, lui montrant le marquis qui passe.*
Regarde, Brichanteau. — Pourquoi m'as-tu forcé
De lui porter ce coup que j'étais trépassé !
Si nous lui disions tout ? Veux-tu pas que j'essaie ?
BRICHANTEAU.
Garde-t'en bien ! Il faut que sa douleur soit vraie.
Il faut qu'à tous les yeux il pleure abondamment.
Son deuil est un côté de ton déguisement.

SAVERNY.
Mon pauvre oncle !
BRICHANTEAU.
Il se peut bientôt qu'il te revoie.
SAVERNY.
S'il n'est mort de douleur, il mourra de la joie.
De tels coups sont trop forts pour un vieillard.
BRICHANTEAU.
Mon cher,
Il le faut.
SAVERNY.
J'ai grand' peine à voir son rire amer
Par moments, son silence et ses pleurs. Il me navre
A baiser ce cercueil !
BRICHANTEAU.
Un cercueil sans cadavre.
SAVERNY.
Oui, mais il m'a bien mort et sanglant dans son cœur.
C'est là qu'est le cadavre.
LAFFEMAS, *revenant.*
Ah ! pauvre vieux seigneur !

UN VALET.
... Voici votre logis.
(Page 18.)

Comme on voit dans ses yeux le chagrin qui le mine?
BRICHANTEAU, *bas à Saverny.*
Quel est cet homme noir et de mauvaise mine?
SAVERNY, *avec un geste d'ignorance.*
Quelque ami qui se trouve au château.
BRICHANTEAU, *bas.*
Le corbeau
Est noir de même et vient à l'odeur du tombeau.
Plus que jamais tais-toi. — C'est une face ingrate
Et louche, à rendre un fou prudent comme Socrate!

Rentre le marquis de Nangis, toujours plongé dans une profonde rêverie. Il vient à pas lents, sans paraître voir personne, s'asseoir sur un banc de gazon au devant du théâtre.

SCÈNE III.

LES MÊMES, LE MARQUIS DE NANGIS.

LAFFEMAS, *allant au-devant du vieux marquis.*
Ah! monsieur le marquis, nous avons bien perdu.
C'était un neveu rare, et qui vous eût rendu
La vieillesse bien douce. Avec vous je le pleure.
Beau, jeune, on n'était point de nature meilleure!
Servant Dieu, réservé près des femmes, toujours
Juste en ses actions et sage en ses discours.
Un seigneur parfait, brave, et que chacun célèbre!
Mourir sitôt!
Le vieux marquis laisse tomber sa tête dans ses mains.
SAVERNY, *bas à Brichanteau.*
Le diable ait l'oraison funèbre!
Il me loue, et le rend plus triste sur ma foi!
Toi, pour le consoler, dis-lui du mal de moi.
BRICHANTEAU, *à Laffemas.*
Vous vous trompez, monsieur. J'étais du même grade
Que Saverny. C'était un mauvais camarade,
Un fort méchant sujet, qui dans ces derniers temps
Se gâtait tous les jours. Brave, on l'est à vingt ans;
Mais, après tout, sa mort n'est pas digne d'estime.
LAFFEMAS.
Un duel! Mais voyez donc! le grand mal! le grand crime!
A Brichanteau, d'un air goguenard, lui montrant son épée.

Vous êtes officier?
BRICHANTEAU, *du même ton, lui montrant sa perruque.*
Vous êtes magistrat?
SAVERNY, *bas.*
Continue.
BRICHANTEAU.
Il était quinteux, menteur, ingrat.
Peu regrettable au fond. Il allait aux églises,
Mais pour cligner de l'œil avec les Cidalises,
Ce n'était qu'un galant, qu'un fou, qu'un libertin.
SAVERNY, *bas.*
Bien, bien!
BRICHANTEAU.
Avec ses chefs indocile et mutin.
Quant à sa bonne mine, il l'avait fort perdue,
Boitait, avait sur l'œil une loupe étendue,
De blond devenait roux, et de courbé bossu.
SAVERNY, *bas.*
Assez.
BRICHANTEAU.
Puis il jouait, on s'en est aperçu.
Il eût joué son âme aux dés, et je parie
Qu'il avait au brelan mangé sa seigneurie.
Tout son bien chaque nuit s'en allait à grand trot.
SAVERNY, *le tirant par la manche. — Bas.*
Assez, que diable, assez! tu le consoles trop!
LAFFEMAS, *à Brichanteau.*
Mal parler d'un ami défunt! c'est sans excuse.
BRICHANTEAU, *montrant Saverny.*
Demandez à monsieur.
SAVERNY.
Ah! moi, je me récuse.
LAFFEMAS, *affectueusement au vieux marquis.*
Monseigneur, monseigneur, nous vous consolerons.
On a son meurtrier; eh bien! nous le pendrons!
Il est sous bonne garde, et son affaire est sûre.
A Brichanteau et à Saverny.
Comprend-on le marquis de Saverny? Je jure
Qu'il est des duels que nul ne peut répudier.
Mais s'aller battre avec je ne sais quel Didier!
SAVERNY, *à part.*
Didier!
Le vieux marquis, qui est resté pendant toute la scène immobile et muet, se lève, et sort à pas lents du côté opposé à celui d'où il est venu. Ses gardes le suivent.
LAFFEMAS, *essuyant une larme et le suivant des yeux.*
En vérité! sa douleur me pénètre.
UN VALET, *accourant.*
Monseigneur!
BRICHANTEAU.
Laissez donc tranquille votre maître.
LE VALET.
C'est pour l'enterrement du feu marquis Gaspard.
Quelle heure fixe-t-on?
BRICHANTEAU.
Vous le saurez plus tard.
LE VALET.
Puis des comédiens qui viennent de la ville,
Pour cette nuit céans demandent un asile.
BRICHANTEAU.
Pour des comédiens le jour est mal choisi;
Mais l'hospitalité, c'est un devoir aussi.
Montrant une grange à la gauche du théâtre.
Donnez-leur cette grange.
LE VALET, *tenant une lettre.*
Une lettre qui presse...
Lisant.
Monsieur de Laffemas...
LAFFEMAS.
Donnez. C'est mon adresse.

BRICHANTEAU, *bas à Saverny, qui est resté pensif dans un coin.*
Hâtons-nous, Saverny! viens tout expédier
Pour ton enterrement.
Le tirant par la manche.
Çà, rêves-tu?
SAVERNY, *à part.*
Didier!
Ils sortent.

SCÈNE IV.

LAFFEMAS, seul.

C'est le sceau de l'Etat. — Oui, le grand sceau de cire
Rouge. Allons! quelque affaire! Ouvrons vite.
Lisant.
« Messire
« Lieutenant criminel, on vous fait ici part
« Que Didier, l'assassin du feu marquis Gaspard,
« S'est échappé... » — Mon Dieu, c'est un malheur énorme!
« Une femme, qu'on dit la Marion Delorme,
« L'accompagne. Veuillez au plus tôt revenir. »
— Vite, des chevaux! — Moi! qui croyais le tenir!
Bon! une affaire encor manquée et mal conduite!
Malheur! sur deux pas un! L'un est mort, l'autre en fuite.
Ah! je le reprendrai!
Il sort. — Entre une troupe de comédiens de campagne, hommes, femmes, enfants, en costume de caractère. Parmi eux, Marion et Didier, vêtus à l'espagnole; Didier coiffé d'un grand feutre et enveloppé d'un manteau.

SCÈNE V.

LES COMÉDIENS, MARION, DIDIER.

UN VALET, *conduisant les comédiens à la grange.*
Voici votre logis.
Vous êtes chez monsieur le marquis de Nangis.
Tenez-vous décemment et tâchez de vous taire,
Car nous avons un mort que demain l'on enterre.
Surtout ne mêlez pas de chansons et de bruit
Aux chants que pour son âme on chantera la nuit.
LE GRACIEUX. — *Petit et bossu. —*
Nous ferons moins de bruit que tous vos chiens de chasse
Qui vous vont aboyant aux jambes quand on passe.
LE VALET.
Mais des chiens ne sont pas des baladins, mon cher.
LE TAILLEBRAS, *au Gracieux.*
Tais-toi! tu nous feras, toi, coucher en plein air.
Le valet sort.
LE SCARAMOUCHE, *à Marion et à Didier, qui jusque-là sont restés immobiles dans un coin du théâtre.*
Çà, maintenant causons. Vous voilà de la troupe.
Pourquoi madame courait portant madame en croupe,
Si l'on est deux époux ou deux tendres amants,
Si l'on fuit la police ou bien les nécromans
Qui tenaient méchamment madame prisonnière,
Cela ne me regarde en aucune manière.
Que jouerez-vous? voilà tout ce que je veux voir.
— Ecoute, tu feras les Chimènes, œil noir.
Marion fait une révérence.
DIDIER, *indigné. — A part.*
Lui voir ainsi parler par un vil saltimbanque!
LE SCARAMOUCHE, *à Didier.*
Quant à toi, si tu veux d'un beau rôle, il nous manque
Un matamore. — On est fendu comme un compas,
On fait la grosse voix et l'on marche à grands pas;
Puis, quand on a d'Orgon pris la femme ou la nièce,
On vient tuer le Maure à la fin de la pièce.
C'est un rôle tragique. Il t'irait entre tous.

DIDIER.
Comme il vous plaira.
LE SCARAMOUCHE.
Bon. Mais ne me dis plus vous,
Tu me manques.
Avec une profonde révérence.
Salut, matamore !
DIDIER, à part.
Ces drôles !
LE SCARAMOUCHE, aux autres comédiens.
Sur ce, faisons la soupe et repassons nos rôles.
Tous entrent dans la grange, excepté Marion et Didier.

SCÈNE VI.
MARION, DIDIER. — Puis LE GRACIEUX, SAVERNY.
— Puis LAFFEMAS.

DIDIER, après un long silence et avec un rire amer.
Marie ! Eh bien ! l'abîme est-il assez profond ?
Vous ai-je, misérable, assez conduite au fond ?
Vous m'avez voulu suivre ! hélas ! ma destinée
Marche et brise la vôtre à sa roue enchaînée.
Eh bien, où sommes-nous ? — Je vous l'avais bien dit.
MARION, tremblante et joignant les mains.
Didier ! est-ce un reproche ?
DIDIER.
Ah ! que je sois maudit,
Et plus maudit du ciel, et plus proscrit des hommes
Qu'on ne le fut jamais et que nous ne le sommes,
Hélas ! si de ce cœur, dont toi seule as la foi,
Jamais il peut sortir un reproche pour toi !
Quand tout me frappe ici, me repousse et m'exile,
N'es-tu pas mon sauveur, mon espoir, mon asile ?
Qui trompa le geôlier ? Qui vint limer mes fers ?
Qui descendit du ciel pour me suivre aux enfers ?
Avec le prisonnier qui donc s'est fait captive ?
Avec le fugitif qui s'est fait fugitive ?
Quelle autre eût eu ce cœur, plein de ruse et d'amour,
Qui délivre, soutient, console tour à tour ?
Moi, fatal et méchant, m'as-tu pas, faible femme,
Sauvé de mon destin, hélas ! et de mon âme ?
N'as-tu pas eu pitié de ce pauvre opprimé ?
Moi, que tout haïssait, ne m'as-tu pas aimé ?
MARION, pleurant.
Didier, c'est mon bonheur, vous aimer et vous suivre !
DIDIER.
Oh ! laisse de tes yeux, laisse que je m'enivre !
Dieu voulut, en mêlant une âme à mon limon,
Accompagner mes jours d'un ange et d'un démon,
Mais, oh ! qu'il soit béni, lui dont la grâce étrange
Me cache le démon et me laisse voir l'ange !
MARION.
Vous êtes mon Didier, mon maître et mon seigneur.
DIDIER.
Ton mari, n'est-ce pas ?
MARION, à part.
Hélas !
DIDIER.
Que de bonheur,
En quittant cette terre implacable et jalouse,
Te prendre et t'avouer pour dame et pour épouse !
Tu veux bien ? dis, réponds.
MARION.
Je serai votre sœur,
Et vous serez mon frère.
DIDIER.
Oh ! non, cette douceur
De t'avoir devant Dieu pour mienne, pour sacrée,
Ne la refuse pas à mon âme altérée !
Va, tu peux avec moi venir en sûreté,
Car l'amant à l'époux garde ta pureté.

MARION, à part.
Hélas !
DIDIER.
Savez-vous bien quel était mon supplice ?
Souffrir qu'un baladin vous parle et vous salisse !
Ah ! ce n'est pas la moindre entre tant de douleurs
Que de vous voir mêlée à ces vils bateleurs !
Vous, chaste et noble fleur, jetée avec ces femmes,
Avec ces hommes pleins d'impuretés infâmes !
MARION.
Didier, soyez prudent.
DIDIER.
Dieu ! que j'ai combattu
Contre ma colère !... Ah ! cet homme, il vous dit : Tu !
Quand moi, moi, votre époux, à peine encor je l'ose,
De crainte d'enlever à ce front quelque chose !
MARION.
Vivez bien avec eux ; il y va de vos jours,
Des miens !
DIDIER.
Elle a raison, elle a raison toujours !
Ah ! quoique à chaque instant mon mauvais sort renaisse,
Tu me donnes ton cœur, ton bonheur, ta jeunesse !
D'où vient que tous ces dons sont prodigués pour moi,
Qui seraient peu payés du royaume d'un roi ?
Je ne t'offre en retour que misère et folie.
Le ciel te donne à moi, l'enfer à moi te lie.
Pour mériter tous deux ce partage inégal,
Qu'ai-je donc fait de bien et qu'as-tu fait de mal ?
MARION.
Ah ! Dieu, tout mon bonheur me vient de vous.
DIDIER, redevenu sombre.
Écoute.
Quand tu parles ainsi, tu le penses sans doute.
Mais je dois t'avertir, oui, mon astre est mauvais :
J'ignore d'où je viens et j'ignore où je vais.
Mon ciel est noir. — Marie, écoute une prière : —
Il en est temps encor, toi, retourne en arrière ;
Laisse-moi suivre seul ma sombre route ; hélas !
Après ce dur voyage, et quand je serai las,
La couche qui m'attend, froide d'un froid de glace,
Est étroite, et pour deux n'a pas assez de place.
— Va-t'en !
MARION.
Didier, je veux dans l'ombre et sans témoins
Partager avec vous.. — oh ! celle-là du moins !
DIDIER.
Que veux-tu donc ? Sais-tu qu'à me suivre poussée,
Tu vas cherchant l'exil, la misère ! insensée !
Et peut-être, entends-tu ? de si longues douleurs
Que tes yeux adorés s'éteindront dans les pleurs !
Marion laisse tomber sa tête dans ses mains.
Ah ! je le jure ici, cette peinture est vraie,
Et tu me fais pitié ! ton avenir m'effraie !
Va-t'en !
MARION, éclatant en sanglots.
Ah ! tuez-moi, si vous voulez encor
Parler ainsi.
Sanglotant.
Mon Dieu !
DIDIER, la prenant dans ses bras.
Marie, ô mon trésor !
Tant de larmes ! j'aurais donné mon sang pour une !
Fais ce que tu voudras ; suis-moi ; sois ma fortune,
Ma gloire, mon amour, mon bien et ma vertu !
Marie ! ah ! réponds-moi, je parle, m'entends-tu ?
Il l'assied doucement sur le banc de gazon.
MARION, se dégageant de ses bras.
Ah ! vous m'avez fait mal.
DIDIER, à genoux et courbé sur sa main.
Moi qui mourrais pour elle !
MARION, souriant dans ses larmes.
Vous m'avez fait pleurer, méchant !

DIDIER.
Vous êtes belle !
Il s'assied sur le banc à côté d'elle.
Un seul baiser, au front, pur comme nos amours !
Il la baise au front. — Tous deux, assis, se regardent avec ivresse.
Regarde-moi, Marie, — encore, — ainsi, — toujours !
LE GRACIEUX, *entrant.*
On appelle doña Chimène dans la grange.
Marion se lève précipitamment d'auprès de Didier. — En même temps que le Gracieux, entre Saverny, qui s'arrête au fond du théâtre et considère attentivement Marion, sans voir Didier, qui est resté assis sur le banc, et qu'une broussaille lui cache.
SAVERNY, *au fond du théâtre sans être vu. — A part.*
Pardieu ! c'est Marion ! l'aventure est étrange !
Riant.
Chimène.
LE GRACIEUX, *à Didier qui veut suivre Marion.*
Restez là. Vous, monsieur le jaloux,
Je veux vous taquiner.
DIDIER.
Corps-Dieu !
MARION, *bas à Didier.*
Contenez-vous.
Didier se rassied ; elle entre dans la grange.
SAVERNY, *au fond du théâtre. — A part.*
Qui donc lui fait courir le pays de la sorte ?
Serait-ce le galant qui m'a prêté main-forte
Et sauvé l'autre soir ?... Son Didier ! c'est cela.
Entre Laffemas.
LAFFEMAS, *en habit de voyage, saluant Saverny.*
Monsieur, je prends congé de vous...
SAVERNY, *saluant.*
Ah ! vous voilà.
Monsieur ! vous nous quittez...
Il rit.
LAFFEMAS.
Qu'avez-vous donc à rire ?
SAVERNY, *riant.*
C'est une folle histoire, et l'on peut vous la dire.
Parmi ces bateleurs qui ne font qu'arriver,
Là, devinez un peu qui je viens de trouver ?
LAFFEMAS.
Parmi ces bateleurs ?
SAVERNY.
Oui.
Riant plus fort.
Marion Delorme !
LAFFEMAS, *tressaillant.*
Marion Delorme !
DIDIER, *qui depuis leur arrivée a le regard fixé sur eux.*
Hein !
Il se lève à demi sur son banc.
SAVERNY, *riant toujours.*
Il faut que j'en informe
Tout Paris. — Allez-vous, monsieur, de ce côté ?
LAFFEMAS.
Oui, le fait y sera fidèlement porté.
Mais êtes-vous bien sûr d'avoir cru reconnaître ?...
SAVERNY.
Vive-France ! On connaît sa Marion, peut-être !
Fouillant dans sa poche.
J'ai sur moi son portrait, doux gage de sa foi,
Qu'elle fit peindre exprès par le peintre du roi.
Il donne à Laffemas un médaillon.
Comparez.
Montrant la porte de la grange.
On la voit par cette porte ouverte... —
En Espagnole, — avec une basquine verte...

LAFFEMAS, *portant les yeux tour à tour sur le portrait et sur la grange.*
C'est elle ! — Marion Delorme !...
A part.
Je le tiens !
A Saverny.
A-t-elle un compagnon parmi tous ces païens ?
SAVERNY.
Sans l'avoir vu, j'en jure ! — Eh ! sans être bégueules,
Ces dames n'aiment pas courir le pays seules.
LAFFEMAS, *à part.*
Faisons vite garder la porte. Il faudra bien
Que je démêle après le faux comédien.
A coup sûr, il est pris !
Il sort.
SAVERNY, *regardant sortir Laffemas. — A part.*
J'ai fait quelque sottise.
Prenant à part le Gracieux, qui jusque-là était resté dans un coin, gesticulant tout seul et grommelant son rôle entre ses dents.
— Quelle est cette dame, — ici, — dans l'ombre, — assise ?
Il lui montre la porte de la grange.
LE GRACIEUX.
La Chimène ?
Avec solennité.
Seigneur, je ne sais pas son nom.
Montrant Didier.
Parlez à ce seigneur, son noble compagnon.
Il sort du côté du parc.

SCÈNE VII.

DIDIER, SAVERNY.

SAVERNY, *se tournant vers Didier.*
C'est monsieur ? Dites-moi... — Mais c'est singulier comme
Il me regarde... — Allons, mais c'est lui, c'est mon homme,
Haut à Didier.
S'il n'était en prison, vous ressemblez, mon cher...
DIDIER.
Et vous, s'il n'était mort, vous avez un faux air
D'un homme... — Que son sang sur sa tête retombe !
A qui j'ai dit deux mots qui l'ont mis dans la tombe.
SAVERNY.
Chut !... — Vous êtes Didier !
DIDIER.
Vous, le marquis Gaspard !
SAVERNY.
C'est vous qui vous trouviez certain soir quelque part.
Donc, je vous dois la vie...
Il s'approche les bras ouverts. — Didier recule.
DIDIER.
Excusez ma surprise,
Marquis ; mais je croyais vous l'avoir bien reprise.
SAVERNY.
Point. Vous m'avez sauvé, non tué. Maintenant,
Vous faut-il un second, un frère, un lieutenant ?
Que voulez-vous de moi ? mon bien, mon sang, mon âme ?
DIDIER.
Non, rien de tout cela ! mais ce portrait de femme.
Saverny lui donne le portrait.
Amèrement en regardant le portrait.
Oui, voilà son beau front, son œil noir, son cou blanc,
Surtout son air candide. — Il est bien ressemblant.
SAVERNY.
Vous trouvez ?
DIDIER.
C'est pour vous, dites, qu'elle fit faire

Ce portrait?
                SAVERNY, *avec un geste affirmatif, saluant Didier.*
                        A présent c'est vous qu'elle préfère,
Vous qu'elle aime et choisit entre tant d'amoureux.
Heureux homme!
        DIDIER, *avec un rire éclatant et désespéré.*
                        Est-ce pas que je suis bien heureux!
                SAVERNY.
Je vous fais compliment. C'est une bonne fille,
Qui n'aime jamais que des fils de famille.
D'une telle maîtresse on a droit d'être fier;
C'est honorable, et puis cela donne bon air;
C'est de bon goût; et si de vous quelqu'un s'informe,
On dit tout haut : L'amant de Marion Delorme!

Didier veut lui rendre le portrait; il refuse de le recevoir.

Non, gardez le portrait. Elle est à vous, ainsi
Le portrait vous revient de droit : gardez.
                DIDIER.
                                Merci.
        Il serre le portrait dans sa poitrine.
                SAVERNY.
Mais savez-vous qu'elle est charmante en Espagnole? —
Donc vous me succédez... — un peu, sur ma parole,
Comme le roi Louis succède à Pharamond. —
Moi, ce sont les Brissac, — oui, tous les deux, — qui m'ont
Supplanté.
        Riant.
                Croiriez-vous? le cardinal lui-même!
Puis le petit d'Effiat, puis les trois Sainte-Mesme,
Puis les quatre Argenteau... — Vous êtes dans son cœur
En bonne compagnie.....
                Riant.
                        Un peu nombreuse...
                DIDIER, *à part.*
                                        Horreur!
                SAVERNY.
Çà, vous me conterez... Moi, pour ne rien vous taire,
Je passe ici pour mort, et demain on m'enterre.
Vous, vous avez trompé sbires et sénéchaux,
Marion vous aura fait ouvrir les cachots;
Vous aurez joint en route une troupe ambulante,
N'est-ce pas? Ce doit être une histoire excellente!
                DIDIER.
Toute une histoire!
                SAVERNY.
                Elle a, pour vous, fait les yeux doux
Sans doute à quelque archer?
                DIDIER, *d'une voix de tonnerre.*
                        Tête et sang! croyez-vous?
                SAVERNY.
Quoi! seriez-vous jaloux?
                Riant.
                        Oh! ridicule énorme!
Jaloux de qui? jaloux de Marion Delorme!
La pauvre enfant! N'allez pas lui faire un sermon!
                DIDIER.
Soyez tranquille!
        A part.
                O Dieu! l'ange était un démon!

Entrent Laffemas et le Gracieux. — Didier sort. — Saverny le suit.

SCÈNE VIII.

LAFFEMAS, LE GRACIEUX.

        LE GRACIEUX, *à Laffemas.*
Seigneur, je ne sais pas ce que vous voulez dire.
        A part.
Humph! Costume d'alcade et figure de sbire!
Un petit œil, orné d'un immense sourcil!
Sans doute il joue ici le rôle d'alguazil!
                LAFFEMAS, *tirant une bourse.*
L'ami!
        LE GRACIEUX, *se rapprochant. — Bas à Laffemas.*
                Notre Chimène est ce qui vous intrigue,
Et vous voulez savoir?...
                LAFFEMAS, *bas en souriant.*
                        Oui, quel est son Rodrigue?
                LE GRACIEUX.
Son galant?
                LAFFEMAS.
                Oui.
                LE GRACIEUX.
                        Celui qui gémit sous sa loi?
                LAFFEMAS, *avec impatience.*
Est-il là?
                LE GRACIEUX.
                Sans doute.
                LAFFEMAS, *s'approchant vivement de lui.*
                        Eh! fais-moi le voir?
                LE GRACIEUX, *avec une profonde révérence.*
                                                C'est moi.
J'en suis fou.

Laffemas, désappointé, s'éloigne avec dépit, puis se rapproche faisant sonner sa bourse à l'oreille et aux yeux du Gracieux.

                LAFFEMAS.
        Connais-tu le son des génovines?
                LE GRACIEUX.
Ah Dieu! cette musique a des douceurs divines!
                LAFFEMAS.
        A part.
J'ai mon Didier!
                Au Gracieux.
                Vois-tu cette bourse?
                LE GRACIEUX
                                Combien?
                LAFFEMAS.
Vingt génovines d'or.
                LE GRACIEUX.
                        Humph!
                LAFFEMAS, *lui faisant sonner la bourse sous le nez.*
                                Veux-tu?
                LE GRACIEUX, *lui arrachant la bourse.*
                                        Je veux bien.

D'un ton théâtral à Laffemas, qui l'écoute avec anxiété.

Monseigneur! si ton dos portait, — bien à son centre, —
Une bosse en grosseur égale à ton gros ventre,
Si tu faisais remplir ces deux sacs de ducats,
De louis, de doublons, de sequins... en ce cas...
                LAFFEMAS, *vivement.*
Eh bien! que dirais-tu?
                LE GRACIEUX, *mettant la bourse dans sa poche.*
                                J'empocherais la somme,
Et je dirais :
        Avec une profonde révérence.
                Merci, vous êtes un bon homme!
                LAFFEMAS, *à part, furieux.*
Peste du jeune singe!
                LE GRACIEUX, *à part, riant.*
                        Au diable le vieux chat!
                LAFFEMAS, *à part.*
Ils se sont entendus au cas qu'on le cherchât!
C'est un complot tramé. Tous se tairont de même.
Oh! les maudits satans d'Egypte et de Bohême!
        Au Gracieux, qui s'en va.
Çà, rends la bourse au moins!
                LE GRACIEUX, *se retournant d'un ton tragique.*
                                Pour qui me prenez-vous,
Seigneur? et l'univers que dirait-il de nous?
Vous, proposer, et moi, faire la chose infâme

De vous vendre à prix d'or une tête et mon âme !
Il veut sortir.
LAFFEMAS, *le retenant.*
Fort bien ! mais rends l'argent.
LE GRACIEUX, *toujours sur le même ton.*
Je garde mon honneur,
Et je n'ai pas de compte à vous rendre, seigneur !
Il salue et rentre dans la grange.

SCÈNE IX.

LAFFEMAS, seul.

Vil baladin ! l'orgueil en des âmes si basses !
S'il se pouvait qu'un jour en mes mains tu tombasses,
Et si je ne chassais un plus noble gibier... —
Comment dans tout cela découvrir le Didier ? —
Prendre toute la bande en masse, et puis la faire
Mettre à la question, on ne peut. — Quelle affaire !
C'est chercher une aiguille en tout un champ de blé.
Il faudrait un creuset d'alchimiste endiablé
Qui, rongeant cuivre et plomb, mît à nu la parcelle
D'or pur que ce lingot d'alliage recèle. —
Retourner sans ma prise auprès de monseigneur
Le cardinal !
Se frappant le front.
Mais oui... quelle idée !... Ô bonheur !
Il est pris !
Appelant par la porte de la grange.
Eh ! messieurs de la troupe comique,
Deux mots !
Les comédiens sortent en foule de la grange.

SCÈNE X.

LES MÊMES, LES COMÉDIENS, parmi eux MARION et DIDIER.
— Puis LE MARQUIS DE NANGIS.

LE SCARAMOUCHE, *à Laffemas.*
Que nous veut-on ?
LAFFEMAS.
Sans phrase académique,
Voici : — Le cardinal m'a commis à l'effet
De trouver, pour jouer dans les pièces qu'il fait
Aux moments de loisir que lui laisse le prince,
De bons comédiens, s'il en est en province.
Car, malgré ses efforts, son théâtre est caduc,
Et lui fait peu d'honneur au cardinal-duc.
Tous les comédiens s'approchent avec empressement. — *Entre Saverny, qui observe avec curiosité ce qui se passe.*
LE GRACIEUX, *à part, comptant les génovines de Laffemas dans un coin.*
Douze ! il m'avait dit vingt ! il m'a volé ! Vieux drôle !
LAFFEMAS.
Dites-moi tour à tour chacun un bout de rôle !
Tous, — pour que je choisisse et que je juge enfin.
A part.
S'il se tire de là, le Didier sera fin.
Haut.
Etes-vous au complet ?
Marion s'approche furtivement de Didier, et cherche à l'entraîner. Didier recule et la repousse.
LE GRACIEUX, *allant à eux.*
Eh ! venez donc, vous autres !
MARION.
Juste ciel !
Didier la quitte et va se mêler aux comédiens ; elle le suit.
LE GRACIEUX.
Etes-vous heureux d'être des nôtres !
Avoir des habits neufs, tous les jours un régal,
Et dire tous les soirs des vers de cardinal !
C'est un sort !
Tous les comédiens se rangent devant Laffemas. Marion et Didier parmi eux. Didier sans regarder Marion, l'œil fixé en terre, les bras croisés sous son manteau ; Marion, au contraire, attache sur Didier des yeux pleins d'anxiété.
LE GRACIEUX, *en tête de la troupe. — A part.*
Eût-on cru que ce corbeau sinistre
Recrutât des farceurs au cardinal-ministre !
LAFFEMAS, *au Gracieux.*
Toi, d'abord. Quel es-tu ?
LE GRACIEUX, *avec un grand salut et une pirouette qui fait ressortir sa bosse.*
Je suis le Gracieux
De la troupe, et voici ce que je sais le mieux :
Il chante :

> Des magistrats, sur des nuques
> Ce sont d'énormes perruques.
> De toute cette toison,
> On voit sortir à foison
> Gênes, gibet, roue, amende,
> Au moindre signe évident
> D'une perruque plus grande
> Qu'on nomme le président.
> L'avocat, c'est un déluge
> De mots tombant sur le juge.
> C'est un mélange matois
> De latin et de patois.

LAFFEMAS, *l'interrompant.*
Tu chantes faux à rendre envieuse une orfraie !
Tais-toi !
LE GRACIEUX, *riant.*
Le chant est faux, mais la chanson est vraie.
LAFFEMAS, *au Scaramouche.*
A votre tour.
LE SCARAMOUCHE, *saluant.*
Je suis Scaramouche, seigneur,
J'ouvre la scène ainsi dans la *Duègne d'honneur :*
Déclamant.
« Rien n'est plus beau, disait une reine d'Espagne,
« Qu'un évêque à l'autel, un gendarme en campagne,
« Si ce n'est dame au lit, et voleur au gibet... »
Laffemas l'interrompt du geste, et fait signe au Taillebras de parler. Le Taillebras salue profondément et se redresse.
LE TAILLEBRAS, *avec emphase.*
Moi, je suis Taillebras. J'arrive du Thibet,
J'ai puni le grand Khan, pris le Mogol rebelle...
LAFFEMAS.
Autre chose !
Bas à Saverny, qui est debout devant lui.
Vraiment, que Marion est belle !
LE TAILLEBRAS.
C'est pourtant du meilleur. — S'il vous plaît, cependant,
Je serai Charlemagne, empereur d'Occident.
Il déclame avec emphase.
« Quel étrange destin ! ô ciel ! je vous appelle !
« Soyez témoin, ô ciel, de ma peine cruelle ;
« Il me faut dépouiller moi-même de mon bien,
« Délivrer à un autre un amour qui est mien,
« En douer mon contraire, et l'emplir de liesse,
« M'enfiellant l'estomac d'une amère tristesse.
« Ainsi pour vous, oiseaux, au bois vous ne nichez,
« Ainsi, mouches, pour vous aux champs vous ne ruchez,
« Ainsi pour vous, moutons, vous ne portez la laine ;
« Ainsi pour vous, taureaux, vous n'écorchez la plaine ! »
LAFFEMAS.
Bon.
A Saverny.
— Tudieu ! les beaux vers ! c'est dans la *Bradamante*
De Garnier ! quel poète !
A Marion.
A votre tour, charmante !

Votre nom?
MARION, *tremblante.*
Moi, je suis la Chimène.
LAFFEMAS.
Vraiment!
La Chimène? en ce cas vous avez un amant
Qui tue en duel quelqu'un...
MARION, *effrayée.*
Moi!
LAFFEMAS, *ricanant.*
J'ai bonne mémoire...
Et qui se sauve...
MARION, *à part.*
Dieu!
LAFFEMAS.
Contez-nous cette histoire!
MARION, *à demi-tournée vers Didier.*
« Puisque, pour t'empêcher de courir au trépas,
« Ta vie et ton honneur sont de faibles appás;
« Si jamais je t'aimai, cher Rodrigue, en revanche
« Défends-moi maintenant pour m'ôter à don Sanche.
« Combats pour m'affranchir d'une condition
« Qui me livre à l'objet de mon aversion.
« Te dirai-je encor plus? va, songe à ta défense,
« Pour forcer mon devoir, pour m'imposer silence;
« Et, si tu sens pour moi ton cœur encore épris,
« Sors vainqueur d'un combat dont Chimène est le prix! »
Laffemas se lève avec galanterie et lui baise la main. Marion, pâle, regarde Didier, qui demeure immobile, les yeux baissés.
Certe, il n'est pas de voix qui mieux que vous ne faites
Nous prenne au fond du cœur par des fibres secrètes;
Vous êtes adorable!
A Saverny.
On ne peut le nier,
Le Corneille, après tout, ne vaut pas le Garnier.
Pourtant, il fait en vers meilleure contenance
Depuis qu'il a l'honneur d'être à son éminence.
A Marion.
Quel talent! quels beaux yeux! vous enterrer ainsi!
Vous n'êtes pas, madame, à votre place ici.
Asseyez-vous donc là!
Il s'assied et fait signe à Marion de venir s'asseoir près de lui. Elle recule.
MARION, *bas à Didier, avec angoisse.*
Grand Dieu! restons ensemble!
LAFFEMAS, *souriant.*
Mais venez près de moi vous asseoir.
Didier repousse Marion, qui vient tomber, effrayée, sur le banc près de Laffemas.
MARION, *à part.*
Ah! je tremble!
LAFFEMAS, *souriant à Marion d'un air de reproche.*
Enfin!...
A Didier.
Vous, votre nom?
Didier fait un pas vers Laffemas, jette son manteau et enfonce son chapeau sur sa tête.
DIDIER, *d'un ton grave.*
Je suis Didier.
MARION, LAFFEMAS, SAVERNY.
Didier!
Etonnement et stupeur.
DIDIER, *à Laffemas qui ricane avec triomphe.*
Vous pouvez à présent tous les congédier;
Vous avez votre proie: elle reprend sa chaîne.
Ah! cette joie enfin vous coûte assez de peine!
MARION, *courant à lui.*
Didier!
DIDIER, *avec un regard glacé.*
De celui-ci ne me détournez pas,

Madame!
Elle recule et vient tomber, anéantie, sur le banc.
A Laffemas.
Autour de moi j'ai vu tourner tes pas,
Démon! j'ai dans tes yeux vu la sinistre flamme
De ce rayon d'enfer qui t'illuminait l'âme!
Je pouvais fuir ton piége, inutile à moitié;
Mais tant d'efforts perdus, cela m'a fait pitié!
Prends-moi, fais-toi payer ta pauvre perfidie!
LAFFEMAS, *avec une colère concentrée et s'efforçant de rire.*
Donc, vous ne jouez pas, monsieur, la comédie!
DIDIER.
C'est toi qui l'as jouée!
LAFFEMAS.
Oh! je la jouerais mal.
Mais j'en fais une avec monsieur le cardinal;
C'est une tragédie, — où vous aurez un rôle.
Marion pousse un cri d'effroi. Didier se détourne avec dédain.
Ne tournez pas ainsi la tête sur l'épaule,
Nous irons jusqu'au bout admirer votre jeu.
Allez, recommandez, monsieur, votre âme à Dieu.
MARION.
Ah!...
En ce moment, le marquis de Nangis repasse au fond du théâtre, toujours dans sa première attitude et avec son peloton de hallebardiers. Au cri de Marion, il s'arrête et se tourne vers les assistants, pâle, muet et immobile.
LAFFEMAS, *au marquis de Nangis.*
Monsieur le marquis, je réclame main-forte.
Bonne nouvelle! mais prêtez-moi votre escorte.
L'assassin du marquis Gaspard s'était enfui,
Mais nous l'avons repris.
MARION, *se jetant aux genoux de Laffemas.*
Monsieur, pitié pour lui!
LAFFEMAS, *avec galanterie.*
Vous à mes pieds, madame! Eh! ma place est aux vôtres.
MARION, *toujours à genoux et joignant les mains.*
Oh! monseigneur le juge! ayez pitié des autres,
Si vous voulez qu'un jour un juge plus jaloux,
Prêt à punir aussi, prenne pitié de vous!
LAFFEMAS, *souriant.*
Mais quoi! c'est un sermon vraiment que vous nous faites!
Ah! madame, régnez aux bals, brillez aux fêtes;
Mais ne nous prêchez point. — Pour vous je ferais tout,
Mais cet homme a tué, c'est un meurtre...
DIDIER, *à Marion.*
Debout!
Marion se relève tremblante.
A Laffemas.
Tu mens! ce n'est qu'un duel.
LAFFEMAS.
Monsieur...
DIDIER.
Tu mens! te dis-je.
LAFFEMAS.
Paix!
A Marion.
— Le sang veut du sang. Cette rigueur m'afflige.
Il a tué! tué qui? — Le marquis Gaspard
De Saverny, —
Montrant monsieur de Nangis.
Neveu de ce digne vieillard,
Jeune seigneur parfait! C'est la plus grande perte
Pour la France et le roi!... S'il n'était pas mort, certe,
Je ne dis pas... mon cœur n'est pas de roche... et si...
SAVERNY, *faisant un pas.*
Celui que l'on croit mort n'est pas mort. — Le voici!
Etonnement général.
LAFFEMAS, *tressaillant.*
Gaspard de Saverny! mais à moins d'un prodige?...
Ils ont là son cercueil!

DIDIER.
Oui, voilà son beau front, son œil noir...
(Page 20.)

SAVERNY, *arrachant ses fausses moustaches, son emplâtre et sa perruque noire.*
Il n'est pas mort! vous dis-je.
Me reconnaissez-vous?
LE MARQUIS DE NANGIS, *comme réveillé d'un rêve, pousse un cri et se jette dans ses bras.*
Mon Gaspard! mon neveu!
Mon enfant!
Ils se tiennent étroitement embrassés.
MARION, *tombant à genoux et les yeux au ciel.*
Ah! Didier est sauvé! — Juste Dieu!
DIDIER, *froidement à Saverny.*
A quoi bon? Je voulais mourir.
MARION, *toujours prosternée.*
Dieu le protége!
DIDIER, *continuant sans l'écouter.*
Autrement croyez-vous qu'il m'eût pris à son piége,
Et que je n'eusse pas rompu de l'éperon
Sa toile d'araignée à prendre un moucheron?
La mort est désormais le seul bien que j'envie.

Vous me servez bien mal pour me devoir la vie.
MARION.
Que dit-il? vous vivrez!
LAFFEMAS.
Ça, tout n'est pas fini.
Est-il sûr que c'est là Gaspard de Saverny?
MARION.
Oui!
LAFFEMAS.
C'est ce qu'il convient d'éclaircir à cette heure.
MARION, *lui montrant le marquis de Nangis qui tient toujours Saverny embrassé.*
Regardez ce vieillard qui sourit et qui pleure.
LAFFEMAS.
Est-ce bien là Gaspard de Saverny?
MARION.
Comment
Pouvez-vous en douter à cet embrassement?
LE MARQUIS DE NANGIS, *se détournant.*
Si c'est lui! mon Gaspard! mon fils! mon sang! mon âme!

LAFFEMAS.
... Voulez-vous?... Veux-tu?...
(Page 27.)

　　　A Marion.
N'a-t-il pas demandé si c'était lui, madame?
　　　　　LAFFEMAS, *au marquis de Nangis.*
Ainsi vous affirmez que c'est votre neveu
Gaspard de Saverny?
　　　　　LE MARQUIS DE NANGIS, *avec force.*
　　　　　　　Oui!
　　　　　LAFFEMAS.
　　　　　　　　D'après cet aveu,
　　　A Saverny.
De par le roi, marquis Gaspard, je vous arrête.
— Votre épée!
　　　Etonnement et consternation dans l'assistance.
　　　　　LE MARQUIS DE NANGIS.
　　　　　　　O mon fils!
　　　　　MARION.
　　　　　　　Ciel!
　　　　　DIDIER.
　　　　　　　　Encore une tête.
Au fait, il en faut deux. Au cardinal romain

C'est le moins qu'il revienne une dans chaque main!
　　　　　LE MARQUIS DE NANGIS.
De quel droit?...
　　　　　LAFFEMAS.
　　　　　　Demandez compte à Son Eminence.
Tous survivants au duel tombent sous l'ordonnance.
　　　A Saverny.
Donnez-moi votre épée!
　　　　　DIDIER, *regardant Saverny.*
　　　　　　　Insensé!
　　　　　SAVERNY, *tirant son épée et la présentant à Laffemas.*
　　　　　　　　La voici.
　　　　　LE MARQUIS DE NANGIS, *l'arrêtant.*
Un instant! devant moi nul n'est seigneur ici.
Seul j'ai dans ce château justice basse et haute;
Notre sire le roi n'y serait que mon hôte.
　　　A Saverny.
Ne remettez qu'à moi votre épée.
　　　Saverny lui remet son épée et le serre dans ses bras.

LAFFEMAS.
                    En honneur,
C'est un droit féodal fort déchu, monseigneur.
Monsieur le cardinal pourra m'en faire un blâme,
Mais moi qui ne veux pas vous affliger...
            DIDIER.
                    Infâme !
    LAFFEMAS, *s'inclinant devant le marquis.*
J'y souscris. En revanche, à présent, pour raison,
Prêtez-moi votre garde avec votre prison.
        LE MARQUIS DE NANGIS, *à ses gardes.*
Vos pères ont été vassaux de mes ancêtres.
Je vous défends à tous de faire un pas !
        LAFFEMAS, *d'une voix tonnante.*
                        Mes maîtres !
Écoutez ! je suis juge au secret tribunal,
Lieutenant criminel du seigneur cardinal.
Qu'on les mène tous deux en prison. Il importe
Que quatre d'entre vous veillent à chaque porte.
Vous en répondez tous. Or vous seriez hardis
De ne pas m'obéir ; car si lorsque je dis
A l'un de vous qu'il aille, exécute et se taise,
Il hésite, alors c'est — que sa tête lui pèse.

Les gardes, consternés, entraînent en silence les deux prisonniers. Le marquis de Nangis se détourne, indigné, et cache ses yeux de sa main

            MARION, *à Laffemas.*
Tout est perdu ! monsieur, si votre cœur...
        LAFFEMAS, *bas à Marion.*
                            Ce soir,
Je vous dirai deux mots, si vous venez me voir.
            MARION, *à part.*
Que me veut-il ? Il a des sourires funèbres.
C'est une âme profonde et pleine de ténèbres.
    Se jetant vers Didier.
Didier !
            DIDIER, *froidement.*
    Adieu, madame !
        MARION, *frissonnant du son de sa voix.*
                Eh bien ! qu'ai-je donc fait ?
Ah ! malheureuse !
            Elle tombe sur le banc.
            DIDIER.
        Oui, malheureuse en effet !
    SAVERNY. *Il embrasse le marquis de Nangis, puis se tourne vers Laffemas.*
Monsieur, doublera-t-on le payement pour deux têtes ?
        UN VALET, *entrant, au marquis.*
De monseigneur Gaspard les obsèques sont prêtes ;
Pour la cérémonie, on vient de votre voix
Savoir l'heure et le jour.
            LAFFEMAS.
                Revenez dans un mois.
    Les gardes emmènent Didier et Saverny.

IV
LE ROI

LE CHATEAU DE CHAMBORD.

ACTE QUATRIÈME

La salle des gardes du château de Chambord.

SCÈNE PREMIÈRE.

LE DUC DE BELLEGARDE, riche costume de cour avec toutes les broderies et toutes les dentelles, le cordon du Saint-Esprit au cou et la plaque au manteau. LE MARQUIS DE NANGIS, grand deuil, et toujours suivi de son peloton de gardes.

Ils traversent tous deux le fond du théâtre.

        LE DUC DE BELLEGARDE.
Condamné !
        LE MARQUIS DE NANGIS.
Condamné !
        LE DUC DE BELLEGARDE.
                Bien. Mais le roi fait grâce.
C'est un droit de son trône, un devoir de sa race.
Soyez tranquille. Il est, de cœur comme de nom,
Fils d'Henri Quatre.
        LE MARQUIS DE NANGIS.
                Et moi j'en fus le compagnon.
        LE DUC DE BELLEGARDE.
Vive-Dieu ! nous avons pour le père avec joie
Usé plus d'un pourpoint de fer, et non de soie !
Marquis, allez au fils, montrez vos cheveux gris,
Et pour tout plaidoyer dites : Ventre-saint-gris !
— Que Richelieu lui donne une raison meilleure !
— Mais cachez-vous d'abord.
    Il lui ouvre une porte latérale.
                Il viendra tout à l'heure.
Puis, à vous parler franc, vos habits que voici
Sont coupés d'une mode à faire rire ici.
        LE MARQUIS DE NANGIS.
Rire de mon deuil !
        LE DUC DE BELLEGARDE.
            Ah ! tous ces muguets ! — Compère,
Tenez-vous là. Le roi viendra bientôt, j'espère.
Je le disposerai contre le cardinal.
Puis, quand je frapperai du pied, à ce signal
Vous viendrez.
        LE MARQUIS DE NANGIS, *lui serrant la main.*
            Dieu vous paye !
    LE DUC DE BELLEGARDE, *à un mousquetaire qui se promène devant une petite porte dorée.*
                    Eh ! monsieur de Navaille,
Que fait le roi ?
        LE MOUSQUETAIRE.
            Mon duc, Sa Majesté travaille...
    Baissant la voix.
Avec un homme noir.
        LE DUC DE BELLEGARDE, *à part.*
            Je crois que justement
C'est un arrêt de mort qu'il signe en ce moment.
        Au vieux marquis, en lui serrant la main.
Courage !
        Il l'introduit dans la galerie voisine.
    En attendant que je vous avertisse,

Regardez ces plafonds, qui sont du Primatice.

Ils sortent tous deux. — Entre Marion en grand deuil par la grande porte du fond qui donne sur l'escalier.

SCÈNE II.

MARION, LES GARDES.

LE HALLEBARDIER *de garde, à Marion.*
Madame, on n'entre pas.
MARION, *avançant.*
Monsieur...
LE HALLEBARDIER, *mettant sa hallebarde en travers de la porte.*
On n'entre point.
MARION, *avec dédain.*
Ici contre une dame on met la lance au poing !
Ailleurs, c'est pour...
LE MOUSQUETAIRE, *riant, au hallebardier.*
Attrape !
MARION, *d'une voix ferme.*
Il faut, monsieur le garde,
Que je parle à l'instant au duc de Bellegarde.
LE HALLEBARDIER, *baissant sa hallebarde.* — *A part.*
Hum ! tous ces verts-galants !
LE MOUSQUETAIRE.
Madame, entrez.

Elle entre et s'avance d'un pas déterminé.

LE HALLEBARDIER, *à part et la regardant du coin de l'œil.*
C'est clair !
Le bon vieux duc n'est pas si vieux qu'il en a l'air.
Jadis le roi l'eût fait mettre à la tour du Louvre
Pour donner rendez-vous chez lui.
LE MOUSQUETAIRE, *faisant signe au hallebardier de se taire.*
La porte s'ouvre.

La petite porte dorée s'ouvre. Monsieur de Laffemas en sort, tenant à la main un rouleau de parchemin, auquel pend un sceau de cire rouge à des tresses de soie.

SCÈNE III.

MARION, LAFFEMAS.

Geste de surprise de tous deux. — *Marion se détourne avec horreur.*

LAFFEMAS, *s'avançant vers Marion à pas lents.* — *Bas.*
Que faites-vous céans ?
MARION.
Et vous ?
LAFFEMAS *déroule le parchemin et l'étale devant ses yeux.*
Signé du roi.
MARION, *après un coup d'œil, cachant son visage dans ses mains.*
Dieu !
LAFFEMAS, *se penchant à son oreille.*
Voulez-vous ?

Marion tressaille et le regarde en face. Il fixe ses yeux sur ceux de Marion.
Baissant la voix.
Veux-tu ?
MARION, *le repoussant.*
Tentateur ! laisse-moi !
LAFFEMAS, *se redressant avec un ricanement.*
Donc, vous ne voulez pas ?
MARION.
Crois-tu que je te craigne ?
Le roi peut faire grâce, et c'est le roi qui règne.
LAFFEMAS.
Essayez-en. — Usez du bon vouloir du roi !
Il lui tourne le dos, puis revient tout à coup sur ses pas, croise les bras, et se penche à son oreille.
Prenez garde qu'un jour je ne veuille plus, moi !

Il sort. — *Entre le duc de Bellegarde.*

SCÈNE IV.

MARION, LE DUC DE BELLEGARDE.

MARION, *allant au duc.*
Monsieur le duc, ici vous êtes capitaine.
LE DUC DE BELLEGARDE.
Quoi, charmante, c'est vous !
Saluant.
Que voulez-vous, ma reine ?
MARION.
Voir le roi.
LE DUC DE BELLEGARDE.
Quand ?
MARION.
Sur l'heure.
LE DUC DE BELLEGARDE.
Eh, l'ordre est bref ! — Pourquoi ?
MARION.
Pour quelque chose.
LE DUC DE BELLEGARDE, *éclatant de rire.*
Allons ! faites venir le roi.
Comme elle y va !
MARION.
C'est un refus ?
LE DUC DE BELLEGARDE.
Mais je suis vôtre.
En souriant.
Nous sommes-nous jamais rien refusé l'un l'autre ?
MARION.
C'est fort bien, monseigneur, mais parlerai-je au roi ?
LE DUC DE BELLEGARDE.
Parlez d'abord au duc. Je vous donne ma foi
Que vous verrez le roi tout à l'heure au passage.
Mais causons cependant. Ça, petite, est-on sage ?
Vous en noir ! on dirait une dame d'honneur.
Vous aimiez tant à rire autrefois !
MARION.
Monseigneur,
Je ne ris plus.
LE DUC DE BELLEGARDE.
Pardieu ! mais je crois qu'elle pleure.
Vous !
MARION, *essuyant ses larmes, d'une voix ferme.*
Monseigneur le duc, je veux parler sur l'heure
Au roi.
LE DUC DE BELLEGARDE.
Mais dans quel but ?
MARION.
Ah ! c'est pour...
LE DUC DE BELLEGARDE.
Est-ce aussi
Contre le cardinal ?
MARION.
Oui, duc.
LE DUC DE BELLEGARDE, *lui ouvrant la galerie.*
Entrez ici.
Je mets les mécontents dans cette galerie.
Ne sortez pas avant le signal, je vous prie.
Marion entre. Il referme la porte.
J'eusse pour le marquis fait ce coup hasardeux ;
Il n'en coûte pas plus de travailler pour deux.

Peu à peu la salle se remplit de courtisans, qui causent entre eux. Le duc de Bellegarde va de l'un à l'autre. — Entre l'Angely.

SCÈNE V.

LES COURTISANS.

LE DUC DE BELLEGARDE, *au duc de Beaupréau.*
Bonjour, duc.
LE DUC DE BEAUPRÉAU.
Bonjour, duc.
LE DUC DE BELLEGARDE.
Et que dit-on ?
LE DUC DE BEAUPRÉAU.
On parle
D'un nouveau cardinal.
LE DUC DE BELLEGARDE.
Qui ? l'archevêque d'Arle ?
LE DUC DE BEAUPRÉAU.
Non, l'évêque d'Autun. Du moins, tout Paris croit
Qu'il a le chapeau rouge.
L'ABBÉ DE GONDI.
Il lui revient de droit.
C'est lui qui commandait l'artillerie au siége
De la Rochelle.
LE DUC DE BELLEGARDE.
Oui-da !
L'ANGELY.
J'approuve le saint-siége.
Un cardinal du moins fait selon les canons.
L'ABBÉ DE GONDI, *riant.*
Ce fou de l'Angely !
L'ANGELY, *saluant.*
Monsieur sait tous mes noms.
Entre Laffemas. Tous les courtisans l'entourent à l'envi et s'empressent autour de lui. Le duc de Bellegarde les observe avec humeur.
LE DUC DE BELLEGARDE, *à l'Angely.*
Bouffon, quel est cet homme à fourrure d'hermine ?
L'ANGELY.
A qui de toute part on fait si bonne mine ?
LE DUC DE BELLEGARDE.
Oui. Je n'ai point encor vu cet homme céans.
Est-ce que c'est quelqu'un de monsieur d'Orléans ?
L'ANGELY.
On l'accueillerait moins.
LE DUC DE BELLEGARDE, *l'œil sur Laffemas, qui se pavane.*
Quels airs de grand d'Espagne !
L'ANGELY, *bas.*
C'est le sieur Laffemas, intendant de Champagne,
Lieutenant criminel.
LE DUC DE BELLEGARDE, *bas.*
Lieutenant infernal !
Celui qu'on surnommait bourreau du cardinal ?
L'ANGELY, *toujours bas.*
Oui.
LE DUC DE BELLEGARDE.
Cet homme à la cour ?
L'ANGELY.
Pourquoi pas, je vous prie ?
Un chat-tigre de plus dans la ménagerie !
Vous le présenterai-je ?
LE DUC DE BELLEGARDE, *avec hauteur.*
Ah ! bouffon !
L'ANGELY.
En honneur,
Je le ménagerais si j'étais grand seigneur.
Soyez de ses amis. Voyez ! chacun le fête.
S'il ne vous prend la main, il vous prendra la tête.
Il va chercher Laffemas et le présente au duc, qui s'incline d'assez mauvaise grâce.

LAFFEMAS, *saluant.*
Monsieur le duc...
LE DUC DE BELLEGARDE, *saluant.*
Monsieur, je suis charmé...
A part.
Vrai Dieu !
Où sommes-nous tombés ?... — Monsieur de Richelieu !...
Laffemas s'éloigne.
LE VICOMTE DE ROHAN, *éclatant de rire au fond de la salle dans un groupe de courtisans.*
Charmant !
L'ANGELY.
Quoi ?
M. DE ROHAN.
Marion, là, dans la galerie !
L'ANGELY.
Marion ?
M. DE ROHAN.
Je faisais cette plaisanterie :
Marion chez Louis le Chaste, c'est charmant !
L'ANGELY.
Oui-da, monsieur, c'est très-spirituel, vraiment !
LE DUC DE BELLEGARDE, *au comte de Charnacé.*
Monsieur le louvetier, avez-vous quelque proie ?
Bonne chasse ?
LE COMTE DE CHARNACÉ.
Nulle. Hier, j'eus une fausse joie,
Les loups avaient mangé trois paysans. D'abord
J'ai cru que nous aurions force loups à Chambord.
Bah ! j'ai fouillé le bois, pas un loup, pas de trace !
A l'Angely.
Fou, que sais-tu de gai ?
L'ANGELY.
Rien de ce qui se passe.
Ah ! si fait. — On va pendre à Beaugenci, je crois,
Deux hommes pour un duel.
L'ABBÉ DE GONDI.
Bah ! pour si peu !
La petite porte dorée s'ouvre.
UN HUISSIER.
Le roi !
Entre le roi tout en noir, pâle, les yeux baissés, avec le Saint-Esprit au pourpoint et au manteau. Chapeau sur la tête. — Tous les courtisans se découvrent et se rangent en silence sur deux haies. — Les gardes baissent leurs piques ou présentent leurs mousquets.

SCÈNE VI.

LES PRÉCÉDENTS, LE ROI.

Le roi entre à pas lents, traverse, sans lever la tête, la foule des courtisans, puis s'arrête sur le devant du théâtre, et reste quelques instants rêveur et silencieux. Les courtisans se retirent au fond de la salle.

LE ROI, *sur le devant de la scène.*
Tout va de mal en pis... tout ! —
Aux courtisans, avec un signe de tête.
Messieurs, Dieu vous garde !
Il se jette dans un grand fauteuil et soupire profondément.
Ah !... j'ai bien mal dormi, monsieur de Bellegarde !
LE DUC, *s'avançant avec trois profondes révérences.*
Mais, sire, on ne dort plus maintenant.
LE ROI, *vivement.*
N'est-ce pas ?
Tant l'Etat marche au gouffre et se hâte à grands pas !
LE DUC.
Ah ! sire, il est guidé d'une main forte et large...
LE ROI.
Oui, le cardinal-duc porte une lourde charge !

Sire!...
LE DUC.

LE ROI.
A ses vieilles mains je devrais l'épargner,
Mais, duc, — j'ai bien assez de vivre, sans régner!
LE DUC.
Sire... le cardinal n'est pas vieux...
LE ROI.
Bellegarde,
Franchement, nul ici n'écoute et ne regarde, —
Que pensez-vous de lui?
LE DUC.
De qui, sire?
LE ROI.
De lui?
LE DUC.
De l'éminence?
LE ROI.
Eh! oui.
LE DUC.
Mon regard ébloui
Peut se fixer à peine....
LE ROI.
Est-ce votre franchise?
Regardant autour de lui.
Pourtant point d'éminence ici, — rouge ni grise!
Pas d'espion! parlez, que craignez-vous? Le roi
Veut votre avis tout franc sur le cardinal.
LE DUC.
Quoi!
Tout franc, sire?
LE ROI.
Tout franc.
LE DUC, *hardiment*.
Eh bien!—C'est un grand homme.
LE ROI.
Au besoin, n'est-ce pas, vous l'iriez dire à Rome?
Entendez-vous? L'Etat souffre, entendez-vous bien?
Entre lui qui fait tout et moi qui ne suis rien.
LE DUC.
Ah!...
LE ROI.
Régle-t-il pas tout, paix, guerre, états, finances?
Fait-il pas lois, édits, mandements, ordonnances?
Il est roi! dis-je, il a dissous par trahison
La ligue catholique; il frappe la maison
D'Autriche, qui me veut du bien, — dont est la reine.
LE DUC.
Sire! il vous laisse faire au Louvre une garenne.
Vous avez votre part!...
LE ROI.
Avec le Danemark
Il intrigue.
LE DUC.
Il vous a laissé fixer le marc
De l'argent aux joailliers.
LE ROI, *dont l'humeur augmente*.
A Rome il fait la guerre!
LE DUC.
Il vous a laissé seul rendre un édit naguère.
Qui défend qu'un bourgeois, quand même il le voudrait,
Mange plus d'un écu par tête au cabaret.
LE ROI.
Et tous les beaux traités qu'il arrange en cachette!
LE DUC.
Et votre rendez-vous de chasse à la Planchette?
LE ROI.
Lui seul fait tout, vers lui requêtes et placets
Se précipitent. Moi, je suis pour les Français
Une ombre. En est-il un qui pour ce qu'il désire
Vienne à moi?

LE DUC.
Quand on a les écrouelles, sire!
La colère du roi va en croissant.
LE ROI.
Il veut donner mon ordre à monsieur de Lyon,
Son frère: mais non pas, j'entre en rébellion!
LE DUC.
Mais...
LE ROI.
On m'a dégoûté des siens.
LE DUC.
Sire! l'envie!
LE ROI.
Sa nièce Combalet mène une belle vie!
LE DUC.
La médisance!
LE ROI.
Il a deux cents gardes à pié!
LE DUC.
Mais il n'en a que cent à cheval.
LE ROI.
C'est pitié!
LE DUC.
Sire, il sauve la France.
LE ROI.
Oui, duc! il perd mon âme!
D'un bras il fait la guerre à nos parents. — L'infâme!
De l'autre il signe un pacte aux huguenots suédois.
Bas à l'oreille de Bellegarde.
Puis, si j'osais compter les têtes sur mes doigts,
Les têtes qu'il a fait tomber en grève! Toutes
De mes amis! Sa pourpre est faite avec des gouttes
De leur sang! et c'est lui qui m'habille de deuil!
LE DUC.
Traite-t-il mieux les siens? Epargna-t-il Saint-Preuil?
LE ROI.
S'il a pour ceux qu'il aime une tendresse amère,
Certe, il m'aime ardemment...
Brusquement, après un silence, en croisant les bras.
Il m'exile ma mère!
LE DUC.
Mais, sire, il croit toujours agir à vos souhaits;
Il est fidèle, sûr, dévoué...
LE ROI.
Je le hais!
Il me gêne, il m'opprime! et je ne suis ni maître,
Ni libre, moi qui suis quelque chose peut-être.
A force de marcher à pas si lourds sur moi,
Craint-il pas à la fin de réveiller le roi?
Car près de moi, chétif, si grande qu'elle brille,
Sa fortune à mon souffle incessamment vacille,
Et tout s'écroulerait si, disant un seul mot,
Ce que je dis tout bas, je le voulais tout haut!
Un silence.
Cet homme fait le bon mauvais, le mauvais pire.
Comme le roi, l'Etat, déjà malade, empire.
Cardinal au dehors, cardinal au dedans,
Le roi jamais! — Il mord l'Autriche à belles dents,
Laisse prendre à qui veut mes vaisseaux dans le golfe
De Gascogne, me ligue avec Gustave-Adolphe...
Que sais-je?... Il est partout comme l'âme du roi.
Emplissant mon royaume, et ma famille, et moi!
Ah! je suis bien à plaindre!
Allant à la fenêtre.
Et toujours de la pluie!
Votre Majesté donc souffre bien?
LE ROI.
Je m'ennuie.
Un silence.
Moi, le premier de France, en être le dernier!
Je changerais mon sort au sort d'un braconnier.

Oh ! chasser tout le jour en vos allures franches,
N'avoir rien qui vous gêne, et dormir sous les branches !
Rire des gens du roi ! chanter pendant l'éclair,
Et vivre libre au bois, comme l'oiseau dans l'air !
Le manant est du moins maître et roi dans son bouge ;
— Mais toujours sous les yeux avoir cet homme rouge ;
Toujours là, grave et dur, me disant à loisir :
— « Sire ! il faut que ceci soit votre bon plaisir ! »
— Dérision ! cet homme au peuple me dérobe.
Comme on fait d'un enfant, il me met dans sa robe,
Et quand un passant dit : — Qu'est-ce donc que je vois
Dessous le cardinal ? — on répond : C'est le roi !
— Puis ce sont tous les jours quelques nouvelles listes.
Hier des huguenots, aujourd'hui des duellistes,
Dont il lui faut la tête. — Un duel ! le grand forfait !
Mais des têtes toujours ! — Qu'est-ce donc qu'il en fait ?

Bellegarde frappe du pied. — Entrent le marquis de Nangis et Marion.

SCÈNE VII.

LES MÊMES, MARION, LE MARQUIS DE NANGIS.

Le marquis de Nangis s'avance avec sa suite à quelques pas du roi et met un genou en terre. Marion tombe à genoux à la porte.

LE MARQUIS DE NANGIS.
Justice !
LE ROI.
Contre qui ?
LE MARQUIS DE NANGIS.
Contre un tyran sinistre,
Armand, qu'on nomme ici le cardinal-ministre.
MARION.
Grâce !
LE ROI.
Pour qui ?
MARION.
Didier...
LE MARQUIS DE NANGIS.
Pour le marquis Gaspard
De Saverny.
LE ROI.
J'ai vu ces deux noms quelque part.
LE MARQUIS DE NANGIS.
Sire, grâce et justice !
LE ROI.
Et quel titre est le vôtre ?
LE MARQUIS DE NANGIS.
Je suis oncle de l'un.
LE ROI, *à Marion.*
Vous ?
MARION.
Je suis sœur de l'autre.
LE ROI.
Or çà, l'oncle et la sœur, que voulez-vous ici ?
LE MARQUIS DE NANGIS, *montrant tour à tour les deux mains du roi.*
De cette main justice, et de l'autre merci.
Moi, Guillaume, marquis de Nangis, capitaine
De cent lances, baron du mont et de la plaine,
Contre Armand Duplessis, cardinal Richelieu,
Requiers mes deux seigneurs, le roi de France et Dieu.
C'est de justice enfin qu'ici je suis en quête.
Gaspard de Saverny, pour qui je fais requête,
Est mon neveu.
MARION, *bas au marquis.*
Parlez pour les deux, monseigneur.
LE MARQUIS DE NANGIS, *continuant.*
Il eut le mois dernier une affaire d'honneur
Avec un gentilhomme, avec un capitaine,
Un Didier, que je crois de noblesse incertaine.
Ce fut un tort. — Tous deux ont fait en braves gens.
Mais le ministre avait aposté des sergents....
LE ROI.
Je sais l'affaire. Assez. Qu'avez-vous à me dire ?
LE MARQUIS DE NANGIS, *se relevant.*
Je dis qu'il est bien temps que vous y songiez, sire,
Que le cardinal-duc a de sombres projets,
Et qu'il boit le meilleur du sang de vos sujets.
Votre père Henri, de mémoire royale,
N'eût pas ainsi livré sa noblesse loyale.
Il ne la frappait point sans y fort regarder ;
Et, bien gardé par elle, il la savait garder.
Il savait qu'on peut faire avec des gens d'épées
Quelque chose de mieux que des têtes coupées,
Qu'ils sont bons à la guerre. Il ne l'ignorait point,
Lui dont plus d'une balle a troué le pourpoint.
Ce temps était le bon. J'en fus, et je l'honore.
Un peu de seigneurie y palpitait encore.
Jamais à des seigneurs un prêtre n'eût touché.
On n'avait point alors de tête à bon marché.
Sire ! en des jours mauvais comme ceux où nous sommes,
Croyez un vieux, gardez un peu de gentilshommes,
Vous en aurez besoin peut-être à votre tour.
Hélas ! vous gémirez peut-être quelque jour
Que la place de Grève ait été si fêtée,
Et que tant de seigneurs de bravoure indomptée,
Vers qui se tourneront vos regrets envieux,
Soient morts depuis longtemps qui ne seraient pas vieux !
Car nous sommes tout chauds de la guerre civile,
Et le tocsin d'hier gronde encor dans la ville.
Soyez plus ménager des peines du bourreau.
C'est lui qui doit garder son estoc au fourreau,
Non pas nous. D'échafauds montrez-vous économe.
Craignez d'avoir un jour à pleurer tel brave homme,
Tel vaillant de grand cœur, dont, à l'heure qu'il est,
Le squelette blanchit aux chaînes d'un gibet !
Sire ! le sang n'est pas une bonne rosée ;
Nulle moisson ne vient sur la Grève arrosée,
Et le peuple des rois évite le balcon,
Quand aux dépens du Louvre on peuple Montfaucon.
Meurent les courtisans, s'il faut que leur voix aille
Vous amuser pendant que le bourreau travaille !
Cette voix des flatteurs qui dit que tout est bon,
Qu'après tout on est fils d'Henri-Quatre et Bourbon,
Si haute qu'elle soit, ne couvre pas sans peine
Le bruit sourd qu'en tombant fait une tête humaine.
Je vous en donne avis, ne jouez pas ce jeu,
Roi, qui serez un jour face à face avec Dieu.
Donc je vous dis, avant que rien ne s'accomplisse,
Qu'à tout prendre il vaut mieux un combat qu'un supplice,
Que ce n'est pas la joie et l'honneur des États
De voir plus de besogne aux bourreaux qu'aux soldats ;
Que c'est un pasteur dur pour la France où vous êtes
Qu'un prêtre qui se paye une dîme de têtes,
Et que cet homme illustre entre les inhumains,
Qui touche à votre sceptre, — a du sang à ses mains !
LE ROI.
Monsieur, le cardinal est mon ami. Qui m'aime
L'aimera.
LE MARQUIS DE NANGIS.
Sire !...
LE ROI.
Assez. C'est un autre moi-même.
LE MARQUIS DE NANGIS.
Sire !
LE ROI.
Plus de harangue à troubler nos esprits !
Montrant ses cheveux, qui grisonnent.
Ce sont les harangueurs qui font nos cheveux gris.
LE MARQUIS DE NANGIS.
Pourtant, sire, un vieillard, une femme qui pleure !
C'est de vie et de mort qu'il s'agit à cette heure !
LE ROI.
Que demandez-vous donc ?

LE MARQUIS DE NANGIS.
     La grâce de Gaspard!
          MARION.
La grâce de Didier!
          LE ROI.
     Tout ce qu'un roi départ
En grâces trop souvent est pris à la justice.
          MARION.
Ah! sire! à notre deuil que le roi compatisse!
Savez-vous ce que c'est? Deux jeunes insensés,
Par un duel jusqu'au fond de l'abîme poussés!
Mourir, grand Dieu! mourir sur un gibet infâme!
Vous aurez pitié d'eux! — Je ne sais pas, moi femme,
Comment on parle aux rois. Pleurer peut-être est mal?
Mais c'est un monstre enfin que votre cardinal!
Pourquoi leur en veut-il? qu'ont-ils fait? il n'a même
Jamais vu mon Didier. — Hélas! qui l'a vu l'aime.
— A leur âge, tous deux, les tuer pour un duel!
Leurs mères! songez donc! — Ah! c'est horrible! — O ciel!
Vous ne le voudrez pas! — Ah! femmes que nous sommes,
Nous ne savons pas bien parler comme les hommes,
Nous n'avons que des pleurs, des cris et des genoux
Que le regard d'un roi ploie et brise sous nous!
Ils ont eu tort, c'est vrai! Si leur faute vous blesse,
Tenez, pardonnez leur. Vous savez? la jeunesse!
Mon Dieu! les jeunes gens savent-ils ce qu'ils font?
Pour un geste, un coup d'œil, un mot, — souvent au fond
Ce n'est rien, — on se blesse, on s'irrite, on s'emporte.
Les choses tous les jours se passent de la sorte;
Chacun de ces messieurs le sait. Demandez-leur,
Sire. — Est-ce pas, messieurs? — Ah! Dieu! l'affreux malheur!
Dire que vous pouvez d'un mot sauver deux têtes!
Oh! je vous aimerai, sire, si vous le faites!
Grâce! grâce! — Oh! mon Dieu! si je savais parler,
Vous verriez, vous diriez : Il faut la consoler,
C'est une pauvre enfant, son Didier, c'est son âme... —
J'étouffe. Ayez pitié!
          LE ROI.
     Qu'est-ce que cette dame?
          MARION.
Une sœur, Majesté, qui tremble à vos genoux.
Vous vous devez au peuple.
          LE ROI.
          Oui, je me dois à tous.
Le duel n'a jamais fait de ravages plus amples.
          MARION.
Il faut de la pitié, sire!
          LE ROI.
          Il faut des exemples.
          LE MARQUIS DE NANGIS.
Deux enfants de vingt ans, sire! songez-y bien.
Ah! leur âge à tous deux fait la moitié du mien.
          MARION.
Majesté, vous avez une mère, une femme,
Un fils, quelqu'un enfin que vous aimez dans l'âme,
Un frère, sire! — Eh bien! pitié pour une sœur!
          LE ROI.
Un frère! non, madame.
     Il réfléchit un instant.
          Ah! si fait. J'ai MONSIEUR.
     Apercevant la suite du marquis.
Çà, marquis de Nangis, quelle est cette brigade?
Sommes-nous assiégés? allons-nous en croisade?
Pour nous mener ainsi vos gardes sous les yeux,
Etes-vous duc et pair?
          LE MARQUIS DE NANGIS.
          Non, sire, je suis mieux
Qu'un duc et pair, créé pour des cérémonies;
Je suis baron breton de quatre baronnies.
          LE DUC DE BELLEGARDE, à part.
L'orgueil est un peu fort et par trop maladroit!
          LE ROI.
Bien. Dans votre manoir remportez votre droit,

Monsieur; mais laissez-nous le nôtre sur nos terres.
Nous sommes justicier.
          LE MARQUIS DE NANGIS, frissonnant.
          Sire! au nom de vos pères,
Considérez leur âge et leurs torts expiés,
     Il tombe à genoux.
Et l'orgueil d'un vieillard qui se brise à vos pieds.
Grâce!
     Le roi fait un signe brusque de colère et de refus.
     Il se relève lentement.
          Du roi Henri, votre père et le nôtre,
Je fus le compagnon, et j'étais là quand l'autre...
L'autre monstre, — enfonça le poignard... — Jusqu'au soir
Je gardai mon roi mort, car c'était mon devoir.
Sire! j'ai vu mon père, hélas! et mes six frères
Choir tour à tour au choc des factions contraires.
La femme qui m'aimait, je l'ai perdue aussi.
Maintenant le vieillard que vous voyez ici
Est comme un patient qu'un bourreau, qui s'en joue,
A pour tout un grand jour attaché sur la roue.
Le Seigneur a brisé mes membres tour à tour
De sa barre de fer. — Voici la fin du jour,
     Mettant la main sur sa poitrine.
Et j'ai le dernier coup. — Sire, Dieu vous conserve!
     Il salue profondément et sort. Marion se lève péniblement et va tomber, mourante, dans l'enfoncement de la porte dorée du cabinet du roi.
     LE ROI, essuyant une larme et le suivant des yeux, à Bellegarde.
Pour ne pas défaillir il faut qu'un roi s'observe.
Bien faire est malaisé... Ce vieillard m'a touché...
     Il rêve un moment et sort brusquement de son silence.
Aujourd'hui pas de grâce! hier j'ai trop péché.
     Se rapprochant de Bellegarde.
Pour vous, duc, avant lui vous veniez de me dire
Mainte chose hardie et qui pourra vous nuire
Quand au cardinal-duc je redirai ce soir
La conversation que nous venons d'avoir.
J'en suis fâché pour vous. Désormais prenez garde.
     Bâillant.
Ah! j'ai bien mal dormi, mon pauvre Bellegarde!
     Congédiant du geste gardes et courtisans.
Messieurs, laissez-nous seuls. Allez.
          A l'Angely.
          Demeure, toi.
     Tout le monde sort, excepté Marion, que le roi ne voit pas. Le duc de Bellegarde l'aperçoit accroupie au seuil de la porte et va à elle.
          LE DUC DE BELLEGARDE, bas à Marion.
Vous ne pouvez rester à la porte du roi.
Qu'y faites-vous, collée ainsi qu'une statue?
Ma chère, allez-vous-en.
          MARION.
          J'attendrai qu'on m'y tue.
          L'ANGELY, bas au duc.
Laissez-la, duc.
     Bas à Marion.
          Restez.
     Il revient auprès du roi, qui s'est assis dans le grand fauteuil et rêve profondément.

SCÈNE VIII.

LE ROI, L'ANGELY.

          LE ROI, avec un soupir profond.
L'Angely, l'Angely,
Viens! j'ai le cœur malade et d'amertume empli.
Point de rire à la bouche, et dans mes yeux arides
Point de pleurs. Toi qui, seul, quelquefois me dérides,
Viens. — Toi qui n'as jamais peur de ma majesté,

LE ROI.
Tout va de mal en pis... tout...
(Page 28.)

Fais luire dans mon âme un rayon de gaîté.
Un silence.
L'ANGELY.
N'est-ce pas que la vie est une chose amère,
Sire?
LE ROI.
Hélas!
L'ANGELY.
Et que l'homme est un souffle éphémère?
LE ROI.
Un souffle, et rien de plus.
L'ANGELY.
N'est-ce pas, dites-moi,
Qu'on est bien malheureux d'être homme et d'être roi,
Sire?
LE ROI.
On a double charge.
L'ANGELY.
Et, plutôt qu'être au monde,
Que mieux vaut le tombeau, si l'ombre en est profonde?

LE ROI.
Je l'ai toujours dit.
L'ANGELY.
Sire! être mort ou pas né,
Voilà le seul bonheur. Mais l'homme est condamné.
LE ROI.
Que tu me fais plaisir de parler de la sorte!
Un silence.
L'ANGELY.
Une fois au tombeau, pensez-vous qu'on en sorte?
LE ROI, *dont la tristesse a été toujours croissant aux paroles du fou.*
Nous le saurons plus tard. — J'en voudrais être là.
Un silence.
Fou, je suis malheureux! Entends-tu bien cela?
L'ANGELY.
Je le vois. — Vos regards, votre face amaigrie,
Votre deuil...
LE ROI.
Et comment veux-tu donc que je rie?

Grâce... MONSIEUR DE NANGIS.
(Page 34.)

Se rapprochant du fou.
Car avec moi, vois-tu, — tu perds ta peine. — A quoi
Te sert de vivre donc? Beau métier! fou de roi!
Grelot faussé, — pantin qu'on jette et qu'on ramasse,
Dont le rire vieilli n'est plus qu'une grimace!
Que fais-tu sur la terre à jouer arrêté?
Pourquoi vis-tu?

L'ANGELY.
Je vis par curiosité.
Mais vous, — à quoi bon vivre? — Ah! je vous plains dans l'âme!
Comme vous être roi, mieux vaudrait être femme!
Je ne suis qu'un pantin dont vous tenez le fil;
Mais votre habit royal cache un fil plus subtil
Que tient un bras plus fort; et moi j'aime mieux être
Pantin aux mains d'un roi, sire, qu'aux mains d'un prêtre.
Un silence.

LE ROI, *rêvant et de plus en plus triste.*
Tu ris, mais tu dis vrai; c'est un homme infernal.
— Satan pourrait-il pas s'être fait cardinal?
Si c'était lui dont j'ai l'âme ainsi possédée?
Qu'en dis-tu?

L'ANGELY.
J'ai souvent, sire, eu la même idée.

LE ROI.
Ne parlons plus ainsi, ce doit être un péché.
Vois comme le malheur sur moi s'est attaché:
Je viens ici, j'avais des cormorans d'Espagne; —
Pas une goutte d'eau pour pêcher! — La campagne!
Point d'étang assez large en ce maudit Chambord
Pour qu'un ciron s'y voie en s'y mirant du bord!
Je veux chasser; — la mer! je veux pêcher; — la plaine!
Suis-je assez malheureux?

L'ANGELY.
Oui, votre vie est pleine
D'affreux chagrins.

LE ROI.
Comment me consolerais-tu?

L'ANGELY.
Tenez, une autre encor. Vous tenez pour vertu,
Avec raison, cet art de dresser les alètes
A la chasse aux perdrix; un bon chasseur, vous l'êtes,
Fait cas du fauconnier.

LE ROI, *vivement.*
Le fauconnier est dieu !
L'ANGELY.
Eh bien ! il en est deux qui vont mourir sous peu.
LE ROI.
A la fois ?
L'ANGELY.
Oui.
LE ROI.
Qui donc ?
L'ANGELY.
Deux fameux !
LE ROI.
Qui, de grâce ?
L'ANGELY.
Ces jeunes gens pour qui l'on vous demandait grâce...
LE ROI.
Ce Gaspard ? ce Didier ?...
L'ANGELY.
Je crois qu'oui, les derniers.
LE ROI.
Quelle calamité ! vraiment, deux fauconniers !
Avec cela que l'art se perd ! Ah ! duel funeste !
Moi mort, cet art aussi s'en va, — comme le reste !
— Pourquoi ce duel ?
L'ANGELY.
Mais l'un à l'autre soutenait
Que l'alète au grand vol ne vaut pas l'alfanet.
LE ROI.
Il avait tort. — Pourtant le cas n'est pas pendable.
Un silence.
Mais, après tout, mon droit de grâce est imperdable ;
Au gré du cardinal je suis toujours trop doux.
Un silence.
A l'Angely.
Richelieu veut leur mort !
L'ANGELY.
Sire, que voulez-vous ?
LE ROI, *après réflexion et silence.*
Ils mourront !
L'ANGELY.
C'est cela.
LE ROI.
Pauvre fauconnerie !
L'ANGELY, *allant à la fenêtre.*
Voyez donc, sire !
LE ROI, *se détournant en sursaut.*
Quoi ?
L'ANGELY.
Regardez, je vous prie !
LE ROI, *se levant et allant à la fenêtre.*
Qu'est-ce ?
L'ANGELY, *lui montrant quelque chose au dehors.*
On vient relever la sentinelle.
LE ROI.
Eh bien ?
C'est tout ?
L'ANGELY.
Quel est ce drôle aux galons jaunes ?
LE ROI.
Rien.
Le caporal.
L'ANGELY.
Il met un autre homme à la place.
Que lui dit-il ainsi tout bas ?
LE ROI.
Le mot de passe.
Bouffon, où veux-tu donc en venir ?
L'ANGELY.
A ceci :
Que les rois ici-bas font sentinelle aussi.

Au lieu de pique, ils ont un sceptre qui les charge.
Quand ils ont tout leur temps trôné de long en large,
La mort, ce caporal des rois, met en leur lieu
Un autre porte-sceptre, et de la part de Dieu
Lui donne le mot d'ordre, et ce mot, c'est : CLÉMENCE !
LE ROI.
Non. C'est : JUSTICE. — Ah ! deux fauconniers, perte immense !
— Ils mourront !
L'ANGELY.
Comme vous, comme moi. — Grand, petit,
La mort dévore tout d'un égal appétit.
Mais, tout pressés qu'ils sont, les morts dorment à l'aise.
Monsieur le cardinal vous obsède et vous pèse ;
Attendez, sire ! — Un jour, un mois, l'an révolu,
Lorsque nous aurons bien, durant le temps voulu,
Fait tous trois, moi le fou, vous le roi, lui le maître,
Nous nous endormirons, et, si fier qu'on puisse être,
Si grand que soit un homme au compte de l'orgueil,
Nul n'a plus de six pieds de haut dans le cercueil !
Lui, voyez déjà comme en litière on le traîne...
LE ROI.
Oui, la vie est bien sombre et la tombe est sereine. —
Si je ne t'avais pas pour m'égayer un peu...
L'ANGELY.
Sire, précisément, je viens vous dire adieu.
LE ROI.
Que dis-tu ?
L'ANGELY.
Je vous quitte.
LE ROI.
Allons, quelle folie !
Du service des rois la mort seule délie.
L'ANGELY.
Aussi vais-je mourir !
LE ROI.
Es-tu fou pour de bon,
Dis ?
L'ANGELY.
Condamné par vous, roi de France et Bourbon.
LE ROI.
Si tu railles, bouffon, dis-nous où nous en sommes !
L'ANGELY.
Sire, j'étais du duel de ces deux gentilshommes.
Mon épée en était, du moins, si ce n'est moi.
Je vous la rends.
Il tire son épée et la présente au roi un genou en terre.
LE ROI, *prenant l'épée et l'examinant.*
Vraiment ! une épée ! oui, ma foi !
D'où te vient-elle, ami ?
L'ANGELY.
Sire, on est gentilhomme.
Vous n'avez pas fait grâce aux coupables ; en somme,
J'en suis.
LE ROI, *grave et sombre.*
Alors, bonsoir ! laisse-moi, pauvre fou,
Avant qu'il soit coupé, t'embrasser par ton cou.
Il embrasse l'Angely.
L'ANGELY, *à part.*
Il prend terriblement au sérieux la chose !
LE ROI, *après un silence.*
Jamais à la justice un vrai roi ne s'oppose.
Mais, cardinal Armand, vous êtes bien cruel.
Deux fameux fauconniers et mon fou pour un duel !
Il se promène vivement agité et la main sur le front. Puis il se tourne vers l'Angely, inquiet.
Va, va ! console-toi, la vie est bien amère ;
Mieux vaut la tombe, et l'homme est un souffle éphémère.
L'ANGELY.
Diable !
Le roi continue de se promener et paraît violemment agité.
LE ROI.
Ainsi, pauvre fou, tu crois qu'ils te pendront ?

L'ANGELY, *à part.*
Comme il y va ! j'en ai la sueur sur le front !
Haut.
A moins d'un mot de vous...
LE ROI.
Qui donc me fera rire ?
Si l'on sort du tombeau, tu viendras me le dire.
C'est une occasion.
L'ANGELY.
Le message est charmant !
Le roi continue de se promener à grands pas, adressant çà et là la parole à l'Angely.
LE ROI.
L'Angely ! quel triomphe au cardinal Armand !
Croisant les bras.
Crois-tu, si je voulais, que je serais le maître ?
L'ANGELY.
Montaigne eût dit : *Que sais-je ?* et Rabelais : *Peut-être !*
LE ROI, *avec un geste de résolution.*
Bouffon ! un parchemin !
L'Angely lui présente avec empressement un parchemin qui se trouve sur une table près d'une écritoire. Le roi écrit précipitamment quelques mots, puis rend le parchemin à l'Angely.
Je vous fais grâce à tous !
L'ANGELY.
A tous trois ?
LE ROI.
Oui.
L'ANGELY, *courant à Marion.*
Madame, arrivez ! à genoux !
Remerciez le roi !
MARION, *tremblante à genoux.*
Nous avons notre grâce ?
L'ANGELY.
Et c'est moi...
MARION.
Quels genoux faut-il donc que j'embrasse ?
Les vôtres ou les siens ?
LE ROI, *étonné, examinant Marion. — A part.*
Que veut dire ceci ?
Est-ce un piége ?
L'ANGELY, *donnant un parchemin à Marion.*
Prenez le papier que voici.
Marion baise le parchemin et le met dans son sein.
LE ROI, *à part.*
Suis-je dupe ?
A Marion.
Un instant, madame ! il faut me rendre
Cette feuille...
MARION.
Grand Dieu !
Au roi, avec hardiesse, en montrant sa gorge.
Sire, venez la prendre,
Et m'arrachez aussi le cœur !
Le roi s'arrête et recule embarrassé.
L'ANGELY, *bas à Marion.*
Bon ! gardez-la.
Tenez ferme ! le roi ne met pas ses mains là.
LE ROI, *à Marion.*
Donnez, dis-je !
MARION.
Prenez.
LE ROI, *baissant les yeux.*
Quelle est cette sirène ?
L'ANGELY, *bas à Marion.*
Il n'oserait rien prendre au corset de la reine !
LE ROI, *congédiant Marion du geste, après un moment d'hésitation, et sans lever les yeux sur elle.*
Eh bien ! allez !

MARION, *saluant profondément le roi.*
Courons sauver les prisonniers !
Elle sort.
L'ANGELY, *au roi.*
C'est la sœur de Didier, l'un des deux fauconniers.
LE ROI.
Elle est ce qu'elle veut ! mais c'est étrange comme
Elle m'a fait baisser les yeux, — moi qui suis homme !
Un silence.
Bouffon ! tu m'as joué. C'est un autre pardon
Qu'il faut que je t'accorde.
L'ANGELY.
Eh, sire ! accordez donc.
Toute grâce est un poids qu'un roi du cœur s'enlève.
LE ROI.
Tu dis vrai. J'ai toujours souffert les jours de Grève.
Nangis avait raison, un mort jamais ne sert,
Et Montfaucon peuplé rend le Louvre désert.
Se promenant à grands pas.
C'est une trahison que de venir, en face,
Au fils du roi Henri rayer son droit de grâce.
Que fais-je ainsi, déchu, détrôné, désarmé ?
Comme dans un sépulcre, en cet homme enfermé,
Sa robe est mon linceul, et mes peuples me pleurent !
Non ! non ! je ne veux pas que ces deux enfants meurent.
Vivre est un don du ciel trop visible et trop beau.
Après une rêverie.
Dieu qui sait où l'on va peut ouvrir un tombeau,
Un roi, non ! — Je les rends tous deux à leur famille.
Ils vivront. Ce vieillard et cette jeune fille
Me béniront ! C'est dit. J'ai signé : Moi, le roi !
Le cardinal sera furieux, mais, ma foi,
Tant pis ! cela fera plaisir à Bellegarde.
L'ANGELY.
On peut bien une fois être roi par mégarde !

V

LE CARDINAL

BEAUGENCY.

ACTE CINQUIÈME

Le donjon de Beaugency.—Un préau.—Au fond le donjon ; tout à l'entour, un grand mur. — A gauche, une haute porte en ogive. A droite, une petite porte surbaissée dans le mur. Près de la porte de droite, une table de pierre, un banc de pierre.

SCÈNE PREMIÈRE.

DES OUVRIERS.

Ils travaillent à démolir l'angle du mur du fond à gauche. La brèche est déjà assez avancée.

PREMIER OUVRIER, *piochant.*
Hum ! c'est dur !
DEUXIÈME OUVRIER, *piochant.*
Peste soit du gros mur qu'il nous faut
Jeter par terre !
TROISIÈME OUVRIER, *piochant.*
Pierre, as-tu vu l'échafaud ?

PREMIER OUVRIER.
Oui.
          Il va à la porte et la mesure.
   La porte est étroite, et jamais la litière
Du seigneur cardinal n'y passerait entière.
            TROISIÈME OUVRIER.
C'est donc une maison?
    PREMIER OUVRIER, *avec un geste affirmatif.*
                    Avec de grands rideaux,
Vingt-quatre hommes à pied la portent sur leur dos.
            DEUXIÈME OUVRIER.
Moi, j'ai vu la machine, un soir, par un temps sombre,
Qui marchait... On eût dit Léviathan dans l'ombre.
            TROISIÈME OUVRIER.
Que vient-il ici faire avec tant de sergents?
            PREMIER OUVRIER.
Voir l'exécution de ces deux jeunes gens.
Il est malade, il a besoin de se distraire.
            DEUXIÈME OUVRIER.
Finissons!
    Ils se remettent au travail. Le mur est presque démoli.
            TROISIÈME OUVRIER.
             As-tu vu l'échafaud noir, mon frère?
Ce que c'est qu'être noble!
            PREMIER OUVRIER.
                   Ils ont tout!
            DEUXIÈME OUVRIER.
                         Il faut voir
Si l'on ferait pour nous un bel échafaud noir!
            PREMIER OUVRIER.
Qu'ont donc fait ces seigneurs, qu'on les tue? Hein, Maurice,
Comprends-tu cela, toi?
            TROISIÈME OUVRIER.
                   Non, c'est de la justice.

Ils continuent de démolir le mur. Entre Laffemas. Les ouvriers se taisent. Il arrive par le fond du théâtre, comme s'il venait d'une cour intérieure de la prison. Il s'arrête devant les ouvriers et paraît examiner la brèche et leur donner quelques ordres. La brèche finie, il leur fait tendre d'un côté à l'autre un grand drap noir qui la cache entièrement, puis il les congédie. Presque en même temps paraît Marion, en blanc, voilée. Elle entre par la grande porte, traverse rapidement le théâtre, et court frapper au guichet de la petite porte. Laffemas se dirige du même côté à pas lents. Le guichet s'ouvre. Paraît le guichetier.

SCÈNE II.

MARION, LAFFEMAS.

   MARION, *montrant un parchemin au guichetier.*
Ordre du roi.
            LE GUICHETIER.
          Madame, on n'entre pas.
            MARION.
                           Comment?
    LAFFEMAS, *présentant un papier au guichetier.*
Signé du cardinal.
            LE GUICHETIER.
              Entrez.

Laffemas, au moment d'entrer, se retourne, considère en entrant Marion, et revient vers elle. Le guichetier referme la porte.

        LAFFEMAS, *à Marion.*
                    Mais quoi, vraiment,
C'est encor vous! ici! L'endroit est équivoque.
            MARION.
Oui.
       Avec triomphe et montrant le parchemin.
   J'ai la grâce!
       LAFFEMAS, *montrant le sien.*
           Et moi l'ordre qui la révoque.

    MARION, *avec un cri d'effroi.*
L'ordre est d'hier matin!
            LAFFEMAS.
              Le mien de cette nuit.
    MARION, *les mains sur ses yeux.*
Oh! plus d'espoir!
            LAFFEMAS.
              L'espoir n'est qu'un éclair qui luit.
La clémence des rois est chose bien fragile!
Elle vient à pas lents et fuit d'un pied agile.
            MARION.
Pourtant le roi lui-même à les sauver s'émeut!...
            LAFFEMAS.
Est-ce que le roi peut quand le cardinal veut?
            MARION.
O Didier! la dernière espérance est éteinte!
        LAFFEMAS, *bas.*
Pas la dernière.
        MARION, *à part.*
           Ciel!
    LAFFEMAS, *se rapprochant d'elle. — Bas.*
              Il est dans cette enceinte —
Un homme... qu'un seul mot de vous — peut faire ici
Plus heureux qu'un roi même, — et plus puissant aussi!
            MARION.
Oh! va-t'en!
            LAFFEMAS.
       Est-ce là le dernier mot?
        MARION, *avec hauteur.*
                   De grâce!
            LAFFEMAS.
Qu'un caprice de femme est chose qui me passe!
Vous étiez autrefois tendre facilement;
Aujourd'hui, — qu'il s'agit de sauver votre amant... —
        MARION, *l'interrompant.*
Il faut que vous soyez un homme bien infâme,
Bien vil, — décidément! — pour croire qu'une femme,
— Oui, Marion Delorme! — après avoir aimé
Un homme, le plus pur que le ciel ait formé,
Après s'être épurée à cette chaste flamme,
Après s'être refait une âme avec cette âme,
Du haut de cet amour, si sublime et si doux,
Peut retomber si bas qu'elle aille jusqu'à vous!
            LAFFEMAS.
Aimez-le donc!
            MARION.
         Le monstre! il va du crime au vice!
Laisse-moi pure!
            LAFFEMAS.
       ·Donc je n'ai plus qu'un service
A vous rendre à présent.
            MARION.
              Quoi?
            LAFFEMAS.
                Si vous voulez voir,
Je puis vous faire entrer. — Ce sera pour ce soir.
    MARION, *tremblant de tout son corps.*
Dieu! ce soir!
            LAFFEMAS.
         Oui, ce soir. — Pour voir par la portière,
Monsieur le cardinal viendra dans sa litière.

Marion est plongée dans une profonde et convulsive rêverie. Tout à coup elle passe ses deux mains sur son front et se tourne comme égarée vers Laffemas.

            MARION.
Comment feriez-vous donc pour les faire évader?
        LAFFEMAS, *bas.*
Si... vous vouliez?.. — Alors je puis faire garder
Cette brèche, par où viendra Son Eminence,
Par deux hommes à moi...
       Il écoute du côté de la petite porte.
              Du bruit...—On vient, je pense.

MARION, *se tordant les mains.*
Et vous le sauverez ?
LAFFEMAS.
Oui.
Bas.
Pour tout dire ici,
Les murs ont trop d'échos... — Ailleurs...
MARION, *avec désespoir.*
Venez !

Laffemas se dirige vers la grande porte et lui fait signe du doigt de le suivre. — Marion tombe à genoux, tournée vers le guichet de la prison. Puis elle se lève avec un mouvement convulsif, et disparaît par la grande porte à la suite de Laffemas. — Le petit guichet s'ouvre. Entrent, au milieu d'un groupe de gardes, Saverny et Didier.

SCÈNE III.

DIDIER, SAVERNY.

Saverny, vêtu à la dernière mode, entre avec pétulance et gaieté. Didier, tout en noir, pâle, à pas lents. Un geôlier, accompagné de deux hallebardiers, les conduit. Le geôlier place les deux hallebardiers en sentinelle près du rideau noir. — Didier va s'asseoir en silence sur le banc de pierre.

SAVERNY, *au geôlier qui vient de lui ouvrir la porte.*
Merci !
Le bon air !
LE GEÔLIER, *le tirant à l'écart, bas.*
Monseigneur, à vous deux mots, de grâce.
SAVERNY.
Quatre !
LE GEÔLIER, *baissant de plus en plus la voix.*
Voulez-vous fuir ?
SAVERNY, *vivement.*
Par où faut-il qu'on passe ?
LE GEÔLIER.
C'est mon affaire.
SAVERNY.
Vrai ?
Le geôlier fait un signe de tête.
Monsieur le cardinal,
Vous vouliez m'empêcher de retourner au bal !
Pardieu ! nous danserons encor. La bonne chose
Que de vivre !
Au geôlier.
Ah çà, quand ?
LE GEÔLIER.
Ce soir, à la nuit close.
SAVERNY, *se frottant les mains.*
D'honneur, je suis charmé de quitter ce logis.
D'où me vient ce secours ?
LE GEÔLIER.
Du marquis de Nangis.
SAVERNY.
Mon bon oncle !
Au geôlier.
A propos, c'est pour tous deux, je pense ?
LE GEÔLIER.
Je n'en puis sauver qu'un.
SAVERNY.
Pour double récompense ?
LE GEÔLIER.
Je n'en puis sauver qu'un.
SAVERNY, *hochant la tête.*
Qu'un ?
Bas au geôlier.
Alors, écoutez,
Montrant Didier.
Voilà celui qu'il faut sauver.

LE GEÔLIER.
Vous plaisantez !
SAVERNY.
Non pas. — Lui.
LE GEÔLIER.
Monseigneur, quelle idée est la vôtre !
Votre oncle fait cela pour vous, non pour un autre.
SAVERNY.
Est-ce dit ? en ce cas, préparez deux linceuls.
Il tourne le dos au geôlier, qui sort étonné. Entre un greffier.
Bon ! — on ne pourra pas rester un instant seuls !
LE GREFFIER, *saluant les prisonniers.*
Messieurs, un conseiller du roi près la grand' chambre
Va venir.
Il salue de nouveau et sort.
SAVERNY.
Bien. —
En riant.
Avoir vingt ans, être en septembre,
Et ne pas voir octobre ! — est-ce pas ennuyeux ?
DIDIER, *tenant le portrait à la main, immobile sur le devant du théâtre, et comme absorbé dans une contemplation profonde.*
Viens, viens. Regarde-moi, — bien, tes yeux sur mes yeux.
Ainsi ! — Comme elle est belle ! — et quelle grâce étrange !
Dirait-on une femme ? Oh ! non, c'est un front d'ange !
Dieu lui-même, en douant ce regard de candeur,
S'il y mit plus de flamme, y mit plus de pudeur.
Cette bouche d'enfant, qu'entr'ouvre un doux caprice,
Palpite d'innocence !...
Jetant par terre le portrait avec violence.
Oh ! pourquoi ma nourrice,
Au lieu de recueillir le pauvre enfant trouvé,
M'a-t-elle pas brisé le front sur le pavé !
Qu'est-ce que j'avais fait à ma mère pour naître ?
Pourquoi dans son malheur, — dans son crime peut-être, —
En m'exilant du sein qui dut me réchauffer,
Fut-elle pas ma mère assez pour m'étouffer !
SAVERNY, *revenant du fond du préau.*
Regardez, mon ami, comme cette hirondelle
Vole bas, il pleuvra ce soir.
DIDIER, *sans l'entendre.*
Chose infidèle
Et folle qu'une femme ! être inconstant, amer,
Orageux et profond, comme l'eau de la mer !
Hélas ! A cette mer j'avais livré ma voile,
Je n'avais dans mon ciel rien qu'une seule étoile.
J'allais, j'ai fait naufrage, et j'aborde au tombeau !
Pourtant, j'étais né bon, l'avenir m'était beau ;
J'avais peut-être même une céleste flamme, —
Un esprit dans le cœur !... — O malheureuse femme !
Oh ! n'as-tu pas frémi de me mentir ainsi,
Moi qui laissais aller mon âme à ta merci !
SAVERNY.
C'est encor Marion ! — Vous avez vos idées
Là-dessus.
DIDIER, *sans l'écouter, ramassant le portrait, et y fixant les yeux.*
Quoi ! parmi les choses dégradées
Il faut te rejeter, femme qui m'as trompé !
Démon, d'une aile d'ange aux yeux enveloppé !
Il remet le portrait sur son cœur.
Reviens là, c'est ta place ! —
Se rapprochant de Saverny.
Un bizarre prodige !
Ce portrait est vivant. — Il est vivant, te dis-je ! —
Tandis que tu dormais, en silence et sans bruit,
Écoute, il m'a rongé le cœur toute la nuit !
SAVERNY.
Pauvre ami ! — De la mort disons quelque parole.
A part.
Cela m'attriste un peu, mais cela le console.

DIDIER.
Que me demandez-vous? Je n'ai point écouté.
Car, depuis qu'on m'a dit ce nom, il m'est resté
Un étourdissement dont j'ai l'âme affaiblie.
Je ne me souviens pas, je ne sais pas, j'oublie.
SAVERNY, *lui serrant le bras.*
La mort?
DIDIER, *avec joie.*
Ah!
SAVERNY.
Parlez-moi de la mort, mon ami.
Qu'est-ce enfin?
DIDIER.
Cette nuit avez-vous bien dormi?
SAVERNY.
Très-mal. — Mon lit est dur à meurtrir qui le touche!
DIDIER.
Bien. — Quand vous serez mort, mon ami, votre couche
Sera plus dure encor, mais vous dormirez bien.
Voilà tout. On a bien l'enfer, mais ce n'est rien
Près de la vie!
SAVERNY.
Allons! ma crainte s'est enfuie.
Mais, diable! être pendu, voilà ce qui m'ennuie!
DIDIER.
Eh! c'est toujours la mort, n'en demandez pas tant!
SAVERNY.
A votre aise! mais moi, je ne suis pas content.
Je crains peu de mourir, je le dis sans jactance,
Quand la mort est la mort et n'est pas la potence.
DIDIER.
La mort a mille aspects. Le gibet en est un.
Sans doute ce doit être un moment importun
Quand ce nœud vous éteint comme on souffle une flamme,
Et vous serre la gorge, et vous fait jaillir l'âme!
Mais, après tout, qu'importe! et, si tout est bien noir,
Pourvu que sur la terre on ne puisse rien voir, —
Qu'on soit sous un tombeau qui vous pèse et vous loue,
Ou que le vent des nuits vous tourmente et se joue
A rouler des débris de vous, que les corbeaux
Ont du gibet de pierre arrachés par lambeaux, —
Qu'est-ce que cela fait?
SAVERNY.
Vous êtes philosophe!
DIDIER.
Que le bec du vautour déchire mon étoffe,
Ou que le ver la ronge, ainsi qu'il fait d'un roi,
C'est l'affaire du corps : mais que m'importe, à moi!
Lorsque la lourde tombe à clos notre paupière,
L'âme lève du doigt le couvercle de pierre,
Et s'envole.....

Entre un conseiller, suivi et précédé d'un hallebardier en noir.

SCÈNE IV.

LES MÊMES, UN CONSEILLER A LA GRAND'CHAMBRE, en grand costume, GEOLIERS, GARDES.

LE GEÔLIER, *annonçant.*
Monsieur le conseiller du roi.
LE CONSEILLER, *saluant tour à tour Saverny et Didier.*
Messieurs, mon ministère est pénible, et la loi
Est sévère.....
SAVERNY.
J'entends. Il n'est plus d'espérance.
Eh bien, parlez, monsieur!
LE CONSEILLER.
Il déroule un parchemin, et lit :
« Nous, Louis, roi de France
« Et de Navarre, au fond, rejetons le pourvoi
« Que lesdits condamnés ont formé près du roi;
« Pour la forme, des leurs ayant l'âme touchée,
« Nous commuons leur peine à la tête tranchée. »
A la bonne heure!
SAVERNY, *avec joie.*
LE CONSEILLER, *saluant de nouveau.*
Ainsi, messieurs, tenez-vous prêts;
Ce doit être aujourd'hui.
Il salue et se dispose à sortir.
DIDIER, *qui est resté dans son attitude rêveuse, à Saverny.*
Je disais donc qu'après,
Après la mort, qu'on ait mis le cadavre en claie,
Qu'on ait sur chaque membre élargi quelque plaie,
Qu'on ait tordu les bras, qu'on ait brisé les os,
Qu'on ait souillé le corps de ruisseaux, de ruisseaux,
De toute cette chair, morte, sanglante, impure,
L'âme immortelle sort sans tache et sans blessure!
LE CONSEILLER, *revenant sur ses pas, à Didier.*
Messieurs, occupez-vous de passer ce grand pas;
Pensez-y bien.
DIDIER, *avec douceur.*
Monsieur, ne m'interrompez pas.
SAVERNY, *gaiement à Didier.*
Plus de gibet!
DIDIER.
Je sais. On a changé la fête.
Le cardinal ne va qu'avec son coupe-tête.
Il faut bien l'employer; la hache rouillerait.
SAVERNY.
Tiens! vous prenez cela froidement! L'intérêt
Est grand pourtant.
Au conseiller.
Merci de la bonne nouvelle.
LE CONSEILLER.
Monsieur, je la voudrais meilleure encor. — Mon zèle...
SAVERNY.
Ah! pardon. A quelle heure?
LE CONSEILLER.
A neuf heures, ce soir.
DIDIER.
Bien. Que du moins le ciel, comme mon cœur, soit noir.
SAVERNY.
Où sera l'échafaud?
LE CONSEILLER, *montrant de la main la cour voisine.*
Ici, dans la cour même,
Monseigneur doit venir.

Le conseiller sort avec tout son cortège. Les deux prisonniers restent seuls. Le jour commence à baisser. On aperçoit seulement au fond briller la hallebarde des deux sentinelles, qui se promènent en silence devant la brèche.

SCÈNE V.

DIDIER, SAVERNY.

DIDIER, *solennellement, après un silence.*
A ce moment suprême,
Il convient de songer au sort qui nous attend.
Nous sommes à peu près du même âge, et pourtant
Je suis plus vieux que vous. Donc je dois faire en sorte
Que ma voix jusqu'au bout vous guide et vous exhorte.
D'autant plus que c'est moi qui vous perds; le défi
Vint de moi. Vous viviez heureux, il m'a suffi
De toucher votre vie, hélas! pour la corrompre.
Votre sort sous le mien a ployé jusqu'à rompre.
Or, nous entrons tous deux ensemble dans la nuit
Du tombeau. Tenons-nous par la main...
On entend des coups de marteau.
SAVERNY.
Qu'est ce bruit?
DIDIER.
C'est l'échafaud qu'on dresse, ou nos cercueils qu'on cloue.
Saverny s'assied sur le banc de pierre.

Continuant.
— Souvent au dernier pas le cœur de l'homme échoue,
La vie encor nous tient par de secrets côtés.

L'horloge sonne un coup.

Mais je crois qu'une voix nous appelle... Ecoutez !

Un nouveau coup.

SAVERNY.

Non, c'est l'heure qui sonne.

Un troisième coup.

DIDIER.

Oui, l'heure !

Un quatrième coup.

SAVERNY.

A la chapelle.

Quatre autres coups.

DIDIER.

C'est toujours une voix, frère, qui nous appelle.

SAVERNY.

Encore une heure.

Il appuie ses coudes sur la table de pierre et sa tête sur ses mains. On vient relever les hallebardiers de garde.

DIDIER.

Ami ! gardez-vous de fléchir,
De trébucher au seuil qui nous reste à franchir !
Du sépulcre sanglant qu'un bourreau nous apprête
La porte est basse, et nul n'y passe avec sa tête.
Frère ! allons d'un pas ferme au-devant de leurs coups.
Que ce soit l'échafaud qui tremble et non pas nous.
On veut notre tête ; eh ! pour n'être pas en faute,
Au bourreau qui l'attend il faut la porter haute.

Il s'approche de Saverny immobile.

Courage !...

Il lui prend le bras et s'aperçoit qu'il dort.

Il dort. — Et moi qui lui prêchais si bien
Le courage !... Il dormait ! qu'est le mien près du sien ?

Il s'assied.

Dors, toi qui peux dormir ! — Bientôt me viendra l'heure
De dormir à mon tour. Oh ! — Pourvu que tout meure !
Pourvu que rien d'un cœur dans la tombe enfermé
Ne vive pour haïr ce qu'il a trop aimé !

La nuit est tout à fait tombée. Pendant que Didier se plonge de plus en plus dans ses pensées, entrent par la brèche du fond Marion et le geôlier. Le geôlier la précède avec une lanterne sourde et un paquet. Il dépose le paquet et la lanterne à terre, puis il s'avance avec précaution vers Marion, qui est restée sur le seuil, pâle, immobile, égarée.

SCÈNE VI.

LES MÊMES, MARION, LE GEOLIER.

LE GEOLIER, *à Marion.*

Surtout soyez dehors avant l'heure indiquée.

Il s'éloigne. Pendant tout le reste de la scène, il continue de se promener de long en large au fond du théâtre.

MARION.

Elle s'avance en chancelant et comme absorbée dans une pensée de désespoir. De temps en temps elle passe la main sur son visage, comme si elle cherchait à effacer quelque chose.

... Sa lèvre est un fer rouge et m'a toute marquée !

Tout à coup, dans l'ombre, elle aperçoit Didier, pousse un cri, court, se précipite, et tombe haletante à ses genoux.

Didier ! Didier ! Didier !

DIDIER, *comme éveillé en sursaut.*

Elle ici ! Dieu !

D'un ton froid.

— C'est vous !

MARION, *levant la tête.*

Qui veux-tu que ce soit ? Oh ! laisse, à tes genoux !
Je me sens si bien là ! — Tes mains, tes mains chéries,
Donne-les moi, tes mains ! — Comme ils les ont meurtries !
Des chaînes, n'est-ce pas ? des fers ?... — Les malheureux !
Je suis ici, vois-tu ? c'est que... — c'est bien affreux !

Elle pleure. On l'entend sangloter.

DIDIER.

Qu'avez-vous à pleurer ?

MARION.

Non. Est-ce que je pleure ?

Non, je ris.

Elle rit.

Nous allons nous enfuir tout à l'heure.
Je ris, je suis contente, il vivra ! c'est passé !

Elle tombe sur les genoux de Didier et pleure.

Oh ! tout cela me tue, et j'ai le cœur brisé !

DIDIER.

Madame...

MARION.

Elle se lève sans l'entendre, et court chercher le paquet, qu'elle apporte à Didier.

Profitons de l'instant où nous sommes.
Mets ce déguisement. J'ai gagné ces deux hommes.
On peut sans être vu sortir de Beaugency.
Nous prendrons une rue au bout de ce mur-ci.
Richelieu va venir voir comme on exécute
Ses ordres. Gardons-nous de perdre une minute
Le canon tirera pour sa venue. Ainsi,
Tout alors est perdu si nous sommes ici !

DIDIER.

C'est bien.

MARION.

Vite ! — Ah ! mon Dieu ! c'est bien lui ! c'est lui-même !
Sauvé ! parle-moi donc. Mon Didier, je vous aime !

DIDIER.

Vous dites une rue au détour de ce mur ?

MARION.

Oui, j'en viens, j'ai tout vu. C'est un chemin très-sûr.
J'ai regardé fermer la dernière fenêtre.
Nous y rencontrerons quelques femmes peut-être.
D'ailleurs on vous prendra pour un passant. Voilà.
Quand vous serez bien loin, — mettez ces habits-là ! —
Nous rirons de vous voir déguisé de la sorte.
Vite !

DIDIER, *repoussant les habits du pied.*

Rien ne presse.

MARION.

Ah ! la mort est à la porte !
Fuyons, Didier ! — C'est moi qui viens ici.

DIDIER.

Pourquoi ?

MARION.

Pour vous sauver ! Grand Dieu ! quelle demande, à moi !
Pourquoi ce ton glacé ?

DIDIER, *avec un sourire triste.*

Vous savez que nous sommes
Bien souvent insensés, nous autres pauvres hommes !

MARION.

Viens ! oh ! viens ! le temps presse, et les chevaux sont prêts ;
Tout ce que tu voudras, tu le diras après.
Mais partons !

DIDIER.

Que fait là cet homme qui regarde ?

MARION.

C'est le geôlier. Il est gagné comme la garde.
Doutez-vous de ces gens ? Vous avez l'air frappé...

DIDIER.

Non, rien. — C'est que souvent on peut être trompé.

MARION.

Oh ! viens ! — Si tu savais, chaque instant qui s'écoule
Je meurs ; je crois entendre au loin marcher la foule.
Oh ! hâtons-nous de fuir, je t'en prie à genoux !

DIDIER.
... Alors, voici qui te fait veuve.
(Page 42.)

DIDIER, *montrant Saverny endormi.*
Dites-moi, pour lequel de nous deux venez-vous?
MARION, *un moment interdite.*
A part.
Gaspard est généreux, il ne m'a point nommée!
Haut.
Est-ce ainsi que Didier parle à sa bien-aimée?
Mon Didier, qu'avez-vous contre moi?
DIDIER.
Je n'ai rien.
Voyons, levez la tête et regardez-moi bien.
Marion, *tremblante, fixe son regard sur le sien.*
Oui, c'est bien ressemblant.
MARION.
Mon Didier, je t'adore,
Mais viens donc!
DIDIER.
Voulez-vous me regarder encore?
Il la regarde fixement.

MARION, *terrifiée sous le regard de Didier.*
A part.
Dieu! les baisers de l'autre, est-ce qu'il les verrait!
Haut.
Ecoutez-moi, Didier, vous avez un secret.
Vous êtes mal pour moi. Vous avez quelque chose!
Il faut me dire tout. Vous savez, on suppose
Souvent le mal; et puis, plus tard on est fâché
Quand un malheur survient par un secret caché!
Ah! j'avais autrefois ma part dans vos pensées!
Toutes ces choses-là sont-elles donc passées?
Ne m'aimez-vous donc plus? — Vous souvient-il de Blois?
De la petite chambre où j'étais autrefois?
Comme nous nous aimions dans une paix profonde,
Que c'était un oubli de toute chose au monde;
Seulement, vous, parfois vous étiez inquiet.
Souvent j'ai dit : — Mon Dieu! si quelqu'un le voyait!
— C'était charmant! — Un jour a tout perdu. — Chère âme,
Combien m'avez-vous dit de fois, en mots de flamme,
Que j'étais votre amour, que j'avais vos secrets,
Que je ferais de vous tout ce que je voudrais!...

MARION.
Regardez tous, voilà l'homme rouge qui passe.
(Page 44.)

Quelles grâces jamais vous ai-je demandées?
Vous savez, bien souvent j'entre dans vos idées;
Mais aujourd'hui cédez! — Il y va de vos jours!
Ah! vivez ou mourez, je vous suivrai toujours;
Toute chose avec vous, Didier, me sera douce,
La fuite ou l'échafaud!... — Eh bien! il me repousse!
Laissez-moi votre main, cela vous est égal,
Mon front sur vos genoux ne vous fait pas de mal!
J'ai couru pour venir : je suis bien fatiguée.
Ah! qu'est-ce qu'ils diraient ceux qui m'ont vue si gaie,
Si contente autrefois, de me voir pleurer là?
— As-tu quelque grief sur moi? dis-moi cela!
Hélas! souffre à tes pieds la pauvre malheureuse!
C'est une chose, ami, vraiment bien douloureuse
Que je ne puisse pas obtenir un seul mot
De vous! — Enfin on dit ce qu'on a. — Non, plutôt
Poignardez-moi. — Voyons, mes larmes sont taries,
Et je veux te sourire, et je veux que tu ries,
Et, si tu ne ris pas, je ne t'aimerai plus!
— Je fis assez longtemps tout ce que tu voulus,
C'est ton tour. Dans les fers ton âme s'est aigrie.
Parle-moi, voyons, parle, appelle-moi Marie!...

DIDIER.
Marie, ou Marion?

MARION, *tombant épouvantée à terre.*
Didier, soyez clément!

DIDIER, *d'une voix terrible.*
Madame, on n'entre pas ici facilement!
Les bastilles d'Etat sont nuit et jour gardées,
Les portes sont de fer, les murs ont vingt coudées!
Pour que devant vos pas la prison s'ouvre ainsi,
A qui vous êtes-vous prostituée ici?

MARION.
Didier, qui vous a dit...

DIDIER.
Personne. Je devine.

MARION.
Didier! j'en jure ici par la bonté divine,
C'était pour vous sauver, vous arracher d'ici,
Pour fléchir les bourreaux, pour vous sauver!

DIDIER.
Merci!

Croisant les bras.

Ah! qu'on soit jusque-là sans pudeur et sans âme,
C'est véritablement une honte, madame!

Il parcourt le théâtre à grands pas avec une explosion de cris de rage.

Où donc est le marchand d'opprobre et de mépris
Qui se fait acheter ma tête à de tels prix?
Où donc est le geôlier, le juge? où donc est l'homme?
Que je le broie ici, que je l'écrase comme
Ceci!

Il brise le portrait entre ses mains.

Le juge! — Allez, messieurs! faites des lois
Et jugez! Que m'importe, à moi, que le faux poids
Qui fait toujours pencher votre balance infâme
Soit la tête d'un homme, ou l'honneur d'une femme!

A Marion.

— Allez le retrouver!

MARION.

Oh! ne me traitez pas
Ainsi! de vos mépris poussée à chaque pas,
Je tremble! un mot de plus, Didier, je tombe morte!
Ah! si jamais amour fut vraie, ardente et forte,
Si jamais homme fut adoré parmi tous,
Didier! Didier! c'est vous par moi!

DIDIER.

Ha! taisez-vous.
—J'aurais pu, — pour ma perte, — aussi moi, naître femme;
J'aurais pu, — comme une autre, — être vile, être infâme;
Me donner pour de l'or, faire au premier venu
Pour y dormir une heure offre de mon sein nu.
Mais, s'il était venu, vers moi bonne et facile,
Un honnête homme, épris d'un honneur imbécile;
Si j'avais d'aventure, en passant, rencontré
Un cœur d'illusions encor tout pénétré;
Plutôt que de ne pas dire à cet homme honnête :
« Je suis cela! » plutôt que de lui faire fête,
Plutôt que de ne pas moi-même l'avertir
Que mon œil chaste et pur ne faisait que mentir;
Plutôt qu'être à ce point perfide, ingrate et fausse,
J'eusse aimé mieux creuser de mes ongles ma fosse!

MARION.

Oh!

DIDIER.

Que vous ririez bien si vous pouviez vous voir
Comme vous fît mon cœur, cet étrange miroir!
Que vous avez bien fait de le briser, madame!
Vous étiez là candide, et pure, et chaste!... ô femme!
Que t'avait fait cet homme, au cœur profond et doux,
Et qui t'a si longtemps aimée à deux genoux?

LE GEOLIER.

L'heure passe.

MARION.

Ah! le temps marche et l'instant s'envole!
— Didier! je n'ai pas droit de dire une parole,
Je ne suis qu'une femme à qui l'on ne doit rien,
Vous m'avez réprouvée et maudite, et c'est bien,
Et j'ai mérité plus que haine et que risée,
Et vous êtes trop bon, et mon âme brisée
Vous bénit; mais voici l'heure où le bourreau vient;
Lui que vous oubliez, de vous il se souvient.
Mais j'ai disposé tout. Vous pouvez fuir... — Ecoute,
Ne me refuse pas, — tu sais ce qu'il m'en coûte! —
Frappe-moi, laisse-moi dans l'opprobre où je suis,
Repousse-moi du pied, marche sur moi; — mais fuis!

DIDIER.

Fuir! qui fuir? Il n'est rien que j'aie à fuir au monde,
Hors vous, — et je vous fuis, — et la tombe est profonde.

LE GEOLIER.

L'heure passe.

MARION.

Viens! fuis!

DIDIER.

Je ne veux pas!

MARION.

Pitié!

DIDIER.

Pour qui?

MARION.

Te voir saisi, grand Dieu! te voir lié!
Te voir... — Non, d'y penser, j'en mourrai d'épouvante.
— Oh! dis, viens, viens! veux-tu que je sois ta servante?
Veux-tu me prendre, avec mes crimes expiés,
Pour avoir quelque chose à fouler sous tes pieds?
Celle que tu daignas nommer aux jours d'épreuve
Epouse...

DIDIER.

Epouse!

On entend le canon dans l'éloignement.

Alors, voici qui vous fait veuve.

MARION.

Didier!...

LE GEOLIER.

L'heure est passée.

Un roulement de tambours. — Entre le conseiller de la grand'-chambre, accompagné de pénitents portant des torches, du bourreau, et suivi de soldats et de peuple qui inondent le théâtre.

MARION.

Ah!

SCÈNE VII.

Les Mêmes, LE CONSEILLER, LE BOURREAU, peuple, soldats, etc.

LE CONSEILLER.

Messieurs, je suis prêt.

MARION, *à Didier.*

Quand je te l'avais dit que le bourreau viendrait!

DIDIER, *au conseiller.*

Nous sommes prêts aussi.

LE CONSEILLER.

Quel est celui qu'on nomme
Marquis de Saverny?

Didier lui montre du doigt Saverny endormi.

Au bourreau.

Réveillez-le.

LE BOURREAU, *le secouant.*

Mais comme
Il dort! — Eh! monseigneur!

SAVERNY, *se frottant les yeux.*

Ah!... comment ont-ils pu
M'ôter mon bon sommeil?

DIDIER.

Il n'est qu'interrompu.

SAVERNY, *à demi éveillé, apercevant Marion et la saluant.*

Tiens! je rêvais de vous, justement, belle dame.

LE CONSEILLER.

Avez-vous bien à Dieu recommandé votre âme?

SAVERNY.

Oui, monsieur.

LE CONSEILLER, *lui présentant un parchemin.*

Bien. Veuillez me signer ce papier.

SAVERNY, *prenant le parchemin et le parcourant des yeux.*

C'est le procès-verbal. — Ce sera singulier,
Le récit de ma mort signé de mon paraphe!

Il signe, et parcourt de nouveau le papier.

Au greffier.

Monsieur, vous avez fait trois fautes d'orthographe.

Il reprend la plume et les corrige.

Au bourreau.

Toi qui m'as éveillé, tu vas me rendormir.

Didier!
LE CONSEILLER, à *Didier*.
Didier se présente. Il lui passe la plume.
Votre nom là.
MARION, *se cachant les yeux*.
Dieu ! cela fait frémir !
DIDIER, *signant*.
Jamais à rien signer je n'eus autant de joie.

Les gardes font la haie et les entraînent tous deux.

SAVERNY, *à quelqu'un de la foule*.
Monsieur, rangez-vous donc pour que cet enfant voie.
DIDIER, *à Saverny*.
Mon frère ! c'est pour moi que vous faites ce pas.
Embrassons-nous.

Il embrasse Saverny.

MARION, *courant à lui*.
Et moi ! vous ne m'embrassez pas ?
Didier, embrassez-moi !
DIDIER, *montrant Saverny*.
C'est mon ami, madame.
MARION, *joignant les mains*.
Oh ! que vous m'accablez durement, faible femme
Qui, sans cesse aux genoux ou du juge ou du roi,
Demande grâce à tous pour vous, à vous pour moi !
DIDIER.

Il se précipite vers Marion, haletant et fondant en larmes.

Eh bien, non ! non ! mon cœur se brise ! c'est horrible !
Non, je l'ai trop aimée ! il est bien impossible
De la quitter ainsi ! — Non ! c'est trop malaisé
De garder un front dur quand le cœur est brisé !
Viens ! oh ! viens dans mes bras !

Il la serre convulsivement dans ses bras.

Je vais mourir ; je t'aime !
Et te le dire ici, c'est le bonheur suprême !
MARION.
Didier !

Il l'embrasse de nouveau avec emportement.

DIDIER.
Viens, pauvre femme ! — Ah ! dites-moi vraiment,
Est-il un seul de vous qui dans un tel moment
Refusât d'embrasser la pauvre infortunée
Qui s'est à lui sans cesse et tout à fait donnée ?
J'avais tort ! j'avais tort ! Messieurs, voulez-vous donc
Que je meure à ses yeux sans pitié, sans pardon !
— Oh ! viens que je te dise ! — Entre toutes les femmes,
Et ceux qui sont ici m'approuvent dans leurs âmes,
Celle que j'aime, celle à qui reste ma foi,
Celle que je vénère enfin, c'est encor toi ! —
Car tu fus bonne, douce, aimante, dévouée ! —
Ecoute-moi : ma vie est déjà dénouée.
Je vais mourir, la mort fait tout voir au vrai jour.
Va, si tu m'as trompé, c'est par excès d'amour !
— Et ta chute d'ailleurs, l'as-tu pas expiée ?
— Ta mère en ton berceau t'a peut-être oubliée
Comme moi. — Pauvre enfant ! toute jeune, ils auront
Vendu ton innocence !... Ah ! relève ton front !
— Ecoutez tous : — à l'heure où je suis, cette terre
S'efface comme une ombre, et la bouche est sincère !
Eh bien ! en ce moment, — du haut de l'échafaud,
— Quand l'innocent y meurt, il n'est rien de plus haut ! —
Marie, ange du ciel, que la terre a flétrie,
Mon âme, mon épouse, — écoute-moi, Marie, —
Au nom du Dieu vers qui la mort va m'entraînant,
Je te pardonne !

MARION, *étouffée de larmes*.
O ciel !
DIDIER.
A ton tour maintenant,
Il s'agenouille devant elle.
Pardonne-moi !

MARION.
Didier !...
DIDIER, *toujours à genoux*.
Pardonne-moi, te dis-je !
C'est moi qui fus méchant. Dieu te frappe et t'afflige
Par moi. Tu daigneras encor pleurer ma mort.
Avoir fait ton malheur, va, c'est un grand remord.
Ne me le laisse pas, pardonne-moi, Marie !
MARION.
Ah !...
DIDIER.
Dis un mot, tes mains sur mon front, je t'en prie,
Ou, si ton cœur est plein, si tu ne peux parler,
Fais-moi signe... je meurs, il faut me consoler !

Marion lui impose les mains sur le front. Il se relève et l'embrasse étroitement, avec un sourire de joie céleste.

Adieu ! — Marchons, messieurs !
MARION.

Elle se jette égarée entre lui et les soldats.

Non, c'est une folie !
Si l'on croit t'égorger aisément, on oublie
Que je suis là ! — Messieurs, messieurs, épargnez-nous !
Voyons, comment faut-il qu'on vous parle ? à genoux ?
M'y voilà. Maintenant, si vous avez dans l'âme
Quelque chose qui tremble à la voix d'une femme,
Si Dieu ne vous a pas maudits et frappés tous,
Ne me le tuez pas !
Aux spectateurs.
Et vous, messieurs, et vous,
Lorsque vous rentrerez ce soir dans vos familles,
Vous ne manquerez pas de mères et de filles
Qui vous diront : — Mon Dieu ! c'est un bien grand forfait !
Vous pouviez l'empêcher, vous ne l'avez pas fait !
— Didier ! on doit savoir qu'il faut que je vous suive.
Ils ne vous tûront pas s'ils veulent que je vive !
DIDIER.
Non, laisse-moi mourir. Cela vaut mieux, vois-tu ?
Ma blessure est profonde, amie ! elle aurait eu
Trop de peine à guérir. Il vaut mieux que je meure.
Seulement si jamais, — vois-tu comme je pleure ? —
Un autre vient vers toi, plus heureux ou plus beau,
Songe à ton pauvre ami couché dans le tombeau !
MARION.
Non ! tu vivras pour moi. Sont-ils donc inflexibles ?
Tu vivras !
DIDIER.
Ne dis pas des choses impossibles ;
A ma tombe plutôt accoutume tes yeux.
Embrasse-moi. Vois-tu, mort, tu m'aimeras mieux.
J'aurai dans ta mémoire une place sacrée.
Mais vivre près de toi, vivre l'âme ulcérée,
O ciel ! moi qui n'aurais jamais aimé que toi,
Tous les jours, peux-tu bien y songer sans effroi ?
Je te ferais pleurer, j'aurais mille pensées,
Que je ne dirais pas, sur les choses passées.
J'aurais l'air d'épier, de douter, de souffrir.
Tu serais malheureuse ! — Oh ! laisse-moi mourir !
LE CONSEILLER, *à Marion*.
Il faut dans un moment que le cardinal passe.
Il sera temps encor de demander leur grâce.
MARION.
Le cardinal ! c'est vrai. Le cardinal viendra.
Il viendra. Vous verrez, messieurs, qu'il m'entendra.
Mon Didier, tu vas voir ce que je vais lui dire.
Ah ! comment peux-tu croire, enfin c'est du délire,
Que ce bon cardinal, un vieillard, un chrétien,
Ne te pardonne pas ? — Tu me pardonnes bien !

Neuf heures sonnent. — Didier fait signe à tous de se taire. Marion écoute avec terreur. Les neuf coups sonnés, Didier s'appuie sur Saverny.

DIDIER, *au peuple*.
Vous qui venez ici pour nous voir au passage,
Si l'on parle de nous, rendez-nous témoignage

Que tous deux sans pâlir nous avons écouté
Cette heure qui pour nous sonnait l'éternité!

Le canon éclate à la porte du donjon. Le voile noir qui cachait la brèche du mur tombe. Paraît la litière gigantesque du cardinal, portée par vingt-quatre gardes à pied, entourée par vingt autres gardes portant des hallebardes et des torches. Elle est écarlate et armoriée aux armes de la maison de Richelieu. Les rideaux de la litière sont fermés. Elle traverse lentement le fond du théâtre. Rumeur dans la foule.

MARION, *se traînant sur les mains jusqu'à la litière, et se tordant les mains.*

Au nom de votre Christ, au nom de votre race,
Grâce, grâce pour eux, monseigneur!

UNE VOIX, *sortant de la litière.*

Pas de grâce!

Marion tombe sur le pavé. — La litière passe, et le cortège des deux condamnés se met en marche et sort à sa suite. — La foule se précipite sur leurs pas à grand bruit.

MARION, *seule.*

Elle se relève à demi et se traîne sur les mains en regardant autour d'elle.

Qu'a-t-il dit? — Où sont-ils? — Didier! Didier! plus rien.
Personne ici! Ce peuple!... Était-ce un rêve? ou bien
Est-ce que je suis folle?

Rentre le peuple en désordre. — La litière reparaît au fond du théâtre, par le côté où elle a disparu. — Marion se lève et pousse un cri terrible.

Il revient!

LES GARDES, *écartant le peuple.*

Place! place!

MARION, *debout, échevelée, et montrant la litière au peuple.*

Regardez tous! voilà l'homme rouge qui passe!

Elle tombe sur le pavé.

NOTES

NOTE I.

L'auteur croit devoir prévenir ceux de MM. les directeurs de province qui jugeraient à propos de monter sa pièce qu'ils pourront y faire (seulement dans les détails de caractère et de passion, bien entendu) les coupures qu'ils voudront. Cette portion du public à laquelle les rapides croquis de Marivaux et de son école ont fait perdre l'habitude des développements reviendra sans doute peu à peu, et revient même déjà tous les jours à un sentiment plus mâle et plus large de l'art. Mais il ne faut rien brusquer. Observez le spectateur, voyez ce qu'il peut supporter, *quid valeat, quid non*, et arrêtez-vous là. Faites votre œuvre comme l'art et votre conscience la veulent, entière, complète; faites-la ainsi pour vous, mais ayez le courage de supprimer à la représentation ce que la représentation ne saurait encore admettre. On ne doit pas oublier que nous sommes dans la transition d'un goût ancien à un goût nouveau.

Le même conseil peut être adressé aux acteurs. Ceux de la Porte-Saint-Martin l'ont parfaitement compris. Cette troupe est décidément une des meilleures, une des plus intelligentes, une des plus lettrées de Paris. Il n'est pas de pièce qui ait été exécutée avec plus d'ensemble que *Marion Delorme*. Tous les rôles, et entre autres ceux de l'Angely, de Saverny, du marquis de Nangis, de Laffemas, du Gracieux, ont été joués avec un rare talent; chaque personnage a une physionomie vraie et une physionomie poétique qui ont été toutes deux saisies par l'acteur. M. Bocage, dans Didier, tour à tour grave, lyrique, sévère et passionné, a réalisé l'idéal de l'auteur. M. Gobert, dans Louis XIII, mélancolique, malade, sombre, ployé en deux sous le poids de la lourde couronne que lui a forgée Richelieu, a reproduit la réalité de l'histoire.

Quant à madame Dorval, elle a développé dans le rôle de Marion toutes les qualités qui l'ont placée au rang des grandes comédiennes de ce temps; elle a eu dans les premiers actes de la grâce charmante et de la grâce touchante. Tout le monde a remarqué de quelle façon parfaite elle dit tous ces mots qui n'ont d'autre valeur que celle qu'elle leur donne: *Serait-ce un huguenot? — Être en retard! déjà? — Monseigneur, je ne ris plus*, — etc. — Au cinquième acte, elle est constamment pathétique, déchirante, sublime, et, ce qui est plus encore, naturelle. Au reste, les femmes la louent mieux que nous ne pourrions faire: elles pleurent.

NOTE II.

— Acte V, scène II. —

Il faut que vous soyez un homme bien infâme, etc.

Au lieu de ces huit vers, il y avait dans le manuscrit de l'auteur quatre vers qui ont été supprimés à la représentation, et que nous croyons devoir reproduire ici; Marion, aux odieuses propositions de Laffemas, se tournait sans lui répondre vers la prison de Didier.

Fût-ce pour te sauver, redevenir infâme,
Je ne le puis! — Ton souffle a relevé mon âme.
Mon Didier! près de toi rien de moi n'est resté,
Et ton amour m'a fait une virginité!

Il est fâcheux que, dans notre théâtre, l'auteur, même le plus consciencieux, le plus inflexible, soit si souvent obligé de sacrifier aux susceptibilités inqualifiables de la portion la moins respectable du public les passages parfois les plus austères de son œuvre, et qui, comme celui-ci, en contiennent même l'explication essentielle. Il en sera toujours ainsi, tant que les premières représentations d'un ouvrage sérieux ne seront pas exclusivement dominées par ce public grave, sincère, et pénétré de la pureté sereine de l'art, qui sait écouter des paroles chastes avec de chastes oreilles.

NOTE III.

— Acte V, scène IV. —

Pour les raisons déjà exprimées dans la note précédente, à la représentation, au lieu de:

Faire au premier venu
Pour y dormir une heure offre de mon sein nu.

On dit:

Vendre au premier venu
Un amour à son gré, naïf, tendre, ingénu.

Il n'y a rien qui soit plus grossier, à notre sens, que ces prétendues délicatesses du public blasé, lesquelles craignent moins la chose que le mot, et exclueraient du théâtre tout Molière.

FIN DE MARION DELORME.

MÉLANGES LITTÉRAIRES

FANTAISIE

A UN TRADUCTEUR D'HOMÈRE.

Les grands poëtes sont comme les grandes montagnes : ils ont beaucoup d'échos. Leurs chants sont répétés dans toutes les langues, parce que leurs noms se trouvent dans toutes les bouches. Homère a dû, plus que tout autre, à son immense renommée le privilége ou le malheur d'une foule d'interprètes. Chez tous les peuples, d'impuissants copistes et d'insipides traducteurs ont défiguré ses poëmes; et, depuis Accius Labeo, qui s'écriait :

> *Crudum manduces Priamum Priamique puellos,*
> Mange tout crus Priam et ses enfants,

jusqu'à ce brave contemporain de Marot, qui faisait dire au chantre d'Achille :

> Lors, face à face, on vit ces deux grands ducs
> Piteusement sur la terre étendus;

depuis le siècle du grammairien Zoïle jusqu'à nos jours, il est impossible de calculer le nombre des pygmées qui ont tour à tour essayé de soulever la massue d'Hercule.

Croyez-moi, ne vous mêlez pas à ces nains. Votre traduction est encore en portefeuille; vous êtes bien heureux d'être à temps pour la brûler.

Une traduction d'Homère en vers français, c'est monstrueux et insoutenable, monsieur. Je vous affirme, en toute conscience, que je suis indigné de votre traduction.

Je ne la lirai certes pas. Je veux en être quitte pour la peur. Je déclare qu'une traduction en vers de n'importe qui, par n'importe qui, me semble chose absurde, impossible et chimérique. Et j'en sais quelque chose, moi qui ai rimé en français (ce que j'ai caché soigneusement jusqu'à ce jour) quatre ou cinq mille vers d'Horace, de Lucain et de Virgile; moi qui sais tout ce qui se perd d'un hexamètre qu'on transvase dans un alexandrin.

Mais Homère! monsieur! traduire Homère!

Savez-vous bien que la seule simplicité d'Homère a, de tout temps, été l'écueil des traducteurs? Madame Dacier l'a changée en platitude; Lamotte-Houdard, en sécheresse; Bitaubé en fadaise. François Porto dit qu'il faudrait être un second Homère pour louer dignement le premier. Qui faudrait-il donc être pour le traduire?

EN VOYANT DES ENFANTS SORTIR DE L'ÉCOLE.

Juin 1820.

Je ris quand chaque soir de l'école voisine
Sort et s'échappe en foule une troupe enfantine,
Quand j'entends sur le seuil le sévère mentor
Dont les derniers avis les poursuivent encor :

— Hâtez-vous, il est tard, vos mères vous attendent!..
Inutiles clameurs que les vents seuls entendent!
Il rentre. Alors la bande, avec des cris aigus,
Se sépare, oubliant les ordres de l'argus.
Les uns courent sans peur, pendant qu'il fait un somme,
Simuler des assauts sur le foin du bonhomme;
D'autres jusqu'en leurs nids surprennent les oiseaux
Qui le soir le charmaient, errant sous ses berceaux;
Ou, se glissant sans bruit, vont voir avec mystère
S'ils ont laissé des noix au clos du presbytère.
Sans doute vous blâmez tous ces jeux dont je ris ;
Mais Montaigne en songeant qu'il naquit dans Paris,
Vantait son air impur, la fange de ses rues;
Montaigne *aimait Paris jusque dans ses verrues.*
J'ai passé par l'enfance, et cet âge chéri
Plaît, même en ses écarts, à mon cœur attendri.
Je ne sais, mais pour moi sa naïve ignorance
Couvre encor ses défauts d'un voile d'innocence.
Le lierre des rochers déguise le contour,
Et tout paraît charmant aux premiers feux du jour.

Age serein où l'âme, étrangère à l'envie,
Se prépare en riant aux douleurs de la vie,
Prend son penchant pour guide, et, simple en ses transports,
Fait le bien sans orgueil et le mal sans remords!

A DE PETITS ENFANTS EN CLASSE.

Juin 1820.

Vous qui, les yeux fixés sur un gros caractère,
L'imitez vainement sur l'arène légère,
Et voyez chaque fois, malgré vos soins nouveaux,
Le cylindre fatal effacer vos travaux,
Ce triste passe-temps, mes enfants, c'est la vie.
Un jour, vers le bonheur tournant un œil d'envie,
Vous ferez comme moi, sur ce modèle heureux,
Bien des projets charmants, bien des plans généreux;
Et puis viendra le sort dont la main inquiète
Détruira dans un jour votre ébauche imparfaite.

Êtres purs et joyeux, meilleurs que nous ne sommes,
Enfants, pourquoi faut-il que vous deveniez hommes?
Pourquoi faut-il qu'un jour vous soyez comme nous
Esclaves ou tyrans, enviés ou jaloux!

Il n'y a plus rien d'original aujourd'hui à pêcher contre la grammaire, beaucoup d'écrivains nous ont lassés de cette originalité-là. Il faut aussi éviter de tirer parti des petits détails, genre qui montre de la recherche et de l'affectation. Il faut laisser ces puérils moyens d'amuser à ces gens qui mettent des intentions dans une virgule et des réflexions dans un trait suspensif, font de l'esprit sur tout et de l'érudition sur rien; et qui, dernièrement encore, à propos de ces piqueurs qui ont alarmé tout Paris, remirent sur la scène les hommes de tous les siècles et de tous les pays, depuis Caligula qui piquait les mouches jusqu'à Don Quichotte qui piquait les moines.

Campistron, comme Lagrange-Chancel, avait montré de bonne heure des dispositions pour la poésie, et cependant ils ne se sont jamais élevés tous les deux au-dessus du médiocre. Il est rare, en effet, que des talents si précoces parviennent jamais à la maturité du génie. C'est une vérité dont nous pouvons tous les jours nous convaincre davantage. Nous voyons des jeunes gens faire à dix-neuf ans ce que Racine n'aurait pas fait à vingt-cinq ; mais à vingt-cinq ils sont arrivés à l'apogée de leur talent, et à vingt-huit ans ils ont déjà défait la moitié de leur gloire. On nous objectera que Voltaire aussi avait fait des vers dès son enfance ; mais il est à remarquer que, dès quinze ans, Campistron et Lagrange-Chancel étaient connus dans les salons et considérés comme de petits grands hommes ; tandis qu'au même âge Voltaire était déjà en fuite de chez son père ; et, en général, ce n'est pas dans les cages, fussent-elles dorées, qu'il faut élever les aigles.

Quand un écrivain a pour qualité principale l'originalité, il perd souvent quelque chose à être cité. Ses peintures et ses réflexions, dictées par un esprit organisé d'une façon particulière, veulent être vues à la place où l'auteur les a disposées, précédées de ce qui les amène, suivies de ce qu'elles entraînent. Liées à l'ouvrage, la couleur bien appareillée des parties concourt à l'harmonie de l'ensemble ; détachées du tout, cette même couleur devient disparate et forme une dissonance avec tout ce dont on l'entoure. Le style du critique, qui doit être simple et coulant, et qui est mainte fois plat et commun, présente un contraste choquant avec le style large, hardi et souvent brusque de l'auteur original. Une citation de tel grand poëte ou de tel grand écrivain, encadrée dans la prose luisante, récurée et bourgeoise de tel critique, c'est un effet pareil à celui que ferait une figure de Michel-Ange au milieu des casseroles trompe-l'œil de M. Drolling.

UN FEUILLETON.

Décembre 1820.

Théâtre-Français. — *Jean de Bourgogne,*

Tragédie en cinq actes.

C'est un inconvénient des sujets historiques d'embarrasser l'intelligence de notre savant parterre. Il arrive devant la toile, sans rien connaître des événements qui vont se passer sous ses yeux, et auxquels ne l'initie qu'assez superficiellement une exposition toujours mal écoutée ou mal entendue. C'est dans le journal du lendemain que les spectateurs iront le plus souvent chercher de quelle race sortait le héros, à quelle famille appartenait l'héroïne, sur quel pays régnait le tyran ; désappointés si le critique n'éclaire pas leur ignorance, et ne leur dit pas, comme un valet Hector, de quel pays était le *galant homme Sénèque.*

Nous nous dispenserons toutefois d'obéir à l'usage, d'abord parce que, longtemps avant que nous nous mêlassions de régenter les théâtres, les petits précis historiques des feuilletons nous avaient toujours paru fort ennuyeux ; ensuite parce que nous ne pouvons décemment nous flatter de réussir mieux au métier d'historien que tant de critiques plus habiles que nous, nos devanciers ; et, sur ce, fort de l'avis de Barnes, qu'il suffit, pour gagner une cause, de trouver *deux raisons, bonnes ou mauvaises,* nous passons à *Jean de Bourgogne.*

Dès les premières scènes de cette pièce, nous voyons se dessiner trois principaux caractères ; ce qui nous donne deux actions distinctes, ou, si l'on veut, deux faits ou question différents, savoir : la question entre le dauphin et le duc de Bourgogne, ou la France sera-t-elle sauvée ? et la question entre le duc de Bourgogne et Valentine de Milan, ou la mort du duc d'Orléans sera-t-elle vengée ? A cette inadvertance de diviser ainsi l'attention du spectateur en présentant deux héros à son affection, l'auteur a joint le tort beaucoup plus grand de ne pas réunir les deux affections qui en résultent dans un seul et même intérêt. En effet, s'il nous montre le dauphin prêt à tout sacrifier pour sauver la France, il nous montre en même temps la duchesse prête à tout sacrifier, même la France, pour sauver son mari ; il suit de là que le spectateur qui s'intéresse à l'une des deux actions, ne s'intéresse pas à l'autre, et réciproquement, de telle sorte que la moitié de la pièce est frappée de mort. Cette combinaison est d'autant plus malheureuse, qu'elle ne paraissait nullement nécessaire. Dès que l'auteur voulait commencer sa pièce par rappeler les crimes de Jean de Bourgogne, idée juste et tragique, il n'avait pas besoin de l'intervention personnelle de la duchesse d'Orléans ; une lettre eût suffi, et le spectateur se serait trouvé transporté tout de suite au milieu des scènes animées du second acte, seul point véritable de la pièce où commence l'action.

Lorsque nous disons que l'action commence, nous sentons avec peine que nous nous servons d'une expression impropre, c'est *paraît devoir commencer* que nous devrions dire. En effet, la tragédie nouvelle, estimable sous d'autres rapports, n'est encore, quant au plan, qu'une pièce comme tant d'autres, une tragédie sans action, une sorte de lanterne magique, où tous les personnages courent les uns après les autres sans pouvoir jamais s'atteindre.

Ainsi, lorsque le dauphin est à délibérer dans son conseil sur l'accusation portée contre le duc de Bourgogne, tout à coup celui-ci se présente, et, loin de se justifier, déclare la guerre à son souverain. Voilà une situation, mais que produit-elle ? Rien. Les deux partis se séparent avec des menaces réciproques. Cependant Tannegui-Duchâtel est là qui doit assassiner le prince un jour, et qui devrait, ce semble, profiter de l'occasion. Et de deux choses l'une : ou le duc de Bourgogne a les moyens de s'emparer de la personne de son maître, et alors pourquoi ne le fait-il pas ? ou il n'en a pas le pouvoir, et alors pourquoi vient-il s'exposer, par une bravade inutile, aux suites d'un premier mouvement, incalculables dans tout autre personnage qu'un héros aussi patient que le dauphin ?

Et, plus loin encore, nous retrouvons la même situation, mais dégagée de tout ce qui peut la rendre décisive. On vient annoncer au dauphin que le duc de Bourgogne est maître de Paris et qu'il marche sur le palais. Voilà le dauphin en péril, comment fera-t-il pour en sortir ? Rien de plus simple : il sort par une porte, et le duc de Bourgogne entre par l'autre. Mais, dira l'auteur, le dauphin se laisse entraîner. Et voilà justement le malheur, les grands caractères doivent toujours agir par eux-mêmes, autrement était-ce la peine de nous annoncer des géants, si auparavant vous aviez pris soin de leur attacher les jambes ?

Cependant le duc de Bourgogne, resté seul, se garde bien de poursuivre le dauphin, ce qui le mettrait dans la nécessité d'être vainqueur ou d'être vaincu. Il s'amuse à composer avec les Armagnacs, à rabattre les prétentions des Anglais, et même à offrir des places au chancelier. Puis il part pour Montereau. Tout à coup on apprend qu'il y a accepté une entrevue avec le dauphin, et qu'il y a été assassiné. Il est évident que, si le commencement de la pièce nous a fait voir de grands événements ne produisant que de petits résultats, la balance se rétablit bien au dernier acte, et qu'il est difficile de voir un événement plus important produit par une cause plus légère et plus inattendue.

Nous venons d'exposer en peu de mots le plan de *Jean de Bourgogne*, dégagé de toutes les scènes épisodiques ; il nous reste à examiner comment un auteur, qui est loin de manquer de talent, a pu être conduit à travailler sur un canevas aussi imparfait.

Le malheur de l'auteur vient d'avoir confondu les deux espèces de tragédies : la tragédie de sentiments et la tragédie d'événements. Il suffit, pour s'en convaincre, d'établir entre ses deux héros quelques-uns des rapports naturels de frère à frère ou de père à fils ; nous allons voir disparaître toutes les difformités de son action. Par exemple, qu'un fils accusé d'un crime déclare la guerre à son père, doit-on être étonné que les deux personnages, eussent-ils la faculté de s'exterminer mutuellement, se séparent avec de simples menaces ? Y a-t-il rien de honteux dans la fuite d'un père devant un fils rebelle ? Et, si ce fils périt assassiné, malgré les ordres du père, la situation de celui-ci en sera-t-elle moins noble et moins touchante ? Nous venons, sans nous en apercevoir, de retracer l'aventure de David et d'Absalon, l'une des plus tragiques qui soient dans les livres saints.

Dans le cas actuel, dès que l'auteur voulait nous représenter la mort du duc de Bourgogne, il fallait choisir entre les deux hypothèses d'un meurtre fortuit ou d'un assassinat prémédité. La première était impraticable, puisqu'une tragédie doit avoir un commencement, une fin et un milieu. En admettant la seconde, il fallait, dès les premières scènes, poser la question tragique : le duc sera-t-il assassiné, ou ne le sera-t-il pas ? et faire naître l'intérêt de la lutte des circonstances qui le détournent de sa perte ou qui l'y entraînent. Mais dans la tragédie, telle qu'elle est faite, le spectateur, conduit d'incidents en incidents vers la catastrophe, sans que rien lie la catastrophe aux incidents, aperçoit à peine çà et là quelques intentions dramatiques, quelques combinaisons théâtrales qui font naufrage au milieu du flux et du reflux des épisodes.

Il est difficile de ne point avoir de prévention contre cette manie, aujourd'hui si commune à nos auteurs, de réunir des imaginations toujours diverses et souvent contraires pour concourir au même ouvrage. Cowley, pressé par le marquis de Twickedham de s'adjoindre dans ses travaux je ne sais quel poète obscur, répondit à sa seigneurie qu'un âne et un cheval traîneraient mal un chariot. Deux auteurs perdent souvent, en le mettant en commun, tout le talent qu'ils pourraient avoir chacun séparément. Il est impossible que deux têtes humaines conçoivent le même sujet absolument de la même manière ; et l'absolue unité de la conception est la première qualité d'un ouvrage. Autrement, les idées des divers collaborateurs se heurtent sans se lier ; et il résulte de l'ensemble une discordance inévitable qui choque sans qu'on s'en rende raison. Les auteurs excellents, anciens et modernes, ont toujours travaillé seuls, et voilà pourquoi ils sont excellents.

Walter Scott cache son nom sous le nom de Jedediah Cleishbotham. Je ne vois pas pourquoi on l'en blâme.

Si un sot parvient à la célébrité, il ne lâche plus deux pages de son écriture sans les protéger de son nom, espérant que sa réputation fera celle de son livre, tandis que souvent celle de son livre défait la sienne. L'homme de mérite, dès qu'il est arrivé à la gloire, évite quelquefois de décorer de son nom les nouveaux écrits qu'il livre au public. Il a assez d'orgueil pour savoir que son nom influerait sur l'opinion, et assez de modestie pour ne le pas vouloir. Il aime à redevenir ignoré, pour se ménager, en quelque sorte, une nouvelle gloire. Il y a quelque chose du fanfaron dans ces guerriers d'Homère qui préludaient au combat en déclinant leurs noms et leurs généalogies ; ce sont des héros plus vrais, ces chevaliers français qui combattaient la visière baissée, et ne découvraient le visage qu'après que le bras avait été reconnu.

Combien de malheureux, qui auraient pu mieux faire, se sont mis en tête d'écrire, parce qu'en fermant un beau livre ils s'étaient dit : J'en pourrais faire autant ! et cette réflexion-là ne prouvait rien, sinon que l'ouvrage était inimitable. En littérature comme en morale, plus une chose est belle, plus elle semble facile. Il y a quelque chose dans le cœur de l'homme qui lui fait prendre quelquefois le désir pour le pouvoir. C'est ainsi qu'il croit aisé de mourir comme d'Assas ou d'écrire comme Voltaire.

Sir Walter Scott est Écossais, ses romans suffiraient pour nous l'apprendre. Son amour exclusif pour les sujets écossais prouve son amour pour l'Écosse ; passionné pour les vieilles coutumes de sa patrie, il se dédommage, en les peignant fidèlement, de ne pouvoir plus les suivre avec religion, et son admiration pieuse pour le caractère national éclate jusque dans sa complaisance à en détailler les défauts. Une Irlandaise, lady Morgan, s'est offerte, pour ainsi dire, comme la rivale naturelle de Walter Scott, en s'obstinant, à ne traiter que des sujets nationaux (1) ; mais il y a dans ses écrits beaucoup plus d'amour pour la célébrité que d'attachement pour son pays, et beaucoup moins d'orgueil national que de vanité personnelle. Lady Morgan paraît peindre avec plaisir les Irlandais ; mais il est une Irlandaise qu'elle peint surtout et partout avec enthousiasme, et cette Irlandaise, c'est elle. Miss O'Hallogan, dans *O'Donnell*, et lady Clancare, dans *Florence MacCarthy*, ne sont autre chose que lady Morgan, flattée par elle-même.

Il faut le dire, auprès des tableaux pleins de vie et de chaleur de Scott, les croquis de lady Morgan ne sont que de pâles et froides esquisses. Les romans historiques de cette dame se laissent lire ; les histoires romanesques de l'Écossais se font admirer. La raison en est simple : lady Morgan a assez de tact pour observer ce qu'elle voit, assez de mémoire pour retenir ce qu'elle observe, et assez de finesse pour rapporter à propos ce qu'elle a retenu ; sa science ne va pas plus loin. Voilà pourquoi ses caractères, bien tracés quelquefois, ne sont pas soutenus ; à côté d'un trait dont la vérité vous frappe, parce qu'elle l'a copié sur la nature, vous en trouvez un autre choquant de fausseté, parce qu'elle l'invente. Walter Scott, au contraire, conçoit un caractère après n'en avoir souvent observé qu'un trait ; il le voit dans un mot, et le peint de même. Son excellent jugement fait qu'il ne s'égare point, et ce qu'il crée est presque toujours aussi vrai que ce qu'il observe. Quand le talent est poussé à ce point, il est plus que du talent ; aussi peut-on réduire le parallèle en deux mots : lady Morgan est une femme d'esprit ; Walter Scott est un homme de génie.

Défiez-vous de ces gens armés d'un lorgnon, qui s'en vont partout criant : J'observe mon siècle ! Tantôt leurs lunettes grossissent les objets, et alors des chats leur semblent des tigres ; tantôt elles les rapetissent, et alors des tigres leur paraissent des chats. Il faut observer avec ses yeux. Le moraliste, en effet, ne doit jamais parler que d'après son expérience immédiate, s'il veut jouir du bonheur ineffable, vanté par Addison, de trouver un jour

(1) Il faut en excepter toutefois son roman sur la France.

dans la bibliothèque d'un inconnu son livre relié en maroquin, doré sur tranche, et plié en plusieurs endroits.

Il est encore pour le moraliste une condition dont nous avons déjà parlé ailleurs, celle de rester inconnu des individus qu'il étudie; il faut qu'il entre chez eux, disait encore le même Addison, aussi librement qu'un chien, un chat, ou tout autre animal domestique. Là-dessus nous pensons comme le *Spectateur*. L'observateur qui se vante de son rôle ressemble à Argus changé en paon, orgueilleux de ses cent yeux qui ne peuvent plus voir.

———

Quand une langue a déjà eu, comme la nôtre, plusieurs siècles de littérature, qu'elle a été créée et perfectionnée, maniée et torturée, qu'elle est faite à presque tous les styles, pliée à presque tous les genres, qu'elle a passé, non-seulement par toutes les formes matérielles du rhythme, mais encore par je ne sais combien de cerveaux comiques, tragiques et lyriques, il s'échappe, comme une écume, de l'ensemble des ouvrages qui composent sa richesse littéraire, une certaine quantité, ou, pour ainsi dire, une certaine masse flottante de phrases convenues, d'hémistiches plus ou moins insignifiants,

Qui sont à tout le monde et ne sont à personne.

C'est alors que l'homme le moins inventif pourra, avec un peu de mémoire, s'amasser, en puisant dans ce réservoir public, une tragédie, un poëme, une ode, qui seront en vers de douze, ou huit, ou six syllabes, lesquels auront de bonnes rimes et d'excellentes césures, et ne manqueront même pas, si l'on veut, d'une élégance, d'une harmonie, d'une facilité quelconque. Là-dessus, notre homme publiera son œuvre, en un bon gros volume vide, et se croira poëte lyrique, épique ou tragique, à la façon de ce fou qui se croyait propriétaire de son hôpital. Cependant l'envie, protectrice de la médiocrité, sourira à son ouvrage; d'altiers critiques, qui voudront faire comme Dieu et créer quelque chose de rien, s'amuseront à lui bâtir une réputation; des connaisseurs, qui ne s'obstineront pas ridiculement à vouloir que des mots expriment des idées, vanteront, d'après le journal du matin, la clarté, la sagesse, le goût du nouveau poëte; les salons, échos des journaux, s'extasieront, et la publication dudit ouvrage n'aura d'autre inconvénient que d'user les bords du chapeau de Piron.

———

Ceux qui ne savent pas admirer par eux-mêmes se lassent bien vite d'admirer. Il y a au fond de presque tous les hommes je ne sais quel sentiment d'envie qui veille incessamment sur leur cœur pour y comprimer l'expression de la louange méritée, ou y enchaîner l'élan du juste enthousiasme. L'homme le plus vulgaire n'accordera à l'ouvrage le plus supérieur qu'un éloge assez restreint pour qu'on ne puisse le croire incapable d'en faire autant. Il pensera presque que louer un autre c'est prescrire son propre droit à la louange, et ne consentira au génie de tel poëte qu'autant qu'il ne paraîtra pas abdiquer le sien; et je parle ici non de ceux qui écrivent, mais de ceux qui lisent, de ceux qui, la plupart, n'écriront jamais. D'ailleurs il est de mauvais ton d'applaudir, l'admiration donne à la physionomie une expression ridicule, et un transport d'enthousiasme peut déranger le pli d'une cravate.

Voilà, certes, de hautes raisons pour que des hommes immortels qui honorent leur siècle parmi les siècles traînent des vies d'amertume et de dégoûts, pour que le génie s'éteigne découragé sur un chef-d'œuvre, pour qu'un Camoëns mendie, pour qu'un Milton languisse dans la misère, pour que d'autres que nous ignorons, plus infortunés et plus grands peut-être, meurent sans même avoir pu révéler leurs noms et leurs talents, comme ces lampes qui s'allument et s'éteignent dans un tombeau!

Ajoutez à cela que, tandis que les illustrations les plus méritées sont refusées au génie, il voit s'élever sur lui une foule de réputations inexplicables et de renommées usurpées, il voit le petit nombre d'écrivains plus ou moins médiocres, qui dirigent pour le moment l'opinion, exalter les médiocrités qu'ils ne craignent pas, en déprimant sa supériorité qu'ils redoutent. Qu'importe toute cette sollicitude du néant pour le néant? On réussira, à la vérité, à user l'âme, à empoisonner l'existence du grand homme; mais le temps et la mort viendront et feront justice. Les réputations dans l'opinion publique sont comme des liquides de différents poids dans un même vase. Qu'on agite le vase, on parviendra aisément à mêler les liqueurs; qu'on le laisse reposer, elles reprendront toutes, lentement et d'elles-mêmes, l'ordre que leurs pesanteurs et la nature leur assignent.

LIBRAIRIE MARESCQ ET Ce,	J. HETZEL, ÉDITEUR.	LIBRAIRIE BLANCHARD,
5, rue du Pont-de-Lodi.		78, rue de Richelieu.

OEUVRES DE VICTOR HUGO

MARIE TUDOR.

ILLUSTRÉE PAR CÉLESTIN NANTEUIL.

Il y a deux manières de passionner la foule au théâtre : par le grand et par le vrai. Le grand prend les masses, le vrai saisit l'individu.

Le but du poëte dramatique, quel que soit d'ailleurs l'ensemble de ses idées sur l'art, doit donc toujours être, avant tout, de chercher le grand, comme Corneille, ou le vrai, comme Molière ; ou, mieux encore, et c'est ici le plus haut sommet où puisse monter le génie, d'atteindre tout à la fois le grand et le vrai, le grand dans le vrai, le vrai dans le grand, comme Shakspeare.

Car, remarquons-le en passant, il a été donné à Shakspeare, et c'est ce qui fait la souveraineté de son génie, de concilier, d'unir, d'amalgamer sans cesse dans son œuvre ces deux qualités, la vérité et la grandeur, qualités presque opposées, ou tout au moins tellement distinctes, que el défaut de chacune d'elles constitue le contraire de l'autre. L'écueil du vrai, c'est le petit ; l'écueil du grand, c'est le faux. Dans tous les ouvrages de Shakspeare, il y a du grand qui est vrai, et du vrai qui est grand. Au centre de toutes ses créations, on retrouve le point d'intersection de la grandeur et de la vérité ; et là où les choses grandes et les choses vraies se croisent, l'art est complet. Shakspeare, comme Michel-Ange, semble avoir été créé pour résoudre ce problème étrange dont le simple énoncé paraît absurde : — rester toujours dans la nature, tout en en sortant quelquefois. — Shakspeare exagère les proportions, mais il maintient les rapports. Admirable toute-puissance du poëte ! il fait des choses plus hautes que nous, qui vivent comme nous. Hamlet, par exemple, est aussi vrai qu'aucun de nous, et plus grand. Hamlet est colossal, et pourtant réel. C'est que Hamlet, ce n'est pas vous, ce n'est pas moi, c'est nous tous. Hamlet, ce n'est pas un homme, c'est l'homme.

Dégager perpétuellement le grand à travers le vrai, le

vrai à travers le grand, tel est donc, selon l'auteur de ce drame, et en maintenant, du reste, toutes les autres idées qu'il a pu développer ailleurs sur ces matières, tel est le but du poëte au théâtre. Et ces deux mots, *grand* et *vrai*, renferment tout. La vérité contient la moralité, le grand contient le beau.

Ce but, on ne lui supposera pas la présomption de croire qu'il l'a jamais atteint, ou même qu'il pourra jamais l'atteindre; mais on lui permettra de se rendre à lui-même publiquement ce témoignage, qu'il n'en a jamais cherché d'autre au théâtre jusqu'à ce jour. Le nouveau drame qu'il vient de faire représenter est un effort de plus vers ce but rayonnant. Quelle est, en effet, la pensée qu'il a tenté de réaliser dans *Marie Tudor?* La voici. Une reine qui soit une femme. Grande comme reine. Vraie comme femme.

Il l'a déjà dit ailleurs, le drame comme il le sent, le drame comme il voudrait le voir créer par un homme de génie, le drame selon le dix-neuvième siècle, ce n'est pas la tragi-comédie hautaine, démesurée, espagnole et sublime de Corneille ; ce n'est pas la tragédie abstraite, amoureuse, idéale et discrètement élégiaque de Racine ; ce n'est pas la comédie profonde, sagace, pénétrante, mais trop impitoyablement ironique, de Molière ; ce n'est pas la tragédie à intention philosophique de Voltaire; ce n'est pas la comédie à action révolutionnaire de Beaumarchais ; ce n'est pas plus que tout cela, mais c'est tout cela à la fois ; ou, pour mieux dire, ce n'est rien de tout cela. Ce n'est pas, comme chez ces grands hommes, un seul côté des choses systématiquement et perpétuellement mis en lumière, c'est tout regardé à la fois sous toutes les faces. S'il y avait un homme aujourd'hui qui pût réaliser le drame comme nous le comprenons, ce drame, ce serait le cœur humain, la tête humaine, la passion humaine, la volonté humaine ; ce serait le passé ressuscité au profit du présent ; ce serait l'histoire que nos pères ont faite confrontée avec l'histoire que nous faisons ; ce serait le mélange sur la scène de tout ce qui est mêlé dans la vie ; ce serait une émeute là et une causerie d'amour ici, et dans la causerie d'amour une leçon pour le peuple, et dans l'émeute un cri pour le cœur; ce serait le rire ; ce serait les larmes ; ce serait le bien, le mal, le haut, le bas, la fatalité, la Providence, le génie, le hasard, la société, le monde, la nature, la vie, et au-dessus de tout cela on sentirait planer quelque chose de grand !

A ce drame, qui serait pour la foule un perpétuel enseignement, tout serait permis, parce qu'il serait dans son essence de n'abuser de rien. Il aurait pour lui une telle notoriété de loyauté, d'élévation, d'utilité et de bonne conscience, qu'on ne l'accuserait jamais de chercher l'effet et le fracas là où il n'aurait cherché qu'une moralité et une leçon. Il pourrait mener François Ier chez Maguelone sans être suspect ; il pourrait, sans alarmer les plus sévères, faire jaillir du cœur de Didier la pitié pour Marion ; il pourrait, sans qu'on le taxât d'emphase et d'exagération, comme l'auteur de *Marie Tudor,* poser largement sur la scène, dans toute sa réalité terrible, ce formidable triangle qui apparaît si souvent dans l'histoire : une reine, un favori, un bourreau.

A l'homme qui créera ce drame il faudra deux qualités : conscience et génie. L'auteur qui parle ici n'a que la première, il le sait. Il n'en continuera pas moins ce qu'il a commencé, en désirant que d'autres fassent mieux que lui. Aujourd'hui un immense public, de plus en plus intelligent, sympathise avec toutes les tentatives sérieuses de l'art; aujourd'hui, tout ce qu'il y a d'élevé dans la critique aide et encourage le poëte. Le reste des jugeurs importe peu. Que le poëte vienne donc! Quant à l'auteur de ce drame, sûr de l'avenir qui est au progrès, certain qu'à défaut de talent sa persévérance lui sera comptée un jour, il attache un regard serein, confiant et tranquille, sur la foule qui, chaque soir, entoure cette œuvre si incomplète de tant de curiosité, d'anxiété et d'attention. En présence de cette foule, il sent la responsabilité qui pèse sur lui, et il l'accepte avec calme. Jamais, dans ses travaux, il ne perd un seul instant de vue le peuple que le théâtre civilise, l'histoire que le théâtre explique, le cœur humain que le théâtre conseille. Demain il quittera l'œuvre faite pour l'œuvre à faire ; il sortira de cette foule pour rentrer dans sa solitude ; solitude profonde, où ne parvient aucune mauvaise influence du monde extérieur, où la jeunesse, son amie, vient quelquefois lui serrer la main, où il est seul avec sa pensée, son indépendance et sa volonté. Plus que jamais, sa solitude lui sera chère ; car ce n'est que dans la solitude qu'on peut travailler pour la foule. Plus que jamais, il tiendra son esprit, son œuvre et sa pensée éloignés de toute coterie ; car il connaît quelque chose de plus grand que les coteries, ce sont les partis; quelque chose de plus grand que les partis, c'est le peuple; quelque chose de plus grand que le peuple, c'est l'humanité.

17 novembre 1833.

MARIE TUDOR

PERSONNAGES.

MARIE, reine.
JANE.
GILBERT.
FABIANO FABIANI.
SIMON RENARD.
JOSHUA FARNABY.
UN JUIF.
LORD CLINTON.

LORD CHANDOS.
LORD MONTAGU.
MAITRE ENEAS DULVERTON.
LORD GARDINER.
Un geôlier.
Seigneurs.
Pages, Gardes.
Le bourreau.

Londres. — 1553.

PREMIÈRE JOURNÉE

L'HOMME DU PEUPLE

Le bord de la Tamise. Une grève déserte. Un vieux parapet en ruine cache le bord de l'eau. A droite, une maison de pauvre apparence. A l'angle de cette maison, une statuette de la Vierge, aux pieds de laquelle une étoupe brûle dans un treillis de fer. Au fond, au delà de la Tamise, Londres. On distingue deux hauts édifices : la Tour de Londres et Westminster. — Le jour commence à baisser.

SCÈNE PREMIÈRE.

Plusieurs hommes groupés çà et là sur la grève, parmi lesquels SIMON RENARD, JOHN BRIDGES (BARON CHANDOS), ROBERT CLINTON (BARON CLINTON), ANTHONY BROWN (VICOMTE DE MONTAGU).

LORD CHANDOS. — Vous avez raison, milord. Il faut que ce damné Italien ait ensorcelé la reine. La reine ne peut plus se passer de lui ; elle ne vit que par lui, elle n'a de joie qu'en lui, elle n'écoute que lui. Si elle est un jour sans le voir, ses yeux deviennent languissants, comme du temps où elle aimait le cardinal Polus, vous savez ?

SIMON RENARD. — Très-amoureuse, c'est vrai, et par conséquent très-jalouse.

LORD CHANDOS. — L'Italien l'a ensorcelée !

LORD MONTAGU. — Au fait, on dit que ceux de sa nation ont des philtres pour cela.

LORD CLINTON. — Les Espagnols sont habiles aux poisons qui font mourir, les Italiens aux poisons qui font aimer.

LORD CHANDOS. — Le Fabiani alors est tout à la fois Espagnol et Italien. La reine est amoureuse et malade. Il lui a fait boire des deux.

LORD MONTAGU. — Ah çà ! en réalité, est-il Espagnol ou Italien ?

LORD CHANDOS. — Il paraît certain qu'il est né en Italie, dans la Capitanate, et qu'il a été élevé en Espagne. Il se prétend allié à une grande famille espagnole. Lord Clinton sait cela sur le bout du doigt.

LORD CLINTON. — Un aventurier, ni Espagnol, ni Italien ; encore moins Anglais, Dieu merci ! Ces hommes qui ne sont d'aucun pays n'ont point de pitié pour les pays quand ils sont puissants.

LORD MONTAGU. — Ne disiez-vous pas la reine malade, Chandos ? Cela ne l'empêche pas de mener vie joyeuse avec son favori.

LORD CLINTON. — Vie joyeuse ! vie joyeuse ! Pendant que la reine rit, le peuple pleure, et le favori est gorgé. Il mange de l'argent et boit de l'or, cet homme ! La reine lui a donné les biens de lord Talbot, du grand lord Talbot ! la reine l'a fait comte de Clanbrassil et baron de Dinasmonddy ; ce Fabiano Fabiani qui se dit de la famille espagnole de Peñalver, et qui en a menti ! Il est pair d'Angleterre comme vous, Montagu, comme vous, Chandos, comme Stanley, comme Norfolk, comme moi, comme le roi ! Il a la Jarretière comme l'infant de Portugal, comme le roi de Danemark, comme Thomas Percy, septième comte de Northumberland ! Et quel tyran que ce tyran qui nous gouverne de son lit ! Jamais rien de si dur n'a pesé sur l'Angleterre. J'en ai pourtant vu, moi qui suis vieux ! Il y a soixante-dix potences neuves à Tyburn ; les bûchers sont toujours braise et jamais cendre ; la hache du bourreau est aiguisée tous les matins et ébréchée tous les soirs. Chaque jour c'est quelque grand gentilhomme qu'on abat. Avant-hier c'était Blantyre, hier Northcurry, aujourd'hui South-Reppo, demain Tyrconnel. La semaine prochaine ce sera vous, Chandos, et le mois prochain ce sera moi. Milords ! milords ! c'est une honte et c'est une impiété que toutes ces bonnes têtes anglaises tombent ainsi pour le plaisir d'on ne sait quel misérable aventurier qui n'est même pas de ce pays ! C'est une chose affreuse et insupportable de penser qu'un favori napolitain peut tirer autant de billots qu'il en veut de dessous le lit de cette reine ! Ils mènent tous deux joyeuse vie, dites-vous. Par le ciel ! c'est infâme ! Ah ! ils mènent joyeuse vie, les amoureux, pendant que le coupe-tête à leur porte fait des veuves et des orphelins ! Oh ! leur guitare italienne est trop accompagnée du bruit des chaînes ! Madame la reine ! vous faites venir des chanteurs de la chapelle d'Avignon, vous avez tous les jours dans votre palais des comédies, des théâtres, des estrades pleines de musiciens. Pardieu ! madame, moins de joie chez vous, s'il vous plaît, et moins de deuil chez nous ; moins de baladins ici, et moins de bourreaux là ; moins de tréteaux à Westminster, et moins d'échafauds à Tyburn!

LORD MONTAGU. — Prenez garde. Nous sommes loyaux sujets, mylord Clinton. Rien sur la reine, tout sur Fabiani.

SIMON RENARD, *posant la main sur l'épaule de lord Clinton.* — Patience!

LORD CLINTON. — Patience! cela vous est facile à dire, à vous, monsieur Simon Renard. Vous êtes bailli d'Amont en Franche-Comté, sujet de l'empereur et son légat à Londres. Vous représentez ici le prince d'Espagne, futur mari de la reine. Votre personne est sacrée pour le favori. Mais nous, c'est autre chose. — Voyez-vous? Fabiani, pour vous, c'est le berger; pour nous, c'est le boucher.

La nuit est tout à fait tombée.

SIMON RENARD. — Cet homme ne me gêne pas moins que vous. Vous ne craignez que pour votre vie, je crains pour mon crédit, moi. C'est bien plus. Je ne parle pas, j'agis. J'ai moins de colère que vous, milord, j'ai plus de haine. Je détruirai le favori.

LORD MONTAGU. — Oh! comment faire? J'y songe tout le jour.

SIMON RENARD. — Ce n'est pas le jour que se font et se défont les favoris des reines, c'est la nuit.

LORD CHANDOS. — Celle-ci est bien noire et bien affreuse!

SIMON RENARD. — Je la trouve belle pour ce que j'en veux faire.

LORD CHANDOS. — Qu'en voulez-vous faire?

SIMON RENARD. — Vous verrez. Milord Chandos, quand une femme règne, le caprice règne. Alors la politique n'est plus chose de calcul, mais de hasard. On ne peut plus compter sur rien. Aujourd'hui n'amène plus logiquement demain. Les affaires ne se jouent plus aux échecs, mais aux cartes.

LORD CHANDOS. — Tout cela est fort bien, mais venons au fait. Monsieur le bailli, quand nous aurez-vous délivrés du favori? Cela presse. On décapite demain Tyrconnel.

SIMON RENARD. — Si je rencontre cette nuit un homme comme j'en cherche un, Tyrconnel soupera avec vous demain soir.

LORD CLINTON. — Que voulez-vous dire? Que sera devenu Fabiani?

SIMON RENARD. — Avez-vous de bons yeux, milord?

LORD CLINTON. — Oui, quoique je sois vieux et que la nuit soit noire.

SIMON RENARD. — Voyez-vous Londres de l'autre côté de l'eau?

LORD CLINTON. — Oui. Pourquoi?

SIMON RENARD. — Regardez bien. On voit d'ici le haut et le bas de la fortune de tout favori, Westminster et la Tour de Londres.

LORD CLINTON. — Eh bien?

SIMON RENARD. — Si Dieu m'est en aide, il y a un homme qui, au moment où nous parlons, est encore là *(il montre Westminster)*, et qui demain, à pareille heure, sera ici.

Il montre la Tour.

LORD CLINTON. — Que Dieu vous soit en aide!

LORD MONTAGU. — Le peuple ne le hait pas moins que nous. Quelle fête dans Londres le jour de sa chute!

LORD CHANDOS. — Nous nous sommes mis entre vos mains, monsieur le bailli, disposez de nous. Que faut-il faire?

SIMON RENARD, *montrant la maison près de l'eau.* — Vous voyez bien tous cette maison. C'est la maison de Gilbert, l'ouvrier ciseleur. Ne la perdez pas de vue. Dispersez-vous avec vos gens, mais sans trop vous écarter. Surtout ne faites rien sans moi.

LORD CHANDOS. — C'est dit.

Tous sortent de divers côtés.

SIMON RENARD, *resté seul.* — Un homme comme celui qu'il me faut n'est pas facile à trouver.

Il sort. — Entrent Jane et Gilbert se tenant sous le bras; ils vont du côté de la maison. Joshua Farnaby les accompagne, enveloppé d'un manteau.

SCÈNE II.

JANE, GILBERT, JOSHUA FARNABY.

JOSHUA. — Je vous quitte ici, mes bons amis. Il est nuit, et il faut que j'aille reprendre mon service de porte-clefs à la Tour de Londres. Ah! c'est que je ne suis pas libre comme vous, moi! voyez-vous? un guichetier, ce n'est qu'une espèce de prisonnier. Adieu, Jane. Adieu, Gilbert. Mon Dieu, mes amis, que je suis donc heureux de vous voir heureux! Ah çà! Gilbert, à quand la noce?

GILBERT. — Dans huit jours, n'est-ce pas, Jane?

JOSHUA. — Sur ma foi, c'est après-demain la Noël. Voici le jour des souhaits et des étrennes; mais je n'ai rien à vous souhaiter. Il est impossible de désirer plus de beauté à la fiancée et plus d'amour au fiancé! Vous êtes heureux!

GILBERT. — Bon Joshua! et toi, est-ce que tu n'es pas heureux?

JOSHUA. — Ni heureux ni malheureux. J'ai renoncé à tout, moi. Vois-tu, Gilbert *(il entr'ouvre son manteau et laisse voir un trousseau de clefs qui pend à sa ceinture)*, des clefs de prisons qui vous sonnent sans cesse à la ceinture, cela parle, cela vous entretient de toutes sortes de pensées philosophiques. Quand j'étais jeune, j'étais comme un autre, amoureux tout un jour, ambitieux tout un mois, fou toute l'année. C'était sous le roi Henri VIII que j'étais jeune. Un homme singulier que ce roi Henri VIII! Un homme qui changeait de femmes, comme une femme change de robes. Il répudia la première, il fit couper la tête à la seconde, il fit ouvrir le ventre à la troisième; quant à la quatrième, il lui fit grâce, il la chassa; mais en revanche il fit couper la tête à la cinquième. Ce n'est pas le conte de Barbe-Bleue que je vous fais là, belle Jane, c'est l'histoire de Henri VIII. Moi, dans ce temps-là, je m'occupais de guerres de religion, je me battais pour l'un et pour l'autre. C'était qu'il y avait de mieux alors. La question d'ailleurs était fort épineuse. Il s'agissait d'être pour ou contre le pape. Les gens du roi pendaient ceux qui étaient pour, mais ils brûlaient ceux qui étaient contre. Les indifférents, ceux qui n'étaient ni pour ni contre, on les brûlait ou on les pendait, indifféremment. S'en tirait qui pouvait. Oui, la corde; non, le fagot; ni oui ni non, le fagot et la corde. Moi, j'en ai senti le roussi bien souvent, et je ne suis pas sûr de n'avoir pas été deux ou trois fois dépendu. C'était un beau temps, à peu près pareil à celui-ci. Oui, je me battais pour tout cela. Du diable si je sais maintenant pour qui ou pour quoi je me battais. Si l'on me reparle de maître Luther et du pape Paul III, je hausse les épaules. Vois-tu, Gilbert, quand on a des cheveux gris, il ne faut pas revoir les opinions pour qui l'on faisait la guerre et les femmes à qui l'on faisait l'amour à vingt ans. Femmes et opinions vous paraissent bien laides, bien vieilles, bien chétives, bien édentées, bien ridées, bien sottes. C'est mon histoire. Maintenant je suis retiré des affaires. Je ne suis plus soldat du roi, ni soldat du pape, je suis geôlier à la Tour de Londres. Je ne me bats plus pour personne, et je mets tout le monde sous clef. Je suis guichetier et je suis vieux: j'ai un pied dans une prison, et l'autre dans la fosse. C'est moi qui ramasse les morceaux de tous les ministres et de tous les favoris qui se cassent chez la reine. C'est fort amusant. Et puis j'ai un petit enfant que j'aime, et puis vous deux que j'aime aussi, et, si vous êtes heureux, je suis heureux!

GILBERT. — En ce cas, sois heureux, Joshua! N'est-ce pas, Jane?

JOSHUA. — Moi, je ne puis rien pour ton bonheur, mais Jane peut tout: tu l'aimes! je ne te rendrai même aucun service de ma vie. Tu n'es heureusement pas assez grand seigneur pour avoir jamais besoin du porte-clefs de la Tour de Londres. Jane acquittera ma dette en même temps que la sienne. Jane, elle et moi, nous te devons tout. Jane n'était qu'une pauvre enfant orpheline abandonnée, tu l'as recueillie et élevée. Moi, je me noyais un beau jour dans la Tamise; tu m'as tiré de l'eau.

GILBERT. — A quoi bon toujours parler de cela, Joshua?

JOSHUA. — C'est pour dire que notre devoir, à Jane et à moi, est de t'aimer, moi, comme un frère, elle... — pas comme une sœur!

JANE. — Non, comme une femme. Je vous comprends, Joshua.

Elle retombe dans sa rêverie.

GILBERT, *bas à Joshua.* — Regarde-la, Joshua! n'est-ce pas qu'elle est belle et charmante, et qu'elle serait digne d'un roi! Si tu savais, tu ne peux pas te figurer comme je l'aime!

JOSHUA. — Prends garde, c'est imprudent; une femme, ça ne s'aime pas tant que ça; un enfant, à la bonne heure.

GILBERT. — Que veux-tu dire?

JOSHUA. — Rien. — Je serai de votre noce dans huit jours. — J'espère qu'alors les affaires d'État me laisseront un peu de liberté, et que tout sera fini.

GILBERT. — Quoi? qu'est-ce qui sera fini?

JOSHUA. — Ah! tu ne t'occupes pas de ces choses-là, toi, Gilbert. Tu es amoureux. Tu es du peuple. Et qu'est-ce que cela te fait les intrigues d'en haut, à toi qui es heureux en bas? Mais, puisque tu me questionnes, je te dirai qu'on espère que d'ici à huit jours, d'ici à vingt-quatre heures peut-être, Fabiano Fabiani sera remplacé près de la reine par un autre.

GILBERT. — Qu'est-ce que c'est que Fabiano Fabiani?

JOSHUA. — C'est l'amant de la reine, c'est un favori très-célèbre et très-charmant, un favori qui a plus vite fait couper la tête à un homme qui lui déplaît qu'une entremetteuse n'a dit ave, le meilleur favori que le bourreau de la Tour de Londres ait eu depuis dix ans. Car tu sais que le bourreau reçoit, pour chaque tête de grand seigneur, dix écus d'argent, et quelquefois le double, quand la tête est tout à fait considérable. — On souhaite fort la chute de ce Fabiani. — Il est vrai que dans mes fonctions à la Tour je n'entends guère gloser sur son compte que des gens d'assez mauvaise humeur, des gens à qui l'on doit couper le cou d'ici à un mois, des mécontents.

GILBERT. — Que les loups se dévorent entre eux! que nous importe, à nous, la reine et le favori de la reine? n'est-ce pas, Jane?

JOSHUA. — Oh! il y a une fière conspiration contre Fabiani! s'il s'en tire, il sera heureux. Je ne serais pas surpris qu'il y eût quelque coup de fait cette nuit. Je viens de voir rôder par là maître Simon Renard tout rêveur.

GILBERT. — Qu'est-ce que c'est que maître Simon Renard?

JOSHUA. — Comment ne sais-tu pas cela? c'est le bras droit de l'empereur à Londres. La reine doit épouser le prince d'Espagne, dont Simon Renard est le légat près d'elle. La reine le hait, ce Simon Renard; mais elle le craint, et ne peut rien contre lui. Il a déjà détruit deux ou trois favoris. C'est son instinct de détruire les favoris. Il nettoie le palais de temps en temps. Un homme subtil et très-malicieux, qui sait tout ce qui se passe, et qui creuse toujours deux ou trois étages d'intrigues souterraines sous tous les événements. Quant à lord Paget, — ne m'as-tu pas demandé aussi ce que c'était que lord Paget? — c'est un gentilhomme délié, qui a été dans les affaires sous Henri VIII. Il est membre du conseil étroit. Un tel ascendant que les autres ministres n'osent pas souffler devant lui. Excepté le chancelier cependant, milord Gardiner, qui le déteste. Un homme violent, ce Gardiner, et très-bien né. Quant à Paget, ce n'est rien du tout. Le fils d'un savetier. Il va être fait baron Paget de Beaudesert en Stafford.

GILBERT. — Comme il vous débite couramment toutes ces choses-là, ce Joshua!

JOSHUA. — Pardieu! à force d'entendre causer les prisonniers d'État. (*Simon Renard paraît au fond du théâtre.*) — Vois-tu, Gilbert, l'homme qui sait le mieux l'histoire de ce temps-ci, c'est le guichetier de la Tour de Londres.

SIMON RENARD, *qui a entendu ces dernières paroles du fond du théâtre.* — Vous vous trompez, mon maître, c'est le bourreau.

JOSHUA, *bas à Jane et à Gilbert.* — Reculons-nous un peu. (*Simon Renard s'éloigne lentement. — Quand Simon Renard a disparu.*) — C'est précisément maître Simon Renard.

GILBERT. — Tous ces gens qui rôdent autour de ma maison me déplaisent.

JOSHUA. — Que diable vient-il faire par ici? Il faut que je m'en retourne vite; je crois qu'il me prépare de la besogne. Adieu, Gilbert. Adieu, belle Jane. — Je vous ai pourtant vue pas plus haute que cela!

GILBERT. — Adieu, Joshua. — Mais, dis-moi, qu'est-ce que tu caches donc là, sous ton manteau?

JOSHUA. — Ah! j'ai mon complot aussi, moi.

GILBERT. — Quel complot?

JOSHUA. — Oh! amoureux qui oubliez tout! je viens de vous rappeler que c'était après-demain le jour des étrennes et des cadeaux. Les seigneurs complotent une surprise à Fabiani; moi je complote de mon côté. La reine va se donner peut-être un favori tout neuf; moi, je vais donner une poupée à mon enfant. (*Il tire une poupée de dessous son manteau.*) — Toute neuve aussi. — Nous verrons lequel des deux aura le plus vite brisé son joujou. — Dieu vous garde, mes amis!

GILBERT. — Au revoir, Joshua!

Joshua s'éloigne. Gilbert prend la main de Jane, et la baise avec passion.

JOSHUA, *au fond du théâtre.* — Oh! que la Providence est grande! elle donne à chacun son jouet, la poupée à l'enfant, l'enfant à l'homme, l'homme à la femme, et la femme au diable!

Il sort.

SCÈNE III.

GILBERT, JANE.

GILBERT. — Il faut que je vous quitte aussi. Adieu, Jane, dormez bien.

JANE. — Vous ne rentrez pas ce soir avec moi, Gilbert?

GILBERT. — Je ne puis. Vous savez, je vous l'ai déjà dit, Jane, j'ai un travail à terminer à mon atelier cette nuit, un manche de poignard à ciseler pour je ne sais quel lord Clanbrassil, que je n'ai jamais vu, et qui me l'a fait demander pour demain matin.

JANE. — Alors, bonsoir, Gilbert. A demain.

GILBERT. — Non, Jane, encore un instant. Ah! mon Dieu! que j'ai de peine à me séparer de vous, fût-ce pour quelques heures! Qu'il est bien vrai que vous êtes ma vie et ma joie! Il faut pourtant que j'aille travailler, nous sommes si pauvres! Je ne veux pas entrer, car je resterais; et cependant je ne puis partir, homme faible que je suis! Tenez, asseyons-nous quelques minutes à la porte sur ce banc; il me semble qu'il me sera moins difficile de m'en aller que si j'entrais dans la maison, et sortais dans votre chambre. Donnez-moi votre main. (*Il s'assied et lui prend les deux mains dans les siennes, elle debout.*) Jane! m'aimes-tu?

JANE. — Oh! je vous dois tout, Gilbert! je le sais, quoique vous me l'ayez caché longtemps. Toute petite, presque au berceau, j'ai été abandonnée par mes parents. Vous m'avez prise. Depuis seize ans, votre bras a travaillé pour moi comme celui d'un père, vos yeux ont veillé sur moi comme ceux d'une mère. Qu'est-ce que je serais sans vous, mon Dieu! Tout ce que j'ai, vous me l'avez donné: tout ce que je suis, vous l'avez fait.

GILBERT. — Jane! m'aimes-tu?

JANE. — Quel dévouement que le vôtre, Gilbert! vous travaillez nuit et jour pour moi, vous vous brûlez les yeux, vous vous tuez. Tenez, voilà encore que vous passez la nuit aujourd'hui. Et jamais un reproche, jamais une dureté, jamais une colère. Vous si pauvre! jusqu'à mes petites coquetteries de femme, vous en avez pitié, vous les satisfaites. Gilbert, je ne songe à vous que les larmes aux yeux. Vous avez quelquefois manqué de pain, je n'ai jamais manqué de rubans.

GILBERT. — Jane, m'aimes-tu?

JANE. — Gilbert, je voudrais baiser vos pieds!

GILBERT. — M'aimes-tu? m'aimes-tu? Oh! tout cela ne me dit pas que tu m'aimes. C'est de ce mot-là que j'ai besoin, Jane! de la reconnaissance, toujours de la reconnaissance! oh! je la foule aux pieds la reconnaissance! je veux de l'amour ou rien. — Mourir! Jane, depuis seize ans tu es ma fille, tu vas être ma femme maintenant. Je t'avais adoptée, je veux t'épouser. Dans huit jours, tu sais, tu me l'as promis, tu as consenti, tu es ma fiancée. Oh! tu m'aimais quand tu m'as promis cela. O Jane! il y a eu un temps, te rappelles-tu, où tu me disais : Je t'aime! en levant tes beaux yeux au ciel! C'est toujours comme cela que je te veux. O Jane! je veux que tu m'aimes, moi. Je suis habitué à cela. Toi, si gaie auparavant, tu es toujours triste et préoccupée à présent, pas froide, pauvre enfant, tu fais ton possible pour ne pas l'être; mais je sens bien que les paroles d'amour ne te viennent plus bonnes et naturelles comme autrefois. Qu'as-tu? Est-ce que tu ne m'aimes plus? Sans doute, je suis un honnête homme; sans doute, je suis un bon ouvrier; sans doute, sans doute, mais je voudrais être un voleur et un assassin et être aimé de toi! — Jane! si tu savais comme je t'aime!

JANE. — Je le sais, Gilbert, et j'en pleure.

GILBERT. — De joie, n'est-ce pas? Dis-moi que c'est de joie. Oh! j'ai besoin de le croire. Il n'y a que cela au monde, être aimé. Je ne suis qu'un pauvre cœur d'ouvrier mais si tu me dis que Jane m'aime. Que me parles-tu sans cesse de ce que j'ai fait pour toi? Un seul mot d'amour de toi, Jane, laisse toute la reconnaissance de mon côté. Je me damnerai et je commettrai un crime quand tu voudras. Tu seras ma femme, n'est-ce pas, et tu m'aimes? Vois-tu, Jane, pour un regard de toi je donnerais mon travail et ma peine; pour un sourire, ma vie; pour un baiser, mon âme!

JANE. — Quel noble cœur vous avez, Gilbert!

GILBERT. — Ecoute, Jane! ris si tu veux, je suis fou, je suis jaloux! c'est comme cela. Ne t'offense pas. Depuis quelque temps, il me semble que je vois bien des jeunes seigneurs rôder par ici. Sais-tu, Jane, que j'ai trente-quatre ans? Quel malheur pour un misérable ouvrier gauche et mal vêtu comme moi, qui n'est plus jeune, qui n'est pas beau, d'aimer une belle et charmante enfant de dix-sept ans, qui attire les beaux jeunes gentilshommes dorés et chamarrés comme une lumière attire les papillons! Oh! je souffre, va! je ne t'offense jamais dans ma pensée, toi si honnête, toi si pure, toi dont le front n'a encore été touché que par mes lèvres! Je trouve seulement quelquefois que tu as trop de plaisir à voir passer les cortéges et les cavalcades de la reine et tous ces beaux habits de satin et de velours sous lesquels il y a si peu de cœurs et si peu d'âmes! Pardonne-moi. — Mon Dieu! pourquoi donc vient-il par ici tant de jeunes gentilshommes? Pourquoi ne suis-je pas jeune, beau, noble et riche? Gilbert, l'ouvrier ciseleur, voilà tout. Eux, c'est lord Chandos, lord Gerard Fitz-Gerard, le comte d'Arundel, le duc de Norfolk! Oh! que je les hais! Je passe ma vie à ciseler pour eux des poignées d'épée dont je leur voudrais mettre la lame dans le ventre.

JANE. — Gilbert!...

GILBERT. — Pardon, Jane. N'est-ce pas, l'amour rend bien méchant?

JANE. — Non, bien bon. — Vous êtes bon, Gilbert.

GILBERT. — Oh! que je t'aime! tous les jours davantage. Je voudrais mourir pour toi. Aime-moi ou ne m'aime pas, tu en es bien la maîtresse. Je suis fou. Pardonne-moi tout ce que je t'ai dit. Il est tard, il faut que je te quitte, adieu.

Mon Dieu! que c'est triste de te quitter! Rentre chez toi. Est-ce que tu n'as pas ta clef?

JANE. — Non, depuis quelques jours je ne sais ce qu'elle est devenue.

GILBERT. — Voici la mienne. — A demain matin. — Jane, n'oublie pas ceci. Encore aujourd'hui ton père, dans huit jours ton mari.

Il la baise au front et sort.

JANE, *restée seule*. — Mon mari! oh non! je ne commettrai pas ce crime. Pauvre Gilbert! il m'aime celui-là, — et l'autre!... — Pourvu que je n'aie pas préféré la vanité à l'amour! Malheureuse fille que je suis! dans la dépendance de qui suis-je maintenant? Oh! je suis bien ingrate et bien coupable! J'entends marcher, rentrons vite.

Elle entre dans la maison.

SCÈNE IV.

GILBERT, un Homme enveloppé d'un manteau et coiffé d'un bonnet jaune.

L'homme tient Gilbert par la main.

GILBERT. — Oui, je te reconnais, tu es le mendiant juif qui rôde depuis quelques jours autour de cette maison. Mais que me veux-tu? Pourquoi m'as-tu pris la main et m'as-tu ramené ici?

L'HOMME. — C'est que ce que j'ai à vous dire, je ne puis vous le dire qu'ici.

GILBERT. — Eh! qu'est-ce donc? parle, hâte-toi.

L'HOMME. — Ecoutez, jeune homme. — Il y a seize ans, dans la même nuit où lord Talbot, comte de Waterford, fut décapité aux flambeaux pour fait de papisme et de rébellion, ses partisans furent taillés en pièces dans Londres même par les soldats du roi Henri VIII. On s'arquebusa toute la nuit dans les rues. Cette nuit-là, un tout jeune ouvrier, beaucoup plus occupé de sa besogne que de la guerre, travaillait dans son échoppe, la première échoppe à l'entrée du pont de Londres, une porte basse à droite. Il y a des restes d'ancienne peinture rouge sur le mur. Il pouvait être deux heures du matin. On se battait par là. Les balles traversaient la Tamise en sifflant. Tout à coup on frappa à la porte de l'échoppe, à travers laquelle la lampe de l'ouvrier jetait quelque lueur. L'artisan ouvrit. Un homme qu'il ne connaissait pas entra. Cet homme portait dans ses bras un enfant au maillot fort effrayé et qui pleurait. L'homme déposa l'enfant sur la table et dit. Voici une créature qui n'a plus ni père ni mère. Puis il sortit lentement et referma la porte sur lui. Gilbert, l'ouvrier, n'avait lui-même ni père ni mère. L'ouvrier accepta l'enfant, l'orphelin adopta l'orpheline. Il la prit, il la veilla, il la vêtit, il la nourrit, il la garda, il l'éleva, il l'aima. Il se donna tout entier à cette pauvre petite créature que la guerre civile jetait dans son échoppe. Il oublia tout pour elle, sa jeunesse, ses amourettes, son plaisir. Il fit de cet enfant l'objet unique de son travail, de ses affections, de sa vie, et voilà seize ans que cela dure. Gilbert, l'ouvrier, c'était vous; l'enfant...

GILBERT. — C'était Jane. — Tout est vrai dans ce que tu dis; mais où veux-tu en venir?

L'HOMME. — J'ai oublié de dire qu'aux langes de l'enfant il y avait un papier attaché avec une épingle sur lequel on avait écrit ceci : *Ayez pitié de Jane.*

GILBERT. — C'était écrit avec du sang. J'ai conservé ce papier, je le porte toujours sur moi. Mais tu me mets à la torture. Où veux-tu en venir, dis?

L'HOMME. — A ceci. — Vous voyez que je connais vos affaires. Gilbert! veillez sur votre maison cette nuit.

GILBERT. — Que veux-tu dire?

L'HOMME. — Plus un mot. N'allez pas à votre travail. Restez aux environs de cette maison. Veillez. Je ne suis ni votre ami ni votre ennemi, mais c'est un avis que je vous donne. Maintenant, pour ne pas vous nuire à vous-même, laissez-moi. Allez-vous-en de ce côté, et venez si vous m'entendez appeler main-forte.

GILBERT. — Qu'est-ce que cela signifie?
Il sort à pas lents.

SCÈNE V.

L'HOMME, seul.

La chose est bien arrangée ainsi. J'avais besoin de quelqu'un de jeune et de fort qui pût me prêter secours, s'il est nécessaire. Ce Gilbert est ce qu'il me faut. — Il me semble que j'entends un bruit de rames et de guitare sur l'eau. — Oui.

Il va au parapet.

On entend une guitare et une voix éloignée qui chante :

> Quand tu chantes, bercée
> Le soir entre mes bras,
> Entends-tu ma pensée
> Qui te répond tout bas?
> Ton doux chant me rappelle
> Les plus beaux de mes jours !... —
>   Chantez, ma belle,
>   Chantez toujours!

L'HOMME. — C'est mon homme.
LA VOIX. *Elle s'approche à chaque couplet.*

> Quand tu ris, sur ta bouche
> L'amour s'épanouit,
> Et le soupçon farouche
> Soudain s'évanouit!
> Ah! le rire fidèle
> Prouve un cœur sans détours. . —
>   Riez, ma belle,
>   Riez toujours.

> Quand tu dors, calme et pure,
> Dans l'ombre, sous mes yeux,
> Ton haleine murmure
> Des mots harmonieux,
> Ton beau corps se révèle
> Sans voile et sans atours... —
>   Dormez, ma belle,
>   Dormez toujours.

> Quand tu me dis : Je t'aime!
> Ô ma beauté! je crois...
> Je crois que le ciel même
> S'ouvre au-dessus de moi!
> Ton regard étincelle
> D'un beau feu des amours... —
>   Aimez, ma belle,
>   Aimez toujours.

> Vois-tu? toute la vie
> Tient dans ces quatre mots,
> Tous les biens qu'on envie,
> Tous les biens sans les maux !
> Tout ce qui peut séduire,
> Tout ce qui peut charmer... —
>   Chanter et rire,
>   Dormir, aimer.

L'HOMME. — Il débarque. Bien. Il congédie le batelier. A merveille ! (*Revenant sur le devant du théâtre.*)—Le voici qui vient.

Entre Fabiano Fabiani dans son manteau; il se dirige vers la porte de la maison.

SCÈNE VI.

L'HOMME, FABIANO FABIANI.

L'HOMME, *arrêtant Fabiani.* — Un mot, s'il vous plaît.
FABIANI. — On me parle, je crois. Quel est ce maraud? qui es-tu?
L'HOMME. — Ce qu'il vous plaira que je sois.

FABIANI. — Cette lanterne éclaire mal. Mais tu as un bonnet jaune, il me semble, un bonnet de juif. Est-ce que tu es un juif?
L'HOMME. — Oui, un juif. J'ai quelque chose à vous dire.
FABIANI. — Comment t'appelles-tu?
L'HOMME. — Je sais votre nom, et vous ne savez pas le mien. J'ai l'avantage sur vous. Permettez-moi de le garder.
FABIANI. — Tu sais mon nom, toi? cela n'est pas vrai.
L'HOMME. — Je sais votre nom. A Naples on vous appelait signor Fabiani : à Madrid, don Faviano ; à Londres on vous appelle lord Fabiano Fabiani, comte de Clanbrassil.
FABIANI. — Que le diable t'emporte !
L'HOMME. — Que Dieu vous garde !
FABIANI. — Je te ferai bâtonner. Je ne veux pas qu'on sache mon nom quand je vais devant moi la nuit.
L'HOMME. — Surtout quand vous allez où vous allez.
FABIANI. — Que veux-tu dire?
L'HOMME. — Si la reine le savait !
FABIANI. — Je ne vais nulle part.
L'HOMME. — Si, milord ! vous allez chez la belle Jane, la fiancée de Gilbert le ciseleur.
FABIANI, *à part.* — Diable ! voilà un homme dangereux.
L'HOMME. — Voulez-vous que je vous en dise davantage? vous avez séduit cette fille, et depuis un mois elle vous a reçu deux fois chez elle la nuit. C'est aujourd'hui la troisième. La belle vous attend.
FABIANI. — Tais-toi ! tais-toi ! Veux-tu de l'argent pour te taire? combien veux-tu?
L'HOMME. — Nous verrons cela tout à l'heure. Maintenant, milord, voulez-vous que je vous dise pourquoi vous avez séduit cette fille?
FABIANI. — Pardieu ! parce que j'en étais amoureux.
L'HOMME. — Non, vous n'en étiez pas amoureux.
FABIANI. — Je n'étais pas amoureux de Jane?
L'HOMME. — Pas plus que de la reine. — Amour, non ; calcul, oui.
FABIANI. — Ah çà ! drôle, tu n'es pas un homme ; tu es ma conscience habillée en juif !
L'HOMME. — Je vais vous parler comme votre conscience, milord. Voici toute votre affaire. Vous êtes le favori de la reine. La reine vous a donné la Jarretière, la comté et la seigneurie. Choses creuses que cela ! la Jarretière, c'est un chiffon ; la comté, c'est un mot ; la seigneurie, c'est le droit d'avoir la tête tranchée. Il vous fallait mieux. Il vous fallait, milord, de bonnes terres, de bons bailliages, de bons châteaux et de bons revenus en bonnes livres sterling. Or, le roi Henri VIII avait confisqué les biens de lord Talbot, décapité il y a seize ans. Vous vous êtes fait donner par la reine Marie les biens de lord Talbot. Mais, pour que la donation fût valable, il fallait que lord Talbot fût mort sans postérité. S'il existait un héritier ou une héritière de lord Talbot, comme lord Talbot est mort pour la reine Marie et pour sa mère Catherine d'Aragon, comme lord Talbot était papiste, et comme la reine Marie est papiste, il n'est pas douteux que la reine Marie vous reprendrait les biens, tout favori que vous êtes, milord, et les rendrait, par devoir, par reconnaissance et par religion, à l'héritier ou à l'héritière. Vous étiez assez tranquille de ce côté. Lord Talbot n'avait jamais eu qu'une petite fille qui avait disparu de son berceau à l'époque de l'exécution de son père, et toute l'Angleterre croyait morte. Mais vos espions ont découvert dernièrement que, dans la nuit où lord Talbot et son parti furent exterminés par Henri VIII, un enfant avait été mystérieusement déposé chez un ouvrier ciseleur de Londres, et qu'il était probable que cet enfant, élevé sous le nom de Jane, était Jane Talbot, la petite fille disparue. Les preuves écrites de sa naissance manquaient, il est vrai ; mais tous les jours elles pouvaient se retrouver. L'incident était fâcheux. Se voir peut-être forcé un jour de rendre à une petite fille Shrewsbury, Wexford, et la belle ville, et la magnifique comté de Waterford ! c'est dur. Comment faire ? Vous avez cherché un moyen de détruire et d'annuler la jeune fille. Un honnête homme l'eût fait assassiner ou empoisonner.

Encore aujourd'hui ton père, dans huit jours ton mari. (Page 6.)

Vous, milord, vous avez mieux fait, vous l'avez déshonorée.

FABIANI. — Insolent!

L'HOMME. — C'est votre conscience qui parle, milord. Un autre eût pris la vie à la jeune fille, vous lui avez pris l'honneur, et par conséquent l'avenir. La reine Marie est prude, quoiqu'elle ait des amants.

FABIANI. — Cet homme va au fond de tout.

L'HOMME. — La reine est d'une mauvaise santé; la reine peut mourir, et alors, vous favori, vous tomberiez en ruine sur son tombeau. Les preuves matérielles de l'état de la jeune fille peuvent se retrouver, et alors, si la reine est morte, toute déshonorée que vous l'avez faite, Jane sera reconnue héritière de Talbot. Eh bien! vous avez prévu ce cas-là; vous êtes un jeune cavalier de belle mine, vous vous êtes fait aimer d'elle, elle s'est donnée à vous, au pis-aller vous l'épouseriez. Ne vous défendez pas de ce plan, milord, je le trouve sublime. Si je n'étais moi, je voudrais être vous.

FABIANI. — Merci.

L'HOMME. — Vous avez conduit la chose avec adresse.

Vous avez caché votre nom. Vous êtes à couvert du côté de la reine. La pauvre fille croit avoir été séduite par un chevalier du pays de Sommerset, nommé Amyas Pawlet.

FABIANI. — Tout! il sait tout! Allons, maintenant, au fait, que me veux-tu?

L'HOMME. — Milord, si quelqu'un avait en son pouvoir les papiers qui constatent la naissance, l'existence et le droit de l'héritière de Talbot, cela vous ferait pauvre comme mon ancêtre Job, et ne vous laisserait plus d'autres châteaux, don Fabiano, que vos châteaux en Espagne, ce qui vous contrarierait fort.

FABIANI. — Oui; mais personne n'a ces papiers.

L'HOMME. — Si.

FABIANI. — Qui?

L'HOMME. — Moi.

FABIANI. — Bah! toi, misérable! ce n'est pas vrai. Juif qui parle, bouche qui ment.

L'HOMME. — J'ai ces papiers.

FABIANI. — Tu mens. Où les as-tu?

L'HOMME. — Dans ma poche.

L'HOMME. — J'ai tout calculé, tout prévu.
FABIANI. — Excepté ceci.   (Page 10.)

FABIANI. — Je ne te crois pas. Bien en règle? il n'y manque rien?

L'HOMME. — Il n'y manque rien.

FABIANI. — Alors, il me les faut.

L'HOMME. — Doucement.

FABIANI. — Juif, donne-moi ces papiers.

L'HOMME. — Fort bien. — Juif, misérable mendiant qui passes dans la rue, donne-moi la ville de Shrewsbury, donne-moi la ville de Wexford, donne-moi le comté de Waterford. — La charité, s'il vous plaît!

FABIANI. — Ces papiers sont tout pour moi, et ne sont rien pour toi.

L'HOMME. — Simon Renard et lord Chandos me les payeraient bien cher.

FABIANI. — Simon Renard et lord Chandos sont les deux chiens entre lesquels je te ferai pendre.

L'HOMME. — Vous n'avez rien autre chose à me proposer? Adieu.

FABIANI. — Ici, juif! — Que veux-tu que je te donne pour ces papiers?

L'HOMME. — Quelque chose que vous avez sur vous.

FABIANI. — Ma bourse?

L'HOMME. — Fi donc! voulez-vous la mienne!

FABIANI. — Quoi, alors?

L'HOMME. — Il y a un parchemin qui ne vous quitte jamais. C'est un blanc-seing que vous a donné la reine, et où elle jure sur sa couronne catholique d'accorder à celui qui le lui présentera la grâce, quelle qu'elle soit, qu'il lui demandera. Donnez-moi ce blanc-seing, vous aurez les titres de Jane Talbot. Papier pour papier.

FABIANI. — Que veux-tu faire de ce blanc-seing?

L'HOMME. — Voyons. Jeu sur table, milord. Je vous ai dit vos affaires, je vais vous dire les miennes. Je suis un des principaux argentiers juifs de la rue Kantersten, à Bruxelles. Je prête mon argent. C'est mon métier. Je prête dix et l'on me rend quinze. Je prête à tout le monde, je prêterais au diable, je prêterais au pape. Il y a deux mois, un de mes débiteurs est mort sans m'avoir payé. C'était un ancien serviteur exilé de la famille Talbot. Le pauvre homme n'avait laissé que quelques guenilles. Je les fis saisir. Dans ces guenilles je trouvai une boîte et dans cette boite des papiers. Les papiers de Jane Talbot, milord, avec toute son histoire contée en détail et appuyée de preuves pour des temps meilleurs. La reine d'Angleterre venait précisément de vous donner les biens de Jane Talbot. Or, j'avais justement besoin de la reine d'Angleterre pour un prêt de dix mille marcs d'or. Je compris qu'il y avait une affaire à faire avec vous. Je vins en Angleterre sous ce déguisement, j'épiai vos démarches moi-même, j'épiai Jane Talbot moi-même, je fais tout moi-même. De cette façon, j'appris tout, et me voici. Vous aurez les papiers de Jane Talbot si vous me donnez le blanc-seing de la reine. J'écrirai dessus que la reine me donne dix mille marcs d'or. On me doit quelque chose ici au bureau de l'excise, mais je ne chicanerai pas. Dix mille marcs d'or, rien de plus. Je ne vous demande pas la somme à vous, parce qu'il n'y a qu'une tête couronnée qui puisse la payer. Voilà parler nettement, j'espère. Voyez-vous, milord, deux hommes aussi adroits que vous et moi n'ont rien à gagner à se tromper l'un l'autre. Si la franchise était bannie de la terre, c'est dans le tête-à-tête de deux fripons qu'elle devrait se retrouver.

FABIANI. — Impossible. Je ne puis te donner ce blanc-seing. Dix mille marcs d'or! Que dirait la reine? Et puis, demain je puis être disgracié; ce blanc-seing, c'est ma sauve-garde; ce blanc-seing, c'est ma tête.

L'HOMME. — Qu'est-ce que cela me fait?

FABIANI. — Demande-moi autre chose.

L'HOMME. — Je veux cela.

FABIANI. — Juif, donne-moi les papiers de Jane Talbot.

L'HOMME. — Milord, donnez-moi le blanc-seing de la reine.

FABIANI. — Allons, juif maudit, il faut te céder.

Il tire un papier de sa poche.

L'HOMME. — Montrez-moi le blanc-seing de la reine.

FABIANI. — Montre-moi les papiers de Talbot.

L'HOMME. — Après. (*Ils s'approchent de la lanterne. Fabiani, placé derrière le juif, de la main gauche lui tient le papier sous les yeux. L'homme l'examine. — Il lit.*) « Nous, Marie, reine... » — C'est bien. — Vous voyez que je suis comme vous, milord. J'ai tout calculé. J'ai tout prévu.

FABIANI. (*Il tire son poignard de la main droite et le lui enfonce dans la gorge.*) — Excepté ceci.

L'HOMME. — Oh! traître!... — A moi!

Il tombe. — En tombant, il jette dans l'ombre, derrière lui, sans que Fabiani s'en aperçoive, un paquet cacheté.

FABIANI, *se penchant sur le corps.* — Je le crois mort, ma foi! — Vite, ces papiers. (*Il fouille le juif.*) — Mais quoi! il n'a rien! rien sur lui! pas un papier, le vieux mécréant! il mentait! il me trompait! il me volait! Voyez-vous cela, damné juif! Oh! il n'a rien, c'est fini! Je l'ai tué pour rien! Ils sont tous ainsi, ces juifs. Le mensonge et le vol, c'est tout le juif! — Allons, débarrassons-nous du cadavre, je ne puis le laisser devant cette porte. (*Allant au fond du théâtre.*) — Voyons si le batelier est encore là, qu'il m'aide à le jeter dans la Tamise.

Il descend et disparaît derrière le parapet.

GILBERT, *entrant par le côté opposé.* — Il me semble que j'ai entendu un cri. (*Il aperçoit le corps étendu à terre sous la lanterne.*) Quelqu'un d'assassiné! — le mendiant!

L'HOMME, *se soulevant à demi.* — Ah!... — vous venez trop tard, Gilbert. (*Il désigne du doigt l'endroit où il a jeté le paquet.*) — Prenez ceci, ce sont des papiers qui prouvent que Jane, votre fiancée, est la fille et l'héritière du dernier lord Talbot. Mon assassin est lord Clanbrassil, le favori de la reine. — Ah! j'étouffe. — Gilbert, venge-moi et venge-toi!... —

Il meurt.

GILBERT. — Mort! — Que je me venge! que veut-il dire? Jane, fille de lord Talbot! lord Clanbrassil! le favori de la reine! oh! je m'y perds! (*Secouant le cadavre.*) — Parle, encore un mot! — Il est bien mort!

SCÈNE VII.

GILBERT, FABIANI.

FABIANI, *revenant.* — Qui va là?

GILBERT. — On vient d'assassiner un homme.

FABIANI. — Non, un juif.

GILBERT. — Qui a tué cet homme?

FABIANI. — Pardieu! vous ou moi.

GILBERT. — Monsieur!...

FABIANI. — Pas de témoins. Un cadavre à terre. Deux hommes à côté. Lequel est l'assassin? rien ne prouve que ce soit l'un plutôt que l'autre, moi plutôt que vous.

GILBERT. — Misérable! l'assassin, c'est vous.

FABIANI. — Eh bien! oui, au fait! c'est moi. — Après?

GILBERT. — Je vais appeler les constables.

FABIANI. — Vous allez m'aider à jeter le corps à l'eau.

GILBERT. — Je vous ferai saisir et punir.

FABIANI. — Vous m'aiderez à jeter le corps à l'eau.

GILBERT. — Vous êtes impudent!

FABIANI. — Croyez-moi, effaçons toute trace de ceci, vous y êtes plus intéressé que moi.

GILBERT. — Voilà qui est fort!

FABIANI. — Un de nous deux a fait le coup. Moi, je suis un grand seigneur, un noble lord. Vous, vous êtes un passant, un manant, un homme du peuple. Un gentilhomme qui tue un juif paye quatre sous d'amende. Un homme du peuple qui en tue un autre est pendu.

GILBERT. — Vous oseriez!...

FABIANI. — Si vous me dénoncez, je vous dénonce. On me croira plutôt que vous. En tout cas, les chances sont inégales. Quatre sous d'amende pour moi, la potence pour vous.

GILBERT. — Pas de témoins! pas de preuves! Oh! ma tête s'égare! Le misérable me tient, il a raison.

FABIANI. — Vous aiderai-je à jeter le cadavre à l'eau?

GILBERT. — Vous êtes le démon!

Gilbert prend le corps par la tête, Fabiani par les pieds. Ils le portent jusqu'au parapet.

FABIANI. — Oui. — Ma foi, mon cher, je ne sais plus au juste lequel de nous deux a tué cet homme. (*Ils descendent derrière le parapet. — Reparaissant.*) — Voilà qui est fait. — Bonne nuit, mon camarade, allez à vos affaires. (*Il se dirige vers la maison, et se retourne voyant que Gilbert le suit.*) — Eh bien! que voulez-vous? quelque argent pour votre peine? en conscience, je ne vous dois rien; mais tenez. (*Il donne sa bourse à Gilbert, dont le premier mouvement est un geste de refus, et qui accepte ensuite de l'air d'un homme qui se ravise.*) — Maintenant allez-vous-en. Eh bien! qu'attendez-vous encore?

GILBERT. — Rien.

FABIANI. — Ma foi, restez là si bon vous semble! A vous la belle étoile, à moi la belle fille. Dieu vous garde!

Il se dirige vers la porte de la maison et paraît disposé à à l'ouvrir.

GILBERT. — Où allez-vous ainsi?

FABIANI. — Pardieu! chez moi!

GILBERT. — Comment, chez vous?

FABIANI. — Oui.

GILBERT. — Quel est celui de nous deux qui rêve? Vous me disiez tout à l'heure que l'assassin du juif, c'était moi; vous me dites à présent que cette maison-ci est la vôtre.

FABIANI. — Ou celle de ma maîtresse, ce qui revient au même.

GILBERT. — Répétez-moi ce que vous venez de dire.

FABIANI. — Je dis, l'ami, puisque vous voulez le savoir, que cette maison est celle d'une belle fille nommée Jane, qui est ma maîtresse.

GILBERT. — Et moi je dis, milord, que tu mens! je dis que tu es un faussaire et un assassin, je dis que tu es un fourbe impudent, je dis que tu viens de prononcer là des paroles fatales dont nous mourrons tous les deux, vois-tu ; toi pour les avoir dites, moi pour les avoir entendues !

FABIANI. — Là, là. Quel est ce diable d'homme ?

GILBERT. — Je suis Gilbert le ciseleur. Jane est ma fiancée.

FABIANI. — Et moi je suis le chevalier Amyas Pawlet. Jane est ma maîtresse.

GILBERT. — Tu mens, te dis-je ; tu es lord Clanbrassil, le favori de la reine. Imbécile, qui crois que je ne sais pas cela !

FABIANI, *à part.* — Tout le monde me connaît donc cette nuit ! — Encore un homme dangereux, et dont il faudra se défaire !

GILBERT. — Dis-moi sur-le-champ que tu as menti comme un lâche, et que Jane n'est pas ta maîtresse.

FABIANI. — Connais-tu son écriture ? (*Il tire un billet de sa poche.*) — Lis ceci. (*A part, pendant que Gilbert déploie convulsivement le papier.*) — Il importe qu'il rentre chez lui et qu'il cherche querelle à Jane, cela donnera à mes gens le temps d'arriver.

GILBERT, *lisant.* — « Je serai seule cette nuit, vous pouvez venir. » — Malédiction ! milord, tu as déshonoré ma fiancée, tu es un infâme ! Rends-moi raison !

FABIANI, *mettant l'épée à la main.* — Je veux bien. Où est ton épée ?

GILBERT. — O rage ! être du peuple ! n'avoir rien sur soi, ni épée ni poignard ! Va, je t'attendrai la nuit au coin d'une rue, et je t'enfoncerai mes ongles dans le cou, et je t'assassinerai, misérable !

FABIANI. — Là, là, vous êtes violent, mon camarade.

GILBERT. — Oh ! mylord, je me vengerai de toi !

FABIANI. — Toi ! te venger de moi ! toi si bas, moi si haut ! tu es fou ! je t'en défie.

GILBERT. — Tu m'en défies ?

FABIANI. — Oui.

GILBERT. — Tu verras !

FABIANI, *à part.* — Il ne faut pas que le soleil de demain se lève pour cet homme. (*Haut.*) — L'ami, crois-moi, rentre chez toi. Je suis fâché que tu aies découvert cela ; mais je te laisse la belle. Mon intention, d'ailleurs, n'était pas de pousser l'amourette plus loin. Rentre chez toi. (*Il jette une clef aux pieds de Gilbert.*) — Si tu n'as pas de clef, en voici une. Ou, si tu l'aimes mieux, tu n'as qu'à frapper quatre coups contre ce volet, Jane croira que c'est moi, et elle t'ouvrira. Bonsoir.

Il sort.

SCÈNE VIII.

GILBERT, *resté seul.*

Il est parti ! il n'est plus là ! je ne l'ai pas pétri et broyé sous mes pieds, cet homme ! Il a fallu le laisser partir ! pas une arme sur moi ! (*Il aperçoit à terre le poignard avec lequel lord Clanbrassil a tué le juif ; il le ramasse avec un empressement furieux.*) — Ah ! tu arrives trop tard ! — tu ne pourras probablement plus rien ! mais c'est égal, que tu sois tombé du ciel ou vomi par l'enfer, je te bénis ! — Oh ! Jane m'a trahi ! Jane s'est donnée à cet infâme ! Jane est l'héritière de lord Talbot ! Jane est perdue pour moi ! — O Dieu ! voilà en une heure plus de choses terribles sur moi que ma tête n'en peut porter ! (*Simon Renard paraît dans les ténèbres au fond du théâtre.*) — Oh ! me venger de cet homme ! me venger de ce lord Clanbrassil ! Si je vais au palais de la reine, les laquais me chasseront à coups de pied comme un chien ! Oh ! je suis fou, ma tête se brise. Oh ! cela m'est égal de mourir, mais je voudrais être vengé ! je donnerais mon sang pour la vengeance ! N'y a-t-il personne au monde qui veuille faire ce marché avec moi ? Qui veut me venger de lord Clanbrassil et prendre ma vie pour payement ?...

SCÈNE IX.

GILBERT, SIMON RENARD.

SIMON RENARD, *faisant un pas.* — Moi.

GILBERT. — Toi ! qui es-tu ?

SIMON RENARD. — Je suis l'homme que tu désires.

GILBERT. — Sais-tu qui je suis ?

SIMON RENARD. — Tu es l'homme qu'il me faut.

GILBERT. — Je n'ai plus qu'une idée, sais-tu cela ? être vengé de lord Clanbrassil, et mourir.

SIMON RENARD. — Tu seras vengé de lord Clanbrassil, et tu mourras.

GILBERT. — Qui que tu sois, merci !

SIMON RENARD. — Oui, tu auras la vengeance que tu veux ; mais n'oublie pas à quelle condition. Il me faut ta vie.

GILBERT. — Prends-la.

SIMON RENARD. — C'est convenu ?

GILBERT. — Oui.

SIMON RENARD. — Suis-moi.

GILBERT. — Où ?

SIMON RENARD. — Tu le sauras.

GILBERT. — Songe que tu me promets de me venger !

SIMON RENARD. — Songe que tu me promets de mourir !

DEUXIÈME JOURNÉE

LA REINE

Une chambre de l'appartement de la reine. — Un évangile ouvert sur un prie-Dieu. La couronne royale sur un escabeau. — Portes latérales. — Une large porte au fond. — Une partie du fond masquée par une grande tapisserie de haute lisse.

SCÈNE PREMIÈRE.

LA REINE, splendidement vêtue, couchée sur un lit de repos ; FABIANO FABIANI, assis sur un pliant, à côté ; magnifique costume ; la Jarretière.

FABIANI, *une guitare à la main, chantant.*

Quand tu dors, calme et pure,
Dans l'ombre, sous mes yeux,
Ton haleine murmure
Des mots harmonieux.
Ton beau corps se révèle
Sans voile et sans atours... —
  Dormez, ma belle,
  Dormez toujours !

Quand tu me dis : Je t'aime !
O beauté, je crois...
Je crois que le ciel même
S'ouvre au-dessus de moi !
Ton regard étincelle
Du beau feu des amours... —
  Aimez, ma belle,
  Aimez toujours !

Vois-tu ? toute la vie
Tient dans ces quatre mots,
Tous les biens qu'on envie,
Tous les biens sans les maux !

Tout ce qui peut séduire,
Tout ce qui peut charmer..
Chanter et rire,
Dormir, aimer !

Il pose la guitare à terre.

Oh ! je vous aime plus que je ne peux dire, madame ! mais ce Simon Renard ! ce Simon Renard, plus puissant que vous-même ici ! je le hais.

LA REINE. — Vous savez bien que je n'y puis rien, milord. Il est ici le légat du prince d'Espagne, mon futur mari.

FABIANI. — Votre futur mari !

LA REINE. — Allons, milord, ne parlons plus de cela. Je vous aime, que vous faut-il de plus ? Et puis, voici qu'il est temps de vous en aller.

FABIANI. — Marie, encore un instant !

LA REINE. — Mais c'est l'heure où le conseil étroit va s'assembler. Il n'y a eu ici jusqu'à cette heure que la femme, il faut laisser entrer la reine.

FABIANI. — Je veux, moi, que la femme fasse attendre la reine à la porte.

LA REINE. — Vous voulez, vous ! vous voulez, vous ! regardez-moi, milord. Tu as une jeune et charmante tête, Fabiano !

FABIANI. — C'est vous qui êtes belle, madame ! Vous n'auriez besoin que de votre beauté pour être toute-puissante. Il y a sur votre tête quelque chose qui dit que vous êtes la reine, mais cela est encore bien mieux écrit sur votre front que sur votre couronne.

LA REINE. — Vous me flattez.

FABIANI. — Je t'aime.

LA REINE. — Tu m'aimes, n'est-ce pas ? Tu n'aimes que moi ? Redis-le-moi encore comme cela, avec ces yeux-là. Hélas ! nous autres pauvres femmes, nous ne savons jamais au juste ce qui se passe dans le cœur d'un homme ; nous sommes obligées d'en croire vos yeux, et les plus beaux, Fabiano, sont quelquefois les plus menteurs. Mais dans les tiens, milord, il y a tant de loyauté, tant de candeur, tant de bonne foi, qu'ils ne peuvent mentir, ceux-là, n'est-ce pas ? Oui, ton regard est naïf et sincère, mon beau page. Oh ! prendre des yeux célestes pour tromper, ce serait infernal. Ou tes yeux sont les yeux d'un ange, ou ils sont ceux d'un démon.

FABIANI. — Ni démon, ni ange. Un homme qui vous aime.

LA REINE. — Qui aime la reine ?

FABIANI. — Qui aime Marie.

LA REINE. — Écoute, Fabiano, je t'aime aussi, moi. Tu es jeune, il y a beaucoup de belles femmes qui te regardent fort doucement, je le sais. Enfin, on se lasse d'une reine comme d'une autre. Ne m'interromps pas. Si jamais tu deviens amoureux d'une autre femme, je veux que tu me le dises. Je te pardonnerai peut-être si tu me le dis. Ne m'interromps donc pas. Tu ne sais pas à quel point je t'aime, je ne le sais pas moi-même ! Il y a des moments, cela est vrai, où je t'aimerais mieux mort qu'heureux avec une autre ; mais il y a aussi des moments où je t'aimerais mieux heureux. Mon Dieu ! je ne sais pas pourquoi on cherche à me faire la réputation d'une méchante femme.

FABIANI. — Je ne puis être heureux qu'avec toi, Marie. Je n'aime que toi.

LA REINE. — Bien sûr ? Regarde-moi ; bien sûr ? Oh ! je suis jalouse par instants ! je me figure, — quelle est la femme qui n'a pas de ces idées-là ? — je me figure quelquefois que tu me trompes. Je voudrais être invisible, et pouvoir te suivre, et toujours savoir ce que tu fais, ce que tu dis, où tu es. Il y a dans les contes des fées une bague qui rend invisible ; je donnerais ma couronne pour cette bague-là. Je m'imagine sans cesse que tu vas voir les belles jeunes femmes qu'il y a dans la ville. Oh ! il ne faudrait pas me tromper, vois-tu !

FABIANI. — Mais ôtez-vous donc ces idées-là de l'esprit, madame ! Moi vous tromper, ma dame, ma reine, ma bonne maîtresse ! Mais il faudrait que je fusse le plus ingrat et le plus misérable des hommes pour cela ! Mais je ne vous ai donné aucune raison de croire que je fusse le plus ingrat et le plus misérable des hommes ! Mais je t'aime, Marie ! mais je t'adore ; mais je ne pourrais seulement pas regarder une autre femme ! Je t'aime, te dis-je ; mais est-ce que tu ne vois pas cela dans mes yeux ? Oh ! mon Dieu ! il y a un accent de vérité qui devrait persuader, pourtant. Voyons, regarde-moi bien, est-ce que j'ai l'air d'un homme qui te trahit ? quand un homme trahit une femme, cela se voit tout de suite. Les femmes ordinairement ne se trompent pas à cela. Et quel moment choisis-tu pour me dire des choses pareilles, Marie ? le moment de ma vie où je t'aime peut-être le plus ! C'est vrai, il me semble que je ne t'ai jamais tant aimée qu'aujourd'hui ! Je ne parle pas ici à la reine. Pardieu ! je me moque bien de la reine ! Qu'est-ce qu'elle peut me faire la reine ? elle peut me faire couper la tête, qu'est-ce que cela ? Toi, Marie, tu peux me briser le cœur ! ce n'est pas Votre Majesté que j'aime, c'est toi. C'est ta belle main blanche et douce que je baise et que j'adore, et non votre sceptre, madame !

LA REINE. — Merci, mon Fabiano. Adieu. — Mon Dieu ! milord, que vous êtes jeune ! les beaux cheveux noirs et la charmante tête que voilà ! — Revenez dans une heure.

FABIANI. — Ce que vous appelez une heure, vous, je l'appelle un siècle, moi !

Il sort.

Sitôt qu'il est sorti, la reine se lève précipitamment, va à une porte masquée, l'ouvre, et introduit Simon Renard.

SCÈNE II.

LA REINE, SIMON RENARD.

LA REINE. — Entrez, monsieur le bailli. Eh bien ! étiez-vous resté là ? l'avez-vous entendu ?

SIMON RENARD. — Oui, madame.

LA REINE. — Qu'en dites-vous ? Oh ! c'est le plus fourbe et le plus faux des hommes ! Qu'en dites-vous ?

SIMON RENARD. — Je dis, madame, qu'on voit bien que cet homme porte un nom en *i*.

LA REINE. — Et vous êtes sûr qu'il va chez cette femme la nuit ? vous l'avez vu ?

SIMON RENARD. — Moi, Chandos, Clinton, Montagu, dix témoins.

LA REINE. — C'est que c'est vraiment infâme !

SIMON RENARD. — D'ailleurs la chose sera encore mieux prouvée à la reine tout à l'heure. La jeune fille est ici, comme je l'ai dit à Votre Majesté. Je l'ai fait saisir dans sa maison cette nuit.

LA REINE. — Mais est-ce que ce n'est pas là un crime suffisant pour lui faire trancher la tête à cet homme, monsieur ?

SIMON RENARD. — Avoir été chez une jolie fille la nuit ? non, madame. Votre Majesté a fait mettre en jugement Trogmorton pour un fait pareil ; Trogmorton a été absous.

LA REINE. — J'ai puni les juges de Trogmorton.

SIMON RENARD. — Tâchez de n'avoir pas à punir les juges de Fabiani.

LA REINE. — Oh ! comment me venger de ce traître ?

SIMON RENARD. — Votre Majesté ne veut la vengeance que d'une certaine manière ?

LA REINE. — La seule qui soit digne de moi.

SIMON RENARD. — Trogmorton a été absous, madame. Il n'y a qu'un moyen, je l'ai dit à Votre Majesté. L'homme qui est là.

LA REINE. — Fera-t-il tout ce que je voudrai ?

SIMON RENARD. — Oui, si vous faites tout ce qu'il voudra.

LA REINE. — Donnera-t-il sa vie ?

SIMON RENARD. — Il fera ses conditions ; mais il donnera sa vie.

LA REINE. — Qu'est-ce qu'il veut ? savez-vous ?

SIMON RENARD. — Ce que vous voulez vous-même. Se venger.

LA REINE. — Dites qu'il entre, et restez par là à portée de la voix. — Monsieur le bailli !

SIMON RENARD, *revenant*. — Madame?...

LA REINE. — Dites à milord Chandos qu'il se tienne là dans la chambre voisine avec six hommes de mon ordonnance, tous prêts à entrer. — Et la femme aussi, toute prête à entrer ! — Allez.

Simon Renard sort.

LA REINE, *seule*. — Oh ! ce sera terrible !

Une des portes latérales s'ouvre. Entrent Simon Renard et Gilbert.

SCÈNE III.

LA REINE, GILBERT, SIMON RENARD.

GILBERT. — Devant qui suis-je?
SIMON RENARD. — Devant la reine.
GILBERT. — La reine !

LA REINE. — C'est bien, oui, la reine. Je suis la reine. Nous n'avons pas le temps de nous étonner. Vous, monsieur, vous êtes Gilbert, un ouvrier ciseleur. Vous demeurez quelque part par là au bord de l'eau avec une nommée Jane, dont vous êtes le fiancé, et qui vous trompe, et qui a pour amant un nommé Fabiano, qui me trompe, moi. Vous voulez vous venger, et moi aussi. Pour cela, j'ai besoin de disposer de votre vie à ma fantaisie. J'ai besoin que vous disiez ce que je vous commanderai de dire, quoi que ce soit. J'ai besoin qu'il n'y ait plus pour vous ni faux ni vrai, ni bien ni mal, ni juste ni injuste, rien que ma vengeance et ma volonté. J'ai besoin que vous me laissiez faire et que vous vous laissiez faire. Y consentez-vous?

GILBERT. — Madame...

LA REINE. — La vengeance, tu l'auras. Mais je te préviens qu'il faudra mourir. Voilà tout. Fais tes conditions. Si tu as une vieille mère, et qu'il faille couvrir sa nappe de lingots d'or, parle, je le ferai. Vends-moi ta vie aussi cher que tu voudras.

GILBERT. — Je ne suis plus décidé à mourir, madame.

LA REINE. — Comment?

GILBERT. — Tenez, Majesté, j'ai réfléchi toute la nuit, rien ne m'est prouvé encore dans cette affaire. J'ai vu un homme qui s'est vanté d'être l'amant de Jane. Qui me dit qu'il n'a pas menti? J'ai vu une clef. Qui me dit qu'on ne l'a pas volée? J'ai vu une lettre. Qui me dit qu'on ne l'a pas fait écrire de force? D'ailleurs je ne sais même plus si c'était bien son écriture. Il faisait nuit. J'étais troublé. Je n'y voyais pas. Je ne puis donner ma vie qui est la sienne, comme cela. Je ne crois à rien, je ne suis sûr de rien, je n'ai pas vu Jane.

LA REINE. — On voit bien que tu aimes ! tu es comme moi, tu résistes à toutes les preuves. Et si tu la vois, cette Jane, si tu l'entends avouer le crime, feras-tu ce que je veux?

GILBERT. — Oui. A une condition.

LA REINE. — Tu me la diras plus tard. (*A Simon Renard.*) — Cette femme ici tout de suite ! (*Simon Renard sort. La reine place Gilbert derrière un rideau qui occupe une partie du fond de l'appartement.*) — Mets-toi là.

Entre Jane, pâle et tremblante.

SCÈNE IV.

LA REINE, JANE, GILBERT derrière le rideau.

LA REINE. — Approche, jeune fille, tu sais qui nous sommes?

JANE. — Oui, madame.

LA REINE. — Tu sais quel est l'homme qui t'a séduite?

JANE. — Oui, madame.

LA REINE. — Il t'avait trompée? Il s'était fait passer pour un gentilhomme nommé Amyas Pawlet?

JANE. — Oui, madame.

LA REINE. — Tu sais maintenant que c'est Fabiano Fabiani, comte de Clanbrassil?

JANE. — Oui, madame.

LA REINE. — Cette nuit, quand on est venu te saisir dans ta maison, tu lui avais donné rendez-vous, tu l'attendais?

JANE, *joignant les mains*. — Mon Dieu, madame !

LA REINE. — Réponds.

JANE, *d'une voix faible*. — Oui.

LA REINE. — Tu sais qu'il n'y a plus rien à espérer ni pour lui ni pour toi?

JANE. — Que la mort. C'est une espérance.

LA REINE. — Raconte-moi toute l'aventure. Où as-tu rencontré cet homme pour la première fois?

JANE. — La première fois que je l'ai vu, c'était... — Mais à quoi bon tout cela? Une malheureuse fille du peuple, pauvre et vaine, folle et coquette, amoureuse de parures et de beaux dehors, qui se laisse éblouir par la belle mise d'un grand seigneur. Voilà tout. Je suis séduite, je suis déshonorée, je suis perdue. Je n'ai rien à ajouter à cela. Mon Dieu ! ne voyez-vous donc pas que chaque mot que je dis, me fait mourir, madame?

LA REINE. — C'est bien.

JANE. — Oh ! votre colère est terrible, je le sais, madame. Ma tête ploie d'avance sous le châtiment que vous me préparez...

LA REINE. — Moi ! un châtiment pour toi ! est-ce que je m'occupe de toi, folle ! que es-tu, malheureuse créature, pour que la reine s'occupe de toi? Non, mon affaire, c'est Fabiano. Quant à toi, femme, c'est un autre que moi qui se chargera de te punir.

JANE. — Eh bien ! madame, quel que soit celui que vous en chargerez, quel que soit le châtiment, je subirai tout sans me plaindre, je vous remercierai même, si vous avez pitié d'une prière que je vais vous faire. Il y a un homme qui m'a prise orpheline au berceau, qui m'a adoptée, qui m'a élevée, qui m'a nourrie, qui m'a aimée et qui m'aime encore; un homme dont je suis bien indigne, envers qui j'ai été bien criminelle, et dont l'image est pourtant au fond de mon cœur chère, auguste et sacrée comme celle de Dieu; un homme qui sans doute, à l'heure où je vous parle, trouve sa maison vide et abandonnée, et dévastée, et n'y comprend rien et s'arrache les cheveux de désespoir. Eh bien ! ce que je demande à Votre Majesté, madame, c'est qu'il n'y comprenne jamais rien, c'est que je disparaisse sans qu'il sache jamais ce que je suis devenue, ni ce que j'ai fait, ni ce que vous avez fait de moi. Hélas! mon Dieu ! je ne sais pas si je me fais bien comprendre; mais vous devez sentir que j'ai là un ami, un noble et généreux ami, — pauvre Gilbert ! oh ! oui, c'est bien vrai ! — qui m'estime et qui me croit pure, et que je ne veux pas qu'il me haïsse et qu'il me méprise... — Vous me comprenez, n'est-ce pas, madame? L'estime de cet homme, c'est pour moi bien plus que la vie, allez ! et puis, cela lui ferait un si affreux chagrin ! Tant de surprise !· il n'y croirait pas d'abord. Non, il n'y croirait pas. Mon Dieu ! pauvre Gilbert ! Oh ! madame ! ayez pitié de lui et de moi. Il ne vous a rien fait, lui. Qu'il ne sache rien de ceci, au nom du ciel ! au nom du ciel ! Qu'il ne sache pas que je suis coupable, il se tuerait. Qu'il ne sache pas que je suis morte, il mourrait !

LA REINE. — L'homme dont vous parlez est là qui vous écoute, qui vous juge et qui va vous punir.

Gilbert se montre.

JANE. — Ciel ! Gilbert !

GILBERT, *à la reine*. — Ma vie est à vous, madame.

LA REINE. — Bien. Avez-vous quelques conditions à me faire?

GILBERT. — Oui, madame.

LA REINE. — Lesquelles ? Nous vous donnons notre parole de reine que nous y souscrivons d'avance.

GILBERT. — Voici, madame. — C'est bien simple. C'est une dette de reconnaissance que j'acquitte envers un seigneur de votre cour qui m'a fait beaucoup travailler dans mon métier de ciseleur.

LA REINE. — Parlez.

GILBERT. — Ce seigneur a une liaison secrète avec une femme qu'il ne peut épouser, parce qu'elle tient à une famille proscrite. Cette femme, qui a vécu cachée jusqu'à présent, c'est la fille unique et l'héritière du dernier lord Talbot, décapité sous le roi Henri VIII.

LA REINE. — Comment! es-tu sûr de ce que tu dis là? Jean Talbot, le bon lord catholique, le loyal défenseur de ma mère d'Aragon, il a laissé une fille, dis-tu? Sur ma couronne, si cela est vrai, cette enfant est mon enfant; et ce que Jean Talbot a fait pour la mère de Marie d'Angleterre, Marie d'Angleterre le fera pour la fille de Jean Talbot.

GILBERT. — Alors ce sera sans doute un bonheur pour Votre Majesté de rendre à la fille de lord Talbot les biens de son père?

LA REINE. — Oui, certes, et de les reprendre à Fabiano! — Mais a-t-on les preuves que cette héritière existe?

GILBERT. — On les a.

LA REINE. — D'ailleurs, si nous n'avons pas de preuves, nous en ferons. Nous ne sommes pas la reine pour rien.

GILBERT. — Votre Majesté rendra à la fille de lord Talbot les biens, les titres, le rang, le nom, les armes et la devise de son père. Votre Majesté la relèvera de toute proscription et lui garantira la vie sauve. Votre Majesté la mariera à ce seigneur, qui est le seul homme qu'elle puisse épouser. A ces conditions, madame, vous pourrez disposer de moi, de ma liberté, de ma vie et de ma volonté, selon votre plaisir.

LA REINE. — Bien. Je ferai ce que vous venez de dire.

GILBERT. — Votre Majesté fera ce que je viens de dire? La reine d'Angleterre me le jure, à moi, Gilbert, l'ouvrier ciseleur, sur sa couronne que voici et sur l'Evangile ouvert que voilà?

LA REINE. — Sur la royale couronne que voici et sur le divin Evangile que voilà, je te le jure!

GILBERT. — Le pacte est conclu, madame. Faites préparer une tombe pour moi, et un lit nuptial pour les époux. Le seigneur dont je parlais, c'est Fabiani, comte de Clanbrassil. L'héritière de Talbot, la voici.

JANE. — Que dit-il?

LA REINE. — Est-ce que j'ai affaire à un insensé? Qu'est-ce que cela signifie? Maître! faites attention à ceci, que vous êtes hardi de vous railler de la reine d'Angleterre, que les chambres royales sont des lieux où il faut prendre garde aux paroles qu'on dit, et qu'il y a des occasions où la bouche fait tomber la tête!

GILBERT. — Ma tête, vous l'avez, madame. Moi, j'ai votre serment!

LA REINE. — Vous ne parlez pas sérieusement. Ce Fabiano! cette Jane!... — Allons donc!

GILBERT. — Cette Jane est la fille et l'héritière de lord Talbot.

LA REINE. — Bah! vision! chimère! folie! Ces preuves, les avez-vous?

GILBERT. — Complètes. (*Il tire un paquet de sa poitrine.*) — Veuillez lire ces papiers.

LA REINE. — Est-ce que j'ai le temps de lire vos papiers, moi? Est-ce que je vous ai demandé vos papiers? Qu'est-ce que cela me fait, vos papiers? Sur mon âme, s'ils prouvent quelque chose, je les jetterai au feu, et il ne restera rien.

GILBERT. — Que votre serment, madame.

LA REINE. — Mon serment! mon serment!

GILBERT. — Sur la couronne et sur l'Evangile, madame! c'est-à-dire sur votre tête et sur votre âme, sur votre vie dans ce monde et sur votre vie dans l'autre.

LA REINE. — Mais que veux-tu donc? Je te jure que tu es en démence.

GILBERT. — Ce que je veux? Jane a perdu son rang, rendez-le-lui! Jane a perdu l'honneur, rendez-le-lui! Proclamez-la fille de lord Talbot et femme de lord Clanbrassil, — et puis prenez ma vie!

LA REINE. — Ta vie! mais que veux-tu que j'en fasse de ta vie à présent? Je n'en voulais que pour me venger de cet homme, de Fabiano! Tu ne comprends donc rien? Je ne te comprends pas non plus, moi. Tu parlais de vengeance! C'est comme cela que tu te venges? Ces gens du peuple sont stupides! Et puis, est-ce que je crois à ta ridicule histoire d'une héritière de Talbot? Les papiers! tu me montres les papiers! Je ne veux pas les regarder. Ah! une femme te trahit, et tu fais le généreux! A ton aise. Je ne suis pas généreuse, moi! J'ai la rage et la haine dans le cœur, moi! Je me vengerai, et tu m'y aideras. Mais cet homme est fou! il est fou! il est fou! Mon Dieu! pourquoi en ai-je besoin? C'est désespérant d'avoir affaire à des gens pareils dans des affaires sérieuses!

GILBERT. — J'ai votre parole de reine catholique. Lord Clanbrassil a séduit Jane, il l'épousera.

LA REINE. — Et s'il refuse de l'épouser?

GILBERT. — Vous l'y forcerez, madame.

JANE. — Oh! non, ayez pitié de moi, Gilbert!

GILBERT. — Eh bien! s'il refuse, cet infâme, Votre Majesté fera de lui et de moi ce qu'il lui plaira.

LA REINE, *avec joie*. — Ah! c'est tout ce que je veux!

GILBERT. — Si ce cas-là arrivait, pourvu que la couronne de comtesse de Waterford soit solennellement replacée par la reine sur la tête sacrée et inviolable de Jane Talbot que voici, je ferai, moi, tout ce que la reine m'imposera.

LA REINE. — Tout?

GILBERT. — Tout. — Même un crime, si c'est un crime qu'il vous faut; même une trahison, ce qui est plus qu'un crime; même une lâcheté, ce qui est plus qu'une trahison.

LA REINE. — Tu diras ce qu'il faudra dire? Tu mourras de la mort qu'on voudra?

GILBERT. — De la mort qu'on voudra.

JANE. — O Dieu!

LA REINE. — Tu le jures?

GILBERT. — Je le jure.

LA REINE. — La chose peut s'arranger ainsi. Cela suffit. J'ai ta parole, tu as la mienne. C'est dit. (*Elle paraît réfléchir un moment.* — *A Jane.*) Vous êtes inutile ici, sortez, vous vous rappellera.

JANE. — O Gilbert! qu'avez-vous fait là? O Gilbert! je suis une misérable, et je n'ose lever les yeux sur vous. O Gilbert! vous êtes plus qu'un ange, car vous avez tout à la fois les vertus d'un ange et les passions d'un homme!

Elle sort.

SCÈNE V.

LA REINE, GILBERT, puis SIMON RENARD, LORD CHANDOS et les Gardes.

LA REINE, *à Gilbert*. — As-tu une arme sur toi? un couteau, un poignard, quelque chose?

GILBERT, *tirant de sa poitrine le poignard de lord Clanbrassil*. — Un poignard! oui, madame.

LA REINE. — Bien. Tiens-le à ta main. (*Elle lui saisit vivement le bras.*) — Monsieur le bailli d'Amont! lord Chandos! (*Entrent Simon Renard, lord Chandos et les gardes.*) — Assurez-vous de cet homme! il a levé le poignard sur moi. Je lui ai pris le bras au moment où il allait me frapper. C'est un assassin.

GILBERT. — Madame!...

LA REINE, *bas à Gilbert*. — Oublies-tu déjà nos conventions? est-ce ainsi que tu te laisses faire? (*Haut.*) — Vous êtes tous témoins qu'il avait encore le poignard à la main. Monsieur le bailli, comment se nomme le bourreau de la Tour de Londres?

SIMON RENARD. — C'est un Irlandais appelé Mac Dermoti.

LA REINE. — Qu'on me l'amène, j'ai à lui parler.
SIMON RENARD. — Vous-même?
LA REINE. — Moi-même.
SIMON RENARD. — La reine parlera au bourreau?
LA REINE. — Oui, la reine parlera au bourreau, la tête parlera à la main. — Allez donc ! (*Un garde sort.*) Milord Chandos, et vous, messieurs, vous me répondez de cet homme. Gardez-le là, dans vos rangs, derrière vous. Il va se passer ici des choses qu'il faut qu'il voie. — Monsieur le lieutenant d'Amont, lord Clanbrassil est-il au palais?
SIMON RENARD. — Il est là, dans la chambre peinte, qui attend que le bon plaisir de la reine soit de le voir.
LA REINE. — Il ne se doute de rien?
SIMON RENARD. — De rien.
LA REINE, *à lord Chandos*. — Qu'il entre.
SIMON RENARD. — Toute la cour est là aussi qui attend. N'introduira-t-on personne avant lord Clanbrassil?
LA REINE. — Quels sont parmi nos seigneurs ceux qui haïssent Fabiani?
SIMON RENARD. — Tous.
LA REINE. — Ceux qui le haïssent le plus?
SIMON RENARD. — Clinton, Montagu, Somerset, le comte de Derby, Gerard, Fitz-Gerard, lord Paget, et le lord chancelier.
LA REINE, *à lord Chandos*. — Introduisez ceux-là, tous, excepté le lord chancelier. Allez. (*Chandos sort.* — *A Simon Renard.*) — Le digne évêque chancelier n'aime pas Fabiani plus que les autres; mais c'est un homme à scrupules. (*Apercevant les papiers que Gilbert a déposés sur la table.*) — Ah ! il faut pourtant que je jette un coup d'œil sur ces papiers.

Pendant qu'elle les examine, la porte du fond s'ouvre. Entrent, avec de profonds saluts, les seigneurs désignés par la reine.

SCÈNE VI.

Les Mêmes, LORD CLINTON et les autres seigneurs.

LA REINE. — Bonjour, messieurs. Dieu vous ait en sa garde, milords ! (*A lord Montagu.*) — Anthony Brown, je n'oublie jamais que vous avez dignement tenu tête à Jean de Montmorency et au sieur de Toulouse dans mes négociations avec l'empereur mon oncle. — Lord Paget, vous recevrez aujourd'hui vos lettres de baron Paget de Beaudesert en Stafford. — Eh ! mais, c'est notre vieil ami lord Clinton ! Nous sommes toujours votre bonne amie, milord. C'est vous qui avez exterminé Thomas Wyat dans la plaine de Saint-James. Souvenons-nous-en tous, messieurs. Ce jour-là la couronne d'Angleterre a été sauvée par un pont qui a permis à mes troupes d'arriver jusqu'aux rebelles, et par un mur qui a empêché les rebelles d'arriver jusqu'à moi. Le pont, c'est le pont de Londres. Le mur, c'est lord Clinton !

LORD CLINTON, *bas à Simon Renard*. — Voilà six mois que la reine ne m'avait parlé. Comme elle est bonne aujourd'hui !

SIMON RENARD, *bas à lord Clinton*. — Patience, milord. Vous la trouverez meilleure encore tout à l'heure.

LA REINE, *à lord Chandos*. — Milord Clanbrassil peut entrer. (*A Simon Renard.*) Quand il sera ici depuis quelques minutes...

Elle lui parle à l'oreille, et lui désigne la porte par laquelle Jane est sortie.

SIMON RENARD. — Il suffit, madame.

Entre Fabiani.

SCÈNE VII.

Les Mêmes, FABIANI.

LA REINE. — Ah ! le voici !...
Elle se remet à parler bas à Simon Renard.

FABIANI, *à part, salué par tout le monde et regardant autour de lui*. — Qu'est-ce que cela veut dire? Il n'y a que de mes ennemis ici, ce matin. La reine parle bas à Simon Renard. Diable ! elle rit ! mauvais signe !

LA REINE, *gracieusement à Fabiani*. — Dieu vous garde, milord !

FABIANI, *saisissant sa main qu'il baise*. — Madame... (*A part.*) — Elle m'a souri. Le péril n'est pas pour moi.

LA REINE, *toujours gracieuse*. — J'ai à vous parler.

Elle vient avec lui sur le devant du théâtre.

FABIANI. — Et moi aussi, j'ai à vous parler, madame. J'ai des reproches à vous faire. M'éloigner, m'exiler pendant si longtemps ! il n'en serait pas ainsi si dans les heures d'absence vous songiez à moi comme je songe à vous.

LA REINE. — Vous êtes injuste; depuis que vous m'avez quittée je ne m'occupe que de vous.

FABIANI. — Est-il bien vrai? ai-je tant de bonheur? Répétez-le moi.

LA REINE, *toujours souriant*. — Je vous le jure.

FABIANI. — Vous m'aimez donc comme je vous aime?

LA REINE. — Oui, milord. — Certainement, je n'ai pensé qu'à vous. Tellement que j'ai songé à vous ménager une surprise agréable à votre retour.

FABIANI. — Comment ! quelle surprise?

LA REINE. — Une rencontre qui vous fera plaisir.

FABIANI. — La rencontre de qui?

LA REINE. — Devinez. — Vous ne devinez pas?

FABIANI. — Non, madame.

LA REINE. — Tournez-vous.

Il se retourne et aperçoit Jane sur le seuil de la petite porte entr'ouverte.

FABIANI, *à part*. — Jane !
JANE, *à part*. — C'est lui !

LA REINE, *toujours avec un sourire*. — Milord, connaissez-vous cette jeune fille?

FABIANI. — Non, madame.

LA REINE. — Jeune fille, connaissez-vous milord?

JANE. — La vérité avant la vie. Oui, madame.

LA REINE. — Ainsi, milord, vous ne connaissez pas cette femme?

FABIANI. — Madame, on veut me perdre. Je suis entouré d'ennemis. Cette femme est liguée avec eux sans doute. Je ne la connais pas, madame ! je ne sais pas qui elle est, madame !

LA REINE, *se levant et lui frappant le visage de son gant*. — Ah ! tu es un lâche ! — Ah ! tu trahis l'une et tu renies l'autre ! Ah ! tu ne sais pas qui elle est ! Veux-tu que je te le dise, moi? Cette femme est Jane Talbot, fille de Jean Talbot, le bon seigneur catholique mort sur l'échafaud pour ma mère. Cette femme est Jane Talbot, ma cousine ; Jane Talbot, comtesse de Shrewsbury, comtesse de Wexford, comtesse de Waterford, pairesse d'Angleterre ! Voilà ce que c'est que cette femme ! — Lord Paget, vous êtes commissaire du sceau privé, vous tiendrez compte de nos paroles. La reine d'Angleterre reconnaît solennellement la jeune fille présente pour fille, fille et unique héritière du dernier comte de Waterford. (*Montrant les papiers.*) — Voici les titres et les preuves, que vous ferez sceller du grand sceau. C'est notre plaisir. (*A Fabiani.*) — Oui, comtesse de Waterford ! et cela est prouvé ! et tu rendras les biens, misérable ! — Ah ! tu ne connais pas cette femme ! Ah ! tu ne sais pas qui est cette femme ! eh bien ! je te l'apprends, moi ! c'est Jane Talbot ! et faut-il t'en dire plus encore?... (*Le regardant en face, à voix basse, entre les dents.*) — Lâche ! c'est ta maîtresse !

FABIANI. — Madame...

LA REINE. — Voilà ce qu'elle est, maintenant voici ce que tu es, toi. — Tu es un homme sans âme, un homme sans cœur, un homme sans esprit ! tu es un fourbe et un misérable ! tu es... — Pardieu, messieurs, vous n'avez pas besoin de vous éloigner. Cela m'est bien égal que vous entendiez ce que je vais dire à cet homme ! je ne baisse pas

Milord, connaissez-vous cette jeune fille? (Page 15.)

la voix, il me semble. — Fabiano! tu es un misérable, un traître envers moi, un lâche envers elle, un valet menteur, le plus vil des hommes, le dernier des hommes! Cela est pourtant vrai, je t'ai fait comte de Clanbrassil, baron de Dinasmonddy, quoi encore? baron de Darmouth en Devonshire. Eh bien! c'est que j'étais folle! Je vous demande pardon de vous avoir fait coudoyer par cet homme-là, milords. Toi, chevalier! toi, gentilhomme! toi, seigneur! mais compare-toi donc un peu à ceux qui sont cela, misérable! mais regarde, en voilà autour de toi, des gentilshommes! voilà Bridges, baron Chandos. Voilà Seymour, duc de Somerset. Voilà les Stanley, qui sont comtes de Derby depuis l'an quatorze cent quatre-vingt-cinq! Voilà les Clinton, qui sont barons Clinton depuis douze cent quatre-vingt-dix-huit! Est-ce que tu t'imagines que tu ressembles à ces gens-là, toi? Tu te dis allié à la famille espagnole des Penalver, mais ce n'est pas vrai, tu n'es qu'un mauvais Italien, rien! moins que rien! fils d'un chaussetier du village de Larino. — Oui, messieurs, fils d'un chaussetier! Je le savais et je ne le disais pas, et je le cachais, et je faisais semblant de croire cet homme quand il parlait de sa noblesse. Car voilà comme nous sommes, nous autres femmes. O mon Dieu! je voudrais qu'il y eût des femmes ici, ce serait une leçon pour toutes. Ce misérable! ce misérable! il trompe une femme et renie l'autre! infâme! Certainement, tu es bien infâme! comment! depuis que je parle il n'est pas encore à genoux! à genoux, Fabiani! milords, mettez cet homme de force à genoux!

FABIANI. — Votre Majesté...

LA REINE. — Ce misérable, que j'ai comblé de bienfaits! ce laquais napolitain, que j'ai fait chevalier doré et comte libre d'Angleterre! Ah! je devais m'attendre à ce qui arrive! on m'avait bien dit que cela finirait ainsi. Mais je suis toujours comme cela, je m'obstine, et je vois ensuite que j'ai eu tort. C'est ma faute. Italien, cela veut dire fourbe! Napolitain, cela veut dire lâche! toutes les fois que mon père s'est servi d'un Italien, il s'en est repenti. Ce Fabiani! tu vois, lady Jane, à quel homme tu t'es livrée, malheureuse enfant! — Je te vengerai, va! — Oh! je devais le savoir d'avance, on ne peut tirer autre chose de la poche d'un Italien qu'un stylet, et de l'âme d'un Italien que la trahison!

FABIANI. — Madame, je vous jure...

LA REINE. — Il va se parjurer à présent! il sera vil jus-

Cette tête, tu la vois, je te la donne ! (Page 19.)

qu'à la fin ; il nous fera rougir jusqu'au bout devant ces hommes, nous autres faibles femmes qui l'avons aimé ! il ne relèvera pas seulement la tête !

FABIANI. — Si, madame ! je la relèverai. Je suis perdu, je le vois bien. Ma mort est décidée. Vous emploierez tous les moyens, le poignard, le poison...

LA REINE, *lui prenant les mains, et l'attirant vivement sur le devant du théâtre.* — Le poison ! le poignard ! que dis-tu là, Italien? la vengeance traître, la vengeance honteuse, la vengeance par derrière, la vengeance comme dans ton pays ! Non, signor Fabiani : ni poignard, ni poison. Est-ce que j'ai à me cacher, moi, à chercher le coin des rues la nuit, et à me faire petite quand je me venge ? Non, pardieu, je veux le grand jour, entends-tu, milord ? le plein midi, le beau soleil, la place publique, la hache et le billot, la foule dans la rue, la foule aux fenêtres, la foule sur les toits, cent mille témoins ! je veux qu'on ait peur, entends-tu, milord ? qu'on trouve cela splendide, effroyable et magnifique, et qu'on dise : C'est une femme qui a été outragée, mais c'est une reine qui se venge ! Ce favori si envié, ce beau jeune homme insolent que j'ai couvert de velours et de satin, je veux le voir plié en deux, effaré et tremblant, à genoux sur un drap noir, pieds nus, mains liées, hué par le peuple, manié par le bourreau. Ce cou blanc où j'avais mis un collier d'or, j'y veux mettre une corde. J'ai vu quel effet ce Fabiani faisait sur un trône, je veux voir quel effet il fera sur un échafaud !

FABIANI. — Madame...

LA REINE. — Plus un mot. Ah ! plus un mot. Tu es bien véritablement perdu, vois-tu? Tu monteras sur l'échafaud comme Suffolk et Northumberland. C'est une fête comme une autre que je donnerai à ma bonne ville de Londres! Tu sais comme elle te hait, ma bonne ville! Pardieu, c'est une belle chose, quand on a besoin de se venger, d'être Marie, dame et reine d'Angleterre, fille de Henri VIII, et maîtresse des quatre mers ! Et, quand tu seras sur l'échafaud, Fabiani, tu pourras, à ton gré, faire une longue harangue au peuple comme Northumberland, ou une longue prière à Dieu comme Suffolk pour donner à la grâce le temps de venir ; le ciel m'est témoin que tu es un traître et que la grâce ne viendra pas ! Ce misérable fourbe qui me parlait d'amour et me disait *tu* ce matin ! — Eh ! mon Dieu, messieurs, cela paraît vous étonner que je parle ainsi devant vous; mais, je vous le répète, que m'importe? (*A lord Somerset*.) — Milord duc, vous êtes constable de la Tour, demandez son épée à cet homme.

FABIANI. — La voici, mais je proteste. En admettant qu'il soit prouvé que j'ai trompé ou séduit une femme...

LA REINE. — Eh! que m'importe que tu aies séduit une femme! Est-ce que je m'occupe de cela? ces messieurs sont témoins que cela m'est bien égal!

FABIANI. — Séduire une femme, ce n'est pas un crime capital, madame. Votre Majesté n'a pu faire condamner Trogmorton sur une accusation pareille.

LA REINE. — Il nous brave, maintenant, je crois? le ver devient serpent. Et qui te dit que c'est de cela qu'on t'accuse?

FABIANI. — Alors de quoi m'accuse-t-on? je ne suis pas Anglais! moi, je ne suis pas sujet de Votre Majesté. Je suis sujet du roi de Naples et vassal du saint-père. Je sommerai son légat, l'éminentissime cardinal Polus, de me réclamer. Je me défendrai, madame. Je suis étranger. Je ne puis être mis en cause que si j'ai commis un crime, un vrai crime. — Quel est mon crime?

LA REINE. — Tu demandes quel est ton crime?

FABIANI. — Oui, madame.

LA REINE. — Vous entendez tous la question qui m'est faite, milords, vous allez entendre la réponse. Faites attention, et prenez garde à vous tous que vous êtes, car vous allez voir que je n'ai qu'à frapper du pied pour faire sortir de terre un échafaud. — Chandos! Chandos! ouvrez cette porte à deux battants! toute la cour! tout le monde! faites entrer tout le monde.

La porte du fond s'ouvre. Entre toute la cour.

SCÈNE VIII.

LES MÊMES, LE LORD CHANCELIER, toute la cour.

LA REINE. — Entrez, entrez, milords. J'ai véritablement beaucoup de plaisir à vous voir tous aujourd'hui. — Bien, bien, les hommes de justice, par ici, plus près, plus près. — Où sont les sergents d'armes de la chambre des lords, Harriot et Llanerillo? Ah! vous voilà, messieurs. Soyez les bienvenus. Tirez vos épées. Bien. Placez-vous à droite et à gauche de cet homme. C'est votre prisonnier.

FABIANI. — Madame, quel est mon crime?

LA REINE. — Milord Gardiner, mon savant ami, vous êtes chancelier d'Angleterre, nous vous faisons savoir que vous ayez à vous assembler en diligence, vous et les douze lords commissaires de la chambre étoilée, que nous regrettons de ne pas voir ici. Il se passe des choses étranges dans ce palais. Ecoutez, milords, madame Elisabeth a déjà suscité plus d'un ennemi à notre couronne. Il y a eu le complot de Pietro Caro, qui a fait le mouvement d'Exeter, et qui correspondait secrètement avec madame Elisabeth, par le moyen d'un chiffre taillé sur une guitare. Il y a eu la trahison de Thomas Wyat, qui a soulevé le comté de Kent. Il y a eu la rébellion du duc de Suffolk, lequel a été saisi dans le creux d'un arbre après la défaite des siens. Il y a aujourd'hui un nouvel attentat. Ecoutez tous. Aujourd'hui, ce matin, un homme s'est présenté à mon audience. Après quelques paroles, il a levé un poignard sur moi. J'ai arrêté son bras à temps. Lord Chandos et monsieur le bailli d'Amont ont saisi l'homme. Il a déclaré avoir été poussé à ce crime par lord Clanbrassil.

FABIANI. — Par moi? cela n'est pas. Oh! mais voilà une chose affreuse! cet homme n'existe pas. On ne retrouvera pas cet homme. Qui est-il? où est-il?

LA REINE. — Il est ici.

GILBERT, *sortant du milieu des soldats derrière lesquels il est resté caché jusqu'alors*. — C'est moi!

LA REINE. — En conséquence des déclarations de cet homme, nous, Marie, reine, nous accusons devant la chambre aux étoiles cet autre homme, Fabiano Fabiani, comte de Clanbrassil, de haute trahison et d'attentat régicide sur notre personne impériale et sacrée.

FABIANI. — Régicide, moi! c'est monstrueux! Oh! ma tête s'égare! ma vue se trouble! Quel est ce piège? qui que tu sois, misérable, oses-tu affirmer que ce qu'a dit la reine est vrai?

GILBERT. — Oui.

FABIANI. — Je t'ai poussé au régicide, moi?

GILBERT. — Oui.

FABIANI. — Oui! toujours oui! malédiction! c'est que vous ne pouvez pas savoir à quel point cela est faux, messeigneurs! cet homme sort de l'enfer. Malheureux, tu veux me perdre; mais tu ignores que tu te perds en même temps. Le crime dont tu me charges te charge aussi. Tu me feras mourir, mais tu mourras. Avec un seul mot, insensé, tu fais tomber deux têtes, la mienne et la tienne. Sais-tu cela?

GILBERT. — Je le sais.

FABIANI. — Milords, cet homme est payé...

GILBERT. — Par vous. Voici la bourse pleine d'or que vous m'avez donnée pour le crime. Votre blason et votre chiffre y sont brodés.

FABIANI. — Juste ciel! — Mais on ne représente pas le poignard avec lequel cet homme voulait, dit-on, frapper la reine. Où est le poignard?

LORD CHANDOS. — Le voici.

GILBERT, *à Fabiani*. — C'est le vôtre. — Vous me l'avez donné pour cela. On en retrouvera le fourreau chez vous.

LE LORD CHANCELIER. — Comte de Clanbrassil, qu'avez-vous à répondre? reconnaissez-vous cet homme?

FABIANI. — Non.

GILBERT. — Au fait, il ne m'a vu que la nuit. — Laissez-moi lui dire deux mots à l'oreille, madame; cela aidera sa mémoire. (*Il s'approche de Fabiani. Bas.*) — Tu ne reconnais donc personne aujourd'hui, milord? pas plus l'homme outragé que la femme séduite. Ah! la reine se venge, mais l'homme du peuple se venge aussi. Tu m'en avais défié, je crois! te voilà pris entre les deux vengeances. Milord, qu'en dis-tu? — Je suis Gilbert le ciseleur!

FABIANI. — Oui! et je vous reconnais. — Je reconnais cet homme, milords. Du moment où j'ai affaire à cet homme, je n'ai plus rien à dire.

LA REINE. — Il avoue!

LE LORD CHANCELIER, *à Gilbert*. — D'après la loi normande et le statut vingt-cinq du roi Henri VIII, dans le cas de lèse-majesté au premier chef, l'aveu ne sauve pas le complice. N'oubliez point que c'est un cas où la reine n'a pas le droit de grâce, et que vous mourrez sur l'échafaud comme celui que vous accusez. Réfléchissez. Confirmez-vous tout ce que vous avez dit?

GILBERT. — Je sais que je mourrai, et je le confirme.

JANE, *à part*. — Mon Dieu! si c'est un rêve, il est bien horrible!

LE LORD CHANCELIER, *à Gilbert*. — Consentez-vous à réitérer vos déclarations la main sur l'Evangile?

Il présente l'Evangile à Gilbert, qui y pose la main.

GILBERT. — Je jure, la main sur l'Evangile, et avec ma mort prochaine devant les yeux, que cet homme est un assassin; que ce poignard, que le sien, m'a été donné par lui pour le crime. Que Dieu m'assiste! c'est la vérité!

LE LORD CHANCELIER, *à Fabiani*. — Milord, qu'avez-vous à dire?

FABIANI. — Rien. — Je suis perdu.

SIMON RENARD, *bas à la reine*. — Votre Majesté a fait mander le bourreau; il est là.

LA REINE. — Bon, qu'il vienne.

Les rangs des gentilshommes s'écartent, et l'on voit paraître le bourreau, vêtu de rouge et de noir, portant sur l'épaule une longue épée dans son fourreau.

SCÈNE IX.

Les Mêmes, LE BOURREAU.

LA REINE. — Milord duc de Somerset, ces deux hommes à la Tour ! — Milord Gardiner, notre chancelier, que leur procès commence dès demain devant les douze pairs de la chambre aux étoiles, et que Dieu soit en aide à la vieille Angleterre ! Nous entendons que ces hommes soient jugés tous deux avant que nous partions pour Oxford, où nous ouvrirons le parlement, et pour Windsor, où nous ferons nos pâques. (*Au bourreau.*) — Approche-toi ! Je suis aise de te voir. Tu es un bon serviteur. Tu es vieux. Tu as déjà vu trois règnes. Il est d'usage que les souverains de ce royaume te fassent un don, le plus magnifique possible, à leur avénement. Mon père, Henri VIII, t'a donné l'agrafe en diamant de son manteau. Mon frère, Edouard VI, t'a donné un hanap d'or ciselé. C'est mon tour maintenant. Je ne t'ai encore rien donné, moi. Il faut que je te fasse un présent. Approche. (*Montrant Fabiani.*) — Tu vois bien cette tête, cette jeune et charmante tête, cette tête qui, ce matin encore, était ce que j'avais de plus beau, de plus cher et de plus précieux au monde; eh bien ! cette tête, tu la vois bien, dis ? — Je te la donne !

TROISIÈME JOURNÉE

LEQUEL DES DEUX?

PREMIÈRE PARTIE

Salle de l'intérieur de la Tour de Londres. Voûte ogive soutenue par de gros piliers. A droite et à gauche, les deux portes basses de deux cachots. A droite, une lucarne qui est censée donner sur la Tamise. A gauche une lucarne qui est censée donner sur les rues. De chaque côté, une porte masquée dans le mur. Au fond, une galerie avec une sorte de grand balcon fermé par des vitraux et donnant sur les cours extérieures de la Tour.

SCÈNE PREMIÈRE.
GILBERT, JOSHUA.

GILBERT. — Eh bien ?

JOSHUA. — Hélas !

GILBERT. — Plus d'espoir ?

JOSHUA. — Plus d'espoir ! (*Gilbert va à la fenêtre.*) Oh ! tu ne verras rien de la fenêtre !

GILBERT. — Tu t'es informé, n'est-ce pas ?

JOSHUA — Je ne suis que trop sûr !

GILBERT. — C'est pour Fabiani ?

JOSHUA. — C'est pour Fabiani.

GILBERT. — Que cet homme est heureux ! malédiction sur moi !

JOSHUA. — Pauvre Gilbert ! ton tour viendra. Aujourd'hui c'est lui, demain ce sera toi.

GILBERT. — Que veux-tu dire ? nous ne nous entendons pas. De quoi me parles-tu ?

JOSHUA. — De l'échafaud, qu'on dresse en ce moment.

GILBERT. — Et moi, je te parle de Jane.

JOSHUA. — De Jane !

GILBERT. — Oui, de Jane ! de Jane seulement ! que m'importe le reste ? tu as donc tout oublié, toi ? tu ne te souviens donc plus que depuis un mois, collé aux barreaux de mon cachot, d'où l'on aperçoit la rue, je la vois rôder sans cesse, pâle et en deuil, au pied de cette tourelle qui renferme deux hommes, Fabiani et moi ? Tu ne te rappelles donc plus mes angoisses, mes doutes, mes incertitudes ? pour lequel des deux vient-elle ? Je me fais cette question nuit et jour, pauvre Joshua ! je te l'ai faite à toi-même, Joshua, et tu m'avais promis hier au soir de tâcher de la voir et de lui parler. Oh ! dis, sais-tu quelque chose ? est-ce pour moi qu'elle vient ou pour Fabiani ?

JOSHUA. — J'ai su que Fabiani devait décidément être décapité aujourd'hui, et toi demain, et j'avoue que depuis ce moment-là je suis comme fou, Gilbert. L'échafaud a fait sortir Jane de mon esprit. Ta mort...

GILBERT. — Ma mort? qu'entends-tu par ce mot? ma mort, c'est que Jane ne m'aime plus. Du jour où je n'ai plus été aimé, j'ai été mort. Oh! vraiment mort, Joshua ! Ce qui survit de moi depuis ce temps ne vaut pas la peine qu'on prendra demain. Oh! vois-tu, tu ne te fais pas d'idée de ce que c'est qu'un homme qui aime ! Si l'on m'avait dit il y a deux mois : — Jane, votre Jane sans tache, votre Jane si pure, votre amour, votre orgueil, votre lys, votre trésor, Jane se donnera à un autre. En voudriez-vous après? — J'aurais dit : Non, je n'en voudrai pas! plutôt mille fois la mort pour elle et pour moi ! et j'aurais foulé sous mes pieds celui qui m'eût parlé ainsi. — Eh bien ! si, j'en veux ! — Aujourd'hui, vois-tu, cette Jane n'est plus la Jane sans tache qui avait mon adoration, la Jane dont j'osais à peine effleurer le front de mes lèvres ; Jane s'est donnée à un autre, je le sais ; eh bien ! c'est égal, je l'aime. J'ai le cœur brisé ; mais je l'aime. Je baiserais le bas de sa robe, et je lui demanderais pardon si elle voulait de moi. Elle serait dans le ruisseau de la rue avec celles qui y sont que je la ramasserais là, et que je la serrerais sur mon cœur, Joshua ! — Joshua ! je donnerais, non cent ans de vie, puisque je n'ai plus qu'un jour, mais l'éternité que j'aurai demain, pour la voir me sourire encore une fois, une seule fois avant ma mort, et me dire ce mot adoré qu'elle me disait autrefois : Je t'aime ! — Joshua ! Joshua ! c'est comme cela, le cœur d'un homme qui aime. Vous croyez que vous tuerez la femme qui vous trompe? non, vous ne la tuerez pas, vous vous coucherez à ses pieds après comme avant, seulement vous serez triste. Tu me trouves faible! qu'est-ce que j'aurais gagné, moi, à tuer Jane ? Oh ! j'ai le cœur plein d'idées insupportables. Oh ! si elle m'aimait encore, que m'importe tout ce qu'elle a fait? mais elle aime Fabiani ! mais elle aime Fabiani ! c'est pour Fabiani qu'elle vient ! Il y a une chose certaine, c'est que je voudrais mourir ! aie pitié de moi, Joshua !

JOSHUA. — Fabiani sera mis à mort aujourd'hui.

GILBERT. — Et moi demain.

JOSHUA. — Dieu est au bout de tout.

GILBERT. — Aujourd'hui je serai vengé de lui. Demain, il sera vengé de moi.

JOSHUA. — Mon frère, voici le second constable de la Tour, maître Eneas Dulverton. Il faut rentrer. Mon frère, je te reverrai ce soir.

GILBERT. — Oh ! mourir sans être aimé ! mourir sans être pleuré ! Jane !... Jane !... Jane !...

Il rentre dans le cachot.

JOSHUA. — Pauvre Gilbert ! mon Dieu ! qui m'eût jamais dit que ce qui arrive arriverait !

Il sort. — Entrent Simon Renard et maître Eneas.

SCÈNE II.
SIMON RENARD, MAITRE ENEAS DULVERTON.

SIMON RENARD. — C'est fort singulier, comme vous dites, mais que voulez-vous ? la reine est folle, elle ne sait ce qu'elle veut. On ne peut compter sur rien, c'est une femme. Je vous demande un peu ce qu'elle vient faire ici ! Tenez, le cœur de la femme est une énigme dont le roi François Ier a écrit le mot sur les vitraux de Chambord :

> Souvent femme varie.
> Bien fol est qui s'y fie.

Ecoutez, maître Eneas, nous sommes anciens amis. Il faut que cela finisse aujourd'hui. Tout dépend de vous ici. Si l'on vous charge... (*Il parle bas à l'oreille de maître Eneas.*) — Traînez la chose en longueur, faites-la manquer adroitement. Que j'aie deux heures seulement devant moi, ce soir ce que je veux est fait, demain plus de favori, je suis tout-puissant, et après-demain vous êtes baronnet et lieutenant de la Tour. Est-ce compris ?

MAITRE ÉNEAS. — C'est compris.

SIMON RENARD. — Bien. J'entends venir. Il ne faut pas qu'on nous voie ensemble. Sortez par là. Moi, je vais au-devant de la reine.

Ils se séparent.

SCÈNE III.

Un geôlier entre avec précaution, puis il introduit LADY JANE.

LE GEÔLIER. — Vous êtes où vous vouliez parvenir, milady. Voici les portes des deux cachots. Maintenant, s'il vous plaît, ma récompense.

Jane détache son bracelet de diamants et le lui donne.

JANE. — La voilà.

LE GEÔLIER. — Merci. Ne me compromettez pas.

Il sort.

JANE, *seule*. — Mon Dieu ! comment faire ? c'est moi qui l'ai perdu, c'est à moi de le sauver. Je ne pourrai jamais. Une femme, cela ne peut rien. L'échafaud ! l'échafaud ! c'est horrible ! Allons ! plus de larmes, des actions. — Mais je ne pourrai pas ! je ne pourrai pas ! Ayez pitié de moi, mon Dieu ! On vient, je crois. Qui parle là ? Je reconnais cette voix. C'est la voix de la reine. Ah ! tout est perdu.

Elle se cache derrière un pilier. — *Entrent la reine et Simon Renard.*

SCÈNE IV.

LA REINE, SIMON RENARD, JANE *cachée*.

LA REINE. — Ah ! le changement vous étonne ! Ah ! je ne me ressemble plus à moi-même ! Eh bien ! qu'est-ce que cela me fait ? c'est comme cela. Maintenant je ne veux plus qu'il meure !

SIMON RENARD. — Votre Majesté avait pourtant arrêté hier que l'exécution aurait lieu aujourd'hui.

LA REINE. — Comme j'avais arrêté avant-hier que l'exécution aurait lieu hier ; comme j'avais arrêté dimanche que l'exécution aurait lieu lundi. Aujourd'hui j'arrête que l'exécution aura lieu demain.

SIMON RENARD. — En effet, depuis le deuxième dimanche de l'avent que l'arrêt de la chambre étoilée a été prononcé, et que les deux condamnés sont revenus à la Tour, précédés du bourreau, la hache tournée vers leur visage, il y a trois semaines de cela, Votre Majesté remet chaque jour la chose au lendemain.

LA REINE. — Eh bien ! est-ce que vous ne comprenez pas ce que cela signifie, monsieur ? est-ce qu'il faut tout vous dire, et qu'une femme mette son cœur à nu devant vous, parce qu'elle est reine, la malheureuse, et que vous représentez ici le prince d'Espagne, mon futur mari ? Mon Dieu, monsieur, vous ne savez pas cela, vous autres, chez une femme le cœur a sa pudeur comme le corps. Eh bien ! oui, puisque vous voulez le savoir, puisque vous faites semblant de ne rien comprendre, oui, je remets tous les jours l'exécution de Fabiani au lendemain, parce que chaque matin, voyez-vous, la force me manque à l'idée que la cloche de la Tour de Londres va sonner la mort de cet homme, parce que je me sens défaillir à la pensée qu'on aiguise une hache pour cet homme, parce que je me sens mourir de songer qu'on va clouer une bière pour cet homme, parce que je suis femme, parce que je suis faible, parce que je suis folle, parce que j'aime cet homme, pardieu ! — En avez-vous assez ? êtes-vous satisfait ? comprenez-vous ? Oh ! je trouverai moyen de me venger un jour sur vous de tout ce que vous me faites dire, allez !

SIMON RENARD. — Il serait temps cependant d'en finir avec Fabiani. Vous allez épouser mon royal maître le prince d'Espagne, madame !

LA REINE. — Si le prince d'Espagne n'est pas content, qu'il le dise, nous en épouserons un autre. Nous ne manquons pas de prétendants. Le fils du roi des Romains, le prince de Piémont, l'infant de Portugal, le cardinal Polus, le roi de Danemark et lord Courtenay sont aussi bons gentilshommes que lui.

SIMON RENARD. — Lord Courtenay ! lord Courtenay !

LA REINE. — Un baron anglais, monsieur, vaut un prince espagnol. D'ailleurs lord Courtenay descend des empereurs d'Orient. Et puis, fâchez-vous si vous voulez !

SIMON RENARD. — Fabiani s'est fait haïr de tout ce qui a un cœur dans Londres.

LA REINE. — Excepté de moi.

SIMON RENARD. — Les bourgeois sont d'accord sur son compte avec les seigneurs. S'il n'est pas mis à mort aujourd'hui même comme l'a promis Votre Majesté...

LA REINE. — Eh bien ?

SIMON RENARD. — Il y aura une émeute des manants.

LA REINE. — J'ai mes lansquenets.

SIMON RENARD. — Il y aura complot des seigneurs.

LA REINE. — J'ai le bourreau.

SIMON RENARD. — Votre Majesté a juré sur le livre d'heures de sa mère qu'elle ne lui ferait pas grâce.

LA REINE. — Voici un blanc-seing qu'il m'a fait remettre, et dans lequel je jure sur ma couronne impériale que je la lui ferai. La couronne de mon père vaut le livre d'heures de ma mère. Un serment détruit l'autre. D'ailleurs, qui vous dit que je lui ferai grâce ?

SIMON RENARD. — Il vous a bien audacieusement trahie, madame !

LA REINE. — Qu'est-ce que cela me fait ? Tous les hommes en font autant. Je ne veux pas qu'il meure. Tenez, milord..... — monsieur le bailli, veux-je dire ! Mon Dieu ! vous me troublez tellement l'esprit que je ne sais vraiment plus à qui je parle ! Tenez, je sais tout ce que vous allez me dire ; c'est un homme vil, un lâche, un misérable ! Je le sais comme vous et j'en rougis. Mais je l'aime. Que voulez-vous que j'y fasse ? J'aimerais peut-être moins un honnête homme. D'ailleurs, qui êtes-vous, tous tant que vous êtes ? Valez-vous mieux que lui ? Vous allez me dire que c'est un favori, et que la nation anglaise n'aime pas les favoris. Est-ce que je ne sais pas que vous ne voulez le renverser que pour mettre à sa place le comte de Kildare, ce fat, cet Irlandais ! Qu'il fait couper vingt têtes par jour ? Qu'est-ce que cela vous fait ? Et ne me parlez pas du prince d'Espagne. Vous vous en moquez bien. Ne me parlez pas du mécontentement de monsieur de Noailles, l'ambassadeur de France. Monsieur de Noailles est un sot, et je le lui dirais à lui-même. D'ailleurs, je suis femme, moi, je veux et ne veux plus, je ne suis pas toute d'une pièce. La vie de cet homme est nécessaire à ma vie. Ne prenez pas cet air de candeur virginale et de bonne foi, je vous en supplie. Je connais toutes vos intrigues. Entre nous, vous savez comme moi qu'il n'a pas commis le crime pour lequel il est condamné. C'est arrangé. Je ne veux pas que Fabiani meure. Suis-je la maîtresse ou non ? Tenez, monsieur le bailli, parlons d'autre chose, voulez-vous ?

SIMON RENARD. — Je me retire, madame. Toute votre noblesse vous a parlé par ma voix.

LA REINE. — Que m'importe la noblesse ?

SIMON RENARD, *à part*. — Essayons du peuple.

Il sort avec un profond salut.

LA REINE, *seule*. — Il est sorti d'un air singulier. Cet

homme est capable d'émouvoir quelque sédition. Il faut que j'aille en hâte à la maison de ville. — Holà, quelqu'un !

Maître Éneas et Joshua paraissent.

SCÈNE V.

Les Mêmes, moins SIMON RENARD ; MAITRE ÉNEAS, JOSHUA.

LA REINE. — C'est vous, maître Eneas ? Il faut que cet homme et vous, vous vous chargiez de faire évader sur-le-champ le comte de Clanbrassil.

MAÎTRE ÉNEAS. — Madame...

LA REINE. — Tenez, je ne me fie pas à vous ! je me souviens que vous êtes de ses ennemis. Mon Dieu ! je ne suis donc entourée que des ennemis de l'homme que j'aime ! Je gage que ce porte-clefs, que je ne connais pas, le hait aussi.

JOSHUA. — C'est vrai, madame.

LA REINE. — Mon Dieu ! mon Dieu ! ce Simon Renard est plus roi que je ne suis reine. Quoi ! personne à qui me fier ici ! personne à qui donner pleins pouvoirs pour faire évader Fabiani !

JANE, *sortant de derrière le pilier.* — Si, madame, moi !

JOSHUA, *à part.* — Jane !

LA REINE. — Toi, qui toi ? c'est vous, Jane Talbot ? Comment êtes-vous ici ? Ah ! c'est égal ! vous y êtes ! vous venez sauver Fabiani. Merci. Je devrais vous haïr, Jane, je devrais être jalouse de vous, j'ai mille raisons pour cela. Mais non, je vous aime de l'aimer. Devant l'échafaud plus de jalousie, rien que l'amour. Vous êtes comme moi, vous lui pardonnez, je le vois bien. Les hommes ne comprennent pas cela, eux. Lady Jane, entendons-nous. Nous sommes bien malheureuses toutes deux, n'est-ce pas ? Il faut faire évader Fabiani. Je n'ai que vous, il faut bien que je vous prenne. Je suis sûre du moins que vous y mettrez votre cœur. Chargez-vous-en. Messieurs, vous obéirez tous deux à lady Jane en tout ce qu'elle vous prescrira, et me répondrez sur vos têtes de l'exécution de ses ordres. Embrassez-moi, jeune fille !

JANE. — La Tamise baigne le pied de la Tour de ce côté. Il y a là une issue secrète que j'ai observée. Un bateau à cette issue, et l'évasion se ferait par la Tamise. C'est le plus sûr.

MAÎTRE ÉNEAS. — Impossible d'avoir un bateau là avant une bonne heure.

JANE. — C'est bien long.

MAÎTRE ÉNEAS. — C'est bientôt passé. D'ailleurs, dans une heure il fera nuit. Cela vaudra mieux, si Sa Majesté tient à ce que l'évasion soit secrète.

LA REINE. — Vous avez peut-être raison. Eh bien ! dans une heure, soit ! Je vous laisse, lady Jane ; il faut que j'aille à la maison de ville. Sauvez Fabiani !

JANE. — Soyez tranquille, madame.

La reine sort. Jane la suit des yeux.

JOSHUA, *sur le devant du théâtre.* — Gilbert avait raison, toute à Fabiani !

SCÈNE VI.

Les Mêmes, moins LA REINE.

JANE, *à maître Eneas.* — Vous avez entendu les volontés de la reine. Un bateau là, au pied de la Tour, les clefs des couloirs secrets, un chapeau et un manteau.

MAÎTRE ÉNEAS. — Impossible d'avoir tout cela avant la nuit. Dans une heure, milady.

JANE. — C'est bien, allez. Laissez-moi avec cet homme.

Maître Eneas sort. Jane le suit des yeux.

JOSHUA, *à part, sur le devant du théâtre.* — Cet homme !

c'est tout simple. Qui a oublié Gilbert ne reconnaît plus Joshua.

Il se dirige vers la porte du cachot de Fabiani et se met en devoir de l'ouvrir.

JANE. — Que faites-vous là ?

JOSHUA. — Je préviens vos désirs, milady. J'ouvre cette porte.

JANE. — Qu'est-ce que c'est que cette porte ?

JOSHUA. — La porte du cachot de milord Fabiani.

JANE. — Et celle-ci ?

JOSHUA. — C'est la porte du cachot d'un autre.

JANE. — Qui, cet autre ?

JOSHUA. — Un autre condamné à mort, quelqu'un que vous ne connaissez pas, un ouvrier nommé Gilbert.

JANE. — Ouvrez cette porte.

JOSHUA, *après avoir ouvert la porte.* — Gilbert !

SCÈNE VII.

JANE, GILBERT, JOSHUA.

GILBERT, *de l'intérieur du cachot.* — Que me veut-on ? (*Il paraît sur le seuil, aperçoit Jane, et s'appuie tout chancelant contre le mur.*) Jane ! — lady Jane Talbot !

JANE, *à genoux, sans lever les yeux sur lui.* — Gilbert ! je viens vous sauver.

GILBERT. — Me sauver !

JANE. — Ecoutez. Ayez pitié, ne m'accablez pas. Je sais tout ce que vous allez me dire. C'est juste ; mais ne me le dites pas. Il faut que je vous sauve. Tout est préparé. L'évasion est sûre. Laissez-vous sauver par moi comme par un autre. Je ne demande rien de plus. Vous ne me connaîtrez plus ensuite. Vous ne saurez plus qui je suis. Ne me pardonnez pas, mais laissez-moi vous sauver. Voulez-vous ?

GILBERT. — Merci ; mais c'est inutile. A quoi bon vouloir sauver ma vie, lady Jane, si vous ne m'aimez plus ?

JANE, *avec joie.* — Oh ! Gilbert ! est-ce bien en effet cela que vous me demandez ? Gilbert ! est-ce que vous daignez vous occuper encore de ce qui se passe dans le cœur de la pauvre fille ? Gilbert ! est-ce que l'amour que je puis avoir pour quelqu'un vous intéresse encore et vous parait valoir la peine que vous vous en informiez ? Oh ! je croyais que cela vous était bien égal, et que vous me méprisiez trop pour vous inquiéter de ce que je faisais de mon cœur. Gilbert ! si vous saviez quel effet me font les paroles que vous venez de me dire ! C'est un rayon de soleil bien inattendu dans ma nuit, allez ! Oh ! écoutez-moi donc alors ! si j'osais encore m'approcher de vous, si j'osais toucher vos vêtements, si j'osais prendre votre main dans les miennes, si j'osais encore lever les yeux vers vous et vers le ciel, comme autrefois, savez-vous ce que je vous dirais, à genoux, prosternée, pleurant sur vos pieds, avec des sanglots dans la bouche et la joie des anges dans le cœur ? Je vous dirais : Gilbert, je t'aime !

GILBERT, *la saisissant dans ses bras avec emportement.* — Tu m'aimes !

JANE. — Oui, je t'aime !

GILBERT. — Tu m'aimes ! — Elle m'aime, mon Dieu ! c'est bien vrai, c'est bien elle qui me le dit, c'est bien sa bouche qui a parlé, Dieu du ciel !

JANE. — Mon Gilbert !

GILBERT. — Tu as tout préparé pour mon évasion, dis-tu ? Vite ! vite ! la vie ! Je veux la vie ! Jane m'aime ! Cette voûte s'appuie sur ma tête et m'écrase. J'ai besoin d'air. Je meurs ici. Fuyons vite ! viens-nous-en, Jane ! Je veux vivre, moi ! je suis aimé !

JANE. — Pas encore. Il faut un bateau. Il faut attendre la nuit. Mais sois tranquille, tu es sauvé. Avant une heure nous serons dehors. La reine est à la maison de ville, et ne reviendra pas de sitôt. Je suis maîtresse ici. Je t'expliquerai tout cela.

GILBERT. — Une heure d'attente, c'est bien long. Oh! il me tarde de ressaisir la vie et le bonheur! Jane, Jane! tu es là! Je vivrai! tu m'aimes! je reviens de l'enfer! Retiens-moi, je ferais quelque folie, vois-tu. Je rirais, je chanterais. Tu m'aimes donc?

JANE! — Oui! — Je t'aime! Oui, je t'aime! et vois-tu, Gilbert, crois-moi bien, ceci est la vérité comme au lit de la mort, — je n'ai jamais aimé que toi! Même dans ma faute, même au fond de mon crime, je t'aimais! A peine ai-je été tombée aux bras du démon qui m'a perdue, que j'ai pleuré mon ange!

GILBERT. — Oublié! pardonné! Ne parle plus de cela, Jane. Oh! que m'importe le passé? Qui est-ce qui résisterait à ta voix? qui est-ce qui ferait autrement que moi? Oh! oui! je te pardonne bien tout, mon enfant bien-aimée! Le fond de l'amour, c'est l'indulgence, c'est le pardon. Jane, la jalousie et le désespoir ont brûlé les larmes dans mes yeux. Mais je te pardonne, mais je te remercie, mais tu es pour moi la seule chose vraiment rayonnante de ce monde, mais à chaque mot que tu prononces je sens une douleur mourir et une joie naître dans mon âme! Jane! relevez vote tête, tenez-vous droite là, et regardez-moi. — Je vois que vous êtes mon enfant.

JANE. — Toujours généreux! toujours! mon Gilbert bien-aimé!

GILBERT. — Oh! je voudrais être déjà dehors, en fuite, bien loin, libre avec toi! Oh! cette nuit qui ne vient pas! — Le bateau n'est pas là. — Jane! nous quitterons Londres tout de suite, cette nuit. Nous quitterons l'Angleterre. Nous irons à Venise. Ceux de mon nom gagnent beaucoup d'argent là. Tu seras à moi... — Oh! mon Dieu! je suis insensé, j'oubliais quel nom tu portes! Il est trop beau, Jane!

JANE. — Que veux-tu dire?

GILBERT. — Fille de lord Talbot.

JANE. — J'en sais un plus beau.

GILBERT. — Lequel?

JANE. — Femme de l'ouvrier Gilbert.

GILBERT. — Jane!...

JANE. — Oh! non! oh! ne crois pas que je te demande cela. Oh! je suis bien que j'en suis indigne. Je ne lèverai pas mes yeux si haut; je n'abuserai pas à ce point du pardon. Le pauvre ciseleur Gilbert ne se mésalliera pas avec la comtesse de Waterford. Non, je te suivrai, je t'aimerai, je ne te quitterai jamais. Je me coucherai le jour à tes pieds, la nuit à ta porte. Je te regarderai travailler, je t'aiderai, je te donnerai ce qu'il te faudra. Je serai pour toi quelque chose de moins qu'une sœur, quelque chose de plus qu'un chien. Et si tu te maries, Gilbert, — car il plaira à Dieu que tu finisses par trouver une femme pure et sans tache, et digne de toi, — eh bien! si tu te maries, et si ta femme est bonne, et si elle veut bien, je serai la servante de ta femme. Si elle ne veut pas de moi, je m'en irai, j'irai mourir où je pourrai. Je ne te quitterai que dans ce cas-là. Si tu ne te maries pas, je resterai près de toi, je serai bien douce et bien résignée, tu verras; et, si l'on pense mal de me voir avec toi, on pensera ce qu'on voudra. Je n'ai plus à rougir, moi, vois-tu? je suis une pauvre fille.

GILBERT, *tombant à ses pieds.* — Tu es un ange! tu es ma femme!

JANE. — Ta femme! tu ne pardonnes donc que comme Dieu, en purifiant! Ah! sois béni, Gilbert, de me mettre cette couronne sur le front.

Gilbert se relève et la serre dans ses bras. Pendant qu'ils se tiennent étroitement embrassés, Joshua vient prendre la main de Jane.

JOSHUA. — C'est Joshua, lady Jane.

GILBERT. — Bon Joshua!

JOSHUA. — Tout à l'heure vous ne m'avez pas reconnu.

JANE. — Ah! c'est que c'est par lui que je devais commencer.

Joshua lui baise les mains.

GILBERT, *la serrant dans ses bras.* — Mais quel bonheur! mais est-ce que c'est bien réel tout ce bonheur-là?

Depuis quelques instants, on entend au dehors un bruit éloigné, des cris confus, un tumulte. Le jour baisse.

JOSHUA. — Qu'est-ce que c'est que ce bruit?

Il va à la fenêtre qui donne sur la rue.

JANE. — Oh! mon Dieu! pourvu qu'il n'aille rien arriver!

JOSHUA. — Une grande foule là-bas. Des pioches, des piques, des torches. Les pensionnaires de la reine à cheval et en bataille. Tout cela vient par ici. Quels cris! Ah! diable! on dirait une émeute de populaire.

JANE. — Pourvu que ce ne soit pas contre Gilbert.

CRIS ÉLOIGNÉS. — Fabiani! Mort à Fabiani!

JANE. — Entendez-vous?

JOSHUA. — Oui.

JANE. — Que disent-ils?

JOSHUA. — Je ne distingue pas.

JANE. — Ah! mon Dieu! mon Dieu!

Entrent précipitamment par la porte masquée maître Eneas et un batelier.

SCÈNE VIII.

Les Mêmes, MAITRE ÉNEAS, un Batelier.

MAITRE ÉNEAS. — Milord Fabiani! milord! pas un instant à perdre. On a su que la reine voulait sauver votre vie. Il y a sédition du populaire de Londres contre vous. Dans un quart d'heure, vous seriez déchiré. Milord, sauvez-vous! Voici un manteau et un chapeau. Voici les clefs. Voici un batelier. N'oubliez pas que c'est à moi que vous devez tout cela. Milord, hâtez-vous! (*Bas au batelier.*) — Tu ne te presseras pas.

JANE. *Elle couvre en hâte Gilbert du manteau et du chapeau. Bas à Joshua.* — Ciel! pourvu que cet homme ne reconnaisse pas...

MAITRE ÉNEAS, *regardant Gilbert en face.* — Mais quoi! ce n'est pas lord Clanbrassil! Vous n'exécutez pas les ordres de la reine, milady! Vous en faites évader un autre!

JANE. — Tout est perdu!... J'aurais dû prévoir cela! Ah! Dieu! monsieur, c'est vrai, ayez pitié...

MAITRE ÉNEAS, *bas à Jane.* — Silence! Faites! Je n'ai rien dit! je n'ai rien vu.

Elle se retire au fond du théâtre d'un air d'indifférence.

JANE. — Que dit-il?... Ah! la Providence est donc pour nous. Ah! tout le monde veut donc sauver Gilbert!

JOSHUA. — Non, lady Jane. Tout le monde veut perdre Fabiani.

Pendant toute cette scène les cris redoublent au dehors.

JANE. — Hâtons-nous, Gilbert! Viens vite!

JOSHUA. — Laissez-le partir seul.

JANE. — Le quitter?

JOSHUA. — Pour un instant. Pas de femme dans le bateau si vous voulez qu'il arrive à bon port. Il y a encore trop de jour. Vous êtes vêtue de blanc. Le péril passé, vous vous retrouverez. Venez avec moi par ici. Lui par là.

JANE. — Joshua a raison. Où te retrouverai-je, mon Gilbert?

GILBERT. — Sous la première arche du pont de Londres.

JANE. — Bien. Pars vite. Le bruit redouble. Je te voudrais loin!

JOSHUA. — Voici les clefs. Il y a douze portes à ouvrir et à fermer d'ici au bord de l'eau. Vous en avez pour un bon quart d'heure.

JANE. — Un quart d'heure! douze portes! c'est affreux

GILBERT, *l'embrassant.* — Adieu, Jane. Encore quelques instants de séparation, et nous nous rejoindrons pour la vie.

JANE. — Pour l'éternité! (*Au batelier.*) — Monsieur, je vous le recommande.

MAÎTRE ÉNEAS, *bas au batelier.* — De crainte d'accident, ne le presse pas.

Gilbert sort avec le batelier.

JOSHUA. — Il est sauvé ! A nous maintenant ! Il faut fermer ce cachot. (*Il referme le cachot de Gilbert.*) — C'est fait. Venez vite, par ici !

Il sort avec Jane par l'autre porte masquée.

MAÎTRE ÉNEAS, *seul.* — Le Fabiani est resté au piége ! Voilà une petite femme fort adroite que maître Simon Renard eût payée bien cher. Mais comment la reine prendra-t-elle la chose ? Pourvu que cela ne retombe pas sur moi !

Entrent à grands pas par la galerie Simon Renard et la reine. Le tumulte extérieur n'a cessé d'augmenter. La nuit est presque tout à fait tombée. — Cris de mort ; flambeaux, torches, bruit des vagues de la foule, cliquetis d'armes, coups de feu, piétinements de chevaux. Plusieurs gentilshommes, la dague au poing, accompagnent la reine. Parmi eux, le héraut d'Angleterre, Clarence, portant la bannière royale, et le héraut de l'ordre de la Jarretière, Jarretière, portant la bannière de l'ordre.

SCÈNE IX.

LA REINE, SIMON RENARD, MAÎTRE ÉNEAS, LORD CLINTON, les deux Hérauts, Seigneurs, Pages, etc.

LA REINE, *bas à maître Eneas.* — Fabiani est-il évadé ?
MAÎTRE ÉNEAS. — Pas encore.
LA REINE. — Pas encore !

Elle regarde fixement d'un air terrible.

MAÎTRE ÉNEAS, *à part.* — Diable !
CRIS DU PEUPLE, *au dehors.* — Mort à Fabiani !
SIMON RENARD. — Il faut que Votre Majesté prenne un parti sur-le-champ, madame. Le peuple veut la mort de cet homme. Londres est en feu. La Tour est investie. L'émeute est formidable. Les nobles ont été taillés en pièces au pont de Londres. Les pensionnaires de Votre Majesté tiennent encore, mais Votre Majesté n'en a pas moins été traquée de rue en rue, depuis la maison de ville jusqu'à la Tour. Les partisans de madame Elisabeth sont mêlés au peuple. On sent qu'ils sont là, à la malignité de l'émeute. Tout cela est sombre. Qu'ordonne Votre Majesté ?
CRIS DU PEUPLE. — Fabiani ! Mort à Fabiani !

Ils grossissent et se rapprochent de plus en plus.

LA REINE. — Mort à Fabiani ! Milords, entendez-vous ce peuple qui hurle ? Il faut lui jeter un homme. La populace veut à manger.
SIMON RENARD. — Qu'ordonne Votre Majesté ?
LA REINE. — Pardieu, milords, vous tremblez tous autour de moi, il me semble. Sur mon âme, faut-il que ce soit une femme qui vous enseigne votre métier de gentilshommes ? A cheval, milords, à cheval ! Est-ce que la canaille vous intimide ? Est-ce que les épées ont peur des bâtons ?
SIMON RENARD. — Ne laissez pas les choses aller plus loin. Cédez, madame, pendant qu'il en est temps encore. Vous pouvez encore dire la canaille, dans une heure vous seriez obligée de dire le peuple.

Les cris redoublent, le bruit se rapproche.

LA REINE. — Dans une heure !
SIMON RENARD, *allant à la galerie et revenant.* — Dans un quart d'heure, madame. Voici que la première enceinte de la Tour est forcée. Encore un pas, le peuple est ici.
LE PEUPLE. — A la Tour ! à la Tour ! Fabiani ! mort à Fabiani !
LA REINE. — Qu'on a bien raison de dire que c'est une horrible chose que le peuple ! Fabiano !
SIMON RENARD. — Voulez-vous le voir déchirer sous vos yeux dans un instant ?
LA REINE. — Mais savez-vous qu'il est infâme qu'il n'y en ait pas un de vous qui bouge, messieurs ? Mais, au nom ciel, défendez-moi donc !
LORD CLINTON. — Vous, oui, madame ; Fabiani, non.
LA REINE. — Ah ! ciel ! Eh bien ! oui, je le dis tout haut, tant pis ! Fabiano est innocent ! Fabiano n'a pas commis le crime pour lequel il est condamné. C'est moi, et celui-ci, et le ciseleur Gilbert, qui avons tout fait, tout inventé, tout supposé. Pure comédie ! Osez me démentir, monsieur le bailli. Maintenant, messieurs, le défendrez-vous ? Il est innocent, vous dis-je. Sur ma tête, sur ma couronne, sur mon Dieu, sur l'âme de ma mère, il est innocent du crime ! Cela est aussi vrai qu'il est vrai que vous êtes là, lord Clinton ! Défendez-le. Exterminez ceux-ci, comme vous avez exterminé Tom Wyat, mon brave Clinton, mon vieil ami, mon bon Robert ! Je vous jure qu'il est faux que Fabiano ait voulu assassiner la reine.
LORD CLINTON. — Il y a une autre reine qu'il a voulu assassiner, c'est l'Angleterre.

Les cris continuent dehors.

LA REINE. — Le balcon ! ouvrez le balcon ! je veux prouver moi-même au peuple qu'il n'est pas coupable.
SIMON RENARD. — Prouvez au peuple qu'il n'est pas Italien.
LA REINE. — Quand je pense que c'est un Simon Renard, une créature du cardinal de Granvelle, qui ose me parler ainsi ! Eh bien ! ouvrez cette porte ! ouvrez ce cachot ! Fabiano est là ; je veux le voir, je veux lui parler.
SIMON RENARD, *bas.* — Que faites-vous ? dans son propre intérêt, il est inutile de faire savoir à tout le monde où il est.
LE PEUPLE. — Fabiani à mort ! Vive Elisabeth !
SIMON RENARD. — Les voilà qui crient : Vive Elisabeth ! maintenant.
LA REINE. — Mon Dieu ! mon Dieu !
SIMON RENARD. — Choisissez, madame (*il désigne d'une main la porte du cachot*) : — ou cette tête au peuple, (*il désigne de l'autre main la couronne que porte la reine*) — ou cette couronne à madame Elisabeth.
LE PEUPLE. — Mort ! mort ! Fabiani ! Elisabeth !

Une pierre vient casser une vitre à côté de la reine.

SIMON RENARD. — Votre Majesté se perd sans le sauver. La deuxième cour est forcée. Que veut la reine ?
LA REINE. — Vous êtes tous des lâches, et Clinton tout le premier. Ah ! Clinton, je me souviendrai de cela, mon ami !
SIMON RENARD. — Que veut la reine ?
LA REINE. — Oh ! être abandonnée de tous ! Avoir tout dit sans rien obtenir ! Qu'est-ce que c'est donc que ces gentilshommes-là ? Ce peuple est infâme. Je voudrais le broyer sous mes pieds. Il y a donc des cas où une reine ce n'est qu'une femme ? Vous me le payerez tous bien cher, messieurs !
SIMON RENARD. — Que veut la reine ?
LA REINE, *accablée.* — Ce que vous voudrez ! Faites ce que vous voudrez ! Vous êtes un assassin ! (*A part.*) Oh ! Fabiano !
SIMON RENARD. — Clarence ! Jarretière ! à moi ! — Maître Eneas, ouvrez le grand balcon de la galerie.

Le balcon du fond s'ouvre. Simon Renard y va, Clarence à sa droite, Jarretière à sa gauche. Immense rumeur au dehors.

LE PEUPLE. — Fabiani ! Fabiani !
SIMON RENARD, *au balcon, tourné vers le peuple.* — Au nom de la reine !
LES HÉRAUTS. — Au nom de la reine !

Profond silence au dehors.

SIMON RENARD. — Manants ! la reine vous fait savoir ceci : Aujourd'hui, cette nuit même, une heure après le couvre-feu, Fabiano Fabiani, comte de Clanbrassil, couvert d'un voile noir de la tête aux pieds, bâillonné d'un bâillon de fer, une torche de cire jaune du poids de trois livres à la main, sera mené aux flambeaux de la Tour de Londres, par Charing-Cross, au Vieux-Marché de la Cité, pour y être publiquement pendu et décapité, en réparation de ses crimes de haute trahison au premier chef, et d'attentat régicide sur la personne impériale de Sa Majesté.

Un immense battement de mains éclate au dehors.

LE PEUPLE. — Vive la reine ! mort à Fabiani !

Au nom de la reine. (Page 23.)

SIMON RENARD, *continuant*. — Et, pour que personne dans cette ville de Londres n'en ignore, voici ce que la reine ordonne : — Pendant tout ce trajet que fera le condamné de la Tour de Londres au Vieux-Marché, la grosse cloche de la Tour tintera. Au moment de l'exécution, trois coups de canon seront tirés : le premier, quand il montera sur l'échafaud ; le second, quand il se couchera sur le drap noir ; le troisième, quand sa tête tombera.

Applaudissements.

LE PEUPLE. — Illuminez ! illuminez !

SIMON RENARD. — Cette nuit, la Tour et la Cité de Londres seront illuminées de flammes et flambeaux en signe de joie. J'ai dit. (*Applaudissements.*) Dieu garde la vieille charte d'Angleterre !

LES DEUX HÉRAUTS. — Dieu garde la vieille charte d'Angleterre !

LE PEUPLE. — Fabiani à mort ! Vive Marie ! vive la reine !

Le balcon se referme, Simon Renard vient à la reine.

SIMON RENARD. — Ce que je viens de faire ne me sera jamais pardonné par la princesse Elisabeth.

LA REINE. — Ni par la reine Marie. — Laissez-moi, monsieur !

Elle congédie du geste tous les assistants.

SIMON RENARD, *bas à maître Eneas*. — Maître Eneas, veillez à l'exécution.

MAÎTRE ÉNEAS. — Reposez-vous sur moi.

Simon Renard sort. Au moment où maître Eneas va sortir, la reine court à lui, le saisit par le bras, et le ramène violemment sur le devant du théâtre.

SCÈNE X.

LA REINE, MAÎTRE ÉNEAS.

CRIS DU DEHORS. — Mort à Fabiani ! Fabiani ! Fabiani !

LA REINE. — Laquelle des deux têtes crois-tu qui vaille le mieux en ce moment, celle de Fabiani ou la tienne?

MAÎTRE ÉNEAS. — Madame !...

LA REINE. — Tu es un traître !

MAÎTRE ÉNEAS. — Madame !... (*A part.*) Diable !

Celui qui marche à ma suite, couvert de ce voile noir!... (Page 26.)

LA REINE. — Pas d'explications. Je le jure par ma mère, Fabiano mort, tu mourras.

MAÎTRE ÉNEAS. — Mais, madame...

LA REINE. — Sauve Fabiano, tu te sauveras. Pas autrement.

CRIS. — Fabiani à mort! Fabiani!

MAÎTRE ÉNEAS. — Sauver lord Clanbrassil! Mais le peuple est là. C'est impossible. Quel moyen?...

LA REINE. — Cherche.

MAÎTRE ÉNEAS. — Comment faire, mon Dieu?

LA REINE. — Fais comme pour toi.

MAÎTRE ÉNEAS. — Mais le peuple va rester en armes jusqu'après l'exécution. Pour l'apaiser, il faut qu'il y ait quelqu'un de décapité.

LA REINE. — Qui tu voudras.

MAÎTRE ÉNEAS. — Qui je voudrai? Attendez, madame!... L'exécution se fera la nuit, aux flambeaux, le condamné couvert d'un voile noir, bâillonné, le peuple tenu fort loin de l'échafaud par les piquiers, comme toujours, il suffit qu'il voie une tête tomber. La chose est possible. Pourvu que le batelier soit encore là! je lui ai dit de ne pas se presser. (*Il va à la fenêtre d'où l'on voit la Tamise.*) — Il y est encore! mais il était temps. (*Il se penche à la lucarne, une torche à la main, en agitant son mouchoir, puis il se tourne vers la reine.*) — C'est bien. — Je vous réponds de milord Fabiani, madame.

LA REINE. — Sur ta tête?

MAÎTRE ÉNEAS. — Sur ma tête!

DEUXIÈME PARTIE.

Une espèce de salle à laquelle viennent aboutir deux escaliers, un qui monte, l'autre qui descend. L'entrée de chacun de ces deux escaliers occupe une partie du fond du théâtre. Celui qui monte se perd dans les frises; celui qui descend se perd dans le dessous. On ne voit ni d'où partent ces escaliers ni où ils vont.

La salle est tendue de deuil d'une façon particulière; le mur de droite, le mur de gauche, et le plafond, d'un drap noir coupé d'une grande croix blanche; le fond, qui fait face au spectateur, d'un drap blanc avec une grande croix noire. Cette tenture noire et cette tenture blanche se prolongent, chacune de leur côté, à perte de vue, sous les deux escaliers. A droite et à gauche, un autel tendu de noir et de blanc, décoré comme pour des funérailles Grands cierges, pas de prêtres. Quelques rares lampes funèbres, pendues çà et là aux voûtes, éclairent faiblement la salle et les escaliers. Ce qui éclaire réellement la salle, c'est le grand drap blanc du fond, à travers lequel passe une lumière rougeâtre comme s'il y avait derrière une immense fournaise flamboyante. La salle est pavée de dalles tumulaires. — Au lever du rideau, on voit se dessiner en noir sur ce drap transparent l'ombre immobile de la reine.

SCÈNE PREMIÈRE.

JANE, JOSHUA.

Ils entrent avec précaution en soulevant une des tentures noires par quelque petite porte pratiquée là.

JANE. — Où sommes-nous, Joshua?

JOSHUA. — Sur le grand palier de l'escalier par où descendent les condamnés qui vont au supplice. Cela a été tendu ainsi sous Henri VIII.

JANE. — Aucun moyen de sortir de la Tour?

JOSHUA. — Le peuple garde toutes les issues. Il veut être sûr cette fois d'avoir son condamné. Personne ne pourra sortir avant l'exécution.

JANE. — La proclamation qu'on a faite du haut de ce balcon me résonne encore dans l'oreille. L'avez-vous entendue, quand nous étions en bas? Tout ceci est horrible, Joshua!

JOSHUA. — Ah! j'en ai vu bien d'autres, moi!

JANE. — Pourvu que Gilbert ait réussi à s'évader! Le croyez-vous sauvé, Joshua?

JOSHUA. — Sauvé! j'en suis sûr.

JANE. — Vous en êtes sûr, bon Joshua?

JOSHUA. — La Tour n'était pas investie du côté de l'eau. Et puis, quand il a dû partir, l'émeute n'était pas ce qu'elle a été depuis. C'était une belle émeute, savez-vous!

JANE. — Vous êtes sûr qu'il est sauvé?

JOSHUA. — Et qu'il vous attend, à cette heure, sous la première arche du pont de Londres, où vous le rejoindrez avant minuit.

JANE. — Mon Dieu! il va être inquiet de son côté. (Apercevant l'ombre de la reine.) — Ciel! qu'est-ce que c'est que cela, Joshua?

JOSHUA, bas, en lui prenant la main. — Silence! — C'est la lionne qui guette. (Pendant que Jane considère cette silhouette noire avec terreur, on entend une voix éloignée, qui paraît venir d'en haut, prononcer lentement et distinctement ces paroles :) — Celui qui marche à ma suite, couvert de ce voile noir, c'est très-haut et très-puissant seigneur Fabiano Fabiani, comte de Clanbrassil, baron de Dinasmonddy, baron de Darmouth en Devonshire, lequel va être décapité au Marché de Londres, pour crime de régicide et de haute trahison. Dieu fasse miséricorde à son âme!

UNE AUTRE VOIX. — Priez pour lui!

JANE, tremblante. — Joshua! entendez-vous?

JOSHUA. — Oui. Moi j'entends de ces choses-là tous les jours.

Un cortége funèbre paraît au haut de l'escalier, sur les degrés duquel il se développe lentement à mesure qu'il descend. En tête, un homme vêtu de noir, portant une bannière blanche à croix noire. Puis maître Eneas Dulverton, en grand manteau noir, son bâton blanc de connétable à la main. Puis un groupe de pertuisaniers vêtus de rouge. Puis le bourreau, sa hache sur l'épaule, le fer tourné vers celui qui le suit. Puis un homme entièrement couvert d'un grand voile noir qui traîne sur ses pieds. On ne voit de cet homme que son bras nu, qui passe par une ouverture faite au linceul, et qui porte une torche de cire jaune allumée. A côté de cet homme, un prêtre en costume du jour des Morts. Puis un groupe de pertuisaniers en rouge. Puis un homme vêtu de blanc, portant une bannière noire à croix blanche. A droite et à gauche, deux files de hallebardiers portant des torches.

JANE. — Joshua! voyez-vous?

JOSHUA. — Oui. Je vois de ces choses-là tous les jours, moi.

Au moment de déboucher sur le théâtre, le cortége s'arrête.

MAÎTRE ÉNEAS. — Celui qui marche à ma suite, couvert de ce voile noir, c'est très-haut et très-puissant seigneur Fabiani Fabiani, comte de Clanbrassil, baron de Dinasmonddy, baron de Darmouth en Devonshire, lequel va être décapité au Marché de Londres, pour crime de régicide et de haute trahison. — Dieu fasse miséricorde à son âme!

LES DEUX PORTE-BANNIÈRE. — Priez pour lui!

Le cortége traverse lentement le fond du théâtre.

JANE. — C'est une chose terrible que nous voyons là, Joshua. Cela me glace le sang.

JOSHUA. — Ce misérable Fabiani!

JANE. — Paix, Joshua! bien misérable, mais bien malheureux!

Le cortége arrive à l'autre escalier. Simon Renard, qui, depuis quelques instants, a paru à l'entrée de cet escalier et a tout observé, se range pour le laisser passer. Le cortége s'enfonce sous la voûte de l'escalier, où il disparaît peu à peu. Jane le suit des yeux avec terreur.

SIMON RENARD, après que le cortége a disparu. — Qu'est-ce que cela signifie? Est-ce bien là Fabiani? Je le croyais moins grand. Est-ce que maître Eneas...? Il me semble que la reine l'a gardé auprès d'elle un instant. Voyons donc!

Il s'enfonce sous l'escalier à la suite du cortége.

VOIX, qui s'éloigne de plus en plus. — Celui qui marche à ma suite, couvert de ce voile noir, c'est très-haut et très-puissant seigneur Fabiano Fabiani, comte de Clanbrassil, baron de Dinasmonddy, baron de Darmouth en Devonshire, lequel va être décapité au Marché de Londres, pour crime de régicide et de haute trahison. — Dieu fasse miséricorde à son âme.

AUTRES VOIX, presque indistinctes. — Priez pour lui!

JOSHUA. — La grosse cloche va annoncer tout à l'heure sa sortie de la Tour. Il vous sera peut-être possible maintenant de vous échapper. Il faut que je tâche d'en trouver les moyens. Attendez-moi là; je vais revenir.

JANE. — Vous me laissez, Joshua? Je vais avoir peur, seule ici, mon Dieu!

JOSHUA. — Vous ne pourriez parcourir toute la Tour avec moi sans péril. Il faut que je vous fasse sortir de la Tour. Pensez que Gilbert vous attend.

JANE. — Gilbert! tout pour Gilbert! Allez! (Joshua sort. — Seule.) — Oh! quel spectacle effrayant! Quand je songe que cela eût été ainsi pour Gilbert! (Elle s'agenouille sur les degrés de l'un des autels.) — Oh! merci! vous êtes bien le Dieu sauveur! Vous avez sauvé Gilbert! (Le drap du fond s'entr'ouvre. La reine paraît; elle s'avance à pas lents vers le devant du théâtre, sans voir Jane. — Se détournant.) — Dieu! la reine!

SCÈNE II.

JANE, LA REINE.

Jane se colle avec effroi contre l'autel et attache sur la reine un regard de stupeur et d'épouvante.

LA REINE. (Elle se tient quelques instants en silence sur le devant du théâtre, l'œil fixe, pâle, comme absorbée dans une sombre rêverie; enfin elle pousse un profond soupir.) — Oh! le peuple! (Elle promène autour d'elle avec inquiétude son regard, qui rencontre Jane.) — Quelqu'un là! — C'est toi, jeune fille! c'est vous, lady Jane! Je vous fais peur. Allons, ne craignez rien. Le guichetier Eneas nous a trahies, vous savez? Ne craignez donc rien. Enfant, je te l'ai déjà dit, tu n'as rien à craindre de moi, toi. Ce qui faisait ta perte il y a un mois fait ton salut aujourd'hui. Tu aimes Fabiano. Il n'y a que toi et moi sous le ciel qui ayons le cœur fait ainsi, que toi et moi qui l'aimions. Nous sommes sœurs.

JANE. — Madame...

LA REINE. — Oui, toi et moi, deux femmes, voilà tout ce qu'il a pour lui, cet homme. Contre lui tout le reste ! toute une cité, tout un peuple, tout un monde ! Lutte inégale de l'amour contre la haine ! L'amour pour Fabiano, il est triste, épouvanté, éperdu ; il a ton front pâle, il a mes yeux en larmes, il se cache près d'un autel funèbre ; il prie par ta bouche, il maudit par la mienne. La haine contre Fabiani, elle est fière, radieuse, triomphante ; elle est armée et victorieuse, elle a la cour, elle a le peuple, elle a des masses d'hommes plein les rues, elle mâche à la fois des cris de mort et des cris de joie ; elle est superbe, et hautaine, et toute-puissante ; elle illumine toute une ville autour d'un échafaud ! L'amour, le voici, deux femmes vêtues de deuil dans un tombeau. La haine, la voilà !

Elle tire violemment le drap blanc du fond, qui, en s'écartant, laisse voir un balcon, et au delà de ce balcon, à perte de vue, dans une nuit noire, toute la ville de Londres, splendidement illuminée. Ce qu'on voit de la Tour de Londres est illuminé également. Jane fixe ses yeux étonnés sur tout ce spectacle éblouissant, dont la réverbération éclaire le théâtre.

— Oh ! ville infâme ! ville révoltée ! ville maudite ! ville monstrueuse qui trempe sa robe de fête dans le sang, et qui tient la torche au bourreau ! Tu en as peur, Jane, n'est-ce pas ? Est-ce qu'il ne te semble pas comme à moi qu'elle nous nargue lâchement toutes deux, et qu'elle nous regarde avec ses cent mille prunelles flamboyantes, faibles femmes abandonnées que nous sommes, perdues et seules dans ce sépulcre ! Jane ! j'entends-tu rire et hurler, l'horrible ville ? Oh ! l'Angleterre ! l'Angleterre à qui détruira Londres ! Oh ! que je voudrais pouvoir changer ces flambeaux en brandons, ces lumières en flammes, et cette ville illuminée en une ville qui brûle !

Une immense rumeur éclate au dehors. Applaudissements. Cris confus : — Le voilà ! le voilà ! Fabiani à mort ! On entend tinter la grosse cloche de la Tour de Londres. A ce bruit, la reine se met à rire d'un rire terrible.

JANE. — Grand Dieu ! voilà le malheureux qui sort... — Vous riez, madame !

LA REINE. — Oui, je ris ! (Elle rit.) — Oui, et tu vas rire aussi ! Mais d'abord il faut que je ferme cette tenture ; il me semble toujours que nous ne sommes pas seules et que cette affreuse ville nous voit et nous entend. (Elle ferme le rideau blanc et revient à Jane.) — Maintenant qu'il est sorti, maintenant qu'il n'y a plus de danger, je puis te dire cela. Mais ris donc, rions toutes deux de cet exécrable peuple qui boit du sang. Oh ! c'est charmant ! Jane, tu trembles pour Fabiano ! reste tranquille, et ris avec moi, te dis-je ! Jane ! l'homme qu'ils ont, l'homme qui va mourir, l'homme qu'ils prennent pour Fabiano, ce n'est pas Fabiano !

Elle rit.

JANE. — Ce n'est pas Fabiano ?

LA REINE. — Non !

JANE. — Qui est-ce donc ?

LA REINE. — C'est l'autre.

JANE. — Qui, l'autre ?

LA REINE. — Tu sais bien, tu le connais, cet ouvrier, cet homme... — D'ailleurs qu'importe ?

JANE, tremblant de tout son corps. — Gilbert !

LA REINE. — Oui, Gilbert, c'est ce nom-là.

JANE. — Madame ! oh ! non, madame ! oh ! dites que cela n'est pas, madame ! Gilbert ! ce serait trop horrible ! Il s'est évadé !

LA REINE. — Il s'évadait quand on l'a saisi, en effet. On l'a mis à la place de Fabiano sous le voile noir. C'est une exécution de nuit. Le peuple n'y verra rien. Sois tranquille.

JANE, avec un cri effrayant. — Ah ! madame ! celui que j'aime, c'est Gilbert !

LA REINE.—Quoi ! que dis-tu ? Perds-tu la raison ? Est-ce que tu me trompais aussi, toi ? Ah ! c'est Gilbert que tu aimes ! Eh bien ! que m'importe ?

JANE, brisée, aux pieds de la reine, sanglotant, se traînant sur les genoux, les mains jointes. La grosse cloche tinte pendant toute cette scène. — Madame, par pitié ! Madame, au nom du ciel ! Madame, par votre couronne, par votre mère, par les anges ! Gilbert ! Gilbert ! cela me rend folle ! Madame, sauvez Gilbert ! cet homme, c'est ma vie ; cet homme, c'est mon mari, cet homme... je viens de vous dire qu'il a tout fait pour moi, qu'il m'a élevée, qu'il m'a adoptée, qu'il a remplacé près de mon berceau mon père, qui est mort pour votre mère. Madame, vous voyez bien que je ne suis qu'une pauvre misérable, et qu'il ne faut pas être sévère pour moi. Ce que vous venez de me dire m'a donné un coup si terrible, que je ne sais vraiment pas comment j'ai la force de vous parler. Je dis ce que je peux, voyez-vous. Mais il faut que vous fassiez suspendre l'exécution. Tout de suite. Suspendre l'exécution. Remettre la chose à demain. Le temps de se reconnaître, voilà tout. Ce peuple peut bien attendre à demain. Nous verrons ce que nous ferons. Non, ne secouez pas la tête. Pas de danger pour votre Fabiano. Sous le voile noir, la nuit, qui le saura ? Mais sauvez Gilbert ! Qu'est-ce que cela vous fait, lui ou moi ? Enfin, puisque je veux bien mourir, moi ! — Oh ! mon Dieu ! cette cloche, cette affreuse cloche ! chacun des coups de cette cloche est un pas vers l'échafaud. Chacun des coups de cette cloche frappe sur mon cœur. — Faites cela, madame, ayez pitié ! pas de danger pour votre Fabiano. Laissez-moi baiser vos mains. Je vous aime, madame ; je ne vous l'ai pas encore dit, mais je vous aime bien. Vous êtes une grande reine. Voyez comme je baise vos belles mains. Oh ! un ordre pour suspendre l'exécution. Il est encore temps. Je vous assure que c'est très-possible. Ils vont lentement. Il y a loin de la Tour au Vieux-Marché. L'homme du balcon a dit qu'on passerait par Charing-Cross. Il y a un chemin plus court. Un homme à cheval arriverait encore à temps. Au nom du ciel, madame, ayez pitié ! Enfin, mettez-vous à ma place, supposez que je sois la reine et vous la pauvre fille : vous pleureriez comme moi, et je ferais grâce. Faites grâce. Oh ! voilà ce que je craignais, que les larmes ne m'empêchassent de parler. Oh ! tout de suite. Suspendre l'exécution. Cela n'a pas d'inconvénient, madame. Pas de danger pour Fabiano, je vous jure ! Est-ce que vraiment vous ne trouvez pas qu'il faut faire ce que je dis, madame ?

LA REINE, attendrie et la relevant. — Je le voudrais, malheureuse. Ah ! tu pleures, oui, comme je pleurais ; ce que tu éprouves, je viens de l'éprouver. Mes angoisses me font compatir aux tiennes. Tiens, tu vois que je pleure aussi. C'est bien malheureux, pauvre enfant ! Sans doute, il semble bien qu'on aurait pu en prendre un autre, Tyrconnel, par exemple ; mais il est trop connu ; il fallait un homme obscur. On n'avait que celui-là sous la main. Je t'explique cela pour que tu comprennes, vois-tu. Oh ! mon Dieu ! il y a des fatalités-là. On se trouve pris. On n'y peut rien.

JANE. — Oui, je vous écoute bien, madame. C'est comme moi, j'aurais encore plusieurs choses à vous dire ; mais je voudrais que l'ordre de suspendre l'exécution fût signé et l'homme parti. Ce sera une chose faite, voyez-vous. Nous parlerions mieux après. Oh ! cette cloche ! toujours cette cloche !

LA REINE. — Ce que tu veux est impossible, lady Jane.

JANE. — Si, c'est possible. Un homme à cheval. Il y a un chemin très-court. Par le quai. J'irais, moi. C'est possible. C'est facile. Vous voyez que je parle avec douceur.

LA REINE. — Mais le peuple ne voudrait pas ; mais il reviendrait tout massacrer dans la Tour, et Fabiano y est encore ; mais comprends donc. Tu trembles, pauvre enfant, moi je suis comme toi, je tremble aussi. Mets-toi à ma place à ton tour. Enfin je pourrais bien ne pas prendre la peine de t'expliquer tout cela. Tu vois que je fais ce que je peux. Ne songe plus à ce Gilbert, Jane. C'est fini. Résigne-toi !

JANE. — Fini ! Non, ce n'est pas fini ! non tant que cette horrible cloche sonnera, ce ne sera pas fini. Me résigner à la mort de Gilbert ! Est-ce que vous croyez que je laisserai mourir Gilbert ainsi? Non, madame. Ah! je perds mes peines! ah! vous ne m'écoutez pas! Eh bien! si la reine ne m'entend pas, le peuple m'entendra! Ah! ils sont bons, ceux-là, voyez-vous! Le peuple est encore dans cette cour. Vous ferez de moi ensuite ce que vous voudrez. Je vais lui crier qu'on le trompe, et que c'est Gilbert, un ouvrier comme eux, et que ce n'est pas Fabiani.

LA REINE. — Arrête, misérable enfant! (*Elle lui saisit le bras et la regarde fixement d'un air formidable.*) — Ah! tu le prends ainsi! ah! je suis bonne et douce, et je pleure avec toi, et voilà que tu deviens folle et furieuse! Ah! mon amour est aussi grand que le tien, et ma main est plus forte que la tienne. Tu ne bougeras pas. Ah! ton amant! que m'importe ton amant! Est-ce que toutes les filles d'Angleterre vont venir me demander compte de leurs amants, maintenant? Pardieu! je sauve le mien comme je peux, et aux dépens de ce qui se trouve là. Veillez sur les vôtres!

JANE. — Laissez-moi! — Oh! je vous maudis, méchante femme!

LA REINE. — Silence!

JANE. — Non, je ne me tairai pas. Et voulez-vous que je vous dise une pensée que j'ai à présent? Je ne crois pas que celui qui va mourir soit Gilbert.

LA REINE. — Que dis-tu?

JANE. — Je ne sais pas. Mais je l'ai vu passer sous ce voile noir. Il me semble que si ç'avait été Gilbert, quelque chose aurait remué en moi, quelque chose se serait révolté, quelque chose se serait soulevé dans mon cœur, et m'aurait crié : Gilbert! c'est Gilbert? Je n'ai rien senti, ce n'est pas Gilbert.

LA REINE. — Que dis-tu là? Ah! mon Dieu, tu es insensée, ce que tu dis là est fou, et cependant cela m'épouvante. Ah! tu viens de remuer une des plus secrètes inquiétudes de mon cœur. Pourquoi cette émeute m'a-t-elle empêchée de surveiller tout moi-même? Pourquoi m'en suis-je remise à d'autres qu'à moi-même du salut de Fabiano? Eneas Dulverton est un traître. Simon Renard était peut-être là. Pourvu que je n'aie pas été trahie une deuxième fois par les ennemis de Fabiano! Pourvu que ce ne soit pas Fabiano en effet... — Quelqu'un! vite quelqu'un! quelqu'un! (*Deux geôliers paraissent. — Au premier.*) — Vous, courez. Voici mon anneau royal. Dites qu'on suspende l'exécution. Au Vieux-Marché! au Vieux-Marché! Il y a un chemin plus court, disais-tu, Jane!

JANE. — Par le quai.

LA REINE, *au geôlier*. — Par le quai. Un cheval! Cours vite. (*Le geôlier sort. — Au deuxième geôlier.*) — Vous, allez sur-le-champ à la tourelle d'Édouard le Confesseur. Il y a là les deux cachots des condamnés à mort. Dans l'un de ces cachots il y a un homme. Amenez-le-moi sur-le-champ. (*Le geôlier sort.*) — Ah! je tremble! mes pieds se dérobent sous moi; je n'aurais pas la force d'y aller moi-même. Ah! tu me rends folle comme toi! Ah! misérable fille, tu me rends malheureuse comme moi! je te maudis comme tu me maudis! Mon Dieu! l'homme aura-t-il le temps d'arriver? Quelle horrible anxiété! Je ne vois plus rien. Tout est trouble dans mon esprit. Cette cloche, pour qui sonne-t-elle? Est-ce pour Gilbert? Est-ce pour Fabiano?

JANE. — La cloche s'arrête!

LA REINE. — C'est que le cortège est sur la place de l'exécution. L'homme n'aura pas eu le temps d'arriver.

On entend un coup de canon éloigné.

JANE. — Ciel!

LA REINE. — Il monte sur l'échafaud. (*Deuxième coup de canon.*) — Il s'agenouille.

JANE. — C'est horrible!

Troisième coup de canon.

TOUTES DEUX. — Ah!...

LA REINE. — Il n'y en a plus qu'un de vivant. Dans un instant nous saurons lequel. Mon Dieu! celui qui va entrer, faites que ce soit Fabiano!

JANE. — Mon Dieu! faites que ce soit Gilbert! (*Le rideau au fond s'ouvre. — Simon Renard paraît, tenant Gilbert par la main.*) Gilbert!

Ils se précipitent dans les bras l'un de l'autre.

LA REINE. — Et Fabiano?

SIMON RENARD. — Mort.

LA REINE. — Mort?... mort! Qui a osé?...

SIMON RENARD. — Moi. J'ai sauvé la reine et l'Angleterre.

NOTES

NOTE I.

Afin que les lecteurs puissent se rendre compte, une fois pour toutes, du plus ou moins de certitude historique contenue dans les ouvrages de l'auteur, ainsi que de la quantité et de la qualité des recherches faites par lui pour chacun de ses drames, il croit devoir imprimer ici, comme spécimen, la liste des livres et des documents qu'il a consultés avant d'écrire *Marie Tudor*. Il pourrait publier un catalogue semblable pour chacune de ses autres pièces.

HISTORIA ET ANNALES HENRICI VII, par Franc. Baronum.

HENRICI VIII, EDUARDI VI ET MARIÆ, par Franc. Godwin. — Lond., 1676.

Id. Auct., par Morganum Godwin. — Lond., 1630.

Traduit en français par le sieur de Loigny. — Paris, 1647.

In-4°. — ANNALES OU CHOSES MÉMORABLES SOUS HENRI VIII, ÉDOUARD VI ET MARIE, traduites d'un auteur anonyme, par le sieur de Loigny. — Paris, Rocolet, 1647.

HISTOIRE DU DIVORCE DE HENRI VIII ET DE CATHERINE D'ARAGON, par Joachim Legrand. — Paris, 1688. In-12, 3 vol.

In-4°. — CONCLUSIONES ROMÆ AGITATÆ IN CONSISTORIO CORAM CLEMENTE VII, IN CAUSA MATRIMONIALI INTER HENRICUM VIII ET CATHARINAM, etc.

In-4°. — HISTOIRE DE LA RÉFORMATION, par Burnet, II° partie, sous Édouard VI, Marie et Élisabeth, depuis 1547 jusqu'en 1559. — Traduit de Burnet, en français, par Rosemond.

In-4°. — DIVERSES PIÈCES POUR L'HISTOIRE D'ANGLETERRE SOUS HENRI VIII, ÉDOUARD VI ET MARIE. — En anglais, en un paquet.

In-8°. — HISTOIRE DU SCHISME D'ANGLETERRE, de Sandarus, traduite en français, imprimée en 1587.

In-8°. — OPUSCULA VARIA DE REBUS ANGLICIS, TEMPORE HENRICI VIII, EDUARDI VI ET MARIÆ REGINÆ. Uno fasciculo.

In-folio. — EL VIAGE DE DON FELIPE II, DESDE ESPANA, etc., por Juan Christoval Calvete de Estrella. — Anvers, 1552.

In-folio. — HESTORIA DE FELIPE II, por Luis Cabrera de Cordova. — Madrid, 1619.

In-4°. — RELACIONES DE ANTONIO PEREZ, SECRETARIO DE ESTADO DE FELIPE II, EN SUS CARTAS ESPAÑOLAS Y LATINAS. — Paris, 1624.

In-4°. — TESTIMONIO AUTENTICO Y VERDADERO DE LAS CAUSAS NOTABLES QUE PASARON EN LA MUERTE DEL REY FELIPE II, por el licenciado Cervera de la Torre, su capellan. — Valencia, 1599.

In-8°. — DICHOS Y HECHOS DE FELIPE II, por Balthazar Parreno. — Séville, 1639.

LE LIVRE D'ANTOINE PEREZ, secrétaire d'Etat de Philippe II.

VUE SUR LES MONNAIES D'ANGLETERRE, depuis les premiers temps jusqu'à présent, avec figures. Suelling. In-folio. Un vol.

THE HISTORY OF THE REIGNS OF EDWARD VI, MARY AND ELISABETH, by Shawn Turner. London, Longman, 1829. Un vol. in-4°.

ÉCLAIRCISSEMENTS DE LA BIOGRAPHIE ET DES MOEURS DE L'ANGLETERRE, sous Henri VIII, Edouard VI, Marie, Elisabeth et Jacques Ier, extraits des papiers originaux trouvés dans les manuscrits des nobles familles Howard, Talbot et Cecil, par Edmund Lodge, esq. Londres, G. Nicol, 1791, 3 vol. in-4°, ornés de portraits.

RERUM ANGLICARUM HENRICO VIII, EDUARDO VI ET MARIA REGNANTIBUS, ANNALES. Londini. Jean Billins, 1628, un vol. in-4°.

HISTOIRE SUCCINCTE DE LA SUCCESSION DE LA COURONNE D'ANGLETERRE, depuis le commencement jusqu'à présent; avec des remarques et une carte. Traduit de l'anglais, 1714. In-12.

THE BARONETAGE OF ENGLAND, by Anth. Collins. Lond., Taylord, 1720. 2 vol. in-8°.

ETAT DE LA GRANDE-BRETAGNE, liste de tous les offices de la couronne, par Jean Chamberlayne, 2 part., 1 vol. in-8°. Lond., Midwinker, 1737.

SUCCESSION DES COLONELS ANGLAIS, depuis l'origine jusqu'à présent, et liste des vaisseaux. Lond., J. Millan, 1742.

HISTOIRE DU PARLEMENT D'ANGLETERRE, par l'abbé Raynal. Londres, 1748. In-12.—Edit. 1751, meilleure. 2 vol. in-8°.

PANÉGYRIQUE DE MARIE, REINE D'ANGLETERRE, par Abbadie. Genève, 1695.

LETTRE DE M. BURNET A M. THÉVENOT, CONTENANT UNE COURTE CRITIQUE DE L'HISTOIRE DU DIVORCE DE HENRI VIII, écrite par M. Legrand. Nouv. édit. Paris, veuve Edme Martin, 1688. 1 vol. in-12.

COLLECTIONS HISTORIQUES de plusieurs graves écrivains protestants concernant le changement de religion et l'étrange confusion qui s'ensuivit sous Henri VIII, Édouard VI, Marie et Elisabeth. Lond., N. Hiles, 1686. 1 vol. in-12.

CRITIQUE DU NEUVIÈME LIVRE DE VARILLAS, sur la révolution religieuse d'Angleterre, par Burnet. Traduit en français. Amsterdam, N. Savouret, 1686. 1 vol. in-12.

PEERAGE OF ENGLAND, par M. Kimber. Londres, 1769. Un vol. in-12.

THE ENGLISH BARONETAGE. Londres, Th. Wootton, 1741. 5 vol. in-8°.

NOUVEAUX ÉCLAIRCISSEMENTS SUR MARIE, FILLE DE HENRI VIII, adressés à M. David Hume. Paris, Delatour, 1766, in-12. (Par le P. Griffet.)

HISTOIRE DU SCHISME D'ANGLETERRE de Sanders, traduite par Maucroix. Lyon, 1685. 2 vol. in-12.

Tome deux du SCHISME, ou les vies des cardinaux Polus et Campege, par Maucroix. Lyon, 1685. In-12.

HISTOIRE DU DIVORCE DE HENRI VIII ET DE CATHERINE D'ARAGON, par l'abbé Legrand. Amsterdam, 1763. In-32.

Consulter le recueil exact et complet des dépêches de M. de Noailles, ambassadeur de France en Angleterre sous Édouard VI et une partie du règne de Marie.

NOTE II.

PREMIÈRE JOURNÉE, SCÈNE I.

Les bûchers sont toujours braise et jamais cendre, etc.

Sous le règne si court de Marie, de 1553 à 1558, furent décapités : le duc de Northumberland, Jane Grey, reine dix-huit jours; son mari, le duc de Suffolk; Thomas Grey, Thomas Stafford, Stucklay, Bradford, etc. ; furent pendus : Thomas Wyat et cinquante de ses complices, Bret et ses complices, William Fetherston, se disant Édouard VI, Anthony Kingston et ses complices (pour pilleries), Charles, baron de Sturton (avec une corde de soie), et quatre de ses valets avec lui (accusés d'assassinat), etc.; furent brûlés vifs : les évêques John Cooper, de Glocester, Robert Ferrare, de Saint-David, Ridlay, Latimer (Grammer assiste à leur supplice de sa prison), Grammer, archevêque de Cantorbéry, qui brûla d'abord sa main droite renégate, les docteurs Roland, Taylor, Laurens Sanders, John Rogers, prébendier théologal et prédicateur ordinaire de Saint-Paul de Londres (celui-ci laissait une femme et dix enfants); John Bradford, en 1556, quatre-vingt-quatre sectaires, etc. De là ce surnom presque grandiose à force d'horreur, *Marie la Sanglante*.

NOTE III.

PREMIÈRE JOURNÉE, SCÈNE II.

On pendait ceux qui étaient pour, mais on brûlait ceux qui étaient contre.

Suspenduntur papistæ, comburuntur antipapistæ.

NOTE IV.

DEUXIÈME JOURNÉE, SCÈNE VII.

Italien, cela veut dire fourbe; Napolitain, cela veut dire lâche, etc.

Si d'honorables susceptibilités nationales n'avaient été éveillées par ce passage, l'auteur croirait inutile de faire remarquer ici que c'est la reine qui parle et non le poëte. Injure de femme en colère, et non opinion d'écrivain. L'auteur n'est pas de ceux qui jettent l'anathème sur une nation prise en masse, et d'ailleurs ses sympathies de poëte, de philosophe et d'historien, l'ont de tout temps fait pencher vers cette Italie si illustre et si malheureuse. Il s'est toujours plu à prédire dans sa pensée un grand avenir à ce noble groupe de nations qui a eu un si grand passé. Avant peu, espérons-le, l'Italie recommencera à rayonner. L'Italie est une terre de grandes choses, de grandes idées, de grands hommes, *magna parens*. L'Italie a Rome, qui a eu le monde. L'Italie a Dante, Raphaël et Michel-Ange, et partage avec nous Napoléon.

NOTE V.

DEUXIÈME JOURNÉE, SCÈNE VII.

Il y a eu le complot de Thomas Wyat, etc.

Avec ses quatre mille révoltés, Wyat fit un moment chanceler Marie, appuyée sur Londres. Il fut défait, pris et pendu, pour avoir perdu du temps à raccommoder un affût de canon.

NOTE VI.

12 novembre 1833.

L'auteur croit devoir prévenir MM. les directeurs de théâtres de province que Fabiani ne chante que deux couplets au premier acte, et un seulement au second. Pour tous les détails de mise en scène, ils feront bien de se rapprocher le plus possible du théâtre de la Porte-Saint-Martin, où la pièce a été montée avec un soin et un goût extrêmes.

Quant à la manière dont la pièce est jouée par les acteurs du théâtre de la Porte-Saint-Martin, l'auteur est heureux de joindre ici ses applaudissements à ceux du public tout entier. Voici la seconde fois dans la même année qu'il met à épreuve le zèle et l'intelligence de cette troupe excellente. Il la félicite et il la remercie.

M. Lockroy, qui avait été tout à la fois si spirituel, si redoutable et si fin dans le don Alphonse de *Lucrèce Borgia*, a prouvé dans Gilbert une rare et merveilleuse souplesse de talent. Il est, selon le besoin du rôle, amoureux et terrible, calme et violent, caressant et jaloux; un ouvrier devant la reine, un artiste aux pieds de Jane. Son jeu, si délicat dans ses nuances et si bien proportionné dans ses effets, allie la tendresse mélancolique de Roméo à la gravité sombre d'Othello.

Mademoiselle Juliette, quoique atteinte à la première représentation d'une indisposition si grave qu'elle n'a pu continuer de jouer le rôle de Jane les jours suivants, a montré dans ce rôle un talent plein d'avenir, un talent souple, gracieux, vrai, tout à la fois pathétique et charmant, intelligent et naïf. L'auteur croit devoir lui exprimer ici sa reconnaissance, ainsi qu'à mademoiselle Ida, qui l'a remplacée, et qui a déployé dans Jane des qualités remarquables d'énergie et de vivacité.

Quant à mademoiselle Georges, il n'en faudrait dire qu'un mot : sublime. Le public a retrouvé dans Marie la grande comédienne et la grande tragédienne de *Lucrèce*. Depuis le sourire exquis par lequel elle ouvre le second acte, jusqu'au cri déchirant par lequel elle clôt la pièce, il n'y a pas une des nuances de son talent qu'elle ne mette admirablement en lumière dans tout le cours de son rôle. Elle crée dans la création même du poète quelque chose qui étonne et qui ravit l'auteur lui-même. Elle caresse, elle effraye, elle attendrit, et c'est un miracle de son talent que la même femme, qui vient de vous faire tant frémir, vous fasse tant pleurer.

FIN DE MARIE TUDOR.

LA ESMERALDA

ILLUSTRÉE PAR GÉRARD SEGUIN.

Si par hasard quelqu'un se souvenait d'un roman en écoutant un opéra, l'auteur croit devoir prévenir le public que pour faire entrer dans la perspective particulière d'une scène lyrique quelque chose du drame qui sert de base au livre intitulé : *Notre-Dame de Paris*, il a fallu en modifier diversement tantôt l'action, tantôt les caractères. Le caractère de Phœbus de Châteaupers, par exemple, est un de ceux qui ont dû être altérés ; un autre dénoûment a été nécessaire, etc. Au reste, quoique, même en écrivant cet opuscule, l'auteur se soit écarté le moins possible, et seulement quand la musique l'a exigé, de certaines conditions consciencieuses indispensables, selon lui, à toute œuvre, petite ou grande, il n'entend offrir ici aux lecteurs, ou pour mieux dire aux auditeurs, qu'un canevas d'opéra plus ou moins bien disposé pour que l'œuvre musicale s'y superpose heureusement, qu'un *libretto* pur et simple dont la publication s'explique par un usage impérieux. Il ne peut voir dans ceci qu'une trame telle quelle qui ne demande pas mieux que de se dérober sous cette riche et éblouissante broderie qu'on appelle la musique.

L'auteur suppose donc, si par aventure on s'occupe de ce libretto, qu'un opuscule aussi spécial ne saurait en aucun cas être jugé en lui-même, et abstraction faite des nécessités musicales que le poëte a dû subir, et qui à l'Opéra ont toujours droit de prévaloir. Du reste, il prie instamment le lecteur de ne voir dans les lignes qu'il écrit ici que ce qu'elles contiennent, c'est-à-dire sa pensée personnelle sur ce libretto en particulier, et non un dédain injuste et de mauvais goût pour cette espèce de poëmes en général et pour l'établissement magnifique où ils sont représentés. Lui qui n'est rien, il rappellerait au besoin à ceux qui sont le plus haut placés que nul n'a droit de dédaigner, fût-ce au point de vue littéraire, une scène comme celle-ci. A ne compter même que les poëtes, ce royal théâtre a reçu dans l'occasion d'illustres visites, ne l'oublions pas. En 1671, on représenta avec toute la pompe de la scène lyrique une tragédie-ballet intitulée : *Psyché*. Le libretto de cet opéra avait deux auteurs ; l'un s'appelait Poquelin de Molière, l'autre Pierre Corneille.

14 novembre 1836.

PERSONNAGES.

LA ESMERALDA.
PHŒBUS DE CHATEAUPERS.
CLAUDE FROLLO.
QUASIMODO.
FLEUR-DE-LIS.
MADAME ALOISE DE GONDELAURIER.
DIANE.
BÉRANGÈRE.

LE VICOMTE DE GIF.
MONSIEUR DE CHEVREUSE.
MONSIEUR DE MORLAIX.
CLOPIN TROUILLEFOU.
LE CRIEUR PUBLIC.
Peuple.
Truands.
Archers, etc.

Paris. — 1482.

ACTE PREMIER

La cour des Miracles. — Il est nuit. Foule de truands. Danses bruyantes. Mendiants et mendiantes dans leurs diverses attitudes de métier. Le roi de Thune sur son tonneau. Feux, torches, flambeaux. Cercle de hideuses maisons dans l'ombre.

SCÈNE PREMIÈRE.

CLAUDE FROLLO, CLOPIN TROUILLEFOU, puis LA ESMERALDA, puis QUASIMODO. — LES TRUANDS.

CHŒUR DES TRUANDS.

Vive Clopin, roi de Thune !
Vivent les gueux de Paris !
Faisons nos coups à la brune,
Heure où tous les chats sont gris.
Dansons ! narguons pape et bulle,
Et raillons-nous dans nos peaux ;
Qu'avril mouille ou que juin brûle
La plume de nos chapeaux !
Sachons flairer dans l'espace
L'estoc de l'archer vengeur,
Ou le sac d'argent qui passe
Sur le dos du voyageur !
Nous irons au clair de lune
Danser avec les esprits... —
Vive Clopin, roi de Thune !
Vivent les gueux de Paris !

CLAUDE FROLLO, *à part, derrière un pilier, dans un coin du théâtre, Il est enveloppé d'un grand manteau qui cache son habit de prêtre.*

Au milieu d'une ronde infâme,
Qu'importe le soupir d'une âme !

LA ESMERALDA.
Je suis l'orpheline,
Fille des douleurs.

Je souffre! oh! jamais plus de flamme
Au sein d'un volcan ne gronda.

Entre la Esmeralda en dansant.

CHOEUR.
La voilà! la voilà! c'est elle! Esmeralda!

CLAUDE FROLLO, *à part*.
C'est elle! oh! oui, c'est elle!
Pourquoi, sort rigoureux,
L'as-tu faite si belle,
Et moi si malheureux?

Elle arrive au milieu du théâtre. Les truands font cercle avec admiration autour d'elle. Elle danse.

LA ESMERALDA.
Je suis l'orpheline,
Fille des douleurs,
Qui sur vous s'incline
En jetant des fleurs;
Mon joyeux délire
Bien souvent soupire·

Je montre un sourire,
Je cache des pleurs!
Je danse, humble fille,
Au bord du ruisseau,
Ma chanson babille
Comme un jeune oiseau;
Je suis la colombe
Qu'on blesse et qui tombe.
La nuit de la tombe
Couvre mon berceau!

CHOEUR.
Danse, jeune fille!
Tu nous rends plus doux.
Prends-nous pour famille,
Et joue avec nous
Comme l'hirondelle
A la mer se mêle,
Agaçant de l'aile
Le flot en courroux!
C'est la jeune fille!
L'enfant du malheur!

LA ESMERALDA.

FLEUR-DE-LIS.
Et ma rivale, la voici !
(Page 39.)

Quand son regard brille,
Adieu la douleur !
Son chant nous rassemble.
De loin, elle semble
L'abeille qui tremble
Au bout d'une fleur.
Danse, jeune fille,
Tu nous rends plus doux.
Prends-nous pour famille,
Et joue avec nous !

CLAUDE FROLLO, *à part.*

Frémis, jeune fille !
Le prêtre est jaloux !

Claude veut se rapprocher de la Esmeralda, qui se détourne de lui avec une sorte d'effroi. Entre la procession du pape des fous. Torches, lanternes et musique. On porte au milieu du cortége, sur un brancard couvert de chandelles, Quasimodo chapé et mitré.

CHOEUR.

Saluez ! clercs de bazoche !
Hubins, coquillards, cagoux !
Saluez tous ! il approche.
Voici le pape des fous !

CLAUDE FROLLO, *apercevant Quasimodo, s'élance vers lui avec un geste de colère.*

Quasimodo ! quel rôle étrange !
Ô profanation ! ici !
Quasimodo !

QUASIMODO.

Grand Dieu ! qu'entends-je ?

CLAUDE FROLLO.

Ici ! te dis-je !

QUASIMODO, *se jetant au bas de la litière.*

Me voici !

CLAUDE FROLLO.

Sois anathème !

QUASIMODO.

Dieu ! c'est lui-même !

CLAUDE FROLLO.
Audace extrême!
QUASIMODO.
Instant d'effroi!
CLAUDE FROLLO.
A genoux, traître!
QUASIMODO.
Pardonnez, maître!
CLAUDE FROLLO.
Non, je suis prêtre!
QUASIMODO.
Pardonnez-moi!

Claude Frollo arrache les ornements pontificaux de Quasimodo et les foule aux pieds. Les truands, sur lesquels Claude jette des regards irrités, commencent à murmurer et se forment en groupes menaçants autour de lui.

LES TRUANDS.
Il nous menace,
O compagnons,
Dans cette place
Où nous régnons!

QUASIMODO.
Que veut l'audace
De ces larrons?
On le menace,
Mais nous verrons!

CLAUDE FROLLO.
Impure race!
Juifs et larrons!
On me menace,
Mais nous verrons!

La colère des truands éclate.

LES TRUANDS.
Arrête! arrête! arrête!
Meure le trouble-fête!
Il paiera de sa tête!
En vain il se débat!

QUASIMODO.
Qu'on respecte sa tête!
Et que chacun s'arrête,
Ou je change la fête
En un sanglant combat!

CLAUDE FROLLO.
Ce n'est point pour sa tête
Que Frollo s'inquiète.

Il met la main sur sa poitrine.

C'est là qu'est la tempête,
C'est là qu'est le combat!

ENSEMBLE.

Au moment où la fureur des truands est au comble, Clopin Trouillefou paraît au fond du théâtre.

CLOPIN.
Qui donc ose attaquer, dans ce repaire infâme,
L'archidiacre, mon seigneur,
Et Quasimodo, le sonneur
De Notre-Dame?

LES TRUANDS, *s'arrêtant.*
C'est Clopin, notre roi!

CLOPIN.
Manants! retirez-vous!

LES TRUANDS.
Il faut obéir!

CLOPIN.
Laissez-nous.

Les truands se retirent dans les masures. La cour des Miracles reste déserte. Clopin s'approche mystérieusement de Claude.

SCÈNE II.

CLAUDE FROLLO, QUASIMODO, CLOPIN TROUILLEFOU.

CLOPIN.
Quel motif vous avait jeté dans cette orgie?
Avez-vous, monseigneur, quelque ordre à me donner?
Vous êtes mon maître en magie.
Parlez, je ferai tout.

CLAUDE. *Il saisit vivement Clopin par le bras et l'attire sur le devant de la scène.*
Je viens tout terminer.
Écoute.

CLOPIN.
Monseigneur!

CLAUDE FROLLO.
Plus que jamais, je l'aime!
D'amour et de douleur tu me vois palpitant.
Il me la faut cette nuit même!

CLOPIN.
Vous l'allez voir passer ici dans un instant.
C'est le chemin de sa demeure.

CLAUDE FROLLO, *à part.*
Oh! l'enfer me saisit!
Haut.
Bientôt, dis-tu?

CLOPIN.
Sur l'heure.

CLAUDE FROLLO.
Seule?

CLOPIN.
Seule.

CLAUDE FROLLO.
Il suffit.

CLOPIN.
Attendrez-vous?

CLAUDE FROLLO.
J'attend.
Que je l'obtienne ou que je meure!

CLOPIN.
Puis-je vous servir?

CLAUDE FROLLO.
Non.

Il fait signe à Clopin de s'éloigner, après lui avoir jeté sa bourse. Resté seul avec Quasimodo, il l'amène sur le devant du théâtre.

Viens, j'ai besoin de toi.

QUASIMODO.
C'est bien.

CLAUDE FROLLO.
Pour une chose impie, affreuse, extrême.

QUASIMODO.
Vous êtes mon seigneur.

CLAUDE FROLLO.
Les fers, la mort, la loi,
Nous bravons tout.

QUASIMODO.
Comptez sur moi.

CLAUDE FROLLO, *impétueusement.*
J'enlève la fille bohème!

QUASIMODO.
Maître, prenez mon sang — sans me dire pourquoi.

Sur un signe de Claude Frollo, il se retire vers le fond du théâtre et laisse son maître seul sur le devant de la scène.

CLAUDE FROLLO.

Ô ciel! avoir donné ma pensée aux abîmes,
Avoir de la magie essayé tous les crimes,
Être tombé plus bas que l'enfer ne descend,
Prêtre, à minuit, dans l'ombre, épier une femme,
Et songer, dans l'état où se trouve mon âme,
 Que Dieu me regarde à présent!

Eh bien! oui! qu'importe!
Le destin m'emporte,
Sa main est trop forte,
Je cède à sa loi!
Mon sort recommence!
Le prêtre en démence
N'a plus d'espérance
Et n'a plus d'effroi!
Démon qui m'enivres,
Qu'évoquent mes livres,
Si tu me la livres,
Je me livre à toi!
Reçois sous ton aile
Le prêtre infidèle!
L'enfer avec elle,
C'est mon ciel, à moi!

Viens donc, ô jeune femme!
C'est moi qui te réclame!
Viens, prends-moi sans retour!
Puisqu'un Dieu, puisqu'un maître
Dont le regard pénètre
Notre cœur nuit et jour,
Exige en son caprice
Que le prêtre choisisse
Du ciel ou de l'amour!

Eh bien! oui! etc.

QUASIMODO, *revenant.*

Maître, l'instant s'approche.

CLAUDE FROLLO.

 Oui, l'heure est solennelle,
Mon sort se décide, tais-toi.

CLAUDE FROLLO et QUASIMODO.

La nuit est sombre,
J'entends des pas,
Quelqu'un, dans l'ombre,
Ne vient-il pas?

Ils vont écouter au fond du théâtre.

LE GUET, *passant derrière les maisons.*

Paix et vigilance!
Ouvrons, loin du bruit,
L'oreille au silence,
Et l'œil à la nuit.

CLAUDE et QUASIMODO.

Dans l'ombre on s'avance,
Quelqu'un vient sans bruit.
Oui, faisons silence!
C'est le guet de nuit.

Le chant s'éloigne.

QUASIMODO.

Le guet s'en va!

CLAUDE FROLLO.

Notre crainte le suit.

Claude Frollo et Quasimodo regardent avec anxiété vers la rue par laquelle doit venir la Esmeralda.

QUASIMODO.

L'amour conseille,
L'espoir rend fort
Celui qui veille
Lorsque tout dort.

} ENSEMBLE.

Je la devine,
Je l'entrevoi,
Fille divine!
Viens sans effroi!

CLAUDE FROLLO.

L'amour conseille,
L'espoir rend fort
Celui qui veille
Lorsque tout dort.
Je la devine,
Je l'entrevoi,
Fille divine!
Elle est à moi!

} ENSEMBLE.

Entre la Esmeralda. Ils se jettent sur elle, et veulent l'entraîner. Elle se débat.

LA ESMERALDA.

Au secours! au secours! à moi!

CLAUDE FROLLO et QUASIMODO.

Tais-toi! jeune fille! tais-toi!

SCÈNE III.

LA ESMERALDA, QUASIMODO, PHŒBUS DE CHATEAUPERS, les Archers du guet.

PHŒBUS DE CHATEAUPERS, *entrant à la tête d'un gros d'archers.*

De par le roi!

Dans le tumulte Claude s'échappe. Les archers saisissent Quasimodo.

PHŒBUS, *aux archers, montrant Quasimodo.*

Arrêtez-le! serrez ferme!
Qu'il soit seigneur ou valet!
Nous allons, pour qu'on l'enferme,
Le conduire au Châtelet!

Les archers emmènent Quasimodo au fond du théâtre. La Esmeralda, remise de sa frayeur, s'approche de Phœbus avec une curiosité mêlée d'admiration, et l'attire doucement sur le devant de la scène.

DUO.

LA ESMERALDA, *à Phœbus.*

Daignez me dire
Votre nom, sire!
Je le requiers!

PHŒBUS.

Phœbus, ma fille,
De la famille
De Châteaupers.

LA ESMERALDA.

Capitaine?

PHŒBUS.

Oui, ma reine.

LA ESMERALDA.

Reine! oh! non.

PHŒBUS.

Grâce extrême!

LA ESMERALDA.

Phœbus, j'aime
Votre nom!

PHŒBUS.

Sur mon âme
J'ai, madame,
Une lame
De renom!

LA ESMERALDA, *à Phœbus*.

Un beau capitaine,
Un bel officier,
A mine hautaine,
A corset d'acier,
Souvent, mon beau sire,
Prend nos pauvres cœurs,
Et ne fait que rire
De nos yeux en pleurs.

PHŒBUS, *à part*.

Pour un capitaine,
Pour un officier,
L'amour peut à peine
Vivre un jour entier.
Tout soldat désire
Cueillir toute fleur,
Plaisir sans martyre,
Amour sans douleur.

A la Esmeralda.

Un esprit
Radieux
Me sourit
Dans tes yeux.

LA ESMERALDA.

Un beau capitaine,
Un bel officier,
A mine hautaine,
A corset d'acier,
Quand aux yeux il brille,
Fait longtemps penser
Toute pauvre fille
Qui l'a vu passer !

PHŒBUS, *à part*.

Pour un capitaine,
Pour un officier,
L'amour peut à peine
Vivre un jour entier.
C'est l'éclair qui brille.
Il faut courtiser
Toute belle fille
Que l'on voit passer !

ENSEMBLE.

LA ESMERALDA, *elle se pose devant le capitaine et l'admire*.

Seigneur Phœbus que je vous voie
Et que je vous admire encor !
Oh ! la belle écharpe de soie,
La belle écharpe aux franges d'or !

Phœbus détache son écharpe et la lui offre.

PHŒBUS.

Vous plaît-elle ?

La Esmeralda prend l'écharpe et s'en pare.

LA ESMERALDA.

Qu'elle est belle !

PHŒBUS.

Un moment !

Il s'approche d'elle et cherche à l'embrasser.

LA ESMERALDA, *reculant*.

Non, de grâce !

PHŒBUS, *qui insiste*.

Qu'on m'embrasse !

LA ESMERALDA, *reculant toujours*.

Non, vraiment !

PHŒBUS, *riant*.

Une belle,
Si rebelle,
Si cruelle !...
C'est charmant.

LA ESMERALDA.

Non, beau capitaine !
Je dois refuser.
Sais-je où l'on m'entraîne
Avec un baiser ?

PHŒBUS.

Je suis capitaine,
Je veux un baiser,
Ma belle Africaine,
Pourquoi refuser ?

ENSEMBLE.

PHŒBUS.

Donne un baiser ! donne, ou je vais le prendre !

LA ESMERALDA.

Non, laissez-moi ; je ne veux rien entendre !

PHŒBUS.

Un seul baiser ! ce n'est rien, sur ma foi !

LA ESMERALDA.

Rien pour vous, sire, hélas ! et tout pour moi !

PHŒBUS.

Regarde-moi ! tu verras si je t'aime !

LA ESMERALDA.

Je ne veux pas regarder en moi-même !

PHŒBUS.

L'amour, ce soir, veut entrer dans ton cœur.

LA ESMERALDA.

L'amour ce soir, et demain le malheur !

Elle glisse de ses bras et s'enfuit. Phœbus, désappointé, se retourne vers Quasimodo, que les gardes tiennent lié au fond du théâtre.

PHŒBUS.

Elle m'échappe, elle résiste !
Belle aventure en vérité !
Des deux oiseaux de nuit je garde le plus triste ;
Le rossignol s'en va, le hibou m'est resté.

Il se remet à la tête de sa troupe, et sort emmenant Quasimodo.

CHŒUR DE LA RONDE DU GUET.

Paix et vigilance !
Ouvrons, loin du bruit,
L'oreille au silence
Et l'œil à la nuit !

Ils s'éloignent peu à peu et disparaissent.

ACTE DEUXIÈME

SCÈNE PREMIÈRE.

La place de Grève. Le pilori. Quasimodo au pilori. Le peuple sur la place.

CHŒUR.

— Il enlevait une fille !
— Comment ! vraiment ?
— Vous voyez comme on l'étrille
En ce moment !
— Entendez-vous, mes commères ?
Quasimodo
S'en vient chasser sur les terres
De Cupido !

UNE FEMME DU PEUPLE.

Il passera dans ma rue
Au retour du pilori,

Et c'est Pierrat Tortorue
Qui va nous faire le cri.
LE CRIEUR.
De par le roi, que Dieu garde,
L'homme qu'ici l'on regarde
Sera mis, sous bonne garde,
Pour une heure au pilori !
CHOEUR.
A bas ! à bas !
Le bossu, le sourd, le borgne !
Ce Barabbas !
Je crois, mordieu, qu'il nous lorgne !
A bas le sorcier !
Il grimace, il rue !
Il fait aboyer
Les chiens dans la rue !
— Corrigez bien ce bandit !
— Doublez le fouet et l'amende !
QUASIMODO.
A boire !
CHOEUR.
Qu'on le pende !
QUASIMODO.
A boire !
CHOEUR.
Sois maudit !

Depuis quelques instants la Esmeralda s'est mêlée à la foule. Elle a observé Quasimodo avec surprise d'abord, puis avec pitié. Tout à coup, au milieu des cris du peuple, elle monte au pilori, détache une petite gourde de sa ceinture, et donne à boire à Quasimodo.

CHOEUR.
Que fais-tu, belle fille ?
Laisse Quasimodo !
A Belzébuth qui grille
On ne donne pas d'eau !

Elle descend du pilori. Les archers détachent et emmènent Quasimodo.

CHOEUR.
— Il enlevait une femme !
Qui ? ce butor ?
— Mais c'est affreux ! c'est infâme !
— C'est un peu fort !
— Entendez-vous, mes commères ?
Quasimodo
Osait chasser sur les terres
De Cupido !

SCÈNE II.

Une salle magnifique où se font des préparatifs de fête.

PHŒBUS, FLEUR-DE-LIS, MADAME ALOISE DE GONDELAURIER.

MADAME ALOISE.
Phœbus, mon futur gendre, écoutez, je vous aime,
Soyez maître céans comme un autre moi-même ;
Ayez soin que ce soir chacun s'égaye ici.
Et vous, ma fille, allons, tenez-vous prête.
Vous serez la plus belle encor dans cette fête,
Soyez la plus joyeuse aussi !

Elle va au fond du théâtre et donne des ordres aux valets, qui disposent la fête.

FLEUR-DE-LIS, *à Phœbus.*
Monsieur, depuis l'autre semaine
On vous a vu deux fois à peine.
Cette fête enfin vous ramène.
Enfin ! c'est bien heureux vraiment !

PHŒBUS.
Ne grondez pas, je vous supplie !
FLEUR-DE-LIS.
Ah ! je le vois, Phœbus m'oublie !
PHŒBUS.
Je vous jure...
FLEUR-DE-LIS.
Pas de serment !
On ne jure que lorsqu'on ment !
PHŒBUS.
Vous oublier ! quelle folie ?
N'êtes-vous pas la plus jolie !
Ne suis-je pas le plus aimant ?

PHŒBUS, *à part.*
Comme ma belle fiancée
Gronde aujourd'hui !
Le soupçon est dans sa pensée,
Ah ! quel ennui !
Belles, les amants qu'on rudoie
S'en vont ailleurs.
On en prend plus avec la joie
Qu'avec les pleurs.

FLEUR-DE-LIS, *à part.*
Me trahir, moi, sa fiancée,
Qui suis à lui !
Moi, qui n'ai que lui pour pensée
Et pour ennui !
Ah ! qu'il s'absente ou qu'il me voie,
Que de douleurs !
Présent, il dédaigne ma joie ;
Absent, mes pleurs !

} ENSEMBLE.

FLEUR-DE-LIS.
L'écharpe que pour vous, Phœbus, j'ai festonnée,
Qu'en avez-vous donc fait ? je ne vous la vois pas !
PHŒBUS, *troublé.*
L'écharpe ?... Je ne sais...
A part.
Mortdieu ! le mauvais pas !
FLEUR-DE-LIS.
Vous l'avez oubliée !
A part.
A qui l'a-t-il donnée,
Et pour qui suis-je abandonnée ?

MADAME ALOISE, *remontant vers eux et tâchant de les accorder.*
Mon Dieu ! mariez-vous ! vous bouderez après

PHŒBUS, *à Fleur-de-Lis.*
Non, je ne l'ai pas oubliée.
Je l'ai, je m'en souviens, soigneusement pliée
Dans un coffret d'émail que j'ai fait faire exprès.

Avec passion à Fleur-de-Lis, qui boude encore.
Je vous jure que je vous aime
Plus qu'on n'aimerait Vénus même.

FLEUR-DE-LIS.
Pas de serment ! pas de serment !
On ne jure que lorsqu'on ment !

MADAME ALOISE.
Enfants ! pas de querelle. Aujourd'hui tout est joie.
Viens, ma fille, il faut qu'on nous voie.
Voici qu'on va venir. Chaque chose a son tour.
Aux valets
Allumez les flambeaux, et que le bal s'apprête.
Je veux que tout soit beau, qu'on s'y croie en plein jour !

PHŒBUS.
Puisqu'on a Fleur-de-Lis, rien ne manque à la fête.

FLEUR-DE-LIS.
Phœbus, il y manque l'amour !
Elles sortent.
PHŒBUS, *regardant sortir Fleur-de-Lis.*
Elle dit vrai, près d'elle encore
Mon cœur est rempli de souci.
Celle que j'aime, à qui je pense dès l'aurore,
Hélas ! elle n'est pas ici !

AIR.

Fille ravissante !
A toi mes amours !
Belle ombre dansante
Qui remplis mes jours,
Et, toujours absente,
M'apparais toujours !

Elle est rayonnante et douce
Comme un nid dans les rameaux,
Comme une fleur dans la mousse,
Comme un bien parmi des maux !
Humble fille et vierge fière,
Ame chaste en liberté,
La pudeur sous sa paupière
Emousse la volupté.

C'est dans la nuit sombre
Un ange des cieux,
Au front voilé d'ombre,
A l'œil plein de feux !

Toujours je vois son image,
Brillante ou sombre parfois ;
Mais toujours, astre ou nuage,
C'est au ciel que je la vois !

Fille ravissante !
A toi mes amours !
Belle ombre dansante
Qui remplis mes jours,
Et, toujours absente,
M'apparais toujours !

Entrent plusieurs seigneurs et dames en habits de fête.

SCÈNE III.

LES PRÉCÉDENTS, LE VICOMTE DE GIF, MONSIEUR DE MORLAIX, MONSIEUR DE CHEVREUSE, MADAME DE GONDELAURIER, FLEUR-DE-LIS, DIANE, BÉRANGÈRE, Dames, Seigneurs.

LE VICOMTE DE GIF.
Salut, nobles châtelaines !
MADAME ALOISE, PHŒBUS, FLEUR-DE-LIS, *saluant.*
Bonjour, noble chevalier !
Oubliez soucis et peines
Sous ce toit hospitalier !
MONSIEUR DE MORLAIX.
Mesdames, Dieu vous envoie
Santé, plaisir et bonheur !
MADAME ALOISE, PHŒBUS, FLEUR-DE-LIS.
Que le ciel vous rende en joie
Vos bons souhaits, beau seigneur !
MONSIEUR DE CHEVREUSE.
Mesdames, du fond de l'âme
Je suis à vous comme à Dieu.
MADAME ALOISE, PHŒBUS, FLEUR-DE-LIS.
Beau sire que Notre-Dame
Vous soit en aide en tout lieu !

Entrent tous les conviés.

CHŒUR.
Venez tous à la fête!
Page, dame et seigneur !
Venez tous à la fête,
Des fleurs sur votre tête,
La joie au fond du cœur !

Les conviés s'accostent et se saluent. Des valets circulent dans la foule, portant des plateaux chargés de fleurs et de fruits. Cependant un groupe de jeunes filles s'est formé près d'une fenêtre, à droite. Tout à coup l'une d'elles appelle les autres et leur fait signe de se pencher hors de la fenêtre.

BALLET.

DIANE, *regardant au dehors.*
Oh ! viens donc voir, viens donc voir, Bérangère !
BÉRANGÈRE, *regardant dans la rue.*
Qu'elle est vive ! qu'elle est légère !
DIANE.
C'est une fée ou c'est l'Amour...
LE VICOMTE DE GIF, *riant.*
Qui danse dans le carrefour?
MONSIEUR DE CHEVREUSE, *après avoir regardé.*
Eh ! mais c'est la magicienne !
Phœbus, c'est ton égyptienne
Que l'autre nuit, avec valeur,
Tu sauvas des mains d'un voleur.
LE VICOMTE DE GIF.
Oui, oui, c'est la bohémienne !
MONSIEUR DE MORLAIX.
Elle est belle comme le jour !
DIANE, *à Phœbus.*
Si vous la connaissez, dites-lui qu'elle vienne
Nous égayer de quelque tour.
PHŒBUS, *regardant à son tour d'un air distrait.*
Il se peut bien que ce soit elle.
A monsieur de Gif.
Mais crois-tu qu'elle se rappelle...
FLEUR-DE-LIS, *qui observe et qui écoute.*
De vous toujours on se souvient.
Voyons, appelez-la, dites-lui qu'elle monte.
A part.
Je verrai s'il faut croire à ce que l'on raconte.
PHŒBUS, *à Fleur-de-Lis.*
Vous le voulez ? Eh bien ! essayons.
Il fait signe à la danseuse de monter.
LES JEUNES FILLES.
Elle vient.
MONSIEUR DE CHEVREUSE.
Sous le porche elle est disparue.
DIANE.
Comme elle a laissé là ce bon peuple ébahi !
LE VICOMTE DE GIF.
Dames, vous allez voir la nymphe de la rue.
FLEUR-DE-LIS, *à part.*
Qu'au signe de Phœbus elle a vite obéi !

SCÈNE IV.

Les Précédents, LA ESMERALDA.

Entre la bohémienne, timide, confuse et radieuse. Mouvement d'admiration. La foule s'écarte devant elle.

CHOEUR.

Regardez! son beau front brille entre les plus beaux,
Comme ferait un astre entouré de flambeaux!

PHŒBUS.

Oh! la divine créature!
Amis! de ce bal enchanté
Elle est la reine, je vous jure.
Sa couronne, c'est sa beauté!

Il se tourne vers messieurs de Gif et de Chevreuse.

Amis, j'en ai l'âme échauffée!
Je braverais guerre et malheur,
Si je pouvais, charmante fée,
Cueillir ton amour dans sa fleur!

MONSIEUR DE CHEVREUSE.

C'est une céleste figure!
Un de ces rêves enchantés
Qui flottent dans la nuit obscure
Et sèment l'ombre de clartés!
Dans le carrefour elle est née.
O jeux aveugles du malheur!
Quoi! dans l'eau du ruisseau traînée,
Hélas! une si belle fleur!

LA ESMERALDA, *l'œil fixé sur Phœbus dans la foule.*

C'est mon Phœbus, j'en étais sûre,
Tel qu'en mon cœur il est resté!
Ah! sous la soie ou sous l'armure,
C'est toujours lui, grâce et beauté!
Phœbus! ma tête est embrasée.
Tout me brûle, joie et douleurs.
La terre a besoin de rosée,
Et mon âme a besoin de pleurs!

FLEUR-DE-LIS.

Qu'elle est belle! j'en étais sûre.
Oui, je dois être, en vérité,
Bien jalouse, si je mesure
Ma jalousie à sa beauté!
Mais peut-être, prédestinées,
Sous la rude main du malheur,
Elle et moi, nous serons fanées
Toutes les deux dans notre fleur!

MADAME ALOISE.

C'est une belle créature!
Il est étrange, en vérité,
Qu'une bohémienne impure
Ait tant de charme et de beauté!
Mais qui connaît la destinée?
Souvent le serpent oiseleur
Cache sa tête empoisonnée
Sous le buisson le plus en fleur.

TOUS, *ensemble.*

Elle a le calme et la beauté
Du ciel dans les beaux soirs d'été!

ENSEMBLE.

MADAME ALOISE, *à la Esmeralda.*

Allons, enfant, allons, la belle,
Venez, et dansez-nous quelque danse nouvelle.

La Esmeralda se prépare à danser et tire de son sein l'écharpe que lui a donnée Phœbus.

FLEUR-DE-LIS.

Mon écharpe!... Phœbus, je suis trompée ici,
Et ma rivale, la voici!

Fleur-de-Lis arrache l'écharpe à la Esmeralda, et tombe évanouie. Tout le bal s'ameute en désordre contre l'égyptienne, qui se réfugie près de Phœbus.

TOUS.

Est-il vrai? Phœbus l'aime!
Infâme! sors d'ici.
Ton audace est extrême
De nous braver ainsi.
O comble d'impudence!
Retourne aux carrefours
Faire admirer ta danse
Aux marchands des faubourgs!
Que sur l'heure on la chasse!
A la porte! il le faut.
Une fille si basse
Elever l'œil si haut!

LA ESMERALDA.

Oh! défends-moi toi-même,
Mon Phœbus, défends-moi.
L'humble fille bohême
N'espère ici qu'en toi.

PHŒBUS.

Je l'aime, et n'aime qu'elle,
Je suis son défenseur.
Je combattrai pour elle.
Mon bras est à mon cœur.
S'il faut qu'on la soutienne,
Eh bien! je la soutien!
Son injure est la mienne,
Et son honneur le mien!

TOUS.

Quoi! voilà ce qu'il aime!
Hors d'ici! hors d'ici!
Quoi! c'est une bohème
Qu'il nous préfère ainsi!
Ah! tous les deux, silence
Sur une telle ardeur!

A Phœbus.

Vous, c'est trop d'insolence!

A la Esmeralda.

Toi, c'est trop d'impudeur!

Phœbus et ses amis protégent la bohémienne entourée des menaces de tous les conviés de madame de Gondelaurier. La Esmeralda se dirige en chancelant vers la porte. La toile tombe.

ACTE TROISIÈME

SCÈNE PREMIÈRE.

Le préau extérieur d'un cabaret. A droite, la taverne. A gauche, des arbres. Au fond, une porte et un petit mur très-bas qui clôt le préau. Au loin, la croupe de Notre-Dame, avec ses deux tours et sa flèche, et une silhouette sombre du vieux Paris qui se détache sur le ciel rouge du couchant. La Seine au bas du tableau.

PHŒBUS, LE VICOMTE DE GIF, MONSIEUR DE MORLAIX, MONSIEUR DE CHEVREUSE, et plusieurs autres amis de Phœbus, assis à des tables, buvant et chantant; puis DOM CLAUDE FROLLO.

CHANSON.

CHOEUR.

Sois propice et salutaire.
Notre-Dame de Saint-Lô.

LA ESMERALDA.
Je t'aime!...
(Page 43.)

Au soudard qui, sur la terre,
N'a de haine que pour l'eau !

PHOEBUS.

Donne au brave,
En tous lieux,
Bonne cave
Et beaux yeux !
L'heureux drille !
Fais qu'il pille
Jeune fille
Et vin vieux !

CHOEUR.

Sois propice, etc.

PHOEBUS.

Qu'une belle
Au cœur froid
Soit rebelle,
— On en voit, —
Il plaisante
La méchante,

Puis il chante,
Puis il boit !

CHOEUR.

Sois propice, etc.

PHOEBUS.

Le jour passe ;
Ivre ou non,
Il embrasse
Sa Toinon,
Et, farouche,
Il se couche
Sur la bouche
D'un canon !

CHOEUR.

Sois propice, etc.

PHOEBUS.

Et son âme,
Qui souvent
D'une femme
Va rêvant,

QUASIMODO.
Asile! asile! asile!
(Page 47.)

Est contente
Quand la tente
Palpitante
Tremble au vent!

CHOEUR.

Sois propice et salutaire,
Notre-Dame de Saint-Lô,
Au soudard qui, sur la terre,
N'a de haine que pour l'eau!

Entre Claude Frollo, qui va s'asseoir à une table éloignée de celle où est Phœbus, et paraît d'abord étranger à ce qui se passe autour de lui.

LE VICOMTE DE GIF, à *Phœbus*.

Cette égyptienne si belle,
Qu'en fais-tu donc, décidément?

Mouvement d'attention de Claude Frollo.

PHOEBUS.

Ce soir, dans une heure, avec elle
J'ai rendez-vous.

TOUS.
Vraiment?

PHOEBUS.
Vraiment!
L'agitation de Claude Frollo redouble.

LE VICOMTE DE GIF.
Dans une heure?

PHOEBUS.
Dans un moment!

AIR.

Oh! l'amour, volupté suprême!
Se sentir deux dans un seul cœur
Posséder la femme qu'on aime!
Être l'esclave et le vainqueur!
Avoir son âme! avoir ses charmes!
Son chant qui sait vous apaiser!

Et ses beaux yeux remplis de larmes,
Qu'on essuie avec un baiser!

Pendant qu'il chante, les autres boivent et choquent leurs verres.

CHOEUR.

C'est le bonheur suprême,
En quelque temps qu'on soit,
De boire à ce qu'on aime
Et d'aimer ce qu'on boit!

PHOEBUS.

Amis, la plus jolie,
Une grâce accomplie!
O délire! ô folie!
Amis, elle est à moi!

CLAUDE FROLLO, à part.

A l'enfer, je m'allie.
Malheur sur elle et toi!

PHOEBUS.

Le plaisir nous convie!
Epuisons sans retour
Le meilleur de la vie
Dans un instant d'amour!
Qu'importe après que l'on meure!
Donnons cent ans pour une heure,
L'éternité pour un jour!

Le couvre-feu sonne. Les amis de Phœbus se lèvent de table, remettent leurs épées, leurs chapeaux, leurs manteaux, et s'apprêtent à partir.

CHOEUR.

Phœbus, l'heure t'appelle,
Oui, c'est le couvre-feu!
Va retrouver ta belle!
A la garde de Dieu!

PHOEBUS.

Vraiment! l'heure m'appelle,
Oui, c'est le couvre-feu!
Je vais trouver ma belle!
A la garde de Dieu!

Les amis de Phœbus sortent.

SCÈNE II.

CLAUDE FROLLO, PHOEBUS.

CLAUDE FROLLO, arrêtant Phœbus au moment où il se dispose à sortir.

Capitaine!

PHOEBUS.

Quel est cet homme?

CLAUDE FROLLO.

Ecoutez-moi.

PHOEBUS.

Dépêchons-nous!

CLAUDE FROLLO.

Savez-vous bien comment se nomme
Celle qui vous attend ce soir au rendez-vous?

PHOEBUS.

Eh! pardieu! c'est mon amoureuse,
Celle qui m'aime et me plaît fort;
C'est ma chanteuse, ma danseuse,
C'est Esmeralda.

CLAUDE FROLLO.

C'est la mort!

PHOEBUS.

L'ami, vous êtes fou, d'abord;
Ensuite, allez au diable!

CLAUDE FROLLO.

Ecoutez!

PHOEBUS.

Que m'importe!

CLAUDE FROLLO.

Phœbus, si vous passez le seuil de cette porte...

PHOEBUS.

Vous êtes fou!

CLAUDE FROLLO.

Vous êtes mort.

DUO.

Tremble! c'est une égyptienne!
Elles n'ont ni lois ni remord.
Leur amour déguise leur haine,
Et leur couche est un lit de mort!

PHOEBUS, riant.

Mon cher, rajustez votre cape.
Rentrez à l'hôpital des fous.
Il me paraît qu'on s'en échappe.
Que Jupiter, saint Esculape,
Et le diable soient avec vous!

CLAUDE FROLLO.

Ce sont des femmes infidèles.
Crois-en les publiques rumeurs.
Tout est ténèbres autour d'elles.
Phœbus! n'y va pas, ou tu meurs!

L'insistance de Claude Frollo paraît troubler Phœbus, qui considère son interlocuteur avec anxiété.

PHOEBUS.

Il m'étonne.
Il me donne
Malgré moi quelques soupçons!
Cette ville,
Peu tranquille,
Est pleine de trahisons!

CLAUDE FROLLO.

Je l'étonne,
Je lui donne
Malgré lui quelques soupçons.
L'imbécile,
Dans la ville,
Ne voit plus que trahisons!

} ENSEMBLE.

CLAUDE FROLLO.

Croyez-moi, monseigneur, évitez la sirène
Dont le piège vous attend.
Plus d'une bohémienne
A poignardé dans sa haine
Un cœur d'amour palpitant.

Phœbus, qu'il veut entraîner, se ravise et le repousse.

PHOEBUS.

Mais suis-je fou moi-même?
Maure, juive ou bohème,
Qu'importe quand on aime!
L'amour doit tout couvrir.
Laisse-nous! il m'appelle!
Ah! si la mort, c'est elle,
Quand la mort est si belle,
Il est doux de mourir!

CLAUDE, le retenant.

Arrête! Une bohême!
Ta folie est extrême!
Oses-tu donc toi-même
A ta perte courir!
Crains la femme infidèle
Qui dans l'ombre t'appelle!
Mais quoi! tu cours près d'elle?
Va, si tu veux mourir!

} ENSEMBLE.

Phœbus sort vivement malgré Claude Frollo. Claude Frollo reste un moment sombre et comme indécis; puis il suit Phœbus.

SCÈNE III.

Une chambre. Au fond, une fenêtre qui donne sur la rivière. Clopin Trouillefou entre, son flambeau à la main; il est accompagné de quelques hommes auxquels il fait un geste d'intelligence, et qu'il place dans un coin obscur, où ils disparaissent; puis il retourne vers la porte et semble faire signe à quelqu'un de monter. Dom Claude paraît.

CLOPIN, *à Claude.*

D'ici vous pourrez voir, sans être vu vous-même,
Le capitaine et la bohême.

Il lui montre un enfoncement derrière une tapisserie.

CLAUDE FROLLO.

Les hommes apostés sont-ils prêts?

CLOPIN.

Ils sont prêts.

CLAUDE FROLLO.

Que jamais de ceci l'on ne trouve la source.
Silence! prenez cette bourse,
Vous en aurez autant après!

Claude Frollo se place dans la cachette. Clopin sort avec précaution. Entrent la Esmeralda et Phœbus.

TRIO.

CLAUDE FROLLO, *à part.*

O fille adorée,
Au destin livrée!
Elle entre parée
Pour sortir en deuil!

LA ESMERALDA, *à Phœbus.*

Monseigneur le comte,
Mon cœur que je dompte
Est rempli de honte
Et rempli d'orgueil!

PHŒBUS, *à la Esmeralda.*

Oh! comme elle est rose!
Quand la porte est close,
Ma belle, on dépose
Toute crainte au seuil.

Phœbus fait asseoir la Esmeralda sur le banc près de lui.

PHŒBUS.

M'aimes-tu?

LA ESMERALDA.

Je t'aime!

CLAUDE FROLLO, *à part.*

O torture!

PHŒBUS.

O l'adorable créature!
Vous êtes divine, en honneur!

LA ESMERALDA.

Votre bouche est une flatteuse!
Tenez, je suis toute honteuse!
N'approchez pas tant, monseigneur!

CLAUDE FROLLO.

Ils s'aiment! que je les envie!

LA ESMERALDA.

Mon Phœbus, je vous dois la vie.

PHŒBUS.

Et moi, je te dois le bonheur!

LA ESMERALDA.

Oh! sois sage!
Encourage

D'un visage
Gracieux
La petite
Qui palpite,
Interdite,
Sous tes yeux!

PHŒBUS.

O ma reine,
Ma sirène,
Souveraine
De beauté!
Douce fille,
Dont l'œil brille
Et petille
De fierté!

CLAUDE FROLLO.

Les attendre!
Les entendre!
Qu'elle est tendre!
Qu'il est beau!
Sois joyeuse!
Sois heureuse!
Moi, je creuse
Le tombeau!

PHŒBUS.

Fée ou femme,
Sois ma dame!
Car mon âme,
Nuit et jour,
Te désire,
Te respire,
Et t'admire,
Mon amour!

LA ESMERALDA.

Je suis femme,
Et mon âme
Toute flamme,
Tout amour,
Est, beau sire,
Une lyre
Qui soupire
Nuit et jour!

CLAUDE FROLLO.

Attends, femme,
Que ma flamme
Et ma lame
Aient leur tour!
Oui, j'admire
Leur sourire,
Leur délire,
Leur amour!

PHŒBUS.

Sois toujours rose et vermeille!
Rions à notre heureux sort!
A l'amour qui se réveille!
A la pudeur qui s'endort!
Ta bouche, c'est le ciel même!
Mon âme veut s'y poser.
Puisse mon souffle suprême
S'en aller dans ce baiser!

LA ESMERALDA.

Ta voix plait à mon oreille;
Ton sourire est doux et fort!
L'insouciance vermeille
Rit dans tes yeux et m'endort.
Tes vœux sont ma loi suprême,
Mais je dois m'y refuser.
Ma vertu, mon bonheur même
S'en iraient dans ce baiser!

ENSEMBLE.

CLAUDE FROLLO.

> Ne frappez point leur oreille,
> Pas rapprochés de la mort!
> Ma haine jalouse veille
> Sur leur amour qui s'endort!
> La mort décharnée et blême
> Entre eux deux va se poser!
> Phœbus, ton souffle suprême
> S'en ira dans ce baiser!

ENSEMBLE.

Claude Frollo se jette sur Phœbus et le poignarde, puis il ouvre la fenêtre du fond, par laquelle il disparaît. La Esmeralda tombe avec un grand cri sur le corps de Phœbus. Entrent en tumulte les hommes apostés, qui la saisissent et semblent l'accuser. La toile tombe.

ACTE QUATRIÈME

SCÈNE PREMIÈRE.

Une prison. Au fond, une porte.

LA ESMERALDA, *seule, enchaînée, couchée sur la paille.*

Quoi! lui dans le sépulcre, et moi dans cet abîme!
Moi prisonnière et lui victime!
Oui, je l'ai vu tomber. Il est mort en effet!
Et ce crime, ô ciel! un tel crime!
On dit que c'est moi qui l'ai fait!
La tige de nos jours est brisée encor verte!
Phœbus en s'en allant me montre le chemin!
Hier sa fosse s'est ouverte,
La mienne s'ouvrira demain!

ROMANCE.

Phœbus! n'est-il sur la terre
Aucun pouvoir salutaire
A ceux qui se sont aimés?
N'est-il ni philtres ni charmes
Pour sécher des yeux en larmes,
Pour rouvrir des yeux fermés!

　Dieu bon, que je supplie
　Et la nuit et le jour,
　Daignez m'ôter ma vie
　Ou m'ôter mon amour!

Mon Phœbus, ouvrons nos ailes
Vers les sphères éternelles,
Où l'amour est immortel!
Retournons où tout retombe!
Nos corps ensemble à la tombe,
Nos âmes ensemble au ciel!

　Dieu bon, que je supplie
　Et la nuit et le jour,
　Daignez m'ôter ma vie
　Ou m'ôter mon amour.

La porte s'ouvre. Entre Claude Frollo, une lampe à la main, le capuchon rabattu sur le visage. Il vient se placer, immobile, en face de la Esmeralda.

LA ESMERALDA, *se levant en sursaut.*

Quel est cet homme?

CLAUDE FROLLO, *voilé par son capuchon.*
　　Un prêtre.

LA ESMERALDA.
　　Un prêtre! quel mystère!

CLAUDE FROLLO.
Etes-vous prête?

LA ESMERALDA.
　　A quoi?

CLAUDE FROLLO.
　　Prête à mourir.

LA ESMERALDA.
　　Oui.

CLAUDE FROLLO.
Bien.

LA ESMERALDA.
　Sera-ce bientôt? Répondez-moi, mon père!

CLAUDE FROLLO.
Demain.

LA ESMERALDA.
　Pourquoi pas aujourd'hui?

CLAUDE FROLLO.
Quoi! vous souffrez donc bien?

LA ESMERALDA.
　　Oui, je souffre!

CLAUDE FROLLO.
　　　Peut-être
Moi qui vivrai demain, je souffre plus que vous.

LA ESMERALDA.
Vous? qui donc êtes-vous?

CLAUDE FROLLO.
　　La tombe est entre nous!

LA ESMERALDA.
Votre nom?

CLAUDE FROLLO.
　Vous voulez le savoir?

LA ESMERALDA.
　　Oui.

Il lève son capuchon.

LA ESMERALDA.
　　Le prêtre!
C'est le prêtre! ô ciel! ô mon Dieu!
C'est bien son front de glace et son regard de feu!
C'est bien le prêtre! c'est lui-même!
C'est lui qui me poursuit sans trêve nuit et jour!
C'est lui qui l'a tué, mon Phœbus, mon amour!
Monstre! je vous maudis à mon heure suprême!
Que m'ai-je donc fait? quel est votre dessein?
Que voulez-vous de moi, misérable assassin?
Vous me haïssez donc?

CLAUDE FROLLO.
　　Je t'aime!

DUO.

CLAUDE FROLLO.

Je t'aime, c'est infâme!
Je t'aime en frémissant!
Mon amour, c'est mon âme.
Mon amour, c'est mon sang.
Oui, sous tes pieds je tombe,
　Et je le dis,
Je préfère ta tombe
　Au paradis.
Plains-moi! Quoi! je succombe,
　Et tu maudis!

LA ESMERALDA.

Il m'aime! ô comble d'épouvante!
Il me tient, l'horrible oiseleur!

CLAUDE FROLLO.
La seule chose en moi vivante,
C'est mon amour et ma douleur!

CLAUDE FROLLO.
Détresse extrême!
Quelle rigueur!
Hélas! je t'aime!
Nuit de douleur!

LA ESMERALDA.
Moment suprême!
Tremble, ô mon cœur!
O ciel! il m'aime!
Nuit de terreur!

CLAUDE FROLLO, *à part.*
Dans mes mains elle palpite!
Enfin le prêtre a son tour!
Dans la nuit je l'ai conduite,
Je vais la conduire au jour.
La mort, qui vient à ma suite,
Ne la rendra qu'à l'amour!

LA ESMERALDA.
Par pitié! laissez-moi vite!
Phœbus est mort! c'est mon tour!
Hélas! je suis interdite
Devant votre affreux amour,
Comme l'oiseau qui palpite
Sous le regard du vautour!

CLAUDE FROLLO.
Accepte-moi! je t'aime! oh! viens! je t'en conjure.
Pitié pour moi! pitié pour toi! fuyons! tout dort!

LA ESMERALDA.
Votre prière est une injure!

CLAUDE FROLLO.
Aimes-tu mieux mourir?

LA ESMERALDA.
Le corps meurt, l'âme sort!

CLAUDE FROLLO.
Mourir, c'est bien affreux!

LA ESMERALDA.
Taisez-vous, bouche impure!
Votre amour rend belle la mort!

CLAUDE FROLLO.
Choisis! choisis, — Claude ou la mort!

Claude tombe aux pieds d'Esmeralda, suppliant. Elle le repousse.

LA ESMERALDA.
Non, meurtrier! jamais! silence!
Ton lâche amour est une offense.
Plutôt la tombe, où je m'élance!
Sois maudit parmi les maudits!

CLAUDE FROLLO.
Tremble! l'échafaud te réclame!
Sais-tu que je porte en mon âme
Des projets de sang et de flamme
De l'enfer dans l'ombre applaudis?

CLAUDE FROLLO.
Oh! je t'adore!
Donne ta main!
Tu peux encore
Vivre demain!
O nuit d'alarmes!
Nuit de remord!
Pour moi les larmes!
Pour toi la mort!
Dis-moi: Je t'aime!
Pour te sauver! —
L'aube suprême
Va se lever.
Ah! puisqu'en vain je t'implore,
Puisque ta haine me fuit,
Adieu donc! un jour encore,
Et puis l'éternelle nuit!

LA ESMERALDA.
Va, je t'abhorre,
Prêtre inhumain!
Le meurtre encore
Rougit ta main!
O nuit d'alarmes!
Nuit de remord!
Assez de larmes!
Je veux la mort!
Dans les fers même
Je t'ai bravé.
Sois anathème!
Sois réprouvé!
Va, ton crime te dévore,
Phœbus vers Dieu me conduit.
Le ciel m'ouvre son aurore!
L'enfer t'attend dans sa nuit!

ENSEMBLE.

Un geôlier paraît. Claude Frollo lui fait signe d'emmener la Esmeralda, et sort pendant qu'on entraîne la bohémienne.

SCÈNE II.

Le parvis Notre-Dame. La façade de l'église. On entend un bruit de cloches.

QUASIMODO.
Mon Dieu! j'aime,
Hors moi-même,
Tout ici!
L'air qui passe
Et qui chasse
Mon souci!
L'hirondelle
Si fidèle
Aux vieux toits!
Les chapelles
Sous les ailes
De la croix!
Toute rose
Qui fleurit!
Toute chose
Qui sourit!
Triste ébauche,
Je suis gauche,
Je suis laid.
Point d'envie!
C'est la vie
Comme elle est!
Joie ou peine,
Nuit d'ébène
Ou ciel bleu,
Que m'importe!
Toute porte
Mène à Dieu!
Noble lame,
Vil fourreau,
Dans mon âme
Je suis beau!

Cloches grosses et frêles,
Sonnez, sonnez toujours!
Confondez vos voix grêles
Et vos murmures sourds!
Chantez dans les tourelles!
Bourdonnez dans les tours!

Çà, qu'on sonne!
Qu'à grand bruit
On bourdonne
Jour et nuit!

Nos fêtes seront splendides,
Aidé par vous, j'en réponds.
Sautez à bonds plus rapides
Dans les airs que nous frappons !
Voilà les bourgeois stupides
Qui se hâtent sur les ponts !

    Çà qu'on sonne,
    Qu'on bourdonne
    Jour et nuit !
    Toute fête
    Se complète
    Par le bruit !

Il se retourne vers la façade de l'église.

J'ai vu dans la chapelle une tenture noire !
Hélas ! va-t-on traîner quelque misère ici ?
Dieu ! quel pressentiment... Non, je n'y veux pas croire !

Entrent Claude Frollo et Clopin, sans voir Quasimodo.

C'est mon maître. — Observons. — Il est bien sombre aussi.

Il se cache dans un angle obscur du portail.

O ma maîtresse ! ô Notre-Dame !
Prenez mes jours ! sauvez son âme !

SCÈNE III.

QUASIMODO, caché ; CLAUDE, CLOPIN.

CLAUDE FROLLO.
Donc Phœbus est à Montfort ?

CLOPIN.
Monseigneur, il n'est pas mort !

CLAUDE FROLLO.
Pourvu qu'ici rien ne l'amène !

CLOPIN.
Ne vous en mettez pas en peine,
Il est trop faible encor pour un si long chemin.
S'il venait, sa mort serait sûre.
Monseigneur, soyez-en certain,
Chaque pas qu'il ferait rouvrirait sa blessure.
Ne craignez rien pour ce matin.

CLAUDE FROLLO.
Ah ! qu'aujourd'hui du moins seul je la tienne,
Pour vivre ou mourir, dans ma main !
Enfer ! pour aujourd'hui je te donne demain !

A Clopin.
Bientôt on va mener ici l'égyptienne.
Toi, que de tout il te souvienne !

DUO.

Sur la place avec les tiens,..

CLOPIN.
Bien.

CLAUDE FROLLO.
Tiens-toi dans l'ombre.
Si je crie : A moi ! tu viens.

CLOPIN.
Oui.

CLAUDE FROLLO.
Soyez en nombre.

CLOPIN.
Donc si vous criez : A moi !...

CLAUDE FROLLO.
Oui.

CLOPIN.
J'accours près d'elle,
Je l'arrache aux gens du roi...

CLAUDE FROLLO.
Bien.

CLOPIN.
A vous la belle !

CLAUDE FROLLO.
A la foule mêlez-vous.
Et peut-être
Ce cœur deviendra plus doux
Pour le prêtre.
Alors vous accourez tous...

CLOPIN.
Oui, mon maître.

CLAUDE FROLLO.
Tenez-vous partout serrés.

CLOPIN.
Oui.

CLAUDE FROLLO.
Cachez vos armes
Pour ne pas donner d'alarmes.

CLOPIN.
Maître, vous verrez.

CLAUDE FROLLO.
Mais que l'enfer la remporte,
    Compagnon,
Si la folle à cette porte
    Me dit non !

CLAUDE FROLLO.
Destinée ! ô jeu funeste !
Ami, je compte sur toi.
Sur la chance qui me reste
Je me penche avec effroi.

CLOPIN.
Ne craignez rien de funeste,
Monseigneur, comptez sur moi.
A la chance qui vous reste
Confiez-vous sans effroi.

} ENSEMBLE.

Ils sortent avec précaution. Le peuple commence à arriver sur la place.

SCÈNE IV.

Le Peuple, QUASIMODO, puis LA ESMERALDA et son cortége, puis CLAUDE FROLLO, PHŒBUS, CLOPIN TROUILLEFOU, Prêtres, Archers, Gens de justice.

CHOEUR.

A Notre-Dame
Venez tous voir
La jeune femme
Qui meurt ce soir !
Cette bohémienne
A poignardé, je croi,
Un archer capitaine,
Le plus beau qu'ait le roi !
Eh quoi ! si belle
Et si cruelle !
Entendez-vous ?
Comment y croire ?
L'âme si noire
Et l'œil si doux !
C'est une chose affreuse !
Ce que c'est que de nous !
La pauvre malheureuse !
Venez, accourez tous !
A Notre-Dame

Venez tous voir
La jeune femme
Qui meurt ce soir!

La foule grossit. Rumeur. Un cortége sinistre commence à déboucher sur la place du Parvis. File de pénitents noirs. Bannières de la Miséricorde. Flambeaux. Archers. Gens de justice et du guet. Les soldats écartent la foule. Paraît la Esmeralda, en chemise, la corde au cou, pieds nus, couverte d'un grand crêpe noir. Près d'elle, un moine avec un crucifix. Derrière elle, les bourreaux et les gens du roi. Quasimodo, appuyé aux contreforts du portail, observe avec attention. Au moment où la condamnée arrive devant la façade, on entend un chant grave et lointain venir de l'intérieur de l'église, dont les portes sont fermées.

CHOEUR, *dans l'église.*

Omnes fluctus fluminis
Transierunt super me
In imo voraginis
Ubi plorant animœ.

Le chant s'approche lentement. Il éclate enfin près des portes, qui s'ouvrent tout à coup et laissent voir l'intérieur de l'église occupé par une longue procession de prêtres en habits de cérémonie et précédés de bannières. Claude Frollo, en costume sacerdotal, est en tête de la procession. Il s'avance vers la condamnée.

LE PEUPLE.

Vive aujourd'hui, morte demain!
Doux Jésus, tendez-lui la main.

LA ESMERALDA.

C'est mon Phœbus qui m'appelle
Dans la demeure éternelle
Où Dieu nous tient sous son aile!
Béni soit mon sort cruel!
Au fond de tant de misère,
Mon cœur, qui se brise, espère.
Je vais mourir pour la terre!
Je vais naître pour le ciel!

CLAUDE FROLLO.

Mourir si jeune, si belle!
Hélas! le prêtre infidèle
Est bien plus condamné qu'elle!
Mon supplice est éternel.
Pauvre fille de misère
Que j'ai prise dans ma serre,
Tu vas mourir pour la terre!
Moi, je suis mort pour le ciel!

LE PEUPLE.

Hélas! c'est une infidèle!
Le ciel, qui tous nous appelle,
N'a point de portes pour elle.
Son supplice est éternel.
La mort, oh! quelle misère!
La tient dans sa double serre;
Elle est morte pour la terre!
Elle est morte pour le ciel!

ENSEMBLE.

La procession s'approche. Claude aborde la Esmeralda.

LA ESMERALDA, *glacée de terreur.*

C'est le prêtre!

CLAUDE FROLLO, *bas.*

Oui, c'est moi; je t'aime et je t'implore.
Dis un seul mot, je puis encore.
Je puis encore te sauver.
Dis-moi : Je t'aime!

LA ESMERALDA.

Je t'abhorre.

Va-t'en.

CLAUDE FROLLO.

Alors meurs donc! j'irai te retrouver.

Il se tourne vers la foule.

Peuple, au bras séculier nous livrons cette femme.
A ce suprême instant, puisse sur sa pauvre âme
Passer le souffle du Seigneur!

Au moment où les hommes de justice mettent la main sur la Esmeralda, Quasimodo saute dans la place, repousse les archers, saisit la Esmeralda dans ses bras, et se jette dans l'église avec elle.

QUASIMODO.

Asile! asile! asile!
Noël, gens de la ville!
Noël au bon sonneur!
O destinée!
La condamnée
Est au Seigneur.
Le gibet tombe,
Et l'Eternel
Au lieu de tombe
Ouvre l'autel.
Bourreaux, arrière,
Et gens du roi!
Cette barrière
Borne la loi.
C'est toi qui changes
Tout en ce lieu.
Elle est aux anges,
Elle est à Dieu!

CLAUDE FROLLO, *faisant faire silence d'un geste.*

Elle n'est pas sauvée, elle est égyptienne.
Notre-Dame ne peut sauver qu'une chrétienne.
Même embrassant l'autel, les païens sont proscrits.

Aux gens du roi.

Au nom de monseigneur l'évêque de Paris,
Je vous rends cette femme impure.

QUASIMODO, *aux archers.*

Je la défendrai, je le jure!
N'approchez pas.

CLAUDE FROLLO, *aux archers.*

Vous hésitez!
Obéissez à l'instant même.
Arrachez du saint lieu cette fille bohème.

Les archers s'avancent. Quasimodo se place entre eux et la Esmeralda.

QUASIMODO.

Jamais!

On entend un cavalier accourir et crier du dehors :

Arrêtez!

La foule s'écarte.

PHŒBUS, *apparaissant à cheval, pâle, haletant, épuisé, comme un homme qui vient de faire une longue course.*

Arrêtez!

LA ESMERALDA.

Phœbus!

CLAUDE FROLLO, *à part, terrifié.*

La trame se déchire!

PHŒBUS, *se jetant à bas du cheval.*

Dieu soit loué! je respire.
J'arrive à temps. Celle-ci
Est innocente, et voici
Mon assassin!

Il désigne Claude Frollo.

TOUS.

Ciel! le prêtre?

PHŒBUS.
Le prêtre est seul coupable, et je le prouverai.
Qu'on l'arrête.

LE PEUPLE.
O surprise !
Les archers entourent Claude Frollo.

CLAUDE FROLLO.
Ah ! Dieu seul est le maître !

LA ESMERALDA.
Phœbus !

PHŒBUS.
Esmeralda !
Ils se jettent dans les bras l'un de l'autre.

LA ESMERALDA.
Mon Phœbus adoré !
Nous vivrons.

PHŒBUS.
Tu vivras.

LA ESMERALDA.
Pour nous le bonheur brille.

LE PEUPLE.
Vivez tous deux !

LA ESMERALDA.
Entends ces joyeuses clameurs !
A tes pieds reçois l'humble fille.
— Ciel ! tu pâlis ! Qu'as-tu !

PHŒBUS, *chancelant*.
Je meurs !
Elle le reçoit dans ses bras. Attente et anxiété dans la foule.
Chaque pas que j'ai fait vers toi, ma bien-aimée,
A rouvert ma blessure à peine encor fermée.
J'ai pris pour moi la tombe et te laisse le jour.
J'expire. Le sort te venge.
Je vais voir, ô mon pauvre ange,
Si le ciel vaut ton amour !
— Adieu !
Il expire.

LA ESMERALDA.
Phœbus ! il meurt ! en un instant tout change !
Elle tombe sur son corps.
Je te suis dans l'éternité !

CLAUDE FROLLO.
Fatalité !

LE PEUPLE.
Fatalité !

FIN DE LA ESMERALDA

LIBRAIRIE MARESCQ ET Cᵉ,	J. HETZEL, ÉDITEUR.	LIBRAIRIE BLANCHARD,
5, rue du Pont-de-Lodi.		78, rue de Richelieu.

OEUVRES DE VICTOR HUGO

RUY BLAS

ILLUSTRÉ PAR FOULQUIER.

Trois espèces de spectateurs composent ce qu'on est convenu d'appeler le public : premièrement, les femmes; deuxièmement, les penseurs; troisièmement, la foule proprement dite. Ce que la foule demande presque exclusivement à l'œuvre dramatique, c'est de l'action; ce que les femmes y veulent avant tout, c'est de la passion; ce qu'y cherchent plus spécialement les penseurs, ce sont des caractères. Si l'on étudie attentivement ces trois classes de spectateurs, voici ce qu'on remarque : la foule est tellement amoureuse de l'action, qu'au besoin elle fait bon marché des caractères et des passions (1). Les femmes, que l'action intéresse d'ailleurs, sont si absorbées par les développements de la passion, qu'elles se préoccupent peu du dessin des caractères; quant aux penseurs, ils ont un tel goût de voir des caractères, c'est-à-dire des hommes vivre sur la scène, que, tout en accueillant volontiers la passion comme incident naturel dans l'œuvre dramatique, ils en viennent presque à y être importunés par l'action. Cela tient à ce que la foule demande surtout au théâtre des sensations; la femme, des émotions; le penseur, des méditations : tous veulent un plaisir, mais ceux-ci, le plaisir des yeux; celles-là, le plaisir du cœur; les derniers, le

---

(1) C'est-à-dire du style. Car si l'action peut, dans beaucoup de cas, s'exprimer par l'action même, les passions et les caractères, à très-peu d'exceptions près, ne s'expriment que par la parole. Or, la parole au théâtre, la parole fixée et non flottante, c'est le style. Que le personnage parle comme il doit parler, *sibi constet*, dit Horace. Tout est là.

plaisir de l'esprit. De là, sur notre scène, trois espèces d'œuvres bien distinctes, l'une vulgaire et inférieure, les deux autres illustres et supérieures, mais qui toutes les trois satisfont un besoin : le mélodrame pour la foule; pour les femmes, la tragédie, qui analyse la passion ; pour les penseurs, la comédie, qui peint l'humanité.

Disons-le en passant, nous ne prétendons rien établir ici de rigoureux, et nous prions le lecteur d'introduire de lui-même dans notre pensée les restrictions qu'elle peut contenir. Les généralités admettent toujours les exceptions; nous savons fort bien que la foule est une grande chose dans laquelle on trouve tout, l'instinct du beau comme le goût du médiocre, l'amour de l'idéal comme l'appétit du commun ; nous savons également que tout penseur complet doit être femme par les côtés délicats du cœur ; et nous n'ignorons pas que, grâce à cette loi mystérieuse qui lie les sexes l'un à l'autre aussi bien par l'esprit que par le corps, bien souvent dans une femme il y a un penseur. Ceci posé, et après avoir prié de nouveau le lecteur de ne pas attacher un sens trop absolu aux quelques mots qui nous restent à dire, nous reprenons.

Pour tout homme qui fixe un regard sérieux sur les trois sortes de spectateurs dont nous venons de parler, il est évident qu'elles ont toutes les trois raison. Les femmes ont raison de vouloir être émues, les penseurs ont raison de vouloir être enseignés, la foule n'a pas tort de vouloir être amusée. De cette évidence se déduit la loi du drame. En effet, au delà de cette barrière de feu qu'on appelle la rampe du théâtre et qui sépare le monde réel du monde idéal, créer et faire vivre, dans les conditions combinées de l'art et de la nature, des caractères, c'est-à-dire, et nous le répétons, des hommes; dans ces hommes, dans ces caractères, jeter des passions qui développent ceux-ci et modifient ceux-là ; et enfin, du choc de ces caractères et de ces passions avec les grandes lois providentielles, faire sortir la vie humaine, c'est-à-dire des événements grands, petits, douloureux, comiques, terribles, qui contiennent pour le cœur ce plaisir qu'on appelle l'intérêt, et pour l'esprit cette leçon qu'on appelle la morale : tel est le but du drame. On le voit, le drame tient de la tragédie par la peinture des passions, et de la comédie par la peinture des caractères. Le drame est la troisième grande forme de l'art, comprenant, enserrant et fécondant les deux premières. Corneille et Molière existeraient indépendamment l'un de l'autre, si Shakspeare n'était entre eux, donnant à Corneille la main gauche, à Molière la main droite. De cette façon, les deux électricités opposées de la comédie et de la tragédie se rencontrent, et l'étincelle qui en jaillit, c'est le drame.

En expliquant, comme il les entend et comme il les a déjà indiqués plusieurs fois, le principe, la loi et le but du drame, l'auteur est loin de se dissimuler l'exiguïté de ses forces et la brièveté de son esprit.

Il définit ici, qu'on ne s'y méprenne pas, non ce qu'il a fait, mais ce qu'il a voulu faire. Il montre ce qui a été pour lui le point de départ. Rien de plus.

Nous n'avons en tête de ce livre que peu de lignes à écrire, et l'espace nous manque pour les développements nécessaires. Qu'on nous permette donc de poser, sans nous appesantir autrement sur la transition, des idées générales que nous venons de poser, et qui, selon nous, toutes les conditions de l'idéal étant maintenues du reste, régissent l'art tout entier, à quelques-unes des idées particulières que ce drame, *Ruy Blas*, peut soulever dans les esprits attentifs.

Et premièrement, pour ne prendre qu'un des côtés de la question, au point de vue de la philosophie de l'histoire; quel est le sens de ce drame? — Expliquons-nous.

Au moment où une monarchie va s'écrouler, plusieurs phénomènes peuvent être observés. Et d'abord la noblesse tend à se dissoudre. En se dissolvant elle se divise, et voici de quelle façon :

Le royaume chancelle, la dynastie s'éteint, la loi tombe en ruine ; l'unité politique s'émiette aux tiraillements de l'intrigue; le haut de la société s'abâtardit et dégénère; un mortel affaiblissement se fait sentir à tous au dehors comme au dedans; les grandes choses de l'Etat sont tombées, les petites seules sont debout, triste spectacle public; plus de police, plus d'armée, plus de finances; chacun devine que la fin arrive. De là, dans tous les esprits, ennui de la veille, crainte du lendemain, défiance de tout homme, découragement de toute chose, dégoût profond. Comme la maladie de l'Etat est dans la tête, la noblesse, qui y touche, en est la première atteinte. Que devient-elle alors? Une partie des gentilshommes, la moins honnête et la moins généreuse, reste à la cour. Tout va être englouti, le temps presse, il faut se hâter, il faut s'enrichir, s'agrandir et profiter des circonstances. On ne songe plus qu'à soi. Chacun se fait, sans pitié pour le pays, une petite fortune particulière dans un coin de la grande infortune publique. On est courtisan, on est ministre, on se dépêche d'être heureux et puissant. On a de l'esprit, on se déprave et l'on réussit. Les ordres de l'Etat, les dignités, les places, l'argent, on prend tout, on veut tout, on pille tout. On ne vit plus que par l'ambition et la cupidité. On cache les désordres secrets que peut engendrer l'infirmité humaine sous beaucoup de gravité extérieure. Et, comme cette vie, acharnée aux vanités et aux jouissances de l'orgueil, a pour première condition l'oubli de tous les sentiments naturels, on y devient féroce. Quand le jour de la disgrâce arrive, quelque chose de monstrueux se développe dans le courtisan tombé, et l'homme se change en démon.

L'état désespéré du royaume pousse l'autre moitié de la noblesse, la meilleure et la mieux née, dans une autre voie. Elle s'en va chez elle. Elle rentre dans ses palais, dans ses châteaux, dans ses seigneuries. Elle a horreur des affaires, elle n'y peut rien, la fin du monde approche; qu'y faire et à quoi bon se désoler? Il faut s'étourdir, fermer les yeux, vivre, boire, aimer, jouir. Qui sait ? a-t-on même un an devant soi? Cela dit, ou même simplement senti, le gentilhomme prend la chose au vif, décuple sa livrée, achète des chevaux, enrichit des femmes, ordonne des fêtes, paye des orgies, jette, donne, vend, achète, hypothèque, compromet, dévore, se livre aux usuriers et met le feu aux quatre coins de son bien. Un beau matin, il lui arrive un malheur. C'est que, quoique la monarchie aille grand train, il s'est ruiné avant elle. Tout est fini, tout est brûlé. De toute cette belle vie flamboyante, il ne reste pas même de la fumée ; elle s'est envolée. De la cendre, rien de plus. Oublié et abandonné de tous, excepté de ses créanciers, le pauvre gentilhomme devient alors ce qu'il peut, un peu aventurier, un peu spadassin, un peu bohémien. Il s'enfonce et disparaît dans la foule, grande masse terne et noire que jusqu'à ce jour il a à peine entrevue de loin sous ses pieds. Il s'y plonge, il s'y réfugie. Il n'a plus d'or, mais il lui reste le soleil, cette richesse de ceux qui n'ont rien. Il a d'abord habité le haut de la société, voici maintenant qu'il vient se loger dans le bas, et qu'il s'en accommode ; il se moque de son parent l'ambitieux, qui est riche et qui est puissant ; il devient philosophe, et il compare les voleurs aux courtisans. Du reste, bonne, brave, loyale et intelligente nature ; mélange du poëte, du gueux et du prince ; riant de tout ; faisant aujourd'hui rosser le guet par ses camarades comme autrefois par ses gens, mais n'y touchant pas ; alliant dans sa manière avec quelque grâce l'impudence du marquis à l'effronterie du zingaro ; souillé au dehors, sain au dedans ; et n'ayant plus du gentilhomme que son honneur qu'il garde, son nom qu'il cache et son épée qu'il montre.

Si le double tableau que nous venons de tracer s'offre dans l'histoire de toutes les monarchies à un moment donné, il se présente particulièrement en Espagne d'une façon frappante à la fin du dix-septième siècle. Ainsi, si l'auteur avait réussi à exécuter cette partie de sa pensée, ce qu'il est loin de supposer, dans le drame qu'on va lire, la première moitié de la noblesse espagnole à cette époque se résumerait en don Salluste, et la seconde moitié en don César. Tous deux cousins, comme il convient.

Ici, comme partout, en esquissant ce croquis de la noblesse castillane vers 1695, nous réservons, bien entendu, les rares et vénérables exceptions. — Poursuivons.

En examinant toujours cette monarchie et cette époque, au-dessous de la noblesse ainsi partagée, et qui pourrait, jusqu'à un certain point, être personnifiée dans les deux hommes que nous venons de nommer, on voit remuer dans l'ombre quelque chose de grand, de sombre et d'inconnu. C'est le peuple. Le peuple, qui a l'avenir et qui n'a pas le présent ; le peuple, orphelin, pauvre, intelligent et fort ; placé très-bas, et aspirant très-haut ; ayant sur le dos les marques de la servitude et dans le cœur les préméditations du génie ; le peuple, valet des grands seigneurs, et amoureux, dans sa misère et dans son abjection, de la seule figure, qui, au milieu de cette société écroulée, représente pour lui, dans un divin rayonnement, l'autorité, la charité et la fécondité. Le peuple, ce serait Ruy Blas.

Maintenant, au-dessus de ces trois hommes, qui, ainsi considérés, feraient vivre et marcher, aux yeux du spectateur, trois faits, et dans ces trois faits toute la monarchie espagnole au dix-septième siècle ; au-dessus de ces trois hommes, disons-nous, il y a une pure et lumineuse créature, une femme, une reine. Malheureuse comme femme, car elle est comme si elle n'avait pas de mari ; malheureuse comme reine, car elle est comme si elle n'avait pas de roi ; penchée vers ceux qui sont au-dessous d'elle par pitié royale et par instinct de femme aussi peut-être, et regardant en bas pendant que Ruy Blas, le peuple, regarde en haut.

Aux yeux de l'auteur, et sans préjudice de ce que les personnages accessoires peuvent apporter à la vérité de l'ensemble, ces quatre têtes ainsi groupées résumeraient les principales saillies qu'offrait au regard du philosophe historien la monarchie espagnole il y a cent quarante ans. A ces quatre têtes, il semble qu'on pourrait en ajouter une cinquième, celle du roi Charles II. Mais, dans l'histoire comme dans le drame, Charles II d'Espagne n'est pas une figure, c'est une ombre.

A présent, hâtons-nous de le dire, ce qu'on vient de lire n'est point l'explication de *Ruy Blas*. C'en est simplement un des aspects. C'est l'impression particulière que pourrait laisser ce drame, s'il valait la peine d'être étudié, à l'esprit grave et consciencieux qui l'examinerait, par exemple, du point de vue de la philosophie de l'histoire.

Mais, si peu qu'il soit, ce drame, comme toutes les choses de ce monde, a beaucoup d'autres aspects et peut être envisagé de beaucoup d'autres manières. On peut prendre plusieurs vues d'une idée comme d'une montagne. Cela dépend du lieu où l'on se place. Qu'on nous passe, seulement pour rendre claire notre idée, une comparaison infiniment trop ambitieuse : le Mont-Blanc, vu de la Croix-de-Fléchères, ne ressemble pas au Mont-Blanc vu de Sallenches. Pourtant, c'est toujours le Mont-Blanc.

De même, pour tomber d'une très-grande chose à une très-petite, ce drame, dont nous venons d'indiquer le sens historique, offrirait une tout autre figure si on le considérait d'un point de vue beaucoup plus élevé encore, du point de vue purement humain. Alors don Salluste serait l'égoïsme absolu, le souci sans repos ; don César, son contraire, serait le désintéressement et l'insouciance ; on verrait dans Ruy Blas le génie et la passion comprimés par la société, et s'élançant d'autant plus haut que la compression est plus violente ; la reine, enfin, ce serait la vertu minée par l'ennui.

Au point de vue uniquement littéraire, l'aspect de cette pensée telle quelle, intitulée *Ruy Blas*, changerait encore. Les trois formes souveraines de l'art pourraient y paraître personnifiées et résumées. Don Salluste serait le drame, don César la comédie, Ruy Blas la tragédie. Le drame noue l'action, la comédie l'embrouille, la tragédie la tranche.

Tous ces aspects sont justes et vrais, mais aucun d'eux n'est complet. La vérité absolue n'est que dans l'ensemble de l'œuvre. Que chacun y trouve ce qu'il y cherche, et le poëte, qui ne s'en flatte pas du reste, aura atteint son but. Le sujet philosophique de *Ruy Blas*, c'est le peuple aspirant aux régions élevées; le sujet humain, c'est un homme qui aime une femme; le sujet dramatique, c'est un laquais qui aime une reine. La foule qui se presse chaque soir devant cette œuvre, parce qu'en France jamais l'attention publique n'a fait défaut aux tentatives de l'esprit, quelles qu'elles soient d'ailleurs, la foule, disons-nous, ne voit dans *Ruy Blas* que ce dernier sujet, le sujet dramatique, le laquais; et elle a raison.

Et ce que nous venons de dire de *Ruy Blas* nous semble évident de tout autre ouvrage. Les œuvres vénérables des maîtres ont même cela de remarquable, qu'elles offrent plus de faces à étudier que les autres. Tartufe fait rire ceux-ci et trembler ceux-là. Tartufe, c'est le serpent domestique; ou bien c'est l'hypocrite; ou bien c'est l'hypocrisie. C'est tantôt un homme, tantôt une idée. Othello, pour les uns, c'est un noir qui aime une blanche; pour les autres, c'est un parvenu qui a épousé une patricienne; pour ceux-là, c'est un jaloux; pour ceux-ci, c'est la jalousie. Et cette diversité d'aspects n'ôte rien à l'unité fondamentale de la composition. Nous l'avons déjà dit ailleurs : mille rameaux et un tronc unique.

Si l'auteur de ce livre a particulièrement insisté sur la signification historique de *Ruy Blas*, c'est que dans sa pensée, par le sens historique, et, il est vrai, par le sens historique uniquement, *Ruy Blas* se rattache à *Hernani*. Le grand fait de la noblesse se montre, dans *Hernani* comme dans *Ruy Blas*, à côté du grand fait de la royauté. Seulement dans *Hernani*, comme la royauté absolue n'est pas faite, la noblesse lutte encore contre le roi, ici avec l'orgueil, là avec l'épée; à demi féodale, à demi rebelle. En 1519, le seigneur vit loin de la cour dans la montagne, en bandit comme Hernani, ou en patriarche comme Ruy Gomez. Deux cents ans plus tard, la question est retournée. Les vassaux sont devenus des courtisans. Et, si le seigneur sent encore d'aventure le besoin de cacher son nom, ce n'est pas pour échapper au roi, c'est pour échapper à ses créanciers. Il ne se fait pas bandit, il se fait bohémien. — On sent que la royauté absolue a passé pendant longues années sur ces nobles têtes, courbant l'une, brisant l'autre.

Et puis, qu'on nous permette ce dernier mot, entre *Hernani* et *Ruy Blas* deux siècles de l'Espagne sont encadrés; deux grands siècles, pendant lesquels il a été donné à la descendance de Charles Quint de dominer le monde; deux siècles que la Providence, chose remarquable, n'a pas voulu allonger d'une heure, car Charles-Quint naît en 1500 et Charles II meurt en 1700. En 1700, Louis XIV hérittait de Charles-Quint, comme en 1800 Napoléon héritait de Louis XIV. Ces grandes apparitions de dynasties qui illuminent par moments l'histoire sont pour l'auteur un beau et mélancolique spectacle sur lequel ses yeux se fixent souvent. Il essaye parfois d'en transporter quelque chose dans ses œuvres. Ainsi il a voulu remplir *Hernani* du rayonnement d'une aurore et couvrir *Ruy Blas* des ténèbres d'un crépuscule. Dans *Hernani*, le soleil de la maison d'Autriche se lève; dans *Ruy Blas*, il se couche.

Paris, 25 novembre 1838.

RUY BLAS

PERSONNAGES.

RUY BLAS.
DON SALLUSTE DE BAZAN.
DON CÉSAR DE BAZAN.
DON GURITAN.
LE COMTE DE CAMPORÉAL.
LE MARQUIS DE SANTA CRUZ.
LE MARQUIS DEL BASTO.
LE COMTE D'ALBE
LE MARQUIS DE PRIEGO.
DON MANUEL ARIAS.
MONTAZGO.
DON ANTONIO UBILLA.
COVADENGA.

GUDIEL.
UN LAQUAIS.
UN ALCADE.
UN HUISSIER.
UN ALGUAZIL.
DONA MARIA DE NEUBOURG, reine d'Espagne.
LA DUCHESSE D'ALBUQUERQUE.
CASILDA.
UNE DUÈGNE.
UN PAGE.
Dames, Seigneurs, Conseillers privés.
Pages, Duègnes.
Alguazils, Gardes, Huissiers de chambre et de cour.

Madrid. — 169..

ACTE PREMIER

DON SALLUSTE

Le salon de Danaé dans le palais du roi, à Madrid. Ameublement magnifique dans le goût demi-flamand du temps de Philippe IV. A gauche, une grande fenêtre à châssis dorés et à petits carreaux. Des deux côtés, sur un pan coupé, une porte basse donnant dans quelque appartement intérieur. Au fond, une grande cloison vitrée à châssis dorés s'ouvrant par une large porte également vitrée sur une longue galerie. Cette galerie, qui traverse tout le théâtre, est masquée par d'immenses rideaux qui tombent du haut en bas de la cloison vitrée. Une table, un fauteuil, et ce qu'il faut pour écrire.

Don Salluste entre par la petite porte de gauche, suivi de Ruy Blas et de Gudiel, qui porte une cassette et divers paquets qu'on dirait disposés pour un voyage. Don Salluste est vêtu de velours noir, costume de cour du temps de Charles II. La Toison d'or au cou. Par-dessus l'habillement noir, un riche manteau de velours vert clair, brodé d'or et doublé de satin noir Épée à grande coquille. Chapeau à plumes blanches. Gudiel est en noir, épée au côté. Ruy Blas est en livrée. Haut-de-chausses et justaucorps bruns. Surtout galonné, rouge et or. Tête nue. Sans épée

SCÈNE PREMIÈRE.

DON SALLUSTE DE BAZAN, GUDIEL, par instants
RUY BLAS.

DON SALLUSTE.
Ruy Blas, fermez la porte, — ouvrez cette fenêtre.

Ruy Blas obéit, puis, sur un signe de don Salluste, il sort par la porte du fond. Don Salluste va à la fenêtre.

Ils dorment encor tous ici, — le jour va naître.

Il se tourne brusquement vers Gudiel.

Ah ! c'est un coup de foudre !...—oui, mon règne est passé,
Gudiel ! — renvoyé, disgracié, chassé !
Ah ! tout perdre en un jour ! — L'aventure est secrète
Encor, n'en parle pas. — Oui, pour une amourette,
— Chose, à mon âge, sotte et folle, j'en conviens ! —
Avec une suivante, une fille de rien !
Séduite, beau malheur ! parce que la donzelle
Est à la reine, et vient de Neubourg avec elle,
Que cette créature a pleuré contre moi,
Et traîné son enfant dans les chambres du roi ;
Ordre de l'épouser. Je refuse. On m'exile !
On m'exile ! Et vingt ans d'un labeur difficile,
Vingt ans d'ambition, de travaux nuit et jour,
Le président haï des alcades de cour,
Dont nul ne prononçait le nom sans épouvante ;
Le chef de la maison de Bazan, qui s'en vante ;
Mon crédit, mon pouvoir, tout ce que je rêvais,
Tout ce que je faisais et tout ce que j'avais,
Charge, emplois, honneurs, tout en un instant s'écroule
Au milieu des éclats de rire de la foule !

GUDIEL.
Nul ne le sait encor, monseigneur.

DON SALLUSTE.
Mais demain !
Demain on le saura ! — Nous serons en chemin !
Je ne veux pas tomber, non, je veux disparaître !

Il déboutonne violemment son pourpoint.

— Tu m'agrafes toujours comme on agrafe un prêtre,
Tu serres mon pourpoint, et j'étouffe, mon cher ! —

Il s'assied.

Oh ! mais je vais construire, et sans en avoir l'air,
Une sape profonde, obscure et souterraine !
— Chassé ! —

Il se lève.

GUDIEL.
D'où vient le coup, monseigneur ?

DON SALLUSTE.
De la reine.

Oh! je me vengerai, Gudiel! tu m'entends.
Toi, dont je suis l'élève, et qui depuis vingt ans
M'as aidé, m'as servi dans les choses passées,
Tu sais bien jusqu'où vont dans l'ombre mes pensées,
Comme un bon architecte au coup d'œil exercé
Connait la profondeur du puits qu'il a creusé.
Je pars. Je vais aller à Finlas, en Castille,
Dans mes Etats, — et là songer! — Pour une fille!
— Toi, règle le départ, car nous sommes pressés.
Moi, je vais dire un mot au drôle que tu sais.
A tout hasard. Peut-il me servir? Je l'ignore.
Ici jusqu'à ce soir je suis le maître encore.
Je me vengerai, va! Comment? je ne sais pas;
Mais je veux que ce soit effrayant! — De ce pas,
Va faire nos apprêts, et hâte-toi. — Silence!
Tu pars avec moi. Va.

Gudiel salue et sort. Don Salluste appelant.

— Ruy Blas!

RUY BLAS, *se présentant à la porte du fond.*

Votre Excellence?

DON SALLUSTE.

Comme je ne dois plus coucher dans le palais,
Il faut laisser les clefs et clore les volets.

RUY BLAS, *s'inclinant.*

Monseigneur, il suffit.

DON SALLUSTE.

Ecoutez, je vous prie.
La reine va passer, là, dans la galerie,
En allant de la messe à sa chambre d'honneur,
Dans deux heures. Ruy Blas, soyez-là.

RUY BLAS.

Monseigneur,
J'y serai.

DON SALLUSTE, *à la fenêtre.*

Voyez-vous cet homme dans la place
Qui montre aux gens de garde un papier, et qui passe?
Faites-lui, sans parler, signe qu'il peut monter.
Par l'escalier étroit.

Ruy Blas obéit. Don Salluste continue en lui montrant la petite porte à droite.

— Avant de nous quitter,
Dans cette chambre où sont les hommes de police,
Voyez donc si les trois alguazils de service
Sont éveillés.

RUY BLAS.

Il va à la porte, l'entr'ouvre, et revient.

Seigneur, ils dorment.

DON SALLUSTE.

Parlez bas.
J'aurai besoin de vous, ne vous éloignez pas.
Faites le guet afin que les fâcheux nous laissent.

Entre don César de Bazan. Chapeau défoncé. Grande cape déguenillée, qui ne laisse voir de sa toilette que des bas mal tirés et des souliers crevés. Epée de spadassin.
Au moment où il entre, lui et Ruy Blas se regardent et font en même temps, chacun de leur côté, un geste de surprise. Don Salluste, les observant, à part.

Ils se sont regardés! Est-ce qu'ils se connaissent?

Ruy Blas sort.

SCÈNE II.

DON SALLUSTE, DON CÉSAR.

DON SALLUSTE.

Ah! vous voilà, bandit!

DON CÉSAR.

Oui, cousin, me voilà.

DON SALLUSTE.

C'est grand plaisir de voir un gueux comme cela!

DON CÉSAR, *saluant.*

Je suis charmé...

DON SALLUSTE.

Monsieur, on sait de vos histoires.

DON CÉSAR, *gracieusement.*

Qui sont de votre goût?

DON SALLUSTE.

Oui, des plus méritoires.
Don Charles de Mira l'autre nuit fut volé.
On lui prit son épée à fourreau ciselé
Et son buffle. C'était la surveille de Pâques.
Seulement, comme il est chevalier de Saint-Jacques,
La bande lui laissa son manteau.

DON CÉSAR.

Doux Jésus!
Pourquoi?

DON SALLUSTE.

Parce que l'ordre était brodé dessus.
Eh bien! que dites-vous de l'algarade?

DON CÉSAR.

Ah! diable!
Je dis que nous vivons dans un siècle effroyable!
Qu'allons-nous devenir, bon Dieu! si les voleurs
Vont courtiser saint Jacque et le mettre des leurs!

DON SALLUSTE.

Vous en étiez!

DON CÉSAR.

Eh bien! — oui! s'il faut que je parle,
J'étais là. Je n'ai pas touché votre don Charle.
J'ai donné seulement des conseils.

DON SALLUSTE.

Mieux encor:
La lune étant couchée, hier, Plaza-Mayor,
Toutes sortes de gens, sans coiffe et sans semelle,
Qui hors d'un bouge affreux se ruaient pêle-mêle,
Ont attaqué le guet. — Vous en étiez!

DON CÉSAR.

Cousin,
J'ai toujours dédaigné de battre un argousin.
J'étais là. Rien de plus. Pendant les estocades,
Je marchais en faisant des vers sous les arcades.
On s'est fort assommé.

DON SALLUSTE.

Ce n'est pas tout.

DON CÉSAR.

Voyons.

DON SALLUSTE.

En France, on vous accuse, entre autres actions,
Avec vos compagnons à toute loi rebelles,
D'avoir ouvert sans clef la caisse des gabelles.

DON CÉSAR.

Je ne dis pas. — La France est pays ennemi.

DON SALLUSTE.

En Flandre, rencontrant dom Paul Barthélemy,
Lequel portait à Mons le produit d'un vignoble,
Qu'il venait de toucher pour le chapitre noble,
Vous avez mis la main sur l'argent du clergé.

DON CÉSAR.

En Flandre? — il se peut bien. J'ai beaucoup voyagé.
— Est-ce tout?

DON SALLUSTE.

Don César, la sueur de la honte,
Lorsque je pense à vous, à la face me monte.

DON CÉSAR.

Bon. Laissez-la monter.

DON SALLUSTE.

Notre famille...

DON CÉSAR.

Non.
Car vous seul à Madrid connaissez mon vrai nom.
Ainsi ne parlons pas famille!

DON SALLUSTE.

Une marquise
Me disait l'autre jour en sortant de l'église:
— Quel est donc ce brigand qui, là-bas, nez au vent,

Se carre, l'œil au guet et la hanche en avant,
Plus délabré que Job et plus fier que Bragance,
Drapant sa gueuserie avec son arrogance,
Et qui, froissant du poing, sous sa manche en haillons,
L'épée à lourd pommeau qui lui bat les talons,
Promène, d'une mine altière et magistrale,
Sa cape en dents de scie et ses bas en spirale?

DON CÉSAR, *jetant un coup d'œil sur sa toilette.*
Vous avez répondu : C'est ce cher Zafari !

DON SALLUSTE.
Non ; j'ai rougi, monsieur !

DON CÉSAR.
Eh bien ! la dame a ri.
Voilà. J'aime beaucoup faire rire les femmes.

DON SALLUSTE.
Vous n'allez fréquentant que spadassins infâmes !

DON CÉSAR.
Des clercs, des écoliers doux comme des moutons !

DON SALLUSTE.
Partout on vous rencontre avec des Jeannetons !

DON CÉSAR.
O Lucindes d'amour ! ô douces Isabelles !
Eh bien ! sur votre compte on en entend de belles !
Quoi ! l'on vous traite ainsi, beautés à l'œil mutin,
A qui je dis le soir mes sonnets du matin !

DON SALLUSTE.
Enfin, Matalobos, ce voleur de Galice
Qui désole Madrid malgré notre police,
Il est de vos amis !

DON CÉSAR.
Raisonnons, s'il vous plaît :
Sans lui j'irais tout nu, ce qui serait fort laid.
Me voyant sans habits, dans la rue, en décembre,
La chose le toucha. — Ce fat parfumé d'ambre,
Le comte d'Albe, à qui l'autre mois fut volé
Son beau pourpoint de soie...

DON SALLUSTE.
Eh bien?

DON CÉSAR.
C'est moi qui l'ai.
Matalobos me l'a donné.

DON SALLUSTE.
L'habit du comte !
Vous n'êtes pas honteux?...

DON CÉSAR.
Je n'aurai jamais honte
De mettre un beau pourpoint, brodé, passementé,
Qui me tient chaud l'hiver et me fait beau l'été.
— Voyez, il est tout neuf. —

Il entr'ouvre son manteau, qui laisse voir un superbe pourpoint de satin rose brodé d'or.

Les poches en sont pleines
De billets doux au comte adressés par centaines.
Souvent, pauvre, amoureux, n'ayant rien sous la dent,
J'avise une cuisine au soupirail ardent,
D'où la vapeur des mets aux narines me monte;
Je m'assieds là, j'y lis les billets doux du comte,
Et, trompant l'estomac et le cœur tour à tour,
J'ai l'odeur du festin et l'ombre de l'amour !

DON SALLUSTE.
Don César...

DON CÉSAR.
Mon cousin, tenez, trêve aux reproches.
Je suis un grand seigneur, c'est vrai, l'un de vos proches;
Je m'appelle César, comte de Garofa.
Mais le sort de folie en naissant me coiffa.
J'étais riche, j'avais des palais, des domaines,
Je pouvais largement renter les Célimènes,
Bah ! mes vingt ans n'étaient pas encor révolus
Que j'avais mangé tout ! il ne me restait plus
De mes prospérités, ou réelles, ou fausses,
Qu'un tas de créanciers hurlant après mes chausses.

Ma foi, j'ai pris la fuite et j'ai changé de nom.
A présent je ne suis qu'un joyeux compagnon,
Zafari, que hors vous nul ne peut reconnaître.
Vous ne me donnez pas du tout d'argent, mon maître;
Je m'en passe. Le soir, le front sur un pavé,
Devant l'ancien palais des comtes de Tevé,
— C'est là, depuis neuf ans, que la nuit je m'arrête. —
Je vais dormir avec le ciel bleu sur ma tête.
Je suis heureux ainsi. Pardieu, c'est un beau sort !
Tout le monde me croit dans l'Inde, au diable, — mort.
La fontaine voisine a de l'eau, j'y vais boire,
Et puis je me promène avec un air de gloire.
Mon palais, d'où jadis mon argent s'envola,
Appartient à cette heure au nonce Espinola,
C'est bien. Quand par hasard jusque-là je m'enfonce,
Je donne des avis aux ouvriers du nonce
Occupés à sculpter sur la porte un Bacchus. —
Maintenant pouvez-vous me prêter dix écus?

DON SALLUSTE.
Ecoutez-moi...

DON CÉSAR, *croisant les bras.*
Voyons à présent votre style.

DON SALLUSTE.
Je vous ai fait venir, c'est pour vous être utile.
César, sans enfants, riche, et de plus votre aîné,
Je vous vois à regret vers l'abîme entraîné.
Je veux vous en tirer. Bravache que vous êtes,
Vous êtes malheureux. Je veux payer vos dettes,
Vous rendre vos palais, vous remettre à la cour,
Et refaire de vous un beau seigneur d'amour.
Que Zafari s'éteigne et que César renaisse.
Je veux qu'à votre gré vous puisiez dans ma caisse,
Sans crainte, à pleines mains, sans soin de l'avenir.
Quand on a des parents, il faut les soutenir,
César, et pour les siens se montrer pitoyable...

Pendant que don Salluste parle, le visage de don César prend une expression de plus en plus étonnée, joyeuse et confiante; enfin il éclate.

DON CÉSAR.
Vous avez toujours eu de l'esprit comme un diable,
Et c'est fort éloquent ce que vous dites là.
— Continuez !

DON SALLUSTE.
César, je ne mets à cela
Qu'une condition. — Dans l'instant je m'explique.
Prenez d'abord ma bourse.

DON CÉSAR, *empoignant la bourse qui est pleine d'or.*
Ah çà ! c'est magnifique !

DON SALLUSTE.
Et je vais vous donner cinq cents ducats...

DON CÉSAR, *ébloui.*
Marquis !

DON SALLUSTE, *continuant.*
Dès aujourd'hui !

DON CÉSAR.
Pardieu, je vous suis tout acquis.
Quant aux conditions, ordonnez. Foi de brave !
Mon épée est à vous. Je deviens votre esclave,
Et, si cela vous plaît, j'irai croiser le fer
Avec don Spavento, capitan de l'enfer.

DON SALLUSTE.
Non, je n'accepte pas, don César, et pour cause,
Votre épée.

DON CÉSAR.
Alors quoi ? je n'ai guère autre chose.

DON SALLUSTE, *se rapprochant de lui et baissant la voix.*
Vous connaissez, — et c'est en ce cas un bonheur, —
Tous les gueux de Madrid ?

DON CÉSAR.
Vous me faites honneur.

DON SALLUSTE.
Vous en traînez toujours après vous une meute;
Vous pourriez, au besoin, soulever une émeute,
Je le sais. Tout cela peut-être servira.

DON SALLUSTE.
Quand on a des parents, il faut les soutenir.
(Page 7.)

DON CÉSAR, *éclatant de rire.*
D'honneur! vous avez l'air de faire un opéra.
Quelle part donnez-vous dans l'œuvre à mon génie?
Sera-ce le poëme ou bien la symphonie?
Commandez. Je suis fort pour le charivari.

DON SALLUSTE, *gravement.*
Je parle à don César et non à Zafari.

Baissant la voix de plus en plus.
Ecoute. J'ai besoin, pour un résultat sombre,
De quelqu'un qui travaille à mon côté dans l'ombre
Et qui m'aide à bâtir un grand événement.
Je ne suis pas méchant, mais il est tel moment
Où le plus délicat, quittant toute vergogne,
Doit retrousser sa manche et faire la besogne.
Tu seras riche, mais il faut m'aider sans bruit
A dresser, comme font les oiseleurs la nuit,
Un bon filet caché sous un miroir qui brille,
Un piège d'alouette ou bien de jeune fille.
Il faut, par quelque plan terrible et merveilleux,
— Tu n'es pas, que je pense, un homme scrupuleux, —
Me venger!

DON CÉSAR.
Vous venger?

DON SALLUSTE.
Oui.

DON CÉSAR.
De qui?

DON SALLUSTE.
D'une femme.

DON CÉSAR.
Il se redresse et regarde fièrement don Salluste.
Ne m'en dites pas plus. Halte là! — sur mon âme,
Mon cousin, en ceci voilà mon sentiment:
Celui qui, bassement et tortueusement,
Se venge, ayant le droit de porter une lame,.
Noble, par une intrigue, homme, sur une femme,
Et qui, né gentilhomme, agit en alguazil,
Celui-là, — fût-il grand de Castille, fût-il
Suivi de cent clairons sonnant des tintamarres,
Fût-il tout harnaché d'ordres et de chamarres,
Et marquis, et vicomte, et fils des anciens preux, —

DON SALLUSTE.
... Écrivez : — « Moi, Ruy Blas... »
(Page 12.)

N'est pour moi qu'un maraud sinistre et ténébreux
Que je voudrais, pour prix de sa lâcheté vile,
Voir pendre à quatre clous au gibet de la ville !
DON SALLUSTE.
César !...
DON CÉSAR.
N'ajoutez pas un mot, c'est outrageant.
Il jette la bourse aux pieds de don Salluste.
Gardez votre secret, et gardez votre argent.
Oh ! je comprends qu'on vole, et qu'on tue et qu'on pille ;
Que par une nuit noire on force une bastille
D'assaut, la hache au poing, avec cent flibustiers ;
Qu'on égorge estafiers, geôliers et guichetiers,
Tous, taillant et hurlant, en bandits que nous sommes,
Œil pour œil, dent pour dent, c'est bien ! hommes contre hom-
Mais doucement détruire une femme ! et creuser [mes !
Sous ses pieds une trappe ! et contre elle abuser,
Qui sait ? de son humeur peut-être hasardeuse !
Prendre ce pauvre oiseau dans quelque glu hideuse !
Oh ! plutôt qu'arriver jusqu'à ce déshonneur,
Plutôt qu'être à ce prix un riche et haut seigneur,

— Et je le dis ici pour Dieu qui voit mon âme, —
J'aimerais mieux, plutôt qu'être à ce point infâme,
Vil, odieux, pervers, misérable et flétri,
Qu'un chien rongeât mon crâne au pied du pilori !
DON SALLUSTE.
Cousin !...
DON CÉSAR.
De vos bienfaits je n'aurai nulle envie,
Tant que je trouverai, vivant ma libre vie,
Aux fontaines de l'eau, dans les champs le grand air,
A la ville un voleur qui m'habille l'hiver,
Dans mon âme l'oubli des prospérités mortes,
Et devant vos palais, monsieur, de larges portes
Où je puis à midi, sans souci du réveil,
Dormir, la tête à l'ombre et les pieds au soleil !
— Adieu donc. — De nous deux Dieu sait quel est le juste.
Avec les gens de cour, vos pareils, don Salluste,
Je vous laisse, et je reste avec mes chenapans.
Je vis avec les loups, non avec les serpents.
DON SALLUSTE.
Un instant...

DON CÉSAR.
Tenez, maître, abrégeons la visite.
Si c'est pour m'envoyer en prison, faites vite.
DON SALLUSTE.
Allons, je vous croyais, César, plus endurci.
L'épreuve vous est bonne et vous a réussi ;
Je suis content de vous. Votre main, je vous prie.
DON CÉSAR.
Comment !
DON SALLUSTE.
Je n'ai parlé que par plaisanterie.
Tout ce que j'ai dit là, c'est pour vous éprouver.
Rien de plus.
DON CÉSAR.
Çà, debout vous me faites rêver.
La femme, le complot, cette vengeance..
DON SALLUSTE.
Leurre !
Imagination ! chimère !
DON CÉSAR.
A la bonne heure !
Et l'offre de payer mes dettes ! vision ?
Et les cinq cents ducats ! imagination ?
DON SALLUSTE.
Je vais vous les chercher.

Il se dirige vers la porte du fond et fait signe à Ruy Blas de rentrer.

DON CÉSAR, *à part, sur le devant du théâtre et regardant don Salluste de travers.*
Hum ! visage de traître !
Quand la bouche dit : Oui, le regard dit : Peut-être.
DON SALLUSTE, *à Ruy Blas.*
Ruy Blas, restez ici.
A don César.
Je reviens.

Il sort par la petite porte de gauche. Sitôt qu'il est sorti, don César et Ruy Blas vont vivement l'un à l'autre.

SCÈNE III.

DON CÉSAR, RUY BLAS.

DON CÉSAR.
Sur ma foi,
Je ne me trompais pas. C'est toi, Ruy Blas ?
RUY BLAS.
C'est toi,
Zafari ! que fais-tu dans ce palais ?
DON CÉSAR.
J'y passe.
Mais je m'en vais. Je suis oiseau, j'aime l'espace.
Mais toi ! cette livrée ! est-ce un déguisement ?
RUY BLAS, *avec amertume.*
Non, je suis déguisé quand je suis autrement.
DON CÉSAR.
Que dis-tu ?
RUY BLAS.
Donne-moi ta main que je la serre,
Comme en cet heureux temps de joie et de misère
Où je vivais sans gîte, où le jour j'avais faim,
Où j'avais froid la nuit, où j'étais libre enfin !
— Quand tu me connaissais, j'étais un homme encore.
Tous deux nés dans le peuple, — hélas ! c'était l'aurore ! —
Nous nous ressemblions au point qu'on nous prenait
Pour frères ; nous chantions dès l'heure où l'aube naît,
Et le soir, devant Dieu, notre père et notre hôte,
Sous le ciel étoilé nous dormions côte à côte !
Oui, nous partagions tout. Puis enfin arriva
L'heure triste où chacun de son côté s'en va.
Je te retrouve, après quatre ans, toujours le même,
Joyeux comme un enfant, libre comme un bohème,
Toujours ce Zafari, riche en sa pauvreté,
Qui n'a rien eu jamais, et n'a rien souhaité !
Mais moi, quel changement ! Frère, que te dirai-je ?
Orphelin, par pitié nourri dans un collège
De science et d'orgueil, de moi, triste faveur !
Au lieu d'un ouvrier on a fait un rêveur.
Tu sais, tu m'as connu. Je jetais mes pensées
Et mes vœux vers le ciel en strophes insensées.
J'opposais cent raisons à ton rire moqueur.
J'avais je ne sais quelle ambition au cœur.
A quoi bon travailler ? Vers un but invisible
Je marchais, je croyais tout réel, tout possible,
J'espérais tout du sort ! — Et puis je suis de ceux
Qui passent tout un jour, pensifs et paresseux,
Devant quelque palais regorgeant de richesses,
A regarder entrer et sortir des duchesses.
Si bien qu'un jour, mourant de faim sur le pavé,
J'ai ramassé du pain, frère, où j'en ai trouvé :
Dans la fainéantise et dans l'ignominie.
Oh ! quand j'avais vingt ans, crédule à mon génie,
Je me perdais, marchant pieds nus dans les chemins,
En méditations sur le sort des humains ;
J'avais bâti des plans sur tout, — une montagne
De projets ; — je plaignais le malheur de l'Espagne ;
Je croyais, pauvre esprit, qu'au monde je manquais...
Ami, le résultat, tu le vois : un laquais !
DON CÉSAR.
Oui, je le sais, la faim est une porte basse ;
Et, par nécessité lorsqu'il faut qu'il y passe,
Le plus grand est celui qui se courbe le plus.
Mais le sort a toujours son flux et son reflux.
Espère.
RUY BLAS, *secouant la tête.*
Le marquis de Finlas est mon maître.
DON CÉSAR.
Je le connais. — Tu vis dans ce palais peut-être ?
RUY BLAS.
Non, avant ce matin et jusqu'à ce moment
Je n'en avais jamais passé le seuil.
DON CÉSAR.
Vraiment ?
Ton maître cependant pour sa charge y demeure ?
RUY BLAS.
Oui, car la cour le fait demander à toute heure.
Mais il a quelque part un logis inconnu,
Où jamais en plein jour peut-être il n'est venu.
A cent pas du palais. Une maison discrète.
Frère, j'habite là. Par la porte secrète
Dont il a seul la clef, quelquefois, à la nuit,
Le marquis vient, suivi d'hommes qu'il introduit.
Ces hommes sont masqués et parlent à voix basse.
Ils s'enferment, et nul ne sait ce qui se passe.
Là, de deux noirs muets je suis le compagnon.
Je suis pour eux le maître. Ils ignorent mon nom.
DON CÉSAR.
Oui, c'est là qu'il reçoit, comme chef des alcades,
Ses espions ; c'est là qu'il tend ses embuscades.
C'est un homme profond qui tient tout dans sa main.
RUY BLAS.
Hier il m'a dit : — Il faut être au palais demain,
Avant l'aurore. Entrez par la grille dorée.
En arrivant il m'a fait mettre la livrée,
Car l'habit odieux sous lequel tu me vois,
Je le porte aujourd'hui pour la première fois.
DON CÉSAR, *lui serrant la main.*
Espère !
RUY BLAS.
Espérer ! Mais tu ne sais rien encore.
Vivre sous cet habit qui souille et déshonore,
Avoir perdu la joie et l'orgueil, ce n'est rien.
Etre esclave, être vil, qu'importe ? — Ecoute bien :
Frère, je ne sens pas cette livrée infâme,
Car j'ai dans ma poitrine une hydre aux dents de flamme
Qui me serre le cœur dans ses replis ardents.
Le dehors te fait peur ; si tu voyais dedans !

DON CÉSAR.

Que veux-tu dire?

RUY BLAS.

Invente, imagine, suppose.
Fouille dans ton esprit. Cherches-y quelque chose
D'étrange, d'insensé, d'horrible et d'inouï,
Une fatalité dont on soit ébloui!
Oui, compose un poison affreux, creuse un abîme
Plus sourd que la folie et plus noir que le crime,
Tu n'approcheras pas encor de mon secret.
— Tu ne devines pas? — Eh! qui devinerait?
Zafari! dans le gouffre où mon destin m'entraîne
Plonge les yeux! — Je suis amoureux de la reine!

Ciel!

DON CÉSAR.

RUY BLAS.

Sous un dais orné du globe impérial,
Il est, dans Aranjuez ou dans l'Escurial,
— Dans ce palais, parfois, — mon frère, il est un homme
Qu'à peine on voit d'en bas, qu'avec terreur on nomme,
Pour qui, comme pour Dieu, nous sommes égaux tous;
Qu'on regarde en tremblant, et qu'on sert à genoux ;
Devant qui se couvrir est un honneur insigne;
Qui peut faire tomber nos deux têtes d'un signe;
Dont chaque fantaisie est un événement;
Qui vit, seul et superbe, enfermé gravement
Dans une majesté redoutable et profonde;
Et dont on sent le poids dans la moitié du monde.
Eh bien! — moi, le laquais, — tu m'entends, — eh bien! oui,
Cet homme-là, le roi, je suis jaloux de lui!

DON CÉSAR.

Jaloux du roi!

RUY BLAS.

Hé oui! jaloux du roi! sans doute,
Puisque j'aime sa femme!

DON CÉSAR.

Oh! malheureux!

RUY BLAS.

Écoute.
Je l'attends tous les jours au passage. Je suis
Comme un fou. Oh! sa vie est un tissu d'ennuis,
A cette pauvre femme! — Oui, chaque nuit j'y songe! —
Vivre dans cette cour de haine et de mensonge,
Mariée à ce roi qui passe tout son temps
A chasser! Imbécile! — un sot! vieux à trente ans!
Moins qu'un homme! à régner comme à vivre inhabile.
— Famille qui s'en va! — Le père était débile
Au point qu'il ne pouvait tenir un parchemin.
— Oh! si belle et si jeune, avoir donné sa main
A ce roi Charles deux! Eh! quelle misère!
— Elle va tous les soirs chez les sœurs du Rosaire.
Tu sais? en remontant la rue Ortaleza.
Comment cette démence en mon cœur s'amassa,
Je l'ignore. Mais juge! Elle aime une fleur bleue
D'Allemagne... — Je fais chaque jour une lieue,
Jusqu'à Caramanchel, pour avoir de ces fleurs.
J'en ai cherché partout sans en trouver ailleurs.
J'en compose un bouquet; je prends les plus jolies...
— Oh! mais je te dis là des choses, des folies! —
Puis à minuit, au parc royal, comme un voleur,
Je me glisse et je vais déposer cette fleur
Sur son banc favori. Même, hier j'osai mettre
Dans le bouquet, — vraiment, plains-moi, frère! — une lettre!
La nuit, pour parvenir jusqu'à ce banc, il faut
Franchir les murs du parc, et je rencontre en haut
Ces broussailles de fer qu'on met sur les murailles.
Un jour j'y laisserai ma chair et mes entrailles.
Trouve-t-elle mes fleurs, ma lettre? Je ne sai.
Frère, tu le vois bien, je suis un insensé.

DON CÉSAR.

Diable! ton algarade a son danger. Prends garde.
Le comte d'Oñate, qui l'aime aussi, la garde
Et comme un majordome et comme un amoureux.
Quelque reître, une nuit, gardien peu langoureux,
Pourrait bien, frère, avant que ton bouquet se fane,
Te le clouer au cœur d'un coup de pertuisane. —

Mais quelle idée! aimer la reine! ah çà, pourquoi?
Comment diable as-tu fait?

RUY BLAS, *avec emportement.*

Est-ce que je sais, moi?
— Oh! mon âme au démon! je la vendrais pour être
Un des jeunes seigneurs que de cette fenêtre
Je vois en ce moment, comme un vivant affront,
Entrer, la plume au feutre et l'orgueil sur le front!
Oui, je me damnerais pour dépouiller ma chaîne,
Et pour pouvoir comme eux m'approcher de la reine
Avec un vêtement qui ne soit pas honteux!
Mais, ô rage! être ainsi, près d'elle! devant eux!
En livrée! un laquais! être un laquais pour elle!
Ayez pitié de moi, mon Dieu!

Se rapprochant de don César.

Je me rappelle.
Ne demandais-tu pas pourquoi je l'aime ainsi,
Et depuis quand?... — Un jour... — Mais à quoi bon ceci?
C'est vrai, je t'ai toujours connu cette manie!
Par mille questions vous mettre à l'agonie!
Demander où? comment? quand? pourquoi? Mon sang bout!
Je l'aime follement! je l'aime, voilà tout!

DON CÉSAR.

Là, ne te fâche pas.

RUY BLAS, *tombant épuisé et pâle sur le fauteuil.*

Non. Je souffre. Pardonne,
Ou plutôt, va, fuis-moi. Va-t-en, frère. Abandonne
Ce misérable fou qui porte avec effroi
Sous l'habit d'un valet les passions d'un roi!

DON CÉSAR, *lui posant la main sur l'épaule.*

Te fuir! — moi qui n'ai pas souffert, n'aimant personne,
Moi, pauvre grelot vide où manque ce qui sonne,
Gueux, qui vais mendiant l'amour je ne sais où,
A qui de temps en temps le destin jette un sou,
Moi, cœur éteint dont l'âme, hélas! s'est retirée,
Du spectacle d'hier affiche déchirée,
Vois-tu, pour cet amour dont tes regards sont pleins,
Mon frère, je t'envie autant que je te plains!
— Ruy Blas! —

Moment de silence. Ils se tiennent les mains serrées en se regardant tous les deux avec une expression de tristesse et d'amitié confiante.

Entre don Salluste. Il s'avance à pas lents, fixant un regard d'attention profonde sur don César et Ruy Blas, qui ne le voient pas. Il tient d'une main un chapeau et une épée, qu'il dépose en entrant sur un fauteuil, et de l'autre une bourse, qu'il apporte sur la table.

DON SALLUSTE, *à don César.*

Voici l'argent.

A la voix de don Salluste, Ruy Blas se lève comme réveillé en sursaut, et se tient debout, les yeux baissés, dans l'attitude du respect.

DON CÉSAR, *à part, regardant don Salluste de travers.*

Hum! le diable m'emporte!
Cette sombre figure écoutait à la porte.
Bah! qu'importe, après tout!

Haut à don Salluste.

Don Salluste, merci.

Il ouvre la bourse, la répand sur la table et remue avec joie les ducats, qu'il range en piles sur le tapis de velours. Pendant qu'il les compte, don Salluste va au fond du théâtre en regardant derrière lui s'il n'éveille pas l'attention de don César. Il ouvre la petite porte de droite. A un signe qu'il fait, trois alguazils armés d'épées et vêtus de noir en sortent. Don Salluste leur montre mystérieusement don César. Ruy Blas se tient immobile et debout près de la table comme une statue, sans rien voir ni rien entendre.

DON SALLUSTE, *bas aux alguazils.*

Vous allez suivre, alors qu'il sortira d'ici,
L'homme qui compte là de l'argent. — En silence,
Vous vous emparerez de lui. — Sans violence. —
Vous l'irez embarquer, par le plus court chemin,
A Denia. —

Il leur remet un parchemin scellé.

Voici l'ordre écrit de ma main. —
Enfin, sans écouter sa plainte chimérique,
Vous le vendrez en mer aux corsaires d'Afrique.
Mille piastres pour vous. Faites vite à présent.

Les trois alguazils s'inclinent et sortent.

DON CÉSAR, *achevant de ranger ses ducats.*
Rien n'est plus gracieux et plus divertissant
Que des écus à soi qu'on met en équilibre.

Il fait deux parts égales et se tourne vers Ruy Blas.

Frère, voici ta part.

RUY BLAS.
Comment !

DON CÉSAR, *lui montrant une des deux piles d'or.*
Prends ! viens ! sois libre !

DON SALLUSTE, *qui les observe au fond du théâtre, à part.*
Diable !

RUY BLAS, *secouant la tête en signe de refus.*
Non. C'est le cœur qu'il faudrait délivrer.
Non. Mon sort est ici. Je dois y demeurer.

DON CÉSAR.
Bien. Suis ta fantaisie. Es-tu fou ? suis-je sage ?
Dieu le sait.

Il ramasse l'argent, et le jette dans le sac, qu'il empoche.

DON SALLUSTE, *au fond du théâtre, à part, et les observant toujours.*
A peu près même air, même visage.

DON CÉSAR, *à Ruy Blas.*
Adieu.

RUY BLAS.
Ta main !

Ils se serrent la main. Don César sort sans voir don Salluste, qui se tient à l'écart.

SCÈNE IV.

RUY BLAS, DON SALLUSTE.

DON SALLUSTE.
Ruy Blas !

RUY BLAS, *se retournant vivement.*
Monseigneur ?

DON SALLUSTE.
Ce matin,
Quand vous êtes venu, je ne suis pas certain
S'il faisait jour déjà.

RUY BLAS.
Pas encore, Excellence.
J'ai remis au portier votre passe en silence,
Et puis je suis monté.

DON SALLUSTE.
Vous étiez en manteau ?

RUY BLAS.
Oui, monseigneur.

DON SALLUSTE.
Personne en ce cas au château
Ne vous a vu porter cette livrée encore ?

RUY BLAS.
Ni personne à Madrid.

DON SALLUSTE, *désignant du doigt la porte par où est sorti don César.*
C'est fort bien. Allez clore
Cette porte. Quittez cet habit.

Ruy Blas dépouille son surtout de livrée et le jette sur un fauteuil.

Vous avez
Une belle écriture, il me semble. — Ecrivez.

Il fait signe à Ruy Blas de s'asseoir à la table où sont les plumes et les écritoires. Ruy Blas obéit.

Vous m'allez aujourd'hui servir de secrétaire.
D'abord un billet doux, — je ne veux rien vous taire. —
Pour ma reine d'amour, pour dona Praxedis,
Ce démon que je crois venu du paradis.
— Là, je dicte : « Un danger terrible est sur ma tête.
« Ma reine seule — peut conjurer la tempête,
« En venant me trouver ce soir dans ma maison.
« Sinon, je suis perdu. Ma vie et ma raison
« Et mon cœur, je mets tout à ses pieds, que je baise. »

Il rit et s'interrompt.

Un danger ! la tournure, au fait, n'est pas mauvaise
Pour l'attirer chez moi. C'est que j'y suis expert.
Les femmes aiment fort à sauver qui les perd.
— Ajoutez : — « Par la porte au bas de l'avenue
« Vous entrerez la nuit sans être reconnue.
« Quelqu'un de dévoué vous ouvrira. » — D'honneur,
C'est parfait. — Ah ! signez.

RUY BLAS.
Votre nom, monseigneur ?

DON SALLUSTE.
Non pas. Signez CÉSAR. C'est mon nom d'aventure.

RUY BLAS, *après avoir obéi.*
La dame ne pourra connaître l'écriture.

DON SALLUSTE.
Bah ! le cachet suffit. J'écris souvent ainsi.
Ruy Blas, je pars ce soir, et je vous laisse ici.
J'ai sur vous les projets d'un ami très-sincère.
Votre état va changer, mais il est nécessaire
De m'obéir en tout. Comme en vous j'ai trouvé
Un serviteur discret, fidèle et réservé...

RUY BLAS, *s'inclinant.*
Monseigneur !

DON SALLUSTE, *continuant.*
Je vous veux faire un destin plus large.

RUY BLAS, *montrant le billet qu'il vient d'écrire.*
Où faut-il adresser la lettre ?

DON SALLUSTE.
Je m'en charge.

S'approchant de Ruy Blas d'un air significatif.

Je veux votre bonheur.

Un silence. Il fait signe à Ruy Blas de se rasseoir à table.

Ecrivez : — « Moi, Ruy Blas,
« Laquais de monseigneur le marquis de Finlas,
« En toute occasion, ou secrète ou publique,
« M'engage à le servir comme un bon domestique. »

Ruy Blas obéit.

— Signez. De votre nom. La date. Bien. Donnez.

Il ploie et serre dans son portefeuille la lettre et le papier que Ruy Blas vient d'écrire.

On vient de m'apporter une épée. Ah ! tenez,
Elle est sur ce fauteuil.

Il désigne le fauteuil sur lequel il a posé l'épée et le chapeau. Il y va et prend l'épée.

L'écharpe est d'une soie
Peinte et brodée au goût le plus nouveau qu'on voie.

Il lui fait admirer la souplesse du tissu.

Touchez. — Que dites-vous, Ruy Blas, de cette fleur ?
La poignée est de Gil, le fameux ciseleur,
Celui qui le mieux creuse, au gré des belles filles,
Dans un pommeau d'épée une boîte à pastilles.

Il passe au cou de Ruy Blas l'écharpe à laquelle est attachée l'épée.

Mettez-la donc. — Je veux en voir sur vous l'effet.
— Mais vous avez ainsi l'air d'un seigneur parfait !

Ecoutant.

On vient... oui. C'est bientôt l'heure où la reine passe.
— Le marquis del Basto ! —

La porte du fond sur la galerie s'ouvre. Don Salluste détache son manteau et le jette vivement sur les épaules de Ruy Blas, au moment où le marquis del Basto paraît ; puis il va droit au marquis en entraînant avec lui Ruy Blas stupéfait.

SCÈNE V.

DON SALLUSTE, RUY BLAS, DON PAMFILO D'AVALOS (MARQUIS DEL BASTO). — Puis LE MARQUIS DE SANTA-CRUZ. — Puis LE COMTE D'ALBE. — Puis toute la cour.

DON SALLUSTE, *au marquis del Basto.*
Souffrez qu'à Votre Grâce
Je présente, marquis, mon cousin don César,
Comte de Garofa près de Velalcazar.
RUY BLAS, *à part.*
Ciel !
DON SALLUSTE, *bas à Ruy Blas.*
Taisez-vous !
LE MARQUIS DEL BASTO, *saluant Ruy Blas.*
Monsieur... charmé...
Il lui prend la main, que Ruy Blas lui livre avec embarras.
DON SALLUSTE, *bas à Ruy Blas.*
Saluez !   Laissez-vous faire.

Ruy Blas salue le marquis
LE MARQUIS DEL BASTO, *à Ruy Blas.*
J'aimais fort madame votre mère.
Bas à don Salluste, en lui montrant Ruy Blas.
Bien changé ! Je l'aurais à peine reconnu.
DON SALLUSTE, *bas au marquis.*
Dix ans d'absence !
LE MARQUIS DEL BASTO, *de même.*
Au fait !
DON SALLUSTE, *frappant sur l'épaule de Ruy Blas.*
Le voilà revenu !
Vous souvient-il, marquis ? oh ! quel enfant prodigue !
Comme il vous répandait les pistoles sans digue !
Tous les soirs danse et fête au vivier d'Apollo,
Et cent musiciens faisant rage sur l'eau !
A tous moments galas, masques, concerts, fredaines,
Eblouissant Madrid de visions soudaines !
— En trois ans, ruiné ! — C'était un vrai lion.
— Il arrive de l'Inde avec le galion.
RUY BLAS, *avec embarras.*
Seigneur...
DON SALLUSTE, *gaiment.*
Appelez-moi cousin, car nous le sommes.
Les Bazan sont, je crois, d'assez francs gentilshommes.
Nous avons pour ancêtre Iniguez d'Iviza.
Son petit-fils, Pedro de Bazan, épousa
Marianne de Gor. Il eut de Marianne
Jean, qui fut général de la mer Océane
Sous le roi don Philippe, et Jean eut deux garçons
Qui sur notre arbre antique ont greffé deux blasons.
Moi, je suis le marquis de Finlas ; vous, le comte
De Garofa. Tous deux se valent si l'on compte.
Par les femmes, César, notre rang est égal.
Vous êtes Aragon, moi je suis Portugal.
Votre branche n'est pas moins haute que la nôtre :
Je suis le fruit de l'une, et vous la fleur de l'autre.
RUY BLAS, *à part.*
Où donc m'entraîne-t-il ?
Pendant que don Salluste a parlé, le marquis de Santa-Cruz, don Alvar de Bazan y Benavides, vieillard à moustaches blanches et à grande perruque, s'est approché d'eux.
LE MARQUIS DE SANTA-CRUZ, *à don Salluste.*
Vous l'expliquez fort bien.
S'il est votre cousin, il est aussi le mien.
DON SALLUSTE.
C'est vrai, car nous avons une même origine,
Monsieur de Santa-Cruz.
Il lui présente Ruy Blas.
Don César.
LE MARQUIS DE SANTA-CRUZ.
J'imagine
Que ce n'est pas celui qu'on croyait mort.
DON SALLUSTE.
Si fait.
LE MARQUIS DE SANTA-CRUZ.
Il est donc revenu ?
DON SALLUSTE.
Des Indes.
LE MARQUIS DE SANTA-CRUZ, *examinant Ruy Blas.*
En effet !
DON SALLUSTE.
Vous le reconnaissez ?
LE MARQUIS DE SANTA-CRUZ.
Pardieu ! je l'ai vu naître !
DON SALLUSTE, *bas à Ruy Blas.*
Le bon homme est aveugle et se défend de l'être.
Il vous a reconnu pour prouver ses bons yeux.
LE MARQUIS DE SANTA-CRUZ, *tendant la main à Ruy Blas.*
Touchez là, mon cousin.
RUY BLAS, *s'inclinant.*
Seigneur...
LE MARQUIS DE SANTA-CRUZ, *bas à don Salluste et lui montrant Ruy Blas.*
On n'est pas mieux !
A Ruy Blas.
Charmé de vous revoir !
DON SALLUSTE, *bas au marquis et le prenant à part.*
Je vais payer ses dettes.
Vous le pouvez servir dans le poste où vous êtes.
Si quelque emploi de cour vaquait en ce moment,
Chez le roi, — chez la reine,...—
LE MARQUIS DE SANTA-CRUZ, *bas.*
Un jeune homme charmant !
J'y vais songer. — Et puis il est de la famille.
DON SALLUSTE, *bas.*
Vous avez tout crédit au conseil de Castille.
Je vous le recommande.
Il quitte le marquis de Santa-Cruz et va à d'autres seigneurs, auxquels il présente Ruy Blas. Parmi eux le comte d'Albe, très-superbement paré. — Leur présentant Ruy Blas.
Un mien cousin, César,
Comte de Garofa, près de Velalcazar.
Les seigneurs échangent gravement des révérences avec Ruy Blas interdit. — Au comte de Ribagorza.
Vous n'étiez pas hier au ballet d'Ata*ante ?
Lindamire a dansé d'une façon galante.
Il s'extasie sur le pourpoint du comte d'Albe.
C'est très-beau, comte d'Albe !
LE COMTE D'ALBE.
Ah ! j'en avais encor
Un plus beau. Satin rose avec des rubans d'or.
Matalobos me l'a volé.
UN HUISSIER DE COUR, *au fond du théâtre.*
La reine approche !
Prenez vos rangs, messieurs.
Les grands rideaux de la galerie vitrée s'ouvrent. Les seigneurs s'échelonnent près de la porte, des gardes font la haie. Ruy Blas, haletant, hors de lui, vient sur le devant du théâtre comme pour s'y réfugier. Don Salluste l'y suit.
DON SALLUSTE, *bas à Ruy Blas.*
Est-ce que, sans reproche,
Quand votre sort grandit, votre esprit s'amoindrit ?
Réveillez-vous, Ruy Blas. Je vais quitter Madrid.
Ma petite maison, près du pont, où vous êtes,
— Je n'en veux rien garder, hormis les clefs secrètes, —
Ruy Blas, je vous la donne, et les muets aussi.
Vous recevrez bientôt d'autres ordres. Ainsi
Faites ma volonté, je fais votre fortune.
Montez, ne craignez rien, car l'heure est opportune.
La cour est un pays où l'on va sans voir clair.

Marchez les yeux bandés; j'y vois pour vous, mon cher!

De nouveaux gardes paraissent au fond du théâtre.

L'HUISSIER, *à haute voix.*

La reine!

RUY BLAS, *à part.*

La reine! ah!

La reine, vêtue magnifiquement, paraît, entourée de dames et de pages, sous un dais de velours écarlate porté par quatre gentilshommes de chambre, tête nue. Ruy Blas, effaré, la regarde comme absorbé par cette resplendissante vision. Tous les grands d'Espagne se couvrent, le marquis del Basto, le comte d'Albe, le marquis de Santa-Cruz, don Salluste. Don Salluste va rapidement au fauteuil et y prend le chapeau, qu'il apporte à Ruy Blas.

DON SALLUSTE, *à Ruy Blas, en lui mettant le chapeau sur la tête.*

Quel vertige vous gagne?
Couvrez-vous donc, César, vous êtes grand d'Espagne!

RUY BLAS, *éperdu, bas à don Salluste.*

Et que m'ordonnez-vous, seigneur, présentement?

DON SALLUSTE, *lui montrant la reine, qui traverse lentement la galerie.*

De plaire à cette femme et d'être son amant.

ACTE DEUXIÈME

LA REINE D'ESPAGNE

Un salon contigu à la chambre à coucher de la reine. A gauche, une petite porte donnant dans cette chambre. A droite, sur un pan coupé, une autre porte donnant dans les appartements extérieurs. Au fond, de grandes fenêtres ouvertes. C'est l'après-midi d'une belle journée d'été. Grande table. Fauteuils. Une figure de sainte, richement enchâssée, est adossée au mur; au bas, on lit : Santa Maria Esclava. Au côté opposé est une madone devant laquelle brûle une lampe d'or. Près de la madone, un portrait en pied du roi Charles II.

Au lever du rideau, la reine dona Maria de Neubourg est dans un coin, assise à côté d'une de ses femmes, jeune et jolie fille. La reine est vêtue de blanc, robe de drap d'argent. Elle brode, et s'interrompt par moments pour causer. Dans le coin opposé est assise, sur une chaise à dossier, dona Juana de la Cueva, duchesse d'Albuquerque, camerera mayor, une tapisserie à la main; vieille femme en noir. Près de la duchesse, à une table, plusieurs duègnes travaillant à des ouvrages de femme. Au fond, se tient don Guritan, comte d'Oñate, majordome, grand, sec, moustaches grises, cinquante-cinq ans environ, mine de vieux militaire, quoique vêtu avec une élégance exagérée et qu'il ait des rubans jusque sur ses souliers.

SCÈNE PREMIÈRE.

LA REINE, LA DUCHESSE D'ALBUQUERQUE, DON GURITAN, CASILDA, Duègnes.

LA REINE.

Il est parti pourtant! je devrais être à l'aise.
Eh bien! non, ce marquis de Finlas! il me pèse!
Cet homme-là me hait.

CASILDA.

Selon votre souhait
N'est-il pas exilé?

LA REINE.

Cet homme-là me hait.

CASILDA.

Votre Majesté...

LA REINE.

Vrai! Casilda! c'est étrange,
Ce marquis est pour moi comme le mauvais ange.
L'autre jour, il devait partir le lendemain,
Et, comme à l'ordinaire, il vint au baise-main.
Tous les grands s'avançaient vers le trône à la file;
Je leur livrais ma main, j'étais triste et tranquille,
Regardant vaguement, dans le salon obscur,
Une bataille au fond, peinte sur un grand mur,
Quand tout à coup, mon œil se baissant vers la table,
Je vis venir à moi cet homme redoutable!
Sitôt que je le vis, je ne vis plus que lui.
Il venait à pas lents, jouant avec l'étui
D'un poignard dont parfois j'entrevoyais la lame,
Grave, et m'éblouissant de son regard de flamme.
Soudain il se courba, souple et comme rampant... —
Je sentis sur ma main sa bouche de serpent!

CASILDA.

Il rendait ses devoirs. — Rendons-nous pas les nôtres?

LA REINE.

Sa lèvre n'était pas comme celle des autres.
C'est la dernière fois que je l'ai vu. Depuis
J'y pense très-souvent. J'ai bien d'autres ennuis,
C'est égal, je me dis : L'enfer est dans cette âme.
Devant cet homme-là je ne suis qu'une femme. —
Dans mes rêves, la nuit, je rencontre en chemin
Cet effrayant démon qui me baise la main;
Je vois luire son œil d'où rayonne la haine;
Et, comme un noir poison qui va de veine en veine,
Souvent, jusqu'à mon cœur qui semble se glacer,
Je sens en longs frissons courir son froid baiser!
Que dis-tu de cela?

CASILDA.

Purs fantômes, madame!

LA REINE.

Au fait, j'ai des soucis bien plus réels dans l'âme.

A part.

Oh! ce qui me tourmente, il faut le leur cacher!

A Casilda.

Dis-moi! ces mendiants qui n'osaient approcher...

CASILDA, *allant à la fenêtre.*

Je sais, madame, ils sont encor là, dans la place.

LA REINE.

Tiens, jette-leur ma bourse...

Casilda prend la bourse et va la jeter par la fenêtre.

CASILDA.

Oh! madame, par grâce,
Vous qui faites l'aumône avec tant de bonté,
Montrant à la reine don Guritan, qui, debout et silencieux au fond de la chambre, fixe sur la reine un œil plein d'adoration muette.
Ne jetterez-vous rien au comte d'Oñate?
Rien qu'un mot! — un vieux brave amoureux sous l'armure,
D'autant plus tendre au cœur que l'écorce est plus dure!

LA REINE.

Il est bien ennuyeux!

CASILDA.

J'en conviens! — Parlez-lui!

LA REINE, *se tournant vers don Guritan.*

Bonjour, comte!

Don Guritan s'approche avec trois révérences, et vient baiser en soupirant la main de la reine, qui la laisse faire d'un air indifférent et distrait. Puis il retourne à sa place, à côté du siége de la camerera mayor.

DON GURITAN, *en se retirant, bas à Casilda.*

La reine est charmante aujourd'hui!

CASILDA, *le regardant s'éloigner.*

Oh! le pauvre héron! près de l'eau qui le tente
Il se tient. Il attrape, après un jour d'attente,
Un bonjour, un bonsoir, souvent un mot bien sec,
Et s'en va tout joyeux, cette pâture au bec.

LA REINE, *avec un sourire triste.*

Tais-toi!

CASILDA.
Pour être heureux, il suffit qu'il vous voie !
Voir la reine, pour lui cela veut dire : — joie !
S'extasiant sur une boîte posée sur un guéridon.
Oh ! la divine boîte !
LA REINE.
Ah ! j'en ai la clef là.
CASILDA.
Ce bois de calambour est exquis !
LA REINE, *lui présentant la clef.*
Ouvre-la.
Vois : — je l'ai fait emplir de reliques, ma chère ;
Puis je vais l'envoyer à Neubourg, à mon père ;
Il sera très-content. —
Elle rêve un instant, puis s'arrache vivement à sa rêverie.
A part.
Je ne veux pas penser !
Ce que j'ai dans l'esprit, je voudrais le chasser.
A Casilda.
Va chercher dans ma chambre un livre... — je suis folle !
Pas un livre allemand ! tout en langue espagnole.
Le roi chasse. Toujours absent. Ah ! quel ennui !
En six mois, j'ai passé douze jours près de lui.
CASILDA.
Épousez donc un roi pour vivre de la sorte !
La reine retombe dans sa rêverie, puis en sort de nouveau violemment et comme avec effort.
LA REINE.
Je veux sortir !
A ce mot, prononcé impérieusement par la reine, la duchesse d'Albuquerque, qui est jusqu'à ce moment restée immobile sur son siége, lève la tête, puis se dresse debout et fait une profonde révérence à la reine.
LA DUCHESSE D'ALBUQUERQUE, *d'une voix brève et dure.*
Il faut, pour que la reine sorte,
Que chaque porte soit ouverte, — c'est réglé, —
Par un des grands d'Espagne ayant droit à la clé.
Or nul d'eux ne peut être au palais à cette heure.
LA REINE.
Mais on m'enferme donc ! mais on veut que je meure !
Duchesse, enfin !...
LA DUCHESSE, *avec une nouvelle révérence.*
Je suis camerera mayor,
Et je remplis ma charge.
Elle se rassied.
LA REINE, *prenant sa tête à deux mains avec désespoir, à part.*
Allons ! rêver encore !
Non !
Haut.
— Vite ! un lansquenet ! à moi, toutes mes femmes !
Une table, et jouons !
LA DUCHESSE, *aux duègnes.*
Ne bougez pas, mesdames.
Se levant et faisant la révérence à la reine.
Sa Majesté ne peut, suivant l'ancienne loi,
Jouer qu'avec des rois ou des parents du roi.
LA REINE, *avec emportement.*
Eh bien ! faites venir ces parents.
CASILDA, *à part, regardant la duchesse.*
Oh ! la duègne !
LA DUCHESSE, *avec un signe de croix.*
Dieu n'en a pas donné, madame, au roi qui règne.
La reine mère est morte. Il est seul à présent.
LA REINE.
Qu'on me serve à goûter !
CASILDA.
Oui, c'est très-amusant.
LA REINE.
Casilda, je t'invite.

CASILDA, *à part, regardant la camerera.*
Oh ! respectable aïeule !
LA DUCHESSE, *avec une révérence.*
Quand le roi n'est pas là, la reine mange seule.
Elle se rassied.
LA REINE, *poussée à bout.*
Ne pouvoir — ô mon Dieu ! qu'est-ce que je ferai ! —
Ni sortir, ni jouer, ni manger à mon gré !
Vraiment, je meurs depuis un an que je suis reine.
CASILDA, *à part, la regardant avec compassion.*
Pauvre femme ! passer tous ses jours dans la gêne,
Au fond de cette cour insipide, et n'avoir
D'autre distraction que le plaisir de voir,
Au bord de ce marais, à l'eau dormante et plate,
Regardant don Guritan, toujours immobile et debout au fond de la chambre.
Un vieux comte amoureux rêvant sur une patte !
LA REINE, *à Casilda.*
Que faire ? voyons ! cherche une idée !
CASILDA.
Ah ! tenez !
En l'absence du roi c'est vous qui gouvernez.
Faites pour vous distraire appeler les ministres.
LA REINE, *haussant les épaules.*
Ce plaisir ! — avoir là huit visages sinistres
Me parlant de la France et de son roi caduc,
De Rome, et du portrait de monsieur l'archiduc
Qu'on promène à Burgos, parmi des cavalcades,
Sous un dais de drap d'or porté par quatre alcades !
— Cherche autre chose.
CASILDA.
Eh bien ! pour vous désennuyer,
Si je faisais monter quelque jeune écuyer ?
LA REINE.
Casilda !
CASILDA.
Je voudrais regarder un jeune homme,
Madame ! cette cour vénérable m'assomme.
Je crois que la vieillesse arrive par les yeux,
Et qu'on vieillit plus vite à voir toujours des vieux !
LA REINE.
Ris, folle ! — Il vient un jour où le cœur se replie.
Comme on perd le sommeil, enfant, on perd la joie.
Pensive.
Mon bonheur, c'est ce coin du parc où j'ai le droit
D'aller seule.
CASILDA.
Oh ! le beau bonheur ! l'aimable endroit !
Des piéges sont creusés derrière tous les marbres.
On ne voit rien. Les murs sont plus hauts que les arbres.
LA REINE.
Oh ! je voudrais sortir parfois.
CASILDA, *bas.*
Sortir ! Eh bien !
Madame, écoutez-moi. Parlons bas. Il n'est rien
De tel qu'une prison bien austère et bien sombre
Pour vous faire chercher et trouver dans son ombre
Ce bijou rayonnant nommé la clef des champs.
Je l'ai ! Quand vous voudrez, en dépit des méchants,
Je vous ferai sortir, la nuit, et par la ville
Nous irons.
LA REINE.
Ciel ! jamais. Tais-toi !
CASILDA.
C'est très-facile !
LA REINE.
Paix !
Elle s'éloigne un peu de Casilda et retombe dans sa rêverie.
Que ne suis-je encor, moi qui crains tous ces grands,
Dans ma bonne Allemagne avec mes bons parents !
Comme, ma sœur et moi, nous courions dans les herbes !
Et puis des paysans passaient traînant des gerbes ;

LA DUCHESSE, *avec une révérence.*
Quand le roi n'est pas là, la reine mange seule.
(Page 15.)

Nous leur parlions. C'était charmant. Hélas! un soir,
Un homme vint qui dit — il était tout en noir ;
Je tenais par la main ma sœur, douce compagne : —
« Madame, vous allez être reine d'Espagne. »
Mon père était joyeux et ma mère pleurait.
Ils pleurent tous les deux à présent. — En secret
Je vais faire envoyer cette boîte à mon père,
Il sera bien content. — Vois, tout me désespère.
Mes oiseaux d'Allemagne, ils sont tous morts ;

Casilda fait le signe de tordre le cou à des oiseaux, en regardant de travers la camerera.

 et puis
On m'empêche d'avoir des fleurs de mon pays.
Jamais à mon oreille un mot d'amour ne vibre.
Aujourd'hui je suis reine. Autrefois j'étais libre!
Comme tu dis, ce parc est bien triste le soir,
Et les murs sont si hauts, qu'ils empêchent de voir.
— Oh! l'ennui ! —

On entend au dehors un chant éloigné.

Qu'est ce bruit?

CASILDA.
 Ce sont les lavandières
Qui passent en chantant là-bas, dans les bruyères.

Le chant se rapproche. On distingue les paroles. La reine écoute avidement.

VOIX DU DEHORS.

A quoi bon entendre
Les oiseaux des bois?
L'oiseau le plus tendre
Chante dans ta voix.

Que Dieu montre ou voile
Les astres des cieux !
La plus pure étoile
Brille dans tes yeux.

Qu'Avril renouvelle
Le jardin en fleur!
La fleur la plus belle
Fleurit dans ton cœur.

LA REINE.
. . . . . Vierge! espoir du martyre!
Aidez-moi.
(Page 18.)

Cet oiseau de flamme,
Cet astre du jour,
Cette fleur de l'âme
S'appelle l'Amour.

Les voix décroissent et s'éloignent.

LA REINE, *rêveuse.*

L'amour! — oui, celles-là sont heureuses. — Leur voix,
Leur chant me fait du mal et du bien à la fois.

LA DUCHESSE, *aux duègnes.*

Ces femmes dont le chant importune la reine,
Qu'on les chasse!

LA REINE, *vivement.*

Comment! on les entend à peine.
Pauvres femmes! je veux qu'elles passent en paix,
Madame.

A Casilda en lui montrant une croisée au fond.

Par ici le bois est moins épais;
Cette fenêtre-là donne sur la campagne·
Viens, tâchons de les voir.

Elle se dirige vers la fenêtre avec Casilda.

LA DUCHESSE, *se levant, avec une révérence.*

Une reine d'Espagne
Ne doit pas regarder à la fenêtre.

LA REINE, *s'arrêtant et revenant sur ses pas.*

Allons!
Le beau soleil couchant qui remplit les vallons,
La poudre d'or du soir qui monte sur la route,
Les lointaines chansons que toute oreille écoute,
N'existent plus pour moi! J'ai dit au monde adieu.
Je ne puis même voir la nature de Dieu!
Je ne puis même voir la liberté des autres!

LA DUCHESSE, *faisant signe aux assistants de sortir.*

Sortez, c'est aujourd'hui le jour des saints Apôtres.

Casilda fait quelques pas vers la porte; la reine l'arrête.

LA REINE.

Tu me quittes?

CASILDA, *montrant la duchesse.*

Madame, on veut que nous sortions.

LA DUCHESSE, *saluant la reine jusqu'à terre.*
Il faut laisser la reine à ses dévotions.

Tous sortent avec de profondes révérences.

SCÈNE II.

LA REINE, seule.

A ses dévotions ! dis donc à sa pensée !
Où la fuir maintenant? seule ! ils m'ont tous laissée.
Pauvre esprit sans flambeau, dans un chemin obscur !

Rêvant.

Oh ! cette main sanglante empreinte sur le mur !
Il s'est donc blessé? Dieu ! mais aussi c'est sa faute.
Pourquoi vouloir franchir la muraille si haute?
Pour m'apporter les fleurs qu'on me refuse ici,
Pour cela, pour si peu, s'aventurer ainsi !
C'est aux pointes de fer qu'il s'est blessé sans doute.
Un morceau de dentelle y pendait. Une goutte
De ce sang répandu pour moi vaut tous mes pleurs.

S'enfonçant dans sa rêverie.

Chaque fois qu'à ce banc je vais chercher des fleurs,
Je promets à mon Dieu, dont l'appui me délaisse,
De n'y plus retourner. J'y retourne sans cesse.
— Mais lui, voilà trois jours qu'il n'est pas revenu.
— Blessé ! — qui que tu sois, ô jeune homme inconnu !
Toi qui, me voyant seule et loin de ce qui m'aime,
Sans me rien demander, sans rien espérer même,
Viens à moi, sans compter les périls où tu cours ;
Toi qui verses ton sang, toi qui risques tes jours
Pour donner une fleur à la reine d'Espagne ;
Qui que tu sois, ami dont l'ombre m'accompagne,
Puisque mon cœur subit une inflexible loi,
Sois aimé par ta mère et sois béni par moi !

Vivement et portant la main à son cœur.

— Oh ! sa lettre me brûle ! —

Retombant dans sa rêverie.

Et l'autre ! l'implacable

Don Salluste ! le sort me protége et m'accable.
En même temps qu'un ange, un spectre affreux me suit ;
Et, sans les voir, je sens s'agiter dans ma nuit,
Pour m'amener peut-être à quelque instant suprême,
Un homme qui me hait près d'un homme qui m'aime.
L'un me sauvera-t-il de l'autre? Je ne sais.
Hélas ! mon destin flotte à deux vents opposés.
Que c'est faible une reine et que c'est peu de chose !
Prions.

Elle s'agenouille devant la madone.

— Secourez-moi, madame, car je n'ose
Elever mon regard jusqu'à vous !

Elle s'interrompt.

— O mon Dieu !

La dentelle, la fleur, la lettre, c'est du feu !

Elle met la main dans sa poitrine et en arrache une lettre froissée, un bouquet desséché de petites fleurs bleues et un morceau de dentelle taché de sang qu'elle jette sur la table, puis elle retombe à genoux.

Vierge ! astre de la mer ! Vierge ! espoir du martyre !
Aidez-moi ! —

S'interrompant.

Cette lettre !

Se tournant à demi vers la table.

Elle est là qui m'attire.

S'agenouillant de nouveau.

Je ne veux plus la lire ! — O reine de douceur !
Vous qu'à tout affligé Jésus donne pour sœur,
Venez, je vous appelle ! —

Elle se lève et fait quelques pas vers la table, puis s'arrête, puis enfin se précipite sur la lettre, comme cédant à une attraction irrésistible.

Oui, je vais la relire
Une dernière fois ! Après, je la déchire !

Avec un sourire triste.

Hélas ! depuis un mois je dis toujours cela.

Elle déplie la lettre résolûment et lit.

« Madame, sous vos pieds, dans l'ombre, un homme est là
« Qui vous aime, perdu dans la nuit qui le voile,
« Qui souffre, ver de terre amoureux d'une étoile ;
« Qui pour vous donnera son âme, s'il le faut ;
« Et qui se meurt en bas quand vous brillez en haut. »

Elle pose la lettre sur la table.

Quand l'âme a soif, il faut qu'elle se désaltère,
Fût-ce dans du poison !

Elle remet la lettre et la dentelle dans sa poitrine.

Je n'ai rien sur la terre.
Mais enfin il faut bien que j'aime quelqu'un, moi !
Oh ! s'il avait voulu, j'aurais aimé le roi.
Mais il me laisse ainsi, — seule, — d'amour privée.

La grande porte s'ouvre à deux battants. Entre un huissier de chambre en grand costume.

L'HUISSIER, *à haute voix.*

Une lettre du roi !

LA REINE, *comme réveillée en sursaut, avec un cri de joie*

Du roi ! je suis sauvée !

SCÈNE III.

LA REINE, LA DUCHESSE D'ALBUQUERQUE, CASILDA, DON GURITAN, Femmes de la reine, Pages, RUY BLAS.

Tous entrent gravement. La duchesse en tête, puis les femmes. Ruy Blas reste au fond du théâtre. Il est magnifiquement vêtu. Son manteau tombe sur son bras gauche et le cache. Deux pages, portant sur un coussin de drap d'or la lettre du roi, viennent s'agenouiller devant la reine, à quelques pas de distance.

RUY BLAS, *au fond du théâtre, à part.*

Où suis-je?—Qu'elle est belle !—Oh ! pour qui suis-je ici?

LA REINE, *à part.*

C'est un secours du ciel !

Haut.

Donnez vite !...

Se tournant vers le portrait du roi.

Merci,
Monseigneur !

A la duchesse.

D'où me vient cette lettre?

LA DUCHESSE.

Madame,
D'Aranjuez, où le roi chasse.

LA REINE.

Du fond de l'âme
Je lui rends grâce. Il a compris qu'en mon ennui
J'avais besoin d'un mot d'amour qui vint de lui !
Mais donnez donc.

LA DUCHESSE, *avec une révérence, montrant la lettre.*

L'usage, il faut que je le dise,
Veut que ce soit d'abord moi qui l'ouvre et la lise.

LA REINE.

Encore ! — Eh bien, lisez !

La duchesse prend la lettre et la déplie lentement.

CASILDA, *à part.*

Voyons le billet doux.

LA DUCHESSE, *lisant.*
« Madame, il fait grand vent et j'ai tué six loups.
« Signé, CARLOS. »
LA REINE, *à part.*
Hélas !
DON GURITAN, *à la duchesse.*
C'est tout ?
LA DUCHESSE.
Oui, seigneur comte.
CASILDA, *à part.*
Il a tué six loups ! comme cela vous monte
L'imagination ! Votre cœur est jaloux,
Tendre, ennuyé, malade ?— Il a tué six loups !
LA DUCHESSE, *à la reine, en lui présentant la lettre.*
Si Sa Majesté veut ?...
LA REINE, *la repoussant.*
Non.
CASILDA, *à la duchesse.*
C'est bien tout ?
LA DUCHESSE.
Sans doute.
Que faut-il donc de plus ? notre roi chasse ; en route,
Il écrit ce qu'il tue avec le temps qu'il fait.
C'est fort bien.
Examinant de nouveau la lettre.
Il écrit ? non, il dicte.
LA REINE, *lui arrachant la lettre et l'examinant à son tour.*
En effet,
Ce n'est pas de sa main. Bien que sa signature !
Elle l'examine avec plus d'attention et paraît frappée de stupeur.
A part.
Est-ce une illusion ? c'est la même écriture
Que celle de la lettre !
Elle désigne de la main la lettre qu'elle vient de cacher sur son cœur.
Oh ! qu'est-ce que cela ?
A la duchesse.
Où donc est le porteur du message ?
LA DUCHESSE, *montrant Ruy Blas.*
Il est là.
LA REINE, *se tournant à demi vers Ruy Blas.*
Ce jeune homme !
LA DUCHESSE.
C'est lui qui l'apporte en personne.
— Un nouvel écuyer que Sa Majesté donne
A la reine. Un seigneur que de la part du roi
Monsieur de Santa-Cruz me recommande, à moi.
LA REINE.
Son nom ?
LA DUCHESSE.
C'est le seigneur César de Bazan, comte
De Garofa. S'il faut croire ce qu'on raconte,
C'est le plus accompli gentilhomme qui soit.
LA REINE.
Bien. Je veux lui parler.
A Ruy Blas.
Monsieur...
RUY BLAS, *à part, tressaillant.*
Elle me voit !
Elle me parle ! Dieu ! je tremble.
LA DUCHESSE, *à Ruy Blas.*
Approchez, comte.
DON GURITAN, *regardant Ruy Blas de travers, à part.*
Ce jeune homme écuyer ! ce n'est pas là mon compte.
Ruy Blas, pâle et troublé, approche à pas lents.
LA REINE, *à Ruy Blas.*
Vous venez d'Aranjuez ?
RUY BLAS, *s'inclinant.*
Oui, madame.

LA REINE.
Le roi
Se porte bien ?
Ruy Blas s'incline, elle montre la lettre royale.
Il a dicté ceci pour moi ?
RUY BLAS.
Il était à cheval, il a dicté la lettre...
Il hésite un moment.
A l'un des assistants.
LA REINE, *à part, regardant Ruy Blas.*
Son regard me pénètre.
Je n'ose demander à qui.
Haut.
C'est bien, allez.
— Ah ! —
Ruy Blas, qui avait fait quelques pas pour sortir, revient vers la reine.
Beaucoup de seigneurs étaient là rassemblés ?
A part.
Pourquoi donc suis-je émue en voyant ce jeune homme ?
Ruy Blas s'incline ; elle reprend.
Lesquels ?
RUY BLAS.
Je ne sais pas les noms dont on les nomme,
Je n'ai passé là-bas que des instants fort courts.
Voilà trois jours que j'ai quitté Madrid.
LA REINE, *à part.*
Trois jours !
Elle fixe un regard plein de trouble sur Ruy Blas.
RUY BLAS, *à part.*
C'est la femme d'un autre ! ô jalousie affreuse !
— Et de qui ! — Dans mon cœur un abîme se creuse.
DON GURITAN, *s'approchant de Ruy Blas.*
Vous êtes écuyer de la reine ? Un seul mot.
Vous connaissez quel est votre service ? Il faut
Vous tenir cette nuit dans la chambre prochaine,
Afin d'ouvrir au roi s'il venait chez la reine.
RUY BLAS, *tressaillant, à part.*
Ouvrir au roi ! moi !
Haut.
Mais.. il est absent.
DON GURITAN.
Le roi
Peut-il pas arriver à l'improviste ?
RUY BLAS, *à part.*
Quoi !
DON GURITAN, *à part, observant Ruy Blas.*
Qu'a-t-il ?
LA REINE, *qui a tout entendu, et dont le regard est resté fixé sur Ruy Blas.*
Comme il pâlit !
Ruy Blas, chancelant, s'appuie sur le bras d'un fauteuil.
CASILDA, *à la reine.*
Madame, ce jeune homme
Se trouve mal !...
RUY BLAS, *se soutenant à peine.*
Moi ? non, mais c'est singulier comme
Le grand air... le soleil... la longueur du chemin...
A part.
Ouvrir au roi !
Il tombe, épuisé, sur un fauteuil ; son manteau se dérange et laisse voir sa main gauche enveloppée de linges ensanglantés.
CASILDA.
Grand Dieu ! madame, à cette main
Il est blessé.
LA REINE.
Blessé !

CASILDA.
Mais il perd connaissance.
Mais vite, faisons-lui respirer quelque essence !
LA REINE, *fouillant dans sa gorgerette.*
Un flacon que j'ai là contient une liqueur...
En ce moment son regard tombe sur la manchette que Ruy Blas porte au bras droit. À part.
C'est la même dentelle !
Au même instant elle a tiré le flacon de sa poitrine, et, dans son trouble, elle a pris en même temps le morceau de dentelle qui y était caché. Ruy Blas, qui ne la quitte pas des yeux, voit cette dentelle sortir du sein de la reine.
RUY BLAS, *éperdu.*
Oh !
Le regard de la reine et celui de Ruy Blas se rencontrent. Un silence.
LA REINE, *à part.*
C'est lui !
RUY BLAS, *à part.*
Sur son cœur !
LA REINE, *à part.*
C'est lui !
RUY BLAS, *à part.*
Faites, mon Dieu, qu'en ce moment je meure !
Dans le désordre de toutes les femmes s'empressant autour de Ruy Blas, ce qui se passe entre la reine et lui n'est remarqué de personne.
CASILDA, *faisant respirer le flacon à Ruy Blas.*
Comment vous êtes-vous blessé ? c'est tout à l'heure ?
Non ? cela s'est rouvert en route ? Aussi pourquoi
Vous charger d'apporter le message du roi ?
LA REINE, *à Casilda.*
Vous finirez bientôt vos questions, j'espère !
LA DUCHESSE, *à Casilda.*
Qu'est-ce que cela fait à la reine, ma chère?
LA REINE.
Puisqu'il avait écrit la lettre, il pouvait bien
L'apporter, n'est-ce pas ?
CASILDA.
Mais il n'a dit en rien
Qu'il ait écrit la lettre.
LA REINE, *à part.*
Oh !
A Casilda.
Tais-toi !
CASILDA, *à Ruy Blas.*
Votre Grâce
Se trouve-t-elle mieux ?
RUY BLAS.
Je renais !
LA REINE, *à ses femmes.*
L'heure passe,
Rentrons. — Qu'en son logis le comte soit conduit.
Aux pages au fond du théâtre.
Vous savez que le roi ne vient pas cette nuit ?
Il passe la saison tout entière à la chasse.
Elle rentre avec sa suite dans ses appartements.
CASILDA, *la regardant sortir.*
La reine a dans l'esprit quelque chose.
Elle sort par la même porte que la reine en emportant la petite cassette aux reliques.
RUY BLAS, *resté seul.*
Il semble écouter encore quelque temps avec une joie profonde les dernières paroles de la reine. Il paraît comme en proie à un rêve. Le morceau de dentelle, que la reine a laissé tomber dans son trouble, est resté à terre sur le tapis. Il le ramasse, le regarde avec amour, et le couvre de baisers. Puis il lève les yeux au ciel.
O Dieu ! grâce !

Ne me rendez pas fou !
Regardant le morceau de dentelle.
C'était bien sur son cœur !
Il le cache dans sa poitrine. — Entre don Guritan. Il revient par la porte de la chambre où il a suivi la reine. Il marche à pas lents vers Ruy Blas. Arrivé près de lui sans dire un mot, il tire à demi son épée et la mesure du regard avec celle de Ruy Blas. Elles sont inégales. Il remet son épée dans le fourreau. Ruy Blas le regarde faire avec étonnement.

SCÈNE IV.

RUY BLAS, DON GURITAN.

DON GURITAN, *repoussant son épée dans le fourreau.*
J'en apporterai deux de pareille longueur.
RUY BLAS.
Monsieur, que signifie?...
DON GURITAN, *avec gravité.*
En mil six cent cinquante,
J'étais très-amoureux. J'habitais Alicante.
Un jeune homme, bien fait, beau comme les amours,
Regardait de fort près ma maîtresse, et toujours
Passait sous son balcon, devant la cathédrale,
Plus fier qu'un capitan sur la barque amirale.
Il avait nom Vasquez, seigneur, quoique bâtard.
Je le tuai. —
Ruy Blas veut l'interrompre, don Guritan l'arrête du geste et continue.
Vers l'an soixante-six, plus tard,
Gil, comte d'Iscola, cavalier magnifique,
Envoya chez ma belle, appelée Angélique,
Avec un billet doux qu'elle me présenta,
Un esclave nommé Grifel de Viserta.
Je fis tuer l'esclave et je tuai le maître.
RUY BLAS.
Monsieur !...
DON GURITAN, *poursuivant.*
Plus tard, vers l'an quatre-vingts, je crus être
Trompé par ma beauté, fille aux tendres façons,
Pour Tirso Gamonal, un de ces beaux garçons
Dont le visage altier et charmant s'accommode
D'un panache éclatant. C'est l'époque où la mode
Etait qu'on fit ferrer ses mules en or fin.
Je tuai don Tirso Gamonal.
RUY BLAS.
Mais enfin
Que veut dire cela, monsieur ?
DON GURITAN.
Cela veut dire,
Comte, qu'il sort de l'eau du puits quand on en tire,
Que le soleil se lève à quatre heures demain,
Qu'il est un lieu désert et loin de tout chemin,
Commode aux gens de cœur, derrière la chapelle ;
Qu'on vous nomme, je crois, César, et qu'on m'appelle
Don Gaspard Guritan Tassis y Guevarra,
Comte d'Oñate.
RUY BLAS, *froidement.*
Bien, monsieur, on y sera.
Depuis quelques instants, Casilda, curieuse, est entrée à pas de loup par la petite porte du fond et a écouté les dernières paroles des deux interlocuteurs sans être vue d'eux.
CASILDA, *à part.*
Un duel ! avertissons la reine.
Elle rentre et disparaît par la petite porte.
DON GURITAN, *toujours imperturbable.*
En vos études,
S'il vous plaît de connaître un peu mes habitudes,
Pour votre instruction, monsieur, je vous dirai
Que je n'ai jamais eu qu'un goût fort modéré
Pour ces godelureaux, grands friseurs de moustache,

Beaux damerets sur qui l'œil des femmes s'attache,
Qui sont tantôt plaintifs et tantôt radieux,
Et qui, dans les maisons, faisant force clins d'yeux,
Prenant sur les fauteuils d'adorables tournures,
Viennent s'évanouir pour des égratignures.

RUY BLAS.
Mais — je ne comprends pas.

DON GURITAN.
Vous comprenez fort bien.
Nous sommes tous les deux épris du même bien.
L'un de nous est de trop dans ce palais. En somme,
Vous êtes écuyer, moi je suis majordome.
Droits pareils. Au surplus, je suis mal partagé,
La partie entre nous n'est pas égale : j'ai
Le droit du plus ancien, vous le droit du plus jeune.
Donc vous me faites peur. A la table où je jeûne
Voir un jeune affamé s'asseoir avec des dents
Effrayantes, un air vainqueur, des yeux ardents,
Cela me trouble fort. Quant à lutter ensemble
Sur le terrain d'amour, beau champ qui toujours tremble
De fadaises, mon cher, je sais mal faire assaut ;
J'ai la goutte, et d'ailleurs ne suis point assez sot
Pour disputer le cœur d'aucune Pénélope
Contre un jeune gaillard si prompt à la syncope.
C'est pourquoi, vous trouvant fort beau, fort caressant,
Fort gracieux, fort tendre et fort intéressant,
Il faut que je vous tue.

RUY BLAS.
Eh bien ! essayez.

DON GURITAN.
Comte
De Garofa, demain, à l'heure où le jour monte,
A l'endroit indiqué, sans témoin ni valet,
Nous nous égorgerons galamment, s'il vous plait,
Avec épée et dague, en dignes gentilshommes,
Comme il sied quand on est des maisons dont nous sommes.

Il tend la main à Ruy Blas, qui la lui prend.

RUY BLAS.
Pas un mot de ceci, n'est-ce pas ?

Le comte fait un signe d'adhésion
A demain.

Ruy Blas sort.

DON GURITAN, *resté seul.*
Non, je n'ai pas du tout senti trembler sa main.
Etre sûr de mourir et faire de la sorte,
C'est d'un brave jeune homme !

Bruit d'une clef à la petite porte de la chambre de la reine. Don Guritan se retourne.
On ouvre cette porte ?

La reine paraît et marche vivement vers don Guritan, surpris et charmé de la voir. Elle tient entre ses mains la petite cassette.

SCÈNE V.

DON GURITAN, LA REINE.

LA REINE, *avec un sourire.*
C'est vous que je cherchais !

DON GURITAN, *ravi.*
Qui me vaut ce bonheur ?

LA REINE, *posant la cassette sur le guéridon.*
Oh ! Dieu ! rien, ou du moins peu de chose, seigneur.

Elle rit.
Tout à l'heure on disait, parmi d'autres paroles, —
Casilda, — vous savez que les femmes sont folles, —
Casilda soutenait que vous feriez pour moi
Tout ce que je voudrais.

DON GURITAN.
Elle a raison !

LA REINE, *riant.*
Ma foi,
J'ai soutenu que non.

DON GURITAN.
Vous avez tort, madame.

LA REINE.
Elle a dit que pour moi vous donneriez votre ame,
Votre sang...

DON GURITAN.
Casilda parlait fort bien ainsi.

LA REINE.
Et moi, j'ai dit que non.

DON GURITAN.
Et moi, je dis que si !
Pour Votre Majesté je suis prêt à tout faire.

LA REINE.
Tout ?

DON GURITAN.
Tout !

LA REINE.
Eh bien ! voyons, jurez que pour me plaire
Vous ferez à l'instant ce que je vous dirai.

DON GURITAN.
Par le saint roi Gaspard, mon patron vénéré,
Je le jure ! ordonnez. J'obéis ou je meure !

LA REINE, *prenant la cassette.*
Bien. Vous allez partir de Madrid tout à l'heure
Pour porter cette boite en bois de calambour
A mon père, monsieur l'électeur de Neubourg.

DON GURITAN, *à part.*
Je suis pris !

Haut.
A Neubourg ?

LA REINE.
A Neubourg !

DON GURITAN.
Six cents lieues !

LA REINE.
Cinq cent cinquante. —

Elle montre la housse de soie qui enveloppe la cassette.
Ayez grand soin des franges bleues !
Cela peut se faner en route.

DON GURITAN.
Et quand partir ?

LA REINE.
Sur-le-champ.

DON GURITAN.
Ah ! demain !

LA REINE.
Je n'y puis consentir.

DON GURITAN, *à part.*
Je suis pris !

Haut.
Mais...

LA REINE.
Partez !

DON GURITAN.
Quoi ?...

LA REINE.
J'ai votre parole.

DON GURITAN.
Une affaire...

LA REINE.
Impossible.

DON GURITAN.
Un objet si frivole...

LA REINE.
Vite !

DON GURITAN.
Un seul jour !

LA REINE.
Néant!
DON GURITAN.
Car...
LA REINE.
Faites à mon gré.
DON GURITAN.
Je...
LA REINE.
Non.
DON GURITAN.
Mais...
LA REINE.
Partez !
DON GURITAN.
Si...
LA REINE.
Je vous embrasserai !

Elle lui saute au cou et l'embrasse.

DON GURITAN, *fâché et charmé. Haut.*
Je ne résiste plus. J'obéirai, madame.
A part.
Dieu s'est fait homme ; soit. Le diable s'est fait femme !
LA REINE, *montrant la fenêtre.*
Une voiture en bas est là qui vous attend.
DON GURITAN.
Elle avait tout prévu !

Il écrit sur un papier quelques mots à la hâte et agite une sonnette. Un page paraît.

Page, porte à l'instant
Au seigneur don César de Bazan cette lettre.
A part.
Ce duel ! à mon retour il faut bien le remettre.
Je reviendrai !
Haut.
Je vais contenter de ce pas
Votre Majesté.
LA REINE.
Bien.

Il prend la cassette, baise la main de la reine, salue profondément, et sort. Un moment après on entend le roulement d'une voiture qui s'éloigne.

LA REINE, *tombant sur un fauteuil.*
Il ne le tûra pas.

ACTE TROISIÈME

RUY BLAS

La salle dite *Salle de gouvernement*, dans le palais du roi, à Madrid.

Au fond, une grande porte élevée au-dessus de quelques marches. Dans l'angle, à gauche, un pan coupé formé par une tapisserie de haute lisse. Dans l'angle opposé, une fenêtre. A droite, une table carrée, revêtue d'un tapis de velours vert, autour de laquelle sont rangés des tabourets pour huit ou dix personnes correspondant à autant de pupitres placés sur la table. Le côté de la table qui fait face au spectateur est occupé par un grand fauteuil recouvert de drap d'or et surmonté d'un dais en drap d'or, aux armes d'Espagne, timbrées de la couronne royale. A côté de ce fauteuil, une chaise.

Au moment où le rideau se lève, la junte du *Despacho universal* (conseil privé du roi) est au moment de prendre séance.

SCÈNE PREMIÈRE.

DON MANUEL ARIAS, président de Castille. DON PEDRO VELEZ DE GUEVARRA (COMTE DE CAMPOREAL) conseiller de cape et d'épée de la contaduria-mayor. DON FERNANDO DE CORDOVA Y AGUILAR (MARQUIS DE PRIEGO), même qualité. ANTONIO UBILLA, écrivain-mayor des rentes. MONTAZGO, conseiller de robe de la chambre des Indes. COVADENGA, secrétaire suprême des îles. Plusieurs autres conseillers. Les conseillers de robe vêtus de noir. Les autres en habit de cour. Camporeal a la croix de Calatrava au manteau ; Priego, la Toison d'or au cou.

Don Manuel Arias, président de Castille, et le comte de Camporeal causent à voix basse, et entre eux, sur le devant du théâtre. Les autres conseillers font des groupes çà et là dans la salle.

DON MANUEL ARIAS.
Cette fortune-là cache quelque mystère.
LE COMTE DE CAMPOREAL.
Il a la Toison-d'Or. Le voilà secrétaire
Universel, ministre, et puis duc d'Olmedo.
DON MANUEL ARIAS.
En six mois !
LE COMTE DE CAMPOREAL.
On le sert derrière le rideau.
DON MANUEL ARIAS, *mystérieusement.*
La reine !
LE COMTE DE CAMPOREAL.
Au fait, le roi, malade et fou dans l'âme,
Vit avec le tombeau de sa première femme,
Il abdique enfermé dans son Escurial,
Et la reine fait tout !
DON MANUEL ARIAS.
Mon cher Camporeal,
Elle règne sur nous, et don César sur elle.
LE COMTE DE CAMPOREAL.
Il vit d'une façon qui n'est pas naturelle.
D'abord, quant à la reine, il ne la voit jamais.
Ils paraissent se fuir. Vous me direz non, mais
Comme depuis six mois je le guette, et pour cause,
J'en suis sûr. Puis il a le caprice morose
D'habiter, assez près de l'hôtel de Tormez,
Un logis aveuglé par des volets fermés,
Avec deux laquais noirs, gardeurs de portes closes,
Qui, s'ils n'étaient muets, diraient beaucoup de choses.
DON MANUEL ARIAS.
Des muets ?
LE COMTE DE CAMPOREAL.
Des muets. — Tous ses autres valets
Restent au logement qu'il a dans le palais.
DON MANUEL ARIAS.
C'est singulier.
DON ANTONIO UBILLA, *qui s'est approché depuis quelques instants.*
Il est de grande race, en somme.
LE COMTE DE CAMPOREAL.
L'étrange, c'est qu'il veut faire son honnête homme !
A don Manuel Arias.
— Il est cousin, — aussi Santa-Cruz l'a poussé ! —
De ce marquis Salluste, écroulé l'an passé. —
Jadis, ce don César, aujourd'hui notre maître,
Etait le plus grand fou que la lune eût vu naître.
C'était un drôle, — on sait des gens qui l'ont connu, —
Qui prit un beau matin son fonds pour revenu,
Qui changeait tous les jours de femmes, de carrosses,
Et dont la fantaisie avait des dents féroces,
Capables de manger en un an le Pérou.
Un jour il s'en alla, sans qu'on ait su par où.
DON MANUEL ARIAS.
L'âge a du fou joyeux fait un sage fort rude

LE COMTE DE CAMPOREAL.
Toute fille de joie en séchant devient prude.

UBILLA.
Je le crois homme probe.

LE COMTE DE CAMPOREAL, *riant.*
Oh ! candide Ubilla !
Qui se laisse éblouir à ces probités-là !

D'un ton significatif.
La maison de la reine, ordinaire et civile,

Appuyant sur les chiffres.
Coûte par an six cent soixante-quatre mille
Soixante-six ducats ! — c'est un Pactole obscur
Où, certe, on doit jeter le filet à coup sûr.
Eau trouble, pêche claire.

LE MARQUIS DE PRIEGO, *survenant.*
Ah çà ! ne vous déplaise,
Je vous trouve imprudents et parlant fort à l'aise.
Feu mon grand-père, auprès du comte-duc nourri,
Disait : Mordez le roi, baisez le favori. —
Messieurs, occupons-nous des affaires publiques.

Tous s'asseyent autour de la table ; les uns prennent des plumes, les autres feuillettent des papiers. Du reste, oisiveté générale. Moment de silence.

MONTAZGO, *bas à Ubilla.*
Je vous ai demandé sur la caisse aux reliques
De quoi payer l'emploi d'alcade à mon neveu.

UBILLA, *bas.*
Vous, vous m'aviez promis de nommer avant peu
Mon cousin Melchior d'Elva bailli de l'Ebre.

MONTAZGO, *se récriant.*
Nous venons de doter votre fille. On célèbre
Encor sa noce. — On est sans relâche assailli...

UBILLA, *bas.*
Vous aurez votre alcade.

MONTAZGO, *bas.*
Et vous votre bailli.

Ils se serrent la main.

COVADENGA, *se levant.*
Messieurs les conseillers de Castille, il importe,
Afin qu'aucun de nous de sa sphère ne sorte,
De bien régler nos droits et de faire nos parts.
Le revenu d'Espagne en cent mains est épars.
C'est un malheur public, il y faut mettre un terme.
Les uns n'ont pas assez, les autres trop. La ferme
Du tabac est à vous, Ubilla. L'indigo
Et le musc sont à vous, marquis de Priego.
Camporeal perçoit l'impôt des huit mille hommes,
L'almojarifazgo, le sel, mille autres sommes,
Le quint du cent de l'or, de l'ambre et du jayet.

A Montazgo.
Vous qui me regardez de cet œil inquiet,
Vous avez à vous seul, grâce à votre manége,
L'impôt sur l'arsenic et le droit sur la neige ;
Vous avez les ports secs, les cartes, le laiton,
L'amende des bourgeois qu'on punit du bâton,
La dîme de la mer, le plomb, le bois de rose !...
Moi, je n'ai rien, messieurs. Rendez-moi quelque chose !

LE COMTE DE CAMPOREAL, *éclatant de rire.*
Oh ! le vieux diable ! il prend les profits les plus clairs.
Excepté l'Inde, il a les îles des deux mers,
Quelle envergure ! Il tient Mayorque d'une griffe
Et de l'autre il s'accroche au pic de Ténériffe !

COVADENGA, *s'échauffant.*
Moi, je n'ai rien !

LE MARQUIS DE PRIEGO, *riant.*
Il a les nègres !

Tous se lèvent et parlent à la fois, se querellant.

MONTAZGO.
Je devrais
Me plaindre bien plutôt. Il me faut les forêts !

COVADENGA, *au marquis de Priego.*
Donnez-moi l'arsenic, je vous cède les nègres !

Depuis quelques instants, Ruy Blas est entré par la porte du fond et assiste à la scène sans être vu des interlocuteurs. Il est vêtu de velours noir, avec un manteau de velours écarlate ; il a la plume blanche au chapeau et la Toison d'or au cou. Il les écoute d'abord en silence, puis, tout à coup, il s'avance à pas lents et paraît au milieu d'eux au plus fort de la querelle.

SCÈNE II.

LES MÊMES, RUY BLAS.

RUY BLAS, *survenant.*
Bon appétit ! messieurs ! —

Tous se retournent. Silence de surprise et d'inquiétude. Ruy Blas se couvre, croise les bras, et poursuit en les regardant en face.

O ministres intègres !
Conseillers vertueux ! voilà votre façon
De servir, serviteurs qui pillez la maison !
Donc vous n'avez pas honte et vous choisissez l'heure,
L'heure sombre où l'Espagne agonisante pleure !
Donc vous n'avez ici pas d'autres intérêts
Que d'emplir votre poche et vous enfuir après !
Soyez flétris, devant votre pays qui tombe,
Fossoyeurs qui venez le voler dans sa tombe !
— Mais voyez, regardez, ayez quelque pudeur.
L'Espagne et sa vertu, l'Espagne et sa grandeur,
Tout s'en va. — Nous avons, depuis Philippe Quatre,
Perdu le Portugal, le Brésil, sans combattre ;
En Alsace Brisach, Steinfort en Luxembourg ;
Et toute la Comté jusqu'au dernier faubourg ;
Le Roussillon, Ormuz, Goa, cinq mille lieues
De côte, et Fernambouc, et les Montagnes-Bleues !
Mais voyez. — Du ponant jusques à l'orient,
L'Europe, qui vous hait, vous regarde en riant.
Comme si votre roi n'était plus qu'un fantôme,
La Hollande et l'Anglais partagent ce royaume ;
Rome vous trompe ; il faut ne risquer qu'à demi
Une armée en Piémont, quoique pays ami ;
La Savoie et son duc sont pleins de précipices ;
La France, pour vous prendre, attend des jours propices ;
L'Autriche aussi vous guette. — Et l'infant bavarois
Se meurt, vous le savez. — Quant à vos vice-rois,
Médina, fou d'amour, emplit Naples d'esclandres,
Vaudémont vend Milan, Leganez perd les Flandres.
Quel remède à cela ? — L'Etat est indigent ;
L'Etat est épuisé de troupes et d'argent ;
Nous avons sur la mer, où Dieu met ses colères,
Perdu trois cents vaisseaux, sans compter les galères !
Et vous osez !... — Messieurs, en vingt ans, songez-y,
Le peuple, — j'en ai fait le compte, et c'est ainsi !
Portant sa charge énorme et sous laquelle il ploie,
Pour vous, pour vos plaisirs, pour vos filles de joie,
Le peuple misérable, et qu'on pressure encor,
A sué quatre cent trente millions d'or !
Et ce n'est pas assez ! et vous voulez, mes maîtres !...—
Ah ! j'ai honte pour vous ! — Au dedans, routiers, reîtres,
Vont battant le pays et brûlant la moisson.
L'escopette est braquée au coin de tout buisson.
Comme si c'était peu de la guerre des princes,
Guerre entre les couvents, guerre entre les provinces,
Tous voulant dévorer leur voisin éperdu,
Morsures d'affamés sur un vaisseau perdu !
Notre église en ruine est pleine de couleuvres ;
L'herbe y croit, des aïeux, mais pas d'œu-
Tout se fait par intrigue et rien par loyauté. [vres.
L'Espagne est un égout où vient l'impureté
De toute nation. — Tout seigneur a ses gages
A cent coupe-jarrets qui parlent cent langages.
Génois, Sardes, Flamands. Babel est dans Madrid.
L'alguazil, dur au pauvre, au riche s'attendrit.
La nuit, on assassine et chacun crie : A l'aide !

RUY BLAS.
..... Bon appétit, messieurs.
(Page 23.)

— Hier on m'a volé, moi, près du pont de Tolède! —
La moitié de Madrid pille l'autre moitié.
Tous les juges vendus; pas un soldat payé.
Anciens vainqueurs du monde, Espagnols que nous sommes,
Quelle armée avons-nous? A peine six mille hommes,
Qui vont pieds nus. Des gueux, des juifs, des montagnards,
S'habillant d'une loque et s'armant de poignards.
Aussi d'un régiment toute bande se double.
Sitôt que la nuit tombe, il est une heure trouble
Où le soldat douteux se transforme en larron.
Matalobos a plus de troupes qu'un baron;
Un voleur fait chez lui la guerre au roi d'Espagne.
Hélas! les paysans qui sont dans la campagne
Insultent en passant la voiture du roi;
Et lui, votre seigneur, plein de deuil et d'effroi,
Seul, dans l'Escurial, avec les morts qu'il foule,
Courbe son front pensif sur qui l'empire croule!
— Voilà! — L'Europe, hélas! écrase du talon
Ce pays qui fut pourpre et n'est plus que haillon!
L'État s'est ruiné dans ce siècle funeste,
Et vous vous disputez à qui prendra le reste!
Ce grand peuple espagnol aux membres énervés,

Qui s'est couché dans l'ombre et sur qui vous vivez,
Expire dans cet antre où son sort se termine,
Triste comme un lion mangé par la vermine!
— Charles-Quint! dans ces temps d'opprobre et de terreur,
Que fais-tu dans ta tombe, ô puissant empereur!
Oh! lève-toi! viens voir! — Les bons font place aux pires.
Ce royaume effrayant, fait d'un amas d'empires,
Penche... Il nous faut ton bras! au secours, Charles-Quint!
Car l'Espagne se meurt! car l'Espagne s'éteint!
Ton globe, qui brillait dans ta droite profonde,
Soleil éblouissant, qui faisait croire au monde
Que le jour désormais se levait à Madrid,
Maintenant, astre mort, dans l'ombre s'amoindrit,
Lune aux trois quarts rongée et qui décroît encore,
Et que d'un autre peuple effacera l'aurore!
Hélas! ton héritage est en proie aux vendeurs.
Tes rayons, ils en font des piastres! Tes splendeurs,
On les souille! — O géant! se peut-il que tu dormes? —
On vend ton sceptre au poids! un tas de nains difformes
Se taillent des pourpoints dans ton manteau de roi;
Et l'aigle impérial qui, jadis, sous ta loi,
Couvrait le monde entier de tonnerre et de flamme,

LA REINE.
Bien. Vous allez partir de Madrid tout à l'heure.
(Page 24)

Cuit, pauvre oiseau plumé, dans leur marmite infâme !
Les conseillers se taisent, consternés. Seuls, le marquis de Priego et le comte de Camporeal redressent la tête et regardent Ruy Blas avec colère. Puis Camporeal, après avoir parlé à Priego, va à la table, écrit quelques mots sur un papier, les signe et les fait signer au marquis.

LE COMTE DE CAMPOREAL, *désignant le marquis de Priego et remettant le papier à Ruy Blas.*
Monsieur le duc, — au nom de tous les deux, — voici
Notre démission de notre emploi.

RUY BLAS, *prenant le papier, froidement.*
Merci.
Vous vous retirerez, avec votre famille,
        A Priego.
Vous, en Andalousie,
            A Camporeal.
                Et vous, comte, en Castille.
Chacun dans vos Etats. Soyez partis demain.
Les deux seigneurs s'inclinent et sortent fièrement, le chapeau sur la tête. Ruy Blas se tourne vers les autres conseillers.

Quiconque ne veut pas marcher dans mon chemin
Peut suivre ces messieurs.
Silence dans les assistants. Ruy Blas s'assied à la table sur une chaise à dossier placée à droite du fauteuil royal, et s'occupe à décacheter une correspondance. Pendant qu'il parcourt les lettres l'une après l'autre, Covadenga, Arias et Ubilla échangent quelques paroles à voix basse.

UBILLA, *à Covadenga, montrant Ruy Blas.*
Fils, nous avons un maitre.
Cet homme sera grand.
        DON MANUEL ARIAS.
            Oui, s'il a le temps d'être.
        COVADENGA.
Et s'il ne se perd pas à tout voir de trop près.
        UBILLA.
Il sera Richelieu !
        DON MANUEL ARIAS.
            S'il n'est Olivarez !
RUY BLAS, *après avoir parcouru vivement une lettre qu'il vient d'ouvrir.*
Un complot ! qu'est ceci ? messieurs, que vous disais-je ?

Lisant

— ... « Duc d'Olmedo, veillez. Il se prépare un piège
« Pour enlever quelqu'un de très-grand de Madrid. »

Examinant la lettre.

— On ne nomme pas qui. Je veillerai. — L'écrit
Est anonyme. —

Entre un huissier de cour qui s'approche de Ruy Blas avec une profonde révérence.

Allons! qu'est-ce?

L'HUISSIER.

A Votre Excellence
J'annonce monseigneur l'ambassadeur de France.

RUY BLAS.

Ah! d'Harcourt! Je ne puis à présent.

L'HUISSIER, *s'inclinant.*

Monseigneur,
Le nonce impérial dans la chambre d'honneur
Attend Votre Excellence.

RUY BLAS.

A cette heure? Impossible.

L'huissier s'incline et sort. Depuis quelques instants, un page est entré, vêtu d'une livrée couleur de feu, à galons d'argent, et s'est approché de Ruy Blas.

RUY BLAS, *l'apercevant.*

Mon page! je ne suis pour personne visible.

LE PAGE, *bas.*

Le comte Guritan, qui revient de Neubourg...

RUY BLAS, *avec un geste de surprise.*

Ah! — Page, enseigne-lui ma maison du faubourg.
Qu'il m'y vienne trouver demain, si bon lui semble.
Va.

Le page sort. Aux conseillers.

Nous aurons tantôt à travailler ensemble,
Dans deux heures. Messieurs, revenez.

Tous sortent en saluant profondément Ruy Blas.

Ruy Blas, resté seul, fait quelques pas, en proie à une rêverie profonde. Tout à coup, à l'angle du salon, la tapisserie s'écarte et la reine apparaît. Elle est vêtue de blanc avec la couronne en tête; elle paraît rayonnante de joie et fixe sur Ruy Blas un regard d'admiration et de respect. Elle soutient d'un bras la tapisserie, derrière laquelle on entrevoit une sorte de cabinet obscur où l'on distingue une petite porte. Ruy Blas, en se retournant, aperçoit la reine et reste comme pétrifié devant cette apparition.

SCÈNE III.

RUY BLAS, LA REINE.

LA REINE, *au fond du théâtre.*

Oh! merci!

RUY BLAS.

Ciel!

LA REINE.

Vous avez bien fait de leur parler ainsi.
Je n'y puis résister, duc, il faut que je serre
Cette loyale main, si ferme et si sincère!

Elle marche vivement à lui et lui prend la main, qu'elle presse avant qu'il ait pu s'en défendre.

RUY BLAS, *à part.*

La fuir depuis six mois et la voir tout à coup!

Haut.

Vous étiez là, madame?

LA REINE.

Oui, duc, j'entendais tout.
J'étais là. J'écoutais avec toute mon âme!

RUY BLAS, *montrant la cachette.*

Je ne soupçonnais pas... — Ce cabinet, madame...

LA REINE.

Personne ne le sait. C'est un réduit obscur
Que don Philippe Trois fit creuser dans ce mur,
D'où le maître invisible entend tout comme une ombre.
Là j'ai vu bien souvent Charles Deux, morne et sombre,
Assister aux conseils où l'on pillait son bien,
Où l'on vendait l'Etat.

RUY BLAS.

Et que disait-il?

LA REINE.

Rien.

RUY BLAS.

Rien? — Et que faisait-il?

LA REINE.

Il allait à la chasse.
Mais vous! j'entends encor votre accent qui menace.
Comme vous les traitiez d'une haute façon,
Et comme vous aviez superbement raison!
Je soulevais le bord de la tapisserie,
Je vous voyais. Votre œil, irrité sans furie,
Les foudroyait d'éclairs, et vous leur disiez tout.
Vous me sembliez seul être resté debout!
Mais où donc avez-vous appris toutes ces choses?
D'où vient que vous savez les effets et les causes?
Vous n'ignorez donc rien? D'où vient que votre voix
Parlait comme devrait parler celle des rois?
Pourquoi donc étiez-vous, comme eût été Dieu même,
Si terrible et si grand?

RUY BLAS.

Parce que je vous aime!
Parce que je sens bien, moi qu'ils haïssent tous,
Que ce qu'ils font crouler, s'écroulera sur vous!
Parce que rien n'effraye une ardeur si profonde,
Et que pour vous sauver je sauverais le monde!
Je suis un malheureux qui vous aime d'amour.
Hélas! je pense à vous comme l'aveugle au jour.
Madame, écoutez-moi. J'ai des rêves sans nombre.
Je vous aime de loin, d'en bas, du fond de l'ombre;
Je n'oserais toucher le bout de votre doigt,
Et vous m'éblouissez comme un ange qu'on voit!
— Vraiment, j'ai bien souffert. Si vous saviez, madame!
Je vous parle à présent. Six mois, cachant ma flamme.
J'ai fui. Je vous fuyais et je souffrais beaucoup.
Je ne m'occupe pas de ces hommes du tout,
Je vous aime. — O mon Dieu! j'ose le dire en face
A Votre Majesté. Que faut-il que je fasse?
Si vous me disiez : Meurs! je mourrais. J'ai l'effroi
Dans le cœur. Pardonnez!

LA REINE.

Oh! parle! ravis-moi!
Jamais on ne m'a dit ces choses-là. J'écoute!
Ton âme en me parlant me bouleverse toute.
J'ai besoin de tes yeux, j'ai besoin de ta voix.
Oh! c'est moi qui souffrais! Si tu savais! cent fois,
Cent fois, depuis six mois que ton regard m'évite...
— Mais non, je ne dois pas dire cela si vite.
Je suis bien malheureuse. Oh! je me tais, j'ai peur!

RUY BLAS, *qui l'écoute avec ravissement.*

O madame! achevez! vous m'emplissez le cœur!

LA REINE.

Eh bien! écoute donc!

Levant les yeux au ciel.

— Oui, je vais tout lui dire.
Est-ce un crime? Tant pis. Quand le cœur se déchire,
Il faut bien laisser voir tout ce qu'on y cachait. —
Tu fuis la reine? Eh bien! la reine te cherchait!
Tous les jours je viens là, — là, dans cette retraite, —
T'écoutant, recueillant ce que tu dis, muette,
Contemplant ton esprit qui veut, juge et résout,
Et prise par ta voix qui m'intéresse à tout.
Va, tu me sembles bien le vrai roi, le vrai maître.
C'est moi, depuis six mois, tu t'en doutes peut-être,
Qui t'ai fait, par degrés, monter jusqu'au sommet.
Où Dieu t'aurait dû mettre une femme te met.
Oui, tout ce qui me touche à tes soins. Je t'admire.
Autrefois une fleur, à présent un empire!
D'abord je t'ai vu bon, et puis je te vois grand.

Mon Dieu ! c'est à cela qu'une femme se prend !
Mon Dieu ! si je fais mal, pourquoi, dans cette tombe,
M'enfermer, comme on met en cage une colombe,
Sans espoir, sans amour, sans un rayon doré ?
— Un jour que nous aurons le temps, je te dirai
Tout ce que j'ai souffert. — Toujours seule, oubliée,
Et puis, à chaque instant, je suis humiliée.
Tiens, juge : hier encor... — Ma chambre me déplaît.
— Tu dois savoir cela, toi qui sais tout, il est
Des chambres où l'on est plus triste que dans d'autres. —
J'en ai voulu changer. Vois quels fers sont les nôtres !
On ne l'a pas voulu. Je suis esclave ainsi ! —
Duc, il faut, — dans ce but le ciel t'envoie ici, —
Sauver l'Etat qui tremble, et retirer du gouffre
Le peuple qui travaille, et m'aimer, moi qui souffre.
Je te dis tout cela sans suite, à ma façon,
Mais tu dois cependant voir que j'ai bien raison.
Madame...

    RUY BLAS, *tombant à genoux.*

    LA REINE, *gravement.*

Reine pour tous, pour vous je ne suis qu'une femme.
Don César, je vous donne mon âme.
Par l'amour, par le cœur, duc, je vous appartien.
J'ai foi dans votre honneur pour respecter le mien.
Quand vous m'appellerez, je viendrai. Je suis prête.
— O César ! un esprit sublime est dans ta tête.
Sois fier, car le génie est ta couronne à toi !

    Elle baise Ruy Blas au front.

Adieu.

    Elle soulève la tapisserie et disparaît.

SCÈNE IV.

RUY BLAS, seul.

Il est comme absorbé dans une contemplation angélique.

Devant mes yeux c'est le ciel que je vois !
De ma vie, ô mon Dieu ! cette heure est la première.
Devant moi tout un monde, un monde de lumière,
Comme ces paradis qu'en songe nous voyons,
S'entr'ouvre et m'inondant de vie et de rayons !
Partout, en moi, hors moi, joie, extase et mystère,
Et l'ivresse, et l'orgueil, et ce qui sur la terre
Se rapproche le plus de la divinité,
L'amour dans la puissance et dans la majesté !
La reine m'aime ! ô Dieu ! c'est bien vrai, c'est moi-même.
Je suis plus que le roi, puisque la reine m'aime !
Oh ! cela m'éblouit. Heureux, aimé, vainqueur !
Duc d'Olmedo, — l'Espagne à mes pieds, — j'ai son cœur.
Cet ange qu'à genoux je contemple et je nomme,
D'un mot me transfigure et me fait plus qu'un homme.
Donc je marche vivant dans mon rêve étoilé !
Oh ! oui, j'en suis bien sûr, elle m'a bien parlé.
C'est bien elle. Elle avait un petit diadème
En dentelle d'argent. Et je regardais même,
Pendant qu'elle parlait, — je crois la voir encor, —
Un aigle ciselé sur son bracelet d'or.
Elle se fie à moi, m'a-t-elle dit. — Pauvre ange !
Oh ! s'il est vrai que Dieu, par un prodige étrange,
En nous donnant l'amour, voulut mêler en nous
Ce qui fait l'homme grand à ce qui le fait doux,
Moi, je ne crains plus rien maintenant qu'elle m'aime,
Moi, qui suis tout-puissant, grâce à son choix suprême,
Moi, dont le cœur gonflé ferait envie aux rois,
Devant Dieu qui m'entend, sans peur, à haute voix,
Je le dis, vous pouvez vous confier, madame,
A mon bras comme reine, à mon cœur comme femme !
Le dévouement se cache au fond de mon amour
Pur et loyal ! — Allez, ne craignez rien !

Depuis quelques instants, un homme est entré par la porte du fond, enveloppé d'un grand manteau, coiffé d'un chapeau galonné d'argent. Il s'est avancé lentement vers Ruy Blas sans être vu, et, au moment où Ruy Blas, ivre d'extase et de bonheur, lève les yeux au ciel, cet homme lui pose brusquement la main sur l'épaule. Ruy Blas se retourne comme éveillé subitement ; l'homme laisse tomber son manteau, et Ruy Blas reconnaît don Salluste. Don Salluste est vêtu d'une livrée couleur de feu à galons d'argent, pareille à celle du page de Ruy Blas.

SCÈNE V.

RUY BLAS, DON SALLUSTE.

DON SALLUSTE, *posant sa main sur l'épaule de Ruy Blas.*
    Bonjour.

    RUY BLAS, *effaré.* — *A part.*

Grand Dieu ! je suis perdu ! le marquis !

    DON SALLUSTE, *souriant.*
                     Je parie
Que vous ne pensiez pas à moi.
    RUY BLAS.
              Sa Seigneurie
En effet me surprend.

    A part.
            Oh ! mon malheur renaît.
J'étais tourné vers l'ange, et le démon venait.

Il court à la tapisserie qui cache le cabinet secret et en ferme la petite porte au verrou ; puis il revient tout tremblant vers don Salluste.

    DON SALLUSTE.
Eh bien ! comment cela va-t-il ?
    RUY BLAS, *l'œil fixé sur don Salluste impassible, pouvant à peine rassembler ses idées.*
                   Cette livrée ?...
    DON SALLUSTE, *souriant toujours.*
Il fallait du palais me procurer l'entrée.
Avec cet habit-là l'on arrive partout.
J'ai pris votre livrée et la trouve à mon goût.

    Il se couvre. Ruy Blas reste tête nue.

    RUY BLAS.
Mais j'ai peur pour vous...
    DON SALLUSTE.
              Peur ! quel est ce mot risible ?
Vous êtes exilé.
    DON SALLUSTE.
           Croyez-vous ? c'est possible.
    RUY BLAS.
Si l'on vous reconnaît, au palais, en plein jour ?
    DON SALLUSTE.
Ah bah ! des gens heureux, qui sont des gens de cour,
Iraient perdre leur temps, ce temps qui sitôt passe,
A se ressouvenir d'un visage en disgrâce !
D'ailleurs regarde-t-on le profil d'un valet ?

    Il s'assied dans un fauteuil et Ruy Blas reste debout.

A propos, que dit-on à Madrid, s'il vous plaît ?
Est-il vrai que, brûlant d'un zèle hyperbolique,
Ici, pour les beaux yeux de la caisse publique,
Vous exilez ce cher Priego, l'un des grands ?
Vous avez oublié que vous êtes parents.
Sa mère est Sandoval, la vôtre aussi. Que diable !
Sandoval porte d'or à la bande de sable.
Regardez vos blasons, don César. C'est fort clair.
Cela ne se fait pas entre parents, mon cher.
Les loups pour nuire aux loups font-ils les bons apôtres ?
Ouvrez les yeux pour vous, fermez-los pour les autres.
Chacun pour soi.

    RUY BLAS, *se rassurant un peu.*
         Pourtant, monsieur, permettez-moi.
Monsieur de Priego, comme noble du roi,
A grand tort d'aggraver les charges de l'Espagne.
Or, il va falloir mettre une armée en campagne ;

Nous n'avons pas d'argent, et pourtant il le faut.
L'héritier bavarois penche à mourir bientôt.
Hier, le comte d'Harrach, que vous devez connaître,
Me le disait au nom de l'empereur son maître.
Si monsieur l'archiduc veut soutenir son droit,
La guerre éclatera...

DON SALLUSTE.

L'air me semble un peu froid.
Faites-moi le plaisir de fermer la croisée.

Ruy Blas, pâle de honte et de désespoir, hésite un moment, puis il fait un effort et se dirige lentement vers la fenêtre, la ferme et revient vers don Salluste, qui, assis dans le fauteuil, le suit des yeux d'un air indifférent.

RUY BLAS, *reprenant et essayant de convaincre don Salluste.*

Daignez voir à quel point la guerre est malaisée.
Que faire sans argent? Excellence, écoutez.
Le salut de l'Espagne est dans nos probités.
Pour moi, j'ai, comme si notre armée était prête,
Fait dire à l'empereur que je lui tiendrais tête...

DON SALLUSTE, *interrompant Ruy Blas et lui montrant son mouchoir qu'il a laissé tomber en entrant.*

Pardon! ramassez-moi mon mouchoir.

Ruy Blas, comme à la torture, hésite encore, puis se baisse, ramasse le mouchoir, et le présente à don Salluste.

Don Salluste, mettant le mouchoir dans sa poche.

— Vous disiez?

RUY BLAS, *avec un effort.*

Le salut de l'Espagne! — oui, l'Espagne à nos pieds,
Et l'intérêt public demandent qu'on s'oublie.
Ah! toute nation bénit qui la délie.
Sauvons ce peuple! Osons être grands, et frappons!
Otons l'ombre à l'intrigue et le masque aux fripons!

DON SALLUSTE, *nonchalamment.*

Et d'abord ce n'est pas de bonne compagnie. —
Cela sent son pédant et son petit génie
Que de faire sur tout un bruit démesuré.
Un méchant million, plus ou moins dévoré,
Voilà-t-il pas de quoi pousser des cris sinistres!
Mon cher, les grands seigneurs ne sont pas de vos cuistres.
Ils vivent largement. Je parle sans phébus.
Le bel air que celui d'un redresseur d'abus
Toujours bouffi d'orgueil et rouge de colère!
Mais bah! vous voulez être un gaillard populaire,
Adoré des bourgeois et des marchands d'estuefs.
C'est fort drôle. Ayez donc des caprices plus neufs.
Les intérêts publics? Songez d'abord aux vôtres.
Le salut de l'Espagne est un mot creux que d'autres
Feront sonner, mon cher, tout aussi bien que vous.
La popularité? c'est la gloire en gros sous.
Rôder, dogue aboyant, tout autour des gabelles?
Charmant métier! je sais des postures plus belles.
Vertu? foi? probité? c'est du clinquant déteint.
C'était usé déjà du temps de Charles-Quint.
Vous n'êtes pas un sot; faut-il qu'on vous guérisse
Du pathos? Vous tétiez encor votre nourrice,
Que nous autres déjà nous avions, sans pitié,
Gaîment, à coups d'épingle ou bien à coups de pié,
Crevant votre ballon au milieu des risées,
Fait sortir tout le vent de ces billevesées!

RUY BLAS.

Mais pourtant, monseigneur...

DON SALLUSTE, *avec un sourire glacé.*

Vous êtes étonnant.
Occupons-nous d'objets sérieux maintenant.

D'un ton bref et impérieux

— Vous m'attendrez demain toute la matinée,
Chez vous, dans la maison que je vous ai donnée.
La chose que je fais touche à l'événement.
Gardez pour nous servir les muets seulement.

Ayez dans le jardin, caché sous le feuillage,
Un carrosse attelé, tout prêt pour un voyage.
J'aurai soin des relais. Faites tout à mon gré.
— Il vous faut de l'argent. Je vous en enverrai.

RUY BLAS.

Monsieur, j'obéirai. Je consens à tout faire.
Mais jurez-moi d'abord qu'en toute cette affaire
La reine n'est pour rien.

DON SALLUSTE, *qui jouait avec un couteau d'ivoire sur la table, se retourne à demi.*

De quoi vous mêlez-vous?

RUY BLAS, *chancelant et le regardant avec épouvante.*

Oh! vous êtes un homme effrayant. Mes genoux
Tremblent... Vous m'entraînez vers un gouffre invisible.
Oh! je sens que je suis dans une main terrible!
Vous avez des projets monstrueux. J'entrevoi
Quelque chose d'horrible... — Ayez pitié de moi.
Il faut que je vous dise, — hélas! jugez vous-même! —
Vous ne le saviez pas! cette femme, je l'aime!

DON SALLUSTE, *froidement.*

Mais si. Je le savais.

RUY BLAS.

Vous le saviez?

DON SALLUSTE.

Pardieu!

Qu'est-ce que cela fait?

RUY BLAS, *s'appuyant au mur pour ne pas tomber, et comme se parlant à lui-même.*

Donc il s'est fait un jeu,
Le lâche! d'essayer sur moi cette torture!
Mais c'est que ce serait une affreuse aventure!

Il lève les yeux au ciel.

Seigneur Dieu tout-puissant, mon Dieu qui m'éprouvez,
Épargnez-moi, seigneur!

DON SALLUSTE.

Ah çà! mais — vous rêvez!
Vraiment, vous vous prenez au sérieux, mon maître.
C'est bouffon. Vers un but que seul je dois connaître,
But plus heureux pour vous que vous ne le pensez,
J'avance. Tenez-vous tranquille. Obéissez.
Je vous l'ai déjà dit et je vous le répète,
Je veux votre bonheur. Marchez, la chose est faite.
Puis, grand'chose après tout que des chagrins d'amour!
Nous passons tous par là. C'est l'affaire d'un jour.
Savez-vous qu'il s'agit du destin d'un empire?
Qu'est le vôtre à côté? Je veux bien tout vous dire,
Mais ayez le bon sens de comprendre aussi, vous,
Soyez de votre état. Je suis très-bon, très-doux,
Mais, que diable! un laquais, d'argile humble ou choisie,
N'est qu'un vase où je veux verser ma fantaisie.
De vous autres, mon cher, on fait tout ce qu'on veut.
Votre maître, selon le dessein qui l'émeut,
A son gré vous déguise, à son gré vous démasque.
Je vous ai fait seigneur. C'est un rôle fantasque,
— Pour l'instant. — Vous avez l'habillement complet.
Mais, ne l'oubliez pas, vous êtes mon valet.
Vous courtisez la reine ici par aventure,
Comme vous monteriez derrière ma voiture.
Soyez donc raisonnable.

RUY BLAS, *qui l'a écouté avec égarement, et comme ne pouvant en croire ses oreilles.*

O mon Dieu! — Dieu clément!
Dieu juste! de quel crime est-ce le châtiment?
Qu'est-ce donc que j'ai fait? Vous êtes notre père,
Et vous ne voulez pas qu'un homme désespère!
Voilà donc où j'en suis! — et volontairement,
Et sans tort de ma part, — pour voir, — uniquement
Pour voir agoniser une pauvre victime,
Monseigneur, vous m'avez plongé dans cet abîme!
Tordre un malheureux cœur plein d'amour et de foi,
Afin d'en exprimer la vengeance pour soi!

Se parlant à lui-même.

Car c'est une vengeance ! oui, la chose est certaine !
Et je devine bien que c'est contre la reine !
Qu'est-ce que je vais faire ? Aller lui dire tout !
Ciel ! devenir pour elle un objet de dégoût
Et d'horreur ! un crispin ! un fourbe à double face !
Un effronté coquin qu'on bâtonne et qu'on chasse !
Jamais ! — Je deviens fou, ma raison se confond !

Une pause. Il rêve.

O mon Dieu ! voilà donc les choses qui se font !
Bâtir une machine effroyable dans l'ombre,
L'armer hideusement de rouages sans nombre,
Puis, sous la meule, afin de voir comment elle est,
Jeter une livrée, une chose, un valet ;
Puis la faire mouvoir, et soudain sous la roue
Voir sortir des lambeaux teints de sang et de boue,
Une tête brisée, un cœur tiède et fumant,
Et ne pas frissonner alors qu'en ce moment
On reconnaît, malgré le mot dont on le nomme,
Que ce laquais était l'enveloppe d'un homme !

Se tournant vers don Salluste.

Mais il est temps encore ! oh ! monseigneur, vraiment !
L'horrible roue encor n'est pas en mouvement !

Il se jette à ses pieds.

Ayez pitié de moi ! grâce ! ayez pitié d'elle !
Vous savez que je suis un serviteur fidèle !
Vous l'avez dit souvent ! voyez ! je me soumets !
Grâce !

DON SALLUSTE.

Cet homme-là ne comprendra jamais.
C'est impatientant.

RUY BLAS, *se traînant à ses pieds.*
Grâce !

DON SALLUSTE.
Abrégeons, mon maître.

Il se tourne vers la fenêtre.

Gageons que vous avez mal fermé la fenêtre.
Il vient un froid par là !

Il va à la croisée et la ferme.

RUY BLAS, *se relevant.*

Oh ! c'est trop ! à présent !
Je suis duc d'Olmedo, ministre tout-puissant !
Je relève le front sous le pied qui m'écrase.

DON SALLUSTE.

Comment dit-il cela ? Répétez donc la phrase.
Ruy Blas, duc d'Olmedo ? Vos yeux ont un bandeau.
Ce n'est que sur Bazan qu'on a mis Olmedo.

RUY BLAS.
Je vous fais arrêter !

DON SALLUSTE.
Je dirai qui vous êtes.

RUY BLAS, *exaspéré.*
Mais...

DON SALLUSTE.
Vous m'accuserez ? J'ai risqué nos deux têtes.
C'est prévu. Vous prenez trop tôt l'air triomphant.

RUY BLAS.
Je nierai tout !

DON SALLUSTE.
Allons ! vous êtes un enfant.

RUY BLAS.
Vous n'avez pas de preuve !

DON SALLUSTE.
Et vous pas de mémoire.
Je fais ce que je dis, et vous pouvez m'en croire.
Vous n'êtes que le gant, et moi je suis la main.

Bas et se rapprochant de Ruy Blas.

Si tu n'obéis pas, si tu n'es pas demain
Chez toi pour préparer ce qu'il faut que je fasse ;
Si tu dis un seul mot de tout ce qui se passe ;
Si tes yeux, si ton geste en laissent rien percer,
Celle pour qui tu crains, d'abord, pour commencer,
Par ta folle aventure, en cent lieux répandue,
Sera publiquement diffamée et perdue.
Puis elle recevra, ceci n'a rien d'obscur,
Sous cachet, un papier, que je garde en lieu sûr,
Écrit, te souvient-il avec quelle écriture ?
Signé, tu dois savoir de quelle signature ?
Voici ce que ses yeux y liront : — « Moi, Ruy Blas,
« Laquais de monseigneur le marquis de Finlas,
« En toute occasion, ou secrète ou publique,
« M'engage à le servir comme un bon domestique. »

RUY BLAS, *brisé et d'une voix éteinte.*

Il suffit. — Je ferai, monsieur, ce qu'il vous plaît.

La porte du fond s'ouvre, on voit rentrer les conseillers du conseil privé.

Don Salluste s'enveloppe vivement de son manteau.

DON SALLUSTE, *bas.*
On vient.

Il salue profondément Ruy Blas. Haut.

Monsieur le duc, je suis votre valet.

Il sort.

ACTE QUATRIÈME

DON CÉSAR

Une petite chambre somptueuse et sombre. Lambris et meubles de vieille forme et de vieille dorure. Murs couverts d'anciennes tentures de velours cramoisi, écrasé et miroitant par places et derrière le dos des fauteuils, avec de larges galons d'or qui le divisent en bandes verticales. Au fond, une porte à deux battants. A gauche, sur un pan coupé, une grande cheminée sculptée du temps de Philippe II, avec écusson de fer battu dans l'intérieur. Du côté opposé, sur un pan coupé, une petite porte basse donnant dans un cabinet obscur. Une seule fenêtre à gauche, placée très-haut et garnie de barreaux et d'un auvent inférieur comme les croisées des prisons. Sur le mur, quelques vieux portraits enfumés et à demi effacés. Coffre de garde-robe avec miroir de Venise. Grands fauteuils du temps de Philippe III. Une armoire très-ornée adossée au mur. Une table carrée avec ce qu'il faut pour écrire. Un petit guéridon de forme ronde à pieds dorés dans un coin. C'est le matin.

Au lever du rideau, Ruy Blas, vêtu de noir, sans manteau et sans la Toison, vivement agité, se promène à grands pas dans la chambre. Au fond, se tient son page, immobile et comme attendant ses ordres.

SCÈNE PREMIÈRE.

RUY BLAS, LE PAGE.

RUY BLAS, *à part et se parlant à lui-même.*

Que faire ? — Elle d'abord ! elle avant tout ! — rien qu'elle !
Dût-on voir sur un mur rejaillir ma cervelle,

Dût le gibet me prendre ou l'enfer me saisir!
Il faut que je la sauve! — Oui! mais y réussir?
Comment faire? donner mon sang, mon cœur, mon âme,
Ce n'est rien, c'est aisé. Mais rompre cette trame!
Deviner... — deviner! car il faut deviner!
Ce que cet homme a pu construire et combiner!
Il sort soudain de l'ombre et puis il s'y replonge,
Et là, seul dans sa nuit, que fait-il? — Quand j'y songe,
Dans le premier moment je l'ai prié pour moi;
Je suis un lâche, et puis c'est stupide! — Eh bien, quoi?
C'est un homme méchant. — Mais que je m'imagine
— La chose a sans nul doute une ancienne origine, —
Que, lorsqu'il tient sa proie à la mâche à moitié,
Ce démon va lâcher la reine, par pitié
Pour son valet! Peut-on fléchir les bêtes fauves?
— Mais, misérable, il faut pourtant que tu la sauves!
C'est toi qui l'as perdue! à tout prix! il le faut!
— C'est fini. Me voilà retombé! De si haut!
Si bas! j'ai donc rêvé! — Oh! je veux qu'elle échappe!
Mais lui, par quelle porte, ô Dieu! par quelle trappe,
Par où va-t-il venir, l'homme de trahison?
Dans ma vie et dans moi, comme en cette maison,
Il est maître. Il en peut arracher les dorures.
Il a toutes les clefs de toutes les serrures.
Il peut entrer, sortir, dans l'ombre s'approcher,
Et marcher sur mon cœur comme sur ce plancher.
— Oui, c'est que je rêvais! le sort trouble nos têtes
Dans la rapidité des choses sitôt faites. —
Je suis fou. Je n'ai plus une idée en son lieu.
Ma raison, dont j'étais si vain, mon Dieu! mon Dieu!
Prise en un tourbillon d'épouvante et de rage,
N'est plus qu'un pauvre jonc tordu par un orage!
Que faire? Pensons bien. D'abord empêchons-la
De sortir du palais. — Oh! oui, le piège est là.
Sans doute. Autour de moi tout est nuit, tout est gouffre.
Je sens le piège, mais je ne vois pas. — Je souffre!
C'est dit. Empêchons-la de sortir du palais.
Faisons-la prévenir sûrement, sans délais. —
Par qui? — je n'ai personne!

Il rêve avec accablement. Puis tout à coup, comme frappé d'une idée subite et d'une lueur d'espoir, il relève la tête.

Oui, don Guritan l'aime!
C'est un homme loyal! oui!

Faisant signe au page de s'approcher. Bas.

Page, à l'instant même,
Va chez don Guritan, et fais-lui de ma part
Mes excuses, et puis dis-lui que sans retard
Il aille chez la reine et qu'il la prie en grâce.
En mon nom comme au sien, quoi qu'on dise et qu'on fasse.
De ne point s'absenter du palais de trois jours.
Quoi qu'il puisse arriver. De ne point sortir. Cours!

Rappelant le page.

Ah!

Il tire de son garde-notes une feuille et un crayon.

Qu'il donne ce mot à la reine, et qu'il veille!

Il écrit rapidement sur son genou.

— « Croyez don Guritan, faites ce qu'il conseille! »

Il ploie le papier et le remet au page.

Quant à ce duel, dis-lui que j'ai tort, que je suis
A ses pieds, qu'il me plaigne et que j'ai des ennuis,
Qu'il porte chez la reine à l'instant mes supplique,
Et que je lui ferai des excuses publiques.
Qu'elle est en grand péril. Qu'elle ne sorte point.
Quoi qu'il arrive. Au moins trois jours! — De point en point
Fais tout. Va, sois discret, ne laisse rien paraître.

LE PAGE.

Je vous suis dévoué. Vous êtes un bon maître.

RUY BLAS.

Cours, mon bon petit page. As-tu bien tout compris?

LE PAGE.

Oui, monseigneur, soyez tranquille.

Il sort.

RUY BLAS, *resté seul, tombant sur un fauteuil.*

Mes esprits
Se calment. Cependant, comme dans la folie,
Je sens confusément des choses que j'oublie.
Oui, le moyen est sûr. Don Guritan!... — mais moi?
Faut-il attendre ici don Salluste? Pourquoi?
Non. Ne l'attendons pas. Cela le paralyse
Tout un grand jour. Allons prier dans quelque église.
Sortons. J'ai besoin d'aide, et Dieu m'inspirera!

Il prend son chapeau sur une crédence, et secoue une sonnette posée sur la table. Deux nègres, vêtus de velours vert clair et de brocart d'or, jaquettes plissées à grandes basques, paraissent à la porte du fond.

Je sors. Dans un instant un homme ici viendra.
— Par une entrée à lui. — Dans la maison, peut-être,
Vous le verrez agir comme s'il était maître.
Laissez-le faire. Et si d'autres viennent...

Après avoir hésité un moment.

Ma foi,
Vous laisserez entrer! —

Il congédie du geste les noirs, qui s'inclinent en signe d'obéissance, et qui sortent.

Allons!

Il sort.

Au moment où la porte se referme sur Ruy Blas, on entend un grand bruit dans la cheminée, par laquelle on voit tomber tout à coup un homme, enveloppé d'un manteau déguenillé, qui se précipite dans la chambre. C'est don César.

SCÈNE II.

DON CÉSAR.

Effaré, essoufflé, décoiffé, étourdi, avec une expression joyeuse et inquiète en même temps.

Tant pis! c'est moi!

Il se relève en se frottant la jambe sur laquelle il est tombé, et s'avance dans la chambre avec force révérences et chapeau bas.

Pardon! ne faites pas attention, je passe.
Vous parliez entre vous. Continuez, de grâce.
J'entre un peu brusquement, messieurs, j'en suis fâché!

Il s'arrête au milieu de la chambre et s'aperçoit qu'il est seul.

— Personne! — Sur le toit tout à l'heure perché,
J'ai cru pourtant ouïr un bruit de voix. — Personne!

S'asseyant dans un fauteuil.

Fort bien. Recueillons-nous. La solitude est bonne.
— Ouf! que d'événements! — J'en suis émerveillé
Comme l'eau qu'il secoue aveugle un chien mouillé.
Primo, ces alguazils qui m'ont pris dans leurs serres;
Puis cet embarquement absurde; ces corsaires;
Et cette grosse ville où l'on m'a tant battu;
Et les tentations faites sur ma vertu
Par cette femme jaune; et mon départ du bagne;
Mes voyages; enfin, mon retour en Espagne!
Puis, quel roman! le jour où j'arrive, c'est fort :
Ces mêmes alguazils rencontrés tout d'abord!
Leur poursuite enragée et ma fuite éperdue!
Je saute un mur; j'avise une maison perdue
Dans les arbres, j'y cours; personne ne me voit;
Je grimpe allégrement du hangar sur le toit;
Enfin, je m'introduis dans le sein des familles
Par une cheminée où je mets en guenilles

Mon manteau le plus neuf qui sur mes chausses pend !...
— Pardieu ! monsieur Salluste est un grand sacripant !

Se regardant dans une petite glace de Venise posée sur le grand coffre à tiroirs sculptés.

— Mon pourpoint m'a suivi dans mes malheurs. Il lutte !

Il ôte son manteau et mire dans la glace son pourpoint de satin rose usé, déchiré et rapiécé ; puis il porte vivement la main à sa jambe avec un coup d'œil vers la cheminée.

Mais ma jambe a souffert diablement dans ma chute !

Il ouvre les tiroirs du coffre. Dans l'un d'entre eux, il trouve un manteau de velours vert clair brodé d'or, le manteau donné par don Salluste à Ruy Blas. Il examine le manteau et le compare au sien.

— Ce manteau me paraît plus décent que le mien.

Il jette le manteau vert sur ses épaules, et met le sien à la place dans le coffre après l'avoir soigneusement plié ; il y ajoute son chapeau, qu'il enfonce sous le manteau d'un coup de poing, puis il referme le tiroir. Il se promène fièrement dans le beau manteau brodé d'or.

C'est égal, me voilà revenu. Tout va bien.
Ah ! mon très-cher cousin, vous voulez que j'émigre
Dans cette Afrique où l'homme est la souris du tigre !
Mais je vais me venger de vous, cousin damné.
Épouvantablement, quand j'aurai déjeuné.
J'irai, sous mon vrai nom, chez vous, traînant ma queue
D'affreux vauriens sentant le gibet d'une lieue,
Et je vous livrerai vivant aux appétits
De tous mes créanciers — suivis de leurs petits.

Il aperçoit dans un coin une magnifique paire de bottines à canons de dentelles. Il jette lestement ses vieux souliers, et chausse sans façon les bottines neuves.

Voyons d'abord où m'ont jeté ses perfidies.

Après avoir examiné la chambre de tous les côtés.

Maison mystérieuse et propre aux tragédies.
Portes closes, volets barrés, un vrai cachot.
Dans ce charmant logis on entre par en haut,
Juste comme le vin entre dans les bouteilles.

Avec un soupir.

— C'est bien bon du bon vin !

Il aperçoit la petite porte à droite, l'ouvre, s'introduit vivement dans le cabinet avec lequel elle communique ; puis rentre avec des gestes d'étonnement.

Merveille des merveilles !
Cabinet sans issue où tout est clos aussi !

Il va à la porte du fond, l'entr'ouvre, et regarde au dehors ; puis il la laisse retomber et revient sur le devant du théâtre.

Personne ! — Où diable suis-je ? — Au fait, j'ai réussi
A fuir les alguazils. Que m'importe le reste ?
Vais-je pas m'effarer et prendre un air funeste
Pour n'avoir jamais vu de maison faite ainsi ?

Il se rassied sur le fauteuil, bâille, puis se relève presque aussitôt.

Ah çà ! mais — je m'ennuie horriblement ici.

Avisant une petite armoire dans le mur, à gauche, qui fait le coin du pan coupé.

Voyons, ceci m'a l'air d'une bibliothèque.

Il y va et l'ouvre. C'est un garde-manger bien garni.

Justement. — un pâté, du vin, une pastèque.
C'est un en-cas complet. Six flacons bien rangés !
Diable ! sur ce logis j'avais des préjugés.

Examinant les flacons l'un après l'autre.

C'est d'un bon choix. — Allons ! l'armoire est honorable.

Il va chercher dans un coin la petite table ronde, l'apporte sur le devant du théâtre et la charge joyeusement de tout ce que contient le garde-manger, bouteilles, plats, etc.; il ajoute un verre, une assiette, une fourchette, etc. Puis il prend une des bouteilles.

Lisons d'abord ceci.

Il emplit le verre et boit d'un trait.

C'est une œuvre admirable
De ce fameux poëte appelé le soleil !
Xerès-des-Chevaliers n'a rien de plus vermeil.

Il s'assied, se verse un second verre et boit.

Quel livre vaut cela ? Trouvez-moi quelque chose
De plus spirituel !

Il boit.

Ah ! Dieu ! cela repose !

Mangeons.

Il entame le pâté.

Chiens d'alguazils ! je les ai déroutés.
Ils ont perdu ma trace.

Il mange.

Oh ! le roi des pâtés !
Quant au maître du lieu, s'il survient... —

Il va au buffet et en rapporte un verre et un couvert, qu'il pose sur la table.

Je l'invite.
— Pourvu qu'il n'aille pas me chasser ! Mangeons vite.

Il met les morceaux doubles.

Mon dîner fait, j'irai visiter la maison.
Mais qui peut l'habiter ? peut-être un bon garçon.
Ceci ne peut cacher qu'une intrigue de femme.
Bah ! quel mal fais-je ici ? qu'est-ce que je réclame ?
Rien, — l'hospitalité de ce digne mortel,
A la manière antique,

Il s'agenouille à demi et entoure la table de ses bras.

en embrassant l'autel.

Il boit.

D'abord, ceci n'est point le vin d'un méchant homme ;
Et puis, c'est convenu, si l'on vient, je me nomme.
Ah ! vous endiablerez, mon vieux cousin maudit !
Quoi, ce bohémien ? ce galeux ? ce bandit ?
Ce Zafari ? ce gueux ? ce va-nu-pieds ?... — Tout juste !
Don César de Bazan, cousin de don Salluste !
Oh ! la bonne surprise ! et dans Madrid quel bruit !
Quand est-il revenu ? ce matin ? cette nuit ?
Quel tumulte partout en voyant cette bombe,
Ce grand nom oublié qui tout à coup retombe !
Don César de Bazan ! Oui, messieurs, s'il vous plaît.
Personne n'y pensait, personne n'en parlait.
Il n'était donc pas mort ? Il vit, messieurs, mesdames !
Les hommes diront : Diable ! — Oui-da ! diront les femmes.
Doux bruit qui vous reçoit rentrant dans vos foyers,
Mêlé de l'aboiement de trois cents créanciers !
Quel beau rôle à jouer ! — Hélas ! l'argent me manque.

Bruit à la porte.

On vient ! — Sans doute on va comme un vil saltimbanque
M'expulser. — C'est égal, ne fais rien à demi,
César !

Il s'enveloppe de son manteau jusqu'aux yeux. La porte du fond s'ouvre. Entre un laquais en livrée portant sur son dos une grosse sacoche.

SCÈNE III.

DON CÉSAR, UN LAQUAIS.

DON CÉSAR, *toisant le laquais de la tête aux pieds.*
Qui venez-vous chercher céans, l'ami ?

A part.

Il faut beaucoup d'aplomb, le péril est extrême.

DON CÉSAR.
Lisons d'abord ceci.
(Page 31.)

LE LAQUAIS.
Don César de Bazan.
    DON CÉSAR, *dégageant son visage du manteau.*
              Don César! c'est moi-même!
              A part.
Voilà du merveilleux!
        LE LAQUAIS.
            Vous êtes le seigneur
Don César de Bazan?
        DON CÉSAR.
            Pardieu! j'ai cet honneur.
César! le vrai César! le seul César! le comte
De Garo..
    LE LAQUAIS, *posant sur le fauteuil la sacoche.*
        Daignez voir si c'est là votre compte.
      DON CÉSAR, *comme ébloui. A part.*
De l'argent? c'est trop fort!
            Haut.
            Mon cher...

        LE LAQUAIS.
            Daignez compter.
C'est la somme que j'ai l'ordre de vous porter.
        DON CÉSAR, *gravement.*
Ah! fort bien! je comprends.
            A part.
          Je veux bien que le diable!...
Çà, ne dérangeons pas cette histoire admirable.
Ceci vient fort à point.
            Haut.
            Vous faut-il des reçus?
        LE LAQUAIS.
Non, monseigneur.
      DON CÉSAR, *lui montrant la table.*
           Mettez cet argent là-dessus.
            Le laquais obéit.
De quelle part?

LA DUÈGNE.
Avez-vous à quelqu'un qui jusqu'à vous m'envoie.
(Page 35.)

LE LAQUAIS.
Monsieur le sait bien.
DON CÉSAR.
Sans nul doute ;
Mais...
LE LAQUAIS.
Cet argent, — voilà ce qu'il faut que j'ajoute, —
Vient de qui vous savez pour ce que vous savez.
DON CÉSAR, *satisfait de l'explication.*
Ah !
LE LAQUAIS.
Nous devons, tous deux, être fort réservés.
Chut !
DON CÉSAR.
Chut !!! Cet argent vient... — la phrase est magnifique !
Redites-la-moi donc !
LE LAQUAIS.
Cet argent...

DON CÉSAR.
Tout s'explique !
Me vient de qui je sais...
LE LAQUAIS.
Pour ce que vous savez.
Nous devons....
DON CÉSAR.
Tous les deux !!!
LE LAQUAIS.
Etre fort réservés.
DON CÉSAR.
C'est parfaitement clair.
LE LAQUAIS.
Moi j'obéis. Du reste
Je ne comprends pas.
DON CÉSAR.
Bah !

LE LAQUAIS.
Mais vous comprenez!
DON CÉSAR.
Peste!
LE LAQUAIS.
Il suffit.
DON CÉSAR.
Je comprends et je prends, mon très-cher.
De l'argent qu'on reçoit, d'abord, c'est toujours clair.
LE LAQUAIS.
Chut!
DON CÉSAR.
Chut!!! ne faisons pas d'indiscrétion. Diantre!
LE LAQUAIS.
Comptez, seigneur.
DON CÉSAR.
Pour qui me prends-tu?

Admirant la rondeur du sac posé sur la table.

Le beau ventre!
LE LAQUAIS, *insistant*.
Mais...
DON CÉSAR.
Je me fie à toi.
LE LAQUAIS.
L'or est en souverains.
Bons quadruples pesant sept gros trente-six grains,
Ou bons doublons au marc. L'argent, en croix-maries.

Don César ouvre la sacoche et en tire plusieurs sacs pleins d'or et d'argent, qu'il ouvre et vide sur la table avec admiration; puis il se met à puiser à pleines poignées dans les sacs d'or, et remplit ses poches de quadruples et de doublons.

DON CÉSAR, *s'interrompant avec majesté. A part.*
Voici que mon roman, couronnant ses féeries,
Meurt amoureusement sur un gros million.

Il se remet à remplir ses poches.

O délices! je mords à même un galion!

Une poche pleine, il passe à l'autre. Il se cherche des poches partout, et semble avoir oublié le laquais.

LE LAQUAIS, *qui le regarde avec impassibilité*.
Et maintenant j'attends vos ordres.
DON CÉSAR, *se retournant*.
Pourquoi faire?
LE LAQUAIS.
Afin d'exécuter, vite et sans qu'on diffère,
Ce que je ne sais pas et ce que vous savez.
De très-grands intérêts...
DON CÉSAR, *l'interrompant d'un air d'intelligence*.
Oui, publics et privés!!!
LE LAQUAIS.
Veulent que tout cela se fasse à l'instant même.
Je dis ce qu'on m'a dit de dire.
DON CÉSAR, *lui frappant sur l'épaule*.
Et je t'en aime,
Fidèle serviteur!
LE LAQUAIS.
Pour ne rien retarder,
Mon maître à vous me donne afin de vous aider.
DON CÉSAR.
C'est agir congrument. Faisons ce qu'il désire.
A part.
Je veux être pendu si je sais que lui dire.
Haut.
Approche, galion, et d'abord —

Il remplit de vin l'autre verre.

bois-moi ça!
LE LAQUAIS.
Quoi, seigneur!
DON CÉSAR.
Bois-moi ça!

Le laquais boit, don César lui remplit son verre.

Du vin d'Oropesa!

Il fait asseoir le laquais, le fait boire, et lui verse de nouveau vin

Causons.
A part.
Il a déjà la prunelle allumée.

Haut et s'étendant sur sa chaise.

L'homme, mon cher ami, n'est que de la fumée
Noire, et qui sort du feu des passions. Voilà.

Il lui verse à boire.

C'est bête comme tout, ce que je te dis là.
Et d'abord la fumée, au ciel bleu ramenée,
Se comporte autrement dans une cheminée.
Elle monte gaiement, et nous dégringolons.

Il se frotte la jambe.

L'homme n'est qu'un plomb vil.

Il remplit les deux verres.

Buvons. Tous tes doublons
Ne valent pas le chant d'un ivrogne qui passe.

Se rapprochant d'un air mystérieux.

Vois-tu, soyons prudents. Trop chargé, l'essieu casse.
Le mur sans fondement s'écroule subito.
Mon cher, raccroche-moi le col de mon manteau.
LE LAQUAIS, *fièrement*.
Seigneur, je ne suis pas valet de chambre.

Avant que don César ait pu l'en empêcher, il secoue la sonnette posée sur la table.

DON CÉSAR, *à part, effrayé*.
Il sonne!
Le maître va peut-être arriver en personne.
Je suis pris.

Entre un des noirs. Don César, en proie à la plus vive anxiété, se retourne du côté opposé comme ne sachant que devenir.

LE LAQUAIS, *au nègre*.
Remettez l'agrafe à monseigneur.

Le nègre s'approche gravement de don César, qui le regarde faire d'un air stupéfait; puis il rattache l'agrafe du manteau, salue et sort, laissant don César pétrifié.

DON CÉSAR, *se levant de table. — A part.*
Je suis chez Belzébuth, ma parole d'honneur!

Il vient sur le devant du théâtre et s'y promène à grands pas.

Ma foi, laissons-nous faire et prenons ce qui s'offre..
Donc je vais remuer les écus à plein coffre.
J'ai de l'argent! que vais-je en faire?

Se retournant vers le laquais attablé, qui continue à boire et qui commence à chanceler sur sa chaise.

Attends, pardon!

Rêvant, à part.

Voyons, — si je payais mes créanciers? — fi donc!
— Du moins, pour les calmer, âmes à s'aigrir promptes,
Si je les arrosais avec quelques à-comptes?
— A quoi bon arroser ces vilaines fleurs-là?.
Où diable mon esprit va-t-il chercher cela?
Rien n'est tel que l'argent pour vous corrompre un homme,
Et, fût-il descendant d'Annibal qui prit Rome,
L'emplir jusqu'au goulot de sentiments bourgeois!

Que dirait-on? me voir payer ce que je dois!
Ah!

LE LAQUAIS, *vidant son verre.*
Que m'ordonnez-vous?

DON CÉSAR.
Laisse-moi, je médite.
Bois eu m'attendant.

Le laquais se remet à boire. Lui continue de rêver et tout à coup se frappe le front comme ayant trouvé une idée.

Oui!
Au laquais.
Lève-toi tout de suite.
Voici ce qu'il faut faire! Emplis tes poches d'or.

Le laquais se lève en trébuchant et emplit d'or les poches de son justaucorps. Don César l'y aide tout en continuant.

Dans la ruelle, au bout de la Place-Mayor,
Entre au numéro neuf. Une maison étroite.
Beau logis, si ce n'est que la fenêtre à droite
A sur le cristallin une taie en papier.

LE LAQUAIS.
Maison borgne?

DON CÉSAR.
Non, louche. On peut s'estropier
En montant l'escalier. Prends-y garde.

LE LAQUAIS.
Une échelle?

DON CÉSAR.
A peu près. C'est plus roide. — En haut loge une belle
Facile à reconnaître : un bonnet de six sous
Avec de gros cheveux ébouriffés dessous,
Un peu courte, un peu rousse... — une femme charmante!
Sois très-respectueux, mon cher, c'est mon amante!
Lucinda, qui jadis, blonde à l'œil indigo,
Chez le pape, le soir, dansait le fandango.
Compte-lui cent ducats en mon nom. — Dans un bouge,
A côté, tu verras un gros diable au nez rouge,
Coiffé jusqu'aux sourcils d'un vieux feutre fané
Où pend tragiquement un plumeau consterné,
La rapière à l'échine et la loque à l'épaule.
— Donne de notre part six piastres à ce drôle. —
Plus loin, tu trouveras un trou noir comme un four.
Un cabaret qui chante au coin d'un carrefour.
Sur le seuil boit et fume un vivant qui le hante.
C'est un homme fort doux et de vie élégante,
Un seigneur dont jamais un juron ne tomba,
Et mon ami de cœur, nommé Goulatromba.
— Trente écus! et dis-lui, pour toutes patenôtres,
Qu'il les boive bien vite et qu'il en aura d'autres,
Donne à tous ces faquins ton argent le plus rond,
Et ne t'ébahis pas des yeux qu'ils ouvriront.

LE LAQUAIS.
Après?

DON CÉSAR.
Garde le reste. Et pour dernier chapitre.

LE LAQUAIS.
Qu'ordonne monseigneur?

DON CÉSAR.
Va te soûler, bélître!
Casse beaucoup de pots et fais beaucoup de bruit,
Et ne rentre chez toi que demain — dans la nuit.

LE LAQUAIS.
Suffit, mon prince.

Il se dirige vers la porte en faisant des zigzags.

DON CÉSAR, *le regardant marcher.* — A part.
Il est effroyablement ivre!

Le rappelant. L'autre se rapproche.

Ah!... — Quand tu sortiras, les oisifs vont te suivre.
Fais par ta contenance honneur à la boisson.
Sache te comporter d'une noble façon.
S'il tombe par hasard des écus de tes chausses,
Laisse tomber; — et si des essayeurs de sauces,
Des clercs, des écoliers, des gueux qu'on voit passer,
Les ramassent, — mon cher, laisse-les ramasser.
Ne sois pas un mortel de trop farouche approche.
Si même ils en prenaient quelques-uns dans ta poche,
Sois indulgent. Ce sont des hommes comme nous.
Et puis il faut, vois-tu, c'est une loi pour tous,
Dans ce monde, rempli de sombres aventures,
Donner parfois un peu de joie aux créatures.

Avec mélancolie.

Tous ces gens-là seront peut-être un jour pendus!
Ayons donc les égards pour eux qui leur sont dus!
— Va-t'en.

Le laquais sort. Resté seul, don César se rassied, s'accoude sur la table et paraît plongé dans de profondes réflexions.

C'est le devoir du chrétien et du sage,
Quand il a de l'argent d'en faire un bon usage.
J'ai de quoi vivre au moins huit jours! je les vivrai.
Et, s'il me reste un peu d'argent, je l'emploirai
A des fondations pieuses. Mais je n'ose
M'y fier, car on va me reprendre la chose,
C'est méprise sans doute, et ce mal adressé
Aura mal entendu, j'aurai mal prononcé...

La porte du fond se rouvre. Entre une duègne, vieille, cheveux gris, basquine et mantille noires, éventail.

SCÈNE IV.

DON CÉSAR, UNE DUÈGNE.

LA DUÈGNE, *sur le seuil de la porte.*
Don César de Bazan!

Don César, absorbé dans ses méditations, relève brusquement la tête.

DON CÉSAR.
Pour le coup!

A part.
Oh! femelle!

Pendant que la duègne accomplit une profonde révérence au fond du théâtre, il vient, stupéfait, sur le devant de la scène.

Mais il faut que le diable ou Salluste s'en mêle!
Gageons que je vais voir arriver mon cousin.
Une duègne!

Haut.
C'est moi don César. — Quel dessein?

A part.
D'ordinaire une vieille en annonce une jeune.

LA DUÈGNE (*révérence avec un signe de croix*).
Seigneur, je vous salue, aujourd'hui jour de jeûne,
En Jésus Dieu le fils sur qui rien ne prévaut.

DON CÉSAR, *à part.*
A galant dénoûment commencement dévot.

Haut.
Ainsi soit-il! Bonjour.

LA DUÈGNE.
Dieu vous maintienne en joie!

Mystérieusement.

Avez-vous à quelqu'un qui jusqu'à vous m'envoie
Donné pour cette nuit un rendez-vous secret?

DON CÉSAR.
Mais j'en suis fort capable.
LA DUÈGNE.
Elle tire de son garde-infante un billet plié et le lui présente, mais sans le lui laisser prendre.
Ainsi, mon beau discret,
C'est bien vous qui venez, et pour cette nuit même,
D'adresser ce message à quelqu'un qui vous aime,
Et que vous savez bien?
DON CÉSAR.
Ce doit être moi.
LA DUÈGNE.
Bon.
La dame, mariée à quelque vieux barbon,
A des ménagements sans doute est obligée,
Et de me renseigner céans on m'a chargée.
Je ne la connais pas, mais vous la connaissez.
La soubrette m'a dit les choses. C'est assez.
Sans les noms.
DON CÉSAR.
Hors le mien.
LA DUÈGNE.
C'est tout simple. Une dame
Reçoit un rendez-vous de l'ami de son âme,
Mais on craint de tomber dans quelque piége; mais
Trop de précautions ne gâtent rien jamais.
Bref, ici l'on m'envoie avoir de votre bouche
La confirmation...
DON CÉSAR.
Oh! la vieille farouche!
Vrai Dieu! quelle broussaille autour d'un billet doux!
Oui, c'est moi, moi, te dis-je!
LA DUÈGNE.
Elle pose sur la table le billet plié, que don César examine avec curiosité.
En ce cas, si c'est vous,
Vous écrirez : *Venez*, au dos de cette lettre.
Mais pas de votre main, pour ne rien compromettre.
DON CÉSAR.
Peste! au fait! de ma main!
A part.
Message bien rempli!
Il tend la main pour prendre la lettre; mais elle est recachetée, et la duègne ne la lui laisse pas toucher.
LA DUÈGNE.
N'ouvrez pas. Vous devez reconnaître le pli.
DON CÉSAR.
Pardieu!
A part.
Moi qui brûlais de voir! Jouons mon rôle!
Il agite la sonnette. Entre un des noirs.
Tu sais écrire?
Le noir fait un signe de tête affirmatif. Étonnement de don César. A part.
Un signe!
Haut.
Es-tu muet, mon drôle?
Le noir fait un nouveau signe d'affirmation. Nouvelle stupéfaction de don César. A part.
Fort bien! continuez! des muets à présent!
Au muet, en lui montrant la lettre que la vieille tient appliquée sur la table.
— Ecris-moi là : Venez :
Le muet écrit. Don César fait signe à la duègne de reprendre la lettre, et au muet de sortir. Le muet sort.

A part.
Il est obéissant!
LA DUÈGNE, *remettant le billet dans son garde-infante et se rapprochant de don César.*
Vous la verrez ce soir. Est-elle bien jolie?
DON CÉSAR.
Charmante!
LA DUÈGNE.
La suivante est d'abord accomplie.
Elle m'a pris à part au milieu du sermon.
Mais belle! un profil d'ange avec l'œil d'un démon.
Puis aux choses d'amour elle paraît savante.
DON CÉSAR, *à part.*
Je me contenterais fort bien de la servante!
LA DUÈGNE.
Nous jugeons, car toujours le beau fait peur au laid,
La sultane à l'esclave, et le maître au valet.
La vôtre est, à coup sûr, fort belle.
DON CÉSAR.
Je m'en flatte.
LA DUÈGNE, *faisant une révérence pour se retirer.*
Je vous baise la main.
DON CÉSAR, *lui donnant une poignée de doublons.*
Je te graisse la patte.
Tiens, vieille!
LA DUÈGNE, *empochant.*
La jeunesse est gaie aujourd'hui!
DON CÉSAR, *la congédiant.*
Va.
LA DUÈGNE (*révérences*).
Si vous aviez besoin... J'ai nom dame Oliva.
Couvent San-Isidro. —
Elle sort; puis la porte se rouvre et l'on voit sa tête reparaître
Toujours à droite assise
Au troisième pilier en entrant dans l'église.
Don César se retourne avec impatience. La porte retombe; puis elle se rouvre encore, et la vieille reparaît.
Vous la verrez ce soir! monsieur, pensez à moi
Dans vos prières.
DON CÉSAR, *la chassant avec colère.*
Ah!
La duègne disparaît; la porte se referme.
DON CÉSAR, *seul.*
Je me résous, ma foi,
A ne plus m'étonner. J'habite dans la lune.
Me voici maintenant une bonne fortune;
Et je vais contenter mon cœur après ma faim.
Rêvant.
Tout cela me paraît bien beau. — Gare la fin!
La porte du fond se rouvre. Paraît don Guritan avec deux longues épées sous le bras.

SCÈNE V.

DON CÉSAR, DON GURITAN.

DON GURITAN, *au fond du théâtre.*
Don César de Bazan!
DON CÉSAR.
Il se retourne et aperçoit don Guritan et les deux épées.
Enfin! à la bonne heure!
L'aventure était bonne, elle devient meilleure.

Bon dîner, de l'argent, un rendez-vous, — un duel !
Je redeviens César à l'état naturel !

Il aborde gaiement, avec force salutations empressées, don Guritan, qui fixe sur lui un œil inquiétant, et s'avance d'un pas roide sur le devant du théâtre.

C'est ici, cher seigneur. Veuillez prendre la peine

Il lui présente un fauteuil. Don Guritan reste debout.

D'entrer, de vous asseoir. — Comme chez vous sans gêne.
Enchanté de vous voir. — Çà, causons un moment.
Que fait-on à Madrid ? Ah ! quel séjour charmant !
Moi, je ne sais plus rien, je pense qu'on admire
Toujours Matalobos et toujours Lindamire.
Pour moi je craindrais plus, comme péril urgent,
La voleuse de cœurs que le voleur d'argent,
Oh ! les femmes, monsieur ! Cette engeance endiablée
Me tient, et j'ai la tête à leur endroit fêlée.
Parlez, remettez-moi l'esprit en bon chemin.
Je ne suis plus vivant, je n'ai plus rien d'humain,
Je suis un être absurde, un mort qui se réveille,
Un bœuf, un hidalgo de la Castille-Vieille.
On m'a volé ma plume et j'ai perdu mes gants.
J'arrive des pays les plus extravagants.

DON GURITAN.

Vous arrivez, mon cher monsieur ? Eh bien ! j'arrive
Encor bien plus que vous !

DON CÉSAR, *épanoui.*

De quelle illustre rive ?

DON GURITAN.

De là-bas, dans le Nord.

DON CÉSAR.

Et moi de tout là-bas,
Dans le Midi.

DON GURITAN.

Je suis furieux !

DON CÉSAR.

N'est-ce pas ?
Moi, je suis enragé !

DON GURITAN.

J'ai fait douze cents lieues

DON CÉSAR.

Moi, deux mille ! j'ai vu des femmes jaunes, bleues,
Noires, vertes. J'ai vu des lieux du ciel bénis,
Alger, la ville heureuse, et l'aimable Tunis,
Où l'on voit, tant ces Turcs ont des façons accortes,
Force gens empaillés accrochés sur les portes.

DON GURITAN.

On m'a joué, monsieur !

DON CÉSAR.

Et moi l'on m'a vendu !

DON GURITAN.

L'on m'a presque exilé !

DON CÉSAR.

L'on m'a presque pendu !

DON GURITAN.

On m'envoie à Neubourg, d'une manière adroite,
Porter ces quatre mots écrits dans une boîte :
« Gardez le plus longtemps possible ce vieux fou ! »

DON CÉSAR, *éclatant de rire.*

Parfait ! qui donc cela ?

DON GURITAN.

Mais je tordrai le cou
A César de Bazan !

DON CÉSAR, *gravement.*

Ah !

DON GURITAN.

Pour comble d'audace,
Tout à l'heure il m'envoie un laquais à sa place.
Pour l'excuser, dit-il ! Un dresseur de buffet !
Je n'ai point voulu voir le valet. Je l'ai fait
Chez moi mettre en prison, et je viens chez le maître.
Ce César de Bazan ! cet impudent ! ce traître !
Voyons, que je le tue ! Où donc est-il ?

DON CÉSAR, *toujours avec gravité.*

C'est moi.

DON GURITAN.

Vous ! — raillez-vous, monsieur ?

DON CÉSAR.

Je suis don César.

DON GURITAN.

Quoi !
Encor ?

DON CÉSAR.

Sans doute, encor !

DON GURITAN.

Mon cher, quittez ce rôle,
Vous m'ennuyez beaucoup si vous vous croyez drôle.

DON CÉSAR.

Vous, vous m'amusez fort. Et vous m'avez tout l'air
D'un jaloux. Je vous plains énormément, mon cher,
Car le mal qui nous vient des vices qui sont nôtres
Est pire que le mal que nous font ceux des autres.
J'aimerais mieux encore, et je le dis à vous,
Etre pauvre qu'avare et cocu que jaloux.
Vous êtes l'un et l'autre au reste. Sur mon âme,
J'attends encor ce soir madame votre femme.

DON GURITAN.

Ma femme !

DON CÉSAR.

Oui, votre femme !

DON GURITAN.

Allons ! je ne suis pas
Marié.

DON CÉSAR.

Vous venez faire cet embarras !
Point marié ! Monsieur prend depuis un quart d'heure
L'air d'un mari qui hurle ou d'un tigre qui pleure,
Si bien que je lui donne, avec simplicité,
Un tas de bons conseils en cette qualité !
Mais si vous n'êtes pas marié, par Hercule,
De quel droit êtes-vous à ce point ridicule ?

DON GURITAN.

Savez-vous bien, monsieur, que vous m'exaspérez ?

DON CÉSAR.

Bah !

DON GURITAN.

Que c'est trop fort !

DON CÉSAR.

Vrai ?

DON GURITAN.

Que vous me le paîrez !

DON CÉSAR.

Il examine d'un air goguenard les souliers de don Guritan, qui disparaissent sous des flots de rubans selon la nouvelle mode.

Jadis on se mettait des rubans sur la tête.
Aujourd'hui, je le vois, c'est une mode honnête,
On en met sur sa botte. On se coiffe les pieds.
C'est charmant !

DON GURITAN.

Nous allons nous battre !

DON CÉSAR, *impassible.*
                    Vous croyez?
            DON GURITAN.
Vous n'êtes pas César, la chose me regarde,
Mais je vais commencer par vous.
            DON CÉSAR.
                    Bon. Prenez garde
De finir par moi.
    DON GURITAN, *présentant une des deux épées.*
            Fat! sur-le-champ!
        DON CÉSAR, *prenant l'épée.*
                    De ce pas.
Quand je tiens un bon duel, je ne le lâche pas!
            DON GURITAN.
Où?
            DON CÉSAR.
Derrière le mur. Cette rue est déserte.
    DON GURITAN, *essayant la pointe de son épée sur le*
                    parquet.
Pour César, je le tue ensuite!
            DON CÉSAR.
                    Vraiment!
            DON GURITAN.
                        Certe!
    DON CÉSAR, *faisant aussi ployer son épée.*
Bah! l'un de nous deux mort, je vous défie après
De tuer don César.
            DON GURITAN.
                Sortons!

Ils sortent. On entend le bruit de leurs pas, qui s'éloignent. Une petite porte masquée s'ouvre à droite dans le mur, et donne passage à don Salluste.

SCÈNE VI.

DON SALLUSTE, vêtu d'un habit vert sombre, presque noir.

Il paraît soucieux et préoccupé. Il regarde et écoute avec inquiétude.

            Aucuns apprêts!
    Apercevant la table chargée de mets.
Que veut dire ceci?
    Écoutant le bruit des pas de César et de Guritan.
            Quel est donc ce tapage?
    Il se promène, rêveur, sur l'avant-scène.
Gudiel ce matin a vu sortir le page
Et l'a suivi.—Le page allait chez Guritan.—
Je ne vois pas Ruy Blas.—Et ce page...—Satan!
C'est quelque contre-mine! oui, quelque avis fidèle
Dont il aura chargé don Guritan pour elle!
— On ne peut rien savoir des muets!—C'est cela!
Je n'avais pas prévu ce don Guritan-là!

Rentre don César. Il tient à la main l'épée nue, qu'il jette en entrant sur un fauteuil.

SCÈNE VII.

DON SALLUSTE, DON CÉSAR.

        DON CÉSAR, *du seuil de la porte.*
Ah! j'en étais bien sûr! vous voilà donc, vieux diable!
        DON SALLUSTE, *se retournant, pétrifié.*
Don César!
    DON CÉSAR, *croisant les bras avec un grand éclat de rire.*
            Vous tramez quelque histoire effroyable!
Mais je dérange tout, pas vrai, dans ce moment?
Je viens au beau milieu m'épater lourdement!
            DON SALLUSTE, *à part.*
Tout est perdu!
            DON CÉSAR, *riant.*
                Depuis toute la matinée,
Je patauge à travers vos toiles d'araignée.
Aucun de vos projets ne doit être debout.
Je m'y vautre au hasard. Je vous démolis tout.
C'est très-réjouissant.
            DON SALLUSTE, *à part.*
                    Démon! qu'a-t-il pu faire?
        DON CÉSAR, *riant de plus fort en plus fort.*
Votre homme au sac d'argent,—qui venait pour l'affaire!
— Pour ce que vous savez!—qui vous savez!—
                Il rit.
                            Parfait!
            DON SALLUSTE.
Eh bien?
            DON CÉSAR.
            Je l'ai soûlé.
            DON SALLUSTE.
                    Mais l'argent qu'il avait?
        DON CÉSAR, *majestueusement.*
J'en ai fait des cadeaux à diverses personnes.
Dame! on a des amis.
            DON SALLUSTE.
                    A tort tu me soupçonnes...
Je...
        DON CÉSAR, *faisant sonner ses grègues.*
            J'ai d'abord rempli mes poches, vous pensez.
                Il se remet à rire.
Vous savez bien? la dame!...
            DON SALLUSTE.
                        Oh!
        DON CÉSAR, *qui remarque son anxiété.*
                            Que vous connaissez.—

Don Salluste écoute avec un redoublement d'angoisse. Don César poursuit en riant.

Qui m'envoie une duègne, affreuse compagnonne,
Dont la barbe fleurit et dont le nez trognonne...
            DON SALLUSTE.
Pourquoi?
            DON CÉSAR.
        Pour demander, par prudence et sans bruit,
Si c'est bien don César qui l'attend cette nuit...
            DON SALLUSTE, *à part.*
Ciel!

Haut.

Qu'as-tu répondu?

DON CÉSAR.

J'ai dit que oui, mon maître!
Que je l'attendais!

DON SALLUSTE, *à part.*

Tout n'est pas perdu peut-être!

DON CÉSAR.

Enfin, votre tueur, votre grand capitan,
Qui m'a dit sur le pré s'appeler — Guritan,

Mouvement de don Salluste.

Qui ce matin n'a pas voulu voir, l'homme sage,
Un laquais de César lui portant un message,
Et qui venait céans m'en demander raison.

DON SALLUSTE.

Eh bien! qu'en as-tu fait?

DON CÉSAR.

J'ai tué cet oison.

DON SALLUSTE.

Vrai?

DON CÉSAR.

Vrai. Là, sous le mur, à cette heure il expire.

DON SALLUSTE.

Es-tu sûr qu'il soit mort?

DON CÉSAR.

J'en ai peur.

DON SALLUSTE, *à part.*

Je respire!
Allons! bonté du ciel! il n'a rien dérangé!
Au contraire. Pourtant donnons-lui son congé.
Débarrassons-nous-en! quel rude auxiliaire!
Pour l'argent, ce n'est rien.

Haut.

L'histoire est singulière.
Et vous n'avez pas vu d'autres personnes?

DON CÉSAR.

Non.
Mais j'en verrai. Je veux continuer. Mon nom,
Je compte en faire éclat tout à travers la ville.
Je vais faire un scandale affreux. Soyez tranquille.

DON SALLUSTE, *à part.*

Diable!

Vivement et se rapprochant de don César.

Garde l'argent, mais quitte la maison!

DON CÉSAR.

Oui? Vous me feriez suivre! on sait votre façon.
Puis je retournerais, aimable destinée,
Contempler ton azur, ô Méditerranée!
Point.

DON SALLUSTE.

Crois-moi.

DON CÉSAR.

Non. D'ailleurs, dans ce palais-prison
Je sens quelqu'un en proie à votre trahison.
Toute intrigue de cour est une échelle double.
D'un côté, bras lié, morne et le regard trouble,
Monte le patient; de l'autre, le bourreau.
— Or, vous êtes bourreau — nécessairement

DON SALLUSTE.

Oh!

DON CÉSAR.

Moi, je tire l'échelle, et patatras!

DON SALLUSTE.

Je jure.....

DON CÉSAR.

Je veux, pour tout gâter, rester dans l'aventure.
Je vous sais assez fort, cousin, assez subtil
Pour pendre deux ou trois pantins au même fil.
Tiens! j'en suis un! Je reste!

DON SALLUSTE.

Écoute...

DON CÉSAR.

Rhétorique!
Ah! vous me faites vendre aux pirates d'Afrique!
Ah! vous me fabriquez ici des faux César!
Ah! vous compromettez mon nom!

DON SALLUSTE.

Hasard!

DON CÉSAR.

Hasard?
Mets que font les fripons pour les sots qui le mangent.
Point de hasard! Tant pis si vos plans se dérangent!
Mais je prétends sauver ceux qu'ici vous perdez.
Je vais crier mon nom sur les toits.

Il monte sur l'appui de la fenêtre et regarde au dehors.

Attendez!
Juste! des alguazils passent sous la fenêtre.

Il passe son bras à travers les barreaux et l'agite en criant :

Holà!

DON SALLUSTE, *effaré sur le devant du théâtre.* — *A part.*

Tout est perdu s'il se fait reconnaître!

Entrent des alguazils précédés d'un alcade. Don Salluste paraît en proie à une vive perplexité. Don César va vers l'alcade d'un air de triomphe.

SCÈNE VIII.

LES MÊMES, UN ALCADE, DES ALGUAZILS.

DON CÉSAR, *à l'alcade.*

Vous allez consigner dans vos procès-verbaux.....

DON SALLUSTE, *montrant don César à l'alcade.*

Que voici le fameux voleur Matalobos!

DON CÉSAR, *stupéfait.*

Comment!

DON SALLUSTE, *à part.*

Je gagne tout en gagnant vingt-quatre heures.

A l'alcade.

Cet homme ose en plein jour entrer dans les demeures.
Saisissez ce voleur.

Les alguazils saisissent don César au collet.

DON CÉSAR, *furieux, à don Salluste.*

Je suis votre valet,
Vous mentez hardiment!

L'ALCADE.

Qui donc nous appelait?

DON SALLUSTE.

C'est moi.

DON CÉSAR.

Pardieu! c'est fort!

L'ALCADE.

Paix! je crois qu'il raisonne.

DON CÉSAR.

Mais je suis don César de Bazan en personne!

DON CÉSAR.
Mais je suis don César de Bazan en personne!
(Page 39.)

DON SALLUSTE.
Don César? — Regardez son manteau, s'il vous plaît.
Vous trouverez SALLUSTE écrit sous le collet.
C'est un manteau qu'il vient de me voler... —
Les alguazils arrachent le manteau ; l'alcade l'examine.
L'ALCADE.
       C'est juste.
DON SALLUSTE.
Et le pourpoint qu'il porte...
   DON CÉSAR, *à part.*
     Oh! le damné Salluste!
DON SALLUSTE, *continuant.*
Il est au comte d'Albe, auquel il fut volé... —
 Montrant un écusson brodé sur le parement de la manche gauche.
Dont voici le blason!
   DON CÉSAR, *à part.*
    Il est ensorcelé!

L'ALCADE, *examinant le blason.*
Oui, les deux châteaux d'or...
   DON SALLUSTE.
      Et puis les deux chaudières.
Enriquez et Gusman.
En se débattant, don César fait tomber quelques doublons de ses poches. Don Salluste montre à l'alcade la façon dont elles sont remplies.
     Sont-ce là les manières
Dont les honnêtes gens portent l'argent qu'ils ont?
   L'ALCADE, *hochant la tête.*
Hum!
     DON CÉSAR, *à part.*
  Je suis pris!
Les alguazils le fouillent et lui prennent son argent.
   UN ALGUAZIL, *fouillant.*
   Voilà des papiers.

RUY BLAS.
Meurs avec ta livrée, enfin, sous ton linceul !
(Page 42.)

DON CÉSAR, *à part.*
                               Ils y sont !
Oh ! pauvres billets doux sauvés dans mes traverses !
    L'ALCADE, *examinant les papiers.*
Des lettres ?... qu'est cela ? — d'écritures diverses ?...
    DON SALLUSTE, *lui faisant remarquer les suscriptions.*
Toutes au comte d'Albe !
            L'ALCADE.
               Oui.
            DON CÉSAR.
                Mais...
    LES ALGUAZILS, *lui liant les mains.*
                           Pris ! quel bonheur !
    UN ALGUAZIL, *entrant, à l'alcade.*
Un homme est là qu'on vient d'assassiner, seigneur.
            L'ALCADE.
Quel est l'assassin ?

    DON SALLUSTE, *montrant don César.*
                Lui !
            DON CÉSAR, *à part.*
                    Ce duel ! quelle équipée !
            DON SALLUSTE.
En entrant, il tenait à la main une épée,
La voilà.
    L'ALCADE, *examinant l'épée.*
        Du sang. — Bien.
                    A don César.
                           Allons, marche avec eux !
    DON SALLUSTE, *à don César que les alguazils emmènent.*
Bonsoir, Matalobos.
    DON CÉSAR, *faisant un pas vers lui et le regardant fixement.*
            Vous êtes un fier gueux !

ACTE CINQUIÈME

LE TIGRE ET LE LION

Même chambre. C'est la nuit. Une lampe est posée sur la table.

Au lever du rideau, Ruy Blas est seul. Une sorte de longue robe noire cache ses vêtements.

SCÈNE PREMIÈRE.

RUY BLAS, *seul.*

C'est fini. Rêve éteint! Visions disparues!
Jusqu'au soir au hasard j'ai marché dans les rues.
J'espère en ce moment. Je suis calme. La nuit
On pense mieux. La tête est moins pleine de bruit.
Rien de trop effrayant sur ces murailles noires;
Les meubles sont rangés, les clefs sont aux armoires;
Les muets sont là-haut qui dorment. La maison
Est vraiment bien tranquille. Oh! oui, pas de raison
D'alarme. Tout va bien. Mon page est très-fidèle.
Don Guritan est sûr alors qu'il s'agit d'elle.
O mon Dieu! n'est-ce pas que je puis vous bénir,
Que vous avez laissé l'avis lui parvenir,
Que vous m'avez aidé, vous Dieu bon, vous Dieu juste,
A protéger cet ange, à déjouer Salluste,
Qu'elle n'a rien à craindre, hélas! rien à souffrir,
Et qu'elle est bien sauvée, — et que je puis mourir?

Il tire de sa poitrine une petite fiole, qu'il pose sur la table.

Oui, meurs maintenant, lâche! et tombe dans l'abîme!
Meurs comme on doit mourir quand on expie un crime!
Meurs dans cette maison, vil, misérable et seul!

Il écarte sa robe noire, sous laquelle on entrevoit la livrée qu'il portait au premier acte.

— Meurs avec ta livrée, enfin, sous ton linceul!
— Dieu! si ce démon vient voir sa victime morte,

Il pousse un meuble de façon à barricader la porte secrète.

Qu'il n'entre pas du moins par cette horrible porte!

Il revient vers la table.

— Oh! le page a trouvé Guritan, c'est certain;
Il n'était pas encor huit heures du matin.

Il fixe son regard sur la fiole.

— Pour moi, j'ai prononcé mon arrêt, et j'apprête
Mon supplice, et je vais moi-même sur ma tête
Faire choir du tombeau le couvercle pesant.
J'ai du moins le plaisir de penser qu'à présent
Personne n'y peut rien. Ma chute est sans remède!

S'asseyant sur le fauteuil.

Elle m'aimait pourtant! — Que Dieu me soit en aide!
Je n'ai pas de courage!

Il pleure.

Oh! l'on aurait bien dû
Nous laisser en paix!

Il cache sa tête dans ses mains et pleure à sanglots.

Dieu!

Relevant la tête, et, comme égaré, regardant la fiole.

L'homme qui m'a vendu
Ceci me demandait quel jour du mois nous sommes.
Je ne sais pas. J'ai mal dans la tête. Les hommes
Sont méchants. Vous mourez, personne ne s'émeut.
Je souffre! — Elle m'aimait! — Et dire qu'on ne peut
Jamais rien ressaisir d'une chose passée! —
Je ne la verrai plus! Sa main que j'ai pressée,
Sa bouche qui toucha mon front... — Ange adoré!
Pauvre ange! — Il faut mourir, mourir désespéré!
Sa robe où tous les plis contenaient de la grâce,
Son pied qui fait trembler mon âme quand il passe,
Son œil où s'enivraient mes yeux irrésolus,
Son sourire, sa voix... Je ne la verrai plus!
Je ne l'entendrai plus! — Enfin, c'est donc possible?
Jamais!

Il avance avec angoisse sa main vers la fiole; au moment où il la saisit convulsivement, la porte du fond s'ouvre. La reine paraît, vêtue de blanc, avec une mante de couleur sombre, dont le capuchon, rejeté sur ses épaules, laisse voir sa tête pâle. Elle tient une lanterne sourde à la main; elle la pose à terre et marche rapidement vers Ruy Blas.

SCÈNE II.

RUY BLAS, LA REINE.

LA REINE, *entrant.*

Don César!

RUY BLAS, *se retournant avec un mouvement d'épouvante, et fermant précipitamment la robe qui cache sa livrée.*

Dieu! c'est elle! — Au piège horrible
Elle est prise!

Haut.

Madame!...

LA REINE.

Eh bien! quel cri d'effroi!
César...

RUY BLAS.

Qui vous a dit de venir ici?

LA REINE.

Toi.

RUY BLAS.

Moi! — Comment?

LA REINE.

J'ai reçu de vous...

RUY BLAS, *haletant.*

Parlez donc vite!

LA REINE.

Une lettre.

RUY BLAS.

De moi?

LA REINE.

De votre main écrite.

RUY BLAS.

Mais c'est à se briser le front contre le mur!
Mais je n'ai pas écrit, pardieu! j'en suis bien sûr!

LA REINE, *tirant de sa poitrine un billet qu'elle lui présente.*

Lisez donc.

Ruy Blas prend la lettre avec emportement, se penche vers la lampe et lit.

RUY BLAS, *lisant.*

« Un danger terrible est sur ma tête.
« Ma reine seule peut conjurer la tempête... »

Il regarde la lettre avec stupeur, comme ne pouvant aller plus loin.

LA REINE, *continuant et lui montrant du doigt la ligne qu'elle lit.*

« En venant me trouver ce soir dans ma maison.
« Sinon, je suis perdu. »

RUY BLAS, *d'une voix éteinte.*

Oh! quelle trahison!
Ce billet!

LA REINE, *continuant de lire.*

« Par la porte au bas de l'avenue.
« Vous entrerez la nuit sans être reconnue.
« Quelqu'un de dévoué vous ouvrira. »

RUY BLAS, *à part.*

J'avais
Oublié ce billet.

A la reine, d'une voix terrible.

Allez-vous-en!

LA REINE.

Je vais
M'en aller, don César. O mon Dieu! que vous êtes
Méchant! qu'ai-je donc fait?

RUY BLAS.

O ciel! ce que vous faites!
Vous vous perdez!

LA REINE.

Comment?

RUY BLAS.

Je ne puis l'expliquer.
Fuyez vite.

LA REINE.

J'ai même, et pour ne rien manquer,
Eu le soin d'envoyer ce matin une duègne...

RUY BLAS.

Dieu! mais à chaque instant, comme d'un cœur qui saigne
Je sens que votre vie à flots coule et s'en va.
Partez!

LA REINE, *comme frappée d'une idée subite.*

Le dévouement que mon amour rêva
M'inspire. Vous touchez à quelque instant funeste.
Vous voulez m'écarter de vos dangers. Je reste.

RUY BLAS.

Ah! voilà, par exemple, une idée! ô mon Dieu!
Rester à pareille heure et dans un pareil lieu!

LA REINE.

La lettre est bien de vous. Ainsi...

RUY BLAS, *levant les bras au ciel avec désespoir.*

Bonté divine!

LA REINE.

Vous voulez m'éloigner.

RUY BLAS, *lui prenant la main.*

Comprenez!

LA REINE.

Je devine.

Dans le premier moment vous m'écrivez, et puis...

RUY BLAS.

Je ne t'ai pas écrit. Je suis un démon. Fuis!
Mais c'est toi, pauvre enfant, qui te prends dans un piège!
Mais c'est vrai! mais l'enfer de tous côtés t'assiége!
Pour te persuader je ne trouve donc rien?
Ecoute, comprends donc : je t'aime, tu sais bien.
Pour sauver ton esprit de ce qu'il imagine,
Je voudrais arracher mon cœur de ma poitrine!
Oh! je t'aime. Va-t'en!

LA REINE.

Don César...

RUY BLAS.

Oh! va-t'en!

— Mais j'y songe, on a dû t'ouvrir?

LA REINE.

Mais oui.

RUY BLAS.

Satan!

Qui?

LA REINE.

Quelqu'un de masqué, caché par la muraille.

RUY BLAS.

Masqué! Qu'a dit cet homme? est-il de haute taille?
Cet homme, quel est-il? Mais parle donc! j'attends!

Un homme en noir et masqué paraît à la porte du fond.

L'HOMME MASQUÉ.

C'est moi!

Il ôte son masque. C'est don Salluste. La reine et Ruy Blas le reconnaissent avec terreur.

SCÈNE III.

LES MÊMES, DON SALLUSTE.

RUY BLAS.

Grand Dieu!—Fuyez, madame!

DON SALLUSTE.

Il n'est plus temps.
Madame de Neubourg n'est plus reine d'Espagne.

LA REINE, *avec horreur.*

Don Salluste!

DON SALLUSTE, *montrant Ruy Blas.*

A jamais vous êtes la compagne
De cet homme.

LA REINE.

Grand Dieu! c'est un piège en effet!
Et don César...

RUY BLAS, *désespéré.*

Madame, hélas! qu'avez-vous fait?

DON SALLUSTE, *s'avançant à pas lents vers la reine.*

Je vous tiens. — Mais je vais parler sans lui déplaire.
A Votre Majesté, car je suis sans colère.
Je vous trouve, — écoutez, ne faisons pas de bruit, —
Seule avec don César, dans sa chambre, à minuit.
Ce fait, — pour une reine, — étant public, — en somme,
Suffit pour annuler le mariage à Rome.
Le saint-père en serait informé promptement.
Mais on supplée au fait par le consentement,
Tout peut rester secret.

Il tire de sa poche un parchemin, qu'il déroule et qu'il présente à la reine.

Signez-moi cette lettre

Au seigneur notre roi. Je la ferai remettre
Par le grand écuyer au notaire mayor.
Ensuite, — une voiture où j'ai mis beaucoup d'or,

Désignant le dehors.

Est-là. — Partez tous deux sur-le-champ. Je vous aide.
Sans être inquiétés, vous pourrez par Tolède
Et par Alcantara gagner le Portugal.
Allez où vous voudrez, cela nous est égal.
Nous fermerons les yeux. — Obéissez. Je jure
Que seul en ce moment je connais l'aventure;
Mais si vous refusez, Madrid sait tout demain.
Ne nous emportons pas. Vous êtes dans ma main.

Montrant la table, sur laquelle il y a une écritoire.

Voilà tout ce qu'il faut pour écrire, madame.

LA REINE, *atterrée, tombant sur le fauteuil.*

Je suis en son pouvoir!

DON SALLUSTE.

De vous je ne réclame
Que ce consentement pour le porter au roi.

Bas à Ruy Blas, qui écoute tout, immobile, et comme frappé de la foudre.

Laisse-moi faire, ami, je travaille pour toi!

A la reine.

Signez.

LA REINE, *tremblante, à part.*

Que faire?

DON SALLUSTE, *se penchant à son oreille et lui présentant une plume.*

Allons! qu'est-ce qu'une couronne?
Vous gagnez le bonheur si vous perdez le trône.
Tous mes gens sont restés dehors. On ne sait rien
De ceci. Tout se passe entre nous trois.

Essayant de lui mettre la plume entre les doigts, sans qu'elle la repousse ni la prenne.

Eh bien?

La reine, indécise et égarée, le regarde avec angoisse.

Si vous ne signez point, vous vous frappez vous-même.
Le scandale et le cloître!

LA REINE, *accablée.*

O Dieu!

DON SALLUSTE, *montrant Ruy Blas.*

César vous aime..
Il est digne de vous. Il est, sur mon honneur,
De fort grande maison. Presque prince. Un seigneur
Ayant donjon sur roche et fief dans la campagne.
Il est duc d'Olmedo, Bazan, et grand d'Espagne,..

Il pousse sur le parchemin la main de la reine, éperdue et tremblante, et qui semble prête à signer.

RUY BLAS, *comme se réveillant tout à coup.*

Je m'appelle Ruy Blas, et je suis un laquais!

Arrachant des mains de la reine la plume et le parchemin, qu'il déchire.

Ne signez pas, madame! — Enfin! — Je suffoquais!

LA REINE.

Que dit-il? don César!

RUY BLAS, *laissant tomber sa robe et se montrant vêtu de la livrée, sans épée.*

Je dis que je me nomme
Ruy Blas, et que je suis le valet de cet homme!

Se tournant vers don Salluste.

Je dis que c'est assez de trahison ainsi,
Et que je ne veux pas de mon bonheur! — Merci!
— Ah! vous avez eu beau me parler à l'oreille! —
Je dis qu'il est bien temps qu'enfin je me réveille,
Quoique tout garrotté dans vos complots hideux,
Et que je n'irai pas plus loin, et qu'à nous deux,
Monseigneur, nous faisons un assemblage infâme.
J'ai l'habit d'un laquais, et vous en avez l'âme!

DON SALLUSTE, *à la reine, froidement.*

Cet homme est en effet mon valet.

A Ruy Blas avec autorité.

Plus un mot.

LA REINE, *laissant enfin échapper un cri de désespoir et se tordant les mains.*

Juste ciel!

DON SALLUSTE, *poursuivant.*

Seulement il a parlé trop tôt.

Il croise les bras et se redresse, avec une voix tonnante.

Eh bien! oui, maintenant disons tout. Il n'importe!
Ma vengeance est assez complète de la sorte.

A la reine.

Qu'en pensez-vous? Madrid va rire, sur ma foi!
Ah! vous m'avez cassé! je vous détrône, moi.
Ah! vous m'avez banni! je vous chasse, et m'en vante!
Ah! vous m'avez pour femme offert votre suivante!

Il éclate de rire.

Moi, je vous ai donné mon laquais pour amant.
Vous pourrez l'épouser aussi! certainement.
Le roi s'en va! — Son cœur sera votre richesse!

Il rit.

Et vous l'aurez fait duc afin d'être duchesse.

Grinçant des dents.

Ah! vous m'avez brisé, flétri, mis sous vos pieds,
Et vous dormiez en paix, folle que vous étiez!

Pendant qu'il a parlé, Ruy Blas est allé à la porte du fond et en a poussé le verrou, puis il s'est approché de lui sans qu'il s'en soit aperçu, par derrière et à pas lents. Au moment où don Salluste achève, fixant des yeux pleins de haine et de triomphe sur la reine, anéantie, Ruy Blas saisit l'épée du marquis par la poignée et la tire vivement.

RUY BLAS, *terrible, l'épée de don Salluste à la main.*

Je crois que vous venez d'insulter votre reine!

Don Salluste se précipite vers la porte. Ruy Blas la lui barre.

— Oh! n'allez point par là, ce n'en est pas la peine,
J'ai poussé le verrou depuis longtemps déjà. —
Marquis, jusqu'à ce jour Satan te protégea,
Mais, s'il veut t'arracher de mes mains, qu'il se montre!
— A mon tour! — on écrase un serpent qu'on rencontre.
— Personne n'entrera, ni tes gens, ni l'enfer!
Je te tiens écumant sous mon talon de fer!
— Cet homme vous parlait insolemment, madame!
Je vais vous expliquer. Cet homme n'a point d'âme,
C'est un monstre. En riant, hier, il m'étouffait.
Il m'a broyé le cœur à plaisir. Il m'a fait
Fermer une fenêtre, et j'étais au martyre!
Je priais! je pleurais! je ne peux pas vous dire!

Au marquis.

Vous contiez vos griefs dans ces derniers moments
Je ne répondrai pas à vos raisonnements,
Et d'ailleurs — je n'ai pas compris. — Ah! misérable!
Vous osez! — votre reine! une femme adorable!
Vous osez l'outrager quand je suis là! — Tenez,
Pour un homme d'esprit, vraiment, vous m'étonnez!
Et vous vous figurez que je vous verrai faire
Sans rien dire! — Ecoutez, quelle que soit sa sphère,
Monseigneur, lorsqu'un traître, un fourbe tortueux,
Commet de certains faits rares et monstrueux,
Noble ou manant, tout homme a droit, sur son passage,
De venir lui cracher sa sentence au visage,
Et de prendre une épée, une hache, un couteau!...—

LA REINE.
. . . . . Ruy Blas, je vous pardonne!
(Page 46.)

Pardieu! j'étais laquais! quand je serais bourreau?
LA REINE.
Vous n'allez pas frapper cet homme!
RUY BLAS.
Je me blâme
D'accomplir devant vous ma fonction, madame.
Mais il faut étouffer cette affaire en ce lieu.

Il pousse don Salluste vers le cabinet.

— C'est dit, monsieur! allez là-dedans prier Dieu!
DON SALLUSTE.
C'est un assassinat!
RUY BLAS.
Crois-tu?

DON SALLUSTE, *désarmé, et jetant un regard plein de rage autour de lui.*
Sur ces murailles
Rien! pas d'arme!

A Ruy Blas.
Une épée au moins!
RUY BLAS.
Marquis! tu railles!
Maitre! est-ce que je suis un gentilhomme, moi?
Un duel! fi donc! je suis un de tes gens, à toi,
Valetaille de rouge et de galons vêtue,
Un maraud qu'on châtie et qu'on fouette, — et qui tue
Oui, je vais te tuer, monseigneur, vois-tu bien?
Comme un infâme! comme un lâche! comme un chien!
LA REINE.
Grâce pour lui!
RUY BLAS, *à la reine, saisissant le marquis.*
Madame, ici chacun se venge.
Le démon ne peut plus être sauvé par l'ange!
LA REINE, *à genoux.*
Grâce!
DON SALLUSTE, *appelant.*
Au meurtre! au secours!

RUY BLAS, *levant l'épée.*

As-tu bientôt fini?

DON SALLUSTE, *se jetant sur lui en criant.*

Je meurs assassiné! Démon!

RUY BLAS, *le poussant dans le cabinet.*

Tu meurs puni!

Ils disparaissent dans le cabinet, dont la porte se referme sur eux.

LA REINE, *restée seule, tombant demi-morte sur le fauteuil.*

Ciel!

Un moment de silence. Rentre Ruy Blas, pâle, sans épée.

SCÈNE IV.

LA REINE, RUY BLAS.

Ruy Blas fait quelques pas en chancelant, vers la reine, immobile et glacée; puis il tombe à deux genoux, l'œil fixé à terre, comme s'il n'osait lever les yeux jusqu'à elle.

RUY BLAS, *d'une voix grave et basse.*

Maintenant, madame, il faut que je vous dise.
— Je n'approcherai pas. — Je parle avec franchise.
Je ne suis point coupable autant que vous croyez.
Je sens, ma trahison, comme vous la voyez,
Doit vous paraître horrible... Oh! ce n'est pas facile
A raconter. Pourtant je n'ai pas l'âme vile.
Je suis honnête au fond. — Cet amour m'a perdu.
Je ne me défends pas, je sais bien, j'aurais dû
Trouver quelque moyen. La faute est consommée.
— C'est égal, voyez-vous, je vous ai bien aimée.

LA REINE.

Monsieur...

RUY BLAS, *toujours à genoux.*

N'ayez pas peur, je n'approcherai point.
A Votre Majesté je vais de point en point
Tout dire. Oh! croyez-moi, je n'ai pas l'âme vile! —
Aujourd'hui, tout le jour, j'ai couru par la ville
Comme un fou. Bien souvent même on m'a regardé.
Auprès de l'hôpital que vous avez fondé,
J'ai senti vaguement, à travers mon délire,
Une femme du peuple essuyer sans rien dire
Les gouttes de sueur qui tombaient de mon front.
Ayez pitié de moi, mon Dieu! mon cœur se rompt!

LA REINE.

Que voulez-vous?

RUY BLAS, *joignant les mains.*

Que vous me pardonniez, madame.

LA REINE.

Jamais.

RUY BLAS.

Jamais!

Il se lève et marche lentement vers la table.

Bien sûr?

LA REINE.

Non, jamais!

RUY BLAS.

Il prend la fiole posée sur la table, la porte à ses lèvres et la vide d'un trait.

Triste flamme,
Eteins-toi!

LA REINE, *se levant et courant à lui.*

Que fait-il?

RUY BLAS, *posant la fiole.*

Rien. Mes maux sont finis.
Rien. Vous me maudissez, et moi je vous bénis.
Voilà tout.

LA REINE, *éperdue.*

Don César!

RUY BLAS.

Quand je pense, pauvre ange,
Que vous m'avez aimé!

LA REINE.

Quel est ce philtre étrange?
Qu'avez-vous fait? Dis-moi! réponds-moi! parle-moi!
César! je te pardonne et t'aime et je te crois!

RUY BLAS.

Je m'appelle Ruy Blas.

LA REINE, *l'entourant de ses bras.*

Ruy Blas, je vous pardonne!
Mais, qu'avez-vous donc fait? Parle, je te l'ordonne!
Ce n'est pas du poison, cette affreuse liqueur?
Dis!

RUY BLAS.

Si! c'est du poison. Mais j'ai la joie au cœur.

Tenant la reine embrassée et levant les yeux au ciel.

Permettez, ô mon Dieu! justice souveraine!
Que ce pauvre laquais bénisse cette reine,
Car elle a consolé mon cœur crucifié,
Vivant, par son amour; mourant, par sa pitié!

LA REINE.

Du poison! Dieu! c'est moi qui l'ai tué! Je t'aime!
Si j'avais pardonné?...

RUY BLAS, *défaillant.*

J'aurais agi de même.

Sa voix s'éteint. La reine le soutient dans ses bras.

Je ne pouvais plus vivre. Adieu!

Montrant la porte.

Fuyez d'ici!
— Tout restera secret. — Je meurs!

Il tombe.

LA REINE, *se jetant sur son corps*

Ruy Blas!

RUY BLAS, *qui allait mourir, se réveille à son nom prononcé par la reine.*

Merci!

FIN DE RUY BLAS.

NOTE

Il est arrivé à l'auteur de voir représenter en province *Angelo, tyran de Padoue*, par des acteurs qui prononçaient *Tisbe, Dafne*, fort satisfaisants, du reste, sous d'autres rapports. Il lui paraît donc utile d'indiquer ici, pour ceux qui pourraient l'ignorer, que, dans les noms espagnols et italiens, les *e* doivent se prononcer *é*. Quand on lit *Teve, Camporeal, Oñate*, il faut dire *Tévé, Camporéal, Ognáté*. Après cette observation, qui s'adresse particulièrement aux régisseurs des théâtres de province où l'on pourrait monter *Ruy Blas*, l'auteur croit à propos d'expliquer, pour le lecteur, deux ou trois mots spéciaux employés dans ce drame. Ainsi, *almojarifazgo* est le mot arabe par lequel on désignait, dans l'ancienne monarchie espagnole, le tribut de cinq pour cent que payaient au roi toutes les marchandises qui allaient d'Espagne aux Indes; ainsi l'impôt des *ports-secs* signifie le droit de douane des villes frontières. Du reste, et cela va sans dire, il n'y a pas dans *Ruy Blas* un détail de vie privée ou publique, d'intérieur, d'ameublement, de blason, d'étiquette, de biographie, de chiffre ou de topographie, qui ne soit scrupuleusement exact. Ainsi, quand le comte de Camporeal dit : *La maison de la reine, ordinaire et civile, coûte par an six cent soixante-quatre mille soixante-six ducats*, on peut consulter *Solo Madrid es corte*, on y trouvera cette somme pour le règne de Charles II, sans un maravédis de plus ou de moins. Quand don Salluste dit : *Sandoval porte d'or à la bande de sable*, on n'a qu'à recourir au registre de la grandesse pour s'assurer que don Salluste ne change rien au blason de Sandoval. Quand le laquais du quatrième acte dit : *L'or est en souverains, bons quadruples pesant sept gros trente-six grains, ou bons doublons au marc*, on peut ouvrir le livre des monnaies publié sous Philippe IV, *en la imprenta real*. De même pour le reste. L'auteur pourrait multiplier à l'infini ce genre d'observations, mais on comprendra qu'il s'arrête ici. Toutes ces pièces pourraient être escortées d'un volume de notes dont il se dispense et dont il dispense le lecteur. Il l'a déjà dit ailleurs, et il espère qu'on s'en souvient peut-être, *à défaut de talent il a la conscience*. Et cette conscience, il veut la porter en tout, dans les petites choses comme dans les grandes, dans la citation d'un chiffre comme dans la peinture des cœurs et des âmes, dans le dessin d'un blason comme dans l'analyse des caractères et des passions. Seulement, il croit devoir maintenir rigoureusement chaque chose dans sa proportion, et ne jamais souffrir que le petit détail sorte de sa place. Les petits détails d'histoire et de vie domestique doivent être scrupuleusement étudiés et reproduits par le poëte, mais uniquement comme des moyens d'accroître la réalité de l'ensemble, et de faire pénétrer jusque dans les coins les plus obscurs de l'œuvre cette vie générale et puissante au milieu de laquelle les personnages sont plus vrais, et les catastrophes, par conséquent, plus poignantes. Tout doit être subordonné à ce but. L'homme sur le premier plan, le reste au fond.

Pour en finir avec les observations minutieuses, notons encore en passant que Ruy Blas, au théâtre, dit (troisième acte) : Monsieur de Priego, *comme sujet du roi*, etc., et que dans le livre il dit : *comme noble du roi*. Le livre donne l'expression juste. En Espagne, il y avait deux espèces de nobles, les *nobles du royaume*, c'est-à-dire tous les gentilshommes, et les *nobles du roi*, c'est-à-dire les grands d'Espagne. Or, M. de Priego est grand d'Espagne, et, par conséquent, noble du roi. Mais l'expression aurait pu paraître obscure à quelques spectateurs peu lettrés; et comme au théâtre deux ou trois personnes qui ne comprennent pas se croient parfois le droit de troubler deux mille personnes qui comprennent, l'auteur a fait dire à Ruy Blas *sujet du roi* pour *noble du roi*, comme il avait déjà fait dire à Angelo Malipieri la *croix rouge* au lieu de la *croix de gueules*. Il en offre ici toutes ses excuses aux spectateurs intelligents.

Maintenant qu'on lui permette d'accomplir un devoir qui est pour lui un plaisir, c'est-à-dire d'adresser un remerciment public à cette troupe excellente qui vient de se révéler tout à coup par *Ruy Blas* au public parisien dans la belle salle Ventadour, et qui a tout à la fois l'éclat des troupes neuves et l'ensemble des troupes anciennes. Il n'est pas un personnage de cette pièce, si petit qu'il soit, qui ne soit remarquablement bien représenté, et plusieurs des rôles secondaires laissent entrevoir aux connaisseurs, par des ouvertures trop étroites à la vérité, des talents fort distingués. Grâce, en grande partie, à cette troupe si intelligente et si bien faite, de hautes destinées attendent, nous n'en doutons pas, ce magnifique théâtre, déjà aussi royal qu'aucun des théâtres royaux, et plus utile aux lettres qu'aucun des théâtres subventionnés.

Quant à nous, pour nous borner aux rôles principaux, félicitons M. Féréol de cette science d'excellent comédien avec laquelle il a reproduit la figure chevaleresque et gravement bouffonne de don Guritan. Au dix-septième siècle, il restait encore en Espagne quelques Don Quichottes malgré Cervantes. M. Féréol s'en est spirituellement souvenu.

M. Alexandre Mauzin a supérieurement compris et composé don Salluste. Don Salluste, c'est Satan, mais Satan grand d'Espagne de première classe; c'est l'orgueil du démon sous la fierté du marquis; du bronze sous de l'or; un personnage poli, sérieux, contenu, sobrement railleur, froid, lettré, homme du monde, avec des éclairs infernaux. Il faut à l'acteur qui aborde ce rôle, et c'est ce que tous les connaisseurs ont trouvé dans M. Alexandre, une manière tranquille, sinistre et grande, avec deux explosions terribles, l'une au commencement, l'autre à la fin.

Le rôle de don César a naturellement eu beaucoup d'aventures dont les journaux et les tribunaux ont entretenu le public. En somme, le résultat a été le plus heureux du monde. Don César a fort cavalièrement pris au boulevard, et fort légitimement donné à la comédie un bien qui lui appartenait, c'est-à-dire le talent vrai, fin, souple, charmant, irrésistiblement gai et singulièrement littéraire de M. Saint-Firmin.

La reine est un ange, et la reine est une femme. Le double aspect de cette chaste figure a été reproduit par mademoiselle Louise Baudoin avec une intelligence rare et exquise. Au cinquième acte, Marie de Neubourg repousse le laquais et s'attendrit sur le mourant; reine devant la faute, elle redevient femme devant l'expiation. Aucune de ces nuances n'a échappé à mademoiselle Baudoin, qui s'est élevée très-haut dans ce rôle. Elle a eu la pureté, la dignité et le pathétique.

Quant à M. Frédérick Lemaitre, qu'en dire? Les acclamations enthousiastes de la foule le saisissent à son entrée en scène et le suivent jusqu'après le dénoûment. Rêveur et profond au premier acte, mélancolique au deuxième, grand, passionné et sublime au troisième, il s'élève au cinquième acte à l'un de ces prodigieux effets tragiques du haut desquels l'acteur rayonnant domine tous les souvenirs de son art. Pour les vieillards, c'est Lekain et Garrick mêlés dans un seul homme; pour nous, contemporains, c'est l'action de Kean combinée avec l'émotion de Talma. Et puis, partout, à travers les éclairs éblouissants de son jeu, M. Frédérick a des larmes, de ces vraies larmes, qui font pleurer les autres, de ces larmes dont parle Horace : *Si vis me flere, dolendum est primum ipsi tibi.* Dans *Ruy Blas*, M. Frédérick réalise pour nous l'idéal du grand acteur. Il est certain que toute sa vie de théâtre, le passé comme l'avenir, sera illuminée par cette création radieuse. Pour M. Frédérick, la soirée du 8 novembre 1838 n'a pas été une représentation, mais une transfiguration.

FIN DE LA NOTE DE RUY BLAS.

LIBRAIRIE MARESCQ ET C⁰, 5, rue du Pont-de-Lodi.   J. HETZEL, ÉDITEUR.   LIBRAIRIE BLANCHARD, 78, rue de Richelieu.

OEUVRES DE VICTOR HUGO

HERNANI

ILLUSTRÉ PAR FOULQUIER.

L'auteur de ce drame écrivait il y a peu de semaines à propos d'un poëte mort avant l'âge :

« ..... Dans ce moment de mêlée et de tourment litté-
« raire, qui faut-il plaindre, ceux qui meurent ou ceux qui
« combattent? Sans doute, il est triste de voir un poëte de
« vingt ans qui s'en va, une lyre qui se brise, un avenir
« qui s'évanouit; mais n'est-ce pas quelque chose aussi que
« le repos? N'est-il pas permis à ceux autour desquels s'a-
« massent incessamment calomnies, injures, haines, jalou-
« sies, sourdes menées, basses trahisons; hommes loyaux
« auxquels on fait une guerre déloyale; hommes dévoués
« qui ne voudraient enfin que doter le pays d'une liberté
« de plus, celle de l'art, celle de l'intelligence; hommes la-
« borieux qui poursuivent paisiblement leur œuvre de con-
« science, en proie d'un côté à de viles machinations de
« censure et de police, en butte de l'autre, trop souvent, à
« l'ingratitude des esprits mêmes pour lesquels ils travail-
« lent; ne leur est-il pas permis de retourner quelquefois
« la tête avec envie vers ceux qui sont tombés derrière eux
« et qui dorment dans le tombeau! *Invideo*, disait Luther
« dans le cimetière de Worms, *invideo, quia quiescunt*.

« Qu'importe toutefois? Jeunes gens, ayons bon cou-
« rage! si rude qu'on nous veuille faire le présent, l'ave-
« nir sera beau. Le romantisme, tant de fois mal défini,
« n'est, à tout prendre, et c'est là sa définition réelle, si
« l'on ne l'envisage que sous son côté militant, que le *li-
« béralisme* en littérature. Cette vérité est déjà comprise
« à peu près de tous les bons esprits, et le nombre en est
« grand; et bientôt, car l'œuvre est déjà bien avancée, le
« libéralisme littéraire ne sera pas moins populaire que le
« libéralisme politique. La liberté dans l'art, la liberté
« dans la société, voilà le double but auquel doivent ten-
« dre d'un même pas tous les esprits conséquents et logi-
« ques; voilà la double bannière qui rallie, à bien peu
« d'intelligences près (lesquelles s'éclaireront), toute la
« jeunesse si forte et si patiente aujourd'hui; puis, avec la
« jeunesse et à sa tête, l'élite de la génération qui nous a
« précédés, tous ces sages vieillards qui, après le premier
« moment de défiance et d'examen, ont reconnu que ce
« que font leurs fils est une conséquence de ce qu'ils ont
« fait eux-mêmes, et que la liberté littéraire est fille de la
« liberté politique. Ce principe est celui du siècle et pré-

12   PARIS. — TYP. SIMON RAÇON ET C⁰, RUE D'ERFURTH, 1.   1

« vaudra. Les *ultras* de tout genre, classiques ou monar-
« chiques, auront beau se prêter secours pour refaire l'an-
« cien régime de toutes pièces, société et littérature ; cha-
« que progrès du pays, chaque développement des intelli-
« gences, chaque pas de la liberté fera crouler tout ce
« qu'ils auront échafaudé. Et, en définitive, leurs efforts
« de réaction auront été utiles. En révolution, tout mouve-
« ment fait avancer. La vérité et la liberté ont cela d'ex-
« cellent que tout ce qu'on fait pour elles et tout ce qu'on
« fait contre elles les sert également. Or, après tant de
« grandes choses que nos pères ont faites et que nous avons
« vues, nous voilà sortis de la vieille forme sociale ; com-
« ment ne sortirions-nous pas de la vieille forme poétique ?
« A peuple nouveau, art nouveau. Tout en admirant la lit-
« térature de Louis XIV si bien adaptée à sa monarchie,
« elle saura bien avoir sa littérature propre et personnelle
« et nationale, cette France actuelle, cette France du dix-
« neuvième siècle à qui Mirabeau a fait sa liberté et Napo-
« léon sa puissance (1). »

Qu'on pardonne à l'auteur de ce drame de se citer ici lui-même ; ses paroles ont si peu le don de se graver dans les esprits, qu'il aurait souvent besoin de les rappeler. D'ailleurs, aujourd'hui, il n'est peut-être point hors de propos de remettre sous les yeux des lecteurs les deux pages qu'on vient de transcrire. Ce n'est pas que ce drame puisse en rien mériter le beau nom d'*art nouveau*, de *poésie nouvelle*, loin de là ; mais c'est que le principe de la liberté en littérature vient de faire un pas ; c'est qu'un progrès vient de s'accomplir, non dans l'art, ce drame est trop peu de chose, mais dans le public ; c'est que, sous ce rapport du moins, une partie des pronostics hasardés plus haut viennent de se réaliser.

Il y avait péril, en effet, à changer ainsi brusquement d'auditoire, à risquer sur le théâtre des tentatives confiées jusqu'ici seulement au papier *qui souffre tout* ; le public des livres est bien différent du public des spectacles, et l'on pouvait craindre de voir le second repousser ce que le premier avait accepté. Il n'en a rien été. Le principe de la liberté littéraire, déjà compris par le monde qui lit et qui médite, n'a pas été moins complétement adopté par cette immense foule, avide des pures émotions de l'art, qui inonde chaque soir les théâtres de Paris. Cette voix haute et puissante du peuple, qui ressemble à celle de Dieu, veut désormais que la poésie ait la même devise que la politique : TOLÉRANCE ET LIBERTÉ.

Maintenant vienne le poëte ! il y a un public.

Et cette liberté, le public la veut telle qu'elle doit être, se conciliant avec l'ordre, dans l'État, avec l'art, dans la littérature. La liberté a une sagesse qui lui est propre, et sans laquelle elle n'est pas complète. Que les vieilles règles de d'Aubignac meurent avec les vieilles coutumes de Cujas, cela est bien ; qu'à une littérature de cour succède une littérature de peuple, cela est mieux encore ; mais surtout qu'une raison intérieure se rencontre au fond de toutes ces nouveautés. Que le principe de liberté fasse son affaire, mais qu'il la fasse bien. Dans les lettres, comme dans la société, point d'étiquette, point d'anarchie : des lois. Ni talons rouges, ni bonnets rouges.

Voilà ce que veut le public, et il veut bien. Quant à nous, par déférence pour ce public qui a accueilli avec tant d'indulgence un essai qui en méritait si peu, nous lui donnons ce drame aujourd'hui tel qu'il a été représenté. Le jour viendra peut-être de le publier tel qu'il a été conçu par l'auteur (2), en indiquant et en discutant les modifications

---

(1) Lettre aux éditeurs des poésies de M. Dovalle.
(2) Ce jour, prédit par l'auteur, est venu. Nous donnons dans cette édition *Hernani* tout entier, tel que le poëte l'avait écrit, avec les développements de passion, les détails de mœurs et les saillies de caractères que la représentation avait retranchés. Quant à la discussion critique que l'auteur indique, elle sortira d'elle-même, pour tous les lecteurs, de la comparaison qu'ils pourront faire entre l'*Hernani* tronqué du théâtre et l'*Hernani*

que la scène lui a fait subir. Ces détails de critique peuvent ne pas être sans intérêt ni sans enseignements, mais ils sembleraient minutieux aujourd'hui ; la liberté de l'art est admise, la question principale est résolue ; à quoi bon s'arrêter aux questions secondaires ? nous y reviendrons du reste quelque jour, et nous parlerons aussi, bien en détail, en la ruinant par les raisonnements et par les faits, de cette censure dramatique qui est le seul obstacle à la liberté du théâtre, maintenant qu'il n'y en a plus dans le public. Nous essayerons, à nos risques et périls et par dévouement aux choses de l'art, de caractériser les mille abus de cette petite inquisition de l'esprit, qui a, comme l'autre saint-office, ses juges secrets, ses bourreaux masqués, ses tortures, ses mutilations, et sa peine de mort. Nous déchirerons, s'il se peut, ces langes de police dont il est honteux que le théâtre soit encore emmailloté au dix-neuvième siècle.

Aujourd'hui il ne doit y avoir place que pour la reconnaissance et les remercîments. C'est au public que l'auteur de ce drame adresse les siens, et du fond du cœur. Cette œuvre, non de talent, mais de conscience et de liberté, a été généreusement protégée contre bien des inimitiés par le public, parce que le public est toujours, aussi lui, consciencieux et libre. Grâces lui soient donc rendues, ainsi qu'à cette jeunesse puissante qui a porté aide et faveur à l'ouvrage d'un jeune homme sincère et indépendant comme elle ! C'est pour elle surtout qu'il travaille, parce que ce serait une gloire bien haute que l'applaudissement de cette élite de jeunes hommes, intelligente, logique, conséquente, vraiment libérale en littérature comme en politique, noble génération qui ne se refuse pas à ouvrir les deux yeux à la vérité et à recevoir la lumière des deux côtés.

Quant à son œuvre en elle-même, il n'en parlera pas. Il accepte les critiques qui en ont été faites, les plus sévères comme les plus bienveillantes, parce qu'on peut profiter à toutes. Il n'ose se flatter que tout le monde ait compris du premier coup ce drame, dont le *Romancero general* est la véritable clef. Il prierait volontiers les personnes que cet ouvrage a pu choquer de relire *le Cid*, *Don Sanche*, *Nicomède*, ou plutôt tout Corneille et tout Molière, ces grands et admirables poëtes. Cette lecture, si pourtant elles veulent bien faire d'abord la part de l'immense infériorité de l'auteur d'*Hernani*, les rendra peut-être moins sévères pour certaines choses qui ont pu les blesser dans la forme ou dans le fond de ce drame. En somme, le moment n'est peut-être pas encore venu de le juger. *Hernani* n'est jusqu'ici que la première pierre d'un édifice qui existe tout construit dans la tête de son auteur, mais dont l'ensemble peut seul donner quelque valeur à ce drame. Peut-être ne trouvera-t-on pas mauvaise un jour la fantaisie qui lui a pris de mettre, comme l'architecte de Bourges, une porte presque moresque à sa cathédrale gothique.

En attendant, ce qu'il a fait est bien peu de chose, il le sait. Puissent le temps et la force ne pas lui manquer pour achever son œuvre ! Elle ne vaudra qu'autant qu'elle sera terminée. Il n'est pas de ces poëtes privilégiés qui peuvent mourir ou s'interrompre avant d'avoir fini, sans péril pour leur mémoire ; il n'est pas de ceux qui restent grands, même sans avoir complété leur ouvrage, heureux hommes dont on peut dire ce que Virgile disait de Carthage ébauchée.

Pendent opera interrupta, minæque
Murorum ingentes !

9 mars 1830.

---

de cette édition. Espérons tout des progrès que le public des théâtres fait chaque jour.

Mai 1836.

— *Note de l'Éditeur.* —

HERNANI

PERSONNAGES.

HERNANI.
DON CARLOS.
DON RUY GOMEZ DE SILVA.
DONA SOL DE SILVA.
LE ROI DE BOHÊME.
LE DUC DE BAVIÈRE.
LE DUC DE GOTHA.
LE BARON DE HOHENBOURG.
LE DUC DE LUTZELBOURG.
IAQUEZ.
DON SANCHO.
DON MATIAS.
DON RICARDO.
DON GARCI SUAREZ.
DON FRANCISCO.

DON JUAN DE HARO.
DON PEDRO GUZMAN DE LARA.
DON GIL TELLEZ GIRON.
DONA JOSEFA DUARTE.
Un Montagnard.
Une Dame.
Premier Conjuré.
Deuxième Conjuré.
Troisième Conjuré.
Conjurés de la ligue sacro-sainte,
(allemands et espagnols).
Montagnards.
Seigneurs.
Soldats, Pages.
Peuple, etc.

Espagne, 1519.

I
LE ROI

SARAGOSSE.

ACTE PREMIER

Une chambre à coucher. La nuit. Une lampe sur une table.

SCÈNE PREMIÈRE.

DONA JOSEFA DUARTE, vieille; en noir, avec le corps de sa jupe cousu de jais, à la mode d'Isabelle la Catholique; DON CARLOS.

DONA JOSEFA, *seule*.

Elle ferme les rideaux cramoisis de la fenêtre et met en ordre quelques fauteuils. On frappe à une petite porte dérobée à droite. Elle écoute. On frappe un second coup.

Serait-ce déjà lui ?

Un nouveau coup.

C'est bien à l'escalier
Dérobé.

Un quatrième coup.

Vite, ouvrons !

Elle ouvre la petite porte masquée. Entre don Carlos, le manteau sur le nez et le chapeau sur les yeux.

Bonjour, beau cavalier.

Elle l'introduit. Il écarte son manteau et laisse voir un riche costume de velours et de soie, à la mode castillane de 1519. Elle le regarde sous le nez et recule étonnée.

Quoi, seigneur Hernani, ce n'est pas vous ! — Main-forte ! Au feu !

DON CARLOS, *lui saisissant le bras*.

Deux mots de plus, duègne, vous êtes morte !

Il la regarde fixement. Elle se tait, effrayée.

Suis-je chez doña Sol ? fiancée au vieux duc
De Pastrana, son oncle, un bon seigneur, caduc,
Vénérable et jaloux ? Dites ? La belle adore
Un cavalier sans barbe et sans moustache encore,
Et reçoit tous les soirs, malgré les envieux,
Le jeune amant sans barbe à la barbe du vieux.
Suis-je bien informé ?

Elle se tait. Il la secoue par le bras.

Vous répondrez peut-être ?

DONA JOSEFA.

Vous m'avez défendu de dire deux mots, maître.

DON CARLOS.

Aussi n'en veux-je qu'un. — Oui, — non. — Ta dame est bien
Doña Sol de Silva ? parle.

DONA JOSEFA.

Oui. — Pourquoi ?

DON CARLOS.

Pour rien.
Le duc, son vieux futur, est absent à cette heure ?

DONA JOSEFA.

Oui.

DON CARLOS.

Sans doute elle attend son jeune ?

DONA JOSEFA.

Oui.

DON CARLOS.

Que je meure !

DONA JOSEFA.
Oui.
DON CARLOS.
Duègne! c'est ici qu'aura lieu l'entretien?
DONA JOSEFA.
Oui.
DON CARLOS.
Cache-moi céans!
DONA JOSEFA.
Vous!
DON CARLOS.
Moi.
DONA JOSEFA.
Pourquoi?
DON CARLOS.
Pour rien.
DONA JOSEFA.
Moi vous cacher!
DON CARLOS.
Ici.
DONA JOSEFA.
Jamais!
DON CARLOS, *tirant de sa ceinture une bourse et un poignard.*
Daignez, madame,
Choisir de cette bourse ou bien de cette lame.
DONA JOSEFA, *prenant la bourse.*
Vous êtes donc le diable?
DON CARLOS.
Oui, duègne.
DONA JOSEFA, *ouvrant une armoire étroite dans le mur.*
Entrez ici.
DON CARLOS, *examinant l'armoire.*
Cette boîte!
DONA JOSEFA, *la refermant.*
Va-t'en si tu n'en veux pas!
DON CARLOS, *rouvrant l'armoire.*
Si!
L'examinant encore.
Serait-ce l'écurie où tu mets, d'aventure,
Le manche du balai qui te sert de monture?
Il s'y blottit avec peine.
Ouf!
DONA JOSEFA, *joignant les mains avec scandale.*
Un homme ici!
DON CARLOS, *dans l'armoire restée ouverte.*
C'est une femme, — est-ce pas, —
Qu'attendait ta maîtresse?
DONA JOSEFA.
O ciel! j'entends le pas
De doña Sol. — Seigneur, fermez vite la porte.
Elle pousse la porte de l'armoire, qui se referme.
DON CARLOS, *de l'intérieur de l'armoire.*
Si vous dites un mot, duègne, vous êtes morte!
DONA JOSEFA, *seule.*
Qu'est cet homme? Jésus mon Dieu! si j'appelais?...
Qui? — Hors madame et moi tout dort dans le palais.
— Bah! l'autre va venir; la chose le regarde.
Il a sa bonne épée, et que le ciel nous garde
De l'enfer!
Pesant la bourse.
Après tout, ce n'est pas un voleur.
Entre doña Sol, en blanc. Doña Josefa cache la bourse.

SCÈNE II.

DONA JOSEFA, DON CARLOS, *caché*, DONA SOL,
puis HERNANI.

DONA SOL.
Josefa!

DONA JOSEFA.
Madame!
DONA SOL.
Ah! je crains quelque malheur.
Hernani devrait être ici!
Bruit de pas à la petite porte.
Voici qu'il monte!
Ouvre avant qu'il ne frappe, et fais vite, et sois prompte!
Josefa ouvre la petite porte. Entre Hernani. Grand manteau, grand chapeau. Dessous, un costume de montagnard d'Aragon, gris, avec une cuirasse de cuir; une épée, un poignard et un cor à sa ceinture.
DONA SOL, *courant à lui.*
Hernani!
HERNANI.
Doña Sol! ah! c'est vous que je vois
Enfin! et cette voix qui parle est votre voix!
Pourquoi le sort mit-il mes jours si loin des vôtres?
J'ai tant besoin de vous pour oublier les autres!
DONA SOL, *touchant ses vêtements.*
Jésus! votre manteau ruisselle! il pleut donc bien?
HERNANI.
Je ne sais.
DONA SOL.
Vous devez avoir froid?
HERNANI.
Ce n'est rien.
DONA SOL.
Otez donc ce manteau!
HERNANI.
Doña Sol, mon amie!
Dites-moi, quand la nuit vous êtes endormie,
Calme, innocente et pure, et qu'un sommeil joyeux
Entr'ouvre votre bouche et du doigt clôt vos yeux,
Un ange vous dit-il combien vous êtes douce
Au malheureux que tout abandonne et repousse?
DONA SOL.
Vous avez bien tardé, seigneur! mais dites-moi
Si vous avez froid?
HERNANI.
Moi! je brûle près de toi!
Ah! quand l'amour jaloux bouillonne dans nos têtes,
Quand notre cœur se gonfle et s'emplit de tempêtes,
Qu'importe ce que peut un nuage des airs
Nous jeter en passant de tempête et d'éclairs!
DONA SOL, *lui défaisant son manteau.*
Allons! donnez la cape et l'épée avec elle!
HERNANI, *la main sur son épée.*
Non. C'est mon autre amie, innocente et fidèle. —
Doña Sol, le vieux duc, votre futur époux,
Votre oncle, est donc absent?
DONA SOL.
Oui, cette heure est à nous.
HERNANI.
Cette heure! et voilà tout. Pour nous, plus rien qu'une heure,
Après, qu'importe! Il faut qu'on oublie ou qu'on meure.
Ange! une heure avec vous! une heure, en vérité,
A qui voudrait la vie, et puis l'éternité!
DONA SOL.
Hernani!
HERNANI, *amèrement.*
Que je suis heureux que le duc sorte!
Comme un larron qui tremble et qui force une porte,
Vite, j'entre, et vous vois, et dérobe au vieillard
Une heure de vos chants et de votre regard,
Et je suis bien heureux, et sans doute on m'envie
De lui voler une heure, et lui me prend ma vie!
DONA SOL.
Calmez-vous!
Remettant le manteau à la duègne.
Josefa, fais sécher le manteau.
Josefa sort.

Elle s'assied et fait signe à Hernani de venir près d'elle.
Venez là.
         HERNANI, *sans l'entendre.*
   Donc le duc est absent du château !
         DONA SOL, *souriant.*
Comme vous êtes grand !
         HERNANI.
         Il est absent !
         DONA SOL.
                                   Chère âme !
Ne pensons plus au duc.
         HERNANI.
                              Ah ! pensons-y, madame !
Ce vieillard ! il vous aime, il va vous épouser !
Quoi donc ! vous prit-il pas l'autre jour un baiser ?
N'y plus penser !
         DONA SOL, *riant.*
         C'est là ce qui vous désespère !
Un baiser d'oncle ! au front ! presque un baiser de père !
         HERNANI.
Non. Un baiser d'amant, de mari, de jaloux.
Ah ! vous serez à lui, madame, y pensez-vous ?
O l'insensé vieillard, qui, la tête inclinée,
Pour achever sa route et finir sa journée,
A besoin d'une femme, et va, spectre glacé,
Prendre une jeune fille ! O vieillard insensé !
Pendant que d'une main il s'attache à la vôtre,
Ne voit-il pas la mort qui l'épouse de l'autre ?
Il vient dans nos amours se jeter sans frayeur !
Vieillard, va-t'en donner mesure au fossoyeur !
— Qui fait ce mariage ? On vous force, j'espère !
         DONA SOL.
Le roi, dit-on, le veut.
         HERNANI.
                              Le roi ! le roi ! Mon père
Est mort sur l'échafaud, condamné par le sien.
Or, quoiqu'on ait vieilli depuis ce fait ancien,
Pour l'ombre du feu roi, pour son fils, pour sa veuve,
Pour tous les siens, ma haine est encor toute neuve !
Lui, mort, ne compte plus. Et, tout enfant, je fis
Le serment de venger mon père sur son fils.
Je te cherchais partout, Carlos, roi des Castilles !
Car la haine est vivace entre nos deux familles.
Les pères ont lutté sans pitié, sans remords,
Trente ans ! Or, c'est en vain que les pères sont morts,
Leur haine vit. Pour eux la paix n'est point venue,
Car les fils sont debout, et le duel continue.
Ah ! c'est donc toi qui veux cet exécrable hymen !
Tant mieux. Je te cherchais, tu viens dans dans mon chemin !
         DONA SOL.
Vous m'effrayez !
         HERNANI.
         Chargé d'un mandat d'anathème,
Il faut que j'en arrive à m'effrayer moi-même !
Ecoutez ; l'homme auquel, jeune, on vous destina,
Ruy de Silva, votre oncle, est duc de Pastrana.
Riche homme d'Aragon, comte et grand de Castille.
A défaut de jeunesse, il peut, ô jeune fille,
Vous apporter tant d'or, de bijoux, de joyaux,
Que votre front reluise entre des fronts royaux,
Et pour le rang, l'orgueil, la gloire et la richesse,
Mainte reine peut-être envira sa duchesse !
Voilà donc ce qu'il est. Moi, je suis pauvre, et n'eus,
Tout enfant, que les bois, où je fuyais pieds nus.
Peut-être aurais-je aussi quelque blason illustre
Qu'une rouille de sang à cette heure délustre ;
Peut-être ai-je des droits, dans l'ombre ensevelis,
Qu'un drap d'échafaud noir cache encor sous ses plis,
Et qui, si mon attente un jour n'est pas trompée,
Pourront de ce fourreau sortir avec l'épée.
En attendant, je n'ai reçu du ciel jaloux
Que l'air, le jour et l'eau, la dot qu'il donne à tous.
Or du duc ou de moi souffrez qu'on vous délivre.
Il faut choisir des deux : l'épouser ou me suivre.
         DONA SOL.
Je vous suivrai.
         HERNANI.
         Parmi nos rudes compagnons,
Proscrits dont le bourreau sait d'avance les noms,
Gens dont jamais le fer ni le cœur ne s'émousse,
Ayant tous quelque sang à venger qui les pousse,
Vous viendrez commander ma bande, comme on dit ?
Car, vous ne savez pas, moi, je suis un bandit !
Quand tout me poursuivait dans toutes les Espagnes,
Seule, dans ses forêts, dans ses hautes montagnes,
Dans ses rocs, où l'on n'est que de l'aigle aperçu,
La vieille Catalogne en mère m'a reçu.
Parmi ses montagnards, libres, pauvres et graves,
Je grandis, et demain, trois mille de ses braves,
Si ma voix dans leurs monts fait résonner ce cor,
Viendront... — Vous frissonnez ! réfléchissez encor.
Me suivre dans les bois, dans les monts, sur les grèves,
Chez des hommes pareils aux démons de vos rêves.
Soupçonner tout, les yeux, les voix, les pas, le bruit,
Dormir sur l'herbe, boire au torrent, et la nuit
Entendre, en allaitant quelque enfant qui s'éveille,
Les balles des mousquets siffler à votre oreille.
Etre errante avec moi, proscrite, et s'il le faut
Me suivre où je suivrai mon père, — à l'échafaud !
         DONA SOL.
Je vous suivrai.
         HERNANI.
         Le duc est riche, grand, prospère.
Le duc n'a pas de tache au vieux nom de son père.
Le duc peut tout, le duc vous offre avec sa main
Trésors, titres, bonheur...
         DONA SOL.
                              Nous partirons demain,
Hernani, n'allez pas sur mon audace étrange
Me blâmer. Etes-vous mon démon ou mon ange ?
Je ne sais. Mais je suis votre esclave. Ecoutez,
Allez où vous voudrez, j'irai. Restez, partez,
Je suis à vous. Pourquoi fais-je ainsi ? je l'ignore.
J'ai besoin de vous voir et de vous voir encore
Et de vous voir toujours. Quand le bruit de vos pas
S'efface, alors je crois que mon cœur ne bat pas,
Vous me manquez, je suis absente de moi-même ;
Mais, dès qu'enfin ce pas, que j'attends et que j'aime
Vient frapper mon oreille, alors il me souvient
Que je vis, et je sens mon âme qui revient.
         HERNANI, *la serrant dans ses bras.*
Ange !
         DONA SOL.
         A minuit. Demain. Amenez votre escorte.
Sous ma fenêtre. Allez, je serai brave et forte.
Vous frapperez trois coups.
         HERNANI.
                              Savez-vous qui je suis,
Maintenant ?
         DONA SOL.
         Monseigneur, qu'importe ! je vous suis.
         HERNANI.
Non. Puisque vous voulez me suivre, faible femme,
Il faut que vous sachiez quel nom, quel rang, quelle âme,
Quel destin est caché dans le pâtre Hernani.
Vous vouliez d'un brigand, voulez-vous d'un banni ?
         DON CARLOS, *ouvrant avec fracas la porte de l'armoire.*
Quand aurez-vous fini de conter votre histoire ?
Croyez-vous donc qu'on soit à l'aise en cette armoire ?
    Hernani recule étonné. Doña Sol pousse un cri et se réfugie
    dans ses bras en fixant sur don Carlos des yeux effarés.
         HERNANI, *la main sur la garde de son épée.*
Quel est cet homme ?
         DONA SOL.
         O ciel ! au secours !
         HERNANI.
                              Taisez-vous,
Dona Sol ! vous donnez l'éveil aux yeux jaloux.

Quand je suis près de vous, veuillez, quoi qu'il advienne,
Ne réclamer jamais d'autre aide que la mienne.

A don Carlos.

Que faisiez-vous là?

DON CARLOS.
Moi? — Mais, à ce qu'il parait,
Je ne chevauchais pas à travers la forêt.

HERNANI.
Qui raille après l'affront s'expose à faire rire
Aussi son héritier.

DON CARLOS.
Chacun son tour. — Messire,
Parlons franc. Vous aimez madame et ses yeux noirs,
Vous y venez mirer les vôtres tous les soirs,
C'est fort bien. J'aime aussi madame, et veux connaître
Qui j'ai vu tant de fois entrer par la fenêtre,
Tandis que je restais à la porte.

HERNANI.
En honneur,
Je vous ferai sortir par où j'entre, seigneur.

DON CARLOS.
Nous verrons. J'offre donc mon amour à madame.
Partageons. Voulez-vous? J'ai vu dans sa belle âme
Tant d'amour, de bonté, de tendres sentiments,
Que madame, à coup sûr; en a pour deux amants.
— Or, ce soir, voulant mettre à fin mon entreprise,
Pris, je pense, pour vous, j'entre ici par surprise,
Je me cache, j'écoute, à ne vous celer rien,
Mais j'entendais très-mal et j'étouffais très-bien.
Et puis, je chiffonnais ma veste à la française.
Ma foi, je sors!

HERNANI.
Ma dague aussi n'est pas à l'aise
Et veut sortir!

DON CARLOS, *le saluant.*
Monsieur, c'est comme il vous plaira.

HERNANI, *tirant son épée.*
En garde!

Don Carlos tire son épée.

DONA SOL, *se jetant entre eux deux.*
Hernani! Ciel!

DON CARLOS.
Calmez-vous, señora.

HERNANI, *à don Carlos.*
Dites-moi votre nom.

DON CARLOS.
Hé! dites-moi le vôtre!

HERNANI.
Je le garde, secret et fatal, pour un autre
Qui doit un jour sentir, sous mon genou vainqueur,
Mon nom à son oreille, et ma dague à son cœur!

DON CARLOS.
Alors quel est le nom de l'autre?

HERNANI.
Que t'importe!
En garde! défends-toi!

Ils croisent leurs épées. Doña Sol tombe tremblante sur un fauteuil. On entend des coups à la porte.

DONA SOL, *se levant avec effroi.*
Ciel! on frappe à la porte!

Les champions s'arrêtent. Entre Josefa par la petite porte, et tout effarée.

HERNANI, *à Josefa.*
Qui frappe ainsi?

DONA JOSEFA, *à doña Sol.*
Madame! un coup inattendu!
C'est le duc qui revient!

DONA SOL, *joignant les mains.*
Le duc! tout est perdu!
Malheureuse!

DONA JOSEFA, *jetant les yeux autour d'elle.*
Jésus! l'inconnu! les épées!
On se battait. Voilà de belles équipées!

Les deux combattants remettent leurs épées dans le fourreau. Don Carlos s'enveloppe dans son manteau et rabat son chapeau sur ses yeux. On frappe.

HERNANI.
Que faire?

On frappe.

UNE VOIX, *au dehors.*
Doña Sol, ouvrez-moi!

Doña Josefa fait un pas vers la porte. Hernani l'arrête.

HERNANI.
N'ouvrez pas.

DONA JOSEFA, *tirant son chapelet.*
Saint Jacques monseigneur, tirez-nous de ce pas!

On frappe de nouveau.

HERNANI, *montrant l'armoire à don Carlos.*
Cachons-nous.

DON CARLOS.
Dans l'armoire?

HERNANI.
Entrez-y. Je m'en charge.
Nous y tiendrons tous deux.

DON CARLOS.
Grand merci, c'est trop large.

HERNANI, *montrant la petite porte.*
Fuyons par là.

DON CARLOS.
Bonsoir; pour moi, je reste ici.

HERNANI.
Ah! tête et sang, monsieur! Vous me pairez ceci!

A doña Sol.

Si je barricadais l'entrée?

DON CARLOS, *à Josefa.*
Ouvrez la porte.

HERNANI.
Que dit-il?

DON CARLOS, *à Josefa interdite.*
Ouvrez donc, vous dis-je!

On frappe toujours. Doña Josefa va ouvrir en tremblant.

DONA SOL.
Je suis morte!

SCÈNE III.

LES MÊMES, DON RUY GOMEZ DE SILVA, barbe et cheveux blancs, en noir. Valets avec des flambeaux.

DON RUY GOMEZ.
Des hommes chez ma nièce à cette heure de nuit!
Venez tous! cela vaut la lumière et le bruit.

A doña Sol.

Par saint Jean d'Avila, je crois que, sur mon âme,
Nous sommes trois chez vous; c'est trop de deux, madame.

Aux deux jeunes gens.

Mes jeunes cavaliers, que faites-vous céans? —
Quand nous avions le Cid et Bernard, ces géants
De l'Espagne et du monde allaient par les Castilles
Honorant les vieillards et protégeant les filles.
C'étaient des hommes forts et qui trouvaient moins lourds
Leur fer et leur acier que vous votre velours.
Ces hommes-là portaient respect aux barbes grises,
Faisaient agenouiller leur amour aux églises,
Ne trahissaient personne, et donnaient pour raison
Qu'ils avaient à garder l'honneur de leur maison.
S'ils voulaient une femme, ils la prenaient sans tache,
En plein jour, devant tous, et l'épée, ou la hache,

Où la lance à la main ! — Et quant à ces félons
Qui, le soir, et les yeux tournés vers leurs talons,
Ne fiant qu'à la nuit leurs manœuvres infâmes,
Par derrière aux maris volent l'honneur des femmes,
J'affirme que le Cid, cet aïeul de nous tous,
Les eût tenus pour vils et fait mettre à genoux,
Et qu'il eût, dégradant leur noblesse usurpée,
Souffleté leur blason du plat de son épée !
Voilà ce que feraient, j'y songe avec ennui,
Les hommes d'autrefois aux hommes d'aujourd'hui.
— Qu'êtes-vous venus faire ici ? C'est donc à dire
Que je ne suis qu'un vieux dont les jeunes vont rire ?
On va rire de moi, soldat de Zamora !
Et quand je passerai, tête blanche, on rira !
Ce n'est pas vous du moins, qui rirez !
                              HERNANI.
                                        Duc...
            DON RUY GOMEZ.
                                        Silence !
Quoi ! vous avez l'épée, et la dague, et la lance !
La chasse, les festins, les meutes, les faucons,
Les chansons à chanter le soir sous les balcons,
Les plumes au chapeau, les casaques de soie,
Les bals, les carrousels, la jeunesse, la joie,
Enfants, l'ennui vous gagne ! A tout prix, au hasard,
Il vous faut un hochet. Vous prenez un vieillard !
Ah ! vous l'avez brisé le hochet ! mais Dieu fasse
Qu'il vous puisse en éclats rejaillir à la face ! —
Suivez-moi !
            HERNANI.
    Seigneur duc...
            DON RUY GOMEZ.
                        Suivez-moi ! Suivez-moi !
Messieurs ! avons-nous fait cela pour rire ? Quoi !
Un trésor est chez moi : c'est l'honneur d'une fille,
D'une femme, l'honneur de toute une famille ;
Cette fille, je l'aime, elle est ma nièce et doit
Bientôt changer sa bague à l'anneau de mon doigt ;
Je la crois chaste et pure et sacrée à tout homme ;
Or il faut que je sorte une heure, et moi qu'on nomme
Ruy Gomez de Silva, je ne puis l'essayer
Sans qu'un larron d'honneur se glisse à mon foyer !
Arrière ! lavez donc vos mains, hommes sans âmes,
Car, rien qu'en y touchant, vous nous tachez nos femmes !
Non. C'est bien. Poursuivez. Ai-je autre chose encor ?

Il arrache son collier.

Tenez, foulez aux pieds, foulez ma Toison-d'Or.

Il jette son chapeau.

Arrachez mes cheveux, faites-en chose vile !
Et vous pourrez demain vous vanter par la ville
Que jamais débauchés, dans leurs jeux insolents,
N'ont sur plus noble front souillé cheveux plus blancs !
            DOÑA SOL.
Monseigneur...
            DON RUY GOMEZ, *à ses valets.*
            Ecuyers ! écuyers ! à mon aide !
Ma hache, mon poignard, ma dague de Tolède !

Aux deux jeunes gens.

Et suivez-moi tous deux !
            DON CARLOS, *faisant un pas.*
            Duc, ce n'est pas d'abord
De cela qu'il s'agit. Il s'agit de la mort
De Maximilien, empereur d'Allemagne.

Il jette son manteau et découvre son visage, caché par son chapeau.

            DON RUY GOMEZ.
Raillez-vous ?... Dieu ! le roi !
            DOÑA SOL.
            Le roi !
            HERNANI, *dont les yeux s'allument.*
                        Le roi d'Espagne !
            DON CARLOS, *gravement.*
Oui, Carlos. — Seigneur duc, es-tu donc insensé ?

Mon aïeul l'empereur est mort. Je ne le sai
Que de ce soir. Je viens tout en hâte et moi-même
Dire la chose à toi, féal sujet que j'aime,
Te demander conseil, incognito, la nuit,
Et l'affaire est bien simple, et voilà bien du bruit !

Don Ruy Gomez renvoie ses gens d'un signe. Il s'approche de don Carlos, que doña Sol examine avec crainte et surprise, et sur lequel Hernani, demeuré dans un coin, fixe des yeux étincelants.

            DON RUY GOMEZ.
Mais pourquoi tarder tant à m'ouvrir cette porte ?
            DON CARLOS.
Belle raison ! tu viens avec toute une escorte !
Quand un secret d'Etat m'amène en ton palais,
Duc, est-ce pour l'aller dire à tous tes valets ?
            DON RUY GOMEZ.
Altesse, pardonnez... l'apparence...
            DON CARLOS.
                                Bon père,
Je t'ai fait gouverneur du château de Figuère ;
Mais qui dois-je à présent faire ton gouverneur ?
            DON RUY GOMEZ.
Pardonnez...
            DON CARLOS.
            Il suffit. N'en parlons plus, seigneur.
Donc l'empereur est mort.
            DON RUY GOMEZ.
                        L'aïeul de Votre Altesse
Est mort ?
            DON CARLOS.
            Duc, tu m'en vois pénétré de tristesse.
            DON RUY GOMEZ.
Qui lui succède ?
            DON CARLOS.
            Un duc de Saxe est sur les rangs.
François-Premier, de France, est un des concurrents.
            DON RUY GOMEZ.
Où vont se rassembler les électeurs d'empire ?
            DON CARLOS.
Ils ont choisi, je crois, Aix-la-Chapelle, — ou Spire,
— Ou Francfort.
            DON RUY GOMEZ.
            Notre roi, dont Dieu garde les jours,
N'a-t-il pensé jamais à l'empire ?
            DON CARLOS.
                        Toujours.
            DON RUY GOMEZ.
C'est à vous qu'il revient.
            DON CARLOS.
            Je le sais.
            DON RUY GOMEZ.
                        Votre père
Fut archiduc d'Autriche, et l'empire, j'espère,
Aura ceci présent, que c'était votre aïeul,
Celui qui vient de choir de la pourpre au linceul.
            DON CARLOS.
Et puis on est bourgeois de Gand.
            DON RUY GOMEZ.
                        Dans mon jeune âge
Je le vis, votre aïeul. Hélas ! seul je surnage
D'un siècle tout entier. Tout est mort à présent.
C'était un empereur magnifique et puissant.
            DON CARLOS.
Rome est pour moi.
            DON RUY GOMEZ.
            Vaillant, ferme, point tyrannique.
Cette tête allait bien au vieux corps germanique !

Il s'incline sur les mains du roi et les baise.

Que je vous plains ! — Si jeune, en un tel deuil plongé !
            DON CARLOS.
Le pape veut ravoir la Sicile que j'ai ;

DON CARLOS.
Oui, Carlos. — Seigneur duc, es-tu donc insensé?
(Page 7.)

Un empereur ne peut posséder la Sicile.
Il me fait empereur : alors, en fils docile,
Je lui rends Naple. — Ayons l'aigle, et puis nous verrons
Si je lui laisserai rogner les ailerons. —

DON RUY GOMEZ.

Qu'avec joie il verrait, ce vétéran du trône,
Votre front déjà large aller à sa couronne !
Ah! seigneur, avec vous nous le pleurerons bien,
Cet empereur très-grand, très-bon et très-chrétien !

DON CARLOS.

Le saint-père est adroit. — Qu'est-ce que la Sicile?
C'est une île qui pend à mon royaume, une île,
Une pièce, un haillon, qui, tout déchiqueté,
Tient à peine à l'Espagne et qui traîne à côté.
— Que ferez-vous, mon fils, de cette île bossue,
Au monde impérial au bout d'un fil cousue?
Votre empire est mal fait : vite, venez ici,
Des ciseaux! et coupons! — Très-saint-père, merci!
Car de ces pièces-là, si j'ai bonne fortune,
Je compte au saint empire en recoudre plus d'une,
Et, si quelques lambeaux m'en étaient arrachés,

Rapiécer mes États d'îles et de duchés!

DON RUY GOMEZ.

Consolez-vous! il est un empire des justes
Où l'on revoit les morts plus saints et plus augustes!

DON CARLOS.

Ce roi François Premier, c'est un ambitieux!
Le vieil empereur mort, vite! il fait les doux yeux
A l'Empire! A-t-il pas sa France très-chrétienne?
Ah! la part est pourtant belle, et vaut qu'on s'y tienne!
L'empereur mon aïeul disait au roi Louis :
— Si j'étais Dieu le père, et si j'avais deux fils,
Je ferais l'aîné Dieu, le second roi de France. —

Au duc.

Crois-tu que François puisse avoir quelque espérance?

DON RUY GOMEZ.

C'est un victorieux.

DON CARLOS.

　　　　Il faudrait tout changer.
La Bulle d'or défend d'élire un étranger.

HERNANI.
Le jour tu ne pourras, ô roi! tourner la tête...
(Page 10.)

DON RUY GOMEZ.
A ce compte, seigneur, vous êtes roi d'Espagne!
DON CARLOS.
Je suis bourgeois de Gand.
DON RUY GOMEZ.
La dernière campagne
A fait monter bien haut le roi François Premier.
DON CARLOS.
L'aigle qui va peut-être éclore à mon cimier
Peut aussi déployer ses ailes.
DON RUY GOMEZ.
Votre Altesse
Sait-elle le latin?
DON CARLOS.
Mal.
DON RUY GOMEZ.
Tant pis. La noblesse
D'Allemagne aime fort qu'on lui parle latin.
DON CARLOS.
Ils se contenteront d'un espagnol hautain,

Car il importe peu, croyez-en le roi Charle,
Quand la voix parle haut, quelle langue elle parle.
— Je vais en Flandre. Il faut que ton roi, cher Silva,
Te revienne empereur. Le roi de France va
Tout remuer. Je veux le gagner de vitesse.
Je partirai sous peu.
DON RUY GOMEZ.
Vous nous quittez, Altesse,
Sans purger l'Aragon de ces nouveaux bandits
Qui partout dans nos monts lèvent leurs fronts hardis!
DON CARLOS.
J'ordonne au duc d'Arcos d'exterminer la bande.
DON RUY GOMEZ.
Donnez-vous aussi l'ordre au chef qui la commande
De se laisser faire?
DON CARLOS.
Eh! quel est ce chef? son nom?
DON RUY GOMEZ.
Je l'ignore. On le dit un rude compagnon.
DON CARLOS.
Bah! je sais que pour l'heure il se cache en Galice,

Et j'en aurai raison avec quelque milice.
DON RUY GOMEZ.
De faux avis alors le disaient près d'ici.
DON CARLOS.
Faux avis! — Cette nuit tu me loges.
DON RUY GOMEZ, *s'inclinant jusqu'à terre.*
Merci,
Altesse!
Il appelle ses valets.
Faites tous honneur au roi, mon hôte.
Les valets rentrent avec des flambeaux. Le duc les range sur deux haies jusqu'à la porte du fond. Cependant doña Sol s'approche lentement d'Hernani. Le roi les épie tous deux.
DOÑA SOL, *bas à Hernani.*
Demain, sous ma fenêtre, à minuit, et sans faute.
Vous frapperez des mains trois fois.
HERNANI, *bas.*
Demain.
DON CARLOS, *à part.*
Demain?
Haut, à doña Sol, vers laquelle il fait un pas avec galanterie.
Souffrez que pour rentrer je vous donne la main.
Il la reconduit à la porte. Elle sort.
HERNANI, *la main dans sa poitrine sur la poignée de sa dague.*
Mon bon poignard!
DON CARLOS, *revenant, à part.*
Notre homme a la mine attrapée.
Il prend à part Hernani.
Je vous ai fait l'honneur de toucher votre épée,
Monsieur. Vous me seriez suspect pour cent raisons.
Mais le roi don Carlos répugne aux trahisons.
Allez. Je daigne encor protéger votre fuite.
DON RUY GOMEZ, *revenant et montrant Hernani.*
Qu'est ce seigneur?
DON CARLOS.
Il part. C'est quelqu'un de ma suite.
Ils sortent avec les valets et les flambeaux, le duc précédant le roi une cire à la main.

SCÈNE IV.

HERNANI, *seul.*

Oui, de ta suite, ô roi! de ta suite! — j'en suis.
Nuit et jour, en effet, pas à pas, je te suis!
Un poignard à la main, l'œil fixé sur la trace,
Je vais! Ma race en moi poursuit en toi ta race!
Et puis, te voilà donc mon rival! Un instant,
Entre aimer et haïr, je suis resté flottant,
Mon cœur pour elle et toi n'était point assez large,
J'oubliais en l'aimant ta haine qui me charge;
Mais puisque tu le veux, puisque c'est toi qui viens
Me faire souvenir, c'est bon, je me souviens!
Mon amour fait pencher la balance incertaine
Et tombe tout entier du côté de ma haine.
Oui, je suis de ta suite, et c'est toi qui l'as dit!
Va, jamais courtisan de ton lever maudit,
Jamais seigneur baisant ton ombre, ou majordome
Ayant à te servir abjuré son cœur d'homme,
Jamais chiens de palais dressés à suivre un roi
Ne seront sur tes pas plus assidus que moi!
Ce qu'ils veulent de toi, tous ces grands de Castille,
C'est quelque titre creux, quelque hochet qui brille,
C'est quelque mouton d'or qu'on va pendre au cou;
Moi, pour vouloir si peu, je ne suis pas si fou!
Ce que je veux de toi, ce n'est point faveurs vaines,
C'est l'âme de ton corps, c'est le sang de tes veines.
C'est tout ce qu'un poignard, furieux et vainqueur,
En y fouillant longtemps peut prendre au fond d'un cœur!
Va devant! je te suis. Ma vengeance qui veille
Avec moi toujours marche et me parle à l'oreille!
Va! je suis là, j'épie et j'écoute, et sans bruit
Mon pas cherche ton pas et le presse et le suit!
Le jour tu ne pourras, ô roi! tourner la tête
Sans me voir immobile et sombre dans ta fête;
La nuit tu ne pourras tourner les yeux, ô roi!
Sans voir mes yeux ardents luire derrière toi.

Il sort par la petite porte.

II

LE BANDIT

SARAGOSSE.

ACTE DEUXIÈME

Un patio du palais de Silva. A gauche, les grands murs du palais, avec une fenêtre au balcon. Au-dessous de la fenêtre, une petite porte. A droite et à gauche, des maisons et des rues. — Il est nuit. On voit briller çà et là, aux façades des édifices, quelques fenêtres encore éclairées.

SCÈNE PREMIÈRE.

DON CARLOS, DON SANCHO SANCHEZ DE ZUNIGA (COMTE DE MONTEREY), DON MATIAS CENTURION (MARQUIS D'ALMUÑAN), DON RICARDO DE ROXAS (SEIGNEUR DE CASAPALMA).

Ils arrivent tous quatre, don Carlos en tête, chapeaux rabattus, enveloppés de longs manteaux dont leurs épées soulèvent le bord inférieur.

DON CARLOS, *examinant le balcon.*
Voilà bien le balcon, la porte... Mon sang bout.
Montrant la fenêtre, qui n'est pas éclairée.
Pas de lumière encor!
Il promène ses yeux sur les autres croisées éclairées.
Des lumières partout
Où je n'en voudrais pas, hors à cette fenêtre,
Où j'en voudrais!
DON SANCHO.
Seigneur, reparlons de ce traître.
Et vous l'avez laissé partir?
DON CARLOS.
Comme tu dis!
DON MATIAS.
Et peut-être c'était le major des bandits?
DON CARLOS.
Qu'il en soit le major ou bien le capitaine,
Jamais roi couronné n'eut mine plus hautaine.
DON SANCHO.
Son nom, seigneur?
DON CARLOS, *les yeux fixés sur la fenêtre.*
Muños... Fernan...
Avec le geste d'un homme qui se rappelle tout à coup.
Un nom en i!
DON SANCHO.
Hernani, peut-être?

DON CARLOS.
Oui.
DON SANCHO.
C'est lui !
DON MATIAS.
C'est Hernani !
Le chef !
DON SANCHO, *au roi.*
De ses propos vous reste-t-il mémoire ?
DON CARLOS, *qui ne quitte pas la fenêtre des yeux.*
Eh ! je n'entendais rien dans leur maudite armoire !
DON SANCHO.
Mais pourquoi le lâcher lorsque vous le tenez ?

Don Carlos se tourne gravement et le regarde en face.

DON CARLOS.
Comte de Monterey, vous me questionnez.

Les deux seigneurs reculent et se taisent.

Et d'ailleurs, ce n'est point le souci qui m'arrête.
J'en veux à sa maîtresse et non point à sa tête.
J'en suis amoureux fou : les yeux noirs les plus beaux,
Mes amis ! deux miroirs ! deux rayons ! deux flambeaux !
Je n'ai rien entendu de toute leur histoire
Que ces trois mots : — Demain, venez à la nuit noire ! —
Mais c'est l'essentiel. Est-ce pas excellent ?
Pendant que ce bandit, à mine de galant,
S'attarde à quelque meurtre, à creuser quelque tombe,
Je viens tout doucement dénicher sa colombe ?

DON RICARDO.
Altesse, il eût fallu, pour compléter le tour,
Dénicher la colombe en tuant le vautour.

DON CARLOS, *à don Ricardo.*
Com'e ! un digne conseil ! vous avez la main prompte !

DON RICARDO, *s'inclinant profondément.*
Sous quel titre plaît-il au roi que je sois comte ?

DON SANCHO, *vivement.*
C'est méprise !

DON RICARDO, *à don Sancho.*
Le roi m'a nommé comte.

DON CARLOS.
Assez !
Bien.

A Ricardo.

J'ai laissé tomber ce titre. Ramassez.

DON RICARDO, *s'inclinant de nouveau.*
Merci, seigneur !

DON SANCHO, *à don Matias.*
Beau comte ! un comte de surprise !

Le roi se promène au fond du théâtre, examinant avec impatience les fenêtres éclairées. Les deux seigneurs causent sur le devant de la scène.

DON MATIAS, *à don Sancho.*
Mais que fera le roi, la belle une fois prise ?

DON SANCHO, *regardant Ricardo de travers.*
Il la fera comtesse, et puis dame d'honneur.
Puis, qu'il en ait un fils, il sera roi.

DON MATIAS.
Seigneur !
Allons donc, un bâtard ! comte, fût-on Altesse,
On ne saurait tirer un roi d'une comtesse !

DON SANCHO.
Il la fera marquise ; alors, mon cher marquis...

DON MATIAS.
On garde les bâtards pour les pays conquis.
On les fait vice-rois. C'est à cela qu'ils servent.

Don Carlos revient.

DON CARLOS, *regardant avec colère toutes les fenêtres éclairées.*
Dirait-on pas des yeux jaloux qui nous observent ?
Enfin ! en voilà deux qui s'éteignent ! allons !
Messieurs, que les instants de l'attente sont longs !

Qui fera marcher l'heure avec plus de vitesse ?

DON SANCHO.
C'est ce que nous disons souvent chez Votre Altesse.

DON CARLOS.
Cependant que chez vous mon peuple le redit.

La dernière fenêtre éclairée s'éteint.

— La dernière est éteinte ! —
Tourné vers le balcon de doña Sol toujours noir.
O vitrage maudit !
Quand t'éclaireras-tu ? — Cette nuit est bien sombre !
Doña Sol, viens briller comme un astre dans l'ombre !

A don Ricardo.

Est-il minuit ?

DON RICARDO.
Minuit bientôt.

DON CARLOS.
Il faut finir
Pourtant ! A tout moment l'autre peut survenir.

La fenêtre de doña Sol s'éclaire. On voit son ombre se dessiner sur les vitraux lumineux.

Mes amis ! un flambeau ! son ombre à la fenêtre !
Jamais jour ne me fut plus charmant à voir naître.
Hâtons-nous ! faisons-lui le signal qu'elle attend.
Il faut frapper des mains trois fois. — Dans un instant,
Mes amis, vous allez la voir ! — Mais notre nombre
Va l'effrayer peut-être... — Allez tous trois dans l'ombre,
Là-bas, épier l'autre. Amis, partageons-nous
Les deux amants. Tenez, à moi la dame, à vous
Le brigand.

DON RICARDO.
Grand merci !

DON CARLOS.
S'il vient, de l'embuscade
Sortez vite, et poussez au drôle une estocade.
Pendant qu'il reprendra ses esprits sur le grès
J'emporterai la belle, et nous ririons après.
N'allez pas cependant le tuer ! c'est un brave
Après tout, et la mort d'un homme est chose grave.

Les deux seigneurs s'inclinent et sortent. Don Carlos les laisse s'éloigner, puis frappe des mains à deux reprises. A la deuxième fois la fenêtre s'ouvre, et doña Sol paraît en blanc sur le balcon.

SCÈNE II.

DON CARLOS, DONA SOL.

DOÑA SOL, *au balcon.*
Est-ce vous, Hernani ?

DON CARLOS, *à part.*
Diable ! ne parlons pas !

Il frappe de nouveau des mains.

DOÑA SOL.
Je descends.

Elle referme la fenêtre, dont la lumière disparaît. Un moment après, la petite porte s'ouvre, et doña Sol en sort sa lampe à la main, sa mante sur les épaules.

DOÑA SOL, *entr'ouvrant la porte.*
Hernani !

Don Carlos rabat son chapeau sur son visage, et s'avance précipitamment vers elle.

DOÑA SOL, *laissant tomber sa lampe.*
Dieu ! ce n'est point son pas !

Elle veut rentrer. Don Carlos court à elle et la retient par le bras.

DON CARLOS.
Doña Sol !

DOÑA SOL.
Ce n'est point sa voix ! Ah ! malheureuse !

DON CARLOS.
Eh! quelle voix veux-tu, qui soit plus amoureuse?
C'est toujours un amant, et c'est un amant roi!

DONA SOL.
Le roi!

DON CARLOS.
Souhaite, ordonne, un royaume est à toi!
Car celui dont tu veux briser la douce entrave,
C'est le roi ton seigneur, c'est Carlos ton esclave!

DONA SOL, *cherchant à se dégager de ses bras.*
Au secours, Hernani!

DON CARLOS.
Le juste et digne effroi!
Ce n'est pas ton bandit qui te tient, c'est le roi!

DONA SOL.
Non. Le bandit c'est vous. — N'avez-vous pas de honte?
Ah! pour vous à la face une rougeur me monte.
Sont-ce là les exploits dont le roi fera bruit?
Venir ravir de force une femme la nuit!
Que mon bandit vaut mieux cent fois! Roi, je proclame
Que, si l'homme naissait où le place son âme,
Si Dieu faisait le rang à la hauteur du cœur,
Certe, il serait le roi, prince, et vous le voleur!

DON CARLOS, *essayant de l'attirer.*
Madame...

DONA SOL.
Oubliez-vous que mon père était comte?

DON CARLOS.
Je vous ferai duchesse.

DONA SOL, *le repoussant.*
Allez! c'est une honte!
Elle recule de quelques pas.
Il ne peut être rien entre nous, don Carlos.
Mon vieux père a pour vous versé son sang à flots,
Moi je suis fille noble, et de ce sang jalouse,
Trop pour la concubine, et trop peu pour l'épouse!

DON CARLOS.
Princesse!

DONA SOL.
Roi Carlos, à des filles de rien
Portez votre amourette, ou je pourrais fort bien,
Si vous m'osez traiter d'une façon infâme,
Vous montrer que je suis dame, et que je suis femme!

DON CARLOS.
Eh bien! partagez donc et mon trône et mon nom.
Venez! Vous serez reine, impératrice!

DONA SOL.
Non.
C'est un leurre. — Et d'ailleurs, altesse, avec franchise,
S'agit-il pas de vous, s'il faut que je le dise,
J'aime mieux avec lui mon Hernani, mon roi,
Vivre errante, en dehors du monde et de la loi,
Ayant faim, ayant soif, fuyant toute l'année,
Partageant jour à jour sa pauvre destinée,
Abandon, guerre, exil, deuil, misère et terreur,
Que d'être impératrice avec un empereur!

DON CARLOS.
Que cet homme est heureux!

DONA SOL.
Quoi! pauvre, proscrit même!...

DON CARLOS.
Qu'il fait bien d'être pauvre et proscrit, puisqu'on l'aime!
— Moi, je suis seul! — Un ange accompagne ses pas!
— Donc vous me haïssez!

DONA SOL.
Je ne vous aime pas.

DON CARLOS, *la saisissant avec violence.*
Eh bien! que vous m'aimiez ou non, cela n'importe!
Vous viendrez, et ma main plus que la vôtre est forte.
Vous viendrez! je vous veux! Pardieu, nous verrons bien
Si je suis roi d'Espagne et des Indes pour rien!

DONA SOL, *se débattant.*
Seigneur! oh! par pitié! — Quoi! vous êtes altesse!
Vous êtes roi! Duchesse, ou marquise, ou comtesse,
Vous n'avez qu'à choisir. Les femmes de la cour
Ont toujours un amour tout prêt pour votre amour.
Mais mon proscrit, qu'a-t-il reçu du ciel avare?
Ah! vous avez Castille, Aragon et Navarre,
Et Murcie, et Léon, dix royaumes encor!
Et les Flamands, et l'Inde avec les mines d'or!
Vous avez un empire auquel nul roi ne touche,
Si vaste que jamais le soleil ne s'y couche!
Et, quand vous avez tout, voudrez-vous, vous le roi,
Me prendre, pauvre fille, à lui qui n'a que moi?
Elle se jette à ses genoux. Il cherche à l'entraîner.

DON CARLOS.
Viens! Je n'écoute rien! Viens! Si tu m'accompagnes,
Je te donne, choisis, quatre de mes Espagnes!
Dis, lesquelles veux-tu? Choisis!
Elle se débat dans ses bras

DONA SOL.
Pour mon honneur,
Je ne veux rien de vous, que ce poignard, seigneur!
Elle lui arrache le poignard de sa ceinture. Il la lâche et recule.
Avancez maintenant! faites un pas!

DON CARLOS.
La belle!
Je ne m'étonne plus si l'on aime un rebelle!
Il veut faire un pas. Elle lève le poignard.

DONA SOL.
Pour un pas, je vous tue et me tue!
Il recule encore. Elle se détourne et crie avec force.
Hernani!

DON CARLOS.
Taisez-vous!

DONA SOL, *le poignard levé.*
Un pas! tout est fini.

DON CARLOS.
Madame! à cet excès ma douceur est réduite.
J'ai là pour vous forcer trois hommes de ma suite...

HERNANI, *surgissant tout à coup derrière lui.*
Vous en oubliez un!

Le roi se retourne et voit Hernani, immobile derrière lui, dans l'ombre, les bras croisés sous le long manteau qui l'enveloppe, et le large bord de son chapeau relevé. — Doña Sol pousse un cri, court à Hernani et l'entoure de ses bras.

SCÈNE III.

DON CARLOS, DONA SOL, HERNANI.

HERNANI, *immobile, les bras toujours croisés et ses yeux étincelants fixés sur le roi.*
Oh! le ciel m'est témoin
Que volontiers je l'eusse été chercher plus loin!

DONA SOL.
Hernani, sauvez-moi de lui!

HERNANI.
Soyez tranquille,
Mon amour!

DON CARLOS.
Que font donc mes amis par la ville?
Avoir laissé passer ce chef de bohémiens!
Appelant.
Monterey!

HERNANI.
Vos amis sont au pouvoir des miens.
Et ne réclamez pas leur épée impuissante;
Pour trois qui vous viendraient, il m'en viendrait soixante,

Soixante dont un seul vous vaut tous quatre. Ainsi
Vidons entre nous deux notre querelle ici.
Quoi! vous portiez la main sur cette jeune fille!
C'était d'un imprudent, seigneur roi de Castille,
Et d'un lâche!

DON CARLOS, *souriant avec dédain.*
Seigneur bandit, de vous à moi
Pas de reproche!

HERNANI.
Il raille! oh! je ne suis pas roi!
Mais quand un roi m'insulte et pour surcroît me raille,
Ma colère va haut et me monte à sa taille,
Et, prenez garde, on craint, quand on me fait affront,
Plus qu'un cimier de roi la rougeur de mon front!
Vous êtes insensé si quelque espoir vous leurre.

Il lui saisit le bras.

Savez-vous quelle main vous étreint à cette heure?
Écoutez : votre père a fait mourir le mien,
Je vous hais. Vous avez pris mon titre et mon bien,
Je vous hais. Nous aimons tous deux la même femme,
Je vous hais, je vous hais, — oui, je te hais dans l'âme!

DON CARLOS.
C'est bien.

HERNANI.
Ce soir pourtant ma haine était bien loin.
Je n'avais qu'un désir, qu'une ardeur, qu'un besoin,
Doña Sol! — plein d'amour, j'accourais... Sur mon âme!
Je vous trouve essayant contre elle un rapt infâme!
Quoi! vous que j'oubliais, sur ma route placé!... —
Seigneur, je vous le dis, vous êtes insensé!
Don Carlos, te voilà pris dans ton propre piége!
Ni fuite, ni secours, je te tiens et t'assiége!
Seul, entouré partout d'ennemis acharnés,
Que vas-tu faire?

DON CARLOS, *fièrement.*
Allons! vous me questionnez!

HERNANI.
Va, va, je ne veux pas qu'un bras obscur te frappe.
Il ne sied pas qu'ainsi ma vengeance m'échappe!
Tu ne seras touché par un autre que moi.
Défends-toi donc.

Il tire son épée.

DON CARLOS.
Je suis votre seigneur le roi.
Frappez, mais pas de duel.

HERNANI.
Seigneur, qu'il te souvienne
Qu'hier encor ta dague a rencontré la mienne.

DON CARLOS.
Je le pouvais hier. J'ignorais votre nom,
Vous ignoriez mon titre. Aujourd'hui, compagnon,
Vous savez qui je suis et je sais qui vous êtes.

HERNANI.
Peut-être.

DON CARLOS.
Pas de duel. Assassinez-moi. Faites!

HERNANI.
Crois-tu donc que les rois, à moi, me sont sacrés?
Çà, te défendras-tu?

DON CARLOS.
Vous m'assassinerez.

Ah! vous croyez, bandits, que vos brigades viles
Pourront impunément s'épandre dans les villes?

Hernani recule. Don Carlos fixe des yeux d'aigle sur lui.

Que teints de sang, chargés de meurtres, malheureux!
Vous pourrez après tout faire les généreux!
Et que nous daignerons, nous victimes trompées,
Ennoblir vos poignards du choc de nos épées!
Non, le crime vous tient. Partout vous le traînez.
Nous, des duels avec vous! Arrière! assassinez!

Hernani, sombre et pensif, tourmente quelques instants de la main la poignée de son épée, puis se retourne brusquement vers le roi, et brise la lame sur le pavé.

HERNANI.
Va-t'en donc!

Le roi se tourne à demi vers lui et le regarde avec hauteur.

Nous aurons des rencontres meilleures.
Va-t'en.

DON CARLOS.
C'est bien, monsieur. Je vais dans quelques heures
Rentrer, moi votre roi, dans le palais ducal.
Mon premier soin sera de mander le fiscal.
A-t-on fait mettre à prix votre tête?

HERNANI.
Oui.

DON CARLOS.
Mon maître,
Je vous tiens de ce jour sujet rebelle et traître.
Je vous en avertis, partout je vous poursuis.
Je vous fais mettre au ban du royaume.

HERNANI.
J'y suis
Déjà.

DON CARLOS.
Bien.

HERNANI.
Mais la France est auprès de l'Espagne.
C'est un port.

DON CARLOS.
Je vais être empereur d'Allemagne.
Je vous fais mettre au ban de l'empire.

HERNANI.
A ton gré.
J'ai le reste du monde où je te braverai.
Il est plus d'un asile où ta puissance tombe.

DON CARLOS.
Et quand j'aurai le monde?

HERNANI.
Alors j'aurai la tombe.

DON CARLOS.
Je saurai déjouer vos complots insolents.

HERNANI.
La vengeance est boiteuse, elle vient à pas lents,
Mais elle vient.

DON CARLOS, *riant à demi, avec dédain.*
Toucher à la dame qu'adore
Ce bandit!

HERNANI, *dont les yeux se rallument.*
Songes-tu que je te tiens encore?
Ne me rappelle pas, futur césar romain,
Que je t'ai là, chétif et petit, dans ma main;
Et que si je serrais cette main trop loyale
J'écraserais dans l'œuf ton aigle impériale!

DON CARLOS.
Faites!

HERNANI.
Va-t'en! va-t'en!

Il ôte son manteau et le jette sur les épaules du roi.

Fuis, et prends ce manteau,
Car dans nos rangs pour toi je crains quelque couteau.

Le roi s'enveloppe du manteau.

Pars tranquille à présent! Ma vengeance altérée
Pour tout autre que moi fait ta tête sacrée!

DON CARLOS.
Monsieur, vous qui venez de me parler ainsi,
Ne demandez un jour ni grâce ni merci!

Il sort.

SCÈNE IV.

HERNANI, DONA SOL.

DONA SOL, *saisissant la main d'Hernani.*
Maintenant, fuyons vite!
    HERNANI, *la repoussant avec une douceur grave.*
                  Il vous sied, mon amie,
D'être dans mon malheur toujours plus raffermie,
De n'y point renoncer, et de vouloir toujours
Jusqu'au fond, jusqu'au bout, accompagner mes jours.
C'est un noble dessein, digne d'un cœur fidèle ;
Mais, tu le vois, mon Dieu, pour tant accepter d'elle,
Pour emporter joyeux dans mon antre avec moi
Ce trésor de beauté qui rend jaloux un roi,
Pour que ma doña Sol me suive et m'appartienne,
Pour lui prendre sa vie et la joindre à la mienne,
Pour l'entraîner sans honte encore et sans regrets,
Il n'est plus temps! je vois l'échafaud de trop près!
                DONA SOL.
Que dites-vous?
                HERNANI.
                Ce roi que je bravais en face
Va me punir d'avoir osé lui faire grâce.
Il fuit! Déjà peut-être il est dans son palais.
Il appelle ses gens, ses gardes, ses valets,
Ses seigneurs, ses bourreaux...
                DONA SOL.
              Hernani! Dieu! je tremble!
Eh bien! hâtons-nous donc alors! Fuyons ensemble!
                HERNANI.
Ensemble! Non, non. L'heure en est passée. Hélas!
Doña Sol, à mes yeux quand tu te révélas,
Bonne, et daignant m'aimer d'un amour secourable,
J'ai bien pu vous offrir, moi, pauvre misérable,
Ma montagne, mon bois, mon torrent, — ta pitié
M'enhardissait, — mon pain de proscrit, la moitié
Du lit vert et touffu que la forêt me donne ;
Mais t'offrir la moitié de l'échafaud! pardonne,
Doña Sol; l'échafaud, c'est à moi seul!
                DONA SOL.
                          Pourtant
Vous me l'aviez promis!
           HERNANI, *tombant à ses genoux.*
                   Ange! ah! dans cet instant
Où la mort vient peut-être, où s'approche dans l'ombre
Un sombre dénoûment pour un destin bien sombre,
Je le déclare ici, proscrit, traînant au flanc
Un souci profond, né dans un berceau sanglant,
Si noir que soit le deuil qui s'épand sur ma vie,
Je suis un homme heureux, et je veux qu'on m'envie,
Car vous m'avez aimé! car vous me l'avez dit!
Car vous avez tout bas béni mon front maudit!
        DONA SOL, *penchée sur sa tête.*
Hernani!
                HERNANI.
              Loué soit le sort doux et propice
Qui me mit cette fleur au bord du précipice!
              Il se relève.
Et ce n'est pas pour vous que je parle en ce lieu,
Je parle pour le ciel qui m'écoute et pour Dieu!
                DONA SOL.
Souffre que je te suive!
                HERNANI.
                     Oh! ce serait un crime
Que d'arracher la fleur en tombant dans l'abîme!
Va, j'en ai respiré le parfum, c'est assez !
Renoue à d'autres jours tes jours par moi froissés,
Épouse ce vieillard! c'est moi qui te délie.
Je rentre dans ma nuit. Toi, sois heureuse, oublie!
                DONA SOL.
Non, je te suis! Je veux ma part de ton linceul!
Je m'attache à tes pas!
        HERNANI, *la serrant dans ses bras.*
                   Oh! laissez-moi fuir seul!
Je suis banni! je suis proscrit! je suis funeste!
    Il la quitte avec un mouvement convulsif et veut fuir.
       DONA SOL, *douloureusement et joignant les mains.*
Hernani! tu me fuis!
           HERNANI, *revenant sur ses pas.*
              Eh bien! non, non, je reste.
Tu le veux, me voici. Viens, oh! viens dans mes bras!
Je reste, et resterai tant que tu le voudras!
Oublions-les! restons! —
         Il s'assied sur un banc de pierre.
               Sieds-toi sur cette pierre!
        Il se place à ses pieds.
Des flammes de tes yeux inonde ma paupière.
Chante-moi quelque chant comme parfois le soir
Tu m'en chantais, avec des pleurs dans ton œil noir!
Soyons heureux! buvons, car la coupe est remplie,
Car cette heure est à nous, et le reste est folie!
Parle-moi! ravis-moi! n'est-ce pas qu'il est doux
D'aimer et de savoir qu'on vous aime à genoux!
D'être deux? d'être seuls? et que c'est douce chose
De se parler d'amour la nuit quand tout repose?
Oh! laisse-moi dormir et rêver sur ton sein,
Doña Sol! mon amour! ma beauté!
          Bruit de cloches au loin.
        DONA SOL, *se levant effarée.*
                    Le tocsin!
Entends-tu le tocsin?
        HERNANI, *toujours à ses genoux.*
                Eh non! c'est notre noce
Qu'on sonne.
    Le bruit des cloches augmente. Cris confus, flambeaux et lumières à toutes les fenêtres, sur tous les toits, dans toutes les rues.
                DONA SOL.
           Lève-toi! fuis! Grand Dieu! Saragosse
S'allume!
         HERNANI, *se soulevant à demi.*
            Nous aurons une noce aux flambeaux!
                DONA SOL.
C'est la noce des morts! la noce des tombeaux!
           Bruit d'épées. Cris.
       HERNANI, *se recouchant sur le banc de pierre.*
Rendormons-nous!
      UN MONTAGNARD, *l'épée à la main, accourant.*
                Seigneur, les sbires, les alcades,
Débouchent dans la place en longues cavalcades!
Alerte, monseigneur!
           Hernani se lève.
           DONA SOL, *pâle.*
                Ah! tu l'avais bien dit!
             LE MONTAGNARD.
Au secours!...
           HERNANI, *au montagnard.*
Me voici. C'est bien.
           CRIS CONFUS *au dehors.*
                  Mort au bandit!
           HERNANI, *au montagnard.*
Ton épée...
     A doña Sol.
Adieu donc!
                DONA SOL.
              C'est moi qui fais ta perte!
Où vas-tu?
        Lui montrant la petite porte.
Viens, fuyons par cette porte ouverte!
                HERNANI.
Dieu! laisser mes amis! que dis-tu?

Tumulte et cris.
DONA SOL.
Ces clameurs
Me brisent.
Retenant Hernani.
Souviens-toi que si tu meurs, je meurs.
HERNANI, *la tenant embrassée.*
Un baiser !
DONA SOL.
Mon époux ! mon Hernani ! mon maître !...
HERNANI, *la baisant au front.*
Hélas ! c'est le premier !
DONA SOL.
C'est le dernier peut-être.
Il part. Elle tombe sur le banc.

III

LE VIEILLARD

LE CHATEAU DE SILVA,

Dans les montagnes d'Aragon.

ACTE TROISIÈME

La galerie des portraits de la famille de Silva ; grande salle, dont ces portraits, entourés de riches broderies, et surmontés de couronnes ducales et d'écussons dorés, font la décoration. Au fond, une haute porte gothique. Entre chaque portrait, une panoplie complète, toutes de siècles différents.

SCÈNE PREMIÈRE.

DONA SOL, blanche et debout près d'une table ; DON RUY GOMEZ DE SILVA, assis dans son grand fauteuil en bois de chêne.

DON RUY GOMEZ.

Enfin ! c'est aujourd'hui ! dans une heure on sera
Ma duchesse ! plus d'oncle ! et l'on m'embrassera !
Mais m'as-tu pardonné ? J'avais tort. Je l'avoue.
J'ai fait rougir ton front, j'ai fait pâlir ta joue.
J'ai soupçonné trop vite, et je n'aurais point dû
Te condamner ainsi sans avoir entendu.
Que l'apparence a tort ! injustes que nous sommes !
Certe, ils étaient bien là, les deux beaux jeunes hommes !
C'est égal ; je devais n'en pas croire mes yeux.
Mais que veux-tu, ma pauvre enfant ! quand on est vieux !

DONA SOL, *immobile et grave.*

Vous reparlez toujours de cela. Qui vous blâme ?

DON RUY GOMEZ.

Moi, j'eus tort. Je devais savoir qu'avec ton âme
On n'a point de galants lorsqu'on est doña Sol,
Et qu'on a dans le cœur du bon sang espagnol !

DONA SOL.

Certo, il est bon et pur, monseigneur, et peut-être
On le verra bientôt.

DON RUY GOMEZ, *se levant et allant à elle.*

Écoute : on n'est pas maître
De soi-même, amoureux comme je suis de toi,
Et vieux. On est jaloux, on est méchant ; pourquoi ?
Parce que l'on est vieux ; parce que beauté, grâce,
Jeunesse dans autrui, tout fait peur, tout menace ;
Parce qu'on est jaloux des autres et honteux
De soi. Dérision ! que cet amour boiteux,
Qui nous remet au cœur tant d'ivresse et de flamme,
Ait oublié le corps en rajeunissant l'âme !
—Quand passe un jeune pâtre,—oui, c'en est là !—souvent,
Tandis que nous allons, lui chantant, moi rêvant,
Lui dans son pré vert, moi dans mes noires allées,
Souvent je dis tout bas : — O mes tours crénelées,
Mon vieux donjon ducal, que je vous donnerais,
Oh ! que je donnerais mes blés et mes forêts,
Et les vastes troupeaux qui tondent mes collines,
Mon vieux nom, mon vieux titre, et toutes mes ruines,
Et tous mes vieux aïeux qui bientôt m'attendront,
Pour sa chaumière neuve et pour son jeune front ! —
Car ses cheveux sont noirs, car son œil reluit comme
Le tien. Tu peux le voir et dire : Ce jeune homme !
Et puis penser à moi qui suis vieux. Je le sais !
Pourtant j'ai nom Silva ; mais ce n'est plus assez !
Oui, je me dis cela. Vois à quel point je t'aime.
Le tout, pour être jeune et beau comme toi-même !
Mais à quoi vais-je ici rêver ? Moi, jeune et beau !
Qui te dois de si loin devancer au tombeau !

DONA SOL.

Qui sait ?

DON RUY GOMEZ.

Mais va, crois-moi, ces cavaliers frivoles
N'ont pas d'amour si grand qu'il ne s'use en paroles.
Qu'une fille aime et croie un de ces jouvenceaux,
Elle en meurt, il en rit. Tous ces jeunes oiseaux,
A l'aile vive et peinte, au langoureux ramage,
Ont un amour qui mue ainsi que leur plumage.
Les vieux, dont l'âge éteint la voix et les couleurs,
Ont l'aile plus fidèle, et, moins beaux, sont meilleurs.
Nous aimons bien.—Nos pas sont lourds ? nos yeux arides ?
Nos fronts ridés ? Au cœur on n'a jamais de rides.
Hélas ! quand un vieillard aime, il faut l'épargner.
Le cœur est toujours jeune et peut toujours saigner.
Oh ! mon amour n'est point comme un jouet de verre
Qui brille et tremble ; oh ! non, c'est un amour sévère,
Profond, solide, sûr, paternel, amical,
De bois de chêne, ainsi que mon fauteuil ducal !
Voilà comme je t'aime, et puis je t'aime encore
De cent autres façons : comme on aime l'aurore,
Comme on aime les fleurs, comme on aime les cieux !
De te voir tous les jours, toi, ton pas gracieux,
Ton front pur, le beau feu de ta fière prunelle,
Je ris, et j'ai dans l'âme une fête éternelle !

DONA SOL.

Hélas !

DON RUY GOMEZ.

Et puis, vois-tu, le monde trouve beau,
Lorsqu'un homme s'éteint, et lambeau par lambeau
S'en va, lorsqu'il trébuche au marbre de la tombe,
Qu'une femme, ange pur, innocente colombe,
Veille sur lui, l'abrite, et daigne encor souffrir
L'inutile vieillard qui n'est bon qu'à mourir !
C'est une œuvre sacrée et qu'à bon droit on loue,
Que ce suprême effort d'un cœur qui se dévoue,
Qui console un mourant jusqu'à la fin du jour,
Et, sans aimer peut-être, a des semblants d'amour !
Oh ! tu seras pour moi cet ange au cœur de femme
Qui du pauvre vieillard réjouit encor l'âme,
Et de ses derniers ans lui porte la moitié,
Fille par le respect et sœur par la pitié !

DONA SOL.

Loin de me précéder, vous pourrez bien me suivre,
Monseigneur. Ce n'est pas une raison pour vivre
Que d'être jeune. Hélas ! je vous le dis, souvent
Les vieillards sont tardifs, les jeunes vont devant !
Et leurs yeux brusquement referment leur paupière,
Comme un sépulcre ouvert dont retombe la pierre !

DON RUY GOMEZ.

Oh ! les sombres discours ! mais je vous gronderai,
Enfant ! un pareil jour est joyeux et sacré.
Comment, à ce propos, quand l'heure nous appelle,

HERNANI.
Ne me rappelle pas, futur César romain..
(Page 13.)

N'êtes-vous pas encor prête pour la chapelle?
Mais, vite! habillez-vous. Je compte les instants.
La parure de noce!

DONA SOL.
　　　　　　　Il sera toujours temps.
　　　　　DON RUY GOMEZ.
Non pas.
　　　　　Entre un page.
　　Que veut Iaquez?
　　　　　LE PAGE.
　　　　　　　　Monseigneur, à la porte
Un homme, un pèlerin, un mendiant, n'importe,
Est là qui vous demande asile.
　　　　　DON RUY GOMEZ.
　　　　　　　　　　Quel qu'il soit,
Le bonheur entre avec l'étranger qu'on reçoit,
Qu'il vienne. — Du dehors a-t-on quelques nouvelles?
Que dit-on de ce chef de bandits infidèles
Qui remplit nos forêts de sa rébellion?

LE PAGE.
C'en est fait d'Hernani, c'en est fait du lion
De la montagne.
　　　　　DONA SOL, à part.
　　　　　　Dieu!
　　　　　DON RUY GOMEZ, au page.
　　　　　　　Quoi?
　　　　　LE PAGE.
　　　　　　　　La troupe est détruite.
Le roi, dit-on, s'est mis lui-même à leur poursuite.
La tête d'Hernani vaut mille écus du roi
Pour l'instant; mais on dit qu'il est mort.
　　　　　DONA SOL, à part.
　　　　　　　　　　　Quoi! sans moi,
Hernani!
　　　　　DON RUY GOMEZ.
　　　　Grâce au ciel! il est mort, le rebelle!
On peut se réjouir maintenant, chère belle.
Allez donc vous parer, mon amour, mon orgueil.
Aujourd'hui double fête!

Doña Sol.

DOÑA SOL, *à part*.
Oh! des habits de deuil!

Elle sort.

DON RUY GOMEZ, *au page*.
Fais-lui vite porter l'écrin que je lui donne.

Il se rassied dans son fauteuil.

Je veux la voir parée ainsi qu'une madone,
Et, grâce à ses yeux doux et grâce à mon écrin,
Belle à faire à genoux tomber un pèlerin.
A propos, et celui qui nous demande un gîte!
Dis-lui d'entrer, fais-lui nos excuses, cours vite.

Le page salue et sort.

Laisser son hôte attendre! ah! c'est mal!

La porte du fond s'ouvre. Paraît Hernani déguisé en pèlerin. Le duc se lève.

SCÈNE II.

DON RUY GOMEZ, HERNANI, *déguisé en pèlerin*.

Hernani s'arrête sur le seuil de la porte.

HERNANI.
Monseigneur,
Paix et bonheur à vous!

DON RUY GOMEZ, *le saluant de la main*.
A toi paix et bonheur,
Mon hôte!

Hernani entre. Le duc se rassied.

N'es-tu pas pèlerin?

HERNANI, *s'inclinant*.
Oui.

DON RUY GOMEZ.
Sans doute
Tu viens d'Armillas?

HERNANI.
On se battait par là. Non. J'ai pris une autre route.
DON RUY GOMEZ.
                    La troupe du banni,
N'est-ce pas?
          HERNANI.
     Je ne sais.
          DON RUY GOMEZ.
                    Le chef, le Hernani,
Que devient-il, sais-tu?
          HERNANI.
               Seigneur, quel est cet homme?
          DON RUY GOMEZ.
Tu ne le connais pas? tant pis! la grosse somme
Ne sera point pour toi. Vois-tu, ce Hernani,
C'est un rebelle au roi, trop longtemps impuni!
Si tu vas à Madrid, tu le pourras voir pendre.
          HERNANI.
Je n'y vais pas.
          DON RUY GOMEZ.
          Sa tête est à qui veut la prendre.
          HERNANI, *à part*.
Qu'on y vienne!
          DON RUY GOMEZ.
          Où vas-tu, bon pèlerin?
               HERNANI.
                         Seigneur,
Je vais à Saragosse.
          DON RUY GOMEZ.
               Un vœu fait en l'honneur
D'un saint, de Notre-Dame?
          HERNANI..
               Oui, duc, de Notre-Dame.
          DON RUY GOMEZ.
Del Pilar?
          HERNANI.
          Del Pilar.
          DON RUY GOMEZ.
          Il faut n'avoir point d'âme
Pour ne point acquitter les vœux qu'on fait aux saints.
Mais, le tien accompli, n'as-tu d'autres desseins?
Voir le pilier, c'est là tout ce que tu désires?
          HERNANI.
Oui, je veux voir brûler les flambeaux et les cires,
Voir Notre-Dame, au fond du sombre corridor,
Luire en sa châsse ardente avec sa chape d'or,
Et puis m'en retourner.
          DON RUY GOMEZ.
               Fort bien.—Ton nom, mon frère?
Je suis Ruy de Sylva.
          HERNANI, *hésitant*.
               Mon nom?...
          DON RUY GOMEZ.
                    Tu peux le taire
Si tu veux. Nul n'a droit de le savoir ici.
Viens-tu pas demander asile?
          HERNANI.
               Oui, duc.
          DON RUY GOMEZ.
                    Merci.
Sois le bienvenu! Reste, ami, ne te fais faute
De rien. Quant à ton nom, tu te nommes mon hôte.
Qui que tu sois, c'est bien; et, sans être inquiet,
J'accueillerais Satan, si Dieu me l'envoyait.

La porte du fond s'ouvre à deux battants. Entre doña Sol, en parure de mariée. Derrière elle, pages, valets et deux femmes portant sur un coussin de velours un coffret d'argent ciselé, qu'elles vont déposer sur une table, et qui renferme un riche écrin, couronne de duchesse, bracelets, colliers, perles et brillants pêle-mêle.—Hernani, haletant et effaré, considère doña Sol avec des yeux ardents sans écouter le duc.

SCÈNE III.

Les Mêmes, DONA SOL, Pages, Valets, Femmes.

          DON RUY GOMEZ, *continuant*.
— Voici ma Notre-Dame à moi. L'avoir priée
Te portera bonheur!
    Il va présenter la main à doña Sol, toujours pâle et grave.
                    Ma belle mariée,
Venez!—Quoi! pas d'anneau! pas de couronne encor!
          HERNANI, *d'une voix tonnante*.
Qui veut gagner ici mille carolus d'or?
     Tous se retournent étonnés. Il déchire sa robe de pèlerin, la foule aux pieds et sort en costume de montagnard.
Je suis Hernani.
          DONA SOL, *à part, avec joie*.
               Ciel! vivant!
          HERNANI, *aux valets*.
                    Je suis cet homme
Qu'on cherche!
          Au duc.
               Vous vouliez savoir si je me nomme
Perez ou Diego?—Non, je me nomme Hernani!
C'est un bien plus beau nom, c'est un nom de banni,
C'est un nom de proscrit! Vous voyez cette tête?
Elle vaut assez d'or pour payer votre fête!
          Aux valets.
Je vous la donne à tous! vous serez bien payés!
Prenez! liez mes mains! liez mes pieds! liez!
Mais non, c'est inutile, une chaîne me lie
Que je ne romprai point!
          DANA SOL, *à part*.
               Malheureuse!
          DON RUY GOMEZ.
                    Folie!
Ça, mon hôte est un fou!
          HERNANI.
               Votre hôte est un bandit!
          DONA SOL.
Oh! ne l'écoutez pas!
          HERNANI.
               J'ai dit ce que j'ai dit.
          DON RUY GOMEZ.
Mille carolus d'or! Monsieur! la somme est forte,
Et je ne suis pas sûr de tous mes gens!
          HERNANI.
                    Qu'importe!
Tant mieux, si dans le nombre il s'en trouve un qui veut!
          Aux valets.
Livrez-moi! vendez-moi!
          DON RUY GOMEZ, *s'efforçant de le faire taire*.
               Taisez-vous donc! on peut
Vous prendre au mot!
          HERNANI.
               Amis! l'occasion est belle!
Je vous dis que je suis le proscrit, le rebelle
Hernani!
          DON RUY GOMEZ.
     Taisez-vous!
          HERNANI.
               Hernani!
          DONA SOL, *d'une voix éteinte à son oreille*.
                    Ho! tais-toi!
          HERNANI, *se détournant à demi vers doña Sol*.
On se marie ici! Je veux en être, moi!
Mon épouse aussi m'attend!

Au duc.

Elle est moins belle
Que la vôtre, seigneur, mais n'est pas moins fidèle.
C'est la mort !

Aux valets.

Nul de vous ne fait un pas encor ?

DONA SOL, *bas.*

Par pitié !

HERNANI, *aux valets.*

Hernani ! mille carolus d'or !

DON RUY GOMEZ.

C'est le démon !

HERNANI, *à un jeune valet.*

Viens, toi, tu gagneras la somme.
Riche alors, de valet tu redeviendras homme !

Aux valets, qui restent immobiles.

Vous aussi, vous tremblez ! ai-je assez de malheur !

DON RUY GOMEZ.

Frère, à toucher ta tête, ils risqueraient la leur !
Fusses-tu Hernani, fusses-tu cent fois pire,
Pour ta vie au lieu d'or offrît-on un empire,
Mon hôte ! je te dois protéger en ce lieu
Même contre le roi, car je te tiens de Dieu !
S'il tombe un seul cheveu de ton front, que je meure !

A doña Sol.

Ma nièce, vous serez ma femme dans une heure ;
Rentrez chez vous ; je vais faire armer le château,
J'en vais fermer la porte.

Il sort. Les valets le suivent.

HERNANI, *regardant avec désespoir sa ceinture dégarnie et désarmée.*

Oh ! pas même un couteau !

Doña Sol, après que le duc a disparu, fait quelques pas comme pour suivre ses femmes, puis s'arrête, et, dès qu'elles sont sorties, revient vers Hernani avec anxiété.

SCÈNE IV.

HERNANI, DONA SOL.

Hernani considère avec un regard froid et comme inattentif l'écrin nuptial placé sur la table ; puis il hoche la tête et ses yeux s'allument.

HERNANI.

Je vous fais compliment ! — Plus que je ne puis dire
La parure me charme, et m'enchante, — et j'admire !

Il s'approche de l'écrin.

La bague est de bon goût, — la couronne me plaît, —
Le collier est d'un beau travail ; — le bracelet
Est rare, — mais cent fois, cent fois moins que la femme
Qui sous un front si pur cache ce cœur infâme !

Examinant de nouveau le coffret.

Et qu'avez-vous donné pour tout cela ? — Fort bien !
Un peu de votre amour ? mais, vraiment, c'est pour rien !
Grand Dieu ! trahir ainsi ! n'avoir pas honte, et vivre !

Examinant l'écrin.

Mais peut-être, après tout, c'est perle fausse et cuivre
Au lieu d'or, verre et plomb, diamants déloyaux,
Faux saphirs, faux bijoux, faux brillants, faux joyaux.
Ah ! s'il en est ainsi, comme cette parure,
Ton cœur est faux, duchesse, et tu n'es que dorure !

Il revient au coffret.

Mais non, non. Tout est vrai, tout est bon, tout est beau,
Il n'oserait tromper, lui qui touche au tombeau !
Rien n'y manque.

Il prend l'une après l'autre toutes les pièces de l'écrin.

Colliers, brillants, pendants d'oreille,
Couronne de duchesse, anneau d'or... — à merveille !
Grand merci de l'amour sûr, fidèle et profond !
Le précieux écrin !

DONA SOL.

Elle va au coffret, y fouille, et en tire un poignard.

Vous n'allez pas au fond ! —
C'est le poignard qu'avec l'aide de ma patronne
Je pris au roi Carlos lorsqu'il m'offrit un trône,
Et que je refusai pour vous qui m'outragez !

HERNANI, *tombant à ses pieds.*

Oh ! laisse qu'à genoux, dans tes yeux affligés,
J'efface tous ces pleurs amers et pleins de charmes !
Et tu prendras après tout mon sang pour tes larmes !

DONA SOL, *attendrie.*

Hernani ! je vous aime et vous pardonne, et n'ai
Que de l'amour pour vous.

HERNANI.

Elle m'a pardonné,
Et m'aime ! Qui pourra faire aussi que moi-même,
Après ce que j'ai dit, je me pardonne et m'aime ?
Oh ! je voudrais savoir, ange au ciel réservé,
Où vous avez marché, pour baiser le pavé !

DONA SOL.

Ami !

HERNANI.

Non ! je dois l'être odieux ! mais, écoute,
Dis-moi : Je t'aime ! — Hélas ! rassure ton cœur qui doute,
Dis-le-moi ! car souvent avec ce peu de mots
La bouche d'une femme a guéri bien des maux !

DONA SOL, *absorbée et sans l'entendre.*

Croire que mon amour eût si peu de mémoire !
Que jamais ils pourraient, tous ces hommes sans gloire,
Jusqu'à d'autres amours, plus nobles à leur gré,
Rapetisser un cœur où son nom est entré !

HERNANI.

Hélas ! j'ai blasphémé ! si j'étais à ta place,
Doña Sol, j'en aurais assez, je serais lasse
De ce fou furieux, de ce sombre insensé
Qui ne sait caresser qu'après qu'il a blessé.
Je lui dirais : Va-t-en ! — Repousse-moi, repousse !
Et je te bénirai, car tu fus bonne et douce,
Car tu m'as supporté trop longtemps, car je suis
Mauvais, je noircirais tes jours avec mes nuits !
Car c'en est trop enfin, ton âme est belle et haute
Et pure ; et si je suis méchant, est-ce la faute ?
Épouse le vieux duc ! il est bon, noble, il a
Par sa mère Olmédo, par son père Alcala.
Encore un coup, sois riche avec lui, sois heureuse !
Moi, sais-tu ce que peut cette main généreuse
T'offrir de magnifique ? une dot de douleurs.
Tu pourras y choisir ou du sang ou des pleurs.
L'exil, les fers, la mort, l'effroi qui m'environne,
C'est là ton collier d'or, c'est ta belle couronne,
Et jamais à l'épouse en un époux plein d'orgueil
N'offrit plus riche écrin de misère et de deuil !
Épouse le vieillard, te dis-je, il te mérite !
Eh ! qui jamais croira que ma tête proscrite
Aille avec ton front pur ? qui, nous voyant tous deux,
Toi calme et belle, moi violent, hasardeux,
Toi paisible et croissant comme une fleur à l'ombre,
Moi heurté dans l'orage à des écueils sans nombre,
Qui dira que nos sorts suivent la même loi ?
Non. Dieu qui fait tout bien ne te fit pas pour moi.
Je n'ai nul droit d'en haut sur toi, je me résigne !
J'ai ton cœur, c'est un vol ! je le rends au plus digne.
Jamais à nos amours le ciel n'a consenti.
Si j'ai dit que c'était ton destin, j'ai menti !
D'ailleurs, vengeance, amour, adieu ! mon jour s'achève.
Je m'en vais, inutile, avec mon double rêve,
Honteux de n'avoir pu ni punir, ni charmer,
Qu'on m'ait fait pour haïr, moi qui n'ai su qu'aimer !
Pardonne-moi ! fuis-moi ! ce sont mes deux prières.
Ne les rejette pas, car ce sont les dernières !

Tu vis, et je suis mort. Je ne vois pas pourquoi
Tu te ferais murer dans ma tombe avec moi!
DONA SOL.
Ingrat!
HERNANI.
Monts d'Aragon! Galice! Estramadoure! —
Oh! je porte malheur à tout ce qui m'entoure! —
J'ai pris vos meilleurs fils; pour mes droits, sans remords
Je les ai fait combattre : et voilà qu'ils sont morts!
C'étaient les plus vaillants de la vaillante Espagne!
Ils sont morts! ils sont tous tombés dans la montagne,
Tous sur le dos couchés, en braves, devant Dieu;
Et, si leurs yeux s'ouvraient, ils verraient le ciel bleu!
Voilà ce que je fais de tout ce qui m'épouse!
Est-ce une destinée à te rendre jalouse?
Doña Sol, prends le duc, prends l'enfer, prends le roi!
C'est bien. Tout ce qui n'est pas moi vaut mieux que moi!
Je n'ai plus un ami qui de moi se souvienne.
Tout me quitte, il est temps qu'à la fin ton tour vienne,
Car je dois être seul. Fuis ma contagion,
Ne te fais pas d'aimer une religion!
Oh! par pitié pour toi, fuis! — Tu me crois peut-être
Un homme comme sont tous les autres, un être
Intelligent, qui court droit au but qu'il rêva.
Détrompe-toi. Je suis une force qui va!
Agent aveugle et sourd de mystères funèbres!
Une âme de malheur faite avec des ténèbres!
Où vais-je? je ne sais. Mais je me sens poussé
D'un souffle impétueux, d'un destin insensé.
Je descends, je descends, et jamais ne m'arrête.
Si parfois, haletant, j'ose tourner la tête,
Une voix me dit : Marche! et l'abîme est profond,
Et de flamme ou de sang je le vois rouge au fond!
Cependant, à l'entour de ma course farouche!
Tout se brise, tout meurt. Malheur à qui me touche!
Oh! fuis! détourne-toi de mon chemin fatal.
Hélas! sans le vouloir, je te ferais du mal.
DONA SOL.
Grand Dieu!
HERNANI.
C'est un démon redoutable, te dis-je,
Que le mien. Mon bonheur, voilà le seul prodige
Qui lui soit impossible. Et toi, c'est le bonheur!
Tu n'es donc pas pour moi, cherche un autre seigneur!
Va, si jamais le ciel à mon sort qu'il renie
Souriait... n'y crois pas! ce serait ironie.
Epouse le duc!
DONA SOL.
Donc, ce n'était pas assez!
Vous avez déchiré mon cœur, vous le brisez.
Ah! vous ne m'aimez plus!
HERNANI.
Oh! mon cœur et mon âme,
C'est toi! l'ardent foyer d'où me vient toute flamme,
C'est toi! ne m'en veux pas de fuir, être adoré!
DONA SOL.
Je ne vous en veux pas, seulement j'en mourrai.
HERNANI.
Mourir! pour qui? pour moi? se peut-il que tu meures
Pour si peu?
DONA SOL, *laissant éclater ses larmes.*
Voilà tout.
Elle tombe sur un fauteuil.
HERNANI, *s'asseyant près d'elle.*
Oh! tu pleures! tu pleures!
Et c'est encor ma faute! et qui me punira?
Car tu pardonneras encor! Qui te dira
Ce que je souffre au moins, lorsqu'une larme noie
La flamme de tes yeux dont l'éclair est ma joie?
Oh! mes amis sont morts! oh! je suis insensé!
Pardonne. Je voudrais aimer, je ne le sai!
Hélas! j'aime pourtant d'une amour bien profonde! —
Ne pleure pas, mourons plutôt! — Que n'ai-je un monde?
Je te le donnerais! Je suis bien malheureux!

DONA SOL, *se jetant à son cou.*
Vous êtes mon lion superbe et généreux!
Je vous aime.
HERNANI.
Oh! l'amour serait un bien suprême
Si l'on pouvait mourir de trop aimer!
DONA SOL.
Je t'aime!
Monseigneur! Je vous aime et je suis toute à vous.
HERNANI, *laissant tomber sa tête sur son épaule.*
Oh! qu'un coup de poignard de toi me serait doux!
DONA SOL, *suppliante.*
Ah! ne craignez-vous pas que Dieu ne vous punisse
De parler de la sorte?
HERNANI, *toujours appuyé sur son sein.*
Eh bien! qu'il nous unisse!
Tu le veux. Qu'il en soit ainsi! — J'ai résisté!

Tous deux, dans les bras l'un de l'autre, se regardent avec extase, sans voir, sans entendre, et comme absorbés dans leur regard. — Entre don Ruy Gomez par la porte du fond. Il regarde, et s'arrête comme pétrifié sur le seuil.

SCÈNE V.

HERNANI, DONA SOL, DON RUY GOMEZ.

DON RUY GOMEZ, *immobile et croisant les bras sur le seuil de la porte.*
Voilà donc le paiment de l'hospitalité!
DONA SOL.
Dieu! le duc!
Tous deux se retournent comme réveillés en sursaut.
DON RUY GOMEZ, *toujours immobile.*
C'est donc là mon salaire, mon hôte?
— Bon seigneur, va-t'en voir si la muraille est haute,
Si la porte est bien close et l'archer dans sa tour,
De ton château pour nous fais et refais le tour,
Cherche en ton arsenal une armure à ta taille,
Ressaie à soixante ans ton harnais de bataille,
Voici la loyauté dont nous paierons ta foi!
Tu fais cela pour nous, et nous ceci pour toi!
Saints du ciel! — J'ai vécu plus de soixante années,
J'ai rencontré parfois des âmes effrénées,
J'ai souvent, en tirant ma dague du fourreau,
Fait lever sur mes pas des gibiers de bourreau;
J'ai vu des assassins, des monnayeurs, des traîtres;
De faux valets à table empoisonnant leurs maîtres;
J'en ai vu qui mouraient sans croix et sans pater;
J'ai vu Sforce, j'ai vu Borgia, je vois Luther;
Mais je n'ai jamais vu perversité si haute
Qui n'eût craint le tonnerre en trahissant son hôte!
Ce n'est pas de mon temps. — Si noire trahison
Pétrifie un vieillard au seuil de sa maison,
Et fait que le vieux maître, en attendant qu'il tombe,
A l'air d'une statue à mettre sur sa tombe!
Maures et Castillans! quel est cet homme-ci?

Il lève les yeux et les promène sur les portraits qui entourent la salle.

O vous, tous les Silva, qui m'écoutez ici,
Pardon, si devant vous, pardon, si ma colère
Dit l'hospitalité mauvaise conseillère!
Duc...
HERNANI, *se levant.*
DON RUY GOMEZ.
Tais-toi!
Il fait lentement trois pas dans la salle et promène ses regards sur les portraits de Silva.
Morts sacrés! aïeux! hommes de fer!
Qui voyez ce qui vient du ciel et de l'enfer,
Dites-moi, messeigneurs, dites! quel est cet homme?
Ce n'est pas Hernani, c'est Judas qu'on le nomme!

Oh! tâchez de parler pour me dire son nom!
Croisant les bras.
Avez-vous de vos jours vu rien de pareil? Non!
HERNANI.
Seigneur duc...
DON RUY GOMEZ, *toujours aux portraits.*
Voyez-vous! il veut parler, l'infâme!
Mais, mieux encor que moi, vous lisez dans son âme.
Oh! ne l'écoutez pas! c'est un fourbe! il prévoit
Que mon bras va sans doute ensanglanter mon toit,
Que peut-être mon cœur couve dans ses tempêtes
Quelque vengeance, sœur du festin des Sept-Têtes.
Il vous dira qu'il est proscrit, il vous dira
Qu'on va dire Silva comme l'on dit Lara,
Et puis qu'il est mon hôte, et puis qu'il est votre hôte...—
Mes aïeux, messeigneurs, voyez, est-ce ma faute?
Jugez entre nous deux!
HERNANI.
Ruy Gomez de Silva,
Si jamais vers le ciel noble front s'éleva,
Si jamais cœur fut grand, si jamais âme haute,
C'est la vôtre, seigneur! c'est la tienne, ô mon hôte!
Moi qui te parle ici, je suis coupable et n'ai
Rien à dire sinon que je suis bien damné.
Oui, j'ai voulu te prendre et t'enlever ta femme;
Oui, j'ai voulu souiller ton lit : oui, c'est infâme!
J'ai du sang; tu feras très-bien de le verser,
D'essuyer ton épée et de n'y plus penser!
DONA SOL.
Seigneur, ce n'est pas lui! ne frappez que moi-même!
HERNANI.
Taisez-vous, doña Sol. Car cette heure est suprême!
Cette heure m'appartient. Je n'ai plus qu'elle. Ainsi
Laissez-moi m'expliquer avec le duc ici.
Duc! crois aux derniers mots de ma bouche, j'en jure,
Je suis coupable, mais sois tranquille, — elle est pure!
C'est là tout. Moi coupable, elle pure; ta foi
Pour elle, — un coup d'épée ou de poignard pour moi.
Voilà. — Puis fais jeter le cadavre à la porte
Et laver le plancher, si tu veux, il n'importe!
DONA SOL.
Ah! moi seule ai tout fait. Car je l'aime.

Don Ruy se détourne à ce mot en tressaillant, et fixe sur doña Sol un regard terrible. Elle se jette à ses genoux.
Oui, pardon!
Je l'aime, monseigneur!
DON RUY GOMEZ.
Vous l'aimez!
A Hernani.
Tremble donc!
Bruit de trompettes au dehors. — Entre le page.
Au page.
Qu'est ce bruit?
LE PAGE.
C'est le roi, monseigneur, en personne,
Avec un gros d'archers et son héraut qui sonne.
DONA SOL.
Dieu! le roi! dernier coup!
LE PAGE, *au duc.*
Il demande pourquoi
La porte est close, et veut qu'on ouvre.
DON RUY GOMEZ.
Ouvrez au roi.
Le page s'incline et sort.
DONA SOL.
Il est perdu.

Don Ruy Gomez va à l'un des tableaux, qui est son propre portrait et le dernier à gauche; il presse un ressort, le portrait s'ouvre comme une porte et laisse voir une cachette pratiquée dans le mur. — Il se tourne vers Hernani.

DON RUY GOMEZ.
Monsieur, venez ici.
HERNANI.
Ma tête
Est à toi. Livre-la, seigneur. Je la tiens prête.
Je suis ton prisonnier.

Il entre dans la cachette. Don Ruy presse de nouveau le ressort, tout se referme, et le portrait revient à sa place.

DONA SOL, *au duc.*
Seigneur, pitié pour lui!
LE PAGE, *entrant.*
Son Altesse le roi!

Doña Sol baisse précipitamment son voile. — La porte s'ouvre à deux battants. Entre don Carlos en habit de guerre, suivi d'une foule de gentilshommes également armés, de pertuisaniers, d'arquebusiers, d'arbalétriers.

SCÈNE VI.

DON RUY GOMEZ, DOÑA SOL, voilée; DON CARLOS, Suite.

Don Carlos s'avance à pas lents, la main gauche sur le pommeau de son épée, la droite dans sa poitrine, et fixe sur le vieux duc un œil de défiance et de colère. Le duc va au-devant du roi et le salue profondément. — Silence. — Attente et terreur alentour. Enfin le roi, arrivé en face du duc, lève brusquement la tête.

DON CARLOS.
D'où vient donc aujourd'hui,
Mon cousin, que ta porte est si bien verrouillée?
Par les saints! je croyais ta dague plus rouillée!
Et je ne savais pas qu'elle eût hâte à ce point,
Quand nous te venons voir, de reluire à ton poing!
Don Ruy Gomez veut parler, le roi poursuit avec un geste impérieux.
C'est s'y prendre un peu tard pour faire le jeune homme!
Avons-nous des turbans? serait-ce qu'on me nomme
Boabdil ou Mahom, et non Carlos, répond!
Pour nous baisser la herse et nous lever le pont?
DON RUY GOMEZ, *s'inclinant.*
Seigneur...
DON CARLOS, *à ses gentilshommes.*
Prenez les clefs, saisissez-vous des portes!

Deux officiers sortent. Plusieurs autres rangent les soldats en triple haie dans la salle du roi, à la grande porte. Don Carlos se retourne vers le duc.

Ah! vous réveillez donc les rébellions mortes?
Pardieu! si vous prenez de ces airs avec moi,
Messieurs les ducs, le roi prendra des airs de roi!
Et j'irai par les monts, de mes mains aguerries,
Dans leurs nids crénelés tuer les seigneuries!
DON RUY GOMEZ, *se redressant.*
Altesse, les Silva sont loyaux...
DON CARLOS, *l'interrompant.*
Sans détours,
Réponds, duc! ou je fais raser tes onze tours!
De l'incendie éteint il reste une étincelle,
Des bandits morts il reste un chef. — Qui le recèle?
C'est toi! Ce Hernani, rebelle, empoisonneur,
Ici, dans ton château, tu le caches!
DON RUY GOMEZ.
Seigneur,
C'est vrai.
DON CARLOS.
Fort bien. Je veux sa tête ou bien la tienne,
Entends-tu, mon cousin?
DON RUY GOMEZ, *s'inclinant.*
Mais qu'à cela ne tienne!...
Vous serez satisfait.

Doña Sol cache sa tête dans ses mains et tombe sur le fauteuil.

DON CARLOS, *radouci.*
Ah! tu t'amendes! — Va
Chercher mon prisonnier!

Le duc croise les bras, baisse la tête et reste quelques moments rêveur. Le roi et doña Sol l'observent en silence et agités d'émotions contraires. Enfin le duc relève son front, va au roi, lui prend la main et le mène à pas lents devant le plus ancien des portraits, celui qui commence la galerie à droite du spectateur.

DON RUY GOMEZ, *montrant au roi le vieux portrait.*
Celui-ci, des Silva
C'est l'aîné, c'est l'aïeul, l'ancêtre, le grand homme;
Don Silvius, qui fut trois fois consul de Rome!

Passant au portrait suivant.
Voici don Galceran de Silva, l'autre Cid !
On lui garde à Toro, près de Valladolid,
Une châsse dorée où brûlent mille cierges.
Il affranchit Léon du tribut des cent vierges!

Passant à un autre.
— Don Blas, — qui, de lui-même et dans sa bonne foi,
S'exila pour avoir mal conseillé le roi.

A un autre.
— Christoval! — Au combat d'Escalona, don Sanche,
Le roi, fuyait à pied, et sur sa plume blanche
Tous les coups s'acharnaient; il cria : Christoval!
Christoval prit la plume et donna son cheval.

A un autre.
— Don Jorge, — qui paya la rançon de Ramire,
Roi d'Aragon.

DON CARLOS, *croisant ses bras et le regardant de la tête aux pieds.*
Pardieu! don Ruy, je vous admire!
Continuez!

DON RUY GOMEZ, *passant à un autre.*
Voici Ruy Gomez de Silva,
Grand maître de Saint-Jacque et de Calatrava.
Son armure géante irait mal à nos tailles;
Il prit trois cents drapeaux, gagna trente batailles,
Conquit au roi Motril, Antequera, Suez,
Nijar, et mourut pauvre. — Altesse, saluez!

Il s'incline, se découvre et passe à un autre. — Le roi l'écoute avec une impatience et une colère toujours croissantes.

Près de lui, Gil son fils, cher aux âmes loyales.
Sa main pour un serment valait les mains royales.

A un autre.
— Don Gaspard, de Mendoce et de Silva l'honneur!
Toute noble maison tient à Silva, seigneur.
Sandoval tour à tour nous craint ou nous épouse.
Manrique nous envie et Lara nous jalouse.
Alencastre nous hait. Nous touchons à la fois
Du pied à tous les ducs, du front à tous les rois!

DON CARLOS.
Vous raillez-vous?

DON RUY GOMEZ, *allant à d'autres portraits.*
Voilà don Vasquez, dit le Sage;
Don Jayme, dit le Fort. Un jour, sur son passage,
Il arrêta Zamet et cent Maures tout seul. —
J'en passe, et des meilleurs. —

Sur un geste de colère du roi, il passe un grand nombre de tableaux et vient tout de suite aux trois derniers portraits à gauche du spectateur.

Voici mon noble aïeul.
Il vécut soixante ans, gardant la foi jurée,
Même aux Juifs.

A l'avant-dernier.
Ce vieillard, cette tête sacrée,
C'est mon père. Il fut grand, quoiqu'il vînt le dernier.
Les Maures de Grenade avaient fait prisonnier
Le comte Alvar Giron, son ami. Mais mon père

Prit pour l'aller chercher six cents hommes de guerre;
Il fit tailler en pierre un comte Alvar Giron
Qu'à sa suite il traîna, jurant par son patron
De ne point reculer que le comte de pierre
Ne tournât front lui-même et n'allât en arrière.
Il combattit, puis vint au comte et le sauva.

DON CARLOS.
Mon prisonnier!

DON RUY GOMEZ.
C'était un Gomez de Silva!
Voilà donc ce qu'on dit quand dans cette demeure
On voit tous ces héros.

DON CARLOS.
Mon prisonnier sur l'heure!

DON RUY GOMEZ.
Il s'incline profondément devant le roi, lui prend la main et le mène devant le dernier portrait, celui qui sert de porte à la cachette où il a fait entrer Hernani. Doña Sol le suit des yeux avec anxiété. — Attente et silence dans l'assistance.

Ce portrait, c'est le mien. — Roi don Carlos, merci! —
Car vous voulez qu'on dise en le voyant ici :
« Ce dernier, digne fils d'une race si haute,
« Fut un traître et vendit la tête de son hôte! »

Joie de doña Sol. Mouvement de stupeur dans les assistants. — Le roi, déconcerté, s'éloigne avec colère, puis reste quelques instants silencieux, les lèvres tremblantes et l'œil enflammé.

DON CARLOS.
Duc, ton château me gêne et je le mettrai bas.

DON RUY GOMEZ.
Car vous me le pairiez, Altesse, n'est-ce pas?

DON CARLOS.
Duc, j'en ferai raser les tours pour tant d'audace,
Et je ferai semer du chanvre sur la place!

DON RUY GOMEZ.
Mieux voir croître du chanvre où ma tour s'éleva
Qu'une tache ronger le vieux nom de Silva.

Aux portraits.
N'est-il pas vrai, vous tous?

DON CARLOS.
Duc! cette tête est nôtre,
Et tu m'avais promis...

DON RUY GOMEZ.
J'ai promis l'une ou l'autre.

Aux portraits.
N'est-il pas vrai, vous tous?

Montrant sa tête.
Je donne celle-ci.

Au roi.
Prenez-la.

DON CARLOS.
Duc, fort bien. Mais j'y perds, grand merci!
La tête qu'il me faut est jeune, il faut que morte
On la prenne aux cheveux. La tienne? que m'importe!
Le bourreau la prendrait par les cheveux en vain.
Tu n'en as pas assez pour lui remplir la main!

DON RUY GOMEZ.
Altesse, pas d'affront! ma tête encore est belle,
Et vaut bien, que je crois, la tête d'un rebelle.
La tête d'un Silva, vous êtes dégoûté!

DON CARLOS.
Livre-nous Hernani!

DON RUY GOMEZ.
Seigneur, en vérité
J'ai dit.

DON CARLOS, *à sa suite.*
Fouillez partout! et qu'il ne soit point d'aile,
De cave, ni de tour...

DON RUY GOMEZ.
Mon donjon est fidèle
Comme moi. Seul il sait le secret avec moi.
Nous le garderons bien tous deux!

DON CARLOS.
Je suis le roi !
DON RUY GOMEZ.
Hors que de mon château démoli pierre à pierre
On ne fasse ma tombe, on n'aura rien.
DON CARLOS.
Prière,
Menace, tout est vain ! — Livre-moi le bandit,
Duc, ou, tête et château, j'abattrai tout !
DON RUY GOMEZ.
J'ai dit.
DON CARLOS.
Eh bien donc ! au lieu d'une, alors j'aurai deux têtes.
Au duc d'Alcala.
Jorge, arrêtez le duc !
DOÑA SOL, *arrachant son voile et se jetant entre le roi, le duc et les gardes.*
Roi don Carlos, vous êtes
Un mauvais roi !
DON CARLOS.
Grand Dieu ! que vois-je ? doña Sol !
DOÑA SOL.
Altesse, tu n'as pas le cœur d'un Espagnol.
DON CARLOS, *troublé.*
Madame, pour le roi vous êtes bien sévère !
Il s'approche de doña Sol.
Bas.
C'est vous qui m'avez mis au cœur cette colère.
Un homme devient ange ou monstre en vous touchant.
Ah ! quand on est haï, que vite on est méchant !
Si vous aviez voulu, peut-être, ô jeune fille,
J'étais grand, j'eusse été le lion de Castille ;
Vous m'en faites le tigre avec votre courroux.
Le voilà qui rugit, madame, taisez-vous !
Doña Sol lui jette un regard. Il s'incline.
Pourtant, j'obéirai.
Se tournant vers le duc.
Mon cousin, je t'estime.
Ton scrupule après tout peut sembler légitime.
Sois fidèle à ton hôte, infidèle à ton roi,
C'est bien. — Je te fais grâce et suis meilleur que toi.
— J'emmène seulement ta nièce comme ôtage.
DON RUY GOMEZ.
Seulement !
DOÑA SOL, *interdite.*
Moi, seigneur !
DON CARLOS.
Oui, vous.
DON RUY GOMEZ.
Pas davantage !
Oh ! la grande clémence ! ô généreux vainqueur !
Qui ménage la tête et torture le cœur !
Belle grâce !
DON CARLOS.
Choisis. — Doña Sol ou le traître.
Il me faut l'un des deux.
Oh ! vous êtes le maître !
Don Carlos s'approche de doña Sol pour l'emmener. Elle se réfugie vers don Ruy Gomez.
DOÑA SOL.
Sauvez-moi, seigneur !...
Elle s'arrête. — A part.
Malheureuse, il le faut !
La tête de mon oncle ou l'autre ! — moi plutôt !
Au roi.
Je vous suis !
DON CARLOS, *à part.*
Par les saints, l'idée est triomphante !
Il faudra bien enfin s'adoucir, mon infante !

Doña Sol va d'un pas grave et assuré au coffret, qui renferme l'écrin, l'ouvre et y prend le poignard, qu'elle cache dans son sein. Don Carlos vient à elle et lui présente la main.
DON CARLOS, *à doña Sol.*
Qu'emportez-vous là ?
DOÑA SOL.
Rien.
DON CARLOS.
Un joyau précieux ?
DOÑA SOL.
Oui.
DON CARLOS, *souriant.*
Voyons.
DOÑA SOL.
Vous verrez.
Elle lui donne la main et se dispose à le suivre. — Don Ruy Gomez, qui est resté immobile et profondément absorbé dans sa pensée, se retourne et fait quelques pas en criant.
DON RUY GOMEZ.
Doña Sol ! terre et cieux !
Doña Sol ! — Puisque l'homme ici n'a point d'entrailles,
A mon aide, croulez, armures et murailles !
Il court au roi.
Laisse-moi mon enfant ! je n'ai qu'elle, ô mon roi !
DON CARLOS, *lâchant la main de doña Sol.*
Alors, mon prisonnier !
Le duc baisse la tête et semble en proie à une horrible hésitation, puis il se relève et regarde les portraits en joignant les mains vers eux.
DON RUY GOMEZ.
Ayez pitié de moi,
Vous tous ! —
Il fait un pas vers la cachette ; doña Sol le suit des yeux avec anxiété. Il se retourne vers les portraits.
Oh ! voilez-vous ! votre regard m'arrête !
Il s'avance en chancelant jusqu'à son portrait, puis se retourne encore vers le roi.
Tu le veux ?
DON CARLOS.
Oui.
Le duc lève en tremblant la main vers le ressort.
DOÑA SOL.
Dieu !
DON RUY GOMEZ.
Non !
Il se jette aux genoux du roi.
Par pitié, prends ma tête !
DON CARLOS.
Ta nièce !
DON RUY GOMEZ, *se relevant.*
Prends-la donc ! et laisse-moi l'honneur !
DON CARLOS, *saisissant la main de doña Sol tremblante.*
Adieu, duc.
DON RUY GOMEZ.
Au revoir. —
Il suit de l'œil le roi, qui se retire lentement avec doña Sol, puis il met la main sur son poignard.
Dieu vous garde, seigneur !
Il revient sur le devant du théâtre, haletant, immobile, sans plus rien voir ni entendre, l'œil fixe, les bras croisés sur sa poitrine, qui se soulève comme par des mouvements convulsifs. Cependant le roi sort avec doña Sol, et toute la suite de seigneurs sort après lui, deux à deux, gravement et chacun à son rang. Ils se parlent à voix basse entre eux.
DON RUY GOMEZ, *à part.*
Roi, pendant que tu sors joyeux de ma demeure,
Ma vieille loyauté sort de mon cœur qui pleure !
Il lève les yeux, les promène autour de lui, et voit qu'il est seul. Il court à la muraille, détache deux épées d'une panoplie, les mesure toutes deux, puis les dépose sur une table. Cela fait, il va au portrait, pousse le ressort, la porte cachée se rouvre.

DON RUY GOMEZ.
. . . . . . Roi don Carlos, merci !
Car vous voulez qu'on dise en le voyant ici :...
(Page 22.)

SCÈNE VII.

DON RUY GOMEZ, HERNANI.

DON RUY GOMEZ.
Sors.
Hernani paraît à la porte de la cachette. Don Ruy lui montre les deux épées sur la table

— Choisis. — Don Carlos est hors de la maison.
Il s'agit maintenant de me rendre raison.
Choisis ! — et faisons vite. — Allons donc ! ta main tremble !
HERNANI.
Un duel ! nous ne pouvons, vieillard, combattre ensemble !
DON RUY GOMEZ.
Pourquoi donc? As-tu peur? n'es tu point noble? enfer !
Noble ou non ! pour croiser le fer avec le fer,
Tout homme qui m'outrage est assez gentilhomme !
HERNANI.
Vieillard...

DON RUY GOMEZ.
Viens me tuer ou viens mourir, jeune homme !
HERNANI.
Mourir, oui. — Vous m'avez sauvé malgré mes vœux.
Donc ma vie est à vous. Reprenez-la.
DON RUY GOMEZ.
Tu veux?
Aux portraits.
Vous voyez qu'il le veut.
A Hernani.
C'est bon. Fais ta prière.
HERNANI.
Oh ! c'est à toi, seigneur, que je fais la dernière !
DON RUY GOMEZ.
Parle à l'autre Seigneur !
HERNANI.
Non, non, à toi ! — Vieillard,
Frappe-moi. Tout m'est bon, dague, épée ou poignard !
Mais fais-moi, par pitié, cette suprême joie !
Duc ! avant de mourir, permets que je la voie !

HERNANI.
Ecoute, prends ce cor...
(Page 26.)

DON RUY GOMEZ.

La voir !

HERNANI.

Au moins permets que j'entende sa voix
Une dernière fois ! rien qu'une seule fois !

DON RUY GOMEZ.

L'entendre !

HERNANI.

Oh ! je comprends, seigneur, ta jalousie.
Mais déjà par la mort ma jeunesse est saisie,
Pardonne-moi. Veux-tu, dis-moi, que, sans la voir,
S'il le faut, je l'entende ? et je mourrai ce soir.
L'entendre seulement ! contente mon envie !
Mais, oh ! qu'avec douceur, j'exhalerais ma vie
Si tu daignais vouloir qu'avant de fuir aux cieux
Mon âme allât revoir la sienne dans ses yeux !
— Je ne lui dirai rien, tu seras là, mon père !
Tu me prendras après !

DON RUY GOMEZ, *montrant la cachette encore ouverte.*

Saints du ciel ! ce repaire
Est-il donc si profond, si sourd et si perdu,

Qu'il n'ait entendu rien ?

HERNANI.

Je n'ai rien entendu.

DON RUY GOMEZ.

Il a fallu livrer doña Sol ou toi-même.

HERNANI.

A qui, livrée ?

DON RUY GOMEZ.

Au roi.

HERNANI.

Vieillard stupide ! il l'aime !

DON RUY GOMEZ.

Il l'aime !

HERNANI.

Il nous l'enlève ! il est notre rival !

DON RUY GOMEZ.

O malédiction ! mes vassaux ! à cheval !
A cheval ! poursuivons le ravisseur !

HERNANI.

Ecoute,

La vengeance au pied sûr fait moins de bruit en route.
Je t'appartiens. Tu peux me tuer. Mais veux-tu
M'employer à venger ta nièce et sa vertu?
Ma part dans ta vengeance! oh! fais-moi cette grâce!
Et s'il faut embrasser tes pieds, je les embrasse!
Suivons le roi tous deux. Viens; je serai ton bras,
Je te vengerai, duc. — Après, tu me tûras.
                    DON RUY GOMEZ.
Alors, comme aujourd'hui, te laisseras-tu faire?
                    HERNANI.
Oui, duc.
                    DON RUY GOMEZ.
        Qu'en jures-tu?
                    HERNANI.
                La tête de mon père.
                    DON RUY GOMEZ.
Voudras-tu de toi-même un jour t'en souvenir?
    HERNANI, *lui présentant le cor qu'il ôte de sa ceinture.*
Ecoute, prends ce cor. Quoi qu'il puisse advenir,
Quand tu voudras, seigneur, quel que soit le lieu, l'heure,
S'il te passe à l'esprit qu'il est temps que je meure,
Viens, sonne de ce cor, et ne prends d'autres soins,
Tout sera fait.
            DON RUY GOMEZ, *lui tendant la main.*
            Ta main?
    Ils se serrent la main. — Aux portraits.
            Vous tous, soyez témoins.

IV

LE TOMBEAU

AIX-LA-CHAPELLE.

ACTE QUATRIÈME

Les caveaux qui renferment le tombeau de Charlemagne, à Aix-la-Chapelle. De grandes voûtes d'architecture lombarde. Gros piliers bas, pleins-cintres, chapiteaux d'oiseaux et de fleurs. — A droite, le tombeau de Charlemagne, avec une petite porte de bronze, basse et cintrée. Une seule lampe suspendue à une clef de voûte, en éclaire l'inscription : KAROLVS MAGNVS. — Il est nuit. On ne voit pas le fond du souterrain; l'œil se perd dans les arcades, les escaliers et les piliers, qui s'entre-croisent dans l'ombre.

SCÈNE PREMIÈRE.

DON CARLOS, DON RICARDO DE ROXAS (COMTE DE CASAPALMA), une lanterne à la main. Grands manteaux, chapeaux rabattus.

            DON RICARDO, *son chapeau à la main.*
C'est ici.
                DON CARLOS.
        C'est ici que la ligue s'assemble!
Que je vais dans ma main les tenir tous ensemble!
— Ah! monsieur l'électeur de Trèves, c'est ici!
Vous lui prêtez ce lieu! certe, il est bien choisi!
Un noir complot prospère à l'air des catacombes.
Il est bon d'aiguiser les stylets sur des tombes.
Pourtant c'est jouer gros. La tête est de l'enjeu,
Messieurs les assassins! et nous verrons. — Pardieu!
Ils font bien de choisir pour une telle affaire
Un sépulcre; — ils auront moins de chemin à faire.
    A don Ricardo.
Ces caveaux sous le sol s'étendent-ils bien loin?
                DON RICARDO.
Jusques au château-fort.
                DON CARLOS.
                C'est plus qu'il n'est besoin.
                DON RICARDO.
D'autres, de ce côté, vont jusqu'au monastère
D'Altenheim...
                DON CARLOS.
            Où Rodolphe extermina Lothaire.
Bien. — Une fois encor, comte, redites-moi
Les noms et les griefs, où, comment et pourquoi.
                DON RICARDO.
Gotha.
                DON CARLOS.
    Je sais pourquoi le brave duc conspire.
Il veut un Allemand d'Allemagne à l'empire.
                DON RICARDO.
Hohenbourg.
                DON CARLOS.
            Hohenbourg aimerait mieux, je croi,
L'enfer avec François que le ciel avec moi.
                DON RICARDO.
Don Gil Tellez Giron.
                DON CARLOS.
                Castille et Notre-Dame!
Il se révolte donc contre son roi, l'infâme!
                DON RICARDO.
On dit qu'il vous trouva chez madame Giron
Un soir que vous veniez de le faire baron.
Il veut venger l'honneur de sa tendre compagne.
                DON CARLOS.
C'est donc qu'il se révolte alors contre l'Espagne.
Qui nomme-t-on encore?
                DON RICARDO.
                On cite avec ceux-là
Le révérend Vasquez, évêque d'Avila.
                DON CARLOS.
Est-ce aussi pour venger la vertu de sa femme?
                DON RICARDO.
Puis Guzman de Lara, mécontent, qui réclame
Le collier de votre ordre.
                DON CARLOS.
                Ah! Guzman de Lara!
Si ce n'est qu'un collier qu'il lui faut, il l'aura.
                DON RICARDO.
Le duc de Lutzelbourg. — Quant aux plans qu'on lui prête...
                DON CARLOS.
Le duc de Lutzelbourg est trop grand de la tête.
                DON RICARDO.
Juan de Haro, qui veut Astorga.
                DON CARLOS.
                Ces Haro
Ont toujours fait doubler la solde du bourreau.
                DON RICARDO.
C'est tout.
                DON CARLOS.
        Ce ne sont pas toutes mes têtes. Comte,
Cela ne fait que sept, et je n'ai pas mon compte.
                DON RICARDO.
Ah! je ne nomme pas quelques bandits gagés
Par Trêve ou par la France...
                DON CARLOS.
                Hommes sans préjugés

Dont le poignard, toujours prêt à jouer son rôle,
Tourne aux plus gros écus, comme l'aiguille au pôle !
Pourtant j'ai distingué deux hardis compagnons,
Tous deux nouveaux venus, un jeune, un vieux...

DON CARLOS.
Leurs noms ?

Don Ricardo lève les épaules en signe d'ignorance.
Leur âge ?

DON RICARDO.
Le plus jeune a vingt ans.

DON CARLOS.
C'est dommage.

DON RICARDO.
Le vieux, soixante au moins.

DON CARLOS.
L'un n'a pas encor l'âge,
Et l'autre ne l'a plus. Tant pis. J'en prendrai soin.
Le bourreau peut compter sur mon aide au besoin.
Ah ! loin que mon épée aux factions soit douce,
Je la lui prêterai si sa hache s'émousse,
Comte ! et pour l'élargir, je coudrai, s'il le faut,
Ma pourpre impériale au drap de l'échafaud.
— Mais serai-je empereur seulement ? —

DON RICARDO.
Le collége,
A cette heure assemblé, délibère.

DON CARLOS.
Que sais-je ?
Ils nommeront François Premier, ou leur Saxon,
Leur Frédéric-le-Sage ! — Oh ! Luther a raison,
Tout va mal ! — Beaux faiseurs de Majestés sacrées !
N'acceptant pour raisons que les raisons dorées !
Un Saxon hérétique ! un comte Palatin
Imbécile ! un primat de Trèves libertin !
— Quant au roi de Bohême, il est pour moi. — Des princes
De Hesse, plus petits encore que leurs provinces !
De jeunes idiots ! des vieillards débauchés !
Des couronnes, fort bien ! mais des têtes ?... Cherchez !
Des nains ! que je pourrais, concile ridicule,
Dans ma peau de lion emporter comme Hercule !
Et qui, démaillotés du manteau violet,
Auraient la tête encor de moins que Triboulet !
— Il me manque trois voix, Ricardo ! tout me manque ! —
Oh ! je donnerais Gand, Tolède et Salamanque,
Mon ami Ricardo, trois villes à leur choix,
Pour trois voix, s'ils voulaient ! vois-tu, pour ces trois voix,
Oui, trois de mes cités de Castille ou de Flandre,
Je les donnerais ! — sauf, plus tard, à les reprendre !

Don Ricardo salue profondément le roi et met son chapeau sur sa tête.

— Vous vous couvrez ?

DON RICARDO.
Seigneur, vous m'avez tutoyé.
Saluant de nouveau.
Me voilà grand d'Espagne.

DON CARLOS, *à part.*
Ah ! tu me fais pitié !
Ambitieux de rien ! — Engeance intéressée !
Comme à travers la nôtre ils suivent leur pensée !
Basse cour où le roi, mendié sans pudeur,
A tous ces affamés émiette la grandeur !

Rêvant.
Dieu seul et l'empereur sont grands ! - et le saint père !
Le reste !... rois et ducs ! qu'est cela ?

DON RICARDO.
Moi, j'espère
Qu'ils prendront Votre Altesse.

DON CARLOS, *à part.*
Altesse ! altesse, moi !
J'ai du malheur en tout. — S'il fallait rester roi !

DON RICARDO, *à part.*
Baste ! empereur ou non, me voilà grand d'Espagne.

DON CARLOS.
Sitôt qu'ils auront fait l'empereur d'Allemagne,
Quel signal à la ville annoncera son nom ?

DON RICARDO.
Si c'est le duc de Saxe, un seul coup de canon.
Deux si c'est le Français, trois si c'est Votre Altesse.

DON CARLOS.
Et cette doña Sol !... Tout m'irrite et me blesse !
Comte, si je suis fait empereur, par hasard,
Cours la chercher. — Peut-être on voudra d'un César !...

DON RICARDO, *souriant.*
Votre Altesse est bien bonne !

DON CARLOS, *l'interrompant avec hauteur.*
Ah ! là-dessus, silence !
Je n'ai point dit encor ce que je veux qu'on pense.
— Quand saura-t-on le nom de l'élu ?

DON RICARDO.
Mais, je crois,
Dans une heure, au plus tard.

DON CARLOS.
Oh ! trois voix ! rien que trois !
— Mais écrasons d'abord ce ramas qui conspire,
Et nous verrons après à qui sera l'empire.

Il compte sur ses doigts et frappe du pied.

Toujours trois voix de moins ! — Ah ! ce sont eux qui l'ont !
— Ce Corneille Agrippa pourtant en sait bien long !
Dans l'océan céleste il a vu treize étoiles
Vers la mienne, du Nord, venir à pleines voiles. —
J'aurai l'empire ! allons. — Mais d'autre part on dit
Que l'abbé Jean Tritème à François l'a prédit.
— J'aurais dû, pour mieux voir ma fortune éclaircie,
Avec quelque armement aider la prophétie !
Toutes prédictions du sorcier le plus fin
Viennent bien mieux à terme et font meilleure fin
Quand une bonne armée, avec canons et piques,
Gens de pied, de cheval, fanfares et musiques,
Prête à montrer la route au sort qui va broncher,
Leur sert de sage-femme et les fait accoucher.
Lequel vaut mieux, Corneille Agrippa ? Jean Tritème ?
Celui dont une armée explique le système,
Qui met un fer de lance au bout de ce qu'il dit,
Et compte maint soudard, lansquenet ou bandit
Dont l'estoc, refaisant la fortune imparfaite,
Taille l'événement au plaisir du prophète.
— Pauvres fous ! qui, l'œil fier, le front haut, visent droit
A l'empire du monde et disent : J'ai mon droit !
Ils ont force canons, rangés en longues files,
Dont le souffle embrasé ferait fondre des villes ;
Ils ont vaisseaux, soldats, chevaux, et vous croyez
Qu'ils vont marcher au but sur les peuples broyés...
Baste ! au grand carrefour de la fortune humaine,
Qui mieux encor qu'au trône à l'abîme nous mène,
A peine ils font trois pas, qu'indécis, incertains,
Tâchant en vain de lire au livre des destins,
Ils hésitent, peu sûrs d'eux-mêmes, et dans le doute
Au nécroman du coin vont demander leur route !

A don Ricardo.
— Va-t'en. C'est l'heure où vont venir les conjurés.
Ah ! la clef du tombeau !

DON RICARDO, *remettant une clef au roi.*
Seigneur, vous songerez
Au comte de Limbourg, gardien capitulaire,
Qui me l'a confiée et fait tout pour vous plaire.

DON CARLOS, *le congédiant.*
Fais tout ce que j'ai dit ! tout !

DON RICARDO, *s'inclinant.*
J'y vais de ce pas,
Altesse !

DON CARLOS.
Il faut trois coups de canon, n'est-ce pas ?

Don Ricardo s'incline et sort.

Don Carlos, resté seul, tombe dans une profonde rêverie. Ses bras se croisent, sa tête fléchit sur sa poitrine ; puis il la relève et se tourne vers le tombeau.

SCÈNE II.

DON CARLOS, seul.

Charlemagne, pardon! — Ces voûtes solitaires
Ne devraient répéter que paroles austères;
Tu t'indignes sans doute à ce bourdonnement
Que nos ambitions font sur ton monument.
— Charlemagne est ici! — Comment, sépulcre sombre,
Peux-tu sans éclater contenir si grande ombre?
Es-tu bien là, géant d'un monde créateur,
Et t'y peux-tu coucher de toute ta hauteur? —
Ah! c'est un beau spectacle à ravir la pensée
Que l'Europe ainsi faite et comme il l'a laissée!
Un édifice, avec deux hommes au sommet,
Deux chefs élus auxquels tout roi né se soumet.
Presque tous les états, duchés, fiefs militaires,
Royaumes, marquisats, tous sont héréditaires;
Mais le peuple a parfois son pape ou son César,
Tout marche, et le hasard corrige le hasard.
De là vient l'équilibre, et toujours l'ordre éclate.
Electeurs de drap d'or, cardinaux d'écarlate,
Double sénat sacré dont la terre s'émeut,
Ne sont là qu'en parade, et Dieu veut ce qu'il veut.
Qu'une idée, au besoin des temps, un jour éclose,
Elle grandit, va, court, se mêle à toute chose,
Se fait homme, saisit les cœurs, creuse un sillon;
Maint roi la foule aux pieds ou lui met un bâillon;
Mais qu'elle entre un matin à la diète, au conclave,
Et tous les rois soudain verront l'idée esclave
Sur leurs têtes de rois que ses pieds courberont
Surgir, le globe en main ou la tiare au front.
Le pape et l'empereur sont tout. Rien n'est sur terre
Que pour lui et par eux. Un suprême mystère
Vit en eux; et le ciel, dont ils ont tous les droits,
Leur fait un grand festin des peuples et des rois,
Et les tient sous sa nue, où son tonnerre gronde,
Seuls, assis à la table où Dieu leur sert le monde.
Tête à tête ils sont là, réglant et retranchant,
Arrangeant l'univers comme un faucheur son champ.
Tout se passe entre eux deux. Les rois sont à la porte,
Respirant la vapeur des mets que l'on apporte,
Regardant à la vitre, attentifs, ennuyés,
Et se haussant, pour voir, sur la pointe des pieds.
Le monde au-dessous d'eux s'échelonne et se groupe.
Ils font et défont. L'un délie et l'autre coupe.
L'un est la vérité, l'autre est la force. Ils ont
Leur raison en eux-mêmes, et sont parce qu'ils sont.
Quand ils sortent, tous deux égaux, du sanctuaire,
L'un dans sa pourpre, et l'autre avec son blanc suaire,
L'univers ébloui contemple avec terreur
Ces deux moitiés de Dieu, le pape et l'empereur.
— L'empereur! l'empereur! être empereur! — O rage,
Ne pas l'être! — et sentir son cœur plein de courage!
Qu'il fut heureux celui qui dort dans ce tombeau!
Qu'il fut grand! — De son temps c'était encor plus beau.
Le pape et l'empereur! ce n'était plus deux hommes.
Pierre et César! en eux accouplant les deux Romes,
Fécondant l'une et l'autre en un mystique hymen,
Redonnant une forme, une âme au genre humain,
Faisant refondre en bloc peuples et pêle-mêle
Royaumes, pour en faire une Europe nouvelle,
Et tous deux remettant au moule de leur main
Le bronze qui restait du vieux monde romain!
Oh! quel destin! — Pourtant cette tombe est la sienne!
Tout est-il donc si peu que ce soit là qu'on vienne?
Quoi donc! avoir été prince, empereur et roi!
Avoir été l'épée, avoir été la loi!
Géant, pour piédestal avoir eu l'Allemagne,
Quoi! pour titre César et pour nom Charlemagne!
Avoir été plus grand qu'Annibal, qu'Attila,
Aussi grand que le monde!... — Et que tout tienne là!
Ah! briguez donc l'empire! et voyez la poussière
Que fait un empereur! Couvrez la terre entière

De bruit et de tumulte. Elevez, bâtissez
Votre empire, et jamais ne dites : C'est assez!
Taillez à larges pans un édifice immense!
Savez-vous ce qu'un jour il en reste? — ô démence!
Cette pierre! — et du titre et du nom triomphants? —
Quelques lettres à faire épeler des enfants!
Si haut que soit le but où votre orgueil aspire,
Voilà le dernier terme!... — Oh! l'empire! l'empire!
Que m'importe! j'y touche, et le trouve à mon gré.
Quelque chose me dit : Tu l'auras! — Je l'aurai.
— Si je l'avais!... — O ciel! être ce qui commence.
Seul, debout, au plus haut de la spirale immense!
D'une foule d'états l'un sur l'autre étagés
Etre la clef de voûte, et voir sous soi rangés
Les rois, et sur leurs têtes essuyer ses sandales;
Voir au-dessous des rois les maisons féodales,
Margraves, cardinaux, doges, ducs à fleurons;
Puis évêques, abbés, chefs de clans, hauts barons;
Puis clercs et soldats; puis, loin du faîte où nous sommes,
Dans l'ombre, tout au fond de l'abîme, — les hommes.
— Les hommes! — c'est-à-dire une foule, une mer,
Un grand bruit; pleurs et cris, parfois un rire amer;
Plainte qui, réveillant la terre qui s'effare,
A travers tant d'échos, nous arrive fanfare!
Les hommes! — des cités, des tours, un vaste essaim,
De hauts clochers d'église à sonner le tocsin! —

Rêvant.

Base de nation portant sur leurs épaules
La pyramide énorme appuyée aux deux pôles,
Flots vivants, qui toujours l'étreignant de leurs plis,
La balance, branlante, à leur vaste roulis,
Font tout changer de place et, sur ses hautes zones,
Comme des escabeaux font chanceler les trônes,
Si bien que tous les rois, cessant leurs vains débats,
Lèvent les yeux au ciel... — Rois! regardez en bas!
— Ah! le peuple! — océan! onde sans cesse émue!
Où l'on ne jette rien sans que tout ne remue!
Vague qui broie un trône et qui berce un tombeau!
Miroir où rarement un roi se voit en beau!
Ah! si l'on regardait parfois dans ce flot sombre,
On y verrait au fond des empires sans nombre,
Grands vaisseaux naufragés, que son flux et reflux
Roule, et qui le gênaient, et qu'il ne connaît plus!
— Gouverner tout cela? — Monter si l'on vous nomme,
A ce faîte! — Y monter, sachant qu'on n'est qu'un homme!
— Avoir l'abîme là!... — Pourvu qu'en ce moment
Il n'aille pas me prendre un éblouissement!
Oh! d'états et de rois mouvante pyramide,
Ton faîte est bien étroit! — Malheur au pied timide!
A qui me retiendrai-je?... — O! si j'allais faillir
En sentant sous mes pieds le monde tressaillir!
En sentant vivre, sourdre et palpiter la terre!
— Puis, quand j'aurai ce globe entre mes mains, qu'en faire?
Le pourrais-je porter seulement? Qu'ai-je en moi?
Etre empereur? mon Dieu! j'avais trop d'être roi!
Certe, il n'est qu'un mortel de race peu commune
Dont puisse s'élargir l'âme avec la fortune.
Mais, moi! qui me fera grand? qui sera ma loi?
Qui me conseillera?...

Il tombe à deux genoux devant le tombeau.

Charlemagne! c'est toi!
Oh! puisque Dieu, pour qui tout obstacle s'efface,
Prend nos deux majestés et les met face à face,
Verse-moi dans le cœur, du fond de ce tombeau,
Quelque chose de grand, de sublime, de beau!
Oh! par tous ses côtés fais-moi voir toute chose!
Montre-moi le monde est petit, car je n'ose
Y toucher. Montre-moi que sur cette Babel
Qui du pâtre à César va montant jusqu'au ciel,
Chacun en son degré se complaît et s'admire,
Voit l'autre par-dessous et se retient d'en rire.
Apprends-moi tes secrets de vaincre et de régner,
Et dis-moi qu'il vaut mieux punir que pardonner!
— N'est-ce pas? — S'il est vrai qu'en son lit solitaire
Parfois une grande ombre, au bruit que fait la terre,

S'éveille, et que soudain son tombeau large et clair,
S'entr'ouvre, et dans la nuit jette au monde un éclair ;
Si cette chose est vraie, empereur d'Allemagne,
Oh ! dis-moi ce qu'on peut faire après Charlemagne !
Parle ! dût en parlant ton souffle souverain
Me briser sur le front cette porte d'airain !
Ou plutôt, laisse-moi seul dans ton sanctuaire
Entrer ; laisse-moi voir ta face mortuaire ;
Ne me repousse pas d'un souffle d'aquilons ;
Sur ton chevet de pierre accoude-toi. Parlons.
Oui, dusses-tu me dire, avec ta voix fatale,
De ces choses qui font l'œil sombre et le front pâle,
Parle, et n'aveugle pas ton fils épouvanté,
Car ta tombe sans doute est pleine de clarté !
Ou, si tu ne dis rien, laisse en ta paix profonde
Carlos étudier ta tête comme un monde ;
Laisse, qu'il te mesure à loisir, ô géant !
Car rien n'est ici-bas si grand que ton néant !
Que la cendre, à défaut de l'ombre, me conseille !

Il approche la clef de la serrure.

Entrons !

Il recule.

Dieu ! s'il allait me parler à l'oreille !
S'il était là, debout et marchant à pas lents !
Si j'allais ressortir avec des cheveux blancs !
Entrons toujours ! —

Bruit de pas.

On vient ! — Qui donc ose à cette heure,
Hors moi, d'un pareil mort éveiller la demeure ?
Qui donc ?

Le bruit s'approche.

Ah ! j'oubliais ! ce sont mes assassins !
Entrons !

Il ouvre la porte du tombeau, qu'il referme sur lui. — Entrent plusieurs hommes, marchant à pas sourds, cachés sous leurs manteaux et leurs chapeaux.

SCÈNE III.

LES CONJURÉS.

Ils vont les uns aux autres en se prenant la main et en échangeant quelques paroles à voix basse.

PREMIER CONJURÉ, *portant seul une torche allumée.*
Ad augusta.
DEUXIÈME CONJURÉ.
Per angusta.
PREMIER CONJURÉ.
Les saints
Nous protégent.
TROISIÈME CONJURÉ.
Les morts nous servent.
PREMIER CONJURÉ.
Dieu nous garde.

Bruit de pas dans l'ombre.

DEUXIÈME CONJURÉ.
Qui vive ?
VOIX DANS L'OMBRE.
Ad augusta.
DEUXIÈME CONJURÉ.
Per angusta.

Entrent de nouveaux conjurés. — Bruit de pas.

PREMIER CONJURÉ, *au troisième.*
Regarde.
Il vient encor quelqu'un.
TROISIÈME CONJURÉ.
Qui vive ?
VOIX DANS L'OMBRE.
Ad augusta.
TROISIÈME CONJURÉ.
Per angusta.

Entrent de nouveaux conjurés, qui échangent des signes de mains avec tous les autres.

PREMIER CONJURÉ.
C'est bien. Nous voilà tous... — Gotha,
Fais le rapport. — Amis, l'ombre attend la lumière.

Tous les conjurés s'asseyent en demi-cercle sur des tombeaux. Le premier conjuré passe tour à tour devant tous, et chacun allume à sa torche une cire qu'il tient à la main. Puis le premier conjuré va s'asseoir en silence sur une tombe au centre du cercle et plus haute que les autres.

LE DUC DE GOTHA, *se levant.*
Amis, Charles d'Espagne, étranger par sa mère,
Prétend au saint-empire.
PREMIER CONJURÉ.
Il aura le tombeau.
LE DUC DE GOTHA.

Il jette sa torche à terre et l'écrase du pied.

Qu'il en soit de son front comme de ce flambeau !
TOUS.
Que ce soit !
PREMIER CONJURÉ.
Mort à lui !
LE DUC DE GOTHA.
Qu'il meure !
TOUS.
Qu'on l'immole !
DON JUAN DE HARO.
Son père est Allemand.
LE DUC DE LUTZELBOURG.
Sa mère est Espagnole.
LE DUC DE GOTHA.
Il n'est plus Espagnol et n'est pas Allemand.
Mort !
UN CONJURÉ.
Si les électeurs allaient dans ce moment
Le nommer empereur ?
PREMIER CONJURÉ.
Eux ! lui ! jamais !
DON GIL TELLEZ GIRON.
Qu'importe !
Amis ! frappons la tête, et la couronne est morte !
PREMIER CONJURÉ.
S'il a le saint empire, il devient, quel qu'il soit,
Très-auguste, et Dieu seul peut le toucher du doigt !
LE DUC DE GOTHA.
Le plus sûr, c'est qu'avant d'être auguste il expire !
PREMIER CONJURÉ.
On ne l'élira point !
TOUS.
Il n'aura pas l'empire.
PREMIER CONJURÉ.
Combien faut-il de bras pour le mettre au linceul ?
TOUS.
Un seul.
PREMIER CONJURÉ.
Combien faut-il de coups au cœur ?
TOUS.
Un seul.
PREMIER CONJURÉ.
Qui frappera ?
TOUS.
Nous tous !
PREMIER CONJURÉ.
La victime est un traitre.
Ils font un empereur. Nous, faisons un grand-prêtre.
Tirons au sort.

Tous les conjurés écrivent leurs noms sur leurs tablettes, déchirent la feuille, la roulent, et vont l'un après l'autre la jeter dans l'urne d'un tombeau. — Puis le premier conjuré dit :
— Prions.

Tous s'agenouillent. Le premier conjuré se relève et dit :
Que l'élu croie en Dieu,
Frappe comme un Romain, meure comme un Hébreu !
Il faut qu'il brave roue et tenailles mordantes,
Qu'il chante aux chevalets, rie aux lampes ardentes,
Enfin que, pour tuer et mourir résigné,
Il fasse tout !

Il tire un des parchemins de l'urne.
TOUS.
Quel nom ?
PREMIER CONJURÉ, *à haute voix.*
Hernani.
HERNANI, *sortant de la foule des conjurés.*
J'ai gagné !
— Je te tiens, toi que j'ai si longtemps poursuivie,
Vengeance !
DON RUY GOMEZ, *perçant la foule et prenant Hernani à part.*
Oh ! cède-moi ce coup !
HERNANI.
Non, sur ma vie !
Oh ! ne m'enviez pas ma fortune, seigneur !
C'est la première fois qu'il m'arrive bonheur !
DON RUY GOMEZ.
Tu n'as rien. Eh bien ! tout, fiefs, châteaux, vasselages,
Cent mille paysans dans mes trois cents villages,
Pour ce coup à frapper, je te les donne, ami !
HERNANI.
Non !
LE DUC DE GOTHA.
Ton bras porterait un coup moins affermi,
Vieillard !
DON RUY GOMEZ.
Arrière ! vous ! sinon le bras, j'ai l'âme.
Aux rouilles du fourreau ne jugez point la lame.
A Hernani.
— Tu m'appartiens !
HERNANI.
Ma vie à vous, la sienne à moi.
DON RUY GOMEZ, *tirant le cor de sa ceinture.*
Elle ! je te la cède, et te rends ce cor.
HERNANI, *ébranlé.*
Quoi ?
La vie et doña Sol ! — Non ! je tiens ma vengeance !
Avec Dieu dans ceci je suis d'intelligence.
J'ai mon père à venger !... peut-être plus encor !
DON RUY GOMEZ.
Elle ! je te la donne, et je te rends ce cor.
HERNANI.
Non !
DON RUY GOMEZ.
Réfléchis, enfant !
HERNANI.
Duc ! laisse-moi ma proie !
DON RUY GOMEZ.
Eh bien ! maudit sois-tu de m'ôter cette joie.
Il remet le cor à sa ceinture.
PREMIER CONJURÉ, *à Hernani.*
Frère, avant qu'on ait pu t'élire, il serait bien
D'attendre dès ce soir Carlos...
HERNANI.
Ne craignez rien !
Je sais comment on pousse un homme dans la tombe.
PREMIER CONJURÉ.
Que toute trahison sur le traître retombe,
Et Dieu soit avec vous ! — Nous, comtes et barons,

S'il périt sans tuer, continuons ! Jurons
De frapper tour à tour et sans nous y soustraire,
Carlos qui doit mourir.
TOUS, *tirant leurs épées.*
Jurons !
LE DUC DE GOTHA, *au premier conjuré.*
Sur quoi, mon frère ?
DON RUY GOMEZ, *retourne son épée, la prend par la pointe et l'élève au-dessus de sa tête.*
Jurons sur cette croix !
TOUS, *élevant leurs épées.*
Qu'il meure impénitent !

On entend un coup de canon éloigné. Tous s'arrêtent en silence. — La porte du tombeau s'entr'ouvre et don Carlos paraît sur le seuil, pâle ; il écoute. — Un second coup. — Un troisième coup. — Il ouvre tout à fait la porte du tombeau, mais sans faire un pas, debout et immobile sur le seuil.

SCÈNE IV.

LES CONJURÉS, DON CARLOS, puis DON RICARDO, Seigneurs, Gardes, LE ROI DE BOHÊME, LE DUC DE BAVIÈRE, puis DONA SOL.

DON CARLOS.
Messieurs, allez plus loin ! l'empereur vous entend.

Tous les flambeaux s'éteignent à la fois. — Profond silence. — Il fait un pas dans les ténèbres si épaisses qu'on y distingue à peine les conjurés, muets et immobiles.

Silence et nuit ! l'essaim en sort et s'y replonge !
Croyez-vous que ceci va passer comme un songe,
Et que je vous prendrai, n'ayant plus vos flambeaux,
Pour des hommes de pierre assis sur leurs tombeaux ?
Vous parliez tout à l'heure assez haut, mes statues !
Allons ! relevez donc vos têtes abattues,
Car voici Charles-Quint ! Frappez ! faites un pas !
Voyons : oserez-vous ? — Non, vous n'oserez pas !
— Vos torches flamboyaient sanglantes sous ces voûtes.
Mon souffle a donc suffi pour les éteindre toutes !
Mais voyez, et tournez vos yeux irrésolus,
Si j'en éteins beaucoup, j'en allume encor plus !

Il frappe de la clef de fer sur la porte de bronze du tombeau. A ce bruit, toutes les profondeurs du souterrain se remplissent de soldats portant des torches et des pertuisanes. A leur tête, le duc d'Alcala, le marquis d'Almuñan, etc.

— Accourez, mes faucons, j'ai le nid, j'ai la proie !
Aux conjurés.
— J'illumine à mon tour. Le sépulcre flamboie !
Regardez !
Aux soldats.
Venez tous, car le crime est flagrant !
HERNANI, *regardant les soldats.*
A la bonne heure ! seul, il me semblait trop grand.
C'est bien. — J'ai cru d'abord que c'était Charlemagne.
Ce n'est que Charles-Quint.
DON CARLOS, *au duc d'Alcala.*
Connétable d'Espagne !
Au marquis d'Almuñan.
Amiral de Castille, ici ! — Désarmez-les.
On entoure les conjurés et on les désarme.
DON RICARDO, *accourant et s'inclinant jusqu'à terre.*
Majesté !...
DON CARLOS.
Je te fais alcade du palais.
DON RICARDO, *s'inclinant de nouveau.*
Deux électeurs, au nom de la chambre dorée,
Viennent complimenter la Majesté sacrée !
DON CARLOS.
Qu'ils entrent !

Bas à Ricardo.
Doña Sol.

Ricardo salue et sort. — Entrent, avec flambeaux et fanfares, le roi de Bohême et le duc de Bavière, tout en drap d'or, couronnes en tête. Nombreux cortége de seigneurs allemands, portant la bannière de l'empire, l'aigle à deux têtes avec l'écusson d'Espagne au milieu. — Les soldats s'écartent, se rangent en haie, et font passage aux deux électeurs, jusqu'à l'empereur, qu'ils saluent profondément, et qui leur rend leur salut en soulevant son chapeau.

LE DUC DE BAVIÈRE.

Charles! roi des Romains,
Majesté très-sacrée, empereur! dans vos mains
Le monde est maintenant, car vous avez l'empire.
Il est à vous ce trône, où tout monarque aspire!
Frédéric, duc de Saxe, y fut d'abord élu;
Mais, vous jugeant plus digne, il n'en a pas voulu.
Venez donc recevoir la couronne et le globe.
Le Saint-Empire, ô roi, vous revêt de la robe,
Il vous arme du glaive, et vous êtes très-grand.

DON CARLOS.

J'irai remercier le collége en rentrant.
Allez, messieurs. — Merci, mon frère de Bohême.
Mon cousin de Bavière, allez! — J'irai moi-même.

LE ROI DE BOHÊME.

Charles, du nom d'amis nos aïeux se nommaient.
Mon père aimait ton père, et leurs pères s'aimaient.
Charles, si jeune en butte aux fortunes contraires,
Dis, veux-tu que je sois ton frère entre tes frères!
Je t'ai vu tout enfant, et ne puis t'oublier...

DON CARLOS, *l'interrompant.*

Roi de Bohême, eh bien! vous êtes familier!

Il lui présente sa main à baiser, ainsi qu'au duc de Bavière; puis congédie les deux électeurs, qui le saluent profondément. Allez!

Sortent les deux électeurs avec leur cortége.

LA FOULE.

Vivat!

DON CARLOS, *à part.*

J'y suis! et tout m'a fait passage!
Empereur! — Au refus de Frédéric le Sage!

Entre doña Sol conduite par Ricardo.

DOÑA SOL.

Des soldats! l'empereur! ô ciel! coup imprévu!
Hernani!

HERNANI.

Doña Sol!

DON RUY GOMEZ, *à côté d'Hernani, à part.*

Elle ne m'a point vu!

Doña Sol court à Hernani. Il la fait reculer d'un regard de défiance.

HERNANI.

Madame!

DOÑA SOL, *tirant le poignard de son sein.*

J'ai toujours son poignard!

HERNANI, *lui tendant les bras.*

Mon amie!

DON CARLOS.

Silence tous! —

Aux conjurés.

Votre âme est-elle raffermie?
Il convient que je donne au monde une leçon.
Lara le Castillan et Gotha le Saxon,
Vous tous! que venait-on faire ici? parlez.

HERNANI, *faisant un pas.*

Sire,
La chose est toute simple, et l'on peut vous la dire.
Nous gravions la sentence au mur de Balthazar.

Il tire un poignard et l'agite.

Nous rendions à César ce qu'on doit à César.

DON CARLOS.

Paix!

A don Ruy Gomez.

Vous traitre, Silva?

DON RUY GOMEZ.

Lequel de nous deux, sire?

HERNANI, *se retournant vers les conjurés.*

Nos têtes et l'empire! — il a ce qu'il désire.

A l'empereur.

Le bleu manteau des rois pouvait gêner vos pas.
La pourpre vous va mieux. Le sang n'y paraît pas.

DON CARLOS, *à don Ruy Gomez.*

Mon cousin de Silva, c'est une félonie
A faire du blason rayer ta baronnie!
C'est haute trahison, don Ruy, songes-y bien!

DON RUY GOMEZ.

Les rois Rodrigue font les comtes Julien!

DON CARLOS, *au duc d'Alcala.*

Ne prenez que ce qui peut être duc ou comte. —
Le reste!...

Don Ruy Gomez, le duc de Lutzelbourg, le duc de Gotha, don Juan de Haro, don Guzman de Lara, don Tellez Giron, le baron de Hohenbourg, se séparent du groupe des conjurés, parmi lesquels est resté Hernani. Le duc d'Alcala les entoure étroitement de gardes.

DOÑA SOL.

Il est sauvé!

HERNANI, *sortant du groupe des conjurés.*

Je prétends qu'on me compte!

A don Carlos.

Puisqu'il s'agit de hache ici, que Hernani,
Pâtre obscur, sous tes pieds passerait impuni,
Puisque son front n'est plus au niveau de ton glaive,
Puisqu'il faut être grand pour mourir, je me lève.
Dieu, qui donne le sceptre et qui te le donna,
M'a fait duc de Segorbe et duc de Cardona,
Marquis de Monroy, comte Albatera, vicomte
De Gor, seigneur de lieux dont j'ignore le compte.
Je suis Jean d'Aragon, grand maître d'Avis, né
Dans l'exil, fils proscrit d'un père assassiné
Par sentence du tien, roi Carlos de Castille!
Le meurtre est entre nous affaire de famille.
Vous avez l'échafaud, nous avons le poignard.
Donc le ciel m'a fait duc et l'exil montagnard.
Mais, puisque j'ai sans fruit aiguisé mon épée
Sur les monts et dans l'eau des torrents retrempée,

Il met son chapeau.

Aux autres conjurés.

Couvrons-nous, grands d'Espagne! —

Tous les Espagnols se couvrent.

A don Carlos.

Oui, nos têtes, ô roi,
Ont le droit de tomber couvertes devant toi!

Aux prisonniers.

— Silva! Haro! Lara! gens de titre et de race,
Place à Jean d'Aragon! ducs et comtes, ma place!

Aux courtisans et aux gardes.

Je suis Jean d'Aragon, roi, bourreaux et valets!
Et si vos échafauds sont petits, changez-les!

Il vient se joindre au groupe des seigneurs prisonniers.

DOÑA SOL.

Ciel!

DON CARLOS.

En effet, j'avais oublié cette histoire.

HERNANI.

Celui dont le flanc saigne a meilleure mémoire.
L'affront que l'offenseur oublie en insensé
Vit et toujours remue au cœur de l'offensé!

DON CARLOS.
Qui me conseillera?... Charlemagne! c'est toi!
(Page 28.)

DON CARLOS.
Donc je suis, c'est un titre à n'en point vouloir d'autres,
Fils de pères qui font choir la tête des vôtres!

DONA SOL, *se jetant à genoux devant l'empereur.*
Sire, pardon! pitié! sire, soyez clément!
Ou frappez-nous tous deux, car il est mon amant,
Mon époux! en lui seul je respire. Oh! je tremble.
Sire, ayez la pitié de nous tuer ensemble!
Majesté! je me traîne à vos sacrés genoux!
Je l'aime! il est à moi, comme l'empire à vous!
Oh! grâce!...

Don Carlos la regarde immobile.

— Quel penser sinistre vous absorbe?... —

DON CARLOS.
Allons, relevez-vous, duchesse de Segorbe,
Comtesse Albatera, marquise de Monroy...

A Hernani.

— Tes autres noms, don Juan? —

HERNANI.
Qui parle ainsi? le roi?

DON CARLOS.
Non, l'empereur.

DONA SOL, *se relevant.*
Grand Dieu!

DON CARLOS, *la montrant à Hernani.*
Duc, voilà ton épouse!

HERNANI, *les yeux au ciel et doña Sol dans ses bras.*
Juste Dieu!

DON CARLOS, *à don Ruy Gomez.*
Mon cousin, ta noblesse est jalouse,
Je sais. — Mais Aragon peut épouser Silva.

DON RUY GOMEZ, *sombre.*
Ce n'est pas ma noblesse!

HERNANI, *regardant doña Sol avec amour et la tenant embrassée.*
Oh! ma haine s'en va!

Il jette son poignard.

DON CARLOS.
Par saint Etienne, duc, je te fais chevalier.

DON RUY GOMEZ, *à part, les regardant tous deux.*
Eclaterai-je? oh! non. Fol amour! douleur folle!
Tu leur ferais pitié, vieille tête espagnole!
Vieillard, brûle sans flamme, aime et souffre en secret,
Laisse ronger ton cœur! Pas un cri. — L'on rirait!
DONA SOL, *dans les bras d'Hernani.*
O mon duc!
HERNANI.
Je n'ai plus que de l'amour dans l'âme.
DONA SOL.
O bonheur!
DON CARLOS, *à part, la main dans sa poitrine.*
Eteins-toi, cœur jeune et plein de flamme!
Laisse régner l'esprit, que longtemps tu troublas.
Tes amours désormais, tes maîtresses, hélas!
C'est l'Allemagne, c'est la Flandre, c'est l'Espagne.
L'œil fixé sur sa bannière.
L'empereur est pareil à l'aigle, sa compagne.
A la place du cœur, il n'a qu'un écusson.

HERNANI.
Ah! vous êtes César!
DON CARLOS, *à Hernani.*
De ta noble maison,
Don Juan, ton cœur est digne.
Montrant doña Sol.
Il est digne aussi d'elle.
— A genoux, duc!
Hernani s'agenouille. Don Carlos détache sa Toison-d'Or et la lui passe au cou.
— Reçois ce collier.
Don Carlos tire son épée et l'en frappe trois fois sur l'épaule.
Sois fidèle!
— Par saint Etienne, duc, je te fais chevalier.
Il le relève et l'embrasse.
Mais tu l'as, le plus doux et le plus beau collier,
Celui que je n'ai pas, qui manque au rang suprême,
Les deux bras d'une femme aimée et qui vous aime!

Ah! tu vas être heureux; — moi, je suis empereur.

Aux conjurés.

Je ne sais plus vos noms, messieurs. — Haine et fureur,
Je veux tout oublier. Allez, je vous pardonne!
C'est la leçon qu'au monde il convient que je donne.

Les conjurés tombent à genoux.

LES CONJURÉS.

Gloire à Carlos!

DON RUY GOMEZ, *à don Carlos.*

Moi seul je reste condamné.

DON CARLOS.

Et moi!

HERNANI.

Je ne hais plus. Carlos a pardonné.
Qui donc nous change tous ainsi!

TOUS, *soldats, conjurés, seigneurs.*

Vive Allemagne!
Honneur à Charles-Quint!

DON CARLOS, *se tournant vers le tombeau.*

Honneur à Charlemagne!
— Laissez-nous seuls tous deux!

Tous sortent.

SCÈNE V.

DON CARLOS, seul.

Il s'incline devant le tombeau.

Es-tu content de moi?
Ai-je bien dépouillé les misères du roi?
Charlemagne! empereur, suis-je bien un autre homme?
Puis-je accoupler mon casque à la mitre de Rome?
Aux fortunes du monde ai-je droit de toucher?
Ai-je un pied sûr et ferme, et qui puisse marcher
Dans ce sentier semé de ruines vandales,
Que tu nous as battu de tes larges sandales?
Ai-je bien à ta flamme allumé mon flambeau?
Ai-je compris la voix qui parle en ton tombeau?
— Ah! j'étais seul, perdu, seul devant un empire,
Tout un monde qui hurle, et menace, et conspire;
Le Danois à punir, le saint-père à payer,
Venise, Soliman, Luther, François Premier,
Mille poignards jaloux luisant déjà dans l'ombre,
Des pièges, des écueils, des ennemis sans nombre,
Vingt peuples dont un seul ferait peur à vingt rois,
Tout pressé, tout pressant, tout à faire à la fois!
Je t'ai crié : — Par où faut-il que je commence?
Et tu m'as répondu : — Mon fils, par la clémence!

V

LA NOCE

SARAGOSSE.

ACTE CINQUIÈME

Une terrasse du palais d'Aragon. Au fond, la rampe d'un escalier qui s'enfonce dans le jardin. A droite et à gauche, deux portes donnant sur une terrasse, que ferme au fond du théâtre une balustrade surmontée de deux rangs d'arcades moresques, au-dessus et au travers desquelles on voit les jardins du palais, les jets d'eau dans l'ombre, les bosquets avec des lumières qui s'y promènent, et au fond les faîtes gothiques et arabes du palais illuminé. — Il est nuit. On entend des fanfares éloignées. — Des masques, des dominos, épars, isolés ou groupés, traversent çà et là la terrasse. Sur le devant du théâtre, un groupe de jeunes seigneurs, les masques à la main, riant et causant à grand bruit.

SCÈNE PREMIÈRE.

DON SANCHO SANCHEZ DE ZUNIGA (COMTE DE MONTEREY), DON MATIAS CENTURION (MARQUIS D'ALMUNAN), DON RICARDO DE ROXAS (COMTE DE CASAPALMA), DON FRANCISCO DE SOTO-MAYOR (COMTE DE VALALCAZAR), DON GARCIE SUAREZ DE CARBAJAL (COMTE DE PENALVER).

DON GARCI.

Ma foi, vive la joie et vive l'épousée!

DON MATIAS, *regardant au balcon.*

Saragosse ce soir se met à la croisée.

DON GARCI.

Et fait bien! On ne vit jamais noce aux flambeaux
Plus gaie, et nuit plus douce, et mariés plus beaux!

DON MATIAS.

Bon empereur!

DON SANCHO.

Marquis, certain soir qu'à la brune
Nous allions avec lui tous deux cherchant fortune,
Qui nous eût dit qu'un jour tout finirait ainsi?

DON RICARDO, *l'interrompant.*

J'en étais.

Aux autres.

Ecoutez l'histoire que voici :
Trois galants, un bandit que l'échafaud réclame,
Puis un duc, puis un roi, d'un même cœur de femme
Font le siège à la fois. — L'assaut donné, qui l'a?
C'est le bandit.

DON FRANCISCO.

Mais rien que de simple en cela.
L'amour et la fortune, ailleurs comme en Espagne,
Sont jeux de dés pipés. C'est le voleur qui gagne.

DON RICARDO.

Moi, j'ai fait ma fortune à voir faire l'amour.

D'abord comte, puis grand, puis alcade de cour,
J'ai fort bien employé mon temps, sans qu'on s'en doute.
                    DON SANCHO.
Le secret de monsieur, c'est d'être sur la route
Du roi...
                    DON RICARDO.
            Faisant valoir mes droits, mes actions...
                    DON GARCI.
Vous avez profité de ses distractions.
                    DON MATIAS.
Que devient le vieux duc? fait-il clouer sa bière?
                    DON SANCHO.
Marquis, ne riez pas. Car c'est une âme fière.
Il aimait doña Sol, ce vieillard. Soixante ans
Ont fait ses cheveux gris, un jour les a faits blancs!
                    DON GARCI.
Il n'a pas reparu, dit-on, à Saragosse?
                    DON SANCHO.
Vouliez-vous pas qu'il mît son cercueil de la noce?
                    DON FRANCISCO.
Et que fait l'empereur?
                    DON SANCHO.
                L'empereur aujourd'hui
Est triste. Le Luther lui donne de l'ennui.
                    DON RICARDO.
Ce Luther, beau sujet de soucis et d'alarmes!
Que j'en finirais vite avec quatre gendarmes!
                    DON MATIAS.
Le Soliman aussi lui fait ombre.
                    DON GARCI.
                        Ah! Luther,
Soliman, Neptunus, le diable et Jupiter,
Que me font ces gens-là? les femmes sont jolies,
La mascarade est rare, et j'ai dit cent folies!
                    DON SANCHO.
Voilà l'essentiel.
                    DON RICARDO.
                Garci n'a point tort. Moi,
Je ne suis plus le même un jour de fête, et croi
Qu'un masque que je mets me fait une autre tête,
En vérité!
                DON SANCHO, *bas à don Matias.*
        Que n'est-ce alors tous les jours fête?
        DON FRANCISCO, *montrant la porte à droite.*
Messeigneurs, n'est-ce pas la chambre des époux?
                DON GARCI, *avec un signe de tête.*
Nous les verrons venir dans l'instant.
                    DON FRANCISCO.
                            Croyez-vous?
                    DON GARCI.
Hé! sans doute!
                    DON FRANCISCO.
            Tant mieux. L'épousée est si belle!
                    DON RICARDO.
Que l'empereur est bon! Hernani, ce rebelle,
Avoir la Toison-d'Or! — marié! pardonné!
Loin de là, s'il m'eût cru, l'empereur eût donné
Lit de pierre au galant, lit de plume à la dame.
            DON SANCHO, *bas à don Matias.*
Que je le crèverais volontiers de ma lame!
Faux seigneur de clinquant recousu de gros fil!
Pourpoint de comte, empli de conseils d'alguazil!
                DON RICARDO, *s'approchant.*
Que dites-vous là?
                DON MATIAS, *bas à don Sancho.*
            Comte, ici pas de querelle!

A don Ricardo.
Il me chante un sonnet de Pétrarque à sa belle.
                    DON GARCI.
Avez-vous remarqué, messieurs, parmi les fleurs,
Les femmes, les habits de toutes les couleurs,
Ce spectre, qui, debout contre une balustrade,
De son domino noir tachait la mascarade?
                    DON RICARDO.
Oui, pardieu!
                    DON GARCI.
            Qu'est-ce donc?
                    DON RICARDO.
                        Mais sa taille, son air,
C'est don Prancasio, général de la mer.
                    DON FRANCISCO.
Non.
                    DON GARCI.
        Il n'a pas quitté son masque.
                    DON FRANCISCO.
                            Il n'avait garde.
C'est le duc de Soma qui veut qu'on le regarde.
Rien de plus.
                    DON RICARDO.
            Non, le duc m'a parlé.
                    DON GARCI.
                            Qu'est-ce alors
Que ce masque? — Tenez, le voilà!

Entre un domino noir, qui traverse lentement le fond du théâtre. Tous se retournent et le suivent des yeux sans qu'il paraisse y prendre garde.

                    DON SANCHO.
                        Si les morts
Marchent, voici leur pas.
            DON GARCI, *courant au domino noir.*
                    Beau masque!

Le domino noir s'arrête et se retourne. Garci recule.

                            Sur mon âme,
Messeigneurs, dans ses yeux j'ai vu luire une flamme.
                    DON SANCHO.
Si c'est le diable, il trouve à qui parler.

Il va au domino noir, toujours immobile.

                            Mauvais!
Nous viens-tu de l'enfer?
                    LE MASQUE.
                Je n'en viens pas, j'y vais.

Il reprend sa marche, et disparaît par la rampe de l'escalier. Tous le suivent des yeux avec une sorte d'effroi.

                    DON MATIAS.
La voix est sépulcrale, autant qu'on le peut dire.
                    DON GARCI.
Baste! ce qui fait peur ailleurs au bal fait rire!
                    DON SANCHO.
Quelque mauvais plaisant!
                    DON GARCI.
                    Ou si c'est Lucifer
Qui vient nous voir danser en attendant l'enfer,
Dansons!
                    DON SANCHO.
        C'est, à coup sûr, quelque bouffonnerie.
                    DON MATIAS.
Nous le saurons demain.
                DON SANCHO, *à don Matias.*
                Regardez, je vous prie.
Que devient-il?

DON MATIAS, *à la balustrade de la terrasse.*
Il a descendu l'escalier.
— Plus rien.
DON SANCHO.
C'est un plaisant drôle !
Rêvant.
— C'est singulier.
DON GARCI, *à une dame qui passe.*
— Marquise, dansons-nous celle-ci ?
Il la salue et lui présente la main.
LA DAME.
Mon cher comte,
Vous savez, avec vous, que mon mari les compte.
DON GARCI.
Raison de plus. Cela l'amuse apparemment.
C'est son plaisir. Il compte et nous dansons.
La dame lui donne la main et ils sortent.
DON SANCHO, *pensif.*
Vraiment,
C'est singulier.
DON MATIAS.
Voici les mariés. Silence.

Entrent Hernani et doña Sol se donnant la main. Doña Sol en magnifique habit de mariée. Hernani tout en velours noir, avec la Toison-d'Or au cou. Derrière eux, foule de masques, de dames et de seigneurs qui leur font cortége. Deux hallebardiers en riche livrée les suivent, et quatre pages les précèdent. Tout le monde se range et s'incline sur leur passage. Fanfares.

SCÈNE II.

LES MÊMES, HERNANI, DONA SOL, Suite.

HERNANI, *saluant.*
Chers amis !...
DON RICARDO, *allant à lui et s'inclinant.*
Ton bonheur fait le nôtre, Excellence !
DON FRANCISCO, *contemplant doña Sol.*
Saint Jacques monseigneur ! c'est Vénus qu'il conduit !
DON MATIAS.
D'honneur, on est heureux un pareil jour la nuit !
DON FRANCISCO, *montrant à don Matias la chambre nuptiale.*
Qu'il va se passer là de gracieuses choses !
Être fée et tout voir, feux éteints, portes closes,
Serait-ce pas charmant ?
DON SANCHO, *à don Matias.*
Il est tard. Partons-nous ?
Tous vont saluer les mariés et sortent, les uns par la porte, les autres par l'escalier du fond.
HERNANI, *les reconduisant.*
Dieu vous garde !
DON SANCHO, *resté le dernier, lui serre la main.*
Soyez heureux !
Il sort.

Hernani et doña Sol restent seuls. — Bruit de pas et de voix qui s'éloignent, puis cessent tout à fait. Pendant tout le commencement de la scène qui suit, les fanfares et les lumières éloignées s'éteignent par degrés. La nuit et le silence reviennent peu à peu.

SCÈNE III.

HERNANI, DONA SOL.

DONA SOL.
Ils s'en vont tous
Enfin !
HERNANI, *cherchant à l'attirer dans ses bras.*
Cher amour !
DONA SOL, *rougissant et reculant.*
C'est... qu'il est tard, ce me semble.
HERNANI.
Ange ! il est toujours tard pour être seuls ensemble !
DONA SOL.
Ce bruit me fatiguait ! — N'est-ce pas, cher seigneur,
Que toute cette joie étourdit le bonheur ?
HERNANI.
Tu dis vrai. Le bonheur, amie, est chose grave.
Il veut des cœurs de bronze et lentement s'y grave.
Le plaisir l'effarouche en lui jetant des fleurs.
Son sourire est moins près du rire que des pleurs.
DONA SOL.
Dans vos yeux ce sourire est le jour.
Hernani cherche à l'entraîner vers la porte. Elle rougit.
Tout à l'heure.
HERNANI.
Oh ! je suis ton esclave ! — Oui, demeure, demeure !
Fais ce que tu voudras. Je ne demande rien.
Tu sais ce que tu fais ! ce que tu fais est bien !
Je rirai si tu veux, je chanterai. Mon âme
Brûle... Eh ! dis au volcan qu'il étouffe sa flamme,
Le volcan fermera ses gouffres entr'ouverts,
Et n'aura sur ses flancs que fleurs et gazons verts !
Car le géant est pris, le Vésuve est esclave,
Et que t'importe à toi son cœur rongé de lave ?
Tu veux des fleurs ! c'est bien ! Il faut que de son mieux
Le volcan tout brûlé s'épanouisse aux yeux !
DONA SOL.
Oh ! que vous êtes bon pour une pauvre femme,
Hernani de mon cœur !
HERNANI.
Quel est ce nom, madame ?
Oh ! ne me nomme plus de ce nom, par pitié !
Tu me fais souvenir que j'ai tout oublié !
Je sais qu'il existait autrefois, dans un rêve,
Un Hernani, dont l'œil avait l'éclair du glaive,
Un homme de la nuit et des monts, un proscrit
Sur qui le mot *vengeance* était partout écrit !
Un malheureux traînant après lui l'anathème !
Mais je ne connais pas ce Hernani. — Moi, j'aime
Les prés, les fleurs, les bois, le chant du rossignol.
Je suis Jean d'Aragon, mari de doña Sol !
Je suis heureux !
DONA SOL.
Je suis heureuse !
HERNANI.
Que m'importe
Les haillons qu'en entrant j'ai laissés à la porte !
Voici que je reviens à mon palais en deuil.
Un ange du Seigneur m'attendait sur le seuil.
J'entre, et remets debout les colonnes brisées,
Je rallume le feu, je rouvre les croisées,
Je fais arracher l'herbe au pavé de la cour,
Je ne suis plus que joie, enchantement, amour.
Qu'on me rende mes tours, mes donjons, mes bastilles,
Mon panache, mon siége, au conseil des Castilles,

Vienne ma doña Sol, rouge et le front baissé,
Qu'on nous laisse tous deux, et le reste est passé!
Je n'ai rien vu, rien dit, rien fait, je recommence,
J'efface tout, j'oublie! Ou sagesse ou démence,
Je vous ai, je vous aime, et vous êtes mon bien!
DONA SOL.
Que sur ce velours noir ce collier d'or fait bien!
HERNANI.
Vous vîtes avant moi le roi mis de la sorte.
DONA SOL.
Je n'ai pas remarqué. — Tout autre, que m'importe!
Puis est-ce le velours ou le satin encor?
Non, mon duc. C'est ton cou qui sied au collier d'or!
Vous êtes noble et fier, monseigneur.

Il veut l'entraîner.

Tout à l'heure!
Un moment! — Vois-tu bien? c'est la joie, et je pleure.
Viens voir la belle nuit!

Elle va à la balustrade.

— Mon duc, rien qu'un moment!
Le temps de respirer et de voir seulement!
Tout s'est éteint, flambeaux et musique de fête.
Rien que la nuit et nous! Félicité parfaite!
Dis, ne le crois-tu pas? Sur nous, tout en dormant,
La nature à demi veille amoureusement.
La lune est seule aux cieux, qui comme nous repose,
Et respire avec nous l'air embaumé de rose!
Regarde : plus de feux, plus de bruit. Tout se tait.
La lune tout à l'heure à l'horizon montait,
Tandis que tu parlais, sa lumière qui tremble
Et ta voix, toutes deux m'allaient au cœur ensemble;
Je me sentais joyeuse et calme, ô mon amant,
Et j'aurais bien voulu mourir en ce moment.
HERNANI.
Ah! qui n'oublierait tout à cette voix céleste!
Ta parole est un chant où rien d'humain ne reste.
Et, comme un voyageur sur un fleuve emporté,
Qui glisse sur les eaux par un beau soir d'été,
Et voit fuir sous ses yeux mille plaines fleuries,
Ma pensée entraînée erre en tes rêveries.
DONA SOL.
Ce silence est trop noir. Ce calme est trop profond.
Dis, ne voudrais-tu pas voir une étoile au fond?
Ou qu'une voix des nuits, tendre et délicieuse,
S'élevant tout à coup, chantât!...
HERNANI, *souriant*.
Capricieuse!
Tout à l'heure on fuyait la lumière et les chants!
DONA SOL.
Le bal! — Mais un oiseau qui chanterait aux champs!
Un rossignol, perdu dans l'ombre et dans la mousse,
Ou quelque flûte au loin!... — Car la musique est douce,
Fait l'âme harmonieuse, et, comme un divin chœur,
Eveille mille voix qui chantent dans le cœur!
— Ah! ce serait charmant!

On entend le bruit lointain d'un cor dans l'ombre.

— Dieu! je suis exaucée!
HERNANI, *tressaillant, à part*.
Ah! malheureuse!
DONA SOL.
Un ange a compris ma pensée, —
Ton bon ange sans doute?
HERNANI, *amèrement*.
Oui, mon bon ange!
A part.
Encor!...
DONA SOL, *souriant*.
Don Juan, je reconnais le son de votre cor.

HERNANI.
N'est-ce pas?
DONA SOL.
Seriez-vous dans cette sérénade
De moitié?
HERNANI.
De moitié, tu l'as dit.
DONA SOL.
Bal maussade!
Ah! que j'aime bien mieux le cor au fond des bois!...
Et puis c'est votre cor, c'est comme votre voix.

Le cor recommence.

HERNANI, *à part*.
Ah! le tigre est en bas qui hurle et veut sa proie!
DONA SOL.
Don Juan, cette harmonie emplit le cœur de joie...
HERNANI, *se levant terrible*.
Nommez-moi Hernani! nommez-moi Hernani!
Avec ce nom fatal je n'en ai pas fini.
DONA SOL, *tremblante*.
Qu'avez-vous?
HERNANI.
Le vieillard!
DONA SOL.
Dieu! quels regards funèbres!
Qu'avez-vous?
HERNANI.
Le vieillard qui rit dans les ténèbres!
— Ne le voyez-vous pas?
DONA SOL.
Où vous égarez-vous?
Qu'est-ce que ce vieillard?
HERNANI.
Le vieillard!
DONA SOL.
A genoux
Je t'en supplie, oh! dis, quel secret te déchire?
Qu'as-tu?
HERNANI.
Je l'ai juré!
DONA SOL.
Juré!

Elle suit tous ses mouvements avec anxiété. Il s'arrête tout à coup et passe la main sur son front.

HERNANI, *à part*.
Qu'allais-je dire?
Epargnons-la.
Haut.
Moi, rien. De quoi t'ai-je parlé?
DONA SOL.
Vous avez dit...
HERNANI.
Non, non... j'avais l'esprit troublé...
Je souffre un peu, vois-tu. N'en prends pas d'épouvante.
DONA SOL.
Te faut-il quelque chose? ordonne à ta servante!

Le cor recommence.

HERNANI, *à part*.
Il le veut! il le veut! il a mon serment.

Cherchant son poignard.

— Rien.
Ce devrait être fait! — Ah!...
DONA SOL.
Tu souffres donc bien?

HERNANI.
Une blessure ancienne, et qui semblait fermée,
Se rouvre...
   A part.
  Eloignons-la.
    Haut.
    Doña Sol, bien-aimée,
Ecoute : ce coffret qu'en des jours moins heureux
Je portais avec moi...
   DONA SOL.
    Je sais ce que tu veux.
Eh bien! qu'en veux-tu faire?
   HERNANI.
     Un flacon qu'il renferme
Contient un élixir qui pourra mettre un terme
Au mal que je ressens... Va!
   DONA SOL.
    J'y vais, monseigneur.

Elle sort par la porte de la chambre nuptiale.

SCÈNE IV.

HERNANI, seul.

Voilà donc ce qu'il vient faire de mon bonheur!
Voici le doigt fatal qui luit sur la muraille!
Oh! que la destinée amèrement me raille!

Il tombe dans une profonde et convulsive rêverie, puis se détourne brusquement.

Eh bien!...—Mais tout se tait. Je n'entends rien venir.
Si je m'étais trompé;...

Le masque en domino noir paraît au haut de la rampe. — Hernani s'arrête pétrifié.

SCÈNE V.

HERNANI, LE MASQUE.

   LE MASQUE.
  — « Quoi qu'il puisse advenir,
« Quand tu voudras, vieillard, quel que soit le lieu, l'heure,
« S'il te passe à l'esprit qu'il est temps que je meure,
« Viens, sonne de ce cor, et ne prends d'autres soins.
« Tout sera fait. »—Ce pacte eut les morts pour témoins.
Eh bien! tout est-il fait?
   HERNANI, *à voix basse.*
    C'est lui!
   LE MASQUE.
     Dans ta demeure
Je viens, et je te dis qu'il est temps. C'est mon heure.
Je te trouve en retard.
   HERNANI.
    Bien. Quel est ton plaisir,
Que feras-tu de moi? Parle.
   LE MASQUE.
     Tu peux choisir
Du fer ou du poison. Ce qu'il faut, je l'apporte.
Nous partirons tous deux.
   HERNANI.
    Soit.

   LE MASQUE.
    Prions-nous?
   HERNANI.
     Qu'importe!
   LE MASQUE.
Que prends-tu?
   HERNANI.
    Le poison.
   LE MASQUE.
     Bien! donne-moi ta main.

Il présente une fiole à Hernani, qui la reçoit en pâlissant.

Bois, pour que je finisse.

Hernani approche la fiole de ses lèvres, puis recule.

   HERNANI.
    Oh! par pitié, demain!—
Oh! s'il te reste un cœur, duc, ou du moins une âme,
Si tu n'es pas un spectre échappé de la flamme,
Un mort damné, fantôme ou démon désormais;
Si Dieu n'a point encor mis sur ton front : « Jamais! »
Si tu sais ce que c'est que ce bonheur suprême
D'aimer, d'avoir vingt ans, d'épouser quand on aime;
Si jamais femme aimée a tremblé dans tes bras,
Attends jusqu'à demain. — Demain tu reviendras!
   LE MASQUE.
Simple qui parle ainsi! demain! demain! — tu railles!
La cloche à ce matin sonné tes funérailles!
Et que ferais-je, moi, cette nuit? J'en mourrais.
Et qui viendrait te prendre et t'emporter après!
Seul descendre au tombeau! Jeune homme, il faut me suivre.
   HERNANI.
Eh bien! non, et de toi, démon, je me délivre.
Je n'obéirai pas.
   LE MASQUE.
    Je m'en doutais. — Fort bien.
Sur quoi donc m'as-tu fait ce serment? Ah! sur rien.
Peu de chose après tout! la tête de ton père.
Cela peut s'oublier. La jeunesse est légère.
   HERNANI.
Mon père! — Mon père!...—Ah! j'en perdrai la raison!...
   LE MASQUE.
Non, ce n'est qu'un parjure et qu'une trahison.
   HERNANI.
Duc!...
   LE MASQUE.
  Puisque les aînés des maisons espagnoles
Se font jeu maintenant de fausser leurs paroles,

Il fait un pas pour sortir.

Adieu!
   HERNANI.
  Ne t'en va pas.
   LE MASQUE.
    Alors...
   HERNANI,
     Vieillard cruel!

Il prend la fiole.

Revenir sur mes pas à la porte du ciel!..

Rentre doña Sol, sans voir le masque, qui est debout près de la rampe au fond du théâtre.

SCÈNE VI.

Les Mêmes, DOÑA SOL.

DOÑA SOL.

Je n'ai pu le trouver, ce coffret !

HERNANI, *à part.*

Dieu ! c'est elle !

Dans quel moment !

DOÑA SOL.

Qu'a-t-il ? je l'effraye, il chancelle
A ma voix ! — Que tiens-tu dans ta main ? quel soupçon !
Que tiens-tu dans ta main ? réponds.

Le domino se démasque. Elle pousse un cri, et reconnaît don Ruy.

C'est du poison !

HERNANI.

Grand Dieu !

DOÑA SOL, *à Hernani.*

Que t'ai-je fait ? quel horrible mystère ?...
Vous me trompiez, don Juan !...

HERNANI.

Ah ! j'ai dû te le taire.
J'ai promis de mourir au duc qui me sauva.
Aragon doit payer cette dette à Silva.

DOÑA SOL.

Vous n'êtes pas à lui, mais à moi. Que m'importe
Tous vos autres serments !

A don Ruy Gomez.

Duc, l'amour me rend forte.
Contre vous, contre tous, duc, je le défendrai.

DON RUY GOMEZ, *immobile.*

Défends-le, si tu peux, contre un serment juré.

DOÑA SOL.

Quel serment ?

HERNANI.

J'ai juré.

DOÑA SOL.

Non, non ; rien ne te lie ;
Cela ne se peut pas ! crime, attentat, folie !

DON RUY GOMEZ.

Allons, duc !

Hernani fait un geste pour obéir. Doña Sol cherche à l'arrêter.

HERNANI.

Laissez-moi, doña Sol, il le faut.
Le duc a ma parole, et mon père est là-haut !

DOÑA SOL, *à don Ruy Gomez.*

Il vaudrait mieux pour vous aller aux tigres même
Arracher leurs petits, qu'à moi celui que j'aime.
Savez-vous ce que c'est que doña Sol ? Longtemps,
Par pitié pour votre âge et pour vos soixante ans,
J'ai fait la fille douce, innocente et timide ;
Mais voyez-vous cet œil de pleurs de rage humide ?

Elle tire un poignard de son sein.

Voyez-vous ce poignard ? Ah ! vieillard insensé,
Craignez-vous pas le fer quand l'œil a menacé ?
Prenez garde, don Ruy ! — Je suis de la famille,
Mon oncle ! — écoutez-moi, fussé-je votre fille,
Malheur si vous portez la main sur mon époux !

Elle jette le poignard et tombe à genoux devant le duc.

Ah ! je tombe à vos pieds ! Ayez pitié de nous !
Grâce ! hélas ! monseigneur, je ne suis qu'une femme,
Je suis faible, ma force avorte dans mon âme,
Je me brise aisément, je tombe à vos genoux !
Ah ! je vous en supplie, ayez pitié de nous !

DON RUY GOMEZ.

Doña Sol !

DOÑA SOL.

Pardonnez ! Nous autres Espagnoles,
Notre douleur s'emporte à de vives paroles,
Vous le savez... Hélas ! vous n'étiez pas méchant !
Pitié ! vous me tuez, mon oncle, en le touchant !
Pitié ! je l'aime tant !...

DON RUY GOMEZ, *sombre.*

Vous l'aimez trop !

HERNANI.

Tu pleures !

DOÑA SOL.

Non, non, je ne veux pas, mon amour, que tu meures !
Non, je ne le veux pas.

A don Ruy.

Faites grâce aujourd'hui ;
Je vous aimerai bien aussi, vous.

DON RUY GOMEZ.

Après lui !
De ces restes d'amour, d'amitié, — moins encore, —
Croyez-vous apaiser la soif qui me dévore ?

Montrant Hernani.

Il est seul ! il est tout ! mais moi, belle pitié !
Qu'est-ce que je peux faire avec votre amitié ?
O rage ! il aurait, lui, le cœur, l'amour, le trône,
Et d'un regard de vous il me ferait l'aumône !
Et s'il fallait un mot à mes vœux insensés,
C'est lui qui vous dirait : — Dis cela, c'est assez ! —
En maudissant tout bas le mendiant avide
Auquel il faut jeter le fond du verre vide !
Honte ! dérision ! Non, il faut en finir.
Bois !

HERNANI.

Il a ma parole, et je dois la tenir.

DON RUY GOMEZ.

Allons !

Hernani approche la fiole de ses lèvres. Doña Sol se jette sur son bras.

DOÑA SOL.

Oh ! pas encor ! Daignez tous deux m'entendre.

DON RUY GOMEZ.

Le sépulcre est ouvert, et je ne puis attendre.

DOÑA SOL.

Un instant, monseigneur, mon don Juan ! — Ah ! tous deux
Vous êtes bien cruels ! — Qu'est-ce que je veux d'eux ?
Un instant ! voilà tout... tout ce que je réclame !
Enfin, on laisse dire à cette pauvre femme
Ce qu'elle a dans le cœur !... — Oh ! laissez-moi parler...

DON RUY GOMEZ, *à Hernani.*

J'ai hâte.

DOÑA SOL.

Messeigneurs, vous me faites trembler !
Que vous ai-je donc fait ?

HERNANI.

Ah ! son cri me déchire.

DOÑA SOL, *lui retenant toujours le bras.*

Vous voyez bien que j'ai mille choses à dire.

DON RUY GOMEZ, *à Hernani.*

Il faut mourir.

DOÑA SOL, *toujours pendue au bras d'Hernani.*

Don Juan, lorsque j'aurai parlé,
Tout ce que tu voudras, tu le feras.

Elle lui arrache la fiole.

Je l'ai.

DOÑA SOL.
Oh! que vous êtes bon pour une pauvre femme.
(Page 36.)

Elle élève la fiole aux yeux d'Hernani et du vieillard, étonné.

DON RUY GOMEZ.
Puisque je n'ai céans affaire qu'à deux femmes,
Don Juan, il faut qu'ailleurs j'aille chercher des âmes.
Tu fais de beaux serments par le sang dont tu sors,
Et je vais à ton père en parler chez les morts!
— Adieu!...

Il fait quelques pas pour sortir, Hernani le retient.

HERNANI.
Duc, arrêtez.

A doña Sol.

Hélas! je t'en conjure,
Veux-tu me voir faussaire, et félon, et parjure?
Veux-tu que partout j'aille avec la trahison
Écrite sur le front? Par pitié, ce poison,
Rends-le-moi! Par l'amour, par notre âme immortelle...

DOÑA SOL, sombre.
Tu veux?

Elle boit.

Tiens, maintenant.

DON RUY GOMEZ, à part.
Ah! c'était donc pour elle!

DOÑA SOL, rendant à Hernani la fiole à demi vidée.
Prends, te dis-je.

HERNANI, à don Ruy.
Vois-tu, misérable vieillard!

DOÑA SOL.
Ne te plains pas de moi, je t'ai gardé ta part.

HERNANI, prenant la fiole.
Dieu!

DOÑA SOL.
Tu ne m'aurais pas ainsi laissé la mienne,
Toi!... tu n'as pas le cœur d'une épouse chrétienne,
Tu ne sais pas aimer comme aime une Silva.
Mais j'ai bu la première et suis tranquille. — Va!
Bois si tu veux!

HERNANI.
Hélas! qu'as-tu fait, malheureuse?

DON RUY GOMEZ.
Morte!... Oh! je suis damné.
(Page 42.)

DONA SOL.
C'est toi qui l'as voulu.

HERNANI.
C'est une mort affreuse !

DONA SOL.
Non. — Pourquoi donc ?

HERNANI.
Ce philtre au sépulcre conduit.

DONA SOL.
Devions-nous pas dormir ensemble cette nuit ?
Qu'importe dans quel lit !

HERNANI.
Mon père, tu te venges
Sur moi qui t'oubliais !

Il porte la fiole à sa bouche.

DONA SOL, *se jetant sur lui.*
Ciel ! des douleurs étranges !...
Ah ! jette loin de toi ce philtre !... ma raison

S'égare. — Arrête ! hélas ! mon don Juan, ce poison
Est vivant, ce poison dans le cœur fait éclore
Une hydre à mille dents qui ronge et qui dévore !
Oh ! je ne savais pas qu'on souffrît à ce point ?
Qu'est-ce donc que cela ? c'est du feu ! Ne bois point !
Oh ! tu souffrirais trop !

HERNANI, *à don Ruy.*
Ah ! ton âme est cruelle !
Pouvais-tu pas choisir d'autre poison pour elle ?

Il boit et jette la fiole.

DONA SOL.
Que fais-tu ?

HERNANI.
Qu'as-tu fait ?

DONA SOL.
Viens, ô mon jeune amant,
Dans mes bras.

Ils s'asseoient l'un près de l'autre.

N'est-ce pas qu'on souffre horriblement ?

HERNANI.
Non.
DONA SOL.
Voilà notre nuit de noces commencée !
Je suis bien pâle, dis, pour une fiancée ?
HERNANI.
Ah !
DON RUY GOMEZ.
La fatalité s'accomplit.
HERNANI.
Désespoir !
O tourment ! doña Sol souffrir, et moi le voir !
DONA SOL.
Calme-toi. Je suis mieux. — Vers des clartés nouvelles
Nous allons tout à l'heure ensemble ouvrir nos ailes.
Partons d'un vol égal vers un monde meilleur.
Un baiser seulement, un baiser !

Ils s'embrassent.

DON RUY GOMEZ.
O douleur !
HERNANI, *d'une voix affaiblie.*
Oh ! béni soit le ciel qui m'a fait une vie
D'abîmes entourée et de spectres suivie,
Mais qui permet que, las d'un si rude chemin,
Je puisse m'endormir ma bouche sur ta main !
DON RUY GOMEZ.
Qu'ils sont heureux !
HERNANI, *d'une voix de plus en plus faible.*
Viens... viens, doña Sol, tout est sombre...

Souffres-tu ?
DONA SOL, *d'un voix également éteinte.*
Rien, plus rien.
HERNANI.
Vois-tu des feux dans l'ombre ?
DONA SOL.
Pas encor.
HERNANI, *avec un soupir.*
Voici...

Il tombe.

DON RUY GOMEZ, *soulevant sa tête qui retombe.*
Mort !
DONA SOL, *échevelée et se dressant à demi sur son séant.*
Mort ! non pas !... nous dormons.
Il dort, c'est mon époux, vois-tu, nous nous aimons,
Nous sommes couchés là. C'est notre nuit de noce.

D'une voix qui s'éteint.

Ne le réveillez pas, seigneur duc de Mendoce...
Il est las.

Elle retourne la figure d'Hernani.

Mon amour, tiens-toi vers moi tourné.
Plus près... plus près encor...

Elle retombe.

DON RUY GOMEZ.
Morte !... Oh ! je suis damné.

Il se tue.

FIN DE HERNANI.

NOTES

NOTE I.

Shakspeare, par la bouche de Hamlet, donne aux comédiens des conseils qui prouvent que le grand poëte était aussi un grand comédien. Molière, comédien comme Shakspeare, et non moins admirable poëte, indique en maint endroit de quelle façon il comprend que ses pièces soient jouées. Beaumarchais, qui n'est pas indigne d'être cité après de si grands noms, se complait également à ces détails minutieux qui guident et conseillent l'acteur dans la manière de composer un rôle. Ces exemples, donnés par les maitres de l'art, nous paraissent bons à suivre, et nous croyons que rien n'est plus utile à l'acteur que les explications, bonnes ou mauvaises, vraies ou fausses, du poëte. C'était l'avis de Talma, c'est le nôtre. Pour nous, si nous avions un avis à offrir aux acteurs qui pourraient être appelés à jouer les principaux rôles de cette pièce, nous leur conseillerions de bien marquer dans Hernani l'âpreté sauvage du montagnard mêlée à la fierté native du grand d'Espagne; dans le don Carlos des trois premiers actes, la gaieté, l'insouciance, l'esprit d'aventure et de plaisir, et qu'à travers tout cela, à la fermeté, à la hauteur, à je ne sais quoi de prudent dans l'audace, on distingue déjà en germe le Charles-Quint du quatrième acte; enfin, dans le don Ruy Gomez, la dignité, la passion mélancolique et profonde, le respect des aïeux, de l'hospitalité et des serments, en un mot, un vieillard homérique selon le moyen âge. Au reste, nous signalons ces nuances aux comédiens qui n'auraient pas pu étudier la manière dont ces rôles sont représentés à Paris par trois excellents acteurs, monsieur Firmin, dont le jeu plein d'âme électrise si souvent l'auditoire; monsieur Michelot, que sert une si rare intelligence; monsieur Joanny, qui empreint tous ses rôles d'une originalité si vraie et si individuelle.

Quant à mademoiselle Mars, un de nos meilleurs journaux a dit, avec raison, que le rôle de doña Sol avait été pour elle ce que *Charles VI* a été pour Talma, c'est-à-dire son triomphe et son chef-d'œuvre. Espérons seulement que la comparaison ne sera pas entièrement juste, et que mademoiselle Mars, plus heureuse que Talma, ajoutera encore bien des créations à celle-ci. Il est impossible, du reste, à moins de l'avoir vue, de se faire une idée de l'effet que la grande actrice produit dans ce rôle. Dans les quatre premiers actes, c'est bien la jeune Catalane, simple, grave, ardente, concentrée. Mais au cinquième mademoiselle Mars donne au rôle un développement immense. Elle y parcourt en quelques instants toute la gamme de son talent, du gracieux au sublime, du sublime au pathétique le plus déchirant. Après les applaudissements, elle arrache tant de larmes, que le spectateur perd jusqu'à la force d'applaudir. Arrêtons-nous à cet éloge, car, on l'a dit spirituellement, *les larmes qu'ils font verser parlent contre les rois et pour les comédiens.*

— Éditions de 1830 et suivantes. —

NOTE II.

Nous avons jugé inutile d'indiquer, dans les deux premiers actes, les différences assez nombreuses entre le texte des précédentes éditions et le texte de l'édition actuelle. Ces différences, comme nous l'avons déjà dit, proviennent toutes des mutilations faites à la représentation; la question littéraire était encore trop peu comprise en 1830 pour que *Hernani* pût être représenté tel qu'il avait été écrit. Il faut dire pourtant que les retranchements n'avaient pas essentiellement altéré les deux premiers actes; mais ils avaient assez profondément modifié le troisième, pour que nous croyions nécessaire de réimprimer ici les scènes v, vi et vii de cet acte comme on nous les a imprimées en 1830, comme on les a jouées à cette époque et comme on les joue encore aujourd'hui; de cette façon, le lecteur peut confronter les deux textes, l'œuvre mutilée et l'œuvre complète, et décider qui avait raison alors et qui a raison maintenant.

SCÈNE IV.

HERNANI, DOÑA SOL.

Hernani, immobile, considère avec un regard froid l'écrin nuptial placé sur la table; puis il hoche la tête et ses yeux s'enflamment.

HERNANI.

Je vous fais compliment! — Plus que je ne puis dire
La parure me charme, et m'enchante, — et j'admire!

Examinant le coffret.

— Sans doute tout est vrai, tout est bon, tout est beau,
Il n'oserait tromper, lui qui touche au tombeau !

Il prend l'une après l'autre toutes les pièces de l'écrin.

Rien n'y manque. Colliers, brillants, pendants d'oreille,
Couronne de duchesse, anneau d'or... — A merveille !
Grand merci de l'amour sûr, fidèle et profond !
Le précieux écrin !

DONA SOL.

Elle va au coffret, y fouille, et en tire un poignard.
Vous n'allez pas au fond ! —

Hernani pousse un cri et tombe prosterné à ses pieds.

C'est le poignard qu'avec l'aide de ma patronne
Je pris au roi Carlos lorsqu'il m'offrit un trône,
Et que je refusai pour vous qui m'outragez !

HERNANI, *toujours à genoux.*

Oh ! laisse qu'à genoux, dans tes yeux affligés,
J'efface tous ces pleurs amers et pleins de charmes !
Et tu prendras après tout mon sang pour tes larmes !

DONA SOL, *attendrie.*

Hernani ! je vous aime et vous pardonne, et n'ai
Que de l'amour pour vous.

HERNANI.

Elle m'a pardonné,
Et m'aime ! Qui pourra faire aussi que moi-même,
Après ce que j'ai dit, je me pardonne et m'aime ?
Oh ! je voudrais savoir, ange au ciel réservé,
Où vous avez marché, pour baiser le pavé !

DONA SOL.

Croire que mon amour eût si peu de mémoire !
Que jamais ils pourraient, tous ces hommes sans gloire,
Jusqu'à d'autres amours, plus nobles à leur gré,
Rapetisser un cœur où son nom est entré !

HERNANI.

Hélas ! j'ai blasphémé ! si j'étais à ta place,
Doña Sol, j'en aurais assez, je serais lasse
De ce fou furieux, de ce sombre insensé
Qui ne sait caresser qu'après qu'il a blessé.

DONA SOL.

Ah ! vous ne m'aimez plus !

HERNANI.

Oh ! mon cœur et mon âme,
C'est toi ! l'ardent foyer d'où me vient toute flamme,
C'est toi ! ne m'en veux pas de fuir, être adoré !

DONA SOL.

Je ne vous en veux pas, seulement j'en mourrai.

HERNANI.

Mourir ! grand Dieu ! pour moi se peut-il que tu meures !

DONA SOL, *pleurant et tombant dans un fauteuil.*

Pour qui, sinon pour vous ?

HERNANI, *s'asseyant près d'elle.*

Oh ! tu pleures ! tu pleures !
Et c'est encor ma faute ! et qui me punira ?
Car tu pardonneras encor ! Qui te dira
Ce que je souffre, au moins, lorsqu'une larme noie
La flamme de tes yeux dont l'éclair est ma joie ?
Oh ! mes amis sont morts ! oh ! je suis insensé !
Pardonne. Je voudrais aimer, je ne le sai !
Hélas ! j'aime pourtant d'une amour bien profonde ! —

Ne pleure pas, mourons plutôt ! — Que n'ai-je un monde ?
Je te le donnerais ! Je suis bien malheureux !

DONA SOL, *se jetant à son cou.*

Vous êtes mon seigneur vaillant et généreux !
Je vous aime.

HERNANI.

Ah ! l'amour serait un bien suprême
Si l'on pouvait mourir de trop aimer !

DONA SOL.

Je t'aime !
Hernani ! Je vous aime et je suis toute à vous.

HERNANI, *laissant tomber sa tête sur son épaule.*

Oh ! qu'un coup de poignard de toi me serait doux !

DONA SOL, *suppliant.*

Quoi ! ne craignez-vous pas que Dieu ne vous punisse
De parler de la sorte ?

HERNANI.

Eh bien ! qu'il nous unisse !
Tu le veux... qu'il en soit ainsi ! — J'ai résisté !

Tous deux, dans les bras l'un de l'autre, se regardent avec extase, sans voir, sans entendre, et absorbés dans leurs regards. — Don Ruy Gomez entre et s'arrête comme pétrifié sur le seuil, frappé de stupeur.

SCÈNE V.

HERNANI, DON RUY GOMEZ, DONA SOL.

DON RUY GOMEZ, *immobile et croisant les bras.*

Voilà donc le paiment de l'hospitalité !
Voilà ce que céans notre hôte nous apporte.

Tous deux se détournent comme réveillés en sursaut.

— Bon seigneur, va-t'en voir si ta muraille est forte,
Si la porte est bien close et l'archer dans sa tour,
De ton château pour nous fais et refais le tour,
Cherche en ton arsenal une armure à ta taille,
Ressaye à soixante ans ton harnois de bataille,
Voici la loyauté dont nous pairons ta foi !
Tu fais cela pour nous, et nous ceci pour toi ! —
Saints du ciel ! j'ai vécu plus de soixante années,
J'ai bien vu des bandits aux mains empoisonnées,
J'en ai vu qui mouraient sans croix et sans pater ;
J'ai vu Sforce, j'ai vu Borgia, je vois Luther ;
Mais je n'ai jamais vu perversité si haute
Qui n'eût craint le tonnerre en trahissant son hôte !
Ce n'est pas de mon temps. — Si noire trahison
Pétrifie un vieillard au seuil de sa maison,
Et fait que le vieux maître, en attendant qu'il tombe,
A l'air d'une statue à mettre sur sa tombe !
Maures et Castillans ! — quel est cet homme-ci ?

Il lève les yeux et les promène sur les portraits qui entourent la salle.

O vous, tous les Silva, qui m'écoutez ici,
Pardon, si devant vous, pardon, si ma colère
Dit l'hospitalité mauvaise conseillère !
Oh ! je me vengerai !

HERNANI.

Ruy Gomez de Silva,
Si jamais vers le ciel noble front s'éleva,
Si jamais cœur fut grand, si jamais âme haute,

C'est la vôtre, seigneur ! c'est la tienne, ô mon hôte !
Moi qui te parle ici, je suis coupable et n'ai
Rien à te dire, sinon que je suis bien damné.
Oui, j'ai voulu te prendre et t'enlever ta femme ;
Oui, j'ai voulu souiller ton lit : oui, c'est infâme !
J'ai du sang ; tu feras très-bien de le verser,
D'essuyer ton épée et de n'y plus penser !

DOÑA SOL.

Seigneur, ce n'est pas lui ! ne frappez que moi-même !

HERNANI.

Attendez, doña Sol. Car cette heure est suprême !
Cette heure m'appartient. Je n'ai plus qu'elle. Ainsi
Laissez-moi m'expliquer avec le duc ici.
Duc ! crois aux derniers mots de ma bouche, j'en jure,
Je suis coupable, mais sois tranquille, — elle est pure !

DOÑA SOL.

Ah ! moi seule ai tout fait. Car je l'aime.

A ce mot, don Ruy Gomez se détourne en tressaillant, et fixe sur doña Sol un regard terrible. Elle se jette à ses genoux.

Oui, pardon !
Je l'aime, monseigneur !

DON RUY GOMEZ.

Vous l'aimez !

A Hernani.

Tremble donc !

Bruit de trompettes au dehors. — Entre le page.

Au page.

Qu'est-ce bruit ?

LE PAGE.

C'est le roi, monseigneur, en personne,
Avec un gros d'archers et son héraut qui sonne.

DOÑA SOL.

Dieu ! le roi ! dernier coup !

LE PAGE, *au duc.*

Il demande pourquoi
La porte est close, et veut qu'on ouvre.

DON RUY GOMEZ.

Ouvrez au roi.

Le page s'incline et sort.

DOÑA SOL.

Il est perdu.

Don Ruy Gomez va à l'un des tableaux, qui est son propre portrait et le dernier à gauche ; il presse un ressort, le portrait s'ouvre comme une porte et laisse voir une cachette pratiquée dans le mur. — Il se tourne vers Hernani.

DON RUY GOMEZ.

Monsieur, entrez ici.

HERNANI.

Ma tête
Est à toi. Livre-la, seigneur. Je la tiens prête.
Je suis ton prisonnier.

Il entre dans la cachette. Don Ruy Gomez presse de nouveau le ressort, tout se referme, et le portrait revient à sa place.

DOÑA SOL, *au duc.*

Seigneur, pitié pour lui !

LE PAGE, *entrant.*

Son Altesse le roi !

Doña Sol baisse précipitamment son voile. — La porte s'ouvre à deux battants. Entre don Carlos en habit de guerre, suivi d'une foule de gentilshommes également armés, de pertuisaniers, d'arquebusiers, d'arbalétriers. Il s'avance à pas lents, la main gauche sur le pommeau de son épée, la droite dans sa poitrine, et fixe sur le vieux duc un œil de défiance et de colère. Le duc va au-devant du roi et le salue profondément. — Silence. — Attente et terreur alentour. Enfin le roi, arrivé en face du duc, lève brusquement la tête.

SCÈNE VI.

DON RUY GOMEZ, DOÑA SOL, voilée ; DON CARLOS,
Suite.

DON CARLOS.

D'où vient donc aujourd'hui,
Mon cousin, que ta porte est si bien verrouillée ?
Par les saints ! je croyais ta dague plus rouillée !
Et je ne savais pas qu'elle eût hâte à ce point,
Quand nous te venons voir, de reluire à ton poing !

Don Ruy Gomez veut parler, le roi poursuit avec un geste impérieux.

C'est s'y prendre un peu tard pour faire le jeune homme !
Avons-nous des turbans ? serait-ce qu'on me nomme
Mahom ou Boabdil, et non Carlos, répond !
Pour nous baisser la herse et nous lever le pont ?

DON RUY GOMEZ, *s'inclinant.*

Seigneur...

DON CARLOS, *à ses gentilshommes.*

Prenez les clefs, saisissez-vous des portes !

Deux officiers sortent. Plusieurs autres rangent les soldats en triple haie dans la salle du roi. Don Carlos se tourne vers le duc.

Ah ! vous réveillez donc les rébellions mortes ?
Pardieu ! si vous prenez de ces airs avec moi,
Messieurs les ducs, le roi prendra des airs de roi !
Et j'irai par les monts, de mes mains aguerries,
Dans leurs nids crénelés tuer les seigneuries !

DON RUY GOMEZ, *se redressant.*

Altesse, les Silva sont loyaux...

DON CARLOS, *dont la colère éclate.*

Sans détours,
Réponds, duc ! ou je fais raser tes onze tours !
De l'incendie éteint il reste une étincelle,
Des bandits morts il reste un chef. — Qui le recèle ?
C'est toi ! — Ce Hernani, rebelle, empoisonneur,
Ici, dans ton château, tu le caches !

DON RUY GOMEZ.

Seigneur,
C'est vrai.

DON CARLOS.

Fort bien. Je veux sa tête ou bien la tienne,
Entends-tu, mon cousin ?

DON RUY GOMEZ, *s'inclinant.*

Mais qu'à cela ne tienne !...
Vous serez satisfait.

Doña Sol cache sa tête dans ses mains et tombe sur un fauteuil.

DON CARLOS, *radouci.*

Ah ! tu t'amendes ! — Va
Chercher mon prisonnier !

Le duc croise les bras, baisse la tête et reste un instant rêveur. Le roi et doña Sol l'observent en silence et agités d'émotions contraires. Enfin le duc relève son front, va au roi, lui prend la main et le mène à pas lents devant le plus ancien des portraits, celui qui commence la galerie à droite du spectateur.

DON RUY GOMEZ, *montrant au roi le vieux portrait.*

Ecoutez ! — Des Silva
C'est l'aîné, c'est l'aïeul, l'ancêtre, le grand homme ;
Don Silvius, qui fut trois fois consul de Rome !

Mouvement d'impatience de don Carlos.

A un autre portrait.

Voici Ruy Gomez de Silva,
Grand maître de Saint-Jacque et de Calatrava.
Son armure géante irait mal à nos tailles ;
Il prit trois cents drapeaux, gagna trente batailles,
Conquit au roi Motril, Antequera, Suez,
Nijar, et mourut pauvre. — Altesse, saluez !

Il s'incline, se découvre et passe à un autre. — Le roi l'écoute avec une impatience et une colère toujours croissantes.

Près de lui, Juan son fils, cher aux âmes loyales.
Sa main pour un serment valait les mains royales.

A un autre.

— Don Gaspard, de Mendoce et de Silva l'honneur !
Toute noble maison tient à Silva, seigneur.
Sandoval tour à tour nous craint ou nous épouse.
Manrique nous envie et Lara nous jalouse.
Alencastre nous hait. Nous touchons à la fois
Du pied à tous les ducs, du front à tous les rois !
— Vasquez qui soixante ans garda la foi jurée.

Geste d'impatience du roi.

J'en passe, et des meilleurs. — Cette tête sacrée,
C'est mon père. Il fut grand, quoiqu'il vint le dernier.
Les Maures de Grenade avaient fait prisonnier
Le comte Alvar Giron, son ami. Mais mon père
Prit pour l'aller chercher six cents hommes de guerre ;
Il fit tailler en pierre un comte Alvar Giron
Qu'à sa suite il traîna, jurant par son patron
De ne point reculer que le comte de pierre
Ne tournât front lui-même et n'allât en arrière.
Il combattit, puis vint au comte et le sauva.

DON CARLOS, *hors de lui.*

Mon prisonnier !

DON RUY GOMEZ.

C'était un Gomez de Silva !
Voilà donc ce qu'on dit quand dans cette demeure
On voit tous ces héros.

DON CARLOS, *frappant du pied.*

Mon prisonnier sur l'heure !

DON RUY GOMEZ.

Il s'incline profondément devant le roi, lui prend la main et le mène devant le dernier portrait, celui qui sert de porte à la cachette où il a fait entrer Hernani. Doña Sol le suit des yeux avec anxiété.

Ce portrait, c'est le mien. — Roi don Carlos, merci ! —
Car vous voulez qu'on dise en le voyant ici :
« Ce dernier, digne fils d'une race si haute,
« Fut un traître et vendit la tête de son hôte ! »

Le roi, déconcerté, s'éloigne avec colère, puis reste quelques instants silencieux, les lèvres tremblantes et l'œil enflammé.

DON CARLOS.

Duc, ton château me gêne et je le mettrai bas.

DON RUY GOMEZ.

Car vous me le pairiez, Altesse, n'est-ce pas ?

DON CARLOS.

Duc, j'en ferai raser les tours pour tant d'audace,
Et je ferai semer du chanvre sur la place !

DON RUY GOMEZ.

Mieux voir croître du chanvre où ma tour s'éleva
Qu'une tache ronger le vieux nom de Silva.

Aux portraits.

N'est-il pas vrai, vous tous ?

DON CARLOS.

Duc ! cette tête est nôtre,
Et tu m'avais promis...

DON RUY GOMEZ.

J'ai promis l'une ou l'autre.

Se découvrant.

Je donne celle-ci. Prenez-la.

DON CARLOS.

Ma bonté
Est à bout ! livre-moi cet homme.

DON RUY GOMEZ.

En vérité
J'ai dit.

DON CARLOS, *à sa suite.*

Fouillez partout ! et qu'il ne soit point d'aile,
De cave, ni de tour...

DON RUY GOMEZ.

Mon donjon est fidèle
Comme moi. Seul il sait le secret avec moi.
Nous le garderons bien tous deux !

DON CARLOS.

Je suis le roi !

DON RUY GOMEZ.

A moins de démolir le château pierre à pierre,
D'assassiner le maître, on n'aura rien.

DON CARLOS.

Prière,
Menace, tout est vain ! — Livre-moi le bandit,
Duc, ou, tête et château, j'abattrai tout !

DON RUY GOMEZ.

J'ai dit.

DON CARLOS.

Eh bien donc ! au lieu d'une, alors j'aurai deux têtes.

Au duc d'Alcala.

Jorge, arrêtez le duc !

— Le reste conforme à l'édition actuelle. —

NOTE III.

> Basse cour où le roi, mendié sans pudeur,
> A tous ces affamés émiette la grandeur!
> — Acte IV, scène I. —

Ces deux vers furent supprimés par la censure, qui n'était pas moins plate et moins inepte en 1830 qu'en 1836, et qui n'a jamais su échapper à l'odieux que par le ridicule. A la représentation on disait les deux vers que voici :

> Pour un titre ils vendraient leur âme, en vérité.
> Vanité! vanité! tout n'est que vanité!

Oui, *tout est vanité*, tout, jusqu'aux révolutions prometteuses qui aboutissent en trois jours à la république et en trois ans à la censure.

NOTE IV.

> Toujours trois voix de moins! Ah! ce sont eux qui l'ont, etc.
> — Acte IV, scène I. —

Tout ce développement du caractère de Charles-Quint jusqu'à *Va-t'en! c'est l'heure où vont venir les conjurés*, est donné ici au public pour la première fois.

NOTE V.

Par les raisons exprimées dans la note II, nous croyons devoir réimprimer ici le monologue tronqué qui se disait et qui se dit encore sur le théâtre.

Don Carlos, resté seul, tombe dans une profonde rêverie. Ses bras se croisent, sa tête fléchit sur sa poitrine; puis il la relève et se tourne vers le tombeau.

SCÈNE II.

DON CARLOS, seul.

Charlemagne, pardon! — Ces voûtes solitaires
Ne devraient répéter que paroles austères;
Tu t'indignes sans doute à ce bourdonnement
Que nos ambitions font sur ton monument.
— Ah! c'est un beau spectacle à ravir la pensée
Que l'Europe ainsi faite et comme il l'a laissée!
Un édifice, avec deux hommes au sommet,
Deux chefs élus auxquels tout roi né se soumet.
Presque tous les États, duchés, fiefs militaires,
Royaumes, marquisats, tous sont héréditaires;
Mais le peuple a parfois son pape ou son César,
Tout marche, et le hasard corrige le hasard.
De là vient l'équilibre, et toujours l'ordre éclate.
Électeurs de drap d'or, cardinaux d'écarlate,
Double sénat sacré dont la terre s'émeut,
Ne sont là qu'en parade, et Dieu veut ce qu'il veut.
Qu'une idée, au besoin des temps, un jour éclose,
Elle grandit, va, court, se mêle à toute chose,
Se fait homme, saisit les cœurs, creuse un sillon;
Maint roi la foule aux pieds ou lui met un bâillon,
Mais qu'elle entre un matin à la diète, au conclave,
Et tous les rois soudain verront l'idée esclave
Sur leurs têtes de rois que ses pieds courberont
Surgir, le globe en main ou la tiare au front.
— Le pape et l'empereur sont tout. Rien n'est sur terre
Que par eux et pour eux. Un suprême mystère
Vit en eux; et le ciel, dont ils ont tous les droits,
Leur fait un grand festin des peuples et des rois.
Le monde au-dessous d'eux s'échelonne et se groupe.
Ils font et défont. L'un délie et l'autre coupe.
L'un est la vérité, l'autre est la force. Ils ont
Leur raison en eux-mêmes, et sont parce qu'ils sont.
Quand ils sortent, tous deux égaux, du sanctuaire,
L'un dans sa pourpre, et l'autre avec son blanc suaire,
L'univers ébloui contemple avec terreur
Ces deux moitiés de Dieu, le pape et l'empereur.
— L'empereur! l'empereur! être empereur! — O rage,
Ne pas l'être! — et sentir son cœur plein de courage!
Qu'il fut heureux celui qui dort dans ce tombeau!
Qu'il fut grand! — De son temps c'était encor plus beau.
Oh! quel destin! — Pourtant cette tombe est la sienne!
Tout est-il donc si peu que ce soit là qu'on vienne?
Quoi donc! avoir été prince, empereur et roi!
Avoir été l'épée, avoir été la loi;
Vivant, pour piédestal avoir eu l'Allemagne!
Quoi! pour titre César et pour nom Charlemagne!
Avoir été plus grand qu'Annibal, qu'Attila,
Aussi grand que le monde!... — Et que tout tienne là!
Ah! briguez donc l'empire! et voyez la poussière
Que fait un empereur! Couvrez la terre entière
De bruit et de tumulte. — Élevez, bâtissez
Votre empire, et jamais ne dites : C'est assez!
Si haut que soit le but où votre orgueil aspire,
Voilà le dernier terme!... — Oh! l'empire! l'empire!
Que m'importe! j'y touche, et je le trouve à mon gré.
Quelque chose me dit : Tu l'auras! — Je l'aurai. —
Si je l'avais!... — O ciel! être ce qui commence!
Seul, debout, au plus haut de la spirale immense!
D'une foule d'États l'un sur l'autre étagés
Être la clef de voûte, et voir sous soi rangés
Les rois, et sur leurs têtes essuyer ses sandales;
Voir au-dessous des rois les maisons féodales,
Margraves, cardinaux, doges, ducs à fleurons;
Puis évêques, abbés, chefs de clans, hauts barons;
Puis clercs et soldats; puis, loin du faîte où nous sommes,
Dans l'ombre, tout au fond de l'abîme, — les hommes.
— Les hommes! — c'est-à-dire une foule, une mer,
Un grand bruit; pleurs et cris, parfois un rire amer;
Ah! le peuple! — océan! onde sans cesse émue!
Où l'on ne jette rien sans que tout ne remue!

Vague qui broie un trône et qui berce un tombeau !
Miroir où rarement un roi se voit en beau !
Ah! si l'on regardait parfois dans ce flot sombre,
On y verrait au fond des empires sans nombre,
Grands vaisseaux naufragés, que son flux et reflux
Roule, et qui le gênaient, et qu'il ne connait plus !
Gouverner tout cela? — Monter si l'on vous nomme,
A ce faîte! Y monter, sachant qu'on n'est qu'un homme !
— Avoir l'abîme là !... — Malheureux! qu'ai-je en moi?
Etre empereur? mon Dieu! j'avais trop d'être roi !
Certe, il n'est qu'un mortel de race peu commune
Dont puisse s'élargir l'âme avec la fortune.
Mais, moi! qui me fera grand? qui sera ma loi?
Qui me conseillera?...

Il tombe à genoux devant le tombeau.

Charlemagne! c'est toi !
Ah! puisque Dieu, pour qui tout obstacle s'efface,
Prend nos deux majestés et les met face à face,
Verse-moi dans le cœur, du fond de ce tombeau,
Quelque chose de grand, de sublime, de beau !
Oh! par tous ses côtés fais-moi voir toute chose !
Montre-moi que le monde est petit, car je n'ose
Y toucher. Apprends-moi ton secret de régner,
Et dis-moi qu'il vaut mieux punir que pardonner !
— N'est-ce pas?—Ombre auguste, empereur d'Allemagne,
Oh! dis-moi ce qu'on peut faire après Charlemagne !

Parle! — dût en parlant ton souffle souverain
Me briser sur le front cette porte d'airain ! —
Ou, si tu ne dis rien, laisse en ta paix profonde
Carlos étudier ta tête comme un monde ; —
Laisse, qu'il te mesure à loisir, ô géant !
Car rien n'est ici-bas si grand que ton néant !
Que la cendre, à défaut de l'ombre, me conseille !

Il approche la clef de la serrure.

Entrons !

Il recule.

Dieu ! s'il allait me parler! s'il s'éveille !
S'il était là, debout et marchant à pas lents !
Si j'allais ressortir avec des cheveux blancs !
Entrons toujours !

Bruit de pas.

On vient ! Qui donc ose à cette heure,
Hors moi, d'un pareil mort éveiller la demeure?
Qui donc?

Le bruit s'approche.

Ah! j'oubliais! ce sont mes assassins !

Il ouvre la porte du tombeau, qu'il referme sur lui. — Entrent de divers côtés plusieurs hommes, marchant à pas sourds, cachés sous leurs manteaux et leurs chapeaux.

FIN DES NOTES DE HERNANI.

LIBRAIRIE MARESCQ ET Ce,	J. HETZEL, ÉDITEUR.	LIBRAIRIE BLANCHARD,
5, rue du Pont-de-Lodi.		78, rue de Richelieu.

OEUVRES DE VICTOR HUGO

LE ROI S'AMUSE

ILLUSTRÉ PAR J.-A. BEAUCÉ.

L'apparition de ce drame au théâtre a donné lieu à un acte ministériel inouï.

Le lendemain de la première représentation, l'auteur reçut de monsieur Jouslin de la Salle, directeur de la scène au Théâtre-Français, le billet suivant, dont il conserve précieusement l'original :

« Il est dix heures et demie, et je reçois à l'instant l'or-
« dre (1) de suspendre les représentations du *Roi s'amuse*.
« C'est monsieur Taylor qui me communique cet ordre de
« la part du ministre.

« Ce 23 novembre. »

Le premier mouvement de l'auteur fut de douter. L'acte était arbitraire au point d'être incroyable.

En effet, ce qu'on a appelé la *Charte-Vérité* dit : « Les Français ont *le droit de publier...* » Remarquez que le

(1) Le mot est souligné dans le billet écrit.

texte ne dit pas seulement *le droit d'imprimer*, mais largement et grandement *le droit de publier*. Or, le théâtre n'est qu'un moyen de publication comme la presse, comme la gravure, comme la lithographie. La liberté du théâtre est donc implicitement écrite dans la Charte, avec toutes les autres libertés de la pensée. La loi fondamentale ajoute : « La censure ne pourra jamais être rétablie. » Or, le texte ne dit pas *la censure des journaux, la censure des livres*, il dit *la censure*, la censure en général, toute censure, celle du théâtre comme celle des écrits. Le théâtre ne saurait donc désormais être légalement censuré.

Ailleurs la Charte dit : *La confiscation est abolie.* Or, la suppression d'une pièce de théâtre après la représentation n'est pas seulement un acte monstrueux de censure et d'arbitraire, c'est une véritable confiscation, c'est une propriété violemment dérobée au théâtre et à l'auteur.

Enfin, pour que tout soit net et clair, pour que les quatre ou cinq grands principes sociaux que la Révolution française a coulés en bronze restent intacts sur leurs piédestaux de granit, pour qu'on ne puisse attaquer sournoisement le droit commun des Français avec ces quarante mille vieilles armes ébréchées que la rouille et la désuétude dévorent dans l'arsenal de nos lois, la Charte, dans un dernier article, abolit expressément tout ce qui, dans les lois antérieures, serait contraire à son texte et à son esprit.

Ceci est formel. La suppression ministérielle d'une pièce de théâtre attente à la liberté par la censure, à la propriété par la confiscation. Tout notre droit public se révolte contre une pareille voie de fait.

L'auteur, ne pouvant croire à tant d'insolence et de folie, courut au théâtre. Là, le fait lui fut confirmé de toutes parts. Le ministre avait, en effet, de son autorité privée, de son droit divin de ministre, intimé l'*ordre* en question. Le ministre n'avait pas de raison à donner. Le ministre lui avait pris sa pièce, lui avait pris son droit, lui avait pris sa chose. Il ne restait plus qu'à le mettre, lui poëte, à la Bastille.

Nous le répétons, dans le temps où nous vivons, lorsqu'un pareil acte vient vous barrer le passage et vous prendre brusquement au collet, la première impression est un profond étonnement. Mille questions se pressent dans votre esprit. — Où est la loi ? Où est le droit ? Est-ce que cela peut se passer ainsi ? Est-ce qu'il y a eu, en effet, quelque chose qu'on a appelé la Révolution de juillet ? Il est évident que nous ne sommes plus à Paris. Dans quel pachalik vivons-nous ? —

La Comédie-Française, stupéfaite et consternée, voulut essayer encore quelques démarches auprès du ministre pour obtenir la révocation de cette étrange décision ; mais elle perdit sa peine. Le divan, je me trompe, le conseil des ministres s'était assemblé dans la journée. Le 23, ce n'était qu'un ordre du ministre ; le 24, ce fut un ordre du ministère. Le 23, la pièce n'était que *suspendue* ; le 24, elle fut définitivement *défendue*. Il fut même enjoint au théâtre de rayer de son affiche ces quatre mots redoutables : *Le Roi s'amuse*. Il lui fut enjoint, en outre, à ce malheureux Théâtre-Français, de ne pas se plaindre et de ne souffler mot. Peut-être serait-il beau, loyal et noble de résister à un despotisme si asiatique ; mais les théâtres n'osent pas. La crainte du retrait de leurs priviléges les fait serfs et sujets, taillables et corvéables à merci, eunuques et muets.

L'auteur demeura et dut demeurer étranger à ces démarches du théâtre. Il ne dépend, lui poëte, d'aucun ministre. Ces prières et ces sollicitations que son intérêt mesquinement consulté lui conseillait peut-être, son devoir de libre écrivain les lui défendait. Demander grâce au pouvoir, c'est le reconnaître. La liberté et la propriété ne sont pas choses d'antichambre. Un droit ne se traite pas comme une faveur. Pour une faveur, réclamez devant le ministre ; pour un droit, réclamez devant le pays.

C'est au pays qu'il s'adresse. Il a deux voies pour obtenir justice, l'opinion publique et les tribunaux. Il les choisit toutes deux.

Devant l'opinion publique, le procès est déjà jugé et gagné. Et ici l'auteur doit remercier hautement toutes les personnes graves et indépendantes de la littérature et des arts, qui lui ont donné dans cette occasion tant de preuves de sympathie et de cordialité. Il comptait d'avance sur leur appui. Il sait que, lorsqu'il s'agit de lutter pour la liberté de l'intelligence et de la pensée, il n'ira pas seul au combat.

Et, disons-le ici en passant, le pouvoir, par un assez lâche calcul, s'était flatté d'avoir pour auxiliaires, dans cette occasion, jusque dans les rangs de l'opposition, les passions littéraires soulevées depuis si longtemps autour de l'auteur. Il avait cru les haines littéraires plus tenaces encore que les haines politiques, se fondant sur ce que les premières ont leurs racines dans les amours-propres, et les secondes seulement dans les intérêts. Le pouvoir s'est trompé. Son acte brutal a révolté les hommes honnêtes dans tous les camps. L'auteur a vu se rallier à lui, pour faire face à l'arbitraire et à l'injustice, ceux-là même qui l'attaquaient le plus violemment la veille. Si par hasard quelques haines invétérées ont persisté, elles regrettent maintenant le secours momentané qu'elles ont apporté au pouvoir. Tout ce qu'il y a d'honorable et de loyal parmi les ennemis de l'auteur est venu lui tendre la main, quitte à recommencer le combat littéraire aussitôt que le combat politique sera fini. En France, quiconque est persécuté n'a plus d'ennemis que le persécuteur.

Si maintenant, après avoir établi que l'acte ministériel est odieux, inqualifiable, impossible en droit, nous voulons bien descendre pour un moment à le discuter comme fait matériel et à chercher de quels éléments ce fait semble devoir être composé, la première question qui se présente est celle-ci, et il n'est personne qui ne se la soit faite : — Quel peut être le motif d'une pareille mesure ?

Il faut bien le dire, parce que cela est, et que, si l'avenir s'occupe un jour de nos petits hommes et de nos petites choses, cela ne sera pas le détail le moins curieux de ce curieux événement ; il paraît que nos faiseurs de censure se prétendent scandalisés dans leur morale par *le Roi s'amuse*; cette pièce a révolté la pudeur des gendarmes ; la brigade Léotaud y était et l'a trouvée obscène ; le bureau des mœurs s'est voilé la face ; monsieur Vidocq a rougi. Enfin le mot d'ordre que la censure a donné à la police, et que l'on balbutie depuis quelques jours autour de nous, le voici tout net : *C'est que la pièce est immorale.* — Holà ! mes maitres ! silence sur ce point.

Expliquons-nous pourtant, non pas avec la police à laquelle, moi, honnête homme, je défends de parler de ces matières, mais avec le petit nombre de personnes respectables et consciencieuses qui, sur des oui-dire ou après avoir mal entrevu la représentation, se sont laissé entraîner à partager cette opinion, pour laquelle peut-être le nom seul du poëte inculpé aurait dû être une suffisante réfutation. Le drame est imprimé aujourd'hui. Si vous n'étiez pas à la représentation, lisez ; si vous y étiez, lisez encore. Souvenez-vous que cette représentation a été moins une représentation qu'une bataille, une espèce de bataille de Montlhéry (qu'on nous passe cette comparaison un peu ambitieuse) où les Parisiens et les Bourguignons ont prétendu chacun de leur côté avoir *empoché la victoire*, comme dit Mathieu.

La pièce est immorale ? croyez-vous ? Est-ce par le fond ? Voici le fond. Triboulet est difforme, Triboulet est malade, Triboulet est bouffon de cour ; triple misère qui le rend méchant. Triboulet hait le roi parce qu'il est le roi, les seigneurs parce qu'ils sont les seigneurs, les hommes parce qu'ils n'ont pas tous une bosse sur le dos. Son seul passetemps est d'entre-heurter sans relâche les seigneurs contre le roi, brisant le plus faible au plus fort. Il dépraye le roi, il le corrompt, il l'abrutit ; il le pousse à la tyrannie, à l'ignorance, au vice ; il le lâche à travers toutes les familles des gentilshommes, lui montrant sans cesse du doigt la femme à séduire, la sœur à enlever, la fille à déshonorer. Le roi dans les mains de Triboulet n'est qu'un pantin tout-puissant qui brise toutes les existences au milieu desquelles le bouffon le fait jouer. Un jour, au milieu d'une fête, au moment même où Triboulet pousse le roi à enlever la femme de monsieur de Cossé, monsieur de Saint-Vallier pénètre jusqu'au roi et lui reproche hautement le déshonneur de Diane de Poitiers. Ce père auquel le roi a pris sa fille, Triboulet le raille et l'insulte. Le père lève le bras et maudit Triboulet. De ceci découle toute la pièce. Le sujet véritable du drame, c'est la *malédiction de monsieur de Saint-Vallier*. Ecoutez. Vous êtes au second acte. Cette malédiction, sur qui est-elle tombée? Sur Triboulet fou du roi? Non. Sur Triboulet qui est homme, qui est père, qui a un cœur, qui a une fille. Triboulet a une fille, tout est là. Triboulet n'a que sa fille au monde; il la cache à tous les yeux, dans un quartier désert, dans une maison solitaire. Plus il fait circuler dans la ville la contagion de la débauche et du vice, plus il tient sa fille isolée et murée. Il élève son enfant dans l'innocence, dans la foi et dans la pudeur. Sa plus grande crainte est qu'elle ne tombe dans le mal, car il sait, lui méchant, tout ce qu'on y souffre. Eh bien! la malédiction du vieillard atteindra Triboulet dans la seule chose qu'il aime au monde, dans sa fille. Ce même roi que Triboulet pousse au rapt, ravira sa fille, à Triboulet. Le bouffon sera frappé par la Providence exactement de la même manière que M. de Saint-Vallier. Et puis, une fois sa fille séduite et perdue, il tendra un piége au roi pour la venger; c'est sa fille qui y tombera. Ainsi Triboulet a deux élèves, le roi et sa fille, le roi qu'il dresse au vice, sa fille qu'il fait croitre pour la vertu. L'un perdra l'autre. Il veut enlever pour le roi madame de Cossé, c'est sa fille qu'il enlève. Il veut assassiner le roi pour venger sa fille, c'est sa fille qu'il assassine. Le châtiment ne s'arrête pas à moitié chemin; la malédiction du père de Diane s'accomplit sur le père de Blanche.

Sans doute ce n'est pas à nous de décider si c'est là une idée dramatique, mais à coup sûr c'est là une idée morale.

Au fond de l'un des autres ouvrages de l'auteur, il y a la fatalité. Au fond de celui-ci, il y a la Providence.

Nous le redisons expressément, ce n'est pas avec la police que nous discutons ici, nous ne lui faisons pas tant d'honneur, c'est avec la partie du public à laquelle cette dicussion peut sembler nécessaire. Poursuivons.

Si l'ouvrage est moral par l'invention, est-ce qu'il serait immoral par l'exécution? La question ainsi posée nous paraît se détruire d'elle-même, mais voyons. Probablement rien d'immoral au premier et au second acte. Est-ce la situation du troisième qui vous choque? lisez ce troisième acte, et dites-nous, en toute probité, si l'impression qui en résulte n'est pas profondément chaste, vertueuse et honnête?

Est-ce le quatrième acte? Mais depuis quand n'est-il plus permis à un roi de courtiser sur la scène une servante d'auberge? Cela n'est même nouveau ni dans l'histoire ni au théâtre. Il y a mieux, l'histoire nous permettait de vous montrer François Ier ivre dans les bouges de la rue du Pélican. Mener un roi dans un mauvais lieu, cela ne serait pas même nouveau non plus. Le théâtre grec, qui est le théâtre classique, l'a fait; Shakspeare, qui est le théâtre romantique, l'a fait; eh bien! l'auteur de ce drame ne l'a pas fait. Il sait tout ce qu'on a écrit de la maison de Saltabadil. Mais pourquoi lui faire dire ce qu'il n'a pas dit? pourquoi lui faire franchir de force une limite qui est tout en pareil cas et qu'il n'a pas franchie? Cette bohémienne Maguelonne, tant calomniée, n'est, assurément, pas plus effrontée que toutes les Lisettes et toutes les Martons du vieux théâtre. La cabane de Saltabadil est une hôtellerie, une taverne, le cabaret de *la Pomme du Pin*, une auberge suspecte, un coupe-gorge, soit; mais non un lupanar. C'est un lieu sinistre, terrible, horrible, effroyable, si vous voulez, ce n'est pas un lieu obscène.

Restent donc les détails du style. Lisez (1). L'auteur ac-

(1) La confiance de l'auteur dans le résultat de la lecture est

cepte pour juges de la sévérité austère de son style les personnes mêmes qui s'effarouchent de la nourrice de Juliette et du père d'Ophélia, de Beaumarchais et de Regnard, de l'*Ecole des Femmes* et d'*Amphitrion*, de Dandin et de Sganarelle, et de la grande scène du *Tartufe*, du *Tartufe*, accusé aussi d'immoralité dans son temps! seulement, là où il fallait être franc, il a cru devoir l'être, à ses risques et périls, mais toujours avec gravité et mesure. Il veut l'art chaste, et non l'art prude.

La voilà pourtant cette pièce contre laquelle le ministère cherche à soulever tant de préventions! Cette immoralité, cette obscénité, la voilà mise à nu. Quelle pitié! Le pouvoir avait ses raisons cachées, et nous les indiquerons tout à l'heure, pour ameuter contre *le Roi s'amuse* le plus de préjugés possible. Il aurait bien voulu que le public en vint à étouffer cette pièce sans l'entendre pour un tort imaginaire, comme Othello étouffe Desdémona. *Honest Iago!*

Mais comme il se trouve qu'Othello n'a pas étouffé Desdémona, c'est Iago qui se démasque et qui s'en charge. Le lendemain de la représentation, la pièce est défendue *par ordre*.

Certes, si nous daignions descendre encore un instant à accepter pour une minute cette fiction ridicule, que dans cette occasion c'est le soin de la morale publique qui émeut nos maîtres, et que, scandalisés de l'état de licence où certains théâtres sont tombés depuis deux ans, ils ont voulu à la fin, poussés à bout, faire, à travers toutes les lois et tous les droits, un exemple sur un ouvrage et sur un écrivain, certes, le choix de l'ouvrage serait singulier, il faut en convenir, mais le choix de l'écrivain ne le serait pas moins. Et, en effet, quel est l'homme auquel ce pouvoir myope s'attaque si étrangement? C'est un écrivain ainsi placé que, si son talent peut être contesté de tous, son caractère ne l'est de personne. C'est un honnête homme avéré, prouvé et constaté, chose rare et vénérable en ce temps-ci. C'est un poète que cette même licence des théâtres révolterait et indignerait tout le premier; qui, il y a dix-huit mois, sur le bruit que l'inquisition des théâtres allait être illégalement rétablie, est allé de sa personne, en compagnie de plusieurs autres auteurs dramatiques, avertir le ministre qu'il eût à se garder d'une pareille mesure; et qui, là, a réclamé hautement une loi répressive des excès du théâtre, tout en protestant contre la censure avec des paroles sévères que le ministre, à coup sûr, n'a pas oubliées. C'est un artiste dévoué à l'art, qui n'a jamais cherché le succès par de pauvres moyens, qui s'est habitué toute sa vie à regarder le public fixement et en face. C'est un homme sincère et modéré, qui a déjà livré plus d'un combat pour toute liberté et contre tout arbitraire, qui, en 1829, dans la dernière année de la restauration, a repoussé tout ce que le gouvernement d'alors lui offrait pour le dédomma-

telle, qu'il croit à peine nécessaire de faire remarquer que sa pièce est imprimée telle qu'il l'a faite, et non telle qu'on l'a jouée, c'est-à-dire qu'elle contient un assez grand nombre de détails que le livre imprimé comporte, et qu'il avait retranchés pour les susceptibilités de la scène. Ainsi, par exemple, le jour de la représentation, au lieu de ces vers:

J'ai ma sœur Maguelonne, une fort belle fille
Qui danse dans la rue et qu'on trouve gentille.
Elle attire chez nous le galant une nuit.

Saltabadil a dit:

J'ai ma sœur, une jeune et belle créature,
Qui chez nous aux passants dit la bonne aventure;
Votre homme la viendra consulter une nuit.

Il y a eu également des variantes pour plusieurs autres vers, mais cela ne vaut pas la peine d'y insister.

ger de l'interdit lancé sur *Marion de Lorme*, et qui, un an plus tard, en 1830, la révolution de juillet étant faite, a refusé, malgré tous les conseils de son intérêt matériel, de laisser représenter cette même *Marion de Lorme*, tant qu'elle pourrait être une occasion d'attaque et d'insulte contre le roi tombé qui l'avait proscrite; conduite bien simple sans doute, que tout homme d'honneur eût tenue à sa place, mais qui aurait peut-être dû le rendre inviolable désormais à toute censure, et à propos de laquelle il écrivait, lui, en août 1831 :.. « Les succès de scandale cherché et d'allusions politiques ne lui importent guère, il « l'avoue. Ces succès valent peu et durent peu. Et puis, « c'est précisément quand il n'y a plus de censure qu'il « faut que les auteurs se censurent eux-mêmes, honnête- « ment, consciencieusement, sévèrement. C'est ainsi qu'ils « placeront haut la dignité de l'art. Quand on a toute li- « berté, il sied de garder toute mesure (1). »

Jugez maintenant. Vous avez d'un côté l'homme et son œuvre; de l'autre le ministère et ses actes.

A présent que la prétendue immoralité de ce drame est réduite à néant, à présent que tout l'échafaudage des mauvaises et honteuses raisons est là, gisant sous nos pieds, il serait temps de signaler le véritable motif de la mesure, le motif d'antichambre, le motif de cour, le motif secret, le motif qu'on ne dit pas, le motif qu'on n'ose s'avouer à soi-même, le motif qu'on avait si bien caché sous un prétexte. Ce motif a déjà transpiré dans le public, et le public a deviné juste. Nous n'en dirons pas davantage. Il est peut-être utile à notre cause que ce soit nous qui offrions à nos adversaires l'exemple de la courtoisie et de la modération. Il est bon que la leçon de dignité et de sagesse soit donnée par le particulier au gouvernement, par celui qui est persécuté à celui qui persécute. D'ailleurs nous ne sommes pas de ceux qui pensent guérir leur blessure en empoisonnant la plaie d'autrui. Il n'est que trop vrai qu'il y a au troisième acte de cette pièce un vers où la sagacité maladroite de quelques familiers du palais a découvert une allusion (je vous demande un peu, moi, une allusion!) à laquelle ni le public ni l'auteur n'avaient songé jusque-là, mais qui, une fois dénoncée de cette façon, devient la plus cruelle et la plus sanglante des injures. Il n'est que trop vrai que ce vers a suffi pour que l'affiche déconcertée du Théâtre-Français reçût l'ordre de ne plus offrir une seule fois à la curiosité du public la petite phrase séditieuse : *le Roi s'amuse*. Ce vers, qui est un fer rouge, nous ne le citerons pas ici; nous ne le signalerons même ailleurs qu'à la dernière extrémité, et si l'on est assez imprudent pour y acculer notre défense. Nous ne ferons pas revivre de vieux scandales historiques. Nous épargnerons autant que possible à une personne haut placée les conséquences de cette étourderie de courtisan. On peut faire, même à un roi, une guerre généreuse. Nous entendons la faire ainsi. Seulement les puissants méditent sur l'inconvénient d'avoir pour ami l'ours qui ne sait écraser qu'avec le pavé de la censure les allusions imperceptibles qui viennent se poser sur leur visage.

Nous ne savons même pas si nous n'aurons pas dans la lutte quelque indulgence pour le ministère lui-même. Tout ceci, à vrai dire, nous inspire une grande pitié. Le gouvernement de juillet est tout nouveau né, il n'a que trente-trois mois, il est encore au berceau, il a de petites fureurs d'enfant. Mérite-t-il en effet qu'on dépense contre lui beaucoup de colère virile? Quand il sera grand, nous verrons.

Cependant, à n'envisager la question, pour un instant, que sous le point de vue privé, la confiscation censoriale dont il s'agit, cause encore plus de dommage peut-être à

(1) Voyez la préface de *Marion Delorme*.

l'auteur de ce drame qu'à tout autre. En effet, depuis quatorze ans qu'il écrit, il n'est pas un de ses ouvrages qu'il n'ait eu l'honneur malheureux d'être choisi pour champ de bataille à son apparition, et qui n'ait disparu d'abord pendant un temps plus ou moins long sous la poussière, la fumée et le bruit. Aussi quand il donne une pièce au théâtre, ce qui lui importe avant tout, ne pouvant espérer un auditoire calme dès la première soirée, c'est la série des représentations. S'il arrive que le premier jour sa voix soit couverte par le tumulte, que sa pensée ne soit pas comprise, les jours suivants peuvent corriger le premier jour. *Hernani* a eu cinquante-trois représentations; *Marion de Lorme* a eu soixante et une représentations; *le Roi s'amuse*, grâce à une violence ministérielle, n'aura eu qu'une représentation. Assurément le tort fait à l'auteur est grand. Qui lui rendra intacte et au point où elle en était cette troisième expérience si importante pour lui? Qui lui dira de quoi eût été suivie cette première représentation? Qui lui rendra le public du lendemain, ce public ordinairement impartial, ce public sans amis et sans ennemis, ce public qui enseigne le poëte et que le poëte enseigne?

Le moment de transition politique où nous sommes est curieux. C'est un de ces instants de fatigue générale où tous les actes despotiques sont possibles dans la société même la plus infiltrée d'idées d'émancipation et de liberté. La France a marché vite en juillet 1830 ; elle a fait trois bonnes journées; elle a fait trois grandes étapes dans le champ de la civilisation et du progrès. Maintenant beaucoup sont essoufflés, beaucoup demandent à faire halte. On veut retenir les esprits généreux qui ne se lassent pas et qui vont toujours. On veut attendre les tardifs qui sont restés en arrière et leur donner le temps de rejoindre. De là une crainte singulière de tout ce qui marche, de tout ce qui remue, de tout ce qui parle, de tout ce qui pense. Situation bizarre, facile à comprendre, difficile à définir. Ce sont toutes les existences en vers peur de toutes les idées. C'est la ligue des intérêts froissés du mouvement des théories. C'est le commerce qui s'effarouche des systèmes ; c'est le marchand qui veut vendre; c'est la rue qui effraie le comptoir; c'est la boutique armée qui se défend.

A notre avis, le gouvernement abuse de cette disposition au repos et de cette crainte des révolutions nouvelles. Il en est venu à tyranniser petitement. Il a tort pour lui et pour nous. S'il croit qu'il y a maintenant indifférence dans les esprits pour les idées de liberté, il se trompe ; il n'y a que lassitude. Il lui sera demandé sévèrement compte un jour de tous les actes illégaux que nous voyons s'accumuler depuis quelque temps. Que de chemin il nous a fait faire ! Il y a deux ans on pouvait craindre pour l'ordre, on en est maintenant à trembler pour la liberté. Des questions de libre pensée, d'intelligence et d'art, sont tranchées impérialement par les vizirs du roi des barricades. Il est profondément triste de voir comment se termine la révolution de juillet, *mulier formosa supernè*.

Sans doute, si l'on ne considère que le peu d'importance de l'ouvrage et de l'auteur dont il est ici question, la mesure ministérielle qui les frappe n'est pas grand'chose. Ce n'est qu'un méchant petit coup d'État littéraire, qui n'a d'autre mérite que de ne pas trop dépareiller la collection d'actes arbitraires à laquelle il fait suite. Mais, si l'on s'élève plus haut, on verra qu'il ne s'agit pas seulement dans cette affaire d'un drame et d'un poëte, mais, nous l'avons dit en commençant, que la liberté et la propriété sont toutes deux, sont tout entières engagées dans la question. Ce sont là de hauts et sérieux intérêts ; et, quoique l'auteur soit obligé d'entamer cette importante affaire par un simple procès commercial au Théâtre-Français, ne pouvant attaquer directement le ministère, barricadé derrière les fins de non-recevoir du conseil d'État, il espère que sa cause sera aux yeux de tous une grande cause, le jour où il se présentera à la barre du tribunal consulaire, avec la liberté à sa droite et la propriété à sa gauche. Il parlera lui-même, au besoin, pour l'indépendance de son art. Il plaidra son droit fermement, avec gravité et simplicité, sans haine des personnes et sans crainte aussi. Il compte sur le concours de tous, sur l'appui franc et cordial de la presse, sur la justice de l'opinion, sur l'équité des tribunaux. Il réussira, il n'en doute pas. L'état de siége sera levé dans la cité littéraire comme dans la cité politique.

Quand cela sera fait, quand il aura rapporté chez lui, intacte, inviolable et sacrée, sa liberté de poëte et de citoyen, il se remettra paisiblement à l'œuvre de sa vie dont on l'arrache violemment et qu'il eût voulu ne jamais quitter un instant. Il a sa besogne à faire, il le sait, et rien ne l'en distraira. Pour le moment un rôle politique lui vient; il ne l'a pas cherché, il l'accepte. Vraiment, le pouvoir qui s'attaque à nous n'aura pas gagné grand'chose à ce que nous, hommes d'art, nous quittions notre tâche consciencieuse, tranquille, sincère, profonde, notre tâche sainte, notre tâche du passé et de l'avenir, pour aller nous mêler, indignés, offensés et sévères, à cet auditoire irrévérent et railleur, qui depuis quinze ans regarde passer, avec des huées et des sifflets, quelques pauvres diables de gâcheurs politiques, lesquels s'imaginent qu'ils bâtissent un édifice social parce qu'ils vont tous les jours à grand'peine, suant et soufflant, brouetter des tas de projets de lois des Tuileries au Palais-Bourbon et du Palais-Bourbon au Luxembourg!

30 novembre 1832.

parables de toute foule, de toute réunion trop nombreuse pour ne pas être gênée, et qui avaient toujours eu lieu dans toutes les occasions pareilles, et notamment aux derniers procès politiques si célèbres de la Restauration; ce public désintéressé et loyal que certaines autres feuilles, acquises en toute occasion au ministère, ont cru devoir insulter, parce qu'il a accueilli par des murmures et des signes d'antipathie l'apologie officielle d'un acte illégal, révoltant, et par des applaudissements l'écrivain qui venait réclamer fermement en face de tous l'affranchissement de sa pensée. Sans doute, en général, il est à souhaiter que la justice des tribunaux soit troublée le moins possible par des manifestations extérieures d'approbation ou d'improbation; cependant il n'est peut-être pas de procès politique où cette réserve ait pu être observée; et dans la circonstance actuelle, comme il s'agissait ici d'un acte important dans la carrière d'un citoyen, l'auteur range parmi les plus précieux souvenirs de sa vie les marques éclatantes de sympathie qui sont venues prêter tant d'autorité à sa parole, si peu importante par elle-même, et qui lui ont donné le redoutable caractère d'une réclamation générale. Il n'oubliera jamais quels témoignages d'affection et de faveur cette foule intelligente et amie de toutes les idées d'honneur et d'indépendance lui a prodigués avant, pendant et après l'audience. Avec de pareils encouragements, il est impossible que l'art ne se maintienne pas imperturbablement dans la double voie de la liberté littéraire et de la liberté politique.

Paris, 21 décembre 1832.

NOTE

AJOUTÉE A LA CINQUIÈME ÉDITION.

— Décembre 1832. —

L'auteur, ainsi qu'il en avait pris l'engagement, a traduit l'acte arbitraire du gouvernement devant les tribunaux. La cause a été débattue le 19 décembre, en audience solennelle, devant le Tribunal de commerce. Le jugement n'est pas encore prononcé à l'heure où nous écrivons; mais l'auteur compte sur des juges intègres, qui sont jurés en même temps que juges, et qui ne voudront pas démentir leurs honorables antécédents.

L'auteur s'empresse de joindre à cette édition du drame défendu son plaidoyer complet, tel qu'il l'a prononcé. Il est heureux que cette occasion se présente pour remercier et féliciter encore une fois hautement M. Odilon Barrot, dont la belle improvisation, lucide et grave dans l'exposition de la cause, véhémente et magnifique dans la réplique, a fait sur le tribunal et sur l'assemblée cette impression profonde que la parole de cet orateur renommé est habituée à produire sur tous les auditoires. L'auteur est heureux aussi de remercier le public, ce public immense qui encombrait les vastes salles de la Bourse; ce public qui était venu en foule assister, non à un simple débat commercial et privé, mais au procès de l'arbitraire fait par la liberté; ce public auquel des journaux, honorables d'ailleurs, ont reproché à tort, selon nous, des tumultes insé-

DISCOURS

PRONONCÉ

PAR MONSIEUR VICTOR HUGO

LE 19 DÉCEMBRE 1832

DEVANT LE TRIBUNAL DE COMMERCE

Pour contraindre le Théâtre-Français à représenter, et le gouvernement à laisser représenter LE ROI S'AMUSE.

« Messieurs, après l'orateur éloquent qui me prête si généreusement l'assistance puissante de sa parole, je n'aurais rien à dire si je ne croyais de mon devoir de ne pas laisser passer sans une protestation solennelle et sévère l'acte hardi et coupable qui a violé tout notre droit public dans ma personne.

« Cette cause, messieurs, n'est pas une cause ordinaire. Il semble à quelques personnes, au premier aspect, que ce n'est qu'une simple action commerciale, qu'une réclamation d'indemnités pour la non-exécution d'un contrat privé, en un mot, que le procès d'un auteur à un théâtre. Non, messieurs, c'est plus que cela, c'est le procès d'un citoyen à un gouvernement. Au fond de cette affaire, il y a une pièce défendue *par ordre;* or, une pièce défendue par ordre, c'est la censure, et la Charte abolit la censure; une pièce défendue par ordre, c'est la confiscation, et la Charte abolit la confiscation. Votre jugement, s'il m'est favorable, et il me semble que je vous ferais injure d'en douter, sera un blâme manifeste, quoique indirect, de la censure et de la confiscation. Vous voyez, messieurs, combien l'horizon de la cause s'élève et s'élargit. Je plaide ici pour quelque chose de plus haut que mon intérêt propre; je plaide pour mes droits les plus généraux, pour mon droit de penser et pour mon droit de posséder, c'est-à-dire pour le droit de tous. C'est une cause générale que la mienne, comme c'est une équité absolue que la vôtre. Les petits détails du procès s'effacent devant la question ainsi posée. Je ne suis plus simplement un écrivain, vous n'êtes plus simplement des juges consulaires. Votre conscience est face à face avec la mienne. Sur ce tribunal vous représentez une idée auguste, et moi, à cette barre, j'en représente une autre. Sur votre siége il y a la justice, sur le mien il y a la liberté.

« Or, la justice et la liberté sont faites pour s'entendre. La liberté est juste et la justice est libre.

« Ce n'est pas la première fois, M. Odilon Barrot vous l'a dit avant moi, messieurs, que le Tribunal de commerce aura été appelé à condamner, sans sortir de sa compétence, les actes arbitraires du pouvoir. Le premier tribunal qui a déclaré illégales les ordonnances du 25 juillet 1830, personne ne l'a oublié, c'est le Tribunal de commerce. Vous suivrez, messieurs, ces mémorables antécédents, et, quoique la question soit bien moindre, vous maintiendrez le droit aujourd'hui, comme vous l'avez maintenu alors; vous écouterez, je l'espère, avec sympathie, ce que j'ai à vous dire; vous avertirez par votre sentence le gouvernement qu'il entre dans une voie mauvaise, et qu'il a eu tort de brutaliser l'art et la pensée; vous me rendrez mon droit et mon bien; vous flétrirez au front la police et la censure qui sont venues chez moi, de nuit, me voler ma liberté et ma propriété avec effraction de la Charte.

« Et ce que je dis ici, je le dis sans colère; cette réparation que je vous demande, je la demande avec gravité et modération. A Dieu ne plaise que je gâte la beauté et la bonté de ma cause par des paroles violentes. Qui a le droit à la force, et qui a la force dédaigne la violence.

« Oui, messieurs, le droit est de mon côté. L'admirable discussion de M. Odilon Barrot vous a prouvé victorieusement qu'il n'y a rien de plus ministériel qui a défendu *le Roi s'amuse* que d'arbitraire, d'illégal et d'inconstitutionnel. En vain essayerait-on de faire revivre, pour attribuer la censure au pouvoir, une loi de la terreur, une loi qui ordonne en propres termes au théâtres de jouer trois fois par semaine les tragédies de *Brutus* et de *Guillaume Tell*, de ne monter que des *pièces républicaines* et d'arrêter les représentations de tout ouvrage qui tendrait, je cite textuellement, *à dépraver l'esprit public et à réveiller la honteuse superstition de la royauté*. Cette loi, messieurs, les appuis actuels de la royauté nouvelle oseraient-ils bien l'invoquer, et l'invoquer contre *le Roi s'amuse*? N'est-elle pas évidemment abrogée dans son texte comme dans son esprit? Faite pour la terreur, elle est morte avec la terreur. N'en est-il pas de même de tous ces décrets impériaux, d'après lesquels, par exemple, le pouvoir aurait non-seulement le droit de censurer les ouvrages de théâtre, mais encore la faculté d'envoyer, selon son bon plaisir et sans jugement, un acteur en prison? Est-ce que tout cela existe à l'heure qu'il est? Est-ce que toute cette législation d'exception et de raccroc n'a pas été solennellement raturée par la Charte de 1830? Nous en appelons au serment sérieux du 9 août. La France de Juillet n'a à compter ni avec le despotisme conventionnel, ni avec le despotisme impérial. La Charte de 1830 ne se laisse bâillonner ni par 1807, ni par 93.

« La liberté de la pensée, dans tous ses modes de publication, par le théâtre comme par la presse, par la chaire comme par la tribune, c'est là, messieurs, une des principales bases de notre droit public. Sans doute il faut pour chacun de ces modes de publication une loi organique, une loi répressive et non préventive, une loi de bonne foi, d'accord avec la loi fondamentale, et qui, en laissant toute carrière à la liberté, emprisonne la licence dans une pénalité sévère. Le théâtre en particulier, comme lieu public, nous nous empressons de le déclarer, ne saurait se soustraire à la surveillance légitime de l'autorité municipale. Eh bien! messieurs, cette loi sur les théâtres, cette loi plus facile à faire peut-être qu'on ne pense communément, et que chacun de nous, poëtes dramatiques, a probablement construite plus d'une fois dans son esprit, cette loi manque, cette loi n'est pas faite. Nos ministres, qui produisent, bon an mal an, soixante-dix à quatre-vingts lois par session, n'ont pas jugé à propos de produire celle-là. Une loi sur les théâtres, cela leur aura paru chose peu urgente. Chose peu urgente en effet, qui n'intéresse que la liberté de la pensée, le progrès de la civilisation, la morale publique, le nom des familles, l'honneur des particuliers, et, à de certains moments, la tranquillité de Paris, c'est-à-dire la tranquillité de la France, c'est-à-dire la tranquillité de l'Europe!

« Cette loi de la liberté des théâtres, qui aurait dû être formulée depuis 1830 dans l'esprit de la nouvelle Charte, cette loi manque, je le répète, et manque par la faute du gouvernement. La législation antérieure est évidemment écroulée, et tous les sophismes dont on replâtrerait sa ruine ne la reconstruiraient pas. Donc, entre une loi qui n'existe plus et une loi qui n'existe pas encore, le pouvoir est sans droit pour arrêter une pièce de théâtre. Je n'insisterai pas sur ce que M. Odilon Barrot a si souverainement démontré.

« Ici se présente une objection de second ordre que je vais cependant discuter. — La loi manque, il est vrai, dira-t-on; mais, dans l'absence de la législation, le pouvoir doit-il rester complétement désarmé? Ne peut-il pas apparaître tout à coup sur le théâtre une de ces pièces infâmes, faites évidemment dans un but de marchandise et de scandale, où tout ce qu'il y a de saint, de religieux et de moral dans le cœur de l'homme soit effrontément raillé et moqué, où tout ce qui fait le repos de la famille et la paix de la cité soit remis en question, où même des personnes vivantes soient piloriées sur la scène au milieu des huées de la multitude? la raison d'État n'imposerait-elle pas au gouvernement le devoir de fermer le théâtre à des ouvrages si monstrueux, malgré le silence de la loi? — Je ne sais pas, messieurs, s'il a jamais été fait de pareils ouvrages, je ne veux pas le savoir, je ne le crois pas et je ne veux pas le croire, et je n'accepterais en aucune façon la charge de les dénoncer ici; mais, dans ce cas-là même, je le déclare, tout en déplorant le scandale causé, tout en comprenant que d'autres conseillent au pouvoir d'arrêter sur-le-champ un ouvrage de ce genre, et d'aller ensuite demander aux Chambres un bill d'indemnité, je ne ferai pas, moi, fléchir la rigueur du principe. Je dirais au gouvernement : Voilà les conséquences de votre négligence à présenter une loi aussi pressante que la loi de la liberté théâtrale! vous êtes dans votre tort, réparez-le, hâtez-vous de demander une législation pénale aux Chambres, et, en attendant, poursuivez le drame coupable avec le code de la presse qui, jusqu'à ce que les lois spéciales soient faites, régit, selon moi, tous les modes de publicité. Je dis, selon moi, car ce n'est ici que mon opinion personnelle. Mon illustre défenseur, je le sais, n'admet qu'avec plus de restriction que moi la liberté des théâtres; je parle ici, non avec les lumières du jurisconsulte, mais avec le simple bon sens du citoyen; si je me trompe, qu'on ne prenne acte de mes paroles que contre moi, et non contre mon défenseur. Je le répète, messieurs, je ne ferais pas fléchir la rigueur du principe; je n'accorderais pas au pouvoir la faculté de confisquer la liberté dans un cas même légitime en apparence, de peur qu'il n'en vint un jour à la confisquer dans tous les cas; je penserais que réprimer le scandale par l'arbitraire, c'est faire deux scandales au lieu d'un; et je dirais avec un homme éloquent et grave, qui doit gémir aujourd'hui de la façon dont ses disciples appliquent ses doctrines : *Il n'y a pas de droit au-dessus du droit*.

« Or, messieurs, si un pareil abus de pouvoir, tombant même sur une œuvre de licence, d'effronterie et de diffamation, serait déjà inexcusable, combien ne l'est-il pas davantage et que ne doit-on pas dire quand il tombe sur un ouvrage d'art pur, quand il s'en va choisir, pour la proscrire, à travers toutes les pièces qui ont été données depuis deux ans, précisément une composition sérieuse, austère et morale! C'est pourtant là ce que le gauche pouvoir qui nous administre a fait en arrêtant *le Roi s'amuse*. M. Odilon Barrot vous a prouvé qu'il avait agi sans droit : je vous prouve, moi, qu'il a agi sans raison.

« Les motifs que les familiers de la police ont murmurés pendant quelques jours autour de nous, pour expliquer la prohibition de cette pièce, sont de trois espèces : il y a la raison morale, la raison politique, et, il faut bien le dire aussi, quoique cela soit risible, la raison littéraire. Virgile raconte qu'il entrait plusieurs ingrédients dans les foudres que Vulcain fabriquait pour Jupiter. Le petit foudre ministériel qui a frappé ma pièce, et que la censure avait forgé pour la police, est fait avec trois mauvaises raisons tordues ensemble, mêlées et amalgamées, *tres imbris torti radios*. Examinons-les l'une après l'autre.

« Il y a d'abord, ou plutôt il y avait, la raison morale. Oui, messieurs, je l'affirme, parce que cela est incroyable, la police a prétendu d'abord que *le Roi s'amuse* était, je cite l'expression, *une pièce immorale*. J'ai déjà imposé silence à la police sur ce point. Elle s'est tue, et elle a bien fait. En publiant *le Roi s'amuse*, j'ai déclaré hautement, non pour la police, mais pour les hommes honorables qui veulent bien me lire, que ce drame était profondément moral et sévère. Personne ne m'a démenti, et personne ne me démentira, j'en ai l'intime conviction au fond de ma conscience d'honnête homme. Toutes les préventions que la police avait un moment réussi à soulever contre la moralité de cette œuvre sont évanouies à l'heure où je parle. Quatre mille exemplaires du livre, répandus dans le public, ont plaidé ce procès chacun de leur côté, et ces quatre mille avocats ont gagné ma cause. Dans une pareille matière, d'ailleurs, mon affirmation suffisait. Je ne rentrerai donc pas dans une discussion superflue. Seulement, pour l'avenir comme pour le passé, que la police sache une fois pour toutes que je ne fais pas de pièces immorales. Qu'elle se le tienne pour dit. Je n'y reviendrai plus.

« Après la raison morale, il y a la raison politique. Ici, messieurs, comme je ne pourrais que répéter les mêmes idées en d'autres termes, permettez-moi de vous citer une page de la préface que j'ai attachée au drame (1)............

« Ces ménagements que je me suis engagé à garder, je les garderai, messieurs. Les hautes personnes intéressées à ce que cette discussion reste digne et décente n'ont rien à craindre de moi. Je suis sans colère et sans haine. Seulement que la police ait donné à l'un de mes vers un sens qu'il n'a pas, qu'il n'a jamais eu dans ma pensée, je déclare que cela est insolent, et que cela n'est pas moins insolent pour le roi que pour le poëte. Que la police sache une fois pour toutes que je ne fais pas de pièces à allusions. Qu'elle se tienne encore ceci pour dit. C'est aussi là une chose sur laquelle je ne reviendrai plus.

« Après la raison morale et la raison politique, il y a la raison littéraire. Un gouvernement arrêtant une pièce pour des raisons littéraires, ceci est étrange, et ceci n'est pourtant pas sans réalité. Souvenez-vous, si toutefois cela vaut la peine qu'on s'en souvienne, qu'en 1829, à l'époque où les premiers ouvrages dits *romantiques* apparaissaient sur le théâtre, vers le moment où la Comédie-Française recevait *Marion de Lorme*, une pétition, signée par sept personnes, fut présentée au roi Charles X pour obtenir que le Théâtre-Français fût fermé tout bonnement, et de par le roi, aux ouvrages de ce qu'on appelait la *nouvelle école*. Charles X se prit à rire, et répondit spirituellement qu'en matière littéraire il n'avait, comme nous tous, *que sa place au parterre*. La pétition expira sous le ridicule. Eh bien! messieurs, aujourd'hui plusieurs des signataires de cette pétition sont députés, députés influents de la majorité, ayant part au pouvoir et votant le budget. Ce qu'ils pétitionnaient timidement en 1829, ils ont pu, tout-puissants qu'ils sont, le faire en 1832. La notoriété publique raconte, en effet, que ce sont eux qui, le lendemain de la première représentation, ont abordé le ministre à la chambre des députés, et ont obtenu de lui, sous tous les prétextes moraux et politiques possibles, que *le Roi s'amuse* fût arrêté. Le ministre, homme ingénu, innocent et candide, a bravement pris le change; il n'a pas su démêler sous toutes ces enveloppes l'animosité directe et personnelle; il a cru faire de la proscription politique, j'en suis fâché pour lui, on lui a fait faire de la proscription littéraire. Je n'insisterai pas davantage là-dessus. C'est une règle pour moi de m'abstenir des personnalités et des noms propres pris en mauvaise part, même quand il y aurait lieu à de justes représailles. D'ailleurs cette toute petite manigance littéraire m'inspire infiniment moins de colère que de pitié. Cela est curieux, voilà tout. Le gouvernement prêtant main-forte à l'Académie en 1832! Aristote redevenu loi de l'État! une imperceptible contre-révolution littéraire manœuvrant à fleur d'eau au milieu de nos grandes révolutions politiques! des députés qui ont déposé Charles X travaillant dans un petit coin à restaurer Boileau! quelle pauvreté!

« Ainsi, messieurs, en admettant pour un instant, ce qui est si invinciblement contesté par nous, que le ministère ait eu le droit d'arrêter *le Roi s'amuse*, il n'a pas une raison *raisonnable* à alléguer pour l'avoir fait. Raisons morales, nulles; raisons politiques, inadmissibles; raisons littéraires, ridicules. Mais y a-t-il donc quelques raisons personnelles? Suis-je un de ces hommes qui vivent de diffamation et de désordre, un de ces hommes chez lesquels l'intention mauvaise peut toujours être présupposée, un de ces hommes qu'on peut prendre à toute heure en flagrant délit de scandale, un de ces hommes enfin contre lesquels la société se défend comme elle peut? Messieurs, l'arbitraire n'est permis contre personne, pas même contre ces hommes-là, s'il en existe. Assurément je ne descendrai pas à vous prouver que je ne suis pas de ces hommes-là. Il est des idées que je ne laisse pas approcher de moi. Seulement j'affirme que le pouvoir a eu tort de venir se heurter à celui qui vous parle en ce moment, et je vous demande la permission, sans entrer dans une apologie inutile, et que nul n'a droit de me demander, de vous redire ici ce que je disais il y a peu de jours au public (1). . . .

« Messieurs, je me résume. En arrêtant ma pièce, le ministre n'a, d'une part, pas un texte de loi valide à citer :

---

(1) Voir la préface, page 2.

(1) Voir la préface, page 3.

François Ier.

d'autre part, pas une raison valable à donner. Cette mesure a deux aspects également mauvais : selon la loi elle est arbitraire, selon le raisonnement elle est absurde. Que peut-il donc alléguer dans cette affaire le pouvoir, qui n'a pour lui ni la raison ni le droit ? Son caprice, sa fantaisie, sa volonté, c'est-à-dire rien.

« Vous ferez justice, messieurs, de cette volonté, de cette fantaisie, de ce caprice. Votre jugement, en me donnant gain de cause, apprendra au pays, dans cette affaire, qui est petite, comme dans celle des ordonnances de Juillet, qui était grande, qu'il n'y a en France d'autre *force majeure* que celle de la loi, et qu'il y a au fond de ce procès un ordre illégal que le ministre a eu tort de donner, et que le théâtre a eu tort d'exécuter.

« Votre jugement apprendra au pouvoir que ses amis eux-mêmes le blâment loyalement dans cette occasion, que le droit de tout citoyen est sacré pour tout ministre, qu'une fois les conditions d'ordre et de sûreté générale remplies, le théâtre doit être respecté comme une des voix avec lesquelles parle la pensée publique, et qu'enfin, que ce soit la presse, la tribune ou le théâtre, aucun des soupiraux par où s'échappe la liberté de l'intelligence ne peut être fermé sans péril. Je m'adresse à vous avec une foi profonde dans l'excellence de ma cause. Je ne craindrai jamais, dans de pareilles occasions, de prendre un ministère corps à corps ; et les tribunaux sont les juges naturels de ces honorables duels du bon droit contre l'arbitraire ; duels moins inégaux qu'on ne pense, car, s'il y a d'un côté tout un gouvernement, et de l'autre rien qu'un simple citoyen, ce simple citoyen est bien fort quand il peut traîner à votre barre un acte illégal, tout honteux d'être ainsi exposé au grand jour, et le souffleter publiquement devant vous, comme je le fais, avec quatre articles de la Charte.

« Je ne me dissimule pas cependant que l'heure où nous sommes ne ressemble plus à ces dernières années de la Restauration où la résistance aux empiétements du gouvernement était si applaudie, si encouragée, si populaire. Les idées d'immobilité et de pouvoir ont momentanément plus de faveur que les idées de progrès et d'affranchissement. C'est une réaction naturelle après cette brusque reprise de toutes nos libertés au pas de course, qu'on a appelée la Révolution de 1830. Mais cette réaction durera peu. Nos ministres seront étonnés un jour de la mémoire implacable avec laquelle les hommes mêmes qui composent à cette heure leur majorité leur rappelleront tous les griefs qu'on a l'air d'oublier si vite aujourd'hui. D'ailleurs, que ce jour vienne tard ou bientôt, cela ne m'importe guère. Dans cette circonstance, je ne cherche pas plus l'applaudissement que je ne crains l'invective; je n'ai suivi que le conseil austère de mon droit et de mon devoir.

« Je dois le dire ici, j'ai de fortes raisons de croire que le gouvernement profitera de cet engourdissement passager de l'esprit public pour rétablir formellement la censure, et que mon affaire n'est autre chose qu'un prélude, qu'une préparation, qu'un acheminement à une mise hors la loi générale de toutes les libertés du théâtre. En ne faisant pas de loi répressive; en laissant exprès déborder depuis deux ans la licence sur la scène, le gouvernement s'imagine avoir créé dans l'opinion des hommes honnêtes, que cette licence peut révolter, un préjugé favorable à la censure dramatique. Mon avis est qu'il se trompe, et que jamais la censure ne sera en France autre chose qu'une illégalité impopulaire. Quant à moi, que la censure des théâtres soit rétablie par une ordonnance qui serait illégale, ou par une loi qui serait inconstitutionnelle, je déclare que je ne m'y soumettrai jamais que comme on se soumet à un pouvoir de fait, en protestant; et cette protestation, messieurs, je la fais ici solennellement, et pour le présent et pour l'avenir.

« Et observez d'ailleurs comme, dans cette série d'actes arbitraires qui se succèdent depuis quelque temps, le gouvernement manque de grandeur, de franchise et de courage. Cet édifice, beau, quoique incomplet, qu'avait improvisé la Révolution de Juillet, il le mine lentement, souterrainement, sourdement, obliquement, tortueusement. Il nous prend toujours en traître, par derrière, au moment où l'on ne s'y attend pas. Il n'ose pas censurer ma pièce avant la représentation, il l'arrête le lendemain. Il nous conteste nos franchises les plus essentielles; il nous chicane nos facultés les mieux acquises; il échafaude son arbitraire sur un tas de vieilles lois vermoulues et abrogées; il s'embusque, pour nous dérober nos droits, dans cette forêt de Bondy des décrets impériaux, à travers lesquels la liberté ne passe jamais sans être dévalisée.

« Je dois vous faire remarquer ici, en passant, messieurs, que je n'entends franchir dans mon langage aucune des convenances parlementaires. Il importe à ma loyauté qu'on sache bien quelle est la portée précise de mes paroles quand j'attaque le gouvernement dont un membre actuel a dit : *Le roi règne et ne gouverne pas.* Il n'y a pas d'arrière-pensée dans ma polémique. Le jour où je croirai devoir me plaindre d'une personne couronnée, je lui adresserai ma plainte à elle-même, je la regarderai en face, et je lui dirai : Sire ! En attendant, c'est à ses conseillers que j'en veux : c'est sur les ministres seulement que tombe ma parole, quoique cela puisse sembler singulier dans un temps où les ministres sont inviolables et les rois responsables.

« Je reprends, et je dis que le gouvernement nous retire petit à petit tout ce que nos quarante ans de révolution nous avaient acquis de droits et de franchises. Je dis que c'est à la probité des tribunaux de l'arrêter dans cette voie fatale pour lui comme pour nous. Je dis que le pouvoir actuel manque particulièrement de grandeur et de courage dans la manière mesquine dont il fait cette opération hasardeuse que chaque gouvernement, par un aveuglement étrange, tente à son tour, et qui consiste à substituer plus ou moins rapidement l'arbitraire à la constitution, le despotisme à la liberté.

« Bonaparte, quand il fut consul et quand il fut empereur, voulut aussi le despotisme. Mais il fit autrement. Il y entra de front et de plain-pied. Il n'employa aucune des misérables petites précautions avec lesquelles on escamote aujourd'hui une à une toutes nos libertés, les ainées comme les cadettes, celles de 1830 comme celles de 1789. Napoléon ne fut ni sournois ni hypocrite. Napoléon ne nous filouta pas nos droits l'un après l'autre à la faveur de notre assoupissement, comme on fait maintenant. Napoléon prit tout, à la fois, d'un seul coup et d'une seule main. Le lion n'a pas les mœurs du renard.

« Alors, messieurs, c'était grand ! L'Empire, comme gouvernement et comme administration, fut assurément une époque d'intolérable tyrannie, mais souvenons-nous que notre liberté nous fut largement payée en gloire. La France d'alors avait, comme Rome sous César, une attitude tout à la fois soumise et superbe. Ce n'était pas la France comme nous la voulons, la France libre, la France souveraine d'elle-même, c'était la France esclave d'un homme et maîtresse du monde.

« Alors on nous prenait notre liberté, c'est vrai; mais on nous donnait un bien sublime spectacle. On disait : Tel jour, à telle heure, j'entrerai dans telle capitale; et l'on y entrait au jour dit et à l'heure dite. On faisait se coudoyer toutes sortes de rois dans ses antichambres. On détrônait une dynastie avec un décret du *Moniteur*. Si l'on avait la fantaisie d'une colonne, on en faisait fournir le bronze par l'empereur d'Autriche. On réglait un peu arbitrairement, je l'avoue, le sort des comédiens français, mais on datait le règlement de Moscou. On nous prenait toutes nos libertés, dis-je, on avait un bureau de censure, on mettait nos livres au pilon, on rayait nos pièces de l'affiche; mais, à toutes nos plaintes, on pouvait faire d'un seul mot des réponses magnifiques, on pouvait nous répondre : Marengo ! Iéna ! Austerlitz !

« Alors, je le répète, c'était grand; aujourd'hui, c'est petit. Nous marchons à l'arbitraire comme alors, mais nous ne sommes pas des colosses. Notre gouvernement n'est pas de ceux qui peuvent consoler une grande nation de la perte de sa liberté. En fait d'art, nous déformons les Tuileries; en fait de gloire, nous laissons périr la Pologne. Cela n'empêche pas nos petits hommes d'État de traiter la liberté comme s'ils étaient taillés en despotes; de mettre la France sous leurs pieds, comme s'ils avaient des épaules à porter le monde. Pour peu que cela continue encore quelque temps, pour peu que les lois proposées soient adoptées, la confiscation de tous nos droits sera complète. Aujourd'hui on me fait prendre ma liberté de poète par un censeur, demain on me fera prendre ma liberté de citoyen par un gendarme; aujourd'hui on me bannit du théâtre, demain on me bannira du pays; aujourd'hui on me bâillonne, demain on me déportera; aujourd'hui l'état de siège est dans la littérature, demain il sera dans la cité. De liberté, de garanties, de Charte, de droit public, plus un mot. Néant. Si le gouvernement, mieux conseillé par ses propres intérêts, ne s'arrête sur cette pente pendant qu'il en est temps encore, avant peu nous aurons tout le despotisme de 1807, moins la gloire. Nous aurons l'Empire sans l'empereur.

« Je n'ai plus que quatre mots à dire, messieurs, et je désire qu'ils soient présents à votre esprit au moment où vous délibérerez. Il n'y a eu dans ce siècle qu'un grand homme, Napoléon, et une grande chose, la liberté. Nous n'avons plus le grand homme, tâchons d'avoir la grande chose. »

LE ROI S'AMUSE

PERSONNAGES.

FRANÇOIS PREMIER.
TRIBOULET.
BLANCHE.
MONSIEUR DE SAINT-VALLIER.
SALTABADIL.
MAGUELONNE.
CLÉMENT MAROT.
MONSIEUR DE PIENNE.
MONSIEUR DE GORDES.
MONSIEUR DE PARDAILLAN.
MONSIEUR DE BRION.

MONSIEUR DE MONTCHENU.
MONSIEUR DE MONTMORENCY.
MONSIEUR DE COSSÉ.
MONSIEUR DE LA TOUR-LANDRY.
MADAME DE COSSÉ.
DAME BÉRARDE.
Un Gentilhomme de la reine.
Un Valet du roi.
Un Médecin.
Seigneurs, Pages.
Gens du Peuple.

Paris, 152..

I
MONSIEUR DE SAINT-VALLIER

ACTE PREMIER

Une fête de nuit au Louvre. Salles magnifiques pleines d'hommes et de femmes en parure. Flambeaux, musique, danses, éclats de rire — Des valets portent des plats d'or et des vaisselles d'émail; des groupes de seigneurs et de dames passent et repassent sur le théâtre. — La fête tire à sa fin; l'aube blanchit les vitraux. Une certaine liberté règne; la fête a un peu le caractère d'une orgie. — Dans l'architecture, dans les ameublements, dans les vêtements, le goût de la renaissance.

SCÈNE PREMIÈRE.

LE ROI, — comme l'a peint Titien. — MONSIEUR DE LA TOUR-LANDRY.

LE ROI.
Comte, je veux mener à fin cette aventure.
Une femme bourgeoise, et de naissance obscure
Sans doute, mais charmante !
　　MONSIEUR DE LA TOUR-LANDRY.
　　　　　　　　Et vous la rencontrez
Le dimanche à l'église?
　　LE ROI.
　　　　　A Saint-Germain-des-Prés.
J'y vais chaque dimanche.
　　MONSIEUR DE LA TOUR-LANDRY.
　　　　　　　　Et voilà tout à l'heure
Deux mois que cela dure?
　　LE ROI.
　　　　　Oui.
　　MONSIEUR DE LA TOUR-LANDRY.
　　　　　　　　La belle demeure?

　　LE ROI.
Au cul-de-sac Bussy.
　　MONSIEUR DE LA TOUR-LANDRY.
　　　　　　　Près de l'hôtel Cossé?
　　LE ROI, *avec un signe affirmatif.*
Dans l'endroit où l'on trouve un grand mur.
　　MONSIEUR DE LA TOUR-LANDRY.
　　　　　　　　　　　　Ah ! je sai.
Et vous la suivez, sire?
　　LE ROI.
　　　　　　Une farouche vieille
Qui lui garde les yeux, et la bouche et l'oreille,
Est toujours là.
　　MONSIEUR DE LA TOUR-LANDRY.
　　　Vraiment?
　　　　　LE ROI.
　　　　　　　Et le plus curieux,
C'est que le soir un homme, à l'air mystérieux,
Très-bien enveloppé, pour se glisser dans l'ombre,
D'une cape fort noire et de la nuit fort sombre,
Entre dans la maison.
　　MONSIEUR DE LA TOUR-LANDRY.
　　　　　　Hé! faites de même!
　　LE ROI.
　　　　　　　　　　　　Hein !
La maison est fermée et murée au prochain !
　　MONSIEUR DE LA TOUR-LANDRY.
Par Votre Majesté quand la dame est suivie,
Vous a-t-elle parfois donné signe de vie ?
　　LE ROI.
Mais, à certains regards, je crois, sans trop d'erreur,
Qu'elle n'a pas pour moi d'insurmontable horreur.
　　MONSIEUR DE LA TOUR-LANDRY.
Sait-elle que le roi l'aime ?
　　　LE ROI, *avec un signe négatif.*
　　　　　　　　　　Je me déguise
D'une livrée en laine et d'une robe grise.
　　MONSIEUR DE LA TOUR-LANDRY, *riant.*
Je vois que vous aimez d'un amour épuré
Quelque auguste Toinon, maîtresse d'un curé !

Entrent plusieurs seigneurs et Triboulet.

LE ROI, *à monsieur de la Tour-Landry.*

Chut! on vient. — En amour il faut savoir se taire
Quand on veut réussir.

Se tournant vers Triboulet, qui s'est approché pendant ces dernières paroles et les a entendues.

N'est-ce pas?

TRIBOULET.

Le mystère
Est la seule enveloppe où la fragilité
D'une intrigue d'amour puisse être en sûreté.

SCÈNE II.

LE ROI, TRIBOULET, MONSIEUR DE GORDES, plusieurs Seigneurs. Les seigneurs superbement vêtus. Triboulet, dans son costume de fou, comme l'a peint Boniface.

Le roi regarde passer un groupe de femmes.

MONSIEUR DE LA TOUR-LANDRY.

Madame de Vendosme est divine!

MONSIEUR DE GORDES.

Mesdames
D'Albe et de Montchevreuil sont de fort belles femmes.

LE ROI.

Madame de Cossé les passe toutes trois.

MONSIEUR DE GORDES.

Madame de Cossé! sire, baissez la voix.

Lui montrant monsieur de Cossé, qui passe au fond du théâtre.
— Monsieur de Cossé, court et ventru, « un des quatre plus gros gentilshommes de France, » dit Brantôme.

Le mari vous entend.

LE ROI.

Hé! mon cher Simiane,

Qu'importe!

MONSIEUR DE GORDES.

Il l'ira dire à madame Diane.

LE ROI.

Qu'importe!

Il va au fond du théâtre parler à d'autres femmes qui passent.

TRIBOULET, *à monsieur de Gordes.*

Il va fâcher Diane de Poitiers.
Il ne lui parle pas depuis huit jours entiers.

MONSIEUR DE GORDES.

S'il l'allait renvoyer à son mari?

TRIBOULET.

J'espère
Que non.

MONSIEUR DE GORDES.

Elle a payé la grâce de son père.

Partant, quitte.

TRIBOULET.

A propos du sieur de Saint-Vallier,
Quelle idée avait-il, ce vieillard singulier,
De mettre dans un lit nuptial sa Diane,
Sa fille, une beauté choisie et diaphane,
Un ange que du ciel la terre avait reçu,
Tout pêle-mêle avec un sénéchal bossu!

MONSIEUR DE GORDES.

C'est un vieux fou. — J'étais sur son échafaud même
Quand il reçut sa grâce. — Un vieillard grave et blême.
— J'étais plus près de lui que je ne suis de toi.
— Il ne dit rien, sinon : Que Dieu garde le roi!
Il est fou maintenant tout à fait.

LE ROI, *passant avec madame de Cossé.*

Inhumaine!

Vous partez!

MADAME DE COSSÉ, *soupirant.*

Pour Soissons, où mon mari m'emmène.

LE ROI.

N'est-ce pas une honte, alors que tout Paris,
Et les plus grands seigneurs et les plus beaux esprits,
Fixent sur vous des yeux pleins d'amoureuse envie,
A l'instant le plus beau d'une si belle vie,
Quand tous faiseurs de duels et de sonnets, pour vous,
Gardent leurs plus beaux vers et leurs plus fameux coups,
A l'heure où vos beaux yeux, semant partout les flammes,
Font sur tous leurs amants veiller toutes les femmes.
Que vous, qui d'un tel lustre éblouissez la cour,
Que, ce soleil parti, l'on doute s'il fait jour,
Vous alliez, méprisant duc, empereur, roi, prince,
Briller, astre bourgeois, dans un ciel de province!

MADAME DE COSSÉ.

Calmez-vous!

LE ROI.

Non, non, rien. Caprice original
Que d'éteindre le lustre au beau milieu du bal!

Entre monsieur de Cossé.

MADAME DE COSSÉ.

Voici mon jaloux, sire!

Elle quitte vivement le roi.

LE ROI.

Ah! le diable ait son âme!

A Triboulet.

Je n'en ai pas moins fait un quatrain à sa femme!
Marot t'a-t-il montré ces derniers vers de moi?...

TRIBOULET.

Je ne lis pas de vers de vous. — Des vers de roi
Sont toujours très-mauvais.

LE ROI.

Drôle!

TRIBOULET.

Que la canaille
Fasse rimer amour et jour vaille que vaille.
Mais près de la beauté gardez vos lots divers,
Sire, faites l'amour, Marot fera les vers.
Roi qui rime déroge.

LE ROI, *avec enthousiasme.*

Ah! rimer pour les belles,
Cela hausse le cœur. — Je veux mettre des ailes
A mon donjon royal.

TRIBOULET.

C'est en faire un moulin.

LE ROI.

Si je ne voyais là madame de Coislin,.
Je te ferais fouetter.

Il court à madame de Coislin et paraît lui adresser quelques galanteries.

TRIBOULET, *à part.*

Suis le vent qui t'emporte
Aussi vers celle-là.

MONSIEUR DE GORDES, *s'approchant de Triboulet et lui faisant remarquer ce qui se passe au fond du théâtre.*

Voici par l'autre porte
Madame de Cossé. Je te gage ma foi
Qu'elle laisse tomber son gant pour que le roi
Le ramasse.

TRIBOULET.

Observons.

Madame de Cossé, qui voit avec dépit les intentions du roi pour madame de Coislin, laisse en effet tomber son bouquet. Le roi quitte madame de Coislin et ramasse le bouquet de madame de Cossé, avec qui il entame une conversation qui paraît fort tendre.

MONSIEUR DE GORDES, *à Triboulet.*

L'ai-je dit?

TRIBOULET.

Admirable!

MONSIEUR DE GORDES.

Voilà le roi repris!

TRIBOULET.

Une femme est un diable
Très-perfectionné.

Le roi serre la taille de madame de Cossé, et lui baise la main. Elle rit et babille gaiement. Tout à coup monsieur de Cossé entre par la porte du fond. Monsieur de Gordes le fait remarquer à Triboulet. — Monsieur de Cossé s'arrête, l'œil fixé sur le groupe du roi et de sa femme.

MONSIEUR DE GORDES, *à Triboulet.*

Le mari!

MADAME DE COSSÉ, *apercevant son mari, au roi, qui la tient presque embrassée.*
Quittons-nous !
Elle glisse des mains du roi et s'enfuit.
TRIBOULET.
Que vient-il faire ici, ce gros ventru jaloux ?
Le roi s'approche du buffet au fond et se fait verser à boire.
MONSIEUR DE COSSÉ, *s'avançant sur le devant du théâtre tout rêveur.*
A part.
Que se disaient-ils ?
Il s'approche avec vivacité de monsieur de la Tour-Landry, qui lui fait signe qu'il a quelque chose à lui dire.
Quoi ?
MONSIEUR DE LA TOUR-LANDRY, *mystérieusement.*
Votre femme est bien belle !
Monsieur de Cossé se rebiffe et va à monsieur de Gordes, qui paraît avoir quelque chose à lui confier.
MONSIEUR DE GORDES, *bas.*
Qu'est-ce donc qui vous trotte ainsi par la cervelle ?
Pourquoi regardez-vous si souvent de côté ?
Monsieur de Cossé le quitte avec humeur et se trouve face à face avec Triboulet, qui l'attire d'un air discret dans un coin du théâtre, pendant que messieurs de Gordes et de la Tour-Landry rient à gorge déployée.
TRIBOULET, *bas à monsieur de Cossé.*
Monsieur, vous avez l'air tout encharibotté !
Il éclate de rire et tourne le dos à monsieur de Cossé, qui sort furieux.
LE ROI, *revenant.*
Oh ! que je suis heureux ! Près de moi, non, Hercules
Et Jupiter ne sont que des fats ridicules !
L'Olympe est un taudis ! — Ces femmes, c'est charmant !
Je suis heureux ! et toi ?
TRIBOULET.
Considérablement.
Je ris tout bas du bal, des jeux, des amourettes ;
Moi, je critique, et vous, vous jouissez ; vous êtes
Heureux comme un roi, sire, et moi, comme un bossu.
LE ROI.
Jour de joie où ma mère en riant m'a conçu !
Regardant monsieur de Cossé, qui sort.
Ce monsieur de Cossé seul dérange la fête.
Comment te semble-t-il ?
TRIBOULET.
Outrageusement bête.
LE ROI.
Ah ! n'importe ! excepté ce jaloux, tout me plaît.
Tout pouvoir, tout vouloir, tout avoir, Triboulet,
Quel plaisir d'être au monde, et qu'il fait bon de vivre !
Quel bonheur !
TRIBOULET.
Je crois bien, sire, vous êtes ivre !
LE ROI.
Mais là-bas j'aperçois... les beaux yeux ! les beaux bras !
TRIBOULET.
Madame de Cossé ?
LE ROI.
Viens, tu nous garderas !
Il chante.
Vivent les gais dimanches
Du peuple de Paris !
Quand les femmes sont blanches...
TRIBOULET, *chantant.*
Quand les hommes sont gris.
Ils sortent. Entrent plusieurs gentilshommes.

SCÈNE III.

MONSIEUR DE GORDES, MONSIEUR DE PARDAILLAN, jeune page blond ; MONSIEUR DE VIC, maître CLÉMENT MAROT, en habit de valet de chambre du roi ; puis MONSIEUR DE PIENNE, un ou deux autres gentilshommes. De temps en temps MONSIEUR DE COSSÉ, qui se promène d'un air rêveur et très-sérieux.

CLÉMENT MAROT, *saluant monsieur de Gordes.*
Que savez-vous ce soir ?
MONSIEUR DE GORDES.
Rien ; que la fête est belle,
Et que le roi s'amuse.
MAROT.
Ah ! c'est une nouvelle !
Le roi s'amuse ? Ah ! diable !
MONSIEUR DE COSSÉ, *qui passe derrière eux.*
Et c'est très-malheureux ;
Car un roi qui s'amuse est un roi dangereux.
Il passe outre.
MONSIEUR DE GORDES.
Ce pauvre gros Cossé me met la mort dans l'âme.
MAROT, *bas.*
Il paraît que le roi serre de près sa femme ?
Monsieur de Gordes lui fait un signe affirmatif. Entre monsieur de Pienne.
MONSIEUR DE GORDES.
Eh ! voilà ce cher duc !
Ils se saluent.
MONSIEUR DE PIENNE, *d'un air mystérieux.*
Mes amis ! du nouveau !
Une chose à brouiller le plus sage cerveau !
Une chose admirable ! une chose risible !
Une chose amoureuse ! une chose impossible !
Quoi donc ?
MONSIEUR DE GORDES.
MONSIEUR DE PIENNE.
Il les ramasse en groupe autour de lui.
Chut !
A Marot, qui est allé causer avec d'autres dans un coin.
Venez çà, maître Clément Marot !
MAROT, *approchant.*
Que me veut monseigneur ?
MONSIEUR DE PIENNE.
Vous êtes un grand sot.
MAROT.
Je ne me croyais grand en aucune manière.
MONSIEUR DE PIENNE.
J'ai lu dans votre écrit du siége de Peschière
Ces vers sur Triboulet ? « Fou de tête écorné,
Aussi sage à trente ans que le jour qu'il est né... — »
Vous êtes un grand sot !
MAROT.
Que Cupido me damne
Si je vous comprends !
MONSIEUR DE PIENNE.
Soit !
A monsieur de Gordes.
Monsieur de Simiane,
A monsieur de Pardaillan.
Monsieur de Pardaillan,
Monsieur de Gordes, monsieur de Pardaillan, Marot et monsieur de Cossé, qui est venu se joindre au groupe, font cercle autour du duc.
devinez, s'il vous plaît.
Une chose inouïe arrive à Triboulet.
MONSIEUR DE PARDAILLAN.
Il est devenu droit ?
MONSIEUR DE COSSÉ.
On l'a fait connétable ?

MAROT.
On l'a servi tout cuit par hasard sur la table?
MONSIEUR DE PIENNE.
Non. C'est plus drôle. Il a... — Devinez ce qu'il a. —
C'est incroyable!
MONSIEUR DE GORDES.
Un duel avec Gargantua!
MONSIEUR DE PIENNE.
Point.
MONSIEUR DE PARDAILLAN.
Un singe plus laid que lui?
MONSIEUR DE PIENNE.
Non pas.
MAROT.
Sa poche
Pleine d'écus?
MONSIEUR DE COSSÉ.
L'emploi du chien du tourne-broche?
MAROT.
Un rendez-vous avec la Vierge au Paradis?
MONSIEUR DE GORDES.
Une âme, par hasard?
MONSIEUR DE PIENNE.
Je vous le donne en dix!
Triboulet le bouffon, Triboulet le difforme,
Cherchez bien ce qu'il a... — quelque chose d'énorme!
MAROT.
Sa bosse?
MONSIEUR DE PIENNE.
Non, il a... — Je vous le donne en cent!
Une maîtresse!

Tous éclatent de rire.

MAROT.
Ah! ah! le duc est fort plaisant.
Le bon conte!
MONSIEUR DE PIENNE.
Messieurs, j'en jure sur mon âme,
Et je vous ferai voir la porte de la dame.
Il a tous les soirs, vêtu d'un manteau brun,
L'air sombre et furieux, comme un poëte à jeun:
Je lui veux faire un tour. Rôdant à la nuit close,
Près de l'hôtel Cossé, j'ai découvert la chose.
Gardez-moi le secret.
MAROT.
Quel sujet de rondeau!
Quoi! Triboulet la nuit se change en Cupido!
MONSIEUR DE PARDAILLAN, riant.
Une femme à messer Triboulet!
MONSIEUR DE GORDES, riant.
Une selle
Sur un cheval de bois!
MAROT, riant.
Je crois que la donzelle,
Si quelque autre Bedford débarquait à Calais,
Aurait tout ce qu'il faut pour chasser les Anglais!

Tous rient. Survient monsieur de Vic. Monsieur de Pienne met son doigt sur sa bouche.

MONSIEUR DE PIENNE.
Chut!
MONSIEUR DE PARDAILLAN, à monsieur de Pienne.
D'où vient que le roi sort aussi vers la brune,
Tous les jours et tout seul, comme cherchant fortune?
MONSIEUR DE PIENNE.
Vic nous dira cela.
MONSIEUR DE VIC.
Ce que je sais d'abord,
C'est que Sa Majesté paraît s'amuser fort.
MONSIEUR DE COSSÉ.
Ah! ne m'en parlez pas!
MONSIEUR DE VIC.
Mais que je me soucie
De quel côté le vent pousse sa fantaisie,
Pourquoi le soir il sort, dans sa cape d'hiver,
Méconnaissable en tout de vêtements et d'air,
Si de quelque fenêtre il se fait une porte,

N'étant pas marié, mes amis, que m'importe!
MONSIEUR DE COSSÉ, hochant la tête.
Un roi, — les vieux seigneurs, messieurs, savent cela, —
Prend toujours chez quelqu'un tout le plaisir qu'il a.
Gare à quiconque a sœur, femme ou fille à séduire!
Un puissant en gaîté ne peut songer qu'à nuire.
Il est bien des sujets de craindre là-dedans
D'une bouche qui rit où l'on voit toutes les dents.
MONSIEUR DE VIC, bas aux autres.
Comme il a peur du roi!
MONSIEUR DE PARDAILLAN.
Sa femme fort charmante
En a moins peur que lui.
MAROT.
C'est ce qui l'épouvante.
MONSIEUR DE GORDES.
Cossé, vous avez tort. Il est très-important
De maintenir le roi gai, prodigue et content.
MONSIEUR DE PIENNE, à monsieur de Gordes.
Je suis de ton avis, comte! un roi qui s'ennuie,
C'est une fille en noir, c'est un été de pluie.
MONSIEUR DE PARDAILLAN.
C'est un amour sans duel.
MONSIEUR DE VIC.
C'est un flacon plein d'eau.
MAROT, bas.
Le roi revient avec Triboulet-Cupido.

Entrent le roi et Triboulet. Les courtisans s'écartent avec respect.

SCÈNE IV.

LES MÊMES, LE ROI, TRIBOULET.

TRIBOULET, entrant, et comme poursuivant une conversation commencée.
Des savants à la cour! monstruosité rare!
LE ROI.
Fais entendre raison à ma sœur de Navarre.
Elle veut m'entourer de savants.
TRIBOULET.
Entre nous,
Convenez de ceci, — que j'ai bu moins que vous.
Donc, sire, j'ai sur vous, pour bien juger les choses,
Dans tous leurs résultats et dans toutes leurs causes,
Un avantage immense, et même deux, je croi,
C'est de n'être pas gris et de n'être pas roi.
— Plutôt que des savants, ayez ici la peste,
La fièvre, et cætera!
LE ROI.
L'avis est un peu leste.
Ma sœur veut m'entourer de savants!
TRIBOULET.
C'est bien mal
De la part d'une sœur. — Il n'est pas d'animal,
Pas de corbeau goulu, pas de loup, pas de chouette,
Pas d'oison, pas de bœuf, pas même de poëte,
Pas de mahométan, pas de théologien,
Pas d'échevin flamand, pas d'ours et pas de chien,
Plus laid, plus chevelu, plus repoussant de formes,
Plus caparaçonné d'absurdités énormes,
Plus hérissé, plus sale, et plus gonflé de vent,
Que cet âne bâté qu'on appelle un savant!
— Manquez-vous de plaisirs, de pouvoir, de conquêtes,
Et de femmes en fleur pour parfumer vos fêtes?
LE ROI.
Hai... ma sœur Marguerite un soir m'a dit très-bas
Que les femmes toujours ne me suffiraient pas,
Et quand je m'ennuîrai...
TRIBOULET.
Médecine inouïe!
Conseiller les savants à quelqu'un qui s'ennuie!
Madame Marguerite est, vous en conviendrez,
Toujours pour les partis les plus désespérés.

LE ROI.
Eh bien! pas de savants, mais cinq ou six poëtes...
TRIBOULET.
Sire! j'aurais plus peur, étant ce que vous êtes,
D'un poëte, toujours de rime barbouillé,
Que Belzébuth n'a peur d'un goupillon mouillé.
LE ROI.
Cinq ou six...
TRIBOULET.
Cinq ou six! c'est toute une écurie!
C'est une académie, une ménagerie!
Montrant Marot.
N'avons-nous pas assez de Marot que voici,
Sans nous empoisonner de poëtes ainsi!
MAROT.
Grand merci!
A part.
Le bouffon eût mieux fait de se taire!
TRIBOULET.
Les femmes, sire! ah Dieu! c'est le ciel, c'est la terre!
C'est tout! Mais vous avez les femmes! vous avez
Les femmes! laissez-moi tranquille! vous rêvez,
De vouloir des savants!
LE ROI.
Moi, foi de gentilhomme!
Je m'en soucie autant qu'un poisson d'une pomme.
Éclats de rire dans un groupe au fond. — A Triboulet.
Tiens, voilà des muguets qui se raillent de toi.
Triboulet va les écouter et revient.
TRIBOULET.
Non, c'est d'un autre fou.
LE ROI.
Bah! de qui donc?
TRIBOULET.
Du roi.
LE ROI.
Vrai! Que chantent-ils?
TRIBOULET.
Sire, ils vous disent avare,
Et qu'argent et faveurs s'en vont dans la Navarre,
Qu'on ne fait rien pour eux.
LE ROI.
Oui, je les vois d'ici
Tous les trois. — Montchenu, Brion, Montmorency.
TRIBOULET.
Juste.
LE ROI.
Ces courtisans! engeance détestable!
J'ai fait l'un amiral, le second connétable,
Et l'autre, Montchenu, maître de mon hôtel.
Ils ne sont pas contents! as-tu vu rien de tel?
TRIBOULET.
Mais vous pouvez encor, c'est justice à leur rendre,
Les faire quelque chose.
LE ROI.
Et quoi?
TRIBOULET.
Faites-les pendre.
MONSIEUR DE PIENNE, *riant, aux trois seigneurs qui sont toujours au fond du théâtre.*
Messieurs, entendez-vous ce que dit Triboulet?
MONSIEUR DE BRION.
Il jette sur le fou un regard de colère.
Oui, certe!
MONSIEUR DE MONTMORENCY.
Il le paira!
MONSIEUR DE MONTCHENU.
Misérable valet!
TRIBOULET, *au roi.*
Mais, sire, vous devez avoir parfois dans l'âme

Un vide... — Autour de vous n'avoir pas une femme
Dont l'œil vous dise non, dont le cœur dise oui!
LE ROI.
Qu'en sais-tu?
TRIBOULET.
N'être aimé que d'un cœur ébloui,
Ce n'est pas être aimé.
LE ROI.
Sais-tu si pour moi-même
Il n'est pas dans ce monde une femme qui m'aime?
TRIBOULET.
Sans vous connaître?
LE ROI.
Eh! oui.
A part.
Sans compromettre ici
Ma petite beauté du cul-de-sac Bussy.
TRIBOULET.
Une bourgeoise donc?
LE ROI.
Pourquoi non?
TRIBOULET, *vivement.*
Prenez garde.
Une bourgeoise! ô ciel! votre amour se hasarde.
Les bourgeois sont parfois de farouches Romains.
Quand on touche à leur bien, la marque en reste aux mains.
Tenez, contentons-nous, fous et rois que nous sommes,
Des femmes et des sœurs de vos bons gentilshommes.
LE ROI.
Oui, je m'arrangerais de la femme à Cossé.
TRIBOULET.
Prenez-la.
LE ROI, *riant.*
C'est facile à dire et malaisé
A faire.
TRIBOULET.
Enlevons-la cette nuit.
LE ROI, *montrant monsieur de Cossé.*
Et le comte?
TRIBOULET.
Et la Bastille?
LE ROI.
Oh! non.
TRIBOULET.
Pour régler votre compte,
Faites-le duc.
LE ROI.
Il est jaloux comme un bourgeois.
Il refusera tout, et criera sur les toits.
TRIBOULET, *rêveur.*
Cet homme est fort gênant: qu'on le paye ou l'exile...
Depuis quelques instants, monsieur de Cossé s'est rapproché par derrière du roi et du fou, et il écoute leur conversation. Triboulet se frappe le front avec joie.
Mais il est un moyen commode, très-facile,
Simple, auquel je devrais avoir déjà pensé.
Monsieur de Cossé se rapproche encore et écoute.
— Faites couper la tête à monsieur de Cossé.
Monsieur de Cossé recule tout effaré.
— ... On suppose un complot avec l'Espagne ou Rome...
MONSIEUR DE COSSÉ, *éclatant.*
Oh! le petit satan!
LE ROI, *riant, et frappant sur l'épaule de monsieur de Cossé.*
A Triboulet.
Là, foi de gentilhomme,
Y penses-tu? couper la tête que voilà!
Regarde cette tête, ami! vois-tu cela?
S'il en sort une idée, elle est toute cornue.
TRIBOULET.
Comme le moule auquel elle était contenue.

MONSIEUR DE COSSÉ.
Couper ma tête !
TRIBOULET.
Eh bien ?
LE ROI, à Triboulet.
Tu le pousses à bout ?
TRIBOULET.
Que diable ! on n'est pas roi pour se gêner en tout,
Pour ne point se passer la moindre fantaisie.
MONSIEUR DE COSSÉ.
Me couper la tête ! ah ! j'en ai l'âme saisie !
TRIBOULET.
Mais c'est tout simple. — Où donc est la nécessité
De ne vous pas couper la tête ?
MONSIEUR DE COSSÉ.
En vérité !
Je te châtirai, drôle !
TRIBOULET.
Oh ! je ne vous crains guère !
Entouré de puissants auxquels je fais la guerre,
Je ne crains rien, monsieur, car je n'ai sur le cou
Autre chose à risquer que la tête d'un fou.
Je ne crains rien, sinon que ma bosse me rentre
Au corps, et comme à vous me tombe dans le ventre,
Ce qui m'enlaidirait.
MONSIEUR DE COSSÉ, la main sur son épée.
Maraud !
LE ROI.
Comte, arrêtez. —
Viens, fou !

Il s'éloigne avec Triboulet en riant.

MONSIEUR DE GORDES.
Le roi se tient de rire les côtés !
MONSIEUR DE PARDAILLAN.
Comme à la moindre chose il rit, il s'abandonne !
MAROT.
C'est curieux, un roi qui s'amuse en personne !

Une fois le fou et le roi éloignés les courtisans se rapprochent, et suivent Triboulet d'un regard de haine.

MONSIEUR DE BRION.
Vengeons-nous du bouffon !
TOUS.
Hum !
MAROT.
Il est cuirassé.
Par où le prendre ? où donc le frapper ?
MONSIEUR DE PIENNE.
Je le sai.
Nous avons contre lui chacun quelque rancune,
Nous pouvons nous venger.

Tous se rapprochent avec curiosité de monsieur de Pienne.

Trouvez-vous à la brune,
Ce soir, tous bien armés, au cul-de-sac Bussy, —
Près de l'hôtel Cossé. — Plus un mot de ceci.
MAROT.
Je devine.
MONSIEUR DE PIENNE.
C'est dit ?
TOUS.
C'est dit.
MONSIEUR DE PIENNE.
Silence ! il rentre.

Rentrent Triboulet, et le roi entouré de femmes.

TRIBOULET, seul de son côté, à part.
A qui jouer un tour maintenant ? — au roi. — Diantre !
UN VALET, entrant, bas à Triboulet.
Monsieur de Saint-Vallier, un vieillard tout en noir,
Demande à voir le roi.
TRIBOULET, se frottant les mains.
Mortdieu ! laissez-nous voir
Monsieur de Saint-Vallier.

Le valet sort.

C'est charmant ! comment diable !
Mais cela va nous faire un esclandre effroyable !

Bruit, tumulte au fond du théâtre, à la grande porte.

UNE VOIX, au dehors.
Je veux parler au roi !
LE ROI, s'interrompant de sa causerie.
Non !... Qui donc est entré ?
LA MÊME VOIX.
Parler au roi !
LE ROI, vivement.
Non, non !

Un vieillard, vêtu de deuil, perce la foule et vient se placer devant le roi, qu'il regarde fixement. Tous les courtisans s'écartent avec étonnement.

SCÈNE V.

LES MÊMES, MONSIEUR DE SAINT-VALLIER, grand deuil, barbe et cheveux blancs.

MONSIEUR DE SAINT-VALLIER, au roi.
Si ! je vous parlerai !
LE ROI.
Monsieur de Saint-Vallier !
MONSIEUR DE SAINT-VALLIER, immobile au seuil.
C'est ainsi qu'on me nomme.

Le roi fait un pas vers lui avec colère. Triboulet l'arrête.

TRIBOULET.
Oh ! sire ! laissez-moi haranguer le bonhomme.

A monsieur de Saint-Vallier, avec une attitude théâtrale.

Monseigneur ! — Vous aviez conspiré contre nous,
Nous vous avons fait grâce en roi clément et doux.
C'est au mieux. Quelle rage à présent vient vous prendre
D'avoir des petits-fils de monsieur votre gendre ?
Votre gendre est affreux, mal bâti, mal tourné,
Marqué d'une verrue au beau milieu du né,
Borgne, disent les uns, velu, chétif et blême,
Ventru comme monsieur,

Il montre monsieur de Cossé, qui se cabre.

Bossu comme moi-même.
Qui verrait votre fille à son côté rirait.
Si le roi n'y mettait bon ordre, il vous ferait
Des petits-fils tortus, des petits-fils horribles,
Roux, brèche-dents, manqués, effroyables, risibles,
Ventrus comme monsieur,

Montrant encore monsieur de Cossé, qu'il salue et qui s'indigne.

Et bossus comme moi !
Votre gendre est trop laid ! — Laissez faire le roi,
Et vous aurez un jour des petits-fils ingambes
Pour vous tirer la barbe et vous grimper aux jambes.

Les courtisans applaudissent Triboulet avec des huées et des éclats de rire.

MONSIEUR DE SAINT-VALLIER, sans regarder le bouffon.
Une insulte de plus ! — Vous, sire, écoutez-moi
Comme vous le devez, puisque vous êtes roi !
Vous m'avez fait un jour mener pieds nus en Grève ;
Là, vous m'avez fait grâce, ainsi que dans un rêve,
Et je vous ai béni, ne sachant en effet
Ce qu'un roi cache au fond d'une grâce qu'il fait.
Or, vous aviez caché ma honte dans la mienne.
Oui, sire, sans respect pour une race ancienne,
Pour le sang de Poitiers, noble depuis mille ans,
Tandis que, revenant de la Grève à pas lents,
Je priais dans mon cœur le dieu de la victoire
Qu'il vous donnât mes jours de vie en jours de gloire,
Vous, François de Valois, le soir du même jour,
Sans crainte, sans pitié, sans pudeur, sans amour,
Dans votre lit, tombeau de la vertu des femmes,
Vous avez froidement, sous vos baisers infâmes,
Terni, flétri, souillé, déshonoré, brisé

Triboulet.

Diane de Poitiers, comtesse de Brezé !
Quoi ! lorsque j'attendais l'arrêt qui me condamne,
Tu courais donc au Louvre, ô ma chaste Diane !
Et lui, ce roi, sacré chevalier par Bayard,
Jeune homme auquel il faut des plaisirs de vieillard,
Pour quelques jours de plus dont Dieu seul sait le compte.
Ton père sous ses pieds, te marchandait ta honte,
Et cet affreux tréteau, chose horrible à penser !
Qu'un matin le bourreau vint en Grève dresser,
Avant la fin du jour devait être, ô misère !
Ou le lit de la fille, ou l'échafaud du père !
O Dieu ! qui nous jugez, qu'avez-vous dit là-haut,
Quand vos regards ont vu sur ce même échafaud
Se vautrer, triste et louche, et sanglante et souillée,
La luxure royale en clémence habillée ?
Sire ! en faisant cela, vous avez mal agi.
Que du sang d'un vieillard le pavé fût rougi,
C'était bien. Ce vieillard, peut-être respectable,
Le méritait, était de ceux du connétable.
Mais que pour le vieillard vous ayez pris l'enfant,
Que vous ayez broyé sous un pied triomphant
La pauvre femme en pleurs, à s'effrayer trop prompte.

C'est une chose impie, et dont vous rendrez compte !
Vous avez dépassé votre droit d'un grand pas.
Le père était à vous, mais la fille, non pas.
Ah ! vous m'avez fait grâce !—Ah ! vous nommez la chose
Une grâce ! et je suis un ingrat, je suppose !
— Sire, au lieu d'abuser ma fille, bien plutôt
Que n'êtes-vous venu vous-même en mon cachot !
Je vous aurais crié : — Faites-moi mourir, grâce !
Oh ! grâce pour ma fille et grâce pour ma race !
Oh ! faites-moi mourir ! la tombe et non l'affront !
Pas de tête plutôt qu'une souillure au front !
Oh ! mouseigneur le roi, puisqu'ainsi l'on vous nomme,
Croyez-vous qu'un chrétien, un comte, un gentilhomme,
Soit moins décapité, répondez, monseigneur,
Quand, au lieu de la tête, il lui manque l'honneur ?
— J'aurais dit cela, sire, et le soir, dans l'église,
Dans mon cercueil sanglant baisant ma barbe grise,
Ma Diane au cœur pur, ma fille au front sacré,
Honorée, eût prié pour son père honoré !
—Sire, je ne viens pas redemander ma fille ;
Quand on n'a plus d'honneur, on n'a plus de famille.
Qu'elle vous aime ou non d'un amour insensé,

MONSIEUR DE SAINT-VALLIER.
Qui que tu sois, valet à langue de vipère,
Qui fais ainsi risée de la douleur d'un père,
Sois maudit!

Je n'ai rien à reprendre où la honte a passé.
Gardez-la.—Seulement je me suis mis en tête
De venir vous troubler ainsi dans chaque fête,
Et jusqu'à ce qu'un père, un frère ou quelque époux,
—La chose arrivera,—nous ait vengés de vous,
Pâle, à tous vos banquets, je reviendrai vous dire :
—Vous avez mal agi, vous avez mal fait, sire!—
Et vous m'écouterez, et votre front terni
Ne se relèvera que quand j'aurai fini.
Vous voudrez, pour forcer ma vengeance à se taire,
Me rendre au bourreau. Non. Vous ne l'oserez faire,
De peur que ce ne soit mon spectre qui demain
        Montrant sa tête.
Revienne vous parler,— cette tête à la main!
    LE ROI, *comme suffoqué de colère.*
On s'oublie à ce point d'audace et de délire!...—
    A monsieur de Pienne.
Duc! arrêtez monsieur!
Monsieur de Pienne fait un signe, et deux hallebardiers se placent
de chaque côté de monsieur de Saint-Vallier.

    TRIBOULET, *riant.*
            Le bonhomme est fou, sire!
    MONSIEUR DE SAINT-VALLIER, *levant le bras.*
Soyez maudits tous deux!—
    Au roi.
            Sire, ce n'est pas bien.
Sur le lion mourant vous lâchez votre chien!
    A Triboulet.
Qui que tu sois, valet à langue de vipère,
Qui fais ainsi risée de la douleur d'un père,
Sois maudit!—
    Au roi.
        J'avais droit d'être par vous traité
Comme une Majesté par une Majesté.
Vous êtes roi, moi père, et l'âge vaut le trône.
Nous avons tous les deux au front une couronne
Où nul ne doit lever de regards insolents,
Vous, de fleurs de lis d'or, et moi, de cheveux blancs.
Roi, quand un sacrilège ose insulter la vôtre,
C'est vous qui la vengez;—c'est Dieu qui venge l'autre.

II
SALTABADIL

ACTE DEUXIÈME

Le recoin le plus désert du cul-de-sac Bussy. A droite, une petite maison de discrète apparence, avec une petite cour entourée d'un mur qui occupe une partie du théâtre. Dans cette cour, quelques arbres, un banc de pierre. Dans le mur, une porte qui donne sur la rue; sur le mur, une terrasse étroite couverte d'un toit supporté par des arcades dans le goût de la renaissance. — La porte du premier étage de la maison donne sur cette terrasse, qui communique avec la cour par un degré. — A gauche, les murs très-hauts des jardins de l'hôtel de Cossé. — Au fond, des maisons éloignées; le clocher de Saint-Séverin.

SCÈNE PREMIÈRE.

TRIBOULET, SALTABADIL. — Pendant une partie de la scène, MONSIEUR DE PIENNE et MONSIEUR DE GORDES, au fond du théâtre.

Triboulet, enveloppé d'un manteau et sans aucun de ses attributs de bouffon, paraît dans la rue et se dirige vers la porte pratiquée dans le mur. Un homme vêtu de noir et également couvert d'une cape, dont le bas est relevé par une épée, le suit.

TRIBOULET, *rêveur*.
Ce vieillard m'a maudit!
  L'HOMME, *le saluant*.
    Monsieur...
 TRIBOULET, *se détournant avec humeur*.
     Ah!
  Cherchant dans sa poche.
       Je n'ai rien.
   L'HOMME.
Je ne demande rien, monsieur! fi donc!
TRIBOULET, *lui faisant signe de le laisser tranquille et de s'éloigner*.
     C'est bien!
Entrent monsieur de Pienne et monsieur de Gordes, qui s'arrêtent en observation au fond du théâtre.
  L'HOMME, *le saluant*.
Monsieur me juge mal. Je suis homme d'épée.
  TRIBOULET, *reculant*.
Est-ce un voleur?
 L'HOMME, *s'approchant d'un air doucereux*.
   Monsieur a la mine occupée.
Je vous vois tous les soirs de ce côté rôder.
Vous avez l'air d'avoir une femme à garder!
 TRIBOULET, *à part*.
 A part.
Diable!
 Haut.
Je ne dis pas mes affaires aux autres.
 Il veut passer outre; l'homme le retient.
   L'HOMME.
Mais c'est pour votre bien qu'on se mêle des vôtres.
Si vous me connaissiez, vous me traiteriez mieux.
 S'approchant.
Peut-être à votre femme un fat fait les doux yeux,
Et vous êtes jaloux?...
  TRIBOULET, *impatienté*.
    Que voulez-vous, en somme?
 L'HOMME, *avec un sourire aimable, bas et vite*.
Pour quelque paraguante on vous tûra votre homme.

  TRIBOULET, *respirant*.
Ah! c'est fort bien!
   L'HOMME.
    Monsieur, vous voyez que je suis
Un honnête homme.
  TRIBOULET.
   Peste!
    L'HOMME.
     Et que si je vous suis
C'est pour de bons desseins.
   TRIBOULET.
    Oui, certe, un homme utile!
  L'HOMME, *modestement*.
Le gardien de l'honneur des dames de la ville.
   TRIBOULET.
Et combien prenez-vous pour tuer un galant?
   L'HOMME.
C'est selon le galant qu'on tue, — et le talent
Qu'on a.
  TRIBOULET.
 Pour dépêcher un grand seigneur?
   L'HOMME.
      Ah! diantre!
On court plus d'un péril de coups d'épée au ventre.
Ces gens-là sont armés. On y risque sa chair.
Le grand seigneur est cher.
   TRIBOULET.
   Le grand seigneur est cher!
Est-ce que les bourgeois, par hasard, se permettent
De se faire tuer entre eux?
  L'HOMME, *souriant*.
    Mais ils s'y mettent!
— C'est un luxe pourtant, — luxe, vous comprenez,
Qui reste en général parmi les gens bien nés.
Il est quelques faquins qui, pour de grosses sommes,
Tiennent à se donner des airs de gentilshommes,
Et me font travailler. — Mais ils me font pitié.
— On me donne moitié d'avance, et la moitié
Après. —
  TRIBOULET, *hochant la tête*.
  Oui, vous risquez le gibet, le supplice...
   L'HOMME, *souriant*.
Non, non, nous redevons un droit à la police.
   TRIBOULET.
Tant pour un homme?
  L'HOMME, *avec un signe affirmatif*.
   A moins... que vous dirai-je, moi?...
Qu'on n'ait tué, mon Dieu... qu'on n'ait tué... le roi!
   TRIBOULET.
Et comment t'y prends-tu?
   L'HOMME.
   Monsieur, je tue en ville
Ou chez moi, comme on veut.
   TRIBOULET.
    Ta manière est civile.
   L'HOMME.
J'ai pour aller en ville un estoc bien pointu.
J'attends l'homme le soir...
   TRIBOULET.
    Chez toi, comment fais-tu?
   L'HOMME.
J'ai ma sœur Maguelonne, une fort belle fille
Qui danse dans la rue et qu'on trouve gentille.
Elle attire chez nous le galant une nuit...
   TRIBOULET.
Je comprends.
   L'HOMME.
  Vous voyez, cela se fait sans bruit,
C'est décent. — Donnez-moi, monsieur, votre pratique.
Vous en serez content. Je ne tiens pas boutique,
Je ne fais pas d'éclat. Surtout je ne suis point
De ces gens à poignard, serrés dans leur pourpoint,
Qui vont se mettre dix pour la moindre équipée,
Bandits dont le courage est court comme l'épée.
 Il tire de dessous sa cape une épée démesurément longue.
Voici mon instrument. —

Triboulet recule d'effroi.
Pour vous servir.
TRIBOULET, *considérant l'épée avec surprise.*
Vraiment!
— Merci, je n'ai besoin de rien pour le moment.
L'HOMME, *remettant l'épée au fourreau.*
Tant pis. — Quand vous voudrez me voir, je me promène
Tous les jours à midi devant l'hôtel du Maine.
Mon nom, Saltabadil.
TRIBOULET.
Bohême?
L'HOMME, *saluant.*
Et Bourguignon.
MONSIEUR DE GORDES, *écrivant sur ses tablettes au fond du théâtre.*

Bas, à monsieur de Pienne.
Un homme précieux, et dont je prends le nom.
L'HOMME, *à Triboulet.*
Monsieur, ne pensez pas mal de moi, je vous prie.
TRIBOULET.
Non. Que diable! il faut bien avoir une industrie!
L'HOMME.
A moins de mendier et d'être un fainéant.
Un gueux. — J'ai quatre enfants...
TRIBOULET.
Qu'il serait malséant
De ne pas élever... —
Le congédiant.
Le ciel vous tienne en joie!
MONSIEUR DE PIENNE, *à monsieur de Gordes, au fond, montrant Triboulet.*
Il fait grand jour encor, je crains qu'il ne vous voie.

Tous deux sortent.

TRIBOULET, *à l'homme.*
Bonsoir!
L'HOMME, *le saluant.*
Adiusias. Tout votre serviteur.
Il sort.
TRIBOULET, *le regardant s'éloigner.*
Nous sommes tous les deux à la même hauteur.
Une langue acérée, une lame pointue.
Je suis l'homme qui rit, il est l'homme qui tue.

SCÈNE II.

L'homme disparu, Triboulet ouvre doucement la petite porte pratiquée dans le mur de la cour; il regarde au dehors avec précaution, puis il tire la clef de la serrure et referme soigneusement la porte en dedans; il fait quelques pas dans la cour d'un air soucieux et préoccupé.

TRIBOULET, seul.

Ce vieillard m'a maudit... — Pendant qu'il me parlait,
Pendant qu'il me criait : — Oh! sois maudit, valet! —
Je raillais sa douleur. — Oh! oui, j'étais infâme,
Je riais, mais j'avais l'épouvante dans l'âme.

Il va s'asseoir sur le petit banc près de la table de pierre.
Maudit!
Profondément rêveur et la main sur son front.
Ah! la nature et les hommes m'ont fait
Bien méchant, bien cruel et bien lâche, en effet.
O rage! être bouffon! ô rage! être difforme!
Toujours cette pensée! et, qu'on veille ou qu'on dorme,
Quand du monde en rêvant vous avez fait le tour,
Retomber sur ceci : Je suis bouffon de cour!
Ne vouloir, ne pouvoir, ne devoir et ne faire
Que rire! — Quel excès d'opprobre et de misère!
Quoi! ce qu'ont les soldats ramassés en troupeau
Autour de ce baillon qu'ils appellent drapeau,
Ce qui reste, après tout, au mendiant d'Espagne,
A l'esclave en Tunis, au forçat dans son bagne,

A tout homme ici-bas qui respire et se meut,
Le droit de ne pas rire et de pleurer s'il veut,
Je ne l'ai pas! — O Dieu! triste et l'humeur mauvaise,
Pris dans un corps mal fait où je suis mal à l'aise,
Tout rempli de dégoût de ma difformité,
Jaloux de toute force et de toute beauté,
Entouré de splendeurs qui me rendent plus sombre,
Parfois, farouche et seul, si je cherche un peu l'ombre,
Si je veux recueillir et calmer un moment
Mon âme qui sanglote et pleure amèrement,
Mon maître tout à coup survient, mon joyeux maître,
Qui, tout-puissant, aimé des femmes, content d'être,
A force de bonheur oubliant le tombeau,
Grand, jeune, et bien portant, et roi de France, et beau,
Me pousse avec le pied dans l'ombre où je soupire,
Et me dit en bâillant : Bouffon, fais-moi donc rire!
— O pauvre fou de cour! — C'est un homme après tout!
— Eh bien! la passion qui dans son âme bout,
La rancune, l'orgueil, la colère hautaine,
L'envie et la fureur dont sa poitrine est pleine,
Le calcul éternel de quelque affreux dessein,
Tous ces noirs sentiments qui lui rongent le sein,
Sur un signe du maître, en lui-même il les broie,
Et, pour quiconque en veut, il en fait de la joie!
— Abjection! s'il marche, ou se lève, ou s'assied,
Toujours il sent le fil qui lui tire le pied.
— Mépris de toute part! — Tout homme l'humilie.
Ou bien c'est une reine, une femme jolie,
Demi nue et charmante, et dont il voudrait bien,
Qui le laisse jouer sur son lit, comme un chien!
Aussi, mes beaux seigneurs, mes railleurs gentilshommes,
Hun! comme il vous hait bien! quels ennemis nous sommes!
Comme il vous fait parfois payer cher vos dédains!
Comme il sait leur trouver des contre-coups soudains!
Il est le noir démon qui conseille le maître.
Vos fortunes, messieurs, n'ont plus le temps de naître,
Et, sitôt qu'il a pu dans ses ongles saisir
Quelque belle existence, il l'effeuille à plaisir!
— Vous l'avez fait méchant! — O douleur! est-ce vivre?
Mêler du fiel au vin dont un autre s'enivre.
Si quelque bon instinct germe en soi, l'effacer,
Etourdir de grelots l'esprit qui veut penser,
Traverser chaque jour, comme un mauvais génie.
Des fêtes qui pour vous ne sont qu'une ironie,
Démolir le bonheur des heureux, par ennui,
N'avoir d'ambition qu'aux ruines d'autrui,
Et contre tous, partout où le hasard vous pose,
Porter toujours en soi, mêler à toute chose,
Et garder, et cacher sous un rire moqueur
Un fond de vieille haine extravasée au cœur!
Oh! je suis malheureux! —
Se levant du banc de pierre où il est assis.
Mais ici qu'importe?
Suis-je pas un autre homme en passant cette porte?
Oublions un instant le monde dont je sors.
Ici je ne dois rien apporter du dehors.

Retombant dans sa rêverie.

— Ce vieillard m'a maudit! — Pourquoi cette pensée
Revient-elle toujours lorsque je l'ai chassée?
Pourvu qu'il n'aille rien m'arriver!

Haussant les épaules.
Suis-je fou?
Il va à la porte de la maison et frappe. Elle s'ouvre. Une jeune fille, vêtue de blanc, en sort, et se jette joyeusement dans ses bras.

SCÈNE III.

TRIBOULET, BLANCHE, ensuite DAME BÉRARDE.

TRIBOULET.
Ma fille!
Il la serre sur sa poitrine avec transport.
Oh! mets tes bras à l'entour de mon cou!

— Sur mon cœur! — Près de toi, tout rit, rien ne me pèse,
Enfant, je suis heureux et je respire à l'aise!

Il la regarde d'un œil enivré.

— Plus belle tous les jours! — Tu ne manques de rien,
Dis? — Es-tu bien ici? — Blanche, embrasse-moi bien!

BLANCHE, *dans ses bras.*
Comme vous êtes bon, mon père!

TRIBOULET, *s'asseyant.*
                    Non, je t'aime,
Voilà tout. N'es-tu pas ma vie et mon sang même?
Si je ne t'avais point, qu'est-ce que je ferais,
Mon Dieu!

BLANCHE, *lui posant la main sur le front.*
            Vous soupirez : quelques chagrins secrets,
N'est-ce pas? Dites-les à votre pauvre fille.
Hélas! je ne sais pas, moi, quelle est ma famille.

TRIBOULET.
Enfant, tu n'en as pas.

BLANCHE.
              J'ignore votre nom.

TRIBOULET.
Que t'importe mon nom?

BLANCHE.
                  Nos voisins de Chinon,
De la petite ville où je fus élevée,
Me croyaient orpheline avant votre arrivée.

TRIBOULET.
J'aurais dû t'y laisser. C'eût été plus prudent.
Mais je ne pouvais plus vivre ainsi cependant.
J'avais besoin de toi, besoin d'un cœur qui m'aime.

Il la serre de nouveau dans ses bras.

BLANCHE.
Si vous ne voulez pas me parler de vous-même...

TRIBOULET.
Ne sors jamais!

BLANCHE.
          Je suis ici depuis deux mois,
Je suis allée en tout à l'église huit fois.

TRIBOULET.
Bien.

BLANCHE.
        Mon bon père, au moins parlez-moi de ma mère!

TRIBOULET.
Oh! ne réveille pas une pensée amère;
Ne me rappelle pas qu'autrefois j'ai trouvé,
— Et, si tu n'étais là, je dirais : J'ai rêvé, —
Une femme contraire à la plupart des femmes,
Qui dans le monde, où rien n'appareille les âmes,
Me voyant seul, infirme, et pauvre, et détesté,
M'aima pour ma misère et ma difformité.
Elle est morte, emportant dans la tombe avec elle
L'angélique secret de son amour fidèle,
De son amour, passé sur moi comme un éclair,
Rayon du paradis tombé dans mon enfer!
Que la terre, toujours à nous recevoir prête,
Soit légère à ce sein qui reposa ma tête!
— Toi seule m'es restée! —

            Levant les yeux au ciel.
              Eh bien! mon Dieu, merci!

Il pleure et cache son front dans ses mains.

BLANCHE.
Que vous devez souffrir! vous voir pleurer ainsi,
Non, je ne le veux pas, non, cela me déchire!

TRIBOULET.
Et que dirais-tu donc si tu me voyais rire?

BLANCHE.
Mon père, qu'avez-vous? dites-moi votre nom.
Oh! versez dans mon sein toutes vos peines!

TRIBOULET.
                                Non.
A quoi bon me nommer? Je suis ton père. — Écoute :
Hors d'ici, vois-tu bien, peut-être on me redoute,
Qui sait? l'un me méprise et l'autre me maudit?
Mon nom, qu'en ferais-tu, moi, quand je te l'aurais dit?
Je veux ici du moins, je veux, en ta présence,
Dans ce seul coin du monde où tout soit innocence,
N'être pour toi qu'un père, un père vénéré,
Quelque chose de saint, d'auguste et de sacré!

BLANCHE.
Mon père!

TRIBOULET, *la serrant avec emportement dans ses bras.*
            Est-il ailleurs un cœur qui me réponde?
Oh! je t'aime pour tout ce que je hais au monde!
— Assieds-toi près de moi. Viens, parlons de cela.
Dis, aimes-tu ton père? Et, puisque nous voilà
Ensemble, et que ta main entre mes mains repose,
Qu'est-ce donc qui nous force à parler d'autre chose?
Ma fille, ô seul bonheur que le ciel m'ait permis,
D'autres ont des parents, des frères, des amis,
Une femme, un mari, des vassaux, un cortége
D'aïeux, d'alliés, plusieurs enfants, que sais-je?
Moi, je n'ai que toi seule! Un autre est riche, — eh bien!
Toi seule es mon trésor et toi seule es mon bien!
Un autre croit en Dieu. Je ne crois qu'en ton âme!
D'autres ont la jeunesse et l'amour d'une femme,
Ils ont l'orgueil, l'éclat, la grâce et la santé;
Ils sont beaux; moi, vois-tu, je n'ai que ta beauté!
Chère enfant! — Ma cité, mon pays, ma famille,
Mon épouse, ma mère, et ma sœur, et ma fille,
Mon bonheur, ma richesse, et mon culte, et ma loi,
Mon univers, c'est toi, toujours toi, rien que toi!
De tout autre côté ma pauvre âme est froissée.
— Oh! si je te perdais!... — Non, c'est une pensée
Que je ne pourrais pas supporter un moment!
— Souris-moi donc un peu. — Ton sourire est charmant.
Oui, c'est tout ta mère! — elle était aussi belle.
Tu te passes souvent la main au front comme elle,
Comme pour l'essuyer; car il faut au cœur pur
Un front tout innocence et des yeux tout azur.
Tu rayonnes pour moi d'une angélique flamme,
A travers ton beau corps mon âme voit ton âme :
Même les yeux fermés, c'est égal, je te vois.
Le jour me vient de toi. Je me voudrais parfois
Aveugle et l'œil voilé d'obscurité profonde,
Afin de n'avoir pas d'autre soleil au monde!

BLANCHE.
Oh! que je voudrais bien vous rendre heureux!

TRIBOULET.
                                    Qui? moi?
Je suis heureux ici! quand je vous aperçoi,
Ma fille, c'est assez pour que mon cœur se fonde.

Il lui passe la main dans les cheveux en souriant.

Oh! les beaux cheveux noirs! enfant, vous étiez blonde,
Qui le croirait?

BLANCHE, *prenant un air caressant.*
              Un jour, avant le couvre-feu,
Je voudrais bien sortir et voir Paris un peu.

TRIBOULET, *impétueusement.*
Jamais, jamais! — Ma fille, avec dame Bérarde
Tu n'es jamais sortie, au moins?

BLANCHE, *tremblante.*
                          Non.

TRIBOULET.
                          Prends-y garde!

BLANCHE.
Je ne vais qu'à l'église.

TRIBOULET, *à part.*
              O ciel! on la verrait,
On la suivrait, peut-être on me l'enlèverait!
La fille d'un bouffon, cela se déshonore,
Et l'on ne fait qu'en rire! oh! —

                    Haut.
                        Je t'en prie encore,
Reste ici renfermée! Enfant, si tu savais
Comme l'air de Paris aux femmes est mauvais!
Comme les débauchés vont courant par la ville!
Oh! les seigneurs surtout!

            Levant les yeux au ciel.
                  O Dieu! dans cet asile,
Fais croître sous tes yeux, préservé des douleurs

Et du vent orageux qui flétrit d'autres fleurs,
Garde de toute haleine impure, même en rêve,
Pour qu'un malheureux père, à ses heures de trêve,
En puisse respirer le parfum abrité,
Cette rose de grâce et de virginité !

Il cache sa tête dans ses mains et pleure.

BLANCHE.
Je ne parlerai plus de sortir ; mais, par grâce,
Ne pleurez pas ainsi !

TRIBOULET.
Non, cela me délasse.
J'ai tant ri l'autre nuit !

Se levant.
Mais c'est trop m'oublier.
Blanche, il est temps d'aller reprendre mon collier.
Adieu.

Le jour baisse.

BLANCHE, *l'embrassant.*
Reviendrez-vous bientôt, dites ?

TRIBOULET.
Peut-être.
Vois-tu, ma pauvre enfant, je ne suis pas mon maître.

Appelant.
Dame Bérarde !

Une vieille duègne paraît à la porte de la maison.

DAME BÉRARDE.
Quoi, monsieur ?

TRIBOULET.
Lorsque je viens,
Personne ne me voit entrer ?

DAME BÉRARDE.
Je le crois bien,
C'est si désert !

Il est presque nuit. De l'autre côté du mur, dans la rue, paraît le roi, déguisé sous des vêtements simples et de couleur sombre ; il examine la hauteur du mur et la porte, qui est fermée, avec des signes d'impatience et de dépit.

TRIBOULET, *tenant Blanche embrassée.*
Adieu, ma fille bien aimée ?

A dame Bérarde.
La porte sur le quai, vous la tenez fermée ?

Dame Bérarde fait un signe affirmatif.

Je sais une maison, derrière Saint-Germain,
Plus retirée encor. Je la verrai demain.

BLANCHE.
Mon père, celle-ci me plaît pour la terrasse
D'où l'on voit les jardins.

TRIBOULET.
N'y monte pas, de grâce !

Ecoutant.
Marche-t-on pas dehors ?

Il va à la porte de la cour, l'ouvre et regarde avec inquiétude dans la rue. Le roi se cache dans un enfoncement près de la porte, que Triboulet laisse entr'ouverte.

BLANCHE, *montrant la terrasse.*
Quoi ! ne puis-je le soir
Aller respirer là ?

TRIBOULET, *revenant.*
Prends garde, on peut t'y voir.

Pendant qu'il a le dos tourné, le roi se glisse dans la cour par la porte entre-baillée et se cache derrière un gros arbre.

A dame Bérarde.
Vous, ne mettez jamais de lampe à la fenêtre.

DAME BÉRARDE, *joignant les mains.*
Et comment voulez-vous qu'un homme ici pénètre ?

Elle se retourne et aperçoit le roi derrière l'arbre. Elle s'interrompt, ébahie. Au moment où elle ouvre la bouche pour crier, le roi lui jette dans la gorgerette une bourse, qu'elle prend, qu'elle pèse dans sa main, et qui la fait taire.

BLANCHE, à Triboulet *qui est allé visiter la terrasse avec une lanterne.*
Quelles précautions ! mon père, dites-moi,
Mais que craignez-vous donc ?

TRIBOULET.
Rien pour moi, tout pour toi !

Il la serre encore une fois dans ses bras.

Blanche, ma fille, adieu !

Un rayon de la lanterne que tient dame Bérarde éclaire Triboulet et Blanche.

LE ROI, *à part, derrière l'arbre.*
Triboulet !

Il rit.
Comment, diable !
La fille à Triboulet ! l'histoire est impayable !

TRIBOULET.
Au moment de sortir, il revient sur ses pas.
J'y pense, quand tu vas à l'église prier,
Personne ne vous suit ?

Blanche baisse les yeux avec embarras.

DAME BÉRARDE.
Jamais !

TRIBOULET.
Il faut crier
Si l'on vous suivait.

DAME BÉRARDE.
Ah ! j'appellerais main-forte !

TRIBOULET.
Et puis n'ouvrez jamais si l'on frappe à la porte.

DAME BÉRARDE, *comme enchérissant sur les précautions de Triboulet.*
Quand ce serait le roi !

TRIBOULET.
Surtout si c'est le roi !

Il embrasse encore une fois sa fille, et sort en refermant la porte avec soin.

SCÈNE IV.

BLANCHE, DAME BÉRARDE, LE ROI.

Pendant la première partie de la scène, le roi reste caché derrière l'arbre.

BLANCHE, *pensive, écoutant les pas de son père qui s'éloigne.*
J'ai du remords pourtant !

DAME BÉRARDE.
Du remords ! et pourquoi ?

BLANCHE.
Comme à la moindre chose il s'effraie et s'alarme !
En partant, dans ses yeux j'ai vu luire une larme.
Pauvre père ! si bon ! j'aurais dû l'avertir
Que le dimanche, à l'heure où nous pouvons sortir,
Un jeune homme nous suit. Tu sais, ce beau jeune homme ?

DAME BÉRARDE.
Pourquoi donc lui conter cela, madame ? En somme,
Votre père est un peu sauvage et singulier.
Vous haïssez donc bien ce jeune cavalier ?

BLANCHE.
Moi, le haïr ! oh ! non. — Hélas ! bien au contraire,
Depuis que je l'ai vu, rien ne peut m'en distraire.
Du jour où son regard à mon regard parla,
Le reste n'est plus rien, je le vois toujours là.
Je suis à lui ! vois-tu, je m'en fais une idée... —
Il me semble plus grand que tous d'une coudée !
Comme il est brave et doux ! comme il est noble et fier,
Bérarde ! et qu'à cheval il doit avoir bel air !

DAME BÉRARDE.
C'est vrai qu'il est charmant !

Elle passe près du roi, qui lui donne une poignée de pièces d'or, qu'elle empoche.

BLANCHE.
Un tel homme doit être...

DAME BÉRARDE, *tendant la main au roi, qui lui donne toujours de l'argent.*
Accompli.

BLANCHE.
Dans ses yeux on voit son cœur paraître.
Un grand cœur !
DAME BÉRARDE.
Certe ! un cœur immense !

A chaque mot que dit dame Bérarde, elle tend la main au roi, qui la lui remplit de pièces d'or.

BLANCHE.
Valeureux.
DAME BÉRARDE, *continuant son manége.*
Formidable !
BLANCHE.
Et pourtant... bon.
DAME BÉRARDE, *tendant la main.*
Tendre !
BLANCHE.
Généreux.
DAME BÉRARDE, *tendant la main.*
Magnifique.
BLANCHE, *avec un profond soupir.*
Il me plaît !
DAME BÉRARDE, *tendant toujours la main à chaque mot qu'elle dit.*
Sa taille est sans pareille !
Ses yeux !—son front !—son nez !...—
LE ROI, *à part.*
O Dieu ! voilà la vieille
Qui m'admire en détail ! je suis dévalisé !
BLANCHE.
Je t'aime d'en parler aussi bien.
DAME BÉRARDE.
Je le sai.
LE ROI, *à part.*
De l'huile sur le feu !
DAME BÉRARDE.
Bon, tendre, un cœur immense !
Valeureux, généreux...
LE ROI, *vidant ses poches.*
Diable ! elle recommence !
DAME BÉRARDE, *continuant.*
C'est un très-grand seigneur, il a l'air élégant,
Et quelque chose en or de brodé sur son gant.

Elle tend la main. Le roi lui fait signe qu'il n'a plus rien.

BLANCHE.
Non, je ne voudrais pas qu'il fût seigneur ni prince,
Mais un pauvre écolier qui vient de sa province !
Cela doit mieux aimer.
DAME BÉRARDE
C'est possible, après tout,
Si vous le préférez ainsi.
A part.
Drôle de goût !
Cerveau de jeune fille, où tout se contrarie !

Essayant encore de tendre la main au roi.

Ce beau jeune homme-là vous aime à la furie.

Le roi ne donne pas.

A part.
Je crois notre homme à sec.—Plus un sou, plus un mot.
BLANCHE, *toujours sans voir le roi.*
Le dimanche jamais ne revient assez tôt.
Quand je ne le vois pas, ma tristesse est bien grande.
Oh ! j'ai cru l'autre jour, au moment de l'offrande,
Qu'il allait me parler, et le cœur m'a battu !
J'y songe nuit et jour ! De son côté, vois-tu,
L'amour qu'il a pour moi l'absorbe. Je suis sûre
Que toujours dans son âme il porte ma figure.
C'est un homme ainsi fait, oh ! cela se voit bien !
D'autres femmes que moi ne le touchent en rien ;
Il n'est pour lui ni jeux, ni passe-temps, ni fête.
Il ne pense qu'à...
DAME BÉRARDE, *faisant un dernier effort et tendant la main au roi.*
J'en jurerais ma tête !

LE ROI, *ôtant son anneau qu'il lui donne.*
Ma bague pour la tête !
BLANCHE.
Ah ! je voudrais souvent.
En y songeant le jour, la nuit en y rêvant,
L'avoir là... — devant moi...

Le roi sort de sa cachette et va se mettre à genoux près d'elle. Elle a le visage tourné du côté opposé.

pour lui dire à lui-même :
Sois heureux ! sois content ! oh ! oui, je t'ai...

Elle se retourne, voit le roi à ses genoux, et s'arrête, pétrifiée.

LE ROI, *lui tendant les bras.*
Je t'aime !
Achève ! achève ! — Oh ! dis : je t'aime ! Ne crains rien.
Dans une telle bouche un tel mot va si bien !
BLANCHE, *effrayée, cherche des yeux dame Bérarde qui a disparu.*
Bérarde ! — Plus personne, ô Dieu ! qui me réponde !
Personne !
LE ROI, *toujours à genoux.*
Deux amants heureux, c'est tout un monde !
BLANCHE, *tremblante.*
Monsieur, d'où venez-vous ?
LE ROI.
De l'enfer ou du ciel,
Qu'importe ! que je sois Satan ou Gabriel,
Je t'aime !
BLANCHE.
O ciel ! ô ciel ! ayez pitié... — J'espère
Qu'on ne vous a point vu ! sortez ! — Dieu ! si mon père...
LE ROI.
Sortir, quand palpitante en mes bras je te tiens,
Lorsque je t'appartiens ! lorsque tu m'appartiens !
— Tu m'aimes ! tu l'as dit.
BLANCHE, *confuse.*
Il m'écoutait !
LE ROI.
Sans doute.
Quel concert plus divin veux-tu donc que j'écoute ?
BLANCHE, *suppliante.*
Ah ! vous m'avez parlé. — Maintenant, par pitié,
Sors !

LE ROI.
Sortir, quand mon sort à ton sort est lié,
Quand notre double étoile au même horizon brille,
Quand je viens éveiller ton cœur de jeune fille,
Quand le ciel m'a choisi pour ouvrir à l'amour
Ton âme vierge encore et ta paupière au jour !
Viens, regarde ! oh ! l'amour, c'est le soleil de l'âme !
Te sens-tu réchauffée à cette douce flamme ?
Le sceptre que la mort vous donne et vous reprend,
La gloire qu'on ramasse à la guerre en courant,
Se faire un nom fameux, avoir de grands domaines,
Être empereur ou roi, ce sont choses humaines ;
Il n'est sur cette terre, où tout passe à son tour,
Qu'une chose qui soit divine, et c'est l'amour !
Blanche, c'est le bonheur que ton amant t'apporte,
Le bonheur, qui, timide, attendait à ta porte.
La vie est une fleur, l'amour en est le miel.
C'est la colombe unie à l'aigle dans le ciel,
C'est la grâce tremblante à la force appuyée,
C'est ta main dans ma main doucement oubliée...
—Aimons-nous ! aimons-nous !

Il cherche à l'embrasser. Elle se débat.

BLANCHE.
Non ! Laissez !

Il la serre dans ses bras, et lui prend un baiser.

DAME BÉRARDE, *au fond du théâtre, sur la terrasse, à part.*
Il va bien !
LE ROI, *à part.*
Elle est prise !
Haut.
Dis-moi que tu m'aimes !

DAME BÉRARDE, *au fond, à part.*
Vaurien !
LE ROI.
Blanche ! redis-le-moi !
BLANCHE, *baissant les yeux.*
Vous m'avez entendue.
Vous le savez.
LE ROI *l'embrasse de nouveau avec transport.*
Je suis heureux !
BLANCHE.
Je suis perdue !
LE ROI.
Non, heureuse avec moi !
BLANCHE, *s'arrachant de ses bras.*
Vous m'êtes étranger.
Dites-moi votre nom.
DAME BÉRARDE, *au fond, à part.*
Il est temps d'y songer !
BLANCHE.
Vous n'êtes pas au moins seigneur ni gentilhomme ?
Mon père les craint tant !
LE ROI.
Mon Dieu, non, je me nomme...
A part.
— Voyons ?...
Il cherche.
Gaucher Mahiet. — Je suis un écolier...
Très-pauvre !
DAME BÉRARDE, *occupée en ce moment même à compter l'argent qu'il lui a donné.*
Est-il menteur !

Entrent dans la rue monsieur de Pienne et monsieur de Pardaillon, enveloppés de manteaux, une lanterne sourde à la main.

MONSIEUR DE PIENNE, *bas à monsieur de Pardaillan.*
C'est ici, chevalier !
DAME BÉRARDE, *bas, et descendant précipitamment la terrasse.*
J'entends quelqu'un dehors.
BLANCHE, *effrayée.*
C'est mon père peut-être !
DAME BÉRARDE, *au roi.*
Partez, monsieur !
LE ROI.
Que n'ai-je entre mes mains le traître
Qui me dérange ainsi !
BLANCHE, *à dame Bérarde.*
Fais-le vite passer
Par la porte du quai.
LE ROI, *à Blanche.*
Quoi ! déjà te laisser !
M'aimeras-tu demain ?
BLANCHE.
Et vous ?
LE ROI.
Ma vie entière !
BLANCHE.
Ah ! vous me tromperez, car je trompe mon père.
LE ROI.
Jamais ! — Un seul baiser, Blanche, sur tes beaux yeux.
DAME BÉRARDE, *à part.*
Mais c'est un embrasseur tout à fait furieux !
BLANCHE, *faisant quelque résistance.*
Non, non !

Le roi l'embrasse, et rentre avec dame Bérarde dans la maison.

Blanche reste quelque temps les yeux fixés sur la porte par où il est sorti ; puis elle rentre elle-même. Pendant ce temps-là, la rue se peuple de gentilshommes armés, couverts de manteaux et masqués. Monsieur de Gordes, monsieur de Cossé, messieurs de Montchenu, de Brion et de Montmorency, Clément Marot, rejoignent successivement monsieur de Pienne et monsieur de Pardaillan. La nuit est très-noire. La lanterne sourde de ces messieurs est bouchée. Ils se font entre eux des signes de reconnaissance, et se montrent la maison de Blanche. Un valet les suit portant une échelle.

SCÈNE V.

LES GENTILSHOMMES, puis TRIBOULET, puis BLANCHE.

Blanche reparaît par la porte du premier étage sur la terrasse. Elle tient à la main un flambeau qui éclaire son visage.

BLANCHE, *sur la terrasse.*
Gaucher Mahiet ! nom de celui que j'aime,
Grave-toi dans mon cœur !
MONSIEUR DE PIENNE, *aux gentilshommes.*
Messieurs, c'est elle-même !
MONSIEUR DE PARDAILLAN.
Voyons !
MONSIEUR DE GORDES, *dédaigneusement.*
Quelque beauté bourgeoise !
A monsieur de Pienne.
Je te plains
Si tu fais ton régal de femmes de vilains !

En ce moment Blanche se retourne, de façon que les gentilshommes peuvent la voir.

MONSIEUR DE PIENNE, *à monsieur de Gordes.*
Comment la trouves-tu ?
MAROT.
La vilaine est jolie !
MONSIEUR DE GORDES.
C'est une fée ! un ange ! une grâce accomplie !
MONSIEUR DE PARDAILLAN.
Quoi ! c'est là la maîtresse à messer Triboulet !
Le sournois !
MONSIEUR DE GORDES.
Le faquin !
MAROT.
La plus belle au plus laid.
C'est juste. — Jupiter aime à croiser les races.

Blanche rentre chez elle. On ne voit plus qu'une lumière à la fenêtre.

MONSIEUR DE PIENNE.
Messieurs, ne perdons pas notre temps en grimaces.
Nous avons résolu de punir Triboulet.
Or, nous sommes ici, tous, à l'heure qu'il est,
Avec notre rancune, et, de plus, une échelle.
Escaladons le mur et volons-lui sa belle ;
Portons la dame au Louvre, et que Sa Majesté
A son lever demain trouve cette beauté.
MONSIEUR DE COSSÉ.
Le roi mettra la main dessus, que je suppose.
MAROT.
Le diable à sa façon débrouillera la chose !
MONSIEUR DE PIENNE.
Bien dit. A l'œuvre !
MONSIEUR DE GORDES.
Au fait, c'est un morceau de roi.

Entre Triboulet.

TRIBOULET, *rêveur, au fond du théâtre.*
Je reviens... à quoi bon ? Ah ! je ne sais pourquoi !
MONSIEUR DE COSSÉ, *aux gentilshommes.*
Çà, trouvez-vous si bien, messieurs, que, brune et blonde,
Notre roi prenne ainsi la femme à tout le monde ?
Je voudrais bien savoir ce que le roi dirait
Si quelqu'un usurpait la reine.
TRIBOULET, *avançant de quelques pas.*
Oh ! mon secret !
— Ce vieillard m'a maudit ! — Quelque chose me trouble !
La nuit est si épaisse qu'il ne voit pas monsieur de Gordes près
de lui et qu'il le heurte en passant.
Qui va là ?
MONSIEUR DE GORDES, *revenant effaré, bas aux gentilshommes.*
Triboulet, messieurs !
MONSIEUR DE COSSÉ, *bas.*
Victoire double !
Tuons le traître !

LE ROI, à *Blanche.*
..... Quoi! déjà te laisser!
M'aimeras-tu demain?
(Page 23.)

MONSIEUR DE PIENNE.
Oh! non.
MONSIEUR DE COSSÉ.
Il est dans notre main.
MONSIEUR DE PIENNE.
Eh! nous ne l'aurions plus pour en rire demain!
MONSIEUR DE GORDES.
Oui, si nous le tuons, le tour n'est plus si drôle.
MONSIEUR DE COSSÉ.
Mais il va nous gêner.
MAROT.
Laissez-moi la parole.
Je vais arranger tout.
TRIBOULET, *qui est resté dans son coin aux aguets et l'oreille tendue.*
On s'est parlé tout bas.
MAROT, *approchant.*
Triboulet!
TRIBOULET, *d'une voix terrible.*
Qui va là?
MAROT.
Là! ne nous mange pas.

C'est moi.
TRIBOULET.
Qui, toi?
MAROT.
Marot.
TRIBOULET.
Ah! la nuit est si noire!
MAROT.
Oui, le diable s'est fait du ciel une écritoire.
TRIBOULET.
Dans quel but?...
MAROT.
Nous venons, ne l'as-tu pas pensé?
Enlever pour le roi madame de Cossé.
TRIBOULET, *respirant.*
Ah!... — très-bien!
MONSIEUR DE COSSÉ, *à part.*
Je voudrais lui rompre quelque membre!
TRIBOULET, *à Marot.*
Mais comment ferez-vous pour entrer dans sa chambre?
MAROT, *bas à monsieur de Cossé.*
Donnez-moi votre clé.

BLANCHE.
Mon père, à mon secours! ô mon père!...

Monsieur de Cossé lui passe la clef, qu'il transmet à Triboulet
Tiens, touche cette clé.
Y sens-tu le blason de Cossé ciselé?
TRIBOULET, *palpant la clef.*
Les trois feuilles de scie, oui.
A part.
Mon Dieu, suis-je bête!
Montrant le mur à gauche.
Voilà l'hôtel Cossé. Que diable avais-je en tête?
A Marot en lui rendant la clef
Vous enlevez sa femme au gros Cossé? j'en suis!
MAROT.
Nous sommes tous masqués.
TRIBOULET.
Eh bien! un masque!
Marot lui met un masque et ajoute au masque un bandeau, qu'il lui attache sur les yeux et sur les oreilles.
Et puis?
MAROT.
Tu nous tiendras l'échelle.

Les gentilshommes appliquent l'échelle au mur de la terrasse. Marot y conduit Triboulet, auquel il la fait tenir
TRIBOULET, *les mains sur l'échelle.*
Hum! êtes-vous en nombre?
Je n'y vois plus du tout.
MAROT.
C'est que la nuit est sombre.
Aux autres en riant.
Vous pouvez crier haut et marcher d'un pas lourd.
Le bandeau que voilà le rend aveugle et sourd.
Les gentilshommes montent l'échelle, enfoncent la porte du premier étage sur la terrasse, et pénètrent dans la maison. Un moment après, l'un d'eux reparaît dans la cour, dont il ouvre la porte en dedans; puis le groupe tout entier arrive à son tour dans la cour et franchit la porte, emportant Blanche, demi-nue et bâillonnée, qui se débat.
BLANCHE, *échevelée, dans l'éloignement.*
Mon père, à mon secours! ô mon père!
VOIX DE GENTILSHOMMES, *dans l'éloignement.*
Victoire!
Ils disparaissent avec Blanche.

TRIBOULET, *resté seul au bas de l'échelle.*
Çà, me font-ils ici faire mon purgatoire?
— Ont-ils bientôt fini? quelle dérision!
Il lâche l'échelle, porte la main à son masque et rencontre le bandeau.
J'ai les yeux bandés!
Il arrache son bandeau et son masque. A la lumière de la lanterne sourde qui a été oubliée à terre, il y voit quelque chose de blanc; il le ramasse et reconnaît le voile de sa fille : il se retourne; l'échelle est appliquée au mur de sa terrasse, la porte de sa maison est ouverte; il y entre comme un furieux, et reparaît un moment après traînant dame Bérarde bâillonnée et demi vêtue. Il la regarde avec stupeur, puis il s'arrache les cheveux en poussant quelques cris inarticulés. Enfin la voix lui revient.

Oh! la malédiction!
Il tombe évanoui.

III

LE ROI

ACTE TROISIÈME

L'antichambre du roi, au Louvre. — Dorures, ciselures, meubles, tapisseries, dans le goût de la renaissance. — Sur le devant de la scène, une table, un fauteuil, un pliant. — Au fond, une grande porte dorée — A gauche, la porte de la chambre à coucher du roi, revêtue d'une portière en tapisserie. — A droite, un dressoir chargé de vaisselle d'or et d'émaux — La porte du fond s'ouvre sur un mail.

SCÈNE PREMIÈRE.

LES GENTILSHOMMES.

MONSIEUR DE GORDES.
Maintenant arrangeons la fin de l'aventure.
MONSIEUR DE PARDAILLAN.
Il faut que Triboulet s'intrigue, se torture,
Et ne devine pas que sa belle est ici!
MONSIEUR DE COSSÉ.
Qu'il cherche sa maîtresse, oui, c'est fort bien! mais si
Les portiers cette nuit nous ont vus l'introduire?
MONSIEUR DE MONTCHENU.
Tous les huissiers du Louvre ont ordre de lui dire
Qu'ils n'ont point vu de femme entrer céans la nuit.
MONSIEUR DE PARDAILLAN.
De plus, un mien laquais, drôle aux ruses instruit,
Pour lui donner le change est allé sur sa porte
Dire aux gens du bouffon que, d'une et d'autre sorte,
Il avait vu traîner à l'hôtel d'Hautefort
Une femme à minuit qui se débattait fort.
MONSIEUR DE COSSÉ, *riant.*
Bon, l'hôtel d'Hautefort le jette loin du Louvre!
MONSIEUR DE GORDES.
Serrons bien sur ses yeux le bandeau qui les couvre.
MAROT.
J'ai ce matin au drôle envoyé ce billet :
Il tire un papier et lit.
« Je viens de t'enlever ta belle, ô Triboulet!
Je l'emmène, s'il faut t'en donner des nouvelles,
Hors de France avec moi. »
Tous rient.
MONSIEUR DE GORDES, *à Marot.*
Signé?
MAROT.
« Jean de Nivelles! »
Les éclats de rire redoublent.

MONSIEUR DE PARDAILLAN.
Oh! comme il va chercher!
MONSIEUR DE COSSÉ.
Je jouis de le voir!
MONSIEUR DE GORDES.
Qu'il va, le malheureux, avec son désespoir,
Ses poings crispés, ses dents de colère serrées,
Nous payer en un jour de dettes arriérées!
La porte latérale s'ouvre. Entre le roi, vêtu d'un magnifique négligé du matin. Il est accompagné de monsieur de Pienne. Tous les courtisans se rangent et se découvrent. Le roi et monsieur de Pienne rient aux éclats.
LE ROI, *désignant la porte du fond.*
Elle est là?
MONSIEUR DE PIENNE.
La maîtresse à Triboulet!
LE ROI.
Vraiment!
Dieu! souffler la maîtresse à mon fou! c'est charmant!
MONSIEUR DE PIENNE.
Sa maîtresse ou sa femme!
LE ROI, *à part.*
Une femme! une fille!
Je ne le savais pas si père de famille!
MONSIEUR DE PIENNE.
Le roi la veut-il voir?
LE ROI.
Pardieu!
Monsieur de Pienne sort, et revient un moment après soutenant Blanche, voilée et toute chancelante. Le roi s'assied nonchalamment dans son fauteuil.
MONSIEUR DE PIENNE, *à Blanche.*
Ma belle, entrez.
Vous tremblerez après tant que vous le voudrez.
Vous êtes près du roi.
BLANCHE, *toujours voilée.*
C'est le roi, ce jeune homme!
Elle court se jeter aux pieds du roi.
A la voix de Blanche, le roi tressaille et fait signe à tous de sortir.

SCÈNE II.

LE ROI, BLANCHE.

Le roi, resté seul avec Blanche, soulève le voile qui la cache.

LE ROI.
Blanche!
BLANCHE.
Gaucher Mahiet! ciel!
LE ROI, *éclatant de rire.*
Foi de gentilhomme!
Méprise ou fait exprès, je suis ravi du tour.
Vive Dieu! ma beauté, ma Blanche, mon amour,
Viens dans mes bras!
BLANCHE, *reculant.*
Le roi! le roi! Laissez-moi, sire,
Mon Dieu! je ne sais plus comment parler ni dire... —
Monsieur Gaucher Mahiet... — Non, vous êtes le roi.
Retombant à genoux.
Oh! qui que vous soyez, ayez pitié de moi.
LE ROI.
Avoir pitié de toi, Blanche! moi qui t'adore!
Ce que Gaucher disait, François le dit encore.
Tu m'aimes et je t'aime, et nous sommes heureux!
Être roi ne saurait gâter un amoureux.
Enfant! tu me croyais bourgeois, clerc, moins peut-être.
Parce que le hasard m'a fait un peu mieux naître,
Parce que je suis roi, ce n'est pas un motif
De me prendre en horreur subitement tout vif!
Je n'ai pas le bonheur d'être un manant, qu'importe!
BLANCHE, *à part.*
Comme il rit! O mon Dieu! je voudrais être morte!

LE ROI, *souriant et riant plus encore.*

Oh! les fêtes, les jeux, les danses, les tournois,
Les doux propos d'amour le soir au fond des bois,
Cent plaisirs que la nuit couvrira de son aile :
Voilà ton avenir, auquel le mien se mêle!
Oh! soyons deux amants, deux heureux, deux époux !
Il faut un jour vieillir; et la vie, entre nous,
Cette étoffe où, malgré les ans qui la morcellent,
Quelques instants d'amour par places étincellent!,
N'est qu'un triste haillon sans ces paillettes-là !
Blanche, j'ai réfléchi souvent à tout cela,
Et voici la sagesse : honorons Dieu le Père,
Aimons et jouissons, et faisons bonne chère !

BLANCHE, *atterrée et reculant.*

O mes illusions ! qu'il est peu ressemblant !

LE ROI.

Quoi ! me croyais-tu donc un amoureux tremblant,
Un cuistre, un de ces fous lugubres et sans flammes,
Qui pensent qu'il suffit, pour que toutes les femmes,
Et tous les cœurs charmés se rendent devant eux,
De pousser des soupirs avec un air piteux?

BLANCHE, *le repoussant.*

Laissez-moi ! — Malheureuse!

LE ROI.

Oh ! sais-tu qui nous sommes ?
La France, un peuple entier, quinze millions d'hommes,
Richesse, honneurs, plaisirs, pouvoir sans frein ni loi,
Tout est pour moi, tout est à moi, je suis le roi !
Eh bien ! du souverain tu seras souveraine.
Blanche, je suis le roi ; toi, tu seras la reine!

BLANCHE.

La reine ! et votre femme ?

LE ROI, *riant.*

Innocence ! ô vertu !
Ah ! ma femme n'est pas ma maitresse, vois-tu !

BLANCHE.

Votre maitresse ! oh ! non ! quelle honte !

LE ROI.

La fière !

BLANCHE.

Je ne suis pas à vous, non, je suis à mon père !

LE ROI.

Ton père ! mon bouffon ! mon fou ! mon Triboulet !
Ton père ! il est à moi ! j'en fais ce qui me plait !
Il veut ce que je veux '

BLANCHE, *pleurant amèrement et la tête dans ses mains.*

O Dieu ! mon pauvre père!

Quoi ! tout est donc à vous ?

Elle sanglote. Il se jette à ses pieds pour la consoler.

LE ROI, *avec un accent attendri.*

Blanche! oh ! tu m'es bien chère!
Blanche, ne pleure plus ! Viens sur mon cœur.

BLANCHE. *résistant.*

Jamais !

LE ROI, *tendrement.*

Tu ne m'as pas encor redit que tu m'aimais.

BLANCHE.

Oh ! c'est fini!

LE ROI.

Je t'ai, sans le vouloir, blessée.
Ne sanglote donc pas comme une délaissée.
Oh! plutôt que de faire ainsi pleurer tes yeux,
J'aimerais mieux mourir, Blanche! j'aimerais mieux
Passer dans mon royaume et dans ma seigneurie
Pour un roi sans courage et sans chevalerie!
Un roi qui fait pleurer une femme ! ô mon Dieu !
Lâcheté !

BLANCHE, *égarée et sanglotant.*

N'est-ce pas, tout ceci n'est qu'un jeu?
Si vous êtes le roi, j'ai mon père. Il me pleure.
Faites-moi ramener près de lui. Je demeure
Devant l'hôtel Cossé. Mais vous le savez bien.
Oh ! qui donc êtes-vous? je n'y comprends plus rien.
Comme ils m'ont emportée avec des cris de fête !
Tout ceci comme un rêve est brouillé dans ma tête!

Pleurant.

Je ne sais même plus, vous que j'ai cru si doux,
Si je vous aime encor !

Reculant avec un mouvement d'horreur.

Vous roi ! — J'ai peur de vous!

LE ROI, *cherchant à la prendre dans ses bras.*

Je vous fais peur, méchante !

BLANCHE, *le repoussant.*

Oh ! laissez-moi !

LE ROI, *la serrant de plus près.*

Qu'entends-je?
Un baiser de pardon !

BLANCHE, *se débattant.*

Non !

LE ROI, *riant, à part.*

Quelle fille étrange !

BLANCHE, *s'échappant de ses bras.*

Laissez-moi ! — Cette porte !...

Elle aperçoit la porte de la chambre du roi ouverte, s'y précipite, et la referme violemment sur elle.

LE ROI, *prenant une petite clef d'or à sa ceinture.*

Oh ! j'ai la clef sur moi.

Il ouvre la porte, la pousse vivement, entre, et la referme sur lui.

MAROT, *en observation à la porte du fond depuis quelques instants. Il rit.*

Elle se réfugie en la chambre du roi !
O la pauvre petite!

Appelant monsieur de Gordes.

Hé ! comte.

SCÈNE III.

MAROT, puis LES GENTILSHOMMES, ensuite TRIBOULET.

MONSIEUR DE GORDES, *à Marot.*

Est-ce qu'on rentre ?

MAROT.

Le lion a traîné la brebis dans son antre.

MONSIEUR DE PARDAILLAN, *sautant de joie.*

Oh! pauvre Triboulet !

MONSIEUR DE PIENNE, *qui est resté à la porte, et qui a les yeux fixés vers le dehors.*

Chut ! le voici!

MONSIEUR DE GORDES, *bas aux seigneurs.*

Tout doux !

MAROT.

Messieurs, je suis le seul qu'il puisse reconnaitre.
Il n'a parlé qu'à moi.

MONSIEUR DE PIENNE.

Ne faisons rien paraitre.

Entre Triboulet. Rien ne paraît changé en lui Il a le costume et l'air indifférent du bouffon. Seulement il est très pâle.

MONSIEUR DE PIENNE, *ayant l'air de poursuivre une conversation commencée et faisant des yeux aux plus jeunes gentilshommes, qui compriment des rires étouffés en voyant Triboulet.*

Oui, messieurs, c'est alors, — Hé ! bonjour, Triboulet ! —
Qu'on fit cette chanson en forme de couplet :

Il chante:

Quand Bourbon vit Marseille,
Il a dit à ses gens:
Vrai Dieu! quel capitaine
Trouverons nous dedans !

TRIBOULET, *continuant la chanson.*

Au mont de la Coulombe
Le passage est étroit,
Montèrent tous ensemble
En soufflant à leurs doigts.

Rires et applaudissements ironiques.

TOUS.
Parfait!
TRIBOULET, *qui s'est avancé lentement jusque sur le devant du théâtre, à part.*
Où peut-elle être?
Il se remet à fredonner.
Montèrent tous ensemble
En soufflant à leurs doigts.
MONSIEUR DE GORDES, *applaudissant.*
Ah! Triboulet, bravo!
TRIBOULET, *examinant tous ces visages qui rient autour de lui. — A part.*
Ils ont tous fait le coup, c'est sûr!
MONSIEUR DE COSSÉ, *frappant sur l'épaule de Triboulet avec un gros rire.*
Quoi de nouveau, Bouffon?
TRIBOULET, *aux autres, montrant monsieur de Cossé.*
Ce gentilhomme est lugubre à voir rire.
Contrefaisant monsieur de Cossé.
— Quoi de nouveau, bouffon?
MONSIEUR DE COSSÉ, *riant toujours.*
Oui, que viens-tu nous dire?
TRIBOULET, *le regardant de la tête aux pieds.*
Que si vous vous mettez à faire le charmant
Vous allez devenir encor plus assommant.

Pendant toute la première partie de la scène, Triboulet a l'air de chercher, d'examiner, de fureter. Le plus souvent son regard seul indique cette préoccupation. Quelquefois, quand il croit qu'on n'a pas l'œil sur lui, il déplace un meuble, il tourne le bouton d'une porte pour voir si elle est fermée. Du reste, il cause avec tous, comme à son habitude, d'une manière railleuse, insouciante et dégagée. Les gentilshommes, de leur côté, ricanent entre eux et se font des signes, tout en parlant de choses et d'autres.

Où l'ont-ils cachée? — Oh! si je la leur demande,
Ils se riront de moi!
Accostant Marot d'un air riant.
Marot, ma joie est grande
Que tu ne te sois pas cette nuit enrhumé.
MAROT, *jouant la surprise.*
Cette nuit?
TRIBOULET, *clignant de l'œil d'un air d'intelligence.*
Un bon tour, et dont je suis charmé!
MAROT.
Quel tour?
TRIBOULET, *hochant la tête.*
Oui!
MAROT, *d'un air candide.*
Je me suis, pour toutes aventures,
Le couvre-feu sonnant, mis sous mes couvertures,
Et le soleil brillait quand je me suis levé.
TRIBOULET.
Ah! tu n'es pas sorti cette nuit? J'ai rêvé!
Il aperçoit un mouchoir sur la table et se jette dessus.
MONSIEUR DE PARDAILLAN, *bas à monsieur de Pienne.*
Tiens, duc, de mon mouchoir il regarde la lettre.
TRIBOULET, *laissant tomber le mouchoir, à part.*
Non, ce n'est pas le sien.
MONSIEUR DE PIENNE, *à quelques jeunes gens qui rient au fond.*
Messieurs!
TRIBOULET, *à part.*
Où peut-elle être?
MONSIEUR DE PIENNE, *à monsieur de Gordes.*
Qu'avez-vous donc à rire ainsi?
MONSIEUR DE GORDES, *montrant Marot.*
Pardieu, c'est lui
Qui nous fait rire!
TRIBOULET, *à part.*
Ils sont bien joyeux aujourd'hui!
MONSIEUR DE GORDES, *à Marot, en riant.*
Ne me regarde pas de cet air malhonnête,
Ou je vais te jeter Triboulet à la tête.

TRIBOULET, *à monsieur de Pienne.*
Le roi n'est pas encore éveillé!
MONSIEUR DE PIENNE.
Non, vraiment!
TRIBOULET.
Se fait-il quelque bruit dans son appartement?
Il veut approcher de la porte. Monsieur de Pardaillan le retient.
MONSIEUR DE PARDAILLAN.
Ne va pas réveiller Sa Majesté!
MONSIEUR DE GORDES, *à monsieur de Pardaillan.*
Vicomte!
Ce faquin de Marot nous fait un plaisant conte!
Les trois Guy, revenus, ma foi, l'on ne sait d'où,
Ont trouvé l'autre nuit, — qu'en dit ce maître fou? —
Leurs femmes, toutes trois, avec d'autres...
MAROT.
Cachées.
TRIBOULET.
Les morales du temps se font si relâchées!
MONSIEUR DE COSSÉ.
Les femmes, c'est si traître!
TRIBOULET, *à monsieur de Cossé.*
Oh! prenez garde!
MONSIEUR DE COSSÉ.
Quoi?
TRIBOULET.
Prenez garde, monsieur de Cossé!
MONSIEUR DE COSSÉ.
Quoi?
TRIBOULET.
Je voi
Quelque chose d'affreux qui vous pend à l'oreille.
MONSIEUR DE COSSÉ.
Quoi donc?
TRIBOULET, *lui riant au nez.*
Une aventure absolument pareille!
MONSIEUR DE COSSÉ, *le menaçant avec colère.*
Hun!
TRIBOULET.
Messieurs, l'animal est, vraiment, curieux.
Voilà le cri qu'il fait quand il est furieux.
Contrefaisant monsieur de Cossé.
— Hun!
Tous rient. Entre un gentilhomme à la livrée de la reine.
MONSIEUR DE PIENNE.
Qu'est-ce, Vaudragon?
LE GENTILHOMME.
La reine ma maîtresse
Demande à voir le roi pour affaire qui presse.
Monsieur de Pienne lui fait signe que la chose est impossible, le gentilhomme insiste.
Madame de Brézé n'est pas chez lui pourtant.
MONSIEUR DE PIENNE, *avec impatience.*
Le roi n'est pas levé.
LE GENTILHOMME.
Comment, duc! dans l'instant
Il était avec vous.
MONSIEUR DE PIENNE, *dont l'humeur redouble, et qui fait au gentilhomme des signes que celui-ci ne comprend pas, et que Triboulet observe avec une attention profonde.*
Le roi chasse!
LE GENTILHOMME.
Sans pages
Et sans piqueurs alors; car tous ses équipages
Sont là.
MONSIEUR DE PIENNE, *à part.*
Diable!
Parlant au gentilhomme entre deux yeux et avec colère.
On vous dit, comprenez-vous ceci?
Que le roi ne peut voir personne!
TRIBOULET, *éclatant et d'une voix de tonnerre.*
Elle est ici!
Elle est avec le roi!
Étonnement dans les gentilshommes.

MONSIEUR DE GORDES.
Qu'a-t-il donc? il délire!

Elle!

TRIBOULET.
Oh! vous savez bien, messieurs, qui je veux dire!
Ce n'est pas une affaire à me dire : Va-t'en!
— La femme qu'à vous tous, Cossé, Pienne et Satan,
Brion, Montmorency!... la femme désolée
Que vous avez hier dans ma maison volée,
— Monsieur de Pardaillan, vous en étiez aussi! —
Oh! je la reprendrai, messieurs! — Elle est ici!

MONSIEUR DE PIENNE, *riant.*
Triboulet a perdu sa maîtresse! — gentille
Ou laide, qu'il la cherche ailleurs.

TRIBOULET, *effrayant.*
Je veux ma fille!

TOUS.
Sa fille!

Mouvement de surprise.

TRIBOULET, *croisant les bras.*
C'est ma fille! — Oui, riez maintenant!
Ah! vous restez muets! vous trouvez surprenant
Que ce bouffon soit père et qu'il ait une fille?
Les loups et les seigneurs n'ont-ils pas leur famille?
Ne puis-je avoir aussi la mienne? Allons! assez!

D'une voix terrible.
Que si vous plaisantiez, c'est charmant, finissez!
Ma fille, je la veux, voyez-vous! — Oui, l'on cause.
On chuchote, on se parle en riant de la chose.
Moi, je n'ai pas besoin de votre air triomphant.
Messeigneurs, je vous dis qu'il me faut mon enfant!

Il se jette sur la porte du roi.
Elle est là!

Tous les gentilshommes se placent devant la porte, et l'empêchent.

MAROT.
Sa folie en furie est tournée.

TRIBOULET, *reculant avec désespoir.*
Courtisans! courtisans! démons! race damnée!
C'est donc vrai qu'ils m'ont pris ma fille, ces bandits!
— Une femme à leurs yeux, ce n'est rien, je vous dis!
Quand le roi, pour bonheur, est un roi de débauches,
Les femmes des seigneurs, lorsqu'ils ne sont pas gauches,
Les servent fort. — L'honneur d'une vierge, pour eux,
C'est un luxe inutile, un trésor onéreux.
Une femme est un champ qui rapporte, une ferme
Dont le royal loyer se paye à chaque terme.
Ce sont mille faveurs pleuvant on ne sait d'où,
C'est un gouvernement, un collier sur le cou,
Un tas d'accroissements que sans cesse on augmente!

Les regardant tous en face.
— En est-il parmi vous un seul qui me démente?
N'est-ce pas que c'est vrai, messeigneurs? — En effet.

Il va de l'un à l'autre.
Vous lui vendriez tous, si ce n'est déjà fait,
Pour un nom, pour un titre, ou toute autre chimère,

A monsieur de Brion.
Toi, ta femme, Brion!

A monsieur de Gordes.
Toi, ta sœur!

Au jeune page Pardaillan.
Toi, ta mère!

Un page se verse un verre de vin au buffet, et se met à boire en fredonnant :

Quand Bourbon vit Marseille,
Il a dit à ses gens :
Vrai Dieu! quel capitaine...

TRIBOULET, *se retournant.*
Je ne sais à quoi tient, vicomte d'Aubusson,
Que je te brise aux dents ton verre et ta chanson!

A tous.
Qui le croirait? des ducs et pairs, des grands d'Espagne,
O honte! un Vermandois qui vient de Charlemagne,
Un Brion, dont l'aïeul était duc de Milan,
Un Gordes-Simiane, un Pienne, un Pardaillan,
Vous, un Montmorency! les plus grands noms qu'on nomme,
Avoir été voler sa fille à ce pauvre homme!
— Non, il n'appartient point à ces grandes maisons
D'avoir des cœurs si bas sous d'aussi fiers blasons!
Non, vous n'en êtes pas! — Au milieu des huées,
Vos mères aux laquais se sont prostituées!
Vous êtes tous bâtards!

MONSIEUR DE GORDES.
Ah çà, drôle!

TRIBOULET.
Combien
Le roi vous donne-t-il pour lui vendre mon bien?
Il a payé le coup, dites!

S'arrachant les cheveux.
Moi qui n'ai qu'elle!
— Si je voulais. — Sans doute. — Elle est jeune, elle est belle!
Certe, il me la paîrait!

Les regardant tous
Est-ce que votre roi
S'imagine qu'il peut quelque chose pour moi?
Peut-il couvrir mon nom d'un nom comme les vôtres?
Peut-il me faire beau, bien fait, pareil aux autres?
— Enfer! il m'a tout pris! — Oh! que ce tour charmant
Est vil, atroce, horrible, et s'est fait lâchement!
Scélérats! assassins! vous êtes des infâmes,
Des voleurs, des bandits, des tourmenteurs de femmes!
Messeigneurs, il me faut ma fille! il me la faut
A la fin! allez-vous me la rendre bientôt?
— Oh! voyez cette main, — main qui n'a rien d'illustre,
Main d'un homme du peuple, et d'un serf, et d'un rustre,
Cette main qui paraît désarmée aux rieurs,
Et qui n'a pas d'épée, a des ongles, messieurs!
— Voici longtemps déjà que j'attends, il me semble!
Rendez-la-moi! — La porte! ouvrez-la!

Il se jette de nouveau en furieux sur la porte, que défendent tous les gentilshommes. Il lutte contre eux quelque temps et revient enfin tomber sur le devant du théâtre, épuisé, haletant, à genoux.

Tous ensemble
Contre moi! dix contre un!

Fondant en larmes et en sanglots.
Hé bien! je pleure, oui!

A Marot.
Marot, tu t'es de moi bien assez réjoui.
Si tu gardes une âme, une tête inspirée,
Un cœur d'homme du peuple, encor, sous ta livrée,
Où me l'ont-ils cachée, et qu'en ont-ils fait, dis!
Elle est là, n'est-ce pas? Oh! parmi ces maudits,
Faisons cause commune en frères que nous sommes!
Toi seul as de l'esprit dans tous ces gentilshommes.
Marot! mon bon Marot! — Tu te tais!

Se traînant vers les seigneurs.
Oh! voyez!
Je demande pardon, messeigneurs, sous vos pieds!
Je suis malade... Ayez pitié, je vous en prie!
— J'aurais un autre jour mieux pris l'espiéglerie.
Mais, voyez-vous, souvent j'ai, quand je fais un pas,
Bien des maux dans le corps dont je ne parle pas.
On a comme cela ses mauvaises journées
Quand on est contrefait. — Depuis bien des années,
Je suis votre bouffon : je demande merci!
Grâce! ne brisez pas votre hochet ainsi!
Ce pauvre Triboulet qui vous a tant fait rire!
Vraiment, je ne sais plus maintenant que vous dire!
Rendez-moi mon enfant, messeigneurs, rendez-moi
Ma fille, qu'on me cache en la chambre du roi!
Mon unique trésor! — Mes bons seigneurs, par grâce!
Qu'est-ce que vous voulez à présent que je fasse
Sans ma fille? — Mon sort est déjà si mauvais!

C'était la seule chose au monde que j'avais !
Tous gardent le silence. Il se relève désespéré.
Ah Dieu ! vous ne savez que rire ou que vous taire !
C'est donc un grand plaisir de voir un pauvre père
Se meurtrir la poitrine, et s'arracher du front
Des cheveux que deux nuits pareilles blanchiront !
La porte de la chambre du roi s'ouvre brusquement. Blanche en sort, éperdue, égarée, en désordre ; elle vient tomber dans les bras de son père avec un cri terrible.

BLANCHE.
Mon père ! ah !
TRIBOULET, *la serrant dans ses bras.*
Mon enfant ! ah ! c'est elle ! ah ! ma fille !
Ah ! messieurs !
Suffoqué de sanglots et riant au travers.
Voyez-vous, c'est toute ma famille,
Mon ange ! — Elle de moins, quel deuil dans ma maison !
— Messeigneurs, n'est-ce pas que j'avais bien raison,
Qu'on ne peut m'en vouloir des sanglots que je pousse,
Et qu'une telle enfant, si charmante et si douce,
Qu'à la voir seulement on deviendrait meilleur,
Cela ne se perd pas sans des cris de douleur !
A Blanche.
— Ne crains plus rien, — C'était une plaisanterie,
C'était pour rire. — Ils l'ont fait bien peur, je parie.
Mais ils sont bons. — Ils ont vu comme je t'aimais.
Blanche, ils nous laisseront tranquilles désormais.
Aux seigneurs.
— N'est-ce pas ?
A Blanche en la serrant dans ses bras.
— Quel bonheur de te revoir encore !
J'ai tant de joie au cœur, que maintenant j'ignore
Si ce n'est pas heureux, — je ris, moi qui pleurais ! —
De te perdre un moment pour te ravoir après !
La regardant avec inquiétude.
— Mais pourquoi pleurer, toi ?
BLANCHE, *voilant dans ses mains son visage couvert de larmes et de rougeur.*
Malheureux que nous sommes !
La honte...
TRIBOULET, *tressaillant.*
Que dis-tu ?
BLANCHE, *cachant sa tête dans la poitrine de son père.*
Pas devant tous ces hommes !
Rougir devant vous seul !
TRIBOULET, *se tournant avec un tremblement de rage vers la porte du roi.*
Oh ! l'infâme ! — elle aussi !
BLANCHE, *sanglotant et tombant à ses pieds.*
Rester seule avec vous !
TRIBOULET, *faisant trois pas, et balayant du geste tous les seigneurs interdits.*
Allez-vous-en d'ici !
Et, si le roi François par malheur se hasarde
A passer près d'ici,
A monsieur de Vermandois.
vous êtes de sa garde,
Dites-lui de ne pas entrer, — que je suis là.
MONSIEUR DE PIENNE.
On n'a jamais rien vu de fou comme cela.
MONSIEUR DE GORDES, *lui faisant signe de se retirer.*
Aux fous comme aux enfants on cède quelque chose.
Veillons pourtant, de peur d'accident.
Ils sortent.
TRIBOULET, *s'asseyant sur le fauteuil du roi et relevant sa fille.*
Allons, cause,
Dis-moi tout. —
Il se retourne, et, apercevant monsieur de Cossé, qui est resté, il se lève à demi en lui montrant la porte.
M'avez-vous entendu, monseigneur ?

MONSIEUR DE COSSÉ, *tout en se retirant comme subjugué par l'ascendant du bouffon.*
Ces fous, cela se croit tout permis, en honneur !
Il sort.

SCÈNE IV.
BLANCHE, TRIBOULET.

TRIBOULET, *grave.*
Parle à présent.
BLANCHE, *les yeux baissés, interrompue de sanglots.*
Mon père, il faut que je vous conte
Qu'il s'est hier glissé dans la maison...
Pleurant, et les mains sur ses yeux.
J'ai honte !
Triboulet la serre dans ses bras et lui essuie le front avec tendresse.
Depuis longtemps, — j'aurais dû vous parler plus tôt, —
Il me suivait. —
S'interrompant encore.
Il faut reprendre de plus haut.
— Il ne me parlait pas. — Il faut que je vous dise
Que ce jeune homme allait le dimanche à l'église...
TRIBOULET.
Oui ! le roi !
BLANCHE, *continuant.*
Que toujours, pour être vu, je crois,
Il remuait ma chaise en passant près de moi.
D'une voix de plus en plus faible.
Hier, dans la maison il a su s'introduire...
TRIBOULET.
Que je t'épargne au moins l'angoisse de tout dire !
Je devine le reste ! —
Il se lève.
O douleur ! il a pris,
Pour en marquer ton front, l'opprobre et le mépris !
Son haleine a souillé l'air pur qui t'environne !
Il a brutalement effeuillé ta couronne !
Blanche ! ô mon seul asile en l'état où je suis !
Jour qui me réveillais au sortir de leurs nuits !
Ame par qui mon âme à la vertu remonte !
Voile de dignité déployé sur ma honte !
Seul abri du maudit à qui tout dit adieu !
Ange oublié chez moi par la pitié de Dieu !
Ciel ! perdue, enfouie, en cette boue immonde,
La seule chose sainte où je crusse en ce monde !
Que vais-je devenir après ce coup fatal,
Moi qui dans cette cour, prostituée au mal,
Hors de moi comme en moi, ne voyais sur la terre
Que vice, effronterie, impudeur, adultère,
Infamie et débauche, et n'avais sous les cieux
Que ta virginité pour reposer mes yeux ! —
Je m'étais résigné, j'acceptais ma misère,
Les pleurs, l'abjection profonde et nécessaire,
L'orgueil qui toujours saigne au fond du cœur brisé,
Le rire du mépris sur mes maux aiguisé,
Oui, toutes ces douleurs où la honte se mêle,
J'en voulais bien pour moi, mon Dieu, mais non pour elle !
Plus j'étais tombé bas, plus je la voulais haut.
Il faut bien un autel auprès d'un échafaud.
L'autel est renversé ! — Cache ton front, — oui, pleure.
Chère enfant ! je t'ai fait trop parler tout à l'heure,
N'est-ce pas ? pleure bien. — Une part des douleurs,
A ton âge, parfois, s'écoule avec les pleurs. —
Verse tout, si tu peux, dans le cœur de ton père !
Rêvant.
Blanche, quand j'aurai fait ce qui me reste à faire,
Nous quitterons Paris. — Si j'échappe pourtant !
Rêvant toujours.
Quoi ! suffit-il d'un jour pour que tout change tant ?
Se relevant avec fureur.
O malédiction ! qui donc m'aurait pu dire

Que cette cour infâme, effrénée, en délire,
Qui va, qui court, broyant et la femme et l'enfant,
Echappée à travers tout ce que Dieu défend,
N'effaçant un forfait que par un plus étrange,
Eparpillant au loin du sang et de la fange,
Irait, jusque dans l'ombre où tu fuyais leurs yeux,
Eclabousser ce front chaste et religieux!
                Se tournant vers la chambre du roi.
O roi François premier! puisse Dieu qui m'écoute
Te faire trébucher bientôt dans cette route!
Puisse s'ouvrir demain le sépulcre où tu cours!
        BLANCHE, *levant les yeux au ciel. A part.*
O Dieu! n'écoutez pas, car je l'aime toujours!

Bruit de pas au fond du théâtre; dans la galerie extérieure paraît un cortège de soldats et de gentilshommes. A leur tête, monsieur de Pienne.

        MONSIEUR DE PIENNE, *appelant.*
Monsieur de Montchenu, faites ouvrir la grille
Au sieur de Saint-Vallier qu'on mène à la Bastille.

Le groupe de soldats défile deux à deux au fond. Au moment où monsieur de Saint-Vallier, qu'ils entourent, passe devant la porte, il s'y arrête et se tourne vers la chambre du roi.

        MONSIEUR DE SAINT-VALLIER, *d'une voix haute.*
Puisque, par votre roi d'outrages abreuvé,
Ma malédiction n'a pas encor trouvé
Ici-bas ni là-haut de voix qui me réponde,
Pas une foudre au ciel, pas un bras d'homme au monde,
Je n'espère plus rien. Ce roi prospérera.
        TRIBOULET, *relevant la tête et le regardant en face.*
Comte, vous vous trompez! — Quelqu'un vous vengera!

IV

BLANCHE

ACTE QUATRIÈME

Une grève déserte au bord de la Seine, au-dessous de Saint-Germain. — A droite, une masure misérablement meublée de grosses poteries et d'escabeaux de chêne, avec un premier étage en grenier où l'on distingue un grabat par la fenêtre. La devanture de cette masure tournée vers le spectateur est tellement à jour, qu'on en voit tout l'intérieur. Il y a une table, une cheminée, et au fond un roide escalier qui mène au grenier. Celle des faces de cette masure qui est à la gauche de l'acteur est percée d'une porte qui s'ouvre en dedans. Le mur est mal joint, troué de crevasses et de fentes, et il est facile de voir au travers ce qui se passe dans la maison. Il y a un judas grillé à la porte, qui est recouverte au dehors d'un auvent et surmontée d'une enseigne d'auberge. — Le reste du théâtre représente la grève. — A gauche, il y a un vieux parapet en ruine au bas duquel coule la Seine, et dans lequel est scellé le support de la cloche du bac. — Au fond, au delà de la rivière, le bois du Vésinet. A droite, un détour de la Seine laisse voir la colline de Saint-Germain avec la ville et le château dans l'éloignement.

SCÈNE PREMIÈRE.

TRIBOULET, BLANCHE, en dehors; SALTABADIL, dans la maison.

Pendant toute cette scène, Triboulet doit avoir l'air inquiet et préoccupé d'un homme qui craint d'être dérangé, vu et surpris. Il doit regarder souvent autour de lui, et surtout du côté de la masure. Saltabadil, assis dans l'auberge, près d'une table, s'occupe à fourbir son ceinturon, sans rien entendre de ce qui se passe à côté.

                TRIBOULET.
Et tu l'aimes?
                BLANCHE.
Toujours!

                TRIBOULET.
                    Je t'ai pourtant laissé
Tout le temps de guérir cet amour insensé.
                BLANCHE.
Je l'aime.
                TRIBOULET.
                O pauvre cœur de femme! — Mais explique
Tes raisons pour l'aimer.
                BLANCHE.
                    Je ne sais.
                TRIBOULET.
                            C'est unique!
C'est étrange!
                BLANCHE.
            Oh! non pas. C'est bien cela qui fait
Justement que je l'aime. On rencontre en effet
Des hommes quelquefois qui vous sauvent la vie,
Des maris qui vous font riche et digne d'envie. —
Les aime-t-on toujours? — Lui ne m'a fait, je croi,
Que du mal, et je l'aime, et j'ignore pourquoi.
Tenez, c'est à ce point qu'il n'est rien que j'oublie,
Et que, s'il le fallait, — voyez quelle folie! —
Lui qui m'est si fatal, vous qui m'êtes si doux,
Mon père, je mourrais pour lui comme pour vous!
                TRIBOULET.
Je te pardonne, enfant!
                BLANCHE.
                    Mais, écoutez, il m'aime.
                TRIBOULET.
Non! — Folle!
                BLANCHE.
            Il me l'a dit! il me l'a juré même!
Et puis il dit si bien, et d'un air si vainqueur,
De ces choses d'amour qui vous prennent au cœur!
Et puis il a des yeux si doux pour une femme!
C'est un roi brave, illustre et beau!
                TRIBOULET, *éclatant.*
                            C'est un infâme!
Il ne sera pas dit, le lâche suborneur,
Qu'il m'ait impunément arraché mon bonheur!
                BLANCHE.
Vous aviez pardonné, mon père...
                TRIBOULET.
                            Au sacrilège!
Il me fallait le temps de construire le piège.
Voilà.
                BLANCHE.
    Depuis un mois, — je vous parle en tremblant, —
Vous avez l'air d'aimer le roi.
                TRIBOULET.
                        Je fais semblant.
— Je te vengerai, Blanche!
                BLANCHE, *joignant les mains.*
                        Epargnez-moi, mon père!
                TRIBOULET.
Te viendrait-il du moins au cœur quelque colère
S'il te trompait?
                BLANCHE.
            Lui? non. Je ne crois pas cela.
                TRIBOULET.
Et si tu le voyais de ces yeux que voilà?
Dis, s'il ne t'aimait plus, tu l'aimerais encore?
                BLANCHE.
Je ne sais pas. — Il m'aime, il me dit qu'il m'adore.
Il me l'a dit hier.
                TRIBOULET, *amèrement.*
                A quelle heure?
                BLANCHE.
                        Hier soir.
                TRIBOULET.
Eh bien! regarde donc, et vois si tu peux voir!
Il désigne à Blanche une des crevasses du mur de la maison: elle regarde.
                BLANCHE, *bas.*
Je ne vois rien qu'un homme.
                TRIBOULET, *baissant aussi la voix.*
                        Attends un peu.

LE ROI.
L'ami, ton ceinturon deviendrait bien plus clair,
Si tu l'allais un peu nettoyer en plein air.

Le roi, vêtu en simple officier, paraît dans la salle basse de l'hôtellerie. Il entre par une petite porte qui communique avec quelque chambre voisine.

BLANCHE, *tressaillant*.
Mon père !

Pendant toute la scène qui suit, elle demeure collée à la crevasse du mur, regardant, écoutant tout ce qui se passe dans l'intérieur de la salle, inattentive à tout le reste, agitée par moments d'un tremblement convulsif.

SCÈNE II.

LES MÊMES, LE ROI, MAGUELONNE.

Le roi frappe sur l'épaule de Saltabadil, qui se retourne, dérangé brusquement dans son opération.

LE ROI.
Deux choses sur-le-champ.
SALTABADIL.
Quoi ?

LE ROI.
Ta sœur et mon verre.
TRIBOULET, *dehors*.
Voilà ses mœurs. Ce roi par la grâce de Dieu
Se risque souvent seul dans plus d'un méchant lieu,
Et le vin qui le mieux le grise et le gouverne
Est celui que lui verse une Hébé de taverne.

LE ROI, *dans le cabaret, chantant.*

Souvent femme varie,
Bien fol est qui s'y fie !
Une femme souvent
N'est qu'une plume au vent !

Saltabadil est allé silencieusement chercher dans la pièce voisine une bouteille et un verre, qu'il apporte sur la table. Puis il frappe deux coups au plafond avec le pommeau de sa longue épée. A ce signal, une belle jeune fille, vêtue en bohémienne, leste et riante, descend l'escalier en sautant. Dès qu'elle entre, le roi cherche à l'embrasser ; mais elle lui échappe.

LE ROI, *à Saltabadil, qui s'est remis gravement à frotter son baudrier*.

L'ami, ton ceinturon deviendrait bien plus clair,

TRIBOULET.
Non, je veux l'y jeter moi-même...
(Page 34.)

Si tu l'allais un peu nettoyer en plein air.
SALTABADIL.
Je comprends.
Il se lève, salue gauchement le roi, ouvre la porte du dehors, et sort en la refermant après lui. Une fois hors de la maison, il aperçoit Triboulet, vers qui il se dirige d'un air de mystère. Pendant les quelques paroles qu'ils échangent, la jeune fille fait des agaceries au roi, et Blanche observe avec terreur. — Bas à Triboulet, désignant du doigt la maison.
Voulez-vous qu'il vive ou bien qu'il meure ?
Votre homme est dans nos mains. — Là.
TRIBOULET.
Reviens tout à l'heure.
Il lui fait signe de s'éloigner. Saltabadil disparaît à pas lents derrière le vieux parapet. Pendant ce temps là, le roi lutine la jeune bohémienne, qui le repousse en riant.
MAGUELONNE, *que le roi veut embrasser.*
Nenni.
LE ROI.
Bon. Dans l'instant, pour te serrer de près,
Tu m'as très-fort battu. Nenni, c'est un progrès.
Nenni, c'est un grand pas. — Toujours elle recule !
— Causons.—

La bohémienne se rapproche.
Voilà huit jours, — c'est à l'hôtel d'Hercule...
— Qui m'avait mené là ? mons Triboulet, je crois, —
Que j'ai vu tes beaux yeux pour la première fois.
Or, depuis ces huit jours, belle enfant, je t'adore.
Je n'aime que toi seule !
MAGUELONNE, *riant.*
Et vingt autres encore !
Monsieur, vous m'avez l'air d'un libertin parfait !
LE ROI, *riant aussi.*
Oui, j'ai fait le malheur de plus d'une, en effet.
C'est vrai, je suis un monstre.
MAGUELONNE.
Oh ! le fat !
LE ROI.
Je t'assure.
Çà, tu m'as ce matin mené dans ta masure,
Méchante hôtellerie où l'on dîne fort mal
Avec du vin que fait ton frère, un animal
Fort laid, et qui doit être un drôle bien farouche
D'oser montrer son mufle à côté de ta bouche.
C'est égal, je prétends y passer cette nuit.

MAGUELONNE, *à part.*
Bon, cela va tout seul.
　　　Au roi, qui veut encore l'embrasser.
　　　　　Laissez-moi!
　　　　　LE ROI.
　　　　　　　Que de bruit!
　　　　　MAGUELONNE.
Soyez sage!
　　　　　LE ROI.
　　Voici la sagesse, ma chère :
— Aimons, et jouissons, et faisons bonne chère.
Je pense là-dessus comme feu Salomon.
　　　　　MAGUELONNE.
Tu vas au cabaret plus souvent qu'au sermon.
　　　LE ROI, *lui tendant les bras.*
Maguelonne!
　　　　MAGUELONNE, *lui échappant.*
　　　　　Demain!
　　　　　LE ROI.
　　　　Je renverse la table
Si tu redis ce mot sauvage et détestable.
Jamais une beauté ne doit dire demain.
　MAGUELONNE, *s'apprivoisant tout d'un coup et venant*
　　s'asseoir gaiement sur la table auprès du roi.
Eh bien! faisons la paix.
　　　　LE ROI, *lui prenant la main.*
　　　　　Mon Dieu, la belle main!
Et qu'on recevrait mieux, sans être un bon apôtre,
Soufflets de celle-là que caresses d'une autre!
　　　　MAGUELONNE, *charmée.*
Vous vous moquez!
　　　　　LE ROI.
　　　　　　Jamais!
　　　　　MAGUELONNE.
　　　　　Je suis laide!
　　　　　LE ROI.
　　　　　　　Oh! non pas.
Rends donc plus de justice à tes divins appas!
Je brûle! Ignores-tu, reine des inhumaines,
Comme l'amour nous tient, nous autres capitaines,
Et que, quand la beauté nous accepte pour siens,
Nous sommes braise et feu jusque chez les Russiens?
　　　　MAGUELONNE, *éclatant de rire.*
Vous avez lu cela quelque part dans un livre.
　　　　　LE ROI, *à part.*
C'est possible.
　　　　haut.
　　　　Un baiser.
　　　　　MAGUELONNE.
　　　　　　Allons, vous êtes ivre!
　　　　　LE ROI, *souriant.*
D'amour.
　　　　　MAGUELONNE.
　　　Vous vous raillez avec votre air mignon,
Monsieur l'insouciant de belle humeur!
　　　　　LE ROI.
　　　　　　　　Oh! non.
　　　　Le roi l'embrasse.
　　　　　MAGUELONNE.
C'est assez!
　　　　　LE ROI.
　　　Ça, je veux t'épouser.
　　　　　MAGUELONNE, *riant.*
　　　　　　Ta parole?
　　　　　LE ROI.
Quelle fille d'amour délicieuse et folle!
Il la prend sur ses genoux et se met à lui parler tout bas Elle rit
et minaude Blanche n'en peut supporter davantage; elle se
retourne, pâle et tremblante, vers Triboulet.
　TRIBOULET, *après l'avoir regardée un instant en silence.*
Hé bien! que penses-tu de la vengeance, enfant?
　　　　BLANCHE, *pouvant à peine parler.*
O trahison! — L'ingrat! Grand Dieu! mon cœur se fend!
Oh! comme il me trompait! Mais c'est qu'il n'a point d'âme!
Mais c'est abominable! Il dit à cette femme
Des choses qu'il m'avait déjà dites à moi.

　　　　Cachant sa tête dans la poitrine de son père.
— Et cette femme, est-elle effrontée! — oh!...
　　　　TRIBOULET, *à voix basse.*
　　　　　　　　　　Tais-toi.
Pas de pleurs. Laisse-moi te venger!
　　　　　BLANCHE.
　　　　　　　　Hélas! — Faites
Tout ce que vous voudrez
　　　　　TRIBOULET.
　　　　　　Merci!
　　　　　BLANCHE.
　　　　　　　Grand Dieu! vous êtes
Effrayant. Quel dessein avez-vous?
　　　　　TRIBOULET.
　　　　　　　Tout est prêt.
Ne me le reprends pas, cela m'étoufferait!
Ecoute. Va chez moi, prends-y des habits d'homme,
Un cheval, de l'argent, n'importe quelle somme,
Et pars, sans t'arrêter un instant en chemin,
Pour Evreux, où j'irai te joindre après-demain.
— Tu sais, ce coffre auprès du portrait de ta mère?
L'habit est là. — Je l'ai d'avance exprès fait faire. —
Le cheval est sellé. — Que tout soit fait ainsi.
Va. — Surtout garde-toi de revenir ici;
Car il va s'y passer une chose terrible.
Va.
　　　　　BLANCHE.
　Venez avec moi, mon bon père!
　　　　　TRIBOULET.
　　　　　　　　Impossible.
　　　Il l'embrasse.
　　　　　BLANCHE.
Ah! je tremble!
　　　　　TRIBOULET.
　　　　A bientôt!
　Il l'embrasse encore. Blanche se retire en chancelant.
　　　　Fais ce que je te dis.
Pendant toute cette scène et la suivante, le roi et Maguelonne,
toujours seuls dans la salle basse, continuent de se faire des
agaceries et de se parler à voix basse en riant. — Une fois
Blanche éloignée, Triboulet va au parapet et fait un signe. Sal-
tabadil reparaît Le jour baisse.

SCÈNE III.

TRIBOULET, SALTABADIL, dehors. — MAGUELONNE,
LE ROI, dans la maison.

　TRIBOULET, *comptant des écus d'or devant Saltabadil.*
Tu m'en demandes vingt, en voici d'abord dix.
　　　　S'arrêtant au moment de les lui donner.
Il passe ici la nuit, pour sûr?
　　SALTABADIL, *qui a été examiner l'horizon avant de*
　　　répondre.
　　　　　　　Le temps se couvre.
　　　　TRIBOULET, *à part.*
Au fait, il ne va pas toujours coucher au Louvre.
　　　　　SALTABADIL.
Soyez tranquille; avant une heure il va pleuvoir.
La tempête et ma sœur le retiendront ce soir.
　　　　　TRIBOULET.
A minuit je reviens.
　　　　　SALTABADIL.
　　　　　　N'en prenez pas la peine.
Je puis jeter tout seul un cadavre à la Seine.
　　　　　TRIBOULET.
Non, je veux l'y jeter moi-même.
　　　　　SALTABADIL.
　　　　　　　　A votre gré.
Tout cousu dans un sac je vous le livrerai.
　　　　TRIBOULET, *lui donnant l'argent.*
Bien. — A minuit! — J'aurai le reste de la somme.
　　　　　SALTABADIL.
Tout sera fait. — Comment nommez-vous ce jeune homme?

TRIBOULET.
Son nom? Veux-tu savoir le mien également?
Il s'appelle le crime, et moi le châtiment!
Il sort.

SCÈNE IV.

Les Mêmes, moins TRIBOULET.

SALTABADIL, *resté seul, examinant l'horizon qui se charge de nuages du côté de Saint-Germain. La nuit est presque tombée; quelques éclairs.*
L'orage vient, la ville en est presque couverte.
Tant mieux! tantôt la grève en sera plus déserte.
Réfléchissant.
Autant qu'on peut juger de tout ceci, ma foi,
Tous ces gens-là m'ont l'air d'avoir où ne sait quoi.
Je ne devine rien de plus, l'aze me quille!
Il examine le ciel en hochant la tête. Pendant ce temps-là, le roi badine avec Maguelonne.

LE ROI, *essayant de lui prendre la taille.*
Maguelonne!
MAGUELONNE, *lui échappant.*
Attendez!
LE ROI.
O la méchante fille!
MAGUELONNE, *chantant.*
Bourgeon qui pousse en avril
Met peu de vin au baril.
LE ROI.
Quelle épaule! quel bras! ma charmante ennemie,
Qu'il est blanc! — Jupiter! la belle anatomie!
Pourquoi faut-il que Dieu qui fit ces beaux bras nus
Ait mis le cœur d'un Turc dans ce corps de Vénus?
MAGUELONNE.
Lairelanlaire!
Repoussant encore le roi.
Point. Mon frère vient.
Entre Saltabadil, qui referme la porte sur lui.
LE ROI.
Qu'importe!
On entend un tonnerre éloigné.
MAGUELONNE.
Il tonne.
SALTABADIL.
Il va pleuvoir d'une admirable sorte.
LE ROI, *frappant sur l'épaule de Saltabadil.*
Bon. Qu'il pleuve! — Il me plaît cette nuit de choisir
Ta chambre pour logis.
MAGUELONNE.
C'est votre bon plaisir?
Prend-il des airs de roi! — Monsieur, votre famille
S'alarmera.
Saltabadil la tire par le bras et lui fait des signes.
LE ROI.
Je n'ai ni grand'mère, ni fille,
Et je ne tiens à rien.
SALTABADIL, *à part.*
Tant mieux!
La pluie commence à tomber à larges gouttes. Il est nuit noire.
LE ROI, *à Saltabadil.*
Tu coucheras,
Mon cher, à l'écurie, au diable, où tu voudras.
SALTABADIL, *saluant.*
Merci.
MAGUELONNE, *au roi, très-bas et très-vivement, tout en allumant une lampe.*
Va-t'en!
LE ROI, *éclatant de rire et tout haut.*
Il pleut. Veux-tu pas que je sorte
D'un temps à ne pas mettre un poète à la porte?
Il va regarder à la fenêtre.

SALTABADIL, *bas à Maguelonne, lui montrant l'or qu'il a dans la main.*
Laisse-le donc rester! — Dix écus d'or! et puis
Dix autres à minuit.
Gracieusement au roi.
Trop heureux si je puis
Offrir pour cette nuit à monseigneur ma chambre!
LE ROI, *riant.*
On y grille en juillet, en revanche en décembre
On y gèle, est-ce pas?
SALTABADIL.
Monsieur la veut-il voir?
LE ROI.
Voyons.
Saltabadil prend la lampe. Le roi va dire deux mots en riant à l'oreille de Maguelonne. Puis tous deux montent l'échelle qui mène à l'étage supérieur, Saltabadil précédant le roi.
MAGUELONNE, *restée seule.*
Pauvre jeune homme!
Allant à une fenêtre
O mon Dieu! qu'il fait noir!
On voit par la lucarne d'en haut Saltabadil et le roi dans le grenier.
SALTABADIL, *au roi.*
Voici le lit, monsieur, la chaise, puis la table.
LE ROI.
Combien de pieds en tout?
Il regarde alternativement le lit, la table et la chaise.
Trois, six, neuf, — admirable!
Tes meubles étaient donc à Marignan, mon cher,
Qu'ils sont tous éclopés?
S'approchant de la lucarne, dont les carreaux sont cassés.
Et l'on dort en plein air.
Ni vitres, ni volets. Impossible qu'on traite
Le vent qui veut entrer de façon plus honnête!
A Saltabadil, qui vient d'allumer une veilleuse sur la table.
Bonsoir.
SALTABADIL.
Que Dieu vous garde!
Il sort, pousse la porte, et on l'entend redescendre lentement l'escalier.
LE ROI, *seul, débouclant son baudrier.*
Ah! je suis las, mordieu! —
Donc, en attendant mieux, je vais dormir un peu.
Il pose sur la chaise son chapeau et son épée, défait ses bottes et s'étend sur le lit.
Que cette Maguelonne est fraîche, vive, alerte!
Se redressant.
J'espère bien qu'elle a laissé la porte ouverte.
— Oui, c'est bien!
Il se recouche, et en un moment on le voit profondément endormi sur le grabat. Cependant Maguelonne et Saltabadil sont tous deux dans la salle inférieure. L'orage a éclaté depuis quelques instants. Il couvre le théâtre de pluie et d'éclairs. A chaque instant des coups de tonnerre. Maguelonne est assise près de la table, quelque couture à la main. Son frère achève de vider, d'un air réfléchi, la bouteille qu'a laissée le roi. Tous deux gardent quelque temps le silence, comme préoccupés d'une idée grave.

MAGUELONNE.
Ce jeune homme est charmant!
SALTABADIL.
Je crois bien.
Il met vingt écus d'or dans ma poche.
MAGUELONNE.
Combien?
SALTABADIL.
Vingt écus.
MAGUELONNE.
Il valait plus que cela.
SALTABADIL.
Poupée!
Va voir là-haut s'il dort. N'a-t-il pas une épée?
Descends-la.

Maguelonne obéit. L'orage est dans toute sa violence. On voit paraître, au fond du théâtre, Blanche, vêtue d'habits d'homme, habit de cheval, des bottes et des éperons, en noir; elle s'avance lentement vers la masure, tandis que Saltabadil boit et que Maguelonne, dans le grenier, considère avec sa lampe le roi endormi.

MAGUELONNE, *les larmes aux yeux.*
Quel dommage!
Elle prend l'épée.
Il dort. Pauvre garçon!
Elle redescend et rapporte l'épée à son frère.

SCÈNE V.

LE ROI, endormi dans le grenier, SALTABADIL et MAGUELONNE dans la salle basse, BLANCHE dehors.

BLANCHE, *venant à pas lents dans l'ombre, à la lueur des éclairs. Il tonne à chaque instant.*
Une chose terrible! — Ah! je perds la raison.
— Il doit passer la nuit dans cette maison même.
— Oh! je sens que je touche à quelque instant suprême. —
Mon père, pardonnez, vous n'êtes plus ici.
Je vous désobéis d'y revenir ainsi;
Mais je n'y puis tenir. —
S'approchant de la maison.
Qu'est-ce donc qu'on va faire?
Comment cela va-t-il finir? — Moi qui naguère,
Ignorant l'avenir, le monde et les douleurs,
Pauvre fille, vivais cachée avec des fleurs,
Me voir soudain jetée en des choses si sombres! —
Ma vertu, mon bonheur, hélas! tout est décombres!
Tout est deuil! — Dans les cœurs où ses flammes ont lui
L'amour ne laisse donc que ruine après lui?
De tout cet incendie il reste un peu de cendre.
Il ne m'aime donc plus! —
Relevant la tête.
Il me semblait entendre,
Tout à l'heure, à travers ma pensée, un grand bruit
Sur ma tête. Il tonnait, je crois. — L'affreuse nuit!
Il n'est rien qu'une femme au désespoir ne fasse.
Moi qui craignais mon ombre!
Apercevant la lumière de la maison.
Oh! qu'est-ce qui se passe?
Elle avance, puis recule.
Tandis que je suis là, Dieu! j'ai le cœur saisi!
Pourvu qu'on n'aille pas tuer quelqu'un ici!
Maguelonne et Saltabadil se remettent à causer dans la salle voisine.

SALTABADIL.
Quel temps!
MAGUELONNE.
Pluie et tonnerre.
SALTABADIL.
Oui, l'on fait à cette heure
Mauvais ménage au ciel; l'un gronde et l'autre pleure.
BLANCHE.
Si mon père savait à présent où je suis!
MAGUELONNE.
Mon frère!
BLANCHE, *tressaillant.*
On a parlé, je crois.
Elle se dirige en tremblant vers la maison, et applique à la fente du mur ses yeux et ses oreilles.
MAGUELONNE.
Mon frère!
SALTABADIL.
Et puis?
MAGUELONNE.
Sais-tu, mon frère, à quoi je pense?
SALTABADIL.
Non.
MAGUELONNE.
Devine.
SALTABADIL.
Au diable!
MAGUELONNE.
Ce jeune homme est de fort bonne mine.
Grand, fier comme Apollo, beau, galant par-dessus.
Il m'aime fort. Il dort comme un enfant Jésus.
Ne le tuons pas.
BLANCHE, *qui entend et voit tout.*
Ciel!
SALTABADIL, *tirant d'un coffre un vieux sac de toile et un pavé, et présentant le sac à Maguelonne d'un air impassible.*
Recouds-moi tout de suite
Ce vieux sac.
MAGUELONNE.
Pourquoi donc?
SALTABADIL.
Pour y mettre au plus vite,
Quand j'aurai dépêché là-haut ton Apollo,
Son cadavre et ce grès, et tout jeter à l'eau.
MAGUELONNE.
Mais...
SALTABADIL.
Ne te mêle pas de cela, Maguelonne.
MAGUELONNE.
Si...
SALTABADIL.
Si l'on t'écoutait, on ne tûrait personne.
Raccommode le sac.
BLANCHE.
Quel est ce couple-ci?
N'est-ce pas dans l'enfer que je regarde ainsi?
MAGUELONNE, *se mettant à raccommoder le sac.*
J'obéis. — Mais causons.
SALTABADIL.
Soit.
MAGUELONNE.
Tu n'as pas de haine
Contre ce cavalier?
SALTABADIL.
Moi! C'est un capitaine!
J'aime les gens d'épée, en étant moi-même un.
MAGUELONNE.
Tuer un beau garçon qui n'est pas du commun,
Pour un méchant bossu fait comme un S!
SALTABADIL.
En somme,
J'ai reçu d'un bossu pour tuer un bel homme,
Cela m'est fort égal, dix écus tout d'abord;
J'en aurai dix de plus en livrant l'homme mort.
Livrons. C'est clair.
MAGUELONNE.
Tu peux tuer le petit homme
Quand il va repasser avec toute la somme.
Cela revient au même.
BLANCHE.
O mon père!
MAGUELONNE.
Est-ce dit?
SALTABADIL, *regardant Maguelonne en face.*
Hein! pour qui me prends-tu, ma sœur? suis-je un bandit?
Suis-je un voleur? Tuer un client qui me paie!
MAGUELONNE, *lui montrant un fagot.*
Hé bien! mets dans le sac ce fagot de futaie.
Dans l'ombre, il le prendra pour son homme.
SALTABADIL.
C'est fort.
Comment veux-tu qu'on prenne un fagot pour un mort?
C'est immobile, sec, tout d'une pièce, roide,
Cela n'est pas vivant.
BLANCHE.
Que cette pluie est froide!
MAGUELONNE.
Grâce pour lui!
SALTABADIL.
Chansons!

MAGUELONNE.
Mon bon frère!
SALTABADIL.
Plus bas!
Il faut qu'il meure! Allons, tais-toi.
MAGUELONNE.
Je ne veux pas!
Je l'éveille et le fais évader.
BLANCHE.
Bonne fille!
SALTABADIL.
Et les dix écus d'or?
MAGUELONNE.
C'est vrai.
SALTABADIL.
Là, sois gentille,
Laisse-moi faire, enfant!
MAGUELONNE.
Non. Je veux le sauver!

Maguelonne se place d'un air déterminé devant l'escalier, pour barrer le passage à son frère Saltabadil, vaincu par sa résistance, revient sur le devant de la scène et paraît chercher dans son esprit un moyen de tout concilier.

SALTABADIL.
Voyons. — L'autre à minuit viendra me retrouver.
Si d'ici là quelqu'un, un voyageur, n'importe,
Vient nous demander gîte et frappe à notre porte,
Je le prends, je le tue, et puis, au lieu du tien,
Je le mets dans le sac. L'autre n'y verra rien.
Il jouira toujours autant dans la nuit close,
Pourvu qu'il jette à l'eau quelqu'un ou quelque chose.
C'est tout ce que je puis faire pour toi.
MAGUELONNE.
Merci.
Mais qui diable veux-tu qui passe par ici?
SALTABADIL.
Seul moyen de sauver ton homme.
MAGUELONNE.
A pareille heure!
BLANCHE.
O Dieu! vous me tentez, vous voulez que je meure!
Faut-il que pour l'ingrat je franchisse ce pas?
Oh! non, je suis trop jeune! — Oh! ne me poussez pas,
Mon Dieu!

Il tonne.

MAGUELONNE.
S'il vient quelqu'un dans une nuit pareille,
Je m'engage à porter la mer dans ma corbeille.
SALTABADIL.
Si personne ne vient, ton beau jeune homme est mort.
BLANCHE, *frissonnant.*
Horreur! — Si j'appelais le guet!... Mais non, tout dort.
D'ailleurs cet homme-là dénoncerait mon père.
Je ne veux pas mourir pourtant. J'ai mieux à faire,
J'ai mon père à soigner, à consoler; et puis
Mourir avant seize ans, c'est affreux! Je ne puis!
O Dieu! sentir le fer entrer dans ma poitrine!
Ah!

Une horloge frappe un coup.

SALTABADIL.
Ma sœur, l'heure sonne à l'horloge voisine.

Deux autres coups.

C'est onze heures trois quarts. Personne avant minuit
Ne viendra. Tu n'entends au dehors aucun bruit?
Il faut pourtant finir, je n'ai plus qu'un quart d'heure.
Il met le pied sur l'escalier. Maguelonne le retient en sanglotant.
MAGUELONNE.
Mon frère, encore un peu!
BLANCHE.
Quoi! cette femme pleure!
Et moi, je reste là, qui peux le secourir!
Puisqu'il ne m'aime plus, je n'ai plus qu'à mourir.
Hé bien! mourons pour lui. —
Hésitant encore.
C'est égal, c'est horrible!

SALTABADIL, *à Maguelonne.*
Non, je ne puis attendre, enfin c'est impossible.
BLANCHE.
Encor si l'on savait comme ils vous frapperont!
Si l'on ne souffrait pas! mais on vous frappe au front,
Au visage... O mon Dieu!
SALTABADIL, *essayant toujours de se dégager de Maguelonne, qui l'arrête.*
Que veux-tu que je fasse?
Crois-tu pas que quelqu'un viendra prendre sa place?
BLANCHE, *grelottant sous la pluie.*
Je suis glacée!
Se dirigeant vers la porte.
Allons!
S'arrêtant.
Mourir ayant si froid!
Elle se traîne en chancelant jusqu'à la porte et y frappe un faible coup.
MAGUELONNE.
On frappe.
SALTABADIL.
C'est le vent qui fait craquer le toit.
Blanche frappe de nouveau.
MAGUELONNE.
On frappe.
Elle court ouvrir la lucarne et regarde au dehors.
SALTABADIL.
C'est étrange!
MAGUELONNE, *à Blanche.*
Holà! qu'est-ce?
A Saltabadil.
Un jeune homme.
BLANCHE.
Asile pour la nuit.
SALTABADIL.
Il va faire un fier somme!
MAGUELONNE.
Oui, la nuit sera longue.
BLANCHE.
Ouvrez!
SALTABADIL, *à Maguelonne.*
Attends! — Mordieu!
Donne-moi mon couteau, que je l'aiguise un peu.
Elle lui donne son couteau, qu'il aiguise au fer d'une faux.
BLANCHE.
Ciel! j'entends le couteau qu'ils aiguisent ensemble!
MAGUELONNE.
Pauvre jeune homme! il frappe à son tombeau.
BLANCHE.
Je tremble.
Quoi! je vais donc mourir!
Tombant à genoux.
O Dieu, vers qui je vais,
Je pardonne à tous ceux qui m'ont été mauvais;
Mon père, et vous, mon Dieu, pardonnez-leur de même,
Au roi François Premier, que je plains et que j'aime,
A tous, même au démon, même à ce réprouvé,
Qui m'attend là, dans l'ombre, avec un fer levé!
J'offre pour un ingrat ma vie en sacrifice.
S'il en est plus heureux, oh! qu'il m'oublie! — et puisse,
Dans sa prospérité que rien ne doit tarir,
Vivre longtemps celui pour qui je vais mourir!
Se levant.
— L'homme doit être prêt!
Elle va frapper de nouveau à la porte.
MAGUELONNE, *à Saltabadil.*
Hé! dépêche, il se lasse.
SALTABADIL, *essayant sa lame sur la table.*
Bon. — Derrière la porte est la place que je me place.
BLANCHE.
J'entends tout ce qu'il dit. Oh!
Saltabadil se place derrière la porte, de manière qu'en s'ouvrant

en dedans elle le cache à la personne qui entre sans le cacher au spectateur.

MAGUELONNE, à *Saltabadil*.
J'attends le signal.
SALTABADIL, *derrière la porte, le couteau à la main*.
Ouvre.
MAGUELONNE *ouvrant à Blanche*.
Entrez.
BLANCHE, *à part*.
Ciel! il va me faire bien du mal!
Elle recule.
MAGUELONNE.
Hé bien! qu'attendez-vous?
BLANCHE, *à part*.
La sœur aide le frère.
—O Dieu! pardonnez-leur!—Pardonnez-moi, mon père!
Elle entre. Au moment où elle paraît sur le seuil de la cabane, on voit Saltabadil lever son poignard. La toile tombe.

V

TRIBOULET

ACTE CINQUIÈME

Même décoration ; seulement, quand la toile se lève, la maison de Saltabadil est complétement fermée aux regards : la devanture est garnie de ses volets. On n'y voit aucune lumière. Tout est ténèbres.

SCÈNE PREMIÈRE.

TRIBOULET, seul.

Il s'avance lentement du fond du théâtre, enveloppé d'un manteau. L'orage a diminué de violence. La pluie a cessé. Il n'y a que quelques éclairs et par moments un tonnerre lointain.

Je vais donc me venger! — Enfin! la chose est faite. —
Voici bientôt un mois que j'attends, que je guette,
Resté bouffon, cachant mon trouble intérieur,
Pleurant des pleurs de sang sous mon masque rieur.
   Examinant une porte basse dans la devanture de la maison.
Cette porte... — Oh! tenir et toucher sa vengeance! —
C'est bien par là qu'ils vont me l'apporter, je pense!
Il n'est pas l'heure encor. Je reviens cependant.
Oui, je regarderai la porte en attendant.
Oui, c'est toujours cela. —
   Il tonne.
              Quel temps! nuit de mystère!
Une tempête au ciel! un meurtre sur la terre!
Que je suis grand ici! ma colère de feu
Va de pair cette nuit avec celle de Dieu.
Quel roi je tue! — un roi dont vingt autres dépendent,
Des mains de qui la paix ou la guerre s'épandent!
Il porte maintenant le poids du monde entier.
Quand il n'y sera plus, comme tout va plier!
Quand j'aurai retiré ce pivot, la secousse
Sera forte et terrible, et ma main qui la pousse
Ebranlera longtemps toute l'Europe en pleurs,
Contrainte de chercher son équilibre ailleurs! —
Songer que si demain Dieu disait à la terre :
— Ô terre, quel volcan vient d'ouvrir son cratère?
Qui donc émeut ainsi le chrétien, l'ottoman,
Clément Sept, Doria, Charles-Quint, Soliman?
Quel César, quel Jésus, quel guerrier, quel apôtre,
Jette les nations ainsi l'une sur l'autre?
Quel bras te fait trembler, terre, comme il lui plaît?

La terre, avec terreur, répondrait : Triboulet. —
Oh! jouis, vil bouffon, dans ta fierté profonde.
La vengeance d'un fou fait osciller le monde!
Au milieu des derniers bruits de l'orage, on entend sonner minuit à une horloge éloignée. Triboulet écoute.
Minuit!
   Il court à la maison et frappe à la porte basse.
VOIX DE L'INTÉRIEUR.
Qui va là?
TRIBOULET.
Moi.
LA VOIX.
Bon.
Le panneau inférieur de la porte s'ouvre seul.
TRIBOULET.
Vite!
LA VOIX.
N'entrez pas.
Saltabadil sort en rampant par le panneau inférieur de la porte. Il tire par une ouverture assez étroite quelque chose de pesant, une espèce de paquet de forme oblongue, qu'on distingue avec peine dans l'obscurité. Il n'a pas de lumière à la main, il n'y en a pas dans la maison.

SCÈNE II.

TRIBOULET, SALTABADIL.

SALTABADIL.
Ouf! c'est lourd. Aidez-moi, monsieur, pour quelques pas.
Triboulet, agité d'une joie convulsive, l'aide à apporter sur le devant de la scène un long sac de couleur brune, qui paraît contenir un cadavre.
Votre homme est dans ce sac.
TRIBOULET.
Voyons-le! quelle joie!
Un flambeau!
SALTABADIL.
Pardieu non!
TRIBOULET.
Que crains-tu qui nous voie?
SALTABADIL.
Les archers de l'écuelle et les guetteurs de nuit.
Diable! pas de flambeau! c'est bien assez du bruit! —
L'argent!
TRIBOULET, *lui remettant une bourse*.
Tiens!
Examinant le sac étendu à terre pendant que l'autre compte.
Il est donc des bonheurs dans la haine!
SALTABADIL.
Vous aiderai-je un peu pour le jeter en Seine?
TRIBOULET.
J'y suffirai tout seul.
SALTABADIL, *insistant*.
A nous deux, c'est plus court.
TRIBOULET.
Un ennemi qu'on porte en terre n'est pas lourd.
SALTABADIL.
Vous voulez dire en Seine? Hé bien! maître, à votre aise!
Allant à un point du parapet.
Ne le jetez pas là. Cette place est mauvaise.
Lui montrant une brèche dans le parapet.
Ici, c'est très-profond. — Faites vite. — Bonsoir.
Il rentre et ferme la maison sur lui.

SCÈNE III.

TRIBOULET, seul, l'œil fixé sur le sac.

Il est là! — Mort! — Pourtant je voudrais bien le voir.
Tâtant le sac.
C'est égal, c'est bien lui. — Je le sens sous ce voile. —
Voici ses éperons qui traversent la toile.

C'est bien lui.
Se redressant et mettant le pied sur le sac.
Maintenant, monde, regarde-moi.
Ceci c'est un bouffon, et ceci c'est un roi ! —
Et quel roi ! le premier de tous ! le roi suprême !
Le voilà sous mes pieds, je le tiens, c'est lui-même.
La Seine pour sépulcre, et ce sac pour linceul.
Qui donc a fait cela ?
Croisant les bras.
Hé bien ! oui, c'est moi seul.
Non, je ne reviens pas d'avoir eu la victoire,
Et les peuples demain refuseront d'y croire.
Que dira l'avenir ? quel long étonnement,
Parmi les nations, d'un tel événement !
Sort, qui nous mets ici, comme tu nous en ôtes !
Une des majestés humaines les plus hautes,
Quoi, François de Valois, ce prince au cœur de feu,
Rival de Charles-Quint, un roi de France, un dieu,
— A l'éternité près, — un gagneur de batailles
Dont le pas ébranlait les bases des murailles,
Il tonne de temps en temps.
L'homme de Marignan, lui qui, toute une nuit,
Poussa des bataillons l'un sur l'autre à grand bruit,
Et qui, quand le jour vint, les mains de sang trempées.
N'avait eu qu'un tronçon de trois grandes épées,
Ce roi ! de l'univers par sa gloire étoilé,
Dieu ! comme il se sera brusquement en allé !
Emporté tout à coup, dans toute sa puissance,
Avec son nom, son bruit, et sa cour qui l'encense,
Emporté, comme on fait d'un enfant mal venu,
Une nuit qu'il tonnait, par quelqu'un d'inconnu !
Quoi ! cette cour, ce siècle et ce règne, fumée,
Ce roi qui se levait dans une aube enflammée,
Eteint, évanoui, dissipé dans les airs !
Apparu, disparu, — comme un de ces éclairs !
Et peut-être demain, des crieurs inutiles,
Montrant des tonnes d'or, s'en iront par les villes,
Et criront au passant, de surprise éperdu :
— A qui retrouvera François Premier perdu ! —
— C'est merveilleux !
Après un silence.
Ma fille, ô ma pauvre affligée,
Le voilà donc puni, le voilà donc vengée !
Oh ! que j'avais besoin de son sang ! un peu d'or,
Et je l'ai !
Se penchant avec rage sur le cadavre.
Scélérat ! peux-tu m'entendre encor ?
Ma fille, qui vaut plus que ne vaut ta couronne,
Ma fille, qui n'avait fait de mal à personne,
Tu me l'as enviée et prise ! tu me l'as
Rendue avec la honte, — et le malheur, hélas !
Hé bien ! dis, m'entends-tu ? maintenant, c'est étrange.
Oui, c'est moi qui suis là, qui ris et qui me venge !
Parce que je feignais d'avoir tout oublié,
Tu t'étais endormi ! — Tu croyais donc, — pitié !
La colère d'un père aisément édentée ! —
Oh ! non, dans cette lutte entre nous suscitée.
Lutte du faible au fort, le faible est le vainqueur,
Lui qui léchait tes pieds, il te ronge le cœur !
Je te tiens.
Se penchant de plus en plus sur le sac.
M'entends-tu ? c'est moi, roi gentilhomme,
Moi, ce fou, ce bouffon, moi, cette moitié d'homme,
Cet animal douteux à qui tu disais : — Chien ! —
Il frappe le cadavre.
C'est que, quand la vengeance est en nous, vois-tu bien,
Dans le cœur le plus mort il n'est plus rien qui dorme,
Le plus chétif grandit, le plus vil se transforme,
L'esclave tire alors sa haine du fourreau,
Et le chat devient tigre, et le bouffon bourreau !
Se relevant à demi.
Oh ! que je voudrais bien qu'il pût m'entendre encore,
Sans pouvoir remuer ! —

Se penchant de nouveau.
M'entends-tu ? je t'abhorre !
Va voir au fond du fleuve, où les jours sont finis,
Si quelque courant d'eau remonte à Saint-Denis !
Se relevant.
A l'eau François Premier !
Il prend le sac par un bout et le traîne au bord de l'eau. Au moment où il le dépose sur le parapet, la porte basse de la maison s'entr'ouvre avec précaution. Maguelonne en sort, regarde autour d'elle avec inquiétude, fait le geste de quelqu'un qui ne voit rien, rentre et reparaît un instant après avec le roi, auquel elle explique par signes qu'il n'y a plus personne là, qu'il peut s'en aller. Elle rentre en refermant la porte, et le roi traverse le fond du théâtre dans la direction que lui a indiquée Maguelonne. C'est le moment où Triboulet se dispose à pousser le sac dans la Seine.

TRIBOULET, *la main sur le sac.*
Allons !
LE ROI, *chantant au fond du théâtre.*
Souvent femme varie,
Bien fol est qui s'y fie !
TRIBOULET, *tressaillant.*
Quelle voix ! quoi !
Illusions des nuits, vous jouez-vous de moi ?
Il se retourne et prête l'oreille, effaré. Le roi a disparu ; mais on l'entend chanter dans l'éloignement.

VOIX DU ROI.
Souvent femme varie,
Bien fol est qui s'y fie !
TRIBOULET.
O malédiction ! ce n'est pas lui que j'ai !
Ils le font évader, quelqu'un l'a protégé,
On m'a trompé ! —
Courant à la maison, dont la fenêtre supérieure est seule ouverte.
Bandit !
La mesurant des yeux comme pour l'escalader.
C'est trop haut, la fenêtre !
Revenant au sac avec fureur.
Mais qui donc m'a-t-il mis à sa place, le traître ?
Quel innocent ? — Je tremble...
Touchant le sac.
Oui, c'est un corps humain !
Il déchire le sac du haut en bas avec son poignard, et y regarde avec anxiété.
Je n'y vois pas ! — La nuit !
Se retournant, égaré.
Quoi ! rien dans le chemin !
Rien dans cette maison ! pas un flambeau qui brille !
S'accoudant avec désespoir sur le corps.
Attendons un éclair.
Il reste quelques instants l'œil fixé sur le sac entr'ouvert, dont il a tiré Blanche à demi.

SCÈNE IV.

TRIBOULET, BLANCHE.

TRIBOULET.
Un éclair passe ; il se lève et recule avec un cri frénétique.
— Ma fille ! Ah ! Dieu ! ma fille !
Ma fille ! Terre et cieux ! c'est ma fille à présent !
Tâtant sa main.
Dieu ! ma main est mouillée ! à qui donc est ce sang ?
— Ma fille ! — Oh ! je m'y perds ! c'est un prodige horrible !
C'est une vision ! Oh ! non, c'est impossible,
Elle est partie, elle est en route pour Evreux.
Tombant à genoux près du corps, les yeux au ciel.
O mon Dieu ! n'est-ce pas que c'est un rêve affreux,
Que vous avez gardé ma fille sous votre aile,
Et que ce n'est pas elle, ô mon Dieu ?

BLANCHE, *à part.*
..... La sœur aide le frère.
— O Dieu! pardonnez-leur! — Pardonnez-moi, mon père!
(Page 38.)

Un second éclair passe et jette une vive lumière sur le visage pâle et les yeux fermés de Blanche.
Si! c'est elle!
C'est bien elle!
Se jetant sur le corps avec des sanglots.
Ma fille! enfant, réponds-moi, dis,
Ils t'ont assassinée! oh! réponds! oh! bandits!
Personne ici, grand Dieu! que l'horrible famille!
Parle-moi! parle-moi! ma fille! ô ciel! ma fille!
BLANCHE, *comme ranimée aux cris de son père, entr'ouvrant la paupière et d'une voix éteinte.*
Qui m'appelle?
TRIBOULET, *éperdu.*
Elle parle! elle remue un peu!
Son cœur bat, son œil s'ouvre, elle est vivante, ô Dieu!
BLANCHE.
Elle se relève à demi; elle est en chemise, et tout ensanglantée, les cheveux épars. Le bas du corps, qui est resté vêtu, est caché dans le sac.
Où suis-je?

TRIBOULET, *la soulevant dans ses bras.*
Mon enfant, mon seul bien sur la terre,
Reconnais-tu ma voix? m'entends-tu, dis?
BLANCHE.
Mon père!...
TRIBOULET.
Blanche, que t'a-t-on fait? quel mystère infernal? —
Je crains en te touchant de te faire du mal.
Je n'y vois pas. Ma fille, as-tu quelque blessure?
Conduis ma main.
BLANCHE, *d'une voix entrecoupée.*
Le fer a touché, — j'en suis sûre, —
— Le cœur, — je l'ai senti..
TRIBOULET.
Ce coup, qui l'a frappé?
BLANCHE.
Ah! tout est de ma faute, — et je vous ai trompé. —
— Je l'aimais trop, — je meurs — pour lui.
TRIBOULET.
Sort implacable!
Prise dans ma vengeance! Oh! c'est Dieu qui m'accable!
Comment donc ont-ils fait? Ma fille, explique-toi.

TRIBOULET.
. . . . . Au secours! quelqu'un! personne ici!
Est-ce qu'on va laisser mourir ma fille ainsi?

Dis!
BLANCHE, *mourante.*
Ne me faites pas parler.
TRIBOULET, *la couvrant de baisers.*
Pardonne-moi.
Mais, sans savoir comment, te perdre! Oh! ton front penche!
BLANCHE, *faisant un effort pour se retourner.*
Oh!... de l'autre côté!... J'étouffe!
TRIBOULET, *la soulevant avec angoisse.*
Blanche! Blanche!
Ne meurs pas!....
Se retournant, désespéré.
Au secours! quelqu'un! personne ici!
Est-ce qu'on va laisser mourir ma fille ainsi?
— Ah! la cloche du bac est là, sur la muraille.
Ma pauvre enfant, peux-tu m'attendre un peu que j'aille
Chercher de l'eau, sonner pour qu'on vienne? un instant!
Blanche fait signe que c'est inutile.
Non; tu ne le veux pas! — Il le faudrait pourtant!
Appelant sans la quitter.
Quelqu'un!

Silence partout. La maison demeure impassible dans l'ombre.
Cette maison, grand Dieu, c'est une tombe!
Blanche agonise.
Oh! ne meurs pas! enfant, mon trésor, ma colombe,
Blanche! si tu t'en vas, moi, je n'aurai plus rien.
Ne meurs pas, je t'en prie!
BLANCHE.
Oh!
TRIBOULET.
Mon bras n'est pas bien,
N'est-ce pas, il te gêne! — Attends, que je me place
Autrement. — Es-tu mieux comme cela? — Par grâce,
Tâche de respirer jusqu'à ce que quelqu'un
Vienne nous assister! — Aucun secours! aucun!
BLANCHE, *d'une voix éteinte et avec effort.*
Pardonnez-lui, mon père... Adieu!
Sa tête retombe.
TRIBOULET, *s'arrachant les cheveux.*
Blanche!... Elle expire!
Il court à la cloche du bac et la secoue avec fureur.
A l'aide! au meurtre! au feu!

Revenant à Blanche.
Tâche encor de me dire
Un mot! un seulement! parle-moi, par pitié!
Essayant de la relever.
Pourquoi veux-tu rester ainsi le corps plié?
Seize ans! non, c'est trop jeune! oh! non, tu n'as pas morte!
Blanche, as-tu pu quitter ton père de la sorte!
Est-ce qu'il ne doit plus t'entendre? ô Dieu! pourquoi?
Entrent des gens du peuple, accourant au bruit avec des flambeaux.
Le ciel fut sans pitié de te donner à moi!
Que ne t'a-t-il reprise au moins, ô pauvre femme,
Avant de me montrer la beauté de ton âme!
Pourquoi m'a-t-il laissé connaître mon trésor?
Que n'es-tu morte, hélas! toute petite encor,
Le jour où des enfants en jouant te blessèrent!
Mon enfant! mon enfant!

SCÈNE V.

Les Mêmes, HOMMES, FEMMES du peuple.

UNE FEMME.
Ses paroles me serrent
Le cœur!
TRIBOULET, *se retournant.*
Ah! vous voilà! vous venez, maintenant!
Il est bien temps!
Prenant au collet un charretier, qui tient son fouet à la main.
As-tu des chevaux, toi, manant!
Une voiture? dis!
LE CHARRETIER.
Oui. — Comme il me secoue!
TRIBOULET.
Oui? Hé bien, prends ma tête, et mets-la sous ta roue!
Il revient se jeter sur le corps de Blanche.
Ma fille!
UN DES ASSISTANTS.
Quelque meurtre! un père au désespoir!
Séparons-les.
Ils veulent entraîner Triboulet, qui se débat.
TRIBOULET.
Je veux rester! je veux la voir!
Je ne vous ai point fait de mal pour me la prendre!
Je ne vous connais pas. — Voulez-vous bien m'entendre?
A une femme.
Madame, vous pleurez? vous êtes bonne, vous!
Dites-leur de ne pas m'emmener.
La femme intercède pour lui. Il revient près de Blanche.
Tombant à genoux.
A genoux!
A genoux, misérable, et meurs à côté d'elle!
LA FEMME.
Ah! calmez-vous. Si c'est pour crier de plus belle,
On va vous remmener.

TRIBOULET, *égaré.*
Non, non, laissez! —
Saisissant Blanche dans ses bras.
Je croi
Qu'elle respire encore! elle a besoin de moi!
Allez vite chercher du secours à la ville.
Laissez-la dans mes bras, je serai bien tranquille.
Il la prend tout à fait sur lui, et l'arrange comme une mère son enfant endormi.
Non, elle n'est pas morte! Oh! Dieu ne voudrait pas;
Car enfin, il le sait, je n'ai qu'elle ici-bas..
Tout le monde vous hait quand vous êtes difforme;
On vous fuit, de vos maux personne ne s'informe;
Elle m'aime, elle! — elle est ma joie et mon appui.
Quand on rit de son père, elle pleure avec lui.
Si belle et morte! oh! non. — Donnez-moi quelque chose
Pour essuyer son front.
Il lui essuie le front.
Sa lèvre est encor rose.
Oh! si vous l'aviez vue! oh! je la vois encor
Quand elle avait deux ans avec ses cheveux d'or!
Elle était blonde alors. —
La serrant sur son cœur avec emportement.
O ma pauvre opprimée!
Ma Blanche! mon bonheur! ma fille bien-aimée!
Lorsqu'elle était enfant, je la tenais ainsi.
Elle dormait sur moi tout comme la voici!
Quand elle s'éveillait, si vous saviez quel ange!
Je ne lui semblais pas quelque chose d'étrange!
Elle me souriait avec ses yeux divins,
Et moi je lui baisais ses deux petites mains!
Pauvre agneau! — Morte! Oh! non, elle dort et repose.
Tout à l'heure, messieurs, c'était bien autre chose.
Elle s'est cependant réveillée. — Oh! j'attends.
Vous l'allez voir rouvrir ses yeux dans un instant!
Vous voyez maintenant, messieurs, que je raisonne;
Je suis tranquille et doux, je n'offense personne:
Puisque je ne fais rien de ce qu'on me défend,
On peut bien me laisser regarder mon enfant.
Il la contemple.
Pas une ride au front! pas de douleurs anciennes! —
J'ai déjà réchauffé ses mains entre les miennes;
Voyez, touchez-les donc un peu!
Entre un médecin.
LA FEMME, *à Triboulet.*
Le chirurgien.
TRIBOULET, *au chirurgien qui s'approche.*
Tenez, regardez-la, je n'empêcherai rien.
Elle est évanouie, est-ce pas?
LE CHIRURGIEN, *examinant Blanche.*
Elle est morte.
Triboulet se lève debout d'un mouvement convulsif.
Elle a dans le flanc gauche une plaie assez forte.
Le sang a dû causer la mort en l'étouffant.
TRIBOULET.
J'ai tué mon enfant! j'ai tué mon enfant!
Il tombe sur le pavé.

FIN DU ROI S'AMUSE.

NOTE

Nous avons cru devoir joindre à cette édition le détail du procès dont *le Roi s'amuse* a été l'occasion. Ce détail est emprunté à un journal qui, soutenant à cette époque le pouvoir, ne saurait être suspect de partialité en faveur de l'auteur.

TRIBUNAL DE COMMERCE.

PROCÈS DE MONSIEUR VICTOR HUGO CONTRE LE THÉATRE-FRANÇAIS, ET ACTION EN GARANTIE DU THÉATRE-FRANÇAIS CONTRE LE MINISTRE DES TRAVAUX PUBLICS.

Le drame *le Roi s'amuse* n'avait peut-être point, proportion gardée, attiré autant de foule à la Comédie-Française que le procès auquel il a donné lieu en a amené aujourd'hui à l'audience de la juridiction consulaire.

Ici, comme dans la rue Richelieu, les spectateurs se séparaient en plusieurs classes distinctes. Dans l'enceinte du parquet, des personnes choisies et des dames brillantes de parure; dans le barreau réservé aux agréés, des jurisconsultes, parmi lesquels s'étaient confondus messieurs de Bryas et de Brigode, députés; enfin, dans la partie la plus reculée où les spectateurs sont debout, et que l'on peut comparer au parterre de nos théâtres, on voyait se presser un auditoire plus impatient, et qui, longtemps avant l'ouverture des portes, dès neuf heures du matin, faisait queue dans les vastes galeries du palais de la Bourse. Derrière ces spectateurs, était encore un autre public d'une mise plus modeste, et d'autant plus bruyant qu'il se voyait relégué aux dernières places.

A midi, les portes ayant été ouvertes à ces deux dernières parties du public, tout ce qui restait vide dans l'auditoire a été envahi, et la salle même des Pas-Perdus, espèce de vestibule séparé de l'auditoire proprement dit par des portes vitrées, a été encombrée d'une multitude de curieux.

Quelques-uns des spectateurs semblaient surpris de ne point voir le tribunal, les parties et leurs conseils, aussi ponctuels qu'eux-mêmes, et ils réclamaient le commencement de ce qui semblait être pour eux un spectacle.

Lorsqu'on a vu arriver et se placer aux bancs de la gauche monsieur Victor Hugo et ses conseils, beaucoup d'individus sont montés sur les banquettes, les autres leur ont crié de s'asseoir, et monsieur Victor Hugo a été vivement applaudi. Le tribunal, présidé par monsieur Aubé, prend enfin séance, et le silence ne se rétablit pas sans peine. Les cris : *A la porte!* s'élèvent contre ceux qui, n'ayant pu trouver place, occasionnent quelque tumulte. C'est au milieu de cette agitation que l'on fait l'appel des deux causes :
1° La demande formée par monsieur Hugo contre le Théâtre-Français ; 2° L'action récursoire des comédiens contre monsieur le ministre du commerce et des travaux publics.

Mᵉ CHAIX-D'EST-ANGE, avocat de monsieur le ministre, prend des conclusions tendant à ce que le tribunal se déclare incompétent, attendu que la question de la légalité ou de l'illégalité d'un acte administratif, aux termes de la loi du 24 août 1791, défend aux tribunaux de connaître des actes administratifs et de s'immiscer dans les affaires d'aministration. Le texte de la loi, dit Mᵉ Chaix-d'Est-Ange, est tellement formel, que l'incompétence ne me paraît pas souffrir la moindre difficulté ; j'attendrai au surplus les objections pour y répondre.

Mᵉ ODILON BARROT, avocat de monsieur Victor Hugo, prend les conclusions suivantes : « Attendu que, par convention verbale du 22 août dernier, entre monsieur Victor Hugo et la Comédie-Française, représentée par monsieur Desmousseaux, l'un de messieurs les sociétaires du Théâtre-Français, dûment autorisé, l'administration s'est obligée à jouer la pièce *le Roi s'amuse*, drame en cinq actes et en vers, aux conditions stipulées; que la première représentation a eu lieu le 22 novembre dernier; que, le lendemain, l'auteur a été prévenu *officieusement* que les représentations de sa pièce étaient supendues *par ordre;* que, de fait, l'annonce de la seconde représentation, indiquée au samedi 24 novembre suivant, a disparu de l'affiche du Théâtre-Français pour n'y plus reparaitre; que les conventions font la loi des parties; que rien ne peut ici les faire changer dans leur exécution. Plaira au tribunal condamner par toutes les voies de droit, *même par corps*, les Sociétaires du Théâtre-Français à jouer la pièce dont il s'agit, sinon à payer par corps 25,000 francs de dommages et intérêts, et, dans le cas où ils consentiraient à jouer la pièce, les condamner, pour le dommage passé, à telle somme qu'il plaira au tribunal arbitrer. »

Messieurs, dit le défenseur, la célébrité de mon client me dispense de vous le faire connaître. Sa mission, celle qu'il a reçue de son talent et de son génie, était de rappeler notre littérature à la vérité, non à cette vérité de convention et d'artifice, mais à cette vérité qui se puise dans la réalité de notre nature, de nos mœurs, de nos habitudes. Cette mission, il l'a entreprise avec courage, il la poursuit avec persévérance et talent. Il a soulevé bien des orages, et le public, ce tribunal souverain devant lequel il est traduit, semble avoir consacré ses efforts par maints et maints suffrages. Comment se fait-il aujourd'hui qu'il soit assis sur ces bancs, devant un tribunal, ayant pour appui, non le prestige de son talent, mais mon sévère ministère et la présence de jurisconsultes qui n'ont rien de littéraire ni de poétique? C'est que monsieur Victor Hugo n'est pas seulement poëte, il est citoyen; il sait qu'il est des droits qu'on peut abandonner quand on n'apporte préjudice qu'à soi-même; mais il en est d'autres qu'on doit défendre par tous les moyens possibles, parce qu'on ne peut pas abandonner son droit propre sans livrer le droit d'autrui, le droit de la liberté de la pensée, de la liberté des représentations théâtrales. La résistance à la censure, à des actes arbitraires, ce sont là des droits de garantie que l'on ne peut pas déserter lorsqu'on a la conscience de ces droits et de ces garanties, et lorsqu'on sait ce qu'est le devoir d'un citoyen. C'est ce devoir que monsieur Victor Hugo vient remplir devant vous; et bien qu'on ait reproché, quelquefois avec justice, à la république des lettres de livrer trop aisément ses franchises et ses priviléges au pouvoir, l'illustre poëte a l'avantage d'avoir déjà donné de nobles et d'éclatants démentis à ce reproche. Monsieur Victor Hugo a depuis longtemps fait ses preuves; déjà sous la Restauration il a refusé de fléchir devant l'arbitraire de la censure. Ni les décorations, ni les pensions, ni les faveurs de toute espèce n'ont pu dominer en lui le sentiment de son droit, la conscience de son devoir. Nous l'admirions, et alors nous l'entourions de nos témoignages de sympathie, de nos manifestations publiques d'admiration. Eh bien! serait-il accueilli avec d'autres sentiments aujourd'hui qu'il vient d'accomplir ce même devoir, aujourd'hui que, dans des circonstances bien plus favorables, lorsqu'une révolution semble avoir aboli toute censure, lorsqu'au frontispice de notre Charte sont écrits ces mots : *La censure est abolie*, il vient réclamer, non un droit douteux, incertain, mais un droit consacré par notre révolution, consacré par la Charte constitutionnelle, qui a été le fruit, la conquête de cette révolution?

Non, messieurs, je ne crains pas que le sentiment de faveur qui jusqu'ici a accompagné monsieur Victor Hugo l'abandonne aujourd'hui; ses sentiments sont restés les mêmes; ils ont peut-être acquis un nouveau caractère d'énergie par les circonstances qui se sont passées depuis. Je n'oublierai jamais, la France n'oubliera pas non plus que c'est dans cette enceinte même, le 28 juillet 1830, qu'a été donné le premier, le plus solennel exemple de résistance à l'arbitraire : c'est le jugement mémorable qui a condamné l'imprimeur Chantpie à exécuter ses engagements en imprimant le *Journal du Commerce*, malgré les ordonnances du 25 juillet. Je prévois, ajoute-t-il, que l'on m'objectera un autre jugement rendu par vous en 1831, à l'occasion de l'interdiction qui fut faite par l'autorité au théâtre des Nouveautés de jouer la pièce intitulée : *Procès d'un Maréchal de France*. Les auteurs, messieurs Fontan et Dupeuty, perdirent leur cause; mais l'espèce était bien différente. Votre jugement constate que le directeur du théâtre des Nouveautés avait fait tout ce qui était en lui pour continuer de jouer la pièce; il n'avait cédé qu'à la force majeure, et même à l'emploi de la force armée; son théâtre avait été cerné par des gendarmes et fermé pendant plusieurs jours. Il ne se rencontre rien de semblable dans le procès actuel. Le lendemain de la première représentation, on écrit vaguement à monsieur Victor Hugo qu'il existe un ordre qui défend sa pièce. Cet ordre n'est pas produit, nous ne le connaissons pas; nous devrions d'abord savoir si en effet il existe, et ensuite quelle en est la nature.

Mᵉ LÉON DUVAL, avocat de la Comédie-Française, interrompt Mᵉ Odilon-Barrot : Les relations de monsieur Victor Hugo avec le Théâtre-Français ne sont pas, dit-il, tellement rares, qu'il ne puisse connaître l'ordre intimé par le ministre. Au surplus, voici cet ordre :

« Le ministre secrétaire d'État au département du commerce et des travaux publics, vu l'article 14 du décret du 9 juin 1806, considérant que, dans des passages nombreux du drame représenté au Théâtre-Français le 22 novembre 1832, et intitulé *le Roi s'amuse*, les mœurs sont outragées (violents murmures et rires ironiques au fond de la salle), nous avons arrêté et arrêtons : Les représentations du drame intitulé *le Roi s'amuse* sont désormais *interdites*.

« Fait à Paris, le 10 décembre 1832.

« *Signé* : comte D'ARGOUT. »

Les clameurs redoublent au fond de la salle, on entend même quelques sifflets.

Mᵉ ODILON BARROT : Je suis bien aise d'avoir provoqué cette explication; nous avons au moins désormais une base certaine sur laquelle la discussion peut porter. Messieurs, je crois qu'il y a ici une étrange confusion, et que monsieur d'Argout s'est complétement trompé sur la nature de ses pouvoirs. Trois espèces d'influence ou d'autorité peuvent s'exercer sur les théâtres.

Ici le tumulte devient tel, dans le vestibule qui précède la salle d'audience, qu'il est impossible de saisir les paroles de l'avocat.

Mᵉ CHAIX-D'EST-ANGE : Je prie le tribunal de prendre des mesures pour faire cesser ce bruit, qui m'empêche de suivre les raisonnements de mon adversaire, et doit lui nuire à lui-même.

M. LE PRÉSIDENT : Si le calme ne se rétablit pas, on sera obligé de faire évacuer une partie de l'auditoire.

Mᵉ ODILON BARROT (se tournant vers la foule) : Il est difficile de continuer une discussion qui a nécessairement de la sécheresse et de l'aridité, au milieu de cette agitation continuelle. Je prie le public de vouloir bien écouter, au moins avec résignation, les déductions légales que j'ai à faire dériver de la législation existante.

M. LE PRÉSIDENT : Que l'on ferme les portes !

Voix de l'intérieur : Nous étoufferons.

Autres voix : Il vaudrait mieux ouvrir les fenêtres, on étouffe.

Mᵉ ODILON BARROT : La première influence est celle de la police municipale. Si l'ordre est troublé par la représentation d'une pièce, et l'on craint pour les représentations suivantes le renouvellement de pareils désordres, je conçois que l'autorité intervienne et prenne des mesures pour faire cesser la cause du trouble. La seconde influence est celle de la censure dictatoriale qui s'exerçait sous la Convention et sous l'Empire, et qui existait encore sous la Restauration. La troisième est l'influence de protection et de subvention : l'autorité qui subventionne un théâtre pour lui intimer, sous peine de perdre ses bienfaits, de ne plus jouer telle ou telle pièce. Nous ne sommes dans aucun de ces cas ; nous n'avons point vu, par une anomalie que sans doute la loi sur l'organisation municipale de Paris fera cesser bientôt, nous n'avons pas vu le préfet de police et les commissaires de police exerçant le pouvoir municipal mettre un terme aux représentations du drame. Ce n'est pas non plus le ministre *de la police* qui a usé des droits de censure, c'est le ministre des travaux publics qui a empiété sur les pouvoirs de son collègue. Ainsi ce pauvre ministère de l'intérieur (rires ironiques dans la même partie de la salle d'où vient tout le bruit), ce ministère de l'intérieur, déjà si mutilé, qui fait incessamment des efforts pour couvrir sa nudité et ressaisir quelques-unes des attributions qui lui ont échappé, se voit dépouillé par le ministre des travaux publics de son droit de police sur les théâtres. Le ministre des travaux publics n'a pu intervenir d'une seule manière et en menaçant la Comédie-Française de lui retirer la subvention que la loi du budget accorde aux théâtres royaux. Cette condition ne saurait intéresser l'auteur, ni influer sur la décision du tribunal. Le théâtre doit exécuter ses engagements, dût-il perdre sa subvention. En passant le contrat, il a dû calculer toutes les chances. Serait-on admis à refuser l'exécution d'un engagement vis-à-vis d'un tiers, sous prétexte que cette convention déplaît à un bienfaiteur, à un parent dont on attend un legs ou dont on peut craindre l'exhérédation ? Je ne professe point la liberté absolue du théâtre ; ce n'est point ici le lieu de nous livrer à des théories absolues, surtout lorsqu'elles ne sont pas nécessaires ; mais, enfin, la censure dramatique, comme toute autre censure, est abolie par la Charte de 1830. Un article formel dit que *la censure ne pourra être rétablie*. Aussi, vers la fin de 1830, monsieur de Montalivet, alors ministre de l'intérieur, présentant sur la police des théâtres un projet auquel il n'a pas été donné suite, disait dans l'exposé des motifs : '*La censure est morte*! Mais ce qu'on voudrait rétablir, ce ne serait point la censure préventive, ce serait une censure bien autrement dangereuse. la censure *à posteriori*. On laisserait une administration théâtrale faire des frais énormes de décoration et de costumes, on laisserait jouer la première représentation, et tout d'un coup la pièce serait arbitrairement interdite. Voilà une mesure à laquelle la Comédie-Française aurait dû elle-même ne pas obéir avec tant de docilité. Nous ne saurions trop nous étonner de voir qu'elle n'a pas attendu, le 24 novembre, l'ordre qui n'a été signé que le 10 décembre suivant; elle s'est contentée d'une simple intimation verbale, peut-être de quelques mots échappés dans la conversation du ministre. Elle doit donc supporter la peine de l'inexécution de ses engagements vis-à-vis de nous, et cette infraction ne peut se résoudre qu'en des dommages et intérêts. Nous vivons, messieurs, à une singulière époque, à une époque de transition et de confusion, car nous vivons sous l'empire de quatre à cinq législations successives, qui se croisent et se contredisent les unes les autres. Il n'y a que les tribunaux qui puissent, dans cet arsenal de lois, dégager les armes qui peuvent encore servir de celles dont l'usage n'est plus permis. Vous vous attacherez à la lettre de la Charte, qui proscrit toute espèce de censure, la censure dramatique comme la censure des ouvrages imprimés, et, en rendant justice à mon client, vous aurez servi les intérêts de la liberté.

M. LE PRÉSIDENT : L'avocat du Théâtre-Français a la parole.

M. VICTOR HUGO : Je demanderai à monsieur le président la permission de prendre ensuite la parole.

M. LE PRÉSIDENT : Vous l'avez en ce moment.

M. VICTOR HUGO : Je préférerais parler après mes deux adversaires.

M⁰ LÉON DUVAL prend et développe, au nom du Théâtre-Français, des conclusions tendant à faire déclarer l'incompétence du tribunal de commerce. La Comédie-Française n'aurait pas demandé mieux que de continuer les représentations d'un ouvrage qui lui promettait d'abondantes recettes; elle aurait désiré appeler des orages du premier jour de nouveaux orages; mais elle a dû céder à une nécessité impérieuse.

Le tumulte devient si violent qu'il est impossible de continuer les plaidoiries. On crie de toutes parts : On étouffe! Ouvrez les fenêtres! Donnez-nous de l'air! Il faut faire évacuer la première pièce! Plusieurs dames effrayées se retirent de l'enceinte.

M. LE PRÉSIDENT : On n'entend déjà pas trop; si l'on ouvre les fenêtres, on n'entendra plus les défenseurs.

Une foule de voix : Nous ne pouvons ni sortir ni respirer, nous étouffons.

M. LE PRÉSIDENT : L'audience va être suspendue; on ouvrira les fenêtres, on fera évacuer la première pièce. (Applaudissements dans la partie la plus rapprochée du tribunal; murmures dans le vestibule.)

Le tumulte est à son comble; un piquet de gardes nationaux pénètre dans l'enceinte; le plus grand nombre l'applaudit, surtout quand on s'aperçoit que les soldats citoyens ont pris soin de retirer leurs baïonnettes du canon de leurs fusils. La force armée dissipe la foule qui se trouvait dans le premier vestibule. Quelques spectateurs, en se retirant, fredonnent la *Marseillaise*. Messieurs les agents de change et les négociants qui étaient en ce moment occupés d'affaires de bourse au rez-de-chaussée ont pu croire qu'ils étaient cernés par une émeute. Enfin on ferme les portes vitrées, ainsi que les portes extérieures, pour ne laisser entrer personne, et l'audience est reprise à deux heures et demie.

M. LE PRÉSIDENT : Le tribunal a fait tout ce qui dépendait de lui pour que le public fût à son aise; si ce bruit se renouvelle, l'audience sera levée et la cause remise à un autre jour.

M⁰ LÉON DUVAL achève son plaidoyer. Il démontre que la Comédie-Française a cédé à la force majeure, et que, ne se fût-il agi que de la subvention, elle ne devait pas s'engager dans une lutte où elle aurait inévitablement succombé.

M. VICTOR HUGO, à qui monsieur le président accorde la parole, annonce qu'il désire parler le dernier.

M⁰ CHAIX-D'EST-ANGE : Il serait plus logique de plaider en ce moment; je répondrais à tous mes adversaires. Sans quoi, je serai obligé de demander une réplique.

M. VICTOR HUGO : Je suis prêt à plaider. — Messieurs, après l'avocat célèbre qui m'a prêté si généreusement l'assistance puissante de sa parole, je n'aurais rien à dire si je ne croyais de mon devoir de ne pas laisser passer sans une protestation solennelle et sévère l'acte hardi et coupable qui a violé tout notre droit public dans ma personne.

Cette cause, messieurs, n'est pas une cause ordinaire : il semble à quelques personnes, au premier aspect, que ce n'est qu'une simple action commerciale, qu'une réclamation d'indemnités pour la non-exécution d'un contrat privé, en un mot, que le procès d'un auteur à un théâtre. Non, messieurs, c'est plus que cela ; c'est le procès d'un citoyen à un gouvernement. Au fond de cette affaire, il y a une pièce défendue par ordre. Or, une pièce défendue par ordre, c'est la censure, et la Charte abolit la censure; une pièce défendue par ordre, c'est la confiscation, et la Charte abolit la confiscation. Votre jugement, s'il m'est favorable, et il me semble que je vous ferais injure d'en douter, sera un blâme manifeste, quoique indirect, de la confiscation et de la censure. Vous voyez, messieurs, combien l'horizon de la cause s'élève et s'élargit. Je plaide ici pour quelque chose de plus haut que mon intérêt propre; je plaide pour mes droits les plus généraux, pour mon droit de posséder et pour mon droit de penser, c'est-à-dire pour le droit de tous : c'est une cause générale que la mienne, comme c'est une équité absolue que la vôtre. Les petits détails du procès s'effacent devant la question ainsi posée ; je ne suis plus simplement un écrivain, vous n'êtes plus simplement des juges consulaires; votre conscience est face à face avec la mienne; sur ce tribunal vous représentez une idée auguste, et moi, à cette barre, j'en représente une autre; sur votre siège il y a la justice, sur le mien il y a la liberté. (Applaudissements dans l'auditoire.)

M. LE PRÉSIDENT : Je rappelle au public que toutes marques d'approbation ou d'improbation sont interdites.

M. VICTOR HUGO s'élève contre les décrets dictatoriaux qui, nés sous divers régimes établis contre la liberté, sont morts avec ces régimes. La liberté pour la chaire, la presse et le théâtre, telle est désormais la base principale de notre droit public. Sans doute s'il se présentait un de ces pièces où l'on ferait évidemment trafic et marchandise du désordre, il faudrait punir de pareils excès, mais il faudrait les réprimer, et ne point user de mesures préventives.

Un passage de la préface dont monsieur Victor Hugo donne lecture, lui fournit l'occasion de dire que sa pièce s'élève aux plus hautes moralités; quant à l'allusion qu'on a cru y découvrir contre le père du roi Louis-Philippe, ce serait la plus ignoble et la plus cruelle des injures. Il n'appartenait qu'à une étourderie de courtisans de relever un pareil vers, et cette étourderie est une insolence, non-seulement pour le roi, mais pour le poëte.

Messieurs, je me résume. En arrêtant ma pièce, le ministère n'a, d'une part, pas un texte de loi valide à citer; d'autre part, pas une raison valable à donner. Cette mesure a deux aspects également mauvais : selon la loi, elle est arbitraire; selon le raisonnement, elle est absurde. Que peut-il donc alléguer dans cette affaire, ce pouvoir qui n'a pour lui ni la raison, ni le droit? Son caprice, sa fantaisie, sa volonté, c'est-à-dire rien.

Vous ferez justice, messieurs, de cette volonté, de cette fantaisie, de ce caprice. Votre jugement, en me donnant gain de cause, apprendra au pays, dans cette affaire, qui est petite, comme dans celle des ordonnances de Juillet, qui était grande, qu'il n'y a en France d'autre *force majeure* que celle de la loi, et qu'il y a au fond de ce procès un ordre illégal que le ministre a eu tort de donner et que le théâtre a eu tort d'exécuter.

Votre jugement apprendra au pouvoir que ses amis eux-mêmes le blâment loyalement en cette occasion; que le droit de tout citoyen est sacré pour tout ministre, qu'une fois les conditions d'ordre et de sûreté générale remplies, le théâtre doit être respecté comme une des voix avec lesquelles parle la pensée publique; et, qu'enfin, que ce soit la presse, la tribune, ou le théâtre, aucun des soupiraux par où s'échappe la liberté de l'intelligence ne peut être fermé sans péril. Je ne craindrai jamais, dans de pareilles occasions, de prendre un ministère corps à corps; et les tribunaux sont les juges naturels de ces honorables duels du bon droit contre l'arbitraire, duels moins inégaux qu'on ne pense, car il y a d'un côté tout un gouvernement, et de l'autre rien qu'un simple citoyen. Le simple citoyen est bien fort quand il peut traîner à votre barre un acte illégal, tout honteux d'être ainsi exposé au grand jour, et le souffleter publiquement devant vous, comme je le fais, avec quatre articles de la Charte.

Je ne dissimule pas que l'heure où nous sommes ne ressemble plus à ces dernières de la Restauration, où les résistances aux empiétements du gouvernement étaient si applaudies, si encouragées, si populaires. Les idées d'ordre et de pouvoir ont momentanément plus de faveur que les idées de progrès et d'affranchissement; c'est une réaction naturelle après cette brusque reprise de toutes nos libertés au pas de course, qu'on a appelée la Révolution de 1830. Mais cette réaction durera peu. Nos ministres seront étonnés un jour de la mémoire implacable avec laquelle les hommes mêmes qui composent à cette heure leur majorité leur rappelleront tous les griefs qu'on a l'air d'oublier si vite aujourd'hui. Dans cette circonstance, je ne cherche pas plus l'applaudissement que je ne crains l'invective, je n'ai suivi que le conseil austère de mon devoir.

Je dois le dire : j'ai de fortes raisons de croire que le gouvernement profitera de cet engourdissement passager de l'esprit public pour rétablir formellement la censure, et que mon affaire n'est autre chose qu'un prélude, qu'une préparation, qu'un acheminement à une mise hors la loi générale de toutes les libertés du théâtre. En ne faisant pas de loi répressive, en laissant exprès déborder depuis deux ans la licence sur la scène, le gouvernement s'imagine avoir créé, dans l'opinion des hommes honnêtes, que cette licence peut révolter, un préjugé favorable à la censure dramatique. Mon avis est qu'il se trompe, et que jamais la censure ne sera en France autre chose que l'illégalité impopulaire. Quant à moi, que la censure des théâtres soit rétablie par une ordonnance qui serait illégale, ou par une loi qui serait inconstitutionnelle, je déclare que je ne m'y soumettrai jamais que comme on se soumet à un pouvoir de fait, en protestant. Et cette protestation, messieurs, je la fais ici solennellement et pour le présent et pour l'avenir.

Et observez d'ailleurs comme, dans cette série d'actes arbitraires qui se succèdent depuis quelque temps, le gouvernement manque de grandeur, de franchise et de courage. Cet édifice, beau quoique incomplet, qu'avait improvisé la Révolution de Juillet, il le mine lentement, souterrainement, sourdement, obliquement, tortueusement; il nous prend toujours en traître, par derrière, au moment où on ne s'y attend pas. Il n'ose pas censurer ma pièce avant la représentation, il l'arrête le lendemain. Il nous conteste nos franchises les plus essentielles; il nous chicane nos facultés les mieux acquises; il échafaude son arbitraire sur un tas de vieilles lois vermoulues et abrogées; il s'embusque, pour nous dérober nos droits, dans cette forêt de Bondy des décrets impériaux, à travers laquelle la liberté ne peut jamais passer sans être dévalisée.

Je dois vous faire remarquer ici en passant, messieurs, que je n'entends franchir, dans mon langage, aucune des convenances parlementaires. Il importe à ma loyauté qu'on sache bien quelle est la portée de mes paroles quand j'attaque le gouvernement, dont un membre actuel a dit : *Le roi règne et ne gouverne pas*. Il n'y a pas d'arrière-pensée dans ma polémique. Le jour où je croirai devoir me plaindre d'une personne couronnée, je lui adresserai ma plainte à elle-même; je la regarderai en face et je lui dirai : Sire. En attendant, c'est à ses conseillers que j'en veux; c'est sur ses ministres seulement que tombent mes paroles, quoique cela puisse sembler étrange dans un temps où les ministres sont inviolables et les rois responsables.

Je reprends, et je dis que le gouvernement nous retire petit à petit tout ce que nos quarante ans de révolution nous avaient acquis de droits et de franchises. Je dis que c'est à la probité des tribunaux de l'arrêter dans cette voie fatale pour lui comme pour nous. Je dis que le pouvoir actuel manque particulièrement de grandeur et de courage dans la manière mesquine dont il fait cette opération hasardeuse que chaque gouvernement, par un aveuglement singulier, tente à son tour, et qui consiste à substituer plus ou moins rapidement l'arbitraire à la constitution, le despotisme à la liberté. Bonaparte, quand il fut consul et quand il fut empereur, voulut aussi le despotisme; mais il fit autrement: il y entra de front et de plain pied. Il n'employa aucune des misérables petites précautions avec lesquelles on escamote aujourd'hui toutes nos libertés, les aînées comme les cadettes, celles de 1830 comme celles de 1789. Napoléon ne fut ni sournois, ni hypocrite; Napoléon ne nous filouta point nos droits l'un après l'autre, à la faveur de notre assoupissement, comme l'on fait maintenant; Napoléon prit tout à la fois, d'un seul coup et d'une seule main. Le lion n'a pas les mœurs du renard.

Alors, messieurs, c'était grand. L'Empire, comme gouvernement et comme administration, fut assurément une époque intolérable de tyrannie; mais souvenons-nous que notre liberté fut largement payée en gloire. La France d'alors avait, chose extraordinaire, une attitude tout à la fois soumise et superbe. Ce n'était pas la France comme nous la voulons, la France libre, la France souveraine d'elle-même; c'était la France esclave d'un homme et reine du monde. Alors on nous prenait notre liberté, c'est vrai, mais on nous donnait un bien sublime spectacle. On disait : Tel jour, à telle heure, j'entrerai dans telle capitale; et on y entrait au jour dit et à l'heure dite. On détrônait une dynastie avec un décret du *Moniteur*. On faisait se coudoyer toutes sortes de rois dans ses antichambres. Si l'on avait la fantaisie d'une colonne, on en faisait fournir le bronze par l'empereur d'Autriche. On réglait, un peu arbitrairement, je l'avoue, le sort des comédiens français, mais on datait le règlement de Moscou. On nous prenait toutes nos libertés, dis-je, on avait un bureau de censure, on mettait nos livres au pilon, on rayait nos pièces de l'affiche; mais à toutes nos plaintes on pouvait faire, d'un seul mot, des réponses magnifiques; on pouvait nous répondre : Marengo! Iéna! Austerlitz!!! — Alors, je le répète, c'était grand; aujourd'hui c'est petit. Nous marchons à l'arbitraire comme alors, mais nous ne sommes pas des colosses. Notre gouvernement n'est pas de ceux qui peuvent consoler une grande nation de la perte de sa liberté. En fait d'art, nous déformons les Tuileries, en fait de gloire, nous laissons périr la Pologne. Cela n'empêche pas nos petits hommes d'État de traiter la liberté en despotes, de mettre la France sous leurs pieds, comme s'ils avaient des épaules à porter le monde. Pour peu que cela dure encore quelque temps, pour peu que les lois proposées soient adoptées, la confiscation de tous nos droits sera complète.

Aujourd'hui, on fait prendre ma liberté de poëte par un censeur; demain, on me fera prendre ma liberté de citoyen par un gendarme. Aujourd'hui, on me bannit du théâtre; demain, on me bannira du pays. Aujourd'hui, on me bâillonne; demain, on me déportera. Aujourd'hui, l'état de siége est dans la littérature; demain, il sera dans la cité. De liberté, de garanties, de Charte, de droit public, plus un mot, néant. Si le gouvernement, mieux conseillé, ne s'arrête sur cette pente pendant qu'il en est temps encore, avant peu nous aurons tout le despotisme de 1807 moins la gloire, nous aurons l'Empire sans l'empereur.

Je n'ai plus que quatre mots à dire, messieurs, et je désire qu'ils soient présents à votre esprit au moment où vous délibérerez. Il n'y a eu dans ce siècle qu'un grand homme, Napoléon, et une grande chose, la liberté; nous n'avons plus le grand homme, tâchons d'avoir la grande chose.

Ce discours a été suivi d'applaudissements redoublés partant du fond et du dehors de la salle.

M. LE PRÉSIDENT : Une partie du public oublie qu'on n'est pas ici au spectacle.

Me CHAIX-D'EST-ANGE : Messieurs, deux questions ont été agitées dans ce procès; l'une de compétence : il s'agit de savoir si vous pouvez apprécier un acte dont la régularité vous est déférée; l'autre, du fond : il s'agit de savoir en fait si cet acte est légal, régulier, conforme à la constitution et à la liberté qu'elle a promise. Sur la première question, soulevée par moi-même, je dois entrer dans quelques détails. Je devrais négliger la seconde : incompétents que vous êtes, je ne devrais pas examiner devant la juridiction consulaire si l'acte de l'autorité administrative est légal et doit être aboli. Mais avant tout, messieurs, il y a un devoir de conscience et l'honneur que l'avocat doit remplir. Il ne voudra pas laisser sans réponse les reproches qui sont adressés; il ne voudra pas qu'il reste cette honte, il la repoussera, et ç'a été là, messieurs, la première condition de ma présence dans la cause, que si l'on adressait des reproches graves à l'autorité que j'étais chargé de représenter et de défendre, je prendrais la parole sur le fond, et prouverais devant des hommes d'honneur que l'autorité a rempli son devoir.

J'espère que j'obtiendrai de ce public, si ardent pour la cause de monsieur Victor Hugo, si ami de la liberté, cette liberté de discussion qu'on doit accorder à tout le monde. Que personne ici ne se croie le droit d'interrompre un avocat dont jamais de la vie on n'a suspecté la loyauté ni l'indépendance. (Mouvement général d'approbation au barreau et dans l'enceinte du parquet.)

J'examine la première question, celle de compétence. Il y a des principes que dans toute argumentation, il suffit, ce semble, d'énoncer, et qui ne peuvent jamais être soumis à aucune contradiction. Ainsi l'estime générale, ainsi l'expérience de tous les temps, ont consacré, de telle sorte qu'il n'est plus possible d'y porter atteinte, le principe de la division des pouvoirs dans tout gouvernement bien réglé.

Ainsi il y a le pouvoir législatif, c'est celui qui fait les lois; il y a le pouvoir judiciaire, c'est celui qui les applique; il y a le pouvoir administratif, c'est celui qui veille à leur exécution et à qui l'administration est confiée. Cette division n'est pas nouvelle. Le principe a été consacré dans des lois si nombreuses, dans des textes si précis, qu'il suffit de les énoncer.

Après avoir cité entre autres les lois de 1790 et de 1791, et invoqué l'autorité d'un vénérable magistrat, M. Henrion de Pansey, le défenseur ajoute : Je puis encore opposer à mon adversaire le témoignage d'un de ses collègues, de M. le vicomte de Cormenin, ce défenseur si ardent, si intrépide de la liberté. Il ne faut pas, disait M. le vicomte de Cormenin, lorsqu'il n'était encore que baron (rire presque général suivi de violentes rumeurs au fond de la salle), il ne faut pas s'écarter de ce principe tutélaire de la division des pouvoirs. Mon adversaire vous a cité le premier un jugement rendu par ce tribunal dans l'affaire relative à la pièce de MM. Fontan et Dupeuty, au sujet du *Procès du maréchal Ney*. Le tribunal n'a pas seulement appuyé le rejet de la demande sur le cas de force majeure, résultat de l'intervention des gendarmes; il a nettement reconnu l'incompétence de la juridiction commerciale pour prononcer sur un acte d'administration. Dans cette affaire, en effet, on avait vu, comme dans celle-ci, une espèce de concert entre les auteurs et le théâtre pour mettre le ministre en cause.

M⁰ ODILON BARROT : Ne nous accusez pas de manquer de franchise; nous n'avons connu votre intervention qu'à l'audience.

M⁰ CHAIX-D'EST-ANGE : Je vous prie de ne pas m'interrompre; j'ai déjà assez de peine à lutter contre les interruptions de certains auditeurs qui épient mes moindres paroles. Vous voyez que je n'ai pu, jusqu'à présent, prononcer les mots de *morale* et *d'outrages aux mœurs* sans exciter les plus inconcevables murmures. On a invoqué le jugement rendu le 28 juillet 1830, dans l'affaire du *Courrier français*. Un jugement rendu au milieu des combats et des périls, un jugement prononcé du haut de cette espèce de trône a proclamé l'illégalité des ordonnances du 25 juillet. Ce fut un grand acte de courage, un acte de bons citoyens; mais faut-il, dans des moments de calme, citer ce qui s'est passé dans des temps de désordres? Les juges qui ont rendu cette décision étaient comme les gardes nationaux, qui, illégalement aussi, se revêtaient de leur uniforme et allaient combattre pour la liberté et les lois. Nous ne sommes heureusement plus à cette époque, et cependant monsieur Victor Hugo a une pensée qui le poursuit toujours; monsieur Victor Hugo pense que l'ordre qui arrête sa pièce vaut au moins les ordonnances de Juillet. Il pense que, pour faire cesser cet ordre, on est prêt, comme lors des ordonnances de Juillet, à faire une émeute, ou plutôt une révolution. (Nouveaux murmures dans les mêmes parties de la salle.) L'auteur l'a dit lui-même dans une lettre par lui adressée aux journaux; je le répète, parce que toute liberté doit entourer ici l'avocat qui parle avec conscience. (Applaudissements et bravos de la grande majorité des spectateurs.)

Oui, monsieur Victor Hugo a écrit qu'il voulait se jeter entre l'émeute et nous; il a eu la complaisance, la générosité d'écrire dans les journaux pour recommander à la généreuse jeunesse des ateliers et des écoles de ne pas faire d'émeute pour lui, et de ne pas ressusciter sa pièce par une révolution.

Dans l'intérêt de l'administration, je devrais m'arrêter ici; mais j'ai annoncé que je traiterais la question légale. Ici mes deux adversaires ne sont pas d'accord. Le client se roidit contre toute espèce d'entrave et toute espèce de mesures préventives, et veut, du moins avant la représentation, une liberté illimitée. Le défenseur n'est pas du tout du même avis : la censure pour le théâtre a paru au défenseur une question délicate: aussi son argumentation est restée entourée de ces nuages dont son talent aime quelquefois à s'envelopper au milieu d'une discussion. (On rit.) Il est devenu, en quelque sorte insaisissable; il vous a prié de permettre à lui, homme politique, de ne pas prendre parti et de ne pas vous dire le fond de sa pensée, car sa pensée n'est pas encore définitivement arrêtée. Or, je dis à mes adversaires : Mettez-vous donc d'accord. Si vous ne voulez pas la censure, dites-le franchement; si vous en voulez, homme populaire, ayez le courage de le dire avec la même franchise, car il y a courage à braver les fausses opinions quand on est imbu et à proclamer ostensiblement la vérité. Je ne m'étonne pas, au surplus, de cette hésitation de mon adversaire. Lorsque monsieur Odilon Barrot fut appelé, comme membre du conseil d'Etat, à donner son avis sur la liberté des théâtres, il a reconnu la nécessité de la répression préventive; seulement il ne voulait pas qu'elle restât dans les mains de la police. Un des préfets de police qui se sont succédé depuis la révolution, monsieur Vivien, a partagé le même avis. Qu'on ne vienne donc plus nous présenter la censure dramatique comme une attaque à la Charte *avec effraction*, et que monsieur Hugo, dans son langage énergique et pittoresque, ne se vante pas de *souffleter* un acte du pouvoir avec quatre articles de la Charte.

Toutes les lois sur les théâtres subsistent; elles ont été exécutées sous le régime du Directoire; aucune n'a été révoquée. Pouvait-il en être autrement? Telle pièce peut être sans danger dans un lieu, et présenter dans d'autres les plus grands périls. Supposez, en effet, la tragédie de *Charles IX*, le massacre de la Saint-Barthélemy représenté sur le théâtre de Nîmes, dans un pays où les passions, où les haines entre les catholiques et les protestants sont si exaltées, et jugez de l'effet qui en résulterait. Des trois espèces d'influence de l'autorité sur les théâtres dont vous a parlé mon adversaire, la seconde, celle de la censure, subsiste. En parlant de la première, celle de l'autorité municipale, mon adversaire est tombé en contradiction avec lui-même; car la loi de 1790 défend aux municipalités de s'immiscer dans les théâtres. L'influence des subventions n'aurait pas dû être traitée par un auteur dramatique. Cependant mon adversaire insiste; il prétend que c'est le ministre de l'intérieur et non le ministre des travaux publics qui devrait être chargé de la police des théâtres; il s'est attendri sur ce pauvre ministre de l'intérieur dépouillé d'une de ses plus importantes attributions. Eh bien! la police des théâtres est, aussi bien que les subventions, dans les attributions du ministre des travaux publics. C'est ce ministre et non celui de l'intérieur qui a été mis en cause dans l'affaire de la pièce du *Maréchal Ney*. Pourquoi, dit-on, le ministre n'a-t-il pas exercé envers monsieur Victor Hugo la censure préventive, ce que mon adversaire appelle la *bonne censure*? La raison en est simple. Le ministre a dit à monsieur Victor Hugo, qui se refusait à la censure : Je ne vous demande pas le manuscrit de votre pièce, mais donnez-moi votre parole d'honneur que la pièce ne contient rien de contraire à la morale. La parole a été donnée; voilà pourquoi la pièce a été permise sans examen.

M. VICTOR HUGO : Je demanderai à répondre à cette assertion du défenseur... (Bruits divers.)

Mᵉ CHAIX-D'EST-ANGE : Les censeurs, j'en conviens, ont tué la censure, ils l'ont souvent rendue odieuse : mais que l'on se rassure : nos mœurs publiques et l'opinion publique sont toutes-puissantes en France. Il ne serait pas dans le désir ni dans le pouvoir du gouvernement d'arrêter une pièce qui n'offrirait aucun danger pour la tranquillité ou pour la morale. Que monsieur Victor Hugo fasse un chef-d'œuvre (et il a assez de talent pour le faire), qu'il parle des bienfaits de la liberté comme il parlait autrefois des *bienfaits de la Restauration*, il sera écouté ; et, s'il éprouve des entraves, justice lui sera rendue.

Mᵉ ODILON BARROT réplique sur-le-champ, et rappelle différentes circonstances où des actes administratifs ont été reconnus illégaux par les tribunaux. Tel fut le principe de l'arrêt de la cour de cassation au sujet de l'ordonnance de police qui enjoignait de tapisser les maisons lors des processions de la Fête-Dieu.

Ainsi les tribunaux ont toujours le droit d'apprécier les actes dont on fait dériver une poursuite ou une exception, de décider si cet acte puise sa force dans la loi, et si l'on peut fonder un jugement sur un pareil acte. On a eu le courage, continue Mᵉ Odilon Barrot, je dirai presque l'audace, de voir dans le jugement que vous avez rendu dans l'affaire de l'imprimeur Chantpie et l'éditeur du *Journal du Commerce*, une espèce de sédition. Sans doute, comme citoyens, comme individus, vous avez le droit de résister à des actes d'oppression ; mais quand nous sommes revêtus de la toge, quand nous exerçons une fonction publique, quand nous sommes institués pour faire respecter les lois, nous ne les violons pas, et c'est faire injure au tribunal que de supposer que dans une circonstance quelconque, à la face du peuple, on a violé les lois. Non, messieurs, le tribunal de commerce n'a point violé les lois dans l'affaire Chantpie, et sa gloire est d'autant plus belle qu'il a résisté à l'arbitraire dans la limite de ses devoirs. Il a maintenu le respect des lois en les respectant lui-même. Enfin le défenseur qualifie d'ordre posthume la défense notifiée au Théâtre-Français, le 10 décembre, par monsieur le ministre des travaux publics. Il n'en est pas moins vrai qu'en refusant, le 24 novembre précédent, de jouer la pièce, le Théâtre-Français avait enfreint les conventions passées entre lui et l'auteur, et qu'aucun cas de force majeure ne saurait être allégué.

M. VICTOR HUGO : Je demande à dire seulement quelques mots.

M. LE PRÉSIDENT : La cause a été longuement plaidée.

M. VICTOR HUGO : Il y a quelque chose de personnel sur lequel il serait nécessaire que je donnasse une explication de fait.

Un passage du plaidoyer de Mᵉ Chaix-d'Est-Ange me fournit l'occasion de rappeler un fait dont je n'avais point parlé d'abord, parce qu'il m'est honorable, et que je ne crois pas devoir me targuer de faits qui peuvent me faire honneur. Voici ce qui s'est passé : Avant la représentation de ma pièce, prévenu par messieurs les sociétaires du Théâtre-Français que monsieur d'Argout voulait la censurer, je suis allé trouver le ministre, et je lui ai dit alors, moi citoyen, parlant à lui ministre, que je ne lui reconnaissais pas le droit de censurer un ouvrage dramatique, que ce droit était aboli, selon moi, par la Charte ; j'ajoutai que s'il prétendait censurer mon ouvrage, je le retirerais à l'instant même, et que ce serait à lui à voir s'il n'y aurait point là, pour l'autorité, une conséquence plus fâcheuse que s'il permettait de jouer le drame sans l'avoir censuré. Monsieur d'Argout me dit alors qu'il était d'un avis tout différent sur la matière ; qu'il se croyait, lui ministre, le droit de censurer un ouvrage dramatique ; mais qu'il me croyait homme d'honneur, et incapable de faire des ouvrages à allusions, ou des ouvrages immoraux, et qu'il consentait volontiers à ce que ma pièce ne fût point censurée. Je répondis au ministre que je n'avais rien à lui demander ; que c'était un droit que je prétendais exercer. Monsieur d'Argout ne s'opposa point à ce qu'on représentât la pièce, et il renonça à la faculté qu'il croyait avoir de faire censurer l'ouvrage. Voilà ce qui s'est passé ; j'invoque ici le témoignage d'un homme d'honneur présent à l'audience, et qui ne me démentira pas. Si monsieur d'Argout avait voulu censurer ma pièce, je l'aurais retirée à l'instant même. Je déclare qu'une députation du Théâtre-Français est venue, le matin même, chez moi, me demander avec prière de ne pas retirer ma pièce dans le cas où le ministre voudrait la censurer. Je persistai dans la volonté de ne point me soumettre à la censure ; je n'ai pas un seul instant voulu me départir de mon droit. Voilà un fait que j'aurais pu raconter en détail dans ma plaidoirie, et j'ai la certitude qu'il ne m'aurait attiré qu'une vive sympathie de la part de vous, messieurs, et de la part du public. Puisque l'avocat de ma partie adverse en a parlé le premier, je puis maintenant m'en vanter et m'en targuer.

Mᵉ CHAIX-D'EST-ANGE : Le fait que j'ai rappelé était nécessaire à la défense sous un double rapport, en fait et en droit. Il n'était pas inutile de répondre à cette argumentation de mon adversaire, que le ministre a négligé d'exercer la censure préventive avant la représentation. J'ai expliqué pourquoi on n'a pas insisté pour avoir communication de la pièce : c'est parce que le ministre avait assez de confiance dans l'honneur et la loyauté de monsieur Victor Hugo, pour être persuadé qu'il n'y aurait dans son drame aucune atteinte aux mœurs publiques.

M. LE PRÉSIDENT : Le tribunal met la cause en délibéré pour prononcer son jugement à la quinzaine.

L'audience est levée à six heures moins un quart. La foule, qui encombrait l'auditoire et toutes les avenues, a attendu monsieur Victor Hugo à son passage, et l'a salué de ses acclamations.

—*Journal des Débats*, 20 décembre 1832.—

FIN DE LA NOTE DU ROI S'AMUSE.

| LIBRAIRIE MARESCQ ET Cⁱᵉ, | J. HETZEL, ÉDITEUR. | LIBRAIRIE BLANCHARD, |
| 5, rue du Pont-de-Lodi. | | 78, rue de Richelieu. |

J.-A. BEAUCE.   PISAN.

OEUVRES DE VICTOR HUGO

LES BURGRAVES

ILLUSTRÉS PAR J.-A. BEAUCE.

Au temps d'Eschyle, la Thessalie était un lieu sinistre. Il y avait eu là autrefois des géants; il y avait là maintenant des fantômes. Le voyageur qui se hasardait au delà de Delphes, et qui franchissait les forêts vertigineuses du mont Cnémis, croyait voir partout, la nuit venue, s'ouvrir et flamboyer l'œil des cyclopes ensevelis dans les marais du Sperchius. Les trois mille Océanides éplorées lui apparaissaient en foule dans les nuées au-dessus du Pinde; dans les cent vallées de l'OEta il retrouvait l'empreinte profonde et les coudes horribles des cent bras des hécatonchires tombés jadis sur ces rochers, il contemplait avec une stupeur religieuse la trace des ongles crispés d'Encelade sur le flanc du Pélion. Il n'apercevait pas à l'horizon l'immense Prométhée couché, comme une montagne sur une montagne, sur des sommets entourés de tempêtes, car les dieux avaient rendu Prométhée invisible; mais à travers les branchages des vieux chênes les gémissements du colosse arrivaient jusqu'à lui, passant; et il entendait par intervalles le monstrueux vautour essayer son bec d'airain aux granits sonores du mont Othrys. Par moments, un grondement de tonnerre sortait du mont Olympe, et dans ces instants-là le voyageur épouvanté voyait se soulever au nord, dans les déchirures des monts Cambuniens, la tête difforme du géant Hadès, dieu des ténèbres intérieures; à l'orient, au delà du mont Ossa, il entendait mugir Céto, la femme baleine; et à l'occident, par-dessus le mont Callidrome, à travers la mer des Alcyons, un vent lointain, venu de la Sicile, lui apportait l'aboiement vivant et terrible du gouffre Scylla. Les géologues ne voient aujourd'hui, dans la Thessalie bouleversée, que la secousse d'un tremblement de terre et le passage des eaux diluviennes; mais pour Eschyle et ses contemporains, ces plaines ravagées, ces forêts déracinées, ces blocs arrachés et rompus, ces lacs changés en marais, ces montagnes renversées et devenues informes, c'était quelque chose de plus formidable encore qu'une terre dévastée par un déluge ou remuée par les volcans; c'était l'effrayant champ de bataille où les titans avaient lutté contre Jupiter.

Ce que la fable a inventé, l'histoire le reproduit parfois. La fiction et la réalité surprennent quelquefois notre esprit par les parallélismes singuliers qu'il leur découvre. Ainsi, — pourvu néanmoins qu'on ne cherche pas dans des pays et dans des faits qui appartiennent à l'histoire, ces impressions surnaturelles, ces grossissements chimériques que l'œil des visionnaires prête aux faits purement mythologiques; en admettant le conte et la légende, mais en conservant le fond de réalité humaine qui manque aux gigantesques machines de la fable antique, — il y a aujourd'hui en Europe un lieu qui, toute proportion gardée, est pour nous, au point de vue poétique, ce qu'était la Thessalie pour Eschyle, c'est-à-dire un champ de bataille mémorable et prodigieux. On devine que nous voulons parler des bords du Rhin. Là, en effet, comme en Thessalie, tout est foudroyé, désolé, arraché, détruit; tout porte l'empreinte d'une guerre profonde, acharnée, implacable. Pas un rocher qui ne soit une forteresse, pas une forteresse qui ne soit une ruine; l'extermination a passé par là; mais cette extermination est tellement grande qu'on sent que le combat a dû être colossal. Là, en effet, il y a six siècles, d'autres titans ont lutté contre un autre Jupiter : ces titans, ce sont les burgraves; ce Jupiter, c'est l'empereur d'Allemagne.

Celui qui écrit ces lignes, — et qu'on lui pardonne d'expliquer ici sa pensée, laquelle a été d'ailleurs si bien comprise qu'il est presque réduit à redire aujourd'hui ce que d'autres ont déjà dit avant lui et beaucoup mieux que lui; — celui qui écrit ces lignes avait depuis longtemps entrevu ce qu'il y a de neuf, d'extraordinaire et de profondément intéressant pour nous, peuples nés du moyen âge, dans cette guerre des titans modernes, moins fantastique, mais aussi grandiose peut-être que la guerre des titans antiques. Les titans sont des mythes, les burgraves sont des hommes. Il y a un abîme entre nous et les titans, fils d'Uranus et de Ghê; il n'y a entre les burgraves et nous qu'une série de générations; nous, les nations riveraines du Rhin, nous venons d'eux; ils sont nos pères. De là entre eux et nous cette cohésion intime, quoique lointaine, qui fait que, tout en les admirant parce qu'ils sont grands, nous les comprenons parce qu'ils sont réels. Ainsi, la réalité qui éveille l'intérêt, la grandeur qui donne la poésie, la nouveauté qui passionne la foule, voilà sous quel triple aspect la lutte des burgraves et de l'empereur pouvait s'offrir à l'imagination d'un poëte.

L'auteur des pages qu'on va lire était déjà préoccupé de ce grand sujet qui dès longtemps, nous venons de le dire, sollicitait intérieurement sa pensée, lorsqu'un hasard, il y a quelques années, le conduisit sur les bords du Rhin. La portion du public qui veut bien suivre ses travaux avec quelque intérêt a lu peut-être le livre intitulé *le Rhin*, et sait par conséquent que ce voyage d'un passant obscur ne fut autre chose qu'une longue et fantasque promenade d'antiquaire et de rêveur.

La vie que menait l'auteur dans ces lieux peuplés de souvenirs, on se la figure sans peine. Il vivait là, il doit en convenir, beaucoup plus parmi les pierres du temps passé que parmi les hommes du temps présent. Chaque jour, avec cette passion que comprendront les archéologues et les poëtes, il explorait quelque ancien édifice démoli. Quelquefois c'était dès le matin; il allait, il gravissait la montagne et la ruine, brisait les ronces et les épines sous ses talons, écartait de la main les rideaux de lierre, escaladait les vieux pans de mur, et là, seul, pensif, oubliant tout, au milieu du chant des oiseaux, sous les rayons du soleil levant, assis sur quelque basalte verte de mousse, ou enfoncé jusqu'aux genoux dans les hautes herbes humides de rosée, il déchiffrait une inscription romane ou mesurait l'écartement d'une ogive, tandis que les broussailles de la ruine, joyeusement remuées par le vent au-dessus de sa tête, faisaient tomber sur lui une pluie de fleurs. Quelquefois c'était le soir; au moment où le crépuscule ôtait leur forme aux collines et donnait au Rhin la blancheur sinistre de l'acier, il prenait, lui, le sentier de la montagne, coupé de temps en temps par quelque escalier de lave et d'ardoise, et il montait jusqu'au burg démantelé. Là, seul comme le matin, plus seul encore, car aucun chevrier n'oserait se hasarder dans des lieux pareils à ces heures que toutes les superstitions font redoutables, perdu dans l'obscurité, il se laissait aller à cette tristesse profonde qui vient au cœur quand on se trouve, à la tombée du soir, placé sur quelque sommet désert, entre les étoiles de Dieu qui s'allument splendidement au-dessus de notre tête et les pauvres étoiles de l'homme qui s'allument aussi, elles, derrière la vitre misérable des cabanes, dans l'ombre, sous nos pieds. Puis, l'heure passant, et quelquefois minuit ayant sonné à tous les clochers de la vallée qu'il était encore là, debout dans quelque brèche du donjon, songeant, regardant, examinant l'attitude de la ruine; étudiant, témoin importun peut-être, ce que la nature fait dans la solitude et dans les ténèbres; écoutant, au milieu du fourmillement des animaux nocturnes, tous ces bruits singuliers dont la légende a fait des voix; contemplant, dans l'angle des salles et dans la profondeur des corridors, toutes ces formes vaguement dessinées par la lune et par la nuit, dont la légende a fait des spectres.

Comme on le voit, ses jours et ses nuits étaient pleins de la même idée, et il tâchait de dérober à ces ruines tout ce qu'elles peuvent apprendre à un penseur.

On comprendra aisément qu'au milieu de ces contemplations et de ces rêveries, les burgraves lui soient revenus à l'esprit. Nous le répétons, ce que nous avons dit en commençant de la Thessalie, on peut le dire du Rhin : il a eu jadis des géants, il a aujourd'hui ses fantômes. Ces fantômes apparurent à l'auteur. Des châteaux qui sont sur les collines, sa méditation passa aux châtelains qui sont dans la chronique, dans la légende et dans l'histoire. Il avait sous les yeux les édifices, il essaya de se figurer les hommes; du coquillage on peut conclure le mollusque, de la maison on peut conclure l'habitant. Et quelles maisons que les burgs du Rhin! et quels habitants que les burgraves! Ces grands chevaliers avaient trois armures : la première était faite de courage, c'était leur cœur; la deuxième d'acier, c'était leur vêtement; la troisième de granit, c'était leur forteresse.

Un jour, comme l'auteur venait de visiter les citadelles écroulées qui hérissent le Wisperthal, il se dit que le moment était venu. Il se dit, sans se dissimuler le peu qu'il est et le peu qu'il vaut, que de ce voyage il fallait tirer une œuvre, que de cette poésie il fallait extraire un poëme.

L'idée qui se présenta à lui n'était pas sans quelque grandeur, il le croit. La voici :

Reconstruire par la pensée, dans toute son ampleur et dans toute sa puissance, un de ces châteaux où les burgraves, égaux aux princes, vivaient d'une vie presque royale. *Aux douzième et treizième siècles*, dit Kohlrausch, *le titre de burgrave prend rang immédiatement au-dessous du titre de roi* (1). Montrer dans le burg les trois choses qu'il contenait : une forteresse, un palais, une caverne; dans ce burg, ainsi ouvert dans toute sa réalité à l'œil étonné du spectateur, installer et faire vivre ensemble et de front quatre générations, l'aïeul, le père, le fils, le petit-fils; faire de toute cette famille comme le symbole palpitant et complet de l'expiation; mettre sur la tête de l'aïeul le crime de Caïn, dans le cœur du père les instincts de Nemrod, dans l'âme du fils les vices de Sardanapale; et laisser entrevoir que le petit-fils pourra bien un jour commettre le crime tout à la fois par passion comme son bisaïeul, par férocité comme son aïeul, et par corruption comme son père; montrer l'aïeul soumis à Dieu, et le père soumis à l'aïeul; relever le premier par le repentir et le second par la piété filiale, de sorte que l'aïeul puisse être auguste et que le père puisse être grand, tandis que les deux générations qui les suivent, amoindries par leurs vices croissants, vont s'enfonçant de plus en plus dans les ténèbres. Poser de cette façon devant tous, et rendre visible à la foule cette grande échelle morale de la dégradation des races qui devrait être l'exemple vivant éternellement dressé aux yeux de tous les hommes, et qui n'a été jusqu'ici entrevue, hélas! que par les songeurs et les poëtes; donner une figure à cette leçon des sages; faire de cette abstraction philosophique une réalité dramatique, palpable, saisissante, utile.

Voilà la première partie et, pour ainsi parler, la première face de l'idée qui lui vint. Du reste, qu'on ne lui suppose pas la présomption d'exposer ici ce qu'il croit avoir fait; il se borne à expliquer ce qu'il a voulu faire. Cela dit une fois pour toutes, continuons.

Dans une famille pareille, ainsi développée à tous les regards et à tous les esprits, pour que l'enseignement soit entier, deux grandes et mystérieuses puissances doivent intervenir, la fatalité et la Providence : la fatalité qui veut punir, la Providence qui veut pardonner. Quand l'idée qu'on vient de dérouler apparut à l'auteur, il songea sur-le-champ que cette double intervention était nécessaire à la moralité de l'œuvre. Il se dit qu'il fallait que dans ce palais lugubre, inexpugnable, joyeux et tout-puissant, peuplé d'hommes de guerre et d'hommes de plaisir, regorgeant de princes et de soldats, on vît errer, entre les orgies des jeunes gens et les sombres rêveries des vieillards, la grande figure de la servitude; qu'il fallait que cette figure fût une femme, car la femme seule, flétrie dans sa chair comme dans son âme, peut représenter l'esclavage complet; et qu'enfin il fallait que cette femme, que cette esclave, vieille, livide, enchaînée, sauvage comme la nature qu'elle contemple sans cesse, farouche comme la vengeance qu'elle médite nuit et jour, ayant dans le cœur la passion des ténèbres, c'est-à-dire la haine, et dans l'esprit la science des ténèbres, c'est-à-dire la magie, personnifiât la fatalité. Il se dit d'un autre côté que, s'il était nécessaire qu'on vît la servitude se traîner sous les pieds des burgraves, il était nécessaire aussi qu'on vît la souveraineté éclater au-dessus d'eux; il se dit qu'il fallait qu'au milieu de ces princes bandits un empereur apparût; que dans une œuvre de ce genre, si le poëte avait le droit, pour peindre l'époque, d'emprunter à l'histoire ce qu'elle enseigne, il avait également le droit d'employer, pour faire mouvoir ses personnages, ce que la légende autorise; qu'il serait beau peut-être de réveiller pour un moment et de faire sortir des profondeurs mystérieuses où il est enseveli le glorieux messie militaire que l'Allemagne attend encore, le dormeur impérial de Kaiserslautern, et de jeter, terrible et foudroyant, au milieu des géants du Rhin, le Jupiter du douzième siècle, Frédéric Barberousse. Enfin il se dit qu'il y aurait peut-être quelque grandeur, tandis qu'une esclave représenterait la fatalité, à ce qu'un empereur personnifiât la Providence. Ces idées germèrent dans son esprit, et il pensa qu'en disposant de la sorte les figures par lesquelles se traduirait sa pensée, il pourrait, au dénoûment, grande et morale conclusion, à son sens du moins, faire briser la fatalité par la Providence, l'esclave par l'empereur, la haine par le pardon.

Comme dans toute œuvre, si sombre qu'elle soit, il faut un rayon de lumière, c'est-à-dire un rayon d'amour, il pensa encore que ce n'était point assez de crayonner le contraste des pères et des enfants, la lutte des burgraves et de l'empereur, la rencontre de la fatalité et de la Providence; qu'il fallait peindre aussi et surtout deux cœurs qui s'aiment; et qu'un couple chaste et dévoué, pur et touchant, placé au centre de l'œuvre, et rayonnant à travers le drame entier, devrait être l'âme de toute cette action.

Car c'est là, à notre avis, une condition suprême. Quel que soit le drame, qu'il contienne une légende, une histoire ou un poëme, c'est bien; mais qu'il contienne avant tout la nature et l'humanité. Faites, si vous le voulez, c'est le droit souverain du poëte, marcher dans vos drames des statues, faites-y ramper des tigres; mais entre les statues et ces tigres, mettez des hommes. Ayez la terreur, mais ayez la pitié. Sous ces griffes d'acier, sous ces pieds de pierre, faites broyer le cœur humain.

Ainsi l'histoire, la légende, le conte, la réalité, la nature, la famille, l'amour, des mœurs naïves, des physionomies sauvages, les princes, les soldats, les aventuriers, les rois, des patriarches comme dans la Bible, des chasseurs d'hommes comme dans Homère, des titans comme dans Eschyle, tout s'offrait à la fois à l'imagination éblouie de l'auteur dans ce vaste tableau à peindre, et il sentait irrésistiblement entraîné vers l'œuvre qu'il rêvait, troublé seulement d'être si peu de chose, et regrettant que ce grand sujet ne rencontrât pas un grand poëte. Car, là il y avait, certes, l'occasion d'une création majestueuse; on pouvait, dans un sujet pareil, mêler à la peinture d'une famille féodale la peinture d'une société héroïque, toucher à la fois des deux mains au sublime et au pathétique, commencer par l'épopée et finir par le drame.

Après avoir, comme il vient de l'indiquer et sans se dissimuler d'ailleurs son infériorité, ébauché ce poëme dans sa pensée, l'auteur se demanda quelle forme il lui donnerait. Selon lui, le poëme doit avoir la forme même du sujet. La règle : *Neve minor, neu sit quinto*, etc., n'a qu'une valeur secondaire à ses yeux. Les Grecs ne s'en doutaient

(1) Tome 1er, 4e époque, maison de Souabe.

pas, et les plus imposants chefs-d'œuvre de la tragédie proprement dite sont nés en dehors de cette prétendue loi. La loi véritable, la voici : tout ouvrage de l'esprit doit naître avec la coupe particulière et les divisions spéciales que lui donne logiquement l'idée qu'il renferme. Ici, ce que l'auteur voulait placer et peindre, au point culminant de son œuvre, entre Barberousse et Guanhumara, entre la Providence et la fatalité, c'était l'âme du vieux burgrave centenaire Job-le-Maudit, cette âme qui, arrivée au bord de la tombe, ne mêle plus à sa mélancolie incurable qu'un triple sentiment : la maison, l'Allemagne, la famille. Ces trois sentiments donnaient à l'ouvrage sa division naturelle. L'auteur résolut donc de composer son drame en trois parties. Et, en effet, si l'on veut bien remplacer un moment en esprit les titres actuels de ces trois actes, lesquels n'en expriment que le fait extérieur, par des titres plus métaphysiques qui en révéleraient la pensée intérieure, on verra que chacune de ces trois parties correspond à l'un des trois sentiments fondamentaux du vieux chevalier allemand : maison, Allemagne, famille. La première partie pourrait être intitulée l'*Hospitalité*; la deuxième, la *Patrie*; la troisième, la *Paternité*.

La division et la forme du drame une fois arrêtées, l'auteur résolut d'écrire sur le frontispice de l'œuvre, quand elle serait terminée, le mot *trilogie*. Ici, comme ailleurs, trilogie signifie seulement et essentiellement poëme en trois chants, ou drame en trois actes. Seulement, en l'employant, l'auteur voulait réveiller un grand souvenir, glorifier autant qu'il en était en lui, par ce tacite hommage, le vieux poëte de l'*Orestie* qui, méconnu de ses contemporains, disait avec une tristesse fière : *Je consacre mes œuvres au temps*; et aussi peut-être indiquer au public, par ce rapprochement bien redoutable d'ailleurs, que ce que le grand Eschyle avait fait pour les titans, il osait, lui, poëte malheureusement trop au-dessous de cette magnifique tâche, essayer de le faire pour les burgraves.

Du reste, le public et la presse, cette voix du public, lui ont généreusement tenu compte, non du talent, mais de l'intention. Chaque jour cette foule sympathique et intelligente qui accourt si volontiers au glorieux théâtre de Corneille et de Molière, vient chercher dans cet ouvrage, non ce que l'auteur y a mis, mais ce qu'il a du moins tenté d'y mettre. Il est fier de l'attention persistante et sérieuse dont le public veut bien entourer ses travaux, si insuffisants qu'ils soient, et, sans répéter ici ce qu'il a déjà dit ailleurs, il sent que cette attention est pour lui pleine de responsabilité. Faire constamment effort vers le grand, donner aux esprits le vrai, aux âmes le beau, aux cœurs l'amour ; ne jamais offrir aux multitudes un spectacle qui ne soit une idée : voilà ce que le poëte doit au peuple. La comédie même, quand elle se mêle au drame, doit contenir une leçon, et avoir sa philosophie. De nos jours, le peuple est grand ; pour être compris de lui, le poëte doit être sincère. Rien n'est plus voisin du grand que l'honnête.

Le théâtre doit faire de la pensée le pain de la foule.

Un mot encore, et il a fini. Les *Burgraves* ne sont point, comme l'ont cru quelques esprits, excellents d'ailleurs, un ouvrage de pure fantaisie, le produit d'un élan capricieux de l'imagination. Loin de là : si une œuvre aussi incomplète valait la peine d'être discutée à ce point, on surprendrait peut-être beaucoup de personnes en leur disant que, dans la pensée de l'auteur, il y a eu tout autre chose qu'un caprice de l'imagination dans le choix de ce sujet et, qu'il lui soit permis d'ajouter, dans le choix de tous les sujets qu'il a traités jusqu'à ce jour. En effet, il y a aujourd'hui une nationalité européenne, comme il y avait du temps d'Eschyle, de Sophocle et d'Euripide, une nationalité grecque. Le groupe entier de la civilisation, quel qu'il fût et quel qu'il soit, a toujours été la grande patrie du poëte. Pour Eschyle, c'était la Grèce; pour Virgile, c'était le monde romain; pour nous, c'est l'Europe. Partout où est la lumière, l'intelligence se sent chez elle et est chez elle. Ainsi, toute proportion gardée, et en supposant qu'il soit permis de comparer ce qui est petit à ce qui est grand, si Eschyle, en racontant la chute des titans, faisait jadis pour la Grèce une œuvre nationale, le poëte qui raconte la lutte des burgraves fait aujourd'hui pour l'Europe une œuvre également nationale, dans le même sens et avec la même signification. Quelles que soient les antipathies momentanées et les jalousies de frontières, toutes les nations policées appartiennent au même centre et sont indissolublement liées entre elles par une secrète et profonde unité. La civilisation nous fait à tous les mêmes entrailles, le même esprit, le même but, le même avenir. D'ailleurs, la France, qui prête à la civilisation même sa langue universelle et son initiative souveraine; la France, lors même que nous nous unissons à l'Europe dans une sorte de grande nationalité, n'en est pas moins notre première patrie, comme Athènes était la première patrie d'Eschyle et de Sophocle. Ils étaient Athéniens comme nous sommes Français, et nous sommes Européens comme ils étaient Grecs.

Ceci vaut la peine d'être développé. L'auteur le fera peut-être quelque jour. Quand il l'aura fait, on saisira mieux l'ensemble des ouvrages qu'il a produits jusqu'ici; on en pénétrera la pensée; on en comprendra la cohésion. Ce faisceau a un lien. En attendant, il le dit et il est heureux de le redire, oui, la civilisation tout entière est la patrie du poëte. Cette patrie n'a d'autre frontière que la ligne sombre et fatale où commence la barbarie. Un jour, espérons-le, le globe entier sera civilisé, tous les points de la demeure humaine seront éclairés, et alors sera accompli le magnifique rêve de l'intelligence : avoir pour patrie le monde et pour nation l'humanité.

25 mars 1843.

LES BURGRAVES

PERSONNAGES.

JOB, burgrave de Heppenheff.
MAGNUS, fils de Job, burgrave de Wardeck.
HATTO, fils de Magnus, marquis de Vérone, burgrave de Nollig.
GORLOIS, fils de Hatto (bâtard), burgrave de Sareck.
FREDERIC DE HOHENSTAUFEN.
OTBERT.
LE DUC GERHARD de Thuringe.
GILISSA, margrave de Lusace.
PLATON, margrave de Moravie.
LUPUS, comte de Mons.
CADWALLA, burgrave d'Okenfels.
DARIUS, burgrave de Lahneck.
LA COMTESSE REGINA.

GUANHUMARA.
EDWIGE.
KARL, \
HERMANN, } étudiants.
CYNULFUS. /
HAQUIN, \
GONDICARIUS, | marchands \
TEUDON, } et } esclaves.
KUNZ, | bourgeois. /
SWAN, /
PEREZ.
JOSSIUS, soldat.
LE CAPITAINE DU BURG.
UN SOLDAT.

Heppenheff. — 120.

PREMIÈRE PARTIE

L'AIEUL

L'ancienne galerie des portraits seigneuriaux du burg de Heppenheff. Cette galerie, qui était circulaire, se développait autour du grand donjon, et communiquait avec le reste du château par quatre grandes portes situées aux quatre points cardinaux. Au lever du rideau, on aperçoit une partie de cette galerie, qui fait retour et qu'on voit se perdre derrière le mur arrondi du donjon. A gauche, une des quatre grandes portes de communication. A droite, une haute et large porte communiquant avec l'intérieur du donjon, exhaussée sur un degré de trois marches et accostée d'une porte bâtarde. Au fond, un promenoir roman à pleins cintres, à piliers bas, à chapiteaux bizarres, portant un deuxième étage (praticable), et communiquant avec la galerie par un grand degré de six marches. A travers les larges arcades de ce promenoir, on aperçoit le ciel et le reste du château, dont la plus haute tour est surmontée d'un immense drapeau noir qui flotte au vent. A gauche, près de la grande porte à deux battants, une petite fenêtre fermée d'un vitrail haut en couleur. Près de la fenêtre, un fauteuil. Toute la galerie a l'aspect délabré et inhabité. Les murailles et les voûtes de pierre, sur lesquelles on distingue quelques vestiges de fresques effacées, sont verdies et moisies par le suintement des pluies. Les portraits suspendus dans les panneaux de la galerie sont tous retournés la face contre le mur.

Au moment où le rideau se lève, le soir vient. La partie du château qu'on aperçoit par les archivoltes du promenoir au fond du théâtre semble éclairée et illuminée à l'intérieur, quoiqu'il fasse encore grand jour. On entend venir de ce côté du burg un bruit de trompettes et de clairons, et par moments des chansons chantées à pleines voix au cliquetis des verres. Plus près on entend un froissement de ferrailles, comme si une troupe d'hommes enchaînés allait et venait dans la portion du promenoir qu'on ne voit pas.

Une femme, seule, vieille, à demi cachée par un long voile noir, vêtue d'un sac de toile grise en lambeaux, enchaînée d'une chaîne qui se rattache par un double anneau à sa ceinture et à son pied nu, un collier de fer autour du cou, s'appuie contre la grande porte, et semble écouter les fanfares et les chants de la salle voisine.

SCÈNE PREMIÈRE.

GUANHUMARA, seule. Elle écoute.

CHANT DU DEHORS.

Dans les guerres civiles
Nous avons tous les droits.
— Nargue à toutes les villes
Et nargue à tous les rois !

Le burgrave prospère ;
Tout est dans la terreur.
— Barons, nargue au saint-père,
Et nargue à l'empereur !

Régnons, nous sommes braves,
Par le fer, par le feu.
— Nargue à Satan, burgraves !
Burgraves, nargue à Dieu !

Trompettes et clairons.

GUANHUMARA.

Les princes sont joyeux. Le festin dure encore.

Elle regarde de l'autre côté du théâtre.

Les captifs sous le fouet travaillent dès l'aurore.

Elle écoute.

Là, le bruit de l'orgie ; ici, le bruit des fers.

Elle fixe son regard sur la porte du donjon à droite.

Là, le père et l'aïeul, pensifs, chargés d'hivers,
De tout ce qu'ils ont fait cherchant la sombre trace,
Méditant sur leur vie ainsi que sur leur race,
Contemplent, seuls, et loin des rires triomphants,
Leurs forfaits, moins hideux encor que leurs enfants.
Dans leurs prospérités, jusqu'à ce jour entières,
Ces burgraves sont grands. Les marquis des frontières,
Les comtes souverains, les ducs fils des rois goths,
Se courbent devant eux jusqu'à leur être égaux ;
Le burg, plein de clairons, de chansons, de huées,
Se dresse inaccessible au milieu des nuées ;
Mille soldats partout, bandits aux yeux ardents,
Veillent l'arc et la lance au poing, l'épée aux dents.
Tout protége et défend cet antre inabordable.
Seule, en un coin désert du château formidable,
Femme et vieille, inconnue. et pliant le genou,
Triste, la chaîne au pied, et le carcan au cou,
En haillons et voilée, une esclave se traîne... —
Mais, ô princes, tremblez ! cette esclave est la haine !

Elle se retire au fond du théâtre et monte les degrés du promenoir. Entre par la galerie à droite une troupe d'esclaves enchaînés, quelques-uns ferrés deux à deux, et portant à la main des instruments de travail, pioches, pics, marteaux, etc. Guanhumara, appuyée à l'un des piliers du promenoir, les regarde d'un air pensif. Aux vêtements souillés et déchirés des prisonniers, on distingue encore leurs anciennes professions.

SCÈNE II.

LES ESCLAVES.

KUNZ, TEUDON, HAQUIN, GONDICARIUS, bourgeois et marchands, barbes grises ; JOSSIUS, vieux soldat ; HERMANN, CYNULFUS, KARL, étudiants de l'université de Bologne et de l'école de Mayence ; SWAN (ou Suénon), marchand de Lubeck. Les prisonniers s'avancent lentement par groupes séparés, les étudiants avec les étudiants, bourgeois et marchands ensemble, le soldat seul. Les vieux semblent accablés de fatigue et de douleur. Pendant toute cette scène et les deux qui suivent, on continue d'entendre par moments les fanfares et les chants de la salle voisine.

TEUDON, *jetant l'outil qu'il tient et s'asseyant sur le degré de pierre en avant de la double porte du donjon.*

C'est l'heure du repos ! — Enfin ! — Oh ! je suis las.

KUNZ, *agitant sa chaîne.*

Quoi ! j'étais libre et riche, et maintenant !

GONDICARIUS, *adossé à un pilier.*

Hélas !

CYNULFUS, *suivant de l'œil Guanhumara, qui traverse à pas lents le promenoir.*

Je voudrais bien savoir qui cette femme épie.

SWAN, *bas à Cynulfus.*

L'autre mois, par les gens du burg, engeance impie,
Elle fut prise avec des marchands de Saint-Gall.
Je ne sais rien de plus.

CYNULFUS.

Oh ! cela m'est égal ;
Mais tandis qu'on nous lie, on la laisse libre, elle !

SWAN.

Elle a guéri Hatto d'une fièvre mortelle,
L'aîné des petits-fils.

HAQUIN.

Le burgrave Rollon,
L'autre jour fut mordu d'un serpent au talon ;
Elle l'a guéri.

CYNULFUS.

Vrai ?

HAQUIN.

Je crois, sur ma parole.
Que c'est une sorcière !

HERMANN.

Ah bah ! c'est une folle.

SWAN.

Elle a mille secrets. Elle a guéri, ma foi,
Non-seulement Rollon et Hatto, mais Eloi,
Kuüd, Azzo, ces lépreux que fuyait tout le monde.

TEUDON.

Cette femme travaille à quelque œuvre profonde.
Elle a, soyez-en sûrs, de noirs projets noués
Avec ces trois lépreux qui lui sont dévoués.
Partout, dans tous les coins, ensemble on les retrouve.
Ce sont comme trois chiens qui suivent cette louve.

HAQUIN.

Hier, au cimetière, au logis des lépreux,
Ils étaient tous les quatre, et travaillaient entre eux.
Eux, faisaient un cercueil et clouaient sur des planches ;
Elle, agitait un vase en relevant ses manches,
Chantait bas, comme on chante aux enfants qu'on endort,
Et composait un philtre avec des os de mort.

SWAN.

Cette nuit, ils erraient. La nuit bien étoilée,

Ces trois lépreux masqués, cette femme voilée,
Kunz, c'était effrayant. Moi, je ne dormais pas,
Et je voyais cela.

KUNZ.
Je crois, dans tous les cas,
Qu'ici dans les caveaux ils ont quelque cachette.
L'autre jour, les lépreux et la vieille sachette
Passaient sous un grand mur d'un air morne et bourru.
Je détournai les yeux, ils avaient disparu.
Ils s'étaient enfoncés dans le mur!

HAQUIN.
Ces trois hommes,
Lépreux, ensorcelés, avec lesquels nous sommes.
M'importunent.

KUNZ.
C'était près du Caveau Perdu.
Vous savez?

HERMANN.
Ces lépreux servent, et c'est bien dû,
Celle qui les guérit. Rien de plus simple, en somme.

SWAN.
Mais, au lieu des lépreux, de Hatto, méchant homme;
Kunz, celle qu'il faudrait guérir dans ce château,
C'est cette douce enfant, fiancée à Hatto,
La nièce du vieux Job.

KUNZ.
Régina! Dieu l'assiste!
Celle-là, c'est un ange.

HERMANN.
Elle se meurt.

KUNZ.
C'est triste.
Oui, l'horreur pour Hatto, l'ennui, poids étouffant,
La tue. Elle s'en va chaque jour.

TEUDON.
Pauvre enfant!
Guanhumara reparaît au fond du théâtre, qu'elle traverse

HAQUIN.
Voici la vieille encor. — Vraiment, elle m'effraie.
Tout en elle, son air, sa tristesse d'orfraie,
Son regard profond, clair et terrible parfois,
Sa science sans fond, à laquelle je crois,
Me fait peur.

GONDICARIUS.
Maudit soit ce burg!

TEUDON.
Paix! je te prie.

GONDICARIUS.
Mais jamais on ne vient dans cette galerie;
Nos maîtres sont en fête, et nous sommes loin d'eux;
On ne peut nous entendre.

TEUDON, *baissant la voix et indiquant la porte du donjon.*
Ils sont là tous les deux!

GONDICARIUS.
Qui?

TEUDON.
Les vieillards Le père et le fils. Paix! vous dis-je;
Excepté, — je le tiens de la nourrice Edwige, —
Madame Régina, qui vient près d'eux prier;
Excepté cet Otbert, ce jeune aventurier,
Arrivé l'an passé, bien qu'encor fort novice,
Au château d'Heppenheff pour y prendre service,
Et que l'aïeul, puni dans sa postérité,
Aime pour sa jeunesse et pour sa loyauté, —
Nul n'ouvre cette porte et personne ici n'entre.
Le vieil homme de proie est seul dans son antre.
Naguère au monde entier il jetait ses défis,
Vingt comtes et vingt ducs, ses fils, ses petits-fils,
Cinq générations dont sa montagne est l'arche,
Entouraient comme un roi ce bandit patriarche.

Mais l'âge enfin le brise. Il se tient à l'écart.
Il est là, seul, assis sous un dais de brocart.
Son fils, le vieux Magnus, debout, lui tient sa lance.
Durant des mois entiers il garde le silence;
Et la nuit on le voit entrer, pâle, accablé,
Dans un couloir secret dont seul il a la clé.
Où va-t-il?

SWAN.
Ce vieillard a des peines étranges.

HAQUIN.
Ses fils pèsent sur lui comme les mauvais anges.

KUNZ.
Ce n'est pas vainement qu'il est maudit.

GONDICARIUS.
Tant mieux!

SWAN.
Il eut un dernier fils étant déjà fort vieux.
Il aimait cet enfant. Dieu fit ainsi le monde;
Toujours la barbe grise aime la tête blonde.
A peine âgé d'un an, cet enfant fut volé...

KUNZ.
Par une égyptienne.

CYNULFUS.
Au bord d'un champ de blé.

HAQUIN.
Moi, je sais que ce burg, bâti sur une cime,
Après avoir, dit-on, vu jadis un grand crime,
Resta longtemps désert, et puis fut démoli
Par l'Ordre Teutonique; enfin les ans, l'oubli,
L'effaçaient, quand un jour le maître, homme fantasque,
Ayant changé de nom comme on change de masque,
Y revint. Depuis lors il a sur ce manoir
Arboré pour jamais ce sombre drapeau noir.

SWAN, *à Kunz.*
As-tu remarqué, fils, au bas de la tour ronde,
Au-dessus du torrent qui dans le ravin gronde,
Une fenêtre étroite, à pic sur les fossés,
Où l'on voit trois barreaux tordus et défoncés?

KUNZ.
C'est le Caveau Perdu. J'en parlais tout à l'heure.

HAQUIN.
Un gîte sombre. On dit qu'un fantôme y demeure.

HERMANN.
Bah!

CYNULFUS.
L'on dirait qu'au mur le sang jadis coula.

KUNZ.
Le certain, c'est que nul ne saurait entrer là.
Le secret de l'entrée est perdu. La fenêtre
Est tout ce qu'on en voit. Nul vivant n'y pénètre.

SWAN.
Eh bien! le soir, je vais à l'angle du rocher,
Et là, toutes les nuits, j'entends quelqu'un marcher!

KUNZ, *avec une sorte d'effroi.*
Etes-vous sûr?

SWAN.
Très-sûr.

TEUDON.
Kunz, brisons là. Nous taire
Serait prudent.

HAQUIN.
Ce burg est plein d'un noir mystère.
J'écoute tout ici, car tout me fait rêver.

TEUDON.
Parlons d'autre chose, hein? ce qui doit arriver,
Dieu seul le voit.

Il se tourne vers un groupe qui n'a pas encore pris part à ce qui

GUANHUMARA.
Là, le bruit de l'orgie; ici, le bruit des fers.
(Page 6.)

se passe sur le devant de la scène, et qui paraît fort attentif dans un coin du théâtre à ce que dit un jeune étudiant.

Tiens, Karl, finis-nous ton histoire.

Karl vient sur le devant du théâtre; tous se rapprochent, et les deux groupes d'esclaves, jeunes gens et vieillards, se confondent dans une commune attention.

KARL.
Oui. Mais n'oubliez point que le fait est notoire,
Que c'est le mois dernier que l'aventure eut lieu,
Et qu'il s'est écoulé...

Il semble chercher un instant dans sa mémoire.

près de vingt ans, pardieu!
Depuis que Barberousse est mort à la croisade.

HERMANN.
Soit. Ton Max était donc dans un lieu fort maussade!...

KARL.
Un lieu lugubre, Hermann. Un endroit redouté.
Un essaim de corbeaux, sinistre, épouvanté,
Tourne éternellement autour de la montagne.
Le soir, leurs cris affreux, lorsque l'ombre les gagne,
Font fuir jusqu'à Lautern le chasseur hasardeux.
Des gouttes d'eau, du front de ce rocher hideux,
Tombaient, comme les pleurs d'un visage terrible.
Une caverne sombre et d'une forme horrible
S'ouvrait dans le ravin. Le comte Max Edmond
Ne craignit pas d'entrer dans la nuit du vieux mont.
Il s'aventura donc sous ces grottes funèbres.
Il marchait. Un jour blême éclairait les ténèbres.
Soudain, sous une voûte au fond du souterrain,
Il vit dans l'ombre, assis sur un fauteuil d'airain,
Les pieds enveloppés dans les plis de sa robe,
Ayant le sceptre à droite, à gauche ayant le globe,
Un vieillard effrayant, immobile, incliné,
Ceint du glaive, vêtu de pourpre, et couronné.
Sur une table faite avec un bloc de lave,
Cet homme s'accoudait. Bien que Max soit très-brave
Et qu'il ait guerroyé sous Jean le Bataillard,
Il se sentit pâlir devant ce grand vieillard
Presque enfoui sous l'herbe, et le lierre, et la mousse,
Car c'était l'empereur Frédéric Barberousse!

OTBERT.
Appuyez-vous sur moi. — Là, marchez doucement.
Venez sur ce fauteuil vous asseoir un moment.
(Page 11.)

Il dormait, — d'un sommeil farouche et surprenant.
Sa barbe, d'or jadis, de neige maintenant,
Faisait trois fois le tour de la table de pierre;
Ses longs cils blancs fermaient sa pesante paupière;
Un cœur percé saignait sur son écu vermeil.
Par moments, inquiet, à travers son sommeil,
Il portait vaguement la main à son épée?
De quel rêve cette âme était-elle occupée?
Dieu le sait.

HERMANN.
Est-ce tout?

KARL.
Non, écoutez encor.
Aux pas du comte Max dans le noir corridor,
L'homme s'est réveillé; sa tête morne et chauve
S'est dressée, et, fixant sur Max un regard fauve,
Il a dit, en rouvrant ses yeux lourds et voilés :
— Chevalier, les corbeaux se sont-ils envolés?
Le comte Max Edmond a répondu : — Non, sire.
A ce mot, le vieillard a laissé sans rien dire
Retomber son front pâle, et Max, plein de terreur,

A vu se rendormir le fantôme empereur!

Pendant que Karl a parlé, tous les prisonniers sont venus se grouper autour de lui, et l'ont écouté avec une curiosité toujours croissante. Jossius s'est approché des premiers dès qu'il a entendu prononcer le nom de Barberousse.

HERMANN, *éclatant de rire.*
Le conte est beau!

HAQUIN, *à Karl.*
S'il faut croire la renommée,
Frédéric s'est noyé devant toute l'armée
Dans le Cydnus.

JOSSIUS.
Il s'est perdu dans le courant.
J'étais là. J'ai tout vu. Ce fut terrible et grand.
Jamais ce souvenir dans mon cœur ne s'émousse.
Othon de Wittelsbach haïssait Barberousse;
Mais, quand il vit son prince à la merci des flots.
Et que les Turcs sur lui lançaient leurs javelots,
Othon de Wittelsbach, palatin de Bavière,
Poussa son cheval noir jusque dans la rivière,

Et, s'offrant seul aux coups pleuvant avec fureur,
Il cria : Commençons par sauver l'empereur !
HERMANN.
Ce fut en vain.
JOSSIUS.
En vain les meilleurs accoururent !
Soixante-trois soldats et deux comtes moururent
En voulant le sauver.
KARL.
Cela ne prouve pas
Que son spectre n'est point dans le val du Malpas.
SWAN.
Moi ! l'on m'a dit, — la fable est un champ sans limite ! —
Qu'échappé par miracle il s'était fait ermite,
Et qu'il vivait encor.
GONDICARIUS.
Plût au ciel ! et qu'il vînt
Délivrer l'Allemagne avant douze cent vingt ;
Fatale année, où doit, dit-on, crouler l'Empire !
SWAN.
Dejà de toutes parts notre grandeur expire.
HAQUIN.
Si Frédéric était vivant, — oui, j'y songeais, —
Pour nous tirer d'ici, nous, ses loyaux sujets,
Il recommencerait la guerre des burgraves.
KUNZ.
Hé ! le monde entier souffre autant que nous, esclaves.
L'Allemagne est sans chef, et l'Europe est sans frein.
HAQUIN.
Le pain manque.
GONDICARIUS.
Partout on voit aux bords du Rhin
Le noir fourmillement des brigands qui renaissent.
KUNZ.
Les électeurs entre eux de brigues se repaissent.
HERMANN.
Cologne est pour Souabe.
SWAN.
Erfurth est pour Brunswick.
GONDICARIUS.
Mayence élit Berthold.
KUNZ.
Trèves veut Frédéric.
GONDICARIUS.
En attendant tout meurt.
HAQUIN.
Les villes sont fermées.
SWAN.
On ne peut voyager que par bandes armées.
KARL.
Par les petits tyrans les peuples sont froissés.
TEUDON.
Quatre empereurs ! — c'est trop. Et ce n'est pas assez.
En fait de rois, vois-tu, Karl, un vaut plus que quatre.
KUNZ.
Il faudrait un bras fort pour lutter, pour combattre.
Mais, hélas ! Barberousse est mort, — bien mort. Suénon !
SWAN, à *Jossius*.
A-t-on dans le Cydnus retrouvé son corps ?
JOSSIUS.
Non.
Les flots l'ont emporté.
TEUDON.
Swan, as-tu connaissance
De la prédiction qu'on fit à sa naissance ?
— « Cet enfant, dont le monde un jour suivra les lois,
« Deux fois sera cru mort et revivra deux fois. » —
Or, la prédiction, qu'on raille ou qu'on oublie,
Une première fois semble s'être accomplie.
HERMANN.
Barberousse est l'objet de cent contes.
TEUDON.
Je dis
Ce que je sais. J'ai vu, vers l'an quatre-vingt-dix,
A Prague, à l'hôpital, dans une casemate,
Un certain Sfrondati, gentilhomme dalmate,
Fort vieux, et qu'on disait privé de sa raison.
Cet homme racontait tout haut dans sa prison,
Qu'étant jeune, à cet âge où tout hasard nous pousse,
Chez le duc Frédéric, père de Barberousse,
Il était écuyer. Le duc fut consterné
De la prédiction faite à son nouveau-né.
De plus, l'enfant croissait pour une double guerre ;
Gibelin par son père et guelfe par sa mère,
Les deux partis pouvaient le réclamer un jour.
Le père l'éleva d'abord dans une tour,
Loin de tous les regards, et le tint invisible,
Comme pour le cacher au sort le plus possible.
Il chercha même encore un autre abri plus tard.
D'une fille très-noble il avait un bâtard
Qui, né dans la montagne, ignorait que son père
Était duc de Souabe et comte chef de guerre,
Et ne le connaissait que sous le nom d'Othon.
Le bon duc se cachait de ce fils-là, dit-on,
De peur que le bâtard ne voulût être prince,
Et d'un coin de duché se faire une province.
Le bâtard par sa mère avait, fort près du Rhin,
Un burg dont il était burgrave et suzerain,
Un château de bandit, un nid d'aigle, un repaire.
L'asile parut bon et sûr au pauvre père.
Il vint voir le burgrave, et, l'ayant embrassé,
Lui confia l'enfant sous un nom supposé,
Lui disant seulement : Mon fils, voici ton frère !
Puis il partit. — Au sort nul ne peut se soustraire.
Certes, le duc croyait son fils et son secret
Bien gardés, car l'enfant lui-même s'ignorait. —
Le jeune Barberousse, ainsi chez le burgrave,
Atteignit ses vingt ans. Or, — ceci devient grave. —
Un jour, dans un hallier, au pied d'un roc, au bord
D'un torrent qui baignait les murs du château fort,
Des pâtres qui passaient trouvèrent à l'aurore
Deux corps sanglants et nus qui palpitaient encore,
Deux hommes poignardés dans le château sans bruit,
Puis jetés à l'abîme, au torrent, à la nuit,
Et qui n'étaient pas morts. Un miracle ! vous dis-je.
Ces deux hommes, que Dieu sauvait par un prodige,
C'était le Barberousse avec son compagnon,
Ce même Sfrondati, qui seul savait son nom.
On les guérit tous deux. Puis, dans un grand mystère,
Sfrondati ramena le jeune homme à son père,
Qui pour paiement fit mettre au cachot Sfrondati.
Le duc garda son fils, c'était le bon parti,
Et n'eut plus qu'une idée, étouffer cette affaire.
Jamais il ne revit son bâtard. Quand ce père
Sentit sa mort prochaine, il appela son fils,
Et lui fit à genoux baiser un crucifix.
Barberousse, incliné sur ce lit funéraire,
Jura de ne se point révéler à son frère,
Et de ne s'en venger, s'il était encor temps,
Que le jour où ce frère atteindrait ses cent ans.
— C'est-à-dire jamais ; quoique Dieu soit le maître
Si bien que le bâtard sera mort sans connaître
Que son père était duc, et son frère empereur.
Sfrondati pâlissait d'épouvante et d'horreur
Quand on voulait sonder ce secret de famille.
Les deux frères aimaient tous deux la même fille ;
L'aîné se crut trahi, tua l'autre, et vendit
La fille à je ne sais quel horrible bandit,
Qui, le liant au joug sans pitié, comme un homme,
L'attelait aux bateaux qui vont d'Ostie à Rome.
Quel destin ! — Sfrondati disait : C'est oublié !
Du reste, en son esprit tout s'était délié.
Rien ne surnageait plus dans la nuit de son âme ;

Ni le nom du bâtard, ni le nom de la femme.
Il ne savait comment. Il ne pouvait dire où. —
J'ai vu cet homme à Prague enfermé comme fou.
Il est mort maintenant.

HERMANN.
Tu conclus?

TEUDON.
Je raisonne.
Si tous ces faits sont vrais, la prophétie est bonne.
Car enfin. — cet espoir n'a rien de hasardeux, —
Accomplie une fois, elle peut l'être deux.
Barberousse, déjà cru mort dans sa jeunesse,
Pourrait renaître encor...

HERMANN, *riant.*
Bon! attends qu'il renaisse!

KUNZ, *à Teudon.*
On m'a jadis conté ce conte. En ce château
Frédéric Barberousse avait nom Donato.
Le bâtard s'appelait Fosco. Quant à la belle,
Elle était Corse, autant que je me le rappelle.
Les amants se cachaient dans un caveau discret.
Dont l'entrée inconnue était leur doux secret;
C'est là qu'un soir Fosco, cœur jaloux, main hardie,
Les surprit, et finit l'idylle en tragédie.

GONDICARIUS.
Que Frédéric, du trône atteignant le sommet.
N'ait jamais recherché la femme qu'il aimait,
Cela me navrerait dans l'âme pour sa gloire,
Si je croyais un mot de toute votre histoire.

TEUDON.
Il l'a cherchée, ami. De son bras souverain
Trente ans il a fouillé les repaires du Rhin.
Le bâtard...

KUNZ.
Ce Fosco!

TEUDON, *continuant.*
Pour servir en Bretagne,
Avait laissé son burg et quitté la montagne.
Il n'y revint, dit-on, que fort longtemps après.
L'empereur investit les monts et les forêts,
Assiégea les châteaux, détruisit les burgraves,
Mais ne retrouva rien.

GONDICARIUS, *à Jossius.*
Vous étiez de ses braves:
Vous avez bataillé contre ces mécréants!
Vous souvient-il?

JOSSIUS.
C'étaient des guerres de géants!
Les burgraves entre eux se prêtaient tous main forte.
Il fallait emporter chaque mur, chaque porte.
En haut, en bas, criblés de coups, baignés de sang,
Les barons combattaient, et laissaient, en poussant
Des rires éclatants sous leurs horribles masques,
L'huile et le plomb fondu ruisseler sur leurs casques.
Il fallait assiéger dehors, lutter dedans,
Percer avec l'épée et mordre avec les dents.
Oh! quels assauts! Souvent, dans l'ombre et la fumée,
Le château, pris enfin, s'écroulait sur l'armée.
C'est dans ces guerres-là que Barberousse un jour,
Masqué, mais couronné, seul, au pied d'une tour,
Lutta contre un bandit qui, forcé dans son bouge,
Lui brûla le bras droit d'un trèfle de fer rouge,
Si bien que l'empereur dit au comte d'Arau:
— Je le lui ferai rendre, ami, par le bourreau.

GONDICARIUS.
Cet homme fut-il pris?

JOSSIUS.
Non, il se fit passage.
Sa visière empêcha qu'on ne vît son visage,
Et l'empereur garda le trèfle sur son bras.

TEUDON, *à Swan.*
Je crois que Barberousse est vivant. — Tu verras.

JOSSIUS.
Je suis sûr qu'il est mort.

CYNULFUS.
Mais Max Edmond?...

HERMANN.
Chimère!

TEUDON.
La grotte du Malpas...

HERMANN.
Un conte de grand'mère!

KARL.
Sfrondati cependant jette un jour tout nouveau...

HERMANN.
Bah! songes d'un fiévreux qui voit dans son cerveau,
Où flottent des lueurs toujours diminuées,
Les visions passer ainsi que des nuées!

Entre un soldat le fouet à la main.

LE SOLDAT.
Esclaves, au travail! Les convives ce soir
Vont venir visiter cette aile du manoir;
C'est monseigneur Hatto, le maître, qui les mène.
Qu'il ne vous trouve point ici traînant la chaîne.

Les prisonniers ramassent leurs outils, s'accouplent en silence et sortent la tête basse sous le fouet du soldat. Guanhumara reparaît sur la galerie haute et les suit des yeux Au moment où les prisonniers disparaissent, entrent par la grande porte Régina, Edwige et Otbert; Régina, vêtue de blanc; Edwige, la nourrice, vieille, vêtue de noir; Otbert, en habit de capitaine aventurier, avec le coutelas et la grande épée; Régina, toute jeune, pâle, accablée et se traînant à peine, comme une personne malade depuis longtemps et presque mourante. Elle se penche sur le bras d'Otbert, qui la soutient et fixe sur elle un regard plein d'angoisse et d'amour. Edwige la suit. Guanhumara, sans être vue d'aucun des trois, les observe et les écoute quelques instants, puis sort par le côté opposé à celui où elle est entrée.

SCÈNE III.

OTBERT, RÉGINA. — Par instants, EDWIGE.

OTBERT.
Appuyez-vous sur moi. — Là, marchez doucement.
— Venez sur ce fauteuil vous asseoir un moment.

Il la conduit à un grand fauteuil près de la fenêtre.

Comment vous trouvez-vous?

RÉGINA.
Mal. J'ai froid. Je frissonne.
Ce banquet m'a fait mal.

A Edwige.
Vois s'il ne vient personne.

Edwige sort.

OTBERT.
Ne craignez rien. Ils vont boire jusqu'au matin.
Pourquoi donc êtes-vous allée à ce festin?

RÉGINA.
Hatto...

OTBERT.
Hatto!

RÉGINA, *l'apaisant.*
Plus bas. Il eût pu me contraindre,
Je lui suis fiancée.

OTBERT.
Il fallait donc vous plaindre
Au vieux seigneur. Hatto le craint.

RÉGINA.
                    Je vais mourir.
A quoi bon?

OTBERT.
Oh! pourquoi parler ainsi?

RÉGINA.
                    Souffrir,
Rêver, puis s'en aller. C'est le sort de la femme.

OTBERT, *lui montrant la fenêtre.*
Voyez ce beau soleil!

RÉGINA.
            Oui, le couchant s'enflamme.
Nous sommes en automne et nous sommes au soir.
Partout la feuille tombe et le bois devient noir.

OTBERT.
Les feuilles renaîtront.

RÉGINA.
            Oui. —

Rêvant et regardant le ciel.
                    Vite! — à tire-d'ailes, —
— Oh! c'est triste de voir s'enfuir les hirondelles!
Elles s'en vont là-bas vers le midi doré.

OTBERT.
Elles reviendront.

RÉGINA.
            Oui. — Mais moi je ne verrai
Ni l'oiseau revenir, ni la feuille renaître!

OTBERT.
Régina!...

RÉGINA.
            Mettez-moi plus près de la fenêtre.

Elle lui donne sa bourse.
Otbert, jetez ma bourse aux pauvres prisonniers.

Otbert jette la bourse par une des fenêtres du fond. Elle continue, l'œil fixé au dehors.

Oui, ce soleil est beau. Ses rayons, — les derniers! —
Sur le front du Taunus posent une couronne,
Le fleuve luit; le bois de splendeurs s'environne,
Les vitres du hameau, là-bas, sont tout en feu;
Que c'est beau! que c'est grand! que c'est charmant, mon
La nature est comme un flot de vie et de lumière!...   [Dieu!
Oh! je n'ai pas de père et je n'ai pas de mère,
Nul ne peut me sauver, nul ne peut me guérir,
Je suis seule en ce monde et je me sens mourir.

OTBERT.
Vous, seule au monde! et moi! moi qui vous aime!

RÉGINA.
                            Rêve!
Non, vous ne m'aimez pas, Otbert! La nuit se lève!
— La nuit! — J'y vais tomber. Vous m'oublierez après.

OTBERT.
Mais pour vous je mourrais et je me damnerais!
Je ne vous aime pas! — Elle me désespère!
Depuis un an, du jour où dans ce noir repaire
Je vous vis, au milieu de ces bandits jaloux,
Je vous aimai. Mes yeux, madame, allaient à vous,
Dans ce morne château, plein de crimes sans nombre,
Comme au seul lis du gouffre, au seul astre de l'ombre!
Oui, j'osai vous aimer, vous, comtesse du Rhin!
Vous, promise à Hatto, le comte au cœur d'airain!
Je vous l'ai dit, je suis un pauvre capitaine,
Homme de ferme épée et de race incertaine.
Peut-être moins qu'un serf, peut-être autant qu'un roi.
Mais tout ce que je suis est à vous. Quittez-moi,
Je meurs. — Vous êtes deux dans ce château que j'aime.
Vous d'abord, avant tout, avant mon père même,
Si j'en avais un, — puis

Montrant la porte du donjon:
                    ce vieillard affaissé
Sous le poids inconnu d'un effrayant passé.
Doux et fort, triste aïeul d'une horrible famille,
Il met toute sa joie en vous, ô noble fille,
En vous, son dernier culte et son dernier flambeau,
Aube qui blanchissez le seuil de son tombeau!
Moi, soldat dont la tête au poids du sort se plie,
Je vous bénis tous deux, car près de vous j'oublie;
Et mon âme, qu'étreint une fatale loi,
Près de lui se sent grande, et pure près de toi!
Vous voyez maintenant tout mon cœur. Oui, je pleure,
Et puis je suis jaloux, je souffre. Tout à l'heure,
Hatto vous regardait, — vous regardait toujours! —
Et moi, moi, je sentais, à bouillonnements sourds,
De mon cœur à mon front qu'un feu sinistre éclaire,
Monter toute ma haine et toute ma colère!
Je me suis retenu, j'aurais dû tout briser! —
— Je ne vous aime pas! — Enfant, donne un baiser,
Je te donne mon sang. — Régina, dis au prêtre
Qu'il n'aime pas son Dieu, dis au Toscan sans maître
Qu'il n'aime point sa ville, au marin sur la mer
Qu'il n'aime point l'aurore après les nuits d'hiver;
Va trouver sur son banc le forçat las de vivre,
Dis-lui qu'il n'aime point la main qui le délivre;
Mais ne me dis jamais que je ne t'aime pas!
Car vous êtes pour moi, dans l'ombre où vont mes pas,
Dans l'entrave où mon pied se sent pris en arrière,
Plus que la délivrance et plus que la lumière!
Je suis à vous sans terme, à vous éperdûment,
Et vous le savez bien. — Oh! les femmes vraiment
Sont cruelles toujours, et rien ne leur plaît comme
De jouer avec l'âme et la douleur d'un homme! —
Mais, pardon, vous souffrez, je vous parle de moi,
Mon Dieu! quand je devrais, à genoux devant toi,
Ne point contrarier ta fièvre et ton délire,
Et te baiser les mains en te laissant tout dire!

RÉGINA.
Mon sort comme le vôtre, Otbert, d'ennui fut plein.
Que suis-je? une orpheline. Et vous? un orphelin.
Le ciel, nous unissant par nos douleurs communes,
Eût pu faire un bonheur de nos deux infortunes;
Mais...

OTBERT, *tombant à genoux devant elle.*
            Mais je t'aimerai! mais je t'adorerai!
Mais je te servirai! si tu meurs, je mourrai!
Mais je tuerai Hatto s'il ose te déplaire!
Mais je remplacerai, moi, ton père et ta mère!
Oui, tous les deux! j'en prends l'engagement sans peur.
Ton père? j'ai mon bras; ta mère? j'ai mon cœur!

RÉGINA.
O doux ami, merci! Je vois toute votre âme.
Vouloir comme un géant, aimer comme une femme,
C'est bien vous, mon Otbert; vous tout entier. Eh bien!
Vous ne pouvez, hélas! rien pour moi.

OTBERT, *se levant.*
                            Si!

RÉGINA.
                    Non, rien!
Ce n'est pas à Hatto qu'il faut qu'on me dispute.
Mon fiancé m'aura sans querelle et sans lutte;
Vous ne le vaincrez pas, vous si brave et si beau;
Car mon vrai fiancé, vois-tu, c'est le tombeau!
— Hélas! puisque je touche à cette nuit profonde,
Je fais de ce que j'ai de meilleur en ce monde
Deux parts, l'une au Seigneur, l'autre pour vous. Je veux
Ami, que vous posiez la main sur mes cheveux,
Et vous dis, au seuil de mon heure suprême :
Otbert, mon âme à Dieu, mon cœur à vous. — Je t'aime!

EDWIGE, *entrant.*
Quelqu'un.

RÉGINA, à *Edwige*.
Viens.

Elle fait quelques pas vers la porte bâtarde, appuyée sur Edwige et sur Otbert. Au moment d'entrer sous la porte, elle s'arrête et se retourne.

Oh! mourir à seize ans, c'est affreux!
Quand nous aurions pu vivre, ensemble, aimés, heureux!
Mon Otbert, je veux vivre! écoute ma prière!
Ne me laisse pas choir sous cette froide pierre!
La mort me fait horreur! Sauve-moi, mon amant!
Est-ce que tu pourrais me sauver, dis, vraiment?

OTBERT.
Tu vivras!

Régina sort avec Edwige. La porte se referme. Otbert semble la suivre des yeux et lui parler, quoiqu'elle ait disparu.

Toi, mourir si jeune! Belle et pure!
Non, dussé-je au démon me donner, je le jure,
Tu vivras.

Apercevant Guanhumara, qui est depuis quelques instants immobile au fond du théâtre.

Justement.

SCÈNE IV.

OTBERT, GUANHUMARA.

OTBERT, *marchant droit à Guanhumara*.
Guanhumara, ta main.
J'ai besoin de toi, viens.

GUANHUMARA.
Toi, passe ton chemin.

OTBERT.
Ecoute-moi.

GUANHUMARA.
Tu vas me demander encore
Ton pays? ta famille? — Eh bien! si je l'ignore! —
Si ton nom est Otbert? si ton nom est Yorghi?
Pourquoi dans mon exil ton enfance a langui?
Si c'est au pays corse, ou bien en Moldavie,
Qu'enfant je te trouvai, nu, seul, cherchant ta vie?
Pourquoi dans ce château je t'ai dit de venir?
Pourquoi moi-même à toi j'ose m'y réunir,
En te disant pourtant de ne pas me connaître?
Pourquoi, bien que Régine ait fléchi notre maître,
Je garde au cou ma chaîne, et d'où vient qu'en tout lieu,
En tout temps, comme on fait pour accomplir un vœu,

Montrant son pied.

J'ai porté cet anneau que tu me vois encore?
Enfin si je suis Corse, ou Slave, ou Juive, ou Maure?
Je ne veux pas répondre et je ne dirai rien.
Livre-moi, si tu veux. Mais non, je le sais bien,
Tu ne trahiras pas, quoique nourrice amère,
Celle qui t'a nourri, qui t'a servi de mère,
Et puis la mort n'a rien qui puisse me troubler.

Elle veut passer outre. Il la retient.

OTBERT.
Mais ce n'est pas de moi que je veux te parler.
Dis-moi, toi qui sais tout, Régina...

GUANHUMARA.
Sera morte
Avant un mois.

Elle veut s'éloigner. Il l'arrête encore.

OTBERT.
Peux-tu la sauver?

GUANHUMARA.
Que m'importe!

Rêvant et se parlant à elle-même.

Oui, quand j'étais dans l'Inde, au fond des bois j'errais,
J'allais, étudiant, dans la nuit des forêts,
Blême, effrayante à voir, horrible aux lions mêmes,
Les herbes, les poisons, et les philtres suprêmes
Qui font qu'un trépassé redevient tout d'abord
Vivant, et qu'un vivant prend la face d'un mort.

OTBERT.
Peux-tu la sauver, dis?

GUANHUMARA.
Oui.

OTBERT.
Par pitié, par grâce,
Pour Dieu qui nous entend, par tes pieds que j'embrasse,
Sauve-la, guéris-la!

GUANHUMARA.
Si tout à l'heure ici,
Quand tes yeux contemplaient Régina, ton souci,
Hatto soudain était entré comme un orage,
Si devant toi, féroce et riant avec rage,
Il l'avait poignardée, elle, et jeté son corps
Au torrent qui rugit comme un tigre dehors;
Puis, si, te saisissant de sa main assassine,
Il t'avait exposé dans la ville voisine,
L'anneau d'esclave au pied, nu, mourant, attaché
Comme une chose à vendre, au poteau du marché;
S'il t'avait en effet, toi soldat, toi né libre,
Vendu, pour qu'on t'attelle aux barques sur le Tibre!
Suppose maintenant qu'après ce jour hideux
La mort près de cent ans vous oubliât tous deux;
Après avoir erré de rivage en rivage,
Quand tu reviendrais vieux de ce long esclavage,
Que te resterait-il au cœur? Parle à présent.

OTBERT.
La vengeance, le meurtre, et la soif de son sang.

GUANHUMARA.
Eh bien! je suis le meurtre et je suis la vengeance.
Je vais, fantôme aveugle, au but marqué d'avance;
Je suis la soif du sang! Que me demandes-tu?
D'avoir de la pitié, d'avoir de la vertu,
De sauver des vivants? J'en ris lorsque j'y pense.
Tu dis avoir besoin de moi? Quelle imprudence!
Et si, de mon côté, glaçant ton cœur d'effroi,
Je te disais aussi que j'ai besoin de toi?
Que j'ai pour mes projets élevé ton enfance?
Que je recule, moi, devant ton innocence?
Recule donc alors, enfant que j'ai quitté,
Devant ma solitude et ma calamité! —
Je viens de te conter mon histoire. Est-ce infâme?
Seulement, c'est l'amant qu'on a tué; la femme,
— C'était moi, — fut vendue et survit; l'assassin
Survit aussi; tu peux servir à mon dessein. —
Oh! j'ai gémi longtemps. Toute l'eau de la nue
A coulé sur mon front, et je suis devenue
Hideuse et formidable à force de souffrir.
J'ai vécu soixante ans de ce qui fait mourir,
De douleur; faim, misère, exil, pliant ma tête;
J'ai vu le Nil, l'Indus, l'Océan, la tempête,
Et les immenses nuits des pôles étoilés;
De durs anneaux de fer dans ma chair sont scellés;
Vingt maîtres différents, moi, malade et glacée,
Moi, femme, à coups de fouet devant eux m'ont chassée.
Maintenant, c'est fini. Je n'ai plus rien d'humain,

Mettant la main sur son cœur.

Et je ne sens rien là quand j'y pose la main.
Je suis une statue et j'habite une tombe.

Un jour de l'autre mois, vers l'heure où le soir tombe,
J'arrivai, pâle et froide, en ce château perdu ;
Et je m'étonne encor qu'on n'ait pas entendu,
Au bruit de l'ouragan courbant les branches d'arbre,
Sur ce pavé fatal venir mes pieds de marbre.
Eh bien ! moi, dont jamais la haine n'a dormi,
Aujourd'hui, si je veux, je tiens mon ennemi,
Je le tiens ; il suffit, si je marque son heure,
D'un mot pour qu'il chancelle, et d'un pas pour qu'il meure !
Faut-il le répéter ? C'est toi, toi seul qui peux
Me donner la vengeance ainsi que je la veux.
Mais, au moment d'atteindre à ce but si terrible,
Je me suis dit : Non ! non ! ce serait trop horrible !
Moi qui touche à l'enfer, je me sens hésiter.
Ne viens pas me chercher ! ne viens pas me tenter !
Car, si nous en étions à des marchés semblables,
Je te demanderais des choses effroyables.
Dis, voudrais-tu tirer ton poignard du fourreau ?
Te faire meurtrier ? — te ferais-tu bourreau ?
Tu frémis ! va-t'en donc, cœur faible, bras débile !
Je ne te parle pas, mais laisse-moi tranquille !

OTBERT, *pâle et baissant la voix.*

Qu'exigerais-tu donc de moi ?

GUANHUMARA.
Reste innocent.

Va-t'en !

OTBERT.
Pour la sauver je donnerais mon sang.

GUANHUMARA.

Va-t'en !

OTBERT.
Je commettrais un crime. Es-tu contente ?

GUANHUMARA.

Il me tente, démons ! vous voyez qu'il me tente.
Eh bien ! je le saisis ! — Tu vas m'appartenir.
Ne perds pas désormais, quoi qu'il puisse advenir,
Ton temps à me prier. Mon âme est pleine d'ombre ;
La prière se perd dans sa profondeur sombre.
Je te l'ai dit, je suis sans pitié, sans remord,
A moins de voir vivant celui que j'ai vu mort,
Donato que j'aimais ! — Et maintenant, écoute,
Je t'avertis au seuil de cette affreuse route,
Une dernière fois. Je te dis tout. Il faut
Tuer quelqu'un, tuer comme sur l'échafaud,
Ici, qui je voudrai, quand je voudrai, sans grâce,
Sans pardon ! — Vois !

OTBERT.
Poursuis.

GUANHUMARA.
Chaque souffle qui passe
Pousse ta Régina vers la tombe. Sans moi
Elle est morte. Je puis seule la sauver. Voi
Ce flacon. Chaque soir qu'elle en boive une goutte,
Elle vivra.

OTBERT.
Grand Dieu ! dis-tu vrai ? donne !

GUANHUMARA.
Écoute.
Si demain tu la vois, grâce à cette liqueur,
Venir, à toi, la vie au front, la joie au cœur,
Ange ressuscité, souriante figure,
Tu m'appartiens !

OTBERT, *éperdu.*
C'est dit.

GUANHUMARA.
Jure-le.

OTBERT.
Je le jure.

GUANHUMARA.
Ta Régina d'ailleurs me répondra de toi.
C'est elle qui pairait pour ton manque de foi.
Tu le sais, je connais cette antique demeure ;
J'en sais tous les secrets ; partout j'entre à toute heure !

OTBERT, *étendant la main pour saisir la fiole.*
Tu dis qu'elle vivra ?

GUANHUMARA.
Oui. Songe à ton serment !

OTBERT.
Elle sera sauvée ?

GUANHUMARA.
Oui. Songe qu'au moment
Où tu prendras ceci — je vais prendre ton âme.

OTBERT.
Donne et prends.

GUANHUMARA, *lui remettant le flacon.*
A demain !

OTBERT.
A demain !

Guanhumara sort.

OTBERT, *seul.*
Merci, femme !
Quel que soit ton projet, qui que tu sois, merci !
Ma Régina vivra ! — Mais portons-lui ceci !

Il se dirige vers la porte bâtarde, puis s'arrête un moment et fixe son regard sur la fiole.

Oh ! que l'enfer me prenne, et qu'elle vive !

Il entre précipitamment sous la porte bâtarde, qui se referme derrière lui. Cependant on entend du côté opposé des rires et des chants qui semblent se rapprocher. La grande porte s'ouvre à deux battants.

Entrent, avec une rumeur de joie, les princes et les burgraves, conduits par Hatto, tous couronnés de fleurs, vêtus de soie et d'or, sans cottes de mailles, sans gambesons et sans brassards, et le verre en main. Ils causent, boivent et rient par groupes au milieu desquels circulent des pages portant des flacons pleins de vin, des aiguières d'or et des plateaux chargés de fruits. Au fond, des pertuisaniers immobiles et silencieux. Musiciens, clairons, trompettes, hérauts d'armes.

SCÈNE V.

HATTO, GORLOIS, LE DUC GERHARD DE THURINGE, PLATON, margrave de Moravie; GILISSA, margrave de Lusace; ZOAGLIO GIANNILARO, noble génois; DARIUS, burgrave de Laneck; CADWALLA, burgrave d'Okenfels; LUPUS, comte de Mons (tout jeune homme, comme Gorlois). Autres burgraves et princes, personnages muets, entre autres UTHER, pendragon des Bretons, et les frères de Hatto et de Gorlois. Quelques femmes parées. Pages, officiers, capitaines.

LE COMTE LUPUS, *chantant.*

L'hiver est froid, la bise est forte,
Il neige là-haut sur les monts. —
Aimons, qu'importe !
Qu'importe, aimons !

Je suis damné, ma mère est morte.
Mon curé me fait cent sermons. —

Aimons, qu'importe!
Qu'importe, aimons!

Belzébuth, qui frappe à ma porte,
M'attend avec tous ses démons. —
Aimons, qu'importe!
Qu'importe, aimons!

LE MARGRAVE GILISSA, *se penchant à la fenêtre latérale.*
au comte Lupus.
                                    Comte,
La grand'porte du burg et le chemin qui monte
Se voit d'ici.

LE MARGRAVE PLATON. *examinant le délabrement de la salle.*
Quel deuil et quelle vétusté!

LE DUC GERHARD, *à Hatto.*
On dirait un logis par les spectres hanté.

HATTO, *désignant la porte du donjon.*
C'est là qu'est mon aïeul.

LE DUC GERHARD.
                Tout seul?

HATTO.
                            Avec mon père.

LE MARGRAVE PLATON.
Pour t'en débarrasser comment as-tu pu faire?

HATTO.
Ils ont fait leur temps. — Puis ils ont l'esprit troublé.
Voilà plus de deux mois que le vieux n'a parlé.
Il faut bien qu'à la fin la vieillesse s'efface.
Il a près de cent ans. — Ma foi, j'ai pris leur place.
Ils se sont retirés.

GIANNILARO.
            D'eux-mêmes?

HATTO.
                        A peu près.

Entre un capitaine.

LE CAPITAINE, *à Hatto.*
Monseigneur...

HATTO.
            Que veux-tu?

LE CAPITAINE.
                    L'argentier juif Perez
N'a point encor payé sa rançon.

HATTO.
                        Qu'on le pende.

LE CAPITAINE.
Puis les bourgeois de Linz, dont la frayeur est grande,
Vous demandent quartier.

HATTO.
            Pillez! pays conquis.

LE CAPITAINE.
Et ceux de Rhens?

HATTO.
        Pillez!

Le capitaine sort.

LE BURGRAVE DARIUS, *abordant Hatto le verre à la main.*
Ton vin est bon, marquis!

Il boit.

HATTO.
Pardieu! je le crois bien. C'est du vin d'écarlate.
La ville de Bingen, qui me craint et me flatte,
M'en donne tous les ans deux tonnes.

LE COMTE GERHARD.
                                Régina.
Ta fiancée, est belle.

HATTO.
            Ah! l'on prend ce qu'on a.
Du côté maternel elle nous est parente.

LE DUC GERHARD.
Elle paraît malade!

HATTO.
        Oh! rien.

GIANNILARO, *bas au duc Gerhard.*
            Elle est mourante.

Entre un capitaine.

LE CAPITAINE, *bas à Hatto.*
Des marchands vont passer demain.

HATTO, *à haute voix.*
                        Embusquez-vous.

Le capitaine sort. Hatto continue en se tournant vers les princes.

Mon père eût été là. Moi, je reste chez nous.
Jadis on guerroyait, maintenant on s'amuse.
Jadis c'était la force, à présent c'est la ruse.
Le passant me maudit; le passant dit: — Hatto
Et ses frères font rage en ce sombre château,
Palais mystérieux qu'assiégent les tempêtes.
Aux margraves, aux ducs, Hatto donne des fêtes,
Et fait servir, courbant leurs têtes sous ses pieds,
Par des princes captifs les princes conviés!
Eh bien! c'est un beau sort! On me craint, on m'envie.
Moi je ris! — Mon donjon brave tout. — De la vie,
En attendant Satan, je fais un paradis;
Comme un chasseur ses chiens, je lâche mes bandits;
Et je vis très-heureux. — Ma fiancée est belle,
N'est-ce pas? — A propos, ta comtesse Isabelle,
L'épouses-tu?

LE DUC GERHARD.
        Non.

HATTO.
            Mais tu lui pris, l'an passé,
Sa ville, et lui promis d'épouser.

LE DUC GERHARD.
                        Je ne sai... —

Riant.

Ah! oui, l'on me fit jurer sur l'Evangile!
— Bon! je laisse la fille et je garde la ville.

Il rit.

HATTO, *riant.*
Mais que dit de cela la diète? —

LE DUC GERHARD, *riant toujours.*
                        Elle se tait.

HATTO.
Mais ton serment?

LE DUC GERHARD.
        Ah bah!

Depuis quelques instants la porte du donjon à droite s'est ouverte, et a laissé voir quelques degrés d'un escalier sombre sur lesquels ont apparu deux vieillards, l'un âgé d'un peu plus de soixante ans, cheveux gris, barbe grise; l'autre, beaucoup plus vieux, presque tout à fait chauve, avec une longue barbe

Job et Magnus.

blanche; tous deux ont la chemise de fer, jambières et brassières de mailles, la grande épée au côté, et, par-dessus leur habit de guerre, le plus vieux porte une simarre blanche doublée de drap d'or, et l'autre une grande peau de loup dont la gueule s'ajuste sur sa tête.

Derrière le plus vieux se tient debout, immobile comme une figure pétrifiée, un écuyer à barbe blanche, vêtu de fer et élevant au-dessus de la tête du vieillard une grande bannière noire sans armoiries.

Othert, les yeux baissés, est auprès du plus vieux, qui a le bras droit posé sur son épaule, et se tient un peu en arrière.

Dans l'ombre, derrière chacun des deux vieux chevaliers, on aperçoit deux écuyers habillés de fer comme leurs maîtres, et non moins vieux, dont la barbe blanchie descend sous la visière à demi baissée de leurs heaumes. Ces écuyers portent sur des coussins de velours écarlate les casques des deux vieillards, grands morions de forme extraordinaire dont les cimiers figurent des gueules d'animaux fantastiques.

Les deux vieillards écoutent en silence; le moins vieux appuie son menton sur ses deux bras réunis et ses deux mains sur l'extrémité du manche d'une énorme hache d'Écosse. Les convives, occupés et causant entre eux, ne les ont pas aperçus.

SCÈNE VI.

Les Mêmes, JOB, MAGNUS, OTBERT.

MAGNUS.

Jadis il en était
Des serments qu'on faisait dans la vieille Allemagne,
Comme de nos habits de guerre et de campagne;
Ils étaient en acier. — J'y songe avec orgueil. —
C'était chose solide et reluisante à l'œil,
Que l'on n'entamait point sans lutte et sans bataille,
A laquelle d'un homme on mesurait la taille,
Qu'un noble avait toujours présente à son chevet,

Le mendiant.

Et qui, même rouillée, était bonne et servait.
Le brave mort dormait dans sa tombe humble et pure,
Couché dans son serment comme dans son armure,
Et le temps, qui des morts ronge le vêtement,
Parfois brisait l'armure, et jamais le serment.
Mais aujourd'hui la foi, l'honneur et les paroles
Ont pris le train nouveau des modes espagnoles,
Clinquant! soie! — Un serment, avec ou sans témoins,
Dure autant qu'un pourpoint. — Parfois plus, souvent moins!
S'use vite, et n'est plus qu'un haillon incommode
Qu'on déchire et qu'on jette en disant : Vieille mode!

A ces paroles de Magnus, tous se sont retournés avec stupeur.
Moment de silence parmi les convives.

HATTO, *s'inclinant devant les vieillards.*

Mon père!...

MAGNUS.

Jeunes gens, vous faites bien du bruit.
Laissez les vieux rêver dans l'ombre et dans la nuit.
La lueur des festins blesse leurs yeux sévères.

Les vieux choquaient l'épée; enfants! choquez les verres!
Mais loin de nous!

HATTO.

Seigneur!...

En ce moment il aperçoit les portraits disposés sur le mur la face contre la pierre.

Mais qui donc?

A Magnus.

Pardonnez.
Ces portraits! mes aïeux! qui les a retournés?
Qui s'est permis?...

MAGNUS.

C'est moi.

HATTO.

Vous?

MAGNUS.

Moi.

HATTO.
Mon père!

LE DUC GERHARD, à *Hatto.*
Il raille!

MAGNUS, à *Hatto.*
Je les ai retournés tous contre la muraille,
Pour qu'ils ne puissent voir la honte de leurs fils.

HATTO, *furieux.*
Barberousse a puni son grand-oncle Louis
Pour un affront moins grand. Puisqu'à bout on me pousse...

MAGNUS, *tournant à demi la tête vers Hatto.*
Il me semble qu'on a parlé de Barberousse,
Il me semble qu'on a loué ce compagnon.
Que devant moi jamais on ne dise ce nom!

LE COMTE LUPUS, *riant.*
Que vous a-t-il donc fait, bonhomme?

MAGNUS.
O nos ancêtres!
Restez, restez voilés! — Ce qu'il m'a fait, mes maîtres?
— Ne parlais-tu pas, toi, petit comte de Mons?—
Descends les bords du Rhin, du lac jusqu'aux Sept-Monts,
Et compte les châteaux détruits sur les deux rives!
Ce qu'il m'a fait? — Nos sœurs et nos filles captives,
Gibets impériaux bâtis pour les vautours
Sur nos rochers avec les pierres de nos tours,
Assauts, guerre et carnage à tous tant que nous sommes,
Carcans d'esclave au cou des meilleurs gentilshommes,
Voilà ce qu'il m'a fait! — et ce qu'il vous a fait! —
Trente ans, sous ce César, qui toujours triomphait,
L'incendie et l'exil, les fers, mille aventures,
Les juges, les cachots, les greffiers, les tortures,
Oui, nous avons souffert tout cela! nous avons,
Grand Dieu! comme des Juifs, comme des Esclavons,
Subi ce long affront, cette longue victoire,
Et nos fils dégradés n'en savent plus l'histoire! —
Tout pliait devant lui. — Quand Frédéric premier,
Masqué, mais couvert d'or du talon au cimier,
Surgissant au sommet d'une brèche enflammée,
Jetait son gantelet à toute notre armée,
Tout tremblait, tout fuyait, d'épouvante saisi.
Mon père seul un jour, —

Montrant l'autre vieillard.
mon père, que voici! —
Lui barrant le chemin dans une cour étroite,
D'un trèfle au feu rougi lui flétrit la main droite! —
O souvenirs! ô temps! tout s'est évanoui!
L'éclair a disparu de notre œil ébloui.
Les barons sont tombés; les burgs jonchent la plaine,
De toute la forêt il ne reste qu'un chêne,

S'inclinant devant le vieillard.
Et ce chêne, c'est vous, mon père vénéré!

Se redressant.
— Barberousse! — Malheur à ce nom abhorré! —
Nos blasons sont cachés sous l'herbe et les épines.
Le Rhin déshonoré coule entre des ruines!
Oh! je nous vengerai! — ce sera ma grandeur! —
Sans trêve, sans merci, sans pitié, sans pudeur,
Sur lui, s'il n'est pas mort, ou du moins sur sa race,
Rien ne m'empêchera de le frapper! — Dieu fasse
Qu'avant d'être au tombeau mon cœur soit soulagé,
Que je ne meure pas avant d'être vengé!
Car, pour avoir enfin cette suprême joie,
Pour sortir de la tombe et ressaisir ma proie,
Pour pouvoir revenir sur terre après ma mort,
Jeunes gens, je ferais quelque exécrable effort!
Oui, que Dieu veuille ou non, le front haut, le cœur ferme,
Je veux, quelle que soit la porte qui m'enferme,
Porte du paradis ou porte de l'enfer,
La briser

Étendant les bras.
d'un seul coup de ce poignet de fer! —
Il s'arrête, s'interrompt, et reste un moment silencieux.
Hélas! que dis-je là, moi, vieillard solitaire!

Il tombe dans une profonde rêverie, et semble ne plus rien entendre autour de lui. Peu à peu la joie et la hardiesse renaissent parmi les convives. Les deux vieillards semblent deux statues. Le vin circule et les rires recommencent.

HATTO, *bas au duc Gerhard en lui montrant les vieillards avec un haussement d'épaules.*
L'âge leur a troublé l'esprit.

GORLOIS, *bas au comte Lupus en lui montrant Hatto.*
Un jour mon père
Sera comme eux, et moi je serai comme lui.

HATTO, *au duc.*
Tous nos soldats leur sont dévoués. Quel ennui!

Cependant Gorlois et quelques pages se sont approchés de la fenêtre et regardent au dehors. Tout à coup Gorlois se retourne.

GORLOIS, à *Hatto.*
Ha! père, viens donc voir ce vieux à barbe blanche!

LE COMTE LUPUS, *courant à la fenêtre.*
Comme il monte à pas lents le sentier! son front penche.

GIANNILARO, *s'approchant.*
Est-il las!

LE COMTE LUPUS.
Le vent souffle aux trous de son manteau.

GORLOIS.
On dirait qu'il demande abri dans le château.

LE MARGRAVE GILISSA.
C'est quelque mendiant!

LE BURGRAVE CADWALLA.
Quelque espion!

LE BURGRAVE DARIUS.
Arrière!

HATTO, à *la fenêtre.*
Qu'on me chasse à l'instant ce drôle à coups de pierre!

LUPUS, GORLOIS *et les pages jetant des pierres.*
Va-t-en, chien!

MAGNUS, *comme se réveillant en sursaut.*
En quel temps sommes-nous, Dieu puissant!
Et qu'est-ce donc que ceux qui vivent à présent?
On chasse à coups de pierre un vieillard qui supplie!

Les regardant tous en face.
De mon temps, — nous avions aussi notre folie,
Nos festins, nos chansons... — On était jeune enfin!
Mais qu'un vieillard, vaincu par l'âge et par la faim,
Au milieu d'un banquet, au milieu d'une orgie,
Vînt à passer, tremblant, la main de froid rougie,
Soudain on remplissait, cessant tout propos vain,
Un casque de monnaie, un verre de bon vin.
C'était pour ce passant, que Dieu peut-être envoie!
Après, nous reprenions nos chants, car, plein de joie,
Un peu de vin au cœur, un peu d'or dans la main,
Le vieillard souriant poursuivait son chemin.
— Sur ce que nous faisions jugez ce que vous faites!

JOB, *se redressant, faisant un pas, et touchant l'épaule de Magnus.*
Jeune homme, taisez-vous. — De mon temps, dans nos fêtes,
Quand nous buvions, chantant plus haut que vous encor,
Autour d'un bœuf entier posé sur un plat d'or,
S'il arrivait qu'un vieux passât devant la porte,
Pauvre, en haillons, pieds nus, suppliant; une escorte

L'allait chercher; sitôt qu'il entrait, les clairons
Éclataient; on voyait se lever les barons;
Les jeunes, sans parler, sans chanter, sans sourire,
S'inclinaient, fussent-ils princes du saint-empire;
Et les vieillards tendaient la main à l'inconnu
En lui disant : Seigneur, soyez le bienvenu !

A Gorlois.

— Va quérir l'étranger !

HATTO, *s'inclinant.*

Mais...

JOB, *à Hatto.*

Silence !

DE DUC GERHARD, *à Job.*

Excellence...

JOB, *au duc.*

Qui donc ose parler lorsque j'ai dit : Silence !

Tous reculent et se taisent. Gorlois obéit et sort.

OTBERT, *à part.*

Bien, comte ! — O vieux lion, contemple avec effroi
Ces chats-tigres hideux qui descendent de toi;
Mais s'ils te font enfin quelque injure dernière,
Fais-les frissonner tous en dressant ta crinière !

GORLOIS, *rentrant. à Job.*

Il monte, monseigneur.

JOB, *à ceux des princes qui sont restés assis.*

Debout !

A ses fils.

— autour de moi !

A Gorlois.

Ici !

Aux hérauts et aux trompettes.

Sonnez, clairons, ainsi que pour un roi !

Fanfares. Les burgraves et les princes se rangent à gauche. Tous les fils et petits-fils de Job, à droite autour de lui. Les pertuisaniers au fond, avec la bannière haute.

Bien.

Entre par la galerie du fond un mendiant, qui paraît presque aussi vieux que le comte Job. Sa barbe blanche lui descend jusqu'au ventre. Il est vêtu d'une robe de bure brune à capuchon en lambeaux, et d'un grand manteau brun troué; il a la tête nue, une ceinture de corde où pend un chapelet à gros grains, des chaussures de corde à ses pieds nus. Il s'arrête au haut du degré de six marches, et reste immobile, appuyé sur un long bâton noueux. Les pertuisaniers le saluent de la bannière et les clairons d'une nouvelle fanfare. Depuis quelques instants Guanhumara a reparu à l'étage supérieur du promenoir, et elle assiste à toute la scène.

SCÈNE VII.

LES MÊMES, UN MENDIANT.

JOB, *debout au milieu de ses enfants, au mendiant immobile sur le seuil.*

Qui que vous soyez, avez-vous ouï dire
Qu'il est dans le Taunus, entre Cologne et Spire,
Sur un roc, près duquel les monts sont des coteaux,
Un château, renommé parmi tous les châteaux,
Et dans ce burg, bâti sur un monceau de laves,
Un burgrave fameux parmi tous les burgraves?
Vous a-t-on raconté que cet homme sans lois,
Tout chargé d'attentats, tout éclatant d'exploits,
Par la diète à Francfort, par le concile à Pise,
Mis hors du saint-empire et de la sainte-église,
Isolé, foudroyé, réprouvé, mais resté
Debout dans sa montagne et dans sa volonté,
Poursuit, provoque et bat, sans relâche et sans trêves,
Le comte palatin, l'archevêque de Trèves,
Et, depuis soixante ans, repousse d'un pied sûr
L'échelle de l'empire appliquée à son mur?
Vous a-t-on dit qu'il est l'asile de tout brave,
Qu'il fait du riche un pauvre, et du maître un esclave,
Et qu'au-dessus des ducs, des rois, des empereurs,
Aux yeux de l'Allemagne en proie à leurs fureurs,
Il dresse sur sa tour, comme un défi de haine,
Comme un appel funèbre aux peuples qu'on enchaîne,
Un grand drapeau de deuil, formidable haillon
Que la tempête tord dans son noir tourbillon?
Vous a-t-on dit qu'il touche à sa centième année,
Et qu'affrontant le ciel, bravant la destinée,
Depuis qu'il s'est levé sur son rocher, jamais,
Ni la guerre arrachant les burgs de leurs sommets,
Ni César furieux et tout-puissant, ni Rome,
Ni les ans, fardeau sombre, accablement de l'homme,
Rien n'a vaincu, rien n'a dompté, rien n'a ployé
Ce vieux titan du Rhin, Job l'Excommunié?
— Savez-vous cela?

LE MENDIANT.

Oui.

JOB.

Vous êtes chez cet homme.
Soyez le bienvenu, seigneur. C'est moi qu'on nomme
Job-le-Maudit.

Montrant Magnus.

Voici mon fils à mes genoux,

Montrant Hatto, Gorlois et les autres.

Et les fils de mon fils, qui sont moins grands que nous.
Ainsi notre espérance est bien souvent trompée.
Or, de mon père mort je tiens ma vieille épée,
De mon épée un nom qu'on redoute, et du chef
De ma mère je tiens ce manoir d'Heppenheff.
Nom, épée et château, tout est à vous, mon hôte.
Maintenant, parlez-nous à cœur libre, à voix haute.

LE MENDIANT.

Princes, comtes, seigneurs. — vous, esclaves, aussi ! —
J'entre et je vous salue, et je vous dis ceci :
Si tout est en repos au fond de vos pensées,
Si rien, en méditant vos actions passées,
Ne trouble vos cœurs, purs comme le ciel est bleu,
Vivez, riez, chantez ! — Sinon, pensez à Dieu !
Jeunes hommes, vieillards aux longues destinées,
— Vous, couronnés de fleurs, et vous, couronnés d'années,
Si vous faites le mal sous la voûte des cieux,
Regardez devant vous et soyez sérieux.
Ce sont des instants courts et doutcux que les nôtres;
L'âge vient pour les uns, la tombe s'ouvre aux autres.
Donc, jeunes gens, si fiers d'être puissants et forts,
Songez aux vieux; et vous, vieillards, songez aux morts !
Soyez hospitaliers surtout ! C'est la loi douce.
Quand on chasse un passant, sait-on qui l'on repousse?
Sait-on de quelle part il vient? — Fussiez-vous rois,
Que le pauvre pour vous soit sacré ! — Quelquefois,
Dieu, qui d'un souffle abat les sapins centenaires,
Remplit d'événements, d'éclairs et de tonnerres
Déjà grondant dans l'ombre à l'heure où nous parlons,
La main qu'un mendiant cache sous ses haillons !

DEUXIÈME PARTIE

LE MENDIANT

LA SALLE DES PANOPLIES.

A gauche, une porte. Au fond, une galerie à créneaux laissant voir le ciel. Murailles de basalte nues. Ensemble rude et sévère. Armures complètes adossées à tous les piliers.

Au lever du rideau, le mendiant est debout sur le devant de la scène, appuyé sur un bâton, l'œil fixé en terre, et semble en proie à une rêverie douloureuse.

SCÈNE PREMIÈRE.

LE MENDIANT.

Le moment est venu de frapper ce grand coup.
On pourrait tout sauver, mais il faut risquer tout.
Qu'importe, si Dieu m'aide ! — Allemagne ! ô patrie !
Que tes fils sont déchus, et de quels coups meurtrie,
Après ce long exil, je te retrouve, hélas !
Ils ont tué Philippe, et chassé Ladislas,
Empoisonné Heinrich ! ils ont, d'un front tranquille,
Vendu Cœur-de-Lion comme ils vendraient Achille !
O chute affreuse et sombre ! abaissement profond !
Plus d'unité. Les nœuds des Etats se défont.
Je vois dans ce pays, jadis terre des braves,
Des Lorrains, des Flamands, des Saxons, des Moraves,
Des Francs, des Bavarois, mais pas un Allemand.
Le métier de chacun est vite fait, vraiment !
C'est chanter pour le moine et prêcher pour le prêtre,
Pour le page porter la lance de son maître,
Pour le baron piller, et pour le roi dormir.
Ceux qui ne pillent pas ne savent que gémir,
Et, tremblant comme au temps des empereurs saliques,
Adorer une châsse et baiser des reliques !
On est féroce ou lâche ; on est vil ou méchant.
Le comte palatin, comme écuyer tranchant,
A la première voix au collège, après Trêve ;
Il la veut. Du Seigneur on méconnaît la trêve ;
Et le roi de Bohême, un slave ! est électeur.
Chacun veut se dresser de toute sa hauteur.
Partout le droit du poing, l'horreur, la violence.
Le soc qu'on foule aux pieds se change en fer de lance ;
Les faux vont à la guerre et laissent la moisson.
L'incendie est partout. En chantant sa chanson,
Tout zingaro qui passe au seuil d'une chaumière,
Cache sous son manteau son briquet et sa pierre.
Les Vandales ont pris Berlin. Ah ! quel tableau !
Les païens à Dantzig ! les Mogols à Breslau !
Tout cela dans l'esprit en même temps me monte,
Pêle-mêle, au hasard ; mais c'est horrible !... — ô honte !
Plus d'argent. Tout est mort, pays, cité, faubourg,
Comment finira-t-on la flèche de Strasbourg ?
Par qui fait-on porter la bannière des villes ?
Par des juifs enrichis dans les guerres civiles.
Abjection ! — L'empire avait de grands piliers,
Hollande, Luxembourg, Clèves, Gueldres, Juliers...
— Croulés ! — Plus de Pologne et plus de Lombardie !
Pour nous défendre au jour d'une attaque hardie,
Nous avons Ulm, Augsbourg, closes de mauvais pieux !
L'œuvre de Charlemagne et d'Othon-le-Pieux
N'est plus. Notre frontière à l'Occident s'efface,
Car la Haute-Lorraine est aux comtes d'Alsace,
Et la Basse-Lorraine aux comtes de Louvain.
Plus d'Ordre teutonique. Il ne reste à Gauvain
Que vingt-huit chevaliers et cent valets de guerre.
Cependant le Danois menace ; l'Angleterre
Agite gibelins et guelfes ; le Lorrain
Trahit ; le Brabant gronde ; un feu couve à Turin ;
Philippe-Auguste est fort ; Gênes veut une somme ;
L'interdit pend toujours ; le saint-père dans Rome
Rêve, assis dans sa chaire, incertain et hautain ;
Et pas de chef, grand Dieu ! devant un tel destin !
Les électeurs épars, creusant chacun leur plaie ;
Chacun de leur côté, couronnant qui les paie ;
Et, comme un patient qui, sanglant, déchiré,
Meurt, par quatre chevaux lentement démembré,
D'Anvers à Ratisbonne, et de Lubeck à Spire,
Font par quatre empereurs écarteler l'empire ! —
Allemagne ! Allemagne ! Allemagne ! hélas...

Sa tête tombe sur sa poitrine ; il sort à pas lents par le fond du théâtre. Otbert, qui est entré depuis quelques instants, le suit des yeux. Le mendiant s'enfonce sous les arcades de la galerie.

Tout à coup le visage d'Otbert s'éclaire d'une expression de joie et de surprise. Régina apparaît au fond du théâtre, du côté opposé à celui par lequel le mendiant est sorti. Régina radieuse de bonheur et de santé.

SCÈNE II.

OTBERT, RÉGINA.

OTBERT.

Quoi !
Régine, est-il possible ! est-ce vous que je vois ?

RÉGINA.

Otbert ! Otbert ! je vis, je parle, je respire ;
Mes pieds peuvent marcher, ma bouche peut sourire,
Je n'ai plus de souffrance et je n'ai plus d'effroi,
Je vis, je suis heureuse, et je suis toute à toi !

OTBERT, *la contemplant.*

O bonheur !

RÉGINA.

Cette nuit, j'ai dormi, mais — sans fièvre.
Ton nom, si j'ai parlé, seul entr'ouvrait ma lèvre.
Quel doux sommeil ! vraiment, non, je n'ai pas souffert.
Quand le soleil levant m'a réveillée, Otbert,
Otbert ! il m'a semblé que je me sentais naître.
Les passereaux joyeux chantaient sous ma fenêtre,
Les fleurs s'ouvraient, laissant leurs parfums fuir aux cieux ;
Moi, j'avais l'âme en joie, et je cherchais des yeux
Tout ce qui m'envoyait une haleine si pure,
Et tout ce qui chantait dans l'immense nature ;
Et je disais tout bas, l'œil inondé de pleurs :
O doux oiseaux, c'est moi ! c'est bien moi, douces fleurs !
— Je t'aime, ô mon Otbert !

Elle se jette dans ses bras. Tirant le flacon de son sein.

Cette fiole est la vie.
Tu m'as guérie, Otbert ! ami ! tu m'as ravie
A la mort. Défends-moi de Hatto maintenant.

OTBERT.

Régina, ma beauté, mon ange rayonnant,
Ma joie ! Oui, je saurai terminer mon ouvrage.
Mais ne m'admire pas. Je n'ai pas de courage,
Je n'ai pas de vertu, je n'ai que de l'amour.
Tu vis ! devant mes yeux je vois un nouveau jour.
Tu vis ! je sens en moi comme une âme nouvelle.
Mais regarde-moi donc ! ô mon Dieu, qu'elle est belle !
Vrai, tu ne souffres plus ?

RÉGINA.

Non. Plus rien. C'est fini.

OTBERT.

Soyez béni, mon Dieu !

RÉGINA.

Mon Otbert, sois béni !

Tous deux restent un moment silencieux se tenant embrassés. Puis Régina s'arrache des bras d'Otbert.

Mais le bon comte Job m'attend. — Mon bien suprême !
J'ai voulu seulement te dire que je t'aime.
Adieu.

OTBERT.

Reviens !

RÉGINA.

Bientôt. Mais je cours, il m'attend.

OTBERT, *tombant à genoux et levant les yeux au ciel.*

Merci, Seigneur, elle est sauvée !

Guanhumara apparaît au fond du théâtre.

SCÈNE III.

OTBERT, GUANHUMARA.

GUANHUMARA, *posant la main sur l'épaule d'Otbert.*

Es-tu content ?

OTBERT, *avec épouvante.*

Guanhumara !

GUANHUMARA.

Tu vois, j'ai tenu ma promesse.

OTBERT.

Je tiendrai mon serment.

GUANHUMARA.

Sans pitié ?

OTBERT.

Sans faiblesse.

A part.

Après, je me tûrai.

GUANHUMARA.

L'on t'attendra ce soir.

A minuit.

OTBERT.

Où ?

GUANHUMARA.

Devant la tour du drapeau noir.

OTBERT.

C'est un lieu redoutable, et personne n'y passe.
On dit que le rocher garde une sombre trace..

GUANHUMARA.

Une trace de sang, qui sur le mur descend
D'une fenêtre au bord du torrent.

OTBERT, *avec horreur.*

C'est du sang !

Tu le vois, le sang tache et brûle.

GUANHUMARA.

Le sang lave

Et désaltère.

OTBERT.

Allons ! ordonne à ton esclave.
Qui trouverai-je au lieu marqué ?

GUANHUMARA.

Tu trouveras

Un homme masqué, — seul.

OTBERT.

Après ?

GUANHUMARA.

Tu le suivras.

OTBERT.

C'est dit.

Guanhumara saisit vivement le poignard qu'Otbert porte à sa ceinture, le tire du fourreau, et fixe sur la lame un regard terrible, puis ses yeux se relèvent vers le ciel.

GUANHUMARA.

O vastes cieux ! ô profondeurs sacrées !
Morne sérénité des voûtes azurées !
O nuit dont la tristesse a tant de majesté !
Toi qu'en mon long exil je n'ai jamais quitté.
Vieil anneau de ma chaîne, ô compagnon fidèle,
Je vous prends à témoin ; — et vous, murs, citadelle,
Chênes qui versez l'ombre aux pas du voyageur,
Vous m'entendez, — je voue à ce couteau vengeur
Fosco, baron des bois, des rochers et des plaines,
Sombre comme toi, nuit ; vieux comme vous, grands chênes !

OTBERT.

Qu'est-ce que ce Fosco ?

GUANHUMARA.

Celui qui doit mourir

Elle lui rend le poignard.

De ta main. A ce soir.

Elle sort par la galerie du fond sans voir Job et Régina, qui entrent du côté opposé.

OTBERT, *seul.*

Ciel !

SCÈNE IV.

OTBERT, RÉGINA, JOB.

RÉGINA.

Elle entre en courant, puis se retourne vers le comte Job, qui la suit à pas lents.

Oui, je puis courir.

Elle s'approche d'Otbert, qui semble écouter encore les dernières paroles de Guanhumara et ne les a pas vus entrer.

C'est nous, Otbert.

OTBERT, *comme éveillé en sursaut.*

Seigneur... comtesse...

JOB.

Ce matin je sentais redoubler ma tristesse.

Ce que ce mendiant, mon hôte, a dit hier
Passait à chaque instant en moi comme un éclair ;
　　　A Régina.
Puis je songeais à toi, que je voyais mourante ;
A ta mère, ombre triste autour de nous errante... —
　　　A Otbert.
Tout à coup dans ma chambre elle entre, cette enfant,
Fraîche, rose, le front joyeux, l'air triomphant.
Un miracle ! Je ris, je pleure, je chancelle.
— Venez remercier sire Otbert, me dit-elle.
J'ai répondu : Courons remercier Otbert.
Nous avons traversé le vieux château désert...
　　　RÉGINA, gaiement.
Et nous voici tous deux courant !
　　　JOB, à Otbert.
　　　　　　　　　Mais quel mystère ?
Ma Régina guérie !... Il ne faut rien me taire...
Comment donc as-tu fait pour la sauver ainsi ?
　　　OTBERT.
C'est un philtre, un secret, qu'une esclave d'ici
M'a vendu.
　　　JOB.
　　　Cette esclave est libre ! je lui donne
Cent livres d'or, des champs, des vignes ! Je pardonne
Aux condamnés à mort dans ce burg gémissants !
J'accorde la franchise à mille paysans,
Au choix de Régina.
　　　Il leur prend les mains.
　　　　J'ai le cœur plein de joie !
　　　Les regardant avec tendresse.
Puis il suffit aussi que tous deux je vous voie !
Il fait quelques pas vers le devant du théâtre et semble tomber
dans une profonde rêverie.
C'est vrai, je suis maudit, je suis seul, je suis vieux !
— Je suis triste ! — Au donjon qu'habitent mes aïeux
Je me cache, et là, morne, assis, muet et sombre,
Je regarde pensif autour de moi dans l'ombre.
Hélas ! tout est bien noir. Je promène mes yeux
Au loin sur l'Allemagne, et n'y vois qu'envieux,
Tyrans, bourreaux, luttant de folie et de crime ;
Pauvre pays, poussé par cent bras vers l'abîme,
Qui va tomber, si Dieu ne fait sur son chemin
Passer quelque géant qui lui tende la main !
Mon pays me fait mal. Je regarde ma race,
Ma maison, mes enfants... — Haine, bassesse, audace !
Hatto contre Magnus ; Gorlois contre Hatto ;
Et déjà sous le loup grince le louveteau.
Ma race me fait peur. Je regarde en moi-même.
— Ma vie, ô Dieu !... — je tremble et mon front devient blême !
Tant chaque souvenir qu'évoque mon effroi
Prend un masque hideux en passant devant moi !
Oui, tout est noir. — Démons dans ma patrie en flamme,
Monstres dans ma famille et spectres dans mon âme ! —
Aussi, lorsqu'à la fin mon œil troublé, que suit
La triple vision de cette triple nuit,
Cherchant le jour et Dieu, lentement se relève,
J'ai besoin, en sortant de l'abîme où je rêve,
De vous voir près de moi comme deux purs rayons.
Comme au seuil de l'enfer deux apparitions,
Vous, enfants dont le front de tant de clarté brille,
Toi, jeune homme vaillant ; toi, douce jeune fille ;
Vous qui semblez, vers moi quand vos yeux sont tournés,
Deux anges indulgents sur Satan inclinés !
　　　OTBERT, à part.
Hélas !
　　　RÉGINA.
　　　O monseigneur !

　　　JOB.
　　　　Enfants ! que je vous serre
Tous les deux dans mes bras !
　　　A Otbert, en le regardant entre les deux yeux avec tendresse.
　　　　　　　　Ton regard est sincère.
On sent en toi le preux fidèle à son serment,
Comme l'aigle au soleil et le fer à l'aimant.
Tout ce qu'il a promis, cet enfant l'exécute,
　　　A Régina.
N'est-ce pas ?
　　　RÉGINA.
　　　Je lui dois la vie.
　　　JOB.
　　　　　　　Avant ma chute,
J'étais pareil à lui ! grave, pur, chaste et fier
Comme une vierge et comme une épée.
　　　Il va à la fenêtre.
　　　　　　　　　　　Ah ! cet air
Est doux, le ciel sourit et le soleil rassure.
　　　Revenant à Régina et lui montrant Otbert.
Vois-tu, ma Régina, cette noble figure
Me rappelle un enfant, mon pauvre dernier-né.
Quand Dieu me le donna, je me crus pardonné.
Voilà vingt ans bientôt. — Un fils à ma vieillesse !
Quel don du ciel ! J'allais à son berceau sans cesse.
Même quand il dormait, je lui parlais souvent ;
Car quand on est très-vieux, on devient très-enfant.
Le soir sur mes genoux j'avais sa tête blonde... —
Je te parle d'un temps ! tu n'étais pas au monde.
— Il bégayait déjà les mots dont on sourit.
Il n'avait pas un an, il avait de l'esprit.
Il me connaissait bien ! je ne peux pas te dire,
Il me riait ; et moi, quand je le voyais rire,
J'avais, pauvre vieillard, un soleil dans le cœur !
J'en voulais faire un brave, un vaillant, un vainqueur,
Je l'avais nommé George... — Un jour, — pensée amère ! —
Il jouait, dans les champs... — Oh ! quand tu seras mère,
Ne laisse pas jouer tes enfants loin de toi !
On me le prit. — Des juifs, une femme ! Pourquoi ?
Pour l'égorger, dit-on, dans leur sabbat. — Je pleure,
Je pleure après vingt ans comme à la première heure.
Hélas ! je l'aimais tant ! C'était mon petit roi.
J'étais fou, j'étais ivre, et je sentais en moi
Tout ce que sent une âme en qui le ciel s'épanche,
Quand ses petites mains touchaient ma barbe blanche !
— Je ne l'ai plus revu ! Jamais ! — Mon cœur se rompt !
　　　A Otbert.
Il serait de ton âge. Il aurait ton beau front,
Il serait innocent comme toi. — Viens ! je t'aime.
Depuis quelques instants Guanhumara est entrée et observe du
fond du théâtre sans être vue. — Job presse Otbert dans un
étroit embrassement et pleure.
Parfois, en te voyant, je me dis : C'est lui-même !
Par un miracle étrange et charmant à la fois,
Tout en toi, ta candeur, ton air, tes yeux, ta voix,
En rappelant ce fils à mon âme affaiblie,
Fait que je m'en souviens et fait que je l'oublie.
Sois mon fils.
　　　OTBERT.
　　　Monseigneur !
　　　JOB.
　　　　　　　Sois mon fils. — Comprends-tu ?
Toi, brave enfant, épris d'honneur et de vertu,
Fils de rien, je le sais, et sans père ni mère,
Mais grand cœur, que remplit une grande chimère,
Sais-tu, quand je te dis : Jeune homme, sois mon fils !
Ce que je veux te dire et ce que je te dis ?
Je veux dire...

A Otbert et à Régina.

Ecoutez.
..... Que passer sa journée
Près d'un pauvre vieillard, face au tombeau tournée,
Du matin jusqu'au soir vivre comme en prison,
Quand on est belle fille et qu'on est beau garçon,
Ce serait odieux, affreux, contre nature,
Si l'on ne pouvait pas, dans cette chambre obscure,
Par-dessus le vieillard, qui s'aperçoit du jeu,
Se regarder parfois et se sourire un peu.
Je dis que le vieillard en a l'âme attendrie,
Que je vois bien qu'on s'aime — et que je vous marie !

RÉGINA, *éperdue de joie.*

Ciel !

JOB, *à Régina.*

Je veux achever ta guérison, moi !

OTBERT.

Quoi ?

JOB, *à Régina.*

Ta mère était ma nièce et t'a léguée à moi.
Elle est morte. — Et j'ai vu, comme elle, disparaître,
Hélas ! sept de mes fils, les plus vaillants peut-être,
Georges, mon doux enfant, envolé pour jamais,
Et ma dernière femme, et tout ce que j'aimais !
C'est la peine imposée à ceux qui longtemps vivent,
De voir sans cesse, ainsi que les mois qui se suivent,
Les deuils se succéder de saison en saison,
Et les vêtements noirs entrer dans la maison !
— Toi, du moins, sois heureuse ! — Enfants, je vous marie !
Hatto le briserait, ma pauvre fleur chérie !
Quand ta mère mourut, je lui dis : — Meurs en paix ;
Ta fille est mon enfant ; et, s'il le faut jamais,
Je donnerai mon sang pour elle ! —

RÉGINA.

O mon bon père !

JOB.

Je l'ai juré !

A Otbert.

Toi, fils, va, grandis ! fais la guerre.
Tu n'as rien ; mais pour dot je te donne mon fief
De Kammerberg, mouvant de ma tour d'Heppenheff.
Marche comme ont marché Nemrod, César, Pompée !
J'ai deux mères, vois-tu, ma mère et mon épée.
Je suis bâtard d'un comte, et légitime fils
De mes exploits. Il faut faire comme je fis.

A part.

Hélas ! au crime près !

Haut.

Mon enfant ! sois honnête
Et brave. Dès longtemps j'arrange dans ma tête
Ce mariage-là. Certe, on peut allier
Le franc-archer Otbert à Job, franc chevalier !
Tu l'étais dit : — Toujours je serai, quelle honte !
Le chien du vieux lion, le page du vieux comte.
Captif, tant qu'il vivra, près de lui ! — Sur ma foi,
Je t'aime, mon enfant, mais pour toi, bonne foi !
Oh ! les vieux ne sont pas si méchants qu'on le pense !
Voyons, arrangeons tout. Je crains Hatto. Silence !
Pas de rupture ici. L'on jouerait du couteau.

Baissant la voix.

Mon donjon communique aux fossés du château.
J'en ai les clefs. Otbert, ce soir, sous bonne garde,
Vous partirez tous deux. Le reste te regarde.

OTBERT.

Mais...

JOB, *souriant.*

Tu refuses ?

OTBERT.

Comte ! ah ! c'est le paradis
Que vous m'ouvrez !

JOB.

Alors fais ce que je te dis.
Plus un mot. Le soleil couché, vous fuirez vite.
J'empêcherai Hatto d'aller à ta poursuite :
Et vous vous marierez à Caub.

Guanhumara, *qui a tout entendu, sort. Il prend leurs bras à tous deux sous les siens et les regarde avec tendresse.*

Mes amoureux,
Dites-moi seulement que vous êtes heureux.
Moi, je vais rester seul.

RÉGINA.

Mon père !

JOB.

Il faut me dire
Un dernier mot d'amour dans un dernier sourire.
Que deviendrai-je, hélas ! quand vous serez partis ?
Quand mon passé, mes maux, toujours appesantis,
Vont retomber sur moi ?

A Régina.

Car, vois-tu, ma colombe,
Je soulève un moment ce poids, puis il retombe !

A Otbert.

Gunther, mon chapelain, vous suivra. J'ai l'espoir
Que tout ira bien. Puis vous reviendrez me voir,
Un jour. — Ne pleurez pas ! laissez-moi mon courage.
Vous êtes heureux, vous ! Quand on s'aime à votre âge,
Qu'importe un vieux qui pleure ! — Ah ! vous avez vingt ans !
Moi, Dieu ne peut vouloir que je souffre longtemps.

Il s'arrache de leurs bras.

Attendez-moi céans.

A Otbert.

Tu connais bien la porte.
J'en vais chercher les clefs, et je te les rapporte.

Il sort par la porte de gauche.

SCÈNE V.

OTBERT, RÉGINA.

OTBERT, *le regardant sortir avec égarement.*

Juste ciel ! tout se mêle en mon esprit troublé.
Fuir avec Régina ! fuir ce burg désolé !
Oh ! si je rêve, ayez pitié de moi, madame !
Ne me réveillez pas. — Mais c'est bien toi, mon âme !
Ange, tu m'appartiens ! fuyons avant ce soir,
Fuyons dès à présent ! Si tu pouvais savoir !... —
Là l'Eden radieux, derrière moi l'abîme !
Je fuis vers le bonheur, je fuis devant le crime !

RÉGINA.

Que dis-tu ?

OTBERT.

Régina, ne crains rien. Je fuirai.
Mais mon serment ! grand Dieu ! Régina ! j'ai juré !
Qu'importe, je fuirai, j'échapperai. Dieu juste,
Jugez-moi. Ce vieillard est bon, il est auguste.
Je l'aime ! Viens, partons ! Tout nous aide à la fois.
Rien ne peut empêcher notre fuite...

Pendant ces dernières paroles, Guanhumara est rentrée par la galerie du fond. Elle conduit Hatto et lui montre du doigt

HATTO, *aux archers.*
Saisissez cet homme et cette femme.

Otbert et Régina, qui se tiennent embrassés. Hatto fait un signe, et derrière lui arrivent en foule les princes, les burgraves et les soldats. Le marquis leur indique du geste les deux amants, qui, absorbés dans leur contemplation d'eux-mêmes, ne voient rien et n'entendent rien. Tout à coup, au moment où Otbert se retourne entraînant Régina, Hatto se dresse devant lui. Guanhumara a disparu.

SCÈNE VI

OTBERT, RÉGINA, HATTO, MAGNUS, GORLOIS. Les Burgraves, les Princes. GIANNILARO. Soldats. Puis le MENDIANT. Puis JOB.

HATTO, *à Otbert.*
　　　　　　　　Tu crois?
　　　　RÉGINA.
Ciel! Hatto!

HATTO, *aux archers.*
　Saisissez cet homme et cette femme.

OTBERT, *tirant son épée et arrêtant du geste les soldats.*
Marquis Hatto, je sais que tu n'es qu'un infâme.
Je te sais traître, impie, abominable et bas.
Je veux savoir aussi si l'on ne trouve pas
Au fond de ton cœur vil, cloaque d'immondices,
La peur, fange et limon que déposent les vices.
Je soupçonne, entre nous, que tu n'es qu'un poltron;
Et que tous ces seigneurs, — meilleurs que toi, baron ! —
Quand j'aurai secoué ton faux semblant d'audace,
Vont voir ta lâcheté te monter à la face !
Je représente ici, par son choix souverain,
Régina, fille noble et comtesse du Rhin.
Prince, elle te refuse, et c'est moi qu'elle épouse.
Hatto, je te défie, à pied, sur la pelouse
Auprès de la Wisper, à trois milles d'ici,
A toute arme, en champ clos, sans délai, sans merci,
Sans quartier, réservés d'armet et de bavière,
A face découverte, au bord de la rivière;
Et l'on y jettera le vaincu. Tue ou meurs.

LE MENDIANT, à *Hatto.*
Marquis!
J'ai quatre-vingt-douze ans, mais je te tiendrai tête!
Une épée!
(Page 26.)

Régina tombe évanouie. Ses femmes l'emportent Otbert barre
le passage aux archers, qui veulent s'approcher.

Que nul ne fasse un pas! je parle à ces seigneurs.

Aux princes.

Écoutez tous, marquis venus de la montagne,
Duc Gerhard, sire Uther, pendragon de Bretagne,
Burgrave Darius, burgrave Cadwalla :
Je soufflette à vos yeux ce baron que voilà!
Et j'invoque céans, pour châtier ses hontes,
Le droit des francs-archers par-devant les francs-comtes !

Il jette son gant au visage de Hatto. — Entre le mendiant,
confondu dans la foule des assistants.

HATTO.
Je t'ai laissé parler!

Bas à Zoaglio Giannilaro, qui est près de lui dans la foule des
seigneurs.

Dieu sait, Giannilaro,
Que mon épée en tremble encor dans le fourreau!

A Otbert.

Maintenant je te dis : Qui donc es-tu, mon brave!
Parle, es-tu fils de roi, duc souverain, margrave,
Pour m'oser défier? Dis ton nom seulement,
Le sais-tu? Tu te dis l'archer Otbert.

Aux seigneurs.

Il ment.

A Otbert

Tu mens. Ton nom n'est pas Otbert. Je vais te dire
D'où tu viens, d'où tu sors, ce que tu vaux! — messire,
Ton nom est Yorghi Spadacelli. Tu n'es
Pas même gentilhomme. Allons! je te connais.
Ton aïeul était Corse et ta mère était Slave.
Tu n'es qu'un vil faussaire, esclave et fils d'esclave
Arrière!

Aux assistants.

Il est, seigneurs, des princes parmi vous.
S'ils prennent son parti, je les accepte tous,
Pied contre pied, partout, ici, dans l'avenue,

Deux poignards dans les mains, et la poitrine nue!
À Otbert.
Mais toi, vil brigand corse, échappé des makis,

Il pousse du pied le gant d'Otbert.

Jette aux valets ton gant!

OTBERT.
Misérable!

LE MENDIANT, *faisant un pas, à Hatto.*
Marquis!
J'ai quatre-vingt-douze ans, mais je te tiendrai tête.
— Une épée!

Il jette son bâton et prend l'épée de l'une des panoplies suspendues au mur.

HATTO, *éclatant de rire.*
Un bouffon manquait à cette fête.
Le voici, messeigneurs. D'où sort ce compagnon?
Nous tombons du bohême au mendiant.

Au mendiant.
Ton nom?

LE MENDIANT.
Frédéric de Souabe, empereur d'Allemagne.

MAGNUS.
Barberousse!...

Étonnement et stupeur. Tous s'écartent et forment une sorte de grand cercle autour du mendiant, qui dégage de ses haillons une croix attachée à son cou et l'élève de sa main droite, la gauche appuyée sur l'épée piquée en terre.

LE MENDIANT.
Voici la croix de Charlemagne.

Tous les yeux se fixent sur la croix. Moment de silence. Il reprend.

Moi, Frédéric, seigneur du mont où je suis né,
Élu roi des Romains, empereur couronné,
Porte-glaive de Dieu, roi de Bourgogne et d'Arles,
J'ai violé la tombe où dormait le grand Charles;
J'en ai fait pénitence; et, le genou plié,
J'ai vingt ans au désert pleuré, gémi, prié.
Vivant de l'eau du ciel et de l'herbe des roches,
Fantôme dont le pâtre abhorrait les approches,
Le monde entier m'a cru descendu chez les morts.
Mais j'entends mon pays qui m'appelle; je sors
De l'ombre où je songeais, exilé volontaire.
Il est temps de lever ma tête hors de terre.
Me reconnaissez-vous?

MAGNUS, *s'approchant.*
Ton bras, César romain!

LE MENDIANT.
Le trèfle qu'un de vous m'imprima sur la main?

Il présente son bras à Magnus.

Vois.

Magnus s'incline, examine attentivement le bras du mendiant, puis se redresse.

MAGNUS, *aux assistants.*
Je déclare ici, la vérité m'y pousse,
Que voici l'empereur Frédéric Barberousse.

La stupeur est au comble. Le cercle s'élargit. L'empereur, appuyé sur la grande épée, se tourne vers les assistants et promène sur eux des regards terribles.

L'EMPEREUR.
Vous m'entendiez jadis marcher dans ces vallons,
Lorsque l'éperon d'or sonnait à mes talons.
Vous me reconnaissez, burgraves. — C'est le maître.
Celui qui subjugua l'Europe, et fit renaître
L'Allemagne d'Othon, reine au regard serein;
Celui que choisissaient pour juge souverain,
Comme bon empereur, comme bon gentilhomme,
Trois rois dans Merseburg et deux papes dans Rome;
Et qui donna, touchant leurs fronts du sceptre d'or,
La couronne à Suénon, la tiare à Victor;
Celui qui des Hermann renversa le vieux trône;
Qui vainquit tour à tour, en Thrace et dans Icône,
L'empereur Isaac et le calife Arslan;
Celui qui, comprimant Gênes, Pise, Milan,
Étouffant guerres, cris, fureurs, trahisons viles,
Prit dans sa large main l'Italie aux cent villes;
Il est là qui vous parle. Il surgit devant vous!

Il fait un pas, tous reculent.

— J'ai su juger les rois, je sais traquer les loups. —
J'ai fait pendre les chefs des sept cités lombardes;
Albert-l'Ours m'opposait dix mille hallebardes,
Je le brisai; mes pas sont dans tous les chemins;
J'ai démembré Henri-le-Lion de mes mains,
Arraché ses duchés, arraché ses provinces;
Puis avec ses débris j'ai fait quatorze princes;
Enfin j'ai, quarante ans, avec mes doigts d'airain,
Pierre à pierre émietté vos donjons dans le Rhin!
Vous me reconnaissez, bandits; je viens vous dire
Que j'ai pris en pitié les douleurs de l'Empire,
Que je vais vous rayer du nombre des vivants,
Et jeter votre cendre infâme aux quatre vents!

Il se tourne vers les archers.

Vos soldats m'entendront! Ils sont à moi. J'y compte.
Ils étaient à la gloire avant d'être à la honte.
C'est sous moi qu'ils servaient avant ces temps d'horreur,
Et plus d'un se souvient de son vieil empereur.
N'est-ce pas, vétérans? N'est-ce pas, camarades?

Aux burgraves.

Ah! mécréants! félons! ravageurs de bourgades!
Ma mort vous fait renaître. Eh bien! touchez, voyez,
Entendez! c'est bien moi!

Il marche à grands pas au milieu d'eux. Tous s'écartent devant lui.

Sans doute vous croyez
Être des chevaliers! Vous vous dites: — Nous sommes
Les fils des grands barons et des grands gentilshommes.
Nous les continuons. — Vous les continuez?
Vos pères, toujours fiers, jamais diminués,
Faisaient la grande guerre ils se mettaient en marche,
Ils enjambaient les ponts dont on leur brisait l'arche,
Affrontaient le piquier ainsi que l'escadron,
Faisaient, musique en tête et sonnant du clairon,
Face à toute une armée et tenaient la campagne,
Et, si haute que fût la tour ou la montagne,
N'avaient besoin, pour prendre un château rude et fort,
Que d'une échelle en bois pliant sous leur effort,
Dressée au pied des murs d'où ruisselait le soufre,
Ou d'une corde à nœuds qui, dans l'ombre du gouffre,
Balançait ces guerriers, moins hommes que démons,
Et que le vent la nuit tordait au flanc des monts!
Blâmait-on ces assauts de nuit, ces capitaines
Défiaient l'ennemi au grand jour, dans les plaines;
Puis attendaient, debout dans l'ombre, un contre vingt,
Que le soleil parût et que l'empereur vînt!
C'est ainsi qu'ils gagnaient châteaux, villes et terres;
Si bien qu'il se trouvait qu'après trente ans de guerres,
Quand on cherchait des yeux tous ces faiseurs d'exploits,
Les petits étaient ducs, et les grands étaient rois! —
Vous! — comme des chacals et comme des orfraies,
Cachés dans les taillis et dans les oseraies,
Vils, muets, accroupis, un poignard à la main,
Dans quelque mare immonde au bord du grand chemin,
D'un chien qui peut passer redoutant les morsures,
Vous épiez le soir, près des routes peu sûres,
Le pas d'un voyageur, le grelot d'un mulet;
Vous êtes cent pour prendre un pauvre homme au collet;

Le coup fait, vous fuyez en hâte à vos repaires...
Et vous osez parler de vos pères! — Vos pères,
Hardis parmi les forts, grands parmi les meilleurs,
Étaient des conquérants; vous êtes des voleurs!

Les burgraves baissent la tête avec une sombre expression d'abattement, d'indignation et d'épouvante. Il poursuit.

Si vous aviez des cœurs, si vous aviez des âmes,
On vous dirait : Vraiment, vous êtes trop infâmes!
Quel moment prenez-vous, lâchement enhardis,
Pour faire, vous, barons, ce métier de bandits?
L'heure où notre Allemagne expire!... Ignominie!
Fils méchants, vous pillez la mère à l'agonie!
Elle pleure, et, levant au ciel ses bras roidis,
Sa voix faible en râlant vous dit : Soyez maudits!
Ce qu'elle dit tout bas, je le crie à voix haute.
Je suis votre empereur, je ne suis plus votre hôte.
Soyez maudits! je rentre en mes droits aujourd'hui,
Et, m'étant châtié, puis châtier autrui.

Il aperçoit les deux margraves Platon et Gilissa et marche droit à eux

Marquis de Moravie et marquis de Lusace,
Vous sur les bords du Rhin! Est-ce là votre place?
Tandis que ces bandits vous fêtent en riant,
On entend des chevaux hennir à l'Orient.
Les hordes du Levant sont aux portes de Vienne.
Aux frontières, messieurs! allez! Qu'il vous souvienne
De Henri le Barbu, d'Ernest le Cuirassé.
Nous gardons le créneau, vous, gardez le fossé!
Allez!

Apercevant Zoaglio Giannilaro.

Giannilaro! ta figure me gêne.
Que viens-tu faire ici? Génois, retourne à Gêne!

Au pendragon de Bretagne.

Que nous veut sire Uther? Quoi! des Bretons aussi!
Tous les aventuriers du monde sont ici!

Aux deux marquis Platon et Gilissa.

Les margraves paieront cent mille marcs d'amende.

Au comte Lupus.

Grande jeunesse; mais perversité plus grande.
Tu n'es plus rien! je mets ta ville en liberté.

Au duc Gerhard.

La comtesse Isabelle a perdu sa comté;
Le larron, c'est toi, duc! Tu t'en iras à Bâle;
Nous y convoquerons la chambre impériale,
Et là, publiquement, prince, tu marcheras
Une lieue en portant un juif entre tes bras.

Aux soldats.

Délivrez les captifs! et de leurs mains d'esclaves
Qu'ils attachent leur chaîne au cou de ces burgraves!

Aux burgraves.

Ah! vous n'attendiez point ce réveil, n'est-ce pas?
Vous chantiez, verre en main, l'amour, les longs repas;
Vous poussiez de grands cris et vous étiez en joies;
Vous enfonciez gaiment vos ongles dans vos proies;
Vous déchiriez mon peuple, hélas! qui m'est si cher,
Et vous vous partagiez les lambeaux de sa chair!
Tout à coup... tout à coup dans l'antre inaccessible,
Le vengeur indigné, frissonnant et terrible,
Apparaît, l'empereur met le pied sur vos tours,
Et l'aigle vient s'abattre au milieu des vautours!

Tous semblent frappés de consternation et de terreur. Depuis quelques instants Job est entré et s'est mêlé en silence aux chevaliers. Magnus seul a écouté l'empereur sans trouble, et n'a cessé de le regarder fixement pendant qu'il a parlé. Quand Barberousse a fini, Magnus le regarde encore une fois de la tête aux pieds, puis son visage prend une sombre expression de joie et de fureur.

MAGNUS, *l'œil fixé sur l'empereur.*

Oui, c'est bien lui! — vivant!

Il écarte d'un geste formidable les soldats et les princes, marche au fond du théâtre, franchit en deux pas le degré de six marches, saisit de ses deux poings les créneaux de la galerie, et crie au dehors d'une voix tonnante.

Triplez les sentinelles!
Les archers au donjon! les frondeurs aux deux ailes!
Haut le pont! bas la herse! Armez les mangonneaux!
Mille hommes au ravin! mille hommes aux créneaux!
Soldats, courez au bois! taillez granits et marbres,
Prenez les plus grands blocs, prenez les plus grands arbres,
Et sur ce mont, qui jette au monde la terreur,
Faites-nous un gibet digne d'un empereur,

Il redescend.

Il s'est livré lui-même. Il est pris!

Croisant les bras et regardant l'empereur en face.

Je t'admire!
Où sont tes gens? où sont les fourriers de l'empire?
Entendrons-nous bientôt tes trompettes sonner?
Vas-tu, sur ce donjon que tu dois ruiner,
Semer, dans les débris où sifflera la bise,
Du sel comme à Lubeck, du chanvre comme à Pise?
Mais quoi? je n'entends rien. Serais-tu seul ici?
Pas d'armée. ô César! Je sais que c'est ainsi
Que tu fais d'ordinaire, et que c'est de la sorte
Que, l'épée à la main, seul, brisant une porte,
Criant tout haut ton nom, tu pris Tarse et Cori;
Il t'a suffi d'un pas, il t'a suffi d'un cri,
Pour forcer Gêne, Utrecht, et Rome abâtardie;
Iconium plia sous toi; la Lombardie
Trembla quand elle vit, à ton souffle d'enfer.
Frissonner dans Milan l'arbre aux feuilles de fer;
Nous savons tout cela; mais sais-tu qui nous sommes?

Montrant les soldats.

Je t'écoutais parler tout à l'heure à ces hommes,
Leur dire : Vétérans, camarades! — Fort bien! —
Pas un n'a bougé! vois. C'est qu'ici tu n'es rien.
C'est mon père qu'on craint, c'est mon père qu'on aime.
Ils sont au comte Job avant d'être à Dieu même!
L'hôte seul est sacré, César, pour le bandit.
Or, tu n'es plus notre hôte, et toi-même l'as dit.

Montrant Job.

Écoute, ce vieillard que tu vois, c'est mon père.
C'est lui qui t'a flétri du fer triangulaire,
Et l'on te reconnaît aux marques de l'affront
Mieux qu'à l'huile sacrée effacée à ton front!
La haine entre vous deux est comme vous ancienne.
Tu mis à prix sa tête, il mit à prix la tienne;
Il la tient. Te voilà seul et un parmi nous.
Fritz de Hohenstaufen! regarde-nous bien tous!
Plutôt que d'être entré, car vraiment tu me touches,
Dans ce cercle muet de chevaliers farouches,
Darius, Cadwalla, Gorlois, Hatto, Magnus,
Chez le grand comte Job, burgrave du Taunus,
Il vaudrait mieux pour toi, — roi de Bourgogne et d'Arles,
Empereur, qui ne sais pas même à qui tu parles,
Que rien qu'à sa folie on aurait reconnu, —
Il vaudrait mieux, plutôt que d'être ici venu,
Être entré, quand la nuit tend ses voiles funèbres,
Dans quelque antre d'Afrique, et parmi les ténèbres,
Voir soudain des lions et des tigres, ô roi,
Sortir de toutes parts de l'ombre autour de toi.

Pendant que Magnus a parlé, le cercle des burgraves s'est resserré lentement autour de l'empereur. Derrière les burgraves est venue se ranger silencieusement une triple ligne de soldats armés jusqu'aux dents, au-dessus desquels s'élève la grande bannière du burg mi-partie rouge et noire, avec une hache d'argent brodée dans le champ de gueules, et cette légende sous la hache : MONTI COMAM, VIRO CAPUT. L'empereur, sans reculer d'un pas, tient cette foule en respect.

Tout à coup, quand Magnus a fini, l'un des burgraves tire son épée.

CADWALLA, *tirant son épée.*

César! César! César! rends-nous nos citadelles!

DARIUS, *tirant son épée.*

Nos burgs, qui ne sont plus que des nids d'hirondelles !

HATTO, *tirant son épée.*

Rends-nous nos amis morts, qui hantent nos donjons
Quand l'âpre vent des nuits pleure à travers les joncs !

MAGNUS, *saisissant sa hache.*

Ah! tu sors du sépulcre ! eh bien ! je t'y repousse,
Afin qu'au même instant, — tu comprends, Barberousse, —
Où le monde entendra cent voix avec transport
Crier : Il est vivant ! l'écho dise : Il est mort !
— Tremble donc, insensé qui menaçais nos têtes !

Les burgraves, l'épée haute, pressent Barberousse avec des cris formidables. Job sort de la foule et lève la main. Tous se taisent.

JOB, *à l'empereur.*

Sire, mon fils Magnus vous a dit vrai. Vous êtes
Mon ennemi. C'est moi qui, soldat irrité,
Jadis portai la main sur Votre Majesté.
Je vous hais. — Mais je veux une Allemagne au monde.
Mon pays plie et penche en une ombre profonde.
Sauvez-le. Moi, je tombe à genoux en ce lieu
Devant mon empereur que ramène mon Dieu !

Il s'agenouille devant Barberousse, puis se tourne à demi vers les princes et les burgraves.

A genoux tous ! — Jetez à terre vos épées !

Tous jettent leurs épées et se prosternent, excepté Magnus. Job, à genoux, parle à l'empereur.

Vous êtes nécessaire aux nations frappées ;
Vous seul ! Sans vous l'Etat touche aux derniers moments.
Il est en Allemagne encor deux Allemands :
Vous et moi. — Vous et moi, cela suffira, sire.
Régnez.

Désignant du geste les assistants.

Quant à ceux-ci, je les ai laissés dire.
Excusez-les, ce sont des jeunes gens.

A Magnus, qui est resté debout.

Magnus !

Magnus, en proie à une sombre irrésolution, semble hésiter. Son père fait un geste. Il tombe à genoux. Job poursuit.

Toujours barons et serfs, fronts casqués et pieds nus,
Chasseurs et laboureurs ont échangé des haines ;
Les montagnes toujours ont fait la guerre aux plaines ;
Vous le savez. Pourtant, j'en conviens sans effort,
Les barons ont mal fait, les montagnes ont tort!

Se relevant. Aux soldats.

Qu'on mette en liberté les captifs.

Les soldats obéissent en silence et détachent les chaînes des prisonniers, qui, pendant cette scène, sont venus se grouper dans la galerie au fond du théâtre. Job reprend.

Vous, burgraves,
Prenez, César le veut, leurs fers et leurs entraves.

Les burgraves se relèvent avec indignation. Job les regarde avec autorité.

— Moi d'abord.

Il fait signe à un soldat de lui mettre au cou un des colliers de fer. Le soldat baisse la tête et détourne les yeux. Job lui fait signe de nouveau. Le soldat obéit. Les autres burgraves se laissent enchaîner sans résistance. Job, la chaîne au cou, se tourne vers l'empereur.

Nous voilà comme tu nous voulais,
Très-auguste empereur. Dans son propre palais
Le vieux Job est esclave et t'apporte sa tête.
Maintenant, si des fronts qu'a battus la tempête
Méritent la pitié, mon maître, écoutez-moi.
Quand vous irez combattre aux frontières, ô roi,
Laissez-nous, — faites-nous cette grâce dernière, —
Vous suivre, troupe armée et pourtant prisonnière.
Nous garderons nos fers ; mais, tristes et soumis,
Mettez-nous face à face avec vos ennemis,
Devant les plus hardis, devant les plus barbares ;
Et, quels qu'ils soient, Hongrois, Vandales, magyares,
Fussent-ils plus nombreux que ne sont sur la mer
Les grêles du printemps et les neiges d'hiver,
Fussent-ils plus épais que les blés sur la plaine,
Vous nous verrez, flétris, l'œil baissé, l'âme pleine
De ce regret amer qui se change en courroux,
Balayer — j'en réponds — ces hordes devant vous,
Terribles, enchaînés, les mains de sang trempées,
Forçats par nos carcans, héros par nos épées !

LE CAPITAINE DES ARCHERS DU BURG, *s'avançant vers Job, et s'inclinant pour prendre ses ordres.*

Seigneur...

Job secoue la tête et lui fait signe du doigt de s'adresser à l'empereur, silencieux et immobile au milieu du théâtre. Le capitaine se tourne vers l'empereur et le salue profondément.

Sire...

L'EMPEREUR, *désignant les burgraves.*

Aux prisons !

Les soldats emmènent les barons, excepté Job, qui reste sur un signe de l'empereur. Tous sortent. Quand ils sont seuls, Frédéric s'approche de Job et détache sa chaîne. Job se laisse faire avec stupeur. Moment de silence.

L'EMPEREUR, *regardant Job en face.*

Fosco !

JOB, *tressaillant avec épouvante.*

Ciel !

L'EMPEREUR, *le doigt sur la bouche.*

Pas de bruit.

JOB, *à part.*

Dieu !

L'EMPEREUR.

Va ce soir m'attendre où tu vas chaque nuit.

TROISIÈME PARTIE

LE CAVEAU PERDU

Un caveau sombre, à voûte basse et cintrée, d'un aspect humide et hideux. Quelques lambeaux d'une tapisserie rongée par le temps pendent à la muraille. A droite, une fenêtre dans le grillage de laquelle on distingue trois barreaux brisés et comme violemment écartés. A gauche, un banc et une table de pierre grossièrement taillés. Au fond, dans l'obscurité, une sorte de galerie dont on entrevoit les piliers soutenant les retombées des archivoltes.

Il est nuit ; un rayon de lune entre par la fenêtre et dessine une forme droite et blanche sur le mur opposé.

Au lever du rideau, Job est seul dans le caveau, assis sur le banc de pierre, et semble en proie à une méditation sombre. Une lanterne allumée est posée sur la dalle à ses pieds. Il est vêtu d'une sorte de sac en bure grise.

SCÈNE PREMIÈRE.

JOB, seul.

Que m'a dit l'empereur ? et qu'ai-je répondu ?
Je n'ai pas compris. — Non. — J'aurai mal entendu.
Depuis hier en moi je ne sens qu'ombre et doute ;
Je marche en chancelant, comme au hasard ; ma route
S'efface sur mes pas ; je vais, triste vieillard,
Et les objets réels, perdus sous un brouillard,
Devant mon œil troublé, qui dans l'ombre en vain plonge,
Tremblent derrière un voile ainsi que dans un songe.

Rêvant.

Le démon joue avec l'esprit des malheureux.
Oui, c'est sans doute un rêve. — Oui, mais il est affreux !
Hélas ! dans notre cœur, percé de triples glaives,
Lorsque la vertu dort, le crime fait les rêves.
Jeune, on rêve au triomphe, et vieux au châtiment.
Deux songes aux deux bouts du sort. — Le premier ment.
Le second dit-il vrai ?

Moment de silence.

Ce que je sais pour l'heure,
C'est que tout a croulé dans ma haute demeure.
Frédéric Barberousse est maître en ma maison.
O douleur ! — C'est égal ! j'ai bien fait, j'ai raison,
J'ai sauvé mon pays, j'ai sauvé le royaume.

Rêvant.

— L'empereur ! — Nous étions l'un pour l'autre un fantôme ;
Et nous nous regardions d'un œil presque ébloui
Comme les deux géants d'un monde évanoui !
Nous restons en effet seuls tous deux sur l'abîme ;
Nous sommes du passé la double et sombre cime ;
Le nouveau siècle a tout submergé ! mais ses flots
N'ont point couvert nos fronts, parce qu'ils sont trop hauts !

S'enfonçant dans sa rêverie.

L'un des deux va tomber. C'est moi. L'ombre me gagne.

O grand événement ! chute de ma montagne !
Demain, le Rhin mon père au vieux monde allemand
Contera ce prodige et cet écroulement,
Et comment a fini, rude et fière secousse,
Le grand duel du vieux Job et du vieux Barberousse.
Demain, je n'aurai plus de fils, plus de vassaux.
Adieu la lutte immense ! adieu les noirs assauts !
Adieu gloire ! Demain, j'entendrai, si j'écoute,
Les passants me railler et rire sur la route,
Et tous verront ce Job, qui, cent ans souverain,
Pied à pied défendit chaque roche du Rhin,
— Job qui, malgré César, malgré Rome, respire, —
Vaincu, rongé vivant par l'aigle de l'empire,
Et colosse gisant dont on peut s'approcher,
Cloué, dernier burgrave, à son dernier rocher !

Il se lève.

Quoi ! c'est le comte Job ! quoi ! c'est moi qui succombe !... —
Silence, orgueil ! tais-toi du moins dans cette tombe !

Il promène ses regards autour de lui.

C'est ici, sous ces murs qu'on dirait palpitants,
Qu'en une nuit pareille... — Oh ! voilà bien longtemps,
Et c'est toujours hier ! Horreur !

Il retombe sur le banc de pierre, se cache le visage de ses deux mains et pleure.

Sous cette voûte,
Depuis ce jour mon crime a sué goutte à goutte
Cette sueur de sang qu'on nomme le remords.
C'est ici que je parle à l'oreille des morts.
Depuis lors l'insomnie, ô Dieu ! des nuits entières,
M'a mis ses doigts de plomb dans le creux des paupières ;
Ou, si je m'endormais, versant un sang vermeil,
Deux ombres traversaient sans cesse mon sommeil.

Se levant en s'avançant sur le devant de la scène.

Le monde m'a cru grand ; dans l'oubli du tonnerre,
Ces monts ont vu blanchir leur bandit centenaire ;
L'Europe m'admirait debout sur nos sommets ;
Mais, quoi que puisse faire un meurtrier, jamais
Sa conscience en deuil n'est dupe de sa gloire.
Les peuples me croyaient ivre de ma victoire ;
Mais la nuit, — chaque nuit ! et pendant soixante ans ! —
Morne, ici je pliais mes genoux pénitents !
Mais ces murs, noir repli de ce burg si célèbre,
Voyaient l'intérieur indigent et funèbre
De ma fausse grandeur, pleine de cendre, hélas !
Les clairons devant moi jetaient de longs éclats ;
J'étais puissant ; j'allais, levant haut ma bannière,
Comte chez l'empereur, lion dans ma tanière ;
Mais, tandis qu'à mes pieds tout n'était que néant,
Mon crime, nain hideux, vivait en moi, géant,
Riait quand on louait ma tête vénérable,
Et, me mordant au cœur, me criait : Misérable !

Levant les mains au ciel.

Donato ! Ginevra ! victimes ! ferez-vous
Grâce à votre bourreau, quand Dieu nous prendra tous ?
Oh ! frapper sa poitrine, à genoux sur la pierre,
Pleurer, se repentir, vivre l'âme en prière,
Cela ne suffit pas. Rien ne m'a pardonné !
Non ! je me sais maudit, et je me sens damné !

Il se rassied.

J'avais des descendants et j'avais des ancêtres ;
Mon burg est mort ; mon fils est vieux ; ses fils sont traîtres ;
Mon dernier-né ! — je l'ai perdu ! — dernier trésor !
Othert et Régina, ceux que j'aimais encor,
— Car l'âme aime toujours, parce qu'elle est divine, —
Sont dispersés sans doute au vent de ma ruine.
Je viens de les chercher, tous deux ont disparu.
C'est trop ! mourons !

Il tire un poignard de sa ceinture.

Ici, mon cœur l'a toujours cru,
Quelqu'un m'entend.

Se tournant vers les profondeurs du souterrain.

          Eh bien! je t'adjure à cette heure,
Pardonne, ô Donato! grâce avant que je meure!
Job n'est plus. Fosco reste. Oh! grâce pour Fosco!
UNE VOIX, *dans l'ombre, faiblement comme un murmure.*
Caïn!

JOB, *troublé.*

          On a parlé, je crois? — Non, c'est l'écho.
Si quelqu'un me parlait, ce serait de la tombe.
Car le moyen d'entrer dans cette catacombe,
Ce corridor secret, où jamais jour n'a lui,
Aucun vivant, hors moi, ne le sait aujourd'hui;
Ceux qui l'ont su, depuis plus de soixante années,
Sont morts.

          Il fait un pas vers le fond du théâtre.

          Mes mains vers toi sont jointes et tournées,
Martyr! grâce à Fosco!

LA VOIX.

                    Caïn!

JOB, *se redressant debout épouvanté.*

                         C'est étonnant!
On a parlé, c'est sûr! Eh bien donc, maintenant,
Ombre, qui que tu sois, fantôme! je t'implore!
Frappe! Je veux mourir plutôt qu'entendre encore
L'écho, l'horrible écho de ce noir souterrain,
Lorsque je dis Fosco, me répondre...

LA VOIX.

                              Caïn!

S'affaiblissant comme si elle se perdait dans les profondeurs.

Caïn! Caïn!

JOB.

          Grand Dieu! grand Dieu! mon genou plie.
Je rêve... — La douleur, se changeant en folie,
Finit par enivrer comme un vin de l'enfer.
Oh! du remords en moi j'entends le rire amer.
Oui, c'est un songe affreux qui me suit et m'accable,
Et devient plus difforme en ce lieu redoutable.
O sombre voix qui sort du tombeau, me voici.
A quelle question dois-je répondre ici?
Quelle explication veux-tu? Sans m'y soustraire,
Parle, je répondrai!

Une femme voilée, vêtue de noir, une lampe à la main, apparaît au fond du théâtre. Elle sort de derrière le pilier de gauche.

SCÈNE II.

JOB, GUANHUMARA.

GUANHUMARA, *voilée.*
          Qu'as-tu fait de ton frère?
JOB, *avec terreur.*
Qu'est-ce que cette femme?

GUANHUMARA.
                    Une esclave là-haut,
Mais une reine ici. Comte, à chacun son lot.
Tu sais, ce burg est double, et ses tours colossales
Ont plus d'une caverne au-dessous de leurs salles.
Tout ce que le soleil éclaire est sous ta loi;
Tout ce que remplit l'ombre, ô burgrave, est à moi!

          Elle marche lentement à lui.

Je te tiens, tu ne peux m'échapper.

JOB.
                              Qu'es-tu, femme?

GUANHUMARA.
Je vais te raconter une action infâme.
C'était... — voilà longtemps! beaucoup depuis sont morts.
Ceux qui comptent cent ans avaient trente ans alors.

          Elle montre un coin du caveau.

Deux amants étaient là. Regarde cette chambre.
C'était, comme à présent, une nuit de septembre.
Un froid rayon de lune, entrant au bouge obscur,
Découpait un linceul sur la blancheur du mur...

          Elle se retourne et lui montre le mur éclairé par la lune.

Comme là. — Tout à coup, l'épée à la main.

JOB.
                              Grâce!
Assez!

GUANHUMARA.
          Tu sais l'histoire? Eh bien, Fosco! la place
Où Donato tomba poignardé...

          Elle montre le banc de pierre.

                         La voici. —
Le bras qui poignarda...

          Elle saisit le bras droit de Job.

                    Le voilà.

JOB.
                              Frappe aussi.
Mais tais-toi!

GUANHUMARA.
          L'on jeta...

Elle l'entraîne rudement vers la fenêtre.

                    — Viens! — par cette fenêtre,
Sfrondati, l'écuyer, et Donato, son maître;
Et pour faire passer leurs corps,

          Elle lui montre les trois barreaux rompus.

                    l'un des bourreaux
Avec sa main d'acier brisa ces trois barreaux.

          Elle lui saisit la main de nouveau.

Cette main, aujourd'hui roseau, la voilà, comte!

JOB.
Grâce!

GUANHUMARA.
          Quelqu'un aussi demandait grâce. O honte!
Une femme tordant ses bras, criant merci!
L'assassin en riant la fit lier...

          Désignant du pied une dalle.

                              Ici!
Puis lui-même il lui mit au pied l'anneau d'esclave.
Le voici.

Elle soulève sa robe et lui montre l'anneau rivé à son pied nu.

JOB.
          Ginevra!

GUANHUMARA.
                    Front mort, main froide, œil cave.
Oui, mon nom est charmant en Corse, Ginevra!
Ces durs pays du nord en font Guanhumara.
L'âge, cet autre nord, qui nous glace et nous ride,
De la fille aux doux yeux fait un spectre livide.

Elle lève son voile et montre à Job son visage décharné et lugubre.

Tu vas mourir.

JOB.
          Merci!

GUANHUMARA.
          Vieillard, attends avant

De me remercier. — Ton fils George est vivant.

JOB.

Ciel ! que dis-tu ?

GUANHUMARA.

C'est moi qui te l'ai pris.

JOB.

Par grâce !

GUANHUMARA.

Il avait ce collier au cou.

Elle tire de sa poitrine et lui jette un petit collier d'enfant, en or et en perles, qu'il ramasse et couvre de baisers. Puis il tombe à ses genoux.

JOB.

Pitié ! j'embrasse
Tes pieds ! Fais-le-moi voir !

GUANHUMARA.

Tu vas le voir aussi.
C'est lui qui va venir te poignarder ici.

JOB, *se relevant avec horreur.*

Dieu ! — Mais en as-tu fait un monstre en ta colère,
Pour croire qu'un enfant voudra tuer son père ?

GUANHUMARA.

C'est Otbert !

JOB, *joignant les mains vers le ciel.*

Sois béni, mon Dieu ! Je le rêvais.
Mais en lui tout est noble, il n'a rien de mauvais ;
Tu comptes follement sur mon Otbert..

GUANHUMARA.

Écoute.
Tu marchais au soleil, j'ai fait la nuit ma route.
Tu ne m'as pas senti m'avancer en rampant.
Éveille-toi, Fosco, dans les plis du serpent ! —
Tandis que l'empereur t'occupait tout à l'heure,
J'étais chez Régina, j'étais dans ta demeure ;
Elle a bu, grâce à moi, d'un philtre tout-puissant ;
J'étais seule avec elle... — et regarde à présent !

Entrent par le fond de la galerie à droite deux hommes masqués, vêtus de noir et portant un cercueil couvert d'un drap noir, qui traversent lentement le fond du théâtre. Job court vers eux. Ils s'arrêtent.

JOB.

Un cercueil !

Job écarte le drap noir avec épouvante. Les hommes masqués le laissent faire. Le comte lève le suaire et voit une figure pâle. C'est Régina.

Régina !

A Guanhumara.

Monstre ! tu l'as tuée.

GUANHUMARA.

Pas encore. A ces jeux je suis habituée.
Elle est morte pour tous ; pour moi, comte, elle dort.
Si je veux...

Elle fait le geste de la résurrection.

JOB.

Que veux-tu pour l'éveiller ?

GUANHUMARA.

Ta mort.
Otbert le sait. C'est lui qui choisira.

Elle étend sa main droite sur le cercueil.

Je jure,
Par l'éternel ennui que nous laisse l'injure,
Par la Corse au ciel d'or, au soleil dévorant,
Par le squelette froid qui dort dans le torrent,
Par ce mur qui du sang but la trace livide,
Que ce cercueil d'ici ne sortira pas vide !

Les deux hommes porteurs du cercueil se remettent en marche et disparaissent du côté opposé à celui par lequel ils sont entrés. — A Job.

Qu'il choisisse, elle ou toi ! — Si tu veux fuir loin d'eux,
Fuis ! Otbert, Régina, mourront alors tous deux.
Ils sont en mon pouvoir.

JOB, *se cachant le visage de ses mains.*

Horreur !

GUANHUMARA.

Laisse-toi faire,
Meurs ! Régina vivra !

JOB.

Voyons ! une prière ! [sang,
Mourir n'est rien. Prends-moi, prends mes jours, prends mon
Mais ne fais pas commettre un crime à l'innocent.
Femme, contente-toi d'une seule victime.
Un monde étrange à moi se révèle. Mon crime
A fait germer ici dans l'ombre, sous ces monts,
Un enfer dont je vois remuer les démons.
Hideux nid de serpents, né des gouttes fatales
Qui de mon poignard nu tombèrent sur ces dalles !
Le meurtre est un semeur qui récolte le mal ;
Je le sais. — Tu m'as pris dans un cercle infernal.
Que te faut-il de plus ? ne suis-je pas ta proie ?
C'est juste, tu fais bien, je t'accueille avec joie,
Moi, maudit dans mes fils, maudit dans mes neveux !
Mais épargne l'enfant, le dernier ! — Quoi ! tu veux
Qu'il entre ici pur, noble et sans tache, et qu'il sorte
Marqué du signe affreux que moi, Caïn, je porte !
— Ginevra, puisqu'enfin vous avez cru devoir
Me le prendre, à moi vieux dont il était l'espoir,
A moi qui du tombeau sentais déjà l'approche,
Je ne veux point ici vous faire de reproche, —
Enfin, vous l'avez pris et gardé près de vous,
Sans le faire souffrir, ce pauvre enfant si doux,
N'est-ce pas ? Vous avez, ô bonheur que j'envie !
Vu s'ouvrir son œil d'aigle interrogeant la vie,
Et son beau front chercher votre sein réchauffant,
Et naître sa jeune âme !... — Eh bien ! c'est votre enfant,
Votre enfant comme à moi ! Vraiment, je vous le jure ! —
Oh ! j'ai déjà souffert beaucoup, je vous assure.
Je suis puni ! — Le jour où l'on vint m'annoncer
Que George était perdu, qu'on avait vu passer
Quelqu'un qui l'emportait, je me crus en délire.
— Je n'exagère pas : on a pu vous le dire. —
J'ai crié ce seul mot : Mon enfant enlevé !
Figurez-vous, je suis tombé sur le pavé !
Pauvre enfant ! Quand j'y pense ! il courait dans les roses,
Il jouait ! — N'est-ce pas, ce sont là de ces choses
Qui torturent ? jugez si j'ai souffert ! — Eh bien !
Ne fais pas un forfait plus affreux que le mien !
Ne souille pas cette âme encor pure et divine !
Oh ! si tu sens un cœur battre dans ta poitrine !...

GUANHUMARA.

Un cœur ? Je n'en ai plus. Tu me l'as arraché.

JOB.

Oui, je veux bien mourir, dans ce tombeau couché,
— Pas de sa main ! —

GUANHUMARA.

Le frère ici tua le frère.
Le fils ici tuera le père.

JOB, *à genoux, les mains jointes, se traînant aux pieds de Guanhumara.*

A ma misère
Accorde une autre mort. Je t'en prie !

GUANHUMARA.

Ah ! maudit !
Je te priais aussi, je te l'ai déjà dit,
A genoux, le sein nu, folle et désespérée.

JOB.
Mon fils ne t'a rien fait! Grâce! Je pleure! Vois
Songe que je t'aimais! J'étais jaloux!

Te souviens-tu qu'enfin, me levant égarée,
Je criai : — Je suis Corse! — et je te menaçai?
Alors, tout en jetant ta victime au fossé,
Me repoussant du pied avec un rire étrange,
Tu me dis! Venge-toi si tu peux! Je me venge!

JOB, *toujours à genoux.*

Mon fils ne t'a rien fait! Grâce! Je pleure! Vois!
Songe que je t'aimais! J'étais jaloux!

GUANHUMARA.
Tais-toi!

Levant les yeux au ciel.

C'est une chose impie entre tant d'autres crimes
Que le couple effrayant, perdu dans les abîmes,
Qui parle en ce tombeau d'épouvante entouré,
Ose encor prononcer, amour, ton nom sacré!

A Job.

Eh bien! j'aimais aussi, moi, dont le cœur est vide!
Rends-moi mon Donato! rends-le-moi, fratricide!

JOB, *se levant avec une résignation sombre.*
Otbert sait-il qu'il doit tuer son père?

GUANHUMARA.
Non.
Pour sauver Régina, sans savoir ton vrai nom,
Il frappera dans l'ombre.

JOB.
Otbert! nuit lamentable!

GUANHUMARA.
Il sait, comme un bourreau, qu'il punit un coupable.
Rien de plus. — Meurs voilé, tais-toi, ne parle pas,
Si tu veux, j'y consens.

Elle détache son voile et le lui jette.

JOB, *saisissant le voile.*
Merci!

GUANHUMARA.
J'entends un pas.
Recommande ton âme à Dieu. — C'est lui. — Je rentre.

LES BURGRAVES.

OTBERT.
Dieu! c'est un être vivant!

J'entendrai tout. Je tiens Régina dans mon antre. Hâtez-vous d'en finir tous les deux.

Elle sort par le fond à gauche, du côté où ont disparu les porteurs du cercueil.

JOB, *tombant à genoux près du banc de pierre.*

Juste Dieu!

Il se couvre la tête du voile noir et demeure agenouillé, immobile dans l'attitude de la prière. Entre par la galerie à droite un homme vêtu de noir et masqué comme les deux précédents, portant une torche. Il fait signe d'entrer à quelqu'un qui le suit. C'est Otbert, Otbert, pâle, égaré, éperdu. Au moment où Otbert entre, et pendant qu'il parle, Job ne fait pas un mouvement. Dès qu'Otbert est entré, l'homme masqué disparaît.

SCÈNE III.

JOB, OTBERT.

OTBERT.

Où m'avez-vous conduit? Quel est ce sombre lieu?

Regardant autour de lui.

Mais quoi! l'homme masqué n'est plus là? Ciel! où suis-je?
Serait-ce ici? — Déjà! — Je frissonne! Un vertige
Me prend.

Apercevant Job.

Que vois-je là dans l'ombre? Oh! rien; souvent

Il se dirige vers Job dans les ténèbres.

La nuit nous trompe...

Il pose sa main sur la tête de Job.

Dieu! c'est un être vivant!

Job demeure immobile.

Ciel! je me sens glacé par la sueur du crime.
Est-ce ici l'échafaud? Est-ce là la victime? —
Triste Fosco, qu'il faut que je frappe aujourd'hui,
Est-ce vous? répondez!... — Il ne dit rien, c'est lui!
— Oh! qui que vous soyez, parlez-moi, je m'abhorre;
Je ne vous en veux pas, j'ignore tout, j'ignore
Pourquoi vous demeurez immobile, et pourquoi
Vous ne vous dressez pas terrible devant moi!
Je vous suis inconnu comme pour moi vous l'êtes.
Mais sentez-vous qu'au moins mes mains n'étaient pas faites
Pour cela? Sentez-vous que je suis l'instrument
D'une affreuse vengeance et d'un noir châtiment?
Savez-vous qu'un linceul qui traîne en ces ténèbres
Embarrasse mes pieds, pris dans ses plis funèbres?
Dites, connaissez-vous Régina, mon amour,
Cet ange dont le front dans mon cœur fait le jour?
Elle est là, voyez-vous, d'un suaire vêtue,
Morte si je faiblis, vivante si je tue!
— Ayez pitié de moi, vieillard! — Oh! parlez-moi!
Dites que vous voyez mon trouble et mon effroi,
Que vous me pardonnez votre horrible martyre!
— Oh! que j'entende au moins votre voix me le dire!
Un seul mot de pardon, vieillard! mon cœur se fend!
Rien qu'un seul mot!

JOB, se levant et jetant son voile.

Otbert! mon Otbert! mon enfant!

OTBERT.

Sire Job!

JOB, le prenant dans ses bras avec emportement.

Non, vers lui tout mon être s'élance!
C'est trop me torturer par cet affreux silence!
Je ne suis qu'un vieillard faible, en pleurs, terrassé,
Je ne peux pas mourir sans l'avoir embrassé!
Viens sur mon cœur!

Il couvre le visage d'Otbert de larmes et de baisers.

Enfant, laisse, que je te voie.
Tu ne le croirais pas, quoique j'aie eu la joie
De te voir tous les jours depuis plus de six mois,
Je ne t'ai pas bien vu...

Il le regarde avec des yeux enivrés.

C'est la première fois!
— Un jeune homme à vingt ans, que c'est beau! — Que je baise
Ton front pur! Laisse-moi te contempler à l'aise!
— Tu parlais tout à l'heure, et moi, je me taisais. —
Tu ne sais pas toi-même à quel point tu disais
Des choses qui m'allaient remuer les entrailles.
Otbert, tu trouveras pendue à mes murailles
Ma grande épée à main; je te la donne, enfant!
Mon casque, mon pennon, tant de fois triomphant,
Sont à toi. Je voudrais que tu pusses toi-même
Lire au fond de mon cœur pour voir combien je t'aime!
Je te bénis. — Mon Dieu! Donnez-lui tous vos biens,
De longs jours comme à moi, moins sombres que les miens!
Faites qu'il ait un sort calme, illustre et prospère;
Et que des fils nombreux, pieux comme leur père,
Soutiennent, pleins d'amour, ses pas fiers et tremblants,
Quand ses beaux cheveux noirs seront des cheveux blancs!

OTBERT.

Monseigneur!

JOB, lui imposant les mains.

Je bénis cet enfant, cieux et terre,
Dans tout ce qu'il a fait, dans tout ce qu'il doit faire!
Sois heureux! — Maintenant, Otbert, écoute et voi,
Vois, je ne suis plus père, et je ne suis plus roi;
Ma famille est captive et ma tour est tombée;
J'ai dû livrer mes fils; j'ai la tête courbée,
Dû sauver l'Allemagne, oui, — mais je dois mourir.
Or, ma main tremble. Il faut m'aider, me secourir....

Il tire du fourreau le poignard qu'Otbert porte à sa ceinture et le lui présente.

C'est de toi que j'attends ce service suprême.

OTBERT, épouvanté.

De moi! mais savez-vous que je cherche, ici même,
Quelqu'un...

JOB.

Fosco! c'est moi.

OTBERT.

Vous!

Reculant et promenant ses yeux dans l'ombre autour de lui.

Qui que vous soyez,
Spectre qui m'entourez, démons qui me voyez,
C'est lui! c'est le vieillard que j'honore et que j'aime!
Prenez pitié de nous dans ce moment suprême!
— Tout se tait! — Oh! mon Dieu! c'est Job! comble d'effroi!

Avec désespoir et solennité.

Jamais je ne pourrai lever la main sur toi,
O vieillard! demi-dieu du Rhin! tête sacrée!

JOB.

Mon Otbert! du sépulcre aplanis-moi l'entrée.
Faut-il te dire tout? Je suis un criminel.
Ton épouse en ce monde et ta sœur dans le ciel,
Elle est là! Régina, pâle, glacée et nue,
Celle à qui tu promis de faire tout pour elle,
De la sauver toujours, car l'amour est vertu,
Quand tu devrais, au seuil du tombeau, disais-tu,
Rencontrer le démon ouvrant l'abîme en flamme,
Et lui payer cet ange en lui livrant ton âme!
La mort la tient! la mort lève son bras maudit,
Dont l'ombre, à chaque instant autour d'elle grandit!
Sauve-la!

OTBERT, égaré.

Vous croyez qu'il faut que je la sauve?

JOB.

Peux-tu donc hésiter? D'un côté, moi, front chauve,
Vieux damné, qu'à finir tout semble convier,
Moins héros que brigand, moins aigle qu'épervier,
Moi, dont souvent la vie impure et sanguinaire
A fait aux pieds de Dieu murmurer le tonnerre!
Moi, vieillesse, ennui, crime! et, de l'autre côté,
Innocence, vertu, jeunesse, amour, beauté!
Une femme qui t'aime! un enfant qui t'implore!
O l'insensé! qui doute et qui balance encore
Entre un haillon souillé, sans pourpre et sans honneur,
Et la robe de lin d'un ange du Seigneur!
Elle veut vivre et moi mourir! — Quoi! tu balances!
Quand tu peux d'un seul coup faire deux délivrances?
Si tu nous aimes!...

OTBERT.

Dieu!

JOB.

Délivre-nous tous deux!
Frappe! — Pour le guérir d'un ulcère hideux,
Saint Sigismond tua Boleslas. Qui l'en blâme?
Mon Otbert! le remords, c'est l'ulcère de l'âme.
Guéris-moi du remords!

OTBERT, prenant le couteau.

Eh bien!...

Il s'arrête.

JOB.

Qui te retient?

OTBERT, remettant le poignard au fourreau.

Savez-vous une idée affreuse qui me vient? —
Vous eûtes un enfant qu'une femme bohème
Vola. — Vous l'avez dit ce matin. — Mais, moi-même
Une femme me prit tout enfant. Nous voyons
Se faire en ce temps-ci d'étranges actions!

— Si j'étais cet enfant? Si vous étiez mon père?

JOB, *à part.*

Dieu!

Haut.

La douleur, Otbert, t'égare et t'exaspère.
Tu n'es pas cet enfant! Je te le dis!

OTBERT.

Pourtant,
Souvent vous m'appelez mon fils!

JOB.

Je t'aime tant!
C'est l'habitude; et puis, c'est le mot le plus tendre.

OTBERT.

Je sens là quelque chose...

JOB.

Oh! non!

OTBERT.

Je crois entendre
Une voix qui me dit...

JOB.

C'est une voix qui ment.

OTBERT.

Monseigneur! monseigneur! si j'étais votre enfant!

JOB.

Mais ne va pas au moins croire cela, par grâce!
J'eus la preuve... — O mon Dieu! que faut-il que je fasse! —
Que des Juifs ont tué l'enfant dans un festin.
Son cadavre me fut rapporté. Ce matin
Je te l'ai dit.

OTBERT.

Non.

JOB.

Si, rappelle ta mémoire.
Non, tu n'es pas mon fils, Otbert! tu dois m'en croire.
Sans les preuves que j'ai, c'est vrai, je conviens, moi,
Que l'idée aurait pu m'en venir comme à toi!
— Certe! un enfant que vole une main inconnue... —
Je suis même content qu'elle te soit venue
Pour pouvoir à jamais l'arracher de ton cœur!
Si, quand je serai mort, quelqu'un, quelque imposteur,
Te disait, pour troubler la paix de ta pauvre âme,
Que Job était ton père... Oh! ce serait infâme!
N'en crois rien! Tu n'es pas mon fils, non, mon Otbert!
Vois-tu, quand on est vieux, le souvenir se perd;
Mais la nuit du sabbat, tu le sais, on égorge
Un enfant. C'est ainsi qu'on a tué mon George.
Des Juifs. J'en eus la preuve. Otbert! rassure-toi,
Sois tranquille, mon fils! — Eh bien, encore! Voi,
Je t'appelle mon fils. Tu vois bien. L'habitude!
Mon Dieu! crois-moi, la lutte à mon âge est bien rude,
Ne garde pas de doute, obéis-moi sans peur!
Vois, je baise ton front, je presse sur mon cœur
Ta main qui va frapper et qui restera pure!
Toi, mon fils! — Ne fais pas ce rêve! — Je te jure...
— Mais voyons, réfléchis, toi qui penses beaucoup.
Toi qui trouves toujours le côté vrai de tout,
Je me prêterais donc à ce mystère horrible?
Il faudrait supposer... — Est-ce que c'est possible!
— Enfin, j'en suis bien sûr, puisque je te le dis! —
Otbert, mon bien-aimé, non, tu n'es pas mon fils!

LA VOIX, *dans l'ombre.*

Régina ne peut plus attendre qu'un quart d'heure.

OTBERT.

Régina!

JOB.

Malheureux! tu veux donc qu'elle meure?

OTBERT.

Dieu puissant! Aussi, moi, mon Dieu! j'ai trop lutté!
Je me sens ivre et fou! Dans ce lieu détesté,
Où les crimes anciens aux nouveaux se confrontent,
Les miasmes du meurtre à la tête me montent!
L'air qu'ici l'on respire est un air malfaisant.

Égaré.

Est-ce que ce vieux mur veut boire encor du sang?

JOB, *lui remettant le couteau dans la main.*

Oui!

OTBERT.

Ne me poussez pas!

JOB.

Viens!

OTBERT.

Je glisse dans l'abîme!
Je ne me retiens plus qu'à peine aux bords du crime.
Je sens qu'en ce moment je puis faire un grand pas,
Faire une chose horrible!... — Oh! ne me poussez pas!

JOB.

Donc sauve l'innocent et punis le coupable!

OTBERT, *prenant le couteau.*

Mais ne voyez-vous pas que j'en serais capable!
Savez-vous que je n'ai qu'à demi ma raison?
Qu'ils m'ont fait boire là je ne sais quel poison,
Eux, ces spectres masqués, pour me rendre la force!
Que ce poison m'a mis au cœur une âme corse!
Que je sens Régina qui se meurt? et qu'enfin
La louve est là dans l'ombre et la tigresse a faim!

JOB.

Il est temps! il est temps que mon crime s'expie,
Donato m'implorait ici. Je fus impie.
Otbert, sois sans pitié comme je fus sans cœur!
Je suis le vieux Satan, sois l'archange vainqueur!

OTBERT, *levant le couteau.*

De ma main, malgré moi, Dieu! le meurtre s'échappe!

JOB, *à genoux devant lui.*

Vois quel monstre je suis! Je le poignardai! Frappe!
Je le tuai! c'était mon frère!

Otbert, comme fou et hors de lui, lève le couteau. Il va frapper. Quelqu'un lui arrête le bras. Il se retourne et reconnaît l'empereur.

SCÈNE IV.

Les Mêmes, L'EMPEREUR, puis GUANHUMARA,
puis RÉGINA.

L'EMPEREUR.

C'était moi!

Otbert laisse tomber le poignard. Job se lève et considère l'empereur. Guanhumara avance la tête derrière le pilier à gauche et regarde.

JOB, *à l'empereur.*

Vous!

OTBERT.

L'empereur!

L'EMPEREUR, *à Job.*

Le duc, notre père et ton roi,
M'avait caché chez toi. Dans quel but? Je l'ignore.

JOB.
Vous, mon frère!
L'EMPEREUR.
Sanglant, mais respirant encore,
Tu me tins suspendu hors des barreaux de fer,
Et tu me dis : À toi la tombe! à moi l'enfer!
Seul, j'entendis ces mots prononcés sur l'abîme.
Puis je tombai.
JOB, *joignant les mains.*
C'est vrai! le ciel trompa mon crime!
L'EMPEREUR.
Des pâtres m'ont sauvé.
JOB, *tombant aux pieds de l'empereur.*
Je suis à tes genoux!
Punis-moi! venge-toi!
L'EMPEREUR.
Mon frère! embrassons-nous!
Qu'a-t-on de mieux à faire aux portes de la tombe?
Je te pardonne!
Il le relève et l'embrasse.
JOB.
O Dieu puissant!
GUANHUMARA, *faisant un pas.*
Le poignard tombe;
Donato vit! Je puis expirer à ses pieds.
Reprenez tous ici tout ce que vous aimiez,
Tout ce qu'avait saisi ma main froide et jalouse,
A Job.
Toi, ton fils George!
A Otbert.
Et toi, Régina, ton épouse!
Elle fait un signe. Régina, vêtue de blanc, apparaît au fond de la galerie à gauche, chancelante, soutenue par les deux hommes masqués et comme éblouie. Elle aperçoit Otbert et vient tomber dans ses bras avec un grand cri.
RÉGINA.
Ciel!
Otbert, Régina et Job se tiennent éperdument embrassés.

OTBERT.
Régina! mon père!
JOB, *les yeux au ciel.*
O Dieu!
GUANHUMARA, *au fond du théâtre.*
Moi, je mourrai!
Sépulcre, reprends-moi!
Elle porte une fiole à ses lèvres. L'empereur va vivement à elle.
L'EMPEREUR.
Que fais-tu?
GUANHUMARA.
J'ai juré
Que ce cercueil d'ici ne sortirait pas vide.
L'EMPEREUR.
Ginevra!
GUANHUMARA, *tombant aux pieds de l'empereur.*
Donato! ce poison est rapide...
Adieu!
Elle meurt.
L'EMPEREUR, *se relevant.*
Je pars aussi! — Job, règne sur le Rhin!
JOB.
Restez, sire.
L'EMPEREUR.
Je lègue au monde un souverain.
Tout à l'heure là-haut le héraut de l'empire
Vient d'annoncer qu'enfin les princes ont à Spire
Elu mon petit-fils Frédéric, empereur.
C'est un vrai sage, pur de haine, exempt d'erreur.
Je lui laisse le trône et rentre aux solitudes.
Adieu! Vivez, régnez, souffrez. Les temps sont rudes.
Job, avant de mourir, courbé devant la croix,
J'ai voulu seulement, une dernière fois,
Etendre cette main suprême et tutélaire
Comme roi sur mon peuple, et sur toi comme frère,
Quel qu'ait été le sort, quand l'heure va sonner,
Heureux qui peut bénir!
Tous tombent à genoux sous la bénédiction de l'empereur.
JOB, *lui prenant la main et la baisant.*
Grand qui sait pardonner!

FIN DES BURGRAVES.

LE POÈTE

Suis Barberousse, ô Job! Frères, allez tout seuls.
De vos manteaux de rois faites-vous deux linceuls.
Ensemble, l'un sur l'autre appuyant votre marche,
De la vieille Allemagne emportez tous deux l'arche!
O colosses! le monde est trop petit pour vous.

Toi, solitude, aux bruits profonds, tristes et doux,
Laisse les deux géants s'enfoncer dans ton ombre!
Et que toute la terre, en ta nuit calme et sombre,
Regarde avec respect, et presque avec terreur,
Entrer le grand burgrave et le grand empereur!

NOTES

La scène des esclaves, qui forme l'exposition de cet ouvrage, ne contient pas, il est aisé de s'en convaincre à la lecture, un détail qui ne soit essentiel. Cependant, à la représentation, quelques abréviations peuvent, dans les premiers temps du moins, sembler utiles. Nous croyons donc devoir donner ici, pour ceux de messieurs les directeurs de province qui voudraient monter les *Burgraves*, la scène des esclaves telle qu'elle est jouée au Théâtre-Français :

SCÈNE II.

LES ESCLAVES.

Haquin et Jossius entrent ensemble, et semblent continuer une conversation déjà commencée. Les autres les suivent à pas lents.

JOSSIUS.
C'est dans ces guerres-là que Barberousse un jour,
Masqué, mais couronné, seul, au pied d'une tour,
Lutta contre un bandit qui, forcé dans son bouge,
Lui brûla le bras droit d'un trèfle de fer rouge,
Si bien que l'empereur dit au comte d'Arau :
— Je le lui ferai rendre, ami, par le bourreau.
GONDICARIUS.
Cet homme fut-il pris ?
JOSSIUS.
Non, il se fit passage.
Sa visière empêcha qu'on ne vit son visage,

Ils passent.

TEUDON, *sur le devant du théâtre.*
C'est l'heure du repos ! — Enfin ! — Oh ! je suis las.
KUNZ, *agitant sa chaîne.*
Quoi ! j'étais libre et riche, et maintenant !
GONDICARIUS, *adossé à un pilier.*
Hélas !
CYNULFUS, *à Swan, montrant Guanhumara.*
Je voudrais bien savoir qui cette femme épie.
SWAN.
L'autre mois, par les gens du burg, engeance impie,
Elle fut prise avec des marchands de Saint-Gall.
Je ne sais rien de plus.

CYNULFUS.
Oh ! cela m'est égal ;
Mais tandis qu'on nous lie, on la laisse libre, elle !
SWAN.
Elle a guéri Hatto d'une fièvre mortelle,
L'aîné des petits-fils.
HAQUIN.
Le burgrave Rollon,
L'autre jour fut mordu d'un serpent au talon ;
Elle l'a guéri.
CYNULFUS.
Vrai ?
HAQUIN.
Je crois, sur ma parole,
Que c'est une sorcière !
HERMANN.
Ah bah ! c'est une folle.
SWAN.
Elle a mille secrets. Elle a guéri, ma foi,
Non-seulement Rollon et Hatto, mais Eloi,
Knüd, Azzo, ces lépreux que fuyait tout le monde.
TEUDON, *assis sur les degrés du vieux donjon.*
Cette femme travaille à quelque œuvre profonde.
Elle a, soyez-en sûrs, de noirs projets noués
Avec ces trois lépreux qui lui sont dévoués.
Partout, dans tous les coins, ensemble on les retrouve.
Ce sont comme trois chiens qui suivent cette louve.
HAQUIN.
Hier, au cimetière, au logis des lépreux,
Ils étaient tous les quatre, et travaillaient entre eux.
Eux, faisaient un cercueil et clouaient sur des planches ;
Elle, agitait un vase en relevant ses manches,
Chantait bas, comme on chante aux enfants qu'on endort,
Et composait un philtre avec des os de mort.
KUNZ.
Ici dans les caveaux ils ont quelque cachette.
J'ai vu les trois lépreux et la vieille sachette
S'enfoncer sous un mur près du Caveau Perdu.
J'en suis sûr.
HERMANN.
Ces lépreux servent, et c'est bien dû,
Celle qui les guérit. Rien de plus simple, en somme.
SWAN.
Mais, au lieu des lépreux, de Hatto, méchant homme ;

Kunz, celle qu'il faudrait guérir dans ce château,
C'est cette douce enfant, fiancée à Hatto,
La nièce du vieux Job.
KUNZ.
Régina ! Dieu l'assiste !
Celle-là, c'est un ange.
HERMANN.
Elle se meurt.
KUNZ.
C'est triste.
Oui, l'horreur pour Hatto, l'ennui, poids étouffant,
La tue. Elle s'en va chaque jour.
TEUDON.
Pauvre enfant !
Guanhumara reparaît au fond du théâtre, qu'elle traverse.
HAQUIN, *la montrant.*
Elle encor !
GONDICARIUS.
Maudit soit ce burg !
TEUDON.
Paix ! je te prie.
GONDICARIUS.
Mais jamais on ne vient dans cette galerie ;
Nos maîtres sont en fête, et nous sommes loin d'eux ;
On ne peut nous entendre.
TEUDON, *désignant la porte du donjon.*
Ils sont là tous les deux !
GONDICARIUS.
Qui ?
TEUDON.
Les vieillards. Le père et le fils. Paix ! vous dis-je ;
Excepté, — je le tiens de la nourrice Edwige, —
Madame Régina, qui vient près d'eux prier ;
Excepté cet Otbert, ce jeune aventurier,
Arrivé l'an passé, bien qu'encor fort novice,
Au château d'Heppenheff pour y prendre service,
Et que l'aïeul, puni dans sa postérité,
Aime pour sa jeunesse et pour sa loyauté, —
Nul n'ouvre cette porte et personne ici n'entre.
Le vieil homme de proie est là seul dans son antre.
Naguère au monde entier il jetait ses défis,
Vingt comtes et vingt ducs, ses fils, ses petits-fils,
Cinq générations dont la montagne est l'arche,
Entouraient comme un roi ce bandit patriarche.
Mais l'âge enfin le brise. Il se tient à l'écart.
Il est là, seul, assis sous un dais de brocart.
Son fils, le vieux Magnus, debout, lui tient sa lance.
Durant des mois entiers il garde le silence ;
Et la nuit on le voit entrer, pâle, accablé,
Dans un couloir secret dont seul il a la clé.
Où va-t-il ?
SWAN.
Ce vieillard a des peines étranges.
HAQUIN.
Ses fils pèsent sur lui comme les mauvais anges.
KUNZ.
Ce n'est pas vainement qu'il est maudit.
GONDICARIUS.
Tant mieux !

SWAN.
Il eut un dernier fils étant déjà fort vieux.
Il aimait cet enfant. Dieu fit ainsi le monde ;
Toujours la barbe grise aime la tête blonde.
A peine âgé d'un an, cet enfant fut volé...
KUNZ.
Par une égyptienne.
HAQUIN.
Au bord d'un champ de blé.
SWAN, *à Kunz.*
As-tu remarqué, fils, au bas de la tour ronde,
Au-dessus du torrent qui dans le ravin gronde,
Une fenêtre étroite, à pic sur les fossés,
Où l'on voit trois barreaux tordus et défoncés ?
KUNZ.
C'est le Caveau Perdu. J'en parlais tout à l'heure.
HAQUIN.
Un gîte sombre. On dit qu'un fantôme y demeure.
HERMANN.
Bah !
GYNULFUS.
L'on dirait qu'au mur jadis le sang coula.
KUNZ.
Le certain, c'est que nul ne saurait entrer là.
Le secret de l'entrée est perdu. La fenêtre
Est tout ce qu'on en voit. Nul vivant n'y pénètre.
SWAN.
Eh bien ! le soir, je vais à l'angle du rocher,
Et là, toutes les nuits, j'entends quelqu'un marcher !
KUNZ, *avec une sorte d'effroi.*
Etes-vous sûr ?
SWAN.
Très-sûr.
TEUDON.
Kunz, brisons là. Nous taire
Serait prudent.
HAQUIN.
Ce burg est plein d'un noir mystère.
J'écoute tout ici, car tout me fait rêver.
TEUDON.
Parlons d'autre chose, hein ? ce qui doit arriver,
Dieu seul le voit.
Il se retourne vers un groupe qui n'a pas encore pris part à ce qui se passe sur le devant de la scène, et qui paraît fort attentif à ce que dit un jeune étudiant.
Tiens, Karl, finis-nous ton histoire.
KARL.
Oui. Mais n'oubliez point que le fait est notoire,
Que c'est le mois dernier que l'aventure eut lieu,
Et qu'il s'est écoulé...
Cherchant dans sa mémoire.
près de vingt ans, pardieu !
Depuis que Barberousse est mort à la croisade.
HERMANN.
Soit. Ton Max était donc dans un lieu fort maussade !...
KARL.
Un lieu lugubre, Hermann. Un endroit redouté.
Un essaim de corbeaux, sinistre, épouvanté,
Tourne éternellement autour de la montagne.

Le soir, leurs cris affreux, lorsque l'ombre les gagne,
Font fuir jusqu'à Lautern le chasseur hasardeux.
Des gouttes d'eau, du front de ce rocher hideux,
Tombaient, comme les pleurs d'un visage terrible.
Une caverne sombre et d'une forme horrible
S'ouvrait dans le ravin. Le comte Max Edmond
Ne craignit pas d'entrer dans la nuit du vieux mont.
Il s'aventura donc sous ces grottes funèbres.
Il marchait. Un jour blême éclairait les ténèbres.
Soudain, sous une voûte au fond du souterrain,
Il vit dans l'ombre, assis sur un fauteuil d'airain,
Les pieds enveloppés dans les plis de sa robe,
Ayant le sceptre à droite, à gauche ayant le globe,
Un vieillard effrayant, immobile, incliné,
Ceint du glaive, vêtu de pourpre, et couronné.
Sur une table faite avec un bloc de lave,
Cet homme s'accoudait. Bien que Max soit très-brave
Et qu'il ait guerroyé sous Jean le Bataillard,
Il se sentit pâlir devant ce grand vieillard
Presque enfoui sous l'herbe, et le lierre, et la mousse,
Car c'était l'empereur Frédéric Barberousse !
Il dormait, — d'un sommeil farouche et surprenant.
Sa barbe, d'or jadis, de neige maintenant,
Se répandait à flots sur la table de pierre;
Ses longs cils blancs fermaient sa pesante paupière;
Un cœur percé saignait sur son écu vermeil.
Par moments, inquiet, à travers son sommeil,
Il portait vaguement la main à son épée.
De quel rêve cette âme était-elle occupée?
Dieu le sait.

HERMANN.
Est-ce tout ?

KARL.
Non, écoutez encor.
Aux pas du comte Max dans le noir corridor,
L'homme s'est réveillé ; sa tête morne et chauve
S'est dressée, et, fixant sur Max un regard fauve,
Il a dit, en rouvrant ses yeux lourds et voilés :
— Chevalier, les corbeaux se sont-ils envolés ?
Le comte Max Edmond a répondu : — Non, sire.
A ce mot, le vieillard a laissé sans rien dire
Retomber son front pâle, et Max, plein de terreur,
A vu se rendormir le fantôme empereur !

HERMANN, *éclatant de rire.*
Le conte est beau !

HAQUIN, *à Karl.*
S'il faut croire la renommée,
Frédéric s'est noyé devant toute l'armée
Dans le Cydnus.

HERMANN.
C'est sûr.

KARL.
Cela ne prouve pas
Que son spectre n'est point dans le val du Malpas.

SWAN.
Moi ! l'on m'a dit, — la fable est un champ sans limite ! —
Qu'échappé par miracle il s'était fait ermite,
Et qu'il vivait encor.

GONDICARIUS.
Plût au ciel ! et qu'il vînt
Délivrer l'Allemagne avant douze cent vingt ;
Fatale année, où doit, dit-on, crouler l'Empire !

SWAN.
Déjà de toutes parts notre grandeur expire.

KUNZ.
Mais, hélas ! Barberousse est mort, — bien mort, Suénon !

SWAN, *à Jossius.*
A-t-on dans le Cydnus retrouvé son corps ?

JOSSIUS.
Non.
Les flots l'ont emporté.

TEUDON.
Swan, as-tu connaissance
De la prédiction qu'on fit à sa naissance ?
— « Cet enfant, dont le monde un jour suivra les lois,
« Deux fois sera cru mort et revivra deux fois. » —
Or, la prédiction, qu'on raille ou qu'on oublie,
Une première fois semble s'être accomplie.

HERMANN.
Barberousse est l'objet de cent contes.

TEUDON.
Je dis
Ce que je sais. J'ai vu, vers l'an quatre-vingt-dix,
A Prague, à l'hôpital, dans une casemate,
Un certain Sfrondati, gentilhomme dalmate,
Fort vieux, et qu'on disait privé de sa raison.
Cet homme racontait tout haut dans sa prison,
Qu'étant jeune, à cet âge où tout hasard nous pousse,
Chez le duc Frédéric, père de Barberousse,
Il était écuyer. Le duc fut consterné
De la prédiction faite à son nouveau-né.
De plus, l'enfant croissait pour une double guerre ;
Gibelin par son père et guelfe par sa mère,
Les deux partis pouvaient le réclamer un jour.
Le père l'éleva d'abord dans une tour,
Loin de tous les regards, et le tint invisible,
Comme pour le cacher au sort le plus possible.
Il chercha même encore un autre abri plus tard.
D'une fille très-noble il avait un bâtard
Qui, né dans la montagne, ignorait que son père
Etait duc de Souabe et comte de Bavière,
Et ne le connaissait que sous le nom d'Othon.
Le bon duc se cachait de ce fils-là, dit-on,
De peur que le bâtard ne voulût être prince,
Et d'un coin du duché se faire une province.
Le bâtard par sa mère avait, fort près du Rhin,
Un burg dont il était burgrave et suzerain,
Un château de bandit, un nid d'aigle, un repaire.
L'asile parut bon et sûr au pauvre père.
Il vint voir le burgrave, et, l'ayant embrassé,
Lui confia l'enfant sous un nom supposé,
Lui disant seulement : Mon fils, voilà ton frère !
Puis il partit. — Au sort nul ne peut se soustraire.
Certes, le duc croyait son fils et son secret
Bien gardés, car l'enfant lui-même s'ignorait. —
Le jeune Barberousse, ainsi recouvert d'ombre,
Atteignit ses vingt ans. Or, — ceci devient sombre. —
Un jour, dans un hallier, au pied d'un roc, au bord
D'un torrent qui baignait les murs d'un château fort,
Des pâtres qui passaient trouvèrent à l'aurore

Otbert.

Deux corps sanglants et nus qui palpitaient encore,
Deux hommes poignardés dans le château sans bruit,
Puis jetés à l'abîme, au torrent, à la nuit,
Et qui n'étaient pas morts. Un miracle! vous dis-je.
Ces deux hommes, que Dieu sauvait par un prodige,
C'était le Barberousse avec son compagnon,
Ce même Sfrondati, qui seul savait son nom.
On les guérit tous deux. Puis, dans un grand mystère,
Sfrondati ramena le jeune homme à son père,
Qui pour paiment fit mettre au cachot Sfrondati.
Le duc garda son fils, c'était le bon parti,
Et n'eut plus qu'une idée, étouffer cette affaire.
Jamais il ne revit son bâtard. Quand ce père
Sentit sa mort prochaine, il appela son fils,
Et lui fit à genoux baiser un crucifix.
Barberousse, incliné sur ce lit funéraire,
Jura de ne se point révéler à son frère,
Et de ne s'en venger, s'il était encor temps,
Que le jour où ce frère atteindrait ses cent ans.
— C'est-à-dire jamais; quoique Dieu soit le maître! —
Si bien que le bâtard sera mort sans connaître
Que son père était duc et son frère empereur.
Sfrondati pâlissait d'épouvante et d'horreur
Quand on voulait sonder ce secret de famille.
Les deux frères aimaient tous deux la même fille;
L'aîné se crut trahi, tua l'autre, et vendit
La fille à je ne sais quel horrible bandit,
Qui, la liant au joug sans pitié, comme un homme,
L'attelait aux bateaux qui vont d'Ostie à Rome.
Quel destin! — Sfrondati disait : C'est oublié!
Du reste, en son esprit tout s'était délié.
Rien ne surnageait plus dans la nuit de son âme;
Ni le nom du bâtard, ni le nom de la femme.
Il ne savait comment. Il ne pouvait dire où. —
J'ai vu cet homme à Prague enfermé comme fou.
Il est mort maintenant.

Régina.

HERMANN.

Tu conclus?

TEUDON.

Je raisonne.
Si tous ces faits sont vrais, la prophétie est bonne.

KUNZ.

On m'a jadis conté ce conte. En ce château
Frédéric Barberousse avait nom Donato.
Le bâtard s'appelait Fosco. Quant à la belle,
Elle était Corse, autant que je me le rappelle.
Les amants se cachaient dans un caveau discret,
Dont l'entrée inconnue était leur doux secret;
C'est là qu'un soir Fosco, cœur jaloux, main hardie,
Les surprit, et finit l'idylle en tragédie.

GONDICARIUS.

Que Frédéric, du trône atteignant le sommet,
N'ait jamais recherché la femme qu'il aimait,

Cela me navrerait dans l'âme pour sa gloire,
Si je croyais un mot de toute votre histoire.

TEUDON.

Il l'a cherchée, ami. De son bras souverain
Trente ans il a fouillé les repaires du Rhin.
Le bâtard...

KUNZ.

Ce Fosco!

TEUDON, *continuant*.

Pour servir en Bretagne,
Avait laissé son burg et quitté la montagne.
Il n'y revint, dit-on, que fort longtemps après.
L'empereur investit les monts et les forêts,
Assiégea les châteaux, détruisit les burgraves,
Mais ne retrouva rien.

Entre le capitaine du burg, le fouet à la main.

LE CAPITAINE.
Allons! c'est l'heure, esclaves,
Au travail! hâtons-nous. Les convives ce soir
Vont venir visiter cette aile du manoir;
C'est monseigneur Hatto, le maître, qui les mène.
Qu'il ne vous trouve point ici traînant la chaîne.

NOTE II.

Page 15.

. . . . . C'est du vin d'écarlate.

Scarlachwein.

NOTE III.

Page 27.

Haut le pont! bas la herse! armez les mangonneaux!

L'acteur fait sagement de dire : *armez les fauconneaux.* On ne connaissait pas les fauconneaux au treizième siècle; mais qu'importe! il y a encore dans le public, quoiqu'il devienne de jour en jour plus sympathique et plus intelligent, beaucoup de braves gens qui n'admettraient pas les mangonneaux. Mangonneaux! qu'est cela, je vous prie? Mangonneaux! voilà un mot bien ridicule et bien singulier! Fauconneaux! à la bonne heure!

NOTE IV.

On croit devoir indiquer ici aux théâtres de province de quelle façon se disent à la représentation les vers qui terminent la pièce :

GUANHUMARA, *à l'empereur.*
Adieu !
Elle meurt.
L'EMPEREUR, *la soutenant dans ses bras, à Job.*
Je pars aussi.
Il se relève.
Job, règne sur le Rhin.
JOB.
Restez, sire !
L'EMPEREUR.
Je lègue au monde un souverain,
Frédéric Deux, mon fils, qu'on vient d'élire à Spire.
Jetant un regard douloureux à Guanhumara, étendue à ses pieds.
Je rentre dans ma nuit, et lui laisse l'empire.
JOB.
Sire!...
L'EMPEREUR.
Avant de mourir, courbé devant la croix,
J'ai voulu seulement, une dernière fois,
Etendre cette main suprême et tutélaire,
Comme roi sur mon peuple, et sur toi comme frère.
Quel qu'ait été le sort, quand l'heure va sonner,
Heureux qui peut bénir !
Tous s'inclinent sous la bénédiction de l'empereur.
JOB, *lui baisant les mains.*
Grand qui sait pardonner !

NOTE V.

Si l'auteur pouvait penser que ces notes tiendront une place, si petite qu'elle soit, dans l'histoire littéraire de notre temps, il leur donnerait des développements qui ne seraient pas inutiles peut-être à l'art théâtral. Il expliquerait, par exemple, dans tous ses détails, cette belle mise en scène des *Burgraves*, qui a fait tant d'honneur à la Comédie-Française. Jamais pièce n'a été montée avec plus de soin et représentée avec plus d'ensemble. On a remarqué avec quelle intelligence vive et adroite ont été dites par tous la scène des esclaves et la scène des burgraves. M. Drouville s'est particulièrement distingué dans le rôle de Hatto. Mesdemoiselles Brohan et Garrique ont su, à force de grâce et d'esprit, convertir en des figures animées et vivantes les silhouettes à demi entrevues de Lupus et de Gorlois. Mademoiselle Denain, qui a su rendre d'une manière si complète, et sous son double aspect, le rôle de Régina, a été pleine de charme dans sa mélancolie et pleine de charme dans sa joie.

M. Geffroy, qui, comme peintre et comme comédien, est deux fois artiste et artiste éminent, a imprimé au personnage d'Obtert cette physionomie fatale que les poètes comme Shakspeare savent rêver et que les acteurs comme M. Geffroy savent réaliser.

Les trois vieillards, Job, Barberousse et Magnus, ont été admirablement représentés par MM. Beauvallet, Ligier et Guyon. M. Guyon, qui est un artiste de haute taille par l'intelligence comme par la stature, a puissamment personnifié Magnus. Quand il apparaît au seuil du donjon avec sa belle et noble tête, son habit de fer et sa grande peau de loup sur les épaules, on croirait voir sortir de l'église de Fribourg en Brisgau le vieux Berthold de Zæhringen, ou de la collégiale de Francfort le formidable Gunther de Schwarzbourg. M. Ligier, qui a reproduit avec une si haute poésie la figure impériale de Barberousse, a su dans ce rôle, qui restera comme une de ses plus belles créations, être tour à tour simple et grand, paternel et pensif, majestueux et formidable. Au deuxième acte, dans son apostrophe aux burgraves, il soulève des acclamations enthousiastes et unanimes. M. Beauvallet, qui a une grande puissance parce qu'il a un grand talent, a déployé dans Job toutes les nuances de son intelligence si riche, si étendue et si complète. Il a été patriarche au premier acte, héros au deuxième, père au dernier. M. Beauvallet a été partout superbe et dramatique. Ajoutons qu'il y a dans le rôle de Job, au deuxième acte, par exemple, des moments de bonhomie et de familiarité que ce rare et excellent acteur a su rendre avec une sorte de grâce sénile pleine de grandeur. M. Beauvallet et M. Ligier, en représentant les deux frères, se sont montrés frères par le talent et ont été frères par le succès.

Pour exprimer le personnage de Guanhumara, il fallait tout à la fois une composition savante et une inspiration profonde. Madame Mélingue a eu ce double mérite au degré le plus éminent. Imposante sous ses cheveux blancs, magnifique sous ses haillons, pathétique, et on pourrait presque dire intéressante dans sa haine, elle a réalisé merveilleusement l'idéal de l'auteur, la statue qui marche et qui regarde avec un regard de vipère. Madame Mélingue n'a reculé devant aucune des difficultés de son rôle. Toute jeune comme elle est, elle a pourtant pris hardiment et franchement l'âge de Guanhumara; mais, dans cette transformation même, elle a su conserver les lignes les plus sculpturales et les plus pures. En renonçant pour un moment à être jolie, elle a su rester belle.

FIN DES NOTES DES BURGRAVES.

MÉLANGES LITTÉRAIRES

1823-1824

SUR VOLTAIRE

Décembre 1823.

François-Marie Arouet, si célèbre sous le nom de Voltaire, naquit à Châtenay le 20 février 1694, d'une famille de magistrature. Il fut élevé au collège des Jésuites, où l'un de ses régents, le père Lejay, lui prédit, à ce qu'on assure, qu'il serait en France le coryphée du déisme.

A peine sorti du collège, Arouet, dont le talent s'éveillait avec toute la force et toute la naïveté de la jeunesse, trouva, d'un côté, dans son père un inflexible contempteur, et, de l'autre, dans son parrain, l'abbé de Châteauneuf, un pervertisseur complaisant. Le père condamnait toute étude littéraire sans savoir pourquoi, et par conséquent avec une obstination insurmontable. Le parrain, qui encourageait au contraire les essais d'Arouet, aimait beaucoup les vers, surtout ceux que rehaussait une certaine saveur de licence ou d'impiété. L'un voulait emprisonner le poëte dans une étude de procureur; l'autre égarait le jeune homme dans tous les salons. Monsieur Arouet interdisait toute lecture à son fils; Ninon de l'Enclos léguait une bibliothèque à l'élève de son ami Châteauneuf. Ainsi, le génie de Voltaire subit dès sa naissance le malheur de deux actions contraires et également funestes : l'une, qui tendait à étouffer violemment ce feu sacré qu'on ne peut éteindre; l'autre, qui l'alimentait inconsidérément aux dépens de tout ce qu'il y a de noble et de respectable dans l'ordre intellectuel et dans l'ordre social. Ce sont peut-être ces deux impulsions opposées, imprimées à la fois au premier essor de cette imagination puissante, qui en ont vicié pour jamais la direction. Du moins peut-on leur attribuer les premiers écarts du talent de Voltaire, tourmenté ainsi tout ensemble du frein et de l'éperon.

Aussi, dès le commencement de sa carrière, lui attribua-t-on d'assez méchants vers fort impertinents qui le firent mettre à la Bastille, punition rigoureuse pour de mauvaises rimes. C'est durant ce loisir forcé que Voltaire, âgé de vingt-deux ans, ébaucha son poëme blafard de la *Ligue*, depuis la *Henriade*, et termina son remarquable drame d'*OEdipe*. Après quelques mois de Bastille, il fut à la fois délivré et pensionné par le régent d'Orléans, qu'il remercia de vouloir bien se charger de son entretien, en le priant de ne plus se charger de son logement.

OEdipe fut joué avec succès en 1718. Lamotte, l'oracle de cette époque, daigna consacrer ce triomphe par quelques paroles sacramentelles, et la renommée de Voltaire commença. Aujourd'hui Lamotte n'est peut-être immortel que pour avoir été nommé dans les écrits de Voltaire.

La tragédie d'*Artémire* succéda à *OEdipe*. Elle tomba.

Voltaire fit un voyage à Bruxelles pour y voir J.-B. Rousseau, qu'on a si singulièrement appelé Grand. Les deux poëtes s'estimaient avant de se connaître : ils se séparèrent ennemis. On a dit qu'ils étaient réciproquement envieux l'un de l'autre : ce ne serait pas un signe de supériorité.

Artémire, refaite et rejouée en 1724 sous le nom de *Marianne*, eut beaucoup de succès sans être meilleure. Vers la même époque parut la *Ligue*, ou la *Henriade*, et la France n'eut pas un poëme épique. Voltaire substitua, dans son poëme, Mornay à Sully, parce qu'il avait à se plaindre du descendant de ce grand ministre. Cette vengeance peu philosophique est cependant excusable, parce que Voltaire, insulté lâchement devant l'hôtel de Sully par je ne sais quel chevalier de Rohan et abandonné par l'autorité judiciaire, ne put en exercer d'autre.

Justement indigné du silence des lois envers son méprisable agresseur, Voltaire, déjà célèbre, se retira en Angleterre, où il étudia les sophistes. Cependant tous ses loisirs n'y furent pas perdus; il fit deux nouvelles tragédies, *Brutus* et *César*, dont Corneille eût avoué plusieurs scènes.

Revenu en France, il donna successivement *Eryphile*, qui tomba, et *Zaïre*, chef-d'œuvre conçu et terminé en dix-huit jours, auquel il ne manque que la couleur du lieu et une certaine sévérité de style. *Zaïre* eut un succès prodigieux et mérité. La tragédie d'*Adélaïde du Guesclin* (depuis le *Duc de Foix*) succéda à *Zaïre*, et fut loin d'obtenir le même succès. Quelques publications moins importantes, le *Temple du Goût*, les *Lettres sur les Anglais*, etc., tourmentèrent pendant quelques années la vie de Voltaire.

Cependant son nom remplissait déjà l'Europe. Retiré à Cirey, chez la marquise du Châtelet, femme qui fut, suivant l'expression même de Voltaire, propre à toutes les sciences, excepté à celle de la vie, il desséchait sa belle imagination dans l'algèbre et la géométrie, écrivait *Alzire*, *Mahomet*, l'*Histoire spirituelle de Charles XII*, amassait les matériaux du *Siècle de Louis XIV*, préparait l'*Essai sur les mœurs des nations*, et envoyait des madrigaux à Frédéric, prince héréditaire de Prusse. *Mérope*, également composée à Cirey, mit le sceau à la réputation dramatique de Voltaire. Il crut pouvoir alors se présenter pour remplacer le cardinal de Fleury à l'Académie française : il ne fut pas admis. Il n'avait encore que du génie. Quelque temps après, cependant, il se mit à flatter madame de Pompadour; il le fit avec une si opiniâtre complaisance, qu'il obtint tout à la fois le fauteuil académique, la charge de gentilhomme de la chambre et la place d'historiographe de France. Cette faveur dura peu. Voltaire se retira tour à tour à Lunéville, chez le bon Stanislas, roi de Pologne et duc de Lorraine; à Sceaux, chez madame du Maine, où il fit *Sémiramis*, *Oreste* et *Rome sauvée*, et à Berlin, chez Frédéric, devenu roi de Prusse. Il passa plusieurs années dans cette dernière retraite avec le titre de chambellan, la croix du mérite de Prusse et une pension. Il était admis aux soupers royaux avec Maupertuis, d'Argens et Lamettrie, athée du roi, de ce roi qui, comme le dit Voltaire même, vivait sans cour, sans conseil et sans culte. Ce n'était point l'amitié sublime d'Aristote et d'Alexandre, de Térence et de Scipion. Quelques années de frottement suffirent pour user ce qu'avaient de commun l'âme du despote philosophe et l'âme du sophiste poëte. Voltaire voulut s'enfuir de Berlin : Frédéric le chassa.

Renvoyé de Prusse, repoussé de France, Voltaire passa deux ans en Allemagne, où il publia ses *Annales de l'Empire*, rédigées par complaisance pour la duchesse de Saxe-Gotha ; puis il vint se fixer aux portes de Genève, avec madame Denis, sa nièce.

L'*Orphelin de la Chine*, tragédie où brille encore presque tout son talent, fut le premier fruit de sa retraite, où il eût vécu en paix, si d'avides libraires n'eussent publié son odieuse *Pucelle*. C'est encore à cette époque, et dans ses diverses résidences des Délices, de Tournay et de Ferney, qu'il fit le poëme sur le *tremblement de terre de Lisbonne*, la tragédie de *Tancrède*, quelques contes et différents opuscules. C'est alors qu'il défendit, avec une générosité mêlée de trop d'ostentation, Calas, Sirven, la Barre, Montbailli, Lally, déplorables victimes des mépris ses judiciaires. C'est alors qu'il se brouilla avec Jean-Jacques, se lia avec Catherine de Russie, pour laquelle il écrivit l'histoire de son aïeul Pierre Ier, et se réconcilia avec Frédéric. C'est encore du même temps que date sa coopération à l'*Encyclopédie*, ouvrage où des hommes qui avaient voulu prouver leur force ne prouvèrent que leur faiblesse, monument monstrueux dont le *Moniteur* de notre révolution est l'effroyable pendant.

Accablé d'années, Voltaire voulut revoir Paris. Il revint dans cette Babylone qui sympathisait avec son génie. Salué d'acclamations universelles, le malheureux vieillard put voir, avant de mourir, combien son œuvre était avancée. Il put jouir ou s'épouvanter de sa gloire. Il ne lui restait plus assez de puissance vitale pour soutenir les émotions de ce voyage, et Paris le vit expirer le 30 mai 1778. Les esprits forts prétendent qu'il avait emporté l'incrédulité au tombeau. Nous ne le poursuivrons pas jusque-là.

Nous avons raconté la vie privée de Voltaire ; nous allons essayer de peindre son existence publique et littéraire.

Nommer Voltaire, c'est caractériser tout le dix-huitième siècle ; c'est fixer d'un seul trait la double physionomie historique et littéraire de cette époque, qui ne fut, quoi qu'on en dise, qu'une époque de transition pour la société comme pour la poésie. Le dix-huitième siècle paraîtra toujours dans l'histoire comme étouffé entre le siècle qui le précède et le siècle qui le suit. Voltaire en est le personnage principal et en quelque sorte typique ; et, quelque prodigieux que fût cet homme, ses proportions semblent bien mesquines entre la grande image de Louis XIV et la gigantesque figure de Napoléon.

Il y a deux êtres dans Voltaire. Sa vie eut deux influences. Ses écrits eurent deux résultats. C'est sur cette double action, dont l'une domina les lettres, dont l'autre se manifesta dans les événements, que nous allons jeter un coup d'œil. Nous étudierons séparément chacun de ces deux règnes du génie de Voltaire. Il ne faut pas oublier toutefois que leur double puissance fut intimement coordonnée, et que les effets de cette puissance, plutôt mêlés que liés, ont toujours eu quelque chose de simultané et de commun. Si, dans cette note, nous en divisons l'examen, c'est uniquement parce qu'il serait au-dessus de nos forces d'embrasser d'un seul regard cet ensemble insaisissable ; imitant en cela l'artifice de ces artistes orientaux qui, dans l'impuissance de peindre une figure de face, parviennent cependant à la représenter entièrement en enfermant les deux profils dans un même cadre.

En littérature, Voltaire a laissé un de ces monuments dont l'aspect étonne plutôt par son étendue qu'il n'impose par sa grandeur. L'édifice qu'il a construit n'a rien d'auguste. Ce n'est point le palais des rois, ce n'est point l'hospice du pauvre. C'est un bazar élégant et vaste, irrégulier et commode ; étalant dans la boue d'innombrables richesses ; donnant à tous les intérêts, à toutes les vanités, à toutes les passions, ce qui leur convient ; éblouissant et fétide ; offrant des prostitutions pour des voluptés ;

peuplé de vagabonds, de marchands et d'oisifs, peu fréquenté du prêtre et de l'indigent. Là, d'éclatantes galeries inondées incessamment d'une foule émerveillée ; là, des antres secrets où nul ne se vante d'avoir pénétré. Vous trouverez sous ces arcades somptueuses mille chefs-d'œuvre de goût et d'art, tout reluisants d'or et de diamants ; mais n'y cherchez pas la statue de bronze aux formes antiques et sévères. Vous y trouverez des parures pour vos salons et pour vos boudoirs ; n'y cherchez pas les ornements qui conviennent au sanctuaire. Et malheur au faible qui n'a qu'une âme pour fortune, et qui l'expose aux séductions de ce magnifique repaire : temple monstrueux où il y a des témoignages pour tout ce qui n'est pas la vérité, un culte pour tout ce qui n'est pas Dieu !

Certes, si nous voulons bien parler d'un monument de ce genre avec admiration, on n'exigera pas que nous en parlions avec respect.

Nous plaindrions une cité où la foule serait au bazar et la solitude à l'église ; nous plaindrions une littérature qui déserterait le sentier de Corneille et de Bossuet pour courir sur la trace de Voltaire.

Loin de nous toutefois la pensée de nier le génie de cet homme extraordinaire. C'est parce que, dans notre conviction, ce génie était peut-être un des plus beaux qui aient jamais été donnés à aucun écrivain, que nous en déplorons plus amèrement le frivole et funeste emploi. Nous regrettons, pour lui comme pour les lettres, qu'il ait tourné contre le ciel cette puissance intellectuelle qu'il avait reçue du ciel. Nous gémissons sur ce beau génie, qui n'a point compris sa sublime mission ; sur cet ingrat, qui a profané la chasteté de la muse et la sainteté de la patrie ; sur ce transfuge, qui ne s'est pas souvenu que le trépied du poëte a sa place près de l'autel. Et (ce qui est d'une profonde et inévitable vérité) sa faute même renfermait son châtiment. Sa gloire est beaucoup moins grande qu'elle ne devait l'être, parce qu'il a tenté toutes les gloires, même celle d'Érostrate. Il a défriché tous les champs, on ne peut dire qu'il en ait cultivé un seul. Et, parce qu'il eut la coupable ambition d'y semer également les germes nourriciers et les germes vénéneux, ce sont, pour sa honte éternelle, les poisons qui ont le plus fructifié. La *Henriade*, comme composition littéraire, est encore bien inférieure à la *Pucelle* (ce qui ne signifie certes pas que ce coupable ouvrage soit supérieur, même dans son genre honteux). Ses satires, empreintes parfois d'un stigmate infernal, sont fort au-dessous de ses comédies, plus innocentes. On préfère ses poésies légères, où son cynisme éclate souvent à nu, à ses poésies lyriques, dans lesquelles on trouve parfois des vers religieux et graves (1). Ses contes, enfin, si désolants d'incrédulité et de scepticisme, valent mieux que ses histoires, où le même défaut se fait un peu moins sentir, mais où l'absence perpétuelle de dignité est en contradiction avec le genre même de ses ouvrages. Quant à ses tragédies, où il se montre réellement grand poète, où il trouve souvent le trait du caractère, le mot du cœur, on ne peut disconvenir, malgré tant d'admirables scènes, qu'il ne soit encore resté assez loin de Racine, et surtout du vieux Corneille. Et ici notre opinion est d'autant moins suspecte, qu'un examen approfondi de l'œuvre dramatique de Voltaire nous a convaincu de sa haute supériorité au théâtre. Nous ne doutons pas que si Voltaire, au lieu de disperser les forces colossales de sa pensée sur vingt points différents, les eût toutes réunies vers un même but, la tragédie, il n'eût surpassé Racine et peut-être égalé Corneille. Mais il dépensa le génie en esprit. Aussi fut-il prodigieusement spirituel ; aussi le sceau du génie est-il plutôt empreint sur le vaste en-

---

(1) Monsieur le comte de Maistre, dans son sévère et remarquable portrait de Voltaire, observe qu'il est nul dans l'ode, et attribue avec raison cette nullité au défaut d'enthousiasme. Voltaire, en effet, qui ne se livrait à la poésie qu'avec antipathie, et seulement pour justifier sa prétention à l'universalité, Voltaire était étranger à toute profonde exaltation. Il ne connaissait d'émotion véritable que celle de la colère, et encore cette colère n'allait-elle pas jusqu'à l'indignation, jusqu'à cette sainte indignation qui fait poëte, comme dit Juvénal : *Facit indignatio versum*.

semble de ses ouvrages que sur chacun d'eux en particulier. Sans cesse préoccupé de son siècle, il négligeait trop la postérité, cette image austère qui doit dominer toutes les méditations du poète. Luttant de caprice et de frivolité avec ses frivoles et capricieux contemporains, il voulait leur plaire et se moquer d'eux. Sa muse, qui eût été si belle de sa beauté, emprunta souvent ses prestiges aux enluminures du fard et aux grimaces de la coquetterie, et l'on est perpétuellement tenté de lui adresser ce conseil d'amant jaloux :

> Épargne-toi ce soin,
> L'art n'est pas fait pour toi, tu n'en as pas besoin.

Voltaire paraissait ignorer qu'il y a beaucoup de grâce dans la force, et que ce qu'il y a de plus sublime dans les œuvres de l'esprit humain est peut-être aussi ce qu'il y a de plus naïf; car l'imagination sait révéler sa céleste origine sans recourir à des artifices étrangers. Elle n'a qu'à marcher pour se montrer déesse. *Et vera incessu patuit dea.*

S'il était possible de résumer l'idée multiple que présente l'existence littéraire de Voltaire, nous ne pourrions que la classer parmi ces prodiges que les Latins appelaient *monstra*. Voltaire, en effet, est un phénomène peut-être unique, qui ne pouvait naître qu'en France et au dix-huitième siècle. Il y a cette différence entre sa littérature et celle du grand siècle, que Corneille, Molière et Pascal appartiennent davantage à la société, Voltaire à la civilisation. On sent, en le lisant, qu'il est l'écrivain d'un âge énervé et affadi. Il a de l'agrément et point de grâce, du prestige et point de charme, de l'éclat et point de majesté. Il sait flatter et ne sait point consoler. Il fascine et ne persuade pas. Excepté dans la tragédie, qui lui est propre, son talent manque de tendresse et de franchise. On sent que tout cela est le résultat d'une organisation et non l'effet d'une inspiration ; et, quand un médecin athée vient vous dire que tout Voltaire était dans ses tendons et dans ses nerfs, vous frémissez qu'il n'ait raison. Au reste, comme un autre ambitieux plus moderne, qui rêvait la suprématie politique, c'est en vain que Voltaire a essayé la suprématie littéraire. La monarchie absolue ne convient pas à l'homme. Si Voltaire eût compris la véritable grandeur, il eût placé sa gloire dans l'unité plutôt que dans l'universalité. La force ne se révèle point par un déplacement perpétuel, par des métamorphoses indéfinies, mais bien par une majestueuse immobilité. La force, ce n'est pas Protée, c'est Jupiter.

Ici commence la seconde partie de notre tâche; elle sera plus courte, parce que, grâce à la Révolution française, les résultats politiques de la philosophie de Voltaire sont malheureusement d'une effrayante notoriété. Il serait cependant souverainement injuste de n'attribuer qu'aux écrits du « patriarche de Ferney » cette fatale révolution. Il faut y voir avant tout l'effet d'une décomposition sociale depuis longtemps commencée. Voltaire et l'époque où il vécut doivent s'accuser et s'excuser réciproquement. Trop fort pour obéir à son siècle, Voltaire était aussi trop faible pour le dominer. De cette égalité d'influence résultait entre son siècle et lui une perpétuelle réaction, un échange mutuel d'impiété et de folies, un continuel flux et reflux de nouveautés qui entraînait toujours dans ses oscillations quelque vieux pilier de l'édifice social. Qu'on se représente la face politique du dix-huitième siècle; les scandales de la Régence, les turpitudes de Louis XV; la violence dans le ministère, la violence dans les parlements, la force nulle part; la corruption morale descendant par degrés de la tête au cœur, des grands au peuple; les prélats de cour, les abbés de toilette : l'antique monarchie, l'antique société chancelant sur leur base commune, et ne résistant plus aux attaques des novateurs que par la magie de ce beau nom de Bourbon (1) ; qu'on se figure Voltaire jeté sur cette société en dissolution comme un serpent dans un marais, et l'on ne s'étonnera plus de voir l'action contagieuse de sa pensée hâter la fin de cet ordre politique que Montaigne et Rabelais avaient inutilement attaqué dans sa jeunesse et dans sa vigueur. Ce n'est pas lui qui rendit la maladie mortelle, mais c'est lui qui en développa le germe, c'est lui qui en exaspéra les accès. Il fallait tout le venin de Voltaire pour mettre cette fange en ébullition ; aussi doit-on imputer à cet infortuné une grande partie des choses monstrueuses de la Révolution. Quant à cette Révolution en elle-même, elle dut être inouïe. La Providence voulut la placer entre le plus redoutable des sophistes et le plus formidable des despotes. À son aurore, Voltaire apparaît dans une saturnale funèbre (1) ; à son déclin, Buonaparte se lève dans un massacre (2).

SUR WALTER SCOTT

A PROPOS DE QUENTIN DURWARD

Juin 1823.

Certes, il y a quelque chose de bizarre et de merveilleux dans le talent de cet homme, qui dispose de son lecteur comme le vent dispose d'une feuille ; qui le promène à son gré dans tous les lieux et dans tous les temps ; lui dévoile, en se jouant, le plus secret repli du cœur, comme le plus mystérieux phénomène de la nature, comme la page la plus obscure de l'histoire ; dont l'imagination domine et caresse toutes les imaginations, revêt avec la même étonnante vérité le haillon du mendiant et la robe du roi, prend toutes les allures, adopte tous les vêtements, parle tous les langages ; laisse à la physionomie des siècles ce que la sagesse de Dieu a mis d'immuable et d'éternel dans leurs traits, et ce que les folies des hommes y ont jeté de variable et de passager ; ne force pas, ainsi que certains romanciers ignorants, les personnages des jours passés à s'enluminer de notre fard, à se frotter de notre vernis ; mais contraint par son pouvoir magique, les lecteurs contemporains à reprendre, du moins pour quelques heures, l'esprit, aujourd'hui si dédaigné, des vieux temps, comme un sage et adroit conseiller qui invite des fils ingrats à revenir chez leur père. L'habile magicien veut cependant avant tout être exact. Il ne refuse à sa plume aucune vérité, pas même celle qui naît de la peinture de l'erreur, cette fille des hommes qu'on pourrait croire immortelle si son humeur capricieuse et changeante ne rassurait sur son éternité. Peu d'historiens sont aussi fidèles que ce romancier. On sent qu'il a voulu que ses portraits fussent des tableaux et ses tableaux des portraits. Il nous peint nos devanciers avec leurs passions, leurs vices et leurs crimes, mais de sorte que l'instabilité des superstitions et l'impiété du fanatisme n'en fassent que mieux ressortir la pérennité de la religion et la sainteté des croyances. Nous aimons d'ailleurs à retrouver nos ancêtres avec leurs préjugés, souvent si nobles et si salutaires, comme avec leurs beaux panaches et leurs bonnes cuirasses.

Walter Scott a su puiser aux sources de la nature et de la vérité un genre inconnu, qui est nouveau, parce qu'il se fait aussi ancien qu'il le veut. Walter Scott allie à la minutieuse exactitude des chroniques la majestueuse grandeur de l'histoire et l'intérêt pressant du roman ; génie

---

(1) Il faut que la démoralisation universelle ait jeté de bien profondes racines, pour que le ciel ait vainement envoyé, vers la fin de ce siècle, Louis XVI, ce vénérable martyr, qui éleva sa vertu jusqu'à la sainteté.

(1) Translation des restes de Voltaire au Panthéon.
(2) Mitraillade de Saint-Roch.

puissant et curieux qui devine le passé; pinceau vrai qui trace un portrait fidèle d'après une ombre confuse, et nous force à reconnaître même ce que nous n'avons pas vu; esprit flexible et solide qui s'empreint du cachet particulier de chaque siècle et de chaque pays, comme une cire molle, et conserve cette empreinte pour la postérité comme un bronze indélébile.

Peu d'écrivains ont aussi bien rempli que Walter Scott les devoirs du romancier relativement à son art et à son siècle; car ce serait une erreur presque coupable dans l'homme de lettres que de se croire au-dessus de l'intérêt général et des besoins nationaux, d'exempter son esprit de toute action sur les contemporains, et d'isoler sa vie égoïste de la grande vie du corps social. Et qui donc se dévouera, si ce n'est le poëte? Quelle voix s'élèvera dans l'orage, si ce n'est celle de la lyre, qui peut le calmer ? Et qui bravera les haines de l'anarchie et les dédains du despotisme, sinon celui auquel la sagesse antique attribuait le pouvoir de réconcilier les peuples et les rois, et auquel la sagesse moderne a donné celui de les diviser?

Ce n'est donc point à de doucereuses galanteries, à de mesquines intrigues, à de sales aventures, que Walter Scott voue son talent. Averti par l'instinct de sa gloire, il a senti qu'il fallait quelque chose de plus à une génération qui vient d'écrire de son sang et de ses larmes la page la plus extraordinaire de toutes les histoires humaines. Les temps qui ont immédiatement précédé et immédiatement suivi notre convulsive Révolution étaient de ces époques d'affaissement que le fiévreux éprouve avant et après ses accès. Alors les livres les plus platement atroces, les plus stupidement impies, les plus monstrueusement obscènes, étaient avidement dévorés par une société malade, dont les goûts dépravés et les facultés engourdies eussent rejeté tout aliment savoureux ou salutaire. C'est ce qui explique ces triomphes scandaleux décernés alors par les plébéiens des salons et les patriciens des échoppes à des écrivains ineptes ou graveleux, que nous dédaignerons de nommer, lesquels en sont réduits aujourd'hui à mendier l'applaudissement des laquais et le rire des prostituées. Maintenant la popularité n'est plus distribuée par la populace, elle vient de la seule source qui puisse lui imprimer un caractère d'immortalité ainsi que d'universalité, du suffrage de ce petit nombre d'esprits délicats, d'âmes exaltées et de têtes sérieuses qui représentent moralement les peuples civilisés. C'est celle-là que Scott a obtenue en empruntant aux annales des nations des compositions faites pour toutes les nations, en puisant dans les fastes des siècles des livres écrits pour tous les siècles. Nul romancier n'a caché plus d'enseignement sous plus de charme, plus de vérité sous la fiction. Il y a une alliance visible entre la forme qui lui est propre et toutes les formes littéraires du passé et de l'avenir, et l'on pourrait considérer les romans épiques de Scott comme une transition de la littérature actuelle aux romans grandioses, aux grandes épopées en vers ou en prose que notre ère poétique nous promet et nous donnera.

Quelle doit être l'intention du romancier? c'est d'exprimer dans une fable intéressante une vérité utile. Et une fois cette idée fondamentale choisie, cette action explicative inventée, l'auteur ne doit-il pas chercher, pour la développer, un mode d'explication qui rende son roman semblable à la vie, l'imitation pareille au modèle? Et la vie n'est-elle pas un drame bizarre où se mêlent le bon et le mauvais, le beau et le laid, le haut et le bas, loi dont le pouvoir n'expire que hors de la création? Faudra-t-il donc se borner à composer, comme certains peintres flamands, des tableaux entièrement ténébreux, ou, comme les Chinois, des tableaux tout lumineux, quand la nature montre partout la lutte de l'ombre et de la lumière? Or, les romanciers, avant Walter Scott, avaient adopté généralement deux méthodes de composition contraires, toutes deux vicieuses, précisément parce qu'elles sont contraires. Les uns donnaient à leur ouvrage la forme d'une narration divisée arbitrairement en chapitres, sans qu'on devinât trop pourquoi, ou même uniquement pour délasser l'esprit du lecteur, comme l'avoue assez naïvement le titre de *Descanso* (repos), placé par un vieil auteur espagnol en tête de ses chapitres (1). Les autres déroulaient leur fable dans une série de lettres qu'on supposait écrites par les divers acteurs du roman. Dans la narration, les personnages disparaissent, l'auteur seul se montre toujours; dans les lettres, l'auteur s'éclipse pour ne laisser jamais voir que ses personnages. Le romancier narrateur ne peut donner place au dialogue naturel, à l'action véritable; il faut qu'il leur substitue un certain mouvement monotone de style, qui est comme un moule, où les événements les plus divers prennent la même forme, et sous lequel les créations les plus élevées, les inventions les plus profondes s'effacent, de même que les aspérités d'un champ s'aplanissent sous le rouleau. Dans le roman par lettres, la même monotonie provient d'une autre cause. Chaque personnage arrive à son tour avec son épître, à la manière de ces acteurs forains qui, ne pouvant paraître que l'un après l'autre, et n'ayant pas la permission de parler sur leurs tréteaux, se présentent successivement, portant au-dessus de leur tête un grand écriteau sur lequel le public lit leur rôle. On peut encore comparer le roman par lettres à ces laborieuses conversations de sourds-muets qui s'écrivent réciproquement ce qu'ils ont à se dire, de sorte que leur colère ou leur joie est tenue d'avoir sans cesse la plume à la main et l'écritoire en poche. Or, je le demande, que devient l'à-propos d'un tendre reproche qu'il faut porter à la poste ? Et l'explosion fougueuse des passions n'est-elle pas un peu gênée entre le préambule obligé et la formule polie, qui sont l'avant-garde et l'arrière-garde de toute lettre écrite par un homme bien né? Croit-on que le cortège des compliments, le bagage des civilités accélèrent la progression de l'intérêt et pressent la marche de l'action? Ne doit-on pas enfin supposer quelque vice radical et insurmontable dans un genre de composition qui a pu refroidir parfois l'éloquence même de Rousseau?

Supposons donc qu'au roman narratif, où il semble qu'on ait songé à tout, excepté à l'intérêt, en adoptant l'absurde usage de faire précéder chaque chapitre d'un sommaire, souvent très-détaillé, qui est comme le récit du récit, supposons qu'au roman épistolaire, dont la forme même interdit toute véhémence et toute rapidité, un esprit créateur substitue le roman dramatique, dans lequel l'action imaginaire se déroule en tableaux vrais et variés, comme se déroulent les événements réels de la vie; qui ne connaisse d'autre division que celle des différentes scènes à développer; qui, enfin, soit un long drame où les descriptions suppléeraient aux décorations et aux costumes, où les personnages pourraient se peindre par eux-mêmes, et représenter, par leurs chocs divers et multipliés, toutes les formes de l'idée unique de l'ouvrage. Vous trouverez, dans ce genre nouveau, les avantages réunis des deux genres anciens, sans leurs inconvénients. Ayant à votre disposition les ressorts pittoresques, et en quelque façon magiques, du drame, vous pourrez laisser derrière la scène ces mille détails oiseux et transitoires que le simple narrateur, obligé de suivre ses acteurs à pas comme des enfants aux lisières, doit exposer longuement s'il veut être clair; et vous pourrez profiter de ces traits profonds et soudains, plus féconds en méditations que des pages entières, que fait jaillir le mouvement d'une scène, mais qu'exclut la rapidité d'un récit.

Après le roman pittoresque, mais prosaïque de Walter Scott, il restera un autre roman à créer, plus beau et plus complet encore selon nous. C'est le roman à la fois drame et épopée; pittoresque, mais poétique; réel, mais idéal; vrai, mais grand, qui enchâssera Walter Scott dans Homère.

Comme tout créateur, Walter Scott a été assailli jusqu'à présent par d'inextinguibles critiques. Il faut que celui qui défriche un marais se résigne à entendre les grenouilles coasser autour de lui.

Quant à nous, nous remplissons un devoir de conscience en plaçant Walter Scott très-haut parmi les romanciers, et en particulier *Quentin Durward* très-haut parmi les romans. *Quentin Durward* est un beau livre.

*

(1) Marcos Obregon de la Ronda.

Il est difficile de voir un roman mieux tissu, et des effets moraux mieux attachés aux effets dramatiques.

L'auteur a voulu montrer, ce nous semble, combien la loyauté, même dans un être obscur, jeune et pauvre, arrive plus sûrement à son but que la perfidie, fût-elle aidée de toutes les ressources du pouvoir, de la richesse et de l'expérience. Il a chargé du premier de ces rôles son Écossais Quentin Durward, orphelin jeté au milieu des écueils les plus multipliés, des piéges les mieux préparés, sans autre boussole qu'un amour presque insensé; mais c'est souvent quand il ressemble à une folie que l'amour est une vertu. Le second est confié à Louis XI, roi plus adroit que le plus adroit courtisan, vieux renard armé des ongles du lion, puissant et fin, servi dans l'ombre comme au jour, incessamment couvert de ses gardes comme d'un bouclier et accompagné de ses bourreaux comme d'une épée. Ces deux personnages si différents réagissent l'un sur l'autre de manière à exprimer l'idée fondamentale avec une vérité singulièrement frappante. C'est en obéissant fidèlement au roi que le loyal Quentin sert, sans le savoir, ses propres intérêts, tandis que les projets de Louis XI, dont Quentin devait être à la fois l'instrument et la victime, tournent en même temps à la confusion du rusé vieillard et à l'avantage du simple jeune homme.

Un examen superficiel pourrait faire croire d'abord que l'intention première du poëte est dans le contraste historique, peint avec tant de talent, du roi de France, Louis de Valois, et du duc de Bourgogne, Charles le Téméraire. Ce bel épisode est peut-être, en effet, un défaut dans la composition de l'ouvrage, en ce qu'il rivalise d'intérêt avec le sujet lui-même; mais cette faute, si elle existe, n'ôte rien à ce que présente d'imposant et de comique tout ensemble cette opposition de deux princes, dont l'un, despote souple et ambitieux, méprise l'autre, tyran vert et belliqueux, qui le dédaignerait, s'il l'osait. Tous deux se haïssent ; mais Louis brave la haine de Charles parce qu'elle est rude et sauvage, Charles craint la haine de Louis parce qu'elle est caressante. Le duc de Bourgogne, au milieu de son camp et de ses États, s'inquiète près du roi de France sans défense comme le limier dans le voisinage du chat. La cruauté de l'un naît de ses passions, celle du roi vient de son caractère. Le Bourguignon est loyal parce qu'il est violent ; il n'a jamais songé à cacher ses mauvaises actions ; il n'a point de remords, car il a oublié ses crimes comme ses colères. Louis est superstitieux, peut-être parce qu'il est hypocrite; la religion ne suffit pas à celui que sa conscience tourmente et qui ne veut pas se repentir; mais il a beau croire à d'impuissantes expiations, la mémoire du mal qu'il a fait vit sans cesse en lui près de la pensée du mal qu'il va faire, parce qu'on se rappelle toujours ce qu'on a médité longtemps, et qu'il faut bien que le crime, lorsqu'il a été un désir et une espérance, devienne aussi un souvenir. Les deux princes sont dévots ; mais Charles jure par son épée avant de jurer par Dieu, tandis que Louis tâche de gagner les saints par des dons d'argent ou des charges de cour; mêle de la diplomatie à sa prière et intrigue même avec le ciel. En cas de guerre, Louis en examine encore le danger que Charles se repose déjà de la victoire. La politique du Téméraire est toute dans son bras ; mais l'œil du roi atteint plus loin que le bras du duc. Enfin, Walter Scott prouve, en mettant en jeu les deux rivaux, combien la prudence est plus forte que l'audace, et comment celui qui paraît ne rien craindre a peur de celui qui semble tout redouter.

Avec quel art l'illustre écrivain nous peint le roi de France se présentant, par un raffinement de fourberie, chez son beau cousin de Bourgogne, et lui demandant l'hospitalité au moment où l'orgueilleux vassal va lui apporter la guerre ! Et quoi de plus dramatique que la nouvelle d'une révolte fomentée dans les États du duc par les agents du roi, tombant comme la foudre entre les deux princes à l'instant où la même table les réunit ! Ainsi la fraude est déjouée par la fraude, et c'est le prudent Louis qui s'est lui-même livré sans défense à la vengeance d'un ennemi justement irrité. L'histoire dit bien quelque chose de tout cela ; mais ici j'aime mieux croire au roman qu'à l'histoire, parce que je préfère la vérité morale à la vérité historique. Une scène plus remarquable encore peut-être, c'est celle où les deux princes, que les conseils les plus sages n'ont encore pu rapprocher, se réconcilient par un acte de cruauté que l'un imagine et que l'autre exécute. Pour la première fois ils rient ensemble de cordialité et de plaisir ; et ce rire, excité par un supplice, efface pour un moment leur discorde. Cette idée terrible fait frissonner d'admiration.

Nous avons entendu critiquer, comme hideuse et révoltante, la peinture de l'orgie. C'est, à notre avis, un des plus beaux chapitres de ce livre. Walter Scott, ayant entrepris de peindre ce fameux brigand surnommé le Sanglier des Ardennes, aurait manqué son tableau s'il n'eût excité l'horreur. Il faut toujours entrer franchement dans une donnée dramatique, et chercher en tout le fond des choses. L'émotion et l'intérêt ne se trouvent que là. Il n'appartient qu'aux esprits timides de capituler avec une conception forte et de reculer dans la voie qu'ils se sont tracée.

Nous justifierons, d'après le même principe, deux autres passages qui ne nous paraissent pas moins dignes de méditation et de louange. Le premier est l'exécution de ce Hayraddin, personnage singulier dont l'auteur aurait peut-être pu tirer encore plus de parti. Le second est le chapitre où le roi Louis XI, arrêté par ordre du duc de Bourgogne, fait préparer dans sa prison, par Tristan l'Hermite, le châtiment de l'astrologue qui l'a trompé. C'est une idée étrangement belle que de nous faire voir ce roi cruel, trouvant encore dans son cachot assez d'espace pour sa vengeance, réclamant des bourreaux pour derniers serviteurs, et éprouvant ce qui lui reste d'autorité par l'ordre d'un supplice.

Nous pourrions multiplier ces observations et tâcher de faire voir en quoi le nouveau drame de sir Walter Scott nous semble défectueux, particulièrement dans le dénoûment ; mais le romancier aurait sans doute pour se justifier des raisons beaucoup meilleures que nous n'en aurions pour l'attaquer ; et ce n'est point contre un si formidable champion que nous essaierions avec avantage nos faibles armes. Nous nous bornerons à lui faire observer que le mot placé par lui dans la bouche du fou du duc de Bourgogne sur l'arrivée du roi Louis XI à Péronne appartient au fou de François I*er*, qui le prononça lors du passage de Charles-Quint en France, en 1535. L'immortalité de ce pauvre Triboulet ne tient qu'à ce mot, il faut le lui laisser. Nous croyons également que l'expédient ingénieux qu'emploie l'astrologue Galéotti pour échapper à Louis XI avait déjà été imaginé quelque mille ans auparavant par un philosophe que voulait mettre à mort Denys de Syracuse. Nous n'attachons pas à ces remarques plus d'importance qu'elles n'en méritent ; un romancier n'est pas un chroniqueur. Nous sommes étonné seulement que le roi adresse la parole, dans le conseil de Bourgogne, à des chevaliers du Saint-Esprit, cet ordre n'ayant été fondé qu'un siècle plus tard par Henri III. Nous croyons même que l'ordre de Saint-Michel, dont le noble auteur décore son brave lord Crawford, ne fut institué par Louis XI qu'après sa captivité. Que sir Walter Scott nous permette ces petites chicanes chronologiques. En remportant un léger triomphe de pédant sur un aussi illustre *antiquaire*, nous ne pouvons nous défendre de cette innocente joie qui transportait son Quentin Durward lorsqu'il eut désarçonné le duc d'Orléans et tenu tête à Dunois, et nous serions tenté de lui demander pardon de notre victoire, comme Charles-Quint au pape : *Sanctissime pater, indulge victori*.

LIBRAIRIE MARESCQ ET Cᵉ,	J. HETZEL, ÉDITEUR.	LIBRAIRIE BLANCHARD,
5, rue du Pont-de-Lodi.		78, rue de Richelieu.

OEUVRES DE VICTOR HUGO

ANGELO

ILLUSTRÉ PAR J.-A. BEAUCÉ,

Dans l'état où sont aujourd'hui toutes ces questions profondes qui touchent aux racines mêmes de la société, il semblait depuis longtemps à l'auteur de ce drame qu'il pourrait y avoir utilité et grandeur à développer sur le théâtre quelque chose de pareil à l'idée que voici :

Mettre en présence, dans une action toute résultant du cœur, deux graves et douloureuses figures, la femme dans la société, la femme hors de la société, c'est-à-dire, en deux types vivants, toutes les femmes, toute la femme. Montrer ces deux femmes, qui résument tout en elles, généreuses souvent, malheureuses toujours. Défendre l'une contre le despotisme, l'autre contre le mépris. Enseigner à quelles épreuves résiste la vertu de l'une, à quelles larmes se lave la souillure de l'autre. Rendre la faute à qui est la faute, c'est-à-dire à l'homme, qui est fort, et au fait social, qui est absurde. Faire vaincre dans ces deux âmes choisies les ressentiments de la femme par la piété de la fille, l'amour d'un amant par l'amour d'une mère, la haine par le dévouement, la passion par le devoir. En regard de ces deux femmes ainsi faites poser deux hommes, le mari et l'amant, le souverain et le proscrit, et résumer en eux par mille développements secondaires toutes les relations régulières et irrégulières que l'homme peut avoir avec la femme d'une part, et la société de l'autre. Et puis au bas de ce groupe, qui jouit, qui possède et qui souffre, tantôt sombre, tantôt rayonnant, ne pas oublier l'envieux, ce témoin fatal, qui est toujours là, que la Providence aposte au bas de toutes les sociétés, de toutes les hiérarchies, de toutes les prospérités, de toutes les passions humaines; éternel ennemi de tout ce qui est en haut; changeant de forme selon le temps et le lieu, mais au fond toujours le même; espion à Venise, eunuque à Constantinople, pamphlétaire à Paris. Placer donc comme la Providence le place, dans l'ombre, grinçant des dents à tous les sourires, ce misérable intelligent et perdu qui ne peut que nuire, car toutes les portes que son amour trouve fermées, sa vengeance les trouve ouvertes. Enfin au-dessus de ces trois hommes, entre ces deux femmes, poser comme un lien, comme un symbole, comme un intercesseur, comme un conseiller, le Dieu mort sur la croix. Clouer toute cette souffrance humaine au revers du crucifix.

Puis de tout ceci ainsi posé faire un drame; pas tout à fait royal, de peur que la possibilité de l'application ne disparût dans la grandeur des proportions; pas tout à fait bourgeois, de peur que la petitesse des personnages ne nuisît à l'ampleur de l'idée; mais princier et domestique: princier, parce qu'il faut que le drame soit grand; domestique, parce qu'il faut que le drame soit vrai. Mêler dans cette œuvre, pour satisfaire ce besoin de l'esprit qui veut toujours sentir le passé dans le présent et le présent dans le passé, à l'élément éternel, à l'élément humain, à l'élément social, un élément historique. Peindre, chemin faisant, à l'occasion de cette idée, non-seulement l'homme et la femme, non-seulement ces deux femmes et ces trois hommes, mais tout un siècle, tout un climat, toute une civilisation, tout un peuple. Dresser sur cette pensée, d'après les données spéciales de l'histoire, une aventure tellement simple et vraie, si bien vivante, si bien palpitante, si bien réelle, qu'aux yeux de la foule elle pût cacher l'idée elle-même comme la chair cache l'os.

Voilà ce que l'auteur de ce drame a tenté de faire. Il n'a qu'un regret : c'est que cette pensée ne soit pas venue à un meilleur que lui.

Aujourd'hui, en présence d'un succès dû évidemment à cette pensée et qui a dépassé toutes ses espérances, il sent le besoin d'expliquer son idée entière à cette foule sympathique et éclairée qui s'amoncèle chaque soir devant son œuvre avec une curiosité pleine de responsabilité pour lui.

On ne saurait trop le redire, pour quiconque a médité sur les besoins de la société, auxquels doivent toujours correspondre les tentatives de l'art, aujourd'hui, plus que jamais, le théâtre est un lieu d'enseignement. Le drame, comme l'auteur de cet ouvrage le voudrait faire, et comme le pourrait faire un homme de génie, doit donner à la foule une philosophie, aux idées une formule, à la poésie des muscles, du sang et de la vie, à ceux qui pensent une explication désintéressée, aux âmes altérées un breuvage, aux plaies secrètes un baume, à chacun un conseil, à tous une loi.

Il va sans dire que les conditions de l'art doivent être d'abord et en tout remplies. La curiosité, l'intérêt, l'amusement, le rire, les larmes, l'observation perpétuelle de tout ce qui est nature, l'enveloppe merveilleuse du style, le drame doit avoir tout cela, sans quoi il ne serait pas le drame; mais pour être complet, il faut qu'il ait aussi la volonté d'enseigner, en même temps qu'il a la volonté de plaire. Laissez-vous charmer par le drame, mais que la leçon soit dedans, et qu'on puisse toujours l'y retrouver quand on voudra disséquer cette belle chose vivante, si ravissante, si poétique, si passionnée, si magnifiquement vêtue d'or, de soie et de velours. Dans le beau drame, il doit toujours y avoir une idée sévère, comme dans la plus belle femme il y a un squelette.

L'auteur ne se dissimule, comme on voit, aucun des devoirs austères du poëte dramatique. Il essaiera peut-être quelque jour, dans un ouvrage spécial, d'expliquer en détail ce qu'il a voulu faire dans chacun des divers drames qu'il a donnés depuis sept ans. En présence d'une tâche aussi immense que celle du théâtre au dix-neuvième siècle, il sent son insuffisance profonde, mais il n'en persévérera pas moins dans l'œuvre qu'il a commencée. Si peu de chose qu'il soit, comment reculerait-il, encouragé qu'il est par l'adhésion des esprits d'élite, par l'applaudissement de la foule, par la loyale sympathie de tout ce qu'il y a aujourd'hui dans la critique d'hommes éminents et écoutés! Il continuera donc fermement; et chaque fois qu'il croira nécessaire de faire bien voir à tous, dans ces moindres détails, une idée utile, une idée sociale, une idée humaine, il posera le théâtre dessus comme un ver grossissant.

Au siècle où nous vivons, l'horizon de l'art est bien élargi. Autrefois le poëte disait : le public; aujourd'hui le poëte dit : le peuple.

7 mai 1833.

ANGELO

PERSONNAGES.

ANGELO MALIPIERI, Podesta.
CATARINA BRAGADINI.
LA TISBE.
RODOLFO.
HOMODEI.
ANAFESTO GALEOFA.
REGINELLA.

DAFNE.
Un Page noir.
Un Guetteur de nuit.
Un Huissier.
Le Doyen de Saint-Antoine de Padoue.
L'Archiprêtre.

Padoue. — 1540. — Francisco Donato étant doge.

PREMIÈRE JOURNÉE

LA CLEF

Un jardin illuminé pour une fête de nuit. A droite, un palais plein de musique et de lumière, avec une porte sur le jardin et une galerie en arcades au rez-de-chaussée, où l'on voit circuler les gens de la fête. Vers la porte, un banc de pierre. A gauche, un autre banc sur lequel on distingue dans l'ombre un homme endormi. Au fond, au-dessus des arbres, la silhouette noire de Padoue au seizième siècle, sur un ciel clair. Vers la fin de l'acte le jour paraît.

SCÈNE PREMIÈRE.

LA TISBE, riche costume de fête. ANGELO MALIPIERI, la veste ducale, l'étole d'or. HOMODEI, endormi; longue robe de laine brune fermée par-devant, haut-de-chausses rouge ; une guitare à côté de lui.

LA TISBE. — Oui, vous êtes le maître ici, monseigneur ; vous êtes le magnifique podesta ; vous avez droit de vie et de mort, toute puissance, toute liberté. Vous êtes envoyé de Venise, et partout où l'on vous voit il semble qu'on voit la face et la majesté de cette république. Quand vous passez dans une rue, monseigneur, les fenêtres se ferment, les passants s'esquivent, et tout le dedans des maisons tremble. Hélas ! ces pauvres Padouans n'ont guère l'attitude plus fière et plus rassurée devant vous que s'ils étaient les gens de Constantinople, et vous le Turc. Oui, cela est ainsi. Ah ! j'ai été à Brescia. C'est autre chose. Venise n'oserait pas traiter Brescia comme elle traite Padoue ; Brescia se défendrait. Quand le bras de Venise frappe, Brescia mord, Padoue lèche. C'est une honte. Eh bien ! quoique vous soyez ici le maître de tout le monde, et que vous prétendiez être le mien, écoutez-moi, monseigneur, je vais vous dire la vérité, moi. Pas sur les affaires d'état, n'ayez pas peur, mais sur les vôtres. Eh bien, oui ! je vous le dis, vous êtes un homme étrange, je ne comprends rien à vous ; vous êtes amoureux de moi et vous êtes jaloux de votre femme !

ANGELO. — Je suis jaloux aussi de vous, madame.

LA TISBE. — Ah, mon Dieu ! vous n'avez pas besoin de me le dire ! Et pourtant vous n'en avez pas le droit, car je ne vous appartiens pas. Je passe ici pour votre maîtresse, pour votre toute-puissante maîtresse, mais je ne le suis point, vous le savez bien.

ANGELO. — Cette fête est magnifique, madame.

LA TISBE. — Ah ! je ne suis qu'une pauvre comédienne de théâtre, on me permet de donner des fêtes aux sénateurs, je tâche d'amuser notre maître, mais cela ne me réussit guère aujourd'hui. Votre visage est plus sombre que mon masque n'est noir. J'ai beau prodiguer les lampes et les flambeaux, l'ombre reste sur votre front. Ce que je vous donne en musique, vous ne me le rendez pas en gaieté, monseigneur. — Allons, riez donc un peu.

ANGELO. — Oui, je ris. — Ne m'avez-vous pas dit que c'était votre frère, ce jeune homme qui est arrivé avec vous à Padoue ?

LA TISBE. — Oui. Après ?

ANGELO. — Vous lui avez parlé tout à l'heure. Quel est donc cet autre avec qui il était ?

LA TISBE. — C'est son ami. Un Vicentin nommé Anafesto Galeofa.

ANGELO. — Et comment s'appelle-t-il, votre frère ?

LA TISBE. — Rodolfo, monseigneur, Rodolfo. Je vous ai déjà expliqué tout cela vingt fois. Est-ce que vous n'avez rien de plus gracieux à me dire ?

ANGELO. — Pardon, Tisbe, je ne vous ferai plus de questions. Savez-vous que vous avez joué hier la Rosmonda d'une grâce merveilleuse, que cette ville est bien heureuse de vous avoir, et que toute l'Italie qui vous admire, Tisbe, envie ces Padouans que vous plaignez tant? Ah! toute cette foule qui vous applaudit m'importune. Je meurs de jalousie quand je vous vois si belle pour tant de regards. Ah, Tisbe! — Qu'est-ce donc que cet homme masqué à qui vous avez parlé ce soir entre deux portes?

LA TISBE. — Pardon, Tisbe, je ne vous ferai plus de questions. — C'est fort bien. Cet homme, monseigneur, c'est Virgilio Tasca.

ANGELO. — Mon lieutenant?

LA TISBE. — Votre sbire.

ANGELO. — Et que lui vouliez-vous?

LA TISBE. — Vous seriez bien attrapé, s'il ne me plaisait pas de vous le dire.

ANGELO. — Tisbe!...

LA TISBE. — Non, tenez, je suis bonne, voilà l'histoire. Vous savez qui je suis? rien, une fille du peuple, une comédienne, une chose que vous caressez aujourd'hui et que vous briserez demain. Toujours en jouant. Eh bien! si peu que je sois, j'ai eu une mère. Savez-vous ce que c'est que d'avoir une mère? en avez-vous eu une, vous? savez-vous ce que c'est que d'être enfant? pauvre enfant, faible, nu, misérable, affamé, seul au monde, et de sentir que vous avez auprès de vous, autour de vous, au-dessus de vous, marchant quand vous marchez, s'arrêtant quand vous vous arrêtez, souriant quand vous pleurez, une femme.. — non, on ne sait pas encore que c'est une femme, — un ange qui est là, qui vous regarde, qui vous apprend à parler, qui vous apprend à rire, qui vous apprend à aimer! qui réchauffe vos doigts dans ses mains, votre corps dans ses genoux, votre âme dans son cœur! qui vous donne son lait quand vous êtes petit, son pain quand vous êtes grand, sa vie toujours! à qui vous dites, ma mère! et qui vous dit, mon enfant! d'une manière si douce que ces deux mots-là réjouissent Dieu! — Eh bien! j'avais une mère comme cela, moi. C'était une pauvre femme sans mari qui chantait des chansons morlaques dans les places publiques de Brescia. J'allais avec elle. On nous jetait quelque monnaie. C'est ainsi que j'ai commencé. Ma mère se tenait d'habitude au pied de la statue de Gatta Melata. Un jour, il paraît que dans la chanson qu'elle chantait sans y rien comprendre, il y avait quelque rime offensante pour la seigneurie de Venise, ce qui faisait rire autour de nous les gens d'un ambassadeur. Un sénateur passa, il la regarda, il l'entendit, et dit au capitaine-grand qui le suivait : A la potence cette femme! Dans l'état de Venise, c'est bientôt fait. Ma mère fut saisie sur-le-champ. Elle ne dit rien : à quoi bon? m'embrassa avec une grosse larme qui tomba sur mon front, prit son crucifix et se laissa garrotter. Je la vois encore, ce crucifix. En cuivre poli. Mon nom, *Tisbe*, est grossièrement écrit au bas avec la pointe d'un stylet. Moi, j'avais seize ans alors, je regardais ces gens lier ma mère, sans pouvoir parler, ni crier, ni pleurer, immobile, glacée, morte, comme dans un rêve. La foule se taisait aussi. Mais il y avait avec le sénateur une jeune fille qu'il tenait par la main, sa fille sans doute, qui s'émut de pitié tout à coup. Une belle jeune fille, monseigneur. La pauvre enfant! elle se jeta aux pieds du sénateur, elle pleura tant, et des larmes si suppliantes et avec de si beaux yeux, qu'elle obtint la grâce de ma mère. Oui, monseigneur. Quand ma mère fut déliée, elle prit son crucifix, — ma mère — et le donna à la belle enfant en lui disant : Madame, gardez ce crucifix, il vous portera bonheur. Depuis ce temps, ma mère est morte, sainte femme; moi, je suis devenue riche, et je voudrais revoir cet enfant, cet ange, qui a sauvé ma mère. Qui sait? elle est femme maintenant, et par conséquent malheureuse. Elle a peut-être besoin de moi à son tour. Dans toutes les villes où je vais, je fais venir le sbire, le barigel, l'homme de police, je lui conte l'aventure, et à celui qui trouvera la femme que je cherche je donnerai dix mille sequins d'or. Voilà pourquoi j'ai parlé tout à l'heure entre deux portes à votre barigel Virgilio Tasca. Etes-vous content?

ANGELO. — Dix mille sequins d'or! mais que donnerez-vous à la femme elle-même, quand vous la retrouverez?

LA TISBE. — Ma vie! si elle veut.

ANGELO. — Mais à quoi la reconnaîtrez-vous?

LA TISBE. — Au crucifix de ma mère.

ANGELO. — Bah! elle l'aura perdu.

LA TISBE. — Oh! non. On ne perd pas ce qu'on a gagné ainsi.

ANGELO, *apercevant Homodei*. — Madame! madame! il y a un homme là! savez-vous qu'il y a un homme là? qu'est-ce que cet homme?

LA TISBE, *éclatant de rire*. — Hé, mon Dieu! oui, je sais qu'il y a un homme là, et qui dort encore! et d'un bon sommeil! N'allez-vous pas vous effaroucher aussi de celui-là? c'est mon pauvre Homodei.

ANGELO. — Homodei! qu'est-ce que c'est que cela, Homodei?

LA TISBE. — Cela, Homodei, c'est un homme, monseigneur, comme ceci, la Tisbe, c'est une femme. Homodei, monseigneur, c'est un joueur de guitare que monsieur le primicier de Saint-Marc, qui est fort de mes amis, m'a adressé dernièrement avec une lettre que je vous montrerai, vilain jaloux! et même à la lettre était joint un présent.

ANGELO. — Comment!

LA TISBE. — Oh! un vrai présent vénitien. Une boîte qui contient simplement deux flacons, un blanc, l'autre noir. Dans le blanc il y a un narcotique très-puissant qui endort pour douze heures d'un sommeil pareil à la mort; dans le noir il y a du poison, de ce terrible poison que Malaspina fit prendre au pape dans une pilule d'aloès, vous savez. M. le primicier m'écrit que cela peut servir dans l'occasion. Une galanterie, comme vous voyez. Du reste, le révérend primicier me prévient que le porteur de la lettre et du présent, est idiot. Il est ici et vous auriez dû le voir, depuis quinze jours, mangeant à l'office, couchant dans le premier coin venu, à sa mode, jouant et chantant en attendant qu'il s'en aille à Vicence. Il vient de Venise. Hélas! ma mère a erré ainsi. Je le garderai tant qu'il voudra. Il a quelque temps égayé la compagnie ce soir. Notre fête ne l'amuse pas, il dort. C'est aussi simple que cela.

ANGELO. — Vous me répondez de cet homme?

LA TISBE. — Allons, vous voulez rire! La belle occasion pour prendre cet air effaré ! un joueur de guitare, un idiot, un homme qui dort! Ah ça, monsieur le podesta, mais qu'est-ce que vous avez donc? Vous passez votre vie à faire des questions sur celui-ci, sur celui-là. Vous prenez ombrage de tout. Est-ce jalousie, ou est-ce peur?

ANGELO. — L'une et l'autre.

LA TISBE. — Jalousie, je le comprends. Vous vous croyez obligé de surveiller deux femmes. Mais peur! vous le maître, vous qui faites peur à tout le monde, au contraire!

ANGELO. — Première raison pour trembler. (*Se rapprochant d'elle et parlant bas.*) — Ecoutez, Tisbe. Oui, vous l'avez dit, oui, je puis tout ici; je suis seigneur, despote et souverain de cette ville; je suis le podesta que Venise met sur Padoue, la griffe du tigre sur la brebis. Oui, tout-puissant; mais tout absolu que je suis, au-dessus de moi, voyez-vous, Tisbe, il y a une chose grande et terrible et pleine de ténèbres, il y a Venise. Et savez-vous ce que c'est que Venise, pauvre Tisbe! Venise, je vais vous le dire, c'est l'inquisition d'état, c'est le conseil des Dix. Oh! le conseil des Dix! parlons-en bas, Tisbe, car il est peut-être là quelque part qui nous écoute. Des hommes que pas un de nous ne connaît, et qui nous connaissent tous; des hommes qui ne sont visibles dans aucune cérémonie, et qui sont visibles dans tous les échafauds ; des hommes qui ont dans leurs mains toutes les têtes, la vôtre, la mienne, celle du doge, et qui n'ont ni simarre, ni étole, ni couronne, rien qui les désigne aux yeux, rien qui puisse vous faire dire : Celui-ci en est ! un signe mystérieux sous leurs robes, tout au plus ; des agents partout, des sbires partout, des bourreaux partout ; des hommes qui ne montrent jamais au peuple de Venise d'autres visages que ces mornes bouches de bronze toujours ouvertes sous les porches de Saint-Marc, bouches fatales que la foule croit muettes, et qui parlent cependant d'une façon bien haute et bien terrible, car elles disent à tout passant : Dénoncez! — Une fois dénoncé, on est pris. Une fois pris, tout est dit. A Venise, tout se fait secrètement, mystérieusement, sûrement. Condamné, exécuté, rien à voir, rien à dire; pas un cri possible, pas un regard utile ; le patient a un bâillon, le bourreau un masque. Que vous parlais-je d'échafauds tout à l'heure! je me trompais. A Venise, on ne meurt pas sur l'échafaud, on disparaît. Il manque tout à coup un homme dans une famille. Qu'est-il devenu? Les plombs, les puits, le canal Orfano le savent. Quelquefois on entend quelque chose tomber dans l'eau la nuit. Passez vite alors! Du reste, bals, festins, flambeaux, musique, gondoles, théâtres, carnaval de cinq mois, voilà Venise. Vous, Tisbe, ma belle comédienne, vous ne connaissez que ce côté-là ; moi, sénateur, je connais l'autre. Voyez-vous, dans tout palais, dans celui du doge, dans le mien, à l'insu de celui qui l'habite, il y a un couloir secret, perpétuel trahisseur de toutes les salles, de toutes les chambres, de toutes les alcôves ; un corridor ténébreux dont d'autres que vous connaissent les portes et qu'on sent serpenter autour de tout sans savoir au juste où il est; une sape mystérieuse où vont et viennent sans cesse des hommes inconnus qui font quelque chose. Et les vengeances personnelles qui se mêlent à tout cela et qui cheminent dans cette ombre ! Souvent la nuit je me dresse sur mon séant, j'écoute, et j'entends des pas dans mon mur. Voilà sous quelle pression je vis, Tisbe. Je suis sur Padoue, mais ceci est sur moi. J'ai mission de dompter Padoue. Il m'est ordonné d'être terrible. Je ne suis despote qu'à condition d'être tyran. Ne me demandez jamais la grâce de qui que ce soit, à moi qui ne sais rien vous refuser ; vous me perdriez. Tout m'est permis pour punir, rien pour pardonner. Oui, c'est ainsi. Tyran de Padoue, esclave de Venise. Je suis bien surveillé, allez. Oh ! le conseil des Dix ! Mettez un ouvrier seul dans une cave et faites-lui faire une serrure, avant que la serrure soit finie, le conseil des Dix en a la clef dans sa poche. Madame ! madame ! le valet qui me sert m'espionne, l'ami qui me salue m'espionne, le prêtre qui me confesse m'espionne, la femme qui me dit : Je t'aime, — oui, Tisbe, — m'espionne.

LA TISBE. — Ah ! monsieur !

ANGELO. — Vous ne m'avez jamais dit que vous m'aimiez. Je ne parle pas de vous, Tisbe. Oui, je vous le répète, tout ce qui me regarde est un œil du conseil des Dix, tout ce qui m'écoute est une oreille du conseil des Dix, tout ce qui me touche est une main du conseil des Dix, main redoutable, qui tâte longtemps d'abord et qui saisit ensuite brusquement! Oh ! magnifique chose que je suis, je ne suis pas sûr de ne pas voir demain apparaître subitement dans ma chambre un misérable sbire qui me dira de le suivre, et qui ne sera qu'un misérable sbire, et que je suivrai ! où ? dans quelque lieu profond d'où il ressortira sans moi. Madame, être de Venise, c'est pendre à un fil. C'est une sombre et sévère condition que la mienne, madame, d'être là, penché sur cette fournaise ardente que vous nommez Padoue, le visage toujours couvert d'un masque, faisant ma besogne de tyran, entouré de chances, de précautions, de terreurs, redoutant sans cesse quelque explosion, et tremblant à chaque instant d'être tué roide par mon œuvre, comme l'alchimiste par son poison ! — Plaignez-moi, et ne me demandez pas pourquoi je tremble, madame !

LA TISBE. — Ah Dieu ! affreuse position que la vôtre en effet !

ANGELO. — Oui, je suis l'outil avec lequel un peuple torture un autre peuple. Ces outils-là s'usent vite et cassent souvent, Tisbe. Ah ! je suis malheureux. Il n'y a pour moi qu'une chose douce au monde, c'est vous. Pourtant je sens bien que vous ne m'aimez pas. Vous n'en aimez pas un autre au moins ?

LA TISBE. — Non, non, calmez-vous.

ANGELO. — Vous me dites mal ce nom-là.

LA TISBE. — Ma foi, je vous le dis comme je peux.

ANGELO. — Ah ! ne soyez pas à moi, j'y consens ; mais ne soyez pas à un autre, Tisbe ! que je n'apprenne jamais qu'un autre...

LA TISBE. — Si vous croyez que vous êtes beau quand vous me regardez comme cela !

ANGELO. — Ah ! Tisbe, quand m'aimerez-vous ?

LA TISBE. — Quand tout le monde ici vous aimera.

ANGELO. — Hélas ! — C'est égal, restez à Padoue. Je ne veux pas que vous quittiez Padoue, entendez-vous ? Si vous vous en alliez, ma vie s'en irait. — Mon Dieu ! voici qu'on vient à nous. Il y a longtemps déjà qu'on peut nous voir parler ensemble, cela pourrait donner des soupçons à Venise. Je vous laisse. (*S'arrêtant et montrant Homodei.*) Vous me répondez de cet homme ?

LA TISBE. — Comme d'un enfant qui dormirait là.

ANGELO. — C'est votre frère qui vient. Je vous laisse avec lui.

Il sort.

SCÈNE II.

LA TISBE, RODOLFO, vêtu de noir, sévère, une plume noire au chapeau ; HOMODEI, toujours endormi.

LA TISBE. — Ah ! c'est Rodolfo ! ah ! c'est Rodolfo ! Viens, je t'aime, toi ! (*Se tournant vers le côté par où Angelo est sorti.*) Non, tyran imbécile, ce n'est pas mon frère, c'est mon amant ! — Viens, Rodolfo ! mon brave soldat, mon noble proscrit, mon généreux homme ! regarde-moi bien en face. Tu es beau, je t'aime !

RODOLFO. — Tisbe...

LA TISBE. — Pourquoi as-tu voulu venir à Padoue ? Tu vois bien, nous voilà pris au piège. Nous ne pouvons plus en sortir maintenant. Dans ta position, partout tu es obligé de te faire passer pour mon frère. Ce podesta s'est épris de ta pauvre Tisbe ; il nous tient ; il ne veut pas nous lâcher. Et puis je tremble sans cesse qu'il ne découvre qui tu es. Ah ! quel supplice ! Oh ! n'importe, il n'aura rien de moi, ce tyran ! Tu en es bien sûr, n'est-ce pas, Rodolfo ? Je veux pourtant que tu t'inquiètes de cela ; je veux que tu sois jaloux de moi d'abord.

RODOLFO. — Vous êtes une noble et charmante femme.

LA TISBE. — Oh ! c'est que je suis jalouse de toi, moi, vois-tu ? mais jalouse ! Cet Angelo Malipieri, ce Vénitien, qui me parlait de jalousie aussi lui, qui s'imagine être jaloux, cet homme ! et qui mêle toutes sortes d'autres choses à cela. Ah ! quand on est jaloux, monseigneur, on ne voit pas Venise, on ne voit pas le conseil des Dix, on ne voit pas les sbires, les espions, le canal Orfano ; on n'a qu'une chose devant les yeux, sa jalousie. Moi, Rodolfo, je ne puis te voir parler à d'autres femmes ; leur parler seulement, cela me fait mal. Quel droit ont-elles à des paroles de toi ? Oh ! une rivale ! on ne me donne jamais une rivale ! Je la tuerais. Tiens, je t'aime ! tu es le seul homme que j'aie jamais aimé. Ma vie a été triste longtemps ; elle rayonne maintenant. Tu es ma lumière. Ton amour, c'est un soleil qui s'est levé sur moi. Les autres hommes m'avaient glacée. Que ne t'ai-je connu il y a dix ans ? il me semble que toutes les parties de mon cœur qui sont mortes de froid vivraient encore. Quelle joie de pouvoir être seuls un instant et parler! Quelle folie d'être venus à Padoue! Nous vivons dans une telle contrainte! Mon Rodolfo! oui, pardieu! c'est mon amant! ah bien oui! mon frère! Tiens, je suis folle de joie quand je te parle à mon aise; tu vois bien que je suis folle! M'aimes-tu?

RODOLFO. — Qui ne vous aimerait pas, Tisbe!

LA TISBE. — Si vous me dites encore vous, je me fâcherai. O mon Dieu! il faut pourtant que j'aille me montrer un peu à mes conviés. Dis-moi, depuis quelque temps je le trouve l'air triste. N'est-ce pas, tu n'es pas triste?

RODOLFO. — Non, Tisbe.

LA TISBE. — Tu n'es pas souffrant?

RODOLFO. — Non.

LA TISBE. — Tu n'es pas jaloux?

RODOLFO. — Non.

LA TISBE. — Si! je veux que tu sois jaloux! ou bien c'est que tu ne m'aimes pas! Allons! pas de tristesse. Ah ça, au fait, moi, je tremble toujours, tu n'es pas inquiet? Personne ici ne sait que tu n'es pas mon frère?

RODOLFO. — Personne, excepté Anafesto.

LA TISBE. — Ton ami. Oh! celui-là est sûr. (*Entre Anafesto Galeofa.*) Le voici précisément. Je vais te confier à lui pour quelques instants. (*Riant.*) Monsieur Anafesto, ayez soin qu'il ne parle à aucune femme.

ANAFESTO, *souriant*. — Soyez tranquille, madame.

La Tisbe sort.

SCÈNE III.

RODOLFO, ANAFESTO GALEOFA, HOMODEI, toujours endormi.

ANAFESTO, *la regardant sortir*. — Oh! charmante! — Rodolfo, tu es heureux! elle t'aime.

RODOLFO. — Anafesto, je ne suis pas heureux; je ne l'aime pas.

ANAFESTO. — Comment! que dis-tu?

RODOLFO, *apercevant Homodei.* — Qu'est-ce que c'est que cet homme qui dort là?

ANAFESTO. — Rien, c'est ce pauvre musicien, tu sais?

RODOLFO. — Ah! oui, cet idiot.

ANAFESTO. — Tu n'aimes pas la Tisbe! est-il possible? que viens-tu de me dire?

RODOLFO. — Ah! je t'ai dit cela? Oublie-le.

ANAFESTO. — La Tisbe! adorable femme!

RODOLFO. — Adorable en effet. Je ne l'aime pas.

ANAFESTO. — Comment!

RODOLFO. — Ne m'interroge point.

ANAFESTO. — Moi, ton ami!

LA TISBE, *rentrant et courant à Rodolfo avec un sourire.* — Je reviens seulement pour te dire un mot : Je t'aime! Maintenant je m'en vais.

Elle sort en courant.

ANAFESTO, *la regardant sortir.* — Pauvre Tisbe!

RODOLFO. — Il y a au fond de ma vie un secret qui n'est connu que de moi seul.

ANAFESTO. — Quelque jour tu le confieras à ton ami, n'est-ce pas? Tu es bien sombre aujourd'hui, Rodolfo.

RODOLFO. — Oui. Laisse-moi un instant.

Anafesto sort. Rodolfo s'assied sur le banc de pierre près de la porte et laisse tomber sa tête dans ses mains. Quand Anafesto est sorti, Homodei ouvre les yeux, se lève, puis va à pas lents se placer debout derrière Rodolfo, absorbé dans sa rêverie.

SCÈNE IV.

RODOLFO, HOMODEI.

Homodei pose la main sur l'épaule de Rodolfo. Rodolfo se retourne et le regarde avec stupeur.

HOMODEI. — Vous ne vous appelez pas Rodolfo. Vous vous appelez Ezzelino da Romana. Vous êtes d'une ancienne famille qui a régné à Padoue, et qui en est bannie depuis deux cents ans. Vous errez de ville en ville sous un faux nom, vous hasardant quelquefois dans l'Etat de Venise. Il y a sept ans, à Venise même, vous aviez vingt ans alors, vous vîtes un jour dans une église une jeune fille très-belle, dans l'église de Saint-Georges-le-Grand. Vous ne la suivîtes pas; à Venise, suivre une femme, c'est chercher un coup de stylet; mais vous revîntes souvent dans l'église. La jeune fille y revint aussi. Vous fûtes pris d'amour pour elle, elle pour vous. Sans savoir son nom, car vous ne l'avez jamais su, et vous ne le savez pas encore, elle ne s'appelle pour vous que Catarina, vous trouvâtes moyen de lui écrire, elle de vous répondre. Vous obtîntes d'elle des rendez-vous chez une femme nommée la béate Cécilia. Ce fut entre elle et vous un amour éperdu; mais elle resta pure. Cette jeune fille était noble; c'est tout ce que vous saviez d'elle. Une noble vénitienne ne peut épouser qu'un noble vénitien ou un roi; vous n'êtes pas Vénitien et vous n'êtes plus roi. Banni d'ailleurs, vous n'y pouviez aspirer. Un jour elle manqua au rendez-vous; la béate Cicilia vous apprit qu'on l'avait mariée. Du reste, vous ne pûtes pas plus savoir le nom du mari que vous n'aviez su le nom du père. Vous quittâtes Venise. Depuis ce jour, vous vous êtes enfui par toute l'Italie; mais l'amour vous a suivi. Vous avez jeté votre vie au plaisir, aux distractions, aux folies, aux vices. Inutile. Vous avez tâché d'aimer d'autres femmes, vous avez cru même en aimer d'autres, cette comédienne, par exemple, la Tisbe. Inutile encore. L'ancien amour a toujours reparu sous les nouveaux. Il y a trois mois, vous êtes venu à Padoue avec la Tisbe, qui vous fait passer pour son frère. Le podesta, monseigneur Angelo Malipieri, s'est épris d'elle, et vous, voici ce qui vous est arrivé. Le seizième jour de février, une femme voilée a passé près de vous sur le pont Molino, vous a pris la main et vous a mené dans la rue Sampiero. Dans cette rue sont les ruines de l'ancien palais Magaruffi, démoli par votre ancêtre Ezzelin III; dans ces ruines il y a une cabane; dans cette cabane vous avez trouvé la femme de Venise que vous aimez et qui vous aime depuis sept ans. A partir de ce jour, vous vous êtes rencontré trois fois par semaine avec elle dans cette cabane. Elle est restée tout à la fois fidèle à son amour et à son honneur, à vous et à son mari. Du reste, cachant toujours son nom, Catarina, rien de plus. Le mois passé, votre bonheur s'est rompu brusquement. Un jour elle n'a point paru à la cabane. Voilà cinq semaines que vous ne l'avez vue. Cela tient à ce que son mari se défie d'elle et la garde enfermée. — Nous sommes au matin, le jour va paraître. — Vous la cherchez partout, vous ne la trouvez pas, vous ne la trouverez jamais. — Voulez-vous la voir ce soir?

RODOLFO, *le regardant fixement.* — Qui êtes-vous?

HOMODEI. — Ah! des questions. Je n'y réponds pas. — Ainsi vous ne voulez pas voir aujourd'hui cette femme?

RODOLFO. — Si! si! la voir! je veux la voir. Au nom du ciel! la revoir un instant et mourir!

HOMODEI. — Vous la verrez.

RODOLFO. — Où ?

HOMODEI. — Chez elle.

RODOLFO. — Mais, dites-moi, elle ! qui est-elle ? son nom ?

HOMODEI. — Je vous le dirai chez elle.

RODOLFO. — Ah ! vous venez du ciel !

HOMODEI. — Je n'en sais rien. — Ce soir, au lever de la lune, — à minuit, c'est plus simple, — trouvez-vous à l'angle du palais d'Albert de Baon, rue Santo-Urbano. J'y serai. Je vous conduirai. A minuit.

RODOLFO. — Merci ! Et vous ne voulez pas me dire qui vous êtes ?

HOMODEI. — Qui je suis ? Un idiot.

Il sort.

RODOLFO, *resté seul.* — Quel est cet homme ? Ah ! qu'importe ! Minuit ! à minuit ! Qu'il y a loin d'ici minuit ! Oh ! Catarina ! pour l'heure qu'il me promet, je lui aurais donné ma vie !

Entre la Tisbe.

SCÈNE V.

RODOLFO, LA TISBE.

LA TISBE. — C'est encore moi, Rodolfo. Bonjour ! Je n'ai pu être plus longtemps sans te voir. Je ne puis me séparer de toi ; je te suis partout ; je pense et je vis par toi. Je suis l'ombre de ton corps, tu es l'âme du mien.

RODOLFO. — Prenez garde, Tisbe, ma famille est une famille fatale. Il y a sur nous une prédiction, une destinée qui s'accomplit presque inévitablement de père en fils. Nous tuons qui nous aime.

LA TISBE. — Eh bien ! tu me tueras. Après ? Pourvu que tu m'aimes.

RODOLFO. — Tisbe...

LA TISBE. — Tu me pleureras ensuite. Je n'en veux pas plus.

RODOLFO. — Tisbe, vous mériteriez l'amour d'un ange.

Il lui baise la main et sort lentement.

LA TISBE, *seule.* — Eh bien ! comme il me quitte ! Rodolfo ! Il s'en va. Qu'est-ce qu'il a donc ? (*Regardant vers le banc.*) Ah ! Homodei s'est réveillé !

Homodei paraît au fond du théâtre.

SCÈNE VI.

LA TISBE, HOMODEI.

HOMODEI. — Le Rodolfo s'appelle Ezzelino, l'aventurier est un prince, l'idiot est un esprit, l'homme qui dort est un chat qui guette. Œil fermé, oreille ouverte.

LA TISBE. — Que dit-il ?

HOMODEI, *montrant sa guitare.* — Cette guitare a des fibres qui rendent le son qu'on veut. Le cœur d'un homme, le cœur d'une femme ont aussi des fibres dont on peut jouer.

LA TISBE. — Qu'est-ce que cela veut dire ?

HOMODEI. — Madame, cela veut dire que, si, par hasard, vous perdez aujourd'hui un beau jeune homme qui a une plume noire à son chapeau, je sais l'endroit où vous pourrez le retrouver la nuit prochaine.

LA TISBE. — Chez une femme ?

HOMODEI. — Blonde.

LA TISBE. — Quoi ! que veux-tu dire ? qui es-tu ?

HOMODEI. — Je n'en sais rien.

LA TISBE. — Tu n'es pas ce que je croyais. Malheureuse que je suis ! Ah ! le podesta s'en doutait, tu es un homme redoutable ! Qui es-tu ? oh ! qui es-tu ? Rodolfo chez une femme ! la nuit prochaine ! C'est là ce que tu veux dire ! hein ! est-ce là ce que tu veux dire ?

HOMODEI. — Je n'en sais rien.

LA TISBE. — Ah ! tu mens ! C'est impossible, Rodolfo m'aime.

HOMODEI. — Je n'en sais rien.

LA TISBE. — Ah ! misérable ! ah ! tu mens ! Comme il ment ! Tu es un homme payé. Mon Dieu, j'ai donc des ennemis, moi ! Mais Rodolfo m'aime. Va, tu ne parviendras pas à m'alarmer. Je ne te crois pas. Tu dois être bien furieux de voir que ce que tu me dis ne me fait aucun effet.

HOMODEI. — Vous avez remarqué sans doute que le podesta, monseigneur Angelo Malipieri, porte à sa chaîne de cou un petit bijou en or artistement travaillé. Ce bijou est une clef. Feignez d'en avoir envie comme d'un bijou. Demandez-la-lui sans lui dire ce que nous en voulons faire.

LA TISBE. — Une clef, dis-tu ? Je ne la demanderai pas. Je ne demanderai rien. Cet infâme qui voudrait me faire soupçonner Rodolfo ! Je ne veux pas de cette clef ? Va-t'en, je ne t'écoute pas.

HOMODEI. — Voici justement le podesta qui vient. Quand vous aurez la clef, je vous expliquerai comment il faudra vous en servir la nuit prochaine. Je reviendrai dans un quart d'heure.

LA TISBE. — Misérable ! tu ne m'entends donc pas ? je te dis que je ne veux point de cette clef. J'ai confiance en Rodolfo, moi. Cette clef, je ne m'en occupe point. Je n'en dirai pas un mot au podesta. Et ne reviens pas, c'est inutile, je ne te crois pas.

HOMODEI. — Dans un quart d'heure.

Il sort. Entre Angelo.

SCÈNE VII.

LA TISBE, ANGELO.

LA TISBE. — Ah ! vous voilà, monseigneur. Vous cherchez quelqu'un ?

ANGELO. — Oui, Virgilio Tasca à qui j'avais un mot à dire.

LA TISBE. — Eh bien ! êtes-vous toujours jaloux ?

ANGELO. — Toujours, madame.

LA TISBE. — Vous êtes fou. A quoi bon être jaloux ! je ne comprends pas qu'on soit jaloux. J'aimerais un homme, moi, que je n'en serais certainement pas jalouse.

ANGELO. — C'est que vous n'aimez personne.

LA TISBE. — Si. J'aime quelqu'un.

ANGELO. — Qui ?

LA TISBE. — Vous.

ANGELO. — Vous m'aimez ? est-il possible ? ne vous jouez pas de moi, mon Dieu ! Oh ! répétez-moi ce que vous m'avez dit là.

LA TISBE. — Je vous aime. (*Il s'approche d'elle avec ravissement. Elle prend la chaîne qu'il porte au cou.*) Tiens ! qu'est-ce donc que ce bijou ? je ne l'avais pas encore re-

HOMODEI.
Vous ne vous appelez pas Rodolfo. Vous vous appelez Ezzelino da Romana.
(Page 6.)

marqué. C'est joli. Bien travaillé. Oh! mais c'est ciselé par Benvenuto. Charmant! Qu'est-ce que c'est donc? c'est bon pour une femme, ce bijou-là.

ANGELO. — Ah! Tisbe, vous m'avez rempli le cœur de joie avec un mot!

LA TISBE. — C'est bon, c'est bon. Mais dites-moi donc ce que c'est que cela?

ANGELO. — Cela, c'est une clef!

LA TISBE. — Ah! c'est une clef. Tiens, je ne m'en serais jamais doutée. Ah! oui, je vois, c'est avec ceci qu'on ouvre. Ah! c'est une clef.

ANGELO. — Oui, ma Tisbe.

LA TISBE. — Ah bien! puisque c'est une clef, je n'en veux pas, gardez-la.

ANGELO. — Quoi! est-ce que vous en aviez envie, Tisbe?

LA TISBE. Peut-être. Comme d'un bijou bien ciselé.

ANGELO. — Oh! prenez-la.

Il détache la clef du collier.

LA TISBE. — Non. Si j'avais su que ce fût une clef, je ne vous en aurais pas parlé. Je n'en veux pas, vous dis-je. Cela vous sert peut-être.

ANGELO. — Oh! bien rarement. D'ailleurs j'en ai une autre. Vous pouvez la prendre, je vous jure.

LA TISBE. — Non, je n'en ai plus envie. Est-ce qu'on ouvre des portes avec cette clef-là? elle est bien petite.

ANGELO. — Cela ne fait rien; ces clefs-là sont faites pour des serrures cachées. Celle-ci ouvre plusieurs portes, entre autres celle d'une chambre à coucher.

LA TISBE. — Vraiment! Allons! puisque vous l'exigez absolument, je la prends.

Elle prend la clef.

ANGELO. — Oh! merci. Quel bonheur! vous avez accepté quelque chose de moi! merci!

LA TISBE. — Au fait, je me souviens que l'ambassadeur de France à Venise, monsieur de Montluc, en avait une à peu près pareille. Avez-vous connu monsieur le maréchal de Montluc? Un homme de grand esprit, n'est-ce pas? Ah!

RODOLFO.
Je serais mort de ne plus vous voir. J'aime mieux mourir pour vous avoir revue. (Page 12.)

vous autres nobles, vous ne pouvez parler aux ambassadeurs. Je n'y songeais pas. C'est égal, il n'était pas tendre aux huguenots, ce monsieur de Montluc. Si jamais ils lui tombent dans les mains! c'est un fier catholique! — Tenez, monseigneur, je crois que voilà Virgilio Tasca qui vous cherche là-bas, dans la galerie...

ANGELO. — Vous croyez?

LA TISBE. — N'aviez-vous pas à lui parler?

ANGELO. — Oh! maudit soit-il de m'arracher d'auprès de vous!

LA TISBE, *lui montrant la galerie.* — Par là.

ANGELO, *lui baisant la main.* — Ah! Tisbe, vous m'aimez donc!

LA TISBE. — Par là, par là. Tasca vous attend.

Angelo sort. Homodei paraît au fond du théâtre. La Tisbe court à lui.

SCÈNE VIII.

LA TISBE, HOMODEI.

LA TISBE. — J'ai la clef!

HOMODEI. — Voyons. (*Examinant la clef.*) Oui, c'est bien cela. — Il y a dans le palais du podesta une galerie qui regarde le pont Molino. Cachez-vous-y, ce soir. Derrière un meuble, derrière une tapisserie, où vous voudrez. A deux heures après minuit, je viendrai vous y chercher.

LA TISBE, *lui donnant sa bourse.* — Je te récompenserai mieux! En attendant prends cette bourse.

HOMODEI. — Comme il vous plaira. Mais laissez-moi finir. A deux heures après minuit, je viendrai vous chercher. Je vous indiquerai la première porte que vous aurez à ouvrir avec cette clef. Après quoi je vous quitterai. Vous pourrez faire le reste sans moi; vous n'aurez qu'à aller devant vous.

LA TISBE. — Qu'est-ce que je trouverai après la première porte?

HOMODEI. — Une seconde que cette clef ouvre également.

LA TISBE. — Et après la seconde?

HOMODEI. — Une troisième. Cette clef les ouvre toutes.

LA TISBE. — Et après la troisième?

HOMODEI. — Vous verrez.

DEUXIÈME JOURNÉE

LE CRUCIFIX

Une chambre richement tendue d'écarlate rehaussée d'or. Dans un angle, à gauche, un lit magnifique sur une estrade et sous un dais porté par des colonnes torses. Aux quatre coins du dais pendent des rideaux cramoisis qui peuvent se fermer et cacher entièrement le lit. A droite, dans l'angle, une fenêtre ouverte. Du même côté, une porte masquée dans la tenture; auprès, un prie-Dieu, au-dessus duquel pend, accroché au mur, un crucifix en cuivre poli. Au fond, une grande porte à deux battants. Entre cette porte et le lit une autre porte petite et très-ornée. Table, fauteuils, flambeaux; un grand dressoir. Dehors, jardins, clochers, clair de lune. Une angélique sur la table.

SCÈNE PREMIÈRE.

DAFNE, REGINELLA, puis HOMODEI.

REGINELLA. — Oui, Dafne, c'est certain. C'est Troïlo, l'huissier de nuit, qui me l'a conté. La chose s'est passée tout récemment, au dernier voyage que madame a fait à Venise. Un sbire, un infâme sbire! s'est permis d'aimer madame, de lui écrire, Dafne, de chercher à la voir. Cela se conçoit-il? Madame l'a fait chasser, et a bien fait.

DAFNE, *entr'ouvrant la porte près du prie-Dieu.* — C'est bien, Reginella. Mais madame attend son livre d'heures, tu sais?

REGINELLA, *rangeant quelques livres sur la table.*—Quant à l'autre aventure, elle est plus terrible, et j'en suis sûre aussi. Pour avoir averti son maître qu'il avait rencontré un espion dans la maison, ce pauvre Palinuro est mort subitement dans la même soirée. Le poison, tu comprends. Je te conseille beaucoup de prudence. D'abord, il faut prendre garde à ce qu'on dit dans ce palais; il y a toujours quelqu'un dans le mur qui vous entend.

DAFNE. — Allons, dépêche-toi donc, nous causerons une autre fois. Madame attend.

REGINELLA, *rangeant toujours, et les yeux fixés sur la table.* — Si tu es si pressée, va devant. Je te suis. (*Dafne sort et referme la porte sans que Reginella s'en aperçoive.*) Mais vois-tu, Dafne, je te recommande le silence dans ce maudit palais. Il n'y a que cette chambre où l'on soit en sûreté. Ah! ici, du moins, on est tranquille. On peut dire tout ce qu'on veut, c'est le seul endroit où, quand on parle, on soit sûr de ne pas être écouté.

Pendant qu'elle prononce ces derniers mots, un dressoir adossé au mur à droite tourne sur lui-même, donne passage à Homodei sans qu'elle s'en aperçoive et se referme.

HOMODEI. — C'est le seul endroit où, quand on parle, on soit sûr de ne pas être écouté.

REGINELLA, *se retournant.* — Ciel!

HOMODEI. — Silence! (*Il entr'ouvre sa robe et découvre son pourpoint de velours noir où sont brodées en argent ces trois lettres C. D. X. Reginella regarde les lettres et l'homme avec terreur.*) Lorsqu'on a vu l'un de nous et qu'on laisse deviner à qui que ce soit, par un signe quelconque, qu'on nous a vu, avant la fin du jour on est mort. — On parle de nous dans le peuple, tu dois savoir que cela se passe ainsi.

REGINELLA. — Jésus! Mais par quelle porte est-il entré?

HOMODEI. — Par aucune.

REGINELLA. — Jésus!

HOMODEI. — Réponds à toutes mes questions, et ne me trompe sur rien. Il y va de ta vie. Où donne cette porte?

Il montre la grande porte du fond.

REGINELLA. — Dans la chambre de nuit de monseigneur.

HOMODEI, *montrant la petite porte près de la grande.* — Et celle-ci?

REGINELLA. — Dans un escalier secret qui communique avec les galeries du palais. Monseigneur seul en a la clef.

HOMODEI, *désignant la porte près du prie-Dieu.* — Et celle-ci?

REGINELLA. — Dans l'oratoire de madame.

HOMODEI. — Y a-t-il une issue à cet oratoire?

REGINELLA. Non. L'oratoire est dans une tourelle. Il n'y a qu'une fenêtre grillée.

HOMODEI, *allant à la fenêtre.* — Qui est au niveau de celle-ci. C'est bien. Quatre-vingts pieds de mur à pic, et la Brenta au bas. Le grillage est du luxe. — Mais il y a un petit escalier dans cet oratoire. Où monte-t-il?

REGINELLA. — Dans ma chambre qui est aussi celle de Dafne, monseigneur.

HOMODEI. — Y a-t-il une issue à cette chambre?

REGINELLA. — Non, monseigneur. Une fenêtre grillée, et pas d'autre porte que celle qui descend dans l'oratoire.

HOMODEI. — Dès que ta maîtresse sera rentrée, tu monteras dans ta chambre, et tu y resteras sans rien écouter et sans rien dire.

REGINELLA. — J'obéirai, monseigneur.

HOMODEI. — Où est ta maîtresse?

REGINELLA. — Dans l'oratoire, elle fait sa prière.

HOMODEI. — Elle reviendra ici ensuite?

REGINELLA. — Oui, monseigneur.

HOMODEI. — Pas avant une demi-heure?

REGINELLA. — Non, monseigneur.

HOMODEI. — C'est bien. Va-t-en. — Surtout silence! Rien de ce qui va se passer ici ne te regarde. Laisse tout faire sans rien dire. Le chat joue avec la souris, qu'est-ce que cela te fait? Tu ne m'as pas vu, tu ne sais pas que j'existe. Voilà. Tu comprends? Si tu hasardes un mot, je l'entendrai; un clin d'œil, je le verrai; un geste, un signe, un serrement de main, je le sentirai. Va maintenant.

REGINELLA. — Oh! mon Dieu! qui est-ce donc qui va mourir ici?

HOMODEI. — Toi, si tu parles. (*Au signe de Homodei, elle sort par la petite porte près du prie-Dieu. Quand elle est sortie, Homodei s'approche du dressoir, qui tourne de nouveau sur lui-même et laisse voir un couloir obscur.*) — Monseigneur Rodolfo, vous pouvez venir à présent. Neuf marches à monter.

On entend des pas dans l'escalier que masque le dressoir. Rodolfo paraît.

SCÈNE II.

HOMODEI, RODOLFO, enveloppé d'un manteau.

HOMODEI. — Entrez.

RODOLFO. — Où suis-je ?

HOMODEI. — Où vous êtes ? — Peut-être sur la planche de votre échafaud.

RODOLFO. — Que voulez-vous dire ?

HOMODEI. — Est-il venu jusqu'à vous qu'il y a dans Padoue une chambre, chambre redoutable, quoique pleine de fleurs, de parfums et d'amour peut-être, où nul homme ne peut pénétrer quel qu'il soit, noble ou sujet, jeune ou vieux, car y entrer, en entr'ouvrir la porte seulement, c'est un crime puni de mort.

RODOLFO. — Oui, la chambre de la femme du podesta.

HOMODEI. — Justement.

RODOLFO. — Eh bien ! cette chambre ?...

HOMODEI. — Vous y êtes.

RODOLFO. — Chez la femme du podesta ?

HOMODEI. — Oui.

RODOLFO. — Celle que j'aime ?

HOMODEI. — S'appelle Catarina Bragadini, femme d'Angelo Malipieri, podesta de Padoue.

RODOLFO. — Est-il possible ? Catarina Bragadini ! la femme du podesta ?

HOMODEI. — Si vous avez peur, il est temps encore, voici la porte ouverte, allez-vous-en.

RODOLFO. — Peur pour moi, non ; mais pour elle. Qui est-ce qui me répond de vous ?

HOMODEI. — Ce qui vous répond de moi, je vais vous le dire, puisque vous le voulez. Il y a huit jours, à une heure avancée de la nuit, vous passiez sur la place de San-Prodocimo. Vous étiez seul. Vous avez entendu un bruit d'épées et des cris derrière l'église. Vous y avez couru.

RODOLFO. — Oui, et j'ai débarrassé de trois assassins qui l'allaient tuer un homme masqué...

HOMODEI. — Lequel s'en est allé sans vous dire son nom et sans vous remercier. Cet homme masqué, c'était moi. Depuis cette nuit-là, monseigneur Ezzelino, je vous veux du bien. Vous ne me connaissez pas, mais je vous connais. J'ai cherché à vous rapprocher de la femme que vous aimez. C'est de la reconnaissance. Rien de plus. Vous fiez-vous à moi maintenant ?

RODOLFO. — Oh ! oui ! oh ! merci ! je craignais quelque trahison pour elle. J'avais un poids sur le cœur, tu me l'ôtes. Ah ! tu es mon ami, mon ami à jamais ! tu fais plus pour moi que je n'ai fait pour toi. Oh ! j'aurais pas vécu plus longtemps sans voir Catarina. Je me serais tué, vois-tu ; je me serais damné. Je n'ai sauvé que ta vie ; toi, tu sauves mon cœur, tu sauves mon âme !

HOMODEI. — Ainsi vous restez ?

RODOLFO. — Si je reste ! si je reste ! je me fie à toi, te dis-je ! Oh ! la revoir ! elle ! une heure, une minute, la revoir ! Tu ne comprends donc pas ce que c'est que cela, la revoir ? — Où est-elle ?

HOMODEI. — Là, dans son oratoire.

RODOLFO. — Où la reverrai-je ?

HOMODEI. — Ici.

RODOLFO. — Quand ?

HOMODEI. — Dans un quart d'heure.

RODOLFO. — Oh mon Dieu !

HOMODEI, *lui montrant toutes les portes l'une après l'autre.* — Faites attention. Là, au fond, est la chambre de nuit du podesta. Il dort en ce moment, et rien ne veille à cette heure dans le palais, hors madame Catarina et nous. Je pense que vous ne risquez rien cette nuit. Quant à l'entrée qui nous a servi, je ne puis vous en communiquer le secret, qui n'est connu que de moi seul ; mais au matin il vous sera aisé de vous échapper. (*Allant au fond.*) Cela donc est la porte du mari. Quant à vous, seigneur Rodolfo, qui êtes l'amant, (*Il montre la fenêtre*) je ne vous conseille pas d'user de celle-ci en aucun cas. Quatre-vingts pieds à pic, et la rivière au fond. A présent je vous laisse.

RODOLFO. — Vous m'avez dit dans un quart d'heure ?

HOMODEI. — Oui.

RODOLFO. — Viendra-t-elle seule ?

HOMODEI. — Peut-être que non. Mettez-vous à l'écart quelques instants.

RODOLFO. — Où ?

HOMODEI. — Derrière le lit ; ah ! tenez, sur le balcon. Vous vous montrerez quand vous le jugerez à propos. Je crois qu'on remue les chaises dans l'oratoire. Madame Catarina va rentrer. Il est temps de nous séparer. Adieu.

RODOLFO, *près du balcon.* — Qui que vous soyez, après un tel service, vous pourrez désormais disposer de tout ce qui est à moi, de mon bien, de ma vie !

Il se place sur le balcon, où il disparaît.

HOMODEI, *revenant sur le devant du théâtre. (A part.)* — Elle n'est plus à vous, monseigneur.

Il regarde si Rodolfo ne le voit plus, puis tire de sa poitrine une lettre qu'il dépose sur la table. Il sort par l'entrée secrète, qui se referme sur lui. — Entrent, par la porte de l'oratoire, Catarina et Dafne, Catarina en costume de femme noble vénitienne.

SCÈNE III.

CATARINA, DAFNE, RODOLFO, caché sur le balcon

CATARINA. — Plus d'un mois ! Sais-tu qu'il y a plus d'un mois, Dafne ? Oh ! c'est donc fini. Encore si je pouvais dormir, je le verrais peut-être en rêve, mais je ne dors plus. Où est Reginella ?

DAFNE. — Elle vient de monter dans sa chambre, où elle s'est mise en prière. Vais je l'appeler pour qu'elle vienne servir madame ?

CATARINA. — Laisse-la servir Dieu. Laisse-la prier. Hélas ! moi, cela ne me fait rien de prier.

DAFNE. — Fermerai-je cette fenêtre, madame ?

CATARINA. — Cela tient à ce que je souffre trop, vois-tu, ma pauvre Dafne. Il y a pourtant cinq semaines, cinq semaines éternelles que je ne l'ai vu ! — Non, ne ferme pas la fenêtre. Cela me rafraîchit un peu. J'ai la tête brûlante. Touche. — Et je ne le verrai plus ! Je suis enfermée, gardée, en prison. C'est fini. Pénétrer dans cette chambre, c'est une de crime de mort. Oh ! je ne voudrais pas même le voir. Le voir ici ! Je tremble rien que d'y songer. Hélas, mon Dieu ! cet amour était donc bien coupable, mon Dieu ! Pourquoi est-il revenu à Padoue ? Pourquoi me suis-je laissé reprendre à ce bonheur qui devait durer si peu ? Je le voyais une heure de temps en temps. Cette heure, si étroite et si vite fermée, c'était le seul soupirail par où il entrait un peu d'air et de soleil dans ma vie. Maintenant tout est muré. Je ne verrai plus ce visage d'où le jour me venait. Oh! Rodolfo! Dafne, dis-moi la vérité, n'est-ce pas que tu crois bien que je ne le verrai plus?

DAFNE. — Madame...

CATARINA. — Et puis, moi, je ne suis pas comme les autres femmes. Les plaisirs, les fêtes, les distractions, tout cela ne me ferait rien. Moi, Dafne, depuis sept ans, je n'ai dans le cœur qu'une pensée, l'amour, qu'un sentiment, l'amour, qu'un nom, Rodolfo. Quand je regarde en moi-même, j'y trouve Rodolfo, toujours Rodolfo, rien que Rodolfo. Mon âme est faite à son image. Vois-tu, c'est impossible autrement. Voilà sept ans que je l'aime. J'étais toute jeune. Comme on vous marie sans pitié! Par exemple, mon mari, eh bien! je n'ose seulement pas lui parler. Crois-tu que cela fasse une vie bien heureuse? Quelle position que la mienne! Encore si j'avais ma mère!

DAFNE. — Chassez donc toutes ces idées tristes, madame.

CATARINA. — Oh! par des soirées pareilles, Dafne, nous avons passé, lui et moi, de bien douces heures. Est-ce que c'est coupable tout ce que je te dis là de lui? Non, n'est-ce pas? Mon chagrin t'afflige, je ne veux pas te faire de peine. Va dormir. Va retrouver Reginella.

DAFNE. — Est-ce que madame?...

CATARINA. — Oui, je me déferai seule. Dors bien, ma bonne Dafne. Va.

DAFNE. — Que le ciel vous garde cette nuit, madame!

Elle sort par la porte de l'oratoire.

SCÈNE IV.

CATARINA, RODOLFO, d'abord sur le balcon.

CATARINA, *seule*. — Il y avait une chanson qu'il chantait. Il la chantait à mes pieds avec une voix si douce! Oh! il y a des moments où je voudrais le voir. Je donnerais mon sang pour cela! Ce couplet surtout qu'il m'adressait. (*Elle prend la guitare.*) Voici l'air, je crois. (*Elle joue quelques mesures d'une musique mélancolique.*) Je voudrais me rappeler les paroles. Oh! je vendrais mon âme pour lui entendre chanter, à lui, encore une fois! sans le voir, de là-bas, d'aussi loin qu'on voudrait. Mais sa voix! entendre sa voix!

RODOLFO, *du balcon où il est caché.*

Il chante.

Mon âme à ton cœur s'est donnée,
Je n'existe qu'à ton côté;
Car une même destinée
Nous joint d'un lien enchanté;
Toi l'harmonie et moi la lyre,
Moi l'arbuste et toi le zéphyre,
Moi la lèvre et toi le sourire,
Moi l'amour et toi la beauté!

CATARINA, *laissant tomber la guitare.* — Ciel!

RODOLFO, *continuant. Toujours caché.*

Tandis que l'heure
S'en va fuyant,
Mon chant qui pleure
Dans l'ombre effleure
Ton front riant!

CATARINA. — Rodolfo!

RODOLFO, *paraissant et jetant son manteau sur le balcon derrière lui.* — Catarina!

Il vient tomber à ses pieds.

CATARINA. — Vous êtes ici? comment! vous êtes ici? Oh Dieu! je meurs de joie et d'épouvante. Rodolfo! savez-vous où vous êtes? Est-ce que vous vous figurez que vous êtes ici dans une chambre comme une autre, malheureux? Vous risquez votre tête.

RODOLFO. — Que m'importe! Je serais mort de ne plus vous voir, j'aime mieux mourir pour vous avoir revue.

CATARINA. — Tu as bien fait. Eh bien oui, tu as eu raison de venir. Ma tête aussi est risquée. Je te revois, qu'importe le reste! Une heure avec toi, et ensuite que ce plafond croule, s'il veut!

RODOLFO. — D'ailleurs le ciel nous protégera; tout dort dans le palais, il n'y a pas de raison pour que je ne sorte pas comme je suis entré.

CATARINA. — Comment as-tu fait?

RODOLFO. — C'est un homme auquel j'ai sauvé la vie... Je vous expliquerai cela. Je suis sûr des moyens que j'ai employés.

CATARINA. — N'est-ce pas? oh! si tu es sûr, cela suffit. O Dieu! mais regarde-moi donc que je te voie!

RODOLFO. — Catarina!

CATARINA. — Oh! ne pensons plus qu'à nous, toi à moi, moi à toi. Tu me trouves bien changée n'est-ce pas? Je vais t'en dire la raison, c'est que depuis cinq semaines je n'ai fait que pleurer. Et toi, qu'as-tu fait tout ce temps-là? As-tu été bien triste au moins? Quel effet cela t'a-t-il fait, cette séparation? Dis-moi cela. Parle-moi. Je veux que tu me parles.

RODOLFO. — O Catarina, être séparé de toi, c'est avoir les ténèbres sur les yeux, le vide au cœur! C'est sentir qu'on meurt un peu chaque jour! C'est être sans lampe dans un cachot, sans étoile dans la nuit! C'est ne plus vivre, ne plus penser, ne plus savoir rien! Ce que j'ai fait, dis-tu? je l'ignore. Ce que j'ai senti, le voilà.

CATARINA. — Eh bien! moi aussi! eh bien! moi aussi! Eh bien! moi aussi! Oh! je vois que nos cœurs n'ont pas été séparés. Il faut que je te dise bien des choses. Par où été commencer? On m'a enfermée. Je ne puis plus sortir. J'ai bien souffert. Vois-tu, il ne faut pas t'étonner si je n'ai pas tout de suite sauté à ton cou, c'est que j'ai été saisie. O Dieu! quand j'ai entendu ta voix, je ne puis pas te dire, je ne savais plus où j'étais. Voyons, assieds-toi là, tu sais, comme autrefois. Parlons bas seulement. Tu resteras jusqu'au matin. Dafne te fera sortir. Oh! quelles heures délicieuses! Eh bien! maintenant, je n'ai plus peur du tout, tu m'as pleinement rassurée. Oh! je suis joyeuse de te voir. Toi ou le paradis, je choisirais toi. Tu demanderas à Dafne comme j'ai pleuré! elle a bien eu soin de moi, la pauvre fille. Tu la remercieras. Et Reginella aussi. Mais dis-moi, tu as donc découvert mon nom? Oh! tu n'es embarrassé de rien, toi. Je ne sais pas ce que tu ne ferais pas quand tu veux une chose. Oh dis! auras-tu moyen de revenir?

RODOLFO. — Oui, et comment vivrai-je sans cela? Catarina, je t'écoute avec ravissement. Oh! ne crains rien. Vois comme cette nuit est calme. Tout est amour en nous, tout est repos autour de nous. Deux âmes comme les nôtres qui s'épanchent l'une dans l'autre, Catarina, c'est quelque chose de limpide et de sacré que Dieu ne voudrait pas troubler! Je t'aime, tu m'aimes, et Dieu nous voit. Il n'y a que nous trois d'éveillés à cette heure! Ne crains rien.

CATARINA. — Non. Et puis il y a des moments où l'on oublie tout. On est heureux, on est ébloui l'un de l'autre. Vois, Rodolfo: séparés, je ne suis qu'une pauvre femme prisonnière, tu n'es qu'un pauvre homme banni; ensemble, nous ferions envie aux anges! Oh! non, ils ne sont pas tant au ciel que nous. Rodolfo, on ne meurt pas de joie, car je serais morte. Tout est mêlé dans ma tête. Je t'ai fait mille questions tout à l'heure, je ne puis me rappeler un mot de ce que je t'ai dit. T'en souviens-tu, toi, seulement? Quoi! ce n'est pas un rêve? Vraiment, tu es là, toi?

RODOLFO. — Pauvre amie!

CATARINA. — Non, tiens, ne me parle pas, laisse-moi rassembler mes idées, laisse-moi te regarder, mon âme! laisse-moi penser que tu es là. Tout à l'heure je te répondrai. On a des moments comme cela, tu sais, où l'on veut regarder l'homme qu'on aime et lui dire : Tais-toi, je te regarde! Tais-toi, je t'aime! Tais-toi, je suis heureuse! (*Il lui baise la main. Elle se retourne et aperçoit la lettre qui est sur la table.*) Qu'est-ce que c'est que cela? O mon Dieu! Voici un papier qui me réveille! une lettre! Est-ce toi qui as mis cette lettre là?

RODOLFO. — Non. Mais c'est sans doute l'homme qui est venu avec moi.

CATARINA. — Il est venu un homme avec toi! Qui? Voyons! Qu'est-ce que c'est que cette lettre? (*Elle décachète avidement la lettre et lit.*) « Il y a des gens qui ne s'enivrent que de vin de Chypre. Il y en a d'autres qui ne jouissent que de la vengeance raffinée. Madame, un sbire qui aime est bien petit, un sbire qui se venge est bien grand. »

RODOLFO. — Grand Dieu! qu'est-ce que cela veut dire?

CATARINA. — Je connais l'écriture. C'est un infâme qui a osé m'aimer, et me le dire, et venir un jour chez moi, à Venise, et que j'ai fait chasser. Cet homme s'appelle Homodei.

RODOLFO. — En effet.

CATARINA. — C'est un espion du conseil des Dix.

RODOLFO. — Ciel!

CATARINA. — Nous sommes perdus! Il y a un piége, et nous sommes pris. (*Elle va au balcon et regarde.*) Ah Dieu!

RODOLFO. — Quoi?

CATARINA. — Éteint ce flambeau, vite!

RODOLFO, *éteignant le flambeau.* — Qu'as-tu?

CATARINA. — La galerie qui donne sur le pont Molino...

RODOLFO. — Eh bien?

CATARINA. — Je viens d'y voir paraître et disparaître une lumière.

RODOLFO. — Misérable insensé que je suis! Catarina! la cause de ta perte, c'est moi!

CATARINA. — Rodolfo, je serais venue à toi comme tu es venu à moi. (*Prêtant l'oreille à la petite porte du fond.*) Silence! — Écoutons. — Je crois entendre du bruit dans le corridor. Oui! on ouvre une porte! on marche! — Par où es-tu entré?

RODOLFO. — Par une porte masquée, là, que ce démon a refermée.

CATARINA. — Que faire?

RODOLFO. — Cette porte?

CATARINA. — Donne chez mon mari!

RODOLFO. — La fenêtre?

CATARINA. — Un abîme!

RODOLFO. — Cette porte-ci?

CATARINA. — C'est mon oratoire, où il n'y a pas d'issue. Aucun moyen de fuir. C'est égal, entres-y. (*Elle ouvre l'oratoire, Rodolfo s'y précipite. Elle referme la porte. Restée seule.*) Fermons-la à double tour. (*Elle prend la clef qu'elle cache dans sa poitrine.*) Qui sait ce qui va arriver? Il voudrait peut-être me porter secours. Il sortirait, il se perdrait. (*Elle va à la petite porte du fond.*) Je n'entends plus rien. Si! on marche. On s'arrête. Pour écouter sans doute. Ah! mon Dieu! feignons toujours de dormir. (*Elle quitte sa robe de surtout et se jette sur le lit.*) Ah! mon Dieu! je tremble. On met une clef dans la serrure! Oh! je ne veux pas voir ce qui va entrer!

Elle ferme les rideaux du lit. La porte s'ouvre.

SCÈNE V.

CATARINA, LA TISBE.

Entre la Tisbe, pâle, une lampe à la main. Elle avance à pas lents, regardant autour d'elle. Arrivée à la table, elle examine le flambeau qu'on vient d'éteindre.

LA TISBE. — Le flambeau fume encore. (*Elle se tourne, aperçoit le lit, y court et tire le rideau.*) Elle est seule! elle fait semblant de dormir. (*Elle se met à faire le tour de la chambre, examinant les portes et le mur.*) Ceci est la porte du mari. (*Heurtant du revers de la main sur la porte de l'oratoire qui est masquée dans la tenture.*) Il y a ici une porte.

Catarina s'est dressée sur son séant et la regarde faire avec stupeur.

CATARINA. — Qu'est-ce que c'est que ceci?

LA TISBE. — Ceci? ce que c'est? Tenez, je vais vous le dire. C'est la maîtresse du podesta qui tient dans ses mains la femme du podesta!

CATARINA. — Ciel!

LA TISBE. — Ce que c'est que ceci, madame? C'est une comédienne, une fille de théâtre, une baladine, comme vous nous appelez, qui tient dans ses mains, je viens de vous le dire, une grande dame, une femme mariée, une femme respectée, une vertu! qui la tient dans ses mains, dans ses ongles, dans ses dents! qui peut en faire ce qu'elle voudra de cette grande dame, et de cette bonne renommée dorée, et qui va la déchirer, la mettre en pièces, la mettre en lambeaux, la mettre en morceaux! Ah! mesdames les grandes dames, je ne sais pas ce qui va arriver ; mais ce qui est sûr, c'est que j'en ai une là sous mes pieds, une de vous autres! et que je ne la lâcherai pas! et qu'elle peut être tranquille! et qu'il aurait mieux valu pour elle la foudre sur sa tête que mon visage devant la sien! Dites donc, madame, je vous trouve hardie d'oser lever les yeux sur moi quand vous avez un amant chez vous!

CATARINA. — Madame...

LA TISBE. — Caché!

CATARINA. — Vous vous trompez!...

LA TISBE. — Ah! tenez, ne niez pas. Il était là! Vos places sont encore marquées par vos fauteuils. Vous auriez dû les déranger au moins. Et que vous disiez-vous? Mille choses tendres, n'est-ce pas? mille choses charmantes, n'est-ce pas? Je t'aime! je t'adore! je suis à toi!... — Ah! ne me touchez pas, madame!

CATARINA. — Je ne puis comprendre...

LA TISBE. — Et vous ne valez pas mieux que nous, mesdames! Ce que nous disons tout haut à un homme en plein jour, vous le lui balbutiez honteusement la nuit. Il n'y a que les heures de changées! Nous vous prenons vos maris, vous nous prenez nos amants. C'est une lutte. Fort bien, luttons! Ah! fard, hypocrisie, trahison, vertus singées, fausses femmes que vous êtes! Non, pardieu! vous ne valez pas! Nous ne trompons personne, nous! Vous, vous trompez le monde, vous trompez vos familles, vous trompez vos maris, vous tromperiez le bon Dieu, si vous pouviez! Oh! les vertueuses femmes qui passent voilées dans les rues! Elles vont à l'église! rangez-vous donc! inclinez-vous donc! prosternez-vous donc! Non, ne vous rangez pas, ne vous inclinez pas, ne vous prosternez pas; allez droit à elles, arrachez le voile, derrière le voile il y a un masque; arrachez le masque, derrière le masque il y a une bouche qui ment! — Oh! cela m'est égal, je suis la maîtresse du podesta, et vous êtes sa femme, et je veux vous perdre!

CATARINA. — Grand Dieu! Madame...

LA TISBE. — Où est-il?

CATARINA. — Qui?

LA TISBE. — Lui.

CATARINA. — Je suis seule ici, vraiment seule. Toute seule. Je ne comprends rien à ce que vous me demandez. Je ne vous connais pas, mais vos paroles me glacent d'épouvante, madame. Je ne sais pas ce que j'ai fait contre vous. Je ne puis croire que vous ayez un intérêt dans tout ceci...

LA TISBE. — Si j'ai un intérêt dans ceci! Je le crois bien que j'en ai un! Vous en doutez, vous! ces femmes vertueuses sont incroyables! Est-ce que je vous parlerais comme je viens de vous parler si je n'avais pas la rage au cœur? Qu'est-ce que cela me fait, à moi, tout ce que je vous ai dit? Qu'est-ce que cela me fait que vous soyez une grande dame et que je sois une comédienne? Cela m'est bien égal, je suis aussi belle que vous! J'ai la haine dans le cœur, te dis-je, et je t'insulte comme je peux! Où est cet homme? Le nom de cet homme? Je veux voir cet homme! Oh! quand je pense qu'elle faisait semblant de dormir! Véritablement, c'est infâme!

CATARINA. — Dieu! mon Dieu! qu'est-ce que je vais devenir? Au nom du ciel, madame! si vous saviez...

LA TISBE. — Je sais qu'il y a là une porte! Je suis sûre qu'il est là.

CATARINA. — C'est mon oratoire, madame. Rien autre chose. Il n'y a personne, je vous le jure. Si vous saviez! on vous a trompée sur mon compte. Je vis retirée, isolée, cachée à tous les yeux...

LA TISBE. — Le voile!

CATARINA. — C'est mon oratoire, je vous assure. Il n'y a là que mon prie-Dieu et mon livre d'heures...

LA TISBE. — Le masque!

CATARINA. — Je vous jure qu'il n'y a personne de caché là, madame!

LA TISBE. — La bouche qui ment!

CATARINA. — Madame...

LA TISBE. — C'est bien cela. Mais êtes-vous folle de me parler ainsi et d'avoir l'air d'une coupable qui a peur! Vous ne niez pas avec assez d'assurance. Allons, redressez-vous, madame, mettez-vous en colère, si vous l'osez, et faites donc la femme innocente! (Elle aperçoit tout à coup le manteau qui est resté à terre près du balcon, elle y court et le ramasse.) Ah! tenez, cela n'est plus possible. Voici le manteau.

CATARINA. — Ciel!

LA TISBE. — Non, ce n'est pas un manteau, n'est-ce pas? Ce n'est pas un manteau d'homme? Malheureusement, on ne peut reconnaître à qui il appartient, tous ces manteaux-là se ressemblent. Allons, prenez garde à vous, dites-moi le nom de cet homme!

CATARINA. — Je ne sais ce que vous voulez dire.

LA TISBE. — C'est votre oratoire, cela? Eh bien! ouvrez-le-moi.

CATARINA. — Pourquoi?

LA TISBE. — Je veux prier Dieu aussi, moi. Ouvrez.

CATARINA. — J'en ai perdu la clef.

LA TISBE. — Ouvrez donc!

CATARINA. — Je ne sais qui a la clef.

LA TISBE. — Ah! c'est votre mari qui l'a. — Monseigneur Angelo! Angelo! Angelo!

Elle veut courir à la porte du fond, Catarina se jette devant et la retient.

CATARINA. — Non! vous n'irez pas à cette porte. Non, vous n'irez pas! Je ne vous ai rien fait. Je ne vois pas du tout ce que vous avez contre moi. Vous ne me perdrez pas, madame. Vous aurez pitié de moi. Arrêtez un instant. Vous allez voir. Je vais vous expliquer. Un instant, seulement. Depuis que vous êtes là, je suis tout étourdie, tout effrayée; et puis vos paroles, tout ce que vous m'avez dit, je suis vraiment troublée, je n'ai pas tout compris; vous m'avez dit que vous étiez une comédienne, que j'étais une grande dame, je ne sais plus, je vous jure qu'il n'y a personne là. Vous ne m'avez pas parlé de ce sbire, je suis sûre cependant que c'est lui qui est cause de tout, c'est un homme affreux qui vous trompe. Un espion! On ne croit pas un espion! Oh! écoutez-moi un instant. Entre femmes on ne se refuse pas un instant. Un homme que je prierais ne serait pas si bon. Mais vous, ayez pitié. Vous êtes trop belle pour être méchante. Je vous disais donc que c'est ce misérable homme, cet espion, ce sbire; il suffit de s'entendre, vous auriez regret ensuite d'avoir causé ma mort. N'éveillez pas mon mari. Il me ferait mourir. Si vous saviez ma position, vous me plaindriez. Je ne suis pas coupable, pas très-coupable, vraiment. J'ai peut-être fait quelque imprudence, mais c'est que je n'ai plus ma mère. Je vous avoue que je n'ai plus ma mère! Oh! ayez pitié de moi, n'allez pas à cette porte, je vous en prie, je vous en prie, je vous en prie!

LA TISBE. — C'est fini! Non! je n'écoute plus rien! Monseigneur! monseigneur!

CATARINA. — Arrêtez! Ah! Dieu! Ah! arrêtez! Vous ne savez donc pas qu'il va me tuer! laissez-moi au moins un instant, encore un petit instant, pour prier Dieu! Non, je ne sortirai pas d'ici. Voyez-vous je vais me mettre à genoux là... (Lui montrant le crucifix de cuivre au-dessus du prie-Dieu.) devant ce crucifix. (L'œil de la Tisbe s'attache au crucifix.) Oh! tenez, par grâce, priez à côté de moi. Voulez-vous, dites? Et puis après, si vous voulez toujours ma mort, si le bon Dieu vous laisse cette pensée-là, vous ferez ce que vous voudrez.

LA TISBE, se précipitant sur le crucifix et l'arrachant du mur. — Qu'est-ce que c'est que ce crucifix? D'où vous vient-il? D'où le tenez-vous? Qui vous l'a donné?

CATARINA. — Quoi? ce crucifix? Oh! je suis anéantie. Oh! cela ne vous sert à rien de me faire des questions sur ce crucifix.

LA TISBE. — Comment est-il en vos mains? dites vite!

Le flambeau est resté sur une crédence près du balcon. Elle s'en approche et examine le crucifix. Catarina la suit.

CATARINA. — Eh bien! c'est une femme. Vous regardez le nom qui est au bas, c'est un nom que je ne connais pas, Tisbe, je crois. C'est une pauvre femme qu'on voulait faire mourir. J'ai demandé sa grâce, moi. Comme c'était mon père, il me l'a accordée. A Brescia. J'étais tout enfant. Oh! ne me perdez pas, ayez pitié de moi, madame. Alors la femme m'a donné ce crucifix, en me disant qu'il me porterait bonheur. Voilà tout. Je vous jure que voilà bien tout. Mais qu'est-ce que cela vous fait? A quoi bon me faire dire des choses inutiles? Oh! je suis épuisée!

LA TISBE, à part. — Ciel! O ma mère!

La porte du fond s'ouvre. Angelo paraît vêtu d'une robe de nuit.

CATARINA, revenant sur le devant du théâtre. — Mon mari! Je suis perdue!

SCÈNE VI.

CATARINA, LA TISBE, ANGELO.

ANGELO, *sans voir la Tisbe, qui est restée près du balcon.* — Qu'est-ce que cela signifie, madame ? Il me semble que je viens d'entendre du bruit chez vous.

CATARINA. — Monsieur...

ANGELO. — Comment se fait-il que vous ne soyez pas couchée à cette heure ?

CATARINA. — C'est que...

ANGELO. — Mon Dieu, vous êtes toute tremblante. Il y a quelqu'un chez vous, madame !

LA TISBE, *s'avançant du fond du théâtre.* — Oui, monseigneur. Moi.

ANGELO. — Vous, Tisbe !

LA TISBE. — Oui, moi.

ANGELO. — Vous ici ! au milieu de la nuit ! Comment se fait-il que vous soyez ici, que vous y soyez à cette heure, et que madame...

LA TISBE. — Soit toute tremblante ? Je vais vous dire cela, monseigneur. Écoutez-moi. La chose en vaut la peine.

CATARINA, *à part.* — Allons ! c'est fini.

LA TISBE. — Voici, en deux mots. Vous deviez être assassiné demain matin.

ANGELO. — Moi ?

LA TISBE. — En vous rendant de votre palais au mien. Vous savez que le matin vous sortez ordinairement seul. J'en ai reçu l'avis cette nuit même, et je suis venue en toute hâte avertir madame qu'elle eût à vous empêcher de sortir demain. Voilà pourquoi je suis ici, pourquoi j'y suis au milieu de la nuit, et pourquoi madame est toute tremblante.

CATARINA, *à part.* — Grand Dieu ! qu'est-ce que c'est que cette femme ?

ANGELO. — Est-il possible ? Eh bien ! cela ne m'étonne pas ! Vous voyez que j'avais bien raison quand je vous parlais des dangers qui m'entourent. Qui vous a donné cet avis ?

LA TISBE. — Un homme inconnu, qui a commencé par me faire promettre que je le laisserais évader. J'ai tenu ma promesse.

ANGELO. — Vous avez eu tort. On promet, mais on fait arrêter. Comment avez-vous pu entrer au palais ?

LA TISBE. — L'homme m'y a fait entrer. Il a trouvé moyen d'ouvrir une petite porte qui est sous le pont Molino.

ANGELO. — Voyez-vous cela ! Et pour pénétrer jusqu'ici ?

LA TISBE. — Eh bien ! et cette clef que vous m'avez donnée vous-même !

ANGELO. — Il me semble que je ne vous avais pas dit qu'elle ouvrît cette chambre.

LA TISBE. — Si vraiment. C'est que vous ne vous en souvenez pas.

ANGELO, *apercevant le manteau.* — Qu'est-ce que c'est que ce manteau ?

LA TISBE. — C'est un manteau que l'homme m'a prêté pour entrer dans le palais. J'avais aussi le chapeau, je ne sais plus ce que j'en ai fait.

ANGELO. — Penser que de pareils hommes entrent comme ils veulent chez moi ! Quelle vie que la mienne ! J'ai toujours un pan de ma robe pris dans quelque piège. Et dites-moi, Tisbe ?...

LA TISBE. — Ah ! remettez à demain les autres questions, monseigneur, je vous prie. Pour cette nuit, on vous sauve la vie, vous devez être content. Vous ne nous remerciez seulement pas, madame et moi.

ANGELO. — Pardon, Tisbe.

LA TISBE. — Ma litière est en bas qui m'attend. Me donnerez-vous la main jusque-là ? Laissons dormir madame à présent.

ANGELO. — Je suis à vos ordres, dona Tisbe. Passons par mon appartement, s'il vous plaît, que je prenne mon épée. (*Allant à la grande porte du fond.*) Holà ! des flambeaux !

LA TISBE. — (*Elle prend Catarina à part sur le devant du théâtre.*) Faites-le évader tout de suite ! par où je suis venue. Voici la clef. (*Se tournant vers l'oratoire.*) Oh ! cette porte ! Oh ! que je souffre ! Ne pas même savoir réellement si c'est lui !

ANGELO, *qui revient.* — Je vous attends, madame.

LA TISBE, *à part.* — Oh ! si je pouvais seulement le voir passer ! Aucun moyen ! il faut s'en aller ! Oh !... (*A Angelo.*) Allons ! venez, monseigneur !

CATARINA, *les regardant sortir.* — C'est donc un rêve !

TROISIÈME JOURNÉE

LE BLANC POUR LE NOIR

PREMIÈRE PARTIE

La chambre de Catarina. Les rideaux de l'estrade qui environne le lit sont fermés.

SCÈNE PREMIÈRE.

ANGELO, deux Prêtres.

ANGELO, *au premier des deux prêtres.* — Monsieur le doyen de Saint-Antoine de Padoue, faites tendre de noir sur-le-champ la nef, le chœur et le maître-autel de votre église. Dans deux heures, — dans deux heures, — vous y ferez un service solennel pour le repos de l'âme de quelqu'un d'illustre qui mourra en ce moment-là même. Vous assisterez à ce service avec tout le chapitre. Vous ferez découvrir la châsse du saint. Vous allumerez trois cents flambeaux de cire blanche comme pour les reines. Vous aurez six cents pauvres qui recevront chacun un ducaton d'argent et un sequin d'or. Vous ne mettrez sur la tenture noire d'autre ornement que les armes de Malipieri et les armes de Bragadini. L'écusson de Malipieri est d'or, à la serre d'aigle ; l'écusson de Bragadini est coupé d'azur et d'argent, à la croix rouge.

LE DOYEN. — Magnifique podesta...

ANGELO.
Catarina Bragadini! c'est une bouche de marbre qui vous parle... (Page 19.)

ANGELO. — Ah! — Vous allez descendre sur-le-champ avec tout votre clergé, croix et bannière en tête, dans le caveau de ce palais ducal, où sont les tombes des Romana. Une dalle y a été levée. Une fosse y a été creusée. Vous bénirez cette fosse. Ne perdez pas de temps. Vous prierez aussi pour moi.

LE DOYEN. — Est-ce que c'est quelqu'un de vos parents, monseigneur?

ANGELO. — Allez. (*Le doyen s'incline profondément et sort par la porte du fond. L'autre prêtre se dispose à le suivre. Angelo l'arrête.*) Vous, monsieur l'archiprêtre, restez. — Il y a ici à côté, dans cet oratoire, une personne que vous allez confesser tout de suite.

L'ARCHIPRÊTRE. — Un homme condamné, monseigneur?

ANGELO. — Une femme.

L'ARCHIPRÊTRE. — Est-ce qu'il faudra préparer cette femme à la mort?

ANGELO. — Oui. Je vais vous introduire.

UN HUISSIER, *entrant*. — Votre excellence a fait mander dona Tisbe. Elle est là.

ANGELO. — Qu'elle entre, et qu'elle m'attende ici un instant. (*L'huissier sort. Le podesta ouvre l'oratoire et fait signe à l'archiprêtre d'entrer sur le seuil; il l'arrête.*) Monsieur l'archiprêtre, sur votre vie, quand vous sortirez d'ici, ayez soin de ne dire à qui que ce soit au monde le nom de la femme que vous allez voir.

Il entre dans l'oratoire avec le prêtre. La porte du fond s'ouvre, l'huissier introduit la Tisbe.

LA TISBE, *à l'huissier*. — Savez-vous ce qu'il me veut?

L'HUISSIER. — Non, madame.

Il sort.

SCÈNE II.

LA TISBE, seule.

Ah! cette chambre! me voilà donc encore dans cette chambre! Que me veut le podesta? Le palais a un air sinistre ce matin. Que m'importe! je donnerais ma vie pour

CATARINA.
Ciel! qu'est-ce que je vois là? Oh! c'est épouvantable! (Page 19.)

oui ou non. Oh! cette porte! cela me fait un étrange effet de revoir cette porte le jour! C'est derrière cette porte qu'il était! Qui? Qui est-ce qui était derrière cette porte? Suis-je sûre que ce fût lui, seulement? Je n'ai même pas revu cet espion. Oh! l'incertitude! affreux fantôme qui vous obsède et qui vous regarde d'un œil louche sans rire ni pleurer! Si j'étais sûre que ce fût Rodolfo, — bien sûre, là, de ces preuves!... — Oh! je le perdrais, je le dénoncerais au podesta. Non. Mais je me vengerais de cette femme. Non. Je me tuerais. Oh oui! moi sûre que Rodolfo ne m'aime plus, moi sûre qu'il me trompe, moi sûre qu'il en aime une autre, eh bien! qu'est-ce que j'aurais à faire de la vie? cela me serait bien égal! je mourrais. Oh! sans me venger donc? Pourquoi pas? Oh oui, je dis cela dans ce moment-ci, mais c'est que je suis bien capable aussi de me venger! Puis-je répondre de ce qui se passerait en moi s'il m'était prouvé que l'homme de cette nuit c'est Rodolfo! O mon Dieu, préservez-moi d'un accès de rage! O Rodolfo! Catarina! Oh! si cela était, qu'est-ce que je ferais! Vraiment! Qu'est-ce que je ferais? Qui ferais-je mourir? eux ou moi? Je ne sais!

Rentre Angelo

SCÈNE III.

LA TISBE, ANGELO.

LA TISBE. — Vous m'avez fait appeler, monseigneur?

ANGELO. — Oui, Tisbe. J'ai à vous parler. J'ai tout à fait à vous parler. Des choses assez graves. Je vous le disais, dans ma vie, chaque jour un piège, chaque jour une trahison, chaque jour un coup de poignard à recevoir ou un coup de hache à donner. En deux mots, voilà : ma femme a un amant.

LA TISBE. — Qui s'appelle?...

ANGELO. — Qui était chez elle cette nuit quand nous y étions.

LA TISBE. — Qui s'appelle?...

ANGELO. — Voici comment la chose s'est découverte? Un homme, un espion du conseil des Dix... — Il faut vous dire que les espions du conseil des Dix sont vis-à-vis de nous autres podestas de terre-ferme dans une position singulière. Le conseil leur défend sur leur tête de nous écrire, de nous parler, d'avoir avec nous quelque rapport que ce soit jusqu'au jour où ils sont chargés de nous arrêter. — Un de ces espions donc a été trouvé poignardé ce matin au bord de l'eau, près du pont Altina. Ce sont les deux guetteurs de nuit qui l'ont relevé. Était-ce un duel? un guet-apens? On ne sait. Ce sbire n'a pu prononcer que quelques mots. Il se mourait. Le malheur est qu'il soit mort! Au moment où il a été frappé, il a eu, à ce qu'il paraît, la présence d'esprit de conserver sur lui une lettre qu'il venait sans doute d'intercepter et qu'il a remise pour moi aux guetteurs de nuit. Cette lettre m'a été apportée en effet par ces deux hommes. C'est une lettre écrite à ma femme par un amant.

LA TISBE. — Qui s'appelle?

ANGELO. — La lettre n'est pas signée. Vous me demandez le nom de l'amant? c'est justement ce qui m'embarrasse. L'homme assassiné a bien dit ce nom aux deux guetteurs de nuit. Mais, les imbéciles! ils l'ont oublié. Ils ne peuvent se le rappeler. Ils ne sont d'accord en rien sur ce nom. L'un dit Roderigo, l'autre Pandolfo!

LA TISBE. — Et la lettre, l'avez-vous là?

ANGELO, *fouillant dans sa poitrine.* — Oui, je l'ai sur moi. C'est justement pour vous la montrer que je vous ai fait venir. Si par hasard vous en connaissiez l'écriture, vous me le diriez. (*Il tire la lettre.*) La voilà.

LA TISBE. — Donnez.

ANGELO, *froissant la lettre dans ses mains.* — Mais je suis dans une anxiété affreuse, Tisbe! Il y a un homme qui a osé — qui a osé lever les yeux sur la femme d'un Malipieri! Il y a un homme qui a osé faire une tache au livre d'or de Venise, à la plus belle page, à l'endroit où est mon nom! ce nom là! Malipieri! Il y a un homme qui était cette nuit dans cette chambre, qui a marché à la place où je suis peut-être! Il y a un misérable homme qui a écrit la lettre que voici, et je ne saisirai pas cet homme! et je ne clouerai pas ma vengeance sur mon affront! et cet homme, je ne lui ferai pas verser une mare de sang sur ce plancher-ci, tenez! Oh! pour savoir qui a écrit cette lettre, je donnerais l'épée de mon père, et dix ans de ma vie, et ma main droite, madame!

LA TISBE. — Mais montrez-la-moi, cette lettre.

ANGELO, *la lui laissant prendre.* — Voyez.

LA TISBE. — (*Elle déploie la lettre et y jette un coup d'œil.*) *A part.* C'est Rodolfo!

ANGELO. — Est-ce que vous connaissez cette écriture?

LA TISBE. — Laissez-moi donc lire. (*Elle lit.*) « Catarina, « ma pauvre bien-aimée, tu vois bien que Dieu nous pro-« tége. C'est un miracle qui nous a sauvés cette nuit de « ton mari et de cette femme... » (*A part.*) Cette femme! (*Elle continue à lire.*) « Je t'aime, ma Catarina. Tu es la « seule femme que j'aie aimée. Ne crains rien pour moi, je « suis en sûreté. »

ANGELO. — Eh bien! connaissez-vous l'écriture?

LA TISBE, *lui rendant la lettre.* — Non, monseigneur.

ANGELO. — Non, n'est-ce pas? Et que dites-vous de la lettre? Ce ne peut être un homme qui soit depuis peu à Padoue. C'est le langage d'un ancien amour. Oh! je vais fouiller toute la ville! il faudra bien que je trouve cet homme! Que me conseillez-vous, Tisbe?

LA TISBE. — Cherchez.

ANGELO. — J'ai donné l'ordre que personne ne pût entrer aujourd'hui librement dans le palais, hors vous et votre frère, dont vous pourriez avoir besoin. Que tout suive qui sera arrêté et amené devant moi. J'interrogerai moi-même. En attendant, j'ai une moitié de ma vengeance sous la main, je vais toujours la prendre.

LA TISBE. — Quoi?

ANGELO. — Faire mourir la femme.

LA TISBE. — Votre femme?

ANGELO. — Tout est prêt. Avant qu'il soit une heure, Catarina Bragadini sera décapitée comme il convient.

LA TISBE. — Décapitée!

ANGELO. — Dans cette chambre.

LA TISBE. — Dans cette chambre!

ANGELO. — Écoutez. Mon lit souillé se change en tombe. Cette femme doit mourir. Je l'ai décidé. Je l'ai décidé trop froidement pour qu'il y ait quelque chose à faire à cela. La prière n'aurait aucune colère à éteindre en moi. Mon meilleur ami, si j'avais un ami, intercéderait pour elle, que je prendrais en défiance mon meilleur ami. Voilà tout. Causons-en si vous voulez. D'ailleurs, Tisbe, je la hais, cette femme! Une femme à laquelle je me suis laissé marier pour des raisons de famille, parce que mes affaires s'étaient dérangées dans les ambassades, pour complaire à mon oncle l'évêque de Castello! une femme qui a toujours eu le visage triste et l'air opprimé devant moi! qui ne m'a jamais donné d'enfants! Et puis, voyez-vous, la haine, c'est dans notre sang, dans notre famille, dans nos traditions. Il faut toujours qu'un Malipieri haïsse quelqu'un. Le jour où le lion de Saint-Marc s'envolera de sa colonne, la haine ouvrira ses ailes de bronze et s'envolera du cœur des Malipieri. Mon aïeul haïssait le marquis Azzo, et il l'a fait noyer la nuit dans les puits de Venise. Mon père haïssait le procurateur Badoër, et il l'a fait empoisonner à un régal de la reine Cornaro. Moi, c'est cette femme que je hais. Je ne lui aurais pas fait de mal. Mais elle est coupable. Tant pis pour elle. Elle sera punie. Je ne vaux pas mieux qu'elle, c'est possible, mais il faut qu'elle meure. C'est une nécessité. Une résolution prise. Je vous dis que cette femme mourra. La grâce de cette femme! les os de ma mère me parleraient pour elle, madame, qu'ils ne l'obtiendraient pas!

LA TISBE. — Est-ce que la sérénissime seigneurie de Venise vous permet?...

ANGELO. — Rien pour pardonner. Tout pour punir.

LA TISBE. — Mais la famille Bragadini, la famille de votre femme?...

ANGELO. — Me remerciera.

LA TISBE. — Votre résolution est prise, dites-vous. Elle mourra. C'est bien. Je vous approuve. Mais puisque tout est secret encore, puisqu'aucun nom n'a été prononcé, ne pourriez-vous épargner à elle un supplice, à ce palais une tache de sang, à vous la note publique et le bruit? Le bourreau est un témoin. Un témoin de trop.

ANGELO. — Oui. Le poison vaudrait mieux. Mais il faudrait un poison rapide, et vous ne me croirez pas, je n'en ai pas ici.

LA TISBE. — J'en ai, moi.

ANGELO. — Où?

LA TISBE. — Chez moi.

ANGELO. — Quel poison?

LA TISBE. — Le poison Malaspina. Vous savez, cette boîte que m'a envoyée le primicier de Saint-Marc?

ANGELO. — Oui, vous m'en avez déjà parlé. C'est un poison sûr et prompt. Eh bien! vous avez raison. Que tout se passe entre nous. Cela vaut mieux. Écoutez, Tisbe. J'ai toute confiance en vous. Vous comprenez que ce que je suis forcé de faire est légitime. C'est mon honneur que je venge, et tout homme agirait de même à ma place. Eh bien! c'est une chose sombre et difficile que celle où je suis engagé. Je n'ai ici d'autre ami que vous. Je ne puis me fier qu'à vous. La prompte exécution, le secret sont dans l'intérêt de cette femme comme dans le mien. Assistez-moi. J'ai besoin de vous. Je vous le demande. Y consentez-vous?

LA TISBE. — Oui.

ANGELO. — Que cette femme disparaisse sans qu'on sache comment, sans qu'on sache pourquoi. Une fosse se creuse, un service se chante, mais personne ne sait pour qui. Je ferai enlever le corps par ces deux mêmes hommes, les guetteurs de nuit, que je garde sous clef. Vous avez raison, mettons de l'ombre sur tout ceci. Envoyez chercher ce poison.

LA TISBE. — Je sais seule où il est. J'y vais aller moi-même.

ANGELO. — Allez, je vous attends. (*Sort la Tisbe.*) Oui, c'est mieux. Il y a eu des ténèbres sur le crime, qu'il y en ait sur le châtiment. (*La porte de l'oratoire s'ouvre; l'archiprêtre en sort les yeux baissés et les bras en croix sur la poitrine. Il traverse lentement la chambre. Au moment où il va sortir par la porte du fond, Angelo se tourne vers lui.*) Est-elle prête?

L'ARCHIPRÊTRE. — Oui, monseigneur.

Il sort. Catarina paraît sur le seuil de l'oratoire.

SCÈNE IV.

ANGELO, CATARINA.

CATARINA. — Prête à quoi?

ANGELO. — A mourir.

CATARINA. — Mourir! c'est donc vrai! c'est donc possible! Oh! je ne puis me faire à cette idée-là! Mourir! non, je ne suis pas prête, je ne suis pas prête, je ne suis pas prête du tout, monsieur!

ANGELO. — Combien de temps vous faut-il pour vous préparer?

CATARINA. — Oh! je ne sais pas, beaucoup de temps!

ANGELO. — Allez-vous manquer de courage, madame?

CATARINA. — Mourir tout de suite comme cela! Mais je n'ai rien fait qui mérite la mort, je le sais bien, moi! Monsieur! monsieur! encore un jour! non, pas un jour! je sens que je n'aurais pas plus de courage demain. Mais la vie! Laissez-moi la vie! Un cloître! Là, dites, est-ce que c'est vraiment impossible que vous me laissiez la vie?

ANGELO. — Si. Je puis vous la laisser, je vous l'ai déjà dit, à une condition.

CATARINA. — Laquelle? Je ne m'en souviens plus.

ANGELO. — Qui a écrit cette lettre? dites-le-moi. Nommez-moi l'homme! livrez-moi l'homme!

CATARINA, *se tordant les mains.* — Mon Dieu!

ANGELO. — Si vous me livrez cet homme, vous vivrez. L'échafaud pour lui, le couvent pour vous, cela suffira. Décidez-vous.

CATARINA. — Mon Dieu!

ANGELO. — Eh bien! vous ne me répondez pas?

CATARINA. — Si, je vous réponds. Mon Dieu!

ANGELO. — Oh! décidez-vous, madame.

CATARINA. — J'ai eu froid dans cet oratoire. J'ai bien froid.

ANGELO. — Ecoutez. Je veux être bon pour vous, madame. Vous avez devant vous une heure, une heure qui est encore à vous, pendant laquelle je vais vous laisser seule. Personne n'entrera ici. Employez cette heure à réfléchir. Je mets la lettre sur la table. Ecrivez au bas le nom de l'homme, et vous êtes sauvée. Catarina Bragadini! c'est une bouche de marbre qui vous parle, il faut livrer cet homme ou mourir. Choisissez. Vous avez une heure.

CATARINA. — Oh!... un jour!

ANGELO. — Une heure.

Il sort.

SCÈNE V.

CATARINA, restée seule.

Cette porte... (*Elle va à la porte.*) Oh! je l'entends qui la referme au verrou! (*Elle va à la fenêtre.*) Cette fenêtre... (*Elle regarde.*) Oh! que c'est haut! (*Elle tombe sur un fauteuil.*) Mourir! O mon Dieu! c'est une idée qui est bien terrible quand elle vient vous saisir ainsi tout à coup au moment où l'on ne s'y attend pas! N'avoir plus qu'une heure à vivre et se dire : je n'ai plus qu'une heure! Oh! il faut que ces choses-là vous arrivent à vous-même pour savoir jusqu'à quel point c'est horrible. J'ai les membres brisés. Je suis mal sur ce fauteuil. (*Elle se lève.*) Mon lit me reposerait mieux, je crois. Si je pouvais avoir un instant de trêve! (*Elle va à son lit.*) Un instant de repos! (*Elle tire le rideau et recule avec terreur. A la place du lit il y a un billot couvert d'un drap noir et une hache.*) Ciel! qu'est-ce que je vois là? Oh! c'est épouvantable! (*Elle referme le rideau avec un mouvement convulsif.*) Oh! je ne veux plus voir cela! Oh! mon Dieu! c'est pour moi cela! Oh! mon Dieu! je suis seule avec cela ici! (*Elle se traîne jusqu'au fauteuil.*) Derrière moi! derrière moi! Oh! je n'ose plus tourner la tête. Grâce! grâce! Ah! vous voyez bien que ce n'est pas un rêve, et que c'est bien réel ce qui se passe ici, puisque voilà des choses là derrière le rideau!

La petite porte du fond s'ouvre. On voit paraître Rodolfo.

SCÈNE VI.

CATARINA, RODOLFO.

CATARINA, *à part.* — Ciel! Rodolfo!

RODOLFO, *accourant.* — Oui, Catarina, c'est moi, moi pour un instant. Tu es seule. Quel bonheur... — Eh bien! tu es toute pâle! Tu as l'air troublé!

CATARINA. — Je le crois bien. Les imprudences que vous faites. Venir ici en plein jour à présent!

RODOLFO. — Ah! c'est que j'étais trop inquiet. Je n'ai pas pu y tenir.

CATARINA. — Inquiet de quoi?

RODOLFO. — Je vais vous dire, ma Catarina bien aimée... — Ah! vraiment, je suis bien heureux de vous trouver ici aussi tranquille!

CATARINA. — Comment êtes-vous entré?

RODOLFO. — La clef que tu m'as remise toi-même.

CATARINA. — Je sais bien, mais dans le palais?

RODOLFO. — Ah! voilà précisément une des choses qui m'inquiètent. Je suis entré aisément, mais je ne sortirai pas de même.

CATARINA. — Comment?

RODOLFO. — Le capitaine-grand m'a prévenu à la porte du palais que personne n'en sortirait avant la nuit.

CATARINA. — Personne avant la nuit! (*A part.*) Pas d'évasion possible! O Dieu!

RODOLFO. — Il y a des sbires en travers de tous les passages. Le palais est gardé comme une prison. J'ai réussi à me glisser dans la grande galerie, et je suis venu. Vraiment! tu me jures qu'il ne se passe rien ici?

CATARINA. — Non. Rien, rien. Sois tranquille, mon Rodolfo. Tout est comme à l'ordinaire ici. Regarde. Tu vois bien qu'il n'y a rien de dérangé dans cette chambre. Mais va-t'en vite. Je tremble que le podesta ne rentre.

RODOLFO. — Non, Catarina, ne crains rien de ce côté. Le podesta est en ce moment sur le pont Molino, là en bas. Il interroge des gens qu'on vient d'arrêter. Oh! j'étais inquiet, Catarina! Tout a un air étrange aujourd'hui, la ville comme le palais. Des bandes d'archers et de cernides vénitiens parcourent les rues. L'église Saint-Antoine est tendue de noir, et l'on y chante l'office des morts. Pour qui? On l'ignore. Le savez-vous?

CATARINA. — Non.

RODOLFO. — Je n'ai pu pénétrer dans l'église. La ville est frappée de stupeur. Tout le monde parle bas. Il se passe à coup sûr une chose terrible quelque part. Où? Je ne sais. Ce n'est pas ici, c'est tout ce qu'il me faut. Pauvre amie, tu ne te doutes pas de tout cela dans ta solitude!

CATARINA. — Non.

RODOLFO. — Que nous importe au reste! Dis, es-tu remise de l'émotion de cette nuit? Oh! quel événement! Je n'y comprends rien encore. Catarina! je t'ai délivrée de ce sbire Homodei. Il ne te fera plus de mal.

CATARINA. — Tu crois?

RODOLFO. — Il est mort. Catarina! tiens, décidément tu as quelque chose! tu as l'air triste! Catarina! tu ne me caches rien? Il ne t'arrive rien au moins? Oh! c'est qu'on aurait ma vie avant la tienne!

CATARINA. — Non, il n'y a rien. Je te jure qu'il n'y a rien. Seulement je te voudrais dehors. Je suis effrayée pour toi.

RODOLFO. — Que faisais-tu quand je suis entré?

CATARINA. — Ah! mon Dieu! tranquillisez-vous, mon Rodolfo, je n'étais pas triste, bien au contraire. J'essayais de me rappeler cet air que vous chantez si bien. Tenez, vous voyez, j'ai encore là ma guitare.

RODOLFO. — Je t'ai écrit ce matin. J'ai rencontré Reginella, à qui j'ai remis la lettre. La lettre n'a pas été interceptée? Elle t'est bien arrivée?

CATARINA. — La lettre m'est si bien arrivée que la voilà.

Elle lui présente la lettre.

RODOLFO. — Ah! tu l'as! C'est bien. On est toujours inquiet quand on écrit.

CATARINA. — Oh! toutes les issues de ce palais gardées! Personne ne sortira avant la nuit!

RODOLFO. — Personne. Je l'ai déjà dit. C'est l'ordre.

CATARINA. — Allons! maintenant vous m'avez parlé, vous m'avez vue, vous êtes rassuré, vous voyez que, si la nuit est en rumeur, tout est tranquille ici. Partez, mon Rodolfo, au nom du ciel! Si le podesta entrait! Vite! partez. Puisque tu es obligé de rester dans ce palais jusqu'au soir, voyons, je vais te fermer moi-même ton manteau. Comme cela. Ton chapeau sur ta tête. Et puis, devant les sbires, aie l'air naturel, à ton aise, pas d'affectation à les éviter, pas de précaution. La précaution dénonce. Et puis, si l'on voulait te faire écrire quelque chose par hasard, un espion, quelqu'un qui te tendrait un piège, trouve un prétexte, n'écris pas!

RODOLFO. — Pourquoi cette recommandation, Catarina?

CATARINA. — Pourquoi? Je ne veux pas qu'on voie de ton écriture, moi. C'est une idée que j'ai. Mon ami, vous savez bien que les femmes ont des idées. Je te remercie d'être venu, d'être entré, d'être resté, j'ai eu la joie de te voir! Là, tu vois bien que je suis tranquille, gaie, contente, que j'ai ma guitare là et ta lettre. Maintenant va-t'en vite. Je veux que tu t'en ailles. — Encore un mot seulement.

RODOLFO. — Quoi?

CATARINA. — Rodolfo, vous savez que je ne vous ai jamais rien accordé; tu le sais bien, toi.

RODOLFO. — Eh bien?

CATARINA. — Aujourd'hui, c'est moi qui vais te demander. Rodolfo! un baiser!

RODOLFO, *la serrant dans ses bras*. — Oh! c'est le ciel!

CATARINA. — Je le vois qui s'ouvre!

RODOLFO. — O bonheur!

CATARINA. — Tu es heureux?

RODOLFO. — Oui!

CATARINA. — A présent sors, mon Rodolfo!

RODOLFO. — Merci.

CATARINA. — Adieu! — Rodolfo! (*Rodolfo, qui est à la porte, s'arrête.*) Je t'aime!

Rodolfo sort.

SCÈNE VII.

CATARINA, seule.

Fuir avec lui! Oh! j'y ai songé un moment! Oh! Dieu! fuir avec lui! impossible. Je l'aurais perdu inutilement. Oh! pourvu qu'il ne lui arrive rien! pourvu que les sbires ne l'arrêtent pas! pourvu qu'on le laisse sortir ce soir! Oh oui! il n'y a pas de raison pour que le soupçon tombe sur lui. Sauvez-le, mon Dieu! (*Elle va écouter à la porte du corridor.*) J'entends encore son pas. Mon bien-aimé! il s'éloigne. Plus rien. C'est fini. Va en sûreté, mon Rodolfo! (*La grande porte s'ouvre.*) Ciel!

Entrent Angelo et la Tisbe.

SCÈNE VIII.

CATARINA, ANGELO, LA TISBE.

CATARINA, *à part*. — Quelle est cette femme? La femme de nuit!

ANGELO. — Avez-vous fait vos réflexions, madame?

CATARINA. — Oui, monsieur.

ANGELO. — Il faut mourir ou me livrer l'homme qui a écrit la lettre. Avez-vous pensé à me livrer cet homme, madame?

CATARINA. — Je n'y ai pas pensé seulement un instant, monsieur.

LA TISBE, *à part*. — Tu es une bonne et courageuse femme, Catarina!

Angelo fait signe à la Tisbe, qui lui remet une fiole d'argent. Il la pose sur la table.

ANGELO. — Alors vous allez boire ceci.

CATARINA. — C'est du poison?

ANGELO. — Oui, madame.

CATARINA. — O mon Dieu! vous jugerez un jour cet homme. Je vous demande grâce pour lui!

ANGELO. — Madame, le provéditeur Ursolo, un des Bragadini, un de vos pères, a fait périr Marcella Galbaï, sa femme, de la même façon, pour le même crime.

CATARINA. — Parlons simplement. Tenez, il n'est pas question des Bragadini. Vous êtes infâme. Ainsi vous venez froidement là, avec le poison dans les mains! Coupable? Non, je ne le suis pas; pas comme vous le croyez du moins.

Mais je ne descendrai pas à me justifier. Et puis, comme vous mentez toujours, vous ne me croiriez pas. Tenez, vraiment, je vous méprise! Vous m'avez épousée pour mon argent, parce que j'étais riche, parce que ma famille a un droit sur l'eau des citernes de Venise. Vous avez dit : Cela rapporte cent mille ducats par an, prenons cette fille. Et quelle vie ai-je eue avec vous depuis cinq ans? dites ! Vous ne m'aimez pas. Vous êtes jaloux cependant. Vous me tenez en prison. Vous, vous avez des maîtresses, cela vous est permis. Tout est permis aux hommes. Toujours dur, toujours sombre avec moi ; jamais une bonne parole ; parlant sans cesse de vos pères, des doges qui ont été de votre famille ; m'humiliant dans la mienne. Si vous croyez que c'est là ce qui rend une femme heureuse ! Oh ! il faut avoir souffert ce que j'ai souffert pour savoir ce que c'est que le sort des femmes ! Eh bien oui, monsieur, j'ai aimé avant de vous connaître un homme, que j'aime encore. Vous me tuez pour cela ; si vous avez ce droit-là, il faut convenir que c'est un horrible temps que le nôtre. Ah ! vous êtes bienheureux, n'est-ce pas? d'avoir une lettre, un chiffon de papier, un prétexte ! Fort bien. Vous me jugez, vous me condamnez, et vous m'exécutez ! Dans l'ombre. En secret. Par le poison. Vous avez la force. — C'est lâche ! (*Se tournant vers la Tisbe.*) Que pensez-vous de cet homme, madame?

ANGELO. — Prenez garde !...

CATARINA, *à la Tisbe*. — Et vous, qui êtes-vous ? qu'est-ce que vous me voulez ? C'est beau ce que vous faites là ! Vous êtes la maîtresse publique de mon mari, vous avez intérêt à me perdre, vous m'avez fait espionner, vous m'avez prise en faute, et vous me mettez le pied sur la tête. Vous assistez mon mari dans l'abominable chose qu'il fait ! Qui sait même ? c'est peut-être vous qui fournissez le poison ! (*A Angelo.*) Que pensez-vous de cette femme, monsieur ?

ANGELO. — Madame !

CATARINA. — En vérité, nous sommes tous les trois d'un bien exécrable pays ! C'est une bien odieuse république que celle où un homme peut marcher impunément sur une malheureuse femme, comme vous faites, monsieur ! et où les autres hommes lui disent : Tu fais bien. Foscari a fait mourir sa fille, Loredano sa femme, Bragadini... — Je vous demande un peu si ce n'est pas inouï ! Oui, tout Venise est dans cette chambre en ce moment ! Tout Venise en vos deux personnes ! Rien n'y manque ! (*Montrant Angelo.*) Venise despote, la voilà. (*Montrant la Tisbe.*) Venise courtisane, la voici. (*A la Tisbe.*) Si je vais trop loin dans ce que je dis, madame, tant pis pour vous, pourquoi êtes-vous là !

ANGELO, *lui saisissant le bras.* — Allons, madame, finissons-en !

CATARINA. (*Elle s'approche de la table où est le flacon.*) — Allons, je vais acccomplir ce que vous voulez. (*Elle avance la main vers le flacon.*) Puisqu'il le faut... (*Elle recule.*) Non ! c'est affreux ! je ne veux pas ! je ne pourrais jamais ! Mais pensez-y donc encore un peu, tandis qu'il en est temps. Vous qui êtes tout-puissant, réfléchissez. Une femme, une femme qui est seule, abandonnée, qui n'a pas de force, qui est sans défense, qui n'a pas de parents ici, pas de famille, pas d'amis, qui n'a personne ! l'assassiner ! l'empoisonner misérablement dans un coin de sa maison ! — Ma mère ! ma mère ! ma mère !

LA TISBE. — Pauvre femme !

CATARINA. — Vous avez dit pauvre femme, madame ! Vous l'avez dit ! Oh ! je l'ai bien entendu ! Oh ! ne me dites pas que vous ne l'avez pas dit ! Vous avez donc pitié, madame ! Oh oui ! laissez-vous attendrir ! Vous voyez bien qu'on veut m'assassiner ! Est-ce que vous en êtes, vous ? Oh ! ce n'est pas possible. Non, n'est-ce pas ? Tenez, je vais vous expliquer, vous conter la chose à vous. Vous parlerez au podesta après. Vous lui direz que ce qu'il fait là est horrible. Moi, c'est tout simple que je dise cela. Mais vous, cela fera plus d'effet. Il suffit quelquefois d'un mot dit par une personne étrangère pour ramener un homme à la raison. Si je vous ai offensée tout à l'heure, pardonnez-le-moi. Madame, je n'ai rien fait qui fût mal, vraiment mal. Je suis toujours restée honnête. Vous me comprenez, vous, je le vois bien. Mais je ne puis dire cela à mon mari. Les hommes ne veulent jamais nous croire, vous savez ? Cependant nous leur disons quelquefois des choses bien vraies. Madame ! ne me dites pas d'avoir du courage, je vous en prie. Est-ce que je suis forcée d'avoir du courage, moi ? Je n'ai pas honte de n'être qu'une femme bien faible et dont il faudrait avoir pitié. Je pleure parce que la mort me fait peur. Ce n'est pas ma faute.

ANGELO. — Madame, je ne puis attendre plus longtemps.

CATARINA. — Ah ! vous m'interrompez. (*A la Tisbe.*) Vous voyez bien qu'il m'interrompt. Ce n'est pas juste. Il a vu que je vous disais des choses qui allaient vous émouvoir. Alors il m'empêche d'achever, il me coupe la parole. (*A Angelo.*) Vous êtes un monstre !

ANGELO. — C'en est trop. Catarina Bragadini, le crime fait veut un châtiment, la fosse ouverte veut un cercueil, le mari outragé veut une femme morte. Tu perds toutes les paroles qui sortent de ta bouche, j'en jure par Dieu qui est au ciel ! (*Montrant le poison.*) Voulez-vous, madame ?

CATARINA. — Non !

ANGELO. — Non ? J'en reviens à ma première idée alors. Les épées ! les épées ! Troilo ! Qu'on aille me chercher... J'y vais !

Il sort violemment par la porte du fond, qu'on entend refermer au dehors.

SCÈNE IX.

CATARINA, LA TISBE.

LA TISBE. — Écoutez ! Vite ! nous n'avons qu'un instant. Puisque c'est vous qu'il aime, ce n'est plus qu'à vous qu'il faut songer. Faites ce qu'on veut, ou vous êtes perdue. Je ne puis pas m'expliquer plus clairement. Vous n'êtes pas raisonnable. Tout à l'heure il m'est échappé de dire : Pauvre femme ! Vous l'avez répété tout haut comme une folle devant le podesta, à qui cela pouvait donner des soupçons ! Si je vous disais la chose, vous êtes dans un état trop violent, vous feriez quelque imprudence, et tout serait perdu. Laissez-vous faire ! Buvez ! Les épées ne pardonnent pas, voyez-vous. Ne résistez plus. Que voulez-vous que je vous dise? C'est vous qui êtes aimée, et je veux que quelqu'un m'ait une obligation. Vous ne comprenez pas ce que je vous dis là ; eh bien ! de vous le dire, cela m'arrache le cœur pourtant !

CATARINA. — Madame...

LA TISBE. — Faites ce qu'on vous dit. Pas de résistance, pas une parole. Surtout n'ébranlez pas la confiance que votre mari a en moi. Entendez-vous ? Je n'ose vous en dire plus avec votre manie de tout redire ! Oui, il y a dans cette chambre une pauvre femme qui doit mourir, mais ce n'est pas vous. Est-ce dit ?

CATARINA. — Je ferai ce que vous voulez, madame.

LA TISBE. — Bien. Je l'entends qui revient. (*La Tisbe se jette sur la porte du fond au moment où elle s'ouvre.*) Seul ! seul ! entrez seul !

On entrevoit des sbires, l'épée nue, dans la chambre voisine. Angelo entre. La porte se referme.

SCÈNE X.

CATARINA, LA TISBE, ANGELO.

LA TISBE. — Elle se résigne au poison.
ANGELO, à Catarina. — Alors, tout de suite, madame.
CATARINA, prenant la fiole. — (A la Tisbe.) Je sais que vous êtes la maîtresse de mon mari. Si votre pensée secrète était une pensée de trahison, le besoin de me perdre, l'ambition de prendre ma place, que vous auriez tort d'envier, ce serait une action abominable, madame; et, quoiqu'il soit dur de mourir à vingt-deux ans, j'aimerais encore mieux ce que je fais que ce que vous faites.

Elle boit.

LA TISBE, à part. — Que de paroles inutiles, mon Dieu!
ANGELO, allant à la porte du fond qu'il entr'ouvre. — Allez-vous-en!
CATARINA. — Ah! ce breuvage me glace le sang! (Regardant fixement la Tisbe.) Ah! madame! (A Angelo.) Êtes-vous content, monsieur? Je sens bien que je vais mourir. Je ne vous crains plus. Eh bien, je vous le dis maintenant, à vous qui êtes mon démon, comme je le dirai tout à l'heure à mon Dieu, j'ai aimé un homme, mais je suis pure!
ANGELO. — Je ne vous crois pas, madame.
LA TISBE, à part. — Je la crois, moi.
CATARINA. — Je me sens défaillir... Non. Pas ce fauteuil-là. Ne me touchez point. Je vous l'ai déjà dit, vous êtes un homme infâme! (Elle se dirige en chancelant vers son oratoire.) Je veux mourir à genoux, devant l'autel qui est là. Mourir seule, en repos, sans avoir vos deux regards sur moi. (Arrivée à la porte, elle s'appuie sur le rebord.) Je veux mourir en priant Dieu. (A Angelo.) Pour vous, monsieur.

Elle entre dans l'oratoire.

ANGELO. — Troïlo! (Entre l'huissier.) Prends dans mon aumônière la clef de ma salle secrète. Dans cette salle tu trouveras deux hommes. Amène-les-moi sans leur dire un mot. (L'huissier sort. — A la Tisbe.) Il faut maintenant que j'aille interroger les hommes arrêtés. Quand j'aurai parlé aux deux guetteurs de nuit, Tisbe, je vous confierai le soin de veiller sur ce qui reste à faire. Le secret, surtout!

Entrent les deux guetteurs de nuit, introduits par l'huissier, qui se retire.

SCÈNE XI.

ANGELO, LA TISBE, les deux Guetteurs de nuit.

ANGELO, aux deux guetteurs de nuit. — Vous avez été souvent employés aux exécutions de nuit dans ce palais. Vous connaissez la cave où sont les tombes?
L'UN DES GUETTEURS DE NUIT. — Oui, monseigneur.
ANGELO. — Y a-t-il des passages tellement cachés qu'aujourd'hui, par exemple, que ce palais est plein de soldats, vous puissiez descendre dans ce caveau, y entrer et puis sortir du palais sans être vus de personne?
LE GUETTEUR DE NUIT. — Nous entrerons et nous sortirons sans être vus de personne, monseigneur.
ANGELO. — C'est bien. (Il entr'ouvre la porte de l'oratoire. — Aux deux guetteurs.) Il y a là une femme qui est morte. Vous allez descendre cette femme secrètement dans le caveau. Vous trouverez dans ce caveau une dalle du pavé qu'on a déplacée et une fosse qu'on a creusée. Vous mettrez la femme dans la fosse et puis la dalle à sa place. Vous entendez?
LE GUETTEUR DE NUIT. — Oui, monseigneur.
ANGELO. — Vous êtes forcés de passer par mon appartement. Je vais en faire sortir tout le monde. (A la Tisbe.) Veillez à ce que tout se fasse en secret.

Il sort.

LA TISBE, tirant une bourse de son aumônière. — (Aux deux hommes.) Deux cents sequins d'or dans cette bourse. Pour vous! et demain matin le double, si vous faites bien tout ce que je vais vous dire.
LE GUETTEUR DE NUIT, prenant la bourse. — Marché conclu, madame. Où faut-il aller?
LA TISBE. — Au caveau d'abord.

DEUXIÈME PARTIE.

Une chambre de nuit. Au fond, une alcôve à rideaux avec un lit. De chaque côté de l'alcôve, une porte : celle de droite masquée dans la tenture. Tables, meubles, fauteuils, sur lesquels sont épars des masques, des éventails, des écrins à demi ouverts, des costumes de théâtre.

SCÈNE PREMIÈRE.

LA TISBE, les deux Guetteurs de nuit, un Page noir; CATARINA, enveloppée d'un linceul et posée sur un lit; on distingue sur sa poitrine le crucifix de cuivre.

La Tisbe prend un miroir et découvre le visage pâle de Catarina.

LA TISBE, au page noir. — Approche avec ton flambeau. (Elle place le miroir devant les lèvres de Catarina.) Je suis tranquille! (Elle referme les rideaux de l'alcôve. — Aux deux guetteurs de nuit.) Vous êtes sûrs que personne ne vous a vus dans le trajet du palais ici?
UN DES GUETTEURS DE NUIT. — La nuit est très-noire. La ville est déserte à cette heure. Vous savez bien que nous n'avons rencontré personne, madame. Vous nous avez vus mettre le cercueil dans la fosse et le recouvrir avec la dalle. Ne craignez rien. Nous ne savons pas si cette femme est morte, mais ce qui est certain, c'est que pour le monde entier elle est scellée dans la tombe. Vous pouvez en faire ce que vous voudrez.
LA TISBE. — C'est bien. (Au page noir.) Où sont les habits d'homme que je t'ai dit de tenir prêts?
LE PAGE NOIR, montrant un paquet dans l'ombre. — Les voici, madame.
LA TISBE. — Et les deux chevaux que je t'ai demandés, sont-ils dans la cour?
LE PAGE NOIR. — Sellés et bridés.
LA TISBE. — De bons chevaux?
LE PAGE NOIR. — J'en réponds, madame.
LA TISBE. — C'est bien. (Aux guetteurs de nuit.) Dites-

moi, vous, combien faut-il de temps, avec de bons chevaux, pour sortir de l'État de Venise ?

LE GUETTEUR DE NUIT. — C'est selon. Le plus court, c'est d'aller tout de suite à Montebacco, qui est au pape. Il faut trois heures. Beau chemin.

LA TISBE. — Cela suffit. Allez maintenant. Le silence sur tout ceci ! et revenez demain matin chercher la récompense promise. (*Les deux guetteurs de nuit sortent.* — *Au page noir.*) Toi, va fermer la porte de la maison. Sous quelque prétexte que ce soit, ne laisse entrer personne.

LE PAGE NOIR. — Le seigneur Rodolfo a son entrée particulière, madame. Faut-il la fermer aussi ?

LA TISBE. — Non, laisse-la libre. S'il vient, qu'il entre. Mais lui seul, et personne autre. Aie soin que qui que ce soit au monde ne puisse pénétrer ici, surtout si Rodolfo venait. Toi-même, fais attention à n'entrer que si je t'appelle. A présent laisse-moi.

Sort le page noir.

SCÈNE II.

LA TISBE, CATARINA dans l'alcôve.

LA TISBE. — Je pense qu'il n'y a plus très-longtemps à attendre. — Elle ne voulait pas mourir. Je le comprends, quand on sait qu'on est aimée ! — Mais autrement, plutôt que de vivre sans son amour. (*Se tournant vers le lit.*) Oh ! tu serais morte avec joie, n'est-ce pas ? — Ma tête brûle. Voilà pourtant trois nuits que je ne dors pas. Avant-hier, cette fête ; hier, ce rendez-vous où je les ai surpris ; aujourd'hui... — Oh ! la nuit prochaine, je dormirai ! (*Elle jette un coup d'œil sur les toilettes de théâtre éparses autour d'elle.*) Oh oui ! nous sommes bien heureuses nous autres ! On nous applaudit au théâtre. Que vous avez bien joué la Rosmonda, madame ! Les imbéciles ! Oui, on nous admire, on nous trouve belles, on nous couvre de fleurs, mais le cœur saigne dessous. Oh ! Rodolfo ! Rodolfo ! Croire à son amour, c'était une idée nécessaire à ma vie ! Dans le temps où j'y croyais, j'ai souvent pensé que si je mourais je voudrais mourir près de lui, mourir de telle façon qu'il lui fût impossible d'arracher ensuite mon souvenir de son âme, que mon ombre restât à jamais à côté de lui, entre toutes les autres femmes et lui ! Oh ! la mort, ce n'est rien. L'oubli, c'est tout. Je ne veux pas qu'il m'oublie. Hélas ! voilà donc où j'en suis venue ! Voilà où je suis tombée ! Voilà ce que le monde a fait pour moi ! Voilà ce que l'amour a fait de moi ! (*Elle va au lit, écarte les rideaux, fixe quelques instants son regard sur Catarina immobile, et prend le crucifix.*) Oh ! si ce crucifix a porté bonheur à quelqu'un dans ce monde, ce n'est pas à votre fille, ma mère !

Elle pose le crucifix sur la table. La petite porte masquée s'ouvre. Entre Rodolfo.

SCÈNE III.

LA TISBE, RODOLFO, CATARINA, toujours dans l'alcôve fermée.

LA TISBE. — C'est vous, Rodolfo ! Ah ! tant mieux ! j'ai à vous parler, justement ! Écoutez-moi.

RODOLFO. — Et moi aussi j'ai à vous parler, et c'est vous qui allez m'écouter, madame !

LA TISBE. — Rodolfo !...

RODOLFO. — Êtes-vous seule, madame ?

LA TISBE. — Seule.

RODOLFO. — Donnez l'ordre que personne n'entre.

LA TISBE. — Il est déjà donné.

RODOLFO. — Permettez-moi de fermer ces deux portes.

Il va fermer les deux portes au verrou.

LA TISBE. — J'attends ce que vous avez à me dire.

RODOLFO. — D'où venez-vous ? De quoi êtes-vous pâle ? Qu'avez-vous fait aujourd'hui, dites ? Qu'est-ce que ces mains-là ont fait, dites ? Où avez-vous passé les exécrables heures de cette journée, dites ? Non, ne le dites pas. Je vais le dire. Ne répondez pas, ne niez pas, n'inventez pas, ne mentez pas. Je sais tout ! Je sais tout, vous dis-je ! Vous voyez bien que je sais tout, madame ; il y avait là Dafne. À deux pas de vous. Séparée seulement par une porte. Dans l'oratoire. Il y avait Dafne qui a tout vu, qui a tout entendu, qui était là, à côté, tout près, qui entendait, qui voyait ! — Tenez, voilà des paroles que vous avez prononcées. Le podesta disait : Je n'ai pas de poison ; vous avez dit : j'en ai, moi ! — J'en ai, moi ! j'en ai, moi ! L'avez-vous dit, oui ou non ? Mentez un peu, voyons ! Ah ! vous avez du poison, vous ! Eh bien ! moi, j'ai un couteau !

Il tire un poignard de sa poitrine.

LA TISBE. — Rodolfo...

RODOLFO. — Vous avez un quart d'heure pour vous préparer à la mort, madame !

LA TISBE. — Ah ! vous me tuez ! Ah ! c'est la première idée qui vous vient ! Vous voulez me tuer ainsi, vous-même, tout de suite, sans plus attendre, sans être bien sûr ? Vous pouvez prendre une résolution pareille aussi facilement ! Vous ne tenez qui ne plus que cela ! Vous me tuez pour l'amour d'une autre ! O Rodolfo, c'est donc bien vrai, dites-le-moi de votre bouche, vous ne m'avez donc jamais aimée ?

RODOLFO. — Jamais !

LA TISBE. — Eh bien ! c'est ce mot-là qui me tue, malheureux ! ton poignard ne fera que m'achever.

RODOLFO. — De l'amour pour vous, moi ! Non, je n'en ai pas ! je n'en ai jamais eu ! Je puis m'en vanter, Dieu merci ! De la pitié tout au plus !

LA TISBE. — Ingrat ! Et, encore un mot, dis-moi, elle ! tu l'aimais donc bien ?

RODOLFO. — Elle ! si je l'aimais ! elle ! Oh ! écoutez cela puisque c'est votre supplice, malheureuse. Si je l'aimais ! une chose pure, sainte, chaste, sacrée, une femme qui est un autel, ma vie, mon sang, mon trésor, ma consolation, ma pensée, la lumière de mes yeux, voilà comme je l'aimais !

LA TISBE. — Alors, j'ai bien fait.

RODOLFO. — Vous avez bien fait ?

LA TISBE. — Oui. J'ai bien fait. Es-tu sûr seulement de ce que j'ai fait ?

RODOLFO. — Je ne suis pas sûr, dites-vous ! Voilà la seconde fois que vous le dites. Mais il y avait là Dafne, je vous répète qu'il y avait là Dafne, et ce qu'elle m'a dit, je l'ai encore dans l'oreille. — Monsieur, monsieur ! ils n'étaient qu'eux trois dans cette chambre, elle, le podesta, et une autre femme, une horrible femme que le podesta appelait Tisbe. Monsieur, deux grandes heures, deux heures d'agonie et de pitié, monsieur, ils l'ont tenue là, la malheureuse, pleurant, priant, suppliant, demandant grâce, demandant la vie. — Tu demandais la vie, ma Catarina bien-aimée ! — à genoux, les mains jointes, se traînant à leurs pieds, et ils disaient non ! Et le poison, c'est la femme Tisbe qui l'a été chercher ! et c'est elle qui a forcé madame de le boire ! et le pauvre corps mort, monsieur, c'est elle qui l'a emporté, cette femme, ce monstre, la Tisbe ! — Où l'avez-vous mis, madame ? — Voilà ce qu'elle a fait, la Tisbe ! Si j'en suis sûr ! (*Tirant un mouchoir de sa poitrine.*) Ce mouchoir que j'ai trouvé chez Catarina, à qui est-il ? A vous.

RODOLFO.
Ah! vous avez du poison, vous! Eh bien! moi, j'ai un couteau! (Page 23.)

(*Montrant le crucifix.*) Ce crucifix que je trouve chez vous, à qui est-il? A elle! — Si j'en suis sûr! Allons, priez, pleurez, criez, demandez grâce, faites promptement ce que vous avez à faire, et finissons!

LA TISBE. — Rodolfo...

RODOLFO. — Qu'avez-vous à dire pour vous justifier? Vite. Parlez vite. Tout de suite.

LA TISBE. — Rien, Rodolfo. Tout ce qu'on t'a dit est vrai. Crois tout. Rodolfo, tu arrives à propos, je voulais mourir. Je cherchais un moyen de mourir près de toi, à tes pieds. Mourir de ta main! oh! c'est plus que je n'aurais osé espérer! Mourir de ta main, oh! je tomberai peut-être dans tes bras. Je te rends grâce. Je suis sûre au moins que tu entendras mes dernières paroles. Mon dernier souffle, quoique tu n'en veuilles pas, tu l'auras. Vois-tu, je n'ai pas du tout besoin de vivre, moi. Tu ne m'aimes pas, tue-moi. C'est la seule chose que tu puisses faire à présent pour moi, mon Rodolfo. Ainsi, tu veux bien te charger de moi. C'est dit. Je te rends grâce.

RODOLFO. — Madame...

LA TISBE. — Je vais te dire. Écoute-moi seulement un instant. J'ai toujours été bien à plaindre, va. Ce ne sont pas là des mots, c'est un pauvre cœur gonflé qui déborde. On n'a pas beaucoup pitié de nous autres, on a tort. On ne sait pas tout ce que nous avons souvent de vertu et de courage. Crois-tu que je doive tenir beaucoup à la vie? Songe donc que je mendiais tout enfant, moi. Et puis, à seize ans, je me suis trouvée sans pain. J'ai été ramassée dans la rue par des grands seigneurs. Je suis tombée d'une fange dans l'autre. La faim ou l'orgie! Je sais bien qu'on vous dit : Mourez de faim, mais j'ai bien souffert, va! Oh oui! toute la pitié est pour les grandes dames nobles. Si elles pleurent, on les console. Si elles font mal, on les excuse. Et puis, elles se plaignent! Mais nous, tout est trop bon pour nous. On nous accable. Va, pauvre femme! marche toujours! de quoi te plains-tu? Tous sont contre toi. Eh bien! est-ce que tu n'es pas faite pour souffrir, fille de joie? — Rodolfo, dans ma position, est-ce que tu ne sens pas que j'avais besoin d'un cœur qui comprît le mien? Si je n'ai pas quelqu'un qui m'aime, qu'est-ce que tu veux que je devienne, là, vraiment? Je ne te dis pas cela pour t'attendrir, à quoi bon? Il n'y a plus rien de possible maintenant.

LA TISBE.
Madame, permettez-moi de lui dire encore une fois mon Rodolfo. (Page 26.)

Mais je t'aime, moi! O Rodolfo! à quel point cette pauvre fille qui te parle t'a aimé, tu ne le sauras qu'après ma mort, quand je n'y serai plus! Tiens, voilà six mois que je te connais, n'est-ce pas? Six mois que je fais de ton regard ma vie, de ton sourire ma joie, de ton souffle mon âme! Eh bien, juge! depuis six mois je n'ai pas eu un seul instant l'idée, l'idée nécessaire à ma vie, que tu m'aimais. Tu sais que je t'ennuyais toujours de ma jalousie, j'avais mille indices qui me troublaient, maintenant cela m'est expliqué. Je ne t'en veux pas. Ce n'est pas ta faute. Je sais que ta pensée était à cette femme depuis sept ans. Moi, j'étais pour toi une distraction, un passe-temps. C'est tout simple. Je ne t'en veux pas. Mais que veux-tu que je fasse? Aller devant moi comme cela, vivre sans ton amour, je ne le peux pas. Enfin il faut bien respirer. Moi, c'est par toi que je respire! Vois, tu ne m'écoutes seulement pas! Est-ce que cela te fatigue que je te parle? Ah! je suis si malheureuse vraiment, que je crois que quelqu'un qui me verrait aurait pitié de moi!

RODOLFO. — Si j'en suis sûr! Le podesta est allé chercher quatre sbires, et pendant ce temps-là vous avez dit à elle tout bas des choses terribles qui lui ont fait prendre le poison! Madame! est-ce que vous ne voyez pas que ma raison s'égare? Madame! où est Catarina? Répondez? Est-ce que c'est vrai, madame, que vous l'avez tuée, que vous l'avez empoisonnée? Où est-elle? dites! Où est-elle? Savez-vous que c'est la seule femme que j'aie jamais aimée, madame! la seule, la seule, entendez-vous? La seule!

LA TISBE. — La seule! la seule! Oh! c'est mal de me donner tant de coups de poignard! par pitié (*elle lui montre le couteau qu'il tient*), vite le dernier avec ceci!

RODOLFO. — Où est Catarina, la seule que j'aime? Oui, la seule!

LA TISBE. — Ah! tu es sans pitié! tu me brises le cœur! Eh bien, oui! je la hais, cette femme! entends-tu? je la hais! Oui, on t'a dit vrai, je me suis vengée, je l'ai empoisonnée, je l'ai tuée!

RODOLFO. — Ah! vous le dites donc! Ah! vous voyez bien que c'est vous qui le dites! Par le ciel! je crois que vous vous en vantez, malheureuse!

LA TISBE. — Oui, et ce que j'ai fait, je le ferais encore! Frappe!

RODOLFO, *terrible*. — Madame!

LA TISBE. — Je l'ai tuée, te dis-je ! Frappe donc !
RODOLFO. — Misérable !
Il la frappe.
LA TISBE. — (*Elle tombe.*) Ah ! au cœur ! Tu m'as frappée au cœur ! C'est bien. — Mon Rodolfo ! ta main ! (*Elle lui prend la main et la baise.*) Merci ! Tu m'as délivrée ! Laisse-la-moi, ta main. Je ne veux pas te faire du mal, tu vois bien. Mon Rodolfo bien-aimé, tu ne te voyais pas quand tu es entré, mais de la manière dont tu as dit : Vous avez un quart d'heure ! en levant ton couteau, je ne pouvais plus vivre après cela. Maintenant que je vais mourir, sois bon, dis-moi un mot de pitié. Je crois que tu feras bien.
RODOLFO. — Madame...
LA TISBE. — Un mot de pitié ! Veux-tu ?

On entend une voix sortir de derrière les rideaux de l'alcôve.

CATARINA. — Où suis-je ? Rodolfo !
RODOLFO. — Qu'est-ce que j'entends ? Quelle est cette voix ?

Il se retourne et voit la figure blanche de Catarina qui a entr'ouvert les rideaux.

CATARINA. — Rodolfo !
RODOLFO *court à elle et l'enlève dans ses bras.* — Catarina ! Grand Dieu ! Tu es ici ! Vivante ! Comment cela se fait-il ? Juste ciel ! (*Se retournant vers la Tisbe.*) Ah ! qu'ai-je fait !

LA TISBE, *se traînant vers lui avec un sourire.* — Rien. Tu n'as rien fait. C'est moi qui ai fait tout. Je voulais mourir. J'ai poussé ta main.
RODOLFO. — Catarina ! tu vis, grand Dieu ! par qui as-tu été sauvée ?
LA TISBE. — Par moi, pour toi !
RODOLFO. — Tisbe ! Du secours ! Misérable que je suis !
LA TISBE. — Non. Tout secours est inutile. Je le sens bien. Merci. Ah ! livre-toi à la joie comme si je n'étais pas là. Je ne veux pas te gêner. Je sais bien que tu dois être content. J'ai trompé le podesta. J'ai donné un narcotique au lieu d'un poison. Tout le monde l'a crue morte. Elle n'était qu'endormie. Il y a là des chevaux tout prêts. Des habits d'homme pour elle. Partez tout de suite. En trois heures vous serez hors de l'État de Venise. Soyez heureux. Elle est déliée. Morte pour le podesta. Vivante pour toi. Trouves-tu cela bien arrangé ainsi ?
RODOLFO. — Catarina !... Tisbe !...

Il tombe à genoux, l'œil fixé sur la Tisbe expirante.

LA TISBE, *d'une voix qui va s'éteignant.* — Je vais mourir, moi. Tu penseras à moi quelquefois, n'est-ce pas ? et tu diras : Eh bien, après tout, c'était une bonne fille, cette pauvre Tisbe. Oh ! cela me fera tressaillir dans mon tombeau ! Adieu ! — Madame, permettez-moi de lui dire encore une fois mon Rodolfo ! Adieu, mon Rodolfo ! Partez vite à présent. Je meurs. Vivez. Je te bénis !

Elle meurt.

FIN D'ANGELO.

NOTES

NOTE I.

L'auteur l'a dit ailleurs : *Confirmer ou réfuter des critiques, c'est la besogne du temps.* C'est pour cela qu'il s'est toujours abstenu et qu'il s'abstiendra toujours de toute réponse aux diverses objections qui accueillent d'ordinaire à leur apparition les ouvrages, d'ailleurs si incomplets, qu'il publie ou qu'il fait représenter. Il ne veut pas cependant qu'on suppose que, s'il se tait, c'est qu'il n'a rien à dire; et pour prouver, une fois pour toutes, que ce ne sont pas les raisons qui lui manqueraient dans une polémique à laquelle sa dignité se refuse, il répondra ici, par exception et seulement pour donner un exemple, à l'une des critiques les plus radicales, les plus accréditées et les plus fréquemment répétées qu'*Angelo* ait eu à subir. La partie du public qui fait attention à tout se souvient peut-être qu'à l'époque où *Angelo* fut représenté, une des principales objections, sinon la principale, qu'éleva contre ce drame la critique parisienne presque unanime, avait pour base l'*invraisemblance* et l'*impossibilité* de ces corridors secrets, de ces couloirs à espions, de ces portes masquées, de ces clefs mystérieuses, moyens absurdes et faux, disait-on, inventés par l'auteur, et non puisés dans les mœurs réelles de Venise, commodes pour faire jaillir de quelques scènes un effet mélodramatique, et non la vraie terreur historique, etc. — Or, voici ce qu'on lit dans Amelot, *Histoire du Gouvernement de Venise*, tome I, page 245 :

« Les inquisiteurs d'État font des visites nocturnes dans
« le palais de Saint-Marc, où ils entrent et d'où ils sor-
« tent par des endroits secrets dont ils ont la clef ; et il
« est aussi dangereux de les voir que d'en être vu. Ils
« iraient, s'ils voulaient, jusqu'au lit du doge, entreraient
« dans son cabinet, ouvriraient ses cassettes, feraient son
« inventaire et sans que ni lui ni toute sa famille osât té-
« moigner de s'en apercevoir. »

Qu'ajouter après cela ?

Observons en passant que cette jalouse et insolente puissance de l'espionnage n'est pas une chose nouvelle dans l'histoire. Toutes les tyrannies aboutissent à se ressembler. Un despote vaut une oligarchie. Tibère vaut Venise. *Præcipua miserarium pars*, dit Tacite, *erat videre et aspici*.

L'auteur, appuyé, à défaut de talent, sur des études sérieuses, pourrait démontrer par des preuves non moins concluantes la réalité de tous les autres aspects historiques de ce drame, et ce qu'il dit pour *Angelo*, il pourrait le dire pour toutes ses pièces. Selon lui, les œuvres de théâtre doivent toujours être, par les mœurs, sinon par les événements, des œuvres d'histoire. A ceux qui, non sans quelque étourderie ou sans quelque ignorance, reprochent à ses drames italiens l'usage et, ajoute-t-on communément, l'abus du poison, il pourrait faire lire, par exemple, entre autres choses curieuses, cette page du Voyage de Burnet, évêque de Salisbury :

« Une personne de considération m'a dit qu'il y avait à
« Venise un empoisonneur général qui avait des gages,
« lequel était employé par les inquisiteurs pour dépêcher
« secrètement ceux dont la mort publique aurait pu causer
« quelque bruit. Il me protesta que c'était la pure vérité,
« et qu'il le tenait d'une personne dont le frère avait été
« sollicité de prendre cet emploi. »

M. Daru, qui avait été au fond des documents dans lesquels l'auteur a tâché de ne pas fouiller moins avant que lui, dit au tome VI de son *Histoire*, page 219 :

« C'était une opinion répandue dans Venise que, lorsque
« le baile de la république partait pour Constantinople, on
« lui remettait une cassette et une boîte de poisons. Cet
« usage s'était perpétué, dit-on, jusqu'à ces derniers
« temps ; non qu'il faille en conclure que l'atrocité des
« mœurs était la même, mais les formes de la république
« ne changeaient jamais. »

Enfin, l'auteur ne croit pas inutile de terminer cette longue note par quelques extraits étranges et authentiques de ces célèbres *Statuts de l'inquisition d'État*, restés secrets jusqu'au jour où la République française, en dissolvant par son seul contact la république vénitienne, a soufflé sur les poudreuses archives du Conseil des Dix, et en a éparpillé les mille feuillets au grand jour. C'est ainsi qu'est venu mourir en pleine lumière ce code monstrueux, qui, depuis trois cent cinquante ans, rampait dans les ténèbres. Éclos dans l'ombre à côté du fatal doge Foscari en 1454, il a expiré sous les huées de nos caporaux en 1797. Nous recommandons aux esprits réfléchis ces extraits pleins d'explications et d'enseignements. C'est dans ces sombres *statuts* que l'auteur a puisé son drame ; c'est là que Venise puisait sa puissance. *Dominationis arcana*.

STATUTS DE L'INQUISITION D'ÉTAT.

(12 juin 1454.)

	AGGIONTA FATTA AL CAPITOLARE DELLI INQUISITORI DI STATO.	SUPPLÉMENT AUX CAPITULAIRES DES INQUISITEURS D'ÉTAT.

6° Sia procurado dà noi, e dà nostri successori de haver più numero de raccordanti che sia possibile tanto del ordene nobile quanto de' cittadini, e popolari, come anco de' religiosi.

12° Per haver questa intratura se puol servire de qualche raccordante religioso ò de qualche zudio, che sono persone che facilmente trattano con tutti.

16° Se occoresse che per el nostro magistrato se dovesse dar la morte ad alcun, non se faccia mai dimostracion publica, mà questa secretamente si adempisca, co mandarlo ad annegar in canal Orfano di notte tempo.

28° Se qualche nobile nostro venisse ad avvertirci di esser sta tentado per parte de alcun ambassador, sia procurado che el continua la pratica, tanto che se possa concertar de mandar a retenir la persona in fragrante, e quando se possa in quello istante verificar el dito di quel nobile nostro, quella persona sia mandata subito ad annegar, mentre però non sia l'ambassador istesso et anco il suo secretario, perchè ij altri se può finzer de non conoscerli.

29°..... E quando non se possa far altro, ij siano fatta ammazzar privatamente.

40° Sia procurado del magistrato nostro di aver raccordanti, non solo in Venetia, mà anco nelle nostre città principali, massime de confin, li quali doi volte l'anno debbano personalmente comparir al tribunal, per referir se li rettori nostri havessero qualche commercio con i principi confinanti, come anco altri particolari importanti circa i loro portamenti. E quando se intendesse cosa alcuna contro il stato, sia provisto da noi vigorosamente.

6° Le tribunal aura le plus grand nombre possible d'observateurs choisis, tant dans l'ordre de la noblesse que parmi les citadins, les populaires et les religieux.

12° On fera faire les ouvertures par quelque moine ou par quelque juif, ces sortes de gens s'introduisant partout.

16° Quand le tribunal aura jugé nécessaire la mort de quelqu'un, l'exécution ne sera jamais publique. Le condamné sera noyé secrètement, la nuit, dans le canal Orfano.

28° Si quelque noble vénitien révèle au tribunal des propositions qui lui auraient été faites de la part de quelque ambassadeur, il sera autorisé à continuer cette pratique; et, quand on aura acquis la certitude du fait, l'agent intermédiaire de cette intelligence sera enlevé et noyé, pourvu que ce ne soit ni l'ambassadeur lui-même ni le secrétaire de la légation, mais une personne que l'on puisse feindre de ne pas connaître.

29°..... On emploiera tous les moyens pour l'arrêter, et si, enfin, on ne peut faire autrement, on le fera assassiner secrètement.

40° Il y aura des surveillants, non-seulement à Venise, mais encore dans les principales villes de l'État, et principalement sur les frontières, lesquels devront se présenter en personne deux fois l'an devant le tribunal, pour y déclarer s'il est à leur connaissance que les gouverneurs, ou d'autres personnages marquants, aient quelques intelligences avec les princes voisins, ou qu'ils se conduisent mal. Au moindre avis de quelque désordre nuisible au service public, le tribunal y remédiera avec vigueur.

1° Siano incaricati tutti li raccordanti, di qual si voglia condition, ad invigilar a questa sorte di discorsi, et di tutti darne parte al magistrato nostro, e doveremo noi e li successori nostri, in ogni tempo che ciò succeda, far chiamar quelli che havessero havuto hardimento di proferir concetti si licentiosi, e farli risoluta ammonition che mai più ardiscano proferir cose simili in pena della vita; e quando pure se facessero tanto licentiosi e disobedienti di rinovar questi discorsi, provata che sia giudiciaramente, ò vero estragiudiciaramente la recità, siano con ogni prestezza mandato uno ad annegar per esempio dell' altri, accio se estirpi a fatto questa arroganza.

3° A tra questi che vivono più presenti scelierne uno che habbi conditione di buon zelo verso la patria, di ingegno habile à maneggiare un negocio, e bisogno di migliorare le sue fortune, come sarebbe in questa consideratione per esempio un vescovo di titolo. Scelta che sij la persona, fare che con ogni riguardo s'abbochi prima con alcuno di noi inquisitori, et per ultimo con tutti trè; et à questo prelato restri offerito un premor sicuro di cento ducati al mese.

17° Si anco in avvantaggio scritto all' ambasciador nostro in Spagna, che applichi l'ingegno per contaminare alcun huomo della nacione loro; acciò fingendo qualche negocio particolari in Italia, si porti in Venetia, e con lettere di raccommandatione di alcun soggetto autorevole di quei contorni, procuri adito et hospitio in casa dell' ambasciadore Spagnuolo residente appresso di noi, ove fermandosi qualche tempo, come forestiere, non dara sospetto alcuno alla corte, e ne meno ad altri che practicassero nella medesima, col supposto di essere persona sconoscente, e applicato solo à servigio particolare; in tal modo potrebbe questo tale referire tutti li andomenti della corte stessa à chi sarà poi appostato da noi.

1° Les surveillants de toutes conditions sont chargés d'écouter attentivement et de rapporter au tribunal les discours absurdes qui pourraient mettre le trouble dans la République. Il est arrêté que, dans toute occurrence semblable, ceux qui auraient proféré des paroles si audacieuses seront mandés; on leur intimera l'ordre de ne pas se permettre de pareils discours, sous peine de la vie; et s'ils étaient assez hardis pour recommencer, et qu'on pût en acquérir la preuve judiciaire ou extra-judiciaire, on en ferait noyer un pour l'exemple.

3° Parmi les prélats qui résident plus habituellement à Venise, on en choisira un dont le zèle pour la patrie soit bien connu, l'esprit habile à manier les affaires, et la fortune assez médiocre pour qu'il ait besoin de l'augmenter, comme pourrait être un évêque de titre (in partibus). Le choix fait, un des inquisiteurs d'abord, et ensuite tous les trois, s'aboucheront avec ce prélat pour lui offrir un traitement de cent ducats par mois (afin d'en faire un espion).

17° Il sera écrit à l'ambassadeur de la République en Espagne de chercher un homme de cette nation qui, sous le prétexte de ses affaires particulières, fasse un voyage en Italie, et, arrivé à Venise avec des lettres de recommandation de personnes considérables de son pays, se procure un accès facile chez l'ambassadeur espagnol résidant auprès de nous. Cet étranger s'y fixera pendant quelque temps, sans être suspect ni au ministre ni aux autres habitués de la cour, parce qu'il passera pour n'être point au courant des affaires et occupé uniquement des siennes; il pourra, par conséquent, observer facilement tout ce qui se passe dans le palais de l'ambassadeur, et communiquer ses observations à un agent que nous aurons aposté près de lui.

28° Formato il processo, et conosciuto in conscienga che sij reo di morte, s'operi con puntualissimo riguardo che alcun carcerio, mostrando affetto di guadagno, le oferisca modo di romper la carcere, et di notte tempo fugirsi, et il giorno attendendo alla fuga le sij nel cibo dato il veleno, che operi come insensibilmente et non lassi segno di violenza : in tal modo sarà suplito al riguardo publico et al rispetto privato, et sarà uno stesso in fine della giustitia, perchè il viaggio un poco più longo, ma più sicuro.	28° Si l'instruction du procès donne la conviction de la culpabilité du détenu et le fait juger digne de mort, on aura soin que quelque geôlier, feignant d'avoir été gagné pour de l'argent, lui offre les moyens de s'enfuir la nuit, et, la veille du jour où il devra s'évader, on lui fera donner parmi ses aliments un poison qui n'agisse que lentement et ne laisse point de trace ; de cette manière, on n'offensera pas le regard public et le respect privé, et le but de la justice sera atteint par un chemin un peu plus long, mais plus sûr.	

NOTE II.

Note qui accompagnait les premières éditions.

La loi d'optique du théâtre, qui oblige souvent à ne présenter que des raccourcis, surtout vers les dénoûments, exige impérieusement que le rideau tombe au mot : *Par moi, pour toi !* La vraie fin de la pièce n'est pourtant pas là, comme on peut s'en convaincre en lisant. Il est évident aussi que lorsque Angelo Malipieri, à la première scène de la troisième journée, explique aux prêtres le blason des Bragadini, il devrait dire : la *croix de gueule* et non la *croix rouge*. Espérons qu'un jour un seigneur vénitien pourra dire tout bonnement sans péril son blason sur le théâtre. C'est un progrès qui viendra. A l'heure qu'il est, il n'est guère permis à un gentilhomme de se targuer sur le théâtre d'autre chose que d'un champ d'*azur*. *Sinople* ne serait pas compris ; *gueules* ferait rire ; *azur* est charmant.

Pour tout ce qui regarde la mise en scène, MM. les directeurs de province ne peuvent mieux faire que de se modeler sur le Théâtre-Français, où la pièce a été montée avec un soin extrême. Ajoutons que la pièce est jouée, dans ses moindres détails, avec un ensemble et une dignité qui rappellent les plus belles époques de la vieille Comédie-Française. M. Provost a reproduit avec une fermeté sculpturale le profil sombre et mystérieux d'Homodei. M. Geffroi réalise avec un talent plein de nerf et de chaleur ce Rodolfo mélancolique et violent, passionné et fatal, frappé comme homme par l'amour, comme prince par l'exil. M. Beauvallet, qui peut mettre une belle voix au service d'une belle intelligence, a posé puissamment la figure haute et sévère de cet Angelo, tyran de la ville, maître de la maison. La création de ce rôle place pour tout le monde M. Beauvallet au rang des meilleurs acteurs qu'il y ait au théâtre en ce moment. Quant à mademoiselle Mars, si charmante si spirituelle, si pathétique, si profonde par éclairs, si parfaite toujours ; quant à madame Dorval, si vraie, si gracieuse, si pénétrante, si poignante, que pourrions-nous en dire après ce que dit, au milieu des bravos, des acclamations, des applaudissements et des larmes, cette foule immense et émerveillée qu'éblouit chaque soir le choc étincelant des deux sublimes actrices ?

FIN DES NOTES D'ANGELO.

PROCÈS

D'ANGELO ET D'HERNANI

Comme *le Roi s'amuse, Hernani, Marion de Lorme* et *Angelo* ont eu leur procès. Au fond, c'est toujours la même affaire. Contre *le Roi s'amuse*, c'était une persécution littéraire cachée sous une tracasserie politique; contre *Hernani*, *Marion de Lorme* et *Angelo*, c'était une persécution littéraire cachée sous des chicanes de coulisse. Il faut le dire, nous sentons quelque hésitation et quelque pudeur en prononçant ce mot ridicule : *persécution littéraire*, car il est étrange qu'au temps où nous vivons, les préjugés littéraires, les animosités littéraires, les intrigues littéraires aient encore assez de consistance et de solidité pour qu'on puisse, en les amoncelant, en faire une barricade devant la porte d'un théâtre.

L'auteur a dû briser cette barricade. Censure littéraire, interdit politique, empêchements de coulisses, il a dû faire solennellement justice et des motifs secrets et des prétextes publics. Il a dû traîner au grand jour et les petites cabales et les grosses haines. La triple muraille des coteries, depuis si longtemps maçonnée dans l'ombre, se dressait devant lui, il a dû ouvrir dans cette muraille une brèche assez large pour que tout le monde y pût passer.

Si peu de chose qu'il soit, cette mission lui était donnée par les circonstances; il l'a acceptée. Il n'est, et il le sait, qu'un simple et obscur soldat de la pensée; mais le soldat a sa fonction comme le capitaine. Le soldat combat, le capitaine triomphe.

Depuis quinze ans qu'il est au plus fort de la mêlée, dans cette grande bataille que les idées propres à ce siècle soutiennent si fièrement contre les idées des autres temps, l'auteur n'a d'autre prétention que celle d'avoir combattu.

Quand les vainqueurs se compteront, il sera peut-être parmi les morts. Qu'importe! on peut à la fois être mort et vainqueur.

Qu'on ne s'étonne donc pas si, au milieu de ce procès, l'affaire étant déjà engagée, il s'est levé tout à coup, et a parlé. C'est qu'il venait d'en sentir subitement le besoin; c'est qu'il venait d'apercevoir soudain, au tournant de la plaidoirie de ses adversaires, un grand intérêt de morale publique et de liberté littéraire qui le sollicitait d'élever la voix; c'est qu'il venait de voir surgir brusquement la question générale du milieu de la question privée. Et il fera toujours ainsi.

En quelque situation de la vie que le devoir vienne le saisir à l'improviste, il suivra le devoir.

Ce procès sera un jour de l'histoire littéraire; non, certes, à cause des trois pièces quelconques qui en étaient l'occasion, mais à cause du procès lui-même, à cause des révélations étranges qui en ont jailli, à cause de la lumière qu'il a jetée dans certaines cavernes, à cause des théâtres dont il a dévoilé les plaies, à cause de la littérature dont il a consacré les droits, à cause du public dont il a si profondément éveillé l'attention et remué la sympathie.

Ce que nous avons fait pour *le Roi s'amuse*, nous le faisons pour *Hernani*. Nous joignons le procès au drame, la lutte à l'œuvre. Désormais, aucune édition ne sera complète si ce procès n'en fait partie.

Nous imprimons les quatre audiences devant les deux juridictions d'après la *Gazette des Tribunaux*, qui les a fidèlement rapportées. Il y aura toujours dans cette lecture, nous le pensons, plus d'un genre d'enseignement et plus d'un genre d'intérêt. Il est bon que le public qui viendra après nous puisse savoir un jour, si par hasard les pages que nous écrivons arrivent jusqu'à lui, à quelles aventures les tragédies étaient exposées au dix-neuvième siècle.

Et maintenant que l'auteur a expliqué toute sa pensée, qu'il lui soit permis de remercier ici, pas en son nom, mais au nom de la littérature entière, les juges consulaires dont l'admirable bon sens a si bien compris que dans une petite question il y en avait une grande, et que dans l'intérêt du poëte il y avait l'intérêt de tout le monde.

Qu'il lui soit permis de remercier la cour souveraine, dont l'austère équité s'est si complétement associée à la probité intelligente des premiers juges.

Qu'il lui soit permis de remercier enfin le jeune et honorable avocat pour lequel cette cause n'a été qu'un continuel triomphe, M. Paillard de Villeneuve, esprit incisif et noble cœur, beau talent dans lequel toutes les qualités ingénieuses et fines se corrigent et se complètent par toutes les qualités élevées et généreuses.

20 décembre 1837.

TRIBUNAL DE COMMERCE DE LA SEINE

(PRÉSIDENCE DE MONSIEUR PIERRUGUES.)

Audience du 6 novembre.

MONSIEUR VICTOR HUGO CONTRE LA COMÉDIE-FRANÇAISE.

Un public nombreux, et qui se compose en grande partie d'hommes de lettres et d'acteurs, est réuni dans la salle d'audience du Tribunal de commerce. Monsieur Victor Hugo, est assis au barreau.

M⁰ Paillard de Villeneuve, avocat de monsieur Victor Hugo expose ainsi la demande :

« Monsieur Victor Hugo demande que la Comédie-Française soit condamnée vis-à-vis de lui en des dommages-intérêts pour n'avoir pas représenté les ouvrages dont il est auteur : il demande, en outre, pour l'avenir, que vous ordonniez, sous une sanction pénale, la représentation de ces ouvrages.

« De son côté, la Comédie-Française vient lutter contre l'exécution des obligations qu'à trois reprises différentes elle a consenties, et que depuis cinq ans elle a constamment méconnues. Est-ce à dire que monsieur Victor Hugo soit de ces hommes qui, pour s'imposer à la solitude d'un théâtre, ont besoin de se placer sous la sauvegarde d'un mandement de justice? Est-ce à dire que la Comédie-Française, dans cette lutte qu'elle soutient contre ses propres engagements, puisse s'en excuser par les sacrifices qu'ils lui imposeraient et rejeter en quelque sorte sur le public lui-même la solidarité d'une résistance et d'un abandon dont il le rend complice? Non, telle n'est pas, de part ni d'autre, la position des parties; et nos adversaires eux-mêmes n'essayeront pas, à cet égard, de vous donner le change.

« Monsieur Victor Hugo est un de ceux auxquels la Comédie-Française doit ses plus brillants et ses plus profitables succès, un de ceux que, dans ses moments de détresse, elle vient supplier de songer à elle, et autour desquels la foule se presse encore avec un avide enthousiasme.

« Ces engagements, contre lesquels le théâtre vient plaider aujourd'hui, c'est lui-même qui les a sollicités. Il savait, il sait encore, qu'il n'y a pour lui aucun péril à s'y soumettre; et ce n'est pas là une des moindres bizarreries de cette cause qu'à côté de l'intérêt privé de monsieur Hugo se trouve aussi l'intérêt de la Comédie-Française.

« Quel est donc le mot de ce procès? Quelle circonstance nous a donc fait à tous deux cette étrange position?

« C'est ici, messieurs, que la cause prend un caractère de généralité qui l'élève au-dessus des intérêts d'un débat privé et qui la recommande puissamment à vos méditations.

« Au fond de tout cela, en effet, il y a une question de liberté littéraire, une question de monopole théâtral. Il s'agit de savoir si un théâtre que l'État subventionne, qui vit aux dépens du budget, doit être ouvert à tous, ou s'il n'est que le monopole exclusif de quelques-uns; s'il est dévolu à tel système dramatique plutôt qu'à tel autre, et si des engagements cessent d'être sacrés parce qu'ils peuvent blesser ce qu'on appelle des scrupules littéraires. Bizarre position que celle-là, qui semble nous rejeter au temps où les arrêts de la justice venaient prêter main forte aux enseignements d'Aristote : mais cette position, ce n'est pas nous qui l'avons faite, et vous l'allez voir se développer avec chacun des faits de ce procès.

« A l'époque où monsieur Victor Hugo composa *Marion de Lorme* et *Hernani*, deux systèmes littéraires se trouvaient en présence.

« Les uns, admirateurs exclusifs du passé, n'imaginaient pas que l'esprit humain pût aller à côté ni au delà ; dans leur impuissance de produire, ils s'étaient dévoués à n'être que d'inhabiles imitateurs, et s'étaient condamnés à tour-

Angelo.

ner perpétuellement autour d'un grand siècle dont ils s'étaient faits les pâles satellites.

« D'autres, jeunes, ardents, consciencieux, et à leur tête monsieur Victor Hugo, avaient cru, au contraire, que, tout en admirant les chefs-d'œuvre du passé, il pouvait y avoir une nouvelle carrière à frayer : ils s'étaient dit que, dans les arts comme dans la politique, dans la morale comme dans les sciences, chaque époque devait avoir une mission qui lui fût propre; qu'à des mœurs nouvelles, qu'à des besoins nouveaux, il fallait de nouvelles formes, de nouveaux aliments; ils avaient pensé enfin que notre siècle n'était pas tellement déshérité qu'il dût n'être qu'un écho du passé, et qu'il ne pût avoir, lui aussi, son cachet original, son horizon de gloire et d'immortalité.

« Qui se trompait? Qu'importe !

« A tous la carrière était ouverte : l'opinion publique était là pour voir et pour juger

« Vous vous rappelez ces luttes si vives, si acharnées, qui éclatèrent alors. On attendait avec impatience que la scène française fût enfin ouverte à ce qu'on appelait la nouvelle école.

« Mais cette épreuve devait, à ce qu'il parait, effrayer ceux qui jusqu'alors étaient en possession de cette scène, qu'ils regardaient comme inféodée à eux seuls, et il fallut à tout prix fermer à de hardis novateurs le seul théâtre sur lequel ils pussent se rencontrer avec leurs adversaires.

« C'est alors que commença à se manifester contre monsieur Victor Hugo, et contre ce qu'on appelle son école, cette série d'intrigues, qui depuis n'ont cessé de l'envelopper, qui pendant sept années l'ont poursuivi, harcelé, et dont enfin sa patience lassée vient vous demander aujourd'hui réparation.

« C'était dans le mois de mars 1829 : une pétition fut adressée au Roi; elle était signée par sept académiciens,

Rodolfo.

fournisseurs habituels du Théâtre-Français, vieux débris de cette littérature impériale qui se vantait d'avoir eu des parterres de rois, et qui, dans son orgueilleuse naïveté, se figurait ne devoir qu'à son génie l'éclat éphémère qu'avait rejeté sur elle son public couronné.

« Cette pétition demandait que le Théâtre-Français fût fermé aux productions de l'école nouvelle; et que, notamment, les représentations d'*Hernani* fussent interdites. Vous savez, messieurs, la réponse que fit le roi Charles X à ces singuliers pétitionnaires.

« En fait de littérature, leur dit-il, je n'ai, comme cha-
« cun de vous, messieurs, que ma place au parterre. »

« Et *Hernani* obtint cinquante représentations consécutives.

« Ce furent pour le théâtre les recettes les plus brillantes.

« Lorsque survint la Révolution de juillet et avec elle l'abolition de la censure, le Théâtre-Français voulut reprendre *Marion de Lorme*. Monsieur Victor Hugo s'y opposa.

« Celui que tout à l'heure on vous représentera peut-être comme un auteur insatiable ne voulut pas consentir aux représentations qu'on sollicitait de lui. *Marion de Lorme* avait été interdite par la censure comme pouvant être attentatoire par allusion à la majesté royale : il y avait pourtant alors une réaction favorable au succès, à l'enthousiame...

« Mais monsieur Victor Hugo n'est pas de ceux qui pensent que le scandale est une bonne chose quand il peut se résoudre en applaudissements et en droits d'auteurs. Il se rappela que la dynastie déchue avait droit à cette compassion respectueuse que tout homme de cœur doit à des proscrits, et qu'il ne lui convenait pas, à lui, de spéculer un succès sur l'effervescence qui alors se ruait contre Charles X, et sur des allusions auxquelles il n'avait jamais songé. Il se borna à demander à la Comédie-Française la reprise d'*Hernani*.

« Mais les intrigues dont vous avez vu le germe dans la pétition de 1829 se réveillèrent, et il fut impossible d'obtenir cette reprise. »

Ici l'avocat passe en revue les différents traités qui ont été passés entre monsieur Victor Hugo et la Comédie-Française.

Le premier, du 12 août 1832, relatif au drame célèbre intitulé *le Roi s'amuse*, stipulait qu'*Hernani* serait repris en janvier 1833. Ce premier traité fut violé.

Un second intervint le 10 avril 1835, à l'occasion d'*Angelo*, et il fut stipulé qu'*Hernani* et *Marion de Lorme* seraient repris dans le courant de l'année.

Cette double clause fut encore violée, malgré les vives réclamations de monsieur Hugo.

Enfin, un troisième engagement de monsieur Védel, du 12 avril 1837, relatif à la reprise d'*Angelo* et d'*Hernani*, est encore inexécuté. Le défenseur, rappelant les divers arrêtés de censure pris contre *le Roi s'amuse* et *Antony*, rapprochant les motifs de ces arrêtés de la pétition de 1829 et des discussions littéraires qui s'élèvent chaque année dans les chambres à l'occasion du budget du Théâtre-Français et de la menace faite, à plusieurs reprises, de retirer au Théâtre-Français une subvention qu'il profane au contact des novateurs littéraires, s'attache à démontrer que tous ces actes se lient à un système général de monopole et d'exclusion contre une doctrine littéraire qui blesse certaines répugnances et porte ombrage à certaines célébrités.

« Quel serait, en effet, continue le défenseur, le motif de cette violation perpétuelle des contrats? un intérêt d'argent, une question de recettes. A cela nous répondrons, chiffres en main, que les recettes de monsieur Victor Hugo sont égales, supérieures à celles que le théâtre considère comme les plus fructueuses, celles de mademoiselle Mars. Ainsi la moyenne des 85 représentations de monsieur Hugo est de 2,914 francs 25 centimes. La moyenne de mademoiselle Mars dans l'hiver de 1835 est de 2,618 francs.

« Faut-il d'autres preuves de ce système dont je vous parlais? Pourquoi ne pas vous les donner encore ? car ici, monsieur Hugo ne parle pas seulement au nom de son intérêt privé, il parle au nom de tous ceux qui marchent avec lui dans la même carrière, au nom d'une question d'art et de liberté théâtrale; et il faut bien que vous sachiez jusqu'où peut aller l'abus contre lequel nous venons protester aujourd'hui.

« Parmi les hommes que la faveur publique accompagne de son estime et de ses applaudissements, mais qui ne se rencontrent pas avec monsieur Hugo dans les mêmes voies littéraires, et qui ne sont pas comme lui sous l'embargo censorial, il en est deux surtout, au talent, à l'habileté desquels plus que personne nous rendons hommage, dont les succès ont été grands et le sont encore. Certes, ce n'est pas d'eux que nous vient la position qui nous est faite.

« L'exclusion qui pèse sur certains auteurs, qui les repousse malgré des engagements sacrés, est loin de leur pensée; et si un monopole en découle, ils le subissent plutôt qu'ils ne le préparent.

« Je suis convaincu même que les deux personnes dont je parle ne se sont point aperçues de tout cela. Je veux seulement montrer que la Comédie-Française ne tend à rien moins qu'à déshériter de sa publicité tous ceux dont les doctrines ne sympathisent pas avec la littérature officielle qui lui est imposée. »

L'avocat met sous les yeux du tribunal une statistique des diverses représentations du Théâtre-Français, et il examine dans quelle position se trouvent les quarante ou cinquante auteurs dont les ouvrages sont au répertoire.

Voici un extrait de ce curieux document, qui excite quelques marques d'étonnement dans l'auditoire.

« En 1834, sur 362 représentations, et déduction faite des représentations du vieux répertoire, les deux auteurs dont il s'agit en obtiennent 180 ; pour tous les autres auteurs il ne reste que 45 jours.

« En 1835 et 1836, ces deux auteurs ont 113, 115 jours, tous les autres n'ont que 50 et 54 jours.

« Enfin, du 1er janvier 1837 jusqu'à ce moment, ces deux auteurs ont obtenu 112 représentations; 34 seulement ont été accordées aux autres. »

Après avoir fait ressortir tout ce qu'il y a de grave dans un pareil abus, de la part d'un théâtre que son institution même doit ouvrir à tous les travaux, à tous les succès, après avoir ajouté d'ailleurs que rien ne serait plus légitime que de jouer souvent des auteurs qui réussissent beaucoup, à la condition seulement de ne pas exclure d'autres auteurs qui ne réussissent pas moins, Me Paillard de Villeneuve arrive à l'examen des traités en eux-mêmes, et s'attache à justifier, dans une discussion lumineuse, les conclusions prises au nom de monsieur Victor Hugo.

« Cette cause, dit-il en terminant, ne vous offre-t-elle pas un étrange spectacle? Depuis huit années, malgré de nombreux et éclatants succès, malgré la foi due à des engagements sacrés, monsieur Hugo n'a pu s'ouvrir les portes de ce théâtre, sur lequel cependant il avait jeté quelque gloire; et, tandis que la Comédie-Française luttait ainsi pour le condamner au silence et à l'oubli, monsieur Victor Hugo pouvait voir ses œuvres traduites dans toutes les langues : il pouvait apprendre que sur les divers théâtres de l'Europe, à Londres, à Vienne, à Madrid, à Moscou, ses ouvrages étaient glorieusement représentés, couronnés d'applaudissements... C'est seulement en France, dans son pays, qu'il ne lui a pas été donné d'en entendre l'écho. »

Me Delangle, avocat de la Comédie-Française, prend la parole.

« Messieurs, dit-il, je ne m'attendais pas à voir la question placée sur le terrain que mon adversaire a choisi. Je ne voyais dans cette affaire qu'une question d'intérêt privé, qu'une appréciation d'actes, et non une question d'art, de monopole littéraire.

« N'attendez donc pas de moi que je suive l'avocat de monsieur Hugo dans la discussion qu'il vient d'entamer; qu'il me suffise de vous dire que notre adversaire est assez mal venu dans ses plaintes et ses récriminations; car, sur six drames dont l'illustre poëte est auteur, quatre ont été reçus par l'administration de la rue Richelieu; trois, *Hernani, le Roi s'amuse, Angelo*, ont été joués par les comédiens français.

« Si *Marion de Lorme* n'a pas eu le même sort, il ne faut en attribuer la faute qu'au *veto* de la censure.

« En droit, les traités dont monsieur Victor Hugo réclame l'exécution sont entachés d'une nullité radicale. Effectivement, d'après un arrêté des consuls de nivôse an XIII, le décret impérial de Moscou et une ordonnance royale de 1816, l'administration de la compagnie qui exploite le Théâtre-Français ne peut engager cette même compagnie qu'autant que le conseil judiciaire a donné son approbation et le commissaire royal apposé son visa sur les traités.

« Sans doute, à l'époque où les règlements dont s'agit ont été rendus, la Comédie-Française était régie par des administrateurs qu'elle choisissait elle-même parmi ses sociétaires, et, depuis lors, la gérance a été confiée par l'autorité administrative à un directeur rétribué et qui n'a d'autre responsabilité que celle de ses faits personnels.

« Mais l'attribution de la gérance à un tiers, étranger à la société de la Comédie-Française, n'a dérogé en rien aux règlements antérieurs de cette société, règlements qui sont d'ordre public, et que nul n'est censé ignorer. Or, monsieur Victor Hugo a traité d'abord avec monsieur Desmousseaux, sociétaire-administrateur, et ensuite avec monsieur Jouslin de Lasalle, directeur, sans avoir obtenu le visa de monsieur le commissaire royal baron Taylor, ni l'approbation du conseil établi près de la Comédie-Française, indépendant de l'administration théâtrale, et qui se compose d'un avocat, d'un agréé, d'un notaire, d'un avoué, etc.

« Le demandeur est donc dans la même position que s'il avait traité avec un fils de famille en état de minorité, avec une femme mariée non assistée de son mari. Indépendamment de cette fin de non-recevoir insurmontable, il en existe d'autres encore.

« Ainsi, monsieur Victor Hugo n'a fait aucune mise en demeure, aucunes diligences pour obtenir l'exécution des prétendues obligations qu'on nous oppose aujourd'hui.

« Il y a plus : en admettant la validité des actes en eux-mêmes, que peut demander monsieur Hugo? rien évidemment, si nous démontrons qu'il n'a de son côté rempli aucune des conditions qui lui étaient imposées.

« Ainsi, d'après un des articles du décret que j'ai cité, « les auteurs sont tenus de distribuer *en double* tous les rôles de leurs ouvrages. » Or, à l'égard d'*Hernani*, monsieur Hugo ne l'a pas fait.

« Une première distribution fut faite en 1829; mais Michelot, qui remplissait le rôle de Charles-Quint, s'est retiré; mademoiselle Mars a renoncé au rôle de dona Sol. Depuis, monsieur Victor Hugo n'a fait aucune distribution nouvelle. »

M. VICTOR HUGO : « Vous vous trompez. La distribution a été faite en 1834. Elle est écrite sur les registres du théâtre, de la main même de monsieur Jouslin de Lasalle. Le rôle de Charles-Quint était donné à monsieur Ligier, qui me l'avait vivement demandé. »

Me DELANGLE : « J'ignorais le fait. Mais, fût-il exact, il n'y aurait là qu'une distribution de rôles seulement aux chefs d'emploi, et non en double comme l'exige le décret.

« En effet, l'un est tout aussi important que l'autre; car, si le chef d'emploi est empêché, il faut qu'on puisse avoir le *double* tout prêt, pour que les représentations ne soient pas arrêtées tout à coup, au détriment des intérêts du théâtre.

« La nécessité d'une distribution de rôles *en second* a été reconnue formellement par la Cour royale dans l'affaire Vander-Burch.

« Relativement à *Angelo*, ajoute Me Delangle, la Comédie-Française a accompli toutes ses obligations : elle a donné les dix représentations stipulées dans le traité de 1835, et, si elle a cru devoir interrompre les représentations de cet ouvrage, c'est qu'apparemment le public commençait à s'en éloigner, car la dernière recette ayant été au-dessous de 1,500 francs, somme à laquelle s'élèvent les frais de chaque jour, les règlements en autorisent le retrait.

« Quant à *Marion de Lorme*, la position de la Comédie-Française est également justifiée par les règlements du théâtre.

« Cet ouvrage fut, il est vrai, en 1829, soumis au comité de lecture du théâtre et reçu par acclamations.

« Vous savez que la censure en arrêta les représentations. En 1831, après l'abolition de la censure, la Comédie-Française voulut représenter cet ouvrage; mais monsieur Victor Hugo l'avait retiré et donné au théâtre de la Porte-Saint-Martin, pour lequel il avait alors une vive prédilection. Cette pièce fut donc soumise au public.

« Mais, que monsieur Victor Hugo me permette de le lui dire, car il est un de ces hommes dont le talent, dont le génie n'est méconnu de personne, et auxquels on peut dire la vérité, *Marion de Lorme* n'a pas eu un grand succès. »

M. VICTOR HUGO : « Elle a eu soixante-huit représentations. » (Mouvement.)

Me DELANGLE : « Je n'en persiste pas moins dans ma pensée. » (On rit.)

« Cependant, je le sais, il fut convenu, dans le traité de 1835, que *Marion de Lorme* serait reprise; mais il était sous-entendu que cet ouvrage serait de nouveau soumis à l'approbation du comité de lecture. La réception de 1829 était considérée comme non avenue, par suite du retrait qu'en avait fait monsieur Hugo : c'était en quelque sorte une pièce nouvelle qui devait être soumise aux mêmes conditions.

« Or, tant que *Marion de Lorme* n'aura pas été soumise à la lecture, monsieur Victor Hugo ne peut réclamer l'exécution du traité. Est-il donc de ces auteurs qui doivent avoir à redouter une pareille épreuve? et comment nous expliquer son refus de s'y soumettre?

« Ainsi j'ai démontré qu'à l'égard de *Marion de Lorme* la Comédie-Française n'a aucune obligation à remplir tant que monsieur Hugo n'aura pas rempli les siennes.

« Pour *Angelo*, nous sommes dans les termes de l'équité,

de la loi, qui ne peuvent nous forcer à remplir un engagement préjudiciable.

« Enfin, quant à *Hernani*, si le tribunal croyait que le traité est valable et qu'il y a lieu d'en ordonner la représentation, nous demanderons un délai suffisant pour effectuer la reprise.

« Dans tous les cas, aucuns dommages-intérêts ne sauraient être accordés ; car, d'une part, il n'y a pas eu de mise en demeure, et, d'autre part, monsieur Hugo n'a rempli aucune des obligations que de son côté il avait à exécuter. »

Me Paillard de Villeneuve réplique avec force et examine successivement les fins de non-recevoir apportées par la Comédie-Française. Quant à la nullité des traités pour défaut de capacité du directeur, l'avocat soutient que c'est là un moyen de mauvaise foi que le tribunal ne peut admettre.

Trois traités ont été faits par les divers directeurs : tant qu'il s'agissait d'obliger monsieur Hugo, on les trouvait capables d'agir, et leur prétendue incapacité n'est invoquée que lorsqu'il s'agit de leurs propres obligations.

L'avocat soutient d'ailleurs que les prétendues exigences du règlement de Moscou n'ont jamais été exécutées, pas plus en ce qui touche les droits du Comité d'administration que la nécessité de distribution des rôles en double, etc.

Après avoir discuté en droit la validité des traités, le défenseur établit qu'à l'égard d'*Hernani*, monsieur Hugo a fait tout ce qui dépendait de lui pour obtenir l'exécution du traité ; et qu'à l'égard de *Marion de Lorme*, le traité de 1835 n'exige pas la nécessité d'une lecture qui n'a jamais lieu d'après les usages du théâtre pour les ouvrages déjà représentés.

L'avocat repousse ensuite le moyen qu'on cherche à tirer des recettes d'*Angelo* en reproduisant un état des chiffres auxquels elles se sont élevées, et qui donnent une moyenne de 2,500 francs. L'avocat termine en demandant une condamnation qui soit tout à la fois une réparation pour monsieur Hugo et un châtiment pour l'insigne mauvaise foi de la Comédie-Française.

Me Delangle insiste sur les arguments qu'il a déjà développés au nom du Théâtre-Français, et revient avec de nouveaux développements sur les fins de non-recevoir qui s'opposent à la demande de monsieur Victor Hugo.

Monsieur Victor Hugo se lève. (Vif mouvement de curiosité.)

« Messieurs, dit-il, je ne m'attendais pas à parler dans cette affaire. Mon avocat a complètement ruiné, dans son argumentation, tout à la fois si éloquente et si précise, l'étrange système adopté par l'avocat du Théâtre-Français, et s'il ne s'agissait que de moi dans ce procès, je ne prendrais pas la parole ; mais ce n'est pas seulement de moi qu'il s'agit : c'est de la littérature dont la cause est en ce moment mêlée à la mienne. Je dois donc élever la voix. Parler pour son intérêt privé, c'est un droit : j'aurais facilement renoncé à un droit ; parler pour l'intérêt de tous, c'est un devoir : je ne recule jamais devant un devoir.

« Et, en effet, messieurs, l'attitude que prend le Théâtre-Français dans cette affaire est un grave avertissement pour la littérature dramatique tout entière. Il y a là un système qu'il faut signaler, une leçon dont il importe que tous les auteurs prennent leur part. La loyauté de la Comédie-Française mérite d'être connue. Mettons-la au grand jour.

« De la singulière défense à laquelle le Théâtre-Français a eu recours il résulte deux choses

« La première, la voici : c'est que le directeur du Théâtre-Français est un homme double.

« Le directeur du Théâtre-Français a deux visages, l'un pour nous, auteurs, l'autre pour vous, tribunal.

« Le directeur du Théâtre-Français... (Ici monsieur Victor Hugo se retourne vers le barreau et dit : « Et je regrette de ne pas le trouver à cette barre pour confirmer mes paroles. Puis il continue) : Le directeur du Théâtre-Français a besoin de moi ; il vient me trouver. Ses recettes baissent, me dit-il, il compte sur moi pour relever son théâtre ; il me demande une pièce, il m'offre toutes les conditions que je pourrai désirer ; il me propose un traité ; il a pleins pouvoirs ; il est le directeur du Théâtre-Français. J'accepte. Je consens à donner la pièce qu'on me demande.

« Le directeur écrit le traité en entier de sa main ; je le signe, puis il le signe aussi. Voilà un engagement formel, complet, sacré, dites-vous. Non, messieurs, c'est une tromperie.

« Vous l'avez entendu, je ne l'invente pas, c'est l'avocat du théâtre qui vous l'a dit lui-même, le directeur, qu'il s'appelle Védel ou Jouslin de Lasalle, peu importe, le directeur n'avait pas qualité pour traiter ; le directeur est venu chez moi sachant cela ; et pourquoi est-il venu chez moi ? pour traiter avec moi.

« J'étais de bonne foi, moi auteur ; lui directeur mentait et me trompait. Il y avait derrière lui un décret de Moscou, un règlement des consuls, une ordonnance de 1816, que sais-je ! J'ignorais ce décret, ce règlement, cette ordonnance.

« Le directeur savait que je l'ignorais, il a profité de mon ignorance.

« Grâce à mon ignorance, il a obtenu de moi des pièces pour lesquelles d'autres théâtres me faisaient des offres sincères. Quoique sans pouvoir pour traiter, il a traité avec moi, il m'a trompé, dis-je, et, vous venez de l'entendre, c'est de cela que la Comédie-Française se vante.

« Qu'est-il arrivé ? Moi, auteur, j'ai exécuté religieusement les conventions : j'ai donné aux époques convenues les pièces promises ; le théâtre, lui, n'a été fidèle qu'à violer ses engagements : il les a violés trois fois de suite.

« J'ai eu beau réclamer, je ne sais si c'est là ce qu'on appelle *mettre à demeure*, j'ai eu beau réclamer, le théâtre n'a fait que de réponses évasives, le théâtre a éludé, le théâtre a promis, le théâtre m'a trompé et promené d'année en année par des commencements d'exécution. Bref, le théâtre n'a pas exécuté.

« Pourtant, je dois le déclarer, aucun directeur n'avait jamais osé me faire entrevoir même l'ombre de ce système que l'avocat du théâtre vient d'exposer tout à l'heure, — exposer, c'est le mot — à la face de la justice.

« Après sept ans d'attente, de bons procédés, de patience, de silence, de graves dommages et dans mes ouvrages et dans mes intérêts, je me décide à en appeler aux tribunaux; j'ai recours à la protection de la loi, qui ne doit pas moins couvrir la propriété littéraire que les autres propriétés; j'appelle à votre barre, qui? le directeur du Théâtre-Français. Alors, qu'arrive-t-il? Messieurs, devant vous le directeur du Théâtre-Français s'évanouit.

« L'homme que j'ai vu, qui m'a écrit, qui m'a parlé, qui est venu chez moi, qui avait tout pouvoir, qui a traité et qui a signé, cet homme-là n'est plus qu'une ombre. C'est un être invalide, c'est un individu sans qualité; c'est un mineur.

Il a traité, c'est vrai, mais il ne pouvait pas traiter : il y a le décret de Moscou. Il a signé, c'est vrai, mais il ne devait pas signer : il y a le règlement des consuls. Il a donné sa parole, c'est vrai; mais comment ai-je pu croire à sa parole? c'est son avocat qui le dit. Voilà la défense du Théâtre-Français.

« N'avais-je pas raison de vous le dire en commençant, messieurs, le directeur du Théâtre-Français a deux visages.

« Ces deux visages sont deux masques : avec l'un on trompe les auteurs; avec l'autre on trompe la justice. (Sensation.)

« Encore une fois, messieurs, quand je dis le directeur du Théâtre-Français, je n'entends désigner personne, pas plus monsieur tel que monsieur tel. Ce n'est pas l'homme qui a occupé, qui occupe ou qui occupera la position de directeur que j'accuse; c'est la position elle-même, c'est cette situation ambiguë et inqualifiable que je vous signale. D'ailleurs, vous le voyez bien, le directeur du Théâtre-Français est une ombre qui échappe aux auteurs d'une part, et à la justice de l'autre.

« Ce qui résulte encore de la plaidoirie du théâtre, le voici : c'est que si vous êtes auteur, si vous avez produit à la Comédie-Francaise quatre-vingt-cinq recettes; si, en présence des frais du théâtre, qui sont de 1,500 francs par jour, ces recettes ont donné une moyenne de 2,914 francs, c'est-à-dire quatre-vingt-cinq fois 1,414 francs de bénéfice pour le théâtre, cela ne signifie rien, absolument rien. Il y a dans vos quatre-vingt-cinq représentations bien des recettes qui dépassent 3,000, 4,000, 5,000 francs; qu'importe! s'il s'en trouve dans le nombre une ou deux qui soient au-dessous de 1,500 francs, voilà celles que le théâtre déclarera, voilà celles qu'il dénoncera à la justice, et il poussera sur ses pertes de grands gémissements! En vérité, cela ne fait-il pas pitié.

« Je n'en dirai pas davantage sur ces chiffres, sur ces chicanes, sur ces misères. Je ne suivrai pas l'avocat du théâtre dans l'inextricable dédale d'arguties où il a essayé d'enfermer mon bon droit. Je dédaigne, messieurs, toute cette discussion qui est complétement inattendue pour moi, je le déclare, et que M. Védel désavouerait tout le premier, je l'espère pour lui, s'il était présent à cette audience... »

M⁰ DELANGLE : « Je n'ai plaidé que d'après les instructions de mon client. »

M. VICTOR HUGO : « Je le crois, mais cela m'étonne, car je connais la loyauté de M. Védel; il m'est pénible de penser qu'il ait pu consentir à invoquer contre moi à l'audience des arguments dont il paraissait si éloigné dans ses conversations particulières.

« Il est un autre point, messieurs, je le dis en passant, sur lequel je m'étonne que l'avocat de la Comédie-Française n'ait pas de lui-même appelé votre attention. La moyenne des recettes d'*Hernani* est de 3,312 francs.

M⁰ DELANGLE : « Je n'ai pas ce chiffre. »

M. VICTOR HUGO : « 3,312 francs, le chiffre est exact... et 12 centimes si vous le voulez absolument. » (Sourires.)

M. VICTOR HUGO, continuant : « Je n'ai plus qu'un mot à ajouter, messieurs; j'ai été de bonne foi dans cette affaire, la Comédie a été de mauvaise foi. Chose rare! c'est elle-même qui le déclare, et qui fait de sa mauvaise foi son système de défense. J'ai signé des traités qui étaient sérieux pour moi et que j'ai exécutés; les directeurs successifs du théâtre ont signé des traités qui étaient dérisoires pour eux et qu'ils ont violés.

« Ce théâtre a eu souvent besoin de moi; il est venu me trouver : je ne cite ici que des faits, des faits que personne n'ignore. Je lui ai rendu des services qu'il ne nie pas; il m'a répondu par des déceptions qu'il ne nie pas non plus.

« Vous êtes des juges d'équité, vous apprécierez cette façon d'agir et cette façon de se défendre.

« Vous apprendrez à ce théâtre, par une condamnation sévère, qu'il est immoral de faire des traités et de les faire invalides exprès pour pouvoir les violer ensuite.

« Vous briserez le monopole qui confisque ce théâtre au détriment de toute la littérature, à laquelle deux Théâtres-Français suffiraient à peine.

« Vous n'admettrez pas le système de la Comédie-Française par pudeur pour elle-même; vous lui apprendrez, puisqu'elle a besoin que la justice le lui apprenne, que la signature de ses directeurs est une signature valable, que la parole de ses directeurs est une parole sérieuse.

« Vous ne ferez à ces directeurs l'injure de leur donner gain de cause en déclarant leur signature nulle et leur parole menteuse.

« Et moi, messieurs, j'aurai à me féliciter de vous avoir donné une nouvelle occasion de prouver que vos jugements sont tout à la fois l'écho de vos consciences et l'écho de la conscience publique. »

Après cette brillante improvisation, qui est suivie d'un murmure général d'approbation, monsieur le président annonce que la cause est mise en délibéré pour le jugement être prononcé à quinzaine.

Audience du 20 novembre 1837.

Une foule nombreuse, impatiente de connaître le résultat de cette affaire, était encore réunie aujourd'hui dans l'enceinte du tribunal de commerce.

Voici le texte exact du jugement qui a été rendu, et qui, indépendamment des questions spéciales élevées sur la nature des divers traités invoqués par monsieur Hugo, pose d'importants principes en matière de littérature dramatique :

« Le tribunal, en ce qui touche les représentations d'*Hernani* :

« Attendu que, par les conventions verbales du 12 août 1832, Victor Hugo, d'une part ; et, d'autre part, Desmousseaux, représentant la Comédie-Française, se sont engagés, le premier à livrer à la Comédie-Française un drame intitulé *le Roi s'amuse* ; le second, à faire jouer le drame, et, de plus, à préparer la reprise d'*Hernani* pour le courant du mois de janvier 1833 ;

« Attendu que Victor Hugo a satisfait à cette convention par la livraison du drame *le Roi s'amuse*, tandis que la Comédie-Française s'est bornée à jouer ce drame et a négligé de remplir l'obligation relative à la reprise d'*Hernani* ;

« Attendu qu'à la date du 25 janvier 1835, par un autre traité verbal intervenu entre Victor Hugo et Jouslin de Lasalle, alors directeur du Théâtre-Français, traitant au nom de la Comédie-Française, il a été stipulé de nouveau qu'*Hernani* serait repris, et ce dans les six mois qui suivraient le 10 avril lors prochain, sans que la Comédie-Française ait rempli ce nouvel engagement ;

« Attendu qu'il résulte de la correspondance entre Victor Hugo et Védel, directeur actuel du Théâtre-Français, que le 2 avril 1837 celui-ci s'est engagé à son tour à effectuer la reprise d'*Hernani*, et que ce troisième engagement n'a point reçu jusqu'à aujourd'hui l'exécution promise ;

« Que c'est à tort que l'on reproche à Victor Hugo de n'avoir point distribué, conformément aux règlements, les rôles d'*Hernani* en premier et en double, parce que, dans l'usage, cette distribution se fait de concert par l'auteur et le directeur, et que, dans l'espèce, il y a eu une distribution de ces rôles ;

« En ce qui touche la représentation de *Marion de Lorme* ;

« Attendu que, dans le traité verbal ci-dessus mentionné entre Victor Hugo et Jouslin de Lasalle, Victor Hugo, en promettant de livrer à la Comédie-Française un nouveau drame intitulé : *Angelo* ou *Padoue en* 1549, ce qu'il a exécuté, a stipulé en sa faveur non-seulement qu'*Hernani* serait repris, mais encore que *Marion de Lorme* serait jouée deux fois au moins par la Comédie-Française, dans l'année, à compter du mois de novembre 1835, lors prochain ;

« Attendu que jusqu'à ce jour aucune diligence n'a été faite par la Comédie-Française pour représenter *Marion de Lorme* ; que si cette pièce, après avoir été reçue au Théâtre-Français en 1829, a été retirée et portée au théâtre de la Porte-Saint-Martin, où elle a eu soixante-huit représentations, on ne peut trouver dans cette circonstance un motif suffisant pour la Comédie-Française de se soustraire à ses obligations, puisque c'était longtemps après, et nonobstant les représentations de *Marion de Lorme* sur un autre théâtre, que Jouslin de Lasalle avait pris l'engagement de la faire jouer par la Comédie-Française ; que vainement on objecte contre Victor Hugo sa négligence à provoquer une lecture de *Marion de Lorme* devant le comité compétent ; que ce préliminaire, indispensable dans la nouveauté d'une œuvre dramatique, peut être omis dans l'espèce, puisque dès l'année 1828 *Marion de Lorme* a été lue et reçue au Théâtre-Français ; que d'ailleurs il n'est pas sans exemple, à ce théâtre, que des pièces représentées d'abord sur d'autres scènes aient été jouées ensuite sur la scène française sans lecture préalable ;

« En ce qui touche la reprise d'*Angelo* :

« Attendu qu'il a été convenu entre Victor Hugo et Védel qu'*Angelo* serait repris et joué quinze fois au moins du 2 avril au 22 septembre 1837 ; que, malgré cette convention, *Angelo* n'a été représenté que cinq fois dans l'intervalle de temps susmentionné ; que la médiocrité de certaines recettes, dont on excipe pour justifier la négligence de la Comédie-Française, peut avoir eu pour cause des circonstances étrangères au mérite de la pièce ; que d'ailleurs, et quelles qu'en soient les causes, l'engagement est pris par Védel sans réserves ni restrictions, et que, s'il a fait un mauvais calcul, il n'en est pas moins obligé par son engagement, et ne peut ni ne doit en imputer qu'à lui-même les conséquences, surtout lorsque ces conséquences pèsent sur un théâtre subventionné par l'État ;

« Attendu que, si les diverses conventions verbales invoquées par Victor Hugo n'ont pas été accompagnées de l'approbation du commissaire royal attaché au théâtre, il est constant pour le tribunal que cette approbation n'était pas indispensable pour valider lesdites conventions ; que l'usage prouve qu'on ne s'y conforme pas toujours ;

« Attendu, d'ailleurs, que l'approbation est devenue superflue là où il y a eu exécution commencée, et que la Comédie-Française, ayant laissé exécuter les traités dont il s'agit dans la partie qui paraissait la plus favorable à ses intérêts, n'est que plus mal fondée à en invoquer la nullité lorsqu'il s'agit des clauses stipulées en faveur de l'auteur ;

« Attendu que, si Victor Hugo n'a pas mis la Comédie-Française en demeure d'accomplir ses obligations, il résulte des faits de la cause que des réclamations nombreuses ont été faites par lui dans ce but, et que d'ailleurs chacun des traités verbaux qui se sont succédé portent en eux-mêmes la preuve de l'inexécution des conditions imposées à la Comédie-Française; que dès-lors il n'y a lieu d'invoquer ni la nullité ni la péremption de ces traités, ni le défaut d'une mise en demeure par huissier;

« Attendu que la propriété littéraire, qui est le produit des plus nobles facultés de l'homme, doit trouver devant les tribunaux une protection équitable contre la violation des conventions où elle est intéressée;

« Attendu qu'il est digne d'un peuple qui doit à la culture du drame tragique et comique une de ses gloires les plus belles, d'ouvrir à tous les systèmes de littérature, à tous les talents, un théâtre national où ils puissent, à leurs risques et périls, se produire devant un public éclairé, et, par une lutte de gloire plutôt que d'argent, concourir tous ensemble à l'illustration des lettres françaises;

« Attendu que, par suite de l'inexécution de ses obligations, la Comédie-Française a causé à Victor Hugo un préjudice dont elle lui doit la réparation; que, de plus, il est juste que les engagements pris reçoivent pleine et entière exécution;

« Par ces motifs,

« Le tribunal, admettant, d'après les informations de la cause, le tort souffert par Victor Hugo, et jugeant en dernier ressort;

« Condamne Védel, et par corps, à payer à Victor Hugo 6,000 francs à titre de dommages-intérêts;

« Ordonne que dans le délai de deux mois, à compter de ce jour, Védel, en sa qualité de directeur de la Comédie-Française, sera tenu de représenter *Hernani*;

« Que dans le délai de trois mois, aussi à compter de ce jour, ledit Védel sera tenu de représenter *Marion de Lorme*;

« Que dans le délai de cinq mois Védel complétera les quinze représentations d'*Angelo*, sinon, et faute par lui de le faire dans lesdits délais, condamne dès à présent Védel, par les voies de droit, et même par corps, à payer à Victor Hugo 150 francs par chaque jour de retard;

« Condamne Védel aux dépens; ordonne l'exécution provisoire sans caution. »

COUR ROYALE DE PARIS

(PRÉSIDENCE DE MONSIEUR SÉGUIER, PREMIER PRÉSIDENT.)

Audience du 5 décembre.

A l'ouverture des portes, une foule considérable se précipite dans la salle. On remarque dans les rangs du public un grand nombre de littérateurs et d'artistes dramatiques.

Monsieur Victor Hugo a quelque peine à se placer dans la tribune particulière qui lui a été réservée, et qui est déjà envahie par des avocats.

Mᵉ Delangle prend la parole en ces termes :

« En 1829, monsieur Victor Hugo présenta à la Comédie *Marion de Lorme* : il était le chef de cette école qui, se frayant des routes nouvelles, annonçait la prétention et manifestait l'espérance de raviver la littérature. L'ouvrage fut lu, reçu; le contrat était formé : mais la censure empêcha la représentation; cette intervention établissait la force majeure, et la pièce fut retirée.

« En 1830, *Hernani* fut accepté et monté avec soin; mademoiselle Mars y remplissait le principal rôle; tout fut mis en œuvre pour exciter la curiosité.

« Un journal, donnant son opinion sur ma plaidoierie devant le tribunal de commerce, a dit que je n'étais pas un homme littéraire.

« Je n'ai pas de prétention à ce titre; mais il me sera permis de rappeler, comme un fait notoire, que certains spectateurs, à l'occasion de la pièce nouvelle, dépassèrent toutes les limites connues de l'admiration, et que, dans leur enthousiasme, ils voulurent imposer leur sentiment d'une façon peu littéraire : il faut le dire, on se battit au parterre; ce fut, du reste, un nouvel attrait pour l'avide curiosité du public.

« Quarante-huit représentations produisirent de bonnes recettes.

« Survint la révolution de Juillet et l'abolition de la censure. Les comédiens se rappelèrent la déconvenue de *Marion de Lorme*, ils la redemandèrent à l'auteur, qui refusa, par l'honorable motif qu'on pourrait voir dans cet ouvrage des allusions à la récente expulsion du roi Charles X.

« Depuis, *Marion de Lorme* fut par lui donnée à Porte-Saint-Martin, où elle eut soixante-huit représentations. Le contrat originaire, deux fois brisé, cessait donc d'enchaîner aucune des parties à l'égard de cet ouvrage.

« Le 12 août 1832, *le Roi s'amuse* devint, entre monsieur Victor Hugo et monsieur Desmousseaux, artiste du Théâtre-Français, agissant au nom du Comité d'administration, l'occasion d'un traité spécial.

« M. Desmousseaux promettait de reprendre *Hernani* pour le courant du mois de janvier 1833. Il était nécessaire de distribuer de nouveau les rôles, mademoiselle Mars renonçant à celui de dona Sol, et Michelot, chargé de celui de Charles-Quint, ayant quitté le théâtre. En outre, pour plaire à l'auteur, on engageait madame Dorval; puis on lui accordait une prime avantageuse dès avant la lecture.

« Il n'y eut aucun retard dans l'exécution de la première de ces promesses : *le Roi s'amuse* fut représenté ; mais la pièce fut défendue par la censure après la première représentation. Fut-ce par l'effet d'une intrigue littéraire?

« Ce qui est certain, c'est qu'un procès, fait par l'auteur au ministre de l'intérieur, devant le tribunal de commerce, demeura sans succès, et que les comédiens, qui avaient dépensé pour monter la pièce 20,000 francs et beaucoup de temps, en furent pour leur temps et leur argent.

« Un nouveau traité intervint, le 24 février 1835, avec monsieur Jouslin de Lasalle.

« Quel était monsieur Jouslin de Lasalle? Il remplaçait le comité d'administration jusque-là chargé de faire les marchés relatifs à l'exploitation du théâtre, mais avec l'obligation de prendre l'avis du conseil judiciaire et d'obtenir le visa du commissaire royal, dépendant lui-même du ministre de l'intérieur.

« Le traité avait pour objet la reprise d'*Hernani* dans les six mois qui suivraient le 10 avril, lors prochain, la réception de *Marion de Lorme*, la représentation d'*Angelo, tyran de Padoue*, et l'allocation à monsieur Victor Hugo d'une prime de 4,000 francs payable même avant la lecture.

« Ce traité était-il légal? On reconnaîtra au moins que le passé était purgé et que la plainte n'était plus permise à l'égard du retard qu'avait éprouvé la reprise d'*Hernani*.

« Aujourd'hui, procès et assignation au tribunal de commerce ; elle ne tendait à rien moins qu'à des dommages-intérêts pour le passé, et à la reprise des trois pièces dans le plus bref délai.

« Le débat s'est agrandi devant le tribunal ; on a signalé le monopole exercé par certains auteurs et le favoritisme dont ils sont l'objet, tandis que la nouvelle école est l'objet de l'anathème et du dédain. Monsieur Victor Hugo lui-même n'a pas dédaigné de prendre la parole, et le lendemain les amateurs de comptes fidèlement rendus ont pu lire son discours dans la *Gazette des Tribunaux*.

« La Comédie répondait que le traité n'était pas obligatoire; que si une obligation en résultait, il n'était dû néanmoins aucuns dommages-intérêts pour le passé; enfin qu'un délai suffisant devait être accordé pour reprendre les trois pièces de monsieur Victor Hugo.

« La contagion ayant en quelque sorte gagné les juges du tribunal de commerce, ils ont rendu, par des motifs moitié en droit, moitié littéraires, le jugement sévère qui est déféré à la Cour.»

Après avoir donné lecture de ce jugement, maître Delangle fait d'abord observer qu'il est déraisonnable d'avoir condamné par corps monsieur Védel, simple agent et directeur, auquel on ne peut opposer des faits personnels.

« Dans ce jugement, ajoute l'avocat, on rencontre à la fois la théorie littéraire et l'appréciation des actes et des faits.

« Toutefois, bien qu'il n'y ait à s'occuper que des actes, un mot sur la théorie. C'est le reflet des plaintes de monsieur Victor Hugo ; mais il n'y a pas ombre de justice.

« Il suffit de rappeler comment l'illustre écrivain était accueilli au Théâtre-Français, et quelle belle part lui était faite, y compris les 4,000 francs de prime qui lui étaient alloués même avant la lecture de ses drames. Mais c'est ainsi que raisonne l'intérêt personnel.

« Lorsqu'à la chambre des députés il fut question de la subvention à allouer au Théâtre-Français, on se récria contre la nature des ouvrages joués depuis quelque temps sur ce théâtre. Je veux que ces doléances soient venues de personnages du *contraire parti* (on rit) ; mais enfin, après de telles plaintes, après les préférences, on peut le dire, dont il était l'objet, monsieur Victor Hugo n'avait pas le droit de se plaindre.

« Qu'on dise, comme l'a fait le tribunal de commerce, « qu'il est digne d'un peuple qui doit à la culture du drame « tragique et comique une de ses gloires les plus belles, « d'ouvrir à tous les systèmes de littérature, à tous les « talents, un théâtre national où ils puissent, à leurs ris- « ques et périls, se produire devant un public éclairé, et, « par une lutte de gloire plutôt que d'argent, concourir « tous ensemble à l'illustration des lettres françaises, » c'est fort poétique et fort libéral sans doute. S'il n'y avait risque et péril que pour les auteurs, passe encore ; mais qui se trouve exposé? les comédiens, et c'est à leurs dépens que se fait la poésie et le libéralisme. »

L'avocat, s'expliquant sur le traité dont le Théâtre-Français demande la nullité, fait remarquer qu'on ne peut imputer aucune mauvaise foi à monsieur Védel, qui n'est pas l'auteur de ce traité, qui a voulu l'exécuter, en tant qu'il eût été exécutable, et qui enfin ne fait que suivre la direction qui lui est imprimée par le conseil judiciaire du théâtre.

Me Delangle résume rapidement les moyens qu'il a présentés.

Me Paillard de Villeneuve prend la parole pour monsieur Victor Hugo.

« Messieurs, dit-il, on vous a dit que c'était une question commerciale que vous aviez à juger. On a eu raison ; car la propriété littéraire, quelles que soient la noblesse de son origine et la gloire de ses résultats, en l'absence de lois particulières qui la régissent, n'est autre chose, dans de pareils débats, qu'une marchandise.

« Soit donc, plaidons sur cette marchandise, mais au moins ne la rejetons pas au-dessous des marchandises les plus vulgaires. Plaidons sur une question commerciale, mais n'oublions pas alors qu'en pareille matière il faut, avant tout, bonne foi, loyauté, principes incontestables et sacrés, qu'il semble que dans toute cette discussion on ait voulu prendre à tâche de méconnaître et de violer. Élaguons donc pour un moment, de cette cause ainsi rétrécie,

Hernani.

et le nom glorieux de l'auteur que je représente, et les graves conséquences que la liberté littéraire attend de votre décision.

« Il s'agit de savoir si les traités que la Comédie-Française a demandés, implorés comme une grâce, doivent être exécutés au profit de monsieur Victor Hugo, comme ils l'ont été au profit du théâtre. Telle est la seule question du procès.

« Avant d'y arriver, quelques mots sur les faits.

« En 1829, monsieur Victor Hugo composa *Marion de Lorme*, dont les représentations furent arrêtées par un véto de la censure. En transmettant cet ordre à monsieur Victor Hugo, monsieur le ministre de l'intérieur lui envoya comme compensation l'ampliation d'une ordonnance qui portait à 6,000 francs la pension de 2,000 francs qu'il tenait de la volonté spontanée de Louis XVIII. Monsieur Hugo refusa cette pension; quelles que fussent les insistances du ministre, il persista dans ce refus; et, plus tard, en 1832, lorsqu'à l'occasion du *Roi s'amuse* il se vit contraint de plaider contre le ministre de l'intérieur, il renonça de lui-même à cette pension de 2,000 francs, dont on semblait lui faire reproche, pour l'arrêter dans la lutte qu'il soutenait.

« Ces faits me semblent de nature à être rappelés dans une discussion où l'on paraît nous accuser d'élever des questions d'argent. Je puis rappeler aussi, au nom d'un auteur qu'on représente comme demandant à être joué par autorité de justice, que monsieur Hugo, en 1830, après l'abolition de la censure, refusa de laisser jouer *Marion de Lorme*, parce qu'il ne lui convenait pas de faire servir une œuvre littéraire à des passions politiques, et qu'il n'était pas dans sa pensée de spéculer sur un succès injurieux pour une dynastie tombée. »

L'avocat rappelle les divers traités intervenus, et dont

il rattache la violation à des intrigues de camaraderie et à un système de monopole qui ferme les portes du Théâtre-Français à un des genres de la littérature dramatique.

« On a posé d'abord une question d'argent, poursuit l'avocat; il importe d'y répondre. Si la Comédie-Française, a-t-on dit, recule devant l'exécution des traités, c'est que cette exécution la menace d'un épouvantable déficit : tenir sa parole, ce serait pour elle une ruine inévitable. Voyons :

« Il y a au théâtre, pour les recettes, une espèce de thermomètre qui indique la situation la plus prospère. Ce sont les recettes de mademoiselle Mars.

« Or, pendant l'hiver de 1835, saison favorable, comme on sait, la moyenne de ces recettes a été de 2,618 francs 95 centimes : je prends depuis la plus forte, celle du *Misanthrope*, qui est de 4,321 francs, jusqu'à la plus faible, celle de l'*École des vieillards*, qui n'est que de 1,230 fr. : ce qui prouve, soit dit en passant, que la Comédie-Française n'exécute pas toujours aussi rigoureusement le règlement qui repousse du théâtre toute pièce qui ne fait pas les frais.

« Or, la moyenne des quatre-vingt-cinq recettes de monsieur Victor Hugo, toutes faites dans la saison d'été, est de 2,914 francs.

« Admet-on les cinq représentations d'*Angelo*, données en vue du procès et dans des circonstances que je signalerai plus tard : cette moyenne est de 2,856 francs. Et si nous défalquons les frais du théâtre, d'après le chiffre même qu'il nous donne, il en résulte que le bénéfice net sur les deux ouvrages de monsieur Hugo, *Angelo* et *Hernani*, est de 125,600 francs.

« Ce sont là, sans doute, de misérables détails, je le sais ; mais enfin il faut bien répondre par des chiffres aux étranges lamentations de ce théâtre.

« Nous aurions désiré que la Comédie-Française nous mît, par la communication de ses registres, à même de comparer ce qu'on appelle la situation pécuniaire de monsieur Hugo avec celle des auteurs les plus favorisés du théâtre.

« Cette communication a été refusée. Mais j'ai pu me procurer ce chiffre : or, la moyenne des recettes de l'un de ces auteurs est de 1,917 francs ; celle de l'autre, poëte tragique, est de 1,805 ; et cependant nous verrons de quelle singulière faveur jouissent ces deux auteurs qui, lorsqu'il nous est impossible, à nous, d'obtenir l'exécution de nos traités, obtiennent de la volonté toute gracieuse des comédiens, en 1836, par exemple, 115 représentations, et tous les autres auteurs 54 seulement ; en 1837, en dix mois, 119, et les autres 34. »

Me DELANGLE : C'est inexact.

Me PAILLARD DE VILLENEUVE : « On m'arrête... Ah ! je sais que monsieur Védel, comme certain personnage d'un drame moderne, va vous dire : « Mais le *Constitutionnel*... » (Rires dans l'auditoire.) Oui, je sais que le *Constitutionnel*, qui a voulu jeter dans cette question une intervention littéraire que je veux croire impartiale, prétend que j'ai, devant les premiers juges, annoncé un fait matériellement inexact en soutenant qu'en 1836 ces deux auteurs avaient obtenu 115 représentations, attendu, ajoute ce journal, que l'un de ces auteurs n'avait eu que 98 représentations, et l'autre 17.

« Or, le journal en question trouve ridicule que j'aie additionné ces deux chiffres par 115. (On rit.)

« Arrivons à quelque chose de plus sérieux ; voyons les traités. Ils sont nuls, dit-on ; ceux qui les ont signés étaient incapables. (On rit.)

« Ainsi, on s'est présenté chez monsieur Victor Hugo avec une qualité qu'on n'avait pas, qu'on savait ne pas avoir.

« On lui a proposé des traités, on lui a imposé des obligations. Il les a, lui, exécutées fidèlement, loyalement ; et lorsqu'à son tour il en demande l'exécution contre le théâtre... on l'arrête.

« Tout cela n'était qu'un jeu ; ces traités n'étaient que des mensonges : ces directeurs qui sont allés chez vous, ils ont trompé votre bonne foi, c'étaient des comédiens qui ont joué leur rôle ; c'étaient des signatures imaginaires, comme la veille, au théâtre, celle de Crispin... Non, non, ce n'est pas ainsi qu'on se joue de la sainteté des conventions ; ce n'est pas avec de tels moyens qu'on abuse la justice ; et, je n'en doute pas, messieurs Desmousseaux et Védel, tous deux hommes honorables, je me plais à le dire, gémissent, dans leur loyauté, d'en être réduits à de pareils moyens. »

Ici l'avocat discute les dispositions du décret de 1812 ; il s'attache à démontrer que, d'après ce décret, le Comité d'administration avait droit de traiter, ainsi qu'il l'a fait par l'entremise de monsieur Desmousseaux, son délégué ; que les incapacités et les nullités doivent être formellement écrites ; que le décret ne parle ni de visa, ni de conseil judiciaire ; que ces formalités intrinsèques et non essentielles ne se trouvent que dans l'ordonnance de 1822, laquelle est toute de règlement intérieur, n'a point été insérée au Bulletin des lois, et n'a pu abroger ni modifier le décret de 1812.

Me Paillard de Villeneuve soutient de plus que, de l'aveu même de monsieur Védel, aucun des traités par lui souscrits n'a été soumis à ces formalités d'avis préalable et de visa ; qu'il y a eu ratification des traités par l'exécution partielle qu'en a consentie le Comité.

Il répond ensuite aux objections tirées du défaut de mise en demeure.

« On prétend, ajoute l'avocat, que la lettre de 1837, écrite par monsieur Védel, a eu pour effet de résoudre les traités. C'est un moyen nouveau dont il n'a pas été dit un mot en première instance.

« Or, s'il pouvait avoir quelque fondement, je m'étonnerais qu'il eût échappé à la pénétration de mon habile adversaire ; et, certes, au lieu de se jeter dans des fins de non-recevoir toujours peu honorables, la Comédie-Française n'eût pas manqué d'argumenter de cette renonciation de monsieur Hugo à ses droits.

« Quoi donc ! l'obligation s'éteint par cette lettre qui est du débiteur lui-même ? Où donc est la renonciation du créancier ? C'est une novation qu'on invoque ici.

« Or, aux termes de la loi, la novation ne se présume pas ; elle doit être stipulée dans des termes exprès.

« Faut-il maintenant nous expliquer sur les diverses fins de non-recevoir opposées à chacun des drames dont monsieur Victor Hugo demande que vous ordonniez la représentation?

« Quant à *Hernani*, monsieur Victor Hugo, dit-on, devait distribuer les rôles en premier et en double. Il ne l'a pas fait, bien que l'ordonnance de 1822 lui en fit une obligation expresse. Il ne doit donc imputer qu'à lui-même un retard qu'il a ainsi occasionné par sa propre négligence.

« A cet égard, la Comédie-Française s'est vue forcée de modifier aujourd'hui les allégations qu'elle n'avait pas craint de produire en première instance.

« Aucune distribution n'avait eu lieu, disait-elle. Or, les registres du Comité constatent qu'elle a été faite par monsieur Hugo et par monsieur Jouslin de Lasalle.

« On est forcé d'en convenir aujourd'hui, et on se contente de dire que la distribution n'a pas été faite *en double*. A cet égard, nous dirons, et monsieur Védel ne nous démentira pas, que cette distribution en double ne se fait jamais; que non-seulement les directeurs ne la demandent pas, mais qu'ils s'y refuseraient, car la troupe n'y pourrait suffire, et les doubles ne prennent jamais place au répertoire que lorsque les chefs d'emploi, par caprice ou par nécessité, abandonnent leurs rôles.

« Sur ce point, monsieur Védel, je le répète, confirmera mes assertions; il l'a lui-même déclaré lors du délibéré de première instance.

« Toutes les formalités, à l'égard d'*Hernani*, ont donc été remplies par l'auteur, et la lettre de monsieur Jouslin de Lasalle ne laisse aucun doute sur ce point. Elle constate que lorsqu'il a quitté la direction, tout était prêt, acteurs, décors, costumes, pour la reprise d'*Hernani*.

« Quant à *Marion de Lorme*, on soutient qu'elle devait être soumise aux nouvelles formalités d'une lecture et d'une approbation par le Comité.

« Comment! *Marion de Lorme* a été reçue en 1830 par acclamations, c'est mon adversaire qui l'a dit, elle a obtenu soixante-huit représentations; et quand la Comédie-Française s'engage à en effectuer la reprise, elle a, dites-vous, sous-entendu la condition préalable d'une nouvelle lecture!

« Mais, lorsque la reprise a été stipulée, ne connaissait-on pas cet ouvrage? les comédiens n'avaient-ils pas battu des mains à sa lecture? ne l'avaient-ils pas accueilli avec l'enthousiasme le plus ardent? et le public ne l'avait-il pas applaudi durant soixante-huit représentations consécutives?

« Oui, sans doute, dites-vous; mais les comédiens ont un goût si sûr, si épuré; depuis sept années, leurs études littéraires ont grandi, ont pris une direction nouvelle : il faut que leur judicieux contrôle s'exerce encore sur cette œuvre que peut-être, en 1829, ils ont mal appréciée, et que le public ignorant a eu le tort d'applaudir si souvent.

« Soyez plus francs! dites que vous ne voulez pas exécuter le traité qui vous lie.

« Je le répète, jamais dans les traités on n'a songé aux nécessités d'une lecture nouvelle : elle serait en dehors de tous les usages du théâtre. Et je pourrais citer vingt ouvrages qui, joués sur d'autres théâtres, ont été sans lecture admis au Théâtre-Français : *Marino Faliero*, les *Vêpres siciliennes*, les *Comédiens*, etc.

« A l'occasion d'*Angelo*, on excipe de cinq recettes inférieures, dit-on, au chiffre des frais. Il est des auteurs auxquels on n'oppose pas cette rigueur du règlement.

« D'ailleurs, vous connaissez la moyenne des recettes de monsieur Victor Hugo; mais, nous l'avons dit et nous le répétons, ces cinq représentations ont été données en vue du procès, et le théâtre a fait tout son possible pour en annuler la recette.

« Faut-il vous dérouler les mille intrigues, les misérables tracasseries auxquelles monsieur Hugo a été en butte? Vous pouvez, sur ce point, vous en rapporter aux bureaux et aux comédiens, dont les misérables inimitiés s'acharnent contre lui.

« Ainsi, par exemple, on annonce *Angelo* au jour indiqué, indisposition subite de madame Volnys; le lendemain, rétablissement tout aussi subit qui lui permet de jouer avec beaucoup de vigueur et de talent dans la *Camaraderie*; le surlendemain, *Angelo* est encore annoncé; mais, tant la santé de ces dames est chose délicate et capricieuse (on rit), seconde indisposition subite de l'actrice, qui force de remettre la représentation; et le lendemain encore, second rétablissement subit qui permet au public de l'admirer et de l'applaudir dans *Don Juan d'Autriche*.

« Je n'en finirais pas, si, depuis les caprices des premiers sujets jusqu'aux maladresses du souffleur, je vous racontais ce qui se passe quand il s'agit de nuire à l'auteur. Il y a pour cela un terme en argot de coulisses... je l'oublie en ce moment.

« Ainsi, on commence à six heures au lieu de sept, de telle sorte qu'à moins d'arriver à jeun, le public est menacé de ne voir que le dénoûment; la seconde pièce sera ce qu'on appelle un *repoussoir*...; on jouera l'ouvrage, comme on l'a fait à l'égard d'*Angelo*, le jour où des réjouissances publiques appellent toute la population sur la place publique; on saura choisir les conditions les plus défavorables, afin de s'en prévaloir plus tard, lors du procès qu'on attend... Que sais-je? Je le répète, fiez-vous-en pour tout cela aux comédiens! »

L'avocat, dont la brillante plaidoirie a constamment captivé au plus haut point l'attention des juges et de l'auditoire, s'attache ensuite à justifier chacune des dispositions du jugement, quant aux dommages-intérêts et aux délais fixés pour la représentation des ouvrages de monsieur Victor Hugo.

Ces délais sont précisément ceux que la Comédie-Française a fixés dans ses traités. Elle a reconnu elle-même qu'ils étaient suffisants pour la mise en scène des deux ouvrages.

« J'ai justifié, dit l'avocat en terminant, chacune des dispositions du jugement de première instance : vous le confirmerez dans son entier.

« A côté des motifs de ce jugement, qui consacrent les droits privés de monsieur Victor Hugo, il en est d'autres qui formulent en thèse générale les droits de la propriété littéraire, et rappellent au Théâtre-Français le but de son institution en protestant contre le scandaleux monopole qui l'exploite. Vous accorderez à l'une et à l'autre de ces pensées des premiers juges l'autorité de votre haute sanction; et, en donnant ainsi à la Comédie-Française une leçon de bonne foi, vous consacrerez, au profit de la littérature dramatique, un principe tutélaire de liberté. »

Me Delangle, en quelques mots de réplique, cherche à rétablir les chiffres des recettes qu'il avait présentés, et qui donnent lieu à de vives interpellations auxquelles prennent part messieurs Victor Hugo et Védel.

M. VICTOR HUGO : « Je dénie formellement les chiffres présentés par l'avocat; ils sont inexacts, et, la Comédie le sait, le directeur m'a refusé communication des registres. »

M. VÉDEL : « C'est vrai. J'ai cru devoir le faire. »

M. LE PREMIER PRÉSIDENT, sévèrement : « Pourquoi avez-vous refusé vos registres? Vous avez eu tort, monsieur. »

Monsieur Védel garde le silence.

M. LE PREMIER PRÉSIDENT : « La parole est à monsieur l'avocat général. »

M. VICTOR HUGO : « Je prie la cour de me permettre quelques observations. »

M. LE PREMIER PRÉSIDENT : « Parlez, monsieur Victor Hugo, parlez. »

VICTOR HUGO (mouvement d'attention) : « Ainsi que je l'ai dit devant les premiers juges, si je prends la parole dans cette affaire, c'est qu'il y va d'un intérêt général.

« Ce n'est pas de moi seulement qu'il s'agit, messieurs, c'est de toute la littérature. Ce procès résoudra une question vitale pour elle.

« Aussi ai-je dû intenter ce procès; aussi ai-je dû ajouter ma parole, dévouée aux intérêts de tous, à l'éloquente parole de mon avocat.

« Ce devoir, je l'ai accompli une première fois devant le tribunal de commerce; je viens l'accomplir une seconde fois devant la cour.

« Le fait, en effet, messieurs, le fait si grave que je viens d'énoncer résulte du procès tout entier. Qu'est-ce donc que ce procès ? Examinons-le.

« Dans ce procès, j'ai deux adversaires : l'un public; l'autre latent, secret, caché.

« L'adversaire public n'est pas sérieux, c'est le Théâtre-Français; l'adversaire caché est le seul réel. Qui est-il? Vous le saurez tout à l'heure.

« Je dis que mon adversaire public, le Théâtre, n'est pas un adversaire sérieux.

« Et, en effet, que suis-je pour le Théâtre-Français? Un auteur dramatique. Et quel auteur dramatique?

« Ici, messieurs, est toute la question. Messieurs, il n'y a pour les théâtres que deux espèces d'auteurs dramatiques : les auteurs qui les enrichissent et les auteurs qui les ruinent. Pour les théâtres, les pièces qui rapportent de l'argent sont les bonnes pièces; les pièces qui ne rapportent pas d'argent sont les mauvaises.

« Sans doute c'est là une grossière façon de juger, et la postérité classe les poëtes d'après d'autres raisons.

« Mais nous n'avons pas à traiter ici la question littéraire : nous ne sommes pas la postérité, nous sommes les contemporains.

« Et pour les contemporains, pour les tribunaux en particulier, entre les critiques qui affirment qu'une pièce est bonne et les critiques qui affirment qu'une pièce est mauvaise, il n'y a qu'une chose certaine, qu'une chose prouvée, qu'une chose irrécusable : c'est le fait matériel, c'est le chiffre, c'est la recette, c'est l'argent.

« Les contemporains jugent souvent mal, c'est possible. Le *Misanthrope* a ruiné le théâtre, *Tiridate* l'a enrichi. Eh bien! devant les contemporains, le *Misanthrope* a tort et *Tiridate* a raison.

« La postérité casse parfois les jugements des contemporains; mais, je le répète, pour les auteurs vivants, nous ne sommes pas la postérité! Acceptons donc pour vérité, sinon littéraire, du moins commerciale, ce fait que, pour les théâtres, il n'y a que deux espèces d'auteurs : les auteurs qui les ruinent et les auteurs qui les enrichissent.

« Eh bien! que suis-je pour le Théâtre-Français? Suis-je un auteur qui le ruine? Suis-je un auteur qui l'enrichit?

« Voici le premier point dont il importe d'avoir la solution. Cette solution rayonnera ensuite sur toute la cause.

« Je n'ai fait recevoir au Théâtre-Français que quatre pièces, *Marion de Lorme, Hernani, le Roi s'amuse, Angelo*. De ces quatre pièces, deux, *Marion de Lorme* et *le Roi s'amuse*, ont été, à deux époques différentes, arrêtées par la censure; deux seulement, *Hernani* et *Angelo*, ont pu être librement représentées.

« Maintenant, combien ces deux dernières pièces ont-elles eu de représentations ? 91. Quelle somme totale ont produite ces 91 représentations ?

« Ici, messieurs, je dois le dire, dans le premier procès, justement indigné des manœuvres de la Comédie-Française contre les dernières représentations d'*Angelo*, j'avais cru devoir rejeter du total de mes recettes ces quelques recettes évidemment préparées artificiellement par le théâtre pour le besoin de la cause et pour servir d'argument, comme mon avocat vous l'a excellemment démontré, et comme l'a jugé le tribunal de commerce. J'avais cru, dis-je, devoir rejeter ces recettes; mais à quoi bon ? que m'importe ?

« Ma cause n'est-elle pas victorieuse, même en admettant ces recettes? Je les admets donc.

« Eh bien! messieurs, même en y comptant ces mauvaises représentations, résultat des intrigues du théâtre, les recettes de mes 91 représentations à la Comédie-Française donnent un total de 259,963 francs 15 centimes, et une moyenne de 2,856 francs 67 centimes.

« Les frais sont de 1,470 francs par représentation. Calculez le bénéfice.

« La moyenne des recettes de mademoiselle Mars dans l'ancien et le nouveau répertoire, de mademoiselle Mars, la célèbre actrice, qui a 40,000 francs d'appointements pour les énormes recettes qu'elle produit, — prise dans les conditions les plus favorables, dans l'hiver, pendant que mes pièces ont toujours été jouées l'été, — la moyenne des recettes de mademoiselle Mars est de 2,618 francs 96 centimes.

« Calculez la différence. En faveur de qui est-elle? En ma faveur.

« Je puis donc le dire, et le dire hautement, — cela d'ailleurs ne préjuge en rien la valeur littéraire de mes ouvrages, — je suis pour la Comédie-Française au nombre des auteurs qui l'enrichissent ; cela résulte invinciblement des faits, des preuves, des chiffres... »

M. VÉDEL, interrompant : « Je ne l'ai jamais contesté ; monsieur Victor Hugo n'avait pas même besoin d'insister là-dessus ; monsieur Victor Hugo est au-dessus de cette discussion.

M. VICTOR HUGO : « Je le crois, monsieur, je l'aurais même dédaignée, cette discussion de chiffres, parce que la notoriété publique suffirait pour la trancher ; mais votre avocat ayant avancé des allégations, j'ai dû lui répondre par des preuves. »

Ici monsieur Victor Hugo se retourne vers la cour et ajoute :

« Et, messieurs, il n'a pas tenu à moi que ces preuves fussent plus complètes encore.

« Je voulais, par un dépouillement étendu des registres de la Comédie-Française, mettre les tribunaux à même de comparer mes recettes avec celles des auteurs privilégiés qu'on joue le plus souvent à ce théâtre. Une vive lumière eût jailli de ce rapprochement.

« J'ai demandé au théâtre communication de ses registres. Le théâtre a refusé.

« Ainsi, dans cette cause, nos chiffres sont publiés, le théâtre cache les siens.

« Tout ce qui nous concerne est mis au jour, le théâtre se retranche dans l'ombre.

« Nous combattons à visage découvert ; la Comédie combat masquée. De quel côté est la loyauté ?

« On se récrie, on discute, on publie des chiffres dans certains journaux.

« Qui nous prouve que ces chiffres sont exacts ? La vérification ne pourrait s'en faire que sur les registres du théâtre : le théâtre refuse ses registres. Jugez entre nos adversaires et nous, messieurs.

« Je reprends.

« Que suis-je donc pour le Théâtre-Français ? Un auteur dramatique. Quel auteur dramatique ? Un auteur dramatique qui remplit la caisse du théâtre. Voilà les faits.

« De quelle façon est-ce que je me présente dans cette cause ? Avec des drames dans une main et des traités dans l'autre. Qu'est-ce que ces drames ? Je viens de vous le dire. Qu'est-ce que ces traités ? Je vais vous le dire.

« Les drames ont-ils été profitables au théâtre ? Oui, messieurs.

« Les traités sont-ils valables ? Oui, également.

« Eh ! messieurs, ces traités, mon avocat vous l'a dit et l'avocat du théâtre n'a pu le contester : ce n'est pas moi qui les ai faits, c'est la Comédie-Française. Ce n'est pas moi qui les ai demandés : c'est la Comédie-Française. Ce n'est pas moi qui ai été chercher le théâtre, c'est le théâtre qui est venu me chercher.

« Au nom du théâtre, monsieur Taylor est venu me trouver ; au nom du théâtre, monsieur Desmousseaux est venu me trouver ; au nom du théâtre, monsieur Jouslin de Lasalle est venu me trouver ; au nom du théâtre, monsieur Védel est venu me trouver. Pourquoi ? pour m'offrir ces mêmes traités que le théâtre repousse maintenant.

« Et je dis tout cela devant monsieur Védel, qui connaît les faits comme moi et qui ne me démentira pas.

« Ces traités, les directeurs successifs du théâtre les ont écrits en entier de leur main.

« Ces traités, ils les ont réclamés de moi, ils les ont sollicités, ils les ont obtenus comme une faveur, et bientôt ils me demanderont de nouveaux ouvrages. »

M. VÉDEL : « Certainement, et c'est ce que j'ai toujours demandé.

M. VICTOR HUGO : « Vous l'entendez. (Mouvement.) C'est qu'apparemment mes traités son valables, et le théâtre le sait bien. Mes pièces ont rempli la caisse, et le théâtre le sait bien.

« Le théâtre, je l'ai dit en commençant, n'est pas sérieusement mon adversaire. Le théâtre a eu besoin de moi ; et je ne crains pas de le dire, il en aura besoin encore. Avant trois mois, vous le verrez, si les recettes baissent, le directeur de la Comédie-Française saura retrouver le chemin de ma maison. Il me trouvera bienveillant.

« Il me trouvera bienveillant. Pourquoi ? parce que dans toute cette affaire, je le répète, le théâtre, en vérité, n'est pas mon adversaire réel.

« La Comédie a mis beaucoup de mauvaise foi dans cette lutte, mais c'est une mauvaise foi qu'on lui a imposée, je le sais ; elle en rougira un jour, et je la lui pardonne dès à présent.

« Mais si les comédiens français ne sont pas mes adversaires véritables, quels sont donc mes adversaires ?

« Ici, messieurs, j'arrive à la véritable question, à la question importante, à la question générale, à la question qui m'a fait prendre la parole, à la question dont la solution intéresse la littérature dramatique tout entière.

« Non, ce n'est pas au théâtre que sont mes réels adversaires. Où sont-ils donc ? Je vais vous le dire.

« Messieurs, mon adversaire dans cette cause, ce n'est pas le gouvernement, ce serait mettre un trop grand mot sur de petites tracasseries ; ce n'est pas le ministère, ce n'est pas même un ministre.

« J'en suis fâché ; j'aurais souhaité avoir affaire à quelqu'un de considérable dans cette occasion ; ne fût-ce que par dignité, j'aime mieux les grands ennemis que les petits ennemis ; mais, il faut bien que j'en convienne, mes ennemis ne sont pas grands. (Sensation.)

« Mon adversaire, dans cette cause, c'est une petite coterie embusquée dans les bureaux du ministère de l'intérieur, qui, sous prétexte que la subvention passe par le ministère pour aller au Théâtre-Français, prétend régir et gouverner souverainement à sa guise ce malheureux théâtre.

« Je dis ceci hautement, messieurs, pour que l'avertissement sévère de mes paroles aille jusqu'au ministre.

« Si ce procès a lieu aujourd'hui, c'est que cette coterie l'a voulu; si le Théâtre-Français a manqué à ses engagements, c'est que cette coterie toute-puissante l'a voulu; si, à l'heure qu'il est, trois ou quatre auteurs seulement sont représentés constamment au Théâtre-Français à l'exclusion de tous les autres, c'est que cette coterie le veut. C'est un groupe d'influences uni, compacte, impénétrable, une *camaraderie*, — ce n'est pas moi qui ai inventé le mot (on rit), mais puisqu'on l'a fait, je m'en sers! — une camaraderie, dis-je, qui bloque et qui obstrue l'avenue du théâtre.

« Tout un grand côté de la littérature est mis par elle à l'index. C'est à la littérature presque tout entière que cette coterie prétend fermer la porte du théâtre. Cette porte, messieurs, votre arrêt la rouvrira.

« Je le dis parce que c'est un fait, mais c'est un fait bien étrange, cette coterie a déjà la censure politique, elle veut avoir en outre la censure littéraire.

« Que pensez-vous de la prétention, messieurs?

« Aussi c'est un devoir que j'accomplis maintenant. En 1832, j'ai flétri la censure politique; en 1837, je démasque la censure littéraire. La censure littéraire! comprenez-vous, messieurs, tout ce que ce mot a d'odieux et de ridicule?

« La fantaisie d'un commis, le bon goût d'un commis, la poétique d'un commis, la bonne ou mauvaise digestion littéraire d'un commis, voilà la loi suprême qui régira la littérature désormais!

« L'opinion sans contrôle et sans appel d'un censeur qui ne saura pas toujours le français, voilà la règle souveraine qui ouvrira et qui fermera désormais aux poëtes le théâtre de Corneille et de Molière! La censure littéraire! et avec cela la censure politique!

« Deux censures, bon Dieu! N'était-ce pas déjà trop d'une! (Vive impression.)

« Et en terminant, messieurs, permettez-moi une observation. Pour attaquer toute espèce de censure, je suis dans une position simple et bonne. Dans un temps où une licence déchaînée avait envahi les théâtres, moi, partisan de la liberté des théâtres, je me suis censuré moi-même.

« Mon avocat et l'avocat de la Comédie-Française vous l'ont raconté de concert, et je ne rappelle ici qu'un fait connu de tout le monde.

« En août 1830, j'ai refusé au Théâtre-Français d'autoriser la représentation de *Marion de Lorme;* je l'ai refusé afin que le quatrième acte de *Marion de Lorme* ne fût pas une occasion d'injure et d'outrage contre le roi tombé.

« L'avocat du théâtre vous l'a dit lui-même, un immense succès de scandale politique m'était offert, je n'en ai pas voulu. J'ai déclaré qu'il n'était pas digne de moi de faire de l'argent, — comme on dit à la comédie, — avec l'infortune d'une royale famille, et de vendre, en plein théâtre, aux passions haineuses d'une révolution, le manteau fleurdelisé du roi déchu. J'ai déclaré, en propres termes, quant à ma pièce, que j'aimais mieux *qu'elle tombât littérairement que de réussir politiquement*; et, un an après, en racontant ces faits dans la préface de *Marion de Lorme*, j'imprimais ces paroles, qui seront toujours, en pareille occasion, la règle de toute ma vie : « C'est quand il n'y a « plus de censure que les auteurs doivent se censurer eux-« mêmes, honnêtement, consciencieusement, sévèrement. « Quand on a toute liberté, il sied de garder toute me-« sure. » (Mouvement d'approbation.)

« Le tribunal de Commerce a apprécié tous ces faits, messieurs. Il a entendu le débat public des plaidoiries, il a approfondi les moindres détails de la cause dans son délibéré. Il a vu qu'il y avait au fond de la résistance du Théâtre-Français dans cette affaire une intrigue fatale à la littérature. Il a senti qu'il était injuste que ce théâtre, le seul national, le seul subventionné, le seul littéraire, fût ouvert à quelques auteurs et fermé pour tous les autres.

« Le tribunal consulaire, dans sa loyale équité, est venu au secours des lettres. Il a rendu un jugement mémorable que vous consacrerez, je n'en doute pas, par une mémorable confirmation. Il a rouvert à deux battants pour tout le monde la porte du Théâtre-Français : ce n'est pas vous, messieurs, qui la fermerez.

« Vous aussi, messieurs, vous êtes la conscience vivante du pays. Vous aussi, vous viendrez en aide à la littérature dramatique persécutée de tant de façons honteuses, et vous ferez voir à tous, à nous comme à nos adversaires, à la littérature dont je défends ici les libertés et les intérêts, à cette foule qui nous écoute et qui entoure ma cause d'une si profonde adhésion, vous ferez voir, dis-je, qu'au-dessus des petites cavernes de police il y a des tribunaux, qu'au-dessus de l'intrigue il y a la justice, qu'au-dessus des commis il y a la loi. » (Sensation profonde et prolongée.)

M. LE PREMIER PRÉSIDENT : « La cause est remise à huitaine pour entendre monsieur l'avocat général. »

Audience du 12 décembre.

Une affluence aussi considérable qu'au jour des plaidoiries remplit l'auditoire et les places réservées.

Monsieur Victor Hugo est assis dans une tribune près du barreau.

Monsieur Pécourt, avocat-général, prend la parole en ces termes :

« Cette cause est importante pour monsieur Victor Hugo et pour tous ceux qui suivent la même carrière que lui.

« Toutefois, il ne s'agit pas ici d'un examen littéraire sur la préférence à accorder à tel ou tel genre de compositions dramatiques; il s'agit uniquement de la validité et de l'exécution d'actes et de traités souscrits de bonne foi, et les principes les plus certains comme les plus ordinaires du droit suffisent à l'appréciation et au jugement de ces contrats.

« Le Théâtre-Français conteste cette validité et se refuse à cette exécution. Entrons donc dans cette appréciation. »

Monsieur l'avocat-général rappelle que le décret du 15

octobre 1812, dit décret de *Moscou*, attribue à un Comité d'administration du Théâtre-Français la passation de tous marchés, obligations pour le service, ou actes relatifs à la société, et n'exige ni le visa du commissaire impérial, ni l'avis du conseil judiciaire.

En 1822, une ordonnance royale prescrivit ce visa et cet avis; mais ces formalités, qui ne sont pas imposées comme conditions essentielles de la validité des traités, sont, dans l'usage, sans application.

« Nous devons même dire, ajoute monsieur l'avocat-général, que monsieur le commissaire royal du Théâtre-Français nous a avoué avec la plus honorable franchise que les traités ont lieu maintenant sans l'une ni l'autre de ces formalités. D'ailleurs, l'exécution que le théâtre a donnée aux traités faits par monsieur Victor Hugo en est la ratification la plus complète.

« On prétend que monsieur Hugo aurait renoncé à leur exécution, et cette prétention s'appuie sur les expressions de monsieur Védel, dans lesquelles il remercie l'auteur d'avoir bien voulu modifier les clauses des traités.

« Mais ces expressions n'ont rien d'explicite pour établir la renonciation de l'auteur, qui n'a point écrit cette lettre, mais à qui elle a été adressée. Ce serait d'ailleurs ici une novation qui ne se présume pas et que rien ne justifie avoir eu lieu de la part de monsieur Victor Hugo.

« Les traités doivent donc être exécutés, et leur inexécution donne lieu à des dommages-intérêts envers l'auteur, qui, depuis sept ans, en a vainement réclamé le bénéfice. Ces dommages-intérêts ont été fixés par le Tribunal de Commerce à 6,000 francs, et nous devons dire qu'examen fait de tous les documents que nous avons eus sous les yeux, nous avons la conviction la plus entière que la représentation des drames de monsieur Victor Hugo aurait produit à leur auteur une somme bien supérieure.

« La Comédie-Française reproche à monsieur Victor Hugo de ne pas l'avoir mise en demeure par un acte extrajudiciaire.

« Mais cette mise en demeure résulte bien suffisamment des réclamations perpétuelles de l'auteur, certifiées par la correspondance des parties.

« La Comédie prétend aussi qu'il y aurait péril pour sa caisse à représenter les drames de monsieur Victor Hugo, qui, suivant elle, n'amènent que de médiocres recettes.

« Il est, au contraire, établi, par le relevé des recettes produites par ses drames, qu'elles sont supérieures à celles qui sont les plus fructueuses.

« La Comédie-Française refuse d'exhiber ses registres, et monsieur Victor Hugo, qui a montré dans cette cause une complète loyauté, dépose des bordereaux certifiés par l'agent des auteurs près le Théâtre-Français, qui constatent qu'en effet ces recettes dépassent celles des représentations les plus profitables à la Comédie.

« D'ailleurs les plaintes de la Comédie fussent-elles justifiées, et elles ne le sont point, il n'en résulterait pas qu'elle pût se soustraire à ses engagements : un débiteur ne se délie pas de son obligation sous le seul prétexte qu'elle lui est onéreuse. »

Monsieur l'avocat-général s'explique ensuite sur chacune des pièces qui ont donné lieu au procès.

« A l'égard d'*Angelo*, poursuit monsieur l'avocat-général, la Comédie s'est exécutée, et, depuis les dernières plaidoiries, ce drame a été représenté : nouvelle confirmation des traités.

« Quant à *Hernani*, la distribution des rôles avait été faite par l'auteur, et la distribution en double, qu'on lui reproche de n'avoir point faite, ne serait point un motif de déchéance de ses droits, et en tous cas elle serait, pour ce drame, matériellement impraticable au Théâtre-Français, dont le personnel n'est pas assez nombreux pour cette distribution en double : c'est au point que plusieurs rôles doivent nécessairement être joués par le même acteur. »

Monsieur l'avocat-général rappelle le procès de monsieur Vander-Burch contre le Théâtre-Français, qui alors aussi repoussait cet auteur, sous le prétexte du défaut de la distribution en double.

« La Cour, dit-il, accueillit cette défense du théâtre. Mais la situation était bien différente de celle du procès actuel. Monsieur Vander-Burch, après avoir obtenu un jugement qui ordonnait au théâtre de jouer sa pièce, à peine de 100 francs par jour d'indemnité, avait laissé écouler le délai; puis il réclamait 3 ou 4,000 francs, montant des jours de retard accumulés. La Cour a bien pu ne pas s'associer à la rigueur de cette demande. Mais aujourd'hui monsieur Hugo réclame simplement l'exécution d'un contrat de bonne foi, qu'on prétend répudier faute de l'accomplissement d'une formalité sans importance et tombée en désuétude.

« Le drame de *Marion de Lorme* offre les mêmes inconvénients pour cette distribution en double. On veut imposer à monsieur Victor Hugo la nécessité d'une nouvelle lecture de ce drame, déjà reçu après lecture au Théâtre-Français par acclamations il y a quelques années. Comment concevoir une pareille prétention, après cette première réception, après soixante-huit représentations productives à un autre théâtre?

« Quelle doit être, dit en terminant monsieur l'avocat-général, la quotité des dommages-intérêts à allouer à monsieur Victor Hugo?

« Nul doute qu'en ne jouant pas depuis sept ans *Hernani*, et depuis trois ans *Marion de Lorme*, nonobstant les instantes réclamations de l'auteur, on n'ait fait éprouver à monsieur Victor Hugo un préjudice considérable.

« Mais cette cause n'est pas de sa part un procès d'argent, et la position malheureuse dans laquelle se trouve actuellement le Théâtre-Français peut déterminer la Cour à une diminution dans le chiffre adopté par le tribunal de Commerce; nous pensons, quant à nous, que ce chiffre pourrait être réduit, par ces seuls motifs, à la somme de 3,000 francs.

« Le tribunal de Commerce a fixé à deux mois le délai qu'il accorde au Théâtre-Français pour la représentation d'*Hernani*, et à trois mois, celui qu'il impartit au théâtre pour celle de *Marion de Lorme*.

« Nous n'apercevons aucun inconvénient à étendre ces délais à trois et quatre mois, ainsi que le demande la Comédie-Française. Les trois drames d'*Hernani*, d'*Angelo* et de *Marion de Lorme* pourront encore être représentés dans une saison favorable aux recettes.

« Il est encore un point sur lequel porte l'appel de monsieur Védel : simple gérant du théâtre, il se plaint d'avoir été condamné même par corps; mais une entreprise théâtrale est essentiellement commerciale, et celui qui en est gérant s'expose ainsi à la contrainte par corps.

« C'est en ce sens qu'il a toujours été décidé par la Cour dans toutes les causes où figurait le directeur du Théâtre-Français. »

Monsieur l'avocat-général conclut à la confirmation du jugement, sauf la réduction à 5,000 francs des dommages-intérêts et l'extension des délais pour les représentations.

M. LE PREMIER PRÉSIDENT : « La Cour, pour être fait droit aux parties, ordonne qu'il en sera de suite délibéré. »

Après vingt minutes de délibération dans la chambre du conseil, la Cour rentre en séance, et monsieur le premier président prononce, au milieu d'un profond silence, un arrêt par lequel :

« La Cour,

« Adoptant les motifs des premiers juges, confirme purement et simplement le jugement du tribunal de Commerce. »

Des marques unanimes de satisfaction se manifestent dans l'auditoire après le prononcé de cet arrêt, qui satisfait l'opinion publique d'une manière si éclatante; et monsieur Victor Hugo reçoit les vives félicitations du public nombreux qui l'entoure.

FIN DU PROCÈS D'ANGELO ET D'HERNANI.

PARIS. — IMP. SIMON RAÇON ET COMP., RUE D'ERFURTH, 1.

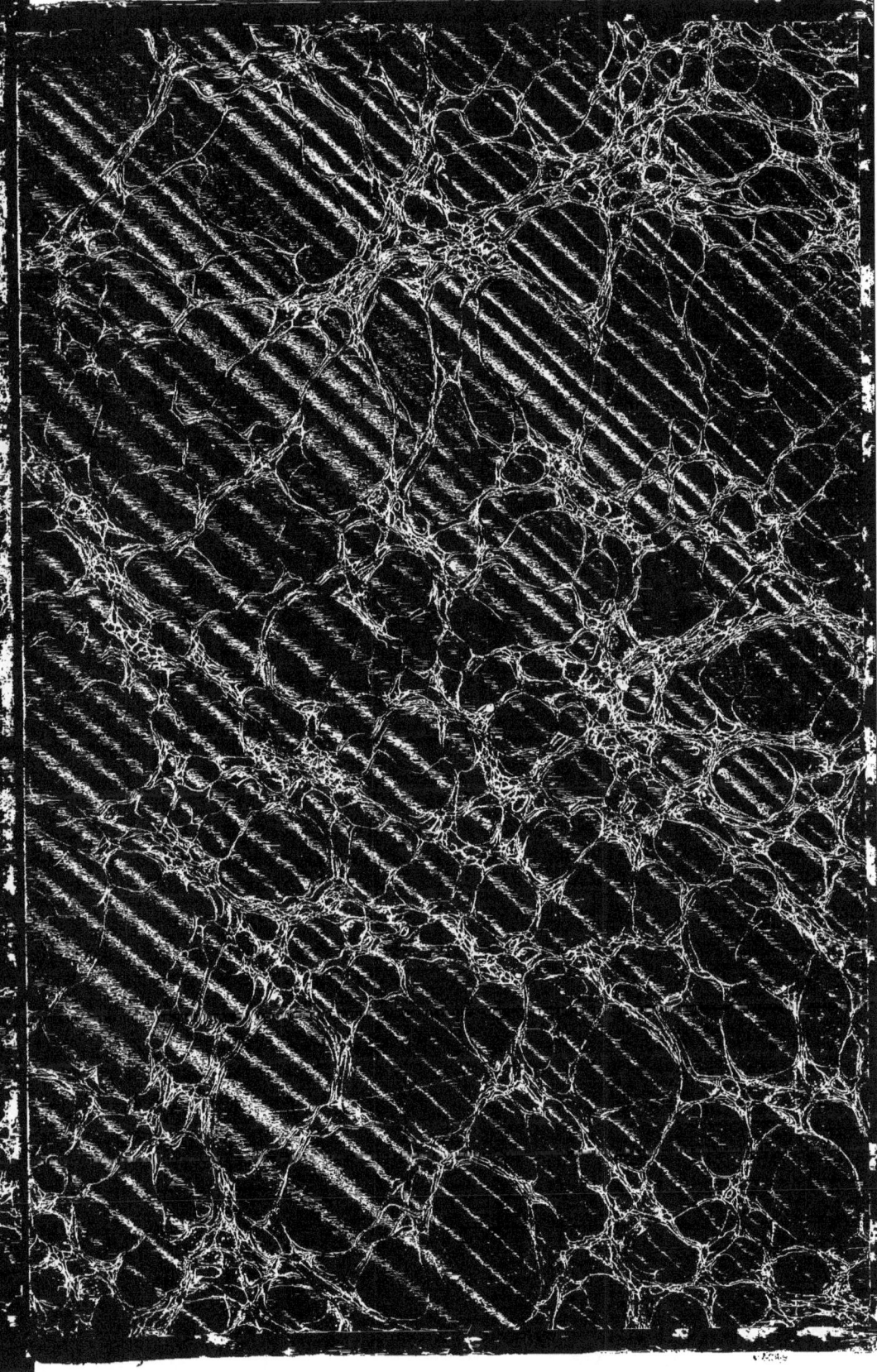

www.ingramcontent.com/pod-product-compliance
Lightning Source LLC
Chambersburg PA
CBHW060611170426

43201CB00009B/978